我
们
一
起
解
决

犯罪心理学

CRIMINAL BEHAVIOR
A PSYCHOLOGICAL APPROACH
12TH EDITION

[美] 柯特·R.巴托尔（Curt R. Bartol）
[美] 安妮·M.巴托尔（Anne M. Bartol） 著

马 皑 李 安 杨 波 等译
林振林 张 清 等审校

第12版

人 民 邮 电 出 版 社
北 京

图书在版编目（CIP）数据

犯罪心理学：第 12 版 ／（美）柯特·R. 巴托尔
（Curt R. Bartol），（美）安妮·M. 巴托尔
（Anne M. Bartol）著；马皑等译. -- 北京：人民邮电
出版社，2024. -- ISBN 978-7-115-64977-5

Ⅰ．D917.2

中国国家版本馆 CIP 数据核字第 2024TG7451 号

内 容 提 要

恶贯满盈的罪犯往往经历过怎样的童年？"天生犯罪人"真的存在吗？凶残的系列杀手都是精神病态者吗？好人为何会做坏事？网络欺凌者通常会选择什么类型的欺凌对象？这些都是犯罪心理学家感兴趣的研究话题。

《犯罪心理学》第 12 版基于心理学的视角着重关注犯罪行为和反社会行为，全面、准确地整合了犯罪心理学的当代研究、理论及实践。本书的内容按照从一般到具体的逻辑进行编排，首先对犯罪进行界定并阐述如何测量犯罪。其次，讨论了诱发违法和犯罪行为的心理、家庭、社会环境、神经生物等方面的风险因素、情境因素，以及使个体避免走上犯罪道路的保护因素，并着重探讨了攻击与暴力。最后，本书的后半部分探讨了具体的犯罪类型，如未成年人犯罪、杀人、亲密关系与家庭暴力、校园暴力与工作场所暴力、性侵害、职务犯罪、网络犯罪等，既有常见的犯罪形式，也有罕见的犯罪形式，深入剖析了各类犯罪人的特征、心理机制、犯罪预防与矫治，以及犯罪对被害人造成的心理影响。

《犯罪心理学》第 12 版不仅反映了犯罪心理研究理论、模型的新变化，以及近年来在特定研究主题和犯罪类型上获得的新成果，而且还反映了当代社会关注的问题，如网络犯罪行为的增加。

本书适合犯罪心理学、犯罪学、心理学、法学、侦查学、社会学、监狱学、司法精神病学等专业的学习者、教学者和研究人员学习与使用，也可为公安、检察、法律、司法等领域的专业人员提供科学的参考，同时本书还非常适合那些对犯罪心理研究感兴趣的大众读者阅读。

◆ 著　　[美]柯特·R. 巴托尔（Curt R. Bartol）
　　　　 [美]安妮·M. 巴托尔（Anne M. Bartol）
　　 译　　马　皑　李　安　杨　波　等
　　责任编辑　田　甜
　　责任印制　彭志环

◆人民邮电出版社出版发行　　北京市丰台区成寿寺路 11 号
　邮编 100164　　电子邮件 315@ptpress.com.cn
　网址 https://www.ptpress.com.cn
　三河市中晟雅豪印务有限公司印刷

◆开本：889×1194　1/16
　印张：32.5　　　　　　　　　　　2024 年 9 月第 1 版
　字数：800 千字　　　　　　　　 2025 年 2 月河北第 6 次印刷
　　　　著作权合同登记号　图字：01-2022-1874 号

定　价：148.00 元
读者服务热线：（010）81055656　印装质量热线：（010）81055316
反盗版热线：（010）81055315

作者介绍

柯特·R. 巴托尔（Curt R. Bartol）

- 美国北伊利诺伊大学（Northern Illinois University）社会心理学博士；
- 美国卡斯尔顿州立学院（Castleton State College）司法心理学研究生院院长，从教 40 余年，教授生物心理学、犯罪心理学、司法心理学、社会心理学等课程；
- 临床心理学家，在美国市级、州级和联邦执法机关担任警方顾问 30 余年；
- 他的著作包括《司法心理学》(*Introduction to Forensic Psychology*)、《未成年人违法犯罪与反社会行为》(*Juvenile Delinquency and Antisocial Behavior*)、《犯罪与犯罪心理画像》(*Criminal and Behavioral Profiling*)、《心理学与法律》(*Psychology and Law*) 等。

安妮·M. 巴托尔（Anne M. Bartol）

- 美国纽约州立大学奥尔巴尼分校（State University of New York at Albany）刑事司法学博士；
- 在大学从教近 30 年，教授司法学、社会学、新闻学等课程，并在儿童和青少年保护机构担任社工；
- 她与柯特·R. 巴托尔合著了《司法心理学》《未成年人违法犯罪与反社会行为》《犯罪与犯罪心理画像》《心理学与法律》等著作。

译者介绍

　　《犯罪心理学》第 12 版由中国政法大学马皑教授组织翻译，译者团队由来自中国政法大学、杭州师范大学、四川大学、中央司法警官学院、西南政法大学等院校的 24 位犯罪心理学、法律心理学、犯罪学与司法心理学领域权威专家、学者组成。

　　本书由中国法律英语权威、中国政法大学外国语学院院长张清教授，犯罪心理学专家林振林博士组织审校。

主要译者介绍

马皑

- 中国心理学会认定心理学家，中国政法大学社会学院教授、刑法学犯罪心理学方向博士生导师，中国政法大学犯罪心理学研究中心主任，青岛认知人工智能研究院理事长；
- 曾任中国政法大学社会学院副院长、中国政法大学社会学院学术委员会主席、中国心理学会法律心理学专业委员会主任；
- 新中国成立以来的首位犯罪心理学博士，师从我国当代著名犯罪心理学家罗大华教授；
- 曾获"中国心理学会学科建设成就奖""宝钢优秀教师奖"等近 20 项荣誉；
- 主要研究领域为法律心理学、犯罪与刑事司法心理学、越轨社会学、社会问题、人工智能与心理学交叉领域、非接触式心理评估；
- 主持 30 余项国家重点研发计划课题、国家自然科学基金项目、国家社会科学基金项目、教育部哲学社会科学研究重大课题子项目等；
- 《中国大百科全书》（第三版）心理学卷法律心理学分卷主编，主要著作、编著与译著包括《法律实践中的心理学》《犯罪人特征研究》《法证心理学》《剑桥司法心理学手册》等 30 余部，在《心理学报》《心理科学》等国内外学术期刊上发表论文 80 余篇。

李安

- 丽水学院校长、教授，讲授法律心理学、法律方法论课程；
- 杭州师范大学教育部青少年法治教育中心主任、浙江省法治教育研究中心主任；
- 中国心理学会法律心理学专业委员会副主任、中国行为法学会法律风险防控专业委员会副会长；
- 主要研究领域包括法律心理学、法律方法论等；
- 主持国家自然科学基金项目 4 项、国家社会科学基金项目 1 项，以及其他省部级研究项目 4 项。

杨波

- 中国政法大学社会学院心理学系二级教授、刑法学犯罪心理学方向博士生导师，中国政法大学监管人员风险评估与矫正研究中心主任；
- 中国药物滥用防治协会副会长、中国社会工作联合会社会心理服务团总干事、中国社区发展协会社区心理工作委员会主任、中国社会心理学会司法心理学专业委员会主任等；

- 主要研究领域为犯罪行为的神经心理机制、成瘾行为心理学、循证矫正、神经法学等；
- 主持 20 余项国家重点研发计划课题、国家自然科学基金项目、国家社会科学基金项目、司法部重点委托项目、其他横向课题等；
- 在《中国科学》《心理学报》等国内外学术期刊上发表论文 100 余篇。

译者名单

第一章　犯罪行为导论	马　皑　中国政法大学社会学院
第二章　犯罪行为溯源：发展的风险因素与保护因素	周丽华　浙江外国语学院 李　安　丽水学院
第三章　犯罪行为溯源：生物 / 神经因素	张　卓　中国政法大学社会学院
第四章　犯罪行为溯源：学习与情境因素	王国芳　中国政法大学社会学院 齐　轲　中国政法大学心理健康教育与咨询中心
第五章　人类的攻击与暴力	郑莉芳　四川大学法学院 赵　辉　中国政法大学社会学院
第六章　未成年人违法犯罪	刘建清　中国政法大学社会学院 陈卓生　广州商学院法学院
第七章　精神病态	杨　波　中国政法大学社会学院
第八章　犯罪与精神障碍	王春光　中央司法警官学院矫正教育系 谢中垚　中国政法大学社会学院
第九章　杀人、伤害、亲密关系与家庭暴力	于　悦　中国政法大学社会学院 张　蔚　广州商学院法学院
第十章　多重谋杀、校园暴力与工作场所暴力	杨　群　杭州师范大学经亨颐教育学院
第十一章　性侵害	潘黎萍　杭州师范大学外国语学院 徐　可　浙江省法治教育研究中心
第十二章　对儿童与青少年的性侵害	刘兆敏　中国政法大学社会学院
第十三章　入室盗窃、入室行凶、盗窃与白领犯罪	王晓楠　西南政法大学法学院
第十四章　暴力财产犯罪、网络犯罪与恐吓犯罪	郑红丽　中国政法大学社会学院
前言、术语表	林振林　青岛认知人工智能研究院 曾钰泽　中国政法大学社会学院 刘晓倩　中国政法大学社会学院

主要审校者介绍

林振林

- 中国人民大学社会心理学博士、中国政法大学犯罪心理学硕士、青岛认知人工智能研究院研究员；
- 曾任中国心理学会法律心理学专业委员会委员、中国政法大学犯罪心理学研究中心研究员；
- 参与过多项国家自然科学基金项目与省部级研究项目；

- 主要研究领域为犯罪心理学、法律心理学、组织行为学等；
- 参与翻译、审校《剑桥司法心理学手册》《法证心理学》等多部法律心理学相关译著；
- 参与撰写《源于不平等的冲突——当代中国弱势群体犯罪实证研究》《工作投入的心理奥秘》等多部著作。

张清

- 中国政法大学外国语学院院长、教授、博士生导师，中美富布赖特高级研究学者，美国华盛顿大学访问学者，国家级一流专业建设点负责人，2002 年获得美国纽约州律师资格；
- 中国英汉语比较研究会法律语言学专业委员会副主任、中国仲裁法学研究会法律英语教学与测试专业委员会副主任、中国高等教育学会外语教学研究分会常务理事、中国法学会法治文化研究会理事等；
- 主要研究领域为法律语言学、法律英语、法律翻译、法治文化等；
- 出版专著、译著等 10 余部，在国内外学术期刊上发表学术论文 30 余篇，主编、参编教材 30 余部；
- 先后获得"北京市教育教学成果奖"一等奖及二等奖，"宝钢优秀教师奖"，主编的教材获评"北京市精品教材""北京市高等教育优质教材"；
- 主持完成或正在承担国家社会科学基金项目 2 项、教育部人文社会科学规划基金项目 2 项、北京市社会科学基金项目 1 项、司法部国家法治与法学理论研究项目 1 项。

审校者名单

张　清	中国政法大学外国语学院	第一章、第三章、第五章、第七章
徐　凤	中国政法大学外国语学院	第九章、第十章、第十二章、第十四章
马　静	中国政法大学外国语学院	第二章、第四章、第六章、第八章、第十章、第十一章、第十三章、术语表
林振林	青岛认知人工智能研究院	全书

由美国学者柯特·R.巴托尔教授与安妮·M.巴托尔教授合著的《犯罪心理学》自1980年第1版出版以来已经历经40余年，中国学者曾经翻译过第7版、第9版和第11版，现在已更新至第12版。美国近百所大学将该书作为犯罪心理学课程的教材，影响颇大。跨越世纪，历经变迁，本书仍然历久弥新，被同行拥趸，可谓经典。既然是经典，必定有其道理。

1982年我在大学二年级选修了犯罪心理学，至今已有42年；1984年，我留校开始讲授犯罪心理学，至今已有40年。最早拜读的是邵道生老师翻译、日本犯罪心理学家森武夫撰写的《犯罪心理学》。1983年，罗大华教授率众多前辈撰写的中国第一本《犯罪心理学》教材出版并不断修订。此后，有关犯罪心理学的教材、专著、译著接踵而至，引人入胜的科普读物、文艺作品更是纷至沓来。如今，大众对与犯罪心理相关的话题颇感兴趣，希望探究其奥秘的读者不在少数。

与所有已出版的犯罪心理学著作相比，本书更具备教材、指导手册乃至科普读物的精髓，深入其中，能够感受作者探骊得珠的砥砺；拜读领会，可以获得会当凌绝顶的顿悟。非常值得我们领会与学习。

首先，本书的结构简练，搭建了最基本的犯罪心理学学科框架，在编排上独具匠心。全书分为犯罪行为导论（第一章）、犯罪行为溯源（第二章至第五章）及不同的犯罪类型（第六章至第十四章）三个部分。

第一章介绍犯罪的界定以及相关学科对犯罪的研究方法。作者先是从不同人性观的高度向读者展示了研究犯罪的三大取向。人性观的探讨本属于哲学范畴，而研究人的行为与心理离不开价值判断，它不仅有关认识论，也涉及方法论，属于宏观分析。中观层面，本章从犯罪心理学的上位学科（犯罪学）中的三个重要视角探讨了研究犯罪问题的理论与方法，这三个视角分别是社会学、心理学与精神病学。在犯罪学领域中，犯罪心理学所探讨的问题是较小的元素，属于微观层面的研究。这一章的学习能够让读者了解犯罪心理学在犯罪学学科中的坐标，懂得单一学科难以彻底解释与解决犯罪现象，帮助读者建立从宏观到中观再到微观的学科渐进理念，形成对犯罪现象的系统认识。如果第一章解决了关于"有什么"的研究对象问题，那么第二章至第五章重点解释了"为什么"，既涉及个体形成犯罪心理的原因，也涉及从心理学视角认识犯罪的过程。表面上看，个人成长环境、生物因素、学习与情境因素、人类暴力与攻击属于大多数犯罪心理学教材中老生常谈的问题，但是如果你深入其中，必定别有洞天。在这一部分中，作者嵌入了丰富且权威的理论、观点及方法，体现了权威教材的分量。第六章至第十四章则具体强调了"是什么"和"怎么办"，选择了有代表性的犯罪类型或犯罪主体类型，围绕行为、心理、特点、原因等进行了详尽的分析，具体包括未成年人犯罪、杀人、伤害、性侵害等。特别巧妙的是，作者以问题为导向，选择当下引人关注的犯罪行为为切入点，回答了公众感兴趣的许多问题。例如，当下高发并令公众关切的亲密关系杀人、犯罪低龄化、儿童被性侵害、校园暴力、精神病态者作案、白领犯罪、网络犯罪、犯罪心理画像等，本书都有详细介绍。

其次，本书的融合性尤其巧妙，博采众长地用不同理论、流派、已有研究的结论作为论据，内容丰富，理论扎实。虽然本书框架简单，但内容却极不简单，全书类似思维导图，以犯罪心理学为主干，以三大部分为支干，然后是一层层繁茂的枝叶，一本书囊括了犯罪心理学学科涵盖的所有内容。

优秀的教材讲究层层递进、收放自如，指导学生批判性阅读和思考。纵观全书，可以总结出以下三个特点。

第一个特点是"新"。《犯罪心理学》的每一版都有迭代，作者会将上一版出版后该领域最新的统计数据（研究对象——问题与现象）与研究成果（研究结论——各类实证）在新版中呈现出来。第 12 版不仅反映了理论的新变化及研究的新成果，还反映了当代社会关注的问题，如网络犯罪行为的增加。本书每一章都添加了最新的文献和数据，扩充了很多主题，内容与时俱进，其问题解决的视角颇具时代特点，使其在同类图书中保持领先。

第二个特点是"细"。以第十三章为例，该章包含了五节，在第一节"入室盗窃"中，又包含了 12 个话题——入室盗窃的特点，谁会实施入室盗窃，入室盗窃的情境线索与目标选择，入室盗窃犯的认知过程，对失窃者的心理影响，入室行凶，等等。本书在思想、理论、方法、分类、实践方面的延伸，以及思维导图式的层层递进，非常有助于读者建立解决问题的思考脉络。

第三个特点是"实"。本书不仅内容充实，而且实用，既可以用于犯罪心理学教学，也可以为相关的从业者提供指导，还可以帮助每一个家庭教养子女，更可以让对这门学科感兴趣的大众读者探索犯罪心理的奥秘。所以，这本书兼具教材、指导手册和犯罪心理学研究百科全书式的功效。

本书的两位作者非常值得我们尊重，他们用 40 余年精雕细琢，这种积水成渊式的坚持需要强大的内驱力，体现了一种令人敬仰的工匠精神。本书的历史沿革，体现了作者对学生的爱心和对学科的专心，他们就像孜孜以求的工匠，从规划、设计，到建构、维护，不断用最新、最好的"材料"提升作品的品质，正因如此，本书虽历经 40 载变迁，却能历久弥新。

值得一提的是，本书图表中数据的收集、整理是一项艰巨的任务，由于不同类型的犯罪之间存在数据交叉，所以会导致部分比例数据累计超过 100%；另有一些数据未更新至数据库最新版本。因此，我们在翻译的过程中找到了图表的原始数据，并逐一进行了核对、修改与注释，力求最大限度地保证数据的准确性。但是，瑕不掩瑜，本书在数据方面总体是非常可靠且精确的，值得我们对各种犯罪数据进行深入研究与分析。

翻译这样的经典著作需要有胆量和能力，我忐忑良久，自我评估后也自知能力有限，难以胜任。虽然我从事犯罪心理学教学与科研 40 年，但无论英语水平还是心理学基础都与作者无法比肩。我们为什么最终做出接下这一工程的决定呢？应该是我和其他译者体会到了差距，看到了高峰。国内犯罪心理学研究有中国特色，从罗大华教授那一代开始播种、培育，到今天的春华秋实，中国学者用了近 50 年的时间。必须承认，犯罪心理学知识已经被广泛运用于司法、执法、犯罪预防、家庭教育等众多方面，虽然成绩有目共睹，但如果故步自封、孤芳自赏，只会令学科发展裹足不前。而且我们在该领域的研究与西方国家仍有差距，我们希望能缩小差距，尤其是借鉴国外犯罪心理学教材的优秀经验，洋为中用，进一步推进中国犯罪心理学事业的发展。因此，有需要就有内驱力，我们也就有了翻译经典著作的胆量。

"众人拾柴火焰高"，我邀请了国内犯罪心理学领域的权威学者助力，尽我们所能翻译好本书。本书译者均有博士经历，包括马皑、李安、杨波、刘建清、王国芳、杨群、刘兆敏7位教授，张卓、郑红丽、陈卓生、王春光、郑莉芳、于悦、刘晓倩、周丽华、潘黎萍9位副教授，林振林、王晓楠、谢中垚、张蔚、曾钰泽、齐轲、赵辉、徐可8位青年教师。我们按照每位译者专攻领域分配任务，尽量保证了全书的专业质量。本书由张清、徐凤、马静3位教授，以及林振林博士审校。

特别令我们鼓舞与兴奋的是三位学界泰斗欣然接受了为本书做推荐的邀请，这是对犯罪心理学学科的鼓励，也是对我们此次翻译工作的肯定。

94岁高龄的法学泰斗陈光中先生在担任中国政法大学常务副校长、校长期间，大力扶持我校犯罪心理学学科，使其能够独领风骚。他最早建议我的导师罗大华教授，不仅要关注个体犯罪心理，也应研究刑事诉讼过程中各类参与者的心理活动。心理学介入司法领域是从探讨证人证言的可靠性、质疑司法公平公正开始的，时至今日，国外刑事司法心理学有一个重要作用就是运用心理学原理和方法为司法机关"挑刺"。作为刑事诉讼领域的专家，陈光中先生不仅推动了中国刑事诉讼制度的司法改革，也颇具胸襟，接纳多学科的融合。

86岁高龄的刑事侦查领域泰斗李昌钰先生的名字我们耳熟能详，号称"当代福尔摩斯"，是华人的骄傲。李先生参与过大量疑难案件的侦破，他不仅擅长物证鉴定，更通晓犯罪现场分析，具有通过痕迹描绘作案人行为轨迹及心理活动的高超本领。李先生在推荐语中强调了犯罪调查的"六个关键问题"：What（何事）、Where（何地）、When（何时）、Who（何人）、Why（为何）及How（如何）。犯罪现场勘查、物证鉴定可以解决有关"何事""何地""何时""何人"及"如何"的问题，而犯罪心理分析则能够获得有关"为何"的答案。掌握犯罪心理学知识的刑侦人员，更具有识别和揭露犯罪的"慧眼"。犯罪心理学与刑事侦查学两门学科的融汇与运用，提升了打击、侦查、预防犯罪的效率，加速了司法公平正义的实现。短短几句话，简明扼要地勾勒出犯罪调查的精髓，点出了犯罪心理学的应用价值，令人心悦诚服。

83岁高龄的心理学泰斗林崇德先生与中国犯罪心理学的不解之缘许多人都不了解，他也是这门学科的奠基者之一。在罗大华教授组织编著的《犯罪心理学》一书中，林先生撰写了"违法犯罪青少年的心理特征"一章。林先生比罗教授小5岁，二人为挚友，林先生尊罗教授为兄长。他参与了犯罪心理学学科创始阶段的规划、研讨、调研、讲座、编书等大量工作。40年前，林先生正值盛年，在中国政法大学与中国心理学会法律心理学专业委员会（原名为中国心理学会法制心理专业委员会）联合举办的全国犯罪心理学师资培训班上，他曾为我们讲授发展心理学、青少年心理学。实事求是地说，在心理学大家庭中，犯罪心理学乃至法律心理学并非主流，早期的开创者中真正具有心理学背景的前辈并不多。仅有林崇德、林秉贤、邵道生、王小转等少数前辈是心理学专业毕业。其中，林崇德先生工作于北京师范大学，师从心理学泰斗朱智贤先生，由此在心理学界有较高的话语权。这个学科能发展到今天，离不开林先生在心理学界为我们鼓励与呼吁。

另外，要特别感谢为本次翻译工程付出最多的林振林博士，从组织团队、协调译者、翻译术语表，到审校全书，他承担了大部分本应由我负责的工作。他在我门下攻读硕士学位期间率领众多专家翻译了经典之作——《剑桥司法心理学手册》，该书至今仍然是我选用的刑事司法心理学课程教材。他认真细致、精益求精的禀赋保证了本书的质量。

还要特别感谢人民邮电出版社普华公司的信任和邀请，让我来组织这本书的翻译工作，也要特别感谢编辑田甜在本书翻译过程中给予的支持以及对本书出版方面所提出的各种新颖的想法。正是有了他们的努力，才让本书能够以不同于一般教材的面貌展现在读者面前。

　　心理学在国内飞速发展，读者可能对"心理学与生活"这样的字眼并不陌生，但如果有一天犯罪心理学研究者也提出"生活中的犯罪心理学"这样的字眼，读者也会接受吗？

　　有犯罪的人就意味着有被害的人，每个人都可能成为特定犯罪的被害对象。我个人浅见，犯罪心理学并不只是公检法以及相关专业人员需要学习和了解的学科，它更是普通大众都应该或多或少有所了解的学科。社会在不断发展，犯罪手段和形式也花样翻新，但犯罪行为背后的心理机制与深层规律其实都没有发生实质性的变化。举例来说，从最早的走江湖卖假药，到现在屡见不鲜的传销、对老年人进行的保健品诈骗，其实它们都有心理学"场"的原理渗透其中；再比如，从最早的邪教到现在的极端主义犯罪及精神操控，都是"洗脑"原理在发挥作用。作为普通读者，如果我们了解了这些原理，那么在面对这些渗透在我们生活各处的危险时，就能够辨识一二，为自己增设一道安全防护网。

　　得益于当前网络平台和自媒体的发展，这几年犯罪心理学的科普工作已经取得了一定成效。但是如果有一天，我们的犯罪心理学读物、视频及课程能够广为人知，并给读者带来真正的实用价值，那么这门学科就能真正成为服务于大众的实践学科。期待并相信这本《犯罪心理学》能够为这一实践之旅开启一个新的篇章！

2024.6.17 于北京

在《犯罪心理学》第 12 版中，我们基于心理学的视角着重关注犯罪行为和反社会行为（因为反社会行为并不一定都是犯罪行为）。具体而言，违法或具有反社会行为的成年人和未成年人，其实都置身于多系统的心理社会环境中，并持续受这些系统的影响。这些系统包括个体、家庭、同伴、邻里、社区、文化及整个社会。要想针对犯罪问题提出有意义的理论，开展出色的研究，并巧妙地应用相关知识，就需要了解上述这些影响个体整个生命历程的不同水平层级的系统。

当前对犯罪问题的心理学研究，除保留传统的对反社会行为的认知解释，还采取了发展取向。近年来，神经心理学家也提出了许多新的见解。来自不同学科的研究人员共同参与了犯罪路径的研究，这些路径可能包含生物因素及神经心理因素。研究人员得到了一个普遍的结论——刑事犯罪的发生、发展有多条路径。一些人很早就开始犯罪，而另一些人则在成年后才开始犯罪。此外，研究人员已经确定了各种能够导致反社会行为的风险因素，同时也发现了许多保护个体避免发展出反社会行为的保护因素。我们在本书的开头会列出各种风险因素和保护因素，并会在全书中引用它们。

我们并不认为，所有犯罪人都存在心理上的缺陷，仅有部分犯罪人被诊断患有精神疾病或精神障碍。患有严重精神障碍的个体有时会犯罪，但绝大多数并不会，且患有精神疾病的个体所犯的罪行通常都较轻微。许多犯罪人确实存在物质滥用的问题，而且他们也可能同时患有精神障碍。此外，情绪健康的个体也会触犯法律，甚至有时会犯下重罪。与《犯罪心理学》的前几版一样，在第 12 版中，我们仍将刑事犯罪视为一个连续体，有些犯罪人只在生命过程中的某个阶段（通常是青春期）偶尔犯罪，而有些犯罪人往往在很小的时候就开始有严重的、重复的犯罪经历，还有些犯罪人只有过一次严重的犯罪。

在《犯罪心理学》第 12 版中，我们尽可能全面、准确地回顾犯罪心理学的当代研究、理论及实践。本书大量的参考文献足以说明其全面性。不过在本书中，我们不可能对所有被界定为犯罪的行为都一视同仁，也不可能对各种有关犯罪研究的模型和方法一视同仁。我们会选择比较有代表性的犯罪行为类型和代表性的研究进行阐述。如果这里没有你感兴趣的犯罪行为类型、理论、模型或预防与矫治方案，我们仍然希望你能够喜欢本书中所涵盖的一些内容。

本书的内容按照从一般到具体的逻辑进行编排。首先，对犯罪进行界定并阐述如何测量犯罪，进而为后面的内容奠定基础。必须强调的是，在美国，大多数严重犯罪的犯罪率都在下降，而这点恰恰很少引起公众的注意。但确实有些地区的犯罪率是有所上升的。此外，由于种种原因，一些犯罪案件的被害人从未报案。而且那些位高权重的人所犯的罪行也很少会被纳入各种犯罪统计数据中。

其次，对犯罪行为进行溯源，并探讨了攻击与暴力的心理、生物基础。本书还用一整章内容着重介绍了精神病态，这是因为精神病态可以说是当前犯罪心理学领域被深入研究的课题之一。不过，并不是所有的精神病态者都会犯罪，这一点很多人无法理解。最后，本书的后半部分主要涉及的是具体的犯罪类型，既有常见的犯罪形式，也有罕见的犯罪形式，因为这些罕见的犯罪形式通常都是严重的犯罪，所以会吸引媒体和研究人员的关注。

第 12 版的新颖之处

第 12 版是在上一版的基础上，大量回顾、总结该领域专业人员的研究成果之后完成的。其中的一些改动反映了犯罪心理研究理论、模型的新变化，以及近年来在特定研究主题和犯罪类型上获得的新研究成果。其他改动则反映了当代社会关注的问题，如网络犯罪及各种情境下的大规模谋杀。每一章都添加了最新的文献和数据。我们还扩充了很多主题，同时也删除了一些主题。

- 删除了第 11 版中有关物质滥用的一章，并将物质滥用问题穿插到本书的其他章，如未成年人违法犯罪（第六章）与精神病态（第七章）。
- 更关注偏见犯罪、仇恨犯罪、政治犯罪及人口贩卖。
- 增加了与性侵害有关的内容，如校园性侵害调查、移民拘留中心的性侵害问题、被害人提起民事诉讼的时效变化等。
- 更加关注女性物化的问题，如通过媒体传播的性暴力。
- 扩充了网络欺凌的部分，包括对欺凌者的研究、预测模型及预防方法。
- 更加关注大规模谋杀和活跃枪手事件，并增加了威胁评估的相关内容。
- 强调模仿犯罪在校园枪击事件及大规模谋杀中的作用。
- 关注了近年来关于死刑的法院判决，以及心理学家在审查执行能力方面的作用。
- 引入了与成年早期犯罪有关的概念——成年初显期。
- 继续关注儿童和青少年及年轻人的发展问题，并扩大了关注范围。
- 更详细地介绍了针对老年人的经济犯罪与暴力犯罪。
- 增加了有关犯罪和被害数据统计、为被害人提供服务、执法对策、陪审团选择及死刑判决等内容，更关注种族／民族的公正问题。
- 网络犯罪受到更多关注，包括勒索软件攻击等案件的增加。
- 突出了一些新的理论、模型和矫治方案，例如，心理理论、三元精神病态模型、暗黑三人格、网络欺凌模型、少年司法愤怒管理项目、性别响应项目等。其中一些内容在专栏和正文中都有所涉及。
- 增加了更多的专栏，包含热门话题、研究重点和治疗方法。所有专栏里都会有相关的问题讨论。
- 更加关注神经心理因素，尤其是自我调节、执行功能及神经可塑性。此外，本书还更多地关注那些保护儿童避免发展成严重反社会行为的保护因素（社区安全、父母监管、优质教育、医疗保健等）和助长反社会行为发展的风险因素（同伴排斥、不当的教养方式、社区中的暴力问题、缺乏社会保障项目、网络安全问题等）。

- 更加关注监狱、拘留所等惩教机构中犯罪人的心理健康和安全问题。
- 增加了较多关于心理学概念的内容，如心理弹性、道德推脱、勇气管理、中和技术等。

《犯罪心理学》第 12 版旨在成为犯罪心理学、犯罪学、司法心理学等本科和研究生课程的核心教材。本书包含的内容已经过 40 多年的课堂实践检验。本书非常重视心理学理论、概念及研究，这使本书有别于其他与犯罪有关的优秀教材。虽然我们主要关注心理学对犯罪研究的贡献，但是我们也非常尊重其他学科在犯罪研究中的贡献。政治学家、社会学家、经济学家，以及法律和刑事司法研究人员的工作在本书中有大量体现。

本书的主要目标是通过引用当代研究，鼓励大家去了解围绕犯罪行为所引发的各种复杂问题。不过，我们更鼓励读者思考与犯罪和反社会行为并存的社会问题，并采取相应的行动。这些问题包括但不限于：许多社区对教育项目的支持不足；对健康危害的忽视，特别是对儿童和青少年的健康危害的忽视；通常由公众人物所致的偏见和仇恨的传播；对儿童的性剥削；各种政治人物和企业管理者的渎职；匮乏的心理健康服务。虽然书中的每一章都涉及了相应的话题，但我们希望这本书的读者也能够致力于让我们的世界变得更加美好。

目录

03

第三章
犯罪行为溯源：
生物 / 神经因素
/ 065

神经心理学与行为 /066

治疗方法 专栏 3-1 模式失活疗法 /069

遗传与反社会行为 /070

04

第四章
犯罪行为溯源：
学习与情境因素
/ 095

行为主义 /097

05 第五章
人类的攻击与暴力
/ 127

08 第八章
犯罪与精神障碍
/ 235

12 第十二章 对儿童与青少年的性侵害 / 387

犯罪离你我的生活是近还是远？的确是个问题。

自己和身边人只要没有受到过现实的犯罪侵害，犯罪永远只是他人的故事。倘若你关注源源不断的案件新闻，经常被各种诈骗电话和信息骚扰，你又会发现，犯罪就在我们身边。

什么是犯罪？这个问题似乎很好回答，但又似乎很难回答。此话题既"古老"又"时尚"。从有人类开始就有自然犯罪，有了法律就有了法定犯罪。从古至今，犯罪就像个顽劣的魔怪，花样百出、手段多变。由此，该类关系到个人、家庭、社区、国家乃至全人类的话题，让一代代人追根溯源、探究其动机。

众学科的研究人员都希望从自己的学科视角，提出有用、有效的犯罪理论来理解、解释、预防和控制犯罪。这些理论都有其对人性的基本假设，这些假设大致可以分为三类。例如，以社会学家罗伯特·默顿（Robert Merton）的紧张理论为代表的犯罪理论，秉持的是遵从价值取向，他们大部分认为人性本善，我们做的绝大部分行为都是善良的、亲社会的，所以国家、社会及群体所应该做的是充分调动并发挥人性善的本质，从而让每个人从内心自发地不想犯罪。不过，非遵从价值取向的理论就显得悲观很多，它认为人类本质上是无纪律的生物，如果没有约束，人类就会为所欲为，唯有使用各种控制手段来惩罚和预防，才能遏制人类的动物恶的本性，特拉维斯·赫希（Travis Hirschi）的社会控制理论就是这一价值取向的代表。学习观和发展价值取向的理论所秉持的观点更接近于哲学家约翰·洛克

（John Locke）的"白板说"，我相信有些心理学基础的朋友们一定能想到这一价值取向的理论代表就是阿尔伯特·班杜拉（Albert Bandura）的社会学习理论。我们每个人在人生的不同阶段都会接触到不同环境和不同群体，这些环境和群体都是我们学习各种行为的来源，也包括了违法犯罪行为。这些行为既体现了社会发展的问题，也体现了个体心理发展阶段性的需求。不过，秉持学习观的学者并不完全认为人天生就是一张白纸，人类的学习是存在遗传基础的。

那么，我们如何研究犯罪呢？这其实涉及三方面的问题：一是如何界定犯罪行为；二是如何测量犯罪行为；三是关注哪些变量。在本章，作者分别从社会学、心理学及精神病学三大研究取向总结了犯罪学科所关注的个体特质、环境互动，以及文化与社会结构对犯罪的影响，每个学科取向都有自己的范式及核心研究主题，它们各有重点且相互补充。

如何测量犯罪呢？本书主要介绍了三种方式，即来自美国官方报告的犯罪与逮捕数据、研究人员自己调查的样本的自我报告研究的数据，以及全美国范围内的或区域性的针对被害人所收集的数据。当然，本书中所列举的数据主要是以美国为主的。每一类数据都有各自的优点和缺点，甚至不同数据集之间还会存在较大差异甚至相互矛盾，这就要求使用这些数据的研究人员本身要具备良好的专业能力来筛选和鉴别数据的来源，从而做到客观分析。

最后一个问题其实也是最重要的，我们在研究中，特别是犯罪心理学的研究中，应该如何界

定犯罪行为及犯罪人呢？更具体地说，我们的研究对象到底应该包括哪些？我在我的犯罪心理学课堂及文章中，经常将犯罪心理学中的犯罪行为还原为攻击行为、侵占行为、破坏行为与控制行为四种元形态。这几类行为不仅经常产生实质性的伤害，形成犯罪构成中的客观方面；而且它们不像笼统的"犯罪"一词难以测量，不属于可操作性定义，很难用心理学方法去研究。对于犯罪人，引发我对犯罪心理学兴趣的话题是：明知有法律风险，甚至包括失去自由与生命，为什么还要去做？什么样的人更可能去做？

林林总总的话题与疑问，在阅读本章内容后，大家一定会有满意的答案。

马皑

中国政法大学社会学院　教授

01

第一章

犯罪行为导论

本章译者：马皑

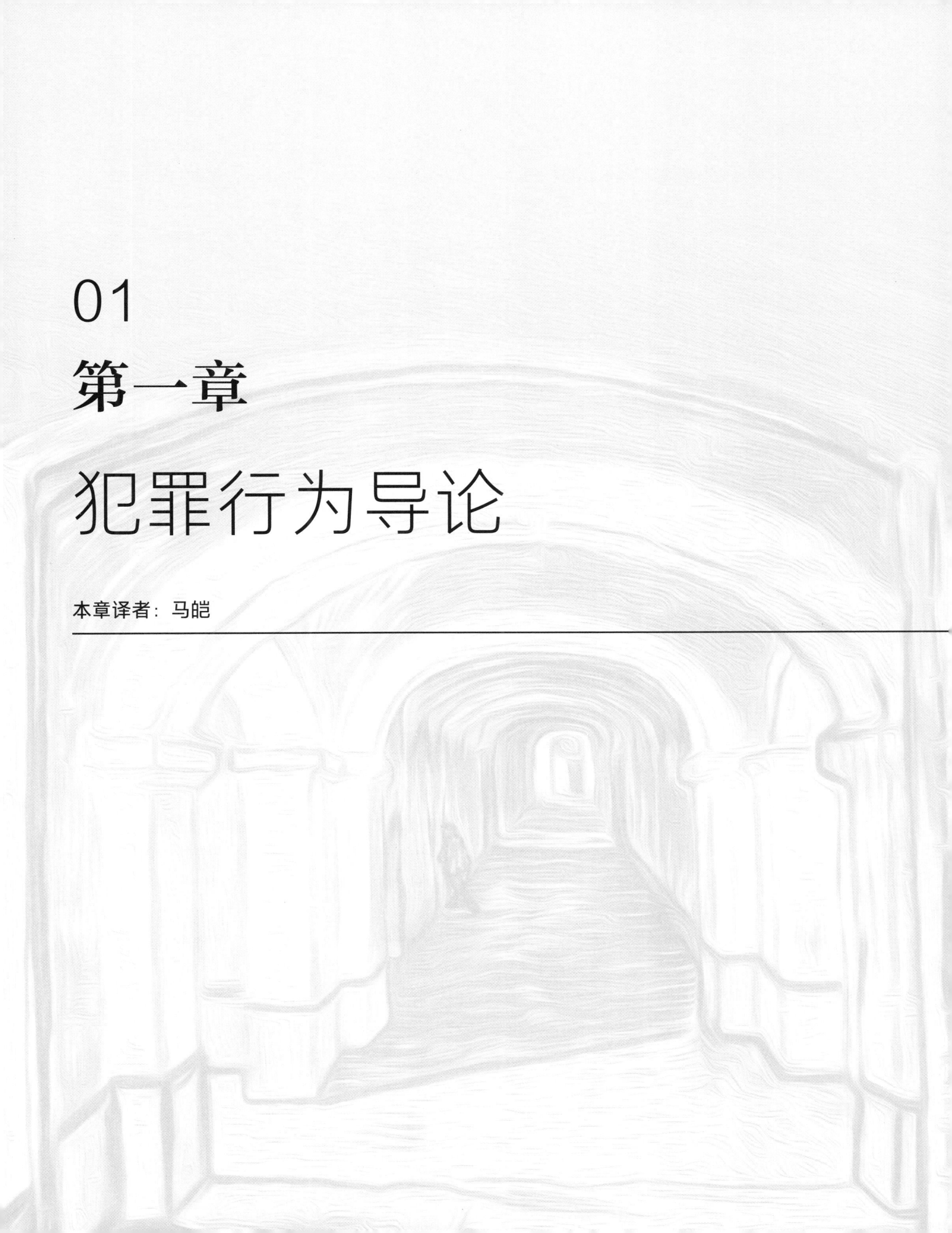

学习目标

- 强调犯罪行为具有多种原因、表现形式和发展路径。
- 阐述在不同人性观视角下犯罪行为的理论发展和研究。
- 介绍各种解释犯罪的理论。
- 阐述犯罪学三个学科的主要研究取向：社会学取向、心理学取向和精神病学取向。
- 指出从心理学视角对犯罪行为和违法行为的研究已经从关注人格转向更关注认知与发展。
- 界定犯罪行为和未成年人违法犯罪。
- 介绍测量犯罪的各种方法。

犯罪让人恐惧、反感甚至愤怒，也会让人对其产生探究的兴趣。几年前 Youtube 上有一个点击率特别高的视频，一个入室盗窃犯在房主的床上睡觉，身边放着一大袋偷来的珠宝。虽然看起来入室盗窃行为没有造成严重伤害，但还是给房主带来了精神困扰和不便。尽管读者会举出一些例外情况，但我们基本都会同意，大多数犯罪都有被害人，大多数犯罪都会造成被害人的心理伤害。

犯罪会让人感到恐惧，尤其是当我们相信发生在被害人身上的情况，很有可能也会发生在我们身上或我们所爱的人身上时，例如，拐卖儿童的新闻能让家长们高度警惕。犯罪也会引发愤怒，例如，当醉酒的司机撞死行人，或者当人们的毕生积蓄被诈骗光时。当具有公信力的个体贪污钱财，或者当权者实施性侵害行为，那么犯罪就会激起群体的愤怒。

出于政治动机的犯罪会让人们感到恐惧且愤怒。向公职人员寄管状炸弹，向正在打垒球的政客开枪，以及对投票系统进行网络攻击，这些都是近年来在新闻中出现的出于政治动机的犯罪。此外，近年来，公众对政要人物及其同伙的犯罪也变得敏感起来，如作伪证、洗钱、欺诈、受贿和进行非法竞选活动。

什么是犯罪？就当前而言（且仅就当前），我们抛开这样一个现实，即一些被定义为犯罪的行为可能不应该被纳入犯罪的范畴，而另一些被定义为非犯罪的行为却应该被纳入犯罪的范畴。我们也抛开另一个事实，那就是许多犯罪人从未被抓获，而一些被抓获的人并非真的有罪，那些被抓获的人并没有得到平等对待。我们会在本章后面讨论这个问题。

从法律上讲，犯罪是指做出了法律所禁止的行为或不履行法律要求的行为，且一旦被定罪，就可能受到一系列惩罚。在这个意义上，犯罪行为就是违反刑法的行为。如果被定罪，个体必须是故意违法，且没有正当理由或借口。例如，在某些情况下，即使是故意杀人也可能是正当的，如为了保护自己的生命。虽然确实存在少数不需要犯罪意图的犯罪［称为严格责任犯罪（strict liability offenses）］，但绝大多数犯罪都需要犯罪意图。很显然，这一法律定义涵盖了各种行为，从轻微犯罪到谋杀。

虽然人们对犯罪的兴趣一直很高，但了解犯罪发生的原因及如何应对犯罪一直是个问题。公职人员、政客、各种专家及公众一直在为如何消灭犯罪，特别是暴力犯罪和街头犯罪，提出各种建议与解决方案：招募更多警察、配备先进的监控设备、武装教师、上牢固的锁、学习自卫课程、对犯罪人施以严厉的惩罚、快速将他们监禁或判处死刑，等等。其中一些方法可能在短期内有效，但整体的犯罪问题仍然存在，尽管犯罪率时高时低，某些年上升，某些年下降。那些被认为是打击犯罪根源的解决方案（如减少经济不平等、增加教育机会或提供针对物质滥用的治疗）都具有相当大的价值，但是这些措施需要大量的人力、精力和财力的投入。

我们无法防止犯罪发生的部分原因在于，我们难以理解犯罪行为，不能确定它发生的各种原因，以及很难对这些原因达成共识。因为犯罪很复杂，所以对它的解释也很复杂，答案就更复杂了。心理学研究表明，大多数人对复杂性和模糊性的容忍度有限。不管问题有多复杂，我们只想要简单的、直截了当的答案。当心理学家在回答有关养育子女的问题时，家长们总会显得很不耐烦，因为心理学家会说："这取决于情境，取决于父母对此的回应，取决于任何可能的影响因素。"如今，媒体（包括互联网和社交媒体）所提供的大量信息，助长了人们对简单答案的偏好。互联网能让我们即时获得大量资源，有些可信，有些值得商榷。有洞察力的学生可以很好地利用这些资源，例如，他们可以找到本书所涉及的几乎所有主题的最新研究。然而，很多人通过各种方式来获取信息（不一定是知识），如通过浏览网页，进入聊天室，阅读博客和附带的评论，关注朋友、陌生人及朋友的朋友的社交媒体，等等，而这些信息可能是合法的，也可能是非法的。现在，可以公平地说，很多人几乎完全通过社交媒体获取信息，而这些平台的信息有时候可能来路不明。因此，对学生而言，需要学习的一项非常重要的技能就是有选择地、谨慎地使用信息技术。

犯罪行为看起来极其复杂，有时甚至难以理解。我们会重点介绍犯罪的心理学取向的观点，同时也会引入其他取向的观点。然而，必须强调的是，不存在能够对犯罪进行完美解释的心理学理论，正如社会学、人类学、精神病学、经济学或历史学方法一样。事实上，如果没有其他学科及精心设计的研究的帮助，社会学、心理学或任何其他学科都不可能形成关于犯罪的基本"真相"。犯罪学，作为一门对犯罪进行科学研究的学科，需要得到跨学科的帮助才能够解释和控制犯罪行为。然而，准确并充分地回顾来自相关学科的大量研究和理论远超本书的范畴。我们的主要目标是回顾并整合心理学对犯罪的最新学术研究成果，将其与传统取向进行比较，并在此基础上讨论预防和矫治犯罪行为的策略。在完成这项任务之前，我们要先关注一些理论问题，这些问题是研究任何人类行为（包括犯罪行为）的基础。

犯罪理论

"理论"（theory）一词在日常对话中的使用比较宽泛。它可能指的是个体经验、观察结果、传统信念、一系列观点或一组抽象的思维。几乎每个人都持有关于人类行为的理论，包括对犯罪行为的阐释，例如，"如果他的父母用正确的方式抚养他，他就不会坐牢了"。有些人相信，这个世界是公正的，他们相信一分耕耘一分收获。这些人被称为"公正世界信念持有者"（just-worlders），他们相信一件事情发生在某个人身上不会没有理由，而是与这个人的行为密切相关的，例如，2008—2009 年，当许多美国房主因为无力支付高额抵押贷款而面临丧失抵押品赎回权的时候，公正世界信念持有者可能会说这主要是他们自己的错，而不是银行官员诱导他们支付高额利息导致的。

说到犯罪，公正世界信念持有者可能会认为窃贼应该受到严厉的惩罚，而被害人也有错，因为他们没有充分保护自己的财产。值得注意的是，公正世界是一种信念，即确信世界是公正的，人们应该得到他们应得的。公正世界信念持有者认为，因为世界是公正的，所以受虐待的配偶肯定是因为自己挑衅才招致殴打的；那个付了 500 美元押金以领取百万美元奖金的人应该更清楚，这件事美好到不太真实，那么它肯定就不真实。

上述的这些信念表达了个体关于世界如何运转的"理论"或假设。不过，心理学家们也在公正世界信念的基础上提出了一个更精细化的科学理论，他们还开发了测量个体公正世界信念取向的量表（Lerner, 1980; Lerner & Miller, 1978）。人们已经提出并验证了各种各样的假设，而其中有些假设就是以公正世界假说（just-world hypothesis）为基础的。例如，根据个体在量表上的得分而被认定为公正世界信念持有者的人更倾向于支持死刑，并且他们也不支持许多旨在减少社会群体间经济差距的社会项目（Sutton & Douglas，2005）。

有意思的是，关于公正世界信念理论的研究主要有两条路径：一条是如上述所提的一般公正世界信念（general just-world），另一条则是个人公正世界信念（personal just-world）（Dalbert，1999；Sutton & Douglas，2005）。个人公正世界信念（即"我通常能得到我应得的"）被认为有助于应对生活困难且具有适应性。例如，研究发现，与低个人公正世界信念取向的囚犯相比，那些具有高个人公正世界信念取向的囚犯对自己的监禁经历的评价更加积极，而且他们的总体幸福感更高（Dalbert & Filke，2007）。不过，具有一般公正世界信念似乎问题更大，因为这种信念常与低共情水平和被害人贬损（derogation of victims）有关。

上面所论述的科学理论虽然都建立在逻辑和研究的基础上，但它们之间的复杂程度差异很大。科学理论（scientific theory）是一组相互关联的概念、定义和命题，通过指定变量之间的关系来呈现对现象的系统看法，目的是解释和预测现象（Kerlinger，1973）。

因此，犯罪的科学理论应该系统地将各种社会的、经济的和心理的变量与犯罪行为进行关联，并提供一般性解释，同时应该得到方法合理且执行规范的研究的支持。此外，任何科学理论中的术语都必须尽可能精确，其含义和用法必须清晰无误，以便通过观察和分析对其进行有意义的检验。检验理论的过程被称为理论验证（theory verification）。如果这个理论或者它的任何一个命题没有得到验证，那么它将被证伪（falsification）（Popper，1968）。

犯罪理论的主要目的是确定犯罪行为的原因或先决条件，从而减少或至少控制犯罪行为。有些理论内容多且涉及广，而有些则涵盖范围狭窄且具体。基本上，关于犯罪行为的理论都是一系列研究结果的总结。也许更重要的是，这些理论都为进一步研究提供了方向。不过，即使某个理论的一部分假设被证伪了或不被研究结果所支持，那么该理论也不一定会被全盘否定。我们可以对它进行修正或进行重新检验。此外，每种犯罪理论对预防犯罪的政策或决策都有一定的启发意义。

近几十年来，研究人员致力于根据各种理论提出不同的模型。模型（model）是理论或概念的一种图形表征，目的是增强我们对理论的理解。在本书中，你会遇到各种与违法和犯罪行为有关的模型。

模型相对而言比较新，但犯罪理论已经存在几个世纪了。18 世纪，意大利哲学家切萨雷·贝卡里亚（Cesare Beccaria）提出了一种理论，认为人类行为的根本驱动力是通过权衡获得的快乐和承受的痛苦或惩罚来做出选择。贝卡里亚认为，无论在何种社会环境中，如果想要减少或制止犯罪行为，那么惩罚就应该迅速、明确且足够严厉，这样才能阻止人们实施犯罪行为（或寻欢作乐）。如果人们提前意识到将会接受严厉的惩罚，而且惩罚很快就会到来，那么，无论他们的社会地位或特权如何，他们都不会选择从事非法行为。这种理论思想强调自由意志是人类行为的特点，它被称为古典理论（classical theory）。刑法和民法都根植于这样一种理念：个体是自己命运的主人，拥有意志的自由和选择的自由。当今许多预防犯罪的理论取向都与古典理论一致，古典理论的现代形式被称为威慑理论（deterrence theory）（Nagin，2007）。例如，在街道和商业场所随处可见的监控摄像头就是假设个体在打算犯罪时会因为存在被发现的风险而停止犯罪行为。同样，对政治犯判处重刑可能会阻止其他人实施同样的行为。不过，即使长期服刑并未对人们形成威慑，个体还是要接受惩罚，因为犯罪是他们自由意志的一种体现。

另一种理论思想源于实证主义理论（positivist theory），它与决定论（determinism）的思想密切相关。基于这个视角，自由意志不能作为行为的主要解释因素，而是先前的经历决定了我们将如何行动。

最早的犯罪实证主义理论就考虑到了生物因素，如个体的性别、种族甚至脑容量的大小。切萨雷·龙勃罗梭布罗索（Cesare Lombroso）是一位早期的实证主义理论家，他对已死的囚犯和活着的囚犯的头骨进行了详细的测量，并得出了有关他们犯罪倾向的一些结论。后来，实证主义学者认为社会因素是罪魁祸首，如早期生活中的负面经历或教育机会的缺失。根据实证主义学派的观点，人类行为受因果规律支配，自由意志的作用逐步削弱。大多数当代犯罪学理论都是实证主义取向，因为它们都在寻找超越自由意志范围的犯罪起因。此外，许多预防犯罪的方法都符合实证主义取向，这些方法试图"修复"导致犯罪活动的先决条件，例如，为有犯罪风险的青年提供支持性服务。

总之，古典犯罪观认为，违法的决策在很大程度上是自由意志的结果；而实证主义或决定论观点认为，大多数犯罪行为是社会、心理甚至生物因素导致的。这并不是否定自由意志的重要性，也不意味着个体不用为自己的行为负责，而是说，这些行为需要用更多的原因来进行解释，而不仅仅是自由意志。为此，实证主义致力于找出犯罪的原因，预测和控制犯罪行为，并帮助犯罪人改过自新（重新适应）。

不同理论取向的人性观

所有犯罪理论都有关于人性的基本假设或价值取向，大致可分为三类。第一类是遵从价值取向（conformity perspective），该假设认为人类是遵从性生物，我们想做大众普遍观念认为"正确"的事情。心理学中人本主义观点的基础在很大程度上体现了这种假设。人本质上都是"善良"的人，我们活着时都在努力发挥自己最大的潜能。类似地，心理学中的积极心理学分支专注于研究那些让生活更有意义的个体特征，如满意度和亲密感（Peterson，2006；Seligman & Csikszentmihalyi，2000）。因此，积极心理学与遵从价值取向非常一致。

在犯罪学中，遵从价值取向的一个很好的示例就是紧张理论（strain theory），它由社会学家罗伯特·默顿于1957年创立的，并在罗伯特·阿格纽（Robert Agnew，1992，2006）及其追随者的理论中得到延续。默顿最开始的紧张理论认为，人类的本质是遵从，我们受到所在社会的价值观和态度的巨大影响。简而言之，特定社会中大多数成员所渴望的东西是该社会其他成员所渴望的。在很多社会和文化中，财富或地位的积累至关重要，它们代表了所有社会成员都应该努力追求的目标。不幸的是，实现这些目标的机会并不平等。一些人能通过拥有的教育资源、社会关系、人际交往和家庭影响力来实现这些目标，另一些人却被剥夺了这样的机会。由此，默顿的紧张理论预测，当一个社会所珍视和推崇的物质价值和目标与实现这些目标的合法手段之间存在明显差距时，违法和犯罪行为就会发生。在这种情况下，财富和权力的目标与实现这些目标的手段之间就产生了紧张关系。体验到这种高度紧张的群体和个体会被迫决定是否做出违反规范和法律的行为，以获得一些财富或权力，或者选择放弃他们的梦想，走向形式主义、退缩或反叛。尽管紧张理论最初是基于美国社会发展起来的，但它可以在全球范围内应用。

在默顿开创性工作的基础上，其他紧张理论支持者强调，有钱的人和有权的人实施的犯罪也可以用紧张理论来解释。尽管这些人有更多的合法手段去实现目标，但他们仍然想要积累更多的财富和权力，从而维持自己在社会中的特权地位（Messner & Rosenfeld，1994）。因此，一个已经很富有的人可能会为了隐瞒收入或逃税而实施违法行为。

阿格纽在发展一般紧张理论（general strain theory）时，以略微不同的方式使用了"紧张"一词，他将其视为个体不喜欢的事件和状态。无法实现自己的目标只是其中一种状态；其他状态诸如失去了一些对自己来说有价值和意义的东西，或者遭到他人的恶劣对待（Agnew，1992，2006）。一般紧张理论引发了大量的研究和评论，至今仍在不断被检验和评估。

第二类是**非遵从价值取向**（nonconformist perspective），该假设认为，人类本质上是无纪律的生物，社会中如果没有严格的规则约束，人类就会藐视社会习俗并毫无顾忌地犯罪。这种观点认为人类从根本上是不喜欢受约束的，需要加以控制。例如，第三章有关生物学和神经生物学理论所讨论的，某些个体的遗传或其他生物学特征、缺陷，会导致他们出现攻击、暴力等反社会行为。

近年来，一些犯罪学家强调了生物因素对行为的重要影响，认为即使它不是行为的唯一决定因素，至少也应该被考虑进来（DeLisi，2009）。生物因素的影响可能发生在个体出生时，也可能发生在个体发育的早期。需要指出的是，非遵从价值取向并不是要指责个体的不完美。你将在第三章了解到，许多理论家现在认为的特定行为，如攻击行为，有时是由营养不良及个体所暴露的环境中存在有害因素导致的。不过重要的是，这些缺陷是可以预防、矫治或克服的。

特拉维斯·赫希于 1969 年提出的**社会控制理论**（social control theory）是非遵从价值取向的一个很好范例，本书后面的很多内容都会涉及。社会控制理论认为，当个体与传统秩序或规范标准的联系薄弱或基本不存在时，就会产生违法犯罪行为。也就是说，通常情况下控制个体基本人性的社会化过程是不完整的或有缺陷的。这种立场认为人从本质上是"坏的""反社会的"，或者至少是"不完美的"。这些先天倾向必须由社会来加以控制。在提出社会控制理论多年之后，赫希与迈克尔·戈特弗雷德森（Michael Gottfredson）共同提出了**犯罪的一般理论**（general theory of crime）（Gottfredson & Hirschi，1990），也被称为**自我控制理论**（self-control theory）。该理论认为，缺乏自我控制或自我调节是导致犯罪和违法行为的关键因素。该理论的一个争议点是认为自我控制是一种稳定的特质，通常在儿童 8 岁前就已经完全形成，而且此后不太可能改变。许多研究人员对自我控制理论的这个假设进行了检验，发现自我控制能力在儿童 8 岁之后仍然会发展（Arnett，2000；Burt，Sweeten，& Simons，2014；Zimmermann & Iwanski，2014）。

第三类是**学习观**（learning perspective），该假设认为人类生来是中性的（既不是天生遵从，也不是不守规矩），其整个生命过程都是一直发展变化的。这种观点认为，人类从社会环境中学习了几乎所有的行为、信念和偏好。学习观最好的范例是**社会学习理论**（social learning theory）（第四章的主要话题）和社会学家埃德温·萨瑟兰（Edwin Sutherland）于 1947 年提出的**不同交往理论**（differential association theory）。社会学习理论强调榜样模仿和行为强化等概念。根据不同交往理论，犯罪行为和所有社会行为一样，都是通过与他人的社会互动而习得的。它不是情绪障碍、精神疾病及先天"善"或"恶"的后果。相反，人们之所以学会犯罪，是因为他们从他人那里习得了大量经验和信息，而这些人也是这样被"教导"而成为犯罪人的。因此，传统上"近墨者黑"的观点，可以在这个理论中获得佐证。

从 20 世纪中期到现在，很多犯罪学家都采用了**发展取向**（developmental approach）这一观点，这种观点认为犯罪和其他反社会行为是从幼儿期就开始形成的，并延续到成年期，甚至贯穿整个成年期。发展心理学家将人类的整个生命发展过程分成了几个阶段。那些对反社会行为感兴趣的研究人员经常研究各个阶段，因为它们与犯罪有关。过去 10 多年里，**成年初显期**（emerging adulthood）被定义为青春期和成年期之间的一个时间段，在 18 岁到 20 多岁期间，主要是 18～25 岁（Arnett，2000，2014）。成年初显期通常被认为是个体从父母和组织的控制中开始独立出来，但是他们仍然在寻求自我认同的阶段。因此，他们一方面会自由探索和自主选择，而另一方面也可能在努力获得成年人的身份。在本书后面的内容中，我们会看到成年初显期的提出引发了大量关于反社会行为的研究。

学习观也体现在发展取向的犯罪学家的工作中，他们研究那些导致人们犯罪的生活方式或发展路径。

例如，一些人在很小的时候就开始出现反社会行为，而另一些人则在青春期或更晚的时候才出现。发展取向的犯罪学家提出了一些需要克服的风险因素和一些需要提倡的保护因素。很多人都知道，女孩和成年女性群体与男孩和成年男性群体的发展路径是截然不同的，不过，不同研究人员在对两者之间到底有多大程度的差异这个问题上还存在分歧。

表 1-1 总结了遵从价值取向、非遵从价值取向和学习观三种理论取向的人性观，并进行了解释说明。发展取向的犯罪学不能完全归为其中一类，尽管我们觉得它更符合学习观的理论取向。不过在发展取向的犯罪学家的研究和著作中，这三种取向的观点都会有所体现（Le Blanc & Loeber，1998；Farrington，Ttofi，& Coid，2009；Moffitt，1993a，b；Odgers，Moffitt et al.，2008；Patterson，1982）。

犯罪学的不同理论视角

犯罪学（criminology）是用多学科视角研究犯罪问题的学科。例如，上面我们引用的几个理论都是由社会学家提出的。多年来，犯罪研究一直由社会学、心理学和精神病学主导，不过近年来，它涉及的学科和分支越来越多。这些学科包括但不仅限于人类学、生物学、神经学、政治学及经济学。

虽然本书主要关注的是心理学的原理、概念、理论，以及与犯罪行为相关的研究，但我们仍然相当重视其他学科的研究结果，尤其是社会学、精神病学和生物学。事实上，很多心理学家都有很强的生物学和脑科学的研究背景，而且很多心理学家都是生物心理学和神经心理学这些快速发展的研究领域的专家。在学科间划分出清晰的界限很困难，因为它们在研究的关注点、重点、理论和实践上都存在交集。可以说，几乎所有人都在试图制定、检验和评估任何潜在的预防或减少犯罪行为的策略和干预措施。

此外，某一理论被归类为社会学取向、心理学取向或精神病学取向，有时仅取决于其提出者的专业领域。而且这种区分并不清晰，因为当前很多理论家和研究人员都经常与其他学科的研究人员跨学科合作：一起申请基金，一起合作研究，一起授课，一起成立咨询机构，甚至一起合作出书。例如，在网络犯罪学（cybercriminology）这个相对较新且发展迅速的分支领域，心理学、社会学、计算机科学、经济学等领域的学者对不同类型的网络犯罪都已积累了很多研究成果（Jaishankar，2011；Stalans & Finn，2016）。

最后我们想说，把任何主要的学科浓缩成几页纸的内容都是不公平的。如果想了解更多内容，可以查阅更多著作和文献。表 1-2 总结了犯罪学三个学科的主要研究取向。

社会学取向的犯罪学

社会学取向的犯罪学（sociological criminology）研究人口学变量、群体变量和社会变量与犯罪之间的关系。研究表明，年龄、种族／民族、性别、社会

表 1-1　不同理论取向的人性观

行为取向	理论范例	人类特点
遵从价值取向	紧张理论（默顿） 一般紧张理论（阿格纽）	性本善；个体会受到社会的价值观和态度的巨大影响
非遵从价值取向	社会控制理论（赫希） 犯罪生物学理论（龙勃罗梭） 犯罪的一般理论（赫希，戈特弗雷德森）	无纪律性；个体与社会秩序的联系很薄弱；先天倾向必须由社会来加以控制；个体缺乏自我控制；个体并没有过错
学习观	不同交往理论（萨瑟兰） 社会学习理论（罗特，班杜拉）	个体天生是中性的；行为是通过与他人的社会互动习得的；一生中的各种变化都会影响行为；风险因素和保护因素影响一生

表 1-2　犯罪学三个学科的主要研究取向

研究取向	影响学科	研究关注点
社会学取向的犯罪学	社会学	研究人口学变量和群体变量对犯罪的影响：关注社会结构和群体文化，以及它们如何影响犯罪行为
心理学取向的犯罪学	心理学	关注个体的犯罪行为：犯罪人的行为、情绪、精神性和心理性过程
精神病学取向的犯罪学	精神病学	当前研究视角：精神因素和社会环境之间的相互作用；传统研究视角：寻找犯罪行为的潜意识和生物因素

经济地位、文化归属等变量都与某些特定类型的犯罪、特定模式的犯罪及被害显著相关。例如，该取向的犯罪学研究结论显示，青少年群体在非暴力财产犯罪中的比例特别高。来自弱势群体家庭的年轻的非洲裔美国男性在谋杀案中成为犯罪人和被害人的比例都非常高。白人男性在政治犯罪和法人犯罪中的比例很高。本书涉及的各种观点及研究结果都对这些关系形成的原因进行了解释。社会学取向的犯罪学还探讨了最有可能发生犯罪行为的情境或环境因素，如时间、地点、使用的武器种类及犯罪时周围的环境。很多学者经常从这个视角出发研究诸如抢劫和入室盗窃等犯罪行为为何会出现在城市中那些具有社会解组（social disorganization）特征的区域里。社会解组是指一个社区中存在不利条件的程度，包括失业、基础设施差、住房空置、存在非法活动等。

　　该犯罪学取向的另一个主要贡献是它关注了社会中权力分配不平等的问题。对这个问题的研究通常采用的形式是考察对犯罪的界定及法律的执行状况。对街头兜售药物的监管比正规渠道销售药物的监管要严格很多，尽管这些药的药效是相同的。例如，如果工作场所和环境允许危险因素的存在，那么在这种情况下发生的严重危害，企业管理者的行为通常不被认定为犯罪。社会学家对政治犯罪（如贪污、贿赂和滥用职权等）的研究远多于其他学科，不过近年来，心理学家也开始对这个领域进行探索。社会学取向的犯罪学在研究潜在社会因素（如教育与就业机会不平等）对犯罪行为的影响方面一直具有优势。社会学的冲突理论在质疑犯罪的界定问题

上、哪些人应该受到惩罚上，以及在试图引发人们去关注有钱者和有权者的犯罪问题上，都非常有影响力。

心理学取向的犯罪学

　　心理学是研究行为和心理过程的科学。因此，心理学取向的犯罪学（psychological criminology）是研究实施犯罪行为的人的行为和心理过程的科学。社会学取向的犯罪学主要关注作为一个整体的群体和社会，以及它们如何影响犯罪活动，而心理学取向的犯罪学关注个体犯罪行为的习得、诱发、维持和调整。

　　在用心理学研究犯罪时，社会和人格对犯罪行为的影响，以及心理过程对犯罪行为的影响都会被考虑在内。人格是指心理学家所认为的对行为调节和控制非常重要的生物学/神经学因素、心理特质和认知特点的总称。近年来，尽管研究人员仍然对犯罪人之间的人格差异感兴趣，不过心理学取向的犯罪学已经在几个方面发生了转变：第一，采用一种更关注认知取向的方式研究犯罪行为；第二，更加关注生物学/神经学因素；第三，采用发展的视角来研究个人和群体的犯罪行为。

1. 认知取向

　　认知（cognition）是指人们对社会环境、人际关系、人性及自身所持有的态度、信念、价值观和想法。在严重的刑事犯罪中，犯罪人的认知往往是歪曲的。例如，认为儿童必须受到严格的体罚，或者认为被害人并没有受到诈骗或盗窃的真实伤害，这些认知都可能导致犯罪行为的发生。偏见是一种对

社会现实的歪曲认知，包括对他人的错误概括和过度简化。专栏 1-1 中强调的仇恨或偏见犯罪通常源于犯罪人所持有的偏见和认知歪曲。很多系列强奸犯因为对社会现实的认知歪曲，导致他们认为自己所攻击的被害人"罪有应得"；一些儿童性犯罪人甚至会说服自己并没有伤害被害人；一些白领犯罪人有时会为自己的罪行辩护，认为自己必须这样做才能保住自己的工作。犯罪人的认知对理解他们犯罪行为的重要作用将是本书一直强调的内容。

2. 生物学 / 神经学取向

很多犯罪学家认识到，生物学与神经学的学科研究进展都发现了生物学（包括神经心理学）和人类行为之间的紧密关联（Barnes，Beaver，& Boutwell，2011；Bush，2017；Raine，2013；Wright & Boisvert，2009）。犯罪行为的生物学 / 神经学研究主要关注攻击行为和暴力行为。例如，一些研究人员发现，生物、遗传或神经心理因素对攻击和暴力行为有重要影响。颅脑损伤（如在战场或交通事故中形成的脑损伤）可能会导致人格改变，包括攻击行为增加（Gurley & Marcus，2008）。在下文中我们将了解到，反社会行为可以通过一些专门的训练和干预项目来减少，这些训练和干预项目主要是针对改善颅脑损伤后的神经心理功能而设计的，同时也可以用于预防生命早期的神经心理损伤。

3. 发展取向

了解犯罪行为如何开始及如何发展是极其重要的。发展取向研究个体一生中哪些变化和影响因素可能导致其产生反社会行为和犯罪行为。这些通常被称为风险因素，如营养不良、失去父母、过早辍学、居住环境差等。不过，发展取向也会寻找保护因素，或者那些能帮个体缓冲风险的因素。例如，有一个良师或具有良好的社交技能，都是保护因素。另一个保护因素是个体自身的心理弹性，这一特质使个体在面对重大困难时能够重新振作起来。如果我们能够识别人生发展路径中的这些变化和影响因素，而这些因素恰恰能够让个体变得关爱他人、善

解人意、亲社会，同时能引导一个人远离严重的、持续性的反社会行为，那么我们就获得了预防和改善违法犯罪行为的无价之宝。

4. 特质取向

过去，心理学家认为如果能找到那些对行为产生巨大影响的稳定的、一致的人格倾向性或特质，就能很好地理解人类行为。特质（trait）或人格倾向性（disposition）是一种以特定方式行事的相对稳定且持久的倾向，它能将个体与他人区分开来。例如，一个人可能性格外向，一向习惯于社交、与不同的人见面；而另一个人可能害羞、内向，只喜欢与非常亲密的朋友来往。近年来，研究人员（Frick & White，2008）对冷酷无情特质（callous-unemotional trait）给予了相当大的关注，具体我们会在第七章详细讨论。冷酷无情特质是指缺乏同情心及不关心他人利益，这通常会导致一种持续的具有攻击性的反社会行为模式。如前文所述，自我控制的特质也是在犯罪学界备受关注的一个特质。

特质理论认为，个体的行为具有跨时间和跨地点的一致性，这些行为代表了其人格。因此，许多犯罪心理学家认为，应该寻找那些犯罪行为背后的人格特质或变量。他们不太关注个体所处的环境或当时的情境。他们认为一旦识别出这些人格变量，就可以确定和预测哪些人最有可能实施哪类犯罪行为。

然而，至今都没有发现杀人犯、强奸犯、施暴者或盗窃犯中存在某种特定的人格类型。虽然，当代的犯罪心理学观点在解释犯罪时仍然还在使用人格或行为特质这些概念，如上文讨论的冷酷无情特质，但犯罪心理学家们在解释时也会涉及认知因素、神经心理因素、发展因素等。因此，虽然特质心理学一枝独秀的状态已不复存在，但该取向的很多内容仍然被沿用。

热门话题

专栏 1-1　仇恨或偏见犯罪

因对个体的仇恨或偏见，或者对个体所属种族／民族的偏见而产生的犯罪行为，并不算什么新鲜事，几乎每个国家的历史上都发生过这种事情。在这个问题的处理上，美国采取的一个较新的措施是尽最大努力追踪此类犯罪，并对此类犯罪人进行严厉的惩罚。这项工作取得了一定的成功。但是，偏见犯罪问题普遍被低估了，而且常常没有被正式起诉，也很少受到惩罚。

不过，在 20 世纪末，美国国会和许多州都开始强调仇恨犯罪所带来的严重问题，特别是一些暴力仇恨犯罪，这些犯罪通常是出于对个体的种族／民族、宗教或性取向的仇恨、歧视或偏见而实施的。最终，诸如性别、身体或精神残疾、高龄、军人身份等特征都被列进了受保护名单。并且还通过了一些法案，法案要求收集这些罪行的统计数据，且允许对那些被判犯有仇恨或偏见罪的人加重刑罚。于是第一部此类美国联邦法律应运而生，即 1990 年的《仇恨犯罪统计法案》（*Hate Crime Statistics Act*），该法案要求收集那些因种族／民族、宗教、性取向而产生的针对个体的暴力袭击、恐吓、纵火或损坏财物的数据。该法案于 1994 年进行了修订，增加了出于对残障人士的偏见而产生的犯罪，并于 2009 年年底纳入了因对性别或性别认同的偏见而产生的犯罪（Langton & Planty，2011）。

统计数据本身只触及了问题的表面。以 2016 年为例，那些被要求报告仇恨或偏见犯罪数据的机构中有 88% 表示，在其管辖范围内没有此类犯罪发生。不过在接下来的一年里，报告此类犯罪的机构增加了 1000 多家，这表明仇恨犯罪突然增加了或官方人员对此类犯罪数据的收集更重视了，或者二者兼有。

2017 年，执法部门共报告了 7175 起偏见犯罪，而前一年报告了 6121 起（FBI，2018a）。同样值得注意的是，从 2015 年到 2017 年年底，这类犯罪增加了 30%。最常见的偏见犯罪类型是出于对种族／民族／族裔、宗教及性取向的偏见（见图 1-1），绝大多数（约 5000 起）是针对人的犯罪。

与此相关的是，南方贫困法律中心（Southern Poverty Law Center，SPLC）报告，美国的仇恨群体在大幅增加。SPLC 在 2000 年确定了 602 个仇恨群体；2018 年，该类群体的数量上升到了 953 个。

仇恨群体是指那些在信念上或行动上对特定群体（如移民或特定种族、族裔、性取向或性别认同）存在恶意和攻击的群体。仇恨群体的行为不一定都是犯罪；事实上，他们更可能去参加集会、游行，而不是直接实施暴力侵害。

实施了仇恨犯罪的那些人对仇恨群体发布的信息非常认同，即使他们实际上并不属于该群体。例如，2011 年，一男子在挪威杀害了 77 人，并造成了数百人受伤，他认为自己是某个组织的领导人，该组织确实存在，但这个组织否认该男子是其领导人或成员。2015 年，在南卡罗来纳州某教堂的一次祈祷会上，一名男子杀害了 9 人，他曾发表言论想要发动一场种族战争。

大家可以发现还有很多这类案例。有一些心理学概念可以帮助我们理解为什么个体会犯下这些罪行，我们将在第四章讨论。

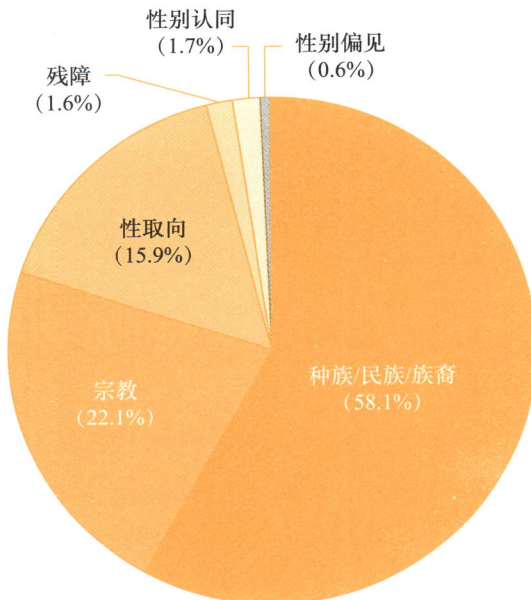

图 1-1 偏见犯罪比例分布图（2017 年）

资料来源：Federal Bureau of Investigation，2018a。

精神病学取向的犯罪学

非专业人员甚至是其他学科的专业人员和学者经常把心理学（psychology）和精神病学（psychiatry）这两个术语混淆。像心理学家一样，许多精神病学家也会在各种各样的环境下工作，这让他们有时也会接触到被指控的嫌疑人或已被定罪的犯罪人。他们对被告进行评估，在法庭上提供专家证言，以及在社区或矫治机构中为他们提供治疗。与法庭和其他法律领域密切关联的精神病学家和心理学家通常被称为司法精神病学家（forensic psychiatrists）或司法心理学家（forensic psychologists）。

虽然，精神病学里的概念和理论通常在心理学界也是被公认的，但是，这两个专业的学者对事物的看法是截然不同的，他们对犯罪行为的解释也有不同的方式。导致这种差异的部分原因是两个学科要求不一样。心理学家通常获得的是哲学博士学位、心理学博士学位或教育学博士学位，并完成心理学的某些领域的科研培训；而精神病学家与医生一样，首先需要获得医学学位并完成医学实习，然后，要完成平均为期四年的精神病学住院医师项目，在此项目中，他们要接受精神病学方面的专门培训，主要侧重于在司法机构（如法庭诊所或精神病院中专门为被指控犯罪的精神病患者所设立的病区）中的精神疾病诊断与治疗。顺理成章地，这种医学培训更倾向于用生化和神经学因素来解释人类行为，这也通常反映在解释犯罪行为的精神病学理论中。

相比之下，想成为认证的临床心理学家或咨询心理学家，只需要接受为期一年的临床实习培训，主要学习各种心理障碍的诊断与治疗的方法和技术。在临床培训之后，有些需要参与 1～3 年的博士后项目，有时更长，主要是开展研究和实践工作。这种培训主要是关于人类行为的认知（思维过程）、发展和习得，而较少涉及生化因素或神经因素。然而，正如我们前面看到的，生物学／神经学取向在行为科学研究中越来越受关注，心理学家们如今也更注重这个方向的培训。例如，临床神经心理学家会接受大量有关损伤和疾病的神经病学和认知方面的培训。

从定义上讲，精神病学家属于医生，他们可以开药，通常是精神活性药物。精神活性药物指的是对心理过程有显著影响（包括影响情绪、幸福感体验等）的药物品类。目前，美国除了 5 个州，其他绝大多数州的心理学家都没有处方权。2002 年，新墨西哥州成为第一个允许接受过专门训练的心理学家开精神活性药物（用于治疗心理问题的药物）的州；路易斯安那州在 2004 年成为第二个州，那些有处方权的人被称为"医学心理学家"；2014 年，伊利诺伊州成为第三个州，他们向经过高级专业培训的有资质的临床心理学家开放有限的处方权；艾奥瓦州和爱达荷州也分别于 2016 年和 2017 年颁布了类似的法律规定。军队和一些美国联邦机构里的心理学家也有处方权。不过，有 12 个州一直拒绝授权，而且就目前看来，这些州似乎没有为取得授权做任何努力。很多权威医疗机构经常反对这些处方特权，称这会导致物质滥用，而且会降低患者护理的质量。就连心理学家内部在这一点上都有很大分歧，不过调查表明，大多数人都赞成将处方权扩大到那些已接受过一定程度培训的人，主要是因为这可以增加个体在没有其他办法的情况下获得精神健康服务的机会（Ax et al., 2007；Baird, 2007）。不过，有些人担心，这可能会导致精神障碍或行为障碍的治疗更加依赖药物。

在过去，精神病学取向的犯罪学（psychiatric criminology）都遵循弗洛伊德学说、精神分析或心理动力学理论（psychodynamic model）。精神分析理论的创始人是内科医生和神经病学家西格蒙德·弗洛伊德（Sigmund Freud），他的追随者被称为弗洛伊德主义者。那些赞同在经典弗洛伊德学说基础上进行理论修正的精神分析学家被称为新弗洛伊德主义者。而还有一些精神分析学家遵循的是阿尔弗雷德·阿德勒（Alfred Adler）和卡尔·荣格（Carl Jung）的观点，这二者有别于弗洛伊德，他们提出了自己的理论。埃里克·埃里克森（Erik Erikson）是一位非常有影响力的精神分析学家，他提出了包括八个连续阶段的发展理论。埃里克森认为，自我同一性是在面对人生的八个阶段中的积极目标和消极风险的过程中逐步实现的。自我同一性达到的程度或每个阶段个体所取得的进展，都可能会影响他们的犯罪行为倾向。

不过，当前精神病学家在研究犯罪行为时，不太倾向于使用精神分析取向，很多都是以科学研究为基础的，同时还与心理学家及其他心理健康领域的专业人员合作。除极个别如萨斯（Szasz, 1961）及其追随者以外，精神病学家更多地受到精神疾病的医学模式的影响。

他们大多数人支持《精神障碍诊断与统计手册》（第 5 版）（*Diagnostic and Statistical Manual of Mental Disorders,* DSM-5）中的诊断分类，或类似的分类方案，如世界卫生组织（World Health Organization，WHO）编制的《国际疾病分类》（*International Classification of Disease,* ICD），目前已更新到第 11 版。在后文中我们会讨论，虽然某些疾病与特定类型的犯罪有关，但并不能因此推定患有这些精神障碍的患者比没有患这些障碍的人更容易犯罪。更重要的是，如果精神障碍患者犯罪了，在绝大部分情况下，该个体会存在其他风险因素的影响，如物质滥用或在患精神障碍之前就有暴力行为（Peterson et al., 2014）。研究人员估计，在患有精神障碍的犯罪人中，只有不到 10% 的人是因为他们所患疾病而导致犯罪的。

犯罪的界定与测量

正如本章开头所定义的，犯罪是指一种违反刑法的故意行为，故意是指它不是意外或毫无缘故发生的。既然犯罪包含这么多类型的行为，那我们是否应该将自己局限于法律所界定的犯罪行为，且只研究那些被法律定罪的个体呢？或者也要包含那些热衷于实施反社会行为，却未被刑事司法系统发现的个体呢？或许，我们的研究应该包括任何一个具有犯罪倾向的人，只要这些人能被我们发现。

对现有犯罪学教材和文献的回顾发现，目前对于哪个群体或哪些群体应该成为被研究的对象，学界还没有达成共识。如果我们严格遵守犯罪的法律界定，只对那些犯了罪的人进行研究和讨论，那我们是只考虑那些已被定罪、监禁或正在社区服刑的人，还是要包括那些可能已触犯了刑法，但目前只被逮捕而未被定罪的人呢？虽然这些人中确实有"真正的犯罪人"，但到底有多少没有犯罪而被逮捕的人，我们无法知晓。无辜者被判刑并被监禁的案件近几年越来越多地被挖掘出来。例如，根据新的 DNA 证据，截至 2019 年年初，有 365 名服刑人员被宣判无罪（Innocence Project，2019），其中有 20 人被判处的是死刑。我们怎么才能把那些违法但躲过了侦查的人，或者那些已被立案侦查但因从宽处理而免于被逮捕或被指控的人涵盖进来呢？最后，还有许多符合犯罪条件的行为并没有被刑事司法系统掌握或并未经过它们的处理。仅举一个例子，对老年人的经济剥削甚至身体虐待行为往往被交给社会服务机构而不是警察处理。

总之，社会科学家想要研究犯罪和犯罪行为，会面临很多难题。研究样本通常是已经被逮捕的人，如监狱中的因犯或管教机构里的未成年犯罪人。但他们未必代表了真实的犯罪人总体。而且，犯罪本身就很难被界定到底达到了什么程度。正如下面我们会看到的，尽管使用了各种方法，但能得到的信息仍然不充分。

在获取犯罪发生率、流行率和犯罪特征的数据方面，存在很多陷阱。犯罪通常以下面三种方式中的一种被衡量，不过它们都不完美。

（1）官方报告中已报告的犯罪案件与逮捕数据，这些数据汇编整合后会被提交至美国联邦调查局（Federal Bureau of Investigation，FBI），以便在其年度全国犯罪统计报告、统一犯罪报告（Uniform Crime Report，UCR）以及基于国家突发事件的报告系统（National Incident-Based Reporting System，NIBRS）中发布。

（2）自我报告研究，即对选定人群的样本进行调查，询问他们犯过什么罪及犯罪频率。

（3）美国全国性或区域性犯罪被害情况调查，对家庭成员或企业成员进行抽样调查，询问受访者是否有过犯罪被害经历，犯罪类型是什么，以及被害的频率如何。

下面我们简要介绍一下每种方法，以及它们各自的优缺点。

统一犯罪报告

美国联邦调查局统一犯罪报告（以下简称 UCR）自 1930 年开始编制以来，一直是被引用最多的美国犯罪统计数据。UCR 每年发布一次年度报告，报告中包含警方已知的犯罪记录，以及美国各地方和各州执法机构自愿提供的逮捕信息。从网站上也可以获得月度报告。UCR 的数据可在美国联邦调查局官网查到。UCR 包含四组数据：

（1）基于国家突发事件的报告系统（以下简称 NIBRS）；

（2）汇总报告系统（Summary Reporting System，SRS）；

（3）执法人员被杀害和遇袭报告（Law Enforcement Officers Killed and Assaulted，LEOKA）；

（4）仇恨犯罪统计报告（Hate Crime Statistics Program）。

UCR 还管理新系统"美国警察武力使用情况数据采集"（National Use-of-Force Data Collection）。美国联邦执法机构不通过传统的 UCR 计划进行报告，但会通过 NIBRS 进行报告，这在后面会介绍。

UCR 是主要数据源中唯一一个可以从全美国层面上针对年龄、性别、种族、罪型等分类进行比较的数据。它的主要组成部分是 SRS，它提供了最受关注的几类犯罪的基本统计数据。不过，UCR 计划逐渐替代 SRS，并于 2021 年 1 月 1 日之前将这些数据整合进了 NIBRS。执法人员被杀害和遇袭报告、仇恨犯罪统计报告及美国警察武力使用情况数据采集系统会继续保留使用。

UCR 提供大量引起警方关注的犯罪信息，以及这些犯罪发生的城市和地区。逮捕数据包括被捕者的年龄、性别和种族。UCR 将犯罪大致分为两大类，即一类犯罪和二类犯罪。尽管最新的美国联邦调查局报告已不再强调分类，但仍然会时不时地使用它们，特别是在一些表格中，因为这是一种方便区分犯罪类型及方便基于分类进行数据收集的方法。一类犯罪有时被称为指标犯罪（index crimes）。它们分为暴力犯罪和财产犯罪两类，共八种（这八种犯罪及其他普通犯罪的界定见表 1-3）。

暴力犯罪包括四种：谋杀与非过失杀人、强奸、抢劫和严重伤害。在表 1-3 中，强奸的定义已经扩

表 1-3　UCR 对暴力犯罪、财产犯罪及其他普通犯罪的界定

暴力犯罪	定义
谋杀与非过失杀人	个体故意（非过失）杀害另一个人的行为
强奸[1]	在未经被害人同意的情况下，用任何身体部位或物体插入其阴道或肛门，无论多轻微，或者用他人的性器官进行口交的行为。包括强奸、鸡奸和用物体进行性侵害等犯罪行为。对他人的猥亵和法定强奸罪单独分为一类，即侵害人身罪、其他罪
抢劫	通过武力或威胁使用武力、暴力和 / 或使被害人感到恐惧，从一个人或几个人所照顾、看护或控制下抢走或企图抢走任何有价值的物品
严重伤害	个体对另一个人的非法攻击，目的是造成严重的身体伤害，它包括试图造成严重伤害的行为
财产犯罪	**定义**
入室盗窃	非法进入任何建筑物内以实施重罪或盗窃
偷盗 – 盗窃	非法获取、携带、引导或顺走他人占有的或推定占有的财产，包括入店行窃、扒窃、抢夺钱包、从机动车上盗窃、盗窃自行车等犯罪
纵火	故意或恶意烧毁或企图烧毁住宅、公共建筑、机动车、飞机或他人的个人财产，无论是否有诈骗的意图
机动车盗窃	盗窃或企图盗窃机动车，机动车定义为在陆地上而非轨道上行驶的自驱型车辆，包括运动型多用途汽车、汽车、卡车、公共汽车、摩托车、小型摩托车、全地形车和雪地摩托
其他普通犯罪[2]	**定义**
普通伤害	没有使用武器并且没有对被害人造成严重伤害的攻击行为和攻击未遂行为
伪造和假冒	意图欺诈而制造、更改、说出或拥有任何虚假的东西，以假乱真
诈骗	欺诈性兑换和以虚假手段获取金钱或财物
挪用公款	挪用或不当使用委托给自己照管、看护或控制的金钱
收赃	购买、接收和持有赃物，包括意图犯罪
对家庭成员和儿童的犯罪	家庭成员的非法非暴力行为，威胁到其他家庭成员的身体、心理或经济利益，不包括攻击或性犯罪
性犯罪	法定强奸、猥亵、暴露癖
非法滥用药物（毒品）	违反州或地方法律的规定，非法持有、销售、使用、种植和制造药物（毒品）
赌博	组织、收容或参与非法赌博
故意破坏	未经所有者或有照管权 / 控制权的人同意，故意或恶意破坏、伤害、损毁或污损任何公共财物或私人财物，无论是动产还是不动产

资料来源：Federal Bureau of Investigation，2018a. Crime in the United States 2017. Washington，DC：U.S. Department of Justice。

[1] 这是对强奸的新定义，从 2012 年开始逐步实施。旧定义称为"暴力强奸"（以区别于法定强奸），仅适用于被害人是女性的犯罪。截至 2017 年，旧定义已不再使用。

[2] 该部分清单未包含全部内容。

大为一种特定的行为，并将男性也纳入被害人范畴。旧定义称为"暴力强奸"（forcible rape）（以区别于法定强奸），仅适用于被害人是女性的犯罪。在新旧定义更替的过渡阶段，一些执法机构在报告犯罪时仍使用旧定义，但这种做法在2017年已全面停止。因此，我们必须牢记，在评估UCR中与强奸有关的数据时，2017年之前的数据需要慎重对待。

财产犯罪包括入室盗窃、偷盗/盗窃、纵火和机动车盗窃。财产犯罪中犯罪人的主要目的是夺取或毁坏金钱或财产。纵火罪包含在财产犯罪中，因为它涉及财产破坏，但同时也可能导致人员伤亡或严重伤害。应该指出的是，只有那些故意或恶意的纵火才属于财产犯罪，而起因可疑的火灾不算。

对于这八种犯罪类型，UCR提供了警方已知的犯罪信息（已报告的犯罪或已在侦查中的犯罪）及逮捕情况。至于其他犯罪类型，如表1-3提及的那些，UCR只提供了它们的逮捕情况数据。某个犯罪行为必须至少满足以下要求，才能被归为UCR中这八种犯罪类型中的一种：

- 有被害人的亲身经历或有其他目击者；
- 被害人或目击者将该行为界定为犯罪；
- 在某种程度上被执法机构视为犯罪；
- 执法机构认定为犯罪案件；
- 执法机构要准确记录该案件；
- 报告给美国联邦调查局案件数据汇编中心。

需要强调的是，UCR只提供这八种犯罪的犯罪率数据。犯罪率是指每10万人中警方已知的犯罪数量。例如，2017年，谋杀率为5.3，这意味着每10万人中警方掌握的谋杀案就有5.3起。因为UCR在持续追踪犯罪趋势，美国联邦调查局的报告显示，谋杀案件的数量从2008年到2017年下降了2%，但2013年到2017年却上升了17%。虽然，自2008年以来暴力犯罪总体犯罪率下降了10%，但自2013年以来却上升了6.8%。尽管近年来一些类型的暴力犯罪案件的数量有所上升，但总体上呈下降趋势。例如，自2004年以来，所有重大犯罪案件的犯罪率都

有所下降，但这一事实往往没有引起公众的注意。当我们将最近的数据与20世纪90年代初（当时是美国犯罪率的高峰期）的统计数据进行比较时，我们会发现犯罪率下降得更明显。

除上述八种犯罪类型，其他的所有罪型，UCR只提供了逮捕数据。例如，如果被害人只报告了一次简单的侵害案件，但并没有找到犯罪人，那么该案件就不会被计入犯罪率中。但如果该案件中有一名或多名人员被逮捕，那么它就会出现在UCR中。请注意，如果是严重伤害，即使没有找到犯罪人，也会被计入犯罪率中。

如图1-2所示，2017年，偷盗-盗窃占一类犯罪的54.0%，是八种犯罪中发生率最高的；纵火的发生率最低，仅占这八类犯罪总数的0.5%。此外，如果我们再看看警方已知的犯罪数据情况，数据显示，2017年暴力犯罪和财产犯罪都比10年前有所下降。

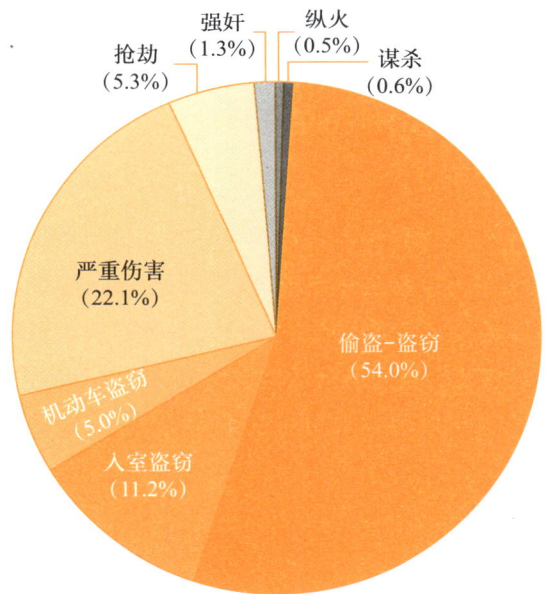

图1-2 暴力犯罪与财产犯罪比例分布图（2017年）

资料来源：Federal Bureau of Investigation，2018a。

当然，这些都是美国全国性的数字。如果我们基于UCR的区域或都市圈的划分来进行研究，那么不同区域的犯罪率和犯罪趋势都会有所不同。

UCR还报告了这八类主要犯罪类型的破案率

（clearance rate）。某一案件，当至少有一人被捕，被指控犯有该罪，并被移交起诉时，就可认为这个案件被破获了。当犯罪人发生了某些执法机关无法控制的意外时，例如，即将被捕的人自杀了，这个案件也可以认为被破获了，这属于特殊情况。2017 年，美国 45.6% 的暴力犯罪和 17.6% 的财产犯罪是通过逮捕或特殊情况得以结案的。通常，谋杀案的破案率是最高的。2017 年，执法机关破获了约 66% 的谋杀案；相比之下，入室盗窃和机动车盗窃的破案率较低，通常不到 15%。

最后，逮捕数据应与已报案的犯罪数据和破案数据区分开来。例如，一个案件可能会有五个人被逮捕，或者由于逮捕了一个人，最后可能破了好几起案件。因犯罪而被捕，或者因犯罪而被传讯或被传唤，都会被记录为逮捕，这意味着不需要对嫌疑人进行实际的拘押。一个人向警方自首也被视为逮捕。近年来，被逮捕最多的是物质滥用导致的犯罪行为及偷盗 – 盗窃。与犯罪率一样，最近的逮捕数据趋势显示，因暴力犯罪和财产犯罪而被逮捕的青少年和成年人的人数都在下降。

UCR 存在的问题

自 20 世纪 90 年代以来，UCR 报告的犯罪数量在下降，尽管这一点毋庸置疑，但我们应该认识到，官方的统计数据低估了绝大多数的刑事犯罪数量。事实上，官方统计数据总是低估大量刑事犯罪。执法机关未发现或未知的犯罪总数，即所谓的"犯罪黑数"（dark figure），这个数据很难估计。此外，UCR 等官方数据经常因错误和遗漏而遭到批评，因此这些数据也可能具有误导性。其中一个最常被提到的问题就是等级规则（hierarchy rule），该规则规定，当一系列犯罪同时发生时，UCR 数据中只会记录其中最严重的一项罪行。例如，如果有人闯入了你的公寓、偷了钱、踢了你的猫、杀害了你的室友，然后开你的车逃跑了，但是，只有谋杀会出现在 UCR 中。等级规则中有个例外是纵火，纵火必须被报告，即使它还伴随其他暴力犯罪（如谋杀）。如果犯罪人在离开前纵火焚烧公寓，那么纵火和谋杀都将被计入犯罪率。

汇编中心还依赖于地方和各州机构提供的犯罪统计数据的准确性和合规性。当犯罪的定义发生变化时，如上面提到的对强奸的定义，那么在这种情况下报告的案件肯定会出现短暂性的数据混乱。UCR 数据也没有将执法人员早期的自由裁量的决策考虑进去，例如，当公众举报犯罪时，他们决定不立案或不逮捕犯罪人。此外，八种犯罪类型主要强调的是街头犯罪，而忽视了同样严重的白领犯罪（white-collar crime），后者包括各种各样的犯罪类型，如法人犯罪、政治犯罪和职务犯罪。例如，诈骗、行贿受贿和作伪证都不是一类犯罪。通常情况下，它们是联邦犯罪（federal offenses），因此不会出现在 UCR 中。地方和各州执法机关不会报告它们，也不会调查它们。最后，很多属于网络犯罪或利用

热门话题

专栏 1-2　利用互联网的犯罪

如上文所述，自 20 世纪 90 年代中期以来，包括暴力犯罪率在内的总体犯罪率明显下降。某些类型的犯罪有所增加，包括与技术有关的非传统型犯罪，不过，这些犯罪往往没有反映在犯罪统计中。由于收集这些犯罪信息的固有局限性，因此，试图准确地描述犯罪情况的努力受到了阻碍。例如，当局只能大致估算有多少人的信用卡数据被泄露，或者有多少人的健康数据因黑客攻

击而被非法窃取。

借助于互联网的便利，全球各地的人们参与了各种犯罪活动，包括恐怖主义威胁、诈骗、黑客攻击、网络跟踪、传播和获取儿童色情内容、人口贩卖等。如本章所述，代表不同学科观点的犯罪学家们都在进入一个新的研究分支，以设法了解这类犯罪的现状，并解释这些犯罪为什么会发生及如何发生。研究人员还注意到，并非所有这些活动都被界定为犯罪或被普通民众认为是犯罪，如某些形式的黑客及贩运非法药品。

上面列出的一些罪行（如黑客攻击、网络跟踪、传播和获取儿童色情内容、人口贩卖），我们将在本书的后面在讨论一些有助于对它们进行解释的心理学概念时涉及。不过，我们必须指出的是，本章所提到的犯罪测量的相关问题在这些犯罪的统计中并没有充分体现出来。

问题讨论

1. 考虑到互联网的全球性，是否有可能采用本章所述的方法来"测量"利用互联网的犯罪？或者是否还有其他方法能获得更可靠的结果？

2. 由于测量这些利用互联网的犯罪很难，那我们如何知道它是否在增长？

3. 查找针对网络黑客的三种不同定义。是否所有形式的网络黑客都应该被界定为犯罪？

互联网的犯罪（见专栏1-2）这两大类的犯罪也没有出现在 UCR 中，一方面是因为其中很多属于联邦犯罪；另一方面是因为执法机关根本没有发现它们。

基于国家突发事件的报告系统

20 世纪 70 年代末，执法部门呼吁对 UCR 进行扩充，并提供更详细的犯罪信息数据，而不仅是 UCR 目前的汇总统计数据。由此，NIBRS 作为 UCR 的补充系统应运而生。目前，大多数州都基于自愿原则将犯罪数据上报至 NIBRS，美国联邦执法机关也被要求将犯罪数据上报至 NIBRS。

与汇总系统相比，NIBRS 有很多优点，上面已经提到，它已完全取代了 SRS。该系统会提供每个单独犯罪事件的详细信息，同时也会提供同一犯罪案件中每个独立犯罪行为的详细信息，这些信息包括被害人、已知的犯罪人、被害人与犯罪人之间的关系、被逮捕的嫌疑人及犯罪所涉财产数额。NIBRS 还提供了犯罪的环境和情境信息，如时间、地点及是否已经破案。2021 年，NIBRS 已成为美国全国性的犯罪数据的数据源。

目前，美国联邦调查局可以通过 NIBRS 收集两类犯罪的数据：A 类犯罪（见表 1-4），包括 46 种严重犯罪，如纵火罪、伤害罪、杀人罪、诈骗罪、挪用公款罪、盗窃罪、性犯罪等；B 类犯罪，包括 11 种较轻的犯罪，如开空头支票、酒后驾驶、扰乱公共秩序、酗酒、非暴力家庭犯罪和违反酒类相关法律等。不过，给罪行贴上严重或不太严重的标签总是存在风险的。仅从表 1-4 中，读者可能就已经对这个分类提出了一些质疑。有一点很重要，需要我们记住，美国联邦调查局收集的犯罪数据的详细程度会因为它属于不同的类别而有所区别。在 A 类犯罪的数据报告中，犯罪的各方面信息都会涉及，如被害人、武器、犯罪地点、酒精 / 药物影响、犯罪活动类型、被害人与犯罪人的关系、被害人和被逮捕的嫌疑人（如果有人被逮捕）的居住地信息，以及财物描述及其价值。应该说，这些补充的信息对执法机关和研究人员而言是不可或缺的，因为这为他们提供了有关特定犯罪类型发生的时间、地点、方式，以及被害人和犯罪人特征的详细数据。相较之下，B 类犯罪的数据报告并不详细，这也反映出这些犯罪的严重程度较低。

表 1-4　NIBRS 界定的 A 类犯罪

纵火罪	绑架 / 诱拐罪
伤害罪	盗窃罪
• 严重伤害罪	• 扒窃
• 一般伤害罪	• 抢夺钱包
恐吓	• 入店行窃
行贿受贿罪	• 从建筑物里盗窃
入室盗窃 / 破门入室	• 从投币机中盗窃
伪造 / 变造罪	• 从机动车内盗窃
破坏 / 损害 / 故意破坏财产	• 盗窃机动车零件 / 配件
药物 / 麻醉品犯罪	• 其他盗窃罪
• 药物 / 麻醉品违法	机动车盗窃
• 药物 / 设备违法	色情 / 淫秽物品相关犯罪
挪用公款罪	卖淫罪
敲诈 / 勒索罪	• 卖淫
诈骗罪	• 协助 / 促成卖淫
• 假冒 / 诈骗 / 游戏骗局	抢劫罪
• 信用卡 / 自动取款机	暴力性犯罪
诈骗	• 强奸
• 冒名顶替	• 鸡奸
• 福利诈骗	• 用物品性侵害
• 电信诈骗	• 猥亵
赌博犯罪	非暴力性犯罪
• 投注 / 下注	• 乱伦
• 经营 / 促成 / 协助赌博	• 法定强奸
• 赌博设备违法	收赃罪
• 数据篡改	违反武器法行为
杀人罪	
• 谋杀 / 非过失杀人	
• 过失杀人	
• 正当理由杀人	

资料来源：Based on information from The National Center for the Analysis of Violent Crime，Annual Report，1992（Quantico，VA：FBI Academy，1992），p. 22。

自我报告研究

相较于 UCR 或 NIBRS 这些基于执法部门提供的统计数据，很多研究人员认为自我报告研究（self-report studies）中提供的数据对实际犯罪的评估更加准确。在自我报告研究中，人们会向研究人员报告自己的犯罪行为或其他反社会行为。尽管受访者报告自己的犯罪活动时可能会存在夸大或隐瞒，但这一研究策略的支持者们坚持认为，自我报告研究提供的信息更接近犯罪的实际情况。早期的自我报告研究发现，很多人虽然违法了，但从未被抓

到过。例如，研究人员发现，在近 1700 名受访者中，91% 的人承认他们曾犯过一次或多次可能会被判监禁或入狱的罪行，平均每人的犯罪次数为 18 次（Wallerstein & Wyle，1947）。然而，样本中没有人真正服过刑。

另一组研究人员对 3000 名高中生进行的问卷调查结果显示，不管是哪个社会经济阶层，他们报告的违法行为的比例都很高，尽管大多数都是轻微的违法行为，并不都符合犯罪行为（Short & Nye，1957）。例如，问卷中测量违法行为的题目包含"不服从父母管教""无正当理由逃学"等。在这些最早的一批研究之后的几年里，研究人员增加了一些情节更严重的测量条目，结果发现违法行为在社会各个阶层都很常见，但严重的犯罪行为并不常见。

不过，大多数自我报告研究关注的是未成年人的违法行为，而不是成年人的犯罪行为，而且目前的研究更是集中在未成年人的那些与身心健康相关的冒险行为。美国青少年健康纵向研究（National Longitudinal Study of Adolescent Health）是一项广受关注的研究，该研究收集了 132 所学校 7～12 年级约 19 000 名学生的原始数据。自我报告研究的信息涉及各种健康问题，包括与犯罪活动有关的健康问题（如非法持有和使用毒品）。研究人员对原始参与者中的一组成员（大约 15 000 人）在他们成年初显期时进行了回访研究。这个调查所得的数据结果引发了后续很多不同的研究，我们在本书中对这些研究都会进行单独讨论。

另一个值得关注的是匹兹堡青少年研究（Pittsburgh Youth Study，PYS）（Loeber et al.，1998），该研究最初是一项纵向研究，样本包括大约 1500 名 1 年级、4 年级和 7 年级的男孩。研究人员一直追踪研究这些男孩到他们的青春期和成年早期。此外，研究人员同时进行了一项与之配套的小样本研究，匹兹堡女孩研究（Pittsburgh Girls Study，PGS）。这两项纵向研究的数据既有自我报告研究的数据，也有官方记录的数据，而且这两项研究所积累的庞大数据库引发了后续的大量研究。另一项类似的研

究是芝加哥街区人类发展项目（Project on Human Development in Chicago Neighborhoods，PHDCN），该项目始于 20 世纪 90 年代（Sampson，2012）。研究人员使用从该项目中获得的数据发表了大量成果。该项目追踪了 6000 多名儿童、青少年和成年早期群体（Hawkins et al.，2009；Kirk & Hardy，2014；Piquero et al.，2003）。我们在下文中会对这些项目进行更详细的讨论。

一项由美国联邦政府资助的关于约会行为的研究（Mumford & Taylor，2014）也采用了自我报告的方法。该研究在全美国范围内抽样调查了 667 名在过去一年中有过约会的 12～18 岁的青少年，他们在网上回答了有关他们约会关系的一些问题。研究人员发现，约会关系中存在大量暴力行为和心理虐待，大多数青少年，不管男孩还是女孩，都描述自己既虐待过他人也被他人虐待过。虐待主要是精神虐待（如侮辱），但也有近 20% 的受访者表示，他们在约会关系中遭受过身体虐待和性虐待。

对自我报告的犯罪活动的研究通常是针对被监禁的成年人进行的。研究人员询问因犯过去犯罪的程度，其中一些研究在整本书中都会有引用。不过，并非所有受访者都是已被定罪的犯罪人。例如，在早期的一项关于员工盗窃的研究中，研究人员发现，在回复调查的员工中，约有 1/3 的人承认从雇主那里盗窃过东西（Hollinger，1986）。另一项早期的关于逃税问题的自我报告研究显示，10% 的受访者承认自己存在偷税漏税行为（Title，1980）。也有一些针对大学生的犯罪行为调查，包括吸毒和性侵害。这些研究会在本书后面讨论。

自我报告研究的数据一般通过访谈（面对面或电话）或问卷收集。然而现在，越来越多通过线上方式收集，这也带来了一些研究效度问题。虽然线上方式可以获得更多的样本，但也对回答的质量控制问题带来了挑战，用研究的专业术语来说，就是信度和效度问题。尽管会存在上述这些问题，但是一些线上调查服务已经做得足够专业，它们已被当下很多学者广泛使用。

不过，我们在使用自我报告研究的结果得出重大结论时要非常谨慎，像 PYS 和 PHDCN 这些著名的研究，都会承认自身存在的局限性，并在其研究方法中补充了一些信度检验的步骤，如将获得的信息与其他来源的信息进行交叉验证。在这一点上，自我报告研究的结果确实表明，青少年中的轻微犯罪活动非常普遍，但犯有严重罪行的人数相对较少。不过，那些确实有过严重犯罪行为的青少年实施了很多犯罪。此外，持续犯罪的屡犯，并不是只专门从事一种犯罪，他们实施的犯罪类型往往有多种，有暴力的，也有非暴力的。

物质使用情况的自我报告调查

几项重要的专门针对美国物质使用和物质滥用的调查包括以下几项：第一项是美国物质使用与健康调查（National Survey on Drug Use and Health，NSDUH），以前称为美国家庭物质滥用调查（National Household Survey on Drug Abuse，NHSDA）；第二项是监测未来项目（Monitoring The Future，MTF）；第三项是被捕者物质滥用监测项目（Arrestees Drug Abuse Monitoring Program，ADAM & ADAM II）。

NSDUH 是一项一直在持续的针对美国 12 岁及以上非机构内人口的[1]随机抽样调查研究。该项调查由美国联邦政府发起，但由私营调查公司实施，实施包括收集数据、分析和出具年度报告。全美国共约 70 000 人接受了关于使用烟草、酒精、非法药物，以及关于心理健康的调查。心理健康问题之所以会在这里有所涉及，是因为物质使用与心理健康之间存在关联。调查在受访者家中进行，受访者将答案输入计算机，然后系统会对答案进行编码并与其他数据一起汇总上传。这种方式使数据保密性有保障，而且会受到美国联邦法律的保护。这项调查旨在获得准确的数据，并追踪物质滥用的发展趋势，以及了解它们带来的后果，同时能够识别存在物质滥用

---

① 在美国，主要的机构内人口包括被监禁人口、精神医疗机构、养老院中的人口，以及现役武装人员。——译者注

的风险群体。NSDUH 的数据可以在网上下载，这些数据被学术研究人员、记者和政府工作人员及致力于预防物质滥用的组织广泛使用。2013 年的调查发现，目前约有 2460 万人使用非法药物，其中有 220 万人是 12～17 岁的青少年。在过去的 1 年里，每 10 名青少年中就有 1 人报告有过重性抑郁发作，每 5 名成年人中就有 1 人说自己患有精神疾病。

MTF 是密歇根大学社会研究所对美国高中生进行的一项全国性调查，并获得美国国家物质滥用研究所（National Institute of Drug Abuse）的研究资助。自 1991 年以来，每年都有大约 50 000 名 8 年级、10 年级和 12 年级的学生接受调查。MTF 还对毕业班的学生进行抽样调查，并在他们初次参与后的若干年内进行追踪调查，以便在数据中也能涵盖大学生和成年初显期群体的特征。MTF 的任务是根据当前青少年物质使用的情况预测他们未来物质滥用的趋势。目前的数据表明，每 20 名大学生中就有 1 人报告其每天都会因吸食大麻而感到兴奋或接近兴奋，这表明除了酒精，大麻是年轻人群体中使用频率第二高的物质（Johnston et al.，2015）。

ADAM II 是 ADAM 项目的延续，ADAM 项目收集了 2000—2003 年在美国 35 个地区被捕的成年男性和成年女性的数据，直至该项目因缺乏资金而终止。2007 年，ADAM II 项目重新开始收集数据，重点关注 10 个地区。ADAM II 利用尿检和自我报告研究的数据来确定被捕者近期的物质使用情况。被捕者提供了他们使用的物质类型及如何获得这些物质的信息。尿检对被捕者主动提供的物质滥用信息的真实性进行了有效性检验。同时，也会对尿液样本中是否存在调查标准中的 10 种物质进行分析。ADAM 和 ADAM II 有助于研究人员了解美国一些代表性地区被捕人员的物质使用情况。

犯罪被害情况调查

关于犯罪的其他数据来源是犯罪被害情况调查，被害人在调查中提供被害信息。被害人数据的主要来源是美国犯罪被害情况调查（National Crime Victimization Survey，NCVS），最初称为美国犯罪调查（National Crime Survey，NCS）。美国人口普查局（Bureau of the Census）的工作人员会进行全国性的针对家庭的大样本访谈（2017 年为 145 508 户家庭）。2017 年，239 541 人完成了访谈。第一次访谈通常是面对面进行的，后续的访谈则是面对面调查和电话调查相结合。在接下来的 3 年时间里，这些家庭每 6 个月接受 1 次访谈，在每次访谈中，他们都会被问及过去 6 个月内经历过的犯罪事件。集体居住（如集体宿舍、合租的公寓及宗教团体集体住所）人员包括在调查范围内，但机构内人口和军营里的人员不包括在内。出于隐私考虑，对 12 岁以下儿童的犯罪不被计算在内，而且调查的设计者认为，与成年人相比，儿童提供的信息可能不太准确。此外，由于儿童可能是家庭犯罪中的受害者，因此这个话题过于敏感，不宜涉及。NCVS 为被害人提供了美国最大的平台，让他们可以叙述犯罪对他们的影响，以及暴力犯罪人的特征。我们可以在美国司法统计局（Bureau of Justice Statistics，BJS）的官网上查到 NCVS 报告，其中包含了进行访谈和数据分析所用方法的详细资料（Morgan & Truman，2018.）

这项调查旨在评估家庭以及个人在多大程度上受到了暴力犯罪的侵害，如强奸和其他性侵害、抢劫、严重伤害和一般伤害，以及入室盗窃、机动车盗窃等财产犯罪。该调查还提供了很多关于被害人的细节（例如，年龄、种族、性别、婚姻状况、教育、收入，以及与犯罪人的关系）和犯罪行为的具体信息。NCVS 的最新版本还询问受访者是否认为自己会成为仇恨犯罪的被害人。NCVS 的调查人员希望了解以下所有被害相关情况：

- 具体的犯罪细节；
- 犯罪发生的时间和地点；
- 是否有受伤或其他损失；
- 是否已向警方报案，如果没有，原因是什么；
- 被害人对犯罪人的性别、种族和年龄的感知。

根据最近的 NCVS 报告结果（Morgan & Truman，

2018），1993—2017 年，暴力伤害事件大幅度减少，不过 2015—2017 年却有所增加，主要原因是一般伤害事件增加了。同样是在这两年中，财产犯罪被害情况有所减少。12 岁及以上的暴力犯罪的被害人约为 310 万人，比 2015 年增加了 17%。从整体来看，暴力犯罪的被害人的比例也有所增加，从 2015 年的 0.98% 上升到 2017 年的 1.14%。

约 45% 的暴力犯罪的被害人和约 36% 的财产犯罪的被害人选择了报案。有意思的是，尽管大多数强奸或性侵害案件的被害人没有选择报案，不过报案数据显示，其比例从 2016 年的 23% 上升到 2017 年的 40%。犯罪学家经过长期研究发现，有很多原因导致被害人不选择报案。性侵害案件报案率的显著增加是值得关注的，这可能是因为人们越来越重视广泛存在的性侵害问题，并且被害人得到了越来越多的支持。不过仍然还有很多暴力犯罪和财产犯罪的被害人不愿透露自己的被害情况。有关此问题的更多信息，请阅读专栏 1-3。

多年来的 NCVS 数据始终显示出在被害比例上存在人口学变量的差异，种族 / 民族差异十分明显。非洲裔美国人、美洲印第安人成为暴力犯罪被害的比例远高于其他人种（Rennison & Rand, 2003；Morgan & Truman, 2018；Truman, 2011）。男性和女性遭受暴力犯罪和财产犯罪的比例接近，不过女性会报告更多的性侵害。12～24 岁的人群遭受暴力侵害的比例比其他年龄段群体的都高，尤其是 18～25 岁的群体，最容易遭到暴力侵害。不过我们也知道，一些特定群体所遭受的虐待都很隐蔽，如幼儿、

热门话题

专栏 1-3 移民与被害情况：他们应该信任政府吗

- 塔尼娅于 2010 年持工作签证抵达美国，但目前工作签证已过期。在她来美国的这些年里，她一直在食品行业稳定地工作，没有犯罪记录，也没有与任何有犯罪记录的人有过交往。昨天，当她下班回家时，发现公寓被盗，现金和一些财物丢失。塔尼娅没有向警方报案。

- 汉斯 10 岁时被父母带到美国，他们从北部的一个地方偷渡入境。这个小家庭与已经是合法公民的亲戚生活在一起，并一直工作以维持生计。虽然汉斯上过学，但他和他的父母都没有成为合法公民。如今，20 岁的汉斯遭遇了上司的性侵害，并被威胁道，如果他告诉任何人，他就会被解雇。他的父母希望他报警，但他拒绝了，因为他担心自己和父母会被驱逐出境。

- 露西娅带着两个年幼的孩子逃离了专制政权的家乡，在美国获得了庇护。她申请了公民身份，并一直在学习以便通过公民身份考试。与她同居的男子已经殴打了她几个月，但她觉得无法离开他或向警方举报他。

人们早就认识到，大多数罪行没有引起警方的注意。由政府资助并由独立研究人员收集的被害数据有助于发现这些潜在的犯罪。然而，许多被害人不想向任何人透露他们的被害情况。原因有很多，从对犯罪人的恐惧到被害人对自己的自责。

近年来，人们普遍认为，移民，无论有证件的还是无证件的，都特别不愿意报告犯罪受害情况。尽管他们的一些被害原因与非移民被害人相同，但也受其他因素的影响，其中包括害怕被驱逐出境、担心与子女或其他亲人分离、不信任政府或社会服务组织、语言障碍等。

问题讨论

1. 值得注意的是，在面对飓风和洪水等自然灾害时，当局经常告诉寻求庇护的人，如果发现他们非法入境，当局不会问及他们的公民身份，也不会将他们移交。那么，在犯罪被害方面，是否应该有类似的保障？

2. 对比上述三种假设场景。如果塔尼娅、汉斯和露西娅向警方报案，他们可能会遇到什么状况？在讨论这个问题时，不能只停留在"视情况而定"这种回答上。还可以讨论，他们会对 NCVS 的调查人员报告被害情况吗？或者会对独立研究人员报告被害情况吗？

3. 犯罪被害人最有可能向谁报告他们的被害情况？

老年人、跨性别者、非法移民者、智力残障人士。NCVS 最近的研究发现，与没有残障的群体相比，残障群体遭受了更多的暴力侵害，并且有认知障碍的人群是所有残障人士中遭受暴力侵害比例最高的群体（Morgan & Truman，2018）。

最新的 NCVS 为研究人员、学生、政策制定者及公众提供了大量有用的信息。虽然我们在这里只介绍了其中的几个重要内容，不过在下文中，在讨论具体的犯罪时我们会再次提到 NCVS 的其他结果。

关系模式（relationship patterns）对理解被害情况，特别是暴力犯罪被害情况非常重要。女性最常受到认识的人侵害，而男性更可能受到陌生人侵害（Rennison & Rand，2003；Morgan & Truman，2018；Truman，2011）。女性被害人报告，大多数犯罪人都是朋友和熟人，其次是现任或前任亲密关系伴侣（Catalano，2013）。相比之下，男性被害人则报告，犯罪人为陌生人的可能性最大，其次才是朋友或熟人。很少有男性报告自己受到亲密关系伴侣的伤害。虽然不同的调查结果略有不同，但规律大致相同。

如上所述，大量被害情况发生在亲密关系伴侣之间。研究人员（Rennison & Welchans，2000）指出，每年约有 100 万人会遭受现任或前任配偶、男朋友或女朋友的暴力侵害。这种亲密关系暴力（Intimate Partner Violence，IPV）的被害人主要是女性。非洲裔美国女性遭受亲密关系伴侣暴力的比例比白人女性高 35%，约为其他种族女性的 2.5 倍。不过，正如

我们会在第九章所了解的那样，少数族裔的很多女性不愿意报告此类暴力。此外，在执法部门、职业体育界，或者那些以其他方式出现在公众视野中的施暴者的配偶或伴侣，可能不会让自己的被害情况公之于众。

与所有美国全国性的调查一样，NCVS 的数据准确性也存在问题。除了不愿意透露自己的被害情况，有些被调查者可能在说谎，或者可能所回忆的事件是在所研究的时间段之外。还有一些人群（如流浪人群或机构内人群）的数据无法在 NCVS 的调查数据中体现出来（Rennison & Welchans，2000）。

尽管存在缺陷，但 NCVS 被认为是一个很好的有关犯罪事件的数据源，它独立于美国执法机关收集的数据。通过 NCVS 获得的关于犯罪趋势的数据，常常与警方数据中所体现出来的犯罪趋势有很大差异（Ohlin & Tonry，1989）。虽然我们主要关注的 NCVS 是政府发起的，并以此来说明被害情况，但我们也要知道，独立研究人员也会进行犯罪被害情况调查，他们通常是由政府机关或私立基金会资助的。其中值得一提的一个调查是由政策研究中心（Center for Policy Research）进行的美国暴力侵害女性调查（National Violence Against Women Survey，NVAWS），它涉及了对美国社会中暴力和跟踪行为的程度及性质的考察（Tjaden，1997）。我们在本书的后面会介绍该调查及其最新版本的报告。

未成年人违法犯罪

上文讨论的犯罪定义和收集犯罪数据的方法涉及成年人和未成年人。与成年人犯罪一样，自 20 世纪 90 年代以来，未成年人违法犯罪总体呈下降趋势。我们会在专门讨论未成年人违法犯罪的第六章了解到，未成年人的违法犯罪率确实很高，但他们犯的罪行却不一定是最严重的。媒体上描述的未成年人校园枪击案确实是悲剧，但这类案件在这个年龄段并不典型。而且，未成年人违法犯罪后受到的处理方式可能与成年人有很大不同。除了第六章，我们在其他章也有专门讨论未成年人违法犯罪和被害人的问题。不过，我们在此有必要先着重说明一下成年人与未成年人违法犯罪的几点区别。

第一，并非所有未成年人犯下的罪行都属于严格意义上的犯罪行为。有一些行为属于未成年人的 身份犯罪（status offenses）行为，这些行为仅限于未成年人，主要包括如离家出走、违反宵禁、未成年人饮酒、经常旷课逃学，以及在一些州被称为"无可救药的行为"。很多犯罪学家认为，基于各种原因，未成年人的身份犯罪都不应该像真正的犯罪那样被定罪。例如，虽然身份犯罪将儿童的行为贴上了犯罪的标签，但是这些行为其实对他人无害，而且这些行为还常常能说明是儿童的生活环境存在问题（例如，离家出走的儿童可能正在躲避侵害）。另一些犯罪学家则认为，必须追踪身份犯罪的个体，以便向他们提供帮助。不过，确实存在一部分身份犯罪人，他们实施了真正的犯罪行为，如入室盗窃和扒窃。如何处理这些身份犯罪人一直存在争议，我们将在第六章讨论。

第二，成年人与未成年人违法犯罪行为的另一个区别是，未成年人违法犯罪的数据没有成年人的完善。他们违法犯罪行为的性质和程度，无论是已向执法机关报告的还是未向执法机关报告的，对我们来说基本都是未知的（Krisberg, 1995）。尽管如此，各种来源的数据，包括统一犯罪报告、自我报告研究、法庭记录及少管所数据，都为我们提供了一些关于未成年人违法犯罪的性质和程度的参考。

第三，未成年人所犯的很多罪行（如身份犯罪）往往被视为进入成年阶段的"成人礼"。自我报告研究的数据表明，未成年人违法犯罪比成年人更普遍，但与成年人犯罪一样，大多数未成年人最终会停止犯罪。就未成年人而言，大多数人在成年后就会停止犯罪，并开始亲社会行为。未成年人可能会在高中阶段或稍晚一点的时候出现一些越轨行为，但他们最终还是会开始全职工作、上大学、结婚或参军。所以，大家都有一种共识，那就是大多数未成年人在成年之后都不会再犯罪。不过，从心理学的角度来看，我们需要特别关注两类未成年人：第一类是那些持续犯罪的未成年人，特别是有严重犯罪的人，他们在成年后还会持续犯罪；第二类是那些在未成年时期只犯过一次非常严重罪行的人。前一类人，他们在生命早期就表现出了问题行为；后一类人，他们犯下一次非常严重的罪行，并受到了媒体的广泛关注（如校园枪击案的未成年犯罪人或未成年谋杀犯），不过这种情况很少见。持续严重犯罪的这类人的问题比较多。很多（即使不是绝大多数）犯罪理论都认为反社会行为始于童年。在过去几十年里，发展心理学家专门对早期就开始犯罪并持续到成年的儿童和青少年进行了大量研究，我们在第二章会重点探讨这部分内容。

犯罪和违法的界定

在撰写本书的过程中，作者面临的一个主要挑战是如何在反社会行为与犯罪行为之间，或者在反社会个体与被法律界定为犯罪的个体之间，找到一个平衡点。很多学者（Sellin, 1970; Tappan, 1947），包括法律本身，都认为未被发现的犯罪活动的实施者和参与者在严格意义上或操作意义上来讲都不是犯罪人，因为根据犯罪的界定，犯罪人是被发现、被逮捕并且被定罪的人。然而，从心理学的角度出发，如果我们局限于研究法律意义上的犯罪人或法律所界定的犯罪行为时，我们会遇到问题。

法律上是否将一个行为划分为犯罪，取决于在某个时间段，这种行为是否被法律认为对社会有害。这种行为在道德上可能被认为是错误的，也可能不被认为是错误的。因此，由于每个社会都有各自不同的一套价值体系，且这套价值体系一直会变，这就可能导致一种行为在一个社会中被判定为犯罪而在另一个社会中却不符合犯罪标准，甚至在同一个社会的不同时期有不同的判定标准。美国的许多州在刑法上存在明显差异，并且都在不断修订。

某些行为（如赌博、卖淫和传播淫秽物品）会导致法律法规不断变化。近年来，在一些司法管辖区内禁止开车时手持手机打电话或发信息，因为这会触犯《分心驾驶法》（*Distracted Driving Law*），而且还会伴有刑事处罚，通常是罚款。虽然我们不能容忍开车时使用手机，但我们对使用手机者的心理并不感兴趣。在本书中我们最关心的是那些严重的犯罪，它们更可能被普遍认为是不可接受的。尽管如此，我们也会关注那些不太严重的犯罪行为，尽管它们不严重，但对犯罪人和被害人的心理都会产生影响，如入店行窃和小额诈骗。

此外，每个社会的成员（甚至是每个社会的法律体系）对违反刑法的人的认识和处理都有一定的差异，因此，犯罪人的背景、经济状况、社会地位、人格、动机、性别、年龄、种族/民族、法律顾问及犯罪时周围的情况，都可能影响刑事司法程序。我们会看到选择性执法这种现实情况是存在的，但我们很少会对此提出异议。选择性执法的现实更可能是因为那些被逮捕、被定罪和受到惩罚的人所代表的群体，与那些从事了相同非法活动却逃过了侦查、逮捕、定罪或惩罚的人所代表的群体截然不同。

根据萨宾（Sarbin，1979）的阐述，大约 1/5 的人被捕后会接受审判，萨宾将这个法律程序描述为对个体贴上犯罪人标签的过程。首先，社会控制的代理人（通常是警察）将该个体认定为嫌疑人。其次，他们可能会决定逮捕该嫌疑人。再次，被逮捕的人可能会被指控犯罪，届时其就变成了被告。接着，被告可能会认罪或被审判并被定罪，这时，其

就正式成为犯罪人（重罪或轻罪，取决于罪行的严重程度）。最后，犯罪人可能被监禁在矫治机构中，并被贴上服刑人员或犯罪人的标签；或者，犯罪人可能被判处缓刑，并在社区服刑。这一过程涉及漏斗效应，即越到刑事司法过程的后面阶段，剩下的人就越少。这种漏斗式的过程在许多刑事司法教材中都会重点阐述，用以说明该系统是如何运作的。

不过，大家普遍都承认，被判入狱或监禁的个体并不能代表"真正的"犯罪群体，因为还有很多真正的犯罪没有被发现以及未受到惩罚。此外，正如我们长期怀疑的那样，很多被定罪的人实际上不是真正的犯罪人，直到 DNA 证据越来越多以及一些案件被重新调查，我们才能真正确认。然而，研究人员所研究的犯罪心理通常是那些进入法律程序最后阶段的个体，这些人要么是矫治机构里的服刑人员，要么是社区里的服刑人员。因此，如果我们只讨论法律认定的犯罪人，那么我们必将忽视相当一部分实际上违法犯罪的人群。在某种程度上来说，我们别无选择，只能这样做。由于本书是以各种研究结果为基础撰写的，因此，我们可用的实证研究数据的类型和数量在很大程度上决定了本书所涵盖的内容。

此外，如果我们只讨论在法律上被定义为犯罪的行为，我们就会遗漏相当一部分与我们关心的问题显著相关的行为。例如，心理学研究中大量涉及攻击性和反社会行为等主题。由于这些行为最终会影响法律上所定义的犯罪行为，因此，我们在本书中也会讨论。

不管是美国还是其他国家，绝大多数犯罪都不是暴力犯罪。2017 年，因物质滥用、酒后驾驶及扒窃而被捕的人数最多。绝大多数被捕者犯的罪都不严重（FBI，2018a）。不过，心理学取向的犯罪学最关心的还是那些占少部分的严重犯罪。因此，本书主要关注的是那些持续重复犯罪的犯罪人，或者有持续重复的反社会行为的个体，无论他们是否被刑事司法系统发现。换言之，在本书中，我们关注的是长期（至少几年）频繁犯下严重罪行或有反社

会行为的个体。然而，我们也会讨论一些只有过一次严重犯罪的犯罪人，如实施大规模谋杀的犯罪人，或者犯下滔天罪行的未成年人。

出于上述所有原因，很多心理学家和其他心理健康领域的专业人员更喜欢用"反社会行为"（antisocial behavior）一词，而不是"犯罪"（crime）或"犯罪行为"（criminal behavior），用它来指代一些更严重的习惯性行为，如侵犯个人权利、违反法律或大家都认可的社会规范等。反社会行为既包括法律界定的违法行为和犯罪行为，也包括违反社会标准但未被执法机关发现的行为。尽管逮捕可能是反社会行为的一个有效指标，但这还不够。许多反社会行为可能未被发现或逃过了执法部门的注意。因此，在本书中，我们将会经常使用反社会行为一词，特别是在讨论尚未在法律上被指定为犯罪的行为，但该行为的发展最终有可能会形成指定行为。很多心理学家也使用"外化行为"（externalizing behavior）一词来指反社会行为，但在大部分语境中，这个术语通常还有附加含义。例如，当一些心理学家使用这个术语时，一般还包括如违法、多动、行为出格、敌意、攻击性、注意缺陷/多动障碍等一系列行为。我们更喜欢在全书中使用"反社会行为"这个更直接的术语。不过，有时候我们也会单独且详细地介绍外化行为中所包含的一些概念。

本章小结

犯罪既会引发人的好奇心，也会伤害人、激怒人，甚至有时还会让一些人产生兴趣并以此为乐。总体来说，尽管媒体报道了不少耸人听闻的犯罪，但美国的犯罪率在 21 世纪初已有所下降。这是个好消息，但这并不意味着不需要进一步努力去降低犯罪率，也不意味着我们可以信心满满地预测未来的犯罪率会一直下降。研究和预防那些被界定为犯罪的行为需要一直持续下去，但这项工作很复杂。它涉及理论研究、数据收集、制定预防和控制策略，以及对犯罪人进行矫治干预。

本章向读者介绍了有关犯罪的主要理论观点及测量方法。我们还讨论了在从心理学角度研究犯罪行为时，对其进行界定所存在的困难。尽管犯罪学的研究需要跨学科进行，需要从各学科汲取成果，但本书主要基于心理学视角，贯穿于本书的研究和理论都主要集中在心理学领域。

犯罪理论可以分为古典学派和实证主义学派。古典学派强调自由意志是犯罪的主要原因：除非他们的自由意志被剥夺（如患有严重精神障碍），否则人们实施犯罪行为就是自己的选择。实证主义学派寻找超越自由意志的决定因素或影响因素。根据实证主义学派的观点，人们自主选择去犯罪，但他们的选择受许多先决条件的影响。这些因素可能潜藏在社会环境中，如犯罪猖獗的社区、越轨的同伴或个体自身缺乏共情。研究犯罪行为的心理学家主要关注犯罪人的学习和发展经历，但近年来一些心理学家开始关注生物因素的影响，包括颅脑损伤或暴露于有污染物的环境等。发展心理学家研究了不同个体参与和终止反社会行为的发展途径，所有这些研究主题都将在本书的后面被深入讨论。

我们回顾了测量犯罪的主要方法，并指出每种方法的优点与缺点。美国政府的主要测量方法是通过 UCR 和 NIBRS 系统汇总统计，并可以随时提供月度报告，不过 UCR 在 2021 年年初被逐步取消。通过 NIBRS 系统获得的数据更详细，包括犯罪事件、被害人、被捕人、财产损失等。

与 20 世纪 90 年代初期和中期的高犯罪率相比，当前的犯罪率已大幅下降，但我们不能因此自满。由 NCVS 和非政府发起的调查数据显示，虽然被害率总体上有所下降，但暴力被害率略有上升，主要是因为普通伤害案件增加。不过，被害数据不断表明，大多数被害人都没有报警。同样，人们报告自己犯罪行为的自我报告研究的数据表明，许多犯罪行为从未被发现。因此，犯罪黑数仍然存在。早期的自我报告研究主要关注未成年人的违法行为，而目前的自我报告研究更关注物质滥用，较少关注人际暴力问题。我们在本书的后面还会讨论这些官方数据、被害数据及自我报告数据，因为每种具体犯罪都会有所涉及。

最后，我们简要讨论了未成年人违法犯罪问题，该主题会在第六章专门讨论。未成年人的反社会行为很常见，且有时媒体在报道时还会夸大。虽然未成年人的违法犯罪比例很高，但大多是非暴力犯罪。不过，未成年人的暴力犯罪及其他严重犯罪仍然需要被关注，在后面各章中我们会继续讨论。

核心术语

公正世界假说（just-world hypothesis）

科学理论（scientific theory）

理论验证（theory verification）

证伪（falsification）

模型（model）

古典理论（classical theory）

威慑理论（deterrence theory）

实证主义理论（positivist theory）

遵从价值取向（conformity perspective）

紧张理论（strain theory）

非遵从价值取向（nonconformist perspective）

社会控制理论（social control theory）

犯罪的一般理论（general theory of crime）

自我控制理论（self-control theory）

学习观（learning perspective）

社会学习理论（social learning theory）

不同交往理论（differential association theory）

发展取向（developmental approach）

成年初显期（emerging adulthood）

犯罪学（criminology）

社会学取向的犯罪学（sociological criminology）

心理学取向的犯罪学（psychological criminology）

认知（cognition）

特质（trait）

人格倾向性（disposition）

《仇恨犯罪统计法案》（Hate Crime Statistics Act）

精神病学取向的犯罪学（psychiatric criminology）

心理动力学理论（psychodynamic model）

统一犯罪报告（Uniform Crime Report，UCR）

基于国家突发事件的报告系统（National Incident-Based Reporting System，NIBRS）

破案率（clearance rate）

犯罪黑数（dark figure）

等级规则（hierarchy rule）

监测未来项目（Monitoring The Future，MTF）

美国犯罪被害情况调查（National Crime Victimization Survey，NCVS）

亲密关系暴力（Intimate Partner Violence，IPV）

身份犯罪（status offenses）

反社会行为（antisocial behavior）

思考题

1. 简要解释心理学取向的犯罪学和社会学取向的犯罪学之间的区别。这两者在研究犯罪行为时又与精神病学取向的犯罪学有何不同？

2. 请举例说明，除了本章提到的犯罪预防策略，还有哪些犯罪控制或犯罪预防策略符合古典理论或实证主义理论。

3. 描述并举例说明遵从价值取向、非遵从价值取向、学习观对人性本质的解释。

4. 阐述三种主要的犯罪测量方法，并各举一个例子进行说明。

5. NIBRS 与 SRS 有何不同？

6. 列出自我报告研究的优点与缺点。

7. 什么是身份犯罪？它与其他未成年人违法犯罪有何不同？

8. 对比美国联邦调查局的 UCR 和 NCVS，重点关注数据是如何获得的，以及每种报告都提供了哪类信息。

常言道"三岁看大，七岁看老"，这表明早期生活经历对个体发展有关键影响。作为一种复杂的社会现象，犯罪行为的根源往往可以追溯到个体童年和青少年早期的生活经历。因此，我们要识别那些在犯罪行为早期发展过程中起关键作用的影响因素，这将有助于消除或减少违法和犯罪行为。那么，如何尽早识别导致犯罪行为的关键因素呢？本章将探讨此问题。

我们必须警惕，犯罪行为并非是由某个单一风险因素所导致的。近年来提出的累积风险模型和发展级联模型都强调，犯罪行为可以归因于儿童成长过程中的各种风险因素的累积，并且，在这一过程中缺乏或完全缺失能够减轻众多风险因素负面影响的保护因素。尽管风险因素的累积会增加犯罪的可能性，但保护因素对减少犯罪行为至关重要。通过阅读本章，你将进一步了解家庭和心理两方面的风险因素和保护因素在个体违法和犯罪行为早期发展过程中的重要作用。

众所周知，在儿童和青少年成长过程中，家庭起决定性作用。在本章，你将了解各种与犯罪行为有关的家庭因素。你可以了解导致违法和犯罪的家庭风险因素，主要包括贫困、离异（伴有父母冲突、经济压力、学校变更）、虐待或放任型父母教养方式、父母监禁、家庭暴力或亲密伴侣暴力、反社会的家庭成员、父母精神问题等。同时，你也可以了解那些能抑制风险因素作用的家庭保护因素，主要涉及权威型父母教养方式，亲密、温暖、支持性的家庭关系，亲社会的兄弟姐妹等。

通过阅读本章，你也将了解与犯罪行为相关的心理因素。心理风险因素主要包括学业失败、认知和语言缺陷、虐待动物、低质量的儿童护理经历、缺乏依恋和共情、早期同伴拒绝、人际交往能力不足等。而心理保护因素则涉及心理弹性、乐观和希望、意义感、健康的自尊水平、与亲社会同伴亲近、有效的人际关系和社交技能等。

此外，在本章，你也能进一步了解各种行为和情绪障碍与犯罪行为之间的特殊关系，如品行障碍、对立违抗性障碍和注意缺陷/多动障碍。需要提醒的是，患有这些障碍的儿童在青少年和成年期都有一定程度的反社会行为风险，但这些障碍并不一定导致犯罪。例如，许多被诊断患有注意缺陷/多动障碍的儿童长大后都过上了正常的生活，并且大多数人都没有严重的违法和犯罪记录。然而，研究也发现，约有1/4的注意缺陷/多动障碍儿童在儿童期和青春期会表现出严重的反社会行为，并在成年后有犯罪行为。

最后，我们要强调，虽然风险因素和保护因素在犯罪行为的发展中起重要作用，但不能简单地将所有犯罪行为都归咎于童年经历。有些人在成年后才开始犯罪，这可能与其童年经历无关。因此，在探讨犯罪起源时，我们需要综合考虑多种因素，深入研究发展的风险因素和保护因素，从而为预防和干预提供科学依据。

希望通过阅读本章，你可以更清晰地认识各种家庭和心理因素与犯罪行为间的关系。

周丽华

浙江外国语学院　副教授

李安

丽水学院　校长、教授

02

第二章

犯罪行为溯源：发展的风险因素与保护因素

本章译者：周丽华　李安

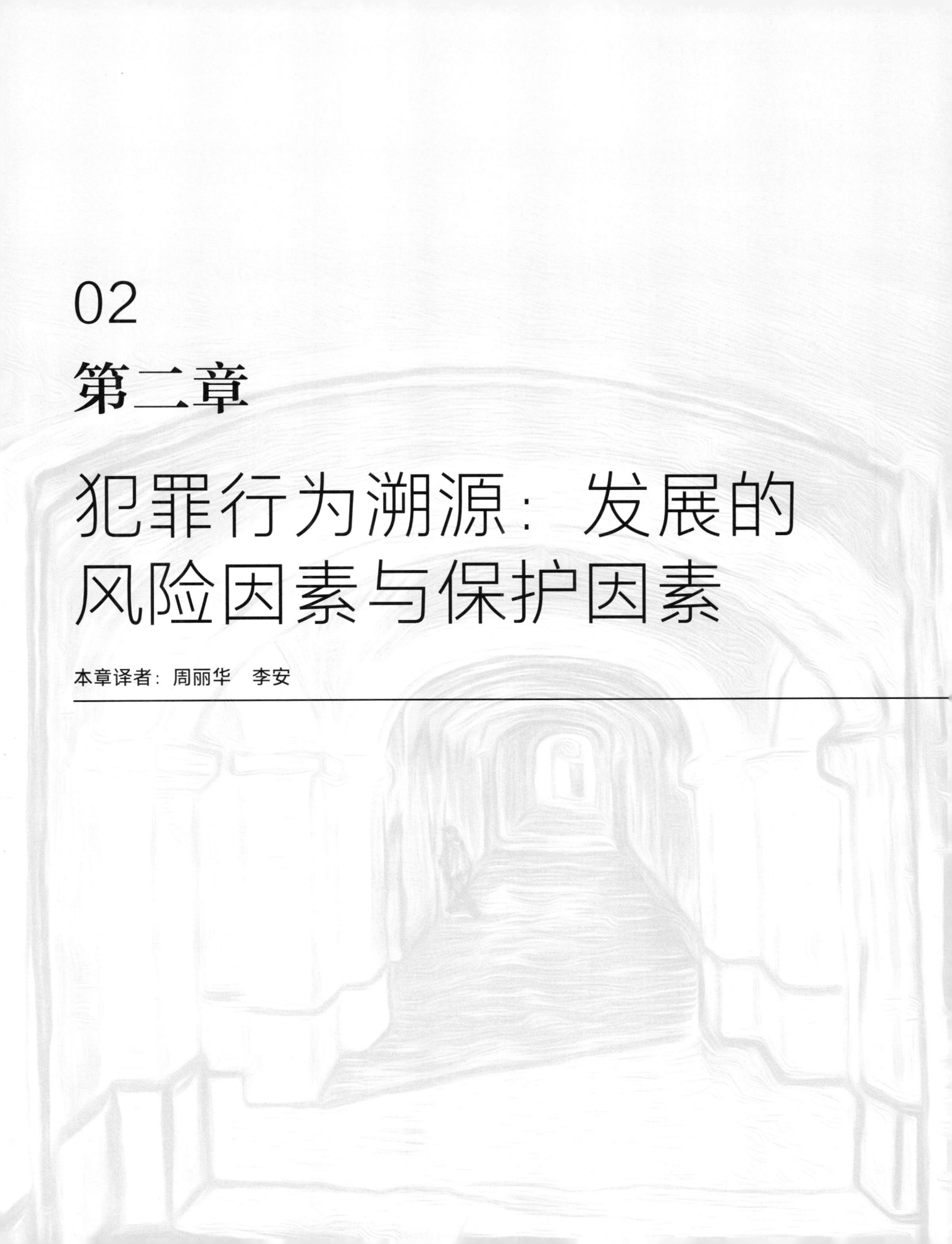

学习目标

- 介绍累积风险模型和发展级联模型。
- 识别导致违法和犯罪的心理、家庭和社会环境发展风险因素。
- 阐明早期的学龄前经历如何导致未来的反社会行为。
- 强调同伴拒绝对儿童和青少年行为的影响。
- 明确有助于减少或消除违法和犯罪的保护因素。
- 讨论注意缺陷 / 多动障碍、品行障碍及对立违抗障碍对违法和犯罪行为的可能影响。

在幼儿园时，特伦特以推搡或脚踩别的小孩、拒不服从老师指令而闻名；在小学时，他成了课堂恶霸，8 岁时，他开始偷窃——偷其他孩子、店主、老师或父母的东西；到中学时，他开始尝试酒精和其他物质。他曾 4 次被停学，皆与暴力行为有关，并在 16 岁时辍学；特伦特在 19 岁时被判犯有抢劫罪。

成年人的反社会行为，包括犯罪行为，通常可以追溯到他们的童年。例如，当我们回顾长期犯罪人的童年时，往往会看到预示着成年期出现问题的迹象，尽管并非总是如此。正如第一章所述，许多犯罪学理论均提出，严重犯罪行为的根源出现在儿童期或青春期早期。这突出了识别两类因素的重要性，即导致儿童成为反社会儿童的风险因素和保护原本脆弱的儿童免受这种命运影响的因素。

每个人都遵循一条发展路径（developmental pathway），其特征通常可以在很小的时候就被识别出来。发展的观点认为，所有人的生命历程都是沿着一条可能充满风险因素的路径（或轨迹）前行的。风险因素（risk factors）是不良结果的预测因素，有证据表明未来出现问题的可能性高于一般水平（Masten，2014）。一些风险因素可以被描述为许多重复犯罪人背景中的常见经历，如学业失败、酗酒、有反社会同伴或儿童期受害。有专家认为，一个人接触的风险因素越多，这个人在一生中参与反社会行为的概率就越大（Wasserman & Seracini，2001）。在对成年和未成年犯罪人的研究中，研究人员已经明确了许多不同的路径，我们将在本书后面进行介绍。例如，一些孩子走上了导致严重犯罪的道路；而另一些孩子则走上了一条可能导致轻微的未成年人犯罪的道路，而且在他们接近成年时就会停止这些行为；还有些孩子根本就没有犯罪。一些孩子很早就表现出反社会行为；而另一些孩子则到了青春期才出现。

当代研究人员也强调培育性环境的价值，以此保护儿童对抗其生活中潜在风险因素的冲击（Biglan et al.，2012）。他们确定了保护因素（protective factors），以保护儿童避免出现严重的反社会行为。温暖体贴的父母或照顾者及高质量的教育经历就是例子。一般而言，一个有益健康的养育环境可以最大限度地减少影响个体健康发展的生物性和社会性有害条件（Biglan et al.，2012）。

本章主要关注那些重要的家庭风险因素和心理风险因素，这些因素在犯罪行为早期发展过程中起关键作用。家庭风险因素包括错误或不充分的教养方式、兄弟姐妹的不良影响、贫穷，以及粗暴对待或虐待儿童。心理风险因素的例子包括认知和语言能力不足、缺乏共情、人际关系和社交技能差，以及品行障碍。基于生物学的心理风险因素，如易怒或产前暴露于神经毒素，我们将在第三章进行论述。

请注意，那些与社会环境相关的不同类型的风险因素，则是本书后面会阐述的内容。社会环境风险因素包括不合格的学校、有毒的环境和自然灾害。违法和犯罪行为发展的风险因素如表 2-1 所示。重要的是，我们要识别这些风险因素，并且思考它们如何影响发展路径，特别是在发展的早期阶段。早期识别将有助于提高旨在消除或至少减少违法和犯罪行为的预防和干预项目的有效性。

表 2-1　违法和犯罪行为发展的风险因素

心理 / 行为风险因素
• 学业失败
• 虐待动物
• 与反社会或好斗的同伴交往
• 注意缺陷 / 多动障碍
• 认知和语言缺陷
• 早期同伴拒绝
• 对同伴的过度攻击
• 无法建立有意义的、亲密的和信任的关系
• 人际交往能力不足
• 缺乏安全依恋和共情
• 自我调节或冲动控制不良

家庭风险因素
• 虐待或忽视性教养方式
• 反社会家庭成员
• 离异（伴有父母冲突、经济压力、学校变更）
• 家庭暴力或亲密关系暴力
• 亲子冲突
• 父母物质滥用、酗酒问题、成瘾
• 父母的精神问题
• 放任型或宽松型父母教养方式
• 父母被监禁
• 贫穷及其影响

社会环境风险因素 [1]
• 暴露于有毒环境（受污染的空气、水等）
• 低效或不合格的学校（包括幼儿园）
• 缺乏充分的健康保险
• 大规模暴力
• 自然灾害
• 邻里暴力
• 校园暴力
• 恐怖主义
• 战争

神经生物学和产前风险因素 [2]
• 大脑发育异常
• 困难型气质

（续表）

• 接触尼古丁、酒精和其他药物
• 接触有毒物质
• 遗传风险，如与患有严重认知、心理或情绪障碍者有关系
• 出生时体重过轻
• 产前和产后营养不良
• 颅脑损伤

[1] 本章不讨论这些因素，这些主题将在本书后面的内容中讨论。
[2] 将在第三章进行讨论。

然而，我们必须警惕，不能暗示所有的犯罪行为都起源于童年。关注发展路径的研究专家强调，有些人在成年后开始犯罪（Farrington, Ttofi, & Coid, 2009），并且这可能是也可能不是由童年经历引发的。例如，有研究已证明了一种由成年女性犯罪人组成的路径，其犯罪经历始于她们与男性犯罪人的不正常关系（Salisbury & Van Voorhis, 2009）。尽管如此，风险因素经常存在于未成年和成年犯罪人的童年，因此，我们必须小心关注。然而，应该强调的是，任何单一的风险因素本身都不太可能导致反社会行为、攻击性或暴力行为。因此我们需要讨论用于解释风险因素如何运作的两个主要模型。

累积风险模型

研究人员（Evans, Li, & Whipple, 2013）逐渐认识到，暴露于多重风险因素最有可能增加儿童、青少年或成年人发展出反社会行为和其他适应不良行为的可能性。一个强有力的研究表明，与单一风险暴露相比，多重风险暴露会导致更糟糕的发展结果（Evans et al., 2013）。例如，生活贫穷是一个公认的风险因素，但贫穷本身并不会导致反社会行为。大多数贫穷的孩子并不是反社会的。然而，贫穷的生活可能涉及一系列其他风险因素，包括环境风险因素（如不合标准的住房和教育、接触化学毒素、高犯罪率社区）、心理风险因素和家庭风险因素（如营养不良、遭受暴力、父母物质滥用，以及父母不和、分居或离异）。请注意，这些因素也可能发生在家庭经济条件较好的儿童的生活中。所有这些因素都会影响儿童的发展，与单独考虑个体风险因素相比，这些风险因素的叠加具有更高的解释力（Doan, Dich, & Evans，2014）。

累积风险模型（cumulative risk model）受到一些发展研究人员的青睐。他们相信，在缺乏足够保护因素的情况下，这种风险因素的累积会导致消极的行为、情绪和认知结果（Doan, Fuller-Rowell, & Evans，2012；Rutter，1979）。此外，累积风险模型预测，儿童和青少年经历的风险因素越多，其心理健康问题、认知缺陷和行为问题的发生率就越高（Whitson, Bernard, & Kaufman，2013）。由此可见，重要的是个体所经历的不同风险因素的数量。埃文斯等人（Evans et al.，2013）提到："因为它的简单性（简单地计算风险因素的数量），累积风险模型指标易于理解并易于传达给外行人和决策者。"此外，一些研究人员（Wade et al.，2016，2018）喜欢将累积风险作为指数来表示，他们认为累积风险指数的建立是为了检验这样一种观点，即发展受环境风险累积的影响，而不是单一或特定风险水平的影响。大量的实证研究结果均表明，累积风险指数有助于识别影响发展模式的社会风险，包括反社会行为。由于多重风险暴露几乎总是比单一风险暴露的影响更大，因此识别早期发展中就遇到多重风险的儿童就可能揭示出那些最需要干预的对象（Evans et al.，2013）。正如马斯滕（Masten，2014）所言："风险因素通常不会在儿童生活中孤立发生，最常见的是成批出现或随着时间的推移而累积起来的或堆积发生的。"

值得欣慰的是，保护因素可以抑制风险因素的影响。例如，支持性护理人员和健康的学校环境是保护因素。许多儿童在贫穷或高犯罪率社区长大，即使存在其他风险因素，但在慈爱的父母和鼓励他们的教师或其他导师的帮助下，也能成为成功的成年人。因此，近年来，研究人员一直专注于探索保护因素在减轻或消除风险因素负面影响方面的效果（Whitson et al.，2013）（见表 2-2）。

表 2-2　预防与矫治违法和犯罪行为的保护因素

心理 / 行为保护因素
• 与非攻击性的、亲社会的同伴交往
• 有效的人际关系和社交技能
• 有效的自我调节和情绪控制能力
• 健康的自尊水平
• 乐观和希望的品质
• 正常的智力和问题解决能力
• 毅力
• 种族和文化认同的自豪感
• 学校满意度
• 意义感、目标感
• 灵性
• 实现目标的强烈动机
家庭保护因素
• 权威型父母教养方式
• 亲密的家庭关系
• 爱、温暖、支持性的教养方式
• 父母监管
• 亲社会的兄弟姐妹
社会环境保护因素
• 与有能力的成年人（如教师、教练、导师）关系亲近
• 社区凝聚力
• 清洁的环境（洁净的空气、水等）
• 高效能且安全的学校
• 有效的邻里支持系统
神经生物学和产前保护因素[1]
• 神经可塑性
• 容易型气质
• 健康的营养，特别是在婴儿期和童年早期
• 健康的产前和产后环境

[1] 将在第三章进行讨论。

发展级联模型

一个类似但稍微复杂一些的模型是发展级联模型（developmental cascade model），也称动态级联模型（dynamic cascade model），多位发展心理学家都提出过这个模型，其中最突出的是肯尼思·道奇等人（Kenneth Dodge et al.，2008）和安·马斯滕（Ann Masten，2006，2014）。与累积风险模型一样，它显著改变了研究人员探究反社会行为原因的方式，尤其是攻击行为和暴力行为。虽然发展级联模型被认为是另一种形式的累积风险模型，因为它也强调多重风险的影响，但它的不同之处在于，它强调风险因素间的交互作用的重要性及其对发展过程中的结果的影响（见表2-3）。发展级联指的是由于跨层级或功能领域间的动态性交互作用，系统的某一领域或层级的功能可以延展到另一个层级或领域（Masten，2014）。发展级联模型假定，某一领域的发展将影响另一领域的发展——一个问题导致另一个问题。例如，发展研究一致表明，学生在1年级时的破坏性或攻击行为模式往往会干扰其在高年级时的社交能力与学业成绩。在此背景下，"领域"这一术语是指发展性成长和变化的某一特定方面，如语言发展、认知和智力成长、社会情感调节和神经成熟等。

表 2-3　累积风险模型和发展级联模型的关键要素

累积风险模型	发展级联模型
也称多重风险模型	也称动态级联模型
预测生命周期中的负面情绪和心理健康结果	预测生命周期中的负面行为结果，也预测积极结果
评估发展过程中风险因素总体影响的累积方法	评估发展路径中风险因素影响的互动方法
关注加剧不良发展风险的有害的环境、心理及社会影响	关注减少适应不良的胜任力和心理弹性的发展
强调识别面临多重风险因素的儿童，并找到方法以减少这些风险因素	强调适时和有针对性的干预措施，旨在通过发展胜任力和心理弹性来促进积极的级联

根据发展级联模型，个体的发展技能或缺陷将增强、影响或决定生命历程轨迹中的下一个技能或缺陷。"滚雪球"（snow-balling）一词也可以用来描述级联效应。发展级联模型和累积风险模型都认为，早期的负性经历可以改变孩子的发展轨迹并干扰正常发展进程的完成，正常的发展进程包括同伴关系、人际交往能力、学业发展和认知发展（Lynne-Landsman，Bradshaw，& Ialongo，2010）。然而，发展级联模型也非常注重发展和增强保护因素。虽然人们认识到个人生活中可能存在风险因素的累积，但也可能存在保护因素的累积或结合。例如，有效的教养方式，加上安全、合格的学校环境和人际交往

技能的发展，可以特别有效地抵消多种风险因素。

虽然发展级联模型最初只关注低收入家庭的儿童，但它现在应用于所有经济范围。为了说明这一点，该模型可能从出生在父母缺席、放任型教养或缺乏养育子女技能的家庭中的孩子开始。为了控制年幼的孩子，父母诉诸严厉或不一致的管教。严厉和不一致的父母管教策略有很高的风险，因为它阻止了孩子获得学校社交和学业成就所必需的社交和认知技能。这些技能缺陷包括词汇缺陷、问题解决能力差、敌对的归因偏差和情绪识别缺陷（Dodge et al.，2008）。请注意，无论父母的经济状况如何，上述情况都可能发生。

由于缺乏必要的社交和学业技能，孩子在入学后不久就开始表现出行为问题，这标志着在整个生命历程中反社会行为的早期开始。下一个级联是由于对学校不感兴趣而导致的学校社交和学业失败，这可能伴随（也可能不伴随）品行障碍，我们将在本章后面讨论。被亲社会同伴拒绝在这段时间内开始出现，这一因素也将在本章后面讨论。随着孩子临近青春期，父母对其活动和行踪的监管几乎是不存在的，这加剧了学业失败及不良同伴关系。于是，越轨同伴关系变得重要且极具影响力，这往往导致持续的反社会行为和暴力行为。

女孩遵循与男孩大致相似的发展路径（Dodge et al.，2008）。研究人员认识到，由于生理和社会化的差异，男性比女性更有可能出现严重的暴力行为。研究人员发现，几乎没有证据支持这一观点，即女性作为一个群体，当她们确实出现暴力行为时，她们的发展路径与男性不同。也就是说，研究人员没有找到针对特定性别的发展路径。虽然路径相似，但出现的反社会行为的类型是不一样的。

在阐述了动态级联模型之后，道奇等人（Dodge et al.，2008）得出以下重要且有警示性的结论。

> 当前研究结果的一个重要含义是，现在就断定，一个早期就有反社会行为的5岁儿童，将注定走向一条通往暴力的终身道路还为时过早。虽

然风险很大，但绝不是确定的。当前的研究结果表明，在随后的每个发展阶段，这个儿童通过与同伴、学校和父母的互动，其发展轨迹可以发生偏移。

累积风险模型和发展级联模型都为特定发展时期的预防和干预提供了目标，并且都强调保护因素（如支持性的家庭）的重要性。累积风险模型也提出了教授有效教养方式的技能或提供课后救助中心的干预示例。更广泛的干预措施可能需要政府的教育基金涵盖从学前班到整个教育阶段。但是，因为每个发展阶段都会出现新的风险，因此，在儿童度过青春期之前，预防和干预都不能停止。

发展级联模型在认识到有效、积极的教养方式的重要性的同时，也非常强调发展认知胜任力（通常以学业成就或智力能力来评估）和心理弹性的重要性（Masten & Cicchetti，2010）。在这一背景下，胜任力是指适应并成功实现应对任务和挑战的能力。在评价胜任力时，马斯滕和奇凯蒂（Cicchetti）写道："在生命的某个时期，在一个领域的胜任力的形成能为后来新领域的胜任力发展提供支撑，换言之，胜任力引发胜任力。"在童年早期发展任务中取得成功可能会提升后续发展任务中的胜任力。

心理弹性

尽管有些人生活中的风险因素在累积和相互作用，但他们仍然设法从恶劣的逆境中走出来，过上了有意义、亲社会和富有成效的生活。解释这一发展路径的关键概念是心理弹性（resilience），这是一个与上面讨论的两个模型高度相关的保护因素。

当许多心理学专家和研究人员都注意到，总有孩子在经历了创伤性的、弱势的或被虐待的童年之后还能积极发展时，心理弹性的概念就出现了。教育工作者经常发现这类孩子遭受过虐待、在适应不良的家庭或在令人厌恶的生活条件下长大，却在学业和学校社交方面表现良好（Masten，2014）。传记和回忆录也讲述了此类故事。你可能读过这样的

事迹：一位运动员失去一条腿，但他仍然完成了马拉松比赛；女孩被绑架并被扣为人质，后来成为有名的被害人保护者。心理弹性通常被定义为成功应对或克服风险和逆境，面对严峻的压力和困难时的胜任力，成功地完成发展性任务或满足社会期望（McKnight & Loper，2002）。总体来说，心理弹性是从负面情绪体验和逆境中快速恢复和适应的能力。

儿童和青少年至少要满足三个条件才能称为有心理弹性（Hamby，Grych，& Banyard，2018）。这三个条件为：重大威胁、积极适应和足够的保护因素。

首先，个人必须遭遇或经历过重大威胁或极为恶劣的逆境，从单一事件（如父母或兄弟姐妹的死亡）到持续的负面经历的累积（如身体、精神和／或性虐待）。其次，尽管发展过程中经历了重大冲击，但孩子能积极适应（Luthar，Cicchetti，& Becker，2000）。适应可以包括实现发展的里程碑、没有心理困扰，以及高于平均水平的幸福感或蓬勃发展指标（Sabrina & Banyard，2015）。最后，第三个条件涉及使孩子有能力避免逆境、创伤性经历，或者具备从中恢复的保护因素，即表 2-2 中提及的那些保护因素。从本质上讲，保护因素使个人免受风险因素的不利及破坏性影响，并鼓励那些经历过重大逆境的人发展心理弹性。

还应该指出的是，心理弹性并不是根除风险，而是让个体成功地适应风险。心理弹性好的儿童和青少年不会逃避与风险相关的负面因素，但在保护因素的帮助下，他们能够直面风险并适应逆境。

心理弹性这一主题很重要，因为它使相当多正经历严重的、持续的违法或反社会行为风险的孩子能够成为亲社会的、适应环境的、富有成效的成年人。此外，越来越多的证据表明，虽然心理弹性可能会出现发展性波动，但如果在生命的某个阶段处于风险中的儿童表现出心理弹性，那么该儿童往往在其整个生命周期中都会表现出心理弹性（Luthar et al.，2000；Masten，2014）。因此，虽然风险因素仍然是一个重要的问题，但保护因素同样重要。保护

因素可以保护儿童和青少年免受各种风险因素的伤害；它们还有助于经历过各种风险因素的儿童、青少年和成年人建立心理弹性。保护因素也是针对未成年犯罪人进行心理治疗和康复工作的核心要素。

在本章和接下来的两章，我们将重点介绍在日常生活中儿童和青年经常遇到的一些早期风险因素。此外，我们也将阐述一些能够降低这些累积风险因素影响的保护因素。

家庭风险及保护因素

家庭，特别是核心家庭，长期以来一直被犯罪学文献认定为影响亲社会行为和反社会行为的关键因素。当代社会科学研究人员更细致地研究了过程性变量（如养育子女的质量）而不是结构性变量（如单亲家庭）。众所周知，家庭在提供儿童和青少年的健康环境中起决定作用（Biglan et al.，2012）。大部分研究的注意力都集中在识别令人厌恶的事件，如亲子之间或家庭成员之间的虐待、批评、侮辱和强迫式互动。一旦明确了事件，就可以尝试治疗方案或干预措施，其目的是建立好的家庭养育环境。正如比格兰等人（Biglan et al.，2012）所指出的："减少负性条件，如苛刻的、不一致的管教和父母的拒绝，几乎是所有经过实验评估的育儿干预的核心组成部分。"虽然我们都在强调过程性变量，但正如下面会提到的，一些结构性变量也在文献中一直被强调。

贫穷及其影响

一个家庭内部的经济压力与导致犯罪的儿童发展之间的联系太过紧密，不容忽视。但是，我们必须强调，贫穷并不会直接导致犯罪，而且许多未成年犯罪人和成年犯罪人，即使是那些有暴力犯罪的人，也远非经济匮乏者。此外，所谓的白领犯罪所造成的危害其实是非常广的。

贫穷是指在一个特定地理区域内缺乏维持平均生活水平的基本资源的情况。这通常包括缺少足够的收入来满足基本的生活需要。根据美国卫生与公

众服务部（Department of Health and Human Services，HHS）的数据，大约 20% 的美国儿童生活在那些收入低于美国贫困线的家庭中，2019 年，贫困线是一个 4 口之家的年收入为 2.5 万美元（HHS，2019）。在美国所有 18 岁以下的儿童和青少年中，有 41% 属于低收入家庭儿童（Koball & Jiang，2018）。

大量研究文献强调了贫穷在儿童发展中的不利影响。正如布莱尔和雷弗（Blair & Raver，2012）所总结的那样："众所周知，贫穷的物质和社会心理环境会对儿童发展的多个方面产生不利影响，甚至会影响其认知功能。"由此可见，贫穷对人类发展的总体影响通常是严重的。此外，一个阶段的影响可能会阻碍下一个阶段的发展（Yoshikawa et al.，2012）。换言之，贫穷会产生从一个发展阶段到另一个发展阶段的负面级联效应。毫无疑问的是，从官方数据、犯罪被害情况调查及成年和未成年犯罪人的自我报告数据来看，贫穷与持续的暴力犯罪之间有很强的联系。虽然贫穷与非暴力犯罪间的联系并没有那么强烈，但这种联系仍然存在。越来越多的研究表明，贫穷是男性和女性青少年暴力行为最有力的预测因素之一（Beyers et al.，2003；Shaw & Shelleby，2014；Loeber et al.，2002），而且，在刑事法庭上所处理的被告的贫困状况也是有据可查的。

然而，在解释这些数据和决定如何预防未来的犯罪行为时，我们都必须非常谨慎。此外，应该强调的是，不管是被害人，还是犯罪人，贫困和犯罪之间的紧密联系都能体现出来。生活在恶劣经济条件下的儿童和青少年更有可能成为被害人和犯罪人。生活在以住房条件差和失业为特征的低收入家庭的学龄前儿童尤其容易成为少年犯或成为被害人（Dodge，1993b；Farrington，1991）。相较于那些生活在更优越的条件下的成年人，居住条件差的成年人更有可能成为犯罪的被害人。

贫穷和暴力之间的本质联系其实并没有被完全理解，这是因为贫穷与大量被称为贫穷共生因素（poverty cofactors）的影响交织在一起（Yoshikawa et al.，2012）。例如，哈布斯－泰特等人（Hubbs-

Tait et al.，2005）强调，持续报道的低收入和犯罪之间的联系，可能与经常伴随着贫穷而来的一系列环境因素有关，这符合累积风险模型和发展级联模型。贫穷往往伴随着资源不平等，还包括歧视、种族主义、家庭混乱、不安全的生活条件、营养不良、失业、社会孤立和有限的社会支持系统等（Evans，2004；Hill et al.，1994；Masten，2014；Sampson & Lauritsen，1994）。生活在贫穷中的年轻人更有可能去不好的学校上学、辍学、失业、成为被害人或经历各种暴力事件。他们生活在低质量医疗环境中，更容易接触农药、噪声更高、玩耍的安全空间更少、更容易接触铅和其他神经毒物（Hubbs-Tait et al.，2005）。因此，除了经济状况，还有许多风险因素也在发挥作用。

贫穷在很多方面影响着家庭，其中最重要的是它会影响父母对孩子的行为。例如，伴随贫穷和经济限制而来的压力被认为会降低父母的支持性和持续性的育儿能力（Blair & Raver，2012；Dodge et al.，2008；Hammond & Yung，1994）。这种情况可能会导致强制性的、高度攻击性的控制儿童的行为。生活在普遍缺乏社会支持、资源和机会的条件下，有些父母更难避免对其年幼的孩子进行严厉和不一致的管教。强制控制儿童的方法更直接、即时且易于实施。与强调自尊、人际交往能力及共情的教养方式相比，强制性教养方式实施起来所需的时间和精力更少。打孩子要比采用更深思熟虑的教养策略"容易"得多，但打孩子的后果可能会十分严重。为惩罚或保持控制而打孩子的模式会增加儿童的消极自我概念。此外，采用攻击和暴力策略的教养方式往往提供了一种暴力环境，将暴力循环带入下一代。生活在一个伴有体罚的不利环境中，也可能导致孩子们相信，为了生存并获得社会地位，就要对他人采取攻击和暴力行为。

然而，在讨论严重的违法犯罪和经济状况之间的关系时，必须再三强调以下三点。第一，低社会经济阶层和犯罪之间的联系并不意味着贫穷会产生或不可避免地导致严重的、长期的犯罪。绝大多数低收入家庭的儿童和成年人都是守法公民，而来自高收入家庭的儿童和成年人确实也有严重的违法和犯罪行为。自我报告研究和犯罪被害情况调查都表明，性侵害、严重的物质滥用、盗窃和欺诈行为在各个经济阶层的未成年人和成年人中都会发生。第二，在许多社区，经济上处于弱势地位的儿童不成比例地卷入刑事司法系统。他们更有可能被拘留，移交少年法庭，并被判有罪。因此，它们会出现在第一章所述的测量犯罪的官方数据中。第三，贫穷家庭的孩子更有可能被纳入一个本身就会增加犯罪行为或成年犯罪的系统，特别是当他们和其他犯罪人一起被收容时。在这些机构中，被害现象也很普遍。相比之下，来自经济条件较好的家庭的孩子更有可能得到非正式的处理，获得法律援助，或者由其父母安置在私人机构中治疗他们的问题行为（Chesney-Lind，2002；Chesney-Lind & Shelden，1998；Schwartz，1989）。

尽管在贫穷中成长伴随着多种风险因素，但我们也常能见到，许多年轻人即使面对社会经济上的劣势，仍在生活中取得成功（Masten，2014）。成功的故事往往反映了他们的心理弹性，这是上面讨论过的一个概念。心理弹性取决于个体生活中是否存在保护因素，例如，认知技能、成熟度、自我调节能力、支持性的父母或照顾者，以及有组织的、支持性的社区。精神和宗教信仰通常对弱势家庭起关键作用，因为它们往往是安慰、希望和意义的来源（Howell et al.，2018）。

单亲家庭

根据人口普查数据，超过 1200 万有孩子的美国家庭只由父母一方维持（Vespa，Lewis，& Kreider，2013）。2012 年，28% 的儿童与父母一方住在一起，其中 88% 的孩子是和母亲住在一起的。基于官方数据的早期研究发现，违法青少年比没有违法的青少年更有可能来自父母离异或分居的家庭（Eaton & Polk，1961；Glueck & Glueck，1950；Monahan，1957；Rodman & Grams，1967）。由此得出的结论是，单亲家庭可能是许多青少年犯罪的罪魁祸首，因此被认为是风险因素。从 20 世纪 70 年代开始，自我报告研究表明，当犯罪行为广泛存在时，犯罪学家开始质疑这些结论。如今，如前所述，研究人员更有可能综合考虑伴随因素，例如，孩子与有监护权的父母一方之间的关系质量、孩子与没有监护权但仍然参与孩子生活的父母一方之间的关系质量、家庭经济状况，以及其他成年人对家庭的情感支持程度，如大家庭成员或社区工作者。

各种各样的情况都可能导致单亲家庭的形成。此外，双亲家庭可能会因各种各样的情况"破裂"——死亡、遗弃、离异或分居。分居并不会以同样的方式影响所有的家庭，分居也可能不是由父母促成的（如军事部署、长期住院治疗、被监禁）。另外，有证据表明，与来自充满冲突的"完整"家庭的孩子相比，来自相对没有冲突的单亲家庭的儿童更不太可能犯罪。家庭的组成，如（外）祖父母、继父母、亲戚、重要他人或朋友，也必须考虑在内。这类家庭结构已成为当今社会的一个固定形式。许多研究人员将家庭定义为有血缘关系或通过法律安排（收养、合法监护）联系在一起的个人。研究人员还指出，一个家庭可以由那些生活在一起的长期忠诚的关系中的个体（无论是作为朋友还是作为性伴侣）及其孩子所构成。

虽然单亲家庭和犯罪之间的关联仍然经常被报道，但我们还远没有解释清楚——并且这种尝试可能是毫无意义的。如果单亲家庭是一个风险因素，那它可能受其他相互作用的变量和许多其他风险因素的影响。与其关注家庭结构，不如关注过程（即在家庭内部发生的事情）更可取。正如弗林（Flynn，1983）所断言："在文献中，有一点是很明确的，即一个稳定、安全、相互支持的家庭对预防犯罪极其重要。"无论家庭的定义是什么，它至少应该包括一个有能力的、有爱心的成年人，对孩子的幸福承担主要责任。

父母教养方式和行为

父母教养方式和行为涉及父母（或照顾者）和孩子间的互动方式。有些父母（或照顾者）的教养方式和行为似乎比其他方式或行为更有可能导致犯罪，因此可以称之为风险因素。父母教养行为（parental practices）是父母为实现不同的背景和情境下特定的学业、社会或行为目标而采用的策略（Hart et al.，1998）。也就是说当父母使用教养行为时，他们的重点是影响孩子的某些特定方面（Mounts，2002）。每周给孩子零花钱，希望教会他理财，这就是一种行为。其他行为包括和孩子一起阅读、参加体育活动、成为家委会成员等。父母教养行为对特定的儿童行为（从餐桌礼仪到学习成绩）和特性（如获得特殊的价值观或高自尊）的发展有直接影响。

父母教养行为指的是父母的行为模式，而父母教养方式（parental styles）指的是以父母对孩子的态度和亲子关系的情绪氛围为特征的亲子互动（Baumrind，1991a；Mounts，2002）。诸如手势、语气或自发的情绪表达的行为都属于父母教养方式。例如，回应式的亲子互动表现为热情、有趣、接纳和参与。研究表明，回应式的父母教养方式通常会激发社会胜任力、提升同伴接受度并减少反社会行为（Hart et al.，1998）。正如加利托（Gallitto，2014）强调的，通过敏锐和回应式的教养行为，父母满足了孩子对身体接触、人际归属感、亲密关系的基本需求，这些对促进儿童的情感发展、智力成长和提升社交能力至关重要。

四种类型的父母教养方式

黛安娜·鲍姆林德（Diana Baumrind，1991a）确定了四种父母教养方式（见表 2-4），它们至今仍被认为在描述亲子互动时很有用：

（1）专制型；

（2）放任型；

（3）权威型；

（4）忽视型。

那些使用**专制型教养方式**（authoritarian style）的父母试图按照一些预先设定的绝对标准来塑造、控制和评估孩子的行为。专制型家庭有许多必须严格遵守的规则和规章制度，往往不接受质疑或解释。专制型父母不鼓励任何暗示父母和孩子之间平等的口头交流；父母在所有事情上都是权威。专制型父母希望他们的孩子顺从，并毫无疑问地尊重权威。这些父母往往管理严格，对越轨和违法行为会采取惩罚性的、强有力的措施，其中可能包括（也可能不包括）体罚。

表 2-4　鲍姆林德的父母教养方式

教养方式	意图或重点
专制型	塑造和控制孩子的生活
放任型	没有控制和极少的限制
权威型	理性的、合理的限制
忽视型	脱离和不参与孩子的生活

采取**放任型教养方式**（permissive style）的父母对孩子的行为表现出宽容、非惩罚性、接受的态度，包括孩子的攻击性和性冲动。放任型父母通常避免对孩子的行为施加权威、社会控制或限制。在这种类型的家庭中，父母将自己视为"资源人士"，孩子在需要时可以向他们咨询。放任型父母允许孩子自己设定吃饭、睡觉、看电视、玩电子游戏、离开家及与朋友见面的时间表，他们很少采用父母监管措施。从本质上说，他们的社会性角色是无效的。虽然这类父母可能会建议孩子从自己的错误中学习，但研究表明，放任型教养方式并不是值得推荐的方法（Jackson & Foshee，1998）。

在**权威型教养方式**（authoritative style）下，父母试图以理性的、问题导向的方式引导孩子的活动。父母和孩子之间常常有制定决策与开放交流的精神。由权威型父母领导的家庭的特征是在理性讨论中穿插着社会控制。权威型父母期望孩子有与年龄相符的"成熟"行为，他们会坚定地执行家庭规则和标准。同时，权威型父母鼓励独立和个性。权威型父母注重参与和接纳，也期待孩子负责任的行为和成

就（Masten，2014）。由于权威和专制这两个词的相似性，有些人更喜欢使用"明智"这个词而不是"权威"（Duckworth，2016）。

在**忽视型教养方式**（neglecting style）下，父母表现冷漠，很少参与孩子的生活或活动。他们既不要求，也不回应。他们不监管，也不支持，但可能会积极拒绝或完全忽视其照顾孩子的责任（Baumrind，1991b）。换句话说，父母很少回应孩子的需求或孩子的行为（Brenner & Fox，1999）。他们根本没有兴趣控制孩子的行为或监管孩子的活动。在极端形式下，这种养育方式称为忽视型。霍夫等人（Hoeve et al.，2007）发现，忽视型教养方式是导致违法与犯罪的最大风险因素之一，这一点也不奇怪。鲍姆林德（Baumrind，1991b）发现，来自忽视型家庭的青少年比同龄同伴更有可能发展出反社会行为，缺乏自我调节、社会责任和认知能力。

鲍姆林德的父母教养方式类型并非没有问题。例如，许多父母，在放任型和权威型之间摇摆不定，而有些父母会依据孩子的年龄而改变其教养方式。权威型父母可以允许孩子设定自己的饮食和睡眠时间表，并选择其着装模式，但可能会要求他们广泛参与关于学校、社交或工作的相关决策。同样，有些父母可能一般都是放任型风格，但突然爆发出愤怒，要求孩子遵守最新宣布的规定。尽管有缺陷，但鲍姆林德的父母教养方式概念已产生了一个高度一致的结论，有利于儿童成功地实现社会化（Darling & Steinberg，1993）。本质上，几乎所有关于父母教养方式的研究都表明，权威型（或明智型）教养方式最有可能促进儿童和青少年的健康发展（Steinberg，2001）。更多信息请阅读专栏 2-1。

束缚型和宽松型父母教养方式

詹姆斯·斯奈德（James Snyder）和杰拉德·帕特森（Gerald Patterson）认为，两种父母教养方式会直接或间接地导致犯罪行为（Snyder & Patterson，1989）。他们将这两种教养方式命名为**束缚型教养方式**（enmeshed style）和**宽松型教养方式**（lax style），

热门话题

专栏 2-1　流行文化中的教养方式

从 20 世纪中后期开始，"父母教养方式"成了一个常见的词，因为许多关于父母教养方式的图书和文章出现了。在 21 世纪，聊天室、博客、社交媒体，以及各种应用程序，都在建议成年人如何有效地"做父母"。在流行文化中，某些术语开始出现，用来描述采用各种风格和策略的父母。以下是几个例子。

- 直升机式父母（helicopter parents）。这些过度关心、不肯放手的成年人试图监控孩子的每一个生活细节，过度监管孩子的活动。直升机式父母不仅在孩子的儿童期和青春期"盘旋"，有时甚至会持续到孩子的成年早期。直升机式父母可能会调查孩子参与的每一项活动或谈话（如学校午餐时间的聊天），并尽可能地偷听。这类父母可能会在孩子面试结束后给雇主打电话询问情况，也可能会联系大学食堂询问食品质量。虽然许多父母做了上述的一些事情，但持续不肯放手的这种教养方式使那些获得"直升机式父母"称号的人与众不同。这种方法有时被称为依恋式教养（attachment parenting）。

- 虎爸虎妈（tiger parents）。这些父母采取一种"严厉的爱"的方式。2011 年，法学教授蔡美儿（Amy Chua）出版了一本回忆录《虎妈战歌》（*Battle Hymn of the Tiger Mother*），虎爸虎妈第一次引起公众关注。虎爸虎妈非常严格，对孩子的要求极高，特别是在学业问题上，在音乐、艺术或体育活动方面也有极高的要求。虎爸虎妈因要求孩子在篮球场或钢琴上练习过多时间而受到批评，他们限制孩子参与社

交活动。

- 扫雪机、割草机或推土机式父母（snowplow，lawnmower or bulldozer parents）。这类父母利用他们的影响力为孩子获得资源，他们的做法有时是不合理的甚至是非法的。例如，他们可能会向教师施压要求变更分数，或者迫使戏剧导演让孩子担任主角。基本上，这些父母试图消除孩子所遇到的障碍，而不是鼓励他们克服障碍。这类问题在 2019 年的大学录取丑闻中凸显出来，当时有消息称，名人父母在子女入学方面使用非法手段，例如，花钱请其他人为其子女参加大学入学考试，或者贿赂大学官员，以批准其子女获得入学资格。

- 密集型教养方式（intensive parenting）。这类父母花费大量的时间与孩子一起活动，如一起看电影、一起吃饭、监督家庭作业、和孩子的朋友聊天等。虽然这些活动本身是值得表扬的，但过度参与这些活动可能是有问题的。密集型教养方式会让父母非常疲惫，也可能会阻碍孩子的独立。它的成本很高，因为它通常包括让孩子报名参加多种活动，如特殊课程、夏令营或旅行。

- 正念式教养方式（mindful parenting）。通过这种方法，父母被鼓励放慢脚步或放松，即使是在充满压力或混乱的家庭环境中。正念式教养方式课程教授冥想和呼吸技巧，旨在减少父母与孩子生活中的压力。实行正念式教养方式的成年人并不要求自己或孩子足够完美，而是使用一些简

单的策略，如尽可能多地关注孩子说的话，或者改变家庭惯例以腾出时间在前一天晚上准备学校的午餐。

- 自由型教养方式（free-range parenting）。与上面的方式完全不同，这一概念得到了一些父母的青睐，这类父母可能直接反对直升机式教养方式。在自由型教养方式中，为了鼓励孩子独立自主和自力更生，父母鼓励孩子四处漫游（显然是有限制的）。他们允许孩子步行往返于公园和操场，或在附近自由玩耍。他们也避免过度安排孩子的时间或组织他们活动。

问题讨论

1. 2015 年，马里兰州的一对支持自由型教养方式的父母被指控忽视孩子，因为他们的孩子（10 岁和 6 岁）被发现从一个公园步行回家，孩子被警察带走，并留在了儿童保护服务机构（Child Protective Services）。这些父母应该因为忽视孩子而被指控吗？回答这个问题时，你还需要获得哪些额外的信息？自由型教养方式的利与弊有哪些？

2. 2018 年，犹他州成为美国第一个通过"自由型教养方式"法的州，这样犹他州的父母就不会像马里兰州的父母那样被指控。要做到这一点，犹他州立法机关改变了忽视的界定。那么应该如何定义忽视呢？

3. 上述教养方式是否符合本章讨论的鲍姆林德的教养方式类型呢？那么，斯奈德（Snyder）和帕特森（Patterson）的教养方式类型呢（见下文）？

4. 人们如何证明这些方法的合理性呢？它们现实吗？心理学的研究结果能在多大程度上支持它们？

这与鲍姆林德的专制型教养方式和放任型教养方式非常相似。在束缚型教养方式中，父母认为过多的无用行为是有问题的，且他们使用无效的、专制的策略来处理问题。这些父母不会忽视任何琐碎的过度行为。他们发出更多、更差的命令，更频繁地进行口头威胁、反对和哄骗，但不能持续有效地采用非暴力、非体罚的措施来支持这些口头谴责（Snyder & Patterson，1987）。强迫性惩罚的无效使用建立了一种家庭互动模式，这种模式诱发、维持并加剧了所有家庭成员的攻击行为。当一个或多个家庭成员在这种强迫性互动中表现出厌恶行为时，其他家庭成员也会有同样的反应，使互动不断升级。凯茜对她哥哥杰瑞德的嘈杂音乐反应强烈，尖叫着要求他把音乐关掉，哥哥则诅咒她。凯茜猛烈地敲他的房门，音乐更响了。父亲对着他们大喊大叫，命令他们停止。凯茜的尖叫声更大了，并踢开了哥哥的房门。她向哥哥扔了一个花瓶，但是没打中。哥哥追着她

跑，扔了一本书。最终，当父母屈服时，孩子在这种不断升级的对抗中获胜了，从而强化了这种高度令人厌恶的人际交往策略。例如，父亲踢开一把椅子，然后命令哥哥关掉嘈杂的音乐。因此，父母和孩子的互动模式进一步说明这种严厉的策略在社会互动中是有效的，于是，这种模式很快就会延伸到家庭成员以外的人身上。

束缚型父母有时也会给予专制、严厉的惩罚，尽管这种惩罚前后矛盾且无效。然而，父母可能没有精力对他们认为有问题的每一种行为进行惩罚。因此，在许多情况下，不良行为不会受到惩罚，正如前面的例子。这种模式导致了间断的、不一致的惩罚计划，从长远来看，这对阻止反社会行为几乎没有作用。

宽松型教养方式采用的策略与上述策略相反。斯奈德和帕特森认为，宽松型父母不能充分理解什么构成了儿童的问题行为或反社会行为。因此，他们允许

其中大部分的问题行为在不受处罚的情况下发生。由于各种原因，他们没有认识到或接受这一事实：他们的孩子会参与越轨、反社会甚至暴力行为。他们根本不相信这种情况正在发生，或者他们说服自己，他们对此无能为力。宽松型父母可能会假装他们不知道自己的儿子正在后院举办一场饮酒派对。

似乎过度控制的父母教养行为（那些与束缚型和专制型相关的行为）与儿童和青少年的攻击性和反社会行为的发展密切相关（Blitstein et al.，2005；Ruchkin，2002）。相比之下，权威型父母教养方式则有相反的效果。研究表明，女孩的暴力行为和反社会行为可能被一个温暖的、回应性的母亲所缓冲，尽管在男孩身上没有发现同样的结果（Blitstein et al.，2005）。简而言之，权威型的母亲似乎在预防女孩的反社会行为方面发挥了更重要的作用（Hollister-Wagner，Foshee，& Jackson，2001）。

本节讨论的所有教养方式中，忽视型教养方式与反社会行为和违法犯罪的关系最密切，但忽视型父母并不会直接导致严重的反社会行为，因为还有其他成年人的榜样可以起到积极影响，如亲戚、教师、教练或导师。不过，其他的父母教养方式也与犯罪行为有关。其中包括鲍姆林德提出的放任型教养方式，以及斯奈德和帕特森提出的宽松型教养方式。这些教养方式下长大的孩子一般缺乏自立能力，并且难以控制自己的冲动。长期以来，放任型父母一直被指责对孩子缺乏管教和监督。他们可能会把孩子当作成年人来对待，在他们未准备好之前，就强迫他们承担成年人的行为或责任，并且没有得到

必要的成年权威人物的指导。

父母的监管

与父母教养方式和反社会行为、越轨行为密切相关的是父母的监督和管教问题。父母监管（parental monitoring）是指父母对孩子的同伴关系、业余生活和外出时的活动范围的关注（Snyder & Patterson，1987）。研究持续表明，受监管的青少年不太可能参与吸毒和酗酒，或者实施犯罪或反社会行为（Fosco et al.，2012；Kilgore，Snyder，& Lentz，2000；Tilton-Weaver et al.，2013）。父母随时了解孩子的活动，注意孩子的行为，建构孩子的环境，孩子就有更好的结果（Fosco et al.，2012）。

在中学阶段，父母监管似乎是一个特别重要的保护因素，这一观察结果得到了大量研究的支持（Fosco et al.，2012；Laird et al.，2003；Slesnick et al.，2012；Waizenhofer，Buchanan，& Jackson-Newsom，2004；Walther et al.，2016）。在这段时间里，年轻人开始减少与家人一起共度的时间，与家人疏远，得到的父母监督和管教也更少（Fosco et al.，2012）。多数情况下，中学期间的问题行为（包括物质滥用和犯罪行为）的发生都出现在与同伴有关的情境下。同伴是这一时期特别强大的效仿对象。有效的教养方式当然可以防止越轨同伴的影响，但这往往还不够。越来越多的研究表明，家庭内部关系的性质对减少越轨同伴的风险因素很重要（Slesnick et al.，2012；Fosco et al.，2012）。有关福斯科等人研究（Fosco et al.，2012）的更多信息，请阅读专栏 2-2。

研究重点 ●●●

专栏 2-2　青春期孩子的父母监管与家庭关系

父母监管被认为是一种很好的教养行为，它可以指导青少年应对青春期的挑战。从广义上看，监管包括了解孩子的活动并设置合理的限制。大量研究表明，监管是有效的。

为了达到好的效果，监管应该伴随着积极的亲子关系。事实上，有研究表明，即使良好的父母教养行为是有效的，亲子关系的质量仍然是青少年问题行为的一个有效的预测指标（Bronte-

Tinkew，Moore，& Carrano，2006）。这并不奇怪，那些认为自己与父母或照顾者有良好关系的孩子，更有可能告诉父母自己的重要活动，也更愿意接受监管。因此，监管和良好的家庭关系的结合很可能会减少儿童的反社会行为。然而，家庭是复杂的，到目前为止，家庭成员之间的具体关系（例如，孩子和父亲、孩子和母亲、孩子和兄弟姐妹）还没有得到广泛的研究。

不过，福斯科等人（Fosco et al.，2012）的研究是一个例外，他们考察了中学生家庭中父母监管与各种家庭关系。正如研究人员指出的："我们有充分的理由相信，青少年与其母亲、父亲和兄弟姐妹之间有独特的、有意义的关系，并且，每种关系都可能有助于青少年的发展。"

对许多孩子来说，中学是一个危险的阶段。在这个阶段，他们可能会开始背离家庭规范，转向同伴影响。在一项纵向研究中，研究人员追踪了 6～8 年级的青少年的多个种族样本，通过调查和访谈同时评估了父母双方监管，以及这些青少年与他们生活中最多 5 个有爱心的成年人之间的联结。他们还评估了反社会行为、物质滥用及与越轨同伴的关系。

与其他研究一致，该研究发现，父母监管与青少年（6～8 年级）的问题行为水平的下降有关

联。然而，仔细审视家庭关系时又增加了另一个有趣的维度。具体来说，与父亲的联结及与兄弟姐妹的冲突都能显著预测问题行为。强大的父子联结会减少问题行为，与兄弟姐妹的冲突则会增加问题行为。母子联结不能显著预测问题行为，但研究人员提醒要谨慎解释这一研究结果。同样有意思的是，无论父亲是否住在家里，与父亲的联结都是至关重要的，而且不管是男孩还是女孩，结果都一样。

福斯科等人强调了重复这项研究的必要性。他们也建议，在青春期，减少兄弟姐妹之间的冲突，同时鼓励父子关系（即使父亲不住在家里）对促进青少年的健康发展都很有价值。

问题讨论

1. 请注意，研究人员提醒要谨慎解释有关母子联结的研究结果，主要是因为这些发现与以前的研究结果不一致。这种谨慎是必要的，那么对这些研究发现都有哪些可能的解释呢？

2. 为什么与兄弟姐妹的冲突会导致青春期早期出现更多的问题行为？

3. 在调查或访谈中，你会用什么样的问题来评估中学生感知到的与父母或照顾者之间的联结？

研究一致表明，父母从青少年传递的信号中获得信息，而不是仅通过父母监管（Tilton-Weaver et al.，2013）。这是因为，如果青少年不告知成年人其要去的地方，父母就很难"监管"其活动了。因此，家庭内部，特别是父母与青少年之间的关系与联结越好，父母的影响力就越大。那些与父母或照顾者感到亲密和联结的青少年更有可能重视父母或照顾者的观点，也更愿意在有困难和遇到麻烦时寻求他们的建议和指导（Fosco et al.，2012）。

有意思的是，初步研究表明，不管是男孩还是女孩，父亲和中学生之间的积极关系和联结感，似乎在预防其与越轨同伴的交往及问题行为方面尤为重要（Fosco et al.，2012）。不管父亲与孩子住在一起，还是与家庭分离，这一发现似乎都适用。因此，当父母分居或离异，而母亲有监护权时，理想的情况是父亲要在孩子的生活中保持稳定存在。

从本质上说，研究表明，通过平衡的父母监管和积极的父母 – 青少年关系，青少年的问题行为可以显著减少。平衡的父母监管很重要，因为青少年通常认为某些形式的监管和同伴管理是侵入性的

（Kakihara et al.，2010；Tilton-Weaver et al.，2013）。与那些感到不被父母控制的青少年相比，那些感到被控制的青少年可能更不愿意接受父母对交友和休闲活动的监管（Tilton-Weaver et al.，2013）。然而，这种冲突似乎更可能发生在青春期早期，在青春期后期问题则不明显。总体来说，有效的监管取决于家庭关系的性质、监管的时间和青少年是否感到被父母过度控制。

父母监管的数量和质量也受到一些因素的影响。例如，离异、严重的经济压力、失业、父母心理障碍、物质滥用或死亡都可能显著影响家庭动力和父母或照顾者监管。然而，监管并不一定需要父母的实际存在。其他成年照顾者或课外项目也可以提供合适的监管。此外，我们不能低估社区监管的重要性。例如，研究发现，在成年人能有效监管青少年的行为并大声指出不端行为的社区，违法和犯罪率较低（Sampson，Morenoff，& Gannon-Rowley，2002）。

兄弟姐妹的影响

一方面，虽然父母监管、家庭关系、父母－青少年关系是累积风险因素和发展级联过程中的重要考虑因素，但兄弟姐妹对青少年问题行为的发展起到了重要的作用。不过从另一方面讲，哥哥、姐姐也是一种保护因素，例如，为弟弟、妹妹提供积极的榜样，或者保护他们在学校免受欺凌。

兄弟姐妹互相模仿，通常是指年龄更小的孩子模仿哥哥、姐姐（Fosco et al.，2012；Garcia et al.，2000；Whiteman，Jensen，& Maggs，2014）。然而，弟弟、妹妹对哥哥、姐姐的模仿并不总是如此。研究发现，在大约 1/3 的兄弟姐妹样本中，与哥哥、姐姐年龄相近的弟弟、妹妹，实际上试图在行为和态度上与哥哥、姐姐不同（Whiteman et al.，2014）。不过，总体说来，由于兄弟姐妹通常会有很多时间相处，所以我们有理由假设，他们在攻击性和反社会行为的塑造和发展中发挥了作用。这一领域没有像其他同伴影响那样被广泛研究，但现有

的少量研究表明，高犯罪率的青少年更有可能有高犯罪率的兄弟姐妹（Buist，2010；Coie & Miller-Johnson，2001；Samek & Rueter，2011；Whiteman et al.，2014）。

有研究人员（Rowe & Gulley，1992）认为，当兄弟姐妹之间有很紧密的关系时，有犯罪行为的哥哥、姐姐会增加弟弟、妹妹的反社会行为。如果兄弟姐妹不亲近，就可能产生相反的效果，即没有攻击性的弟弟、妹妹可能会努力做到不要像其有攻击性或反社会行为的哥哥、姐姐那样。

然而，当兄弟姐妹之间存在大量冲突时，它会影响家庭动力，并可能会使孩子远离家庭，转向同伴群体，包括越轨的同伴。福斯科等人（Fosco et al.，2012）的研究发现，经常发生争吵或身体冲突的兄弟姐妹，他们在 8 年级时问题行为有所增加，这一结果不受父母监管和父母－青少年关系的影响。此外，兄弟姐妹冲突的影响并没有随着兄弟姐妹性别组成的变化而有所不同。福斯科等人总结道："这些研究结果与这一观点一致，即兄弟姐妹子系统可以通过制造更大的威胁、冲突和敌意来影响整个家庭环境。"总之，一小部分但越来越多的研究开始证明，兄弟姐妹之间的关系往往对家庭氛围、问题行为、物质滥用和犯罪行为有巨大影响。

父母有精神问题

临床上患有抑郁障碍的父母（尤其是母亲），其孩子出现一系列社会情绪和行为问题的风险增加，包括反社会行为、情绪失调、认知发展不良（Bennett，Bendersky，& Lewis，2002；Mazulis，Hyde，& Clark，2004；Nelson et al.，2003）。随着年龄的增长，当母亲在怀孕期间或在孩子婴儿期患有抑郁障碍时，其孩子会继续表现出行为问题，并经常从事各种反社会活动。母亲之所以被强调，一方面是因为产前环境，另一方面是因为她们往往是主要的照顾者。然而，如果父母双方在他们童年早期都患有抑郁障碍，那么他们的孩子出现问题行为的风险可能更大。

父母酗酒会增加孩子产生不良行为的风险，包括行为困难、反社会行为和之后的酗酒行为（Loukas et al.，2003；Zucker et al.，2000）。有意思的是，研究人员（Loukas et al.，2003）发现，在造成男孩的反社会行为和适应不良方面，家庭中父亲酗酒可能比母亲酗酒的影响更大。

家庭暴力中的攻击行为显然是父母的精神问题的一种表现，这对孩子的发展有巨大的影响。此外，对儿童的身体和性方面的忽视和虐待对其健康发展也构成了重大的威胁。这些主题将在第九章进行详细阐述。

心理和行为的风险因素与保护因素

我们不能简单地将上述家庭风险因素的影响与本节将要讨论的风险因素区分开来。几乎没有任何一个因素是可以独立于儿童和青少年与其家庭环境的关系的。虽然它们在这里被视为个体因素，但与本章前面讨论的发展级联模型一致，下文所涉及的因素很可能与个体生活中的许多其他因素相互作用。

缺乏安全依恋

根据英国心理学家约翰·鲍尔比（John Bowlby，1969）的说法，婴儿和照顾者之间的早期关系在很大程度上决定了其以后生活中的社会关系的质量。鲍尔比的依恋理论（attachment theory）已经在心理学文献中得到了广泛的论证，并可以应用到犯罪行为的研究。如前所述，尽管它本质上是个体的一个心理风险因素，但它很适合上面讨论的家庭和父母问题。

一些婴儿，当身处一个陌生和不熟悉的环境时，表现出安全型依恋（secure attachment）。他们在父母面前舒适地玩耍，并对新鲜的和有挑战性的环境表现出好奇心。当父母离开时，孩子变得紧张，但当爸爸或妈妈回来时，孩子又会高兴起来。这些婴儿将父母或照顾者视为一个安全基础，支持他们进行探索。其他婴儿可能表现出不安全型依恋（insecure attachment），通常分为两种依恋方式：焦虑/矛盾型依恋（anxious/ambivalent attachment）和回避型依恋（avoidant attachment）。焦虑/矛盾型依恋的孩子会因为分离变得非常痛苦和焦虑，在新环境中，他们经常焦虑地抓住父母，没有太多探索（Ainsworth，1979）。当父母在分离后返回时，他们可能变得冷漠，甚至充满敌意。这些婴儿可能会把回来的父母推开、身体僵硬或在被抱起来时哭泣。回避型依恋的特征是无论父母是否在场，婴儿都很少有痛苦。他们在分离或重聚时很少哭。婴儿时期和儿童时期的回避型依恋与成年后的冷漠表现有关（Adshead，2002）。

依恋问题显然与成年人对孩子生活的照顾不足有关。DSM-5 包括了反应性依恋障碍和脱抑制性社会参与障碍诊断，这两者都是由于个体在婴儿期或儿童早期没得到足够的照顾而引起的。这种社会忽视导致儿童在反应性依恋障碍的情况下，表现出对成年照顾者的抑制、情绪退缩行为的一致模式，以及在脱抑制性社会参与障碍的情况下，表现为孩子主动与不熟悉的成年人接触和互动的一种行为模式。

需要强调的是，与父母一方或双方分离本身并不意味着会导致消极依恋问题。因死亡、离异、军事部署或监禁而分离也并不意味着儿童缺乏照顾（有关父母被监禁的孩子的更多信息，请阅读专栏2-3），许多孩子经历过这样的分离，虽然它们是不可取的，但留下的父母或替代照顾者提供了必要的支持。然而，有些分离可能是有问题的。2018 年和2019 年，美国政府将数千名儿童与其父母分开，原因是这些父母试图进入美国寻求庇护、希望过上更好的生活，或者在逃离暴力时被拘留在南部边境。到 2019 年秋天，这些孩子中的很多人还没有与父母团聚。那些被分开的儿童经常表现出严重的情绪困扰症状，包括焦虑、睡眠障碍和对权威人物的不信任。尽管接受调查的记者们仍在继续跟进这一事件，但未来研究人员肯定会尝试研究这些强制分离所带来的影响。

玛丽·安斯沃思（Mary Ainsworth，1979）观察到，那些敏感、深情、反应性的并给婴儿输入对

热门话题

专栏 2-3　当父母被监禁时

在美国，每年有 230 万～300 万成年人被关押在监狱里，这相当于每 10 万成年人中就有 700 人被监禁。不过，很少有人会意识到，父母一方或双方被关押的儿童存在的问题（Wildeman, Haskins, & Poehlmann-Tynan, 2018）。研究人员（Glaze & Maruschak, 2008）报告，美国有一半囚犯的孩子在 18 岁以下。还有研究人员（Wildeman, 2009）称，1990 年出生的孩子，每 25 名白人儿童中就有 1 人，每 4 名非洲裔美国儿童中就有 1 人，在他们 14 岁生日前就经历过父母一方（通常是父亲）被监禁。

父母被监禁的孩子可能在一生中都面临负面影响的风险。社会污名化、与父母缺乏依恋，以及非监禁父母的经济和心理压力等因素都可能会导致儿童期和成年期的适应不良。然而，在一项对 40 项研究的元分析中，研究人员（Murray, Farrington, & Sekol, 2012）发现，父母被监禁的结果是复杂的。最严格的研究表明，父母被监禁与儿童反社会行为的较高风险有关，但与心理健康问题、吸毒或受教育表现不佳无关。研究人员呼吁从发展的视角来进行更多的研究，探讨儿童如何应对父母被监禁及为什么有些孩子比其他孩子表现得更好。

有报道称，孩子与父母分离还会产生其他的不良心理影响。孩子们报告说他们被欺凌了，或者说他们不希望老师知道他们的父亲或母亲在监狱里。有些孩子被寄养系统所困，从一个家搬到另一个家；也有些孩子则担心他们会像父母一样变"坏"；还有些孩子对制度表示不满并担心父母的安全。研究表明，一种常见的应对方式是参加各种活动，如体育锻炼、看戏剧或去教堂（Poehlmann-Tynan & Arditti，2018）。

一般来说，如果父母被监禁，孩子与父母之间的依恋就会受到破坏，尤其是孩子还年幼时，短期依恋和长期依恋都会受到影响。然而，尽管许多研究人员曾尝试过，但评估父母被监禁的孩子的依恋是极其困难的（Poehlmann-Tynan & Arditti，2018）。虽然研究结果强调，当父母一方或双方被监禁时，健康的依恋会面临风险，但由于不同儿童和青少年情况的复杂性，并不能得出一致的结论，这一点不足为奇。几乎所有（80%～90%）父亲被监禁的孩子都与未被监禁的母亲住在一起，而祖父母通常是母亲被监禁的孩子最常见的照顾者（Glaze & Maruschak，2008）。因此，父母被监禁期间，照顾环境的质量是至关重要的。此外，有研究表明，与父亲被监禁的那些孩子相比，母亲被监禁的孩子面临更大的压力。与其他因素相比（如无家可归），缺乏依恋对这些孩子来说可能不是什么问题。

问题讨论

1. 许多监狱都有"教养方式项目"（parenting programs），被监禁的父母互相提供支持，监狱也为他们提供教养方式技能培训。这类项目的优点是什么？有什么缺点吗？

2. 斯库纳和雷恩是两兄弟，分别是 8 岁和 10 岁，他们的母亲因非暴力犯罪被判 3 年监禁。他们的父亲多年前就离开了家，从此不再与他们联系。你认为可以做些什么来减少这些负面结果给这两个孩子带来的风险呢？

3. 在上面的案例中，如果你知道两兄弟的祖父母在照顾他们，同时他们与父亲也保持联系，你的答案是否会有所改变呢？

世界的基本信任的照顾者，往往都有安全型依恋的孩子。有安全型依恋基础的孩子，其心理发展通常比较健康。成年后，他们会建立良好的人际关系、与他人共情，并通常表现出良好的自我调节能力（Ansbro，2008）。他们在与同伴的互动中表现得更有胜任力与共情力（Ainsworth，1979）。人们普遍认为，我们在婴儿时期的依恋关系在成年后的恋爱关系中也发挥着重要作用。

根据安斯沃思等人（Ainsworth et al.，1979）的说法，回避型依恋的婴儿，其父母往往是冷漠、疏远、避免与孩子亲密接触的。因此，这些孩子成年后很难形成亲密关系。焦虑/矛盾型依恋的婴儿，其父母通常很专横，并且在感情和亲密度上表现得忽冷忽热。这些婴儿永远不知道父母在什么时候及如何满足他们的需求。作为成年人，他们渴望拥有亲密关系，但是又不断地担心伴侣和朋友会给予什么样的情感回应。他们往往会变得痴迷并全神贯注于他们的关系，尤其是与配偶或伴侣的关系。

沃德等人（Ward et al.，1995）假设，许多性犯罪人的父母可能有情感变化无常的问题，并且在识别孩子的需求方面做得很差。从本质上讲，性犯罪人在他们的成年关系中表现出回避型依恋风格。格温·阿谢德（Gwen Adshead，2002）在对暴力犯罪的研究中报告了不安全型依恋的证据。她指出，许多人际关系暴力的被害人都是施暴者依恋关系的一部分——孩子、父母、伴侣或前伴侣。对失去或分离的恐惧会引起犯罪人强烈的焦虑和愤怒，经常导致暴力行为。阿谢德发现，大多数犯罪人表现出一种回避型依恋风格，这表明他们对被害人或人际关系不具有共情能力。

对依恋过程的讨论能较好地解释上述家庭风险因素与心理因素之间的关联。虽然依恋与父母教养方式有关，但依恋过程也反映了犯罪人的个体特征。不过，虽然依恋可能是一个重要的组成部分，但它只是许多因素中的一个，并且也不太可能是一个主要因素。此外，在反社会行为的发展方面，以下因素受到了更多研究关注。

同伴拒绝与接触反社会同伴

研究发展路径的人员不断发现，儿童和青少年的同伴关系对他们的社会和情感发展有独特而重要的作用（Bagwell，2004；Blakemore & Mills，2014；Blandon et al.，2010；Luna & Wright，2016）。在青春期，同伴的影响力会增加，然而父母的影响力会下降（Mounts，2002）。同时，对同伴拒绝的恐惧也越来越大（Steinberg & Scott，2003）。此外，许多调查人员已经发现，同伴影响是青少年物质滥用和违法犯罪行为的一个重要影响指标（Coie & Miller-Johnson，2001；Mounts，2002；Steinberg，2016）。毫不奇怪，社会中有很多人都认为，这种联系是显而易见的。"近朱者赤，近墨者黑"这样的民间智慧一直都是父母和其他相关成年人对孩子的告诫。然而，儿童期的同伴拒绝与反社会行为和犯罪之间的联系并不那么明晰，需要进行更仔细的研究。

害怕被同伴拒绝的恐惧情绪在青少年犯罪行为中起着重要作用，尤其是对13～17岁这个年龄段的青少年来说。正如斯坦伯格（Steinberg，2014）所言："在任何年龄被拒绝都很痛苦，不过这在青春期比其他任何时候都更痛苦。"由于渴望被同伴接受并避免被拒绝，青少年经常被迫从事冒险、危险甚至犯罪行为（Kilford，Garrett，& Blakemore，2016）。

早期的同伴拒绝是以后参与反社会行为的最强有力的预测因素之一（Dodge，2003；Lansford et al.，2010；Parker & Asher，1987；Trentacosta & Shaw，2009），这与上面提到的青少年时期对同伴拒绝的恐惧，是完全不一样的现象。在小学阶段，一方面，被同伴群体喜欢和接受是一项重要的发展任务，通常会促进心理健康和社会发展（Rubin，Bukowski，& Parker，1998）；另一方面，小学阶段被同伴拒绝则是青少年时期的违法犯罪及整个生命历程中的反社会行为的一个非常强大的风险因素（Dodge，Coie，& Lynam，2006；Laird et al.，2001）。研究一致表明，1年级时的同伴拒绝与4年级时的反社会行为显著相关（Cowan & Cowan，

2004；Miller-Johnson et al.，2002）。此外，那些在2年级时被同伴拒绝了至少2～3年的儿童，有50%的概率在青春期后期表现出临床上显著的反社会行为；相比之下，那些设法避免了早期同伴拒绝的儿童只有9%的概率出现上述情况（Dodge & Pettit，2003）。一些研究人员还发现一种级联效应的证据，即品行障碍会导致同伴拒绝，然后导致小学生的抑郁障碍（Gooren et al.，2011）。

有意思的是，亲子关系质量和婚姻关系质量似乎对孩子在早期是否被同伴拒绝起重要作用。研究表明，在幼儿园阶段，低品质的婚姻关系和亲子关系是小学早期的低社交技能、高攻击行为和同伴拒绝的风险因素（Cowan & Cowan，2004）。此外，有效的教养方式和高质量的亲子关系都为减少同伴拒绝提供了强大的保护作用。

被同伴拒绝的孩子之间会经常交流或被反社会同伴所吸引（Laird et al.，2005）。在青少年阶段，与反社会同伴的交往与犯罪、吸毒和一系列其他问题行为有稳定且一致的关系（Laird et al.，2005）。因此，我们认为，同龄人的拒绝及与反社会同龄人的交往都是那些表现出反社会或违法犯罪行为的青少年的特征。

为什么有些孩子会被同伴拒绝

儿童被同伴拒绝的原因有很多，通常是因为他们被认为与他人是"不同"的。例如，被诊断患有孤独症谱系障碍的儿童，常常因为社交技能问题而被同伴拒绝。他们可能聪明、知识渊博，但他们往往不与他人保持眼神交流，可能偶尔还会发脾气。通常，他们没有身体攻击性，但他们经常会说出自己的想法，即使这样会侮辱他人。因此，他们很难维持友谊，并经常面临拒绝。其他儿童被拒绝可能只是因为他们没有穿合适的衣服，或者因为家庭成员被监禁。

然而，对许多被拒绝的孩子来说，他们自身的攻击行为似乎是被拒绝的一个主要原因（Lansford et al.，2010）。孩子们倾向于拒绝那些经常使用身体攻击和语言攻击的方式来与他人打交道的同龄人。这些发现导致许多社会学家得出这样的结论：有攻击性的孩子比没有攻击性的孩子更有可能被同伴拒绝。然而，研究表明，这种关系可能并没有那么简单（Cillessen & Mayeux，2004；Rose，Swenson，& Waller，2004）。首先，孩子们也可能拒绝那些他们认为害羞的、社交退缩的或"与众不同"的同伴。其次，并非所有有攻击性的孩子都会被同伴拒绝，其中有些人被同伴喜欢、接受，并被当成朋友。事实上，研究发现，许多受欢迎的青少年往往是占主导地位的、傲慢的，且有身体上和关系上的攻击性。因此，如果孩子被拒绝，并不总是因为他们有攻击性。

攻击性加上同伴拒绝，确实会导致一连串的反社会行为或违法犯罪行为。换句话说，同时有身体攻击性和被同伴拒绝的孩子，更有可能在青少年时期成为严重的少年犯，并在成年早期成为暴力犯罪人。例如，研究人员（Coie & Miller-Johnson，2001）从他们对研究文献的深入回顾中得出结论：那些被同伴拒绝的攻击性儿童，比那些没有被拒绝的攻击性儿童，有更大的长期的反社会行为的风险。

还有一个重要的问题：为什么一些具有攻击性的孩子一开始就被拒绝，而其他人则没有？科伊（Coie，2004）指出，这两类儿童之间有三个重要的差异。第一，被同伴拒绝且有攻击性的男孩更冲动，并有难以维持注意力和坚持任务的问题。因此，他们更有可能破坏在课堂上或小组游戏中正在进行的活动。第二，被同伴拒绝且有攻击性的男孩更容易生气，也更难平静下来。这种情绪上的愤怒很可能导致其对同伴的身体攻击和语言攻击，继而，这又会使同伴完全避开他们。第三，被拒绝且有攻击性的青少年在交朋友及与同龄人保持积极关系方面的社会能力和人际交往能力较弱。此外，他们可能获得的社会技能和人际交往技能较少，因为他们在未被拒绝的同伴身上实践这些技能的机会有限。

总之，被同伴拒绝的孩子通常更具攻击性（虽然并非总是如此），而且他们往往比其他人更爱争辩、注意力不集中、破坏性更强，同时社交能力通常也较差。这些行为是**注意缺陷 / 多动障碍**（Attention-Deficit/Hyperactivity Disorder，ADHD）的特征。观察那些被同伴拒绝的男孩可以发现，他们注意力不集中、易冲动、有破坏性行为，这些表明被同伴拒绝有一部分原因可能是 ADHD 导致的。ADHD 的内容将在后面心理风险的部分中进行更详细的论述。

同伴拒绝的性别差异

到目前为止，大多数探讨同伴拒绝、攻击性和犯罪行为的影响的研究和理论工作都专注于男孩。对女孩来说，人们对攻击性和同伴拒绝的综合影响知之甚少。在少数几个关注女孩的早期研究中，研究人员（Prinstein & La Greca，2004）发现，与男孩一样，女孩的反社会行为和违法犯罪行为的发展，可以通过早期与攻击性同伴的交往行为来预测。然而，在 413 名儿童和青少年的美国全国样本中，研究人员（Higgins，Piquero，& Piquero，2011）发现，高度的同伴拒绝与男性的高违法犯罪率有关，与女性则无关。

也有证据表明，使用关系攻击的女孩比没有使用该种攻击的女孩更有可能被同伴拒绝（Crick，1995）。关系攻击是指通过散布谣言、孤立或其他非身体攻击的方法来伤害他人和降低其社会地位的倾向。然而，一项研究从另一个视角解释了这一问题（Ettekal & Ladd，2015）。

这项研究确实发现，在同伴关系中，女孩更有可能使用关系攻击，而不是身体攻击。此外，他们还发现，在某些情况下，关系攻击可能比身体攻击对女孩更有益，因为它往往没有那么直接的对抗性和敌对性，并且对同伴关系没有那么大的伤害。该研究还发现，与男孩相比，女孩对关系攻击的运用通常更有策略、更有效，而且往往不会在青春期产生同伴拒绝。他们指出，对女孩来说，高关系攻击的好处越来越超过了成本，她们有更多互惠的朋友，随着时间的推移，她们越来越被接受。不过使用多

种形式攻击（身体攻击和关系攻击）的女孩，更有可能在她们的成长过程中被同伴拒绝。

帮派或越轨群体对被拒绝年轻人的影响

关于同伴群体对反社会和犯罪行为的影响，主要有三种观点。第一种观点认为，与越轨群体的联系是儿童和青少年成为少年犯的直接后果，这些越轨群体经常从事反社会和违法犯罪活动。根据这一观点，几乎每个儿童都很容易受到越轨群体的负面影响。第二种观点认为，反社会、被同伴拒绝的儿童和青少年会更多地寻求与类似的被同伴拒绝和社会技能不足的同伴进行接触。第三种观点介于前两种之间。被同伴拒绝的、反社会的儿童和青少年会被与自己相似的越轨群体吸引，而这又鼓励和放大了已经存在的反社会倾向。现有的研究结果支持第三种观点。童年时期被同伴拒绝似乎鼓励孩子参与越轨群体，这又进一步强化了他们的越轨和反社会倾向。也就是说，帮派或越轨群体鼓励并助长了儿童和青少年已经存在的反社会倾向。正如科伊（Coie，2004）所言："越轨群体对反社会发展轨迹会起到强化作用（强调补充），这已经是有可靠记录的。"

近年来，同伴拒绝的一个重要方面是，被拒绝的儿童和青少年通常没有机会学习与他人相处的社会和人际交往技能。此外，被同伴拒绝的孩子往往被剥夺了学习处理社交情境的有效方法的机会（Lansford et al.，2010）。也就是说，那些不能准确编码社会线索、曲解同伴意图、无法对同伴困境提供有效解决方案及认为社交解决方案不奏效的儿童和青少年，可能会有一些表现（有攻击性或没有攻击性）使他们变成不太理想的社会同伴（Lansford et al.，2010）。这些在社会信息加工方面的缺陷至少解释了同伴拒绝和攻击性之间的部分关联。更重要的是，兰斯福德等人（Lansford et al.，2010）强调，社会信息加工为问题干预提供了一个很有前途的方向，它可以中和同伴拒绝的影响，并纠正个体对现实社会的误解。我们将在第五章详细讨论这一点。

学前经历

在过去 30 年里，儿童群体已经逐渐从家庭转移到日托中心或幼儿园。在此期间，母亲作为劳动力的比例大幅度增加，因为传统上母亲是孩子的主要照顾者，因此，这是一个重大的变化。家有 6 岁以下孩子的职场母亲的比例在 1947 年时是 12%，到 1975 年为 31%，2014 年为 64%，2016 年为 70%（DeWolf，2017；Tran & Weinraub，2006）。2003 年，有 1 岁以下婴儿的母亲中，有一半以上都在工作（Tran & Weinraub，2006）。数据显示，超过 60% 的 5 岁以下儿童定期在某种形式的日托中心或被非父母照顾（U.S. Bureau of the Census，2014）。

儿童看护中心提供的照顾质量参差不齐，很大程度上是由于许多机构的工资低、工作人员流动率高。尽管如此，有执照的机构，尽管在营养、方案设计及人员配备上只达到了最低标准，但是它往往比有些儿童只能依赖个体照顾者的情况更令人满意。相关研究报告称，已经存在的情况是，低质量的儿童护理会使儿童处于各种风险中，如言语和认知发展较差、社会和情绪适应力偏低（Tran & Weinraub，2006）。而且不幸的是，单身职场母亲和低收入家庭的孩子更有可能面临低质量护理的问题。

儿童被安排多重护理的现实情况近年来才受到关注。2009 年的美国经济危机导致许多父母不得不从事低薪的兼职工作，以维持家庭的经济来源。这可能会导致照顾儿童的职责辗转于日托中心、亲戚、保姆和邻居之间。但不幸的是，有研究表明，这些多重安排对儿童的社会适应有负面影响（Morrissey，2009）。每周被安置在不同的家庭、日托中心、教室或同伴群体中，会增加问题行为，降低亲社会行为。

不过，有证据表明，改善对儿童的家庭外护理能带来长期的积极影响，这一结论令人鼓舞。对低收入家庭来说，得到高质量护理的婴儿和学龄前儿童，比没有得到护理或仅有低质量护理的孩子，在随后几年里表现出更好的学业成绩和社会化行为。对低收入家庭来说，高质量的儿童护理提供了学习机会及社会与情感支持，这是许多人在家里无法体验到的。再次强调，这并不是说低收入父母不会或不能为他们的孩子提供这些机会；然而，在严峻的经济条件下，经济压力可能使这样做变得困难。

研究人员（Goldstein et al.，2001）认为，相较于其他行为问题，日托机构的教师更担心幼儿的攻击行为问题，他们认为破坏性行为是最大的课堂挑战。这些担忧可能很重要，因为 3 岁时的攻击倾向将预测以后的攻击行为。越来越多的证据表明，孩子在日托中心或幼儿园接触具有攻击性的同伴的数量能预测孩子以后的攻击行为，这可能是由模仿效应导致的（Dodge & Pettit，2003）。

学业失败

早期的学业失败似乎会引发一系列级联事件，并导致行为、情感和认知问题风险的增加。例如，研究表明，在幼儿园和小学早期阶段的留级对心理发展有长期的不利影响，尽管它有直接的学业好处（Dodge & Pettit，2003；Holmes，1989；Sameroff，Peck，& Eccles，2004）。此外，推迟进入幼儿园似乎并没有产生上述的不利影响。正是"留级"的标签导致被留级的孩子被同伴拒绝和嘲笑（Plummer & Graziano，1987）。

事实上，早期的学业失败似乎与未成年人违法犯罪和成年人犯罪行为密切相关。研究人员（Loeber et al.，1998）发现，学业失败的 8 岁男孩发生严重违法行为的概率几乎是其他男孩的 2 倍。

无论文化和社会经济背景如何，阅读成绩似乎在学业失败中起重要作用。事实上，阅读成绩不佳不仅与学业失败密切相关，而且还能预测男孩今后被捕及违法犯罪活动（Coley & Barton，2006；Petras et al.，2004）。高水平的阅读成绩似乎可以防止高风险青少年日后从事反社会行为。更具体地说，高水平的阅读成绩会带来更多来自主流同伴的接受度、更多对学校的依恋、提升青年期的就业前景，以及更好的认知能力（Petras et al.，2004）。从这个意义上说，高阅读成绩可以被认为是一个保护因素。

缺乏共情

观察一群孩子在一起玩耍，如果一个孩子受伤并开始哭泣，就会注意到他们之间的不同。有些孩子想要确定哭泣的孩子的伤势并关心对方，而另一些孩子则忽略哭泣的孩子，继续玩耍。同样，在篮球场上，一个球员可能会伸手去帮助对手站起来，而其他球员却似乎漠不关心。虽然这些都是简单的例子，但我们可以说在两个例子中，前者比后者更具共情水平。

在实践和研究中，共情（empathy）存在情感和认知两个维度。情感共情（affective empathy）是一种情感反应，其特征是关心他人并希望帮助他人减轻痛苦（Young，Fox，& ZahnWaxler，1999）。认知共情（cognitive empathy）是指从他人的参照系或观点来理解他人的能力，而不是简单地从自身角度出发。研究人员（Jolliffe & Farrington，2007）指出，情感同理心是体验他人情绪的能力，而认知同理心是理解他人情绪的能力。然而，这些术语并不相互排斥。换句话说，个体可以同时拥有情感共情和认知共情。

与共情密切相关但不完全相同的一个概念是心理理论（Theory of Mind，ToM）。这是指一种识别他人的想法和感受的能力。人们可能会说，这是一种"阅读"他人的能力。关于这种能力已经有大量的研究（见专栏 2-4），学者们已经明确了这种能力的情感和认知成分。然而，心理理论与犯罪行为的研究不如共情那样相关，主要因为以往并没有太多研究将其与反社会行为联系起来。然而，心理理论可能

研究重点　● ● ●

专栏 2-4　心理理论

心理理论这个名词相当令人费解。这真的是一个"理论"吗？在文献中，心理理论被定义为一种能力。具体来说，它是解释他人的心理状态（如欲望、信念、意图、态度），以预测或解释他人行为的一种能力或技能。在本章，心理理论可以被认为是一个保护因素。

心理理论最初由普雷马克（Premack）和伍德拉夫（Woodruff）提出。从那时起，它引发了大量的经典研究，特别是在儿童和青少年发展方面（Burnel et al.，2017；Derksen et al.，2018；Devine et al.，2016）。研究人员检验了认知心理理论（即其中一人推断另一人在想什么）和情感心理理论（即其中一人推断另一人的感受）。研究人员还使用了横断设计和纵向设计。例如，横断设计表明，心理理论在婴儿期开始形成，在幼儿期快速发展，在青春期到成年中期相对稳定，并随着人们年龄的增长而开始下降，特别是在 65 岁之后。纵向设计表明，心理理论在整个生命周期内不断发展，老年人会有一些下降（Derksen et al.，2018）。

许多发展心理学家主张，应该鼓励和推广心理理论技能，特别是在学龄前儿童和幼儿中。这些技能的缺陷与幼儿对群体的偏见和刻板的态度呈正相关。心理理论技能似乎也降低了同伴拒绝的风险。5 岁时的低心理理论技能已经被证明可以预测青少年期的欺负他人和被欺负的倾向。此外，学龄前儿童的攻击性可能阻碍心理理论的发展。

研究人员会使用诸如由韦尔曼和利乌（Wellman & Liu，2004）开发的量表来评估心理理论技能。评估的方式是给参与者一个简短的场景，并提出关于他们可能会如何反应的问题。在常用的场景中，一个娃娃把玻璃弹珠放在篮子里，然后离开房间。第二个娃娃把玻璃弹珠拿走，并把它放在一个盒子里。然后，参与者被问，第一个娃娃会去哪里找玻璃弹珠？她将玻璃弹珠放在哪

里了？以及玻璃弹珠实际上是在哪里？研究人员发现，一个发育正常的4～5岁的孩子能成功地完成这项任务。目前已经针对不同年龄组，包括成年人，制定了类似的任务。有些任务用来评估觉察他人意图和态度的能力。

研究人员还研究了心理理论的前提条件和作用结果。注意力、执行功能和语言发展的能力通常被认为对心理理论的发展至关重要，社会环境的某些方面也是如此。婴儿期亲子关系的质量能促进学龄前儿童心理理论的发展，这点不足为奇。不过更令人惊讶的发现是，有一个参与合作游戏的哥哥、姐姐有助于弟弟、妹妹心理理论技能的发展。

过去10多年来，该领域研究呈爆发式增长。学者们探讨心理理论技能在一生中是如何变化及为什么会变化等问题。心理理论最有效的评估方法是什么？心理理论和其他变量（如攻击性、语言技能、想象力和被害情况）之间的关系是什么？这些问题和许多其他问题都还有待回答。

问题讨论

1. 提升幼童的心理理论技能的必要性是什么？到青春期再这样做，是不是已经太晚了？

2. 老年期的哪些特征可能与心理理论技能的下降有关？

3. 回顾本章有关共情的内容。你发现共情和心理理论之间的区别了吗？

是个体的一个保护因素，就像共情是一个保护因素一样，而缺乏共情则是一个风险因素。

长期以来，缺乏共情一直被认为是持续攻击和反社会性个体的特征（Cohen & Strayer，1996；Hastings et al.，2000；Hawes & Dadds，2012；Marshall & Marshall，2011）。例如，低水平的共情被认为是精神病态的核心特征，精神病态是一种心理、神经心理和行为因素的结合，与反社会和暴力行为的倾向有关。有意思的是，精神病态者能够在一定程度上理解他人的情绪（认知共情），但对体验它们却表现出明显的无能。我们将在第七章详细地讨论精神病态这一主题。共情缺陷也被认为是品行障碍和反社会型人格障碍的核心行为特征（Vachon，Lynam，& Johnson，2014），这些将在第六章和第七章讨论。

女孩通常比男孩更早表现出共情的两个维度，从2岁左右开始，至少持续到青春期（Eisenberg & Fabes，1998；Hastings et al.，2000；Hawes & Dadds，2012）。然而，我们需要强调，在任何关于性别研究的讨论中采用严格的二分法时，都需要谨慎。在这种情况下，性别指的是社会和文化上的差异，而不

是生理上的差异。虽然女孩和男孩之间的生理差异是明显的，但性别存在于一个连续体中，与女孩相关的特征存在于许多男孩中，反之亦然。不同年龄组之间的差异更加明显。例如，缺乏共情和反社会或过度攻击行为之间的关系在小学早期至中期就是明显的（Hastings et al.，2000；Tremblay et al.，1992），且随着年龄的增长会变得更明显（Miller & Eisenberg，1988）。那些在3年级就很少表现出共情的孩子，到8年级时的问题会更严重。

虽然研究人员普遍发现，在共情的两个维度（情感共情和认知共情）都存在缺陷，但研究往往发现，缺乏情感共情似乎与暴力和持续的犯罪行为最密切相关（Jolliffe & Farrington，2007；de Kemp et al.，2007；Schaffer，Clark，& Jeglic，2009；van Langen et al.，2014；Van Vugt et al.，2011）。它与暴力有关联的原因，不是个体无法理解他人的情绪，而是似乎无法体验他人情绪，而且男性和女性都一样（Jolliffe & Farrington，2007）。此外，与低频率犯罪人相比，高频率男性和女性犯罪人都表现出较低的情感共情水平（但不是认知共情）（Jolliffe & Farrington，2007）。从本质上讲，从事暴力和/或各种严重犯罪的人似乎

明显无法体验到被害人的情绪困扰和身体痛苦。然而，在一项关于共情和攻击性之间关系的综合研究中，研究人员（Vachon et al.，2014）得出结论：这两者间的关系可能不像之前研究文献报道得那么强。因此，他们建议，在得出我们所知的确切结论之前要谨慎。他们的发现尤其与情感共情有关。从逻辑上讲，假设对他人缺乏共情可能会使一个人对激怒他的人更具攻击性甚至更暴力，这是有道理的，但是，许多级联影响可能在整个一生中频繁的攻击行为或暴力行为的形成中发挥更重要的作用，这也是有道理的。记住，很少有单个风险因素就可以导致违法犯罪行为的发展。

虐待动物

有研究表明，缺乏共情和虐待动物之间存在联系。虐待动物的定义是故意给动物造成不必要的疼痛、痛苦、苦难或死亡的不被社会接受的行为（Guymer et al.，2001），这是一种缺乏共情的行为，如果它发生在儿童期，就可能意味着严重的问题行为。拍打苍蝇或消灭昆虫不属于虐待（尽管折磨昆虫也符合条件），但虐待狗、猫和其他家庭宠物被认为是严重的问题。这里定义的虐待并不是指追逐家里的猫和轻轻地拉它的尾巴，而是抓着猫的尾巴用力甩或烧它的耳朵。

一些研究发现，虐待动物与对人类的暴力行为之间有很强的联系。"虐待动物的人很少会就此止步"这句话很有道理。例如，斯托瑟默－洛伯等人（Stouthamer-Loeber et al.，2004）追踪了 13～25 岁的年轻男性，发现虐待动物是严重暴力犯罪行为的最有力的预测因素之一。一组研究人员（Lucia & Killias，2011）在研究了 3600 名瑞士学生（7～9 年级）的样本后发现，有 12% 的学生承认虐待过动物（男孩占 17%，女孩占 8%）。更重要的是，他们发现，与没有虐待动物史的青少年相比，曾经虐待过动物的青少年实施严重人际暴力的可能性是前者的 3 倍。另一组研究人员（Wright & Hensley，2003）发现，童年时期虐待动物的人和其后来的系列谋杀行为之

间可能存在联系。他们研究了 5 名系列杀手，其中包括臭名昭著的杰弗里·达默（Jeffrey Dahmer），他们折磨和杀害人类被害人的方式，与他们对动物使用的方式相同。还有研究人员（Merz-Perez，Heide，& Silverman，2001）也报告了类似的发现。也有研究人员（Arluke & Madfis，2014）发现，43% 的校园枪击案犯罪人经常虐待动物，并且他们对猫、狗的虐待往往很残忍，都是近距离亲自实施的。其他研究人员（Levin & Arluke，2009）在对系列杀手的调查中也发现了类似的模式。

不过，目前的研究报告指出，虐待动物和暴力之间所谓的联系还不足以将它作为暴力犯罪的唯一预测因素，尽管它确定是一个需要考虑的因素。此外，虽然虐待动物可能是对人类采取的反社会和暴力行为的早期预警信号，但不应单独使用它来预测未来的严重违法犯罪行为（Walters，2013，2014）。预测评估中还应包括其他因素，如认知和人格变量、虐待动物的强度及虐待开始的年龄。换句话说，就像对共情的研究一样，很少有单一的风险因素会导致终身的攻击性和暴力行为。

语言缺陷

语言障碍（language impairment）及我们即将讨论的认知障碍都增加了问题行为和反社会行为的风险，至少在男孩中是这样的（Brownlie et al.，2004；Chow，2018；Chow，Ekholm，& Coleman，2018；Petersen et al.，2013）。例如，在被诊断为有反社会行为和品行障碍并接受治疗的儿童和青少年中，有语言障碍的比例很高（Cohen et al.，1998；Spilt，Koomen，& Harrison，2015；Rhee et al.，2016）。语言障碍一般是指有语言表达或理解的问题，并且，有些研究甚至将这些问题追溯到儿童早期。糟糕的语言发展往往可以追溯到被虐待或被忽视（Wade et al.，2018）。在一项对瑞典儿童的研究中，研究人员（Stattin & Klackenberg-Larson，1993）发现，出生后第二年的语言发展不良是成年后犯罪行为的一个重要预测因素。另一组研究人员（Brownlie et al.，

2004）也发现，与没有早期语言障碍迹象的男孩相比，5 岁时被诊断为语言障碍的男孩在 19 岁时更有可能表现出违法犯罪行为。即使在控制了言语智商维度、人口学和家庭变量后，这种关系仍然存在。然而，他们推测，这种关系在很大程度上可能是由于语言障碍对孩子的学校教育和总体学习成绩产生了负面影响。换句话说，语言障碍似乎对学业发展及社会性发展产生了严重的级联影响。从本质上讲，语言缺陷往往使学校成为一个痛苦和没有吸引力的场所，导致孩子在学业任务上表现不佳或没有兴趣。

此外，糟糕的语言沟通能力也可能会干扰社会化和与他人相处的能力（Petersen et al., 2013）。有语言障碍的儿童经常被同伴拒绝，他们的老师也经常对他们持消极的看法。正如我们在前文中讲到的，早期同伴拒绝是犯罪的一个重要风险因素。

以个性化和自我导向的形式使用语言，不仅有助于指导儿童行为，以提升其问题解决能力和学习成绩，还有助于儿童发展和维持自我控制能力和自我调节能力（Petersen et al., 2013）。毕竟，语言使一个人能够告诉自己在面对有挑战性的或冲突的情境时该做什么。研究人员（Dionne, 2005）认为，情绪调节和自我调节通常被认为需要复杂的语言能力，如分析社会情境、组织有关自己情绪的想法，以及依据社会角色制订行为计划的能力。

语言问题也增加了难以表达自己观点的儿童的挫败感程度，而恰当地表达自己的观点对合理地解决冲突是非常必要的。如果不能对这种挫败感进行自我调节，那么它很可能会导致儿童在家庭和学校出现攻击性和破坏性行为。

研究表明，儿童充分发展语言能力的重要保护因素是识字、与主要照顾者的互动和对话，特别是在有效指导和反馈的情况下，会更有效（Spilt et al., 2018）。同样，儿童与老师间有意义的、安全的关系对语言发展也有很大的帮助（Spilt et al., 2015）。换句话说，积极的、无冲突的师生关系作为儿童认知成长的预测因素的重要性已被广泛认可。

智力水平

一段时间以来，犯罪学家一直热衷于为智力和犯罪之间的关系贴上一些容易产生误导以及未经证实的标签，即使这种行为可能遭到嘲笑。然而，多年来有关犯罪的文献一直报道说，犯罪人群体，在标准智力测验中的得分低于非犯罪人群体，或者是智力残疾的患病率高于非犯罪人群体（Hirschi & Hindelang, 1977；Nagel, Guarnera, & Reppucci, 2016）。正如赫斯基和欣德朗（Hirschi & Hindelang, 1977）在他们的经典论文中所假设的那样，智商和犯罪之间存在一种间接的因果关系。也就是说，一方面，低智商会导致学习成绩不佳和对学校的消极态度，从而导致学业失败，最终导致其犯罪。低智商不会直接导致犯罪。另一方面，高智商会使学生有良好的表现和对学校的积极态度，这反过来又会促使其对传统价值观（不犯罪）的接受和顺从。

正如赫斯基和欣德朗所观察到的那样，关键的一点是，智商分数和犯罪行为之间呈负相关的关系持续被研究证实（Koenen et al., 2006；Nigg & Huang-Pollock, 2003；Parker & Morton, 2009；Simonoff et al., 2004；Sorge, Skilling, & Toplak, 2015）。随着智商分数的下降，出现不当行为的可能性增加。智商分数较低的儿童出现犯罪行为的风险更高，几乎所有研究都证实了这种关系（Crocker & Hodgins, 1997）。在言语智商分数上，这种联系尤其明显（Culberton, Feral, & Gabby, 1989；Kandel et al., 1988；Parker & Morton, 2009）。此外，低智商分数和犯罪行为之间的关系似乎与社会经济地位、种族和警方的侦查无关（Koenen et al., 2006；Lynam, Moffitt, & Stouthamer-Loeber, 1993；Moffitt, 1990b）。此外，应该强调的是，这种关系并不局限于未成年犯罪人，这种关系对成年犯罪人同样显著。有意思的是，有研究表明，许多成年犯罪人的智力较低，但并没有在未成年时期犯罪，因为他们受到了家庭或学校的支持性保护（Thornberry & Krohn, 2005）。但是，当这些认知有限的个体进入成年阶段时，他们往往无法成功地过渡到成年人的角色。

为什么会存在这种关系呢？为了解决这个问题，有必要考虑"智商"的含义，并强调它与"智力"并不完全相同。智商一词是智力商数（intelligence quotient）的缩写，源于所谓的智力测验中的数值，它源于当代所谓的心理测量取向（psychometric approach）。心理测量一词的意思是心理评估。传统上，心理测量取向通过使用心理测验来寻找人与人之间的独特差异，包括智力测验、学术倾向测验（如 SAT）、学校成绩测验、人格测验和其他特定能力测验。不同测验用于不同目的，如筛选、诊断和评估。心理测量取向被临床心理学家和心理健康专业人员广泛使用。心理测量智力（Psychometric Intelligence，PI）这个术语在 20 世纪 90 年代被一些心理学家所青睐，但并没有流行起来（Neisser et al.，1996）。因此，传统的术语"智商"至今仍在使用，我们经常听到有人在智力测验中得到 70 分或 160 分。虽然分数对被测验者有利（例如，为智障人士或天才提供一个机会），但如果个体被错误地贴上智力缺陷的标签，那么这些分数就可能是不利的。

在绝大多数智力测验中，令人满意的成绩在很大程度上取决于语言习得和发展。通常，一个人必须有使用词汇和定义词汇的丰富经验，才能在大多数智力测验中取得好成绩。被测验者必须对语言概念建立常规联系，并能区分概念间的区别。被测验者还必须知道测验设计者认为的在主流文化中需要了解的重要事实。至少，几乎所有的智力测验衡量的都是在学校学习的或预测学业成功的学术技能。今天，绝大多数心理学家都同意，智商受到社会、教育和文化经历的巨大影响。简而言之，所有的智力测验都带有文化偏见，不管其说辞如何。

更重要的是，智商和智力这两个概念不应该被混淆。智商这一术语仅仅是指一个测验中的标准化分数；而智力是一种广泛的、包罗万象的能力，而非任何直接的或简单的定义。总体来说，智力通常与能力相关，是现代社会适应性成功的良好指标（Masten，2014）。还有大量证据表明，智力是在应对逆境时的保护因素。不过，更具体地说，智力包括从音乐天赋到数学逻辑的能力。这一术语可能还包括智慧、直觉、判断力甚至幽默感。虽然，犯罪人作为一个群体，在智力测验中得分较低，但这一观察结果不应被解释为证明犯罪人比非犯罪人智商低。例如，巴西街头儿童拥有很高的做街头生意所需的数学能力，尽管他们在学校里的数学成绩不及格（Carraher，Carraher，& Schliemann，1985；Neisser et al.，1996）。同样，被收容的犯罪人往往表现出传统的智商无法体现出来的艺术和语言技能及幽默感。

智商与违法犯罪之间的关系到底意味着什么？它可能意味着，犯罪人群体，特别是严重的犯罪分子，在主流社会的经历有限、教养不良、认知和语言发展受限，以及学校经历不佳，但这并不一定意味着他们不聪明。然而，未成年犯罪人与成年犯罪人中，确实有一部分人的认知受损程度可以算得上智力残疾。这就提出了关于少年司法和成年人刑事司法系统应该如何对待他们这一重要的政策问题。

注意缺陷 / 多动障碍

儿童会受到遗传因素的巨大影响，具有不同的神经系统的特点，并且气质类型也各不相同，尽管社会和物理环境可能会改变他们。这些都是生物因素，其中一些似乎在违法犯罪的发展过程中起重要作用。这些因素大部分我们将在第三章讨论。现在，我们要关注的是注意缺陷 / 多动障碍，这是因为其社会意义及其与之前讨论过的风险因素的独特交互作用。

多动综合征（hyperactive syndrome），也称轻微脑功能障碍、运动过度、注意缺陷障碍，或目前的注意缺陷 / 多动障碍，包括各种行为特征。核心特征有三个：

（1）注意力不集中（似乎没在听，或者很容易分心）；

（2）冲动（行动前不经思考，从一项活动迅速地转变到另一项活动）；

（3）活动过度（不能静坐、坐立不安、到处跑、很健谈、吵闹）。

一些学者（Frick & Nigg，2012）从研究文献中得出结论：注意缺陷/多动障碍的核心基本上是二维的，而不是三维的，即（1）注意力不集中；（2）多动或冲动。

注意缺陷/多动障碍是美国儿童的主要心理障碍（Fulton et al.，2009；Weigard et al.，2018）。2016年，美国约有 9% 的儿童和青少年（2～17 岁）在其发展过程中的某个时间点曾被诊断为患有注意缺陷/多动障碍（Danielson et al.，2018）。这种疾病的症状通常出现在学龄前，男孩居多，男孩与女孩的比例是 3：1（Egger，Kondo，& Angold，2006；Frick & Nigg，2012；Sjöwall，Backman，& Thorell，2015）。教育工作者注意到，患有注意缺陷/多动障碍的儿童很难坚持完成任务和维持认知结构，在学校难以维持学业成绩，也难以控制自己的行为。尽管人们普遍认为，一个人最终会摆脱注意缺陷/多动障碍，但有证据表明，注意缺陷/多动障碍的主要症状特征会持续到成年（Molina & Pelham，2014；Frick & Nigg，2012）。

不过，应该强调的是，许多被诊断为患有注意缺陷/多动障碍的儿童长大后都过上了正常的生活，并没有出现严重的违法和犯罪行为。很多科学家、演艺者、政治家、艺术家、音乐家、运动员及其他一些公众人物都曾经被诊断或现在仍被怀疑患有注意缺陷/多动障碍，他们包括阿尔伯特·爱因斯坦（Albert Einstein）、德怀特·艾森豪威尔（Dwight Eisenhouer）、比尔·盖茨（Bill Gates）等。

美国疾病控制与预防中心（Centers for Disease Control and Prevention，CDC）的数据显示，注意缺陷/多动障碍影响了约 9% 的 2～17 岁儿童和青少年，其中男孩的人数是女孩的 3 倍（CDC，2014；Danielson et al.，2018）。约 93% 被诊断患有注意缺陷/多动障碍的儿童和青少年接受了药物治疗（Epstein et al.，2014；Shahidullah，Carlson，& Lancaster，2018）。在成年人中，该病的发病率约为 5%（Kessler et al.，2006）。此外，相较于一般人群，直系亲属中有注意缺陷/多动障碍患者的儿童更有可能被诊断患有注意缺陷/多动障碍，这表明该障碍可能受遗传因素的影响。注意缺陷/多动障碍似乎主要是一种与大脑功能问题相关的自我控制和情绪调节障碍。由注意缺陷/多动障碍引起的反社会和攻击行为往往是冲动的，是对挫折或感知到的威胁的反应（Connor et al.，2012）。患有注意缺陷/多动障碍的男孩出现犯罪和反社会行为的风险增加。随着年龄的增长，患有注意缺陷/多动障碍的儿童若未经治疗，可能会出现物质滥用、酗酒、反社会行为等问题，且他们遭受身体伤害的比例高于一般人群（Stern，2001）。

注意缺陷/多动障碍是一个令人困惑的问题，其产生原因基本未知。一些科学家认为，患有注意缺陷/多动障碍的儿童生来就有多动症的生物学倾向；其他人则认为，一些儿童暴露在损害神经系统的环境因素中。罗尔夫·洛伯（Rolf Loeber，1990）证明，在学龄前接触有毒物质往往会阻碍儿童神经系统发育，或者以其他方式对其产生负面影响，进而导致注意缺陷/多动障碍的症状。例如，暴露在低水平铅毒环境（如油漆或受污染的土壤）的儿童更活跃、更冲动，也容易分心和沮丧。在遵循简单的指令方面，他们也表现出明显的问题。注意缺陷/多动障碍的病因可能是多重的、复杂的，而且是极难识别的。

一些研究人员观察到，患有注意缺陷/多动障碍的儿童缺少有效的策略和认知结构来应对学校的日常需求。这些儿童似乎也缺乏处理新知识的认知方式。核心问题似乎围绕着执行功能或自我调节能力（Douglas，2004）。**自我调节**（self-regulation）是指控制和改变自己行为与情绪的能力。根据弗吉尼亚·道格拉斯（Virginia Douglas，2004）的说法，与其说"不知道"，不如说"不去做"。注意力、自控力和组织力都是认知过程中"做事"的方式。道格拉斯认为，兴奋剂可以使患有注意缺陷/多动障碍的儿童改善自我调节过程。然而，这些药物本身极具争议，而且被普遍认为过度使用了。

尽管许多行为已被认为是注意缺陷 / 多动障碍的表现，但问题是，对于周围人而言，多动的儿童被认为是令人讨厌和厌恶的。尽管患有注意缺陷 / 多动障碍的儿童在不断寻求和改善人际交往，但他们最终都会惹怒那些与他们互动的人。他们经常被同伴拒绝，特别是当他们被认为有攻击性时（Henker & Whalen，1989）。根据父母报告的数据，患有注意缺陷 / 多动障碍的儿童难以与同伴建立友谊的概率是一般儿童的 10 倍（CDC，2014）。这种同伴拒绝的模式似乎在整个成长过程中持续存在（Murray-Close et al.，2010；Reid，1993）。根据研究数据，52%～82% 的患有注意缺陷 / 多动障碍的儿童被同伴拒绝（Hoza et al.，2005；Murray-Close et al.，2010）。

科夫勒等人（Kofler et al.，2018）发现，对大多数患有注意缺陷 / 多动障碍的儿童来说，其功能受损的核心领域（即社会性）方面的问题包括难以建立和维持友谊、被同伴拒绝和忽视，以及增加与同伴和照顾者间的负向互动。科斯（Kos，2018）发现，患有注意缺陷 / 多动障碍的儿童和青少年在处理当下的社会信息时表现出明显的问题。科夫勒等人发现的证据有力表明，注意力不集中和活动过度，结合不发达的短期记忆（或工作记忆），可以预测患有注意缺陷 / 多动障碍的儿童和青少年与他人的人际关系问题。

研究人员（Pfiffner et al.，2005）估计，大约 1/4 患有注意缺陷 / 多动障碍的儿童在儿童期和青春期有严重的反社会行为，在成年后有犯罪行为。特里·莫菲特（Terrie Moffitt）观察到，有非常多患有注意缺陷 / 多动障碍的儿童自我报告其在青春期早期有犯罪行为（Moffitt，1993b；Moffitt & Silva，1988）。她还发现，同时表现出注意缺陷 / 多动障碍和犯罪行为的 5～7 岁儿童，不仅在社会关系中有特殊困难，而且在青春期及以后持续出现严重反社会行为的可能性也很高（Lee & Hinshaw，2004；Moffitt，1990b；Sibley et al.，2011）。专家们普遍同意，与注意缺陷 / 多动障碍相关的最常见问题是犯罪和物质滥用。瓦茨（Watts，2018）的一项研究发现，儿童期和青少

年早期的注意缺陷 / 多动障碍与学校依恋减弱、较差的学习成绩、较高的失学风险和犯罪风险有关（Barry & Gaines，2008；Walther et al.，2012；Watts，2018）。有关数据有力地显示，同时有注意缺陷 / 多动障碍和反社会行为的青少年发展出长期且严重的犯罪经历的风险很高（Moffitt，1990b；Mohr-Jensen & Steinhausen，2016；Satterfield et al.，1994）。戴维·法林顿（David Farrington，1991）也发现，暴力犯罪人通常有多动、冲动和注意力缺陷问题的历史。

应该指出的是，在安全矫治机构中，注意缺陷 / 多动障碍的患病率是普通人群的 3～10 倍。更具体地说，被监禁的男性的注意缺陷 / 多动障碍患病率为 11.7%～45%，被监禁女性的患病率为 10%～18.5%，而一般人群的患病率约为 9%（Connor et al.，2012）。此外，与安全矫治机构中的其他人相比，被监禁的注意缺陷 / 多动障碍患者更有可能实施破坏性的、违反规则的和冲动的攻击行为。在少年司法和安全矫治环境中的注意缺陷 / 多动障碍青少年，面临着康复失败、学业失败、职业失败、持续的反社会行为、物质滥用、精神和学习障碍共病，以及冲动攻击的风险（Connor et al.，2012）。

我们强调，绝大多数被诊断患有注意缺陷 / 多动障碍的儿童和青少年并不是注定要走上犯罪道路的。但是，与没有这些症状的儿童和青少年相比，患有注意缺陷 / 多动障碍的儿童和青少年的风险会更高，尤其是那些在发育早期表现出反社会和攻击行为的儿童和青少年。因此，如果反社会行为、攻击行为和注意缺陷 / 多动障碍结合，那么一个人在成年后会面临更大的犯罪风险。

品行障碍

注意缺陷 / 多动障碍经常与另一种诊断类别同时出现，即品行障碍（Conduct Disorder，CD）（Connor et al.，2012；Offord，Boyle，& Racine，1991；Reid，1993），但这两者应该被视为独立的问题。不过，经常会观察到的是从儿童期注意缺陷 / 多动障碍发展到早发性品行障碍，其部分原因是无效和强迫性

的教养方式（Beauchaine，Hinshaw，& Pang，2010；Meier et al.，2009）。研究表明，某些疾病同时发生，往往是由于心理和生理方面的脆弱性与环境条件（如教养质量）间的相互作用。换句话说，儿童期和成年期的障碍是发展级联因素的结果，这一点在本章一直被强调。

品行障碍一词代表了一系列以持续的不当行为为特征的表现，包括欺凌、打架、使用武器或威胁使用武器、虐待人和动物、破坏财产、长期欺骗、性侵害和严重违反规则（American Psychiatric Association，2013）。品行障碍也与发展中的各种心理问题有关（Frick & Nigg，2012），这包括心理健康问题（如物质滥用）、法律问题（如被逮捕的风险）、教育问题（辍学）、社会问题（如婚姻适应能力差）、职业问题（如工作表现差）和身体健康问题（如呼吸功能差）。青少年品行问题经常导致其在家庭和学校出现严重混乱，并可能导致暴力和其他严重犯罪（McMahon，Witkiewitz，Kotler，& The Conduct Problems Prevention Research Group，2010）。这些不当行为包括盗窃、纵火、离家出走、逃学、破坏财物、打架、经常说谎，虐待动物和人。根据DSM-5，品行障碍的核心特征是一种侵犯他人基本权利或违反符合年龄要求的主要社会规范的重复性和持续性的行为模式（American Psychiatric Association，2013）。品行障碍的表现形式有轻微伤害，也有严重伤害。

在DSM-5中，品行障碍主要分为两类。如果不当行为从10岁之前开始，那么它被称为儿童期发生型；如果开始于青少年期，则被称为青少年期发生型。儿童期发生型组通常早在学龄前或小学早期就开始表现出轻微的行为问题，然后在整个儿童期和青少年期，发病率和严重程度都有所增加（Frick & Nigg，2012）。依据DSM-5，虽然品行障碍的发病可以发生在学龄前阶段，但第一个显著症状一般出现在儿童中期到青少年中期，在16岁后很少发病。

如果品行障碍出现在儿童早期，那么这个孩子可能注定会暴露在大量风险因素中，从而导致一生

的麻烦和困难；如果发病是在青少年期，那么其成年后的生活往往不会涉及严重犯罪行为或暴力犯罪行为。

正如弗里克和尼格（Frick & Nigg，2012）所指出的："儿童期发生型的品行障碍似乎与神经心理和认知缺陷密切相关，再加上家庭冲突、不稳定的关系，以及错误的教养方式。这一过程破坏了孩子的社会化及其与家庭成员和他人相处的人际交往能力的发展。"

总体来说，在美国，有2%～10%的儿童和青少年可能会表现出品行障碍的行为模式（American Psychiatric Association，2013；Eddy，2003；Frick，2006）。青春期前，男孩与女孩的品行障碍比例约为4∶1；青春期时，则约为2∶1（Frick，2006）。品行障碍是少年法庭上的儿童和青少年最常出现的心理问题（Lahey et al.，1995）。研究人员（Bardone，Moffitt，& Caspi，1996）发现，女孩的品行障碍是她一生中出现其他问题的一个强有力的预测因素，包括与伴侣/配偶和同伴的人际关系差、犯罪活动、未婚早孕，以及频繁的失业和被解雇。与具有品行障碍的男孩相似，具有品行障碍的女孩似乎注定要与社会环境发生冲突。

对立违抗障碍

品行障碍及对立违抗障碍（Oppositional Defiant Disorder，ODD），通常被归类为破坏性行为障碍（Disruptive Behavior Disorder，DBD），尽管它们都涉及行为和情绪。有时注意缺陷/多动障碍也被认为是一种破坏性行为障碍（详见表2-5中与这三种诊断相关的特征）。

根据DSM-5，对立违抗障碍代表情绪和行为的自我控制问题，而品行障碍更多地体现为行为控制方面的问题，但也体现部分情绪控制的问题。根据DSM-5，患有对立违抗障碍的儿童和青少年会表现出消极、敌意、报复和挑衅，这些特点不符合其年龄特点，且这些行为至少持续6个月。这些儿童和青少年会表现出一种持续的愤怒/易激惹心境模

式、争辩 / 对抗行为，或者报复模式。有研究人员建议，将易激惹作为该疾病的一个核心维度（Burke et al.，2014）。这些行为和情绪模式可能是针对父母、老师、同学、朋友或其他权威人物的。如果得出诊断结果，那么其消极模式的强度和频率应该超过了该个体的年龄、性别和所在文化的标准。在临床实践中，品行障碍有时不会伴随对立违抗障碍的特征。此外，尽管对立违抗障碍在儿童时期是一种具有挑战性的疾病，但它是一种与持久的品行或行为问题没有高度相关性的疾病，甚至对有些人来说，它只是儿童和青少年的"正常"行为。一般来说，对立违抗障碍的症状会随着孩子年龄的增长而减轻（Maughan et al.，2004）。

表 2-5　注意缺陷 / 多动障碍、品行障碍和对立违抗障碍的特征

注意缺陷 / 多动障碍

- 儿童最常见的心理问题
- 以注意力不集中、冲动、活动过度为特征
- 通常较早表现出来——学龄期前
- 男孩人数多于女孩，比例一般为 3：1
- 当前，美国约有 11% 的学龄儿童有这种心理问题
- 约有一半的人会持续到成年
- 难以与同伴建立友谊——被视为令人反感或讨厌的
- 原因未知，影响因素从遗传到环境毒素
- 误诊的情况不少

品行障碍

- 重复且持续侵犯他人权利的模式
- 典型行为包括欺凌、破坏财物、虐待动物、盗窃
- 问题主要是行为控制，但也有情绪控制的问题
- 分为儿童期发生型和青少年期发生型两种类型
- 儿童期发生型最严重，与一生发展中的其他问题都有关
- 男孩人数超过女孩，比例为 4：1（儿童期发生型）和 2：1（青少年期发生型）
- 少年法庭记录的最常见的心理问题
- 常与注意缺陷 / 多动障碍同时发生

对立违抗障碍

- 以情绪和行为控制的问题为特征
- 是这三类障碍中最少见的类型
- 消极、敌对、报复、挑衅的行为模式
- 可能表现为易激惹
- 问题持续时间一般不会很长
- 如果过早出现，可以预测其青春期和成年期的适应问题

尽管有研究表明，对立违抗障碍的早期症状能预测品行障碍早期的发病（Frick & Nigg，2012），但从长远来看，对立违抗障碍是否能预测犯罪行为仍然不清楚（Burke et al.，2014；Burke et al.，2010）。一些研究表明，对立违抗障碍不会导致长期的反社会行为或严重的犯罪行为（Leadbeater & Homel，2015）。不过，儿童期的对立违抗障碍已被证明可以预测青春期和成年期的适应问题（Frick & Nigg，2012）。注意缺陷 / 多动障碍、品行障碍、对立违抗障碍与犯罪行为之间的复杂关系也许可以用下面的话来总结：有不良行为的成年男性往往经历这样一种发展路径，早在童年时就有严重的行为问题，如过度活跃或冲动，然后会出现学龄前的对立违抗障碍，小学阶段的早发性品行障碍，青春期的物质滥用障碍，以及成年期的反社会人格（Beauchaine et al.，2010）。虽然这种发展轨迹对某些儿童和青少年来说可能很典型，但我们必须说明的是，尚未有研究能确定任何一种疾病（注意缺陷 / 多动障碍、品行障碍或对立违抗障碍）会自动引发另一种疾病。毕竟，在整个生命过程中经常会触发一些干预性的保护因素，这可能会中和或减轻未来的负面结果。

最后，正如本章前面内容所述，如果不及早实施预防措施，早发的注意缺陷 / 多动障碍、品行障碍或对立违抗障碍的累积风险或级联效应可能会引发一系列社会问题和成长问题，这些问题随后可能会像滚雪球一样演变成各种心理问题和反社会行为。

本章小结

在本章，我们开始研究一些与违法和犯罪相关的家庭和心理风险因素，主要集中在发展心理学家研究的领域。现在，研究人员可以自信地指出与未成年人违法犯罪相关的大量风险因素。没有任何一个问题是由单一风险因素导致的；相反，未成年人严重犯罪是由多种因素共同作用的。近年来提出的两个重要且相似的模型，即累积风险模型和发展级联模型，都强调反社会行为可以归因于儿童成长过程中的风险因素的累积。与此同时，这一过程中还缺乏或完全缺失可能抵消风险因素负面影响的保护因素。在这两个模型中，发展级联模型更加具体地关注儿童发展过程中风险因素之间的相互作用及保护因素所发挥的重要作用。

许多犯罪学理论认为，犯罪的根源可以追溯到儿童期和青少年早期。本章所探讨的风险因素包括同伴和家庭影响、学前和学校的影响，还有儿童的个体特征，如认知能力和共情能力。

在这些影响儿童和青少年生活的许多因素中，必须考虑不利的经济环境。那些经常与贫穷相关联的特征（如歧视、学校教育不足、不安全的生活环境和失业）可能都在违法与犯罪的形成中发挥作用，因此，很重要的一点是不要只关注贫穷。

本章讨论了父母和家庭的风险因素中的单亲家庭，它经常因儿童的反社会行为而遭受诟病。我们需要强调的是，过程变量而非结构变量更有可能成为风险因素。例如，研究人员已发现某些父母教养方式与孩子的反社会行为之间的关联。父母教养方式包括专制型、放任型、权威型和忽视型（Baumrind，1991a），以及束缚型与宽松型（Snyder & Patterson，1987）。尽管许多父母可能会在不同情境下或随着孩子长大而改变其教养方式，但一般而言，某种教养方式会占主导地位。放任型和宽松型教养方式的特点是父母对孩子很少或没有控制，且限制极少，而这与犯罪行为高度关联。另外，父母对孩子活动的监管，特别是从9岁到青春期中期，对亲社会行为的发展至关重要。此外，还应提升社区或邻里监管。

我们还讨论了各种儿童特有的、会导致犯罪的心理风险因素。依恋理论认为，与父母或持续的照顾者缺乏足够联系（由于忽视、虐待、分离）的儿童，在儿童期、青春期和以后的阶段都会面临反社会行为的风险。语言发展不足也是一个主要的风险因素，没有获得足够语言技能的儿童会面临与老师和同伴互动时的困难及学业问题。另一个越来越多地出现在违法犯罪文献中的风险因素是早期（甚至包括小学阶段）的同伴拒绝。无论孩子的社会经济地位如何，这种情况都可能发生，并且往往伴随语言发展不良。被同伴拒绝的孩子往往有攻击性，但攻击性本身并不是主要的原因。而是，他们往往具有破坏性、容易冲动且缺乏人际交往能力。

学前教育的经历也越来越多地被认为是潜在的风险因素。一方面，低质量的儿童护理使孩子面临较差的语言和认知发展，以及人际交往能力不足的风险；另一方面，高质量的学前教育和日托服务能改善儿童的行为及其在学校环境中的表现。

低智商一直与犯罪有关，虽然不一定是直接相关的，但它更有可能是因为低智商的孩子在学校表现不好，而学业失败往往与反社会行为有关。不过，我们要强调的是，在智力测验中得分较低并不意味着孩子不聪明。此外，我们要知道，许多犯罪分子都很聪明，虽然有些犯罪分子在智力测验中得分低于正常水平，但也有很多犯罪分子在智力测验中得分很高。因此，在阐述智商与犯罪行为之间的关系时必须非常谨慎。

我们还讨论了注意缺陷 / 多动障碍、品行障碍和对立违抗障碍。这些并不一定会导致反社会行为，但患有注意缺陷 / 多动障碍的儿童在青春期和成年期都有一些反社会行为风险。注意缺陷 / 多动障碍似乎是一种影响社会关系的障碍，这类儿童难以坚持完成任务，容易分心、冲动、活动过度，并且容易让他人厌恶。这些特征经常会导致同伴拒绝。

在某种程度上，品行障碍是一个笼统的类别，其特征是持续的不当行为，包括盗窃、逃学、欺凌、说谎和虐待动物。品行障碍的症状可能早在 3 岁时就出现了，但最常出现在儿童后期或青春期。品行障碍也与同伴拒绝有关，这点不足为奇。最后，对立违抗障碍常常与反社会行为有关，但并非所有人都认为它需要受到如此关注。虽然儿童期对立违抗障碍与春期和成年期的适应问题有关，但对立违抗障碍与持续的、严重的犯罪活动之间的联系尚不明确。

核心术语

发展路径（developmental pathway）

风险因素（risk factors）

保护因素（protective factors）

累积风险模型（cumulative risk model）

发展级联模型（developmental cascade model）

动态级联模型（dynamic cascade model）

心理弹性（resilience）

父母教养行为（parental practices）

父母教养方式（parental styles）

专制型教养方式（authoritarian style）

放任型教养方式（permissive style）

权威型教养方式（authoritative style）

忽视型教养方式（neglecting style）

束缚型教养方式（enmeshed style）

宽松型教养方式（lax style）

父母监管（parental monitoring）

依恋理论（attachment theory）

注意缺陷 / 多动障碍（Attention-Deficit/Hyperactivity Disorder，ADHD）

心理理论（Theory of Mind，ToM）

语言障碍（language impairment）

心理测量取向（psychometric approach）

心理测量智力（Psychometric Intelligence，PI）

自我调节（self-regulation）

品行障碍（Conduct Disorder，CD）

对立违抗障碍（Oppositional Defiant Disorder，ODD）

破坏性行为障碍（Disruptive Behavior Disorder，DBD）

思考题

1. 本章介绍了哪些类别的风险因素？举出每个类别的任意两个因素，并进行简要的解释。

2. 比较累积风险模型和发展级联模型。

3. 阐述注意缺陷 / 多动障碍、品行障碍和对立违抗障碍的不同。

4. 描述患有注意缺陷 / 多动障碍可能给孩子带来的问题。

5. 学龄前的经历可能会以何种方式影响一个未成年人的违法和犯罪行为？

6. 阐述鲍姆林德的四种父母教养方式。

7. 什么是依恋理论，它与未成年人犯罪和成年人犯罪有什么关联？

"天生犯罪人"真的存在吗？人们关于犯罪行为的先天与后天之争由来已久。18世纪晚期，犯罪生物学理论的萌芽开始出现，大约1个世纪后，犯罪行为的社会学理论开始兴盛。直至今天，人们仍在尝试分离和追溯犯罪行为的先天因素与后天因素。随着科学技术的发展，人们已经不再试图用单一因素解读犯罪行为了，而是尝试从遗传、心理生理、环境风险因素等多个角度，探究与犯罪行为相关的神经心理机制。

通过阅读本章内容，你将了解到神经心理因素如何在犯罪行为的发生中起作用。首先，通过双生子研究等大量行为遗传学的证据，人们发现遗传成分对犯罪倾向可能存在中等程度的影响；随着分子生物学的发展，人们进一步发现单胺氧化酶A（MAOA）等多个基因与犯罪行为之间存在联系。其次，犯罪人更可能在心理生理指标方面表现出心率、皮肤电导等异常，气质类型，即由生物因素影响的"与生俱来"的情绪倾向，也会影响犯罪行为的发生概率。最后，如果发育中的大脑暴露于环境风险因素，如在产前和产后暴露于铅、镉等神经毒素、遭受脑损伤等，均会导致个体未来出现犯罪行为的风险升高。

"基因给枪上膛，环境扣动扳机"，个体的行为在发展过程中同时被遗传和环境塑造，因此，犯罪行为很可能是遗传倾向和环境因素共同作用的结果。尽管如此，并非所有研究人员都认同犯罪行为存在生物学基础，犯罪生物学的研究取向总是不可避免地引发争论。然而，如果某些犯罪行为的确与生物因素相关，那么回避先天因素则无法了解这些行为的本质，更不可能实现司法正义与预防犯罪。令人欣慰的是，神经可塑性的存在，能够为具有生物学风险的个体提供持续学习和改善的机会，进而减少和矫正犯罪行为。

张卓

中国政法大学社会学院　副教授

03

第三章

犯罪行为溯源：
生物／神经因素

本章译者：张卓

学习目标

- 探索犯罪行为的遗传和生物／神经因素。
- 识别有关反社会行为的自我调节和执行功能之间的差异。
- 阐述神经可塑性，并强调其作为一种有效的保护因素的重要性。
- 概述反社会行为的行为遗传学和分子遗传学。

- 概述双生子研究和收养研究及其与犯罪理论的关系。
- 讨论气质及其对儿童与照顾者行为的影响。
- 确定在犯罪行为的生物心理学方面发挥作用的环境风险因素。
- 总结目前关于对神经的健康发育构成最大风险的环境神经毒素的研究。

　　走进任何一间幼儿园的教室，你很可能会看到一群忙乱的小孩子在教室里跑来跑去，他们可能焦躁不安，也可能精力充沛。你也可能会看到相当多的孩子推推搡搡，尽管老师在努力控制这些行为。就像第二章开头提到的特伦特就是很典型的例子。

　　一个普遍的研究结果是，虽然很多孩子，尤其是男孩，在学龄前表现出高水平的身体攻击，但在大多数情况下，随着年龄的增长，由于社会化和父母教养的影响，这些行为会显著减少（Bongers et al.，2003；Séguin et al.，2004）。那些在幼儿园里常见的推搡行为应该会在几年内消失。然而，另一个普遍的发现是，某些大脑和生化特征似乎使一些孩子比他们的同龄人更倾向于表现出较高水平的攻击。如果这些攻击没有被社会化和恰当的父母教养方式缓和，那么这些孩子中就会有许多人沿着充满攻击和暴力的路径成长。早发型持续反社会行为的青少年通常会表现出生物／神经异常或缺陷，而晚发型犯罪行为似乎更容易受到社会因素的影响（Moffitt，Lynam，& Silva，1994；Rutter，1997；Rutter，Giller，& Hagell，1998）。

　　如今，大多数当代犯罪学家都同意，遗传和生物因素可能在犯罪中发挥一些作用，但社会环境才是犯罪行为最重要的决定因素。贪婪、对权力的渴望、对暴力的美化、高失业率、低受教育水平、卫

生服务和社会项目的削减、错误的养育方式及偏离社会规范的群体价值观，通常被认为是导致犯罪行为的主要原因。传统上，基于遗传或生理的成分一直被嘲笑，它们在犯罪中起到的作用常常被否定。然而，近年来，随着研究越来越多，生物因素和环境之间的相互作用得到了更多的正视。越来越多的人开始关注生物因素和环境之间的互动（Wright & Boisvert，2009）。尽管当代犯罪学家最初认为遗传和其他生物因素可以忽略不计，但现在它们被赋予了重要的地位，尽管不是主导地位。

　　著名的生物心理学家阿德里安·雷恩（Adrian Raine，2008）曾说过："尽管许多人强烈反对，但现在科学界对'基因在反社会行为中起着重要作用'这一说法几乎没有什么疑问。"雷恩认为，如今更具挑战性的问题有两方面：

（1）确定反社会行为中有多少是受基因影响的；
（2）决定哪些特定的基因更易使人产生何种反社会行为倾向。

神经心理学与行为

　　生物心理学家（biopsychologists）是指研究行为的生物学方面的心理学家，他们试图确定哪些遗传和神经生物学变量在犯罪行为中起作用，它们有多

重要，以及如何才能改变它们。生物心理学家并不认为遗传或神经生物学成分是人类行为的唯一甚至是主要的原因。大多数生物心理学家会说，了解社会环境和了解生物环境一样重要。用一些生物心理学家的话来说，"社会世界，和大脑的组织及运作一样，塑造和调节着遗传和生物过程。因此，对生物领域和社会领域的了解对发展任何一个领域的综合理论都是必要的"（Cacioppo et al.，2000）。在本章，我们将集中讨论生物学／神经学与犯罪行为之间的关系，同时，我们也会不断认识到社会环境对生物学／神经学过程的巨大影响。

神经心理学涉及对大脑和脑亚区的正常功能和功能障碍的研究和评估，因为它们与行为、认知和情感有关。这个话题很重要，因为神经心理缺陷，加上各种风险因素，经常出现在反社会或犯罪的个体身上，特别是持续的严重暴力犯罪人。正如我们将在本章讨论的那样，神经心理学的缺陷可能是由遗传异常、营养不良、环境中的神经毒素、脑损伤，以及因暴露于药物、酒精和尼古丁而造成的脑损害共同造成的。

以下三个概念与本章的内容及全书的各主题特别相关（见表3-1）：

（1）自我调节（self-regulation）；

（2）执行功能（executive function）；

（3）神经可塑性（neuroplasticity）。

自我调节能力被定义为控制和改变自己行为和情绪的能力。能够控制和转移情绪，特别是愤怒情绪，是对亲社会和避免攻击或暴力行为非常重要的一种技能。有效的自我调节能力的发展被认为是个体社会功能发展的基础，其在儿童早期较好的发展通常被认为是以后成功生活的早期预测指标（Montroy et al.，2016）。虽然自我调节能力的发展可能在一定程度上取决于遗传和神经系统的影响，但很明显，这种技能是可塑的，可以由父母、照顾者、教师，以及家庭和社会环境中的重要他人来教授或改善（Buchner，Mezzacappa，& Beardslee，2003）。简而言之，这主要不是一个神经心理学问题，而是在社会环境中习得的结果。敏感、温暖但坚定的教养方式，如第二章讨论的权威型教养方式，与自我调节的发展和对社会规则的遵守有关系。自我调节和关心他人的特征在2岁左右开始出现。到3岁时，儿童有望合理地服从父母的要求，并将家庭的行为标准和价值观内化。

执行功能是指组织和计划行为、执行目标并适当管理风险的高水平的认知过程。执行功能是高级

表 3-1　神经心理因素的定义、特征和示例

	定义	特征	示例
自我调节	控制和改变自己行为和情绪的能力	• 发展早，第一次出现在2岁左右 • 受到遗传和神经系统的影响 • 主要通过社会化习得	• 当事情不按孩子或成年人自己的方式发展时，会避免发脾气 • 青少年在派对上拒绝他人提供的非法药物
执行功能	计划行为和执行目标的较高水平的认知功能	• 以神经系统为主要基础 • 依赖于前额皮层的发育 • 25岁左右达到完全成熟 • 营养不良、毒素等会导致执行功能缺陷 • 涉及工作记忆、注意力、反应抑制	• 中学生完成家庭作业和为考试做准备 • 大学生要兼顾学习、社交和工作（以资助其学业）
神经可塑性	大脑在一生中不断变化的能力	• 是年轻大脑的一个主要特征 • 也是成年人（包括老年人）的特征 • 随着年龄的增长，想去改变的动机非常重要	• 儿童学习几门新语言 • 脑损伤事故受害者学会重新使用四肢 • 未成年和成年犯罪人可从认知行为疗法中受益

认知控制功能的总称，它参与了所有复杂的心理活动，因此对人类行为特别重要（Lehtonen et al.，2018）。执行功能也会对解决问题的必要步骤进行优先排序，并密切参与目标导向性行为及替代行动方案的识别。相比之下，自我调节技能大多是习得的，而执行功能似乎更多地基于神经系统，且其发展在很大程度上取决于大脑前额皮层的神经发育（见图 3-1）。事实上，前额皮层经常被称为主要的执行区域。众所周知，前额皮层在执行功能中发挥着重要作用，主要是因为它与大脑其他部分有大量的连接性（Luna & Wright，2016）。令人惊讶的是，执行功能直到 25 岁左右才能完全成熟，因为前额皮层是大脑中最后成熟的区域（Nagel，Guarnera，& Reppucci，2016；Shulman & Steinberg，2016）。实际上，从婴儿期到成年早期，执行功能持续经历着重大变化（Ahmed et al.，2019），包括越来越多的更复杂的认知功能的发展（Karr et al.，2018）。

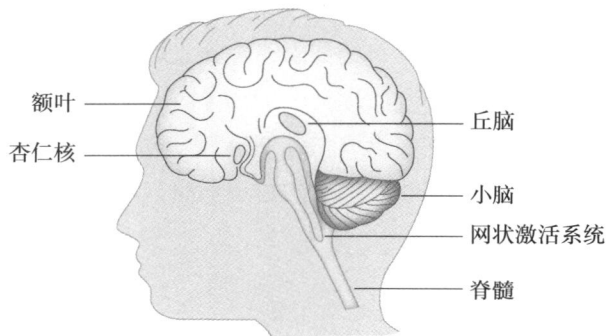

图 3-1　额叶与杏仁核的脑模式图

导致执行功能缺陷的因素有很多，如中度至重度营养不良、暴露于有神经毒素的环境中、颅脑损伤，以及产前暴露于药物、尼古丁和酒精等，本章后面将详细讨论这些问题。这些不利的神经风险因素可能会对发育中的大脑产生显著的负面影响，包括执行功能及生命历程中实现成功适应所需的各种大脑功能。基因显然也在前额皮层和大脑发育中发挥着关键作用。

前额皮层神经系统发育的任何重大缺陷都可能导致抽象思维及计划、监测和控制冲动行为的能力受损。此外，执行功能并不代表一个单一的过程，而是包括了多种认知和行为操作。例如，执行功能包括诸如工作记忆、注意力、反应抑制等过程。工作记忆（working memory）指的是在一个人的脑海中主动保持信息并使用这些信息来实现目标的能力（Cassidy et al.，2016）。例如，一个孩子可能会使用工作记忆来记住制作喜爱的饼干的步骤，并熟练地应用它们——洗手、准备原料、称重和筛选原料等。此外，大量的研究证据表明，工作记忆对学术能力（如阅读、计算、语言理解等）的发展至关重要（Cassidy et al.，2016；Oberauer et al.，2018）。

注意力（attention）包括专注于一项任务的能力，以及在必要时转移注意力的能力。反应抑制（response inhibition）是指抑制与目标不相容的冲动行为的能力。这些执行功能构成了有意行为的基础，而有意行为对于理解和评估犯罪行为至关重要（Freedman & Woods，2018）。执行功能还有助于培养青少年行使法律权力所必需的技能，例如，在米兰达警告（Miranda Warning）[①] 后保持沉默，并请求律师的帮助（Steinberg，2017）。

研究发现，执行功能的缺陷会严重影响个体管理目标导向性行为（如学业成就）的能力。例如，艾哈迈德等人（Ahmed et al.，2018）发现，多年的研究已经明确了幼儿的执行功能对数学和识字能力的持续贡献。这一结论在学龄早期尤其重要。在研究文献中经常会看到，而且我们在第二章也强调了，不良的学习成绩是反社会行为和犯罪的有力预测因素（Cornell & Heilbrun，2016）。

执行功能对理解攻击和反社会行为非常重要，因为有执行功能缺陷的人难以克服适应不良的反应倾向，以保持更恰当且对个人有利的行为（Zeier et al.，2012）。多项针对学龄儿童、青少年和成年人的研究发现，执行功能缺陷与反社会行为之间存在

---

① 犯罪嫌疑人、被告人在被讯问时，有保持沉默和拒绝回答的权利，又称米兰达规则。——译者注

显著关系（Brown，Gottschall，& Bennell，2015；Morgan & Lilienfeld，2000；Nigg & Huang-Pollock，2003；Piehler et al.，2014；Raine，2002；Syngelaki et al.，2009；Tremblay，2003）。当执行功能缺陷伴有注意缺陷／多动障碍症状时，这种关系尤其显著（Nigg & Huang-Pollock，2003）。

不考虑后果地行动，有时被简单地称为冒险，也被认为与执行功能缺陷密切相关（Romer，2010；Romer et al.，2011）。未经思考的行为是冲动的一种表现，这是神经行为理论的核心，该理论研究了青少年物质滥用问题和其他类型的冒险行为的早期风险。有意思的是，尽管未经思考的行为在任何年龄都可能发生，但它似乎是正常青少年发展过程的一个组成部分。大脑发育的双系统理论（dual systems theory）是当前解释青少年犯罪的一种重要的理论取向，其重点关注的是青少年时期的冲动性特点（Steinberg，2008，2010，2016）。双系统理论将在第六章进行更详细的讨论。

目前，神经心理学领域对执行功能可否通过练习得到改善、发展或加强有浓厚的兴趣（Berkman，2018）。近年来关于这个主题的研究令人鼓舞，但到目前为止，成果还很有限。不过，正在进行的研究表明，集中提升特定的过程，如工作记忆、注意力或反应抑制，而不是试图泛泛地提高执行功能，对于改善执行功能仍有很大帮助。

神经可塑性是一个更为乐观的概念，它是人类大脑在整个生命周期中改变和发展新的神经联结的能力。神经可塑性使大脑中的神经元能够调整自己的活动，以适应新的体验和新的要求。儿童和青少年的大脑具有巨大的神经可塑性，而成年人的大脑随着年龄的增长可塑性减弱，但仍具有不可思议的改变和成长的能力。大多数科学家曾认为这是不可能的，直到20世纪80年代新的研究开始出现。艾兴格（Eichinger，2018）写道："大脑在不断地清除死亡细胞并增加新的细胞。大脑实际上是在自我重塑，对内部和外部的影响均做出反应。大脑可以被重新联结，以不同的方式思考、行动、反应和学习。"因此，神经可塑性在改变反社会行为和思维方面具有很大的潜力（见专栏3-1）。

然而，当事人需要有渴望做出改变的想法，因为大脑也喜欢简单和低能耗的操作，同时也喜欢高效（Eichinger，2018）。大脑更喜欢习惯性行为，所以培养新的行为是很难的（Berkman，2018）。例如，因事故或脑卒中而导致大脑受损的人，如果他们努

治疗方法　>>>>

专栏 3-1　模式失活疗法

许多心理治疗方案已被用于有犯罪行为和表现出异常行为的青少年和成年人。迄今为止，循证治疗（evidence-based treatments）是指那些基于认知行为疗法（Cognitive-Behavior Therapy，CBT）的治疗，其重点是促进一个人认知的改变，并可能促进行为的改变。改变一个人的认知能力突出了大脑神经可塑性的核心特征。各种形式的认知行为疗法将在本书后面的内容中涉及。

21世纪初，认知行为疗法的一种形式——模式失活疗法（Mode Deactivation Therapy，MDT）——开始获得关注。它是由阿帕斯切和瓦尔德（Apsche & Ward，2002）首次提出的，目的是针对那些有高度并发症的青少年，即那些有两种或更多心理健康问题的青少年，他们也抵触其他形式的治疗。比较典型的是一些人格障碍、品行障碍、创伤后应激障碍、抑郁障碍及自杀意念。接受 MDT 的青少年之前可能会（也可能不会）作为少年犯被送进司法机关。

MDT 假设青少年所表现出的外化障碍是其内化障碍的一种结果。简单地说，当他们出现反社会行为或犯罪时，他们这样做是因为他们存在困扰。外化行为（externalizing behaviors）的特点是在外部世界的行为，如出格行为、反社会行为、敌意和攻击性（Vanden Bos，2007）。内化行为（in-ternalizing behaviors）以自我内部的过程为特征，如焦虑、抑郁和自杀意念。

据 MDT 的倡导者所说，认识和解决内化问题将减少外化行为。该疗法包括专门为青少年设计的正念练习（mindfulness exercises）。例如，他们会得到训练手册，以提高他们对自己恐惧和信念的认识，也帮助他们投入治疗。然后治疗师鼓励他们制定应对策略来取代攻击性策略（Murphy & Siv，2011）。应该注意的是，MDT 在社区和机构中都能得以使用。在家庭环境中，家庭成员参与对话，成年人被教导如何向有问题的青少年提供支持。

大量已发表的研究支持 MDT，一些人发现它比针对青少年群体的标准认知行为疗法更有效。当今不同科学领域的许多研究都采用了元分析，这是一种将多项科学研究结果结合起来的统计方法。在一项对 20 项研究的元分析中，研究人员（Apsche，Bass，& DiMeo，2010）指出，在综合样本中的 573 名男性青少年中，品行障碍、对立违抗障碍和创伤后应激障碍是普遍存在的。令人震惊的是，90% 的人都经历过以下 4 种情况：身体虐待、性虐待、言语虐待和忽视。在接受 MDT 治疗后的 2 年内，再犯率低于 7%，特别是性犯罪的再犯率低于 4%。在治疗过程中，攻击行为也有所减少。后来，一项针对治疗机构中 20 名青少年男性攻击行为的研究（Murphy & Siv，2011）也发现了该项目的积极效果。

问题讨论

1. 在社区、家庭和治疗机构中为有犯罪行为的青少年提供 MDT 的相对优势和劣势是什么？

2. 评价"内化障碍导致外化障碍"这一假设。

3. 获取更多关于 MDT 作为一种治疗手段的信息。针对有上文所述问题的青少年，这些信息让你对 MDT 的有效性更有信心吗？

4. 需要注意的是，上面引用的研究均关注的是男性青少年。对于女性青少年是否会有不同的结果？

力工作，可以恢复并重新与大脑建立联结，但这并不容易。人们也可以通过相当大的努力学习一门新的语言，及时重塑大脑的语言区域。尽管如此，破坏性、成瘾性和其他反社会行为也可以成为习惯，由特定的大脑神经回路组成。只要有动机，它们也可以被改变。神经可塑性作为一种保护因素，对于从脑损伤、营养不良、神经毒素及本章以下部分所涉及的其他不利条件中恢复具有重要意义。

遗传与反社会行为

从 20 世纪末到今天，有两类遗传学研究在人类行为（包括反社会行为和犯罪行为）的研究中占有突出地位。它们是行为遗传学（behavior genetics）和分子遗传学（molecular genetics）。行为遗传学侧重于研究基因在人类和动物行为的形成和发展中的作用。它是生物学的一个分支，研究基因和环境在决定个体行为差异方面的关系。它的优点是能明确区分基因和环境的影响，并评估各个影响的大小（Rhee & Waldman，2011）。在双生子和收养研究中，行为遗传学所使用的方法对区分遗传和环境的影响尤为有力。

分子遗传学是生物学领域中在分子水平上研究基因结构和功能的学科。当代分子遗传学集中研究特定的基因，作为某些行为模式的基础。此外，分子遗传学的一个核心准则是，构建哺乳动物身体需要的所有信息，无论是人类还是小鼠，都包含在哺乳动物 DNA 的大约 10 万个基因中；一组主基因会激活必需的 DNA，并为发育和行为产生合适的蛋白质（Cacioppo et al.，2000）。分子遗传学研究基因如何代代相传，重点关注脱氧核糖核酸（DNA）的长聚合物。

行为遗传学

传统的行为遗传学认为，行为差异来自三个方面，包括遗传和环境（Dick & Rose，2002）：

（1）遗传效应的影响；

（2）兄弟姐妹共享的环境影响（如家庭环境）；

（3）非共享环境经验的影响，这些环境经验使兄弟姐妹之间存在差异。

这些遗传和环境影响的程度通常是从统计分析中得到的，这些分析将同卵双生子与异卵双生子进行比较，异卵双生子与普通的兄弟姐妹同样共享一半的基因。同卵双生子共享相同的基因。因此，确定遗传学在犯罪中的作用的一种方法是比较同卵双生子（单合子双生子）和异卵双生子（双合子双生子）的犯罪发生率和犯罪类型。双合子双生子（dizygotic twins），也称异卵双生子（fraternal twins），由两个不同的受精卵发育而成，在基因上并不比非双生子兄弟姐妹更相似。不过，他们对产前环境影响的易感性相同，如母亲在特定怀孕期间摄入尼古丁或酒精。单合子双生子（monozygotic twins），也称同卵双生子（fidentical twins），由一个受精卵发育而来，他们性别相同且基因也相同。那么根据推测，如果基因是决定性的，那么同卵双生子应该表现出高度相似的行为。如果他们没有，那么我们可以推断行为差异是由于环境因素造成的。因为同卵双生子完全共享他们的基因，所以可以推断，如果一个孩子的同卵双生子兄弟／姐妹表现出反社会行为，那么他／她反社会行为的遗传风险就高，反之这个孩子的遗传风险就低。

然而，让事情更复杂的是，大约 2/3 的同卵双生子是单绒毛膜的（共享同一个绒毛膜），1/3 的同卵双生子是双绒毛膜的（属于两个不同的绒毛膜）（Rhee & Waldman，2002）。绒毛膜是包围胚胎的外膜。因此，一些同卵双生子在发育的产前环境中发育略有不同，这可能会导致双生子在发育成熟后出现一些个体差异。事实上，单绒毛膜的同卵双生子在人格和认知能力方面比双绒毛膜的同卵双生子更相似（Rhee & Waldman，2002）。然而，从理论上讲，通过比较异卵双生子和同卵双生子，研究人员应该大体上能够确定基因与环境因素在人格、认知能力和行为发展中的相对贡献。

双生子研究

双生子研究（twin studies）和一些收养研究（adoption studies）为反社会行为的遗传性提供了一些支持。100 项以上共涉及超过 77 000 个家庭的此类研究，考查了基因和反社会行为之间的关系（Moffitt，2005a，2005b；Raine，2008）。双生子研究包括多达 80 万对双生子（Johnson et al.，2009）。这些研究数据让研究人员得出如下结论：基因影响了反社会行为中 50% 的总体差异，这表明遗传在反社会行为的发展中起重要作用（Burt，2009；Raine，2013）。据报道，针对特定的攻击和暴力行为（Rhee & Waldman，2011），以及严重、长期的青少年罪犯（Barnes，Beaver，& Boutwell，2011）也有类似的结果。然而，遗传影响的存在并不意味着基因直接导致了行为，不能因此排除其他影响因素（Johnson et al.，2009）。基因并非固定、静止和不可改变的。在人类发育的早期，环境的影响可以直接改变基因的表达，进而改变大脑功能，导致反社会和其他形式的异常行为；或者环境的影响可以产生相反的效果，使可能出现问题的基因产生积极的变化。社会心理影响能够引发 DNA 结构的改变，进而对神经元功能和行为产生深远的影响。这些复杂的相互作用强调了发展级联模型的重要性。

此外，即使基因影响了反社会行为总变异中的很大一部分，与同龄人和兄弟姐妹的消极互动、儿童被忽视和虐待、不良的社会榜样、脑损伤或疾病也会产生消极影响。从积极的方面来看，温暖、支持性的教养方式可以有效地中和或改变孩子的行为，使其更倾向于表现出亲社会和非反社会的行为，即使是那些在遗传上最容易受犯罪行为影响的孩子（Kim-Cohen & Gold，2009）。

在充分理解双生子研究之前，需要辨析几个概念，即共享环境、非共享环境和一致率。

共享环境和非共享环境

共享环境（shared environments），有时被称为共同环境，包括以同一方式影响双生子的产前环境和生活经历。例如，由相同的生父、生母抚养的双生子共享一个共同的遗传和家庭环境。从这个意义上讲，共享环境容易促进双生子之间高度的特质或行为相似性，尤其是同卵双生子。这种影响对反社会行为模式尤其如此，即使在非双生子的兄弟姐妹中也是如此（Kendler et al.，2005a）。有反社会倾向的父母往往会有反社会倾向的后代。基因被一些遗传学家认为能够解释反社会行为中高达 50% 的变异，与之相比，共享环境被认为贡献了 15%～20% 的变异（Moffitt，2005a；Rhee & Waldman，2002）。应该强调的是，这些比例在很大程度上是有待商榷的，也绝不应该作为确切的结果出现在研究文献中。

非共享环境（nonshared environments）是指双生子不同的生活经历，如在不同的家庭环境中长大、参加不同的活动，甚至上不同的学校。父母有时希望通过鼓励他们加入不同的团体或追求不同的爱好来保持个体的独特性。因此，为了确定基因和环境对行为的相对影响，必须考虑共享环境和非共享环境两个方面。现有研究表明，非共享环境在反社会

行为中贡献的变异约占 30%（Moffitt，2005a）。然而，研究也表明，发展因素也起着关键作用。例如，双生子研究表明，就各种特质而言，随着人的年龄增长，遗传和非共享环境的影响程度会增加，而共享环境的影响程度则会下降（Loehlin，1992；Plomin，1986；Rhee & Waldman，2002）。也就是说，随着孩子开始在家庭外花费更多的时间，特别是在成为青年人的过程中，共享环境（家庭）的影响趋于减弱，而遗传和非共享环境（如同伴）的影响变得更加明显。雷希和瓦尔德曼（Rhee & Waldman，2002）描述了马西尼（Matheny，1989）的一项纵向研究，该研究显示，随着年龄的增长，同卵双生子的气质（如情绪基调、恐惧感、对他人的接近或回避）变得比异卵双生子更相似。因此，我们可以预期，在任何双生子研究中，被试的发育年龄在决定遗传和环境到底哪个影响更大这一问题上，发挥着重要作用。我们很快就会回到这一点上。

一些研究人员认为，同卵双生子在生理上如此相似，使他们比异卵双生子更有可能从所处的环境（共享环境）中得到相似的社会反应。在这个意义上，他们更有可能发展出相似的人格。这种观点有可取之处，但研究尚不支持这种观点。当同卵双生子被一起抚养时，他们或其父母可能会有意识地努力突出他们的个体差异，但在被分开抚养时，他们可能就不太需要被区分了。

一致率

一致率（concordance）是双生子研究中的一个关键概念，是遗传学术语，指的是相关的一对被试均表现出特定行为或状况的程度。它通常以百分比表示。假设我们想在 20 对同卵双生子和 20 对异卵双生子中确定智商的一致率，如果我们发现有 10 对同卵双生子的智商大致相同，但只有 5 对异卵双生子获得了相同的分数，那么同卵双生子的一致率为 50%，异卵双生子的一致率为 25%。同卵双生子的一致率就是异卵双生子的 2 倍，这表明遗传因素在智力方面起重要作用。然而，如果这两个一致率大致相同，

我们就会得出结论，遗传是不相关的，至少在我们的样本和我们的方法中是这样的。

早期双生子研究大量采用这种一致率方法，研究结果表明，遗传可能是智力、精神分裂症、抑郁障碍、神经症、酗酒和犯罪行为强有力的决定因素（Claridge，1973；Hetherington & Parke，1975；McClearn & DeFries，1973；Rosenthal，1970，1971）。第一个与犯罪有关的研究是由慕尼黑医生约翰内斯·兰格（Johannes Lange，1929）在他的《罪如命运》（Crime as Destiny）一书中报告的（Christiansen，1977；Rosenthal，1971）。这个标题反映了兰格的信念，即犯罪行为是由遗传决定的命运预设。他发现13对成年同卵双生子的犯罪行为一致率为77%，而在17对成年异卵双生子中一致率仅为12%。奥古斯特·马塞尔·勒格拉（Auguste Marcel Legras，1932）随后发现5对同卵双生子的犯罪一致率为100%。请注意，这两项研究采用的都是小样本。随后的研究对双生子的识别和取样使用了更复杂的设计和方法，继续发现了同卵双生子的犯罪一致率大大高于异卵双生子。然而，这些一致率并不像兰格或勒格拉报告得那样高。尽管列出的这些研究在方法和犯罪定义上有所不同，但总体一致率表明，就犯罪行为而言，同卵双生子似乎比异卵双生子的一致率更高。

双生子早期发展研究

最受关注的双生子系列研究之一是在英国进行的一项纵向研究，涉及1994年、1995年和1996年在英格兰和威尔士出生的大量双生子样本。该研究被称为双生子早期发展研究（Twins' Early Development Study，TEDS），它探讨了从儿童早期到青春期的行为问题及语言、认知和学业能力的发展问题（Haworth，Davis，& Plomin，2012；Oliver & Plomin，2007；Tourton et al.，2002）。虽然自首次收集数据以来有一些人员流失，但仍有超过10 000对双生子参与了这项研究（Ayorech et al.，2017）。应该注意的是，在2012年1月至2014年12月期间，TEDS中所有双生子都年满18岁，研究人员因此能够研究双生子从幼儿期到成年早期的发展路径。因此，该研究成为迄今为止双生子发展模式的最广泛调查之一。这个项目依托于伦敦国王学院（King's College London），由罗伯特·普洛明（Robert Plomin）教授领导。

正如我们在本章中所指出的那样，天性和教养对人类行为都有贡献，而且，毫不奇怪，这在TEDS的研究中得到了支持。然而，TEDS研究表明，天性对某些行为问题或障碍（如注意缺陷/多动障碍、孤独症谱系障碍）有相当大的影响。针对我们主要关注的反社会行为，TEDS的数据表明，遗传似乎起到了一定的作用。然而，至少有一个与反社会行为相关的人格特质——冷酷无情特质——显示出非常高的遗传可能性，而且几乎没有共享环境的影响（Oliver & Plomin，2007；Viding et al.，2005）。冷酷无情特质的特点是对他人缺乏同情和怜悯，并导致严重和长期的反社会行为，我们将在第六章再次讨论。

在另一项基于TEDS数据库的研究中，贾菲等人（Jaffee et al.，2015）在一个1116对5岁双生子及其家庭的样本中，采用同卵双生子和异卵双生子来研究遗传和环境风险对反社会行为发展的相互作用。这些参与者是环境风险纵向双生子研究的成员。贾菲等人通过对父母的访谈、对儿童的评估及对教师的问卷调查明确了儿童的反社会行为。研究中的环境风险因素是孩子报告的曾遭受父母虐待的次数，因为研究表明，早期的虐待通过一系列的连带事件，往往会导致反社会行为（Lansford et al.，2002）。毫不奇怪的是，贾菲等人发现，虐待对反社会行为发展风险的影响，在那些具有较高遗传风险的人中最明显。换句话说，那些具有遗传倾向的儿童如果受到虐待，就更有可能出现问题行为甚至反社会行为。这些发现和许多其他研究共同支持了一个普遍的共识，即环境的变化会在发育期开启或关闭遗传的影响，而且生物因素和环境影响确实会相互作用（Raine，2002，2013）。新的证据表明，对于有遗传风险的人，社会环境的影响可能比以前预估得更强烈（Hou et al.，2013；Maes et al.，2006；Moffitt，

2005）。

然而，当一个人进入成年期后，这些环境的影响似乎会有所减弱。例如，如前所述，一些证据表明，家庭或父母对攻击行为的影响程度随着孩子年龄的增长而降低，而遗传因素可能在人生后期在攻击性和反社会行为的稳定性中发挥越来越重要的作用（Rhee & Waldman，2002；van Beijsterveldt et al.，2003）。一方面，这种影响在男性中似乎特别显著；另一方面，女性的攻击行为似乎受家庭环境的影响更大（van Beijsterveldt et al.，2003）。换句话说，在抑制反社会行为方面，家庭对女孩的影响似乎比对男孩的影响更大，特别是在女孩接近青春期和处于成年早期时。

儿童和青少年发展的双生子研究

另一个纵向研究项目是"儿童和青少年发展的双生子研究"（Twin Study of Child and Adolescent Development，TCHAD），采用的是瑞典双生子登记处的数据。研究人员（Tuvblad，Eley，& Lichtenstein，2005）研究了 1226 对双生子，采用了一个经过充分验证的行为量表来测量父母所报告的 8 岁和 9 岁儿童的攻击行为。然后，他们要求同一组儿童在 8 年后报告自己的犯罪行为。研究人员使用了同卵双生子和异卵双生子样本，努力将遗传因素与环境因素分开。他们发现，遗传因素在儿童的早发型攻击行为中起重要作用，但似乎在男性青少年报告的违法犯罪行为的发展中所起的作用不大。另一组研究人员（Taylor，Iacono，& McGue，2000）也报告了类似的结果。他们发现，遗传在早发型违法犯罪行为［持续终身型犯罪人（life-course-persistent offenders）］中起着更突出的作用，而社会环境（如犯罪人的同龄人）对晚发型违法犯罪行为［青春期型犯罪人（adolescent-limited offenders）］的影响更大。该研究的对象都是男孩。不过，令人惊讶的是，在一项研究中，遗传因素在女孩的攻击行为和违法犯罪行为的发展中所起的作用似乎比男孩更为突出（Tuvblad et al.，2005）。这些结果似乎与雷希和瓦尔德曼的研究结果

相反，他们的结论是：遗传和环境对反社会行为的影响程度对男孩和女孩都是一样的。从这两项对比鲜明的研究中可以看出，有必要进一步研究遗传因素对反社会行为影响上的性别差异。目前还有其他研究人员仍在 TCHAD 项目中追踪研究遗传与行为问题的关系（Narusyte et al.，2017）。综上所述，遗传在整个生命周期中的影响是高度复杂的，这就提出了许多挑战。

收养研究

另一种用于确定遗传和环境之间相互作用的方法是收养研究（adoption study），它有助于确定最可能导致犯罪的环境。收养研究的假设是基于养父母和他们的养子女之间没有遗传关系（Jaffe，Strait，& Odgers，2012）。然而，这样的调查非常少，而且这些少量的调查也有各种问题。

最早的收养研究之一是由舒尔辛格（Schulsinger，1972）在丹麦进行的，他探讨了被收养的成年人的生物学亲属中精神病态的发生率。舒尔辛格将 57 名被他诊断为精神病态的被收养的成年人，与 57 名对照组非精神病态的被收养的成年人进行了比较。这两组人在性别、年龄、社会阶层和转入收养家庭的年龄上是匹配的。要将这项研究的结果直接推论到犯罪行为上是有问题的，因为舒尔辛格采用了他自己的宽松标准来界定精神病态。那些冲动的个体和有越轨行为的个体都符合条件。正如我们将在第七章看到的，这些描述不一定意味着精神病态或犯罪。然而，冲动性与某些形式的犯罪有关，因此这项研究具有一定的关联性。

舒尔辛格发现，被收养的精神病态者中，3.9%的生物学亲属也可以被归类为精神病态者；而在对照组的生物学亲属中，只有 1.4% 可以被归类为精神病态者。这一结果并未达到统计意义，提示我们在接受其推论时需要非常谨慎。但有意思的是，即使对精神病态的界定如此宽泛，那些被行为出格的家庭所抚养的成年人，他们的精神病态患病率比普通家庭仍高出 2.5 倍。

克罗（Crowe，1974）做了一项设计更精巧的研究，对被女性犯罪人放弃并被早期收养的 52 人进行了追踪调查。其中 90% 的人在被收养时其生母是重罪犯，最常见的罪是伪造和开空头支票。被收养者中有 25 人是女性，而且都是白人。另外 52 名没有犯罪家庭背景的被收养者被选为对照组，其性别、种族和被收养年龄相匹配。

在研究的追踪阶段，克罗选择了当时已年满 18 岁的 37 名指标被试和 37 名对照组被试（研究中的指标被试是那些主要关注的被试），其中 7 名指标被试有被逮捕的记录——成年后，7 人都至少有过 1 次定罪，4 人多次被逮捕，2 人多次被定罪，3 人是重罪犯。在 37 个匹配的对照组中，2 人有成年后被逮捕的记录，其中只有 1 人被定罪。每个被试的人格由 3 位临床医生根据测试结果和访谈中收集的数据进行诊断，家庭背景不包括在内。临床医生相互独立地进行诊断，并且不知道被试属于哪个组。女性犯罪人所生的被收养者中有 6 人被贴上了"反社会人格"的标签；对照组有 1 名被试被标记为"可能有反社会人格"。

克罗发现，指标被试的反社会倾向与另外两个变量——孩子被收养安置时的年龄，以及被安置前孩子在临时看护地（孤儿院和寄养家庭）度过的时间——呈正相关。犯罪人的孩子被收养安置时年龄越大，被临时安置的时间越长，这个孩子长大后就越有可能有反社会行为。对照组被试不受这些条件的影响。这表明，要么两个被收养群体对相似环境条件的反应不同，要么收养机构将女性犯罪人的后代安置在不太理想的家庭中，但没有迹象表明这种选择性安置发生过。

哈钦斯和梅德尼克（Hutchings & Mednick，1975）也进行过一项研究，考察遗传和环境的影响。他们推断，如果犯罪有遗传基础，那么生父、生母与其被他人收养的孩子在犯罪倾向方面应该存在显著相关性。1971 年，哈钦斯和梅德尼克利用哥本哈根的收养档案确定了 1145 名男性被收养者，他们当时的年龄为 30～44 岁。研究人员匹配了同样数量的非被

收养者对照组，变量包括性别、年龄、父亲的职业与地位、居住地等方面。研究人员发现，185 名被收养者（16.2%）有犯罪记录，而 105 名非被收养者（8.9%）有犯罪记录。对被收养者生父的研究显示，他们参与犯罪活动的可能性比其养父或未被收养对照组的父亲高出了近 3 倍。此外，儿子的犯罪行为与父亲的犯罪行为存在显著相关性。在生父有犯罪记录而养父没有犯罪记录的情况下，仍然有相当多的被收养者犯罪（22%）；但在生父没有犯罪记录而养父有犯罪记录的情况下，从事犯罪活动的被收养者人数较少（11.5%）。如果生父和养父都犯罪，那么被收养者也犯罪的概率要比只有生父或养父是犯罪人的可能性大得多。哈钦斯和梅德尼克得出结论：尽管环境因素也起着重要的作用，但遗传因素的影响仍然持续且巨大。

哈钦斯和梅德尼克的数据及其他任何收养研究都有一个严重的局限性，那就是收养机构可能会试图根据孩子的生物学背景，有时也会根据社会经济背景为孩子和收养家庭配对。克罗对犯罪人子女的研究没有发现这方面的证据，但用于哈钦斯和梅德尼克调查的丹麦机构证实了这一点。研究人员不仅认识到这个问题，而且还提出警示，在将这一结论推广到美国社会时应该谨慎，这是因为当时的丹麦社会在文化价值观和种族方面更加单一。

迄今为止，最全面的收养研究是数年前由梅德尼克、加夫列利和哈钦斯（Mednick，Gabrielli，& Hutchings，1984，1987）进行的。这些研究人员将一个欧洲小国的 14 427 名被收养者（在 1927—1947 年被收养）的法庭定罪记录与他们的生父、生母和养父、养母的定罪记录进行了对比。该研究显示，被收养者（包括男性和女性）的定罪历史与他们的生父、生母之间存在显著相关性。具体来说，如果生父、生母中的任何一方被定过罪，被收养者（亲生子女）的犯罪风险就会大大增加。这种关系对长期或持续犯罪的男性被收养者来说尤其显著。正如我们所预料的那样，长期犯罪人犯罪总数在整个群体中占了很大的比例。有意思的是，没有证据表明生

父、生母的犯罪类型与亲生子女的犯罪类型有任何关系。生父、生母和亲生子女都有犯罪倾向，但选择的犯罪类型会不同。也没有迹象表明被收养的孩子知道他们生父、生母的犯罪行为。研究人员得出结论：犯罪父母传递的一些因素增加了他们的孩子从事犯罪行为的可能性。另外，加夫列利和梅德尼克（Gabrielli & Mednick，1983）还指出，得出这样的结论是合理的，有些人遗传的生物特征使他们比其他人更容易做出反社会行为。

总之，双生子研究和收养研究都表明，遗传因素可能对犯罪倾向有中等程度的影响，但他们也发现环境因素非常重要（Raine，2002）。根据生物心理学家的说法，目前已有的数据表明，有些人可能天生就有一种生物学倾向，行为与社会价值和社会规范背道而驰，但环境因素可能会抑制或促进这种倾向。例如，被收养者因其生父、生母有反社会行为而具有反社会行为的遗传风险，如果其养父、养母提供了有压力的家庭环境（如虐待或忽视），那么被收养者就更有可能做出反社会行为（Johnson，2007；Raine，2002）。基因可能不会直接影响犯罪行为，但基因可能会影响人们对环境风险因素的敏感性或抵抗力。

分子遗传学

分子遗传学试图回答这样的问题：哪些基因容易导致哪些类型的反社会行为？目前已经有了一些答案。

> 如果小鼠的单胺氧化酶 A（MAOA）基因被敲除（中和），它们就会变得非常具有攻击性，成为"敲除"战士。再把基因敲入，它们就会回到正常的行为模式（Raine，2008）。

单胺氧化酶 A（MAOA）基因似乎在预防人类的反社会行为方面发挥重要作用（Kim-Cohen et al.，2006）。有意思的是，低表达型单胺氧化酶 A（MAOA-L）基因通常与攻击和暴力有关，被该领域的一些研究人员称为"战士基因"（McDermott et al.，2009）。据估计，在一些社会中，大约有 1/3 的人携带 MAOA-L，并且通常在某种形式的挑衅后发挥作用（McDermott et al.，2009）。那些具有 MAOA-L 基因的人，如果在童年期暴露在逆境中，那么他们在青春期晚期和成年早期更有可能犯罪（Fergusson et al.，2012）。同样，这项研究强调了环境对基因影响的重要性，而不是简单地假设基因直接导致行为。

雷恩（Raine，2008）进一步指出，分子遗传学研究已经确定，至少有 7 种基因与人类的反社会行为有关。在大多数情况下，这些基因似乎促成了大脑结构和功能的损害，反过来又导致了反社会或异常攻击行为。前额皮层（执行功能）的结构或功能问题与冲动性暴力犯罪人有关。例如，一些研究发现，被定罪的杀人犯前额皮层的葡萄糖代谢减少（Raine，Buschsbaum，& LaCasse，1997），患有精神疾病的犯罪人的前额皮层的灰质减少（Yang et al.，2005）。这两项研究都没有明显的证据显示这些大脑异常是由创伤或疾病造成的，这似乎反映了基因的直接影响。

心理生理因素

心理生理学（psychophysiology）是研究行为和自主神经系统之间动态相互作用的学科。自主神经系统是外周神经系统的一个分支，调节非随意功能，如心跳、血压、呼吸和消化，它与个体的基因密切相关。

心率（心血管活动）和皮肤电导（皮肤电活动）是心理生理学中研究反社会行为和自主神经活动之间关系的常用测量指标。犯罪的自主神经唤醒理论假设，与那些没有或很少有犯罪史的人相比，持续的、长期犯罪的个体在各种情况和条件下都会表现出低水平的自主神经唤醒。由此可推测，低唤醒水平使一个人倾向于犯罪，因为这容易产生某种程度的无所畏惧，同时也会导致他们寻求反社会的刺激（兴奋）（Raine，2002）。也就是说，持续犯罪的人很少经历焦虑和恐惧，也不担心被抓和被惩罚。并且，他们发现犯罪的某些方面是令人兴奋和具有挑战性的。反之，经历高焦虑和高恐惧体验，会导致高水平的自主神经唤醒，这会鼓励儿童期的社会化，因为他们害怕不被认可和被惩罚。根据一项研究可知（DeLisi，Umphress，& Vaughn，2009），杏仁核（amygdala）在调节恐惧和其他情绪反应方面特别重要（见图 3-1）。他们认为，杏仁核与精神病态和冷酷无情特质有重要关联，而冷酷无情特质往往与长期从事反社会行为的人有关。

一些研究显示，反社会的男孩和精神病态型犯罪人的生理唤醒水平似乎确实比其非反社会的同龄人更低（通过测量皮肤电和心血管活动）（Raine，2002；Raine，Venables，& Williams，1995，1996）。我们在第七章讨论精神病态犯罪人时，会更详细地讨论这个问题。

气质

儿童的气质（temperament）——被定义为主要由基因和生物影响决定的一种"天生"的情绪倾向——可能为犯罪行为提供重要线索。我们如何接近我们的社会环境并与之互动，会影响环境将如何与我们互动。即使是婴幼儿也是如此。父母、教师、医生和看护人员都非常清楚，婴幼儿在活动、情绪和对刺激的一般敏感性方面是不同的。一个微笑的、放松的、社交互动的孩子，与一个挑剔的、紧张的、退缩的孩子相比，很可能产生并保持不同的社会反应。一个始终脾气不好的孩子可能会使父母感到非常挫败，以致父母在与孩子相处时感到不知所措和无能为力。父母因此而产生的易怒情绪可能会反过来输入至孩子的行为，从而破坏亲子关系。挫折可能发展为父母在身体上或情感上的虐待或忽视。从本质上讲，孩子和其父母或其他照顾者是积极的媒介，他们通过不断的相互影响，共同创造了他们的新关系（Kochanska et al.，2004）。专家们达成的共识是，父母的回应、养育和温暖已成为早期亲子

关系的核心决定因素（Chen，Deater-Deckard，& Bell，2014；Gallitto，2014；Kochanska et al.，2004）。亲子关系的质量在预防孩子后续一连串的行为问题方面起重要作用（Winsper & Woke，2014）。

关于气质，其中一个最具影响力的观点是由托马斯和切斯（Thomas & Chess，1977）提出的。他们认为，气质是一种与生俱来的预备性倾向，能够在各种情况下对事件和客体做出反应。此外，它还会不断演变，通常会受到家庭、教养方式和社会环境的强烈影响。托马斯和切斯系统地研究了气质，他们要求父母对孩子的九个行为特征进行报告：

（1）生物功能的节律性，如排便的规律性、睡眠周期和进食次数；
（2）活动性水平；
（3）对新刺激的接近性；
（4）适应性；
（5）感觉阈值；
（6）情绪特性；
（7）情绪表达的强度；
（8）注意分散度；
（9）注意力持续时间。

基于这些数据，研究人员将儿童气质分为三种类型：

（1）容易型儿童（easy child）；
（2）困难型儿童（difficult child）；
（3）迟缓型儿童（slow-to-warm-up child）。

表 3-2 围绕其中五个行为特征总结了每种类型的特点。容易型儿童的特点是有规律的节律性、积极的情绪特性、高接近性、高适应性、低强度的情绪表达。困难型儿童表现出相反的模式，即不规律的节律性、总体情绪消极、低接近性、对环境变化的适应性低、情绪表达强烈。值得注意的是，许多儿童都表现出这些特点，特别是在婴儿期，但并非所有儿童都会被归入困难型。例如，据估计，约有 20% 的婴儿在出生第一年中表现出过度哭闹、睡眠或喂养问题等，但真正符合困难型儿童的数量要少

得多（1%～2%）（Winsper & Woke, 2014）。迟缓型儿童会表现出有规律的节律性、消极的情绪特性、回避新的刺激、低适应性、低强度的情绪表达。根据托马斯和切斯的说法，正是那些困难型儿童天生就具有的这些特定气质，使养育孩子对许多父母或照顾者来说更具挑战性。

表 3-2　托马斯和切斯的儿童气质分类

行为特征	容易型儿童	困难型儿童	迟缓型儿童
生物功能的节律性	有规律	不规律	有规律
情绪特性	积极	消极	消极
对新刺激的接近性	高	低	低
适应性	高	低	低
情绪表达的强度	低	高	低

资料来源：Adapted from Thomas & Chess（1977）。

需要指出的是，气质会增加或减少反社会行为发生的概率，而不是直接决定一个人是否会产生反社会行为。也就是说，这些气质与某些类型的家庭环境和教养方式共存，就可能会导致违法犯罪的结果。不断有研究发现，困难型儿童与持续性反社会行为之间有重要的关联（Bates et al., 1998；Chen et al., 2014；Galileo, 2014；Rubin et al., 2003；Shaw et al., 2001）。通常，气质的测量结果来自父母或照顾者的报告。

气质的特点

目前在研究和学术文献中，气质的定义包含三个元素（Bates & McFadyen-Ketchum, 2000）：

（1）有体质上的或生物学基础；

（2）在婴儿期显现并持续一生；

（3）受环境影响。

如今，大多数发展心理学专家认为，气质有生物学基础，且在出生时最容易识别（Bates et al., 1998；Dodge & Pettit, 2003；Lahey & Waldman, 2003）。艾尔斯－奎斯特等人（Else-Quest et al., 2006）

写道："气质反映的是基于生物学的情绪和行为的稳定性，它在生命早期就出现了，并且经常会与其他因素共同预测其他领域的行为模式和行为结果，如精神病理学和人格。"当前大多数关于气质的研究都集中在婴儿期，因为在这个阶段，气质和行为之间的联系的复杂程度较低，但随着孩子的成熟及与心理社会环境的相互作用，它们变得越来越复杂。

当前的研究也表明，不同气质特征还反映了对社会影响的易感性差异。一般来说，具有困难型气质的儿童更容易受到其养育环境的影响，他们的神经对积极的或消极的环境影响具有高度敏感性（Chen et al., 2014）。这表明，与其他孩子相比，一方面，困难型气质的孩子对消极的父母教养方式的反应会更差；另一方面，他们会从温暖的、敏感的父母教养方式中获益更多。

目前，大多数发展心理学专家都认为，活动性（activity）和情绪性（emotionality）是能反映出气质特点的两个重要行为指标。活动性是被研究得最多的行为指标，它指的是在跨情境、跨时间下的大肌肉运动，如手臂和腿的运动、扭动、爬行或行走；情绪性指的是易怒、敏感、易被安抚的能力，以及一般的情绪反应强度。自我调节是另一种经常会包含在气质描述中的行为。如本章前面所述，自我调节指的是孩子控制自己行为的程度，独立于他人和社会环境的控制。与不太冲动的孩子相比，高度冲动和难以管理的孩子（自我调节较差者）会以更快的速度进入（通常是对抗）他们的环境。研究表明，在不同的社会环境中，自我调节能力差和反社会行为之间有很强的联系（Olson et al., 2005）。

如果不承认这些倾向或气质变量，那么研究人员和实践工作者就无法对反社会行为的发展形成完整的认识，特别是在个体表现出持续暴力或严重犯罪模式的情况下。艾尔斯－奎斯特等人（Else-Quest et al., 2006）报告，从气质上看，女孩似乎比男孩更有能力管理和调节注意力并抑制冲动（自我调节）。亨利等人（Henry et al., 1996）发现，被认为是脾气暴躁和缺乏自制力的孩子比那些情绪稳定的同龄人更有可能成为有暴力倾向的青少年。研究人员（Honomichl & Donnellan，2012）发现，与同龄人相比，脾气暴躁（以消极情绪和可安抚性低为特征）的学龄前儿童在 15 岁时表现出反社会行为和冒险行为的发生率明显更高。然而，虽然气质在出生时就存在，但必须强调的是，它是可以被社会环境，特别是父母和重要照顾者所改变的。正如本节所指出的，困难型气质可能是具有挑战性的，但是如果教养方式是呵护且温暖的，并严格制定规则、鼓励适当的自我调节，那么就可以防止、改变或消除儿童的反社会行为（Moffitt，2005；Veenstra et al.，2006）；反之，如果困难型气质加上父母的拒绝或强迫，则会带来高的反社会风险（Dekovic，Janssens，& Van As，2003；Veenstra et al.，2006）。

同样，父母的气质也必须被视为犯罪行为发展中的一个潜在影响因素。莫菲特（Moffitt，1993b）认为，父母和他们的后代在气质和人格上往往彼此相似。一个易怒的、脾气暴躁的孩子有很大概率是由高度易怒且脾气暴躁的父母所生。因此，困难型气质的儿童的父母往往缺乏必要的心理和情感资源来有效地应对困难型气质的儿童。

在下一节中，我们将进一步看看可能促进或抑制反社会倾向的其他环境因素。这些因素不同于第二章所述的社会环境风险因素，因为它们更有可能影响儿童的生理和神经构成。这些因素包括产前影响、产后疾病和经历，以及营养和医疗护理不足。

环境风险因素

除了遗传和气质因素，在子宫内的经历也可能对犯罪行为的倾向性有影响。在怀孕期间，胎儿受到各种可能不利于其发育的影响，特别是前额皮层和其他脑区的发育，会导致其在以后的生活中出现严重反社会行为的风险，如暴露于有毒或患病的产前环境。暴露于阿片类药物或美沙酮的胎儿，在生出 10～13 年后出现行为问题的风险会更高，暴露于酒精、大麻和尼古丁的胎儿也是如此（Dodge &

Pettit，2003）。另一个例子是胎儿酒精谱系障碍（Fetal Alcohol Spectrum Disorder，FASD），我们在本章后面将详细讨论。这是一个广义的术语，指由于产前暴露在酒精环境中而导致的数种严重的疾病（Brown，Connor，& Adler，2012）。患有胎儿酒精谱系障碍的个体，执行功能问题、反社会行为和品行障碍都更高发（Brown et al.，2012）。然而，对发育中大脑（特别是但不限于生活贫困的儿童和青少年）的最大早期危险之一，是产前和产后暴露于环境污染物和有毒物质中，如神经毒素。

神经毒素

神经毒素（neurotoxins）是对人类神经系统具有毒性作用的微量营养素、杀虫剂、化学物质和生物学元素（Hubbs-Tait et al.，2005）。这些毒性可能会损害、破坏或削弱神经元（神经细胞）或其他的大脑支持细胞，从而产生行为、情绪和认知能力的变化。然而，还有个关键变量，那就是个体是在哪个发育阶段暴露于神经毒素中的。胎儿和不到两岁的儿童似乎是最脆弱的，因为这是中枢神经系统发育最活跃的时期。暴露于这些神经毒素中的程度也很重要。

神经毒素之所以有关系，是因为它们对神经系统的影响与各种行为障碍和反社会行为有关，包括攻击和暴力。基本而言，神经毒素对产生神经认知功能障碍有潜在影响，这会使个体产生反社会行为和暴力倾向（Raine，2013）。然而，我们要强调的是，一方面，虽然神经毒素可能在此类行为的发展中发挥作用，但它需要与多种因素相结合，才能直接产生这种后果。没有一种单一的神经毒素能单独产生此类作用；另一方面，暴露于神经毒素、营养不良和不适当的社会环境，这些因素的累积会对记忆、学习和执行功能产生有害影响，并可能导致儿童、青少年和青年人的行为障碍。营养不良通常是因为微量营养素缺乏（特别是铁、钙、锌和硒），这些微量营养素能够中和掉许多神经毒素对人神经系统的负面影响。换句话说，微量营养素是抵抗神经毒素的保护因素。我们将在本章的后面更详细地讨论微量营养素。

有三种神经毒素目前已经得到了充分的研究，它们与反社会行为的发展有关联：铅、镉和锰。在这三种物质中，铅受到了研究人员最多的关注。另外两种重要的神经毒素是汞和多氯联苯，它们被认为与神经系统的问题有关，但目前的证据还不能将它们与犯罪行为相关的认知和行为结果明显地联系起来。

铅

在过去的 30 年里，对神经毒素的研究很大一部分集中在铅暴露的影响上，包括出生前的暴露和出生后的暴露。研究明确表明，人体中铅水平的异常能预测儿童的各种学业、情绪、认知和发育迟缓问题（Biglan et al.，2012）。与年龄较大的儿童和成年人相比，幼儿更容易吸收铅，而且铅对他们的危害更大。雷恩（Raine，2013）断言："铅是大脑一些结构和功能障碍发生的罪魁祸首。"比格兰等人（Biglan et al.，2012）研究了大量文献后得出结论：铅暴露与特殊教育、注意缺陷 / 多动障碍、犯罪甚至谋杀等一系列终身问题和困扰的增加有关。雷恩断言："铅暴露是违法犯罪儿童的反社会和攻击行为及成年人暴力行为的一个强有力的环境风险因素。"其他一些研究发现，铅含量高与反社会行为和青少年违法犯罪行为之间有密切关联（Dietrich et al.，2001；Needleman，2004；Needleman et al.，2002；Nevin，2000，2007；Olympio et al.，2009，2010；Sampson & Winter，2018；Wright et al.，2008）。一篇关于该主题的研究文献（Yolton et al.，2014）做出如下总结。

> 大量研究表明，铅与多种健康行为和神经行为障碍有关。这些研究结果明确说明了铅与行为问题、注意缺陷 / 多动障碍及违法犯罪活动之间的关联。

在日常环境中，哪些地方会有铅的存在？ 1977 年，美国消费品安全委员会禁止销售含铅涂料（Cole & Winsler，2010）。然而，这项禁令并不适用于 1977 年以前建造或粉刷的建筑物和房屋，这意味着如果不采取措施清除这些污染物，住在旧房子里的儿童将继续暴露在含铅的油漆颗粒和灰尘中。1996 年，美国禁止了所有含铅汽油的销售，但含铅航空燃料没有受到该规定的限制。尽管这些规定和其他一些尝试都旨在清楚铅污染，但是铅仍然存在于土壤、空气和水中（Narag，Pizarro，& Gibbs，2009）。例如，即使在含铅汽油被禁止多年后，铅残留物仍然存留在主要道路和高速公路附近的土壤中（Raine，2013）。由于铅继续在很多国家的制造业中被广泛使用，所以仍可以在汽车电池、玩具、珠宝、化妆品、烟草、含铅涂层陶器、婴儿奶瓶、化妆品、香料、草药、与食品接触的塑料容器中发现它（Advisory Committee on Childhood Lead Poisoning Prevention，ACCLPP，2012；Cole & Winsler，2010；Olympio et al.，2010）。另一个更重要的铅暴露来源是自来水。铅通过含铅管道、水处理系统及家用水管的管道腐蚀而渗入自来水中（Cole & Winsler，2010）。这种潜在的危险在老房子里尤其普遍。前几年公布的密歇根州弗林特市（Flint）和其他城市的重大水质问题就是很好的例证（见专栏 3-2）。

尽管政府已经在认真地清除铅污染物，但儿童铅暴露问题仍然存在。在一项综合研究中，阿波斯托卢等人（Apostolou er al.，2012）总结道："尽管在过去几十年里，儿童和青年人的体内含铅量总体上急剧下降，但社会经济地位较低的城市中心区儿童和青年人仍在继续遭受高浓度的铅暴露。"研究人员发现，儿童和青少年铅暴露的一个重要来源是二手烟。与一两名或更多吸烟者生活在一起的儿童，其血铅水平高于生活在不吸烟家庭的儿童。

血铅含量多高才算过高？多年来，美国疾病控制与预防中心认为达到需要受关注的标准是血铅水平（Blood Lead Levels，BLL）在 10μg/dl（每分升 10 微克）或以上。随着新的美国联邦标准的实施，近年来血铅水平已大幅下降。美国疾病控制与预防中心报告的血铅水平高于 10μg/dl 的儿童的比例从

热门话题

专栏 3-2　铅及其有害影响

2014 年，密歇根州弗林特市的水危机引发了美国的警觉，该市将其供水改为弗林特河后，并没有对水进行充分处理，水随后通过铅管流入许多家庭。在检测样本中大约有 5% 的儿童血液中铅含量过高。在接下来的 4 年里，事件的时间线包括：居民染病、沸水令、民事诉讼、刑事侦查、提供瓶装水来救灾、迈克尔·摩尔（Michael Moore）的纪录片，以及由于水污染引发的军团病[①]（包括死亡）。直到 2019 年，才有一些州和地方公职人员对共谋、渎职、故意玩忽职守等罪行表示认罪。然而，在同年 6 月，检方仍然撤销了对 8 名待审公务员的起诉。

环境毒素是众多与反社会行为有关联的风险因素中的一个，对儿童的影响尤其明显。正如前文所指出的，研究人员已经将高毒素的暴露与多动、冲动、执行功能缺陷甚至攻击性之间联系起来。从上面的阐释可以看出，铅经常被列为最严重的毒素。人体内铅含量高还会导致心脏、肾脏和神经等问题。

另外，正如文中所指出的，多年来美国各州和联邦监管机构已经制定了标准，用于检测和减少环境中的铅含量，包括学校、公共住房和消费品中的铅。美国疾病控制与预防中心已经为暴露于铅污染的人，特别是儿童，推荐了干预策略。美国环境保护署在过去制定了在学校中检测铅含量的标准（例如，输送水的管道或含铅油漆的残留物），并采取了一系列措施来减少铅含量。然而，由于目前美国联邦管制的放松，这些标准又被放宽了。

有意思的是，铅暴露和犯罪之间的关联已经在一些研究人员中流传了数十年（Doleac，

2017）。一些人甚至提出理论，认为 20 世纪 90 年代暴力犯罪水平的整体下降可以归因于无铅汽油的使用。在那之前，与生活在农村地区的人相比，生活在交通频繁的道路附近和城市地区的人暴露在严重的铅污染中。当汽油不再含铅时，犯罪率就下降了。

铅与反社会行为或犯罪之间的直接联系尚未得到实证研究的证实。有太多的其他变量需要考虑。不过，近年来，一些研究人员对研究铅与犯罪的可能联系很感兴趣。例如，在控制家庭收入的情况下，一组研究人员（Aizer & Currie，2017）对匹配的儿童群体进行了研究，发现那些在学龄前有高血铅水平的儿童更有可能被停学，男孩更有可能在未成年时期被监禁。其他一些研究人员则在寻找保护因素或有效的干预措施。另一组研究人员（Billings & Schnepel，2017）发现，营养状况评估、转介到公共援助机构及医疗评估等（美国疾病控制与预防中心推荐的所有干预措施）都能显著降低未来出现认知和行为障碍的可能性。

问题讨论

1. 公立学校要求儿童接种预防传染病的疫苗，尽管在某些学校，一些儿童因宗教或健康原因会免于接种疫苗。幼儿园也应该要求孩子们接受血铅含量检测吗？

2. 美国疾病控制与预防中心建议的上述干预措施是与健康或社会服务有关的。还有没有其他干预措施可以用来降低血铅含量过高所带来的健康和行为风险？

3. 虽然这里只针对弗林特市，但美国其他国

---

① 军团病（legionnaire's disease）是由军团菌引起的一种急性呼吸道传染病。——译者注

家和世界其他地区也不能幸免。例如，在洛杉矶县，有17%接受检测的儿童血铅含量过高，因为他们从环境中摄入了铅。了解其他任何存在铅问题的地区及信息，并讨论它与其他累积风险因素或发展级联因素可能是如何造成负面影响的。

4. 你对"铅犯罪"这一假设有什么看法？

1997年的7.6%下降到2001年的3.1%（ACCLPP，2012）。2008年，这一比例降至0.83%。尽管$10\mu g/dl$被认为是"需要受关注"的标准，但许多研究发现，即使是更低的血铅水平，其对行为和健康的影响仍然很大（Biglan et al.，2012；Federal Interagency Forum on Child and Family Statistics，2005；Min et al.，2009）。大量研究发现，血铅浓度即使低于$5\mu g/dl$也与认知发展不足、行为问题和学习成绩差有关联（ACCLPP，2012；Min et al.，2009）。基于大量的研究文献可以发现，不管是任何水平的血铅含量都会对健康和神经发育有影响，基于此，预防儿童铅中毒咨询委员会（ACCLPP，2012）指出："因为任何可测到的血铅水平都会产生有害影响，而且一旦产生，这些影响在没有任何其他干预措施的情况下似乎是不可逆的，所以环境政策和住房政策都要鼓励预防任何情况的铅暴露。"

许多儿童的血铅水平仍在$5\mu g/dl$或以上，这些儿童主要生活在收入低于贫困线的家庭中（Dietrich et al.，2001；Needleman et al.，2002）。某些种族/民族群体可能特别易感（例如，非洲裔美国儿童的易感率为19%，墨西哥裔美国儿童的易感率为7%）。这些差异可以追溯到住房质量、环境条件、营养及其他因素的差异。此外，2005年以来发表的相关研究已经明确了儿童血铅水平对认知功能下降的重要影响，尤其是记忆力和学习能力（ACCLPP，2012）。

镉

雷恩（Raine，2013）在他对神经毒素和暴力的综述中指出，在一些研究中人体内高水平的镉与暴力行为有关。他对大量研究结果进行总结后发现，暴力犯罪人的毛发样本中的镉含量明显高于非暴力犯罪人。雷恩进一步指出，那些具有行为问题的美国小学生的毛发中也发现了高水平的镉含量。头皮毛发分析被认为是一个很好的检测神经毒素积累的方法，因为头发在生长周期中会吸收毒素，这提供了头发生长时体内毒素水平的永久性记录（LeClair & Quig，2001）。

在成长过程中长时间暴露在有镉环境中，似乎与儿童和青少年的学习困难和认知功能缺陷有关（Hubbs-Tait et al.，2005）。学习困难和认知功能缺陷对就业、学习新技能及与他人合作方面产生终身影响（Koger，Schettler，& Weiss，2005）。学习障碍更有可能导致未成年人违法和成年人犯罪，这可能是因为学业上的困难导致许多人辍学（Koger et al.，2005）。

镉是一种柔软的、可塑性强的金属，主要用于生产镍镉充电电池，以及作为铁和钢的防腐蚀涂层（OSHA，2014）。目前，世界上约有3/4的镉被用于制造镍镉电池，今天使用的几乎所有电子设备都在使用这种电池（Haider et al.，2015）。镉被认为是一种有毒的环境污染物和工业污染物，与动物和人类的多种生物化学和神经疾病有关。在烟草产品中也发现了大量的镉。

镉主要通过三个途径进入人体（EPA，2000；Hubbs-Tait et al.，2005）：

（1）孕妇在怀孕期间吸烟；
（2）产后暴露于烟雾环境中；
（3）暴露于燃烧矿物燃料及焚烧城市和工业废物产生的烟雾和微粒中。

在某种程度上，食物中可能含有微量的镉，但目前研究还很少，尚无法确定食物来源是否真的会带来危险。吸烟可能是现今人类摄入镉的主要来源。例如，一些研究显示，吸烟者体内的镉含量约为不吸烟者的 2 倍（Paschal et al.，2000）。对那些在产前暴露于母亲吸烟环境和在产后发育期间暴露于烟雾环境中的儿童而言，其体内的镉含量可能高得令人担忧。

在儿童和青少年群体中，镉与智力功能缺陷有关。例如，哈布斯 – 泰特等人（Hubbs-Tait et al.，2005）发现，居住在废料场附近的体内镉含量较高的儿童，出现学习障碍的风险增加。研究人员（Bao et al.，2009）发现，生活在镉矿下游的学龄儿童，其头发中的金属镉含量浓度很高。头发中镉含量高的儿童比镉含量低的儿童表现出更高的攻击性和违法行为。

锰

环境中锰暴露对研究人员来说是一个复杂的挑战。这种金属既是一种必需的微量营养素，也是一种强大的神经毒素（Abdelouahab et al.，2010）。这种必需元素的主要食物来源是坚果、茶、豆类、菠萝和谷物——食用它们是一件好事。然而，当过量摄入或暴露于该元素时，毒性就会发挥作用。以焊接为例，焊接时产生的气溶胶可能含有大量的锰，这取决于焊接方法和使用的耗材（Ellingsen et al.，2014）。多项研究表明，从事该职业一段时间的焊接工人经常表现出各种神经问题（Ellingsen et al.，2014）。雷恩（Raine，2013）写道：“对世界各地（包括智利、英国、埃及、波兰、巴西、美国和加拿大）接触锰的工人进行的 15 项研究，无一例外地都报告了严重的情绪障碍，包括攻击、敌意、易怒和情绪困扰，这一结果并不令人惊讶。”此外，大量暴露于锰的工人，他们的反社会行为往往是由脑损伤引起的，其特点是情绪调节能力差和易冲动（Raine，2013）。

在儿童群体中，锰的过度暴露可能来自产前和婴儿喂养。在子宫内，锰很容易通过孕妇的胎盘传递给胎儿，这取决于母亲的锰暴露程度。然而，这

种情况最容易发生在孕妇缺铁时。缺乏微量营养素铁的妇女比铁含量充足的妇女会多吸收 4 倍的锰（Finley，1999）。因此，母亲过量吸收的锰极有可能通过各种方式进入发育中的胎儿。母亲的锰暴露可能包括居住在有毒化学物质排放及生产含锰杀虫剂和杀真菌剂的工厂附近。城市饮用水也可能含有锰，这取决于某些基岩的构成和当地环境的污染程度。

神经系统是锰的主要攻击对象，尤其是中枢神经系统（Ellingsen et al.，2014；EPA，2007）。儿童神经系统中过多的锰积累可能导致脑功能变差、智力下降、在青春期和成年期出现攻击和暴力倾向（Raine，2013）。

研究人员（Ericson et al.，2007）发现，产前接触锰（可以从第 20 孕周的牙釉质沉积物中进行检测）与儿童的行为结果显著相关。具体来说，产前锰含量较高的儿童更容易冲动、注意力不集中、好斗、挑衅、不服从指令、具有破坏性及多动。雷恩（Raine，2013）综合了多项研究的结果发现，许多暴力犯罪人头发样本中的锰含量高于非暴力人群。

汞（甲基汞）

大量的行为障碍，尤其是记忆、认知和学习问题，与汞暴露有关（Freire et al.，2010；Hubbs-Tait et al.，2005）。汞有毒且会损害大脑和其他身体器官（Raine，2013）。人类暴露于汞的主要途径是食用受汞污染的鱼类和海洋哺乳动物，还有一小部分来自补牙。汞暴露与犯罪或反社会行为的直接联系尚未明确，主要是因为研究结果并不一致（Raine，2013）。雷恩称为“神秘的汞”，因为它对人类健康和行为的影响极难被精确评估。

虽然犯罪行为与汞暴露之间的关联尚未明确，但是对汞与儿童神经发育缺陷之间关系的研究结果则相对一致（Grandjean et al.，2014；Oken et al.，2008）。孕妇食用受汞污染的海产品后，这些汞很容易穿过胎盘，迅速越过血脑屏障进入发育中的胎儿体内（Karagas et al.，2012）。已知高水平的汞会导致胎儿的极端畸形及婴儿的神经中毒，包括小头畸形、

失明及严重的智力和身体发育迟缓（Karaga et al.，2012）。众所周知，它还会通过破坏或损伤神经细胞直接影响中枢神经系统（Koger，Schettler，& Weiss，2005）。研究发现，较低水平的汞暴露与儿童的记忆力、注意力、语言、智力和视觉 – 运动技能的下降有关（Freire et al.，2010；Karagas et al.，2012）。研究人员认为，他们的研究结果支持了其他一些研究的结论，即幼儿的汞暴露量越高，其认知能力越低，即使汞水平很低也会如此（Freire et al.，2010）。其他几项研究也发现，美国人口中的汞暴露，尤其是产前暴露，即使是低水平，也会导致儿童神经发育问题（Oken et al.，2012）。因此，根据风险累积模型，可以大胆假设，因为食用受污染的食物而导致的汞暴露可能在儿童、青少年和成年人行为问题的形成中发挥一定的作用。例如，汞并不是在某些鱼类中存在的唯一的神经毒素，其他污染物还有多氯联苯、其他重金属、药物及其他有害化合物，这些也经常在海产品中发现。

长期以来，鱼类一直被认为是一种健康的食物，它能提供蛋白质和其他营养，出于种种原因，它不可能从大多数家庭的日常饮食中被剔除。关注鱼类有害影响的科学家们指出，消费者必须了解哪些鱼可以吃、哪些鱼不能吃，并共同支持、一起努力消除污染源（如全球海洋中汞和其他有毒物质）。公众可以通过各种渠道获得有关可持续海产食品倡议的信息，并且这些信息也经常会在研究报告中有所总结（Oken et al.，2012）。本节中讨论的四种神经毒素的总结见表 3-3。

表 3-3　与攻击和暴力行为密切相关的四种神经毒素

神经毒素	影响
锰	消耗多巴胺、血清素和去甲肾上腺素的神经递质。对脑和神经系统的发育和功能产生长期的负面影响。过度暴露于锰与注意力不集中、冲动性控制力差及其他神经系统缺陷有关
镉	对大多数神经递质有非特异性影响。限制钙介导递质的释放。对脑发育和智力有长期的负面影响。过度暴露于镉可能导致攻击性和暴力行为

（续表）

神经毒素	影响
铅	损害神经递质的功能，破坏与学习、记忆、认知和自我调节有关的神经元。特别是影响前额皮层。铅暴露与各种行为问题有关，包括注意缺陷 / 多动障碍、注意力分散、组织能力差及暴力倾向
汞	损害神经递质的功能。对中枢神经系统的功能和发育产生不利影响。导致视觉、学习、记忆、注意力和行为控制方面的问题。高剂量可能会损害大面积的脑功能

微量营养素的保护作用

尽管上述材料可能表明，环境污染物对人类发展造成了不可逆的损害，但从纯粹的生理学和神经学的角度来看，情况可能没那么糟糕。一个积极的因素是人体中原本就存在微量营养素。在人体中所发现的少量的微量营养素说明它们是人体所必需的营养素。现已确定，哺乳动物需要的微量营养素包括铁、锌、碘、硒、铜、锰、氟、铬和钼（Hubbs-Tait et al.，2005）。尽管这些微量营养素中的每一种在过量的情况下都可能具有毒性和神经破坏性，但在低量的情况下它们会成为健康的保护因素。例如，铁和锌是儿童认知发展中必不可少的微量营养素。饮食中锌、铁和钙的充足摄入，可以减少神经毒素镉和铅对人体的影响以及在体内的累积，对大脑尤其明显（Hubbs-Tait et al.，2005）。硒可以改变汞对神经系统的影响。铁可以降低锰过量导致的负面影响。

贫困家庭对儿童（和成年人）的不利影响之一是，他们往往不能从饮食中摄取这些重要的微量营养素，进而使他们受到环境污染物和神经毒素的影响更大。补充含有微量营养素的食物至少能降低累积风险因素的影响，这些风险因素本身就是儿童所接触的被污染的环境中的各种化学物质所引起的。

产前与产后营养不良

营养不良影响全球 1.672 亿个学龄前儿童的神经发育，胎儿期和新生儿期营养不良也会导致大脑发育的长期变化或改变（Waber et al.，2014）。几项研究都表明，产前和儿童早期营养不良与学龄儿童和青少年的不良后果有关，包括行为问题和攻击行为增加（Galler et al.，2013）。例如，一项被大量引用的早期研究（Neugebauer，Hoek，& Susser，1999）发现，孕期母亲营养不良加上不利的养育条件也可能与后代的暴力行为密切相关。"巴巴多斯营养研究"（Barbados Nutrition Study，BNS）可以说是有史以来研究营养不良对儿童发展影响的最全面的研究之一了。BNS 在数十年间追踪了一组出生时体重正常的儿童的发展，这些儿童在出生后第一年经历了中度到重度的营养不良。通过对数据的分析，研究人员发现，尽管第一年之后饮食有所改善，但是当这些孩子在进入青春期前和处于青春期时，问题行为和攻击行为会显著增加（Galler et al.，2013）。一项早期研究也报告了类似的结果，那些在子宫内就营养不良的胎儿在成年后会表现出更高水平的反社会行为（Neugebauer et al.，1999）。

其他研究人员也将婴儿和儿童早期的营养不良与后来的认知功能缺陷联系起来。例如，研究发现，3 岁时的营养不良会使儿童容易出现神经认知缺陷，而这种缺陷反过来又使儿童在整个儿童期和青少年期容易出现持续的反社会行为（Lieu et al.，2004a）。因此，早期营养不良被认为是阻碍成年后认知功能和亲社会行为发展的一个关键因素。

虽然婴儿和儿童营养不良可能与认知障碍有关，但营养不良本身并不是个体一生中出现严重的攻击或暴力行为的唯一原因。加列尔等人（Galler et al.，2013）也表达了同样的观点：营养不良对认知功能的近端神经行为的影响，以及不利的早期家庭环境，似乎会在今后的行为问题易感性的增加上起到中介作用。在这些研究中，研究人员确实控制了一些不利条件的变量，如母亲的抑郁和家庭生活水平。不过，一些观察者仍然认为，BNS 样本中的儿童在身体状况、社会环境等条件上不如营养较好的儿童群体，他们更有可能会面临一系列不同的累积风险（Waber et al.，2014）。

BNS 调查了儿童的认知困难、执行功能缺陷和越轨行为（而不是严重的暴力行为）。在本书中，我们始终强调，最严重的暴力行为和反社会行为是各因素累积和级联的结果，而不仅是一个因素造成的。当然，也有例外，例如，外伤造成的严重脑损伤可能会导致攻击行为，但营养不良通常只是导致攻击和暴力行为的一连串事件中的一个潜在的破坏性环节。更有可能的情况是，营养不良与暴力行为之间的关系需要在负面环境条件及额外增加的社会心理风险的条件下才能成立。例如，儿童早期的长期营养不良更有可能不利于儿童习得自我调节的能力。此外，饥饿或营养不良的儿童不太可能在学校集中精力，进而很难获得学业成就。由此可见，学校的早餐和午餐计划可以为那些没有足够食物的学生提供营养，这是教育服务的一个重要组成部分。

尼古丁、酒精与药物接触

目前已有大量关于产前药物接触对儿童发育的总体影响的研究文献。不过，产前物质滥用和酒精滥用对反社会行为发展的影响受到的关注相对较少，尽管也有一些研究已经对这种影响做了检验。根据雷恩（Raine，2002）的说法，胎儿接触酒精对今后品行障碍风险的增加是众所周知的。正如本章前面提到的，那些在胎儿期就接触酒精的青少年比普通青少年群体更有可能表现出攻击、暴力和其他行为问题（Brown et al.，2012）。实际上，一些研究表明，很大一部分被监禁的青少年患有胎儿酒精谱系障碍，但并没有被确诊（Brown et al.，2012）。

胎儿酒精谱系障碍是一个总称，指的是子宫内接触酒精引发的一系列疾病。具体的医学诊断包括胎儿酒精综合征（Fetal Alcohol Syndrome，FAS）、局部胎儿酒精综合征（Partial Fetal Alcohol Syndrome，PFAS）、酒精相关的神经发育障碍（Alcohol Related Neurodevelopmental Disorder，ARND）及酒精相关出生缺陷（Alcohol Related Birth Defects，ARBD）。所有这些都可能产生认知和行为问题，如记忆、推理、抽象思维方面的困难，以及从事日常活动的问题。

必须强调的是，虽然上文提到了品行障碍和暴力行为，但对绝大多数儿童来说，这些行为并不是胎儿酒精谱系障碍带来的唯一后果，甚至可能都不是最主要的后果。不应该假设胎儿酒精谱系障碍患儿一定具有攻击性；但很可能，胎儿酒精谱系障碍患儿都会有一定程度上的神经功能问题。

除了酒精，母亲在怀孕期间吸烟与儿童反社会行为之间也存在关联，不过这种关联对男孩来说更明显，对女孩来说证据比较薄弱（Wakschlag & Hans，2002）。此外，在怀孕期间戒烟的女性，比起未戒烟的女性，她们所生的孩子在生活中反社会行为更少（Jaffee，Strait，& Odgers，2012；Robinson et al.，2010）。在一项涉及 4169 名男性样本的研究中，研究人员（Brennan，Grekin，& Mednick，1999）发现这些男性在成年期的暴力犯罪与其母亲在怀孕期间吸烟有紧密的关联。这些母亲平均每天吸 20 支烟。而且，如果这些男性在胎儿期既有尼古丁接触，又遇到分娩并发症，那么这种关联程度就会增加 5 倍。在另一项基于芬兰普通人群的大样本研究中，研究人员（Räsänen et al.，1998）发现，与不吸烟的母亲所生的儿子相比，孕期吸烟的母亲所生的儿子实施暴力犯罪或多次犯罪的概率会高 2 倍。即使在控制了其他生物心理风险因素的情况下，这一结果仍然成立。现有的证据表明，经常在成年犯罪人中发现的大脑缺陷，往往是其母亲在怀孕期间吸烟导致的（Raine，2002）。

然而，贾菲等人（Jaffee et al.，2012）提出警示，尽管各研究之间存在一致性，但仍然很难得出以下确定结论：母亲吸烟一定会促进或引发儿童的反社会行为。怀孕期间吸烟的母亲在许多方面有别于不吸烟的母亲。与不吸烟的母亲相比，吸烟的母亲往往收入较少、教育程度较低、社会经济地位较低，而且在怀孕期间承受的压力更大。此外，与不吸烟者相比，吸烟者本身更可能有反社会行为史。与所有其他风险因素一样，单独的一个因素并不能导致反社会行为。不过，非常明显的是，吸烟的母亲的孩子健康问题更多，包括脑发育迟缓（Roza et al.，

2007；Shah & Bracken，2000）。

接触二手烟也是一个风险因素，如在孕妇周围近距离吸烟。自 1964 年以来，约有 250 万非吸烟者死于由二手烟导致的健康问题（CDC，2015）。二手烟也被认为是某些婴儿猝死综合征（Sudden Infant Death Syndrome，SIDS）的起因。

虽然母亲在怀孕期间的物质滥用确实与其后代在青春期的物质滥用有关，但很难确定这种联系是归因于父母和孩子之间共同的遗传倾向、孩子模仿父母的行为，还是物质本身在子宫内的影响（Allen，Lewinsohn，& Seeley，1998）。辨别母亲物质滥用的不同类别的影响也很困难，因为物质滥用的母亲很少会单独使用一种物质。

颅脑损伤

颅脑损伤（traumatic brain injury）无论发生在儿童身上还是发生在成年人身上，经常与认知、情绪和行为的神经病理学改变有关。它也经常与严重的、暴力的反社会行为（Colantonio et al.，2014；Ishikawa & Raine，2004；Raine，2013）及其他反社会行为（Scott et al.，2014）有关。这种关联似乎在病理性暴力的情况下（如在情绪唤醒和挑衅的情境下发生的冲动性暴力）尤为明显（Siever，2008）。

在美国，大约 60% 的被监禁人员被认为存在一定程度的颅脑损伤（Shiroma，Ferguson，& Pickelsimer，2010），相比之下，在普通人群中只有 8.5% 的人存在这一问题（Piccolino & Solberg，2014；Wald，Helgeson，& Langlois，2008）。一些研究人员（Piccolino & Solberg，2014）报告的数据显示，高达 82% 的犯罪人在某个时间有过符合颅脑损伤标准的经历。

如果脑功能障碍区域位于额叶，那么犯罪 – 颅脑损伤的关联尤其明显（Cusimano et al.，2014），额叶占人类大脑半球表面的前 1/3（见图 3-1），该区域主要负责思维组织、计划和自我调节。

菲尼亚斯·盖奇（Phineas Gage）的经典案例揭示了大脑前额皮层的重要性。1848 年 9 月，盖奇在佛蒙特州的一家铁路公司担任建筑工头。工作团队

要为一条新铁路线清理路基而进行岩石爆破。然而在为下一次爆破做准备时，突然出了问题。因为提前爆炸导致一根铁棒直接插进了盖奇的头部。这根近1米长的铁棒插入了他的脸部，击碎了上腭，穿透额叶，从他的头顶飞出，又飞到了10多米高的空中，这导致他的大脑额叶区域被严重损坏。但令人惊讶的是，盖奇在爆炸后几分钟内就能开口说话了，走路时几乎不需要人搀扶，并乘车去镇上看医生。虽然盖奇后来又活了12年，但这次事故导致他的人格发生了巨大改变。在事故发生之前，盖奇是一个有控制力、爱开玩笑、友好、能干的人。他在铁路公司里是个负责任并值得信赖的员工。事故发生后，他变得充满敌意、脾气暴躁、粗鄙不堪且极不可理喻，社会判断力也变差了。他无法控制愤怒情绪，这最终导致他失去了工作。虽然有人会说，经历过这种创伤的人，其人格都会发生一些变化，但改变程度和性质都归因于大脑的器质性损伤。

不过，想找到其他额叶受损并在随后人格发生改变的人的这些案例，我们并不需要回溯到一个多世纪以前。人们普遍认为颅脑损伤会影响一个人的人格，通常会导致其攻击性增加（Barash,Tranel, & Anderson, 2000; King, Rolin, & Frost,2017）。研究人员在研究退伍军人时发现，那些头部受伤的退伍军人在暴力测验中的得分高于头部未曾受伤的退伍军人（Grafman et al., 1996）。许多研究表明，很多经历过战争的退伍军人都可能经历颅脑损伤并幸存下来（Christy et al., 2012）。现有的研究结果已经能明确地说明，有额叶损伤的人在冲突情境下更有可能采用身体威胁和暴力行为（Grafman et al., 1996; Siever, 2008）。冲动性暴力更有可能受到颅脑损伤的影响，因为这些人似乎缺乏自我调节和自我控制的能力。近年来，人们也注意到这种暴力与某些运动有关，特别是橄榄球和拳击。无论是年轻还是年长的橄榄球运动员，头部受伤都可能导致颅脑损伤，进而导致人格变化及出现攻击行为。

虽然研究尚未解决该问题，但职业运动员的家暴行为至少在某种程度上可能是由于之前有过脑震荡的经历。这并不是为这种行为找借口，也不是说其他风险因素（如下一章要考虑的学习因素）无关紧要。与所有其他风险因素一样，颅脑损伤既不是反社会行为的必要条件，也不是充分条件；但它可能是多个累积风险因素中的一个。

大脑发育异常

虽然事故和身体创伤造成的颅脑损伤能够导致冲动性暴力倾向，但产前环境的质量对脑发育也很重要。脑对内部风险（细胞发育出错）和外部侵害都有极高的易感性，这些外部侵害包括病毒感染、药物或酒精暴露、营养不良或其他致畸物。营养充足对产前和产后的脑发育都至关重要，因为成长中的脑依赖叶酸、铁等营养素。如前所述，营养不良是一种生物风险，发育中的婴儿大脑对营养不良特别敏感。其他危险还包括胎儿暴露于母体所带的病毒（如艾滋病毒和风疹病毒）、非法物质（如可卡因类物质）、酒精，以及暴露于环境神经毒素、污染物、杀虫剂和其他致畸物。发育中的脑对许多风险因素的易感性在出生后的最初几年里一直存在。正如我们在本节开头所指出的，在老房子的油漆中或在环境中发现的不安全的铅含量都可能成为严重的反社会行为发展的一个影响因素。

另一个脑区——边缘系统（limbic system），由一组松散连接的大脑结构和回路组成，也被认为是与冲动性暴力有关的重要脑区。边缘系统中与攻击行为有关的重要结构是杏仁核。杏仁核是一个小的、杏仁状的神经细胞群，它在学习、记忆和情绪体验上发挥重要作用。冲动性攻击和暴力似乎与杏仁核的活动有关（DeLisi, Umphress, & Vaughn, 2009;Jones et al., 2009; Siever, 2008）。对杏仁核及总体边缘系统发育产生负面影响的因素很可能也会影响个体的各种情绪反应，特别是愤怒情绪。

激素与神经递质

神经递质（neurotransmitters）是大脑产生的化学物质，与生物化学活动和遍及神经系统的信息传递密切相关。研究一致表明，血清素（serotonin），也称 5- 羟色胺，这种神经递质在攻击和暴力行为的产生中发挥重要的作用（Coscina，1997；Lesch & Merschdorf，2000；Loeber & Stouthamer-Loeber，1998；Moffitt et al.，1997；Vaughn et al，2009）。血清素是情绪行为和情绪调节的重要调节物（Aslund & Nilsson，2018）。血清素大量存在于额叶，已知额叶主要负责参与计划、冲动控制和执行功能。生理心理学文献的普遍结论是，前脑中血清素的缺乏是造成攻击性、反社会和暴力行为的主要原因。在过去的几十年里，这种关于人类攻击行为的血清素缺乏假说已经被检验了数百次，结果是血清素在病理性攻击行为中的影响仍然是最常见的假说（Duke et al.，2013）。事实上，一项引用率很高的研究宣称，血清素和攻击行为之间的关系也许是精神病学史上最可靠的发现（Fishbein，2001）。也有一些证据表明，血清素的水平被认为可以在一定程度上解释男性和女性的身体攻击性的总体差异（Verona et al，2006）。

杜克等人（Duke et al.，2013）综合研究了过去 30 年来关于血清素缺乏假说的 144 项已发表的和未发表的研究。这些研究总共包含 6500 多名参与者。

不过，结果不太乐观。他们发现，血清素的缺乏与攻击性、愤怒和敌意之间的关系非常弱。因此，研究人员得出结论：血清素和人类攻击性之间的关系及血清素缺乏假说的有效性仍有待探讨。他们指出，在过去的几十年里，技术的快速发展和大量的研究使人们对血清素在脑中的作用有了更清晰的理解；然而，随着了解更加深入，人们也愈发认识到血清素在行为调节上的作用的复杂性。换句话说，血清素在攻击性和其他行为中的作用远比以前假设的要复杂和神秘得多。此外，正如前文所强调的，仅关注单一风险因素（如血清素水平），而不是多种风险因素的累积，很可能导致对反社会行为的发展和维持的理解不全面。

神经递质多巴胺也被认为是参与人类攻击和暴力行为的潜在因素（Pihl & Benkelfat，2005；Raine，2013）。然而，这类研究远没有对血清素的研究那么广泛，对于它是否在攻击行为或反社会行为中起重要作用，目前还没有定论。其他几种神经递质（如去甲肾上腺素、γ- 氨基丁酸）也被认为与反社会行为、攻击和暴力行为有关，但目前也没有确定性证据（Pihl & Benkelfat，2005）。

本章小结

认识到犯罪和所有的人类行为一样，可能是由遗传、神经生理和环境之间的相互作用形成的，我们在本章回顾的研究，是关于那些持续从事反社会行为的人，特别是被定义为犯罪人的遗传和生物构成。与早期将生物学与犯罪行为相联系的努力相比，今天的生物心理学方法要复杂得多。那些早期的努力是将犯罪活动与诸如一个人的头骨大小或体型联系起来。当代生物心理学家指出，虽然有些人可能倾向于出现攻击行为或需要刺激的行为，但社会化或药物治疗可以阻止这些不当行为的表达。然而，在过去十多年，人们对这种生物社会学的观点重新产生了兴趣，但许多犯罪学家抵制任何关于生物或遗传倾向的见解。虽然有些人不认可先天倾向性这种观点，但他们对"毒素、激素、脑损伤等因素会影响一个人的行为"的观点是认同的。不过，令大家欣慰的是，当前来自所有视角的研究都强调了整个生命周期的神经可塑性。也就是说，尽管儿童期和青春期是脑发育的关键时期，但我们可以在整个成年期继续学习和改善。

有关双生子和收养的研究，以及分子生物学家的研究已经探索了遗传因素。尽管研究在持续进行，如本章讨论的 TEDS 及 TCHAD，但很难就遗传和环境对反社会行为的影响程度得出确切的结论。不过，一些实证研究发现，同卵双生子在犯罪参与上有很高的一致率，这为遗传倾向提供了一定的证据。这些研究表明，即使在出生时就被分开，同卵双生子仍然具有犯罪上的相似性。然而，研究人员一直很难将社会环境（共享或非共享）的影响从天性

与教养的复杂局面中剥离出来，不过越来越清楚的是，理解人类行为的社会取向和生物取向是互补的，而不是对立的（Cacioppo et al., 2000）。目前收养研究相对较少，主要是因为收养记录不好获得。该领域的研究人员表示，他们的研究支持遗传观点，而且他们确信，社会环境可以刺激或抑制任何与生俱来的犯罪倾向。在分子遗传学领域，研究人员已经分离出一些基因，他们认为这些基因对个体的暴力或其他反社会行为具有重要影响。著名的生物心理学家阿德里安·雷恩指出，至少有 7 种基因与反社会行为有关。例如，低表达型单胺氧化酶 A 基因与攻击性有关。

还有大量研究探讨了气质（一种主要由遗传和生物学决定的情绪倾向），以及气质与反社会或犯罪行为的关系。气质在婴儿期就会显现，并持续一生。根据这些研究人员的观点，一个易怒的婴儿对父母或照顾者来说是个挑战，他们可能在照顾这类婴儿时会感到非常受挫。同样，一个冲动的孩子的自我调节能力差，经常与周围环境发生冲突。而呵护和温暖的父母或照顾者可以改变这种困难型气质带来的影响。

大脑中的结构，特别是杏仁核，也被重点研究了。额叶主要负责参与计划、冲动控制和执行功能。杏仁核在调节情绪反应方面很重要。胎儿期的大脑发育缺陷或儿童期的大脑创伤可能会导致个体出现一些犯罪倾向，如冲动控制能力低、冷酷无情特质或自我调节能力差。研究人员还对环境危害进行了研究，如暴露于铅和其他有毒物质、母亲吸烟和饮酒，以

及营养不良等。近年来，科学家们在关注镉、锰、汞等环境毒素对大脑发育的危害。后期的颅脑损伤也可能导致攻击行为。近年来，由于经历过这种创伤的退伍军人的高存活率，这一问题越来越受到关注。然而，即使是正常的脑发育也可能导致反社会行为，特别是在青少年中。劳伦斯·斯坦伯格（Lawrence Steinberg）的研究（将在第六章详细讨论）很具信服力，他发现青春期的大多出格行为与大脑发育不成熟而产生的冒险行为有关。

我们在这里需要强调的是，除了少数例外，这一领域的大多数研究都集中在暴力犯罪或攻击性反社会行为上，几乎不关注非暴力犯罪。研究人员的兴趣主要在探索"暴力和脑"之间的关系上。然而，将各种神经缺陷和神经系统功能问题作为产生这些行为的主要原因是不恰当的。

核心术语

生物心理学家（biopsychologists）

自我调节（self-regulation）

执行功能（executive function）

神经可塑性（neuroplasticity）

行为遗传学（behavior genetics）

分子遗传学（molecular genetics）

双合子双生子（dizygotic twins）

单合子双生子（monozygotic twins）

共享环境（shared environments）

非共享环境（nonshared environments）

一致率（concordance）

双生子早期发展研究（Twins' Early Development Study，TEDS）

单胺氧化酶 A（MAOA）

低表达型单胺氧化酶 A（MAOA-L）

心理生理学（psychophysiology）

杏仁核（amygdala）

气质（temperament）

胎儿酒精谱系障碍（Fetal Alcohol Spectrum Disorder，FASD）

颅脑损伤（traumatic brain injury）

神经递质（neurotransmitters）

血清素（serotonin）

思考题

1. 大脑的神经可塑性是什么意思？它与犯罪行为的研究有什么关系？

2. 行为遗传学在哪些方面有助于我们理解遗传在犯罪行为中所起的作用？

3. 总结收养研究关于遗传与环境相互作用的研究结果。

4. 界定并解释下列概念：一致率、血清素和执行功能。

5. 共享环境是什么意思？为什么它在犯罪的遗传研究中很重要？

6. 解释气质如何在反社会行为的发展中发挥作用。

7. 列举任意三种与攻击行为有关的环境风险因素。

8. 颅脑损伤对行为有哪些影响？

与所有的行为一样，犯罪行为也是先天的生物因素和后天的社会经验共同塑造的结果，犯罪行为是个体适应环境的一种方式。经验塑造行为的过程即学习，学习在犯罪行为的发展和维持中起重要作用。心理学家提出了三种主要的学习类型：经典条件反射、操作性条件反射和社会学习。

经典条件反射假定，人类是一个自动化机器，只能以单调、例行的方式行动，缺乏主动性的智慧。斯金纳（Skinner）将人类的行为及其后果建立了联系。操作性条件反射就是学习根据其后果做出或不做出特定的反应。操作性学习是一种基本的学习过程，它是基于行为的结果获得的。社会学习比经典条件反射或操作性条件反射更复杂，因为它涉及通过观察他人和在大脑中组织社会经验来学习。

根据朱利安·罗特（Julian Rotter）的观点，某种特定的行为模式是否发生，取决于我们的期望及我们对结果赋予的价值。预测个体是否会表现出特定的行为，我们必须评估其期望及其对该行为获得的回报的重视程度。如果将罗特的理论用于解释犯罪行为，那么我们可以认为，个体实施非法行为是期望获得诸如地位、权力、安全、情感、物质财富、生活条件等形式的东西。

个体还可以通过观察他人的行为而习得新的行为方式，无须直接强化。班杜拉称之为观察学习或榜样作用。榜样是我们在特定情境下应该做什么及可以做什么的参照点，榜样既可以是行为的抑制剂，也可以是催化剂。社会学习为斯金纳的观点赋予了温度，因为它为理解人类大脑内部所发生的事情提供了线索，尤其是对于理解认知过程。

埃克斯（Akers）认为，班杜拉的榜样作用理论是有效的，它是个体最初习得越轨行为的必要因素。但行为的维持在很大程度上取决于社会强化的频率及其对个体的意义，这些强化源于与他人的交往。不同交往 – 强化理论认为，个体通过与社会环境的人际互动来学习如何实施越轨行为。

情境也可能是导致犯罪行为的重要因素。挫折在暴力犯罪中起了重要作用。那些对社会发起攻击的个体往往都曾遭遇严重的挫折。这些人使用暴力来减少自己面对的挫折，但事实是，在极端的挫折情境下，情绪反而会变得比平时更剧烈，所以他们的暴力反而被强化了，甚至可能诉诸谋杀和其他暴力行为。挫折诱发理论可用于解释哄抢者在洪水、火灾、风暴、停电等意外事件中的行径。

去个性化是一个被广泛使用的概念，常用来解释集群行为的各种表现形式，如暴力群体及各类社会暴行。一些人会在群体或小组中失去个性，消除自我控制，并导致他们已经内化的道德约束失效。去个性化在很大程度上解释了原本"驯服的"个体为何出现反社会行为或暴力行为。

去个性化过程和责任分散也可能在紧急情况下发挥重要作用，例如，决定是否向暴力犯罪的被害人伸出援手。旁观者冷漠或旁观者不干预现象受许多因素的影响。

班杜拉提出了道德推脱概念，用以解释人们为什么会做他们明知道"不对"的事情，不管是出于自愿，还是被更高的权威命令，抑或由于受到巨大的社会压力。道德推脱概念有助于解释本来善良（或不那么善良）的人是如何非法或残忍行事却仍然对自己感觉良好的。

王国芳

中国政法大学社会学院　教授

齐轲

中国政法大学心理健康教育与咨询中心

04

第四章

犯罪行为溯源：
学习与情境因素

本章译者：王国芳　齐轲

学习目标

- 提出学习和认知因素是违法和犯罪行为发展的关键因素。
- 介绍行为主义的历史背景及其对理解违法和犯罪行为的贡献。
- 定义并描述经典条件反射、操作性条件反射和社会学习理论。
- 介绍社会学习的基本原则及其对理解反社会行为的贡献。
- 介绍因挫折引发的犯罪。
- 描述社会情境、权威和去个性化在诱发犯罪行为方面的作用。
- 讨论有关旁观者效应的研究。
- 概述有关道德发展和道德推脱的最新研究。

人们不会头脑空空地进入一个环境。除非经历记忆丧失（如脑损伤或某种形式的痴呆结果），否则他们会记得刚刚发生的事情和过去发生的事情。他们还拥有丰富的生活经验和应对事件的一系列策略。到目前为止，我们还没有重视这些认知策略，反而是集中研究各种可以导致犯罪行为的个人和家庭风险因素。

本书的一个基本前提是，犯罪行为是后天习得的，但神经心理因素、遗传因素和生物因素共同促成了犯罪行为的产生。传统上，心理学家提出了三种主要的学习类型：

（1）经典条件反射（classical conditioning），也称巴甫洛夫条件反射（Pavlovian conditioning）；

（2）操作性条件反射（operant conditioning），也称工具性学习（instrumental learning）；

（3）社会学习（social learning）。

有普通心理学背景的读者会想起伊万·巴甫洛夫（Ivan Pavlov，1849—1936）著名的实验：狗一听到铃声就会流口水，因为铃声与食物的到来有关。甚至在没有食物的情况下，铃声一响，狗也会流口水。这提示我们，当我们把经典条件反射应用于人类时，如果个体的行为受到奖励或惩罚，那么他们也会开始"学习"。生物因素（见第三章）似乎在一定程度上解释了个体对经典条件反射易感性的差异（Eysenck，1967）。然而，经典条件反射假定，人类是一个自动化机器，只能以单调、例行的方式行动，缺乏主动性的智慧。将一个中性刺激与紧随其后的奖励或不愉快的事件配对后，这个灵敏的、完整的"机器人"最终会自动地将刺激与奖励或不愉快联结起来。这种连续事件可能是某些行为的一个强大的因素，但肯定不是全部行为，甚至都不是大多数行为。条件反射只是习得（或避免）犯罪行为的几个因素之一。我们将在本章后面讨论经典条件反射。

在操作性条件反射中，这一过程就完全不同了。学习者必须对环境做一些事情以获得奖励，或者在某些情况下是为了避免受到惩罚。工具性学习基于对行为后果的学习：如果你做了某件事，就可能发生某种奖励事件（或避免受到惩罚）。例如，一个孩子可能知道，父母中的一方会给她一块糖果来防止她乱发脾气；另一方则不会屈服于她的脾气。孩子最终会学会，父母中的一方在场时发脾气是有用的，而另一方在场时则是无效的。

社会学习比经典条件反射与操作性条件反射更复杂，因为它涉及通过观察他人和在大脑中组织社会经验来学习。在这三种类型的学习中，社会学习在当代心理学中最具代表性。它使我们能够整合一个人所处环境的各个方面的知识，包括生物环境、社会环境和认知环境。在本章，我们将重温经典条件反射和操作性条件反射，但主要还是关注社会学习。

为了更深入地理解犯罪行为，至关重要的是，我们会把所有的个体——不管他们是否违反社会规则——都看作以独特的方式感知、处理、解释和回应他们所处环境的积极的问题解决者。就目前而言，我们会把非法行为看作主观的适应行为而非越轨行为。从这个意义上说，非法行为或反社会行为是一种在某些情况下人们发现或认为有效的反应模式。

暴力犯罪，如严重攻击和谋杀，有时被称为"非理性的""不受控的"或"不可理解的"行为，但实际上通常并非如此。我们知道，犯罪，包括暴力犯罪，往往是有计划的。2017 年，在拉斯维加斯（Las Vegas），一名枪手携带多种武器和弹药藏在酒店里，然后在酒店套房内开枪打死 58 名音乐会观众并造成多人受伤。2015 年 1 月，几名犯罪分子进入讽刺刊物《查理周报》（Charlie Hebdo）位于巴黎的办公室并杀害 12 人，他们的行动有条不紊，是经过精心策划的，从录像中，他们在事件前后的行为可以看出这一点。很多其他骇人听闻的案件也是明显经过精心策划的。此外，即使某种暴力行为是快速发生且没有计划的，但这些行为也不是不受控的，就像一名持枪歹徒向一名意料之外的目击者开枪，或者一位警察从背后向一个手无寸铁的嫌疑人开枪，这些行为都是如此。

实施犯罪行为，不论暴力的还是非暴力的，都可能是个体为应对身体、社会、经济或心理上的困境所采取的适应方式或生存方式。对这些人来说，这种行为反映了一种信念，即自己的行为是合理的。虽然人们可能首先想到恐怖主义活动，但这并不局限于恐怖主义。虐童者可能会说他们是在给孩子一个教训。白领犯罪人可能会说他们做的这些非法行为普遍存在且并没有什么错。政治人物可能会以国家安全的名义为酷刑辩护。甚至那些由严重的精神障碍导致的行为也可能具有一定程度的适应性，而且它还可能不会受到法律的惩罚，我们将在第八章

讨论这个话题。在上述所有情况下，人们都选择了其认为的在特定情境下的最佳选择（尽管对患有严重精神障碍的人来说，他们认为的真实的选择可能只是幻觉而已）。当然，这些选择不是其他人会做的，也不是社会允许的。

除了对经典条件反射的敏感性，还有什么能解释他们选择以暴力或反社会的方式行动呢？一般而言，学习，包括工具性学习和社会学习，两者都是行为方程中极其重要的组成部分。这些概念源于行为主义这一心理学流派，因此我们将从这一流派开始讨论。

行为主义

行为主义（behaviorism）发端于 1913 年，约翰·B. 华生（John B. Watson，1878—1958）发表了一篇经典论文《行为主义者心目中的心理学》（*Psychology as the Behaviorist Views It*）标志着行为主义正式诞生。这篇发表在《心理学评论》（*Psychological Review*）上的论文被认为是行为主义的第一个明确声明，华生因此被公认为该流派的创始人。然而，华生绝不是第一个讨论行为主义基本要素的人。行为主义的根源至少可以追溯到亚里士多德（Diserens，1925）。华生的行为主义代表了心理学周期性历史发展中一个循环出现的阶段。在关于意识的心理学兴起之后一定会出现关于行为的心理学（行为主义），然后再度出现关于意识的心理学。今天，心理学再次专注于意识领域，特别是关于认知过程和大脑的神经心理学。认知过程（cognitive processes）是关于人类想象、获得知识、推理和评估信息的内在心理过程。尽管有些理论学家认为认知心理学没有充分认识到自我反思或自我能动性（Bandura，2001），但也有些理论家认为，认知心理学已经包含了这些方面。有意思的是，正如我们在第三章所学到的，当代心理学也包括生物学和发展对人类行为的影响。不过，现在让我们重新回到华生的行为主义，看看它在犯罪行为的心理学解释上是如何产生巨大影响的。

华生经常宣称心理学是关于行为的科学。他认为心理学家应该从科学的考虑中剔除"意识"和所有与之相关的模糊概念，因为它们无法被观察或测量。他认为心理学的基本目标是理解、预测和控制人类的行为，而只有严格的科学方法才能做到这一点。

如上所述，华生深受巴甫洛夫著名的经典条件反射研究的影响。巴甫洛夫是一位研究消化系统的生理学家。他的实验对象是狗。他给它们系上束缚带，在它们嘴里放不同类型的食物，然后测量通过外科手术放在它们脸颊上的管子中唾液的流量。在这些实验中，他开始注意到一个奇怪的现象。狗在得到食物之前就开始流口水了。他注意到，有些狗一看到放食物的容器就开始流口水，而有些狗一看到平时喂狗的看管人就开始流口水。当你打开一袋狗粮或摇晃一盒狗食饼干时，狗会变得兴奋，有些狗甚至开始流口水。巴甫洛夫很快意识到这种联系的重要性，并花费了余生所有时间来研究它。

巴甫洛夫通过控制狗对事件或事物与食物投喂之间的关系，增加了他的实验条件。在投喂食物前，他开始呈现一个中性的事件（一个之前与食物无关的事件）。这一著名的实验室条件就是，在给肉粉之前先响一阵铃声。肉粉被称为无条件刺激，因为它使狗产生唾液的能力是与生俱来的，不依赖于狗的学习反应。同样，流口水是一种无条件反射，因为它也不依赖于学习。铃声称为条件刺激，因为狗很快就知道铃声（甚至只是铃铛的出现）先于食物。而对铃声分泌唾液被称为条件反射，因为这种联结是习得的。我们将在本书后面学习经典条件反射在理解某些犯罪，特别是某些性犯罪上的作用。

华生认为，心理学应该只关注刺激和反应之间的相互作用。刺激（stimulus）是引起行为的人、物、事件或情境。反应（response）是刺激引发的行为。华生确信，所有行为（包括动物和人的行为）都是由外部环境以一种类似巴甫洛夫在他最初的研究中所描述的方式控制的，刺激会产生反应（有时也被称为S-R心理学）。因此，对华生来说，经典条件反射（或称巴甫洛夫条件反射）是理解、预测和控制行为的关键，其实际的适用性是无限的。

行为主义这几十年来最主要的代表人物是B.F.斯金纳（B. F. Skinner，1904—1990），他是20世纪美国最具影响力的心理学家之一。那些在矫治机构及照顾智力障碍或精神障碍患者的机构中所应用的行为矫治或行为治疗的方法，绝大多数都源自斯金纳学派的观点。例如患者或犯罪人表现好就会得到奖励，表现不好就会失去某些东西或被扣分。但这些机构的历史教训告诉我们，这些奖惩措施也会被滥用。例如，一些奖励是基本的必需品，如充足的食物和衣服，无论一个人的行为如何，这些都是必须提供的（Rothman，1974）。而且，机构环境中的"良好行为"不一定会延续到外部世界。

之后的犯罪行为理论试图将斯金纳的行为主义与社会学观点相结合（Akers，1985）。与行为主义相关的概念在许多其他理论中也根深蒂固。因此，在评价斯金纳对犯罪行为研究的影响之前，有必要花点时间概述一下斯金纳关于人类行为的研究方法。

斯金纳的行为理论

和华生一样，斯金纳认为心理学的首要目标是预测和控制行为。同样，他也认为环境或外部刺激是人类和动物所有行为的主要决定因素，即使不是唯一的因素。环境刺激是自变量（independent variables），而它们引发的行为是因变量（dependent variables）。在行为科学中，变量（variables）是任何可以测量的实体（或行为）。行为（或反应）被称为因变量是因为它受到一个或多个自变量的控制（或依赖一个或多个自变量）。自变量和因变量（刺激和反应）之间的一致的关系是科学规律。因此，斯金纳认为，行为心理学的目标就是揭示这些规律，从而使预测和控制包括犯罪行为在内的人类行为成为可能。

与华生不同的是，斯金纳并不否认个体心理事件或认知过程的存在及其偶尔展示出来的有用性。然而，他强调，行为科学并不需要这些刺激，因为在解释心理活动的结果时，可以不涉及这些不能被肉眼观察到的心理状态。也就是说，心理活动可以通过观察一个人的行为来解释，而一个人的行为才是最重要的。华生坚持认为意识根本不存在。在华生看来，思想只不过是人体语言装置的细微动作而已。对斯金纳来说，思想和认知过程是存在的，但研究它们不太可能产生"硬"科学。因此，为了理解和改变犯罪行为，犯罪人的思想、价值观、决策和意图是无关紧要的。根据斯金纳的观点，为了理解违法和犯罪行为的发展，我们必须关注环境刺激、可观察的行为和奖励。

作为科学方法的行为主义

作为一种科学方法，行为主义认为，如果科学家所使用的参照物具有实体性并且能被他人公开观察到，那么对人类行为的研究就能做到最好。因为内心世界难以被他人看到，它们并不受制于科学规则。根据斯金纳的说法，行为科学数据必须具有可比性，才能被验证或证伪。否则，心理学将仍然是一种哲学活动，充斥着纸上谈兵的猜测和无法验证的观点。一些心理学家、精神病学家及其他专业人员仍可以继续断言，入店行窃和赌博是一种成瘾行为，而不必证明这些说法的有效性。只有对入店行窃、赌博和成瘾这三个术语进行系统的研究，并对其进行清晰的阐述和严格的检验，才能提高我们对入店行窃和成瘾之间联系的准确认识。因此，每一个心理学实验，每一个写进心理学报告的句子，都应该基于我们所有人都能观察到的东西，或者能被其他专业人员验证的东西。我们不要简单地说某人焦虑了或生气了，而是必须找出确切的行为来支持这个结论。这为其他人（包括被观察的人）是否能够同意该结论提供了基础。

显然，斯金纳是一个坚定的情境论者。情境论（situationism）指的是，认为一个人与环境和情境的互动是主要行为的决定因素，而个人特征和其他内在因素对决定行为所起的作用不大。独立思考和自由意志在很大程度上是神话。动物（包括人类在内）会对环境做出反应。环境刺激和反应的范围是复杂且无穷的，但如果仔细研究，就可以发现这种复杂性并不是无法控制的。复杂的人类行为可以分解成更简单的行为，这个过程有时被称为还原论（reductionism）。换句话说，通过研究行为中最简单的刺激-反应（S-R）链可以更好地理解复杂的行为。这就需要我们回到操作性条件反射和斯金纳学说中的其他概念上。

斯金纳理论的概念

操作性条件反射

斯金纳接受了经典条件反射的基本原则，但他断言我们需要增加另一种条件反射来更全面地解释所有形式的行为。在巴甫洛夫的经典条件反射实验中，狗并没有通过环境来获得奖励，不论它们做什么，事件（食物）都会出现。斯金纳将其称为反应性条件反射（responding conditioning），并将其与另一种实验情境进行了对比，在这种实验情境下，实验对象做的某事能够影响情境的变化。换句话说，实验对象（被试）在这种行为方式之后，就会得到强化。为了揭示这一操作性条件作用的原理，斯金纳把行为及其后果建立了联系。他训练鸽子（跟狗比起来，鸽子更省力、更省钱）啄键盘或推杠杆找食物。啄和推是对环境的操作。那么操作性条件反射就是学习根据其后果做出或不做出特定的反应。操作性条件反射（或操作性学习）是一种基本的学习过程，它是基于行为的结果获得（或消退）的。回想一下上面的例子，一个孩子学会了在父母一方陪伴时发脾气是有效的，而在另一方陪伴时发脾气却是无效的。孩子们经常以这种方式在他们所处的环境中进行操作，在他们成长的过程中学习某些行为的有效性——其实成年人也是如此。你可能已经知道，赞美同事可以提高你一天的工作质量，而如果你成为办公室中坏脾气的人，那么他人就会远远地躲开你。然而，如果你喜欢独处，那么在办公室里发脾气这种策略可能很有效。

通过操作性条件反射获得的学习在斯金纳之前

就有人做过描述，但只有斯金纳促使当代人开始关注操作性条件反射并对其展开科学研究。回顾一下第一章提及的起源于 18 世纪晚期和 19 世纪早期的古典犯罪学学派，其认为人类行为受寻求快乐和避免痛苦的控制。本质上，这就是操作性学习的含义。它假设人们做事情仅是为了获得奖励或避免惩罚。奖励可能是物质的（如物品、金钱）、心理的（如感觉自己很重要或能控制自己的命运）或社会的（如提升地位、获得认可）。

强化

斯金纳将奖励称为强化（reinforcement），并将其定义为任何能够增加未来反应可能性的事物。此外，强化可能是正向的，也可能是负向的。在正强化（positive reinforcement）下，我们通过某种特定行为获得我们想要的东西。我们花几小时在键盘上练习一首高难度的曲子或完成一个跳台滑雪动作，并获得观众赞扬或奖牌。在负强化（negative reinforcement）下，我们通过某种特定行为避免不愉快的事件或刺激。例如，如果你小时候能够通过装病成功地避开某些不愉快的上学时间段，你的装病行为就会被负强化。因此，你更有可能在未来的某一天，在类似的情况下做同样的事——在"高中盛装日"、在一门较难的大学课程的课堂讨论日、在地区主管计划访问办公室的那天，你会选择"生病"。因此，正强化和负强化都可以增加未来行为的可能性。

惩罚与消退

负强化要和惩罚与消退区分开来。在惩罚（punishment）中，有机体得到的行为结果是有害的或痛苦的刺激，如因为"做坏事"被打。在消退（extinction）中，人或动物既没有得到强化，也没有受到惩罚（见表 4-1）。斯金纳认为惩罚并不是消除行为的有效方式，因为它只是暂时地抑制了行为。以后，在合适的条件下，这种行为很可能会再次发生。消退则会有效得多，因为一旦有机体了解到一种行为不会带来强化，那么这种行为就会从该环境

下可能的反应库中被删除。

表 4-1　斯金纳操作性学习的基本原则

	目标	操作
正强化	增加期望的行为	在期望的行为之后引入愉快的刺激
负强化	增加期望的行为	在期望的行为之后消除厌恶的刺激
惩罚	减少不被期望的行为	在不被期望的行为之后引入厌恶的刺激
消退	消除不被期望的行为	在不被期望的行为之后不出现强化或惩罚

尼采尔（Nietzel，1979）指出，C. R. 杰弗里（C. R. Jeffrey，1965）是最早提出犯罪行为是基于斯金纳操作性条件反射原理而习得的犯罪学家之一。不久之后，伯吉斯和埃克斯（Burgess & Akers，1966）也认同了这一观点，并进一步假设犯罪行为是通过操作性条件反射来习得并维持的。但是，正如尼采尔所指出的，这一说法的大多数直接证据都来自动物实验，并非人类。在人类身上发生同样的情况的证据很少，而且充满了可能的替代解释。

然而，杰弗里、伯吉斯和埃克斯都不完全依赖斯金纳的理论。相反，他们将社会学家埃德温·萨瑟兰的社会学习理论与操作性条件反射（尤其是强化原理）进行了结合，并提出了对犯罪行为的解释（Williams & McShane，2004）。我们很快会回到萨瑟兰的理论。

操作性条件反射与犯罪

操作性条件反射是犯罪行为产生的基础，这很容易理解——犯罪行为带来的强化不断被习得和巩固。根据斯金纳的观点，人类生来就是中性的——既不好也不坏。文化、社会和环境塑造了各种行为。由于社会的选择，行为会被贴上"好""坏"或"不好不坏"的标签。在一个社会或文化中被认为是"好"的行为，在另一个社会或文化中可能被贴上"不好"的标签。社会中某一群体的成员可能认为，孩子手淫或将木头当成玩具卡车是"不好"的，而

打孩子以阻止这些行为是"好"的。对另一些群体来说，大人打孩子的行为是"不好"的。根据惩罚的严重程度，打孩子这个行为也可能触犯法律。事实上，即使是不那么严重的惩罚（如扇耳光），但根据法律对侵害的界定，也可能被认定为犯罪行为。对很多人来说，打孩子是"不好"的并不是因为它是一种犯罪行为，而是因为它会影响儿童的发展。

斯金纳认为，寻找导致犯罪行为的个人倾向或人格特质是徒劳的，因为人最终是由他们生活的环境决定的。斯金纳并没有完全否认基因在行为形成中的作用，但他认为这是一个次要因素，主导因素还是操作性条件反射。根据斯金纳及其追随者的观点，如果我们希望消除犯罪，改变社会，那么我们必须基于人类的科学观念的行为工程学来实现。在对法律法规形成一致意见（即定义了哪些行为构成反社会行为或犯罪行为）后，我们必须设计一个社会，在这个社会中，成员们很早就要认识到，如果违反法律法规就不会给予正强化，但如果遵守法律法规，正强化就会发生。

这是一项艰巨的任务，因为反社会行为的强化已经发生，这一强化并不总是明显的，而且实际上可能是非常复杂的。财产犯罪（如入店行窃和入室盗窃）或暴力犯罪（如抢劫）似乎在许多情况下是源自对物质奖励的渴望。然而，他们也可能是出于对社会和心理强化的渴望，例如，在同伴群体中地位的提高、自尊、胜任感，或者仅是为了获得刺激。可以肯定的是，许多犯罪行为都是为了强化目的而实施的，无论正强化还是负强化。然后问题就变成了，我们如何识别这些强化？我们又如何阻止它们发生或至少使它们的影响最小化？

当代心理学对行为的科学研究仍然信奉行为主义取向，但并不是所有的行为主义者都是斯金纳主义者。今天，大多数人都认为斯金纳的行为主义太过局限，而社会学习的许多方面（下文将讨论）更

具吸引力。虽然他们同意刺激可以引发一个反射反应（经典条件反射），以及一个行为产生的后果会影响后续的反应（操作性条件反射），但他们也相信，必须引入其他因素来解释人类的行为。

这就引到了心理状态和认知过程的话题上，斯金纳竭力主张所有的行为科学家都要回避这个话题。如今，大多数心理学家都在研究自我强化、预期强化、替代强化及所有发生在人类大脑中的象征性过程和认知过程的作用。为了避免混淆，我们现在必须开始将斯金纳行为主义和其他形式区分开来，这些形式包括社会行为主义（社会学习）和不同交往－强化理论。

社会学习

早期学习理论家在实验室工作，把非人类作为他们的主要研究对象。例如，巴甫洛夫、华生、斯金纳的理论，都是基于对动物，特别是对狗、老鼠和鸽子的细致观察和实验（猫从来不会合作）。然后把他们在工作中收集到的学习原则推广到各种各样的人类行为中。在许多情况下，这种方式是有效的。很少有心理学家会质疑强化这一概念是当今心理学中最可靠的原则之一。

然而，行为主义者也提出，既然人类的所有行为都是习得的，那么它也可以通过同样的原则被改变。这就产生了大量的行为疗法和行为矫治方法。使用学习原则来创建条件以改变或维持目标行为，对许多临床医生和在刑事司法系统工作的专业人员尤其具有吸引力，因为这些程序和方法简单、易操作，这导致很多能有效改变犯罪行为的行为矫治方法快速地被应用于各种机构，其中也包括未成年犯罪人矫治机构。精神病院的患者、囚犯和治疗中心的未成年人如果表现良好，就会得到奖励，如香烟、小卖部购物的特权或额外洗澡的机会。就像前面提到的，这些奖励有时就是一些基本的生活必需品，如毛巾和睡垫，提供这些本就是理所应当的。

人类的行为很复杂，如果我们在处理时将其过度简化，是很危险的。人类确实会对强化和惩罚做出反应，只要接受者想要改变，基于学习原则的行为疗法就可以改变行为的某些元素。此外，人类也可以接受经典条件反射，尽管在敏感程度上会存在个体差异。然而，当我们忽视了人自身而过分强调行为的环境或外部决定因素时，就可能忽视一个关键的解释层面。请记住，人类在很大程度上是主动的问题解决者，他们根据环境提供的信息来感知、编码、解释并做出决定。因此，内部因素可能与外部因素一样在行为中发挥重要作用。这就是社会学习理论的精髓，它表明，要理解犯罪行为，就必须去考察感知、思维、期望、能力和价值观。每个人都有自己对世界的解释并以此方式生活。

为了解释人类的行为，社会学习理论家非常强调认知过程，也就是我们通常称为思考和记忆的内部过程。经典条件反射和操作性条件反射忽视了生物体感知到刺激和做出反应之间所发生的事情。斯金纳学派支持者声称，如果我们能用可观察到的行为来解释事实，为什么还要关心谜一样的内部过程呢？然而，社会行为学家反驳说，用这种方式来解释人类行为是不完整的。

社会学习这一术语反映了该理论的核心假设，即我们主要通过观察和倾听我们周围的人（社会环境）来学习。事实上，社会学习理论家认为，社会环境是大多数人类行为习得过程中最重要的因素。人类基本上是社会性动物。然而，社会学习理论家确实接受强化对于维持行为的必要性。例如，犯罪行为最初可能是通过联想和观察获得的，但它是否得以维持主要取决于强化（操作性条件反射）。例如，如果一个男孩看到他崇拜的人（一个榜样）从当地的体育商店偷东西，那么这个男孩可能也会尝试去偷东西。然而，他是否继续这种行为则取决于获得强化和行为本身被赋予的价值。如果没有后续的强化，例如，由于周围不断有其他顾客出现，或者有店员在附近，导致他无法将物品装入口袋，那么这种行为可能会从他的反应列表中消失（消退）。

如果行为带来了令人厌恶的结果（惩罚），那么这就可能会抑制或压抑他未来做出类似的行为，但这种抑制或压抑不太可能持续很久。这是因为惩罚一旦消失，不希望看到的行为就会重新出现。

许多心理学家可以算是社会学习流派。另外，社会学也有自己的社会学习流派。我们先重点了解社会学习流派的两位杰出代表，心理学家朱利安·罗特和阿尔伯特·班杜拉，因为他们在以社会学习视角来研究犯罪行为这个问题上贡献最大。

期望理论

朱利安·罗特最突出的贡献是关注对行为后果（结果）的期望（认知）的重要性，包括从中获得的强化。换言之，在做任何事情之前，我们都会询问自己："在这种情境下，我以前做过什么，这次我将获得什么？"根据罗特的观点，某种特定的行为模式是否发生，取决于我们的期望及我们对结果所赋予的价值。预测个体是否会表现出特定的行为，我们必须评估个体的期望及其对该行为获得的回报的重视程度。通常，个体会发展出类化期望（generalized expectancies），它们在相似的情境下具有稳定性和一致性（Mischel，1976）。因此，期望理论（expectancy theory）认为，个体的表现水平是基于个体对特定的行为方式所能带来的特定结果的预期。

人们进入情境时会对自己的行为结果有一种类化期望，这种假设对研究犯罪来说非常重要。如果将罗特的理论用于解释犯罪行为，那么我们可以认为，个体实施非法行为是期望获得诸如地位、权力、安全、情感、物质财富等形式的东西。有人会为了购买一辆汽车而从公司挪用公款；有的父亲认为通过虐待可以让子女遵从其意愿或学会尊重成年人；有的女性为了让自己的生活状况得到改善而杀害自己的丈夫。简单地给违法者贴上不道德、冲动、疯狂或缺乏自我控制的标签，其实会忽视行为中的其他基本要素。虽然自我调节、执行功能、道德发展等因素都会影响个体实施违法行为，但是个体在实施违法行为时还会基于自己对情境的感知和理解，然后选择他们认为在这种情境下最有效的行为。通常，个体会采取暴力行为，其原因是这种方法在过去是成功的（至少他们主观上认为这种方法是成功的）。也有少数情况是，他们只是观察到他人通过实施暴力行为获得了奖励，于是他们自己也尝试这么做了。这就引出了班杜拉的社会学习理论的榜样模仿。

社会学习中的模仿

个体可以通过观察他人的行为而习得行为方式，无须直接强化。班杜拉（Bandura，1973b）称之为观察学习/榜样作用（observational learning/modeling），并且将其引入社会学习过程。班杜拉认为，我们的大部分行为最初都是通过观察他人而习得的。榜样（models）是社会环境中那些为如何做某事提供线索的重要人物。例如，孩子可以通过模仿电视或视频里的角色学习如何开枪。然后，他通过练习使用玩具枪来排练和微调这种行为模式。如果同龄人也玩枪，那么这种行为可能会维持下去，并且彼此强化。即使孩子们没有在真正的手枪或步枪上扣动扳机，他们也已经通过观察他人的行为获得了射杀某人的近似效果。在美国，几乎每个成年人和年龄较大的孩子都了解如何射击，即使他们从未真正实践过瞄准并扣动扳机。当然，安全、准确地射击更复杂，但初步的诀窍是通过模仿学习（imitational learning）（也称观察学习或榜样作用）习得的。即使我们从未因受到直接强化而习得行为，但这种行为模式已存在于我们的记忆中。

班杜拉认为，越重要和受尊重的榜样，对我们行为的影响就越大。相关榜样包括父母、教师、导师、兄弟姐妹、朋友、同伴、文学人物，以及电视剧、电影人物等象征性榜样。知名人士也会出现在公益广告中，如宣传医疗保健或远离毒品的广告，或者告诉观众家庭暴力是不对的。有意思的是，这些公益广告往往没有抓住重点。在观察学习中，有效的并非榜样的言语，而是榜样的行为。有些公众人物实施和涉嫌家庭暴力、虐待动物、物质滥用、强奸、攻击、欺凌和偷税漏税的报道让一些观众认为这些行为是规范的，而这些想法可能会抵消公益广告提倡的正面信息。

如果个体观察到榜样获得了奖励，如名誉加上每年数百万美元的收入，那么榜样的行为更可能被模仿。如果榜样受到了惩罚，如被判处监禁，那么被模仿的可能性就比较低。因此，根据社会学习原则，对那些犯有上述罪行的体育界和娱乐界人士定罪，可以警示人们这些行为不该模仿。如果他们服刑时间不长或没有服刑，甚至将他们的经历写成一本畅销书，或者他们随后收到一份利润丰厚的体育评论员合同，那么观察者可能不会认为这是一种惩罚。班杜拉和罗特都认为，一旦个体决定实施新习得的行为，其是否执行或保持这种行为都将取决于情境和对潜在收益的期望。这种潜在收益可能来自外部（他人的赞美、经济收益），也可能来自内部（个人认为自我表现良好的这种自我强化）。

班杜拉的大部分初始研究都是针对通过模仿而习得的攻击和暴力行为。对此，我们将在第五章论述"攻击和暴力"时，重新讨论他的理论。关于攻击和暴力的问题，已经有大量实验结果为他的理论提供了强有力的支持证据。在一项经典研究中，与观看更多被动行为的对照组相比，观看成年人击打充气橡胶娃娃影片的学龄前儿童更容易模仿这一行为（Bandura & Huston，1961；Bandura，Ross，& Ross，1963）。许多采用这一基本范式的研究也报告了相似的结果，它们都支持了观察攻击行为可能引发儿童和成年人敌意的假设（Walters & Grusec，1977）。

这项研究已经发展到观看媒体暴力和玩暴力电子游戏（Calvert et al. 2017；Dodge & Pettit，2003）。虽然这些领域的研究结果还不能完全令人信服，但是越来越多的证据表明，观察攻击行为的个体不仅模仿观察到的行为，而且通常会变得更具敌意和攻击性（Anderson & Prot，2011；Bryant & Zillman，2002；Bushman，2014；Huesmann et al.，2003）。具体而言，关于玩暴力电子游戏，美国心理学会（American

Psychological Association）委任的一个特别工作组得出结论：接触这些游戏与攻击行为增加，认知、情感受影响，以及对暴力脱敏和共情减少相关（Calvert et al.，2017）。然而，研究并没有证明玩暴力电子游戏和实施攻击行为之间有直接的因果关系。

在某种程度上，正如罗特和班杜拉所论述的那样，社会学习为斯金纳的观点赋予了温度，因为它为理解人类大脑内部所发生的事情提供了线索，尤其是关于认知过程。它将我们的关注点引向了行为的认知方面，而经典条件反射和操作性条件反射只关注环境。社会学习理论家使用了社会意义上的环境，包括内部环境和外部环境。斯金纳的理论则倾向于将相关刺激限定为外部环境。

不同交往 – 强化理论

罗纳德·埃克斯（Ronald Akers，1977，1985；Burgess & Akers，1966）提出了一个关于越轨行为的社会学习理论，该理论试图整合斯金纳行为主义的核心成分、班杜拉阐述的社会学习理论及社会学家埃德温·萨瑟兰的不同交往理论。埃克斯将他的理论称为不同交往 – 强化理论（Differential Association-Reinforcement theory，DAR）。简而言之，该理论认为，个体通过与社会环境的人际互动来学习实施越轨行为。

要理解不同交往 – 强化理论，我们必须掌握萨瑟兰的不同交往理论。该理论在犯罪社会学领域占据了 40 多年的主导地位。该理论于 1939 年在萨瑟兰的著作《犯罪学原理》（*Principles of Criminology*）第 3 版中首次出现，并在 1947 年再次被论述。尽管萨瑟兰于 1950 年去世，但该理论在唐纳德·克雷西（Donald Cressey）的后续修订中依然完整保留（Sutherland & Cressey，1978；Sutherland，Cressey，& Luckenbill，1992）。

社会学家萨瑟兰认为，犯罪或越轨行为与所有行为的学习方式相同。关键因素是个体与谁交往、交往时间、交往频率、交往对个体的意义，以及这种交往在人的发展过程中出现的时间早晚。根据萨

瑟兰的观点，在亲密的私人群体中，我们学会了有关守法或违法的定义及规范性的含义（如信息或价值观）。个体之所以成为违法者或犯罪人是因为他学习的有关违法的定义超过了守法的定义。这就是不同交往的原则（Sutherland & Cressey，1974）。

请注意，犯罪行为并非总是从与"坏伙伴"或犯罪人的交往或接触中发展起来的。重要的是信息，而不是交往对象。此外，要使个体被影响而做出违法行为，来自"坏伙伴"的越轨信息或价值观必须超过传统信息或价值观。因此，萨瑟兰还认为，即使与犯罪群体的联系微乎其微，犯罪行为也可能发生。例如，遵纪守法的群体（如父母）可能会微妙地或直接地表示欺骗是正确的，或者每个人其实都是不诚实的。这是一个极其重要的观点，我们将在后面讨论道德推脱时重申这一点。然而，当代对不同交往理论的阐述强调，与越轨同伴群体的交往对违法行为有重大影响。但目前无法判断的是，越轨行为先行还是与越轨同伴交往先行（Williams & McShane，2004）。

萨瑟兰的理论可能在社会学家中很受欢迎，正如一位作家（Vold，1958）所说："它试图对二者之间的相互关系链进行有逻辑的系统表述，使犯罪成为合理的、可以理解的，其是正常的、后天习得的行为，不需要借助生物或心理异常的假设。"然而，该理论也存在很多模棱两可之处，这导致它一开始并没有吸引很多实证研究进行验证（Gibbons，1977）。例如，与个体交往要如何测量？该个体的重要性又如何衡量？此外，正如研究人员（Sutherland & Cressey，1974）所承认的那样，该理论并没有澄清哪种类型的学习（操作性的、经典的、观察学习的）是重要的。它也没有充分考虑学习过程中的个体差异。然而对一些社会学家来说，不同交往理论仍然很受欢迎，并继续吸引着大家的研究兴趣（Pratt et al.，2010；Williams & McShane，2004）。

埃克斯（Akers，1985）试图通过将其重新表述为符合斯金纳和社会学习原则来纠正不同交往理论的一些问题。他提出大多数越轨行为是根据斯金纳

的操作性条件反射原理习得的，而经典条件反射则起次要作用。此外，越轨行为的强度是个体在过去实施行为经历过的强化次数、频率和概率的直接函数。强化这一术语在斯金纳的操作性条件反射中可能是正向的，也可能是负向的。

社会强化（social reinforcement）和非社会强化（nonsocial reinforcement）这两个概念在埃克斯理论中至关重要，前者更是重中之重。大部分与越轨行为相关的学习是社会互动或交流的结果，其中他人的语言、反馈、表现及行为都可能成为强化物，并为强化提供环境（Akers，1985）。值得注意的是，这些社会强化物大多是象征性和口头的奖励，是对个体参与，以及认可群体规范或期待的奖励。例如，按照群体或亚文化规范实施行为就会得到"好样的""干得漂亮"、拍拍背、击掌、击拳或友好的微笑等。非社会强化主要涉及的是与犯罪相关的生理因素或物质的获取，如与毒品有关的犯罪或入室盗窃。

因此，越轨或反社会行为最有可能是由于重要他人（通常是同辈群体）给予的社会强化而发展起来的。该群体首先拥有自己的规范性定义，即什么行为是好的或不好的、对的或错的、正当的或不正当的。这些规范性定义就会成为群体内部的认知指南，说明什么行为是恰当的，并且很可能获得群体的强化。在这个意义上，规范性定义就会作为社会信号在亚文化群体或同辈群体内传播，以表明某种行为在特定的社会情境下是否会得到奖励或受到惩罚，我们称之为**辨别性刺激**（discriminative stimuli）。

根据埃克斯的观点，有两类辨别性刺激会影响越轨行为。第一类是正性的辨别性刺激，它是指特定行为在亚群体中是会被鼓励的一些信号（言语或非言语）。毫不奇怪，它们遵循正强化原则，即实施这些行为的个体从群体中获得社会奖励。第二类社会线索即中性化辨别性刺激或合理化辨别性刺激，它会抵消整个社会对某些行为是不适当或不合法的警告。根据埃克斯的观点，它们让那些被人谴责的、当事人自己最初可能定义为不好的行为，变得看起来是正确的、合理的、可原谅的、有必要的、可以

两害相权取其轻的行为，甚至看起来变成根本就不是"真正的"越轨行为（Akers，1977）。如下说法反映了中性化辨别性刺激的影响，如"每个人都有其价值""我不能控制我自己""别人都这样做"或"他活该"。

人们越是把自己的行为定义为积极的或至少是正当的，就越有可能实施该行为。如果越轨行为（根据整个社会的定义）比合规的行为（也是由社会定义的）得到更多的强化，并且如果它被认为是合理的，那么越轨行为就有可能维持下去。从本质上讲，我们的行为是由已经内化的规范所指导的，并期待不断得到重要他人的社会强化。

埃克斯认为班杜拉的榜样作用理论是有效的，它是个体最初习得越轨行为的必要因素。但行为的维持在很大程度上取决于社会强化的频率及其对个体的意义，这些强化源于与他人的交往。

埃克斯的社会学习理论受到了一些批评。一些学者认为它是在循环论证，而且很难理解，即行为的发生是因为它被强化了，而行为被强化又是因为行为发生了。科恩豪泽（Kornhauser，1978）断言："该理论没有实证支持。"不过，在20世纪80～90年代，埃克斯及其研究同伴发表了大量支持其理论的研究，特别是与毒品使用相关的研究（Akers & Cochran，1985；Akers & Lee，1996；Krohn et al.，1982）。与萨瑟兰的不同交往理论一样，埃克斯理论在犯罪社会学中仍然很受重视（Pratt et al.，2010）。

挫折诱发的犯罪

长期以来人们观察到的一个结果是，当有机体（包括人类在内）相同的行为反应无法获得先前同样的奖励时，他们的行为反应通常会变得更加剧烈（Amsel，1958；Brown & Farber，1951）。猫会咬人、挠人、龇牙低吼、易怒；人类则可能会咆哮、易怒和暴躁（也可能会咬人和挠人）。研究人员认为，这些反应是由一种厌恶性的内部唤醒状态导致的，称为**挫折**（frustration）。

因此，当针对特定目标的行为受到阻碍时，唤醒水平就会增加，然后个体就会产生降低唤醒的驱动力。行为是被激发出来的，但更重要的是导致减少唤醒水平的行为可能被加强或强化。也就是说，使用暴力来减少挫折的人，在极端的挫折情境下，情绪波动会变得比平时更剧烈，甚至可能诉诸谋杀和其他暴力行为。例如，许多职场暴力事件都发生在施暴者在工作中经历了一系列的失败或被解雇之后。同样，校园枪击事件往往发生在学生被欺凌或被停学之后。这也表明，旨在减少挫折的暴力行为会被强化，因为它通过改变诱发事件或刺激物来减少不愉快的唤醒。

社会化型犯罪人与个体化型犯罪人

莱纳德·伯科威茨（Leonard Berkowitz，1962）进行了许多关于挫折与犯罪的研究。他将犯罪人的人格分成两种主要类型：社会化型犯罪人（socialized offender）和个体化型犯罪人（individual offender）。我们已经在本章对社会化型犯罪人作为学习、条件反射和模仿的产物进行了讨论。他们之所以犯罪，是因为在与社会环境的互动中习得了行为或期望得到奖励。相比之下，个体化型犯罪人则可能是由于需求未得到满足而产生的一系列长期的、强烈的挫折感所导致的。根据伯科威茨的观点，模仿和挫折都会影响犯罪行为的发展，但一系列的生活经历会导致特定犯罪风格的形成。大多数违法者可能已经受到挫折和攻击性反社会榜样的共同影响，其中挫折在个体化型犯罪人的发展中尤为重要，而反社会榜样对社会化型犯罪人的影响更大（Berkowitz，1962）。

伯科威茨为挫折增加了一个重要维度。他认为，如果个体对达到目的有很高的期望，那么一旦失败，他的挫折感就会特别强烈（Berkowitz，1969）。那些期望达到目的，并且感觉对自己的生活有控制力的人，与那些感到无助的人相比更有可能对挫折产生强烈反应。在第一种情况下，如果受挫的个体认为自己的反应能清除障碍，那么拖延或阻挠可能会导致他产生强烈的愤怒，甚至诉诸暴力。很可能就像马斯洛（Maslow，1954）所指的，犯罪和违法行为是对剥削、不公正和不公平的合法反抗，这就是挫折的力量。挫折假说也与批判犯罪学家或冲突犯罪学家的理论相吻合。感到被权力精英压制并认为自己有权力获得社会利益的人，很可能在持续的剥削下会经历强烈的挫折。不过，这些犯罪学家倾向于把焦点放在掌握权力的人身上，而不是那些因为挫折而犯罪的人。

挫折诱发的骚乱

挫折诱发理论（frustration-induced theory）有利于解释哄抢者在洪水、火灾、风暴、停电等意外事件中的行径。如果犯罪活动发生在一些涉及刑事司法制度的有争议的判决之后，那么这个理论就常常会用来进行解释。例如，在1993年陪审团宣布4名殴打罗德尼·金（Rodney King）的洛杉矶警察无罪释放之后，爆发了4天的暴动和抢劫，造成58人死亡，估计损失至少10亿美元。人们普遍认为洛杉矶暴动是对种族主义刑事司法制度的不满。警官是白人，金是非洲裔美国人。不同年龄、种族/民族的人都在暴动中顺手牵羊，所偷之物包括食品、酒精、枪支甚至音响。随后，美国联邦陪审团裁定4名官员中的2人有罪。

2014年秋天，密苏里州一名白人警察枪杀了一名手无寸铁的年轻的非洲裔美国男子，这个事件引起了全美国的广泛关注。由于媒体对事件的竞相报道，导致紧张局势逐渐加剧。大陪审团拒绝起诉该警察。事件发生后的几周内，出现了游行、抗议和示威活动。尽管发生了一些暴力事件，但人们原本担心的大量的暴力事件和抢劫案件并未发生。同样，当斯塔滕岛一名手无寸铁的非洲裔美国男子因出售散装香烟而与警察对峙，随后被警察非法扼颈致死，而大陪审团再次拒绝起诉时，出现了大量的抗议和游行，不过基本上都是和平的。在这两种情境及其他许多情境下，挫折诱发理论本可以预测包括暴力在内的更多的犯罪行为，但暴力行为并没有发生。

2015 年 4 月，在马里兰州，一名年轻的非洲裔美国男子被警察逮捕并被带上车送往警察局，在此过程中，确实发生了暴力行为。他的脊椎严重受伤，在送到医院后不久就死了。在该事件后，和平抗议和暴力抗议都爆发了，尤其在某一天的下午到晚上集中爆发。游行者穿过城市街道，车辆被烧，商店被洗劫、被破坏，警察还被投掷的砖头砸伤。最后国民警卫队都出动了。暴力事件发生后，很多社会团体都呼吁人们要保持冷静。市民们也开始清理经历了抢劫和焚烧的街道。

总而言之，在感知到不公正的情况下，即使人们担心会像上述地区那样发生重大破坏事件甚至骚乱，仍然会进行大规模的和平示威和抗议活动。不公正并不总是与警察的行为有关。2011 年秋，始于纽约的占领华尔街运动迅速在美国和其他国家蔓延。对金融市场和企业贪婪本性的强烈失望感推动了这场危机。尽管有大量个体参与抗议，也有报道称有轻微的故意破坏、交通中断和财产损失，但并没有出现大规模的哄抢或暴力事件。同样，在 2012 年佛罗里达州，一名西班牙裔白人社区监督志愿者杀害了一个手无寸铁的 17 岁非洲裔美国男孩，随后美国各地发生了许多抗议活动。这些抗议活动旨在让大家关注男孩去世数周却仍无任何人被逮捕这个问题。这名社区监督志愿者随后被送上法庭，6 人陪审团宣判其无罪。同样，由于无罪释放，人们预测可能会发生暴力抗议活动，但结果并没有发生。同样，2014 年，一名白人警察在芝加哥枪杀了一个 17 岁的非洲裔美国男孩，致使公民示威游行。该警察于 2018 年被判定为二级谋杀罪，而其他 3 名警察在该事件上说谎、妨碍司法的罪名不成立。公民可能再次感到失望，但也并没有采取暴力抗议活动。尽管可能会抱怨、爆发小规模混战，但是一般来说，抗议和游行都是和平的和非暴力的。

毫无疑问，挫折在上述抗议中起到了重要影响。

在非洲裔美国男孩的案例中，挫折来自感知到的种族歧视、未及时对被害人进行妥当处置、不尊重死者遗体、警察的沉默法则（code of silence）[①]，以及刑事司法系统不愿意迅速调查此类死亡事件。占领华尔街的抗议者对国家的经济和政治制度感到极度失望。然而，挫折 – 攻击假说无法解释这些例子，因为挫折转化为更积极的行为——和平和有尊严的游行——使公众意识到不公正现象，并呼吁变革。不过，正如我们接下来将要讨论的，挫折可能会在解释个体犯罪方面发挥重要作用。

挫折与犯罪

挫折对犯罪行为的影响很复杂，也可能只是影响其程度。伯科威茨假设，一个人在生活中遇到的阻碍或挫折越强烈、越频繁，他对随后的阻碍或挫折就越具有敏感性。因此，经常以非法或越轨的方式破坏社会的人可能曾遭遇无数次严重挫折，特别是在早期发展时期，但是尽管这样，他也没有放弃希望。为了支持这个观点，伯科威茨引用了早期关于犯罪的研究结果（Bandura & Walters，1959；Glueck & Glueck，1950；McCord，McCord，& Zola，1959）。这些研究结果显示，与没有违法犯罪的儿童相比，违法犯罪的儿童在他们的人生中遭遇的剥夺和挫折要多得多。

伯科威茨还指出，父母忽视或未能满足儿童对依赖和情感的需求是导致他们对社会环境中的其他人产生不信任感的内在原因。这种普遍的不信任感会被带入社会和学校，青少年可能会表现出满怀仇视。需求得不到满足而产生的挫折感使孩子无法与他人建立情感依恋。因此，这个人可能对其他人产生怨恨、愤怒甚至充满敌意。

目前心理学取向上对未成年人违法犯罪行为的研究中，对上面的这些研究结果没有什么异议，而且还主张不要把责任过多地归咎于父母。研究人员

---

① 沉默法则主要是指在美国警界中存在的一种潜规则，即警察如有违规、违纪、违法行为，其他警察往往会保持沉默。——译者注

更有可能意识到父母在面临种族主义和经济不平等等社会问题时所受到的限制。例如，在美国有超过20% 的 18 岁以下儿童和青少年生活在贫困线以下的家庭中。另有 20% 的儿童和青少年接近贫困线（HHS，2018；Yoshikawa et al.，2012）。正如我们在第二章和第三章所讨论的那样，贫困对儿童和青少年的心理、情感和行为健康的负面影响已经是一种共识。此外，当代心理学家还认识到其他社会系统对未成年人的影响，包括同伴和教育系统。不过，儿童和青少年生活中的保护因素在对抗这些风险因素的负面影响上发挥着重要作用。

犯罪行为的情境诱因与调节因素

大多数当代理论和研究都支持这样的观点，即人类行为是人格和情境变量交互作用的结果。然而，一些行为学家和社会学家（Alison et al.，2002；Gibbons，1977；Mischel，1976）发现，许多犯罪研究和理论都忽略了情境（外部）变量，而倾向于人格（内部）变量。他们认为，在许多情况下，犯罪行为可能只是反映了在错误的时间、错误的地点遇上了错误的人。例如，吉本斯（Gibbons，1977）评论道："在许多情况下，犯罪可能只是对当时环境中的挑衅或吸引的临时反应，这些挑衅或吸引才是产生犯罪行为的直接原因。"当然，斯金纳也支持这一立场，即行为是受到情境（外部）的突发情况和事件的控制的。

哈尼（Haney，1983）讨论了基本归因错误（fundamental attribution error），即人类普遍倾向于忽视情境的影响，并倾向于用人格来解释个体的行为。基本归因错误是一个适用于对他人而非自己的行为的归因的概念。例如，当治疗师被问及为什么犯罪人会犯下罪行，并被送进监狱时，治疗师几乎都会将其完全归因于内在倾向或人格因素（如懒惰或卑劣的品性），而不是情境因素（如成长过程、贫困或社会因素）（Saulnier & Perlman，1981）。而犯罪人自己却认为，他们入狱更大的原因是外部因素（如贫困、就业机会少及身体和性虐待）导致的。当涉及我们自己时，我们会陷入自我服务偏差（self-serving bias），即倾向于把好事归因于人格因素，而将坏事归因于外部事件和力量。例如，当我们在考试中取得好成绩时，我们倾向于使用能力和学习习惯归因；而当成绩不好时，我们倾向于使用试卷设计不当、不公平或存在考试舞弊问题这类归因。

哈尼认为，人格或内在倾向对我们的行为影响甚微。他认为，决定性因素是我们自己所处的情境。从本质上讲，哈尼认为，在适当的情境下，任何人都有可能为了达到自己的目的而实施犯罪行为。

权威煽动的犯罪行为

有时，人们会以某种特定的方式行动，即便这些行动与他们自己的行为原则并不相符，但他们仍然会继续，这是因为有权力的人告诉他们必须这样做。凯尔曼和汉密尔顿（Kelman & Hamilton，1989）将这种现象称为服从型犯罪（crimes of obedience），即对权威命令做出的回应行为，而这些行为在大环境中被认为是非法的或不道德的（Kelman & Hamilton，1989）。服从型犯罪的发生贯穿整个人类历史。纳粹集中营的屠杀和战时杀害无辜平民的事件都属于此类案例，而且企业的商业行为中也存在这种破坏性的服从型犯罪，包括安然公司（Enron）、世界通信公司（WorldCom）和安信达公司（Arthur Anderson）在内的刑事案件（Carsten & Uhl-Bien，2013）。服从型犯罪在政界中也存在。受权威影响的典型例子就是执行军事命令，导致滥杀滥伤或实施其他暴行，例如，当时的中尉威廉·卡利（William Calley）在越南战争中屠杀了美莱村的村民。水门事件就是政治 / 官僚主义背景下的典型服从型犯罪案例，1972 年 6 月 17 日，一群人在尼克松政府的支持下，潜入水门大厦的民主党总部，安装窃听器并偷拍有关文件。"9·11"事件后，当人们在仔细审查审讯策略及对拘留人员的处置方式时也发现了这个问题（见专栏 4-1）。

为了明确哪些变量会影响权威服从，斯坦

热门话题

专栏 4-1　国家安全审讯：心理学的作用

在 2001 年"9·11"事件发生后的几年里，世界各地的军事关押中心使用的审讯策略都受到了严格的审查。一些已解密的政府报告和独立记者的调查报道显示，他们使用了许多审讯技术试图从涉嫌直接参与恐怖主义活动的个体或了解此类活动的个体那里获取信息，在这些技术中，有些备受质疑，有些甚至是非法的。最具争议的技术是水刑、睡眠剥夺、被关在小型笼状牢房中、嘈杂刺耳的音乐、给拒绝进食的被拘留者强行喂食、性羞辱和性侮辱，以及威胁要伤害其所爱之人等。阿布格莱布监狱的照片被广泛传播开来，这些照片让许多有良知的人大受冲击。在这些照片中，因犯头上套着头巾、脖子上缠着绳索站在箱子上，有的还躺在地板上，而警卫在他们身上小便。

军事心理学家也会在这里工作，尽管他们通常不直接参与审讯。然而，心理学家也会提供一些建议帮助瓦解被拘留者的精神支柱。在 2014 年秋季公开的一份解密的关于中央情报局审讯计划的参议院报告中，据称两名心理学家设计了一系列残酷的审讯方法。据说他们获得了 8100 万美元的经费，在波兰、立陶宛、罗马尼亚等国家的秘密监狱为美国政府实施审讯项目。尽管报告中使用了化名，但后来他们的真实名字还是被广泛知晓了。

美国参议院报告公布之前，美国心理学会理事会（American Psychological Association，2009）意识到，一些心理学家参与了很多被定义为身体或心理酷刑的做法，或者不站出来公开反对这些做法。他们为此发表了一份政策声明，谴责心理学家参与那些备受质疑的审讯策略。但是，该组织当时并没有发布全面禁令，许多问题都没有得到解决。此后不久，在调查记者瑞森（Risen，2014）发布了一系列新闻报道并创作了一部令人震撼的书之后，美国心理学会委托联邦前检察官大卫·霍夫曼（David Hoffman）进行了独立调查。瑞森指出："美国心理学会与布什政府沆瀣一气，使用虐待性审讯技术，包括酷刑，而且该组织的高官还保护了参与审讯计划的心理学家。"霍夫曼将调查报告于 2015 年 6 月底提交给了美国心理学会理事会，该报告证实了瑞森所报告的大量内容（但不是全部）。

由于霍夫曼的报告及美国心理学会一些成员的狂热行为，该组织的代表委员会发布了一项全面禁令，禁止心理学家参与国家安全审讯，包括由军事或情报组织进行的非强制性审讯，也包括他们接的私活。这项新政策在 2015 年 8 月的年度大会上得到了全体会员的批准通过。该政策规定，心理学家只有在一种情况下才能出现在那些被认为是违反国际法的拘留环境中，这种情况是他们直接为被拘留者服务，或者为保护人权的第三方独立机构服务。当然，他们也可以为了向军事人员提供治疗而进入这些场所。

美国公民自由联盟（American Civil Liberties Union）对这两名心理学家提起的诉讼于 2017 年秘密解决了。在一份联合声明中，这两名心理学家承认他们为中央情报局研发了一项计划，该计划包含特定的强制审讯方法。但他们否认自己对虐待被拘留者负有责任。

问题讨论

1. 你认为禁止心理学家参与国家安全审讯是恰当的吗？原因是什么？这项禁令适用于谁？心理学家并没有直接参与审讯。但如果他们设计了审讯策略，并指出策略应在多大限度上使用，这样他们是否也会遭到谴责？

2. 从心理学家的角色转为审讯者的角色，本章介绍的哪些心理学概念与这些人的行为有关？

利·米尔格拉姆（Stanley Milgram，1977）设计了一系列实验。一些人从报纸中看到实验招募广告后，为了获得酬金自愿参与研究。这些实验最终受到了公众的密切关注，现在几乎在每一本心理学入门教材中都能看到被引用的研究。这些实验研究了当个体接到一位明显是权威人士的命令时，人们愿意对他人施加的电击的量级。

米尔格拉姆的实验揭示了情境对人类行为产生的巨大影响。此外，根据耶鲁大学（Yale University）的归档文献，近年来，相关研究文献的数量在迅速增长（Gibson，2017）。最新的一项研究主要是为了验证自己对米尔格拉姆最初的实验的一些新见解。

在最初的实验中，参与者是 20～50 岁的成年男性，他们代表了不同的社会经济阶层。他们被告知，研究人员正在研究惩罚对记忆的影响。这个实验需要一位"教师"和一位"受害者"。参与者不知道受害者是一个经过培训的实验助手，他也是实验设计的一部分。在一个被操纵的抛硬币游戏中，不知情的参与者总是抽到教师这一角色，实验助手则抽到受害者这一角色。受害者（学习者）被带到隔壁的房间，在不知情的教师面前被绑在了"通电的椅子"上。

接下来，教师被带到另一个房间，在那里他看到了一个模拟的电击发生器——一个有 30 个开关的可怕装置，大概能够向隔壁房间的学习者施加 30 级的电击，从 1 级的 15 伏特一直到 30 级的 450 伏特，并配有一个开关。此外，还在每级上标明"轻微电击""危险！严重电击"，以此类推。每次学习者对学习任务给出错误的答案时，教师就被要求施加更强一级的电击。其实受害者根本没有受到任何电击，而是故意给出错误答案；受害者还接受过痛苦尖叫、恳求教师停止电击，以及在遭受更强的电击时用头撞墙等表演训练。

米尔格拉姆想知道在一个明显的权威人物（实验者）的命令下人们实施电击的上限会有多大。他可能发现了比他预期更多的东西。几乎 2/3 的参与者服从了实验者的命令，实施了最高等级的电击。当

参与者拒绝施加电击时，实验者就会给他们施压。例如，如果参与者犹豫，实验者就会说"请继续"。第二次犹豫时，实验者就会告诫"这个实验需要你继续下去"等。最强烈和最后的施压是"你别无选择，你必须继续下去"。对许多拒绝继续下去的参与者来说，最后一个提示引发了他们的抵触情绪，他们立即停止了实验。

在后续实验中，米尔格拉姆的同事及其追随者采用相似的实验条件对不同的实验对象（包括男性和女性）进行了研究，也发现了类似的结果。有意思的是，最初米尔格拉姆要求心理健康专家预测这个实验的结果时，大多数人认为只有少数病态的人会服从实验者的命令而将电击逐渐增加到危险的水平（Tsang，2002）。专家们显然低估了实验者对被试施加的巨大压力，并犯了基本归因错误，即"服从邪恶命令的人是虐待狂、心理病态者"（Tsang，2002）。

该研究的许多被试在服从实验者的指示时，表现出了相当大程度的紧张和不适。有些人结巴、咬嘴唇、双手紧扣、紧张地笑、汗流浃背，或者把指甲抠进自己的肉里，尤其是在受害者开始用撞墙的行为抗议之后（Milgram，1963）。正如赖歇尔等人（Reicher et al.，2012）所指出的，听了任何一个实验环节，你都会惊讶于参与者是如何调和原本就无法调和的内在心理矛盾的，他们是如何从一个立场转变到了另一个立场的，以及他们对该如何做的深刻矛盾心理。实验结束后，一些人报告说，他们想停止惩罚受害者，但由于实验者不让他们停止，因此他们不得不继续这样做。米尔格拉姆总结道："个体一旦进入实验室，就融入了一种自带动力的环境。"

如上所述，米尔格拉姆和他的追随者们开展了更多的研究，这些研究对他最初开展的研究进行了修正，直至 1984 年米尔格拉姆去世。在大约 30 项其他研究中（Reicher，Haslam，& Smith，2012），米尔格拉姆的研究小组不仅在样本中增加了女性参与者，并且还试图更准确地确定是什么条件抑制或促进了这种极端的服从行为。例如，他们通过改变参与者

和受害者之间的心理和身体距离，来研究它们对服从行为的影响。为了增加两者之间的心理距离，他们去掉了最初实验中所设定的受害者的哭声。在另一项实验中，为了尽量缩短他们之间的心理和身体距离，就让参与者坐在受害者旁边。

总体来说，研究发现，随着参与者和受害者的身体、视觉和听觉接触得越多，他们对实验者的服从就越少。然而，实验者离教师越近，教师就越有可能服从。就电击行为而言，没有证据表明存在明显的个体或性别差异，但在完成自己的任务时，女性教师比男性教师表现出更多的痛苦。

心理和身体上的距离变量给我们带来了一些有趣的启示。如果我们将米尔格拉姆的研究类推到暴力行为上，我们就可以假设，当武器或情境（心理和身体距离）越不近人情，发生破坏和严重暴力的可能性就越大。毫无疑问，在远处用枪杀人和近距离杀人是两种不同的任务。这两种方法又都不同于徒手将人掐死。这样看来，枪似乎提供了一种更不近人情、更容易的方式来消灭某人的可能性，因此更有可能导致暴力行为。当然，从实验环境下得出的结果到这种推论还是有很大的跳跃性的，但是，当我们看到本书后面所讨论的武器与暴力之间的关系时，这一推论确实是值得思考的。

在评估来自权威人物的命令的巨大影响时，我们也要特别关注米尔格拉姆研究中参与者的反应。如上所述，我们所观察到的个体差异是参与者对情境的反应方式，而不是他们对电击的实际意愿。当他们认为他们伤害了受害者时，尽管有些人拒绝继续做这个实验，但大多数人（约65%）仍然实施了最大强度的电击。大多数人还表现出焦虑和矛盾的情绪状态。

米尔格拉姆注意到了语言和行动之间存在一种奇特的分离现象。许多参与者说他们不能继续坚持下去，但他们还是坚持下去了。一些人认为实验者不会允许受害者受到任何伤害，以此为自己的行为辩护："他一定知道自己在做什么。"而其他人则表达了不同的解释和期望，例如，他们相信在以往实

验中所得的科学知识证明这种方法是可行的。有意思的是，那些没有经历过这种折磨的人都非常确信自己将是那些拒绝实施极端电击的人。然而，后来在美国和其他国家进行的研究都证实了米尔格拉姆的发现（Burger，2009；Penrod，1983）。

米尔格拉姆假设，服从行为可以用参与者所扮演的角色上的转变来解释。他将这种角色的转变称为代理状态（agentic state），即一个人将自己视为实现他人愿望的代理人（Milgram，1974）。换句话说，这个人认为他不再是自愿行事，而是为另一个授权代理人行事。研究人员（Tsang，2002）认为，班杜拉（Bandura，1999）的理论也提到，许多人在顺从的情况下，他们的责任关注点会从"道德代理人"转变成"顺从的下属"。其他研究人员（Kelman & Hamilton，1989；Blumenthal，1999）也表达了类似的观点，他们和米尔格拉姆一样，认为整个社会可能都没有为不服从权威的行为提供足够的榜样行为。

有意思的是，如今，一些学者质疑这些实验的参与者的服从是否出于自愿，因为他们觉得参与者是被迫服从的，这才是重点（Brannigan，Nicholson，& Cherry，2015；Gibson，2017；Gibson et al.，2018；Kaposi，2017）。从这个角度来看，更多的责任应该是那些指挥非法行为的权威人士，而不是实施非法行为的个体。正如你所看到的，关于米尔格拉姆的实验仍然还有相当多的争论。

在米尔格拉姆实验结果发表多年之后，伯格（Burger，2009）重复了最初的实验，试图了解如今人们如果对被要求做的事感到不适时，是否仍然会服从权威人士的命令。他发现，服从率仅略低于米尔格拉姆40多年前的发现。此外，与预期相反的是，那些目睹另一个人拒绝服从实验者指示的参与者和没有目睹的参与者相比，服从指示的比例没有差异。此外，男性和女性的服从率没有差异。研究结果表明，同样的情境因素如今似乎仍然起作用。伯格还发现，共情水平高的人比共情水平低的人会更早表示不愿意继续服从。但尽管表示不愿意，这些参与者仍然继续遵循流程。不过，如上所述，如果他们

的行为是被迫服从而非自愿选择，那么我们可能就不会轻易地谴责他们的行为了。

米尔格拉姆最初的实验之所以备受争议，原因有很多，但最重要的原因是欺骗参与者，并在实验结束后没有充分消除实验对他们产生的影响。近年来，学者们还提出了许多其他的伦理问题，有关这些问题的全面综述见尼科尔森的研究（Nicholson，2011）。尽管在实验最后参与者被告知电击只是一个骗局，但多年以后，仍有一些人表示，对自己表现出来的伤害他人的这种行为一直痛苦万分。在伯格（Burger，2009）的重复性研究中，他还采取了一些预防措施。他在实验前，把有心理问题或情绪问题史的人剔除了。而且当参与者施加 150 伏特的电压后，他就会停止实验，不再继续。此外，那些上了超过 3 门大学心理学课程的参与者也被剔除了，因为他们很有可能知道原始的实验结果。

米尔格拉姆的理论得到了后续大量研究的验证，它可能在一定程度上解释了在权威影响下个体实施的不道德的、卑劣的和违法的行为。这些行为不仅包括针对个体身体和心理的伤害（如攻击、酷刑），还包括作伪证等犯罪行为。2001 年 "9·11" 事件以后，美国古巴关塔那摩湾、伊拉克阿布格莱布监狱和其他关押中心的审讯囚犯的策略遭到了质疑。批评者认为，强化审讯（enhanced interrogation）其实就是酷刑折磨的委婉说法而已。有些士兵曾经在那里当过监狱警卫，纷纷站出来揭露他们是如何在上级的命令下对囚犯实施酷刑的。有关心理学在强化审讯技巧中的作用的讨论，请阅读专栏 4-1。

要想将对权威命令涉及的非法行为或暴力行为做出的反应的相关结论从心理学实验室推广到现实世界中，还需要大量的实验和探索。然而，像米尔格拉姆这类研究与实际情境的关联确实不容小觑。米尔格拉姆似乎相信，情境因素通常会凌驾于个人因素之上。他甚至发现，个体的人格或道德在解释行为方面根本无用。然而，其他理论家认为，正是人格或道德的发展解释了个体对权威的反抗。凯尔曼和汉密尔顿（Kelman & Hamilton，1989）认为，

一个人在高权威情况下的行为最有可能是其人格特征和所扮演的角色之间相互作用的结果。不过，菲利普·津巴多（Philip Zimbardo，1970，1973；Haney & Zimbardo，1998）与米尔格拉姆的观点更为一致，他认为情境（包括绝对权威的角色）是这种行为最重要的决定因素。津巴多在著名的斯坦福监狱实验中证明了这一点，他主要通过去个性化这一更广泛意义上的概念来进行说明，我们将在下面进行讨论。此外，近年来，津巴多和其他研究人员也开始关注道德推脱，我们也会讨论这个概念。

去个性化

去个性化（deindividuation）理论是基于古斯塔夫·勒庞（Gustave Le Bon）的经典群体理论发展而来的。勒庞在他的著作《乌合之众：大众心理研究》（*The Crowd: A Study of the Popular Mind*）中提出了这一理论。1952 年，费斯廷格（Festinger）、佩皮通（Pepitone）和纽科姆（Newcomb）将去个性化的概念引入主流社会心理学（Postmes & Spears，1998）。根据费斯廷格等人（Festinger et al.，1952）的观点，一些人会在群体或小组中失去个性，消除自我控制，并导致他们已经内化的道德约束失效。因此，去个性化与被淹没在群体中时的不被审查或不被问责的感觉密切相关（Postmes & Spears，1998）。菲利普·津巴多在很多著名的研究中进一步延伸和发展了去个性化理论。津巴多认为，去个性化是一种自我观察的减少状态，他试图找到会导致这种状态的因素（Zimbardo，1970）。

津巴多假设，去个性化通常是由一系列复杂的事件链引发的。首先，很多人在场会产生匿名的感觉。然后，该个体就觉得自己失去了自我身份，成了这个群体的一部分。在这种情况下，他就不能再以单独个体的身份被识别，也无法对其行为负责。显然，这种感觉会导致低自我意识、对他人评价的关注度减少，以及注意狭窄（Baron & Byrne，1977）。当这些过程结合起来时，个体对反社会行为和犯罪行为的限制就会降低，而且这似乎是大规模

暴力发生的基础。另外，他们也会在一些非暴力犯罪（如抢劫）中发挥作用。

去个性化是一个被广泛使用的概念，常用来解释集群行为（collective behavior）的各种表现形式，如群体暴力、动用私刑、种族灭绝等社会暴行（Postmes & Spears，1998）。去个性化并不一定与群体有关，人员也不一定需要很多。它完全可以通过乔装、戴面具或统一的制服来实现，或者在黑暗条件下也可以实现（Zimbardo，1970）。研究数据表明，当人们的身份处于隐匿状态时，他们可能会更有虐待性、攻击性和暴力性。这种现象可能解释了为什么在历史上，准备战斗的战士们会涂战漆、戴面具、穿战袍（Watson，1973）。即使是当代士兵、游击队和军事顾问，也同样会因为他们的制服而失去个性。

在一个被广泛引用的实验中，津巴多操纵了两个变量：匿名性和被害人的特征。他将大学生随机分配到去个性化组和可识别组。去个性化组的人穿着宽松的实验室白大褂，头上戴着兜帽，在光线昏暗的条件下工作。实验人员避免喊他们的名字。相比之下，可识别组的参与者信息暴露无遗。他们胸前戴着很大的姓名牌，被直呼姓名，在光线充足的条件下工作，穿着自己的衣服，没有穿实验室的外套或戴兜帽。

参与者被告知，这个项目是为了研究共情。当然，真正的目的是研究去个性化和攻击性之间的关系。每个人都听了受访者和实验人员之间5分钟的对话录音。一些受访者被描绘成热情、真诚、诚实的人，而另一些则是令人讨厌的、自私的、自负的和爱挑刺儿的人。每次听完录音后，参与者都被允许对他们在录音中听到的受访者（即"被害人"）进行攻击。他们可以通过一面单向镜来观察受访者的反应。攻击行为是通过测量实施的疼痛电击的时长来获得的。被害人实际上并没有受到惊吓，他们会通过表演身体挣扎、扭动甚至面部狰狞来体现受到的伤害。

现在回到津巴多所操纵的两个变量：匿名性（掩盖个体身份）和被害人的特征（环境刺激）。针对匿名性，一些参与者戴上兜帽，另一些则身份易于识别。针对被害人，有些被描述为讨喜的和可爱的，而另一些则是令人厌恶的。津巴多认为，由于责任的扩散和个人身份被掩盖，去个性化群体的成员会实施更长时间的电击。他还假设，被害人的特征是无关紧要的，因为在去个性化状态下所经历的高度唤醒会让参与者失去区分被害人特征的能力。换句话说，在没有任何后果威胁的情况下电击某人而产生的兴奋和由此产生的唤醒会妨碍个体对目标（接受电击的人）的辨别能力。

津巴多还检验了另一种假设。他预测，随着实验的进行，去个性化组的参与者会实施更长时间的电击。他认为，不承担责任的实施电击的行为本身是令人兴奋的，并具有强化作用。也就是说，如果个体每次做出反社会行为后发现自己感觉很刺激，那么这种行为的强度和频率就会逐渐增加。

实验结果支持了所有三种假设。去个性化组电击被害人的时间是可识别组的两倍。不管被害人的人格特征如何，去个性化组都实施了相同程度的电击。最后，随着实验的进行，去个性化组的电击时间会更长。从本质上讲，津巴多认为，去个性化的攻击行为不受社会环境的控制，它对被害人所处的情境、状态及特征都无特殊反应。

津巴多的研究设计和米尔格拉姆的研究设计一样，都遭到了大量批判，因为他们都使用了欺骗的手段及电击的方法（尽管是伪装模拟场景），而且还特别关注了人性的阴暗面。从某种意义上说，这些类型的实验构成了一种心理陷阱。如果不是由一个实验者做出指示，人们真的会这样做吗？在这些实验之后，美国国家心理健康研究所（National Institute of Mental Health，NIMH）、美国心理学会及其他组织开始采用一些伦理准则用于评估研究是否可以得到资助或被批准实施。因此，像津巴多这样的实验不太可能被重复，尽管我们在上面了解到，米尔格拉姆的实验也是经过修正后进行重复研究的，这使其在伦理上更容易被接受。此外，这些研究结果可能带来的影响也不容小觑。

斯坦福监狱实验

去个性化在津巴多的另一个发人深省的实验中得到了生动的展示，这个实验被称为斯坦福监狱实验（Stanford Prison Experiment）。一些学者认为，这个实验可以说是心理学史上最著名的实验之一（Griggs，2014；Griggs & Whitehead，2014）。它甚至被拍成了一部纪录片，在 2015 年 1 月的圣丹斯电影节上首映，并获得了几项大奖。在那之后，主流媒体上就开始播放这部电影了。

津巴多及其同事在斯坦福大学（Stanford University）心理学大楼的地下室里模拟了一个监狱环境，据说其物理条件和心理环境确实能真实地展现一个监狱的状况——有酒吧、监狱制服、身份编号、穿制服的狱警，以及其他一些易于身份转换的特征。事实上，该环境实际上更像是一个拘留所（用于关押未决犯和轻刑犯，而不是真正的监狱）。此外，正如实验的批评者所指出的那样，模拟环境在许多方面缺乏真实性，包括"囚犯"穿的布袋一样的制服、戴的绒线帽，以及"狱警"戴的反光太阳镜（Johnson，1996）。在真正的监狱和拘留所里，狱警都要接受培训。而且，虽然狱警都有一定的权力，但不会像津巴多实验那样赋予实验人员这样无限的权力。

参与研究的学生志愿者是通过临床访谈和心理测试进行筛选的，确保了他们情绪稳定且人格成熟。津巴多表示，最终被筛选出来的参与者是来自美国和加拿大各地中产阶级家庭的正常且聪明的大学生。他们每天可以获得 15 美元的实验报酬。

这个实验需要两个角色——狱警和囚犯，角色是通过随机掷硬币来分配的。随机化保证了两组之间没有显著差异。这些囚犯意外被捕，并被警车带到模拟监狱。在那里，他们被戴上手铐、搜查身体、采集指纹、登记、脱光衣服，他们每人被分配一个数字代号，并领取一套囚服。然后，每名囚犯都和另外两名囚犯一起被关在一间只有 5 平方米大的牢房里。

这些狱警穿戴统一制服和反光太阳镜以增强去个性化水平，但正如前面所述，这些并非狱警的真正着装。此外，他们还配有一些象征权力的物件，如一根警棍（许多真正的警察都不携带）、牢房钥匙、哨子和手铐。囚犯必须获得许可才能够做一些例行的事情（如写信、吸烟）。狱警为了维持监狱内的秩序，他们制定了 16 条规则，而且还可以自由地即兴创建新规则。津巴多做了如下评论（Zimbardo，1973）。

> 在 6 天的时间里，狱警和囚犯都完全投入了他们的角色中。
>
> 在最初的 4 天里，有 3 名囚犯因为歇斯底里的哭泣、思维混乱和严重抑郁而被提前释放。还有许多人请求假释，他们愿意放弃实验报酬。
>
> 大约有 1/3 的狱警滥用权力，非常残暴并具有侮辱性。其他人都扮演着严厉且公平的狱警，但是他们没有一个人支持囚犯，并去阻止那些狱警的野蛮行径。这个监狱的逼真性显然是惊人的。我们监狱的顾问，一个在加利福尼亚监狱服刑 16 年的人，每次去我们的监狱都会感到沮丧和愤怒，因为他在这里的心理状态与之前的经历相似，这迫使他不得不离开。

由于情况变得很严重，因此在一位心理学教授的敦促下，原本计划时长 2 周的实验，津巴多决定在第 6 天终止。津巴多认为，迫于情境影响，参与的大学生真实地投入了狱警和囚犯的角色中，这与他们原来的个性特征及个体差异有本质上的不同，情境压制了他们的个体差异。有意思的是，在之后的几年里，津巴多评论说："斯坦福监狱实验中出现的残暴行为，能够解释美国军方、情报机构和政府承包商在全球拘留中心对待被拘留者的方式。"津巴多认为，他们所处的环境迫使他们对其他人做一些残忍的、不可想象的事情。

津巴多在斯坦福大学的研究让他得出结论：许多人，也许是大多数人，在心理被强迫的情况下，几乎可以做出任何事情——无论他们的道德、伦理、价值观、态度、信仰或个人信念如何。关于权威人物的影响，米尔格拉姆也得出了大致相同的结论。尽管斯坦福监狱实验强调了情境变量在决定行为方面的关键作用，但参与者对情境的反应方式存在显著的个体差异。例如，只有 1/3 的狱警沉迷于他们的权力。与其根据全体 21 名研究参与者（包括狱警和囚犯）的总体反应方式进行过度的解读，不如对个体变量给予更多的关注，这样做可能更有益处。例如，结合情境因素来考察参与者的价值观、期望、能力和道德发展水平，可能更好。哪些发展因素最有可能影响个体的行为？他们到底是如何看待这种情境的？他们期望从自己的行为中获得什么好处？

BBC 监狱实验

斯坦福监狱实验几乎在每一本心理学入门教材和社会心理学教材中都被引用，也经常在刑事司法文献中被提及。在它之后也有一项与去个性化相关的具有指导性的研究。2001 年 12 月，亚历山大·哈斯拉姆（Alexander Haslam）和斯蒂芬·里奇（Stephen Reicher）与英国广播公司（British Broad-casting Corporation，BBC）纪录片部合作进行了 BBC 监狱实验。尽管其中有一些程序相似，但 BBC 的项目并不打算重复斯坦福监狱实验。相反，它的设计是为了重新审视斯坦福监狱实验中所提出的一些问题。研究人员对检验津巴多的实验结论很感兴趣，即情境的要求决定了一个人的行为，而不用考虑个体差异、人格或其他特点。

报名的参与者共有 322 人，研究人员从中选取了 15 名被试。这 15 名被试是从全部 322 人的样本中经过 3 轮仔细筛选后确定的。选中的被试被随机分配扮演狱警角色或囚犯角色。

与斯坦福监狱实验的方法不同，BBC 监狱实验的实验者尽量避免扮演那些告知狱警应该如何行事的领导者角色。此外，BBC 监狱实验的实验者还对"探索是什么情境让囚犯会遵从或挑战监狱系统里的不平等"感兴趣（Haslam & Reicher，2012）。

BBC 监狱实验的结果明显不同于斯坦福监狱实验的结果。首先，并没有证据表明狱警是自然而然或不加批判地投入他们的角色中的。有许多人不愿意行使他们的权力，而且在对自己的角色诠释上也存在分歧。实际上，该实验中出现了明显的个体差异，狱警组失去了凝聚力，并且越来越无法维持秩序。其次，囚犯的行为与斯坦福监狱实验相比也有很大不同。例如，津巴多称，斯坦福监狱实验中的囚犯像僵尸一样屈服于狱警不断升级的淫威。而且，还有一些囚犯强烈抗议他们遭受的待遇，随后这些人被单独监禁了。在 BBC 监狱实验中，这些囚犯在嘲笑、挑战并破坏狱警的权力，而不像在斯坦福监狱实验中所看到的那样，狱警在实施暴行（Haslam & Reicher，2012）。总之，无论狱警还是囚犯，都没有像斯坦福监狱实验中的一些参与者那样盲从于实验人员分配给他们的角色。

尽管 BBC 监狱实验发现参与者的行为与之前的实验结果存在很大差异，但这些发现绝不会削弱津巴多实验的重要性。斯坦福监狱实验的结果明确强调，即使在享负盛誉的高校（斯坦福大学），即使是专门为自愿参加实验且毫无准备的学生而创建的情境，就算受到一种强大的权威（津巴多教授）的控制，危险同样会产生。然而，斯坦福监狱实验并没有证实所有的权威情境都会泯灭这些情境中人群的人格及个体差异。

去个性化和群体暴力

自 20 世纪初以来，群体对个体行为的强大影响引起了社会科学家的广泛兴趣。群体影响通常研究的是消极集群行为，包括暴乱、轮奸、恐吓、动用私刑、暴力示威等。然而，集群行为也具有积极的内涵，如和平抗议、示威、游行、静坐及其他变革活动。我们之所以关注集群行为，是因为它会煽动并维持暴力或非法活动，如抢劫。回想一下，我们讨论了群体情境下挫折可能会引发暴乱或其他反社会行为。在此我们关注的是问题的另一个方面，即在人群中，个体可能会失去个人身份，并采纳周围人的行为模式。

我们大多数人都看到过这样的戏剧化场面，一些暴徒叫嚣着要摧毁某一政权、社会或实体机构，或者要为个人或群体"伸张正义"。暴徒的这种行为常常被比喻为灌木丛的火灾，这种火灾势头迅猛，且很快就会失控。在一些社区中发生过很多故意破坏和袭击事件，通常与聚会、节日或庆祝活动有关。在一所大学校园里，学生们突袭了放置在图书馆外的免费图书箱，并在半夜纵火焚烧图书；球迷会在体育比赛后（无论他们支持的球队赢了还是输了）毁坏财物；有些参加政治集会的人会威胁甚至推搡媒体成员；有争议的司法判决（无罪裁决或不起诉）会引发和平抗议甚至暴力抗议。正如我们在本章前文指出的，尽管旁观者有时会担心甚至预感这些暴力会持续数天，但其实最终人群并没有变成暴徒。

真正的暴徒行为（包括大规模暴力）很少发生。例如，近年来备受关注的警察枪击非洲裔美国人事件，受尊敬的公众人物和普通公民都鼓励和平抗议并请求大家保持冷静。然而，在某些情况下，如上述抢劫和纵火事件，令人恐慌和具有破坏性的集群行为确实存在。这些行为并不能仅通过酒精的影响来解释，虽然它在对大学校园、节日或其他庆祝活动中的破坏性集群活动的解释是有效的。然而，由于真正的暴徒行为是自发性事件，因此很难对其进行科学、系统的调查。这种暴徒行为的发生过程仍然无法被清晰地解释。

津巴多认为，去个性化在很大程度上解释了原本"驯服的"个体为何出现反社会行为和暴力行为倾向。回想一下，去个性化包括个体独特性、可识别性和责任感的降低。你不会从人群中脱颖而出，不会被辨认出来，也不用承担任何个人责任。此外，在群体中，限制行为的门槛降低了。换言之，由于人们觉得自己是匿名的，对自己的行为不用那么负责，因此他们也不用太压抑自己的行为。津巴多认为，这些条件鼓励了与自私、贪婪、敌意、欲望、残忍和破坏有关的反社会行为。

旁观者效应

去个性化的过程和责任分散也可能在紧急情况下发挥重要作用，如决定是否帮助暴力犯罪人的被害人。吉诺维斯（Genovese）的案例就是一个经典案例，而且自 1964 年该事件发生以来，媒体及社会心理学教材都对这一案例进行了叙述。然而，正如我们在下面指出的，实际情况与半个多世纪以来呈现的情况却大不相同（见专栏 4-2）。

1964 年 3 月 13 日清晨，28 岁的吉诺维斯下班回家，当她走到自己在纽约市皇后区的公寓时，她明显感到自己被一个陌生男子尾随，于是她开始逃跑，但最终没能逃脱。男子抓住她，把她摔倒在地，从背后捅了她两刀。她尖叫着求救，尽管附近公寓里

研究重点 • • •

专栏 4-2　摄像头会影响旁观者的冷漠吗

自从拉塔内和达利（Latané & Darley，1970）首次提出旁观者效应的概念以来，研究人员针对这一有趣的现象已经进行了大量研究（Fischer et al.，2011）。一般来说，其他人的存在被认为会减少亲社会行为。人们会认为："别人会管或会报警的。让他们来吧！"此外，旁观者的冷漠（或不出手）的程度随着人群规模的增加而加剧，

这可能是因为责任分散在更多的人身上。不过在紧急情况或严重情况下，如涉及犯罪时，旁观者不太可能漠不关心。与背包被抢相比，人们更可能向被刺伤的人伸出援手。

早期关于 1968 年吉诺维斯遇害的描述是不准确的。当时的大量报道及多年来的学术文献和通俗文学都反复提及，附近的人没有回应被害人

的求助。这些年来，这一记录得到了纠正。虽然两个路过的人没有帮助她，但许多人确实试图以多种方式进行援助，包括报警和大声叫喊试图阻止袭击者。还有一个人从公寓跑出来，在被害人临终时抱着她。许多住在袭击发生地附近的人没有目击该事件，所以也不知道发生了什么。

尽管吉诺维斯事件本身并不是最初报道的那样，但它确实促使人们对旁观者不伸出援手最有可能的原因进行了一系列研究。研究人员（van Bommel et al., 2014）认为，冷漠可能会受到另一个因素的影响——个体维持积极形象的愿望。即使我们没有义务帮助他人，但当我们被监控时，我们是否更有可能为了获得或保持良好的声誉而帮助他人呢？

研究人员设置了一个实验情境，参与者观察到有人试图在实验者离开房间的短暂时间内从实验者的办公桌上偷钱。在一种实验情境中，三名参与者在房间里等待实验者；在另一种情境中，两名参与者在房间里。但在这两种情况下，只有一个真正的参与者，而其他人是实验助手。一个实验助手扮演"小偷"的角色。

然后，每个情境下有两种监控条件：一种条件下没有摄像头；另一种条件下一个摄像头非常明显地出现在参与者的视线中。

与其他关于旁观者效应的研究一致，即使只有一名其他人在场，参与者（即旁观者）也倾向于不伸出援手。尽管这个群体规模较小，但责任分散仍然发生了。同样，与其他研究一致，如果没有其他旁观者在场，参与者更有可能通过对小偷说些什么或向实验者报告事件来进行干预。然而，在监控条件下，摄像头的存在使旁观者减少了冷漠。正如研究人员假设的那样，当有摄像头时，无论是否有其他旁观者在场，参与者伸出援手的可能性都更大。研究人员得出结论：摄像头增加了参与者的亲社会行为，鼓励他们伸出援手，因为这会给"观众"留下印象。

问题讨论

1. 基于以上描述，该研究并没有表明摄像头会减少犯罪，而是表明摄像头减少了旁观者的冷漠并促使他们伸出援手。如果想要达到这种效果，其必要条件是什么？

2. 请提出一种假设并设计一项研究来进一步检验摄像头对旁观者效应的影响。

3. 如今监控设备无处不在，能够时刻记录犯罪事件，它有哪些优点和缺点？摄像头的形式（固定监控摄像机、警察佩戴或安装在巡逻车上的摄像头、私人携带的相机）是否重要？

的灯一直亮着，却没有人来帮助她。袭击者曾有短暂的退却，但当他意识到没有人来帮助她时，便回来强奸了她，并将她杀死。据报纸报道，整个事件持续了大约45分钟，38名目击者在整个过程中都没有对她施以援手。媒体对此案进行了大肆宣传，人们对目击者表现出的麻木不仁和缺乏勇气感到震惊和失望。袭击吉诺维斯的凶手最终被逮捕、审判和定罪。2016年，他在狱中去世，终年81岁。此前，他曾多次越狱，并在越狱期间再次实施强奸，多次试图假释，但均未成功。

吉诺维斯事件促使社会心理学家约翰·达利（John Darley）和比布·拉塔内（Bibb Latané）开展了一系列实验研究，其目的是确定为什么目击者表现得如此冷漠和无情。这项被称为旁观者效应（bystander effect）的研究发现，一系列复杂的因素决定了谁会在危及生命或危险的情况下为他人提供帮助。如果一个人在另一个人被第三人刺伤时出手制止，他自己会有受伤的风险，甚至连报警的行为都会让自己卷入其中且面临风险。此外，目睹真实的暴力或犯罪事件并不常见，以致大多数人都没有准备，更是很难确定最佳的行动方案。也许旁观者效应研究最重要的发现是，其他人的存在会抑制一个人对被害人采取帮助行动并承担责任的勇气。达利和拉塔内得出的基本结论是，心理学中这38名目击者的事件告诉我们，他人的负面影响会压制个人意志（Manning，Levine，& Collins，2007）。更重要的是，他们还发现，在危险情况下，旁观者越多，人们就越不可能自愿提供帮助。当时的研究都表明，群体会削弱个人的责任感、个体差异和人格的影响。按照这个结论，群体会威胁社会稳定；群体及群体中的人是缺乏理性的，群体的非理性揭示了一种原始的本性，这种本性摆脱了原本在约束它的其他心理品质；群体中的个体丧失了个性，等等（Manning et al.，2007）。

虽然旁观者的冷漠或无动于衷是一个事实，但不幸的是，正如各种报道所述，吉诺维斯案件犯罪现场这38名目击者却因此背负骂名（Cook，2014；Manning et al.，2007；Pelonero，2014）。最不准确的结论是，没有任何人向被害人提供帮助或去报警。然而，警方收集的证据、法庭文件披露的证据及对袭击者的审判中的证据均表明，确实有几名目击者报了警。至少有一个人表示，警方的回应不够迅速甚至根本没有回应，可能是因为电话打错，打到了别的辖区。有一位邻居喊道"别碰那个女孩"，这使袭击者短暂离开了现场，后来他又回来完成了袭击。另一位邻居勇敢地离开公寓，来到犯罪现场，将吉诺维斯搂在怀里，尽管她并不知道袭击者已经逃跑了（Lemann，2014）。这些都不能说明旁观者很冷漠。许多目击者说，虽然他们听到了尖叫声，但由于他们的公寓位置的问题，视线被挡住了，因此看不到发生了什么。袭击的第二阶段发生在一栋建筑内部，很少有目击者能够看到这起事件（Manning et al.，2007）。然而，至少有两名男子，尽管他们距离案件现场很近，但他们拒绝主动提供帮助，这些都突出表明了在紧急情况下出现的个体差异。

尽管对吉诺维斯所遭受的犯罪行为的最初报道并不准确，但研究表明，旁观者效应确实存在，尤其是在相对没有生命威胁的紧急情况下。不过，与早期的社会心理学研究相比，该效应要复杂得多，并涉及更多的影响因素（Fischer et al.，2011）。在危险且紧急的情况下，旁观者效应发生的概率较小（Fischer et al.，2006，2011）。在诸如强奸或袭击这样明显的暴力事件中，人们通常都会对被害人施以援手。有意思的是，在课堂上了解过旁观者效应的学生比没有了解过的学生更有可能在之后发生紧急情况时出手援助（Beaman et al.，1978；Fischer et al.，2011）。此外，一些研究还调查了鼓励旁观者干预的方法，如在街道安装摄像头，你可能会对此方法很诧异（见专栏4-2）。

吉诺维斯事件除引发了相关研究，还带来了很多其他深远的影响。它推动了在全美国范围内建立911报警系统（Lemann，2014）。它还促进了美国各地通过了《无偿施救者保护法》（Good Samaritan Laws）（Getlen，2014）及相关法律法规。这些法律法规既要求人们对被害人施以积极的救助，又对见义勇为者予以保护。也就是说，如果他们在犯罪事件或紧急情况中所采取的干预措施是无效的，或者导致了他人受伤，那么他们会免受民事处罚。

道德推脱

著名社会心理学家班杜拉（Bandura，1990，2016）提出了这样一种理论，即通过社会认知学习（cognitive learning），人们将内化道德原则，这些原则在得到维护时会增加自我价值，而被违反时则会产生自我谴责。道德原则的内化是一种自我调节形式。在自我调节的过程中，个体会采用行为评价标准，根据这些标准来判断他们的行为，并根据行为是否达到所采用的标准来进行自我认可或自我谴责（Bandura，2016）。

班杜拉提出了道德推脱（moral disengagement）概念，以解释人们为什么会做他们明知道不对的事情，不管出于自愿还是被更高的权威命令，抑或由于受到巨大的社会压力。道德推脱的概念有助于解释本来善良（或不那么善良）的人是如何非法或残忍行事却仍然对自己感觉良好的。它涉及人们的认知过程，即在头脑中重构自己的行为，使其符合道德上可接受的标准。标准可以是个人的，也可以是社会的，或者两者兼而有之。有时人们并不认为这些行为是不道德的，相反它们更符合职业角色，如企业文化、军队或执法文化中的部分行为。在这种情况下，人们会推脱或摆脱通常的道德原则，主要是为了避免自我谴责。因此，决定一个人行为的不只有情境；其实，至关重要的是个人特质，即个体脱离道德原则的能力。在前文讨论的监狱实验中，我们会认为一些参与者比其他人更有可能采用道德推脱策略。

班杜拉指出，孩子们在很小的时候就知道，他们可以通过将责任推卸给他人并援引可减轻罪责的情节来减少甚至逃避社会对他们的不当行为的谴责。在这些情况下，孩子都会试图避免来自父母或他人的社会制裁（social sanctions），因为这时他们的个人制裁（personal sanctions）或道德标准尚未充分发展起来。随着自我的道德标准逐渐发展，孩子们明白了要为自己的行为负责，而不能仅依靠他人的评价存活。这标志着行为规范的发展由社会制裁向个人制裁转变。不过，到青春期晚期，人们通常已经学会了一整套道德推脱策略（见表 4-2）。需要注意的是，道德是从社会中习得并受社会支配的，而不是由与生俱来的人性决定的。

班杜拉在他的研究中发现，道德推脱使用越多，参与攻击性和反社会行为的概率就越大，参与未成年人违法犯罪和成年人犯罪行为的概率也就越大。他还注意到，除了年龄，道德推脱与社会经济地位或任何人口统计学变量都无关。富裕或社会地位高的人与那些处于经济或社会劣势的人一样，都会使用道德推脱。

在本书后面，我们将看到道德推脱的过程可以为我们将要讨论的许多反社会行为提供解释，如政治犯罪、企业中的各种犯罪行为。这一概念还有力地解释了人们为何参与恐怖主义、性虐待、性攻击、家庭暴力、校园暴力、纵火，甚至大规模谋杀和系列谋杀。在儿童和青少年（及一些成年人）中，各种形式的欺凌也可以用道德推脱解释。班杜拉发现，道德推脱程度越高，欺凌者的行为就越恶劣。从道德约束中解脱出来，相信自己能通过施虐行为有效地控制他人，这会助长欺凌行为。

班杜拉列出了人们用来为自己的不道德行为进行辩护的八种道德推脱策略，读者可在本书其余部分讨论的各种犯罪行为中找到这些心理机制。

1. 道德辩护（moral justification）

人们以自己要造福于有价值的社会和道德目的而为自己的行为辩护。在这种情况下，人们能够在伤害他人的同时保持自我价值感。例如，恐怖分子

表 4-2　班杜拉的道德推脱策略

策略	简要说明	举例说明
道德辩护	为了更大的利益	杀死堕胎服务提供者，拯救未出生的婴儿
委婉标签	用无害术语描述行为	无辜平民是附带伤害
有利比较	与他人所做的相比是无害的	烧毁性犯罪人的家；他的罪行要严重得多
责任转移	被权威人士命令	记账员被命令做假账；警察被命令在法庭上说谎
责任分散	小组中的其他人也进行了非法行动	三名未成年人一起抢劫并分赃
忽视、歪曲和否认危害	未发现危害或认为未发生危害	非法倾倒危险品，污染者看不到直接危害；"我逃税没伤到任何人"
伤害行为目击者的道德推脱	"与我无关"	证人看到有人遭到袭击，但没有提供援助或报警
去人性化	被伤害的人不是"人"，或者比施暴者低人一等	战时敌人不如人

认为他们的暴行在道德上是正当的，因为他们在抵御当权者或有影响力的人所犯下的暴行。班杜拉举了牧师保罗·希尔（Paul Hill）的例子，他在一家提供堕胎服务的诊所外杀死了一名医生及其助手后，声称自己只是在执行上帝的旨意来保护未出生的孩子。

2. 委婉标签（euphemistic language）

对一些人来说，行为的可接受程度往往取决于行为的名称。通过净化的语言的力量，杀人也就不那么令人憎恶了（Bandura，2016）。例如，当用于攻击敌人的炸弹造成平民意外伤亡时，军方只会用"附带伤害"一笔带过。其他例子包括用"强化审讯"取代系统性酷刑。

3. 有利比较（advantageous comparison）

在这种情况下，人们通过将自己的暴行与他人所犯的或将来可能会犯的更加明目张胆的、可怕的、不人道的行为进行比较，来为自己的行为辩护。例如，恐怖分子经常把他们的危害行为与当权者所犯的不公正和自私的暴行相比，将自己的行为描述为无私的殉道行为。

4. 责任转移（displacement of responsibility）

在这种情况下，人们认为自己的危害行为是出于遵从上级的命令。这个人会解释说自己只是按照领导的命令或期望行事。例如，米尔格拉姆实验中的一些参与者声称他们只是听从负责人的命令来为他们的行为辩护。

5. 责任分散（diffusion of responsibility）

在这种情况下，如果他人也做了同样的事，那么人们就会认为自己没有责任。例如，一个群体的成员可能会忽视自己在残酷或破坏性行为中所起的作用，因为他会认为该行为的责任是整个群体的而非他自己的。

6. 忽视、歪曲和否认危害（disregard，distortion，and denial of harmful effects）

执行这种策略时，个体会最小化、忽视或质疑其行动带来的危害。这种情况发生在该个体单独行动时，因此他无法轻易逃避责任。正如米尔格拉姆在实验中发现的，当被害人的痛苦不那么明显时，个体更倾向于使用这种方法。但当侵害者看不到自己对被害人所造成的伤害时，即使他知道自己对行为后果负有最大的责任，这种策略对行为的约束仍然很弱（Bandura，2016）。例如，大多数组织都有指挥系统，高层制订计划和目标，然后由中间人将其传递给承包商或执行这些计划和目标的工作人员。在这种情况下，高层不必为他们的有害决定承担直接责任，主要是因为他们在身体和心理上都远离被害人。这种方法的认知过程包括对有害结果选择性忽视，采用使其看起来不那么有害的方式来进行解释，以及选择遗忘（Bandura，2016）。

7. 伤害行为目击者的道德推脱（moral disengagement by observers of harmful practices）①

这种策略通常发生在工作环境中，员工群体对主管或同事的不法行为视而不见。例如，员工往往都对挪用公款或违反政府规定的行为视而不见；当有警察对嫌疑人或囚犯滥用职权时，一些警察和惩教人员会视若无睹。简而言之，任何职业都会存在这种道德推脱的情况。

8. 去人性化（dehumanization）

这种认知歪曲是一个维持信念的过程，这些信念剥夺被害人作为"人"的人性，或者赋予他们恶魔或野兽的品性。它基于这样一个前提：虐待或杀害一个有人性的人会大大增加自我谴责的风险；而虐待甚至杀害一个没有人性的陌生人就不会。一旦被害人被剥夺了人性，他们就不再被视为有感情、有希望和有忧虑的人，而是被视为低等生物（Bandura，2004）。因为被害人被视为低等生物，所

---

① 该条为本书作者调整后的内容，在班杜拉原文献中为 attribution of blame，一般译为"责备归因"。——译者注

以犯罪人就可以合理地认为一般的道德原则并不适用于这些被害人（Tsang，2002）。例如，如果一个人轻视女性，那么对女性实施性侵害就比较容易；在战时如果把某人视为暴徒，就更容易去杀害他。

对当代致力于认知心理学的研究人员来说，道德推脱是一个具有启发性的议题，尤其是当它涉及与攻击行为有关的议题时。关于道德推脱的研究，研究人员关注的对象主要是青少年（Gini，2006；Paciello et al.，2008；Shulman et al.，2011）或青年人群（Caprara et al.，2014）。但也有一些有趣的例外。例如，奥索夫斯基、班杜拉和津巴多（Osofsky，Bandura，& Zimbardo，2005）研究了执行死刑的监狱人员的道德推脱。包括死刑执行者、死刑犯及其家属的支持小组，以及那些没有直接参与处决过程的惩教人员。结果发现，死刑执行者表现出了最高程度的道德推脱水平，以及对死刑犯的去人性化和对自身工作正当性的辩护。支持小组的成员最不可能出现道德推脱现象。

对青少年道德推脱的研究表明，道德推脱通常会随着年龄的增长而减少，这种结果与反社会行为的减少有关（Paciello et al.，2008）。在对 1 169 名青少年重罪犯的纵向研究中，舒尔曼等人（Shulman et al.，2011）发现，随着青少年年龄的增长，他们对非法行为的态度也朝着积极的方向转变，即他们越来越不宽恕非法行为，随之他们的侵犯行为也会逐渐停止。尽管已有一些初步研究，但产生这一结果的原因仍有待进一步探索。了解违法犯罪的青少年为什么会出现这种对非法行为的态度转变，是未来的一个重要的研究方向（Shulman et al.，2011）。

不过，到目前为止，社会心理学家几乎只关注了青少年和青年人的攻击行为的道德推脱问题。但其实，道德推脱与白领犯罪也密切相关，政治犯罪和法人犯罪也是如此。我们将在第十三章重新回到这个话题。

本章小结

本章，我们从第三章的生物学取向转向了这样的观点，即认为所有行为，包括反社会行为，都是在出生后与环境互动的结果，而非出生前就被决定了。根据本章介绍的理论，人们并非天生就有暴力倾向或先天条件有问题；相反，它们是社会经验塑造的结果。此外，与所有行为一样，犯罪行为也是个体适应环境的一种方式。

我们回顾了基于华生和巴甫洛夫的观点提出的斯金纳的行为主义。巴甫洛夫、斯金纳和华生的心理学理论为该领域共同提供了一些最基本的概念，如经典条件反射、操作性条件反射、强化、惩罚和消退等。目前，大多数行为主义者都会赞同这样一个基本结论：刺激会引发反应（经典条件反射），行为所产生的结果会影响后续行为反应（操作性条件反射）。不过，他们也认为必须引入其他因素来解释人类的行为。因此，社会学习理论家便关注了认知、态度、信念和其他必要的心理过程。

我们选择了罗特的期望理论、班杜拉的观察学习理论，以及萨瑟兰和埃克斯的社会学习理论来说明这些心理过程。萨瑟兰是一位社会学家，他可能并不想被归入这个群体，但他的理论仍然是一种学习理论。本文还讨论了伯科威茨的挫折理论和津巴多的去个性化概念及其相关研究。这些都不同程度地强调了学习在犯罪行为发展和维持中的重要性。这些理论中大部分都强调了外部强化在这些行为的维持和消退中的作用。那些持续从事反社会行为的人会得到物质回报或社会的和心理上的奖励。总体来说，给我们带来物质、社会或心理收益的外部强化被称为正强化，而当我们的行为能够躲避不愉快的环境时，我们就得到了负强化。

对行为的调节还包括替代强化，包括观察到的奖励和观察到的惩罚。当我们观察到其他人（榜样）因某些行为而得到奖励或受到惩罚时，我们往往会相应地改变我们的行为。榜样在犯罪行为的习得和调节中极其重要。这些榜样是我们在特定情境下应该做什么及可以做什么的参照点。因此，榜样既可以是行为的抑制剂，也可以是催化剂。人们将重要榜样的行为和理念内化，从而使其成为自己行为和认知结构的一部分。近年来的研究主要集中于榜样在媒体、暴力视频游戏、互联网及社交媒介中的作用。越来越多的证据表明，那些观看很多暴力行为的人也会变得更加暴力和具有攻击性。

除榜样作用，情境因素也可能是导致犯罪行为的重要因素。一些理论家认为，挫折在暴力犯罪中起着重要作用。例如，当孩子因父母或看护人不能满足他们的需求而感到沮丧时，孩子对其他成年人会更加不信任，这会阻止情感依恋的形成。根据该理论，那些对社会发起攻击的个体往往都遭遇过严重的挫折。

我们还讨论了权威人物的影响及去个性化过程中涉及的环境因素。正如米尔格拉姆做的令人震撼的经典实验所证明的那样，人们有时会因为上级的命令而从事非法活动或暴力行为。有意思的是，伯格（Burger，2009）发现的结果与米尔格拉姆的结果非常相似。在军队、执法部门和商业场所也有许多这样的情况。一些心理学家在寻找个体差异，他们期待这些差异（如人格或道德发展的差异）可以预测一个人是否会及会在多大程度上服从那些被认为是不道德或非法的命令。

近年来，研究人员将重点放在道德推脱上，这使人们能够将自己与正常行为准则分离，进而去从事非法活动或与道德有冲突的行为。

其他研究人员也指出了角色的强大影响，津巴多的斯坦福监狱实验就说明了这一点。不过，有意思的是，BBC 的一个不太知名的监狱实验却表明，个人特质可以有力地挑战情境需求。

旁观者冷漠或旁观者不施以援手的现象仍然是当代研究人员很感兴趣的研究主题。30多年的研究证明，在危急情况下普遍不施以援手的原始假设是错误的。人们确实会帮助他人，但这最有可能发生在严重伤害的情况下。此外，目击者的人数似乎降低了特定旁观者介入干预的可能性。近年来，一些研究表明，如果施以援手能够改善或维持一个人在群体中的地位，那么援助的可能性就会增加。然而，旁观者的反应是一个非常复杂的问题，仍然值得进一步研究。

核心术语

经典条件反射（classical conditioning）

操作性条件反射（operant conditioning）

行为主义（behaviorism）

认知过程（cognitive processes）

刺激（stimulus）

反应（response）

自变量（independent variables）

因变量（dependent variables）

变量（variables）

情境论（situationism）

还原论（reductionism）

强化（reinforcement）

正强化（positive reinforcement）

负强化（negative reinforcement）

惩罚（punishment）

消退（extinction）

期望理论（expectancy theory）

观察学习 / 榜样作用（observational learning/modeling）

榜样（models）

模仿学习（imitational learning）

不同交往 – 强化理论（Differential Association-Reinforcement theory，DAR）

辨别性刺激（discriminative stimuli）

挫折（frustration）

社会化型犯罪人（socialized offender）

个体化型犯罪人（individual offender）

基本归因错误（fundamental attribution error）

自我服务偏差（self-serving bias）

服从型犯罪（crimes of obedience）

去个性化（deindividuation）

斯坦福监狱实验（Stanford Prison Experiment）

认知学习（cognitive learning）

道德推脱（moral disengagement）

思考题

1. 描述操作性条件反射的过程，并举例说明犯罪行为是如何产生的。

2. 解释不同交往理论和不同交往 – 强化理论之间的区别。

3. 解释去个性化的概念，并通过描述社会心理学中的一项实验来加以说明。

4. 什么是挫折诱发的犯罪？请举例说明。

5. 比较斯金纳倡导的行为主义与班杜拉倡导的当代行为主义。

6. 描述并讨论可能影响犯罪行为的情境因素。除本章提到的，还有哪些因素？

7. 什么是服从型犯罪？请举例说明。

8. 旁观者冷漠是什么意思？它在什么情况下最有可能发生？

9. 解释道德推脱的概念，并讨论其与反社会行为或违背道德的行为的相关性。

"暴力是盲目的野兽",作为动物和人类普遍存在的行为现象,攻击与暴力一直是一个古老的话题,也是犯罪心理学领域的重要主题。本章梳理了攻击行为的定义和理论,解释了攻击的心理机制和影响因素,为我们理解这一复杂现象提供了宝贵的视角。

本章首先界定了攻击和暴力的定义,并将研究重点限定在表现为暴力和主动攻击行为的类型上。攻击有很多分类,无论主动攻击还是被动攻击,敌意性攻击还是工具性攻击,都反映了攻击行为的多样性。也有研究人员不赞同对攻击进行分类,认为应该将攻击行为看成一个连续体。同时,针对攻击行为是否属于暴力也进行了例证阐释。

研究人员尝试提出一些理论来阐述攻击和暴力的产生机制,其中也涉及人类是否天生就有攻击和暴力的本性这一问题。第一种观点认为,人类天生具有攻击性以保护自己、家庭和领地免受入侵者的侵犯,是进化过程中自然选择的结果。第二种观点认为,人类通过从社会中习得攻击的模式和行为,是后天学习经验的结果。攻击的相关理论包括行为学观点、挫折–攻击假说、武器效应、认知–新联想理论、兴奋迁移理论、替代攻击理论等。攻击的社会学习过程需要考虑到榜样的作用及对榜样的观察,并且还需要定期进行强化。除观察学习,个体的认知能力和信息加工策略在社会学习过程中也同样重要,所以出现了以认知脚本模型和敌意归因模型为代表的攻击的认知模型。一般攻击模型整合以往攻击理论的共同特征,包括生物学、人格发展、社会过程、基本认知过程、加工和决策过程等内容。I³ 理论对一般攻击模型进行了延伸,将自我调节的新近研究作为理论的核心整合进来,并详细阐述了攻击风险因素导致攻击和暴力的不同路径。一般攻击模型与 I³ 理论成为现代攻击理论的代表性成果。

互联网改变了现代人的生活方式,随之而来的媒体暴力也对个体行为产生了重大影响,甚至导致模仿犯罪或传染效应,这可以解释校园枪击案等犯罪。

本章为理解攻击和暴力行为提供了全面而深入的视角,通过阅读本章内容,我们可以更好地理解攻击和暴力的定义和心理机制,并根据不同分类解构攻击和暴力行为的本质,为预防和干预攻击和暴力行为提供理论支持和实践指导。

郑莉芳

四川大学法学院　副教授

赵辉

中国政法大学社会学院　讲师、博士

第五章

人类的攻击与暴力

本章译者：郑莉芳　赵辉

学习目标

- 探索攻击行为的概念、界定和识别方法。
- 介绍关于攻击和暴力的主要理论。
- 强调社会认知过程在攻击行为中的重要作用。
- 探索生物因素和认知过程对攻击和暴力的交互影响。
- 介绍一般攻击模型和 I³ 理论。
- 了解数字、电子和其他媒体对攻击和暴力的影响。
- 了解当前关于模仿犯罪的研究。

大量证据表明，人类攻击和暴力的历史十分悠久。人类历史共记载了 14 600 场战争，平均每年 2.6 场以上（Baron，1983；Montagu，1976）。在过去的几千年间，人类只有 8% 的时间完全处于和平状态（Hedges，2003）。此外，随着每一项技术的进步，现代战争对人类的威胁越来越大（Hedges，2014）。如今许多人不仅害怕战争和恐怖袭击，还担心致命武器（尤其是枪支）造成的伤亡。

虽然暴力经常发生在高犯罪率区域，但是大量随机的大规模枪击事件表明，没有一个地方可以幸免。家里、学校、音乐厅、教堂、公园、剧院和购物中心都会成为暴力袭击的目标场所。然而正如第一章所言，自 20 世纪 90 年代中期以来，美国的暴力犯罪率虽然呈现下降的趋势（FBI，2014，2018），但近几年在某些地域出现了偶尔上升的情况。

虽然攻击和暴力密切相关，但并非所有的攻击都是暴力的。有学者认为攻击有利于人类的生存。历史的经验使人们认识到攻击行为可以带来物资、土地和财富，保护财产和家庭，还可以获得声望、地位和权力。有人指出人类不依赖攻击可能无法生存，但这种观点马上受到批判：无论在历史上还是现在，攻击行为一直都是众多社会问题和个人问题的根源。

攻击，这一我们将要进行简短界定的心理学概念，值得以整章篇幅来讨论，因为攻击是暴力犯罪的基本成分。不过，我们要注意到，攻击是一个非常复杂的话题，它涉及众多理论和令人困惑的研究成果。但这恰恰是良性科学研究的典型特征。基于对攻击的研究，心理学家为我们理解暴力和非暴力犯罪，以及没有被定义为犯罪的暴力行为做出了重大贡献（如合法使用武力）。人类的攻击是本能的、生物性的、后天习得的，还是这些因素的组合？如果它是先天的，具有生物学机制，那么用来控制、减少或消除攻击行为的措施将与那些应对后天习得的攻击行为使用的措施明显不同。

在有关攻击的学术研究及文献中，研究人员的人性观都非常明确。一方面，一些学者与研究人员认为，攻击行为源于生物和遗传因素，是人类进化的产物。这种生物遗传观也有大量令人信服的证据，我们可以从整个动物世界中找到人类攻击行为的解释。另一方面，持后天习得论的研究人员认为，虽然某些动物可能具有攻击基因，但人类主要还是从社会环境中习得攻击行为的。习得论立场也有大量有力的证据。其他研究人员仍然在理论上保持中立立场，他们只是接受或拒绝接受某种观点的某些方面。有研究表明，大多数儿童在 8 岁时表现出来的攻击行为水平在成年后基本保持不变（Kokko & Pulkkinen，2005）。另外，如果通过干预策略提供替代方法来应对那些助长攻击的情境，那么攻击行为是可以被"忘却"的。

如果攻击和暴力是人性中固有的、可被遗传的，那么正如巴伦（Baron，1983）所言，结论可能就比较悲观了。我们充其量只能寄希望于暂时控制人类天生的攻击欲望。此外，我们还应该对环境和社会进行设计，以阻止暴力的发生，包括暴力发生时给予即时的、令人厌恶的后果（惩罚）。暂时抛开伦理或法律方面的考量，我们更需要考虑精神外科手术、电极植入、药物控制等所有能够减少暴力（如果不能消除）的有效方法。相反，如果我们相信攻击是后天习得的，并且会受到一系列情境、社会和环境变量的影响，那么结果就会比较乐观。攻击并非人类生活中不可避免的行为。一旦我们知晓哪些重要因素会助长攻击行为的习得和维持，我们就能通过解决这些因素来减少攻击的发生。当然，人类的攻击既有积极的攻击，也有消极的攻击。本章关注那些不恰当的攻击行为，尤其是暴力行为，即攻击的消极方面，这些是社会不允许的攻击形式，它们有可能转化为犯罪行为。

攻击的界定

许多社会心理学家认为，对人类的攻击进行界定非常困难。强行捅刺某人的腹部当然是攻击。但如果是开玩笑地轻轻击打一下他人，是不是攻击呢？足球和拳击往往被认为是具有攻击性的运动，只有这两项运动具有攻击性吗？如果有人故意无视他人的问题，这是攻击吗？如果有人恶意散布谣言呢？如果有人大声喊叫以打断发言人，这也是攻击吗？如果窃贼闯入你家，你持枪对准入侵者并扣动扳机，你的行为是攻击吗？如果你没有开枪，那么你的行为还是不是攻击呢？如果有人坐在门口台阶上，故意阻挡你进出，这又是不是攻击呢？

有些社会心理学家认为，攻击是一种有目的、有意图地伤害他人的身体、社会关系或破坏物体的行为。虽然这个定义适用于大多数情形，但它仍然有一些局限。拒绝发言就不太符合这个定义，因为它没有主动伤害他人的意图，同理，阻止他人进入某个场所也不符合。大多数心理学家将这两种行为归为攻击性反应的特殊类型，也称为被动攻击行为（passive-aggressive behaviors），因为尽管它们在行为上是被动的和间接的，但通常被解释为具有攻击性

的意图。

虽然被动攻击行为可能很有意思，但它与我们所要讨论的犯罪无关，因为我们关注直接表现为暴力或反社会行为的攻击类型。从这一点而言，如果我们可以将坐在你家门口的人视为非法入侵者，那么他就可以被指控为刑事犯罪。同样在其他情形下，被动攻击行为还可能会导致各种犯罪行为，如因对政府政策不满而拒绝缴纳个人所得税。不过，总体来说，我们在本章重点讨论的攻击行为不是被动攻击行为。

为了界定各种关于人类攻击行为的概念，巴斯（Buss，1971）曾试图根据攻击者的动机对其进行分类，虽然他在分类上并没使用动机这一概念（见表5-1）。在巴斯的分类框架中可能会存在例外或重复，但这恰恰说明区分人类攻击行为是十分困难的。他的分类也集中体现了那些阻碍社会心理学家研究攻击时存在的许多定义上的困境。不过，巴斯分类法对任何关于攻击的讨论都是有意义的，并且他对攻击的各种形式的研究都非常有价值。例如，研究人员了解到，男性往往采用更直接的攻击方式，尤其是对其他男性，而女性则更倾向于使用间接的攻击方式，并对攻击目标无性别差异（Richardson，2005，2014）。

表 5-1　人类攻击行为的类型

	主动的		被动的	
	直接的	**间接的**	**直接的**	**间接的**
身体上的	殴打、撞击	恶作剧、设计陷阱	阻挡通道	拒绝完成任务
言语上的	辱骂	恶毒的谣言	拒绝发言	拒绝表示赞同

资料来源：Adapted from Buss, A. H.（1971）. Aggression pays. In J. L. Singer（Ed.）, The control of aggression and violence. New York：Academic Press。

反应 - 冲动型攻击与控制 - 工具型攻击

在最终给攻击确定一个令人满意的定义之前，我们有必要了解费什巴赫（Feshbach，1964）首

次提出的两种攻击类型——敌意性攻击（hostile aggresion）和工具性攻击（instrumental aggresion）。近年来，心理学家更习惯于使用反应－冲动型攻击（reactive-impulsive aggression）和控制－工具型攻击（controlled-instrumental aggression）这两个术语，但本节保留费什巴赫的术语。这两种类型攻击的区别在于攻击者的目的或其想获得的回报。本章关注敌意性攻击（也称反应－冲动型攻击），它通常发生在引发个体愤怒的场合，如实际体验到或感知到侮辱、身体的攻击或自己的失败。它是对挫折、感知到的威胁或挑衅的攻击性反应（Deschamps et al.，2018）。这种攻击的目的是让被害人遭受痛苦。大多数故意杀人、强奸和其他意图伤害被害人的暴力犯罪都属于反应－冲动型攻击。这类攻击行为的特点是具有强烈的、失控的愤怒情绪。愤怒是指由某些刺激（尤其是引起攻击或挫折的刺激）引起的唤醒状态。必须强调，愤怒本身并不是罪魁祸首，它只是人类的一种正常的情绪反应，但如果它没有得到有效管理，就会成为一个问题。

工具性攻击（也称控制－工具型攻击）更具有目的性和目标指向性，它起始于竞争或渴望拥有他人的某种物品或地位——珠宝、毒品、电子产品、金钱、领地等。犯罪行为人会不惜一切代价地试图获得所需要的物品。通常，黑客攻击、抢劫、入室盗窃、盗窃，以及各种白领犯罪和政治犯罪都是出于这种目的。在抢劫案件中，抢劫犯的目的非常明确，就是获得贵重物品。一般情况下，行为人没有伤害他人身体的意图。但是如果某人或某事干扰了行为人的目标，行为人就可能会伤害被害人以达成预期目标。从这个意义上讲，虽然抢劫可能导致故意杀人，但仍然属于工具性攻击。在雇佣杀手实施有计划蓄意谋杀的案件中，通常也具有工具性攻击的特点。虽然心理学家区分了敌意性攻击和工具性攻击，但如果犯罪已经发生，那么就犯罪责任而言，法律并不进行区分。

一些学者（Bushman & Anderson，2001）不太赞同严格的敌意－工具二分法。布什曼（Bushman）和安德森（Anderson）认为二分法没有考虑到攻击行为的动机的多重性。他们还认为应该将攻击行为看作一个连续体，受控制的攻击是连续体的一端，自动（冲动的或轻率的）攻击处于另一端，这样就能更准确地理解攻击行为。布什曼和安德森认为，虽然二分法在理论发展的前期阶段是有用的，但现在人们应该转向采用认知取向来理解攻击的多样性。本章后续有关攻击的认知模型部分会进行更充分的讨论。

被害人的解释

班杜拉（Bandura，1973a）指出，大多数攻击的定义暗示攻击是围绕行凶者（或行为人）的行为和意图展开的。因此，他建议如果要对攻击行为进行准确定义，就必须考虑行为人的伤害行为和被害人的社会评判。如果一个人开玩笑地戳了他人的腹部，被戳的人也认为这是一种伤害，那么该行为就可能被视为攻击。然而，关于犯罪行为的教材必须侧重于行为中表现出来的攻击行为，而不是被害人感知的结果。换句话说，行为人的行为才是最重要的。因此，我们将攻击（aggression）定义为：对他人的身体或心理（而非社会的）实施有目的的伤害行为或试图实施伤害的行为，或者破坏物体的行为。心理伤害一般指不涉及身体暴力但仍然可能承担刑事责任的攻击行为，如恐吓、威胁、跟踪或网络欺凌。该定义涵盖了巴斯分类中的所有行为。但是，攻击行为并不一定是犯罪行为。对犯罪嫌疑人合法使用武力的执法人员也表现出攻击和暴力行为，但这并不是犯罪。猎人在特定季节杀死一头鹿也是如此。如果一个人合理地认识到自己的身体面临严重伤害的危险情形，只要他合理地使用武力保护自己免受不法侵害，那么他的攻击行为就不构成犯罪。

可以很明显地看到，并非所有攻击都是暴力行为，虽然有些是。暴力是指故意对他人的身体或物体实施破坏性攻击的行为。暴力可能是有意的或随机的、持续的或短暂的、强烈的或不受控制的。攻击往往会伤害或摧毁，或者意图伤害或摧毁对方（Daniels & Gilula，1970）。因此，所有暴力行为都是攻击行为，但并非所有攻击行为都是暴力行为。然而，区分这两个概念并不容易（见表5-2）。

表5-2 暴力行为与攻击行为

下列哪些是暴力行为？哪些是攻击行为？哪些二者兼具？哪些是犯罪？

- 中学毕业时，A 向同学透露 B 的父亲是一名性犯罪人
- 在可怕的第一次约会后，C 将 D 的车的四个轮胎全部放了气
- E 在醉酒状态下开车，撞死了迎面而来的汽车的司机
- F 在家中擦拭枪时，枪走火，导致一位朋友重伤
- G、H 和 I 在酒吧打架，三人的嘴唇都被打破了
- J 在得知结婚了四年的妻子 K 想要跟他离异后，对她实施了性侵害
- L 和 M 分别向 N 发送匿名短信，威胁要毒死 N 的宠物狗
- O 毒死 N 的狗

哈姆比（Hamby，2017）认为，界定暴力的概念至少需要四个成分：

（1）非必要的；

（2）不想要的；

（3）有害的；

（4）故意的。

"非必要的"是指这种行为不具备使用非暴力手段所无法达到的合法功能。换句话说，这种行为不是必要的。"不想要的"是指被害人不希望看到的行为，或者不希望从犯罪人那里获得的行为。"有害的"是指导致伤害、死亡、心理创伤、发育不良或被剥夺的行为。哈姆比警告说："伤害的定义不应当仅限于明显的身体伤害或死亡。""故意的"是指故意造成伤害或损害的恶意行为，这里指有预谋的恶意。

哈姆比的定义似乎有道理，但仍会产生一些概念性问题。例如，根据这些标准，醉酒司机驾车撞死了迎面而来的汽车的司机是不是在实施暴力行为？尽管司机并不想伤害任何人，但我们通常会认定这是暴力行为。有意思的是，哈姆比将欺凌行为也视为一种暴力，尤其是当欺凌导致严重的、持久的心理伤害时。这不仅是一种愤怒反应，更是一种有预谋、有计划的伤害他人的企图（Hamby，2017）。哈姆比对暴力的界定有助于我们确定在本书后面所讨论的犯罪行为中哪些能被界定为暴力。有关欺凌问题的讨论，请阅读专栏 5-1。

研究重点 • • •

专栏 5-1 追踪欺凌行为

- 丹泽尔的父母搬到了一个新地方，让他进入另一所学校读书。一些年纪稍大的男孩发现他是个跨性别者，所以，他们在走廊里骚扰并推搡丹泽尔。
- 扎里纳不想再坐校车了，因为校车上的其他人一直嘲笑她的说话方式和穿着。
- 凯思经常收到一些冒充她同学的人的短信。信息里说她一文不值、丑陋、愚蠢、智商低下。

有迹象表明，青少年中的欺凌行为呈减少趋势（Cornell & Heilbrun，2016；Musu-Gillette et al.，2017），这可能是全美国范围内学校对欺凌行为进行监督和对成年人与学生进行教育的成果。尽管如此，校园欺凌和网络欺凌事件仍然在持续发生。许多人都认为欺凌是暴力行为，即使没有发生身体暴力（Hamby，2017）。

想要确定欺凌的严重程度，会遇到几个障碍。第一，中学生通常不愿意报告自己受到欺凌的情况，就像人们不愿意承认自己是被害人一样。第二，人们（甚至是研究人员）对欺凌没有通用的定义，有些定义包括"戏弄"。一些人认为，只有当行为涉及身体侵犯时，才是欺凌；另一些人认为"网络欺凌"词义模糊，因为几乎人人都会在社交媒体上受到攻击（网络欺凌在

第十四章有详细介绍。）大多数有关欺凌的研究都将其归因于家庭和学校内部的影响，或者归因于欺凌者的个体特征（如敌意归因偏差、冷酷无情特质或较差的社交能力）。有意思的是，研究人员开始关注社会传播这一更广泛层面的问题，特别是 2016 年总统大选的氛围。

研究人员（Huang & Cornell，2019）想评估 2013—2017 年的欺凌行为是否有所增加。当时的总统候选人特朗普的许多言论以及集会上欢呼和嘲讽的气氛，可以说营造了一种社会氛围，使欺凌行为更容易被接受。

研究人员对弗吉尼亚州公立中学进行了大规模抽样调查，回顾了 2013 年、2015 年和 2017 年的调查结果。他们推测 2017 年那些支持共和党候选人的地区的欺凌行为将会增加。调查特别关注针对不同种族 / 民族和性取向的欺凌行为。研究人员对"嘲讽与欺凌流行程度量表"（Prevalence of Teasing and Bullying，PTB）中的五个问题的回答进行了分析。这些问题集中在学生对公立学校氛围的感知上。具体包括以下几点：

（1）学生的穿着或外表是否会被嘲笑；

（2）欺凌是不是学校的问题之一；

（3）学生是否因其种族 / 民族而被嘲笑或贬低；

（4）是否有很多性话题的玩笑；

（5）学生是否会因其性取向而被嘲笑或贬低。学生还被问及过去一年里是否经历过某种形式的欺凌。研究人员将选举前的结果与选举后的结果进行比较后发现，在支持共和党候选人的地区，遭受欺凌的人数增加了 18%，认为学校的学生因种族 / 民族而受到嘲笑或贬低的人数增加了 9%。这项研究验证了国家事件和广泛传播的媒体言论对欺凌行为可能存在影响，这一结果具有非常独特的价值。正如研究人员所讲的，虽然结果是相关性结果，还不能表明存在因果关系，但他们建议用实验研究设计来进一步检验。

问题讨论

1. 根据欺凌的标准定义（Olweus，1991），它有三个基本特征：

（1）有伤害被害人的动机；

（2）欺凌行为重复发生；

（3）欺凌者与被害人之间存在权力不平衡。

基于这些特征，你认为欺凌是暴力行为吗？它是攻击行为吗？你认为欺凌会在没有权力失衡的情况下发生吗？

2. 一个人因其种族 / 民族、性取向或体重被嘲笑是什么意思？嘲笑属于欺凌吗？

3. 强调这项与 2016 年美国总统选举相关的研究是为了说明什么问题？回答这个问题时，重点关注第四章与第五章的概念和理论。

攻击理论

半个多世纪以来，行为学家与社会学家就人类是否天生就有攻击和暴力的本性争论不休。一些理论在尝试解答这些争论，但每种理论都对人类攻击与暴力行为的原因给出了不同的解释。本章开头提到的关于攻击起源的争论，其实是对先天和后天观点的系统性讨论的一部分。第一种观点认为，人类天生具有攻击性以保护自己、家庭和领地免受入侵者的侵害；第二种观点认为，人类从社会中习得攻击的模式和行为。本节将先从生物学视角进行讨论，然后从学习的视角展开讨论。

行为学观点

动物行为学（ethology）[①] 是研究动物的行为与动物自然栖息地之间的关系，并将这种行为与人类

---

① ethology 早期多译为"习性学"。——译者注

行为进行比较的学科。20 世纪 60 年代中期，一些动物行为学家就攻击出版了图书或发表了文章，引起了公众的兴趣与关注。有三本书特别受欢迎，分别是康拉德·洛伦兹（Konrad Lorenz）的《论攻击》（*On Aggression*，1966）、罗伯特·阿德里（Robert Ardrey）的《领地法则》（*The Territorial Imperative*，1966）和德斯蒙德·莫里斯（Desmond Morris）的《裸猿》（*The Naked Ape*，1967）。洛伦兹是动物行为学理论中与攻击行为有关的观点的主要代表人物。

作为诺贝尔生理学奖获得者，洛伦兹认为攻击性是人类和动物的一种遗传本能。虽然人类是动物王国的一部分，但本节将人类与非人类动物进行了区分。攻击的主要目的之一是使动物和人类能够保卫划定的领地，这块领地能确保有足够的食物、水、自由活动和繁殖的空间。洛伦兹认为，如果这个空间被侵犯，那么动物的本能反应或遗传反应就是攻击，或者至少对入侵者表现出攻击行为来预防自己的领地被进一步侵犯。对领地入侵者的攻击倾向被称为领地意识（territoriality）。洛伦兹认为，这是一种先天的倾向，是在漫长而复杂的进化过程中形成的。同一物种成员之间的这种天生的攻击行为（种内攻击）主要发生在资源受限的情形下，种内攻击确保动物拥有最好的和最强壮的配偶。

动物进化出的武器（如尖牙、爪子、体型和力量）越致命，它们对物种内进行身体对抗的先天抑制性就越强。洛伦兹认为，这种先天抑制性是为了保障物种的生存，因为持续的种内攻击会导致物种灭绝。因此，种内攻击不是通过实际的战斗，而是通过力量和优势的复杂展示完成的，如展示利齿、硕大的体型或绚丽的毛色。这些表现被称为仪式化攻击（ritualized aggression）。动物们通过复杂的通信系统传递信号，更强大、更有优势的动物通常会胜出。失败的动物会做出各种妥协的动作来承认失败，例如，仰面翻身（幼犬的特征），尾巴和头部低垂，发出低沉的哀叫声。比较弱小的动物则会离开强势动物的领地。

这一切与人类的攻击有什么关系呢？洛伦兹和其他动物行为学家认为，在我们试图理解人类的攻击之前，先了解动物的攻击非常重要，因为人类是动物世界的一部分，而且可能遵循着许多相同的基本原则。例如，埃弗兰和切恩（Efran & Cheyne，1974）在研究了人类的私人空间被侵犯之后，发现人类社会的运行机制可能跟其他动物相似。

不过，洛伦兹还提出了另一个观点，如果该观点是正确的，那么它可能对理解犯罪行为更有意义。他认为人类已经摆脱了种内攻击抑制的进化过程。人类没有发展出自然的武器和仪式化攻击的物种保护功能，而是发展出了制造武器的技术。因此，他和其他许多动物行为学家认为，这种观点至少能够在一定程度上解释人类为何会肆意残杀自己物种的成员，因为他们没有进化出仪式化攻击这种保护物种的能力。相反，通过超强的学习能力，他们发展出了毁灭本物种的能力。

行为学家的观点非常有趣，但还未得到相关研究的验证（Bandura，1983；Montagu，1973；Zillmann，1983）。动物学家、生物学家和心理学家都试图将洛伦兹的原则应用到人类社会，但收效甚微。一个问题是，动物行为学的观点依赖于将动物和人类的行为进行强有力的对比分析。例如，洛伦兹认为灰雁与人类物种十分相似（Berkowitz，1973）。但是灰雁的大脑与人类的大脑有很大差异，而且人类的行为不太可能只由本能决定。尚未有研究发现能够决定人类行为的任何本能或固定的遗传程序。此外，对自己的思维过程、动机和行为进行控制的能力是人类的一种独有特征（Bandura，1989）。

现有的大量科学研究已经对行为学的观点进行了检验，并发现了其中存在的问题，但行为学家对此也没有承认并做出解释。这种奇怪的反应（或者说没有反应）整体上削弱了行为学理论的说服力。一些批评家将行为学理论称为"貌似科学的误导信息"（Leach，1973）。因此到目前为止，几乎没有证据表明人类是天生危险和野蛮的，或者是由本能控制的。然而，当前仍有一些理论采纳了暴力的生物学视角，我们将在本章后面进行讨论。

也许更重要的是，行为学观点已经演变成当今的**进化心理学**（evolutionary psychology）。进化心理学是利用自然选择原理研究行为进化的学科，它将人类的进化史作为理解人类的认知和行为的基本框架。这里必须强调，进化心理学并不把攻击视为一种病理现象，而是人类的一种正常行为。从进化的角度来看，攻击是人类进化过程中自然选择的一种行为（Bjorklund & Hawley，2014）。范登博斯（VandenBos，2007）将进化心理学定义为这样一种理论取向，即在更广意的达尔文学说的语境中看待人类的认知和行为，以适应不断进化的物理环境、社会环境和新的智力变革。

近年来，已经有越来越多的犯罪心理学家和心理学家用进化心理学的观点强有力地解释了当今人类社会的暴力问题（Pinker，2014）。刘易斯等人（Lewis et al.，2017）写道："越来越多的心理学和行为科学的研究人员正寻求将进化心理学原理应用于实证研究，从而为推动社会科学、行为科学和其他生命科学的统一做出了贡献。"例如，一组研究人员（Harrison，Hughes，& Gott，2019）用进化心理学来解释系列杀手中的性别差异现象。正如我们将在第十章看到的，大多数系列杀手是男性，他们经常在更广的地理范围内寻找被害人；女性系列杀手则选择居住地附近的被害人，包括她们所照顾的人。另一组研究人员将这与不同性别进化上的"狩猎 - 采集者"差异联系起来。也有研究人员（Wyckoff，Buss，& Markman，2019）将进化心理学应用于解释网络欺凌中的性别差异。

《进化行为科学》（*Evolution Behavior Sciences*）杂志的出现，近些年主要的人格心理学和社会心理学手册，以及社会心理学教材和心理学导论等出版物中出现的进化心理的相关内容，进一步证明了进化心理学的受欢迎程度不断增长（Lewis et al.，2017）。

挫折 - 攻击假说

大约在 20 世纪中期，耶鲁大学的众多心理学家提出，攻击是挫折感的直接结果（Dollard et al.，1939）。尽管形式有所修正，但这一理论取向一直沿用至今。根据约翰·多拉德等人（John Dollard et al.，1939）的观点，沮丧、受挫、恼火或受到威胁的人会表现得咄咄逼人，因为攻击是对挫折情境的一种自然的、近乎自动化的反应，而且攻击者可能会感到沮丧、挫败、恼火或受威胁。简而言之，攻击是挫折感的结果（Dollard et al.，1939）。但这并不意味着那些好斗的人会经常体验到沮丧情绪。

挫折 - 攻击假说（frustration-aggression hypothesis）因其简单明了和具有重要含义，在引发大量研究的同时也引来很多批评。心理学家发现，很难界定挫折感是什么，而且很难对其进行准确的测量。研究人员还发现，攻击现象比多拉德预想的要复杂得多。沮丧不一定会导致攻击行为，攻击行为也并不必然是由挫折导致的。社会心理学的实验表明，人们对挫折和愤怒的反应是不同的。有些人确实会有攻击反应，但有些人会出现其他不同反应。

在伯科威茨（Berkowitz，1962，1969，1973，2012）的带领下，研究人员开始提出挫折 - 攻击假说的修正版。第四章介绍了伯科威茨对一般犯罪原因的观点，他认为，挫折感会提高一个人被激怒后迅速采取攻击行为的可能性。简而言之，挫折能促使人产生攻击行为。这种行为可能是外显的（身体的或言语的），也可能是内隐的（诅咒某人死掉）。不过，愤怒并不是唯一能引起攻击的情绪。其他如疼痛的状态或性唤起，都可能导致攻击行为（Berkowitz，1973）。这些会在本章后面讨论到。

正如第四章所讲的，修正版挫折 - 攻击假说中的一个重要成分是预期目标或期望。当指向特定目标的行为被阻碍时，行为人很可能产生挫折感。因此，行为人必须对实现目标或成就有特定的预期或期望。仅夺走物品并不必然导致挫折。生活贫困的人一般不会感到沮丧，除非他们希望获得更好的东西。从未想过拥有汽车、洗衣机或新家的贫困群体，不会因为这些东西被剥夺而感到沮丧；他们只有对此有希望时才会感到沮丧（Berkowitz，1969）。

伯科威茨认为，攻击只是挫折的一种反应。个体可能向他人学习一些方法来改变这种情境，例如，退缩、无为，或者努力摆脱困境或妥协。这样伯科威茨不仅强调了学习的重要性，还强调了应对挫折情境中的个体差异。

因此，修正后的挫折－攻击假说提出了以下步骤：

（1）行为人在预期目标实现过程中遇到阻碍；

（2）挫折产生愤怒；

（3）愤怒使人倾向于或准备攻击。

一个人是否真的会采取攻击行为取决于他的学习经验、对事件的理解和个体对挫折的反应方式。不过，这也取决于环境中是否具有诱发攻击的刺激因素。

武器效应

伯科威茨指出，外部环境或思维所代表的内部环境中出现的攻击性刺激会增加攻击性反应的概率。武器是这类刺激的典型例子，因为绝大多数人会将武器与攻击联系在一起。

很多人担忧一些法律允许公开携带武器，即允许持有枪支许可证的人在街上携带手枪或步枪，并可以将其带入公共场所。伯科威茨（Berkowitz,

1983）认为，枪支就像条件刺激，会引发攻击联想，并助长公开实施侵犯与暴力行为。即使一把枪没有被使用，也比一个中性刺激物更容易引发攻击行为。很多时候，仅看到武器就会让人联想到过去与攻击有关的想法、画面和表达性反应（Berkowitz, 1983）。

在一项旨在验证这一假设的早期实验中，愤怒的男性被试在出现枪的环境中比在出现羽毛球拍的环境中更容易做出攻击性动作（Berkowitz & LePage, 1967）。这表明，携带武器（如执法人员携带的武器）实际上可能会激起而非抑制人的暴力反应。但这并不意味着执法人员不应该携带武器，而是说普通公民、社区监督志愿者、校园警察和私人安保人员持枪会引发争议。2018 年，佛罗里达州的一所高中发生大规模枪击事件，枪支拥护者建议学校应当对教师、管理人员和监督人员进行武装，不过有个前提，这些人需要受过训练并愿意携带枪支。该建议遭到家长、高中生和教育界的广泛批评，不过到今天仍有人提倡武装学校的工作人员。肉眼可看到的武器到底是会阻止暴力还是会助长暴力？如果知道教室里有枪，那么它对教育环境的安全到底是有利的还是有害的？这些问题将在第六章进行讨论。有关枪支问题的更多信息，请阅读专栏 5-2。

热门话题

专栏 5-2　枪支暴力：真正的民族危机

统计数据总是发人深省。2018 年，美国有近 40 000 人死于枪支暴力。超过 2/3 的死者是自杀。执法记录显示，因犯罪活动或意外枪击而受到枪支伤害的人数不详。2019 年年初，至少有 63 名儿童因意外枪击导致受伤或死亡（数据来自一个倡导枪支管制的组织）。

虽然本章关注肉眼看到武器会诱发暴力的研究，不过在后面的内容中我们将讨论该研究结果

的更广泛应用，对未成年人的影响及与特定犯罪行为的关联，这些犯罪行为包括谋杀、大规模谋杀、家庭暴力等问题。因此，本章介绍的内容与后面的内容密切相关。

许多州和地方司法管辖区都要求购买枪支时要有等待期并接受背景调查，一些州已经禁止售卖部分半自动武器（如突击步枪）及其配件。有些地方严禁患有严重精神障碍的人、之前被判过

重罪的人、有过家庭暴力史的人或 21 岁以下的个体购买和持有枪支。还有 3 个州及华盛顿特区要求持枪者在儿童能够接触到枪支的情况下安全地存放枪支。一些州还通过了《"红旗"法》（*"Red Flag" Law*），根据该法，家庭成员、医务工作者、服务人员或执法人员可以向法院提出申请，要求将注册枪支从那些被认为对自己或他人有危险的人手中收走。

2019 年年初，美国众议院 25 年来首次通过了几项美国联邦枪支管制议案。除其他规定，还延长了美国联邦背景调查的时间周期，要求对私人进行销售背景调查，包括枪支展览的背景调查，并为家庭暴力的被害人提供保护。然而，这些议案并没有在美国参议院获得通过。从这个意义上讲，美国联邦层面的枪支管控实际上是不存在的。

与此同时，近 10 年来美国联邦最高法院在 2019 年首次同意审理一起涉及枪支管制的案件。该案涉及一项法律，即禁止持有枪支许可证的人将武器带到其他城市，包括第二个住所，该项法律获得美国联邦第二巡回上诉法院的支持。该法律只适用于持有住所许可证的人，即允许他们在自己家里携带武器，并可携带空载武器到城市内的射击场。住所许可证不同于携带许可证，携带许可证允许人们在认为合适的场合非公开地持有并携带武器。

问题讨论

1. 法律禁止某人在其他城市携带武器，其背后的原因是什么？

2. 上述枪支管制案件与本章讨论的武器效应有何关系？

3. 上述案件中的问题非常狭窄，只适用于持有住所许可证的人。此外，一些州随后修改了法律，允许业主携带已登记的枪支到所居住城市外的第二个住所或射击场。这看似让该案变得毫无意义，但事实并非如此。例如，为什么枪支管制拥护者会对该案表示担忧？为什么枪支权利拥护者会更倾向于支持该案？如果法院已经做出了裁决，那么从心理学角度讨论不同的立场都是基于什么理由的呢？

伯科威茨与勒佩奇（Berkowitz & LePage，1967）指出，人们在持有武器时的行为更具有攻击性。这个观点引起了广泛的争论。很多研究试图验证这一发现，但都未能找到**武器效应**（weapons effect）的相关证据。部分研究人员认为，在一些研究中，许多被试"识破"了研究目的，这是一个被称为要求特征（demand characteristics）的研究缺陷。不过，通过系统梳理研究文献能够找到武器效应确实存在的强有力证据（Carlson，Marcus- Newhall，& Miller，1990）。卡尔森等人（Carlson et al.，1990）总结道："在实验情境中，如果存在与攻击有关的线索，就会增加攻击性反应。如果被试在接触到攻击性线索之前就已经有消极情绪唤醒，那么这个线索的作用就会更加强烈。"

认知 – 新联想理论

伯科威茨的早期研究和理论主要集中在情境刺激因素对攻击的增强影响上，如武器效应。伯科威茨（Berkowitz，1989，2012）重新修正了挫折 – 攻击假说，并强调了认知因素和负面影响（如心理不适）的重要性，目前称为**认知 – 新联想理论**（cognitive-neoassociation theory）。该理论的运行模式是，在早期阶段，一个厌恶事件诱发消极状态（不适感）。这种消极状态可能是由身体疼痛或心理不适导致的。身体疼痛是厌恶的一种情形，这一点很清楚，但心理不适还需要进一步阐述。

例如，当一个人受到言语侮辱时，虽然没有产生身体上的痛苦，但针对个人的侮辱和贬损都会引发愤怒、抑郁或悲伤的情绪——这些都是负面影响。不适感或负面情绪常常会自动引发各种感觉、思想、记忆及联想，而这些往往都与逃跑（恐惧）和战斗（愤怒）倾向相关。在早期阶段，认识过程除了评价状况是否严重，几乎没有其他作用。在这些初始情绪的支配下，有些人可能没有进一步思考或预先考虑就会立刻行动，甚至使用暴力。伯科威茨强调，任何不适或情绪唤醒都可能引发攻击甚至暴力反应。一个抑郁的人可能会谋杀家人，也可能走进咖啡馆向正在喝咖啡的人开枪。一名受挫的青少年可能通过采用刺伤学校辅导员的行为来暴力反抗权威。

不过，我们大多数人都会度过挫折的早期阶段。在之后的阶段，认知评估就会起作用，即在最初的自动化反应之后，对随之产生的情绪反应和体验产生重大影响，并形成一个适当的行动方案。随后，被唤醒的个体会对不愉快的经历进行因果归因，并思考这种感受的本质，还可能试图控制自己的感觉和行动。因此，可能你一开始会对某人的批评言论非常愤怒，但后来转而仔细思考对方的优点或得出不值得过于关注的结论。

兴奋迁移理论

齐尔曼（Zillmann，1988）提出了一个理论来解释生理唤醒如何从一种情境迁移到另一种情境，该理论叫作兴奋迁移理论（excitation transfer theory）。它的假设基础是无论生理唤醒是如何产生的，它都会随着时间的推移而慢慢消退。例如，一个人在工作中受到批评后会感到愤怒，当天晚上回家后可能还会留存一些负面情绪。如果此时他在家中遇到恼火的事，就很容易失控，导致他对家常琐事产生过度反应。一些常见的说法有"你在拿我出气"或"你在拿孩子们出气"。因此，预先留存的负面情绪加上家庭琐事引发的愤怒可能会增加攻击的可能性。当人们从一种情境进入另一种情境时，如果他没有意识到自己留存着之前的情绪，这种情绪迁移就很容易发生。

替代攻击理论

替代攻击理论（displaced aggression theory）与兴奋迁移理论密切相关，尤其是在近年来由布什曼（Bushman）、安德森（Anderson）、米勒（Miller）及其同事提出的模型中表现得更为明显（Anderson & Bushman，2002；Bushman et al.，2005；Miller et al.，2003）。根据布什曼等人（Bushman et al.，2005）的观点，如果某一对象没有任何不当行为，仅是因为它在错误的时间出现在了错误的地点而被攻击，这就被称为替代攻击。当一个人不能攻击导致他愤怒的人（如自己的上司），转而不受限制地向无辜的人、没有激怒或轻微激怒他的人（或宠物）发动攻击时，替代攻击就会产生。这种替代攻击行为更容易针对犯小错的人（或宠物），如打翻碟子的小猫。布什曼等人将这种现象称为诱发的替代攻击（triggered displaced aggression）。在最初被激怒之后，即使被攻击的目标只进行了一次很轻微的挑衅，这个触发事件也会引发攻击性反应。"替代性"的攻击反应强度远远超出被攻击目标的挑衅程度，却可能与最初被激怒时所感知到的挑衅程度成正比。员工认为上司没有认可自己对项目所付出的努力，上司应该挨揍；但由于不能揍上司，因此猫就成了愤怒攻击的替代品。

布什曼等人通过对冗思这一概念的研究，进一步发展了替代攻击理论。冗思（rumination）是指把注意力集中在自己的想法和感受上。换句话说，虽然事件结束很长一段时间，但个体还一直在思考。更重要的是，冗思会导致愤怒情绪在最初的激怒结束之后的一段时间内仍然隐藏并保持着。根据布什曼等人的说法，冗思会促使一个人对另一个有些令人讨厌但不值得进行攻击的人实施攻击行为。

攻击和暴力中的社会学习因素

为什么一些人在极度沮丧时会表现得很激进，另一些人则会改变策略或退缩，或者似乎没有受到影响？一个重要的因素是过去的学习经验。正如第四章中提到的，人类非常善于学习和保持以前有效的行为模式，即使这种行为模式只是偶尔有效。这个学习的过程始于儿童早期。儿童仅通过观察他们的父母和环境中的重要他人来发展许多行为，我们称这个过程为榜样学习或观察学习。因此，儿童的行为模式一般是通过儿童在环境中模仿他人的行为而获得的，无论他人是真实的还是想象的（Bandura，1973a）。事实上，现有的研究表明，最有利于学习攻击的条件包括但不限于以下三种（Huesmann，1988）：

（1）儿童有很多机会观察到攻击行为；

（2）儿童自己的攻击行为被强化；

（3）儿童经常是被攻击的对象。

假设哈里斯的父亲在潮湿、炎热的天气里工作了一天却毫无进展（沮丧），回家后收到一封来自美国国内收入署的官方信件。他打开信件时也许低声说着一些脏话，美国国内收入署竟然怀疑他少交了几百美元税款，尽管他知道自己没做过这样的事（更沮丧），然后他被要求接受审计（比之前更加沮丧）。此时，他用拳头猛击桌子，大声喊"该死的"，或者说其他更凶狠的话，猛踢旁边的椅子（力度刚好不会踢伤脚趾，因为他曾有过类似的痛苦经历）。父亲不知道的是，3 岁的哈里斯目睹了整个过程。1 小时后，当哈里斯搭的积木倒了，他挥舞着拳头，踢打椅子，咒骂"该死的"，以及说其他更凶狠的话。

榜样作用

1965 年，阿尔伯特·班杜拉做了一项经典的心理学研究。他将 66 名幼儿园的儿童（包括 33 名女孩和 33 名男孩）分成 3 组，每组分配观看 3 部影片中的一部，观看 5 分钟。这 3 部电影都讲述了一个成年人使用言语及身体来攻击一个塑料的波波玩偶（20 世纪 50～60 年代常见的家用不倒翁充气玩具），它在被击倒后又会弹回来。在影片中，成年人对玩偶拳打脚踢，还用木槌敲击它们。第一组儿童看到成年人在攻击后得到了糖果和苏打水。第二组儿童观察到成年人在攻击后被打屁股（用一本卷起来的杂志），并被口头批评。第三组儿童看到成年人在攻击后既没有受到惩罚也没有获得奖励。

看完影片后，儿童被安排在一间有玩具的游戏室里自由玩耍 10 分钟，其中也包括波波玩偶。观察到成年人因攻击行为而获得奖励的第一组儿童比其他两组儿童表现出更多的攻击性。此外，男孩比女孩更具有攻击性。观察到成年人攻击后受到惩罚的第二组儿童在游戏室中表现出最少的攻击性。

班杜拉在后期研究中对研究设计进行了修正，但仍然验证了这种榜样效应。此外，大量后续研究不仅验证了他的发现，而且还证明媒体（电视、电影、电子游戏）暴力可能在很多情况下对现实生活会有同样深刻的影响（Baron，1977）。本章后面将专门讨论这个问题。

当儿童的模仿行为因获得重要他人的表扬或鼓励而得到强化时，再次发生这种行为的可能性就会增加。有证据表明，美国父母会（有意或无意）鼓励或强化儿童的攻击行为，对男孩尤为明显。例如，前面所讲到的哈里斯，如果他的父母注意到他在积木倒后做出踢打和咒骂行为只是哈哈一笑，那么他的这种行为就可能会得到强化。在这之后，踢踹行为可能转变为攻击家里的猫。此外，虽然踢椅子和踢积木都比较温和，但如果父母将这种愤怒发泄在家庭成员身上，那么同样行为的结果就会严重得多，但这样的情景经常在我们的社会中出现。大部分家长只是希望或鼓励孩子成为一名像橄榄球后卫一样强大的人，当他们遭到邻居小孩的欺凌时，在体格大致相当的情况下，能够进行反击。但他们也知道，如果孩子攻击他人并成功，就常常会获得地位、声望和最吸引人的玩具或物质奖励。

榜样的类型

班杜拉（Bandura，1983）确定了三种榜样类型：家庭成员、亚文化群体成员和大众媒体提供的象征性榜样。第二章中所讲的家庭成员（特别是父母）在孩子青春期早期之前都是非常强大的榜样。从孩子青春期早期开始，同伴榜样开始占据主导地位。另外，在那些攻击发生率最高的社群和群体中，攻击性榜样比比皆是，战斗能力被视为一种优秀的品质（Bandura，1983；Lacourse et al.，2003；Thornberry & Burch，1997）。

大众媒体（包括电视、电子影像、电影、杂志、报纸和书籍）提供了丰富的象征性榜样。当前，我们还必须加上社交媒体，因为那些描绘残酷和暴力画面的评论和元素在持续不断地被转发和传播。这些象征性榜样对儿童和青少年的影响一直存在很大争议，本章后面将会讨论。

由于父母的榜样作用很强大，因此我们会预期有攻击性或反社会性的父母容易培养出有攻击性或反社会性的孩子。在一项很早的经典研究中，西尔斯等人（Sears，Maccoby，& Levin，1957）采访了400名幼儿园儿童的母亲，询问了她们的管教技巧、对儿童攻击行为的态度，以及儿童对同伴、兄弟姐妹和父母的攻击行为。其中一个重要发现是，父母的体罚与儿童的攻击性有关联。如果父母一边体罚孩子，另一边又对他的攻击行为持宽容态度，那么体罚与攻击性的关联就会更加明显。为了证明这个结果，研究人员通过研究发现，与父母不在场相比，当允许学龄前儿童可以出现攻击行为的父母在一旁观看时，儿童在游戏时会表现出更多的攻击行为（Siegel & Kohn，1959）。

班杜拉（Bandura，1973a）提到，如果我们掌握了前面的学习原理，就可以有效地理解并矫正攻击行为。随着心理学家对人类行为的了解不断加深，越来越多的人开始认同他的观点。

直到如今，班杜拉（Bandura，2016）仍然认为攻击性并不是人类固有的特性。他认为这是通过认知－社会过程习得的，同时他还提供了相当多的研究和有力的证据来支持该观点。不过，他并不认为生理影响可以被忽略。班杜拉写道："重要的是区分攻击行为的近端激素和神经元调节器及控制这些生物

机制的认知和社会影响。"

班杜拉列举了各种鼓励和强化攻击行为的文化示例及在各层面抑制攻击行为的文化示例。从本质上讲，特定的文化和社会处在对攻击行为容忍的连续体上的某一位置。一些文化和社会通过塑造攻击性榜样并给予足够的社会关注来培养整个社会的攻击性；另一些文化则鼓励通过非攻击行为来获得社会地位、物质财富和社会控制，在这样的社会中，友好和合作被视为榜样并进行社会强化，因此，人们通常能和平共处。班杜拉发现，几乎没有证据表明攻击是人类的先天特性；相反，它是通过认知－社会过程习得的。越来越多的研究支持这一观点，即人类的攻击行为是习得的，可以通过认知－社会学习加以改变。不过，进化心理学家并不认同这一观点。

社会学习理论假设，攻击行为的雏形最开始是通过观察攻击性的榜样或基于直接经验获得的，随后攻击行为逐渐被强化并维持。因此，人们可能具有攻击的行为模式，但如果没有功能性价值或不被社会环境中重要他人所允许，那么攻击就很难表现出来。社会学习理论承认，生物结构会限制可习得的攻击反应类型，而遗传禀赋会影响学习的速度（Bandura，1973a，2016）。然而，在生物学上，个体并没有被编程为具有特定的攻击行为。这些行为都是通过观察有意或无意地习得，并在实践中得以强化和完善的。

观察学习

不过，仅接触到攻击性的榜样并不会必然导致观察者在以后尝试进行类似的攻击行为。首先，有很多条件可能会阻碍观察学习的过程。个体从观察中进行学习的能力差异很大。有些人可能没注意到榜样行为的基本特征，或者符号记忆或视觉记忆较差，抑或他们可能不希望模仿这个榜样。班杜拉指出，观察学习的一个重要成分是观察者具有重现已观察经验的动机。例如，他认为大规模谋杀犯可能是从其他大规模谋杀的描述中获得灵感的。尽管这些事件已经被别人抛诸脑后，但在他的脑海中仍然

非常突出。他继续思考这些犯罪行为，并在脑海中演练这些残酷的场景，直到条件合适，这些场景会成为他杀人行为的脚本。

观察学习的另一个限制是被观察的榜样后续会发生什么。如果榜样在攻击事件期间或之后立即受到训斥或惩罚，那么这可能会抑制观察者的行为模仿。如果我们想通过娱乐媒体来预防反社会行为，那么"坏人"在实施攻击行为后就必须受到惩罚。

如果要维持攻击行为，那么就需要定期强化该行为。根据社会学习理论，攻击行为是通过工具性学习来维持的。也就是说，在学习初始阶段，观察非常重要，但在后期阶段，强化就十分必要了。当个人获得物质或社会奖励时，就是正强化；当它能够改变或避免厌恶情境时，就是负强化。如果一个人的攻击行为可以通过这两种方式带来回报，他就很可能将攻击行为持续下去。研究发现，有攻击性的儿童在实施攻击行为后，会期待更多积极的结果和更少的消极结果（Hubbard et al.，2001）。与同龄人相比，有攻击性的孩子有可能更相信攻击会带来切实的奖励，减少他人给自己带来的厌恶性对待，让自己和同伴感觉良好，提高自尊并有助于避免负面形象（Hubbard et al.，2001）。

因为不寻常的名字或居住的地方而遭到骚扰或欺凌的年轻人可能会用拳头来制止这种取笑。虽然从这种新发现的攻击行为中得到的强化属于负强化，但它仍然是一种奖励。当事情没有进展时，个体还可以通过攻击来控制整个局面。一个更极端的例子是，一名经常被同龄人欺负的学生决定要枪杀所有的参与者和旁观者，以终结这种令人厌恶的状态。控制感所带来的心理强化对任何人类行为都具有重要影响，尤其是对攻击行为或暴力行为。

攻击的认知模型

攻击习得的认知模型假设，虽然观察学习在这个学习过程中很重要，但个体的认知能力和信息加工策略也同等重要。在过去的 30 多年中出现了两个主要的认知模型：一个是由罗威尔·休斯曼（Rowell Huesmann，1997）提出的被称为认知脚本模型（cognitive scripts model）的假说；另一个是由肯尼思·道奇及其同事（Dodge，1986；Dodge & Coie，1987）提出的敌意归因模型（hostile attribution model）。尽管这些模型是在 30 多年前提出的，但它们目前还在引发大量的研究和临床应用。

认知脚本模型

根据休斯曼（Huesmann，1988）的观点，一般来说，社会行为，特别是攻击行为，主要是由通过日常经验习得和记忆的认知脚本控制的。脚本会提示在这个环境中会发生什么事件，个体应该怎样行动来应对这些事件，以及这些行为的可能结果是什么（Huesmann，1988）。脚本可以通过直接经验或观察重要他人来习得（Bushman & Anderson，2001）。一旦习得，脚本通常会被遵循使用。每个脚本都是不同的，每个人的脚本都是独一无二的，但一旦建立起来就很难改变，并可能持续到成年。为了使脚本得以建立，必须不时地让其得到演练。通过练习，脚本不仅会被编码并保持在记忆中，而且当个体遇到问题时，它也会更容易被检索到，然后被使用。脚本可以被视为一种认知程序，随着时间的推移而获得并存储在一个人的记忆中，之后被用作行为和解决社会问题的指南（Huesmann，Dubow，& Boxer，2011）。此外，个体对脚本的适当性的评估在决定哪些脚本会被存储进记忆，哪些脚本会被检索和使用，以及哪些脚本会被继续使用等方面起着重要作用（Huesmann，1988）。情绪也在起作用，因为它们会影响个体对脚本的选择和评价。例如，一个人在生气时与高兴时选择的脚本可能就有所不同。

父母也发挥着重要的影响。在短期内，当儿童看到父母表现得具有攻击性时，与攻击有关的图式、脚本和规范性信念就会在儿童的大脑中形成（Huesmann et al.，2011）。由于父母提供了合适的榜样，儿童很可能会立即模仿父母的攻击行为，正如我们在本章前面哈里斯的例子中看到的那样。不过，儿童并不是简单地模仿当下的行为，他们倾向于将父母的脚本及父母对世界的看法和信念编码到他们自己的脚本中。随着儿童年龄的增长，评估过程包括他们对脚本结果预测的信心，他们判断自己有能力执行脚本的程度，以及脚本与他们自我调节的内在标准相一致的程度。不一致或违反个人内在标准的脚本不太可能被存储或使用。一个对攻击性的内在标准整合很差的人，或者确信攻击行为是一种生活方式的人，更有可能采用攻击性的行为脚本。重要的是，有攻击性的儿童很容易激起他人的攻击性反应，从而以一种无限循环的方式证实儿童对人具有攻击性本质这种信念。

敌意归因模型

肯尼思·道奇及其同事发现，具有高度攻击性和暴力性的青少年往往会有一种敌意归因偏差（hostile attribution bias）。也就是说，有暴力倾向的青少年（和成年人）比不那么有攻击性的同龄人更有可能将模棱两可的行为理解为敌意和威胁（Dodge，1993b），例如，他们可能会将某人随意地将脚放在课桌附近的行为理解为其故意要绊倒他人。正如一组研究人员（Dill et al.，1997）所说："被描述为有敌意归因偏差的人倾向于通过血红色的有色眼镜看待世界。"有敌意归因偏差的儿童在没有攻击行为的情境下，同样也会认为他人可能有攻击行为，他们做出这种判断的可能性是普通儿童的 2 倍（Hubbard et al.，2001）。正如道奇（Dodge，2011）所说："当被调查对象推断该行为带有敌意（敌意归因）时，他做出攻击性反应的概率会很高（约 0.76），而当同一被调查对象推断该行为出于善意时，攻击行为的概率就很低（约 0.25）。"

道奇等人（Dodge et al.，2015）认为，持续对他人进行敌意归因的儿童在应对挑衅时攻击性会升级，会变得长期焦虑，且随着时间的推移，其攻击行为问题会增加，并成长为暴力的成年人。他们发现，某些环境会将人塑造成对威胁有高度的警惕性、对他人的利益有强烈的敌意归因偏差的倾向，并导

致反应性攻击。此外，道奇等人还发现，敌意归因及其伴随的反应性攻击的模式在全球似乎是一个普遍现象，在许多社会中都以同样的方式发展。

敌意归因偏差被认为在男孩和女孩中都存在（Vitale et al.，2005），但男孩的敌意归因偏差似乎比女孩更明显（Cillessen，Lansu，& Van Den Berg，2014）。西莱森等人（Cillessen et al.，2014）发现，与在同伴群体中地位较高的儿童相比，地位较低的儿童的敌意归因偏差明显更强。

研究一致表明，有暴力倾向的青少年通常以敌对的方式定义社会问题、设立敌对的目标、较少寻求事实、很少有替代性解决方案、几乎不考虑攻击的后果，且更倾向于优先考虑他们的攻击性解决方案（Eron & Slaby，1994；Serin & Preston，2001）。有关青春期女孩敌意归因偏差研究的讨论，请阅读专栏 6-1。

研究表明，这种敌意归因偏差在学龄前就开始发展了。对一些儿童来说，这种偏差似乎是一种稳定的属性，会一直持续到成年（Dodge，2011；Dodge et al.，2002；Nigg & Huang-Pollock，2003）。然而，大多数儿童的这种偏差会随着年龄的增长而消失。具有更高水平社会认知技能（良好的言语技能及理解不同情绪和意图的能力）的学龄前儿童在儿童早期很快就会淘汰敌意归因偏差（Choe et al.，2013）。雀等人（Choe et al.，2013）写道："我们发现，那些能更好地基于潜在的错误信念来解释他人行为的学龄前儿童、那些更善于识别他人与自己情绪状态不一致的学龄前儿童，以及那些具有更强的言语能力的学龄前儿童，在 2～3 年后会更少地做出敌意归因。"

同伴拒绝似乎也在敌意归因偏差的发展和维持上发挥了重要作用。道奇（Dodge，1993b）在对儿童进行追踪研究后发现，从小学到中学，倾向于对其他人做敌意归因的儿童，小学期间更可能被同伴拒绝，并与中学时期攻击性增加显著相关。科伊（Coie，2004）断言："被拒绝的、具有攻击性的男性更容易表现出持续的敌意归因偏差倾向，以及其他与攻击性有关的社会认知缺陷，这一事实与他们在

青春期的高暴力违法行为参与度的行为模式相吻合，并且他们的暴力行为更可能持续到成年早期。"

有研究进一步表明，有些儿童由于早期曾遭受家庭虐待，因此特别容易发展出对同伴的敌意预期（DeWall et al.，2009；Dodge，Bates，& Pettit，1990；Hubbard et al.，2001）。儿童通过与关爱他的成年人间的互动来发展基本的信任，而极端或持续的虐待会破坏这种信任，导致对他人形成恶意行事的图式、脚本、认知结构和工作模型（Dodge，2011）。研究表明，生命早期曾遭受虐待的儿童会变得对敌对的社会线索过度警惕，更倾向于感知他人意图中的敌意，甚至对轻微的挑衅也会迅速产生攻击性的报复反应（Dodge，2001）。此外，存在敌意归因偏差，且又被同伴拒绝的儿童经常成为他人身体攻击的目标，这更容易让这些儿童觉得他人不怀好意（Coie & Miller-Johnson，2001）。这些儿童似乎特别容易对同龄人产生敌意归因偏差，包括新认识的同龄人。这些儿童有一套泛化的社会认知，导致他们比同龄人更快地从新认识的同伴的行为中得出敌意的推论（Hubbard et al.，2001）。尽管其他一些儿童也容易产生敌意归因偏差，但他们在认定敌意对象时往往是很具体的个体，可能是因为他们发现了对方的某些行为模式或利益威胁到了自己。

罗纳德·布莱克本（Ronald Blackburn，1998）也报告了研究证据，表明成年人持续的违法行为代表他们试图掌控一个被认为是敌对和威胁的社会环境。布莱克本假设，长期犯罪人以一种成熟的敌意主导的人际交往方式接触世界。也就是说，频繁的犯罪行为可能代表他们在社会环境中要控制和支配他人的持续性企图，而不仅是良知或自制力不足的问题。根据布莱克曼（Blackman，1998）的观点，长期的犯罪行为可以被理解为试图保持自己的地位或对社会环境的掌控力，因为他们觉得自己被疏远了。因此，对于长期的、终身的犯罪人，经过精心排练的认知脚本是经常以敌对的方式来支配他们所认为的敌对的社会环境的。

布莱克本的观察得到了维塔莱等人（Vitale et al.，2005）的研究的支持，他们调查了150名被监禁的男性的敌意归因水平。研究人员发现，在各种情况下，精神病态者明显比非精神病态者更可能表现出敌意归因偏差。该研究还支持这样的假设，即可能存在不同的与敌意归因有关的反社会路径。也就是说，敌意归因偏差在那些对自己、他人和整个世界持有负面想法的囚犯中很普遍。有关高关注度案件中的攻击行为，以及敌意归因偏差等内容，请阅读专栏5-3。

热门话题

专栏 5-3　高关注度案件中的攻击行为

在过去10多年中，几起涉及手无寸铁的非洲裔美国男子死亡的案件备受瞩目，并引发了有关暴力执法、执法策略、使用武器、种族关系和刑事司法系统的公开研讨与辩论。我们在这里讨论其中4个案件，这几个案件并非关于上面这些被广泛关注的话题，而是它们能够阐明本章讨论的一些概念。

2012年2月，17岁的非洲裔美国青年特雷

沃恩·马丁（Trayvon Martin）在佛罗里达州桑福德（Sanford）的一个封闭式社区行走，随身拿着刚从便利店买的一盒彩虹糖和一瓶凉茶。乔治·齐默尔曼（George Zimmerman）是一个西班牙裔白人，作为一名社区监督志愿者（不是正式警察），他认为马丁很可疑，于是他拨打了911报警电话，然后对马丁展开追捕。尽管911调度员建议他不要追捕马丁，但齐默尔曼仍然继续。

随后二人发生了扭打，马丁因被近距离开枪击中胸部而身亡。

大量媒体公开报道了本案，齐默尔曼在枪击事件发生后的第6周被捕，并被指控二级谋杀罪。二级谋杀是指有杀人意图，但无预谋，而一级谋杀则表示有意图且有预谋。齐默尔曼辩称担心自身安全，是出于自卫而向马丁开枪的，最终6人陪审团判他无罪。

2014年在密苏里州的弗格森（Ferguson），迈克尔·布朗（Michael Brown）被警察达伦·威尔逊（Darren Wilson）开枪打死，警察声称布朗把手伸进警察的巡逻车想要抓住他的枪。目击者却有不同的陈述，一些人说布朗是双手高举慢慢走近警车的，另一些人说布朗有做威胁的手势。大陪审团拒绝起诉这名警官，随后在该地区和全美各地引发了抗议活动。

弗格森案之后不久，斯塔滕岛的警察与埃里克·加纳（Eric Garner）对峙，后者是一个在街上贩卖散烟的非洲裔美国人，贩卖散烟是一项轻罪。在网上一段疯传的视频中，几名警察逮捕了加纳，其中一人还掐住了他的脖子，导致加纳窒息而亡。大陪审团又一次拒绝起诉。2015年，该市向加纳的家属支付了590万美元才解决了这起非正常死亡的赔偿案件。2019年，那名警察因该案被带到警察纪律听证会，随后被解雇。

在南卡罗来纳州的北查尔斯顿（North Charleston），50岁的未携带武器的沃尔特·斯科特（Walter Scott）因为驾驶时车尾灯坏了而被警察迈克尔·斯拉格（Michael Slager）拦下，当他逃跑时被警察从背部开枪射中。警车上的仪表盘处的摄像头拍到了斯科特停车，但射击过程是被一个路人拍到的。很快这名警察被指控谋杀，但该案的陪审团无法做出裁决。不过，随后斯拉格认罪了，他承认剥夺了斯科特的公民权利，这是联邦重罪。2017年，他被判在美国联邦监狱服刑20年。

我们再次关注这些案件，是因为它们与本章讨论的攻击概念相关。

- 在上述两起案件中，齐默尔曼和威尔逊都未被判刑，他们都与被害人发生了肢体搏斗。所有人身上都有瘀伤。在加纳案中，加纳通过言语和身体反抗来抵制逮捕，但他没有攻击警察。当然，警察违规执法，将加纳打倒并掐至死亡。斯科特背部中枪。4起案件都存在攻击和暴力。

- 根据巴斯的分类，上述4种情形都发生了直接的、主动的身体攻击。也可能有直接的、主动的言语攻击，但因为没有具体信息，我们不能确认这一点。

- 4起案件中有3起是敌意性攻击，在这3起案件中，双方都既是攻击者也是受害者。目前还不清楚斯科特是否对敌意性攻击做出了反应。但总体来说，敌意性攻击并不等同于犯罪。

- 在这些案件中，很可能涉及布什曼和安德森（Bushman & Anderson，2001）提出的攻击连续体理论。也就是说，有些外显的攻击可能是无意识的而不是受控制的。那么，掐住加纳的脖子是否符合无意识攻击？

此外，以下这些本章涉及的概念可能与这些案件相关。不知你是否同意？

- 武器效应。看到齐默尔曼手中的枪，可能会促使马丁出于愤怒或自卫而采取攻击行为。迈克尔·布朗手无寸铁，但他看到威尔逊的枪后也可能采取主动的行动。

- 认知脚本。上述所有人可能都有大量的与暴力相关的认知脚本。作为一名社区监督志愿者（也是刑事司法专业毕业生），在这种场景下，齐默尔曼熟悉的脚本可能是他会抓住一个他认为"不好"的人。布朗案的警察可能也有认知脚本，他预见到自己可能处于危险状况。马丁、布朗、加纳和斯科特都知道，作为非洲裔美国男性，他们经常容易被执法人员错误地描述并遭到身体伤害。他们很容易设想一种场景，即他们的生命安全受到威胁。

问题讨论

1. 如果用敌意归因偏差和种族偏见作为上述事件的解释理由，有什么好处？

2. 愤怒、恐惧和挫折感在上述 4 起案件中都起了什么作用？我们是否应该期望执法人员比普通群众更能控制自己的愤怒、恐惧和沮丧情绪呢？

3. 获取过去 10 多年中涉及非洲裔美国人死于警察执法的其他争议事件的信息。有很多这样的案件，例如，塔米尔·赖斯（Tamir Rice）、贾马尔·克拉克（Jamar Clark）、拉全·麦克唐纳（Laquan McDonald）、达林·斯图尔特（Darrins Stewart），还有阿塔蒂亚娜·杰斐逊（Atatiana Jefferson），她在自己家里正和 8 岁的侄子玩电子游戏，却被窗外飞来的子弹射杀了。用本章讨论的概念来解释这些事件。

总之，敌意归因偏差是指将他人的行为视为挑衅、有害、敌对或错误的倾向。一些人比另一些人更有可能表现出这种倾向。因此，敌意归因偏差或敌意归因风格应被视为一个连续体。在它的极端水平上，这种偏差代表了一种认知加工过程中的缺陷，它严重歪曲了社会信息，以致个体实际上无法准确地处理这些信息（Fontaine，2008）。在某些情况下，一些人可能会对其他人实施极端的暴力行为，因为他们认为这些人企图伤害他们。道奇等人（Dodge et al.，2015）在他们对敌对归因的全球性研究中得出结论：通过关注群体如何将儿童社会化，以及如何在人际冲突中通过敌对意图的归因和自我陈述的积极反应的意图来应对挑衅，可能会降低群体层面的攻击行为的发生率。我们将在第九章和第十章回到这个话题，因为它适用于谋杀，包括系列谋杀和大规模谋杀。

攻击行为：简单易行

攻击是解决当前冲突的一种简单、直接的方式。一方面，如果某些事情不符合个人的意愿，那么以威胁、敌对的方式进行对抗是最直接的方式（尽管从长远来看不是最有效的方式）；另一方面，亲社会解决方案和替代性的非攻击性脚本都没有攻击性解决方案那么直接，而且也更复杂。从本质上讲，它们更难应用；从理论上讲，认知上比较"简单"的个体会更倾向于追求简单且直接的问题解决方案。此外，由于亲社会的解决方案更复杂、更难应用，它们也需要有效的社会技能。然而，发展有效的社会技能需要时间，而且这些技能在完善之前会有一个不稳定的强化阶段。相反，对攻击者来说，攻击行为往往会受到即时强化，因此更有可能被保留在个体应对冲突情境的即时解决方案中。

经过 22 年的纵向研究，埃伦和休斯曼（Eron & Huesmann，1984）得出结论：智力缺陷和社交技能不足会增加孩子采用更具攻击性的行为方式来解决冲突的可能性，特别是在儿童早期。例如，研究已经反复证明了这样一个事实，即严重的性犯罪的未成年人在社交能力方面有明显的缺陷，如社交技能不足、同伴关系不良，以及与同伴的社会隔离（Righthand & Welch，2001）。此外，有证据表明，这种攻击模式具有跨情境和跨时间的稳定性，并成为整个成年期的首选模式。但这种关系并不是简单的、单向的，智力缺陷和社交技能不足会促进攻击行为，而攻击行为可能会影响未成年人与教师及同伴的积极的社会互动（这种社会互动能够提升智力和社会性发展），最终会导致一系列相互影响的事件持续下去：攻击行为影响社交环境，而社交环境反过来又影响攻击行为。

唤醒及其控制

道夫·齐尔曼（Dolf Zillmann，1988）提出了一个与认知脚本理论类似的观点，但是与伯科威茨一样，他强调生理唤醒的重要性及其与认知的互动。齐尔曼同意赫布（Hebb，1955）的观点，即唤醒是激发器而不是引导，是引擎而不是转向器。认知为愤怒、恐惧或挫折的激发作用提供了指导和方向。认知本质上是情绪的管理者。实验证明，愤怒和控制愤怒对理解犯罪人的攻击行为尤为重要（Roberton，Daffern，& Bucks，2015）。此外，预测攻击和暴力行为的能力是一个人控制愤怒的外在表达的能力，而不是他们控制内心愤怒情绪的能力（Roberton et al.，2015）。换句话说，当一个人认为自己理所应当的晋升没有实现时，他的愤怒是可以理解的，但如果他做出了刺伤负责做出晋升决定的人，那就是不可接受的。

在动物和人类攻击性的长期研究中，得到的一个观察结果是，当有机体认识到或感知到其安全与健康面临威胁时，他可以选择战斗或逃跑。在识别危险后，生理上的唤醒迅速开始，使有机体为战斗或逃跑做好准备。齐尔曼提醒我们，对危险的识别可能是即时的反射。随后发生的事情也高度依赖认知，特别是在人类中。很可能这就是认知脚本出现的时候。

如果唤醒水平是中度的，那么技能良好且亲社会价值标准整合良好的个体可能会执行非攻击性脚本，即使这个人一开始可能感到愤怒或感受到了威胁。然而，高度的唤醒水平会干扰复杂的认知过程，而这些认知过程会影响我们对内部行为准则的思考，以及我们评估他人意图和事件缓急的能力（Zillmann，1988）。想想发生在你身上的一个非常紧张或可怕的情况，想要清晰地思考是多么困难。或者再想想你曾经在非常愤怒的情况下，说了或做了一些你希望自己没有说过或没有做过的事情。在高度唤醒的状态下，我们的认知似乎变得越来越狭窄、越来越受限，有时几乎丧失了能力。一般来说，在这种高度唤醒的状态下，我们会依靠根深蒂固的习惯来引导和支配我们的行为。从本质上讲，我们变得冲动，而且基本上没有思考能力，用于调节使敌意甚至暴力行为减少的认知也大大减少了。然而，如果我们已经练习或演练过非暴力或非攻击性的解决方案，那么这些认知脚本很可能就会成为我们在高压、恐惧和高度唤醒的状态下所采取的习惯。针对愤怒管理的心理治疗方案能帮助人们学会识别伴随愤怒的生理反应，并确定控制愤怒的策略。

一般攻击模型

为了整合以往攻击理论的共同特征，内森·德瓦尔（Nathan DeWall）和克雷格·安德森（Craig Anderson）提出了一般攻击模型（General Aggression Model，GAM）。根据他们的观点，GAM 提供了解释攻击和暴力的唯一理论框架，其中明确纳入了生物因素、人格发展、社会过程、基本认知过程、短期和长期过程及决策过程（Allen，Anderson，& Bushman，2018；DeWall & Anderson，2011；DeWall，Anderson，& Bushman，2011）。尽管该模型试图囊括大部分可能影响攻击和暴力的因素，但它在很大程度上借鉴了社会心理学家、人格心理学家、认知心理学家和发展心理学家在过去 40 多年里发展出来的社会认知和社会学习理论。根据该模型，攻击和暴力取决于个体如何感知和解释社会环境、对各种结果的可能性的预期、对人们在某些情况下通常如何反应的知识和信念，以及一个人认为其有能力做出有效反应的程度。尽管认知过程最初很复杂，但通过文化教育和重复体验，这个过程中的判断和选择会变得自动化。最终，它们几乎不需要心理努力或有意识的认知。例如，通过文化教育和重复体验，有些人会迅速且不假思索地解读出其他人（基于他们的外表或国籍）是怀有敌意的，并会构成身体威胁。

GAM 假设，暴力的发生通常是有一个升级周期的，这个周期可能始于严重的初始触发事件，也可能始于相对良性的初始触发事件。触发事件可以影响任何类型的二元关系，包括两个个体、两个群体、两个宗教群体或两个国家（DeWall & Anderson，2011）。在这些情况下，一个个体或一个群体认为对事件的报复是正当的或轻微的，而另一方则认为报复是不正当的和严重的。那些认为报复不正当的个体或群体通常会反击。这种循环往往通过几次反复的暴力行为而持续下去。德瓦尔和安德森认为，我们在第四章讨论的基本归因错误是报复周期持续存在的一种解释。在基本归因错误中，个体会将他人的消极行为描述为由性格因素造成的（如他很刻薄），而将自己的消极行为描述为由情境因素造成的（如考虑到当时的情况，我这样做是对的）。德瓦尔和安德森写道："人们身陷其中，认为对方的行动是出于恶意，而认为自己的行为是对当前情境的适当反应。"

除了升级周期，德瓦尔和安德森认为，攻击和暴力还受许多因素的影响。如果你想让一个人有攻击和暴力倾向，那就从剥夺那些能满足其基本需求的资源开始，包括身体的、情感的、心理的和社会的资源。然后，向他提供各种各样的攻击和暴力的榜样和示范，特别是那些看起来有效的案例。再然后，向他灌输一些认知信念和价值观，将潜在的目标个体去人性化，尤其是不同群体的人。接下来让他接触各种形式的暴力和破坏行为，直到他对暴力和破坏变得不敏感。最后，提供适当的行为认知脚本，这样你应该就拥有了你想要的暴力水平（DeWall & Anderson，2011）。

I³ 理论

在 GAM 的扩展模型中，I³ 理论（I³ Theory）（称为"I 立方理论"）是最近发展起来的。与 GAM 相似，I³ 理论旨在提供一种结构化形式来理解以下内容（Slotter & Finkel，2011）：

（1）一个特定因素促进攻击的过程；
（2）多个风险因素如何相互关联，进而导致增加或减少攻击。

I³ 理论将众多的攻击风险因素分为三类：

（1）诱发事件（instigating triggers），即能够唤起那些促进攻击的偏好或倾向的离散事件；
（2）驱动力（impelling forces），即在诱发事件之后增加攻击行为的可能性的力量；
（3）抑制力（inhibiting forces），即降低或遏制攻击行为发生概率的因素。

I³ 理论不同于 GAM，是因为它将自我调节的新研究作为理论的核心整合进来，并详细阐述了攻击风险因素产生攻击和暴力的不同的、新颖的路径（Slotter & Finkel，2011）。研究人员（Maldonado，DeLillo，& Hoffman，2015）发现，I³ 理论为处理亲密伴侣的攻击和暴力提供了一种非常有前景的策略，尤其是该理论的情绪调节模块。

GAM 和 I³ 理论是新近发展的元理论的代表，这些理论是为了组织和整合本章前面部分所讨论的许多小型理论而构建的。两者都为解释关于人类攻击和暴力的未来研究提供了一个很好的参考框架。

显性攻击行为与隐性攻击行为

罗尔夫·洛伯（Rolf Loeber）和玛格达·斯托瑟默 - 洛伯（Magda Stouthamer-Loeber）建议研究攻击和暴力的人员要注意两类攻击行为：显性攻击行为与隐性攻击行为。这里的关键是"行为"这个词。在本章的前面，我们介绍了敌意性（反应 - 冲动型）攻击和工具性（控制 - 工具型）攻击，那是由它们的目标和回报定义的，而不是它们的行为。

根据洛伯夫妇的观点，这两种攻击形式在以下几个方面是不同的（见表 5-3）：

（1）行为模式；
（2）情绪；

表 5-3　显性攻击行为与隐性攻击行为

攻击	行为模式	情绪	认知	发展
显性攻击行为	与受害者直接对抗；通常随着年龄的增长而减少	愤怒、高水平唤醒和暴力	缺乏提出非攻击性解决方案的社会认知	攻击性很早就开始了，尤其是男孩
隐性攻击行为	隐匿的、欺骗的或卑鄙的行为；随着年龄的增长而增加	较少的情绪，多为诈骗、盗窃等犯罪	依赖于认知能力，如计划性、欺骗性	可以演化为逃避惩罚的成熟策略

（3）认知；

（4）发展。

在行为上，显性攻击通常涉及与被害人的直接对抗，以及实施身体伤害或威胁进行身体伤害。而隐性攻击不涉及直接对抗，而是依赖于隐匿的、欺骗的或卑鄙的行为。它类似于本章前面讨论的被动攻击行为。在很多情况下，显性攻击会随着年龄的增长而减少，而隐性攻击会随着年龄的增长而增加（Loeber，Lahey，& Thomas，1991；Stanger，Achenbach，& Verhulst，1997）。不过，表现出严重显性攻击（暴力）的儿童的暴力行为往往会随着年龄的增长而增加，并且在他们成年后也常常会实施暴力犯罪和财产犯罪（Loeber & Stouthamer-Loeber，1998）。

在情绪方面，愤怒通常是大多数显性攻击行为的重要成分，而比较中性的情绪则是隐性攻击行为的特点。暴力行为通常伴随着愤怒带来的高水平唤醒。相反，隐性攻击行为，如诈骗、盗窃、挪用公款、入室盗窃、白领犯罪等，实际上往往不那么情绪化。

显性攻击行为和隐性攻击行为也可以根据伴随它们的认知来进行区分。正如我们在本章解释的那样，暴力的人（显性攻击者）往往有认知缺陷，他们难以想出非攻击性的办法来解决人际冲突和争端。显性攻击者也存在敌意归因偏差，这种偏差推动了与暴力倾向有关的认知加工过程。相反，将隐性攻击作为首选策略的人在解决人际问题时并没有表现出明显的认知缺陷，也没有表现出敌意归因偏差。研究人员推测，大多数隐性攻击行为是由特定的认知能力导致的，例如，计划性，在盗窃前对环境进行侦查，对物品和财产的预先关注，以及说谎和逃避侦查的能力（Loeber & Stouthamer-Loeber，1998）。例如，与职业有关的犯罪，如盗窃公司财产、滥用信息、盗版软件，往往是有计划、有预谋地实施的。一些通过使用计算机实施的犯罪，被称为网络犯罪，也是隐性攻击行为的一个很好的例子。诸如计算机入侵（黑客）、网络跟踪和网络欺凌，这些都会在第十四章进行更充分的讨论。

从发展的角度来看，显性攻击行为通常很早就开始了，特别是对男孩来说，如在终身持续犯罪人的案例中可以看到，这些人将在后面进行详细讨论。另外，洛伯夫妇认为，显性攻击行为与隐性攻击行为不一定是同时发展的。有些孩子从来没有被他们的父母教导要诚实并尊重他人的财产。这在疏忽大意的父母或在这些方面持有模糊或薄弱的道德立场的父母中很常见。诚实和对他人财产的尊重是通过父母或照顾者的教导及其为孩子提供的亲社会模式来灌输的。孩子的一些隐性攻击行为，特别是说谎，也可以演变为一种策略，可以最大限度地减少被成年人发现和惩罚的风险。

应该强调的是，并不是所有参与暴力的显性攻击者都开始于生命早期。正如洛伯夫妇所指出的："有必要解释为什么有些在生命早期没有攻击史的人在成年期会出现暴力行为。"这些晚发型的成年暴力犯罪人占比较小，但这一假说确实表明，并非所有高攻击性和暴力倾向的人在童年时都会表现出攻击性。

反应性攻击与主动性攻击

道奇等人（Dodge et al.，1997）建议，对攻击性进行分类的另一种方法是区分反应性攻击和主动性攻击。**反应性攻击**（reactive aggression）包括愤怒的表达和报复性的敌意，这类攻击通常来说是更"热血"的攻击行为；相反，**主动性攻击**（proactive aggression）包括欺凌、支配、戏弄、辱骂和胁迫行为，换句话说，是更"冷血"的攻击行为。反应性攻击似乎是对挫折的反应，并与高度唤醒状态导致的失控有关。一般来说，反应性攻击是对感知到的威胁或挑衅做出的敌对行为；相比之下，主动性攻击不那么情绪化，更多地由对回报的期望所驱动，主动性攻击是无端的、故意的、以目标为导向的行为，用于影响或胁迫同伴（Hubbard et al.，2001）。反应性攻击的理论基础是前面讨论的由伯科威茨（Berkowitz，1989）提出的挫折–攻击模型；而主动性攻击的理论基础在于社会学习理论，正如我们之前所述，攻击性是一种后天行为，通过强化来控制和维持，它与控制–工具型攻击的概念高度相似。通过教师评分、同伴评分、临床精神病学记录和研究人员对同伴互动的直接观察，已经在 3～6 岁儿童身上发现了这两种攻击形式的可靠观察结果（Dodge & Coie，1987；Dodge et al.，1997；Poulin & Boivin，2000）。

与主动性攻击的儿童相比，反应性攻击的儿童在社会和心理适应方面表现出更多的问题（Dodge et al.，1997）。心理适应问题包括生气时缺乏情绪控制力，并伴有睡眠障碍、抑郁障碍及人格障碍。一般而言，这些问题会在 4～5 岁出现。此外，反应性攻击与在模棱两可的挑衅情境中将敌对意图过度归因于同伴的人格倾向有关（敌意归因偏差）（Hubbard et al.，2001）。也就是说，当一名反应性攻击的儿童将同伴的行为解释为故意伤害或攻击时，他更有可能以愤怒的报复甚至暴力来回应。

道奇（Dodge，1991）提出，反应性攻击和主动性攻击源于不同的社会经验并各自独立发展。根据道奇的看法，反应性攻击是出于对恶劣、威胁和不可预测的环境，以及虐待或冷酷的教养方式的反应而形成的（Vitaro, Brendgen, & Barker，2006）；而主动性攻击是由于接触具有攻击性的榜样而发展起来的，这些榜样往往利用攻击来解决冲突或提升

个人利益（Vitaro et al.，2006）。不过，维塔罗等人（Vitaro et al.，2006）也指出，主动性攻击和反应性攻击可能不仅是由不同的社会环境造就的，也可能受到气质和遗传因素的影响。也就是说，反应性攻击似乎与焦虑、愤怒、情绪冲动及注意力不集中的气质倾向有关；而主动性攻击似乎受气质的影响较小，而更多源自攻击行为会带来奖赏和积极结果的信念。此外，初步的研究结果还表明，反应性攻击比主动性攻击在人的一生中发展得更早，而且这两类攻击似乎遵循不同的发展轨迹（Vitaro & Brendgen，2005）。

攻击的性别差异

虽然男孩在成长过程中会参与更多的显性攻击和直接对抗，但目前尚不清楚男孩是否普遍比女孩更具有攻击性。此外，现代观念提醒人们不要采用简单的性别二元分类。尽管研究人员一直将被试归为男孩或女孩、男人或女人，以及男性或女性，但如今，很明显性别是一个连续体。自认为是男孩的男孩可能仍然拥有传统上被认为是女性的特征，而自认为是女孩的女孩可能仍然拥有传统上被认为是男性的特征。此外，现在有相当多的人不愿意以性别二元方式来认识自己，而是要求被称为"他们"（they）。

考虑到这一点，研究表明，身体攻击在男性中比在女性中更普遍，而且这一结果在数百项研究及在不同国家中都是一致且成立的（Archer，2004；Campbell，2006；Shaver & Mikulincer，2011）。那么其他形式的攻击行为又是什么情况呢？

认知心理学家目前的研究表明，女孩和男孩在社会化过程中构建自己世界的方式可能存在差异。长期以来，研究社会学习理论的专家们一直认为，女孩的社会化方式与男孩不同，或者被教导不要有明显的攻击性。安妮·坎贝尔（Anne Campbell，1993）认为，男孩不仅比女孩更具有攻击性，而且常常以不同的方式表现出攻击性。其他研究人员也同意这一观点（Hawkins, Pepler, & Craig，2001；

Lumley et al., 2002；Wood，Cowan，& Baker，2002）。根据坎贝尔的观点，男孩和女孩生来就具备同等攻击性潜力，但女孩在社会化过程中往往被要求不要有外显的攻击性，而男孩则被鼓励要有外显的攻击性来"保护"自己。

有意思的是，研究支持这样的观察结果：男孩和女孩在蹒跚学步时，对同龄人具有同等的身体攻击性，但随着年龄的增长，在进入小学阶段后，这种模式很快就发生了改变（Xie，Farmer，& Cairns，2003）。洛伯夫妇从他们的研究综述中得出这样的结论：一般来说，攻击性（如沮丧和愤怒）的性别差异在婴儿时期并没有体现出来。他们强调，只有在学龄前阶段（3～5 岁），可观察到的性别差异才开始出现，男孩比女孩表现出更多的显性攻击行为。从学龄阶段开始，男孩的显性攻击行为会变得特别突出。男孩被教导要坚强，不要哭，要还击欺凌者，要用身体保护自己。然而，很多研究人员报告说，女孩更有可能参与关系或人际形式的攻击，而不是推搡和殴打这种躯体形式（Casey-Cannon，Hayward，& Gowen，2001；Crick & Zahn-Waxler，2003；Prinstein，Boergers，& Vernberg，2001）。例如，研究人员（Björkqvist，La-gerspetz，& Kaukianinen，1992；Cairns et al.，1989）发现，女性倾向于使用更隐蔽的、间接的和口头的攻击形式，如名誉诽谤和人际排斥。其他研究人员报告，女孩更有可能使用关系攻击（relational aggression），如抛弃一个朋友而选择另一个、恶意散布谣言或嘲笑他人的身体特征（如面部特征、体重或行为举止）（Crick，1995；Crick & Grotpeter，1995；Crick & Zahn-Waxler，2003；Garside & Klimes-Dougan，2002；Loeber & Stouthamer-Loeber，1998）。

有些研究人员（Moffitt et al.，2001）假设，攻击性和反社会行为的性别差异是由于男孩更多地接触累积风险因素而产生的。而其他研究人员（Ribeaud & Eisner，2010）认为，尽管男孩比女孩暴露在更高的累积风险中，但男孩似乎也更易受到暴力的影响，因为他们被期望在许多方面要更具攻击性和男子气

概。尽管女孩也越来越多地参与攻击性活动，如一些竞技体育，但教练、父母和观众对其行为的反应方式存在微妙的差异。例如，女孩比男孩更有可能因为做得好而得到一个拥抱或击掌，尽管有些教练强调女孩在受伤时也不能哭。

总之，人们越来越认识到，攻击的性别差异不仅源自生物因素，更主要的是源自促进不同类型攻击性的文化和社会化的过程。环境线索对认知脚本和个体在各种情况下所采用的攻击性策略也很重要。个体采用哪种脚本或策略，取决于存在哪些环境线索。

媒体暴力的影响

当今的年轻人是在铺天盖地的媒体环境中长大的（Gentile & Walsh，2002），而这个环境充满了暴力。一项调查表明，13～18 岁的青少年平均每天以各种形式接触大约 9 小时的娱乐媒体（Coyne et al.，2018）。99% 的男孩和 94% 的女孩都玩电子游戏（Lenhart et al.，2008），多达 89% 的电子游戏表现出某种形式的暴力，其中大部分是致命性暴力（Calvert et al.，2017；Coyne，Warburton，Essig，& Stockdale，2018；Surette & Maze，2015）。近一半的青少年在移动设备上玩电子游戏，如手机、平板电脑或其他手持设备。近 1/3 的青少年每天都玩游戏。另外，21% 的青少年每周至少玩几次。据估计有 80% 的青少年玩 5 种或更多类型的游戏，40% 的青少年玩 8 种或更多类型的游戏（Lenhart et al.，2008）。随着如今各种便携式设备的出现，青少年和成年人随时都可以接触到电子游戏，除非他们身处一个设备使用受到限制的地方，如学校。然而，学校的限制往往难以实现，因为学生需要用笔记本电脑或其他电子设备作为日常的学习工具。

即便在电子游戏激增之前，据估计美国儿童在进入青春期之前，平均会在电视上看到超过 100 000 起暴力事件和大约 20 000 起谋杀案（Myers，1996）。其他研究预估，网络电视上每出现 1 个情感场景都

会伴随 4 个暴力场景。请注意，这里并不包括为观众提供越来越多选择的海量的非网络节目。20 世纪 90 年代中期，有 4 所大学对美国电视节目中的暴力进行了研究，结果显示，电视上播放的 90% 的电影都包含暴力（National Cable Television Association，1998）。暴力在付费电视节目中出现的频率最高（高收费频道是 85%，一般收费频道是 59%），而最低的暴力出现率（18%）是在公共电视频道。在这项横跨 3 年的研究中，有近 40% 的电视暴力事件是由"好"角色表现出来的，他们可能被视为是有吸引力的角色。在 67% 的节目中，暴力是通过幽默的方式描绘出来的。研究发现，大多数媒体暴力都被美化了，而暴力行为的长期消极后果却很少被描述。近 3/4 的暴力场景没有出现悔恨、批评、惩罚或犯罪人的情绪反应。总体来说，调查发现，在 3 年的研究期间，包含暴力的电视节目比例一直居高不下。在一份特别报告中，美国家长电视协会（Parents Television Council，2007）得出结论：1998—2006 年，电视节目中的暴力增加了 309%，而且有理由相信近年来电视节目中暴力的数量还在进一步增加。

关于媒体暴力对攻击行为的长期影响，研究界存在很大分歧。不过，就目前而言，绝大多数研究都表明，电视、电影和社交媒体上对暴力场景的描绘可能会对美国青少年表现出的攻击行为的频率和类型产生重大影响（Bushman, Gollwitzer, & Cruz, 2014；Coyne et al., 2018）。媒体暴力似乎鼓励、刺激和强化了一些人的攻击行为。很多研究都表明，媒体暴力是一些儿童、青少年和年轻人的攻击性和暴力发展的一个影响因素（Huesmann et al., 2003）。

媒体暴力对儿童的影响似乎确实比对成年人的更大，因为儿童更容易长期受其影响。有意思的是，休斯曼等人（Huesmann et al., 2003）的研究发现，对儿童产生最有害影响的暴力电影和电视节目并不一定是那些在成年人看来最暴力的内容。研究表明，认同施暴者的暴力场景及施暴者因暴力而获得奖励的暴力场景对儿童的消极影响最大。这不一定是暴力本身程度的问题。

然而，观看暴力节目和玩暴力游戏是两种不同的活动。尽管暴力场景充斥在电影、电视节目、电子游戏等各种媒体中，但玩游戏却是一项主动的活动。它对那些游戏玩家是否会产生一些消极影响？布什曼等人（Bushman et al., 2014）的调查发现，80% 的媒体研究人员认为，暴力媒体游戏会增加攻击性。该调查还表明，儿科医生和家长也都同意这一点。

尽管迄今为止，关于媒体暴力的大量研究都集中在电视暴力上，不过近年来研究界已开始将注意力转移到暴力电子游戏和其他社交媒体上（Murray，2008）。科因等人（Coyne et al., 2018）指出，技术进步导致更复杂的媒体形式及各种不同的互动方式。由于电子游戏是交互式的，有些研究人员认为，与更被动的媒体相比，电子游戏更可能增加攻击性及导致共情能力下降等结果（Coyne et al., 2018）。与对暴力电影和电视节目的研究类似，近年来的研究一致表明，大量接触暴力电子游戏可能与攻击行为、攻击性思维、攻击性情绪的增加和助人行为的减少显著相关（Anderson, 2004；Anderson & Bushman，2001；Anderson et al., 2008；Greitemeyer & Mugge，2014；Warburton, 2014）。正如我们马上会看到的，并非所有的研究人员都同意这些结论。此外，美国心理学会新成立的暴力电子游戏评估工作组（Calvert et al., 2017）竭力主张谨慎地解读研究结果。在他们所进行的文献综述和元分析中，工作组得出的结论是，玩暴力电子游戏是攻击行为的一个风险因素，但不一定与青少年的犯罪行为有关（部分研究结果见表 5-4）。

表 5-4　美国心理学会暴力电子游戏评估工作组的部分研究结果

暴力电子游戏
• 与攻击性的认知、情感、行为（如推搡、打斗）的增加和去敏感化有关联
• 与共情能力下降有关联
• 即使控制了反社会人格特质、学业成绩差、父母冲突、犯罪等风险因素，与消极结果的相关性仍然存在

（续表）

暴力电子游戏
• 玩游戏和攻击性之间的相关程度在青少年、大学生和年轻人之间并无差异。几乎没有关于 10 岁以下儿童的研究
• 需要对用户的年龄、发展轨迹、种族／民族、性别、社会经济地位进行更深入的研究
• 需要对游戏的特点进行更多的研究（如快速的动作、音效、涉及道德的情节）
• 没有足够的数据可用于评估玩暴力电子游戏与未成年人违法犯罪行为之间的联系

资料来源：Calvert et al.（2017）. The American Psychological Association Task Force assessment of violent video games：Science in the service of public interest. American Psychologist，72，126–143。

在继续讨论之前，区分媒体暴力对攻击行为的短期和长期影响很重要。研究表明，这两者有不同的认知过程参与其中（Huesmann，2007）。尽管有令人信服的证据表明，接触媒体暴力既有短期影响也有长期影响，但我们在此更关注长期影响。它们是观察学习、去敏感化及将暴力和攻击性材料储存在思维过程中的结果。幼儿尤其乐于接受新的学习内容，这些早期经历在幼儿早期发展阶段往往比成年期发生的学习事件产生更大的影响。因此，如果幼儿学习到暴力或攻击行为是可接受的，那么这些信息很可能会伴随他们到成年并贯穿整个成年期。为此，休斯曼等人（Huesmann et al.，2003）认为，在近期的理论研究中，长期影响主要被归结为通过观察学习获得三种社会认知结构：

（1）关于敌对世界的图式；

（2）关注用攻击来解决社会问题的脚本；

（3）攻击性是可接受的规范性信念。

正如本章通篇所指出的，随着时间的推移和经常接触攻击行为，儿童会形成这样的信念（图式）：这个世界基本上是一个充满敌意的地方，攻击是一种可接受的社会行为，解决冲突和达到目的的最佳方式是变得有攻击性。从长远来看，这些方面实际上可能成为人格和个体认知脚本的一部分。

一项研究（Krahé & Möller，2004）支持这些假设，如果青少年经常接触暴力电子游戏，他们更有

可能容忍攻击行为，并对模棱两可的线索表现出敌意归因偏差。另一项研究（Funk et al.，2004）证实，一般来说，经常接触暴力电子游戏与较低的共情水平和对暴力行为更积极的态度有关。这项研究还表明，暴力电子游戏可能比诸如电影或电视节目等其他形式的媒体暴力具有更大的影响。这可能是由于电子游戏的互动部分，即个体是一个虚拟参与者，而不是暴力的被动观察者。科因等人（Coyne et al.，2018）也报告了类似的发现。他们认为，在暴力视频游戏的内容对社会化和道德发展毫无帮助的情况下，互动接触暴力视频游戏可能会对个体发展产生重大影响。另外，研究人员（Calvert et al.，2017）也指出了一些消极后果，例如，敌意和愤怒的体验、攻击性思维，以及自我报告与教师报告的打架斗殴行为。这些有害的结果在各种研究中都得到了支持，证据很充分、很一致，也很普遍，值得公众和政策制定者关注。

休斯曼等人（Huesmann et al.，2003）报告，在童年早期观察到的媒体暴力的强烈的长期影响似乎会延续到成年期。他们得出以下结论。

> 总体来说，这些结果表明，来自所有社会阶层和所有初始攻击水平的男性和女性，当他们在童年早期经常观看大量的暴力电视节目时，他们就面临着更大的成年期攻击性和暴力行为的发展风险。

20 世纪 90 年代末到 21 世纪初发生了一系列由热衷于暴力电子游戏的玩家制造的校园枪击案，暴力视频或电子游戏对攻击行为发展的影响开始受到大量的关注。1999 年 4 月，科罗拉多州科伦拜恩中学（Columbine High School）的两名学生实施了一起枪击事件，造成 13 人被杀及 23 人受伤，在这之后，公众的担忧尤其强烈。这两名袭击者被认为是社会弃儿，而且似乎非常关注媒体、音乐和电子游戏中的暴力内容。在那场悲剧发生后的几年里，其他备受关注的枪击事件的报道表明，犯罪人大都经常玩

暴力电子游戏。例如，对 2012 年康涅狄格州纽敦市（Newtown）校园大规模谋杀事件负有责任的年轻人显然在他的房间里花了数小时进行游戏活动。暴力电子游戏的影响并不仅限于美国，其他国家也存在，如日本（Anderson，2004；Anderson et al.，2008）。在另一个案例中，研究人员（Krahé & Möller，2004）描述了 2002 年 4 月发生在德国的一个事件，在这个事件中，一名被开除的学生疯狂扫射致几人丧生，而该学生把大部分时间都用在了玩暴力电子游戏上。

不过，与电视和电影的影响类似，研究界对暴力电子游戏的长期影响也存在分歧，实证证据也在多个层面受到了质疑。有些学者认为，许多关于电子游戏的研究是没有定论的，可能在方法上就存在问题（Elson & Ferguson，2014；Ferguson et al.，2008；Grimes & Bergen，2008；Gunter，2008；Savage，2008；Savage & Yancey，2008）。而且，绝大多数玩暴力电子游戏的人并没有实施暴力行为。因此，认为暴力电子游戏会导致甚至助长暴力行为的观点过于草率了，需要调整。很有可能的情况是，对那些已经具有攻击性和暴力倾向的人来说，接触媒体暴力确实会增加暴力和攻击行为。媒体暴力对那些不太倾向于身体攻击和暴力的人可能不会造成同样的影响。

因此，未来研究除了严格关注暴力因素，还要关注其他因素，这可能有助于解决关于暴力媒体影响的争论。尽管这项研究趋向于暴力媒体对某些人的负面影响，但研究重点的扩大可能会使辩论更接近初步结论。科因等人（Coyne et al.，2018）得出结论：虽然大多数研究表明，接触媒体暴力与攻击行为的增加有关联，但还需要做更多的工作来理解谁、何时、在什么情况下接触媒体暴力后会增加攻击行为。最后，随着电子游戏变得更加逼真且互动性更强，人们越来越担心它们可能会在年轻人中产生更多的模仿性攻击和模仿犯罪。

模仿犯罪

到目前为止，我们主要关注的是娱乐媒体中暴力的影响。然而，即便只是关于暴力的新闻报道也可能是有问题的。像娱乐媒体一样，新闻媒体也可能会提供攻击性的榜样，或者可能产生模仿效应（copycat effect），也称传染效应（contagion effect）。这指的是一些人模仿或复制娱乐或新闻媒体所描绘的活动的倾向。它类似于本章前面讨论的社会学习，人们在日常环境中模仿榜样的行为，如打人。然而，在这种情况下，榜样通常是那些受到广泛关注的媒体人物或新闻人物。模仿者往往寻求类似的广泛认可和关注。

据说，当媒体或电子游戏中描述的行为被某些人评价成一个好主意并加以模仿时，就会发生模仿效应。一起在电视上被戏剧化的银行抢劫案可能会被模仿。沉浸在电子游戏中的人可能会被激发在现实生活中尝试越轨行为。非常受欢迎的电子游戏《侠盗猎车手》（Grand Theft Auto）就是一个典型的案例。游戏中的三个主角执行各种抢劫任务，努力躲避执法机关，玩家在广阔的区域内通过不断挑战来控制自己的行动，既可以步行，也可以采用不同的创造性交通方式。这款游戏被称为"有史以来最好的动作游戏"和"最具沉浸感的游戏"，并凭借其艺术和图像设计赢得了许多奖项。《侠盗猎车手》也因其对女性、酷刑和暴力的描绘而广受批评。

校园枪手模仿者

另一个与媒体有关的模仿效应的悲剧案例可以在 1997 年开始的一系列校园枪击事件中找到，这在上面简要讨论过。那年 10 月，一名刚刚刺死自己母亲的 16 岁少年，来到他就读的位于密西西比州的中学，开始向他的同学肆意扫射，造成 2 人死亡，7 人受伤。接下来在不到 2 个月的时间，一名 14 岁的男孩在肯塔基州的西帕迪尤卡（West Paducah）向一群参加祷告会的高中同学开枪，杀死 2 名同学，还打伤另外 5 人。西帕迪尤卡事件得到了全世界媒体持续几周的报道，并伴随着关于枪手的大量报道。1998 年 3 月 24 日，年龄分别为 13 岁和 11 岁的两个男孩携带 7 支手枪和 3 支步枪，在阿肯色州琼斯伯勒

（Jonesboro）向正聚集在学校操场的同学开枪，杀死
4 个女孩和她们的教师，并打伤另外 10 人。在 15 个
被杀或受伤的人中，只有 1 名男性，这表明年轻的枪
手们是专门针对女孩的。

　　在琼斯伯勒事件整整 1 个月后，宾夕法尼亚州爱
丁堡（Edinboro）的 14 岁男生在学校的舞会上射击，
杀死了 1 名教师。这起事件发生后不到 1 个月，紧
接着在田纳西州费耶特维尔（Fayetterille）又发生了
另一起枪击事件，导致 1 名学生死亡。1 周后，俄勒
冈州斯普林菲尔德（Springfield）的 15 岁男孩走进高
中食堂，开始向同学们肆意射击，在不到 1 分钟的时
间里射出 50 颗子弹。当他停下来重新装弹时，被一
名校队摔跤手抓住并被解除了手里的武器。在不到 1
分钟的时间里，他杀死了 2 名同学，并打伤了 22 人。
在出发去学校之前，他还向自己的父母开了枪。之
后不到 2 周，在 1998 年 6 月 15 日，14 岁的学生携
带一把半自动手枪，在学生正在参加期末考试时在
走廊上开枪，打伤一名篮球教练和一名志愿者助理。
所有这些年轻的枪手都对枪支有极大的兴趣，家庭
背景复杂，而且知道以前发生的校园枪击案的细节，
并对通过媒体呈现的暴力非常着迷。因此，媒体暴
力和模仿效应似乎与其他因素有关，符合犯罪的累
积风险模型或发展级联模型。

　　请注意，上述所有事件都发生在 1999 年科伦拜
恩中学枪击事件之前，该事件涉及 2 名枪手，最终
造成了 13 人死亡及多人受伤。该事件的独特之处在
于，它造成了如此多的死亡，却被广泛宣传，甚至
在事件发生时也是如此：摄像机对准了校园，学生
从窗口发出信号或被引导出教学楼的图像被广泛传
播，枪击事件发生地的照片和枪手持枪的图像也被
传播。也许是因为广泛的宣传，模仿效应在这种情
况下可能尤为强烈。该事件在某种意义上为其他人
建立了一个可供模仿的脚本。例如，自科伦拜恩中
学枪击事件之后，研究校园枪击事件的研究人员发
现，很多校园枪击事件都在模仿科伦拜恩中学枪击
事件（Larkin，2009）。2012 年 1 月在盐湖城（Salt
Lake City），警方逮捕了两个据称计划在学校放置炸

弹的年轻人。警方了解到，其中一个年轻人实际上
曾采访过科伦拜恩中学的校长，以了解更多关于那
次袭击的情况。在其他被制止的未发生的枪击事件
中，学生们表示他们想要实施"另一起科伦拜恩中
学枪击事件"。

模仿恐怖分子

　　模仿效应也可能在恐怖主义中发挥作用。研究
人员（Surette，2014）指出，关于模仿恐怖主义的
共识是，在采用新颖方法进行广为宣传的行为之后，
模仿行为尤其突出。并非所有的犯罪人都与已知的
恐怖组织有直接关联，尽管有些人已经获得了某种
程度的培训或试图加入某个组织。

　　总之，大量地接触媒体描绘的暴力场景和互动
式电子游戏不会自然导致攻击行为，但也没有证据
表明其有"宣泄"或"发泄"的作用。有些人更容
易受到媒体暴力的影响。然而，很明显没有任何一
个因素能单独解释攻击行为的个体差异（Bartholow，
Sestir，& Davis，2005；Huesmann，1998）。研究人员
发现，有证据表明，积极的家长榜样很可能压倒电
视上的暴力榜样（Goldstein，1975；Huesmann et al.，
2003）。此外，媒体暴力似乎对父母不依赖攻击行
为来解决问题的那些家庭的影响较小（Wright et al.，
2001）。不过总体来说，大多数关于模仿效应的信
息来自传闻，类似于上面所描述的情况。一组研究
人员（Surette & Maze，2015）的初步研究是一个例
外。由于模仿犯罪的数据没有经过任何系统的统计，
因此对它们发生的程度存在相当大的争议（Surette，
2014）。不过，研究人员估计有 1/4 的高危人群参与
过模仿犯罪。

　　有意思的是，近年来，人们对研究是否有一定比
例的纵火犯更容易实施模仿犯罪这个问题重新产生
了兴趣（Doley，Ferguson，& Surette，2013；Lambie，
Randell，& McDowell，2014）。第十四章将涉及与纵
火相关的主题。

本章小结

　　在本章，我们回顾了关于攻击和暴力的主要心理学观点。对攻击和暴力犯罪，我们可以做些什么？答案最终取决于人们对人性的看法。如果有人认为攻击是与生俱来的，是我们进化的遗留物，那么结论一定是，攻击是生命的一部分，而且几乎无法改变人性的这一基本要素。减少攻击性的线索可以在动物的行为中找到。而如果人们相信人类的攻击性是后天习得的，那么关键问题就变成了人类学习和思考的原则，并希望人们能够改变这种后天形成的行为以获得人类的进步。虽然区分先天观点和学习观点这种做法有些过于简单了，但当代大多数关于攻击的理论都属于其中某一阵营。在这一点上，学习观点比先天观点获得了更多的实证支持。认知因素在对人类攻击性的解读中尤为重要。

　　然而，生物科学领域正在进行的越来越多的研究使上述问题看起来越来越复杂，尤其是与大脑和人类遗传学有关的研究。研究人员正在获取有关基因对身体特征和对健康问题易感性的贡献等大量信息。很多人相信，他们最终都会将基因与各种行为问题和精神障碍联系起来。不过，重要的是要记住，尽管一些基因可能会使个体易患某些可能导致暴力或其他反社会行为的疾病，但基因并不能决定行为。

　　此外，随着更多研究数据的公布，即便是学习观点也变得越来越复杂，还必须考虑更多的因素。首先，正如伯科威茨所指出的那样，生理唤醒肯定在攻击和暴力行为中起重要作用。在某些情况下，高水平的唤醒似乎会促进（不是导致）攻击行为。极高的唤醒水平似乎

会干扰我们的自我意识和内部控制，使我们更容易受到环境线索和无意识或习惯性行为的影响。从这个意义上说，在高度唤醒的状态下，我们可能不会停下来考虑暴力行为的后果。

　　本章还强调了攻击行为的不同分类。在任何关于犯罪的讨论中，都必须考虑显性攻击行为和隐性攻击行为。显性攻击者更有可能参与暴力犯罪，而隐性攻击者则更容易参与财产犯罪。尽管传统观点认为，男孩更有可能实施更具攻击性的犯罪，但证据表明，女孩同样可能参与不同类型的攻击行为。攻击行为的性别差异被认为主要是由社会化过程造成的。

　　情境和神经生理学因素也对攻击行为有重要影响。攻击性刺激，包括武器、人群、污染、温度、气味和中枢神经系统病变，都必须当作可能的影响因素来对待。社会学习理论支持者还指出，媒体及其提供的榜样对我们的态度、价值观、对暴力的总体印象及我们的行为都有很大影响。态度、信念和思维指的都是认知过程，它们在对犯罪行为的心理学解释中起主导作用。操作性条件反射和经典条件反射仍然很重要，但它们不能充分地解释错综复杂的犯罪行为。

　　本章还探讨了娱乐和新闻媒体中的暴力这一有争议的话题。鉴于技术的快速发展，不太可能以现实的方式保护儿童和青少年免受媒体暴力的影响，只可能对这种接触加以限制。不过，媒体暴力只是暴力行为发展中的众多风险因素之一。对一些儿童来说，过度接触暴力影像会对他们的发展产生严重的负面影响。随着儿童和青少年越来越多地接触包括暴力游戏在

内的电子游戏，研究人员也正在积极地探索这种接触的影响。有确凿的证据表明，他们确实对一些儿童和青少年有负面影响。这些影响包括攻击行为的增加和对暴力的麻木不仁或漠不关心。尽管对暴力影像和游戏的反应存在个体差异，但至少基于目前的研究结果，我们有理由担心，过度接触这类暴力对儿童和青少年的情绪健康没有好处。

核心术语

被动攻击行为（passive-aggressive behaviors）

敌意性攻击（hostile aggression）

工具性攻击（instrumental aggression）

反应 – 冲动型攻击（reactive-impulsive aggression）

控制 – 工具型攻击（controlled-instrumental aggression）

攻击（aggression）

领地意识（territoriality）

仪式化攻击（ritualized aggression）

进化心理学（evolutionary psychology）

挫折 – 攻击假说（frustration-aggression hypothesis）

武器效应（weapons effect）

认知 – 新联想理论（cognitive-neoassociation theory）

兴奋迁移理论（excitation transfer theory）

替代攻击理论（displaced aggression theory）

冗思（rumination）

认知脚本模型（cognitive scripts model）

敌意归因模型（hostile attribution model）

敌意归因偏差（hostile attribution bias）

一般攻击模型（General Aggression Model，GAM）

I^3 理论（I^3 Theory）

反应性攻击（reactive aggression）

主动性攻击（proactive aggression）

模仿效应（copycat effect）

思考题

1. 哪些生理因素与攻击有关？

2. 到目前为止，大多数研究都采用了性别二分法来收集数据。根据研究，是什么原因导致男性和女性在攻击性方面存在差异？请引用相关的研究结果。

3. 解释认知脚本这一概念，并讨论认知脚本在自发性暴力中是如何起作用的。

4. 解释武器效应这一概念，并讨论武器效应如何解释当今社会的一些暴行。

5. 解释敌意归因偏差这一概念，并讨论敌意归因偏差如何解释幼儿的长期攻击行为。

6. 解释下列概念之间的区别：显性攻击行为和隐性攻击行为、认知脚本模型和敌意归因模型，以及反应性攻击和主动性攻击。

7. 回顾本章介绍的关于大众媒体对暴力的影响的研究。

8. 玩暴力电子游戏是否会增加儿童和青少年暴力行为的可能性？

进入本章，我们将一同探索严重的未成年人违法犯罪背后的奥秘及其演变过程。你知道吗？有些"坏蛋"从小就有不安分的苗头，随着年龄的增长，他们的行为愈发猖獗。但别急，事情并没有那么简单。研究显示，并不是所有的"小坏蛋"都会变成"大坏蛋"。特里·莫菲特为我们揭示了两种犯罪轨迹：一种是伴随一生的持续终身型犯罪，另一种则是短暂疯狂的青春期型犯罪。对前者来说，他们的人际关系和社会融入能力往往较弱，成年后更容易陷入心理困境。好消息是，大多数年轻人的犯罪行为会随着年龄的增长而消退。

揭秘犯罪背后的推手

帕特森（Patterson）认为，家庭环境，尤其是父母的监管方式，对孩子是否会走上犯罪道路有不可忽视的影响。斯坦伯格（Steinberg）则用他的冒险行为双系统理论，为我们解读了青少年时期的认知和社会情感差异，揭示了他们为何更容易受到同伴的影响，走上冒险之路。这些深入人心的理论不仅为我们揭示了犯罪背后的真相，还对少年司法政策和法庭判决产生了深远的影响。

社会的声音与行动

虽然大家对犯罪都感到恐惧，但我们依然选择用理解和关怀来对待那些误入歧途的年轻人。目前，已有多种有效的治疗方法问世，帮助那些犯罪的未成年人重回正途。少年司法的预防和干预项目包括初级、次级和三级三类，针对不同情况的孩子提供个性化的帮助。多系统疗法、功能性家庭治疗等以社区为基础的非机构性治疗方法备受瞩目，它们为严重犯罪人提供了新的希望。当然，对那些需要更专业治疗的少数孩子，机构治疗仍然是必要的选择。

总之，理解严重犯罪的发展轨迹和寻找有效的治疗方法对少年司法系统来说至关重要。性别、家庭环境、未成年发展阶段等多种因素都需要纳入考虑，才能制定出更加全面、有针对性的干预措施。让我们携手为下一代创造一个更加安全、健康的成长环境吧！

刘建清

中国政法大学社会学院　教授

陈卓生

广州商学院法学院　研究员

06

第六章

未成年人违法犯罪

本章译者：刘建清　陈卓生

学习目标

- 比较法学、社会学和心理学对未成年人违法犯罪的界定。
- 判别未成年人违法犯罪的类别，并了解身份犯罪的范围。
- 描述莫菲特提出的未成年人违法犯罪发展理论。
- 描述帕特森的强制发展理论。
- 描述未成年人冒险的双系统模型。

- 介绍作为严重违法犯罪特征的冷酷无情特质。
- 总结有效治疗方案的特点。
- 评述未成年违法犯罪人的群体治疗策略。
- 探索初级和次级犯罪预防策略。
- 重点介绍多系统疗法是一种基于社区的有效方法。

未成年人很可能是社会中最受非议的年龄群体。关于他们对总体犯罪的贡献率之高及他们所造成的损害程度之大的传闻比比皆是。在 20 世纪的最后 25 年中，人们经常读到关于未成年人犯罪激增的报道，包括少年暴行不断涌现、未成年人道德水平下降，以及家庭生活悲惨状况都被视为造成未成年人破坏公物、吸食毒品、盗窃和暴力行为的主要促成因素。在某种程度上，这些说法得到了统计数据的支持，特别是在 20 世纪 80 年代和 90 年代初。然而，对未成年人违法犯罪的夸大描述也加剧了人们的担忧，例如，对未成年人的那些特别令人发指的谋杀的描述，以及一些校园枪击案的描述。

在 21 世纪的前 10 年，仍然可以看到这种非典型的描述，包括校园枪击案，但其实成年人的枪支暴力事件也在同步增加。然而，自 20 世纪 90 年代中期以来，在大多数犯罪类别中，年轻群体的犯罪都有所减少，包括财产犯罪和暴力犯罪，尽管也存在周期性的峰值。此外，物质滥用也出现了明显的增长。近年来，欺凌、网络欺凌、性侵害和约会暴力也引起了媒体的关注，这些话题都会在本书后面内容中讨论到。我们有理由关注这些行为与一般的未成年人犯罪之间的关联，尽管这些行为可能没有媒体描述得那么普遍。虽然未成年人犯罪是令人不安

的，但并不是无法解决的。

与成年人相比，未成年人群体在被捕人群中只占很小的比例，但是与其他年龄组相比，他们被捕的比例过高。这可能是由于他们在犯罪时还是纯真无邪的孩子，也可能是因为他们经常实施群体犯罪。此外，未成年人更有可能成为暴力犯罪的被害人而不是犯罪人。然而，相当多的未成年人确实会存在互相伤害的问题，而且物质滥用者还经常会犯下其他罪行。另外，未成年人的暴力问题并没有消失。因此，尽管我们在理解导致这些行为的因素和制定预防和矫治策略方面取得了长足的进步，但是仍有许多工作要做。

在本章，我们会介绍未成年人犯罪的发生率、流行率和性质，以及为解释未成年人犯罪而提出的发展理论。我们还要讨论相关的预防和矫治策略。在后面相关章，我们将更深入地介绍一些与未成年人犯罪相关的问题，并且关注与特定未成年犯罪人有关的矫治问题，如杀人的未成年人、具有精神病态特质的未成年人、未成年性犯罪人和未成年纵火犯。

未成年人违法犯罪的界定

"未成年人违法犯罪"（juvenile delinquency）是

一个不准确的、模糊的术语，是指各种违反法律和规范的行为。它可以从法学、社会学或心理学的角度来解释，其定义也因角度不同而有所差异。

法学的界定

乍一看，一个简单的法律定义似乎就已经足够了。未成年人违法犯罪是指由美国各州或联邦法律规定的、尚未达到成年的个人所犯下的违反刑法的行为。但是，除了这一句话的定义，未成年人违法犯罪这一术语还有不同的内涵。正如我们在第一章所指出的，一些州的法律定义还包含了身份犯罪，这不是违反刑法的行为，而是仅对未成年人禁止的行为。例如，离家出走、违反宵禁和逃学都属于身份犯罪（status offenses）。

在未成年人违法犯罪的法律定义中，甚至年龄也不是一个简单的问题。虽然没有一个州将 18 岁以上的人视为未成年违法者，但一些州对未满 21 岁甚至可能 20 岁出头的年轻的犯罪人做出了规定。年轻的犯罪人由刑事法庭处理，但对他们的判刑相对宽松。值得注意的是，有几起备受瞩目的涉及美国各地的校园枪击案件在最初报道之后几乎没有得到宣传，主要是因为这些年轻的犯罪人被视为未成年人，他们的案件不由刑事法庭审理。在许多州，无论犯罪的严重程度如何，被指控犯罪的 18 岁以下未成年人首先在家庭或少年法庭审理，但是检察官或法官有权将案件移交刑事法庭。有意思的是，近年来这种移交已经在减少（Hockenberry & Puzzanchera，2014）。但在有些州，当未成年人被指控犯有某些罪行时，检察官是被允许完全绕过未成年人司法系统，直接向刑事法庭提起诉讼的。纽约州和北卡罗来纳州这两个州赋予了刑事法庭对 16 岁未成年人的自动管辖权。现在这两个州都将 18 岁作为分界线。由此可见，在未成年人违法犯罪的法律定义中，年龄问题也很复杂。

20 世纪 90 年代，几乎美国所有的州都颁布或扩大了移交的条款规定，导致更多案件被移交刑事法庭（Puzzanchera & Addie，2014），但是如上所述，这种身份犯罪移交在减少（Hockenberry & Puzzanchera，2014）。根据未成年人违法犯罪的法律定义，移交刑事法庭的 15 岁儿童已不属于少年犯，他们要接受与成年被告相同的诉讼程序和处罚。关于案件审理机构（少年法庭或刑事法庭）的决定对未成年人有重要的影响。少年法庭（在许多州是家庭法庭系统的一部分）通常是非正式的而不是对抗性的，更强调对人的矫治而不是惩罚，而且一般不对公众和媒体开放。在少年法庭审理的未成年人享有与成年人相同的美国宪法第六修正案规定的权利，但获得陪审团审判的权利除外，尽管一些州也允许在这些法庭进行陪审团审判。相比之下，在刑事法庭审理的未成年人面临着公众的关注，如果被定罪，可能会被判处长期监禁。例如，俄亥俄州的一名校园枪击犯于 2012 年在一个高中食堂杀害了 3 名同学，他被刑事法庭定罪，并判处 3 个终身监禁的刑期。2014 年，他曾短暂越狱，但不久后就被抓获了（Outhall，2014）。在少年法庭被定罪并被判定为罪犯的未成年人可能会被关押在未成年人管教所，直到其成年，而在刑事法庭被判定犯有同样罪行的未成年人可能会被判缓刑或较短刑期。尽管有一些迹象表明，少年法庭的判决比过去更加严厉（Viljoen et al.，2010），但是总体来说，研究表明，对于类似的罪行，在刑事法庭被判刑的未成年人的刑期比在少年法庭被判刑的未成年人的刑期更长（Redding，2010）。接下来会提供更多关于少年法庭的信息。

在美国许多州并没有法定的刑事责任年龄，也就是儿童的最低被捕年龄（Snyder et al.，2003）。最低年龄也表明儿童在什么时候可以被带到少年法庭进行刑事诉讼。根据已经规定了最低年龄的各州的情况，从 6 岁到 10 岁不等，不过 10 岁以下的儿童在少年法庭上被指控犯罪的情况非常少。另一个很少被提及的问题是智力障碍问题。心理年龄为 10 岁而实际年龄为 33 岁的入店行窃者或暴露癖者不具备被认定为未成年犯罪人的资格，但他们的心理能力与儿童的相似度远超过与成年人的相似度。而且，在大多数州，一个心理年龄为 25 岁的 8 岁"天才"大概不能仅因为他的心理年龄而被刑事法庭审判，尽管可以根据他被指控犯下的罪行对他进行审判。

社会学的界定

对未成年人违法犯罪的社会学和心理学的界定可能有很多重叠之处，就像每个定义都会与法律上的定义存在重叠一样。社会学所界定的未成年人违法犯罪包括各种被认为不适当的年轻人的行为，如攻击、恐吓、逃学、欺凌、小偷小摸、破坏公物或物质滥用。需要注意的是，并非所有的行为都被视为犯罪。此外，这些行为可能会（也可能不会）引起警察的注意。社会不良少年被转交给教会人员、社区服务机构或少年法庭的情况并不少见，但他们在法律意义上并未违法犯罪，除非他们确实犯有罪行、在审理后被裁定犯有被指控的罪行。例如，少年法庭的收案官员可以将一个少年置于"非正式缓刑"状态，给这个人第二次机会在社区内接受监督，而不是正式提交给少年法庭法官进行裁决、审理。处理社会不良少年的另一种方法是项目分流管理。根据该方法，如果未成年人承认他们的罪行并且参加各种干预项目，如物质滥用治疗、社区服务，他们就可以免除正式的法庭诉讼。

心理学的界定

心理学上对未成年人违法犯罪的定义通常包括品行障碍（Conduct Disorder，CD）、反社会行为（antisocial behavior）或某种形式的精神障碍。换句话说，从心理学的角度来看，未成年违法犯罪人会有品行障碍，或者表现出严重的反社会行为或犯罪行为，如纵火或对幼童进行性虐待。品行障碍，正如我们在第二章所讨论的那样，是一个诊断术语，用来代表一组以习惯性不当行为作为特征的行为，如偷窃、放火、离家出走、逃学、毁坏财产、打架、虐待动物和人，以及经常说谎。与社会不良少年一样，心理学意义上的未成年违法犯罪人可能因为这些行为被捕，也可能不会被捕。事实上，其中一些行为甚至并不违反刑法。同样，与对立违抗障碍与注意缺陷／多动障碍相关的行为（这两点在第二章讨论过）可能也不违反刑法。

有时，临床术语"反社会行为"被用来代替品行障碍、对立违抗障碍或注意缺陷／多动障碍，特别是当临床医生不愿意使用正式诊断，或者当儿童或未成年人可能不符合这些障碍标准时。不过，用反社会行为这一概念并没有特别不妥。它指向了更严重的习惯性不当行为，特别是涉及对他人有害的行为模式。尽管它与品行障碍相似，但应该将它与反社会型人格障碍（antisocial personality disorder）这一术语相区别，后者是为成年人诊断的术语，其中许多人在儿童或未成年时期都会表现出品行障碍，并在成年后继续其严重的犯罪。第七章会更详细地讨论反社会型人格障碍。

最后，一些未成年违法犯罪人可能会受到精神障碍的困扰，如焦虑障碍、重性抑郁障碍或精神病性障碍，这可能会与未成年人违法犯罪行为有关。回顾第三章讨论的治疗方法——模式失活疗法，我们可以假定像这样的内化障碍会促进未成年人的外化障碍或反社会行为。同样，如果这种障碍得以治疗，那么他们就能停止或至少减少犯罪。众所周知，未成年人司法系统中的许多未成年人都有精神障碍。患有精神障碍的未成年人对未成年人司法系统的负担是很大的（Nagel，Guarnera，& Reppucci，2016）。第八章将讨论精神障碍和犯罪之间的联系。

未成年人违法犯罪的性质与程度

2013 年，美国有 60 多万 18 岁以下的人被执法人员逮捕（FBI，2014）。2017 年，逮捕人数比 2016 年略有上升，达到 634 535 人（FBI，2018），部分原因可能是因为人口的增加。尽管如此，这两个数字都比 2004 年有所下降。如第一章所述，犯罪率和逮捕率有升有降，是很多原因共同造成的。

表 6-1 概述了 2004 年、2013 年和 2017 年 18 岁以下被逮捕的未成年人的严重罪行（包括暴力犯罪和财产犯罪的逮捕数据）。请注意，2004—2013 年，

所有罪行的逮捕人数都在下降；2017 年，逮捕人数比 2016 年略有上升，但仍低于 2004 年的数字。例外的情况是强奸、抢劫、谋杀等严重犯罪的逮捕人数上升了。统一犯罪报告包含了大量关于各种犯罪的逮捕年龄的额外信息（见表 6-2）。其他具有启发性的数据是与少年法庭的犯罪案件有关的数字。

表 6-1　未成年人暴力犯罪和财产犯罪的逮捕数据（2004 年、2013 年、2017 年）

犯罪类型	2004 年	2013 年	2017 年
总数[1]	1 226 865	666 263	634 535
谋杀 / 非过失杀人	643	492	717
强奸	2414	1484	3030[2]
抢劫	14 936	12 340	15 282
严重伤害	35 912	19 351	22 155
入室盗窃	49 721	27 960	24 223
盗窃	198 071	117 141	93 738
机动车盗窃	22 784	7367	12 798
纵火	4593	2370	1766

资料来源：Federal Bureau of Investigation，2014a. Crime in the United States 2013：Uniform Crime Reports. Washington，DC：U.S. Department of Justice。

[1] 表中存在犯罪类型的交叉，因此不同犯罪类型的总和会大于表中总数。——译者注

[2] 被逮捕者包含了新定义下的强奸及旧定义下的强奸。

有一些与少年法庭的犯罪案件有关的数字非常具有启发意义。1960—2008 年，这些法庭承接的犯罪案件数量增加了 300% 以上，从 400 000 到超过 1 600 000（Puzzanchera，Adams，& Sickmund，2011）。不过，从 2005 年开始，案件数量大幅减少。2005—2016 年，少年法庭的案件减少了 49%（Hockenberry & Puzzanchera，2014）。下降的原因是未成年人被捕人数下降（就像统一犯罪报告所反映出来的），以及各州法律的变化，即允许检察官绕过未成年人司法系统，在刑事法庭对一些未成年人违法犯罪行为进行指控。近年来的数据下降发生在所有类别的未成年人违法犯罪中，但有一类案件是例外，即杀人案。少年法庭及逮捕数据显示，2012—

2016 年，这种犯罪有所增加（逮捕数量增加了 20%，少年法庭案件增加了 33%）。大家可以回顾第四章和第五章涉及的概念，来推测案件增多的原因。

在少年法庭审理的案件中，女孩仍然只占一小部分，而男孩占所有案件的 72%。除了人身犯罪，女孩在判决前被拘留的可能性比男孩小，但女孩和男孩因为与毒品有关的犯罪而被拘留的情况都在明显减少。然而，与其他种族 / 民族相比，非洲裔美国人和西班牙裔美国人被拘留的比例过高（见表 6-3）。

表 6-2　2017 年统一犯罪报告中关于年龄和逮捕的部分数据

- 18 岁以下的未成年人因如下行为被捕的比例最高：纵火（24.6%）、抢劫（20.6%）、机动车盗窃（17.9%）、强奸（16.6%）和入室盗窃（15.5%）
- 15 岁以下的未成年人因如下行为被捕的比例最高：纵火（14.1%）、强奸（6.4%）和入室盗窃（4.9%）
- 25 岁以下的个体占所有被捕者的近 1/3（30.8%）
- 41.6% 因谋杀和非过失杀人而被捕的个体年龄在 25 岁以下
- 19.3% 因物质滥用而被捕的个体年龄在 21 岁以下
- 大约 1/5 因抢劫而被捕的个体年龄在 18 岁以下

数据来源：Federal Bureau of Investigation，2018b. Active shooter incidents in the United States in 2016 and 2017. Washington，DC：U.S. Department of Justice。

表 6-3　2016 年少年法庭统计的部分数据

- 2005—2016 年，被裁定为犯罪的起诉案件数量减少了 55%
- 毒品案件的候审羁押数量有所减少，但其他类别有所增加
- 与其他种族 / 民族的未成年人相比，非洲裔美国人和西班牙裔美国人被拘留的比例过高
- 除美洲原住民，在所有种族的未成年人中，被裁定为未成年人违法犯罪的可能性都在下降，只有美洲原住民的比例在上升
- 男性比女性更有可能被拘留，但针对人身的犯罪除外
- 2016 年，移交刑事法庭的案件数量大幅下降，比 2006 年下降了 49%。2016 年，经处理的未成年人违法犯罪案件中只有 1% 被移交刑事法庭
- 略超过一半的被起诉的未成年人违法犯罪案件（52%）获得刑事判决
- 法院处以的最严厉的判决是缓刑，占 62%

（续表）

- 有未成年人违法犯罪案件中，有 27% 的未成年人被勒令安置在家庭外的住宅设施中。但总体而言，家庭外安置的比例有所下降
- 在未成年人违法犯罪案件中，11% 被处罚款、从事社区服务和／或参加治疗或咨询计划

数据来源：Hockenberry & Puzzanchera（2018）. Characteristics of Delinquency Cases Handled in Juvenile Court 2015，Juvenile statistics。

上述数据来源有助于了解警察和法院是如何处理未成年人的。然而，未成年人违法犯罪行为的性质和程度——包括向执法机构报告的和未报告的——基本上是一个未知领域（Krisberg & Schwartz，1983；Krisberg，1995），甚至比成年人犯罪数据更难确定，也与成年人犯罪一样，存在巨大的犯罪黑数。正如巴里·克里斯伯格（Barry Krisberg，1992）所指出的，简单来说，未成年人犯罪的数量是未知的，也许是不可知的。

一般而言，未成年人的违法犯罪行为可归为五大类（见表 6-4）。

表 6-4　未成年人违法犯罪行为的类别

违法犯罪行为	定义
侵犯人身的犯罪	暴力犯罪，与成年人犯罪类似，如严重伤害、抢劫、性侵害等
侵犯财产的犯罪	财产犯罪，与成年人犯罪类似，如入室盗窃、偷盗－盗窃、破坏公物
涉及毒品的犯罪	毒品犯罪，持有、销售和／或制造毒品
危害公共秩序的犯罪	妨害社会的犯罪，如违反噪声规定
未成年人身份犯罪	只有未成年人才能实施的行为，如违反宵禁、离家出走、逃学

上述前四类犯罪在定义上与成年人的犯罪具有可比性。在讨论这些犯罪行为之前，有必要简要地介绍第五类犯罪，即棘手的未成年人身份犯罪问题。

身份犯罪

未成年人身份犯罪是只有未成年人才能实施的行为。虽然今天有些身份犯罪是由少年法庭裁决的，但是大多数都是以非正式的方式处理的，如被移交家庭危机中心或其他社区机构。如前所述，典型的身份犯罪包括行为不端（如违反宵禁、离家出走和逃学），以及不守规矩、不服从管理或屡教不改的行为。身份犯罪往往是个人、家庭和社区的潜在风险指标。美国少年司法中心（National Center for Juvenile Justice，NCJJ）是一个隶属于美国少年司法和犯罪预防办公室（Office of Juvenile Justice and Delinquency Prevention，OJJDP）的政府研究机构，它将离家出走、逃学、不服从管理（也被称为屡教不改或不受父母／监护人控制）和违反未成年人酒类监管法律（如未成年人携带酒精饮品、未成年人饮酒）的情况列入身份犯罪行列。少年法庭也会追踪违反宵禁的问题，如果有人就此问题向其提起诉讼的话。尽管根据各州的法律，一些其他行为可能被视为身份犯罪（如吸烟、吸电子烟、性行为），但是政府报告中通常不会讨论这些行为。

未成年人司法系统历来支持区别对待男性和女性身份犯罪人，但这一点似乎正在发生一些转变。在过去，青春期女孩会因为屡教不改或离家出走的行为而被拘留，而青春期男孩的同样行为却往往被忽视或容忍。美国司法部（U.S. Department of Justice，DOJ）的数据显示，因身份犯罪而被拘留的女孩约为男孩的 3 倍（DOJ，1988）。近年来，由于代理未成年人的诉讼案件增多，许多法院都在提请当局注意这种性别歧视的做法是没有根据的。即便如此，近年来的数据表明，女孩仍然比男孩更有可能因离家出走而被捕（NCJJ，2003，2013；Snyder，Sickmund，& Poe-Yamagata，2000）。不过，从 2011 年 1 月开始，统一犯罪报告就停止了对离家出走类逮捕数据的收集。

当有关身份犯罪的案件向少年法庭提起诉讼后，少年法庭会持续追踪数据。但需要重申的是，大多数情况并不是提起诉讼，而是通过社区机构等以非正式的方式处理。在向少年法庭提起诉讼的那些行为中，逃学和离家出走占多数（Hockenberry & Puzzanchera，2014）。2005—2016 年，提起诉讼的

身份犯罪案件总数减少了 43%。女孩占案件数量比例（56%）大于男孩的唯一一个类别是离家出走。男孩占比较大的是违反宵禁（72%）、违反未成年人酒类监管法律（60%）、不服从管理（57%）和逃学（54%）。

长期以来，人们一直认为，由于身份犯罪本身具有很大的主观性，因此它应该从美国所有州的少年法庭的职权范围中移除（American Bar Association，1979）。许多州显然已经朝这个方向努力了。那些保留了对身份犯罪管辖权的州并不会给他们贴上"未成年犯罪人"的标签，但未成年人仍然可以被拘留、判处缓刑，或者被安置在家庭以外的机构中，如团体之家。州政府的少年司法机构如果将身份犯罪人关押在监禁机构中（如监狱、安全住宅治疗中心），就有可能失去联邦资金支持。

美国的州法律允许对身份犯罪人进行非监禁拘留和/或监督，因为这些少年被认为需要被保护，以防止他们做出鲁莽的行为或被他人伤害。允许这样做的法规通常被称为《需要监护者法》（Person In Need of Supervision，PINS）或《儿童需要监护法》（Child In Need of Supervision，CHINS）。根据这些法律，离家出走或屡教不改的未成年人会被少年法庭或家庭法庭管控。在现实中，许多身份犯罪人确实在犯罪，特别是财产犯罪，如盗窃或入室盗窃，但不能假设所有或大多数人都在犯罪。此外，PINS 或 CHINS 也允许少年法庭和家庭法庭处理被忽视和受抚养儿童的需求，因此，被贴上 CHINS 标签的儿童不一定表现出问题行为或犯罪。

本章我们尽管考虑了身份犯罪和轻微犯罪的问题，但我们关注的重点还是暴力犯罪和更严重的财产犯罪。我们对导致严重犯罪的发展轨迹特别感兴趣，在许多情况下（不是所有），这些发展轨迹会导致持续的犯罪，直到成年。近年来，发展心理学家对这一主题进行了广泛的研究。接下来就会介绍这种观点。

未成年人严重违法犯罪

在不同的研究中，未成年人严重违法犯罪行为（serious delinquency）这一术语有许多不同的定义。在公众看来，严重的未成年违法犯罪人可能被认为是重复性暴力犯罪人，或者是犯有一次性非常严重罪行的人，如谋杀。然而，长期的非暴力犯罪模式，如入室盗窃，也可能使其成为严重的未成年违法犯罪人。许多持续或长期犯罪的未成年人一到成年就不再犯罪了，这使一些人认为他们不是真正的严重的未成年违法犯罪人。正如研究人员（Woolard & Fountain，2016）所指出的，在某些方面，未成年人严重违法犯罪的定义更多的是一个政策问题，而不是一个内在的发展或犯罪学问题。

就我们的目的而言，未成年人严重违法犯罪可以是以下任何一种情况：没有暴力史的 14 岁少年一怒之下杀了他的教师；8 岁开始偷窃的女孩在整个青春期实施了更多偷窃、攻击和入室盗窃；12 岁开始长期重复纵火和入室盗窃并持续至成年；没有暴力行为但成为学校主要的毒贩成员；有严重的情绪障碍的未成年人，几乎每天都在放火和威胁他的母亲。换句话说，未成年人严重违法犯罪行为的形式是多样的。

幸运的是，自我报告研究和官方数据都表明，在未成年人中，只有一小部分人实施了上文所述的严重犯罪行为。不过，那些有各种反社会行为的人往往能逃脱侦查。一项早期的自我报告研究表明，只有 3%～15% 的严重未成年人违法犯罪行为曾引起警方的怀疑（Weis & Sederstrom，1981）。同样，研究人员（Elliott, Dunford, & Huizinga, 1987）认为，在过去 5 年间，严重的、重复的未成年违法犯罪人有 86% 的时间都躲过了侦查。这些数据进一步表明，官方逮捕数据可能大大低估了未成年人违法犯罪的发生率。换句话说，一小部分未成年人正在实施大量的犯罪行为，却没有引起警方的注意。如果这类未成年人进入了司法程序，往往其再犯率或重复犯罪率会很高。此外，频繁犯罪的人并不专门实施任何一种特定类型的犯罪行为，如盗窃。相反，他们倾向于参与各种各样的犯罪，从轻微的财产犯罪到严重的暴力犯罪。

纵向研究还表明，重复犯罪的未成年人在学校里经常惹麻烦，他们成绩差，社交能力也很差。他们的这些不良行为往往在很小的时候就开始了，而且犯罪行为越严重，这些模式在儿童期就出现得越早。严重的或习惯性的未成年违法犯罪人很少将他们的行为限制在某种特定类型的犯罪上。

最著名的纵向研究项目之一是匹兹堡青少年研究（Pittsburgh Youth Study，PYS）。该研究始于 1987 年，由匹兹堡大学（University of Pittsburgh）的心理学家罗尔夫·洛伯（Rolf Loeber）和剑桥大学（University of Cambridge）的戴维·法林顿（David Farrington）指导。研究人员对研究开始时处于 1 年级、4 年级和 7 年级的 3 个男孩群组进行了跟踪调查。男孩们被分为高风险组和对照组，他们被跟踪调查至少至 2012 年。许多研究都是基于 PYS 的数据进行的。洛伯等人（Loeber et al.，2017）对 PYS 的研究中关于暴力的部分进行了总结。他们指出，暴力的发生率要高于他们的研究初始的预期，超过 5% 的男孩后来成为杀人犯或凶杀案的被害人。90% 以上的杀人犯在杀人犯罪之前至少有过一次暴力犯罪（如严重伤害、强奸）。20% 的高危青年自我报告说他们在 18 岁之前携带过枪支。从不太严重的攻击行为升级到严重的暴力犯罪是很常见的，暴力和物质滥用之间的相互作用也是如此。然而，PYS 的研究也确定了保护因素（如支持性的社区、成熟的母亲、低水平的注意缺陷 / 多动障碍症状）。洛伯等人（Loeber et al.，2017）总结说：“我们论证了上述发现与重点干预措施的关联性，首先是集中于有可能改变的风险因素，其次是加强在高风险环境中似乎能产生作用的保护因素。”我们将在第九章继续讨论匹兹堡青少年研究。

在一项正在进行的纵向研究中，研究人员对 1354 名严重的男性未成年违法犯罪人进行了为期 7 年的调查，调查结果也对关于严重的未成年违法犯罪人的悲观结论提出了质疑（Mulvey，2011）。被广泛引用的终止之路项目（Pathways to Desistance）是由美国少年司法和犯罪预防办公室发起并在持续进行的项目，其研究结果表明，大多数严重犯罪的犯罪人会随着时间的推移减少犯罪行为，特别是在短期监禁后在社区进行监控的情况下。一般情况下，长期监禁对减少未成年惯犯是无效的。这项研究对亚利桑那州凤凰城（Phoenix）和宾夕法尼亚州费城（Philadelphia）两个地区的年轻人进行了跟踪调查。结果表明，针对物质滥用的治疗对减少物质使用和刑事犯罪都很有效。这个项目的首席调查员爱德华兹·马尔维（Edward Mulvey）说：“这项研究最重要的结论是，即使是犯了严重罪行的年轻人，也不一定会在成年期走上犯罪道路。”

其他研究也证明，如果提供强化治疗，特别是在社区而不是机构环境中，严重的未成年违法犯罪人可以从强化治疗中受益（Skeem, Scott, & Mulvey，2014）。我们将在本章后面再讨论这个话题。

未成年人违法犯罪中的性别差异

多年来，在多数类型的违法犯罪中，男孩的数量远超女孩，暴力犯罪尤为明显。犯罪被害情况调查、自我报告研究及官方数据（包括警方统计和法庭统计）都支持这种性别差异。

20 世纪末至 21 世纪初，有关未成年人被逮捕的数据表明，这种性别差异正在缩小，特别是在某些罪行上。1996—2009 年，在大多数罪行类别中，未成年女性被捕人数的增长超过了未成年男性被捕人数的增长（Puzzanchera & Adams，2011；Snyder，2008；Zahn et al.，2008）。2009 年，女性占未成年人被捕人数的 30%（Puzzanchera & Adams，2011）。女性占未成年人暴力犯罪被捕人数的 18%，占未成年人财产犯罪被捕人数的 38%，占未成年人盗窃罪被捕人数的 45%。2017 年，女性占未成年人暴力犯罪被捕人数的 18%，占未成年人财产犯罪被捕人数的 31%，占未成年人盗窃罪被捕人数的 37%（FBI，

2018a）。

通过审查少年法庭的数据也可以发现类似的结果。在少年法庭案件中，女性未成年人违法犯罪案件的数量从 1985 年的 19% 上升到 2008 年的 27%（Puzzanchera et al.，2011），但是在 2016 年，女孩所占的案件比例（28%）仍然小于男孩的（72%）（Hockenberry & Puzzanchera，2014）。因此，无论逮捕记录还是少年法庭的数据，都没有体现出未成年人违法犯罪的性别差异正在缩小。

未成年人离家出走与卖淫行为之间的关联是值得深思的问题。近年来的逮捕数据表明，女孩和男孩的离家出走数据基本持平（Puzzanchera，2009；Puzzanchera & Hockenberry，2013）。不过特别值得注意的是，2016 年，离家出走是女孩超过男孩的唯一一种身份犯罪类别（Hockenberry & Puzzanchera，2014）。尽管如此，人们认为女孩比男孩更有可能因为在家里受到伤害而离家出走，并最终为了生存而卖淫或成为性工作者。女孩也比男孩更有可能受到性侵害和性剥削（如卖淫、制作儿童色情作品），并成为性交易的被害人。在家庭内外的暴力受害史似乎都困扰着未成年女性和成年女性违法犯罪人（Acoca & Austin，1996），这在目前关于女性犯罪路径的许多文献中都有体现（Salisbury & Van Voorhis，2009）。

另外值得关注的是性少数群体（LGBT）[①]的受害情况，他们经常被决策者和研究人员忽视。庆幸的是，一些学者、政客和法律工作者都致力于维护这个群体的权利。然而，2019 年，美国最高法院听取了 3 起涉及 1964 年《民权法案》（Civil Rights Act）歧视案件的辩论，这 3 起案件分别是"高空快车诉扎尔达案"（Altitude Express Inc. v. Zarda）、"波斯托克诉克莱顿县案"（Bostock v. Clayton County，Ca.）、"哈里斯殡葬公司诉就业平等委员会案"（R. G. and G. R. Harris Funeral Homes v. Equal Employment Opportunity Commission）。这 3 起案件中的成年人被解雇，原因是他们是同性恋、跨性别者或不符合性别传统观念。

案件所关注的问题是他们是否应当受到美国联邦法律的保护，免受工作场所的歧视，因为《民权法案》明确禁止基于性别的歧视。那么该法律是否也禁止基于性取向、性偏好或性别认同的歧视呢？这些都是备受关注的问题。虽然被解雇的人是成年人，但是在最高法院层面的错误决策对所有年龄段的人来说都将会是一个重大挫折。

20 世纪末，我们对女孩的犯罪行为、犯罪原因及催生犯罪的社会和发展因素知之甚少（Broidy et al.，2003；Chesney-Lind & Shelden，1998）。即使是基于大样本的研究，如上面提到的匹兹堡青少年研究和终止之路项目，要么不包括女孩，要么研究的女孩样本数量很少（匹兹堡青少年研究样本为 1517 个男孩，终止之路项目研究了 1170 名男性和 184 名女性）。不过，匹兹堡青少年研究的配套研究，即**匹兹堡女孩研究**（Pittsburgh Girls Study，PGS），追踪了 2451 个女孩的样本（我们很快就会提到它的一些研究结果）。此外，20 世纪 90 年代，美国少年司法和犯罪预防办公室在 2004 年组织了**女孩研究小组**（Girls Study Group，GSG）。这是一个全面的研究项目，旨在更好地了解女孩的犯罪情况，并推荐专门针对女孩的有效预防方案。女孩研究小组由来自社会学、心理学、犯罪学和性别研究领域的学者、从业人员、法律工作者和女孩项目发展协调员组成的跨学科小组。

除了调查未成年人违法犯罪的程度，女孩研究小组的研究还试图回答以下这些问题：哪些女孩会成为违法犯罪人？哪些因素会保护女孩使其避免违法犯罪？哪些因素使女孩面临违法犯罪的风险？哪些发展路径会导致女孩违法犯罪？哪些因素对预防女孩违法犯罪最有效？

与该小组有关的研究人员最早发表的一项研究聚焦于暴力犯罪是否在女孩中增加。研究人员（Zahn et al.，2008）根据逮捕的情况及自我报告研究发现，尽管女孩因轻伤害罪而被捕的情况比以前多，

---

① LGBT，即 lesbian（女同性恋者）、gay（男同性恋者）、bisexual（双性恋者）及 transgender（跨性别者）。——译者注

但在过去 20 多年里，严重暴力行为的实际发生率并没有什么变化。他们得出的结论是：在青春期女孩中，不存在日益严重的暴力行为增加的全国性危机。

研究人员推测，女孩被捕人数的增加更有可能是由于执法政策的变化，而不是女孩行为本身的变化。例如，由于家庭暴力的强制逮捕政策，参与家庭争吵的女孩更有可能也会被捕，而不是像以前一样被提供调解服务（Zahn et al.，2008）。

女孩研究小组还研究了未成年人司法系统为女孩提供的许多干预方案。虽然有一些有用的发现，但是对绝大多数项目来说，没有足够的证据来断定它们是否有效。此外，没有足够的资源对这些项目进行严格的评估（Zahn et al.，2008）。专栏 6-1 介绍了一项愤怒管理项目。

发展心理学家对未成年人违法犯罪中的性别差异进行了大量的研究。生物因素不是解释犯罪的重要因素，包括暴力犯罪的性别差异（Adams，1992；Pepler & Slaby，1994）。例如，埃莉诺·麦科比（Eleanor Mac-coby，1986）的研究表明，女孩和男孩学会了不同类型的亲社会行为，女孩比男孩更具适应性。认知心理学家目前的工作表明，男孩和女孩感知世界的方式可能存在社会化和文化上的差异。正如第五章所讨论的，社会学习理论家长期以来认为，女孩的社会化方式与男孩的不同，或者她们会被教导不要具有攻击性。

除了社会心理发展，许多社会因素也会影响未

治疗方法　>>>>

专栏 6-1　帮助未成年人管理愤怒情绪：少年司法愤怒管理项目

未成年人司法系统中的未成年人往往比其他未成年人更有可能面临"愤怒问题"。造成这种情况的原因有很多：破坏性的生活环境、家庭背景、学校经历、与司法系统打交道的经历，或者他们个人的认知和情绪问题。如果愤怒得不到有效的控制，可能会导致身体攻击和关系攻击。虽然大多数人可能更担心身体攻击，但是关系攻击也会有受害者，并可能对一个人的情绪健康和未来的成就产生有害影响。例如，在社会和工作关系中不断与他人对抗的人，不太可能过上充实的生活。关系攻击可能与性别无关，但是研究发现存在性别差异，男孩更有可能表现出身体攻击，而女孩更有可能表现出关系攻击。

虽然愤怒管理项目很值得提倡，有时法院还有强制要求，但是这种治疗通常都侧重于减少身体攻击。一些专业人员认为，这种治疗应该有性别响应（gender-responsive）。正如本章所指出的，现有文献中经常提倡性别响应项目，并理解女孩和男孩有不同的需求。然而，鲜有性别响应项目会被接受并进行严格的实证研究与分析。

不过，近年来，娜奥米·戈尔茨坦等人（Naomi Goldstein，2013，2018）开发并评估了一项专门为解决青春期女孩的独特需求而设计的治疗方案。他们指出，与卷入司法系统的男孩相比，卷入司法系统的女孩的创伤率更高，情绪障碍更多，有时物质滥用的情况也更多。

少年司法愤怒管理项目（juvenile justice anger management programs）是一种团体治疗方案，用以解决愤怒管理问题，减少住宅治疗环境中女孩的反应性攻击（而不是工具性攻击）。戈尔茨坦等人（Goldstein et al.，2018）对两个州的住宅治疗设施中的 70 个女孩进行了对照研究，这些女孩被随机分配到少年司法愤怒管理项目中或常规治疗组中。女孩们完成了各种治疗前和治疗后的测量（如愤怒量表、情绪调节问卷、攻击行为问卷）。在少年司法愤怒管理项目的治疗阶段（持续 8 周，每周 2 次各 90 分钟的治疗），每组参与者 4 人或 6 人，她们接受关于身体攻击和

关系攻击的区别的教育，以及愤怒和攻击之间的区别的教育。她们要学习如何重构自己的认知，以及如何不在无意中对他人怀有敌意。不过，该计划也承认，有些女孩的敌意有时候是具有针对性的。如果是这样，那么她们就需要学习应对技巧。女孩们学会识别愤怒的触发因素，学会问题解决和沟通技巧，并被鼓励在小组之外练习相关技能。

戈尔茨坦等人发现，在短期内，接受治疗的女孩在愤怒、身体攻击和关系攻击方面有显著改善。而且还发现敌意归因偏差也减少了。虽然还进行了 6 个月的随访并获得了相关数据，但这些数据很有限，没有放在研究的最终结果中。戈尔茨坦等人强调了继续研究这种治疗方法的重要性，以便获得高质量的后续数据，并将这种治疗方法应用于其他参与者，如处于缓刑中的未成

年人。

问题讨论

1. 戈尔茨坦等人强调，少年司法愤怒管理项目的目标是反应性攻击，而不是工具性攻击，我们在第五章讨论过这些术语。这两者的区别是什么？为什么这点很重要？

2. 敌意归因偏差（或对他人敌意的感知）可能是有根据的。在这个意义上，少年司法愤怒管理项目能帮助个体准确地评估这些感知，而不是假设他人没有敌对意图。思考这一细微差别的意义。

3. 获得这项研究的公开报告，并回答问题：什么是常规治疗？是否所有在此接受住宅治疗的女孩都应该享有少年司法愤怒管理项目带来的好处？

成年人和成年人的犯罪模式。有迹象表明，男孩和女孩有相似的犯罪风险因素（Zahn et al.，2008），这些因素包括经济水平、社区混乱、警察的行动、学校的质量、法院和矫治机构可利用的资源，以及卫生和社会服务的充分性等。不过，女孩可能会比男孩经历更多的风险因素，如更有可能遭受性侵害和面临自尊问题。扎恩等人（Zahn et al.，2010）还发现，当女孩过早进入青春期、出现家庭冲突及生活在不稳定的社区（如高失业率和单亲家庭）时，她们的犯罪风险特别大。在比较男性和女性犯罪的预测因素的研究中，研究人员（Steketee，Junger，& Junger-Tas，2013）发现，家庭破裂和朋友的越轨行为是女孩面临的最大风险因素，而缺乏自制力则与男孩的犯罪密切相关。其他研究发现，女孩的犯罪与某些心理健康问题有关。巴雷特等人（Barrett et al.，2013）比较了大约 34 000 名女性未成年违法犯罪人和类似体量的没有犯罪史的女孩对照组的背景变量，并在年龄和种族/民族上进行匹配。他们发

现，未成年违法犯罪人明显更有可能被诊断出与冲动控制或攻击性有关的疾病；在那些被诊断出与冲动控制或攻击性有关的疾病的人中，有 60% 在卷入未成年人司法系统之前就被确诊了。巴雷特等人对研究哪些因素导致重复犯罪很感兴趣，他们发现吸毒史和亲子关系被破坏这两个因素很重要。

另一项被大量引用的纵向研究，即上述提及的匹兹堡女孩研究对女孩的犯罪行为有重要发现（Hipwell et al.，2002；Keenan et al.，2010）。该研究开始于 1999 年，即在匹兹堡青少年研究开始之后不久。其记录了大约 2500 个当时年龄在 5～8 岁的女孩的数据。很多研究项目都是基于这个样本进行的（Miller，Loeber，& Hipwell，2009；Henneberger et al.，2014）。亨内伯格等人（Henneberger et al.，2014）研究了父母与同伴影响，结果发现，严厉的养育方式和同伴的违法犯罪行为对青春期女孩的犯罪行为都有影响。换句话说，如果父母的做法是惩罚性的（如尖叫、体罚），而不是积极的和接受性的（如提供赞美、给

予认可），那么女孩表现出反社会行为的可能性更大。同样，当女孩与违法犯罪的同龄人有联系时，她们在青春期中期更有可能出现违法犯罪行为。亨内伯格等人得出结论：针对女孩的预防和干预计划应该同时涵盖父母的养育方式及她的同伴关系。

未成年人违法犯罪的发展理论

现在很清楚，大量的当代研究都在关注男孩和女孩在小学阶段及进入青春期后的攻击性、反社会行为和未成年人违法犯罪的发展过程。这些研究都表明，犯罪人群体由各种不同的亚群体组成，每个亚群体都遵循一条独特的发展路径，其发展路径与不同的风险和结果有关（Wiesner & Windle，2004；Woolard & Fountain，2016）。

正如我们在第二章所了解的，研究个体的发展过程需要对该发展轨迹进行考察。这里所说的轨迹是指人们在其一生中所表现出的发展变化。与只关注个体在某一时间点上的差异相比，研究个体在发展轨迹或路径上的差异，有利于我们更深入地了解未成年人违法犯罪。发展轨迹或路径反映了一个人成长到成年后在认知、情感和社会成长方面的变化。路径中包括许多可能遇到的经历或风险因素，如早期儿童受害、接触环境毒素、学业失败、童年时失去父母、与反社会同伴交往等。正如前几章所讨论的，这与累积风险模型或发展级联模型是一致的，这两种模型都强调反社会行为的产生会涉及多个因素。再次重申：没有一个单独的风险因素可以预测犯罪行为。此外，保护因素——那些可以缓冲或改变路径的因素——也是需要重点考虑的。在上文讨论的女孩研究小组发表的一项研究中，研究人员发现，那些报告在生活中有成年人关爱的女孩，在青春期就可能较少出现犯罪行为、身份犯罪及加入帮派（Hawkins et al.，2009）。以发展轨迹为模型的理论可以识别出一系列事件，这些事件能够表明反社会行为是如何形成和维持的。

研究已经形成了这样的共识：儿童和青少年的犯罪与无犯罪这两种经历遵循了不同的发展路径。一些儿童在很小的时候就有固执、挑衅和不服从管理的行为，在青春期和青年期发展为轻微的，然后是更严重的暴力行为和犯罪行为（Dahlberg & Potter，2001）；另一些儿童在很小的时候就表现出对虐待动物、攻击同伴、欺凌及物质滥用，并将这种反社会的路径一直延续到成年；其他儿童在很小的时候很少表现出反社会行为的迹象，但是在青春期会出现各种形式的违法犯罪行为；还有一些儿童在其一生中都不会出现任何严重的反社会行为。

尽管有很多不同的发展路径，但有充分的证据表明，大多数严重的、持续的未成年人违法犯罪和犯罪模式通常在很早就开始显现了，并随着年龄的增长不断恶化。尽管研究也表明，我们不能假设严重的未成年违法犯罪人将会继续他们的犯罪活动直至成年（Mulvey，2011；Skeem et al.，2014）。一些严重的未成年违法犯罪行为不会持续到成年阶段，但还有很多会如此。此外，对处于长期严重违法犯罪道路上的未成年人进行干预非常重要。研究人员还注意到，那些有严重反社会行为的儿童和那些保持亲社会生活轨迹的儿童，在冲动性、社交技能和同理心方面在儿童早期就存在差异。当代发展心理学家已经开始关注反社会行为的发展，甚至认为有些反社会行为始于学龄前阶段。

莫菲特的发展理论

心理学家莫菲特（Moffitt，1993a，1993b，2003，2006）从发展的视角解释了未成年人违法犯罪的主要推动力。最初，莫菲特的发展理论确定了两条发展路径，很快，该理论被延伸出了其他路径，这里只对这两条路径进行描述。

持续终身型犯罪人

在第一条路径上，莫菲特认为有这样一群儿童，他们在很早的时候（3 岁或更小）就开始了持续终身的违法犯罪模式及成年期的犯罪模式。莫菲特（Moffitt，1993a）写道："在整个生命过程中，这些人表现出不断变化的反社会行为，例如，4岁时咬人、打人，10岁时入店行窃、逃学，16岁时贩卖毒品、偷车，22岁时抢劫、强奸，30岁时诈骗、虐待儿童。"这些人被莫菲特称为持续终身型犯罪人（life-course-persistent offenders），他们在各种条件和情况下都会继续他们的反社会行为模式。莫菲特报告说："许多持续终身型犯罪人在他们的童年时期就会表现出神经系统的问题，例如，婴儿时脾气不好，儿童时注意缺陷/多动障碍，以及后来上学期间的学习问题。"这类儿童在步入成年期后，其判断和解决问题的缺陷、心理健康问题及各种法律问题往往都很明显（Jaffee & Odgers，2013）。持续终身型犯罪人在其一生中通常会实施各种各样的攻击行为和暴力犯罪。

持续终身型犯罪人在儿童期的每个发展阶段都错过了习得亲社会行为和人际交往技能的机会。他们经常在家里和学校里表现出过高的攻击性，并因此被其童年伙伴排斥和躲避。此外，父母、教师和看护人也会变得很沮丧，甚至可能放弃他们（Coie, Belding, & Underwood，1988；Coie, Dodge, & Kupersmith，1990；Coie & Dodge，1998；Moffitt，1993a）。正如莫菲特（Moffitt，1993a）所言："如果个体无法在童年期掌握社交技能和学业技能，那么其以后就很难有机会获得这些技能。"此外，如前所述，弱势群体家庭、不合格的学校、住在暴力街区等因素都有可能加剧他们反社会行为模式的维持和发展。

他们一生都被各种心理问题和反社会问题所困扰（Jaffee & Odgers，2013）。许多研究报告指出，早发的反社会行为通常与整个生命周期中普遍存在的心理、身体、经济、人际和法律问题有关（Caspi et al.，1998；Farrington，1995；Moffitt et al.，2002）。研究人员（Wiesner, Kim, & Capaldi，2005）指出，发展理论认为，在童年早期开始的反社会行为很可能会导致一连串的衍生问题，包括学业失败、与越轨同伴交往、物质滥用、抑郁障碍、有风险的性行为和工作失败。似乎持续终身型犯罪人在其发展过程中就陷入了离经叛道的生活方式。他们所处的社会环境又进一步加剧了他们的风险状况（van Lier, Vuijk, & Crijen，

2005）。

其他研究人员一致认为，少数儿童（5%～10%）遵循着高度反社会的发展轨迹（Fontaine, et al.，2009；van Lier et al.，2005；van Lier, Wanner, & Vitaro，2007），而且他们几乎都是男孩。研究表明，只有1%～2%的女孩会表现出这种持续的、早发的模式（Fontaine et al.，2009）。此外，随着时间的推移，持续终身型犯罪人的反社会行为水平似乎与反社会程度低的同辈产生越来越大的差异（van Lier et al.，2005）。换句话说，随着年龄的增长，持续终身型犯罪人的犯罪行为会越来越多、越来越严重。造成这种情况的原因可能是（至少部分原因是），他们通过与相似的、越轨的反社会同龄人的交往而学习、从事和强化反社会行为。基本上，反社会群体逐渐会与相似的反社会同龄人产生联结（van Lier et al.，2005）。

但必须强调的是，许多具有早发行为问题和其他高风险特征（如冷酷无情特质）的儿童没有将他们的反社会活动持续到成年期（Piquero et al.，2013；Skeem, Scott, & Mulvey，2014）。近年来，对高危未成年人的研究取得了明显的积极成果。研究表明，许多被认为具有从事长期犯罪行为高风险的未成年人在青春期或之后会停止犯罪，而不是将反社会行为的早期发生视为一条不可避免的终身犯罪之路。此外，为了更好地界定特定未成年人生活中的风险因素，很多研究已经设计了风险评估措施，并确定了针对这些因素的治疗方案（Mulvey 2011；Vincent, Guy, & Grisso，2012）。我们将在本章后面进一步讨论这个问题。

青春期型犯罪人

绝大多数未成年违法犯罪人都遵循第二条发展路径。他们在未成年期开始出现犯罪行为，一般在18岁前后停止犯罪。莫菲特给这些未成年人贴上了青春期型犯罪人（adolescence-limited offenders）的标签。他们并没有表现出像持续终身型犯罪人所表现出的早期和持续的反社会问题。然而，有一点很重

要，青春期型未成年人的犯罪频率，以及在某些情况下的暴力程度，可能和持续终身型未成年人的一样高。实际上，在未成年期，青春期型和持续终身型的犯罪模式可能高度相似（Moffitt et al., 1996）。这两种类型在青春期的反社会行为和问题行为的大多数指标上是无法区分的；父母报告、自我报告和官方报告的犯罪记录、同伴犯罪、物质滥用、不安全的性行为和危险驾驶方面，持续终身型和青春期型的男孩非常相似（Moffitt et al., 1996）。因此，心理健康工作者和刑事司法专家不能仅通过检查未成年人的逮捕记录、自我报告或父母提供的信息就轻易地将其界定为青春期型犯罪人或持续终身型犯罪人。

然而，青春期型犯罪人在青春期最有可能参与象征成人特权的犯罪，并表现出不受父母控制的自主性。这方面的例子包括破坏公物、吸毒、酗酒、小偷小摸及身份犯罪（如离家出走或逃学）。此外，青春期型犯罪人很可能从事有利可图或有回报的犯罪，但是他们也容易在亲社会方式变得更有回报时放弃这些行动。例如，青年期的到来带来了青春期无法获得的机会，如离开高中去上大学、获得一份全职工作，以及与亲社会人士建立关系。青春期型犯罪人很快就会知道，如果他们继续犯罪直至成年，他们会有所损失。在儿童期，与持续终身型儿童相比，青春期型儿童已经学会了与他人相处。还应该强调的是，青春期型反社会行为理论认为，这是现代青少年对社会环境的适应性反应，而不是病态发育不良的产物（Moffitt & Caspi, 2001）。他们的学业成就、社会和人际交往技能通常都比较令人满意，这些都使他们能够"出人头地"。因此，年轻的青春期型犯罪人的发展历史和个人的性格使其可以选择探索新的生活道路，而年轻的持续终身型犯罪人通常没有这样的机会。简而言之，莫菲特的理论假设，大多数成为青春期型犯罪人的年轻人在进入成熟期后能够停止犯罪，逐渐转向正常的生活方式（Moffitt & Caspi, 2001）。

不过，一些研究人员已经开始质疑上文讨论的二分法。一方面，如上所述，研究人员已经对持续终身型犯罪人进行了积极的干预；另一方面，最近的一些研究表明，我们不能假设晚发的犯罪人都会随着年龄的增长而停止犯罪活动。有些犯罪行为会一直持续到成年，而且如上所述，通常的情况是，他们所表现出的心理健康问题明显多于在未成年期没有犯罪的成年人（Cornell & Heilbrun, 2016）。这让我们开始考虑莫菲特理论之外的其他发展路径。

其他路径

有意思的是，莫菲特的一项后续研究发现，在 26 岁时，有很多青春期型犯罪人仍然处于困境中（Moffitt et al., 2002）。尽管青春期型犯罪人的整体表现比持续终身型犯罪人好，但与那些"无分类"的个体（指没有显著犯罪史的男性）相比，他们的表现差很多。研究人员发现，青春期型男性犯罪人成年后在财产犯罪和毒品犯罪中的比例是没有违法犯罪史的男性的两倍。似乎一些青春期型男性犯罪人依靠犯罪来弥补他们的收入不足。研究人员进一步指出，青春期型犯罪人这一名称揭示了我们的理论没有预料到该类型男性在 26 岁时还有这么多犯罪行为。研究人员为了解释这种差异，推测可能是因为当代社会的成年期在 25 岁以后开始。因此，这个新的发展阶段延长了青少年犯罪条件的作用时间。莫菲特等人观察到，这个阶段的特点是无角色的挣扎，年轻人既不认为自己是成年人，也不选择传统上 20 多岁的人喜欢的任何成年人角色（如成为父母、结婚）。

发展心理学家提出了一个与莫菲特的上述描述非常相似的生命阶段，该阶段被称为**成年初显期**（emerging adulthood）（Arnett, 2000, 2014），该阶段的个体年龄在 18～25 岁（或在某些概念中为 18～28 岁），他们在社会中尚未达到成年状态。在某些情况下，他们积极追求成年人的身份并为此而奋斗；但在其他情况下，他们无忧无虑，享受探索的时光。因此，成年初显期可以是一个紧张的时期，也可以是一个摆脱过去束缚（如家庭和教育系统）的自由时期。成年初显期的概念并不是为了解释反社会行为，但是就该主题进行的许多研究与犯罪行为有关（见专栏 6-2）。

莫菲特等人发现，一些青春期型犯罪人的犯罪行为会一直持续到成年期，所以，一些研究人员也假设，可能还需要另一种分类来解释在成年人中发现的持续性犯罪。也就是说，一些持续犯罪的犯罪人不是在童年时期开始他们的反社会模式的，而是在青春期开始的。这种模式似乎尤其适用于女性犯罪人（Fontaine et al., 2009）。新的研究结果指出，早发的和未成年时期出现的犯罪，更可能成为持续型犯罪。不过，考虑那些犯罪行为持续到成年期

研究重点 ● ● ●

专栏 6-2　成年初显期与"Z 世代" [①]

青春期（本章主要讨论的发展阶段）一般是指 10～18 岁。一旦年满 18 岁，就成年了，个体可以投票、参军、独立于父母做出许多决定，在一些州（但不是所有州）还可以合法购买枪支，并可以签订法律合同。尽管 18 岁的分界线可以是灵活的（例如，在某些情况下，未成年人可以不经父母同意做出医疗决定，一些未成年人成了"独立的未成年人"），不过在西方社会，这条将青春期与成年期分开的界线是普遍被接受的。

正如上面所提及的，一些研究人员认为，对许多人来说，在青春期和成年期之间有一个明显的发展阶段，称为成年初显期（Arnett, 2000, 2014）。对一些人来说，这是一个无忧无虑的探索和自我发现的时期；对另一些人来说，则是为在社会中获得成年人身份而奋斗的时期。有时，两者可能兼而有之。

成年初显期作为一个发展阶段的概念，对解释那些经历过青春期但还没有完全进入成年人世界的人的反社会行为和犯罪行为可能具有相当大的意义。研究人员已经开始探讨这个阶段。以下是他们的一些发现。

- 在这个阶段经常会发生心理健康和物质滥用问题（Adams, Knopf, & Park, 2014）。
- 在这个阶段，由于来自机构（家庭、教育系统）的支持越来越少，往往会加剧诸如

精神分裂症、双相障碍、重性抑郁障碍和边缘型人格障碍等精神障碍的严重程度（Adams et al, 2014）。

- 在这个阶段，自我控制往往会增强（Zimmermann, Ivanski, 2014）。
- 亲密关系暴力（Intimate Partner Violence, IPV）与双方就业状态呈负相关。也就是说，如果伴侣双方都有工作，发生亲密关系暴力的可能性就会降低（Alvira-Hammond et al., 2014）。
- 父母离异对成年初显期者有负面影响（Arnett, 2014）。

研究人员同时建议，应探讨成年初显期的种族／民族和文化差异。例如，当个体被期望在早期承担起责任时，这个阶段可能会缩短或根本不存在，而在保护性更强的文化中，对个人身份的探索会被推迟。同样，在流行文化中，人们对"Z 世代"给予了关注，这些人在 20 世纪末至 21 世纪初出生，2018 年时的年龄是 15～21 岁。美国心理学会的一项在线调查（American Psychological Association, 2018；Bethune, 2019）表明，与流行文化中确定的前几代人（如"婴儿潮一代""千禧一代""X 世代"）相比，这群年轻人明显表现出更大的压力，并寻求更多的心理健康援助。"Z 世代"报告称，由于担心大

---

① Z 世代（Generation Z）通常是指 1995—2009 年出生的一代人，又称网络世代。——译者注

规模枪击事件、移民被驱逐出境、性侵害和性骚扰及其他一些已被国家关注到的问题，导致他们面临极大的压力。90% 的人报告说，他们因为压力而经历了至少一种以上身体或情绪上的症状，如感到抑郁或悲伤，或者缺乏动力。

尽管调查发现所有年龄段的人都会面临压力，而且来源相似（住房、金钱、工作），但是"Z 世代"表现出的压力与目前新闻常报道的普遍性问题的关联更大。他们也比其他世代的人更愿意寻求心理健康援助。

问题讨论

1. 成年初显期的概念对理解青春期之后的几年是否有价值？

2. 这个概念对理解年轻人的反社会行为或犯罪行为有帮助吗？

3. 在上面总结的研究结果中，是否有哪个结果是令人惊讶的？如果有，你认为哪些适用于"Z 世代"？

4. 获取上面讨论的美国心理学会的调查的更多信息。该调查的哪些发现与犯罪和反社会行为的研究有关？

（但比持续终身型更早停止）的青春期型犯罪人也是很重要的。因此，我们区分出了四类频繁的犯罪行为：

（1）青春期型犯罪人；

（2）持续到成年早期但又随即停止犯罪的青春期型犯罪人；

（3）早发的持续终身型犯罪人；

（4）晚发的持续终身型犯罪人。

表 6-5 总结了持续终身型犯罪人与青春期型犯罪人之间的主要区别。

其他基于发展视角的研究人员已经确定了更多的发展路径。例如，洛伯夫妇（Loeber & Stouthamer Loeber，1998）、钟等人（Chung et al., 2002）确定了五条发展路径。科特等人（Côté et al，2001）、纳金和兰德（Nagin & Land，1993）及肖等人（Shaw et al.，2003）发现了导致反社会行为、违法行为或犯罪行为的四条轨迹。威斯纳和温德尔（Wiesner & Windle，2004）认为，可能有多达六种不同的发展路径会导致犯罪和违法行为。不管有多少条路径，所有发展模式的一个突出特点是，严重反社会行为的发生年龄至关重要，而且，随着儿童的成长，犯罪的严重性和持续性也至关重要。不过，如上所述，重要的是要认识到，即使是早发的行为问题，也并不是说一个孩子注定会有终身的反社会行为。此外，对那些有可能在成年后成为持续终身型犯罪人的儿童和未成年人来说，有效的治疗策略越来越多。有待确定的是不同路径的风险因素和保护因素有何不

表 6-5　比较持续终身型犯罪人与青春期型犯罪人

	持续终身型犯罪人	青春期型犯罪人
犯罪或反社会行为的起始时间	早发（可能始于 3 岁）	晚发（通常在青春期的早期）
犯罪行为	持续发生（伴随犯罪人一生）	通常在成年早期停止
犯罪行为类型	各种类别	各种类别
发展背景	经常表现出神经系统问题、注意缺陷 / 多动障碍、品行问题	通常发育正常，无神经系统问题
学习能力	通常低于平均水平	通常处于平均水平或高于平均水平
人际与社交技能	通常低于平均水平	通常处于平均水平或高于平均水平

同，以及这些因素是否有性别差异。

发展理论中的性别差异

如上所述，莫菲特的理论主要是基于男性的发展轨迹形成的，尽管莫菲特和卡斯皮（Moffitt & Caspi，2001）研究报告表明，发展分类理论既适合男性，也适合女性。需要再次提醒，性别存在于一个连续体中，所以建议在理论和研究中谨慎采用严格的性别二分法。但研究结果几乎都是以这种方式报告的。

男性比女性更有可能遵循持续终身型模式（男女比例大约为 10∶1），而青春期型模式的性别差异可以忽略不计（男女比例大约为 1.5∶1）。这些发现与其他研究结果一致（Kratzer & Hodgins，1999；Mazerolle et al.，2000）。换句话说，绝大多数的女性犯罪人似乎更符合青春期型模式。在对 820 个女孩的研究中，科特等人（Côté et al.，2001）发现只有 1.4% 的女孩符合持续终身型犯罪人的特征。其他研究人员也发现了大致相同的结果（Fontaine et al.，2009）。

根据莫菲特（Moiffitt，2003）的研究，与未成年人违法犯罪同伴的持续联系似乎是青春期女孩开始实施违法犯罪行为的一个重要因素。与男性未成年违法犯罪人之间的亲密关系也与青春期女孩的违法犯罪行为密切相关（Moffitt et al.，2001）。

尽管许多研究表明，只有一小部分女孩成为早发型、持续型犯罪人，但也有少数研究表明，女孩可能比以前认为的更容易出现早发型的严重反社会行为。研究人员（Brennan et al.，2003）发现，他们研究样本中的女孩表现出了与男孩相同的模式。在这项研究中，高风险样本中 9% 的男孩和 7.4% 的女孩表现出了早发型、持续型反社会行为。然而，另一项研究发现，女孩第一次出现严重的反社会行为的年龄比男孩晚，而且一般发生在青春期（Silverthorn & Frick，1999）。根据这一观点，女孩的反社会行为被推迟了，这是因为在儿童中期，父母的教养行为及学校的社会化实践鼓励她们限制自己

的攻击倾向。然而，还有一项研究提供了一些证据，表明有很大比例的女孩在 10 岁之前就已经开始出现反社会行为了（McCabe et al.，2004）。另一项研究也报告了类似的结果，他们发现 23% 有严重反社会行为的女孩在 11 岁之前就被逮捕过，71% 在 14 岁之前被逮捕过（Leve & Chamberlain，2004）。这些结果表明，也许有更多的女孩可以被认为是早发型犯罪人，而不是以前认为的那样，她们很可能与早发型男孩遵循同样的发展轨迹。这些研究人员发现，父母的变故（分居、离异、死亡、监禁）或犯罪行为是女孩早发型犯罪最有力的预测因素。

研究进一步表明，遵循早发和持续的反社会行为轨迹的女性在一生中都会表现出这些行为，并倾向于在成年后表现出各种适应问题（Fontaine，2008；Fontaine et al.，2009；Odgers et al.，2008）。有意思的是，有一些证据表明，即使是在青春期开始犯罪的女孩也可能会面临生活上的问题。研究人员（Odgers et al.，2008）表示，尽管青春期开始犯罪的女性犯罪人没有经历与持续终身型女性犯罪人相同程度的问题，她们仍然有可能出现不良结果，特别是经济、身体健康、精神健康等方面的问题。总而言之，持续的反社会行为，不管开始于童年还是开始于青春期，往往都是成年后出现的其他问题的前兆。

戈尔曼－史密斯和洛伯（Gorman-Smith & Loeber，2005）表示，根据美国青年调查（National Surveys of Youth）的大量数据，女孩往往遵循与男孩相同的反社会行为和违法犯罪的发展路径。尽管从事这种行为的女孩比男孩少，但是那些从事这类行为的女孩显示出了与男孩相似的路径。表现出严重的反社会行为和违法犯罪的女孩和男孩一样，都遵循早发型模式。然而，戈尔曼－史密斯和洛伯确实发现，女孩的风险因素可能与男孩有些不同。例如，由于女孩比男孩更注重人际关系，她们更有可能卷入或受到父母冲突和变化的影响。这一发现与另一组研究人员（Leve & Chamberlain，2004）的研究结果相似。同龄人对男孩和女孩的影响也可能不同。女孩更有

可能因为与男性犯罪人有亲密关系而不是因为参与犯罪团伙才卷入违法犯罪中。因此，虽然发展路径可能是相似的，但是家庭和同伴的风险因素对男孩和女孩是不同的。由于研究经常会发现独特的风险因素，因此有人认为，这些路径本身就是独特的，所以女性的犯罪路径应该与男性的犯罪路径分开进行研究和考虑（Salisbury & Van Voorhis，2009）。事实上，研究人员（Fontaine et al.，2009）在回顾文献后发现，女性反社会行为的发展可能比一些理论模型所指出的更异质、更复杂。

斯坦伯格的双系统理论

在过去20多年里，许多发展心理学家一直致力于研究青少年的大脑（Albert，Chein，& Steinberg，2013；Casey，Getz，& Galvan，2008；Luna & Wright，2016；Steinberg，2007）。在功能性磁共振成像（fMRI）等技术进步的基础上，一个重要的发现是，大脑在人的一生中都在发展，只是没有青春期发展得那么迅速（Cleary，2017；Steinberg，2017）。如第三章所述，人类大脑具有高度的神经可塑性，青春期是人类大脑的神经可塑性最强的阶段（Steinberg，2014）。此外，大脑在个体25岁之前一般不会达到完全成熟的程度。这项研究与青少年时期的反社会行为高度相关，并导致了许多州的政策变化（例如，提高了未成年人与成年人之间的年龄临界点），并促使美国联邦最高法院禁止对未成年人判处死刑和强制性终身监禁。

研究人员还认为，典型的青少年的大脑是沿着两条不同的路经发展成熟的，一条是认知的，另一条是社会情感的。这一理论就是心理学家劳伦斯·斯坦伯格（Laurence Steinberg）提出的冒险行为**双系统理论**（dual systems theory）（Steinberg，2004，2007；Ste-inberg et al.，2008）。认知控制系统主要位于大脑前额皮层和顶叶区域（Steinberg，2010a），而社会情感系统则位于边缘系统，包括杏仁核、海马等。社会情感系统是寻求奖励、社会信息和情绪反应的处理中心，在青春期更敏感，也更容易被唤醒

（Steinberg，2007）。认知控制系统与执行功能高度相似。

斯坦伯格及其同事引用了大量神经科学的证据，证明虽然青少年在大约16岁时达到了逻辑推理（认知控制系统）的高峰，但这时他们的社会心理成熟度（社会情感系统）却远未发展完善。社会心理成熟度反映在诸如冲动控制、抵御同伴影响、确定未来方向等能力上。对大多数人来说，这两条路径要在25岁左右才会融合。也就是说，大脑直到这时才发育完全。

根据这一理论，青春期是一个冒险的时期，个体容易受到同龄人的影响，但又同时觉得自己无比强大。青春期的冒险行为包括物质滥用、酗酒、吸烟、轻率驾驶（通常是在醉酒的情况下）、自杀未遂，以及危险、冲动的性行为。正如桑斯坦（Sunstein，2008）所指出的，青少年的冒险行为会导致严重的生命危险，甚至过早死亡。当青少年和他们的朋友或同龄人在一起时，他们会受到相当大的影响，而且这种易感性似乎没有性别差异。事实上，青少年在群体中犯下的大多数罪行很少是有预谋的（Steinberg et al.，2009）。即使到了16岁，他们的推理能力与成年人近似时，他们的决策仍会受到他们不成熟的社会情感的影响。换句话说，这两个系统的成熟度之间存在时间差异（Burt，Sweeten，& Simons，2014）。斯坦伯格认为，大脑的社会情感系统对社会和情感刺激很敏感，并且会在青春期早期被激素的变化重塑；而认知系统会在青春期和青年期的经历过程中逐渐成熟，基本上与青春期无关。

社会情感系统所鼓励的冒险行为被认为是高水平的感觉寻求或奖励寻求及低冲动控制的结果，这种情况在青春期中期表现得最普遍（Steinberg，2010a）。随着青少年年龄的增长，冒险行为会逐渐减少，一般会持续到25岁左右。对一些人来说，冒险行为会一直持续到成年期。

在考虑双系统发展模式的重要性时，必须强调，不同青少年个体间也存在差异。这可以联系第二章讨论的风险因素和保护因素。与社会心理不成熟相关的奖励寻求和低冲动控制可以被风险因素（如反

社会的同伴）强化，或者被保护因素（如成年人的支持）缓和。正如斯坦伯格所指出的，如果青少年生活在积极的和支持性的环境中，那么他们将茁壮成长；相反，如果他们所处的是消极的和有毒的环境，那么他们将遭受强烈和持久的痛苦（Steinberg，2014）。

强制发展理论

与莫菲特关于持续终身型犯罪人的理论类似，帕特森（Patterson，1982，1986；Patterson，Forgatch，& DeGarmo，2010）的理论也提出，违法犯罪早发的个体更有可能实施更严重的犯罪行为。然而，它们之间主要的区别是，帕特森更强调父母的影响，而不是关注孩子的具体特征。强制发展理论（coercion developmental theory）认为，父母对儿童活动的监督不力、破坏性的家庭变故（如离异）及父母的管教不一致都是导致早期违法犯罪行为的主要社会心理因素（Brennan et al.，2003；Patterson，1982）。该理论认为，早期违法犯罪行为的重要预测因素是家庭环境，在这种环境中，孩子学会了使用强制行为，如发脾气、发牢骚，以逃避父母的管教和专制。根据该理论，帕特森等人进行了持续的研究和家庭干预计划，以减少父母实施的强制措施（Patterson et al.，2010）。

强制发展理论承认，一些孩子比其他孩子更容易引发不恰当的养育行为。例如，一个性情暴躁、不断发牢骚的孩子比一个讨人喜欢、一直微笑的孩子更有可能引起父母的强制行为。不过，孩子的这些负面行为更有可能在父母的一些情感或身体虐待后出现（Granic & Patterson，2011）。在这种强制循环中，父母和孩子各自以一种令对方讨厌的方式行事，以试图控制对方的行为。随着孩子行为的强度和频率增加，父母最终默许了孩子的行为，这就在不知不觉中强化了孩子的这类行为。随着孩子变得越来越暴躁，父母专制的行为也会进一步升级，而且，伴随而来的是孩子敌意程度的升级。关于强制发展理论的研究将这种行为循环与父母和孩子的焦虑联系了起来（Granic & Lougheed，2016）。研究认为，强制性互动导致的高度焦虑可能会进一步导致攻击性和反社会行为。

强制成了儿童的主要人际关系策略，并且这种策略会蔓延到家庭以外的环境。根据强制发展理论，反社会行为被视为从父母与幼儿的错误互动发展到与教师、同伴、儿童环境中其他人的类似互动。具有强制性策略的儿童（类似于莫菲特理论中被描述为持续终身型的攻击性儿童）会经常被非强制性的同伴拒绝，结果就是，他们会开始强制性的同伴交往，这又进一步强化了他们的攻击性和反社会行为。因此，帕特森认为，父母和同龄人对未成年人违法犯罪的影响是一致的。在进一步发展该理论时，格拉尼奇和帕特森（Granic & Patterson，2006）强调了儿童、父母、兄弟姐妹和同伴之间互动的动态性质。这一过程不是沿着线性路径发生的，而是经过不断反馈、不断循环而持续发生的，格拉尼奇和帕特森称之为动态系统取向。

强制发展理论主要基于社会学习理论。根据该理论，反社会行为的发展轨迹是由个体与父母、兄弟姐妹和同伴的日常社会经验累积而成的，这些经验具有高度的负面性、不一致性和非支持性的特点（Snyder et al.，2003）。

发展轨迹

该理论确定了两条导致反社会行为的发展轨迹或路径，每一条都有一个有序的阶段序列（Patterson & Yoerger，2002）。一条轨迹导致早发型逮捕（14 岁之前）和成年期犯罪，另一条轨迹导致晚发型逮捕和成年期停止犯罪（Patterson & Yoerger，2002）。然而，该理论的立场是，不管早发型还是晚发型，其基本过程是相同的，它们只是两种不同的变异形式。也就是说，社会环境的影响，如父母离异、经济压力和父母抑郁，与不当的教养方式和不良同伴社会化相结合，产生了两种程度不同的未成年人违法犯罪和反社会行为。有三个变量能区分早发型和晚发型的轨迹：

（1）早发型反社会行为一般始于学龄前，而晚发型反社会行为始于青春期中期；

（2）与晚发型犯罪人相比，早发型的犯罪人，其父母的不当教养方式问题更严重；

（3）与晚发型犯罪人相比，早发型犯罪人的社会性能力更低（见表 6-6）。不当的教养方式通常表现为使用无效的管教方法，如体罚，而且父母自己也倾向于有反社会行为，并被频繁的婚姻变故或不和谐的关系所困扰。

表 6-6　帕特森关于反社会行为的两条发展轨迹

早发型	晚发型
开始于学龄前阶段	开始于青春期中期
严重的不当的教养方式	不太严重的不当的教养方式
社会性能力很低	社会性能力略低
早发型逮捕和成年期犯罪	晚发型逮捕和成年期停止犯罪

由于这些差异，早发型未成年违法犯罪人往往表现出有限的社会技能水平、更具破坏性的同伴关系，以及较低的自尊；而晚发型未成年违法犯罪人虽然表现出了类似的缺陷，但没有达到早发型未成年违法犯罪人的程度。基本上，晚发型未成年违法犯罪人比早发型未成年违法犯罪人的反社会程度低，但比非违法犯罪人的反社会程度高。研究发现，早发型违法犯罪人被捕的可能性高于晚发型违法犯罪人（Patterson & Yoerger，2002）。例如，大多数（71%）晚发型未成年男孩已不再参与成年期的犯罪（Patterson & Yoerger，2002），而有 74% 的早发型未成年违法犯罪人在青年（21～29 岁）时被捕（Stattin & Magnusson，1991）。

性别差异

根据强制发展理论的观点，攻击性的性别差异在 5 岁时就已经出现了，并在整个儿童期和青春期一直持续（Snyder et al.，2003），而且这些早期的差异在很大程度上助长了男孩的攻击性。该理论观点进一步认为，反社会行为的性别差异是男孩和女孩遇到的不同环境经验和强化的结果。男孩和女孩从父母那里习得了不同的反应，每种性别对相同的教养条件的反应有所不同。与女孩相比，父母倾向于对男孩采取更多的强制措施，而且这种差异对具有高度攻击性的男孩和女孩来说似乎更加明显（Snyder et al.，2003）。因此，强制发展理论假设，女孩表现出较少的反社会行为，是因为她们较少卷入强制性的亲子互动中。

当孩子进入幼儿园时，同龄人的社会化因素开始发挥重要作用。男孩和女孩从 3 岁开始就表现出对与同性别儿童互动的强烈偏好。男孩倾向于忽视那些想进入他们游戏小组的女孩，即使个别男孩也会和一两个女孩玩。男孩之间有更多的挑战的、不服从的和打打闹闹的游戏，而女孩之间往往有更多合作、言语交流、服从和迁就。与男孩不同的是，女孩很少有高度反社会的同性别同伴可以模仿，也很少有可以交往和交流越轨话题的人。因此，当女孩开始表现出反社会行为时，它最常发生在青春期，并且似乎与青春发育有一定的联系。在青春期，对同性别同伴的偏爱减弱，可以接触到广泛的同伴关系，其中包括反社会同伴。

冷酷无情特质理论

个体（包括儿童）是否拥有导致他们特别容易产生反社会行为的人格特征呢？一些研究人员认为可能存在。在精心的研究后，保罗·弗里克（Paul Frick）及其同事发现了冷酷无情特质（Barry et al.，2000；Frick，Barry，& Bodin，2000；Frick et al.，2014）。这些研究人员进行了一系列的研究，以确定他们检测成年人精神病态在儿童期是否有先兆（第三章有过详细讨论）。他们已经找出了一组被诊断为品行障碍的儿童，但是这些儿童表现出特别严重的长期的反社会行为模式，超出了其他品行障碍儿童的常态表现。研究人员发现，有一个儿童和青少年亚组，他们表现出对他人缺乏同情心、内疚感有限，以及不善于情感表达（Frick，Bodin，& Barry，

2000；Frick et al.，1994）。而这些特质是在成年精神病态患者中通常会出现的典型的行为模式。

大量当代研究都支持了冷酷无情特质群的效度和信度（Vincent，Kimonis，& Clark，2016）。例如，研究发现，具有冷酷无情特质的儿童不会害怕自己的攻击行为受到惩罚，并将攻击行为视为支配他人的有效手段（Pardini & Byrd，2012）。具有冷酷无情特质的儿童倾向于无视攻击行为给被害人带来的痛苦，他们公开承认很少关心他人的困扰和痛苦。帕尔迪尼和伯德（Pardini & Byrd，2012）发表的研究成果的标题很好地表达了自己的研究发现："我要让你知道谁才是老大，尽管你会遭受痛苦，我也会遇到麻烦"。其他研究也发现，儿童和青少年的冷酷无情特质对成年后的精神病态有很强的预测作用（Kahn et al.，2012）。此外，冷酷无情特质可以预测男孩和女孩（尤其是 3～4 岁儿童）的严重的攻击行为模式（Kahn et al.，2012）。更令人不安的是，在具有冷酷无情特质的儿童和青少年中发现的攻击行为的严重程度大大超出了大多数未成年违法犯罪人的一般水平。基本可以断定，儿童时期的冷酷无情特质可以预示其持续终身的严重暴力犯罪行为。

有迹象表明，一些被诊断为品行障碍的儿童可能具有冷酷无情特质。例如，在一项针对因问题复杂而被转诊的儿童和青少年的心理健康临床研究中，21%～50% 被诊断为品行障碍的孩子具有冷酷无情特质（Kahn et al.，2012）。需要强调的是，冷酷无情特质并不是诊断品行障碍的必要条件，因此这两者并不具有因果关系。例如，在卡恩等人（Kahn et al.，2012）的研究中，一些转诊到心理健康诊所的儿童和青少年表现出高水平的冷酷无情特质，但是并没有被诊断为品行障碍。有意思的是，在卡恩等人的调查中，虐待动物是判定冷酷无情特质的重要指标。

幸好越来越多的研究表明，复杂的、多模式的认知行为治疗方案可以在较大程度上逐渐减少儿童和青少年的冷酷无情特质的水平（Kolko & Pardini，2010；Salekin，2010；Vincent et al.，2016）。从目前来看，这种方案结合家庭教养因素（如温暖的、不严厉的管教），似乎是最有希望获得成效的方法（Kolko & Pardini，2010；Pardini，Lochman，& Powell，2007）。

尽管有上述发现，但一些学者认为，过分强调冷酷无情特质并没有必要，因为它对预测有很高的严重犯罪风险的未成年人的犯罪行为只提供了微弱的增量效应（Skeem，Scott，& Mulvey，2014）。尽管这些特质确实出现在一些儿童和青少年身上，并且应该得到承认，但是它并不是非常凸显，而且它在表达出来时，可能掩盖了因为虐待或其他受害行为而产生的情绪。例如，受到了虐待并且不信任成年人的儿童，会经常表现为无感情、不表达和不关心的状态。在第七章，我们会继续讨论冷酷无情特质，因为它与精神病态的核心行为模式高度相似，与未成年精神病态更相关。

未成年人违法犯罪的预防与矫治

治疗与康复策略

每年有超过 200 万未成年人会卷入未成年人司法系统中（Kinscherff，2012）。目前大家都认为，这些未成年人中约有 3/4 的人曾遭遇创伤性事件，如虐待、家庭暴力或危及生命的事故或灾难（Fierman & Ford，2016）。在这些未成年人中，大多数人经历过不止一次创伤事件，甚至反复地暴露在创伤中，有时长达数年。而且，根据一些统计数据发现，有相当一部分未成年人（65%～70%）存在至少一种以上心理健康问题，其中 20%～25% 的人有严重的情绪问题（Kinscherff，2012；Langton，2012）。一项被广泛引用的研究估计，在未成年人司法系统所涉及的未成年人中，55% 的人可能会被同时诊断出至少有两种心理健康问题（Shufelt & Cocozza，2006）。此外，其中约 45% 的男孩和约 51% 的女孩被诊断为破坏性行为障碍（Kinscherff，2012）。物质滥用问题也很常见，至少有一半的未成年人有物质滥用行为。研究发现，物质滥用与未成年人的严重违法犯罪总是强相关的（Mulvey，Schubert，& Chassin，2010）。

不过，物质滥用也不一定与精神健康问题同时出现。此外，必须强调的是，许多牵涉进未成年人司法系统的未成年人并不需要进行心理健康诊断，我们在本书中主要关心的是那些需要进行心理诊断的未成年人。此外，基于前几章讨论的许多风险因素，我们不能忽视有心理健康风险的未成年人。例如，同伴拒绝、不当教养、身体虐待、有毒的环境及学业失败都会导致严重的抑郁和反社会行为。最后，与未成年人司法系统有牵涉的经验本身对心理健康也会构成威胁。警察审讯、在拘留所中被脱衣搜查等程序，以及在拘留时被性侵害，都可能给未成年人造成心理创伤（Fierman & Ford，2016）。

针对未成年违法犯罪人和处于危险中的儿童或已经牵涉进未成年人司法系统的个体的犯罪预防、干预和矫治的项目非常多。但遗憾的是，很少有旨在防止犯罪或间接减少再犯率的项目被证明是有效的，可能是因为大多数此类项目都没有被认真、系统地评估过（Evans-Chase & Zhou，2014）。事实上，对美国的 141 个干预项目的初步研究发现，对未成年人来说，只有 21 个项目符合高质量的标准，并且能得出有价值的结论。衡量项目质量的因素一个是通过与对照组进行对比，另一个是确保干预措施可以被真正有效地实施。但遗憾的是，正如女孩研究小组（Zahn et al.，2008；Zahn et al.，2009）所指出的那样，根本没有足够的资源来进行严格的项目评估。这一评论适用于针对男孩和女孩的项目。

近年来，有效的未成年人干预项目的发展和资助的力度得到了加强，积极的成效逐渐显现。一些项目在消除反社会行为和减少不良行为方面非常成功，甚至在有严重行为问题的儿童和被收容的未成年违法犯罪人中也效果显著。研究人员（Skeem，Scott，& Mulvey，2014）观察到，公众对未成年人和少年司法政策的态度从 20 世纪末的惩罚取向转向了有利于未成年违法犯罪人的恢复取向。不过，鉴于许多研究缺少严谨的评估，我们无法确定许多项目的有效性。正如埃文斯 – 蔡斯等人（Evans-Chase et al.，2014）所观察到的，也不能仅因为这些项目没有有效性检验就否定项目的作用。

成功项目的特点

尽管人们担心缺乏经过高质量评估的矫治项目，但大多数少年司法研究似乎都是围绕成功项目的关键要素进行的（Lipsey，2009，2010；Zahn et al.，2009），特别是针对严重的未成年违法犯罪人的项目。不过，很多项目不只针对严重的未成年违法犯罪人，也对所有的孩子都有好处。例如，齐格勒等人（Zigler et al.，1992）在他们的综述中总结道："可以通过早期儿童干预项目来预防犯罪，该项目可以在多个系统（家庭、学校、同伴和社区）中提高儿童的社交能力、人际关系能力和学业能力。"这些项目可以用于社区中不同环境下的儿童，如学校或托儿所。相比之下，以危机干预为导向的项目，强调咨询或个案解决，其主要目的是为了处理当前面临的问题，这些项目一直收效甚微，很大程度上是因为它们过于专注于单一的环境或能力，而且往往介入太晚。成功的和前景较好的预防和治疗方案有五个特点。

1. 注重早期干预

一般在 4～5 岁时，基于儿童在家庭、幼儿园或学校环境中的攻击性、破坏性和不服从行为，可以识别出有严重的反社会行为倾向的儿童。正如我们在本章前面所了解到的，莫菲特提供了令人信服的证据，表明终身持续有反社会倾向的未成年违法犯罪人早在 3 岁时就表现出了可识别的反社会行为特征。因此，一些研究人员（Guerra et al.，1995）建议，实施预防措施最好不要晚于 1 年级。由于严重反社会的儿童很可能会随着时间的推移，一直处于不断升级的、更加严重的反社会和暴力行为的螺旋式发展中，所以早期的有效干预至关重要（Conduct Problems Prevention Research Group，2004）。此外，对许多孩子来说，在 1 年级和 2 年级之间，反社会行为似乎有一个神秘的飞跃，因此，在 1 年级之后可能就需要实施更加密集的预防计划了。圭拉等人（Guerra et al.，1995）观察到，生活在经济贫困的城市社区的儿童的攻击性和反社会行为开始得更早，这一观察似乎对男孩和女孩都适用（Tolan & Thomas，1995）。正如我们之前提到的，有大量证据表明，反社会行为的迹象越早出现，反社会或犯罪行为在以后的生活中就会越严重。

上述说法并不是说，如果不及早开始干预，一切就都完了。正如我们接下来及本章后面会看到的，从青春期开始的治疗可能也会非常成功。不过，早期的反社会指标往往预示着一个人犯罪经历的走向。正如洛伯（Loeber，1990）所指出的，随着时间的推移，破坏性和反社会行为之间存在着相当大的连续性，尽管它们在不同的年龄可能有不同的表现。洛伯进一步发现，随着儿童和青少年向更严重的不良行为发展，他们的行为倾向于向多样化发展，而不是从一种特定的越轨行为转向另一种。因此，很明显，如果没有早期干预，许多有犯罪风险的儿童随着年龄的增长，更有可能从事严重的、长期的犯罪活动，同时各种不严重的违法犯罪问题也会一直持续。也就是说，参加帮派斗殴或驾车射击的青少年仍然会吸毒和盗窃电子设备。

2. 遵循发展原则

有效的预防方案应该基于儿童发展原则进行精心的研究设计（Dodge，2001）。正如我们在本章前面提到的，不同的发展路径都可能导致严重的暴力和犯罪行为，而这些行为发生的年龄也可能差异很大。此外，许多研究人员正在关注女孩和男孩的不同发展路径。因此，应考虑设立性别响应项目（见专栏6-3）。在设计暴力和长期的反社会行为的预防方案时，关键在于掌握那些导致未成年人进入严重的违法犯罪发展轨迹的因素。此外，同样重要的是了解这些因素如何与社会环境相互作用。有意思的是，罗切斯特青年研究（Rochester Youth Study）的数据表明，从青春期早期到后期的过渡阶段，保护因素必须持续存在，而不是简单地出现在儿童期或青春期的某一时间段（Thornberry，Huizinga，& Loeber，1995）；尽管早期风险因素的负面影响可以通过在小学期间提供保护性支持加以缓冲，但风险因素本身可能继续影响个体青春期的发展轨迹（Conduct Problems Prevention Research Group，2004）。当儿童和青少年继续生活在危险的社会环境、物理环境和情感环境中时，这一点尤其重要。

在一篇大综述中，研究人员（Tremblay，lemarand，& Vitaro，1999）研究了50个预防项目，发现其中20个项目是在精心设计的测试条件下进行评估的。那些最有效的项目都是基于合理的、有效的儿童发展研究的（Dodge，2001）。将适当的预防项目与青少年的发展阶段结合起来，对于在预防犯罪方面取得长期的重大成功至关重要。

3. 专注于多种环境和系统

成功的干预项目不仅应该尽早开始，而且必须巧妙地分析各种原因和负面影响。换句话说，成功

研究重点 ● ● ●

专栏 6-3　性别响应项目

解决男孩和女孩的反社会行为问题需要不同类型的项目吗？许多专家认为需要。正如本章所讨论的，当代研究人员经常关注男孩和女孩之间在发展路径、风险因素、保护因素、违法史等方面的异同。因此，学者们呼吁设立性别响应项目（gender-responsive programs），来专门满足男孩或女孩的独特需求（Bloom et al.，2002；Day，Zahn，& Tichavsky，2014；Hubbard & Matthews，2008）。回想一下，我们在专栏6-1中提到的专门为女孩设立的愤怒管理项目。此外，需要更多的针对LGBT青年群体所设立的项目，因为在绝大多数研究中仍然没有涉及这类群体。

在传统研究中，女孩被排除在许多评估研究之外，认为适用于男孩的评估方案对女孩未必同样有效，所以，性别响应项目的侧重点往往是女性。虽然有些项目确实强调了性别差异，但它们并不一定属于性别响应项目。也就是说，虽然一个方案只针对女孩，但并不意味着该方案充分满足了女孩的需要。要使一个方案能够符合性别响应项目的要求，就一定要将男性和女性未成年人之间最独特的差异区分开来。

在性别响应项目中，最需要关注的有以下几方面：（1）身体安全和情感安全，因为常常遇到干预项目中的女孩曾遭受虐待；（2）提高自尊；（3）与家人和重要他人建立积极的关系。这并不是说男孩未曾遭受虐待，不存在低自尊，不应该鼓励他们建立积极的关系。而是因为这些需求在女孩身上可能体现得更强烈。此外，关注针对物质滥用和总体心理健康问题的项目仍然是需要的。

扎恩等人（Zahn et al.，2009）回顾了对特定性别和非特定性别的未成年人治疗项目的评估研究。结果发现，表现良好的非特定性别项目在减少女孩和男孩的再犯方面总体上具有同等效果。我们将在本章后面介绍其中的一些方案（如多系统疗法）。不过，专门针对女孩的项目表现良好，是因为它们对许多因素都有积极影响，包括自尊、亲子关系、自我效能和学业成就。不过，仍然缺乏对再犯的长期影响的证据。扎恩等人强调，针对性别响应项目的方案评估目前尚处于起步阶段，存在局限性，但评估中没有任何迹象表明不需要此类计划。

问题讨论

1. 为什么发展专门针对女孩的预防和治疗项目很重要？

2. 考虑到青少年经常会被置于团体治疗的情境（如物质滥用、替代暴力方案、愤怒管理），这些人群是否只应该包含一种性别？如果不是，男性和女性的人数应该相同（或几乎相同）吗？

3. 具体说明一个治疗项目是特定性别项目，而不是性别响应项目。区分这两个术语有意义吗？

的项目必须针对尽可能多的风险因素。以多种潜在风险因素为目标，增加多种保护因素（而不是孤立的一两个保护因素），会大大提高积极改进的可能性，并能显著减少反社会行为和暴力行为（Tedeschi & Kilmer，2005）。那些已经取得长期成功的项目都采用了多管齐下的方法，都通过广泛的社会环境来对未成年人进行集中治疗，包括改善他们与家庭成员和同龄人的关系，并帮助他们发展更好的学业能力，以在学校取得成功（Biglan et al.，2012）。有一个被称为"快速通道"（fast track）的样板项目，其目的主要是解决极具攻击性的儿童的需求，这些儿童从入学的那一刻起就表现出了问题行为。该项目不仅关注孩子在教室里的行为及其与同伴的互动，而且还关注家长的管理技能和教师的课堂管理技能。正

在进行的关于快速通道的研究表明，它在减少攻击性上是有效的；此外，项目中的儿童在青春期后期被逮捕的可能性比对照组的儿童低，对照组的儿童与他们有相近的初始风险水平。不过，一项分析表明，快速通道对学业成就，如高中学业成就，并没有起到长久的改善作用（Bierman et al.，2013）。

然而，即使对那些没有在儿童早期就开始干预的项目来说，对多种环境和系统的关注也很重要。向青少年及其家庭提供个人咨询和各种服务（如就业服务、教育咨询、家庭咨询）的这些治疗干预措施，也获得了积极的评价（Evans，Chase，& Zhou，2014）。我们将在本章后面讨论其中一些方案。

此外，有效的干预方案包括产前和围产期医疗护理，以及对孕妇和有年幼孩子的母亲的健康教育

（Coordinating Council on Juvenile Justice and Delinquency Prevention，1996）。这些服务可以减少由于头部和神经系统损伤、接触毒素、孕期物质滥用、营养不良、围产期困难等导致未成年人违法犯罪的风险因素。例如，研究发现，儿童骨骼中铅含量过高与未成年期的暴力和犯罪行为之间有密切的关系（Dietrich et al.，2001；Needleman et al.，2002）。回顾第二章，我们强调了环境污染问题对大脑健康发育的重要性。

毋庸置疑，许多社区，特别是城市地区的社区环境极其恶劣，对许多儿童来说，暴力、物质滥用、虐待儿童、绝望感等日常冲击对正常的发展具有很大的破坏性，即使他们只是间接地经历这些情况，如听到前一天晚上有人在街上被枪杀。对直接暴露在不利的家庭生活环境和得不到照顾的儿童来说，他们甚至没有机会去发展基本的社会技能、人际交往能力和学业技能，这对他们的损害可能是无法弥补的。显然，儿童在不利环境中暴露的时间越长，就越难改变他们的人生轨迹，要想使其远离违法犯罪行为也就越难。虽然我们的注意力往往集中在人口密集的城市地区，但生活在农村、偏远地区的儿童也可能受到负面影响。这些儿童可能不会目睹街头犯罪或受到帮派影响，但他们可能目睹家庭、家族或同伴的暴力行为或严重的犯罪活动。

4. 承认并尊重文化背景

虽然一些城市社区包含许多风险因素，但是这些社区同样也可能具有多样的价值观和优良的传统，如果得到发扬，那么这些价值观和传统将成为关键的保护因素。例如，很多种族/民族群体都非常重视大家庭、特定的音乐风格或特定的节日传统和庆祝活动。甚至交流的方式也常常因群体而异，例如，一些人强调眼神交流的重要性，而另一些人则认为这是不尊重对方的表现。在许多家庭里，给孩子取的名字都有特殊的意义，通常是为了保持自己的文化身份。对教师、临床医生和服务行业的从业者来说，如果不正确地发音或拼写孩子的名字，就会对

孩子造成伤害。因此，有效的项目还要考虑到一个家庭的文化背景和历史传承，并推动其向积极的方面发展。

5. 首先关注家庭

研究不断表明，一般来说，最成功的干预措施首先要关注如何改善父母教养方式和家庭系统，其次是改善同伴关系、提升学业技能。很明显，某些家庭关系和教养方式导致或加重了孩子的暴力倾向，而其他教养方式和家庭关系则会阻止暴力犯罪（Patterson，Forgatch，& DeGarmo，2010）。无论种族/民族或社会经济地位如何，一些家庭特征似乎都与犯罪有关（Gorman-Smith，Tolan，Huesmann，& Zelli，1996）。正如我们所了解到的，与严重的未成年人违法犯罪最密切相关的家庭特征是：父母对孩子活动的监督不力、管教不严且管教方式不一致，同时家庭缺乏亲密感或凝聚力。

回想一下，在第二章我们讨论了反社会行为的风险因素，包括许多与家庭有关的因素。在第二章，我们还强调，当代研究人员正在关注那些能改善养育方式及家庭环境的治疗方法（Biglan et al.，2012）。研究一致表明，父母或照顾者与儿童之间消极的、强制性的交流可以预测儿童的反社会行为（Patterson，1986）、违法犯罪行为（Bank & Patterson，1992）和青少年物质滥用（Dishion & Loeber，1985）。研究还表明，亲密的情感和家庭凝聚力，即孩子获得情感支持、充分的沟通和爱，对预防反社会行为和犯罪至关重要（Gorman-Smith et al.，1996；Schwalbe et al.，2012）。

同伴系统是至关重要的，研究表明，不良的同伴关系是物质滥用和未成年人违法犯罪的重要预测因素（O'donnell，Hawkins，& Abbott，1995）。然而，到目前为止，在利用同伴群体作为有效的改变媒介来改善反社会行为方面，干预项目还没有成功。以同伴为媒介的干预，如果在干预过程中增加个体与反社会同伴的接触，那么有可能会产生意想不到的负面影响（Vitaro & Tremblay，1994）。同样，研究

人员（Dishion & Andrews，1995）发现，将高风险青少年分在一组会加剧吸烟及学校问题行为的升级。他们进一步发现，把高风险的同龄人聚在一起实际上可能会增加他们与不正常的同伴的接触，从长远来看，会提高他们的反社会行为发生率。他们建议，除非经过非常精细的设计，否则不要鼓励使用反社会的同伴作为改变媒介的干预项目。同样，研究表明，为未成年违法犯罪人提供的团体之家可能也会增加未成年人违法犯罪的行为（Chamberlain，1996）。他们的假设是，反社会的同伴倾向于模仿和鼓励其他反社会的同伴。

总之，如果可能，有效的预防和治疗方案应尽早开始，以儿童的发展原则为基础，考虑多种环境且涵盖多重系统，要认识到文化对儿童的影响，并注重家庭和教养技能。当直接与发展中的反社会儿童接触时，有效的方案要着重于提高积极的社交和亲社会技能、提高学业技能和学习技能，并促进自尊和自信的提升。

预防与矫治方案的分类

正如前面提到的，许多预防与矫治方案已经在未成年人身上尝试过，但很少经过严格的评估。在回顾了 141 项研究的原始数据后，研究人员（Evans-Chase & Zhou，2014）发现，只有 21 项研究经过了审查检验。其他不那么严格的元分析（Schwalbe et al.，2012）发现，一些经过良好评估的方案也没有被证明能显著减少反社会行为。不过在某些情况下，存在一些其他方面（如行为、自尊或人际关系）的改善。不过，对那些有物质滥用问题的未成年人来说，解决和处理这些问题可以显著降低他们继续犯罪的可能性（Mulvey，2011）。

针对未成年人的方案数量众多，我们只选择了一些比较著名的，并且已经取得显著成功或前景比较好的项目进行介绍。一些针对特定未成年犯罪人的治疗方案（如未成年性犯罪人或未成年谋杀犯）将在本书后面的内容中讨论。

本章接下来会将这些方案大致分为三类进行

介绍：

（1）初级预防（普遍性预防）（primary prevention/ universal prevention）；

（2）次级预防（选择性预防）（secondary prevention/ selective prevention）；

（3）三级预防（治疗或干预）（tertiary prevention/treat）。

这三种类型与戈登（Gordon，1983）最初提出的公共卫生预防模式相似，并被诸多研究人员（Guerra，Tolan，& Hammond，1994；Mulvey，Arthur，& Reppucci，1993）进一步阐述。尽管这种分类方法能为讨论提供次序，但是这种便捷的分类之间经常有重叠，因为许多方案针对的是混合人群。例如，"先行者项目"（project headstart）最初旨在为经济贫困家庭提供一个教育"追赶"的机会，并被认为是一个初级预防项目，现已发展为一个更广泛的项目，帮助更大范围的社会经济群体。此外，因为先行者项目中一些孩子可能符合高风险儿童的标准，对他们来说，该方案可以被认为是一个次级预防方案。同样，因为多系统疗法关注的是家庭，干预对象可能包括严重的违法犯罪人及其兄弟姐妹，因为他们可能被认为在未来有犯罪风险。

初级预防（普遍性预防）是为了在行为模式出现任何迹象之前对不良行为进行预防。初级预防项目通常在儿童发育过程的早期实施，最好是在 7～8 岁之前。通常，该项目在小学或学前班进行，关注的是大群体儿童，而不考虑未成年违法犯罪风险的可能差异。在大多数情况下，初级预防项目针对特定地理区域或特定环境（如学校或整个年级）内的所有儿童，并没有进一步筛选的标准（Offord et al.，1998）。其中许多项目需要制定长远的政策和程序，这往往就会涉及立法和资金扶持问题。例如，那些加强产前护理、母婴护理及加强营养的项目，以及学龄前儿童的家庭管理项目（Committee on Preventive Psychiatry，1999）。一个很好的项目例子就是儿童入学前或入学后不久的心理弹性或保护因素的发展。

次级预防（选择性预防） 包括处理特定的高危儿童和青少年的问题，这些儿童和青少年表现出一些反社会行为的早期迹象，但尚未被法院分类或裁定为违法行为。次级预防的基本假设是，早期发现和早期干预将防止儿童和青少年发展出更严重的习惯性犯罪行为。这类预防的一个很好的例子是开始于 1962 年的"佩里学前项目"（Perry Preschool Project）。这个以教育为出发点的项目旨在帮助那些被认为有较高犯罪风险和学业失败风险的儿童改善他们的认知和社会发展（Berrueta-Clement，et al.，1987）。这种预防策略的另一个著名的例子是"未成年人分流项目"（juvenile diversion），它把初犯从正式的法庭程序中转移出来，并把他们安置在能预防他们再犯的短期项目中。选择性预防项目的一个优点是，它把重点放在那些应该从服务中获益最多的未成年人身上。也就是说，把更多的精力集中在那些有风险的人身上，而不是整个未成年人群体，其中许多人可能根本没有显示出任何风险因素。一个不利的方面是次级预防项目会将儿童孤立起来，并给他们贴上潜在问题的标签，这可能会形成自证预言（self-fulfilling prophecy），例如"我参加了这个特别项目，我不一样（而且很坏），所以我还是做个坏人吧"。

三级预防（治疗或干预） 在违法犯罪研究文献中通常被称为治疗或干预。我们更喜欢使用治疗这个术语，因为我们可以认为初级预防和次级预防也是干预的形式。此外，尽管次级预防和治疗之间有一些重叠——在这个意义上，未成年人在次级预防项目中也经常接受治疗——我们保留"治疗"适用于那些旨在减少被判有罪的严重、习惯性违法犯罪或反社会行为的项目。通常，那些完全参与犯罪或高度反社会的未成年人会被转介到社区机构接受心理治疗，或者被安置在集中居住的惩教机构、培训学校或康复中心。

初级预防

过去，预防与矫治项目试图聚焦在减少或消除儿童和青少年在成长期所面临的风险因素。然而，近年来，项目的关注点发生了明显的变化，更强调发展和加强保护因素。虽然这两种方法都很重要，但在本章，我们将重点关注通过心理弹性发展的保护因素。心理弹性的发展是一种极有效的预防儿童和青少年违法犯罪的初级预防和针对性方法，作为一种有效的治疗策略，它具有很大的潜力。因此，我们从初级预防开始介绍，逐步阐述心理弹性如何在三种预防和分类治疗中发挥作用。

随着人们对促进儿童和青少年心理弹性的保护因素的认识不断提高，理论家、研究人员和政策制定者试图将这一知识应用于反社会行为的预防，特别是应用于被认为处于中风险到高风险的儿童和青少年。这些旨在提升和维持儿童和青少年心理弹性的预防和治疗方案也被称为"以优势为本的方案"（strength-based programs）。应该强调的是，心理弹性是普通的心理过程而不是特殊的心理过程，孩子一般都可以通过引导变得更有心理弹性（Smith，2006）。促进儿童和青少年的认知和社会能力，改善家庭中的育儿实践，促进有效的社会支持系统的发展和维护的预防项目，从长远来看可能最有效。

发展心理弹性的策略包括提高儿童的能力和兴趣，以及减少风险和压力源，促进有效保护的过程。总体来说，许多专注于增强心理弹性的项目的口号已经变成，"每个孩子都有天赋、优势和兴趣，为孩子提供光明未来的可能性"（Damon，2004）。这些态度反映了过去几十年在预防未成年人反社会行为和其他问题方面概念的重大转变。发生转变的部分原因来自第二章和第三章中所提及的通常很难改变的很多风险因素，特别是在未成年人治疗项目中更加明显（Hawkins et al.，2009）。

有严重反社会行为风险的未成年人已经遭遇痛苦事件，这往往是无法逆转的。这些可能包括糟糕的经济状况、身体上或情感上的虐待、被同龄人排斥，或者创伤，如突然失去父母或兄弟姐妹，这些情况可能单独发生，也可能祸不单行。这就是为什么一些研究人员主张，我们必须帮助未成年人学习如何管理他们的风险，如有效地解决童年所经历的身体和性虐待带来的创伤（Ruffolo, Sarri, & Goodkind, 2004）。在遭受高度痛苦的创伤事件之后，没有单一的方法能保持创伤者的心理平衡，而是需要多种路径来恢复（Bonanno，2004），就如同通往犯罪的道路也有多种一样。例如，研究人员（McKnight & Loper，2002）发现，在有犯罪风险的青春期女孩中，最突出的心理弹性因素是有学习动机和渴望上大学、没有物质滥用情况、感受到爱和希望、相信教师能公正对待学生、家长信任青春期的孩子，以及宗教信仰。然而，在一项基于美国青少年及成年人健康纵向研究（The National Longitudinal Study of Adolescent to Adult Health）的研究中，研究人员（Hawkins et al.，2009）发现，宗教虔诚度并不是一个保护因素，只有一个例外，即报告宗教虔诚度高的女孩贩卖毒品的可能性较低。此外，与学校的联结也不是一个保护因素，尽管校内的良好表现可以减少一些形式的犯罪，如攻击和身份犯罪。有意思的是，在学校有良好表现的女孩相对来说更有可能在青春期晚期和成年早期实施财产犯罪（Hawkins et al.，2009）。他们还发现，最强的保护因素是一个女孩觉得她的生活中成年人关心她的程度。成年人的关心降低了女孩实施多种形式的反社会行为的可能性。

研究人员针对心理弹性的四个因素进行了治疗性干预，这四个因素分别是：积极的同伴关系、自我效能感、创造力和一致感。积极的同伴关系被定义为亲社会互动、同伴接受和支持。自我效能感是一个人相信其可以通过自己的行动来实现目标（Bandura，1989，1997）。大量研究已经支持了自我效能感会产生一系列积极的结果，它被认为是心理弹性的核心（Lightsey，2006）。创造力在这里指的是个人创造艺术或其他交流产品（如歌曲、舞蹈、电影、戏剧、诗歌或短篇小说）的才能。这种方法

要求鼓励孩子用象征性的方式表达自己和他人的经历。一致感是指人们在认知和情感上评价自己和环境的方式。它包括通过积极的思考，接受糟糕经历的现实，避免为无法控制的情况而自责，并找到适应前进的道路，从而为过去、现在和未来的生活找到一个一致的意义（Waaktaar et al.，2004）。研究人员发现，专注于这四个方面的儿童治疗更有可能显著提高心理弹性。

次级预防

次级预防（选择性预防）针对的是那些基于各种风险因素（如低自尊、家庭功能严重失调、品行障碍）而被认为有违法犯罪风险的儿童和青少年。在对研究文献进行全面回顾后，研究人员（Tremblay & Craig，1995）得出结论：针对高风险儿童和青少年的次级预防项目往往是针对多个风险因素（如儿童的破坏行为、攻击行为和不良的父母教养方式）的干预，持续时间相对较长（至少一年），并在青春期前实施。这些时间要求很重要，而且干预措施越密集越好。这项研究确定的方案在小学前或小学早期实施时特别有效。在一些次级预防项目中，如未成年人分流项目，这种早期干预就不太可能实现了。

不过，分流项目也可能是有效的，这取决于其所采取的方法。在对成年人和未成年人的标准起诉流程中，分流是现在刑事司法程序的一个标准组成部分。对未成年人而言，分流往往会伴随物质滥用治疗或心理健康治疗。回顾本章前面引用的关于未成年人司法系统中具有心理健康需求的未成年人的统计数据。对这些日益增多的未成年人的关注，促使美国国家心理健康和少年司法中心（National Center for Mental Health and Juvenile Justice，NCMHJJ）实施了一些举措，使这些未成年人免于被起诉（Colwell, Villarreal, & Espinosa, 2012）。研究人员（Colwell et al.，2012）将有心理健康需求的未成年人分配到专门的监督实验中，作为分流项目的一种方法，而且还设立了一个没有被监督的未成年人对照组。研究发现，有心理健康需求的未成年人被判定为犯

罪的可能性明显降低，而且解决问题的能力和人际关系技能方面也更有可能得到改善。尽管这项研究还很初步，但它表明对有心理健康需求的未成年人来说，这种特殊的分流项目是有效的。

虽然也有例外，但作为一个整体，分流项目并没有什么效果，这可能主要是为未成年人"争取时间"，直到他们度过麻烦期。它们的重要性在于给未成年人第二次机会（在某些情况下是第三次或第四次机会），这样他们就不会有犯罪记录了。然而，总体上分流项目并不能减少再犯率。此外，正如另一组研究人员（Schwalbe et al.，2012）指出的，对文献的粗略回顾表明，关于循证实践的新兴数据在分流项目的发展中渗透得很慢。他们对 28 项检验未成年人分流项目的研究进行了元分析，发现分流对再犯率下降的影响不显著。在这组研究中涉及了五种分流计划：案例管理、个体治疗、家庭治疗、少年法庭和恢复性司法，其中只有家庭治疗和恢复性司法对降低再犯率有积极影响，其中以循证家庭治疗的积极影响最强。他们强调，分流项目的异质性导致我们不可能轻易地得出结论，就认为它对未成年犯罪人是一种有效的方法。不过，如果这些项目以家庭为中心且强调恢复性司法，就会有更大的希望。恢复性司法是一种认识到犯罪对被害人造成的伤害、犯罪人的责任和社区需求的方法。此外，那些以个体治疗为主的方案，偏向于将重点放在循证的认知行为疗法上。

次级预防项目越来越多地提供给那些被发现有发展成严重的、持续的反社会行为的早期迹象的儿童。很明显，在生命早期，至少在小学开始时，可以合理且准确地识别出高风险儿童（Dodge & Pettit，2003；Hill et al.，2004；Lochman & Conduct Problems Prevention Research Group，1995）。正如道奇和佩蒂特（Dodge & Pettit，2003）所指出的，早期筛查的有效性对公共政策有重大影响。学校可以比过去发挥更积极的作用，确定哪些幼儿可以从预防项目中受益。此外，次级预防项目比初级预防项目更有重点、更有效、更密集（Hill et al.，2004）。还

应该提到的是，对幼儿的预防比对青少年的预防更有希望，因为青少年可能已经走上了持续反社会行为的道路。然而，预防方法必须从儿童期延伸到青春期，因为在每个新的发展阶段都会出现新的风险因素（Dodge & Pettit，2003）。也就是说，必须在孩子的成长过程中进行跟踪。

三级预防

三级预防即治疗或干预。大多数治疗方法的有效性尚未得到证实。在许多情况下，这些治疗没有经过实证研究或评估（Lipsey et al.，2010；Zahn et al.，2009）。不过，有些元分析的结果可作为参考，其中包含了大量信息（Hanson et al.，2009）。例如，如果治疗方案包括家庭、学校、同伴和社区，那么集中于自我调节技能和改变思维过程的治疗方案就会很有效。从心理学的角度来看，对未成年人和成年人来说，最有效的治疗策略都是基于 RNR［R：Risk（风险），N：Need（需求），R：Responsivity（响应）］原则的（Andrews et al.，2007）。认知行为疗法很好地符合 RNR 原则。我们将在第十一章详细地讨论 RNR 原则。

专门针对未成年违法犯罪人的治疗方法已经被广泛地尝试了。常见的情况是，少年法庭将一个长期违法犯罪的未成年人转介到心理健康诊所接受心理咨询和心理治疗。传统的方法依赖于为个体提供心理咨询和心理治疗的一对一策略，但目前更可能采用的是团体治疗。需要更多限制性环境的未成年违法犯罪人通常被安置在住宿机构中，在那里，团体治疗比个体咨询更常见。近年来，在很大程度上由于财政资源有限，越来越多的未成年人被允许留在社区中，接受社区提供的治疗服务（Skeem，Scott，& Mulvey，2014）。

然而，重要的是要认识到，研究已经不断证明，基于个体的心理治疗在孤立的环境中使用时并没有被证明是有效的（Committee on Preventive Psychiatry，1999；Letourneau et al.，2009；Lipsey et al.，2010；Tarolla et al.，2002）。换句话说，简单

地将任何形式的心理治疗应用于已经处于严重违法犯罪发展道路上的儿童和青少年，而不考虑社会环境和发展级联效应，那么在大多数情况下，是在浪费时间、金钱和精力。正如研究人员（Letourneau & Miner，2005）所观察到的，心理发展的相关文献表明，如果治疗的主要目的侧重于改变未成年违法犯罪人的个人特征（如认知和行为），而不是同时针对照顾者（如加强监管）、同伴（如加强与亲社会同伴的联系）、学校（如增强和改善照顾者与教师的沟通）等相关因素，其作用可能是有限的。

对严重未成年违法犯罪人的限制性干预措施，如住宅治疗和监禁，也是没有效果的，而且极其昂贵（Henggeler，1996；Mulvey，2011）。此外，任何只关注一个风险因素的治疗或干预方案都不太可能导致犯罪行为发生长期变化，因为其他多种力量和累积的风险因素会促使反社会倾向的发展（Dodge & Pettit，2003）。根据亨格勒（Henggeler，1996）的说法，限制性的家庭外安置既不能解决已知的严重反社会行为的决定因素，也不能改变儿童和青少年最终将回归的自然社会生态。事实上，数据显示，监禁甚至都达不到社区所能达到的保护作用。

在继续讨论之前，还有另一些要点需要我们关注。对那些在机构中接受治疗的未成年人和那些在非机构环境中接受治疗的未成年人来说，治疗方案的特点可能是不同的。不仅情境不同，参与者的犯罪历史和犯罪严重程度也可能不同。例如，那些在机构中接受治疗的未成年人很可能被认为是危险的或有很高的再犯风险，还可能存在性别和年龄差异。

此外，由于治疗方案不同，以及政策、程序、人员培训和结果衡量标准不同，因此很难对未成年人矫治干预方案的普遍有效性得出结论。例如，研究人员（Krisberg & Howell，1998）指出，在未成年人的矫治中可能涉及培训学校、拘留所、营地、环境研究所、团体之家、康复中心、有情绪障碍的未成年人的住宿项目、药物依赖项目、独立的生活安排等。未成年教养所涉及的范围很广，包括规模、地点和安全级别等。

如果要对已经深陷反社会行为模式的未成年违法犯罪人产生影响，那么有效的治疗方法不仅必须是多系统的、能针对未成年人违法犯罪的多重因素，还必须是高强度的和持久的。顽固不化的未成年违法犯罪人（如持续终身型犯罪的未成年人）的行为通常是严重的、普遍的。虽然对他们的治疗并非毫无希望，但干预者需要有极大的耐心来应对将会面临的挫折，这些挫折肯定会在这一漫长的过程中发生。在考虑到上面的这些注意点后，我们下面讨论一些已经被用于未成年人的治疗方法。我们首先讨论住宅治疗，然后再延伸到社区。

住宅治疗

住宅治疗（residential treatment）是指未成年人在"培训学校"或"康复中心"被长期监禁，有时甚至一直到他们成年。这些机构的环境通常很安全，可能是这些年轻人的"最后一站"（last stop），因为他们可能在其他限制较少的社区环境下无法改变。此外，被发现犯有一次性严重罪行（如谋杀或强奸）而未被移交成人法庭的未成年人也可能被置于这种环境下。住宅治疗的未成年人群体有较高的物质滥用率、情绪障碍和较差的学业成就。

关于住宅治疗的评估研究并不令人鼓舞。研究甚至表明，接受住宅治疗的未成年违法犯罪人在获释后比接受基于家庭和社区的强化治疗的同龄人有更高的再犯率（Tarolla et al.，2002）。

研究人员（Lipsey & Wilson，1998）考察了 200 个治疗严重未成年违法犯罪人的方案的有效性。这项分析包含了 83 项对被收容的犯罪人的治疗效果的研究，其中 74 项涉及在少年司法机构羁押的未成年人，9 项涉及精神健康或私人代管的收容机构。分析还包含了 117 个非收容机构中的未成年人的治疗项目，其中大多数人处于缓刑或假释状态。尽管结果好坏参半，但令人困惑的是，没有一个特定的治疗方案显示出优越性，但不管对被收容的犯罪人还是未被收容的犯罪人来说，在这些方案实施后，再犯率平均减少了 12%。最有效的项目（如家庭教育、

人际交往技能提升和其他广泛的干预）能够减少
40% 的再犯率，这是一个很乐观的结果，而其他一
些项目（如荒野挑战、职业项目、环境疗法）的大
部分措施都是无效的。最有效的项目包含了关键的
组成部分，如关注社会技能培训、养育管理和家庭
支持。回想一下，专栏 6-1 介绍了一项针对女孩的愤
怒管理项目，该项目在这些方面有所体现。

基于社区的治疗：多系统疗法和功能性家庭治疗

近年来，两种针对表现出反社会行为（包括严
重暴力犯罪）的未成年人的强化治疗形式在研究文
献中受到关注。这两个项目有相似之处，但是基于
不同的理念。（Baglivio et al.，2014）。这两个项目都
以留在自己家中或与家庭照顾者生活在一起的未成
年人为研究对象，而且都被认为是"示范项目"，都
经过了广泛的研究检验，具有循证依据。我们在下
面分别讨论。

多系统疗法（Multisystemic Therapy，MST）由
斯科特·亨格勒（Scott Henggeler）及其同事设计并
推广，用于治疗物质滥用和严重犯罪，包括暴力犯
罪（Henggeler，2016；Henggeler & Borduin，1990；
Hengeller et al.，2009；Schaeffer & Borduin，2005）。
MST 对影响未成年人违法犯罪行为的许多社会综合
因素能产生作用。与已知的未成年人违法犯罪行为
和物质滥用的原因一样，MST 在个体、家庭、同伴、
学校和社区层面考虑了未成年人反社会行为的多重
决定性因素（Henggeler，2011）。MST 的重点是家
庭，家庭的所有成员都应该积极参与项目。事实上，
研究发现，作为目标的未成年人的兄弟姐妹在成年
后物质滥用和犯罪的可能性都明显低于那些在更传
统的项目中接受个体治疗的未成年人的兄弟姐妹
（Rowland，Chapman，& Henggeler，2008；Wagner
et al.，2014）。

MST 是一种密集的、有时间限制的干预形式，
训练有素的治疗师每天与未成年人及其家庭成员
联系，为期 4 个月，约 60 个小时（时间跨度可能

会有所不同）。治疗师的工作量不大，每位治疗师
平均会顾及 4～6 个家庭。MST 的治疗师会找出个
人、家庭和其他社会系统（如同龄人、学校、社会
服务机构和父母的工作场所）中的优势方面及存在
的问题。在很大程度上，MST 是基于布朗芬布伦纳
（Bronfenbrenner，1979）开发的系统模型。

治疗师和未成年人的家人一起合作，制定相关
的治疗目标及实现这些目标的合理计划（Henggeler，
1996）。对计划的障碍和阻碍，如不合作的家庭成
员、教师和学校行政人员，要直接和积极地进行处
理。MST 是一种以行动为基础的治疗方案，它试
图让参与的家庭成员采取行动，而不仅是空谈。从
20 世纪 70 年代末开始，MST 项目在美国的 30 多
个州，以及其他 11 个国家开展了 450 多个项目，服
务了 15 000 多名有严重反社会行为问题的未成年人
（Henggeler，2011）。

如上所述，MST 更侧重于家庭所具有的优势，
并为父母提供有效教养子女的方式及发展功能更好、
凝聚力更强的家庭所需的资源。例如，治疗师可能
会与父母合作，提高沟通和解决问题的技能，减少
孩子对他们的操纵，增强他们在规则管理和奖励制
度方面的一致性，帮助他们找到减轻压力的方法，
并减少父母的物质滥用和酒精成瘾。

MST 的治疗师还会帮助目标未成年人，与他们
一起弥补阻碍其与亲社会同伴交往的人际技能上的
不足。MST 会修正那些可能干扰家庭、同伴、学校
和邻里微系统的思维过程和应对机制。其他 MST 策
略包括减少未成年人与反社会同伴的接触，增加与
亲社会同伴的联结。另一种方法是制定策略来监督
和促进未成年人的学校表现。例如，治疗师将努力
在家长、教师和行政人员之间建立和保持有效的沟
通渠道。

关于 MST 的有效性，已经有大量的研究成果发
表，获得了很多有效的结论（Baglivio et al.，2014；
Evans-Chase & Zhou，2014）。亨格勒（Heng-geler，
2011）观察到，大约有 21 项随机临床试验的研究已
经发表。大多数集中在严重的未成年违法犯罪人，

如暴力犯罪人、性犯罪人、物质滥用犯罪人，且绝大多数有良好的效果。大量的临床试验已经证实，MST 有能力减少未成年人违法犯罪行为、物质滥用、精神病性症状，同时还能改善其家庭关系及其学校表现（Henggeler，2011）。

尽管大多数关于 MST 的研究都是由与该项目相关的人进行的（Borduin, Schaeffer, & Heiblum, 2009；Borduin et al., 1995；Henggeler et al., 1993；Schaeffer & Borduin, 2005），与 MST 无关的独立研究人员的研究也同样呈现了良好的效果（Curtis et al., 2009；Glisson et al., 2010；Timmons-Mitchell et al., 2006）。

较有影响的后续研究发现，MST 参与者的再犯率明显低于只接受单独个体治疗的参与者，甚至在成年后也是如此（Sawyer & Borduin, 2011；Schaeffer & Borduin, 2005）。例如，与单独个体治疗的犯罪人相比，接受 MST 的犯罪人被逮捕的次数减少了 54%，在成年人惩教机构中监禁天数减少了 57%（Shaeffer & Borduin, 2005）。另一项研究发现，治疗的积极影响在 22 年后仍然存在（Sawyer & Borduin, 2005）。更具体地说，MST 参与者因犯重罪而被逮捕的概率（34.8%）明显低于其他治疗参与者（54.8%）。后来的研究继续支持了 MST 对未成年性犯罪人的积极效果（Borduin, Schaeffer, & Heiblum, 2009；Letourneau et al., 2009）。

尽管有上述乐观的发现，但也有一项关于 MST 有效性的元分析得出结论：MST 与其他强化治疗方案之间的效果没有显著差异（Littell et al., 2009）。同样，在荷兰进行的一项研究也发现，MST 在降低暴力行为方面没有显著差异，但 MST 在减少财产犯罪和解决一些外化（破坏性）障碍方面更有效（Asscher et al., 2013）。我们在第三章简要讨论过**外化障碍**（externalizing disorder），它是指蔑视权威人物、敌意、说谎、乱发脾气、故意惹恼他人、攻击等行为。很明显，虽然 MST 有局限性，但它仍然被认为是社区环境中治疗未成年人最成功的方法之一（Baglivio et al., 2014）。

针对 MST，目前的研究已经确定了两个关键因素：照顾者的教养方式的改变和未成年人与越轨同伴的联系的减少，这两个因素是该项目成功应对反社会行为的关键（Henggeler et al., 2009；Tighe et al., 2012）。研究人员（Deković et al., 2012）发现，MST 改善父母教养方式的一个重要方面是父母的效能感。研究人员能够证明，父母能力的提高会增强父母对自己管教子女的能力的信心，特别是在情感、监督等方面的管教。效能感的增强可能会激励父母更执着地实现他们的目标，遵循他们对纪律的要求，从而对青少年的管教行为变得更一致（Deković et al., 2012）。这一系列事件减少了青少年的消极行为和反社会行为。

一组研究人员（Robinson et al., 2015）研究了可能对 MST 的结果产生负面影响的因素。具体来说，研究人员想知道什么会影响父母监督和管教的积极效果，而这正是 MST 的一个关键目标。研究人员了解到，只有在那些没有负面因素（如无人监管的未成年人、毒品使用、盗窃）困扰的社区，父母的监督才会减少未成年人的不当行为。家庭本身的社会经济地位并不是一个重要的因素。需要强调的是，社区劣势和社会经济地位都没有影响到父母的监管，无论这些因素如何，父母的教养方式在治疗中都得到了改善。然而，在处境不利的社区，监管的有效性更有限。研究人员得出结论：这项研究的结果与文献一致，表明父母的教养策略在某些社区可能不如在其他社区有效。有意思的是，研究人员指出，MST 的治疗师本身应该采取措施，提高他们自己在与贫困地区家庭合作时的舒适度。还有研究表明，治疗结果可能受到这种舒适度的影响（Glebova et al., 2012）。

对犯罪分子的兄弟姐妹进行的后续研究的结果令人满意。研究人员（Wagner et al., 2014）还关注了 129 名严重暴力未成年违法犯罪人的兄弟姐妹在家庭接受 MST 25 年后的情况。相比之下，MST 组的严重暴力未成年人的兄弟姐妹被逮捕的可能性要小得多。没有接受 MST 严重暴力未成年人的兄弟姐妹被判重罪的可能性是普通人的 3 倍。另一组研究发现，在物质滥用的未成年违法犯罪人的兄弟姐妹中，接受 MST 可以减少物质滥用（Rowland，Chapman，& Henggeler，2008）。

功能性家庭治疗（Functional Family Therapy，FFT），是一个与 MST 有许多相似之处的示范性项目，它对降低短期再犯率和后续再犯率有积极的作用，很多文献研究也得到了非常好的评价（Alexander et al.，2000；Gordon 1988；Henggeler，2016）。已有很多研究结果表明了 FFT 在改善未成年人相关问题上的有效性，包括未成年暴力行为、物质滥用和其他与犯罪相关的行为（Sexton & Turner，2010）。

然而，对 FFT 的评估研究不如 MST 多。该项目侧重于在家庭环境中提供强化治疗服务。与 MST 相比，FFT 涉及的系统较少，因为 FFT 的治疗师没有对教师、社区或其他系统进行定期宣传的任务。因为家庭系统极其重要，FFT 的重点是发展所有家庭成员的内在力量和自我效能（Sexton & Alexander，2000）。治疗师也将家庭作为一个整体来进行干预，并试图识别可能导致成员之间存在问题的互动模式，以及未成年人保护因素。根据近年来数据，FFT 项目在美国 300 多个社区中实施，在其他国家也有一些（Sexton & Turner，2010）。

MST 和 FFT 都是在未成年违法犯罪人的治疗中值得考虑的项目，包括那些有严重暴力行为的未成年人。在这两个项目中，MST 的基础更广泛，从青少年的家庭环境延伸到青少年周围的社区，它还受益于更多的支持性研究。毫无疑问，根据在华盛顿州进行的成本分析，它的运营成本也更昂贵（Barnoski，2009；Lee et al.，2012）。在那里，每个参与 FFT 的人的成本约为 2600 美元，而参与 MST 的人的成本约为 6400 美元。然而，研究也表明，MST 在初始治疗后 25 年内为纳税人和犯罪受害人节省了成本（Dopp et al.，2014）。在一项比较两个项目的研究中，研究人员（Baglivio et al.，2014）发现，MST 和 FFT 在未成年人的再犯率方面没有显著差异，并发现 FFT 对某些群体的效果略好一些，包括女孩，以及低风险和高风险未成年人。关于高风险犯罪人的结果特别耐人寻味，因为 MST 经常被宣传为暴力犯罪人的首选社区项目。正如上述研究所强调的。

> 在目前的研究中，所有接受 MST 或 FFT 的青少年样本都没有显著差异，而且在种族 / 民族上也没有差异，这导致了关于是否需要提供更昂贵的服务的问题。如果有大约两倍的年轻人可以接受同样有效、更便宜的替代方案，在缺乏相反的实证依据的情况下，人们就很难为放弃那条路争辩。

尽管如此，研究人员也很谨慎地指出他们研究的局限性，并建议对每个项目的结果进行更深入的研究，包括哪些未成年人会从哪个项目中受益最大，这是有必要的。

本章小结

未成年人违法犯罪得到了媒体的广泛关注，特别是当这些犯罪非同寻常时，或由团伙实施时。帮派活动尤其引发公众的关注，但许多帮派成员已经成年，因此他们并不符合未成年违法犯罪人的条件。未成年人的违法犯罪通常分为五类：侵犯人身的犯罪、侵犯财产的犯罪、涉及毒品的犯罪、危害公共秩序的犯罪和未成年人身份犯罪。在这五种罪行中，针对人身的犯罪在逮捕人数中比例最低。此外，近年来的数据表明，几乎所有的未成年人违法犯罪都有所下降，只有杀人罪例外，这类案件的逮捕人数和在少年法庭处理的案件略有上升。

本章讨论了社会－心理层面的未成年违法犯罪人，这些人可能不符合法律意义上的犯罪标准，即犯下了法律上定义的罪行。心理学家同样关注，有时甚至更关注那些可能从未被法律系统关注过的未成年人，但他们实施的反社会和自我毁灭行为引起了社会机构、研究人员和矫治机构的注意。

我们在本章开始时简要地讨论了未成年人身份犯罪，即那些如果由成年人实施就不会被视为犯罪的行为。长期以来，研究人员一直专注于研究这些行为。从历史上看，人们在实施这些行为时存在性别差异，但这些差异并不明显。身份犯罪往往意味着未成年人的生活中有更深层次的问题，一些（并不是所有的）身份犯罪人会继续犯下更严重的罪行。在所有身份犯罪中，离家出走可能是最令人不安的。男孩和女孩都会离家出走，但女孩更有可能因为在家中成为被害人而离家出走，也更有可能成为性交易的被害人，为了生存而被迫进行性交

易。对成年女性犯罪人的研究发现，她们中有很多都遵循这种模式。

我们讨论了未成年人违法犯罪的其他性别差异，注意到在未成年人违法犯罪统计数据中，女孩通常比男孩少得多。20 世纪 90 年代，我们开始看到这种性别差距在缩小，尽管在大多数犯罪行为的统计数据中，女孩所占比例仍然较低，除了离家出走。我们回顾了女孩研究小组的一些发现，该小组由来自不同领域的学者和从业人员组成，研究还在持续进行。该研究是为了确定哪些女孩会成为犯罪人，她们是如何成为犯罪人的，以及哪些因素可以有效地防止女孩犯罪。到目前为止，研究表明，尽管女孩和男孩有许多共同的犯罪风险因素，但某些风险因素在某一性别中更普遍。例如，女孩似乎特别容易受到家庭破裂和不良同伴的负面影响，而男孩似乎特别容易受到自我控制缺陷的负面影响。由于这种性别差异，许多学者提倡性别响应项目，关注他们所服务的未成年人的特殊需求。

本章最关注的是严重违法犯罪和导致个体走向犯罪的路径。严重违法犯罪人通常在很小的时候就开始了他们的反社会行为模式，随着年龄的增长，他们很少把自己的行为局限于一种犯罪行为。然而，正如路径研究和匹兹堡青少年研究所表明的那样，我们不能假设严重犯罪人不会停止犯罪。莫菲特的发展理论在理解严重犯罪方面具有特别的指导意义。莫菲特对持续终身型犯罪人和青春期型犯罪人的概念化区分，引发了研究人员对这两条发展路径的广泛研究。后来的研究人员，包括莫菲特本人，

都意识到需要额外的路径来解释犯罪行为。然而，从心理学的角度来看，持续终身型犯罪人是非常引人关注的。持续终身型犯罪人没有获得亲社会和人际交往技能，通常在成年后还会遭受心理问题的困扰。然而，大多数未成年人的违法犯罪行为只局限在未成年时期，成年后就转向了亲社会的生活。

本章还涉及其他发展理论。帕特森的强制发展理论将许多严重的违法犯罪行为归因于父母的做法，特别是不良的监督。尽管帕特森并不否认儿童的个体差异会影响他们的行为，但他认为不良的家庭环境为以后的反社会行为奠定了基础，而从父母那里学到的强制风格又为反社会行为提供了便利。帕特森等人继续为那些有犯罪风险的家庭的孩子提供评估和治疗方案。

劳伦斯·斯坦伯格提出的冒险行为双系统理论是近年来与违法犯罪有关的最具启发性的心理学理论之一。根据这一理论，青少年的认知能力比他们的社会情感成熟度更早达到高峰。这要归因于人类大脑发育的速度。青少年的大脑发育迅速，但情感系统的全面发育要晚于认知系统，有时要到 25 岁才发育完善。社会情感系统发展迟缓使青少年容易受到同伴和冒险行为的影响，即使他们知道不应该采取某些行为。斯坦伯格等人的理论和研究对少年司法政策及与未成年人有关的法庭判决产生了巨大的影响。

虽然公众对犯罪（包括未成年人犯罪）的恐惧一直存在，但仍然支持对未成年人实施恢复性政策。幸运的是，学者和从业人员已经开发出了治疗未成年犯罪人（甚至是严重的未成年犯罪人）的有效方法。我们还特别强调了效果良好的项目的共同点。

少年司法的预防与矫治项目可分为三大类：初级预防（普遍性预防）、次级预防（选择性预防）、三级预防（治疗或干预）。初级预防旨在为特定群体中的所有未成年人的不良行为进行预防，无论他们是否有参与犯罪的风险。良好的产前服务、提高心理弹性的策略及学校营养项目都属于此类项目。虽然针对这类项目的研究都很积极，但由于其涉及范围比较广，很难进行足够的后续研究来确定未成年人是否确实实施了违法犯罪行为。次级预防的目标是高风险未成年人，即那些在人口统计学或个人特征上被认为有可能实施犯罪的未成年人。分流是一种常见的次级预防项目，但研究表明，只有某些类型的分流项目是有效的。另一个备受关注的项目是"快速通道"，它很多时候是在公立学校之外运作的。

三级预防涉及许多项目，其中很少有经过详细评估的。从以往经验来看，对机构治疗的研究的结果一直令人沮丧。机构所尝试的康复方法往往过于简单，关注点也比较狭窄；或者，研究人员没有给出实证研究结果，所以我们无法了解它是否有效。然而，在这些机构中，有些项目可能比其他项目更有前途。第七章将介绍一个针对具有精神病态特征的未成年人的有前景的治疗方案。

两种有前途的非机构性治疗项目是多系统疗法和功能性家庭治疗。它们都是以社区为基础的、针对严重犯罪人的强化治疗方法，不过功能性家庭治疗几乎只关注未成年人的家庭环境、以及未成年人的父母和兄弟姐妹。这两个项目的一个基本前提是，让未成年人——即使是犯下暴力犯罪的高风险未成年人——在自己家里得到更好的服务，让他们远离机构生活的影响。该项目也用于物质滥用者和严重但非暴力的犯罪人。研究表明，多系统疗法和功能性家庭治疗对很多犯罪人都产生了良好的效果，它们是针对未成年人的社区治疗的示范项目。

尽管这些以社区为基础的项目显示出了良好的效果，但如果认为所有严重的未成年犯罪人都能在社区得到治疗，那就太天真了。除非我们取消未成年人司法系统，并将所有未成年人置于成年人管教机构的监管之下，否则总是需要将一些人关押在安全机构中。因此，我们面临的挑战是为那些无法从限制性较低的社区替代方案中受益的少数未成年人制定有效的治疗方案。

核心术语

身份犯罪（status offenses）

品行障碍（Conduct Disorder，CD）

反社会行为（antisocial behavior）

未成年人严重违法犯罪行为（serious delinquency）

匹兹堡青少年研究（Pittsburgh Youth Study，PYS）

终止之路项目（Pathways to Desistance）

匹兹堡女孩研究（Pittsburgh Girls Study，PGS）

女孩研究小组（Girls Study Group，GSG）

持续终身型犯罪人（life-course-persistent offenders）

青春期型犯罪人（adolescence-limited offenders）

成年初显期（emerging adulthood）

双系统理论（dual systems theory）

强制发展理论（coercion development theory）

初级预防（普遍性预防）（primary prevention/ universal prevention）

次级预防（选择性预防）（secondary prevention/selective prevention）

三级预防（治疗或干预）（tertiary prevention/treat）

住宅治疗（residential treatment）

多系统疗法（Multisystemic Therapy，MST）

外化障碍（externalizing disorder）

功能性家庭治疗（Functional Family Therapy，FFT）

思考题

1. 总结持续终身型犯罪人和青春期型犯罪人之间的区别；讨论为什么可能需要两条以上的犯罪轨迹或路径来解释犯罪。

2. 讨论女孩研究小组和终止之路项目的重要发现。

3. 简要描述帕特森的强制发展理论。

4. 什么是未成年人身份犯罪？在这些犯罪行为中，研究人员发现了哪些性别差异？

5. 区分预防与矫治方案的三种类别，并对每类给出说明。

6. 多系统疗法和功能性家庭治疗在治疗严重违法犯罪人方面有哪些优势？

相信喜欢犯罪心理学的读者都看过惊悚电影《沉默的羔羊》（*The Silence of Lambs*），其中的主要角色食人狂魔汉尼拔凸显了暗黑人格的典型特征。他是一位精神病学博士，智商高、学识渊博、能言善辩，且具有独特的人格魅力，但他其实自恋、孤傲、善于操控、冷酷无情，他的这一组复杂多面的人格特质正是精神病态人格的生动写照。

在犯罪心理学领域，精神病态是一个重要的、学术含量很高又极具挑战性的研究主题。在西方，聚焦这一主题的研究热度已持续半个多世纪。加拿大的罗伯特·黑尔（Robert Hare）教授是精神病态研究的奠基人，其编制的测量工具"精神病态检核清单"（Psychopathy Checklist，PCL）是鉴别精神病态的金标准。另外，美国宾夕法尼亚大学（University of Pennsylvania）的阿德里安·瑞恩（Adrian Ryan）教授、美国国家心理健康研究所的詹姆斯·布莱尔（James Blair）教授、美国新墨西哥大学（University of New Mexico）的肯特·基尔（Kent Kiehl）教授等都是研究这一主题的领军人物。在我国，关于这一主题的研究团队还很少，不过媒体在对一些重大刑事案件进行解读时，已经有人使用这一概念来进行分析了，但值得提醒的是，精神病态这种人格很独特，它并没有恶化到重性精神疾病，也不是通俗意义上的变态人格。

精神病态被用来描述一个人表现出一组区别于一般人的可识别的心理、人际关系和神经生理特征。精神病态者在普通人群中的比例约为1%，但在成年囚犯中的比例却高达15% ~ 25%。在监管系统中，这类犯罪人很难识别，矫治效果也不佳，而且再犯率很高。

精神病态这一主题，尤其是聚焦犯罪性精神病态的研究，是揭示人性复杂而阴暗一面的最佳范本。除介绍精神病态的基本知识，本章还特别增加了未成年人精神病态、女性精神病态等新颖的内容。对喜欢犯罪心理学的读者来说，这都是引人入胜的话题。

杨波
中国政法大学社会学院 教授

07

第七章

精神病态

本章译者：杨波

学习目标

- 提出一种特殊类型的犯罪——犯罪型精神病态，揭示其在情感、认知和行为上与其他犯罪不同。
- 介绍精神病态的多种测量工具。
- 总结精神病态原有的四个核心因素和两个新的核心因素。

- 介绍三元精神病态模型和"暗黑三人格"。
- 综述未成年人精神病态的证据。
- 理解未成年人精神病态所面临的伦理困境。
- 探究精神病态的神经心理学特征。
- 陈述针对成年精神病态者和未成年精神病态倾向者的代表性治疗策略。

我们经常听闻精神病态的相关信息；或者时常读到或听到许多将犯罪人描述为"精神错乱的精神病态"或"邪恶的精神病态"的恐怖犯罪故事；或者听到我们身边的精神病态者越来越多；即使是许多著名的政治人物或知名人物在实施反社会罪行或其他严重犯罪后也被称为精神病态；精神病态者也越来越多地出现在娱乐媒体和互动电子游戏中。然而，人们对精神病态的普遍看法与其真实的概念相差甚远，关于这一主题，心理学研究已有半个多世纪的历史。

鉴于精神病态与犯罪和暴力的关系，它被称为刑事司法系统中最重要的心理概念之一（Porter et al, 2000）。近期，道格拉斯等人（Douglas et al., 2015）指出，精神病态仍然是法律心理学、司法心理健康、人格和刑事司法领域中被研究得最充分的概念之一。著名的精神病态研究学者、心理学家保罗·弗里克（Paul Frick, 2009）指出了研究精神病态的深刻意义：精神病态的概念对法律系统（如定义那些有很高再犯风险的犯罪人）、精神健康系统（如定义一群有特殊治疗要求的反社会的人）、试图解释反社会和攻击行为原因的研究（如定义一群具有独特因果过程的反社会人群）具有重要意义。个体被贴上精神病态标签的后果也被学者们所关注，无论这个标签是合理的还是错误的（Berryessa & Wohlstetter, 2019）。

未成年人精神病态也是一个有趣又充满争议的话题。一些研究人员质疑对其研究的有效性和意义，另一些人则提出识别未成年人精神病态特征对早期干预至关重要。具有精神病态特征的未成年人，如冷酷无情特质，被认为在其一生中特别容易出现反社会行为。

近年来，精神病态常被认为是一个连续体，而精神病态的个体具有不同程度的精神病态特征。此外，许多关注点也被引向部分精神病态特征的积极影响，因为具有这些特征的人往往能在生活中相当成功。有鉴于此，精神病态成为心理学研究的重点也不完全是因为它与犯罪行为相关。

精神病态者和社会病态（sociopath）并不相同。后者是一种非临床的标签，指的是那些长期和习惯性地违反法律的人。相比之下，被认为是精神病态的人可能会（也可能不会）实施犯罪或反社会行为。尽管一些研究人员和临床医生一直混淆精神病态与反社会型人格障碍这两个术语（Gacono et al., 2001），但两类患者的特征并不相同。不过，精神病态和反社会型人格障碍的定义极为接近，很难区分。这些细微的区别值得注意，在本章随后的讨论中，我们也会尽力做出区分。因为精神病态在犯罪心理学中是一个非常重要的话题，所以我们接下来将用一整章来描述这一领域的研究和精神病态的临床特征。

什么是精神病态

精神病态一词目前被用来描述一个人表现出一组区别于一般人的可识别的心理特征、人际关系特征和神经生理特征。心理学家罗伯特·黑尔是研究精神病态的领军人物，他将精神病态者描述为"社会掠食者，他们通过展现魅力操纵他人、无情地开拓自己的生活方式，留下一长串破碎的心、破碎的期望和空虚的钱包"。黑尔认为精神病态者完全缺乏良知和同理心，自私地攫取他们想要的东西，随心所欲地违背社会规范和期望，丝毫不会感到愧疚或遗憾（Hare，1993）。

黑尔（Hare，1970）在他早期对精神病态的阐述中提出了一个行之有效的方案，将精神病态分为三类：

（1）原发性精神病态（primary psychopath）；
（2）继发性精神病态（secondary psychopath）；
（3）反社会型精神病态（dyssocial psychopath）。

其中只有原发性精神病态才是"真正的"精神病态，也是本章的主题。原发性精神病态者具有某些可识别的心理、情感、认知和生物学上的差异，能让其与普通人群和犯罪人群区分开来。我们将在本章详细讨论这些差异。另外两类人组成了各种异质的反社会群体，也是构成犯罪人群的主体。

继发性精神病态是指，个体因严重的情绪问题或内心冲突而实施反社会或暴力行为。他们有时被称为"外显型神经症患者"（acting-out neurotics）、"神经症犯罪人"（neurotic delinquents）、"症状性精神病态者"（symptomatic psychopaths）或被简单地称为"情绪障碍犯罪人"（emotionally disturbed offenders）。有研究表明，与原发性精神病态者相比，继发性精神病态者表现出更多的情绪不稳定性和冲动性，以及更强的攻击性和暴力倾向（Kimonis et al.，2011），也更容易受到父母虐待和拒绝的影响。

第三类是反社会型精神病态，个体表现出的攻击性和反社会行为是从亚文化（如帮派、恐怖组织或家庭）中习得的。在后两种类型中，"精神病态"

的标签具有误导性，因为他们的行为和背景与原发性精神病态者几乎没有任何相似之处。然而，继发性精神病态和反社会型精神病态常因高再犯率而与原发性精神病态相混淆。

反社会型人格障碍

如上所述，为将反社会型人格障碍与原发性精神病态区分开来，反社会型人格障碍（Antisocial Personality Disorder，APD）这一术语被精神病学家、心理学家或其他心理健康专业人员解释为自15岁起出现的一种普遍的无视和侵犯他人权利的模式（American Psychiatric Association，2013）。在DSM-5中，这一定义还附有7个标准，并且必须同时满足3个或3个以上才符合，如重复性说谎、冲动和不顾他人安危。被诊断为反社会型人格障碍的患者必须年满18岁且有证据表明其在15岁之前表现出与品行障碍相对应的行为模式。我们已在第三章详细讨论了品行障碍。不是所有被诊断为品行障碍的儿童最终都会满足反社会型人格障碍的诊断标准，但反社会型人格障碍患者都曾被诊断为品行障碍。

正如之前提到的那样，对精神病学术语"反社会型人格障碍"的描述与心理学术语"精神病态"的描述非常接近。DSM-5将反社会型人格障碍与精神病态等同，但精神病态的特征与反社会型人格障碍不同。出现这种混淆是因为DSM-5作为精神健康专家使用的诊断参考手册侧重于行为指标，因而对反社会型人格障碍的定义比精神病态的定义更窄。而事实上，当代对精神病态的定义不仅包括行为指标，还包括情感、神经和认知差异。此外，反社会型人格障碍和精神病态的潜在心理病理并不相同（Riser & Kosson，2013）。例如，与被诊断为反社会型人格障碍的个体相比，精神病态者的认知功能障碍更明显和广泛。为了说明这一点，我们将在本章讨论没有犯罪的精神病态者。此外，反社会型人格障碍在定义上总是涉及犯罪行为，但并不是所有的精神病态者都是犯罪人，也不是所有的犯罪人都是精神病态者。统计发现，50% ~ 80%的男性囚犯符合反社会型人格障碍的诊断标准（Correctional Services of Canada，1990；Hare，1998；Hare，Forth，& Strachan，1992），而符合精神病态标准的男性囚犯只有 11%～25%（Hare，1996）。另外需要专门强调的一点是，近期的研究清楚地表明精神病态者不是一个类别，而是一个连续体（Douglas et al.，2015；Hare，Neumann，& Mokrus，2018），即精神病态者与非精神病态者在本质上并无不同，只是在程度上有所区别（Douglas et al.，2015）。区别在于，DSM-5 将诊断为反社会型人格障碍的群体视为一个单独的、离散的类别，即一个人要么患有，要么没患有反社会型人格障碍。不过，随着 DSM-5 的不断修订，描述反社会人格的特征与黑尔所描述的原发性精神病态在行为学术语方面越来越相似。这就不难理解为什么临床医学工作者和学生很容易将二者混淆。

本文采用黑尔的分类方案，认为原发性精神病态在行为、认知、情感和神经生理特征上有别于继发性精神病态，是一个在经验和临床方面都很有用的概念。以下提到的精神病态将特指原发性精神病态。研究人员通常认为精神病态者极为独特，而不像通常认为的和被娱乐媒体描述的那样神经质或情绪紊乱。原发性精神病态者通常不会表现出爆发性暴力行为或极端破坏性。他们更可能表现出性格外向、有魅力且健谈。他们可能是犯罪人——事实上，他们通常与犯罪为伴——但也有很多人并不犯罪。**犯罪型精神病态**（criminal psychopath）这个术语将特指那些反复实施反社会行为或犯罪行为的原发性精神病态者。

原发性精神病态

"超级骗子"费迪南德·沃尔多·德马拉（Ferdinand Waldo Demara）是一个伪造文件、冒充数十种职业的从业者且接受过高中教育的典型原发性精神病态者。对他的一些"功绩"的简要描述可能有助于我们正确地理解精神病态者的心理路径（Critchton，1959）。

德马拉主要的犯罪行为是长期使用多个虚假身份。他曾化名为拥有哈佛大学心理学博士学位的弗伦奇（French）博士。德马拉当时正在美国海军服役，等待根据其他伪造文件以获得佣金，但是当他意识到自己在例行的安全检查中将要暴露时，立刻决定使用弗伦奇博士的身份。在自导自演了一场自杀（将个人衣物留在码头并留下"这是唯一的出路"的遗言）后，德马拉消失了。海军官员信以为真，而德马拉也成功金蝉脱壳并摇身一变，成为弗伦奇博士。凭借傲人的学术背景，他获得了加拿大一所大学的哲学系主任的职位，教授了多门心理学课程并承担了行政管理工作。

他与一位名叫约瑟夫·西尔（Joseph Cyr）的内科医生建立了友谊，并从这段友谊中获得了一些医学基本知识。他甚至借用并复制了西尔的重要身份文件，包括出生证明、资格证书、学业证书和医疗执照等，最终以西尔医生的身份在加拿大皇家海军任职。为增加医学知识，他坚持大量阅读。

在朝鲜战争期间，德马拉，或许我们该称他为西尔，被派往战区的一艘驱逐舰上工作。这艘船遇到了一艘载着许多重伤员的小船，伤员们被带到舰艇上接受紧急治疗。其中 3 名伤员生命垂危，需要紧急手术。尽管德马拉从未观察过手术过程，在匆忙地复习了有关教材后，此前毫无经验的他连夜施行了手术。天亮时，他不仅救活了那 3 名重伤员，还成功地救治了另外 16 人。

德马拉（西尔）的事迹与他的照片一起见诸报刊并广为流传。而真正的西尔博士在看到德马拉的形象配以自己的名字时大为震惊并立即举报了他。加拿大海军为避免更多的难堪对他予以免职后并未进一步追究。德马拉的生平就是一个没有参与严重犯罪或暴力的精神病态者的典型。

然而，也有许多精神病态者确实犯下了暴力罪行，其中一些手段残忍、令人发指。纳维尔·希思（Neville Heath）是一个迷人、英俊、聪明却残忍杀害两名年轻英国女性的犯罪人（Critchley，1951；Hill，1960）。和德马拉一样，希思有着令人瞩目的职业成就，一生中大部分时间都在部队中服役。与德马拉不同，他曾严重触犯法律甚至不时会被监禁。他先后有 3 次并不光彩的退役经历。他是英国皇家空军的一个战斗机中队的飞行员，直到 19 岁时因偷车而被军事法庭审判。随后，他因犯下一系列盗窃和入室盗窃罪被判关进博斯塔尔监狱。1939 年被赦免后，他加入了皇家陆军补给与运输勤务队，后因伪造罪被开除。

在返回英国的路上，希思跳船逃跑，并设法在南非空军获得了一个职位，直到他的前科被曝光。在麻烦缠身之前，人们认为希思是一位自信、有胆识且极具个人魅力的军官，而且是个浪子。在第三次被军事法庭审判后，他开始了残忍的谋杀。

其他糟糕的精神病态者的例子也不胜枚举。臭名昭著的查尔斯·曼森（Charles Manson）就是一个典型例子。他在 20 世纪 60 年代展示了一种不可思议的能力，吸引了一群虔诚的、毫不抗拒的追随者。虚构的汉尼巴尔·莱克特（Hannibal Lecter）是另一个例子，他的虐待狂罪行和致命的魅力俘获了大批的读者和荧屏前的观众。2010 年，"荷兰花花公子"约兰·范德斯鲁特（Joran Van der Sloot）因涉嫌杀害一名秘鲁妇女，以及和一名美国大学生的失踪案有关，而最终被判有罪。当时的媒体头条争相探讨他是不是精神病态者。系列杀手通常被描述为精神病态者，但正如我们将在第十章讨论的，他们通常并不符合这些特征。事实上，大多数暴力犯罪人都不是精神病态者。此外，正如我们之前提到的那样，精神病态是一个连续体，而"完全精神病态"是极罕见的。本章我们会详细地研究他们的行为模式、认知过程、人际特征、神经心理特征和一般背景。我们也将涵盖不同的解释精神病态的模型，以及最常用的针对精神病态的心理评估。

行为描述

1941 年，精神病态行为研究先驱、精神病学家赫维·克莱克利（Hervey Cleckley）出版了《理智的面具》（*The Mask of Sanity*）一书。这部经典的、如今仍然适用的著作用清晰且与实际密切相关的术语描述了完全精神病态者（或称为原发性精神病态者）所表现出的主要行为，有别于之前提到的其他精神病态类型。值得注意的是，当代研究发现，精神病态者这一群体比克莱克利所描述的更加复杂、多维。尽管如此，克莱克利的理论仍然适用于大多数精神病态者。

克莱克利发现了 16 种他认为可以描述典型精神病态者的特征（见表 7-1）。下面我们将更详细地讨论克莱克利和黑尔共同确定的一些心理特征。黑尔提出的精神病态者的特征出自他著名的"精神病态检核清单"，也是本章讨论的重点之一。

表 7-1　黑尔和克莱克利确定的精神病态者的特征

黑尔的精神病态检核清单	克莱克利对原发性精神病态的描述
口齿伶俐、表面魅力	表面魅力、良好的智力
浮夸的自我价值感	病态的自我中心
病态说谎	虚伪和不诚实
狡猾的、善于操纵的	善于操纵
缺乏悔恨或内疚	缺乏懊悔之心或内疚感
感情淡薄	普遍缺乏情感反应
冷酷无情、缺乏同理心	人际关系反应迟钝
不为自己的行为承担责任	不可靠
混乱的性行为	冷淡的性生活
缺乏现实的、长期的目标	没有遵循任何人生计划
行为控制能力差	冲动
需要刺激、容易无聊	动机不充分的反社会行为
不负责任	判断力差
	没有妄想
	没有焦虑
	酒后的奇怪行为

行为特征

克莱克利认为，表面魅力和良好的智力是精神病态者的两个特征，而且在初次接触时，这两个特征都特别明显。这里需要强调的是，克莱克利治疗过的大部分精神病态者都受过良好的教育，并有来自中产阶级或更上层的背景（Hare & Neumann，2008）。我们很快就会看到这些特征并不是精神病态者必须具备的。许多精神病态者带给他人和善、可爱、活泼、敏捷的印象，至少在开始时是这样的。他们常表现出受过良好教育、知识渊博、兴趣广泛。他们的语言表达极富技巧，能帮助他们摆脱困境。他们的词汇储备极为丰富，让他们可以长篇阔论地谈论任何事情（Hare，1991）。然而，系统地研究其言谈就会发现，他们时常不断地转换话题、言谈空洞无物、论调陈腐、观点雷同、用词相近、表达抽象、行话流于表面或使用不当、观点及逻辑不能自洽、句子结构缺乏完整性（Hare，1991）。正如黑尔（Hare，1996）指出的，在某些方面，精神病态者的想法和言论没有一个核心，以致他们的表述缺乏一致性。然而，由于精神病态者的迷人魅力和强大的控制欲，这些语言缺陷并不明显。

这并不意味着精神病态者这个群体通常很擅长通过语言和社交技巧成功地操纵他人和社会秩序。一项以大量 8～48 岁的精神病态者为研究对象的调查发现，具有精神病态特征并不会带来地位、财富或良好的亲密关系（Ullrich，Farrington，& Coid，2008）。显然，精神病态者使用的魅力、欺骗和印象管理并不一定会带来成功的人生。

智力差异

心理测量研究（使用标准化心理测验）表明，精神病态者在智力测验上的得分通常高于普通人群（Hare，1970，1996），特别是在单独进行的测验中。事实上，黑尔讽刺地说，他研究样本中的精神病态者可能是同类中最不聪明的，因为他们不够聪明，所以很难避免在犯罪后被逮捕和定罪（黑尔的大部分研究对象都是被监禁的精神病态者）。后来的研究发现，对精神病态者的一种有用的二分法是将他们分为"成功的"精神病态者（犯罪但逃避被捕和被定罪的人）和"不成功的"精神病态者（被定罪并被监禁的人）（Ishikawa et al.，2001）。"成功"

并不等于"聪明"，同样，被判有罪的人也不意味着他们不聪明。总体来说，现有的研究表明，大部分精神病态者在标准化智力测验上表现优秀，但也有部分例外（Benning，Venables，& Hall，2018；Hare & Neumann，2008）。正如研究人员（Benning et al.，2018）所指出的，近年来的研究未能在预测法律接触、监禁或再犯时发现精神病态和智力之间的显著相关性。

精神病态与精神障碍

大多数精神病态者没有表现出严重或残障性精神障碍。整体来看，这个群体没有表现出任何过度忧愁和焦虑、精神病性思维、妄想、严重抑郁或幻觉的症状。即使在高压条件下，他们也能保持冷静，伊恩·弗莱明（Ian Fleming）笔下的詹姆斯·邦德（James Bond）就是一个很好的例子。我们将在这一章接下来的部分讨论大胆和无所畏惧的支配欲可能是精神病态的重要特征。

并非所有人都同意"精神病态者没有精神障碍"这个观点。一些临床医生认为精神病态和精神分裂属于同一范畴的疾病（Hare，1996）；克莱克利曾短暂地认为精神病态是一种伪装的精神病；一些法医学家坚持声称他们偶尔会看到一个犯罪人既是精神病态者又是精神分裂症患者（Hare，1996）。一些证据表明，在收容极度暴力或危险患者的高度戒备的精神病院中，似乎精神错乱的精神病态者并不罕见。其他研究人员也报告了类似的发现（Porter，Woodworth，& Black，2018；Quinsey et al.，2006；Tengström et al.，2004；Vitacco，Neumann，& Jackson，2005）。滕斯特伦等人（Tengström et al.，2004）发现，被诊断为精神分裂症同时表现出许多精神病态特征的人，比仅被诊断为精神分裂症的人有更严重的犯罪史和暴力史。

精神病态者的自杀倾向

克莱克利认为，精神病态者很少甚至几乎不自杀。的确，正如一组研究人员（Porter，Woodworth，&

Black，2018）描述的那样："考虑到与精神病态相关的表面情感、自我吹捧倾向和夸大其词，精神病态者自杀的可能性极小。"然而，近年来的研究和临床经验对克莱克利的言论产生了一些质疑。例如，黑尔表示有几个精神病态者在清楚地意识到自己无法忍受而别无选择时自杀了（Hare & Neumann，2008）。无法忍受的情况包括很长时间的监禁、无法治愈的疾病或被警方包围。黑尔怀疑，至少有一些"借警自杀"（suicide-by-cop）的案例涉及那些希望直面警察并解脱的精神病态者（Hare & Neumann，2008）。借警自杀指的是人们为达到不被抓捕的目的而故意直面警察的火力攻击。

另一组研究人员（Verona，Patrick，& Joiner，2001）发现，在男性囚犯中，特别具有攻击性和冲动性的精神病态者确实表现出一些自杀倾向（suicidality）。自杀倾向是临床医生用来描述自杀风险的一个术语，通常由自我报告的自杀想法或意图推断而来。在另一项针对精神病态和自杀倾向的研究中，研究人员通过对精神病态者、年轻犯罪人、拘留所拘留人员和监狱在押犯的研究也发现了精神病态和自杀之间的显著关系（Douglas et al.，2006）。但研究人员同时也警告，自杀和精神病态的关系非常复杂，需从多方面考虑，需要更多的研究来证实。总之，理论研究和临床经验逐步发现，一些认为自己处于绝望状态的精神病态者确实会自杀，特别是当他们兼具冲动和暴力时。不过，我们一般认为精神病态和自杀并没有关系。

其他重要特质

原发性精神病态的其他重要特质是自私和无法爱人或给予他人情感。在克莱克利看来，精神病态者总是存在自我中心的特点，并且几乎不可能改变。精神病态者无法给予他人真诚的、有意义的爱。精神病态者可能讨人喜欢，但很少能保持亲密的友情，也很难理解他人的爱。他们可能非常善于假装深情投入，也可能逼真地模仿表现出恰当的情感，但真正的忠诚、温和和慈悲于他们而言相当陌生。精神

病态者的情绪反应和情感极为平淡。由于对接受或给予爱的需求很少，因此精神病态人群与其家人的联系相对较少，而且许多人频繁地更换住所（Hare，1991）。此外，他们通常不会对善举做出回应，只有表面的感激。矛盾的是，他们也可能伪装体贴并施以小恩小惠。其中一个典型人物在年迈的邻居生病时为其修剪草坪，却在第二天早上偷了邻居的车。

精神病态者漠视真相，因而常被称为"病态的说谎者"。他们似乎没有内化的道德或伦理意识，不能理解诚实的目的，尤其是当不诚实能带来一些个人利益时更是如此。他们狡猾地让自己显得坦率、诚实和真诚，但他们声称的真诚是没有实质内容的。总体来说，他们往往是熟练的"骗子"。

精神病态者是不可靠、不负责任和不可预测的，他们无视场合的重要性和冲动行为的后果。冲动是精神病态者的核心和主要特征，而这种冲动行为模式具有周期性（Hart & Dempster，1997）。精神病态者可能一连几个月都是有责任感的公民、忠实的配偶或可靠的雇员。他们可能像德马拉和希思一样获得成功、晋升及荣誉。他们具有一种可怕的能力，即在他们技巧性地达到这些被社会期待的目标后，突然改变他们的生活模式。他们变得不负责任、开空头支票、破坏公司的电脑，或者酗酒狂欢。他们脾气很坏，会突然与人爆发争执甚至攻击。精神病态者随后可能会道歉，请求对方再给他一次机会，而且基本上都会得到原谅，但毫无疑问，不负责任的行为还会继续出现。

少许酒精就可以使大多数精神病态者变得粗俗不堪、盛气凌人，他们常常大声喧哗、吵闹不休，开些粗俗的玩笑或搞恶作剧。克莱克利认为，这些恶作剧对大多数人都毫无乐趣可言，而是显得怪诞无礼、不合时宜、残忍讽刺。他们缺乏真诚的幽默感且没有自嘲能力。

尽管精神病态者的智力通常高于平均水平，但不一定都是这样的，他们似乎无法学会避免失败和可能对自己造成伤害的情况。一些理论家认为这种自我毁灭、自我挫败的行为和态度是为减轻精神病

态者潜意识中的内疚而进行的自我惩罚，或者更简单地说，他们追求自虐。然而，大多数研究人员和临床医生并不认为内疚或受虐倾向可以有效地解释精神病态者周期性的自我毁灭行为。

大多数专家得出结论：精神病态者的一个核心缺陷是他们对自己所做的任何事都没有丝毫自责和内疚，无论这些行为有多么不道德或造成了多么严重的后果，也无视对他人的创伤和影响。由于不计个人后果，精神病态者可能会为了微不足道的个人利益而极具破坏性，或者冒巨大的风险实施反社会行为，如伪造、盗窃、强奸和欺诈。面对罪行指控，他们毫无歉意并欣然承认，还会对自身的行为给其他人带来的震惊感到相当高兴。精神病态者可能出于"好玩"的目的而犯罪，无论是打爆了某人的头，毁坏了一辆汽车，还是虐待了一个孩子。

当精神病态者实施犯罪活动时，冲动常使他们难以有职业犯罪人般的表现。精神病态者更有可能为了即时的满足而参与恶作剧和无计划的嬉闹，甚至是本能的、严重的犯罪。相较而言，职业犯罪人有作案目的和行动计划，而精神病态者仅凭冲动且缺乏长期目标。

精神病态者很难客观地看待自己。他们不能接受需要自省的现实，而是将他们的不幸归罪于社会和家庭。众所周知的有趣事实是，受过良好教育的精神病态者能够流利地谈论精神病态人格，广泛地引用文献，讨论研究结果，但无法审视自己的古怪行为，也无法对自己的行为进行批判。他们会为自己做过的事忏悔，但这些话没有任何情感内涵，克莱克利称之为语义性失语症（semantic aphasia）。研究人员（Johns & Quay，1962）强调，精神病态者知道字面意思却不明白真正的内涵。同样，格兰特（Grant，1977）也认为精神病态者只知道文字的字面意义而不明白其含义。黑尔（Hare，1996）总结道："简而言之，精神病态者在语义和情感上都是浅薄的个体。"

过度使用控制－工具型攻击是精神病态者的另一个重要行为特征（Blair et al.，2006；Frick & Marsee，2018；Porter et al，2018）。如第五章所述，控制－工具型攻击是一种为实现特定目标（如获得他人的财产）的有目的和目标导向的攻击。不同于自发的、非计划的反应－冲动型攻击，后者是对他人的事件或行为做出的反应。

最后，克莱克利的描述中隐含的一个重要的行为特征是夸伊（Quay，1965）提到的"精神病态者寻求深刻而病态的刺激"。夸伊认为，精神病态者行为的驱动因素是对刺激和兴奋的极端神经心理需求。精神病态者常常沉迷于赛车、跳伞和摩托车特技这样的刺激性爱好。寻求刺激也被双因素精神病态模型确定为一种行为特征。下文将探讨这种所谓的刺激需求。

近年来，重点针对反复犯罪的精神病态者（统称为犯罪型精神病态者）的研究日趋实用。专注于暴力犯罪或惯犯的精神病态者的研究提供了关于他们的背景、学习经历和行为模式的宝贵信息。这样的研究也可能为如何处理甚至治疗这个具有挑战性的群体提供关键的策略。

犯罪型精神病态

正如前文所述，许多精神病态者并没有严重的反社会行为历史，而顽固的重罪犯罪人也不一定是精神病态者。基于本书目的，犯罪型精神病态这个术语特指那些表现出广泛、持续且严重的反社会行为的精神病态者。这个群体往往是以冲动、冒险和反社会的生活方式为特征的具有高支配性、强控制欲的个体。他们从不同的性满足中获得最大的刺激，猎取不同的被害人（Porter et al.，2000）。

如上所述，当代理论和研究认为，精神病态的特征和倾向是一个连续体。娱乐媒体将精神病态者描绘成一个没有人性、卑鄙无耻、享受暴力的人，因而给人留下的印象是，一个人要么是精神病态者，要么是非精神病态者。然而，当今学界认为成年人和青少年的精神病态特质和特征是发生在一个维度或连续体上的，而部分个体仅比其他人表现出更多的精神病态倾向。我们很快就会看到，被贴上精神病态标签的人可能只是因为在测验中达到或超过了某一给定的临界值。最终的诊断依赖于病理特征的累积，并非所有人都同意临界点的观点。因此，在研究以下素材时，最好的观点是精神病态存在于不同的层面，而不是将人们视为精神病态者或非精神病态者。当然，当我们提到群体中精神病态者的比例时，我们指的是符合特定研究定义的分界标准的比例。

犯罪型精神病态的流行率

早期的精神病态研究几乎都集中在男性囚犯上（Benning, Venables, & Hall, 2018）。黑尔（Hare, 1998）估计，精神病态者在普通人群中的比例约为1%，在成年囚犯中的比例为15%～25%。然而，一些研究人员（Simourd & Hoge, 2000）认为，这个数据可能存在夸大。一组研究人员（Simourd & Hoge, 2000）称，他们研究的囚犯中只有11%的人可以被认定为犯罪型精神病态，并且他们研究的囚犯被试并不仅是中等级安全惩教所中的囚犯。构成样本的321人都是暴力犯罪的在押犯，其中超过一半的囚犯被试曾因暴力犯罪而被定罪，几乎所有囚犯被试都有过重复犯罪史。即便如此，被认定的犯罪型精神病态者仍旧很少。因此，任何特定监狱人口中犯罪型精神病态的占比预估都应该根据监狱类型及其监管对象的文化、种族、性别和年龄组合来调整。

犯罪型精神病态者的犯罪模式

犯罪型精神病态者与社会中的很多犯罪密切相关，他们被认为是最暴力和最顽固的犯罪人（Declercq et al., 2012; Forth & Burke, 1998; Hart & Hare, 1997; Newman, Schmitt, & Voss, 1997; Saltaris, 2002）。研究人员（Gretton et al., 2001）强调，犯罪型精神病态者通常缺乏正常的伦理和道德感受，以自己的准则生活，他们倾向于使用冷血的、工具性的恐吓和暴力来满足自身的欲望和需求，并蔑视社会规范和他人的权利。

性侵害和强奸在精神病态犯罪人的罪行中占多数（Knight & Guay, 2018）。此外，有精神病态特征的性犯罪人比其他性犯罪人更加野蛮、暴力、冷酷无情且对被害人施虐严重（Hare et al., 2000; Hickey et al., 2018; Porter, Birt, & Boer, 2001; Woodworth & Porter, 2002）。与由单纯的性唤起驱使的犯罪人相比，精神病态的性犯罪人倾向于寻求刺激和兴奋（Porter et al, 2018; Porter et al., 2003）。犯罪型精神病态者这一群体也明显比非精神病态的暴力犯表现出更多的施虐倾向（Holt, Meloy, & Stack, 1999; Knight & Guay, 2018），并且他们犯下的性谋杀形式多样且后果严重（Firestone et al., 1998; Hickey et al., 2018; Porter et al., 2003）。研究人员（Porter et al., 2003）发现，在加拿大两所监狱因杀人罪被监禁的男性犯罪人中，近一半可以被归为性犯罪杀人犯（性犯罪杀人犯的入组标准是，有足够的证据证明他们在杀人前、杀人期间或杀人后对被害人实施过性侵害）。被描述为凶残冷血、虐杀成性的杀人犯往往具有许多精神病态的特征（Hare et al., 2000; Hickey et al., 2018; Stone, 1998）。表现出精神病态特征的系列杀手在杀人时尤其会表现出暴虐和残忍的特征。然而正如前文表述，精神病态并不是系列杀手的群体特征。总而言之，研究表明，精神病态者可能比其他犯罪人更有可能从他人的非性和性痛苦中获得快感（Porter et al., 2003）。

许多非精神病态者（nonpsychopaths）犯下的谋杀和严重攻击行为是在家庭纠纷或情绪激动期间发生的，因此被定性为敌意性或反应性攻击。这种暴力模式在犯罪型精神病态者中较为罕见（Declercq et al., 2012; Hare, Hart, & Harpur, 1991; Williamson, Hare, & Wong, 1987）。犯罪型精神病态者通常以暴力作为一种报复或惩罚的手段，或者是在醉酒后常常施暴。许多男性非精神病态者的攻击行为针对他们所熟悉的女性，而犯罪型精神病态者的攻击更多地针对陌生人。黑尔等人（Hare et al., 1991）指出，犯罪型精神病态者的暴力行为冷酷无情，与非精神病态者的暴力相比没有感情色彩。研究还表明，有精神病态特征的强奸犯很有可能由"非性欲"的犯罪动机（如愤怒、报复、施虐或有机可乘）所驱动（Hart & Dempster，1997）。

犯罪型精神病态者的再犯率

研究显示，犯罪型精神病态者的再犯率非常高。虽然衡量标准不一，但再犯（recidivism）一般是指重新犯罪的倾向。这意味着不论用什么方法阻止或促使犯罪型精神病态者改过自新，他们总是一次又一次地犯罪。波特等人（Porter et al.，2000）的研究表明，犯罪型精神病态者再次犯罪的时间间隔更短，违反假释条例更快，而且可能犯下更多制度性暴力行为。一项针对无陪同临时性缺席（Unescorted Temporary Absence，UTA）项目①的失败率的研究人员发现，精神病态者的失败率为 37.5%，而非精神态者无一失败（Serin，Peters，& Barbaree，1990）。研究人员同时对假释期间的失败率也进行了调查，结果显示，7% 的非精神病态者违反了假释条件，而精神病态者的比例为 33%。在另一项研究中，研究人员（Serin & Amos，1995）对 299 名从美国联邦监狱释放的男性犯罪人进行了长达 8 年的跟踪调查，3 年内有 65% 的精神病态者再次被判有罪，而非精神病态者的该比例为 25%。另一组研究人员（Quinsey，Rice，& Harris，1995）发现，在刑满释放后的 6 年内，超过 80% 的精神病态的性犯罪人再次实施暴力犯罪，而非精神病态的性犯罪人的再犯率只有 20%。再犯以再次逮捕或定罪为指标。

高再犯率也是男性未成年精神病态犯罪人的特征。在后面的篇幅中，我们将讨论针对青少年精神病态存在与否的争议，不过越来越多的证据表明它确实存在。研究指出，与其他青少年犯罪人相比，这些精神病态的青少年犯罪人更有可能逃脱拘留，违反缓刑条件，并在后续的 5 年内实施非暴力和暴力犯罪（Gretton et al.，2001）。成年人和少年犯的高

再犯率促使一些研究人员得出结论：行为科学无法为治疗那些精神病态者提供任何帮助（Gacono et al.，1997）。这在一定程度上是因为精神变态者没有动机改变他们的问题行为，并且往往缺乏对其精神病理学的性质和程度的了解（Skeem，Edens，& Colwell，2003）。不过，正如我们在下文中将要指出的，其他一些研究人员（Salekin，Worley，& Grimes，2010）更为乐观。此外，也有研究指出，大部分专业人员认为精神病态是一种可治疗的疾病（Salekin et al.，2010）。

精神病态的心理测量

目前使用最广泛的犯罪型精神病态测量工具是 20 项的"精神病态检核清单修订版"（Psychopathy Checklist-Revised，PCL-R）（Hare，1991，2003）。PCL-R 已经修订到第二版，增加了其在司法和研究环境中的应用情况。第二版将适用范围扩大到世界各地的违法者，并新增了关于男性和女性犯罪人的最新常模和效度数据。虽然近几年也有其他针对精神病态的人格量表陆续出现，但 PCL-R 仍是目前研究和临床应用中使用最频繁的工具，这将是本节剩余内容的重点。正如道格拉斯等人（Douglas et al.，2015）指出的，毫无疑问，PCL 系列测量工具是研究最深入且被市场广泛采用的第一个测量系统，它具有巨大的影响力。它通常被认为是精神病态心理测量的黄金标准，但稍后我们也会提到针对它的一些质疑。

上述 PCL 系列测量工具指的是从原始 PCL 派生出来的、在研究和实践中同样重要的几个工具。首先是一个由 12 个项目组成的简短版本，称为"精神病态检核清单：筛查版"（Psychopathy Checklist：Screening Version，PCL：SV）（Hart，Cox，& Hare，1995；Hart，Hare，& Forth，1993）。其他还有"精神病态检核清单：青少年版"（Psychopathy Checklist：

---

①　无陪同临时性缺席是加拿大针对国家级囚犯实施的一种释放类型，是指在没有矫治人员陪同下，囚犯被允许离开监禁场所。这种释放类型需要囚犯已经服完部分刑期才能申请。——译者注

Youth Version，PCL：YV）（Forth，Kosson，& Hare，2003）和"精神病态检核清单：筛查研究版"（P-Scan：Research Version，P-Scan）。PCL：YV 近来被更广泛地研究，我们将在未成年人精神病态部分进一步讨论。P-Scan 是一种可以粗略识别精神病态特征的筛查工具，也可以为嫌疑人、犯罪人或当事人的处理提供依据。它适用于执法机关、假释机关、矫治机构、民事和刑事机构及其他可能需要了解个体精神病态特征的领域。当然，在实践中还需要更多的研究才能将 P-Scan 的结果确定为决定性标准。除了 P-Scan，其他三种测量工具在概念和心理测量学上基本相同。

PCL-R

PCL 主要基于克莱克利（Cleckley，1976）对精神病态的概念，专门设计用于识别男性监狱中、司法或精神病性人群中的精神病态者。克莱克利的研究对象主体为精神病态者，但该量表的使用范围并不限于监狱内群体，还可以被用于临床对象和实验被试，以评估精神病态和精神病态特征。

PCL-R 从情绪（情感）、人际关系、行为和社会异常方面对精神病态者进行评估，其信息来源包括自我报告、行为观察和其他佐证资料，如父母、家庭成员、朋友、被捕和法庭记录等有助于建立证实自我报告可信度的资料（Hare，1996，2003；Hare，Hart，& Harpur，1991）。此外，PCL-R 的评估项目需要跨领域的信息整合，包括在工作或学习时的行为，对家人、朋友和性伴侣的行为，以及犯罪或反社会行为（Kosson et al.，2002）。通常，训练有素的评估者会综合所有信息，按照个体在清单上的每个条目的倾向进行评分（0 = 从来没有；1 = 偶尔有；2 = 经常有）。这一评分方式相当复杂，施测人员需要花费大量的时间及接受深入的培训，而且需要受测人员大量的背景信息。部分研究人员只依据详细的记录得出 PCL-R 分数，而没有参照访谈部分的信息。虽然有一些人支持进行这样的评估（Gretton et al.，2001），但也有人认为使用这种方法可能会导致较低的分数（Hare，2003）。

量表得分在 30 分及以上的人可以被诊断为原发性精神病态者（Hare，1996）。其他的一些研究和临床环境使用的评分标准从 25 分到 33 分不等（Simourd & Hoge，2000）。黑尔（Hare，1991）建议将得分在 21～29 分的人归为"中间型"，这类人表现出许多精神病态的特征但又不完全吻合。正如之前的表述，精神病态应该被认为在一个连续体上发生并发展。分数低于 21 分则为非精神病态者。

到目前为止，研究结果强烈支持使用 PCL-R 来区分犯罪型精神病态者和犯罪型非精神病态者，并帮助惩教人员和司法心理学家对犯罪人进行风险评估（Hare，1996；Hare & Neumann，2008；Hare，Neumann，& Mokros，2018；Neumann，Hare，& Pardini，2015）。该测量工具为研究人员和精神健康专业人员评估精神病态提供了一种通用测量方法，促进了相关理论研究和最终临床实践的跨国和跨文化交流（Hare et al，2000）。目前，PCL-R 已经在全球范围作为评估精神病态的临床工具广泛使用（Douglas et al.，2015），不过，它似乎在识别北美白人男性的精神病态时效果最佳（Hare et al.，2000）。

对 PCL-R 的批评

虽然 PCL-R 被广泛使用，但它还是受到了大量的批评。一些学者（Skeem & Cooke，2010a，2010b）认为，由于滥用 PCL-R 以指代精神病态，引发了该工具与精神病态的概念本身的混淆。争论的焦点在于犯罪行为是不是精神病态的核心特征。换言之，PCL-R 可能不足以识别无犯罪记录或暴力行为的精神病态者。斯基姆和库克（Skeem & Cooke，2010a）认为，精神病态者可能会从事反社会行为，但他们不一定会从事犯罪行为。他们将反社会行为定义为破坏社会秩序的行为。他们发现，一些反社会行为似乎对精神病态者的人际关系和情感核心至关重要，如为个人利益而操纵他人的非犯罪行为。犯罪行为是指被法律制裁的行为，它代表违法行为，可以被刑事制裁。基于个人天赋和机遇的差异，精神病态倾向可能表现为个体的犯罪行为、某种英雄主义，或者其他人所取得的世俗成功。

换言之，犯罪不一定是精神病态的核心特征。道格拉斯等人（Douglas et al.，2015）认为，伤害他人的方式具有多样性，如亲密关系中的背叛、危害性的谣言、工作场所的诡计，以及危害生计甚至生命的经济决策，而精神病态者通常精于此道。

黑尔和诺伊曼（Hare & Neumann，2010）不同意斯基姆和库克关于 PCL 系列测量工具暗示犯罪是精神病态的核心要件的主张。他们认为，反社会行为，而非犯罪行为，是精神病态的概念和测量的核心。事实是，黑尔在 2002 年发表的声明得到了广泛的宣传，即并不是所有的精神病态者都在监狱里，有些精神病态者也存在于工作场所里（Babiak，Neumann，& Hare，2010），黑尔并不认为在商界具有精神病态特征的人也以犯罪的方式行事（见专栏 7-1）。

黑尔和诺伊曼进一步断言："尽管 PCL-R 并不完美，但它足以支撑数百项关于精神病态的实证研究……并经得起极为严格的检验。"不过，道格拉斯等人（Douglas et al.，2015）认为，PCL-R 包含大量关于犯罪行为和反社会行为的问题，这清楚地表明该测量工具主要基于识别犯罪行为。

PCL 的测量结果也可以用来评估犯罪人再犯的可能性。研究人员（Richards，Casey，& Lucente，2003）发现 PCL-R 和 PCL：SV 对持续性犯罪历史的测量与 PCL-R 的高分相结合，可能是所有暴力再犯最有效的两个预测因素。事实上，即使施测人员不知道被试的犯罪历史，PCL-R 仍是一个强有力的再犯预测指标（Hemphill & Hare，2004；Hemphill，Hare，& Wong，1998）。

研究重点　● ● ●

专栏 7-1　企业型精神病态

精神病态的研究对象主要为被监禁的群体，如有精神病态特征的囚犯或被拘留的未成年人。但这种情况正在发生改变。一组研究人员（Babiak，Neumann，& Hare，2010）针对企业环境中的精神病态的研究可能是这方面的第一个研究。正如前文提到的黑尔的观点，并不是所有的精神病态者都是囚犯，有些精神病态者也出现在工作场所。保罗·巴比亚克（Paul Babiak）和罗伯特·黑尔出版了《穿西装的蛇》（*Snakes in Suits*，2006）一书，2010 年，他们的研究结果在学术期刊上公开发表。

他们从 7 家分布在美国各地的公司中选取了 203 名业界精英，通过书面记录审查与面谈相结合的方法，配合 PCL-R 的使用。这些书面记录包括工作申请、简历、奖励和表彰记录、业绩评估和背景调查，而医疗信息被排除在外。样本中的专业人员都是由他们所在的公司推荐参加管理发展项目的经理和高管，该项目的核心是通过培训个体的领导力来发展或提高管理技能。样本中的绝大多数是拥有学士学位的白人男性。所有样本都被其所在公司认定为具有管理潜力，其中近 50% 的人具有很高的管理潜力。

研究人员发现，该样本中精神病态特征的比例高于社区样本中的该比例。精神病态与良好的沟通能力、创造力等呈正相关，但与责任感和绩效（团队精神和整体表现）呈负相关。换言之，具有精神病态特征的人常被认为是善于沟通、有全局考量且有创造力的人，但他们也被认为管理风格较差，直接主管对他们的绩效评估也很差。巴比亚克等人（Babiak et al.，2010）指出，即便有如此之多的负面评价，一些公司仍然认为精神病态的高管具有领导潜力。他们出色的沟通能力和令人信服的说谎技巧相结合，不仅使他们在最初的招聘中极具竞争力，还明显能为他们的职业发展提供源源不断的帮助。

文中所述的大胆特质及操纵和欺骗他人的能力是重要因素。巴比亚克等人发现，表现出"强硬""坚强"（做出艰难的、不受欢迎的决定）或"在盛怒下保持冷静"（在不愉快的情况下不露声色）对他们有利。

问题讨论

1. 你会将上述研究中的被试描述为"精神病态者"还是"具有精神病态特征的人"？为什么这种区分很重要？一个具有高度精神病态特征的人与一个原发性精神病态者的区别是什么？

2. 不考虑法律因素，你认为员工在接受管理培训计划之前被要求接受 PCL-R 测试合理吗？

3. 关于企业界的精神病态研究很少，可能的原因是什么？

精神病态的核心因素

有关 PCL-R 的研究表明，精神病态本质上是一个多维的结构。**因素分析**（factor analysis）是一种旨在从测量数据中发现不同人格维度或行为因素的统计方法。它是用于分析存在大量变量的数学方法。在此分析过程中产生的少量描述性或解释性概念，被称为因素。当研究人员对 PCL-R 的精神病态评分进行因素分析时，至少发现了两个行为维度或因素（Hare，1991；Harpur，Hakstian，& Hare，1988；Hart，Hare，& Forth，1993）。近来更多的因素已经被研究人员确定。利林菲尔德和福勒（Lilienfeld & Fowler，2006）甚至提出了一个八因素模型。因此，精神病态由开始时的双因素结构，发展到现在占主导的四因素结构。

双因素观点

在双因素观点中，**因素 1**（Factor 1）代表了精神病态者的人际关系和情绪反应，构成的项目包括残忍、冷酷无情、自私、利用和操纵他人。典型的精神病态者对利用他人来满足自己的需求毫无内疚感。**因素 2**（Factor 2）与社会性越轨或反社会的生活方式密切相关，如缺乏计划、冲动、过度追寻刺激、容易厌倦和缺乏现实目标。研究发现，因素 1 与有计划的掠夺性暴力有关，而因素 2 与自发性和冲动性的暴力（Hart & Dempster，1997）及物质滥用问题有关（Nelson & Foell，2018）。因素 1 也与抗拒心理治疗、无法从治疗中获益有关（Seto & Barbaree，1999）。因素 2 与社会经济地位、受教育程度和文化／民族背景有一定关系，而因素 1 与生物心理影响关系更紧密（Cooke & Michie，1997；Fowles，2018）。研究还表明，就精神病态的诊断标准而言，因素 1 可能比因素 2 更有效（Cooke et al.，1999；Fowles，2018）。此外，研究还表明，因素 1 在一般精神病态识别方面效果更好，而因素 2 对一般再犯和暴力再犯的预测效果更佳（Walters，2003）。

三因素观点

就任何科学而言，针对一个主题的研究越多，这个主题就越复杂。精神病态行为具有多样化特性，无法仅用两个维度概述。随着统计方法的日益成熟（如验证性因素分析和基于模型的聚类分析），精神病态至少需要用三个核心行为或人格维度进行描述（Cooke & Michie，2001；Cooke et al.，2004；Vitacco et al.，2005）。第三个核心因素，即**因素 3**（Factor 3）是指大多数精神病态者所表现出的情感浅薄、麻木不仁、缺乏同理心等特点。库克和米基（Cooke & Michie，2001）公开质疑精神病态的传统双因素观点，并建议用以下核心维度代替。

（1）一种傲慢和欺骗性的人际交往方式，包括浮夸的自我价值感、油嘴滑舌、表面魅力、说谎、欺骗、操纵和诡诈。这个维度也被称为印象管理。

（2）一种冲动和不负责任的行为方式，包括无计划行动、缺乏长期目标、寻求刺激、不合要求的工作习惯和依附性的生活方式（依靠他人生活，包括配偶、亲密伙伴、朋友和父母）。

（3）缺乏情感或情绪反应，其特征是缺乏懊悔之心、内疚感、良心、焦虑感及同理心，无所畏惧、麻木不仁及不愿意为自己的行为承担责任。

四因素模型

研究人员（Hare，2003；Hare & Neumann，2008；Salekin et al.，2006；Vitacco et al.，2005）认为，除了人际、情感和行为功能上的障碍，精神病态的定义还应包括第四个因素或维度——反社会倾向。黑尔和诺伊曼（Hare & Neumann，2008）写道："一些主要基于对各种类型的男性和女性犯罪人的研究为四因素模型提供了支持。" 四因素模型（four-factor model）也在不同的文化、种族群体、未成年和成年犯罪人及司法精神病患中得到证实（Jackson，Neumann，& Vitacco，2007；Jones et al.，2006；Neumann，Hare，& Newman，2007；Neumann et al.，2006）。

四因素模型的提出基于这样一个发现，即个体的精神病态特征往往表现出暴力和大量其他反社会行为模式，这比因素 2 涉及的缺乏计划和冲动更严重。因此，该论点认为，如果不考虑反社会行为的测量标准，研究人员和临床医生在理解和定义精神病态者时就缺少了一个关键因素。也有观点认为，对过去犯罪行为的考量有益于增强对精神病态的预测能力（Salekin et al.，2006）。四因素分别是（见表 7-2）：

（1）人际关系，如欺骗、哄骗和操纵他人等；

（2）生活方式，如不负责任、寻求刺激、冲动等；

（3）情感，如浅薄的情感、麻木不仁、对自己

的行为不负责任等；

（4）反社会倾向，如自我调节能力差、反社会行为（包括犯罪）等。

表 7-2　精神病态的四因素核心特征

因素	核心特征
人际关系	欺骗、哄骗和操纵他人、表面魅力、浮夸的自我价值感
生活方式	不负责任、寻求刺激、缺乏现实的目标和计划、冲动
情感	浅薄的情感、麻木不仁、缺乏同理心、对自己的行为不负责任
反社会倾向	自我调节能力差、反社会行为（包括犯罪）、早期的行为问题

三元精神病态模型

精神病态的最新模型是由克里斯托弗·帕特里克（Christopher Patrick）等人建立的三元精神病态模型（Triardic Psychopathy Model，TriPM）（Patrick，2010；Patrick，Fowles，& Krueger，2009）。该模型已经得到了美国和其他一些国家的实验检验和结果支持（Sellbom et al.，2018）。三元精神病态模型由三个维度组成（见表 7-3）：

（1）卑劣 / 冷酷无情（meanness/callous-unemotionality）；

（2）去抑制特质 / 外化倾向（disinhibition trait/ externalizing proneness）；

（3）大胆特质 / 无畏的支配欲（boldness trait/fearless dominance）。

卑劣（meanness）指的是缺乏同理心和亲密关系、蔑视他人、叛逆、寻求刺激、喜欢剥削和掠夺他人，以及通过虐待他人获得权力感（Patrick et al.，2009）。它通常通过极端的傲慢、对权威的蔑视、寻求毁灭性的刺激、冷酷无情的攻击、冷漠的人际关系及对人和动物的身体虐待表现出来（Skeem et al.，2011）。这是一种不考虑他人而寻求快乐和满足的激励方式。帕特里克等人（Patrick et al.，2009）指出，

表 7-3　三元精神病态模型的三个维度

维度	简要描述	行为指标	关联特质
卑劣 / 冷酷无情	缺乏同理心、通过虐待他人获得权力感的满足、缺乏与他人的亲密联系	傲慢、虐待他人、蔑视权威、寻求破坏性的刺激	自私自利
去抑制特质 / 外化倾向	易冲动、自我调节能力差、不负责任	挫折容忍度低、不合理的冒险行为、冲动控制能力差	敌对、反社会
大胆特质 / 无畏的支配欲	人格特质的积极面使一个人能够勇敢地面对危险，但也可能导致适应不良	抗压能力相对较强、能够保持冷静、善于协商与社交互动，也可能导致鲁莽和冲动的行为	自信、冷静、有魅力

卑劣是主动伤害他人的犯罪和违法行为的一个中心特征。

卑劣有时与冷酷无情特质（callous-unemotional trait）有关，它通常与严重、反复出现且主动实施的反社会与暴力行为有关（Viding & Kimonis，2018），并且是针对反社会精神病态者诊断的核心（Nelson & Foell，2018）。冷酷无情特质包括对他人持续且显著缺乏同理心、内疚能力低下，以及情感表达困难。保罗·弗里克提出了一种捕捉儿童身上的这些特征的方法。许多专家认为冷酷无情特质是未成年及成年精神病态者所特有的标志和症状，然而这些特征也可以在幼儿身上观察到。冷酷无情特质理论最早由弗里克及其同事提出（Frick，Barry，& Bodin，2000；Frick et al.，2003，2014；Frick & Marsee，2018）。在冷酷无情特质理论发展的早期，弗里克的研究团队进行了一系列项目，旨在检测导致成年后发展为精神病态的心理模式。研究人员能够确定一组被诊断出患有品行障碍的儿童，他们表现出特别严重的、反复的反社会行为模式，超出了其他品行障碍儿童的一般情况。这组儿童和青少年明显缺乏对他人的同理心，对残忍和不诚实的行为很少感到内疚，情感表达困难。研究人员注意到，这些行为特征与成年精神病态者的行为特征非常相似，并将这些特征统一称作冷酷无情。这些专注于冷酷无情特质的研究对理解成年人精神病态的发展非常有用（Viding & Kimonis，2018）。

进一步的研究表明，这些被诊断为严重品行障碍的具有冷酷无情特质的青少年具有高冲动性和以自我为中心的特征，并且具有高度的攻击性和暴力倾向（Frick et al.，2014）。此外，他们还存在认知问题，如不能站在他人的角度看问题；自利性认知歪曲，如将错误归咎于他人；低估自己因不当行为受到惩罚的可能性。"反社会行为筛查量表"（Antisocial Process Screening Device，APSD，一个包含 20 个条目的评级量表）基于该研究而提出（Frick & Hare，2001），旨在测量儿童的冷酷无情特质（Viding & Kinonis，2018）。本章将在稍后的未成年人精神病态的测量部分探讨其他一些用于测量儿童和青少年潜在的精神病态倾向的量表。

三元精神病态模型的第二个维度是去抑制特质（又称外化倾向）。这是指易冲动、自我调节能力差、不负责任，其行为指标包括挫折容忍力低、不合理的冒险行为，涉及敌对、反社会和难以调节愤怒情绪特质（Shou et al.，2017），并倾向于冲动地控制各种问题（Nelson & Foell，2018）。该维度中鲁莽、冲动的特征常与使用严重的、可能触犯刑法的诡计联系紧密（Porter，Woodworth，& Black，2018）。研究发现，去抑制特质（外化倾向）似乎与遗传强相关（Patrick，2018），并与负责情绪调节和自我控制的前额皮层功能受损有关（Drislane et al.，2018）。

大胆特质（又称无畏的支配欲）涵盖了非凡的领导力、无畏、猎奇、临危不惧、抗压能力相对较强等性格特质（Lilienfeld et al.，2018）。主要的行为指标是表现出无所畏惧、抗压能力强、擅于通过社交活动达成预期目标的人际交往风格（Douglas et al.，2015）。帕特里克等人（Patrick et al.，2009）和斯基姆等人（Skeem et al.，2011）将精神病态的大胆特质定义为在压力或威胁生命的情况下保持冷静和专注的能力，以及在大多数社会环境中表现出高度自信和社会效能的能力。此外，大胆特质反映了面对压力迅速恢复及追寻陌生和危险事物的能力。

由于大胆特质在很多时候是一种适应能力，因而将它作为精神病态的核心特征饱受争议。例如，一项研究表明，大胆是消防员和急救人员的一种典型特质（Patton，Smith，& Lilienfeld，2018）（见专栏 7-2）。然而，大胆似乎也与"黑暗面"有关，包括反社会行为、攻击和性侵害（Lilienfeld et al.，2018）。由此可见，大胆似乎既可以被认为是适应性行为（如英雄主义），也可以表现为不适应性行为（如犯罪），因而需要进一步研究（Lilienfeld et al.，2018）。

研究重点 • • •

专栏 7-2　精神病态特质有积极的一面吗

如今许多研究已经证明，精神病态的部分特征存在于社会上处于领导地位和服务型职位的个体中，表现为自恋、无畏、追求刺激和大胆。他们被称为成功的精神病态者，包括政治人物、执法官员、军事领导人等。回想一下专栏 7-1 讨论的企业型精神病态的特征。成功的精神病态者这一概念表明，一个人可以在不触及大量越轨行为的同时仍表现出部分精神病态的情感和人际特征，这些特征的组合在很大程度上与适应性结果相关联（Patton，Smith，& Lilienfeld，2018）。

例如，大胆通常被认为是一种积极的个性特征。大胆的人被认为是勇敢、正直、坚强、自信和无所畏惧的，他们为达目的不惧困难，愿意承担风险并采取创新行动。领导力和胆识常常相伴而行。不过，正如本章所讨论的，当大胆与精神病态联系在一起时，大胆的阴暗面就表现出来了。例如，犯罪型精神病态者在从事反社会行为（如暴力行为）时表现出的胆大妄为。还有人注意到，抛开精神病态不谈，被描述为大胆的人也可能表现出爱发脾气，对他人不耐烦，并且具有不恰当的攻击性。

研究人员（Patton et al.，2018）以在职的应急反应群体（警察、军人、医疗急救人员和消防员）为样本的研究中，就英雄主义和利他行为及一些精神病态的特征（如大胆特质）与普通群体的相关特质进行了比较。该研究通过亚马逊 M-Turk 调查平台，从两个群体中招募被试。

研究发现，英雄主义和利他行为与无畏的支配欲、大胆、追求刺激和反社会行为（范围很广，包括工作场所的不当行为、机动车事故、民众投诉等）有关。应急反应群体在大胆、卑劣、自恋、追求刺激和工作场所的人际越轨方面的得分显著高于普通群体；在不工作时，他们的利他主义和日常英雄主义方面得分也明显高于普通群体。研究人员指出，反社会行为和亲社会行为不一定位于同一维度的两极。

问题讨论

1. 研究人员强调，该研究并不说明应急反应群体是精神病态者。你会从本章内容中引用哪些理论来支持这一说明？

2. 这个关于反社会行为的发现让你感到惊讶吗？为什么惊讶或为什么不惊讶？

3. 反社会行为、利他主义和英雄主义来自被试的自我陈述。这些行为包括停车帮助其他司机摆脱困境，或者阻止斗殴。请讨论这些自陈结果的可靠性。与他人报告的反社会行为相比，这些自我报告的可靠性如何？是更可靠，更不可靠，还是同样可靠？

4. 讨论通过 M-Turk 招募被试的利与弊？

精神病态与暗黑三人格

近年来，一些研究人员专注于由保卢斯和威廉斯（Paulhus & Williams，2002）率先提出的一小部分人格特质群体，他们称为暗黑三人格（dark triad），精神病态就是其中之一，另外两个是自恋（narcissism）和马基雅维利主义（machiavellianism）（Maples-Keller & Miller，2018；Sleep et al.，2017；Vize et al.，2018）。暗黑三人格提出后不久，保卢斯等人（Buckels，Jones，& Paulhus，2013）提出了第四个暗黑人格特质——日常施虐（everyday sadism）。他们将这四个人格特质称为暗黑四分体（dark tetrad），并列出了每个特质群体的相关特征（见表 7-4）。四分体指的是四组人格特质。

此前在精神病态的阐述中，自恋和马基雅维利主义（精于操控他人）的特质常与这个概念相关。巴克尔斯等人（Buckels et al.，2013）对日常施虐的解释是，个体为了自身享受而试图通过口头或身体上伤害他人，这与精神病态的其他特质极为相似。例如，霸凌者也是施虐狂。许多支持者认为暗黑人格的三个基本特质彼此之间互有重叠，但保卢斯仍坚持认为它们本质上是不同的。

研究人员针对青少年（Dubas et al.，2017）、儿童（De Clercq et al，2017）、成年犯罪人（Edwards，Albertson，& Verona，2017）、领导者（Tokarev et al，2017）等群体进行了研究。精神病态者不全是犯罪人，具有暗黑人格的个体也不一定会犯罪。不过，他们不喜欢社交，也不那么讨人喜欢。但就像原发性精神病态者一样，他们可能会给人留下良好的第一印象。此外，大多数人在某种程度上都存在暗黑人格特质，而只有当这些特质表现得过度时才会让他人产生反感。此外，保卢斯认为这些人格特质彼此独立，因为它们并不都具有相同的特征。如表 7-4 所示，它们唯一的共同特征就是麻木不仁。

暗黑三人格或暗黑四分体极具研究价值，目前已有研究人员基于此开发了测量量表并深入地研究其与工作场所的相关性（O'Boyle et al.，2012）。然而，目前还没有足够的研究将其与反社会或犯罪行为直接联系起来，越来越多的学者已经开始关注这一研究方向了（Edwards et al.，2017）。

女性精神病态

研究结果普遍表明，在被定罪的群体和普通群体中，女性精神病态的数量都少于男性精神病态（Bolt et al.，2004；Rogstad & Rogers，2008；Verona & Vitale，2018）。普通群体中男性精神病态的比例约为1%（Hare，2003），而女性精神病态的比例明显更低（Nicholls et al.，2005）。研究人员（Salekin，Rogers，& Sewell，1997）发现，监狱中女性犯罪人的精神病态比例为15.5%，而男性犯罪人的比例为25%～30%。另一项以29分为 PCL-R 临界点的研究发现，78 名在押女囚犯样本中，只有12.9%符合精神病态的标准（Salekin et al.，1998）。研究人员（Vitale et al.，2002）对威斯康星州528名在监狱中的成年女囚犯进行了调查，发现只有9%的被试可以

表 7-4　暗黑四分体的特征

特征	精神病态	自恋	马基雅维利主义	日常施虐
麻木不仁	√	√	√	√
冲动	√	√		
操控	√	√	√	
犯罪性	√		√	
夸大	√	√		
享受虐待				√

资料来源：Paulhus，D.（2014）. Toward a taxonomy of dark personalities. Current Directions in Psychological Science，23，421–426。

被以 30 分为临界点的 PCL-R 归为精神病态。此外，黑尔（Hare，2003）发现，如果以 30 分为临界值，大约有 7.5% 的女性犯罪人和 15% 的男性犯罪人在 PCL-R 上达到了临界值。所有这些研究都证实，女性在 PCL-R 上的评分通常低于男性。

黑尔的 PCL-R 主要针对白人男性犯罪型精神病态者。部分使用 PCL-R 的研究发现，女性犯罪型精神病态者表现出与男性犯罪型精神病态者不同的行为模式（Nicholls & Petrila，2005；Vitale et al.，2002）。尽管这些数据还远没有定论，但与男性相比，女性精神病态者似乎缺乏现实的长期目标，婚姻关系存在诸多问题，犯罪范围广泛，性滥交倾向更高（Douglas et al.，2015；Grann，2000；Salekin et al.，1997；Warren et al.，2003）。我们敦促在解释这些特征时要谨慎，因为根据这一标准，对男性和女性的评判往往不同。女性精神病态者也可能没有表现出与男性精神病态者相同的情绪处理上的异常（Sutton，Vitale，& Newman，2002）。精神病态的情感特征似乎在识别女性精神病态者时尤为重要，与非精神病态的女性相比，她们具有高水平的麻木不仁和低水平的同理心（Jackson et al.，2002；Rogstad & Rogers，2008）。

研究人员（Kreis & Cooke，2011）发现，一方面，女性精神病态者更善于巧妙地攻击、利用和操纵他人，许多有害行为甚至被当事人忽视；另一方面，男性精神病态者通常采取直接的身体攻击、支配和追名逐利，这使他们的危害行为更引人注目也更有可能被官方记录。部分学者由此认为，女性精神病态者可能比男性精神病态者更依赖关系攻击以达到目的（Skeem et al.，2011）。也有证据表明，女性精神病态者比男性精神病态者经历了更严重的环境剥夺及更多的性和身体伤害（Hicks et al.，2012；Javdani，Sadeh，& Verona，2011）。人们还认为，那些曾被伤害的女性精神病态者犯罪经历的开始晚于男性精神病态者（Hart & Hare，1997）。她们的再犯率也低于男性的再犯率（Salekin et al.，1998）。数据同时表明，精神病态女囚犯的再犯率与非精神病态女囚犯的再犯率几乎没有区别（Salekin et al.，1998）。

与犯罪总体上的性别差异相似，精神病态的性别差异可能是由男性和女性发展轨迹中的许多社会因素和神经心理因素的差异导致的。女性和男性的犯罪路径不同，因而学者需要为二者的犯罪做出不同的解释（Salisbury & Van Voorhis，2009）。这些差异导致具有精神病态特征的女性可能会采用不同的手段来达到相同的目的（Nicholls & Petrila，2005）。

使用 PCL-R 的研究表明，在识别精神病态者的性别差异方面有很大的希望，但许多研究人员和专家敦促在将该量表用于临床或诊断女性之前要谨慎（Nicholls et al.，2005）。研究人员（Douglas，Vincent，& Edens，2018）认为，在精神病态的研究中，性别与种族 / 民族、年龄的相互作用尚未得到充分的探讨。罗杰斯（Rogers，2000）告诫说："如果心理学研究人员将 PCL-R 的风险预测限制在有犯罪史的白人男性身上，那么他们的结论是最安全的。"越来越多的证据表明，PCL-R 测量发现的精神病态与成年女性的反社会行为有显著的关联。然而，到目前为止，对女性未成年精神病态者的研究还没有那么令人信服，后面很快就会涉及相关内容。

种族 / 民族差异

早期使用 PCL 测量精神病态的研究，主要以白人囚犯为样本，他们大多是加拿大人（Douglas et al.，2015）。早期关于种族 / 民族差异的研究发现，黑尔开发的 PCL 测量显示的精神病态确实存在于非洲裔美国男性囚犯中，其模式与白人男性囚犯的模式相似（Kosson，Smith，& Newman，1990）。然而，他们也发现了一个重要的区别。与白人精神病态犯罪人相比，非洲裔美国精神病态犯罪人的冲动性更强。这一发现引发了一些问题，即 PCL 是否完全适合用于非洲裔美国囚犯或其他多元化的囚犯群体？其他研究人员（Vitale et al.，2002）发现，女性精神病态者的得分和分布没有显著的种族 / 民族差异。具体而言，参与他们研究的 248 名在押白人女性中，有 10% 的人在 PCL-R 上达到或超过了 30 分的临界值，而类似的结果是，在 280 名在押的非洲裔美国女性中，这一比例是 9%。

元分析支持上述两个群体之间差异很小的结论。研究人员（Skeem et al.，2004）得出结论：非洲裔美国人和白人在精神病态核心特征的表现上没有明显的差异，这与基于自我报告的精神病态和临床诊断的反社会型人格障碍的结果是一致的。其他研究表明，非西班牙裔囚犯与西班牙裔囚犯之间没有显著差异（Neumann & Hare，2008；Vachon et al.，2012）。实践中大多数研究都没有发现非洲裔美国人或白人，以及定罪或未定罪者在 PCL：SV 分数上的明显差异，表明精神病态得分在不同种族 / 民族间差异很小（Douglas et al.，2015；Vachon et al.，2012）。其他研究人员（Fanti et al.，2018）就不同文化和种族的精神病态进行了文献综述，得出了 PCL-R 精神病态得分通常具有可比性的结论。换言之，PCL-R 在测量精神病态的应用上具有全球通用性。

未成年人精神病态

如我们所见，对精神病态的研究存在一个严重的不足，即这些研究的对象几乎都是白人成年男性（Frick，Bodin，& Barry，2000），多年来对未成年人（儿童和青少年）精神病态的研究非常少。不过，在 21 世纪初，这一领域的研究不断增长，如今已有大量可靠的实证研究支持未成年人精神病态这一概念

（Asscher et al.，2011）。此外，近年来已编制出一些专门用于测量未成年人精神病态的工具，如 PCL：YV 和"儿童精神病态量表"（Child Psychopathy Scale，CPS）（Lynam，1997）。稍后我们会继续介绍这些工具。另外有大量证据表明，男性精神病态犯罪人在年龄很小时就开始了他们的犯罪模式（Frick，2009；Rutter，2005）。

即使如此，试图为未成年群体贴上精神病态这一标签的行为引起了一系列与临床 / 司法实践和未成年 / 刑事司法政策相关的概念、方法和实践方面的担忧（Edens et al.，2001）。一部分争论集中在精神病态这一概念究竟能否或是否应该被应用于未成年群体。第一种担忧是，在未成年群体中能否发现与成年精神病态者一致的特征？第二种担忧是，即使精神病态的标签可以用于未成年群体，这样的标签对这个群体来说依然存在太多的消极影响。更具体地说，这一标签暗示着治疗的预后很差，预期的犯罪率和再犯率很高，而且精神病态具有内在的生物学基础，意味着除了生物学干预，很难通过其他手段进行干预。这些原因可能会导致在少年司法系统中工作的人放弃这些被贴上精神病态标签的未成年人，尽管一些专家强调精神病态是可以治疗的（Salekin et al.，2010）（专栏 7-3 描述了一项针对具有精神病态特征的未成年人的治疗项目）。第三种担忧认为，对未成年人的精神病态评估必须达到很高的置信度，才能在刑事司法系统中使用（Edens，Campbell，& Weir，2007；Seagrave & Grisso，2002）。

治疗方法　>>>>

专栏 7-3　对具有精神病态特征的未成年人的治疗项目

心理治疗并不适用于没有冒险精神或心态悲观的人身上。特别是在尝试对犯罪人进行心理治疗时，尽管目前已经提出了一些循证治疗的方法，但对成年和未成年犯罪人的心理治疗在研究文献中并未得到很好的评价。同时主要由于精神病态的顽固性，对成年精神病态者和具有精神病态特征的未成年人的治疗效果尤其令人沮丧。尽管如此，我们仍有理由保持乐观。

心理治疗师和研究人员考德威尔等人（Caldwell et al.，2007）提出了一项具有潜力的治疗项目。门多塔未成年人矫治中心（The Mendota Juvenile Treatment Center，MJTC）是一所有 29 个床位的集中治疗机构，旨在为其所在州各监管设施中关押的行为问题最严重的未成年男孩提供心理治疗。那些无法适应普通未成年人矫治机构的男孩会被送到 MJTC，即使他们可能有低智力水平、精神疾病、神经系统缺陷等问题，或者对治疗表现出抗拒。

在这个高强度的项目中，男孩们通常每周都会接受几次单独的咨询，以及专注于愤怒管理和社交技能发展的团体治疗。该治疗项目的一个核心是尽早消除当事人对矫治的抵抗心理。也就是说，治疗师解决的是可能阻碍改变的态度。虽然并非所有男孩都有精神病态特征，但他们中的很多人都有。

考德威尔等人的早期研究发现，与没有精神病态特征的未成年人相比，治疗项目在有精神病态的未成年群体中效果更差，尤其是短期的治疗项目。然而，在持续时间更长的治疗项目中（平均约 45 周），这些有精神病态特征的未成年人在降低攻击性和参与治疗项目的积极性等方面都产生了积极的变化。一项为期两年的跟踪研究表明，尽管在财产犯罪上没有差异，但接受过治疗的未成年犯罪人与其他未成年犯罪人相比，再次实行暴力犯罪的可能性要低得多（Caldwell et al.，2006）。

MJTC 的项目证明，在接受合适的治疗方法，以及治疗时间足够长的前提下，治疗项目对具有明显精神病态特征的未成年人是有效的（Caldwell et al.，2007）。因此，其他独立研究人员也将此项目列为少年司法系统中一项有前途的项目（Cruise et al.，2016）。

问题讨论

1. 以上我们简短描述了一项有前途的治疗项目。在评估这个项目的优点之前，关于该项目的运作方式，你还想了解什么内容？

2. 该项目没有设置任何排除标准（如低智力水平等），你怎么看？为什么项目开发者决定不将有这些特质的未成年人从该项目中排除？

未成年人精神病态可以被识别吗

识别未成年人精神病态的另一个主要问题是，精神病态（如果它确实存在于这个年龄段）可能很难被准确地评估，因为发展模式始终在持续变化。许多临床医生和研究人员反对任何试图在未成年群体中寻找精神病态特征的研究。他们指出，对未成年人来说，许多成年精神病态者的特征只是他们在这个发展阶段的正常行为表现。换句话说，未成年人往往表现得冷漠和自恋，有时是为了隐藏他们自己的恐惧和焦虑。他们经常表现得冲动，参与各种寻求刺激的活动，并且大多数并不太擅长做长期规划。事实上，这些和其他类似精神病态的特征实际上体现的要么是从青春期向成年期过渡的一个艰难且短暂的时期，要么是未成年人为了让自己看起来更冷酷而做的一种"伪装"（也可能两者皆有）。

对一些孩子来说，类似精神病态的特征可能意味着他们曾遭受身体虐待或性虐待。有虐待行为的家庭中的孩子能够表达的情绪类型往往异常有限，这与精神病态的情绪特征类似。但这些症状其实是孩子们在具有极大压力的家庭环境中采取的一种应对方式（Seagrave & Grisso，2002）。

此外，一些未成年人的行为可能是由于缺乏愤怒控制能力、缺乏目标、判断力差等原因而表现出类似精神病态的特征，但实际上这些问题是受到大多数未成年人在青春期都会面临的发展任务的影响

（Seagrave & Grisso，2002）。违反规则是很多未成年人试图从成年人的管教下获得自主权的一种行为，如未成年人有限的冒犯行为。

尽管如此，儿童和青少年的某些问题特征（如品行障碍、注意缺陷 / 多动障碍）与成年精神病态者的特征相似，并表明未成年人精神病态这个术语可能存在一定的合理性。但是，这些特征可能只是品行障碍、对立违抗障碍等表现，有别于精神病态。正如研究人员（Cruise et al.，2003）所强调的，要想发挥作用，未成年人精神病态的概念必须首先能够和其他障碍的诊断相区别。不过，目前的研究似乎正在朝这一目标迅速发展。例如，研究人员提出了一个包含冷酷无情特质、自恋和冲动三个因素的多维模型并通过测试证明该模型能够解释儿童期精神病态（Barry et al.，2008；Fite, Stoppelbein, & Greening，2009；Frick，2009；Pardini & Loeber，2008）。

不断有研究结果支持未成年人精神病态的存在和有效性，并且这些发现在 7～24 岁的群体中似乎都能保持一致（Lynam et al.，2007；Lynam et al.，2009）。正如斯基姆等人（Skeem et al.，2011）指出的，简单来说，研究人员似乎捕捉到了一些看起来像精神病态的特征。

伦理考量

不过，总体来说，很多研究人员对包括法官、未成年拘留所工作人员和治疗师在内的少年司法专业人员滥用精神病态的标签表示担忧。正如本章开头指出的，即使在成年犯罪人群体中使用这一标签也是有争议的（Berryessa & Wohlstetter，2019）。由于人们普遍相信精神病态者对治疗很阻抗，因此如果一名未成年精神病态者（或者只是一名表现出精神病态特征的未成年人）被起诉，那么其更有可能被移交成年人司法系统而不是留在少年司法系统中接受审判。因为在后者中，如果被判有罪，他们更有可能会去接受治疗。

不过令人惊讶的是，一项研究发现，在少年法庭上，这种标签并没有产生负面影响（Murrie et al.，

2007）。与此相反，另一项研究却发现，在案件中表现出精神病态倾向的未成年人在少年法庭上会受到更严苛的对待，包括将其移交成年人法庭（Viljoen et al.，2010）。他们评论道："与精神病态相关的证据通常会被用来推断这名未成年人将很难或根本不可能被矫治。"但我们在第六章提到过，从少年法庭被移交刑事法庭的案件数量可能正在减少。此外，宣传一些能成功矫治有精神病态特征的未成年人的治疗项目或许会有所帮助，如专栏 7-3 中描述的治疗项目。

不过，许多监管机构中都缺乏专门针对精神病态设计的集中矫治项目。在这些机构中，主要的矫治项目包括物质滥用、愤怒管理和心理创伤的治疗（Cruise et al.，2016）。由于治疗师可能不愿意在看似没有成功希望的案例上花费太多精力，精神病态这一标签可能会成为一种自证预言。支持使用未成年人精神病态这一概念的人认为，治疗师们应该掌握这些信息，以便在监护和管理程序方面做出合理的决策，以及制定可能有效的治疗方案。另一些人认为，为了帮助有精神病态特征的未成年人，防止他们对社会造成不良影响，尽早地识别出精神病态是非常重要的。幸运的是，研究人员开始发现一些有希望的治疗方法（Caldwell et al.，2006；Salekin & Lynam，2010；Spain et al.，2004）。从本质上说，如果精神病态和非精神病态的未成年人之间确实存在显著差异，那么支持者们呼吁必须将关于这种差异的知识传达给那些与他们接触最密切的工作人员。此外，识别和加强儿童发展过程中的保护因素可能有助于遏止儿童精神病态的发生（Salekin & Lochman，2008）。支持者们还认为，对那些未来可能成为职业犯罪人的未成年亚群体进行早期干预是明智的（Skeem & Cauffman，2003）。当然，前提是这些未成年人能够被准确地识别出来，这又引出了关于心理测量的信度和效度的问题。信度涉及心理测试或量表在测量一个属性时结果能否保持一致的问题，而效度涉及该工具测量的指标是不是它应该测量的指标这一问题。

未成年人精神病态的评估必须先具备相当高的信度，才可以被应用于刑事司法系统，因为接受刑事审判的人面临的后果往往是极其严重的（Seagrave & Grisso，2002）。例如，如果设计一种工具来评估未成年人精神病态，那么首先必须要有大量的研究证明这个评估工具测量的确实是精神病态，并且评估结果具有一致性。许多专家认为，目前对未成年人精神病态这一概念的评估还未达到这些要求。

尽管如此，在过去的 10 多年中，关于未成年人精神病态的理论和实践应用方面的知识迅速增长（Salekin et al.，2005；Skeem et al.，2011）。研究表明，未成年人精神病态与品行障碍（Forth & Burke，1998；Frick，1998；Lynam，1998）、高犯罪率及与警察的接触次数都存在关联（Corrado et al.，2004；Falkenbach，Poythress，& Heide，2003；Murrie et al.，2004；Salekin et al.，2003）。只有大约 25% 有品行障碍的未成年人表现出精神病态的倾向（Blair et al.，2006）。研究人员（Forth & Burke，1998）报告，有精神病态特征的儿童和青少年与其他反社会的儿童和青少年在行为问题发生的年龄、暴力行为的数量、犯罪的严重程度、再犯率等方面存在差异。因此，那些表现出精神病态特征的未成年人似乎也经常做出反社会行为，这暗示精神病态的标签至少具有一定的效度。

未成年人精神病态的测量

出于对精神病态（包括未成年人精神病态）的浓厚研究兴趣，研究人员设计了一系列测量精神病态（或者至少是精神病态特征）的工具。已编制出的一些测量未成年人精神病态的工具包括“精神病态筛查量表”（Psychopathy Screening Device，PSD）（Frick & Hare，2001；Fricket et al.，1994）、“儿童精神病态量表”（Childhood Psychopathy Scale，CPS）（Lynam，1997）、“青少年精神病态特质量表”（Youth Psychopathic Traits Inventory，YPI）（Andershed et al.，2002） 和 PCL：YV（Forth，Kosson，& Hare，2003）。虽然最初这些工具是作为研究工具被开发出来的，而不是为了临床诊断或司法实践，但越来越多的司法临床鉴定人员开始将这些工具用于个人实践工作及在担任法庭和少年司法系统的顾问工作中。

然而所有这些测量工具都面临着一些难题，因为未成年精神病态者（如果存在）不太可能就他们的情绪、想法或行为等做出准确、诚实的自我报告。PCL：YV 通过访谈的形式，依靠询问一些具体问题和其他间接的书面材料评估精神病态。由于该评估工具需要基于访谈和间接资料做出判断，必须先为主试提供大量且耗时的操作培训。此外，PCL：YV 主要为科研目的服务，来评估精神病态的四个维度（人际关系、生活方式、情感、行为和反社会倾向）。相比之下，“同伴冲突量表”（Peer Conflict Scale，PCS）和 YPI 主要依靠自评，而 APSD 和 CPS 则包含从教师、父母及儿童和青少年本人收集的信息。

PCL：YV 是一个改编自成年人 PCL-R（Hare，1991，2003）的 20 项评定量表，施测对象为未成年人。已有大量对 PCL：YV 的研究表明，它具有足够的信度和效度（Vincent，2006）。然而，使用该测评工具时要保持谨慎。特别是在被用于识别青春期女孩的精神病态与反社会行为之间的关联性时，该工具表现出了局限性（Odgers，Reppucci，& Moretti，2005；Sevecke et al.，2009；Vincent et al.，2008）。因此，在 PCL：YV 能够作为司法鉴定工具被使用之前，对其在少女中区分精神病态者的效度进行进一步研究是至关重要的。

有几项研究尝试比较了未成年人精神病态的各种测量工具的信度和效度（Farrington，2005a）。迄今为止的初步研究表明，这些工具没有太多共同点，需要进行更多的研究才能得出结论。一项研究展现了可观的前景。研究人员（Lynam et al.，2007）探索了个体 13 岁时在 CPS 中的得分能否预测其 24 岁时在 PCL：SV 中的得分。结果令人惊喜，研究人员认为，使用 CPS 得分来预测 PCL：SV 得分的效果很好。这些结果不仅表明精神病态在不同的发展阶段表现出稳定性，而且意味着未成年人精神病态和成年人精神病态之间存在诸多相似之处。

神经心理学因素与精神病态

公众普遍认为，精神病态倾向完全是由社会因素造成的，如遭受虐待或教养方式不当。然而，研究人员发现了多种与精神病态密切相关的神经心理因素。当代研究更倾向于认为精神病态是神经心理因素与学习或社会化因素之间复杂的交互作用的结果。尽管如此，神经心理因素本身也是至关重要的。一些研究表明，精神病态的某些方面可能具有遗传性（Waldman & Rhee，2006；Waldman et al.，2018）。

遗传因素

越来越多的证据表明，遗传因素可能在精神病态的发展中起一定作用（Blonigen et al.，2003；Blonigen et al.，2005；Waldman & Rhee，2006；Waldman et al.，2018；Viding et al.，2005）。回想一下，之前提到的三元精神病态模型包括去抑制特质，而这一特质被认为具有遗传特性（Patrick，2018）。另一个例子是，有证据表明，与低唤醒水平和恐惧反应有关的气质同样与精神病态相关（Frick & Morris，2004）。这种气质可能会阻断内疚、良知或畏惧惩罚等心理感受的形成。还有研究提出，有精神病态特征的青少年可能有脑部异常（Newman et al.，2010），并且精神病态可能在家族内遗传（Viding & Larsson，2010）。一些精神病态相关研究的对象已经扩展到了儿童和青少年，虽然这些研究相对较新，但迄今为止也发现了与以往研究的许多相似之处和一些差异（Salekin et al.，2010）。

遗传对精神病态的整体影响可能并不大，但似乎也足以吸引越来越多的发展和遗传学研究人员的关注，尤其是那些对双生子研究感兴趣的研究人员。布莱尔等人（Blair et al.，2006）认为，对于在精神病态者中经常发现的情绪障碍来说，遗传因素发挥着重要作用。也就是说，遗传可能在很大程度上导致了精神病态者的情绪唤醒不足和低情绪反应。不过，以我们目前的了解，距离形成遗传因素对精神病态影响的清晰认知似乎还有很长的一段路要走。此外，独立的遗传因素很难导致精神病态特征的出现，所以在精神病态的发展过程中，许多因素都可能与遗传因素交互作用。

神经心理学与精神病态

虽然过去对精神病态的研究往往集中在心理特征测量方面，但目前的研究趋势已经转向探索对精神病态行为有决定性影响的神经心理因素（Gao et al.，2009；Vien & Beech，2006；Yang & Raine，2018）。神经心理学（neuropsychology）是一个将神经科学与心理学相结合的心理学分支。神经心理指标，又称标志物（markers），在精神病态者中已被多次发现，如皮肤电导、心血管及其他神经系统测量中反映的一些指标（Fishbein，2001；Morgan & Lilienfeld，2000）。因此，我们非常有必要熟悉神经心理学的相关词汇和神经系统的基本结构，其中有一些已经在第三章出现过。这里出现的概念还将为后面相关章的主题（如第十一章和第十二章的性犯罪）奠定基础。

神经心理学的基础概念与术语

人类的神经系统根据其结构或功能可以分为两大部分。按生理上的结构划分也许是最清晰的划分方式。中枢神经系统（Central Nervous System，CNS）和周围神经系统（Peripheral Nervous System，PNS）是两大组成部分。中枢神经系统包括大脑和脊髓，而周围神经系统包括所有中枢神经系统之外的神经细胞（称为神经元）和神经通路（见表 7-5）。换句话说，那些从脊髓和脑干出发，遍布身体各特定部位的神经都属于周围神经系统，包括所有将肌肉、皮肤、心脏、腺体、感官等与中枢神经系统相连的神经。

表 7-5　人类神经系统的主要组成部分

中枢神经系统
大脑
脊髓

（续表）

周围神经系统
躯体神经系统（控制随意肌）
自主神经系统 • 副交感神经系统（控制紧急状况后的放松和活动抑制） • 交感神经系统（控制处于紧急状况时的激活）

周围神经系统的基本功能是将所有外部信息传输给中枢神经系统进行处理。一旦中枢神经系统完成信息处理，如果需要做出行动，它会将翻译后的信息传回给周围神经系统。当你把手指放在一个很烫的物体上时，周围神经系统将这个未经加工的信息（它还不是疼痛）传输给中枢神经系统，中枢神经系统再将这些信息翻译成痛的感觉，接着作为回复，向周围神经系统传递一个收回手指的指令。周围神经系统不能加工信息，它只能将信息传输给中枢神经系统，再将反馈信息带回。在随后的篇幅中，我们将考察各个神经系统对精神病态诊断的重要意义。

中枢神经系统的差异

从结构上来说，中枢神经系统由大脑和脊髓组成。解释、思考、记忆和想象都发生在大脑皮层（cerebral cortex）（大脑的最高中枢）。它是处理周围神经系统从外部世界和身体内部接收到的各种刺激和感觉的中心。位于大脑外表层的大脑皮层含有超过 100 亿个神经细胞（称为神经元）（Hockenbury & Hockenbury，2004；Scientific American，1999）。每个神经元都与无数其他神经元有复杂的连接，最终形成一个极其复杂的交流网络。虽然大脑的生理结构与我们的研究没有直接的关系，但大脑皮层的电生理特点和唤醒功能与我们理解精神病态的神经心理学特征密切相关。

大脑半球不对称与缺陷

人类大脑在解剖学上可以分为两个大脑半球——左脑和右脑。这两个大脑半球在皮质功能和信息加工方面似乎在某种相互平衡的协作关系中共

处。对大多数人来说，左脑负责语言文字功能，而右脑负责非语言功能。此外，左脑以一种分析性的、序列性的方式处理信息，例如，语言需要序列性的认知模式，因此左脑似乎最适合完成这种操作；右脑似乎以一种更整体、全面的方式处理信息，例如，右脑参与面部识别，这是一个复杂的过程，需要瞬间或同时处理所有信息。因此，左脑和右脑是两个功能分化的信息处理系统。

除信息加工过程，研究还发现，大脑两半球在人类的情绪处理方面承担的功能也不同（Jacobs & Snyder，1996；Tomarken et al.，1992）。右脑在情绪的理解和交流中尤为重要（Kosson, et al.，2002；Wheeler，Davidson，& Tomarken，1993）。左脑与自我抑制过程紧密相关；相反，右脑与自发性和冲动性的关联更密切。此外，在做出正常的判断、自我控制、情绪的自我管理等方面，大脑左、右半球的功能发挥着相互平衡的作用（Tucker，1981；Tomarken et al.，1992）。这些控制和判断的过程一般发生在额叶（脑前面的皮层区域）。

黑尔（Hare，1998；Hare & Connolly，1987；Hare & McPherson，1984）假设，犯罪型精神病态者的大脑两半球之间无论在言语处理还是情绪和唤醒状态方面，都存在一种不正常或不常见的平衡关系，他称之为大脑半球不对称（hemisphere asymmetry）。黑尔指出，犯罪型精神病态者的言语性思维、感受和意图之间经常极为不协调。犯罪型精神病态者组织某些知觉和认知加工过程的方式非常特殊。他们的左脑存在某种程度上的言语加工缺陷，因为他们对言语顺序加工的依赖程度不像大多数人那么高。黑尔（Hare，1998）还假设，当言语任务的复杂程度提高时，非精神病态者会越来越依赖左脑加工信息，但精神病态者却会更加依赖右脑。有研究也支持这一假设（Lorenz & Newman，2002）。

也有一些研究表明，在辨别面部表情时，精神病态者比非精神病态者的准确性更差。具体而言，在那些主要依靠左脑进行信息加工的实验条件下，精神病态者识别面部情绪的准确性比非精神病态者

更差（Kosson et al.，2002）。这些数据支持了大脑左半球激活假设（left-hemisphere activation hypothesis）（Kosson，1998），该假设认为精神病态者在完成那些需要依靠大脑左半球激活的各种任务时存在缺陷。

　　由于语言在行为的自我调节中扮演着非常重要的角色，导致精神病态者产生极度冲动的间歇性行为的因素之一可能是他们对内部语言的使用存在一定缺陷。弗洛 – 亨利（Flor-Henry）在几十年以前就指出了这一点（Flor-Henry，1973；Flor-Henry & Yeudall，1973），他认为精神病态与大脑左半球语言障碍有密切关联。另外一些研究表明，精神病态者的大脑右半球可能同样存在缺陷（Herpertz & Sass，2000）。例如，研究人员（Day & Wong，1996；Silberman & Weingartner，1996）表明，精神病态者的大脑右半球存在缺陷，导致他们无法体验到与正常人同样强度的情感。其他研究人员发现了精神病态者表现出情感悖论（emotional paradox）的证据。这意味着精神病态者对情绪线索和情境的抽象表达（即口头上的表述）是正常的，但他们在生活中利用这些情绪线索来做出判断和行为的能力存在缺陷（Lorenz & Newman，2002）。也就是说，精神病态者能够正常地谈论情绪线索，但缺乏在实际生活中有效地运用这些线索的能力。这种缺陷似乎是由大脑左半球的信息加工障碍导致的（Bernstein et al.，2000；Lorenz & Newman，2002）。研究人员（Nachshon，1983；Nachshon & Denno，1987）指出，许多研究发现，极大一部分暴力、重复犯罪人都有大脑左半球功能障碍。德国的研究人员也发现了类似的结果（Pillmann et al.，1999）。

额叶的神经心理学研究

　　一些研究表明，重度精神病态犯罪人可能存在额叶病变或功能失调（Kiehl，2006；Morgan & Lilienfeld，2000；Sellbom & Verona，2007；Yang & Raine，2018），尤其是许多结构性脑成像研究表明，精神病态者的这一大脑区域会表现出缺陷（Gao et al.，2009；Gregory et al.，2012；Yang & Raine，2018）。

额叶负责抽象、决策、认知灵活性、预测、冲动控制、适当行为的控制等更高级的认知功能（Ishikawa et al.，2001）。换句话说，额叶承担着大脑的执行功能。研究人员倾向于使用更加精准的术语来描述额叶，也就是前额皮层。如我们在第三章学习的，执行功能（executive function）指的是与目标导向行为有关的高级心理能力，执行功能包括组织行为、记忆、抑制加工和计划策略。研究一致表明，前额皮层损伤会导致决策能力下降、自主神经系统功能减弱，以及表现出一种类似于精神病态的人格（Yang et al.，2005）。

　　越来越多的研究证明，精神病态者的额叶功能确实存在缺陷（Blair，2007；Harenski et al.，2010；Yang & Raine，2018）。研究人员（Morgan & Lilienfeld，2000）在一篇全面的综述中总结道："精神病态人群确实表现出执行功能方面的障碍，这可能导致他们在某些情况下出现冲动控制、决策和计划方面的失误。"

　　在一项有趣的研究中，研究人员（Widom，1978）发现，通过报纸广告招募的精神病态者的额叶功能缺陷未呈现出比在押精神病态犯罪人的严重的特征。研究人员推测，这些"成功的"精神病态犯罪人（指那些逃脱了法律制裁并看到广告应征而来的来自社区的精神病态者）的额叶行为控制功能强于那些"不成功的"精神病态犯罪人（指那些在押的精神病态犯罪人）。另一项研究的发现与前者的结果一致，他们发现"成功的"精神病态者没有表现出类似于"不成功的"精神病态者的心理生理或神经心理方面的缺陷（Ishikawa et al.，2001）。总体来说，与"不成功的"精神病态者或研究中的对照组相比，"成功的"精神病态者表现出更强、更有组织的执行功能。

　　尽管针对成年精神病态者的实证研究不断增多，但针对表现出精神病态特征的儿童和青少年的脑成像研究却很少。几项已完成的研究表示，有部分证据支持"精神病态有可能是神经系统发育异常的结果"这一推测（Gao et al.，2009）。此外，这些神经系统发育异常似乎发生在很早的时期。例如，一项研究发现，如果一个孩子的前额皮层在其 16 个月以前受到损伤，那么这个孩子在长大后会表现出许多与精神病态者相似的特征（Anderson et al., 1999）。这些患者普遍无视社会规范和道德标准、一贯地不负责任且缺乏悔意。

在这一点上，研究表明，额叶可能在解释一些精神病态者和非精神病态者之间的行为差异时具有重要作用。另外，额叶功能失调可能不仅局限于精神病态者，还可能是许多其他类型犯罪人的典型特征（Raine, 1993, 2013）。

杏仁核与海马功能障碍

精神病态者在情绪处理方面明显存在一些缺陷，而这些缺陷通常与额叶有关。研究人员逐渐开始认为，其他一些神经系统的结构也可能导致这种缺陷，也就是杏仁核与海马的组合（Crowe & Blair, 2008；Kiehl, 2006；Yang & Raine, 2018）。研究人员（Yang & Raine, 2018）指出，有几项研究显示精神病态者的杏仁核–海马复合体（amygdala-hippocampal complex）出现了功能和结构异常。

杏仁核是大脑中的一个杏仁状神经元集合体，负责情绪功能，如恐惧、愤怒、厌恶等。每个杏仁核（在大脑的两侧各有一个）都位于颞叶前部的海马附近，海马位于颞叶部分。

另一组研究人员（Kiehl et al., 2001）发现，在一项情绪加工任务中，精神病态者的杏仁核的活跃度低于非精神病态犯罪人和非犯罪人对照组。其他研究也报告了类似的发现（Gao et al., 2009；Harenksi et al., 2010；Jones et al., 2009；Marsh et al., 2008；Müller et al., 2003）。随着研究的深入，对我们理解精神病态者的情绪性行为来说，杏仁核与学习之间的关系可能会成为一个非常重要的因素。研究人员（Yang & Raine, 2018）在仔细回顾了研究文献后总结道："总体来说，尽管存在一些不一致，但迄今为止发表的大多数研究结果都支持杏仁核–海马复合体异常与精神病态之间存在联系。"

周围神经系统的相关研究

周围神经系统又可以分为躯体神经系统（somatic division）和自主神经系统（autonomic division）。躯体神经系统由支配躯体运动的骨骼肌运动神经构成，而自主神经系统则控制心率、腺体分泌、平滑肌活动等。平滑肌是位于血管壁和胃肠道系统的肌肉，在显微镜下可以看到它比骨骼肌光滑，而骨骼肌看起来有一些条纹或纹理。

周围神经系统的自主神经系统分支与我们所讨论的精神病态同样密切相关，因为相关研究一致发现，精神病态者和普通人群对刺激的反应性与敏感度有显著差异。而自主神经系统在这一点上尤为重要，因为它能够激活个体对应激源和压力的情绪性行为和反应。自主神经系统可以被进一步划分为交感神经系统（sympathetic system）和副交感神经系统（parasympathetic system）（见图 7-1）。

交感神经系统的作用是在个体即将（或正在）面临恐惧或紧急情况时激活或唤醒他们的战斗或逃跑反应。正如前文所说，精神病态者即使在高压情境下也表现得像詹姆斯·邦德一样冷静。这一现象有两种可能的解释：其一，精神病态者的交感神经系统对压力刺激无法有效地做出反应；其二，他们的副交感神经系统做出反应的速度比非精神病态者更快。目前，这两种解释都有研究证据支持。

在更详细地探讨精神病态者的自主神经系统之前，我们需要先了解一下测量自主神经系统活动的相关原理与技术。情绪唤醒在很大程度上受到自主神经系统的控制，可以通过监测心率、血压或血容量、呼吸率等自主神经系统的活动来测量情绪唤醒。但最常用的情绪唤醒的生理指标是皮肤电导反应（Skin Conductance Response，SCR），也被称为皮电反应（Galvanic Skin Response，GSR）。当前大部分学者都提倡使用皮肤电导反应这个术语（Lykken & Venables, 1971），因此本节中也使用这一称谓。

SCR 就是电流经过皮肤时所测得的皮肤电阻大小。虽然有很多因素会影响皮肤的电阻，但出汗似

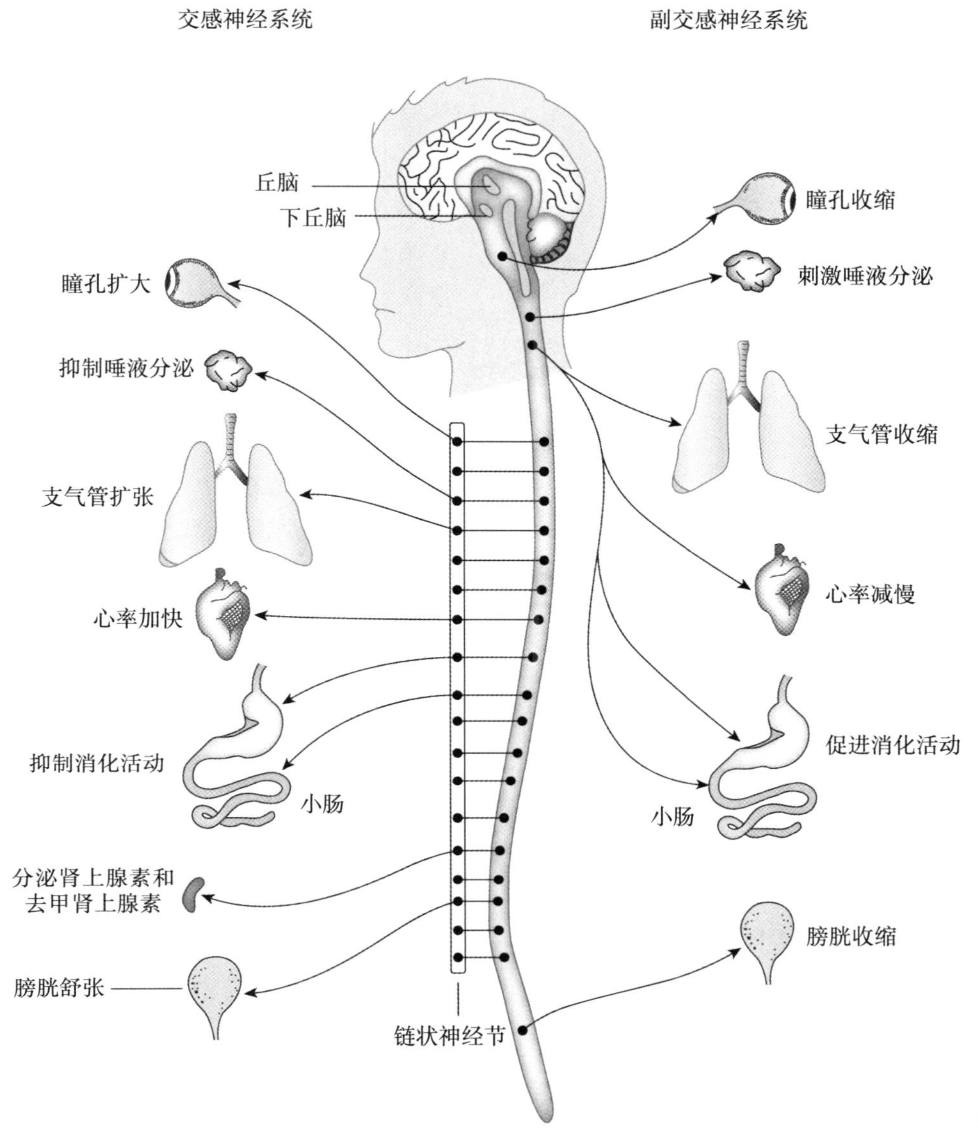

交感神经系统　　　　　　　　　　　副交感神经系统

丘脑

下丘脑

瞳孔收缩

刺激唾液分泌

瞳孔扩大

抑制唾液分泌

支气管收缩

支气管扩张

心率加快

心率减慢

抑制消化活动

小肠

促进消化活动

小肠

分泌肾上腺素和
去甲肾上腺素

膀胱收缩

膀胱舒张

链状神经节

图 7-1　自主神经系统的交感神经系统和副交感神经系统分布示意图

乎是其中最主要的一个。出汗与情绪状态的变化紧密相关，因此它是能够反映自主神经系统细微变化的高度敏感指标。在其他条件一致的情况下，随着情绪唤醒水平的增加，出汗率也会成比例地升高。汗液浓度的微小变化都能通过多导仪或生理仪捕捉记录并放大。汗液增多会降低皮肤电阻。也就是说，皮肤电导水平（Skin Conductance，SC）会随着情绪唤醒水平（焦虑、恐惧等）的升高而增强。

前文提到，精神病态者缺乏在压力或恐惧情境下做出相应情绪反应的能力。基本上，他们给人的印象是毫不焦虑、麻木不仁、冷酷，因此我们可以预测精神病态者的自主神经系统在活跃度和唤醒程度方面应该都会比正常人低。研究文献中的发现是什么呢？研究人员一致报告，精神病态者的皮肤电导水平较低。皮肤电导水平低与自主神经系统的低唤醒水平有关，而低自主神经唤醒水平又与低情绪性、缺乏同情心与愧疚感、能够轻易地说谎等特征有关（Fishbein，2001）。接下来，我们把注意力转向对皮肤电导水平影响最大的神经系统，也就是自主神经系统。

自主神经系统的相关研究

针对精神病态者的自主神经系统的研究非常多。在一项开拓性的研究中，莱肯（Lykken，1957）假设，减少焦虑是学习避免痛苦或压力情境的一个必要因素，而我们推测精神病态者缺乏焦虑的感受，因此他们在学习回避令人不快的事物时应该会尤其困难。回想一下犯罪型精神病态者的两个特征：

（1）他们无法从不愉快的经历中汲取教训；

（2）他们的再犯率很高。

莱肯根据克莱克利的标准严格挑选了研究样本，该样本中的精神病态被试（男女皆有）来自明尼苏达州的几个监禁机构，分为原发性精神病态组和继发性精神病态组，而非精神病态对照组则由大学生组成。

莱肯设计了一个带电的迷宫，并要求被试在 20 项实验内尽快学会走出迷宫。在迷宫中有 20 个选择点，每个点有 4 个对应选项，其中只有一个是正确选项。虽然另外 3 个都是错误选项，但只有其中一个选项会使被试受到一次相当疼痛的电击。莱肯最感兴趣的是被试学会避免电击需要多长时间，这个学习过程被称为**回避学习**（avoidance learning）。他推断，对正常人来说，他们在选择了正确的选项时，焦虑感会降低并以此作为一种奖赏强化回避学习的效果；然而精神病态者由于缺乏焦虑感，他们在任务中的表现应该会明显比正常人差。研究结果支持了这一假设。

在迷宫任务开始之前，莱肯首先测量了每个被试在尝试静坐 30～40 分钟时皮肤电导水平的变化情况。在此期间，被试会周期性地听到蜂鸣声，有时在蜂鸣声发出几秒后还会受到一次轻微且短暂的电击。最终，蜂鸣声和电击相联系形成条件关系。对正常对照组来说，蜂鸣声本身会引起对电击的预期，从而诱发焦虑反应（经典条件反射作用），该反应可以通过 SCR 的明显升高反映出来。但是精神病态者对这种压力的反应相当弱。确切地说，精神病态被试无法学会避免令人疼痛的电击，而正常被试明显

学习得更好。

莱肯的数据表明，精神病态者的自主神经系统反应性确实较低，这导致他们无法像其他人一样学会避免不愉快的情况。不少研究继续支持这些研究发现（Gao et al.，2009；Gottman，2001；Ogloff & Wong，1990）。在表现出精神病态特质的儿童和青少年中，研究人员也发现了较弱的自主神经系统反应性（Fung et al.，2005；Gao et al.，2009）。这是否能在一定程度上解释为什么在存在被捕的风险下，精神病态者仍要接二连三地触犯法律？

另一组研究人员（Schachter & Latané，1964）使用相似的工具和基本流程，在莱肯工作的基础上进一步研究，并做了一项重要的修改。每个被试完成了两次迷宫任务，一次是在注射了无害的生理盐水之后，另一次是在注射了肾上腺素（一种可以提高生理唤醒水平的激素）之后。研究人员基于两个条件从服刑人员中筛选被试：

（1）他们与克莱克利定义的原发性精神病态者的相似程度；

（2）他们的改造难度，通过犯罪记录的数量和服刑时间的长短来评估。

两个方面得分都很高的犯罪人为精神病态组，而剩下得分较低的犯罪人为非精神病态组。

他们发现，注射了肾上腺素的精神病态被试在回避学习任务中的表现有明显进步。事实上，在注射肾上腺素的情况下，精神病态组比非精神病态组更快学会回避电击。然而，在注射生理盐水的情况下，精神病态组就与在莱肯研究中的精神病态被试一样，表现出回避学习的缺陷。

由于焦虑感被认为是反社会冲动的主要遏制力，使用药物控制精神病态者的情绪唤醒程度或焦虑状态可能会成为有效治疗精神病态犯罪人的一种手段。显然，某些特定的药物能够将精神病态者的情绪水平提高到与正常人群相当的程度。

黑尔（Hare，1965a，1965b）的后续研究发现，原发性精神病态者在静息态下的皮肤电导水平显著

低于非精神病态者的。皮肤电导水平指的是个体身上两个电极之间（通常放置在同一只手的两根手指上）有微弱的电流通过时测得的身体的电阻，而被试是感受不到电流经过的。皮肤电导水平最常被用于测量唤醒程度（唤醒程度越高，皮肤电导水平越高）及作为一种基本测谎手段（生理多导仪）。其他研究人员也报告了与黑尔的研究相似的结果（Herpertz & Sass，2000；Lorber，2004）。在另一项重要的研究中，黑尔（Hare，1967）将来自不列颠哥伦比亚监狱的 51 名犯罪人分为 3 组，分别是原发性精神病态组、继发性精神病态组和非精神病态组，并在不同的条件下监测他们的自主神经功能。该实验还对一种复杂的生理反应——定向反应（Orienting Response，OR）进行了观察。

定向反应是个体对环境中陌生、预料之外的变化所做出的一种非特异性的、高度复杂的皮质和感官反应。这种反应的表现形式可能是转动脑袋、瞳孔扩大或心率下降等，动作的目的是判断究竟发生了什么变化。巴甫洛夫将其称为"它是什么"（what-is-it）。它是一种伴随着任何可察觉的环境变化产生的自主的、反射性的行为，因此可以通过多种生理指标来测量。除此之外，定向反应还能增强感官和大脑皮层的分析能力。

黑尔发现，精神病态组不仅自主神经活动性更低（包括皮肤电导水平和心率），并且他们的定向反应也低于对照组。这一发现说明精神病态者对环境变化的敏感性和警惕性都比正常人更低，尤其是对新的和不寻常的事件。

黑尔后来报告了一组有趣的关于精神病态者心血管活动的数据。上文中的结论都是基于皮肤电导水平数据得出的，但在对心血管活动相关变量进行研究时，研究人员发现了一些不同的结果。虽然研究一致发现，精神病态者的皮肤电导水平低于正常人，但他们的心血管活动（心率）却往往与正常人一样高（Hare & Quinn，1971）。黑尔由此得出结论：精神病态者的皮肤电导调节功能很差，但心血管系统的调节功能却很好（Hare，1976）。也就是说，尽

管皮肤电导指标的测量反映出精神病态者没有学会对刺激做出反应，但从对心率的测量结果来看，他们的自主神经反应与正常人一样好。黑尔认为，当精神病态者的心理生理防御机制发挥作用时，他们可能更容易适应压力，进而使压力源对他们的影响减弱。

黑尔等人设计了一系列在整个过程中监测心率的实验。在其中一项实验中，被试会听到一个声音，而在声音响起后大约 10 秒受到一次电击（Hare & Craigen，1974）。在预期电击出现的阶段，精神病态组的心跳急速加快，紧接着，在电击即将开始前，他们的心率又迅速减慢（正常的反应应该是心率一直稳定地逐渐升高，直到遭受电击）。然而，该研究中精神病态组的皮肤电导水平依然显著低于对照组。因此，心血管活动的测量表明，精神病态者的心血管调节能力似乎很强，这证明他们确实能够习得或遗传了对有害刺激的自主神经适应性反应。黑尔认为，这种心跳加速的反应就是一种适应性反应，有助于精神病态者消除或调整有害刺激导致的情绪性影响。他推测这可能就是精神病态者的皮肤电导水平相对较低的原因。

莱肯（Lykken，1955）也做了类似的实验，测试精神病态者在使用测谎仪时的表现。因为测谎仪依赖的是被试在被提问时产生的生理反应来判断真假，如果精神病态者的生理唤醒水平普遍偏低，那么我们可以预测测谎仪将无法准确分辨他们的说谎行为。此外，精神病态者通常擅长操纵和欺骗他人，因此他们在说谎时很难被发现破绽。莱肯的研究证实了这些假设。精神病态组在说谎和说真话时产生的 SCR 都是相似的，但非精神病态组在这两种情况下的差异显著。在非精神病态组中，通过分析皮肤电导水平，能被成功识别出来的谎言比例比在精神病态组中的更高。但黑尔强调，实验室中的环境都是人为构建的，尤其是压力情境，与现实生活中的情境有很大区别，因此除非未来有进一步的研究证据支持，否则不能不加批判地接受他的研究发现。

到目前为止，很少有研究直接探查精神病态和

测谎表现之间的关系。但近年来越来越多的测谎研究开始转向研究精神病态者说谎时的脑功能成像，而这些研究正带来越来越多令人期待的发现。在回顾这些脑功能成像研究时，研究人员（Yang & Raine，2018）总结道："现有的研究结果表明，大脑异常，尤其是在额叶区域的异常，可能与精神病态者的说谎、操纵、欺骗等特征有关。"

同时越来越多的研究发现，精神病态者在很多通常会让正常人感到恐惧的环境中似乎都缺乏恐惧感（Fowles & Dindo，2009；Skeem et al.，2011）。总之，现有证据表明，无畏感是精神病态的一个关键组成部分，但它无法独立解释精神病态者在情感、人际交往和行为方面的所有表现（Skeem et al.，2011）。

综上所述，从迄今为止回顾的研究结果来看，可以对精神病态者的自主神经功能做出以下四个初步推论。第一，不管在静息状态下还是某些特定的压力状态下，精神病态者的自主神经系统和大脑皮层都处于低唤醒水平。与正常人相比，他们在生理反应上表现得更加无畏。第二，精神病态者缺乏必要的情绪反应机制，因此在回避学习中表现出明显的缺陷，这可能是导致他们再犯率极高的部分原因。第三，数据表明，如果情绪唤醒可以通过注射肾上腺素等方式人为诱发，那么可以通过这种方式增强精神病态者的回避学习能力，使他们从过去的经历中汲取教训，学会像正常人一样避免那些通常会令人痛苦或不快的情况（如入狱、窘迫、社会谴责等）。第四，通过金钱奖励等有效的奖励手段，精神病态者也能像其他人一样从过去的经历中学会避免令人不快的后果。

同样，有研究表明，成年精神病态者通常在儿童期就开始表现出明显的反社会行为（Seagrave & Grisso，2002）。因此，为了分辨出哪些个体未来可能发展成精神病态者，我们期待将会有研究人员着手探究精神病态的发展轨迹。下一节将探讨我们目前对精神病态者童年的了解。

精神病态者的童年

前面已经探讨了精神病态的行为表现和神经心理学特征。现在我们的问题是，他们是怎么发展成这样的？家庭通常被认为是犯罪行为和其他问题行为产生的根源，尤其是那些充满矛盾冲突、教养方式不当或有不良榜样的家庭。但从上文中我们对精神病态的神经心理学因素的分析来看，答案显然没有这么简单。精神病态更像神经心理因素、社会因素和学习因素三者之间错综复杂的交互作用的结果。

尽管对精神病态的分类的观点相对比较统一，但克莱克利（Cleckley，1976）并不认为精神病态者的家庭背景中存在任何共同特点。即使我们认可神经心理缺陷是导致精神病态的重要因素之一，也并不意味着这些因素一定具有遗传性。就像之前所说的，精神病态者可能生来就有形成这种障碍的生物学倾向，但这种倾向需要被特定的社会心理风险因素（如忽视或虐待的教养方式）触发才会发挥作用。精神病态者的神经系统功能缺陷可能会阻碍条件反射的快速建立，也可能不利于在违反规则和惩罚之间形成联结的过程。由于这种缺陷，他们无法对惩罚做出预测，因而也不会产生罪恶感（缺乏良知）。神经系统缺陷理论也可以用另一种理论代替，该理论认为，精神病态者的神经系统的某些方面可能尚未发育成熟。精神病态的产生还有可能受到遗传因素、在胎儿期或幼儿期暴露在有毒物质中（如含铅涂料、其他含铅或其他有毒成分的物质）、难产、先天气质等早期发育因素对神经系统的某些过程产生的影响，导致有些儿童更容易出现品行问题和精神病态特质。例如，在本章我们了解到早期的前额皮层损伤可能会极大地促进精神病态特质的发展。此外，应当强调的是，社会因素对这些先天倾向也有重要的影响。例如，6 个月时表现出的气质问题、出生于社会经济地位低下的家庭、在童年遭受身体虐待、在小学时期被同伴排斥的早期经历等因素结合起来，可以在临床上有效地预测青少年的品行问题（Dodge & Pettit，2003）。基本上，在早年间出现的持续且严重的犯罪行为都或多或少受到遗传因素的影响，但这些因素的影响在儿童期和青春期会因为教养方式和其他环境因素而增强或减弱（Frick & Marsee，2018；Tengström et al.，2004）。

许多研究人员认为，精神病态形成于儿童期，随后在整个成年期都一直持续发展（Farrington，2005b；Forth & Burke，1998；Frick & Marsee，2018；Lynam，1998）。这种观点引起了人们研究未成年人精神病态的强烈兴趣。这类研究表明，精神病态者的儿童期充斥着危机信号。研究人员（Marshall & Cooke，1999）发现，与非精神病态者相比，精神病态者更有可能经历过家庭困境，如父母的忽视、虐待，甚至是厌恶和冷漠；他们还更有可能经历过负面的学校经历。家长缺乏监督和管教不当同样是精神病态者的背景因素之一（Tolan，Gorman-Smith，& Henry，2003）。莱纳姆（Lynam，1998）报告，有多动、冲动、缺乏注意力和品行问题的儿童表现得与成年精神病态者十分相似。保罗·弗里克的一系列研究支持了这个观点。但我们必须补充说明的是，虽然所有的精神病态者在童年可能都经历过上述全部或部分问题，但这并不意味着有类似问题的儿童都一定会发展成精神病态者，虽然其中一部分可能会。

很少有研究人员试图寻找能够预测、影响或导致精神病态的儿童期风险因素（Farrington，2005a）。同样，针对这些风险因素的长期纵向追踪研究也非常少（Farrington，2005a）。一些文献综述（Koivisto & Haapasalo，1996；Patrick，Zempolich，& Levenston，1997）和纵向研究（Lang，af Klinteberg，& Alm，2002；Weiler & Widom，1996）发现，PCL-R 的得分似乎与儿童期虐待相关。一项对伦敦 400 名 8～10 岁男孩的长期纵向追踪研究发现，被忽视、缺乏父母监管、家庭破裂、家庭人口多、父母一方被监禁、母亲抑郁、家庭贫困等因素可以预测被试在 48 岁时的精神病态得分（Farrington，2005b）。

探索精神病态者童年的一个富有成效的途径就是对发展理论家所描述的持续终身型犯罪人进行深入的研究。发展理论认为，持续终身型犯罪人从儿童期就开始表现出跨情境、跨条件的反社会行为。在神经功能方面，他们会表现出多种轻度的神经心理障碍，如婴儿期的气质问题、在儿童期出现的注意缺陷 / 多动障碍、在青春期出现的学习困难等。在社交方面，持续终身型犯罪人在少年时不仅会被同龄人排斥，也会被成年人讨厌。在情绪方面，这些孩子几乎不会表达对他人的同情或关心，很少表现出与家庭的联结，往往施虐成性、喜欢操控他人，冲动性很强且缺乏洞察力。仔细观察持续终身型犯罪人的发展路径，我们往往会发现他们的症状与犯罪型精神病态者相似。但是需要强调的是，只有一部分持续终身型犯罪人有可能完全达到精神病态的诊断标准。

精神病态犯罪人的矫治

对精神病态犯罪人的矫治这一领域一直都被悲观和沮丧的氛围所笼罩。黑尔（Hare，1996）坚称："目前没有已知的方法可以治疗精神病态。"不过，他也补充道："这并不一定意味着精神病态者那种自我中心和冷酷无情的态度和行为是无法改变的，只是目前没有可靠的治疗手段或'再社会化'项目可以对精神病态者产生效果。"有大量研究文献证明，针对成年人精神病态的治疗收效甚微（Hare et al.，2000；Polaschek & Skeem，2018）。因此，一些评论指出，尝试对精神病态者进行心理治疗或干预完全是在浪费时间。一组研究人员（Gacono et al.，2001）在他们的文献综述中总结道："简单来说，目前没有任何实证研究证明精神病态是可以治疗的。"同样，另一组研究人员（O'Neill，Lidz，& Heilbrun，2003）总结道："迄今为止，还没有任何一种有效的精神病态的治疗方法。"

一些早期研究发现，成年精神病态者要么完全不配合治疗，要么把治疗当作游戏，假装配合，但实际上是在"玩弄"治疗师（Hare，1996；Porter et al.，2000；Rice，Harris，& Cormier，1992）。研究人员（Farrington，2005a）指出，人们似乎普遍相信精神病态者很难被矫治，主要存在四个原因：

（1）精神病态者属于一个极端的、与其他犯罪人完全不同的群体；

（2）精神病态者一生都极其顽固；

（3）精神病态有一部分是生理因素导致的，无法通过社会心理手段加以干预；

（4）精神病态者擅长说谎、玩弄、操控他人的特质会让治疗变得更加困难。

但是，另一些研究反驳了这些结论（Salekin et al.，2010）。许多研究人员和临床医生都认为，成年精神病态者无法被矫治的这一说法是没有根据的（Salekin，2002；Skeem，Monahan，& Mulvey，2002；Skeem et al.，2003；Wong，2000）。有一点很明确，即矫治精神病态者是一件困难的事情。斯基姆等人（Skeem et al.，2011）断言："精神病态犯罪人就像其他高风险的犯罪人一样，往往回避治疗、言辞激烈、充满敌意、搪塞敷衍、破坏性强，并且更不愿意做出改变，也不愿意参与工作和教育等辅助活动，更有可能过早地退出或终止矫治。"波拉斯切克和斯基姆（Polaschek & Skeem，2018）在一篇对成年精神病态者矫治相关文献的综述中总结道："一些设计严谨的研究发现了令人鼓舞的结果，但还不足以令人信服。"

一些研究证据表明，与较少接受矫治的精神病态者相比，接受过更多矫治的精神病态者在之后表现出的暴力行为更少（Skeem et al.，2003）。需要指出的是，绝大多数研究都集中在男性精神病态犯罪人的再犯率上，而我们对女性精神病态犯罪人的再犯率却知之甚少。

评估精神病态矫治项目的有效性通常是一件困难的事情，因为这些人有能力操控自己的表现。例如，许多精神病态犯罪人会自愿参与监狱内的各种矫治项目，表现出"显著的改善"并将自己标榜为模范犯罪人。他们善于说服治疗师、辅导员和假释委员会相信其已经变好了。但是，一旦被释放，他

们的再犯风险依然很高。事实上，一些研究表明，那些参与了矫治项目的精神病态者反而比没有参加矫治的精神病态者更有可能继续实施暴力犯罪。赖斯等人（Rice et al.，1992）调查了一项在监管场所实施的团体矫治项目的有效性，这是一项回顾性的研究，他们在项目完成 10 年后再次分析了当年的记录和文件。结果显示，参加了团体矫治项目的精神病态犯罪人的暴力犯罪再犯率比那些没有参加矫治项目的精神病态犯罪人更高。而在非精神病态犯罪人群体中的结果却恰恰相反，即与未参加团体矫治项目的非精神病态犯罪人相比，那些接受了矫治的非精神病态犯罪人的再犯率更低。

一些针对这项研究的批评指出，该研究中的矫治项目是一个非典型的例子，仅在监管场所内适用，缺乏代表性和普遍性。此外，赖斯等人自己也曾提醒过，参加该研究的精神病态被试是情况最严重的一群犯罪人，其中 85% 的人有暴力犯罪史。严重程度更低的精神病态犯罪人是否也会表现出相似的结果还不得而知。研究人员得出结论：综合所有结果表明，团体矫治项目并不是治疗精神病态的首选，尤其是那些有大量犯罪史的精神病态者（Rice et al.，1992）。黑尔（Hare，1996）认为，团体矫治和以洞察力为导向的矫治方案都是上述方案的特点，这可能有助于精神病态者更好地操纵和欺骗他人。

总而言之，到目前为止，对成年精神病态者的矫治并没有发现令人鼓舞的结果。正如波拉斯切克和斯基姆（Polaschek & Skeem，2018）所说："即使是那些设计严谨的研究也没有得到令人信服的结果。我们没有发现任何可靠的研究证明成年精神病态者的症状能够通过矫治手段改善。"

对有精神病态特征的儿童和青少年的治疗

正如上文提到的，对成年精神病态者的矫治领域一直都被悲观和沮丧的氛围所笼罩，尽管近年来情况稍有好转。不幸的是，我们对预防和矫治儿童和青少年精神病态的方法的有效性同样知之甚少（Farrington，2005a），或者就像许多研究人员和临床

医生说的那样，我们对有精神病态倾向或特征的儿童和青少年本身就知之甚少（专栏 7-3 中的治疗项目是一个例外）。

从逻辑上来说，与成年精神病态者相比，有精神病态特征的儿童和青少年对预防和治疗手段的反应应该会更积极，因为他们在这个发展阶段的可塑性更强。因此，研究人员已经开始评估两种治疗项目的有效性：

（1）专门为有精神病态特征的未成年人设计的治疗项目；

（2）针对未成年犯罪人设计的矫治项目，包括那些有精神病态特征的未成年犯罪人。

相关研究强调，有精神病态特征的儿童和青少年表现出一系列明显的情感和认知功能缺陷，这些缺陷导致了他们的暴力和反社会行为。研究人员（Salekin & Frick，2005）认为，为有精神病态特征的未成年人设计个性化的干预方案至关重要。例如，实验室研究表明，有行为问题和高冷酷无情特质的儿童倾向于对奖励驱动的干预做出更好的反应，而对惩罚驱动或恐惧诱导的干预形式做出较差的反应（Hawes & Dadds，2005）。这些发现表明，与没有冷酷无情特质的儿童相比，表现出高奖励驱动力和低恐惧抑制的儿童应该会对使用基于奖励的策略（如表扬、奖励、强化标记）来改变行为的父母做出更多、更好的反应，但对父母的其他惩戒行为（如暂停权利、责骂或没收喜爱的玩具）仍然不敏感。研究人员（Haws & Dadd，2005）总结道："针对冷酷无情特质及其他精神病态风险因素的评估或许能为我们提供信息，进而帮助我们更有针对性地为这些孩子制定个性化的干预方案。"

研究人员（Polaschek & Skeem，2018）发现，对治疗有精神病态特征的少年犯的高质量研究并不多，但也有一些成功的案例。他们认为治疗精神病态最有效的时期就是青春期早期。他们注意到，神经心理学研究表明，青春期的开始标志着奖励处理、情绪刺激处理和社会认知推理开始发生巨大的变化。

青春期可能是决定一个人是否会发展成精神病态者的关键时期。他们得出结论：预防性或集中性的治疗项目可以帮助冷酷无情特质的儿童和青少年减少他们的反社会行为。这些研究结果表明，冷酷无情特质可能会成为改变儿童和青少年反社会行为模式的一个有效的干预靶点，但还需要进行更多严谨的研究，才能得出确切的、证明其有效的结论。无论如何，希望是有的。

在另一项令人鼓舞的研究中，研究人员（Salekin，Rogers，& Machin，2001）采访了超过 500 名临床儿童心理学家，其中许多临床专家报告称，他们在治疗有精神病态特征的儿童和青少年的过程中曾取得过中等程度以上，有时甚至是显著的成效。治疗所用的平均时间在 12 个月左右。经过了大约 1 年的治疗后，这些儿童和青少年在暴力行为和再犯率等指标上都有了十分明显的改善。临床医生估计，有大约 42% 的男孩和大约 45% 的女孩的精神病态症状总体上有了从中等程度到显著的改善。正如上述研究总结的，这些研究发现非常重要，它们证明了精神病态者，至少是儿童和青少年精神病态者，可能没有我们之前想象中那么难以治疗。

研究人员（Salekin，2002）发表了一篇文献综述，回顾了 42 篇针对精神病态治疗的研究。尽管其中许多研究存在一些方法上的缺陷（如样本量太少、对精神病态的定义不统一等），但认知行为疗法、精神动力学疗法和折中疗法都被证明是有效的。最明显的效果是精神病态的特征减少了，如说谎的次数减少、愧疚感和同理心增强，以及与他人的关系改善了。有一个集中的行为导向治疗项目在治疗有精神病态倾向的青少年时达到了很高的成功率（88%）。这个治疗项目（Ingram et al.，1970）基于感觉寻求模型，该模型使 20 名青少年参与者在整个疗程中都对治疗感兴趣。该治疗项目能够减少这些青少年在监管机构内的攻击行为，并提升他们对群体的总体适应程度。这些被证明最有效的心理疗法往往都是集中治疗，并且常常与其他治疗方法相结合，如团体心理治疗、药物治疗，或者有家庭成员参与的治疗。这些结果至少初步表明，对于像精神病态这种复杂的心理问题，设计更严谨、更集中的治疗方案，采取诸如个体心理治疗、家庭治疗等方法，以及获得来自其他小组成员（患者、狱友）的帮助都是有益的，能提升整体的治疗效果。治疗方法成功的关键可能在于它们的范围、类型、强度、持续时间，以及对实施干预的工作人员的培训。那些不太成功的治疗项目往往具有两个特点：

（1）缺少受过良好训练的专业人员参与其中；

（2）患者与治疗师严重缺乏一对一交流的机会。

尽早地开始干预对那些表现出精神病态特征的儿童尤为重要。人们对治疗精神病态的悲观态度削弱了他们探索有效干预手段的动机，这是毫无根据的。

本章小结

精神病态可能是犯罪心理学领域中研究最广的概念。虽然精神病态者只占总人口的很小一部分，但他们在犯罪人中所占的比例较高。当精神病态者犯罪（并不是说他们一定会犯罪）时，他们的罪行可能很严重，但不一定都是特别恶毒和残酷的。原发性精神病态应当与精神病、神经症、情绪障碍等区分开，同样也应该与反社会型人格障碍、继发性精神病态和反社会型精神病态等概念区分开。反社会型人格障碍与精神病态是两个不同的概念，尽管许多临床专业人员和研究人员经常将二者混淆。这是可以理解的，因为 DSM-5 中对反社会型人格障碍的诊断标准与罗伯特·黑尔定义的犯罪型精神病态的概念有很多相似之处。

精神病态者表现出一系列有别于其他群体的行为和神经心理学方面的特征。在本书中，我们最感兴趣的当然是那些违法犯罪的精神病态者，特别是持续型和／或暴力型犯罪人。在这个意义上，犯罪型精神病态者、反社会者及反社会型人格障碍患者在犯罪行为模式上是非常相似的。

在社交场合，精神病态者通常表现得迷人、大胆、风趣、智慧，他们极具个人魅力，但缺乏情绪反应和共情能力。他们似乎缺乏道德标准或缺乏真诚地体谅他人感受的能力。如果他们犯罪，将会成为执法人员的噩梦，因为他们的犯罪往往（至少看起来）缺乏合理的动机。更糟糕的是，他们缺乏悔意及改过自新的动机或能力。不过近年来，针对精神病态者的长期性和集中性的心理治疗项目取得了一些成功。

关于精神病态尽管有多种理论观点，但目前最主流的是四因素模型。该模型认为，精神病态由人际关系、生活方式、情感和反社会倾向四个方面的因素构成。帕特里克提出的三元精神病态模型则侧重于三个维度的特征：冷酷无情特质、去抑制特质和大胆特质。三元精神病态模型引起了很多研究人员的关注，并在近年来的研究中得到了支持。

暗黑三人格近年来受到来自人格心理学研究人员的广泛关注，而精神病态也是暗黑三人格的一个组成部分。除了精神病态，暗黑三人格还包括了自恋和马基雅维利主义。一项对暗黑人格的最新修订版本中加入了日常施虐。不过，到目前为止，这一新的概念还不足以就这些人格特征和犯罪之间的关系得出任何确切的结论。

研究人员设计了各种各样的工具来评估精神病态。其中最常用的是由黑尔等人开发的"精神病态检核清单"（PCL）及其修订版（PCL-R）和各种分支版本。这些分支版本包括筛查版（PCL：SV）和青少年版（PCL：YV）等。其他研究人员也为未成年人开发了针对性的精神病态评估工具，包括"儿童精神病态量表"（CPS）和"青少年精神病态特质量表"（YPI）。虽然对 PCL 的研究是最丰富的，其应用也最广泛，但仍应谨慎对待它所适用的人群。此外，评估必须由接受过专业训练的主试进行。不管在司法系统还是监管场所中，被打上精神病态的标签都会给个体带来很多负面影响。

我们对精神病态的了解仍然有许多空白，

其中之一就是精神病态的性别差异。现有的对女性精神病态者的研究很少，虽然近年来有所增加。一些研究表明，女性精神病态者在行为特征方面与男性精神病态者基本一致，但对女性精神病态者的研究更侧重于与性相关的不良行为。不过，这可能反映的是一种文化偏见，因为传统观念中对女性的性道德要求更严格，她们与男性相比更有可能会因为不合适的性行为而受到惩罚。使用黑尔的 PCL-R 对女性犯罪型精神病态者进行研究发现，她们的行为模式可能与男性犯罪型精神病态者有所区别。例如，女性精神病态者在身体上的攻击性更弱，而在人际关系中的攻击性更强。研究还发现，与男性精神病态者相比，女性精神病态者往往经历了更多的环境剥夺，在身体和性方面遭受过的伤害也更多。她们的犯罪经历通常起步较晚，并且再犯率低于男性精神病态者。

近年来，一些研究开始从不同的视角来研究精神病态，侧重于关注精神病态者的适应性和积极的特征。换句话说，许多在生活中非常成功的人，甚至是领导人物，都常常表现出精神病态的特征。现在人们认为精神病态是一种连续性的特征，因此，一些具有很多精神病态特征（如大胆、爱冒险、寻求刺激）的人也有可能取得很高的成就，并对社会做出重大的、积极的贡献。精神病态的这一方面值得更多的研究关注。

一个极具争议性的领域是未成年人精神病态的测量及这个概念是否真的存在。研究人员编制了许多量表来评估这一概念，并且比较了未成年和成年精神病态者的特征。但是，在未成年群体中观察到的"精神病态特征"可能具有欺骗性。例如，许多未成年人有冲动、寻求刺激、冷酷无情等表现，但这些特征常常是青春期发育过程中出现的正常骚动的部分。虽然这些特征值得研究，但我们不能草率地判断这些特征就是精神病态的表现。不过目前的研究已经证实，有一部分儿童和青少年表现出了一些与精神病态高度类似的特征，更重要的是，这些特征是可以被成功矫治的。

近年来，研究人员对精神病态的研究兴趣有增无减。迄今为止，研究已经清楚表明，黑尔提出的（通过 PCL 测量的）原发性精神病态具有许多独有的特征。精神病态的特征包括独特的认知和情绪模式，以及生理指标特征，一些研究表明，这些特征是可以遗传的。许多精神病态者的童年都存在不良教养方式和行为问题等特征。这些特征结合在一起使精神病态者对治疗的阻抗性很高。这使矫治犯罪型精神病态者的临床工作者非常受挫，因为这些犯罪人中的多数都知道该如何玩这种"治疗游戏"，假装他们的行为问题已经改善。尽管如此，研究人员也已经开发出了有希望的强化项目，这表明现在就得出犯罪型精神病态者的行为是不可改变的这一悲观的结论还为时尚早。

核心术语

社会病态（sociopath）

原发性精神病态（primary psychopath）

继发性精神病态（secondary psychopath）

反社会型精神病态（dyssocial psychopath）

反社会型人格障碍（Antisocial Personality Disorder，APD）

犯罪型精神病态（criminal psychopath）

语义性失语症（semantic aphasia）

再犯（recidivism）

精神病态检核清单修订版（Psychopathy Checklist-Revised，PCL-R）

因素分析（factor analysis）

因素 1（Factor 1）

因素 2（Factor 2）

因素 3（Factor 3）

四因素模型（four-factor model）

三元精神病态模型（Triarchic Psychopathy Model，TriPM）

卑劣（meanness）

冷酷无情特质（callous-unemotional trait）

去抑制特质 / 外化倾向（disinhibition trait / externalizing proneness）

大胆特质 / 无畏的支配欲（boldness trait/ fearless dominance）

暗黑三人格（dark triad）

神经心理学（neuropsychology）

标志物（markers）

情感悖论（emotional paradox）

执行功能（executive function）

回避学习（avoidance learning）

思考题

1. 简单描述犯罪型精神病态者的核心行为特征。

2. 研究发现男性和女性精神病态者之间有哪些差异？

3. 列举并简单描述五个用于测量精神病态的工具。

4. 解释以下几个黑尔提出的定义：原发性精神病态、继发性精神病态、反社会型精神病态和犯罪型精神病态。

5. 你对犯罪型精神病态者的再犯率和矫治这两个方面有哪些了解？

6. 探讨将儿童和青少年贴上精神病态标签可能会带来的伦理问题。

7. 描述精神病态的三因素观点和四因素模型。

8. 描述三元精神病态模型。

9. 精神病态者和非精神病态者在生理心理学方面有何差异？请深入论述所有相关的特征。

犯罪与精神障碍之间的关系是一个复杂且备受关注的话题。有颇多影视作品对二者做了深入、细致的描述，刻画出许多令人印象深刻的人物形象，如《沉默的羔羊》中的主角汉尼拔（Hanniba）博士，以及《贝茨旅馆》（*Bates Motel*）中的贝茨母子。他们都遭受过严重的心理创伤，患有明显的精神障碍，并且都连连犯下命案，甚至享受其中、欲罢不能。有鉴于此，每当媒体或网络上出现恶性犯罪案件的报道时，大众总会联想到精神健康议题——一方面怀疑犯罪人患有精神障碍，另一方面担忧他们以此为借口逃脱法律的惩处，逍遥法外，以致正义无法被伸张，继而引发一轮激烈的舆论热议。

虽然某些特定的精神障碍的确与犯罪行为显著相关，但大众对犯罪与精神障碍的常见误区包括：所有精神障碍患者都有犯罪倾向；精神障碍患者无法控制自己的行为，因此更容易犯罪；只要看起来患有精神障碍，犯罪人都能够逃脱应得的惩罚，等等。就严重犯罪而言，患精神分裂症（以及其他精神病性障碍）与双相障碍的患者是最令人担忧的，但这些障碍的患者并非必然走向犯罪；换句话说，绝大多数患有这些精神障碍的患者并不会实施犯罪行为。

本章将对上述常见误解做出细致和专业的回应，主要涉及以下内容：解读精神障碍的界定与诊断标准；探讨精神障碍与受审能力，并对精神失常抗辩的规则与标准进行回顾；分析精神障碍相关的特殊抗辩的具体情境与条件；介绍和概述违法犯罪人的精神障碍流行病学数据；讨论精神障碍与暴力行为之间的关系，以及在监禁场所里被监禁人员的精神障碍问题。

相信通过学习本章的内容，读者将对犯罪与精神障碍之间的关系有更加准确和全面的把握，并对评估精神障碍患者危险性的方法有一定的认识。

王春光

中央司法警官学院矫正教育系 副教授

谢中垚

中国政法大学社会学院 讲师、博士

08

第八章

犯罪与精神障碍

本章译者：王春光　谢中垚

学习目标

- 对精神障碍进行界定。
- 概要性介绍 DSM-5 中与犯罪行为高度相关的精神障碍及其诊断标准。
- 对与受审能力相关的问题进行界定与回顾。
- 对精神失常抗辩①的规则与标准进行回顾。
- 对某些情况下为免除或减轻被告人刑事责任而提出的特殊抗辩进行探讨。
- 对被监禁群体中精神疾病的流行病学概况进行简述。
- 对风险评估进行界定并识别评估暴力犯罪行为时所使用的风险因素。
- 探讨精神障碍与暴力之间的关系。

- 2013 年，曾先后 4 次被派往伊拉克参战的退伍军人克里斯·凯尔（Chris Kyle）与其好友在得克萨斯州的一个射击场遭到枪杀。枪手被捕后，以事发时处于精神失常状态为由在庭审中为自己辩护。但最终他被定罪，判处终身监禁且不得假释。

- 2011 年 1 月，一名 23 岁的青年向亚利桑那州女议员加布丽埃尔·吉福兹（Gabrielle Giffords）的头部开枪。另外被该青年射杀的还有 6 人，其中包括一名 9 岁女孩和一名联邦法官。除了女议员吉福兹，还有 12 人受伤。枪击事件发生在图森市（Tucson）的一家超市门口，当时女议员正在会见选民。袭击者最初被法院认定为无受审能力，并按患重性精神障碍被送至密苏里州一家医院接受治疗。2012 年 8 月，该青年选择认罪，这么做显然是为了避免被判死刑。

- 2012 年，在一家位于科罗拉多州奥罗拉市（Aurora）的电影院里，《蝙蝠侠：黑暗骑士》（*Batman: The Dark Knight Rises*）正在午夜首映，一名男子突然开枪扫射，致 12 人死亡、多人受伤。2015 年，此人以精神失常为由做出无罪抗辩，后又提出以认罪换取终身监禁的辩诉交易判罚，但检察官拒绝了他的诉求，选择继续将案件提交审判，并希望陪审团判处他死刑。行凶者最终被判有罪，但并未被判处死刑。

- 最后还要提到一起触目惊心的案件。2001 年，一名 31 岁的妇女将她的 5 个孩子溺死在浴缸里，最小的孩子只有 6 个月，最大的 7 岁。该妇女有精神障碍史，曾两次自杀未遂，并因重性抑郁障碍至少住院 4 次。在陪审团审判中，她提出了精神失常抗辩，并特别引用了一个患有重度产后抑郁障碍的病例。她的律师称，她坚信自己被撒旦附体，充满罪孽和邪恶，她的孩子们会因此到地狱受苦。这名妇女被判犯有杀害 5 个孩子的罪行，但上诉法院发现此案起诉阶段存在重大法律错误，随即对她进行了再审。在第一次审判时，法官以精神失常为由判其无罪。时至今日，她仍被收容在一家配有安保戒备的康复机构中接受封闭治疗。

上述每个大案，以及本章将会提及的所有其他案件，都备受瞩目，每一个案件都揭示出令人不安的问题，即美国法律系统应如何处置那些犯重

---

① 精神失常抗辩（insanity defense），通常译为"精神错乱辩护"，但目前考虑到"精神错乱"（insanity）一词越来越显示出污名化的内容，因此在本书的翻译中，统一改为"精神失常"。——译者注

罪的精神疾病患者。弑子之母——安德烈亚·耶茨（Andrea Yates）案在全美国激起了关于精神障碍法律标准的大辩论。枪击女议员吉福兹并致多人死伤的男子——贾里德·洛夫纳（Jared Loughner）一案对精神疾病患者获得枪支的可能性及将其送上法庭的程序提出了质疑。洛夫纳在违背意愿的情况下服用了精神药物，以使他有能力为自己的行为接受审判。科罗拉多州奥罗拉市电影院惨案的枪手詹姆斯·霍姆斯（James Holmes）愿意认罪，但当检察官坚持对他做死刑起诉时，他以患有精神障碍为由申请无罪辩护。对此，陪审团内部出现了严重分歧，长时间难以达成一致。杀害克里斯·凯尔的凶手——埃迪·雷·劳思（Eddie Ray Routh）被诊断患有创伤后应激障碍，但律师并未引用该诊断进行辩护；相反，律师辩称劳思是在精神失常状态下作案，当时他认定受害者是被派来杀害他的"猪刺客"（pig assassins）。

尽管上述每个案件都非常惨痛，然而并非所有残忍和暴力的案件都是由精神疾病患者所为，而且，精神疾病患者通常也不会犯下此类罪行。例如，枪支暴力、恶性袭击与性暴力，大多是由没有精神疾病背景的人犯下的。如果精神疾病患者都要承担责任，那么犯罪率将会飙升。据估计，全美国约 18% 的成年人患有各类精神疾病，其中 1/5 患有重性精神疾病（NIMH，2019；HHS，2013）。尽管如此，大众还是普遍持有一种观念，即那些走进商场随机射杀顾客和售货员的人一定患有某些精神疾病；同样，性侵害、性虐待和杀害 4 岁儿童的人也一定是精神疾病患者。不然还有什么能解释他们的疯狂行为呢？与这种看法紧密相关的观点是，这些犯罪人本质上充满邪恶。虽然这种"本质邪恶论"正逐渐被人接纳，或许反映出公众对法律中能够以精神失常为由而脱罪这一漏洞的不满。但是，公众依然坚信恶性犯罪通常都涉及精神疾病，特别是对那些令人发指、难以解释的犯罪案件来说。尽管存在这些观念，以精神失常为由进行的抗辩并未得到广泛支持（Goldstein et al.，2013）。正如上述案件中，

只有耶茨案是唯一以精神失常抗辩成功的案例，并且发生在第二次审判时，而且是由法官审判而非陪审团审判中得以实现的。

将精神疾病与犯罪，特别是严重暴力犯罪捆绑、联系到一起，娱乐与传媒业也"功不可没"。在娱乐媒体上，精神疾病常常与贪欲和报复一样，被认为是绝大多数犯罪的基本动机（Surette，1999）。当今，电视节目和网络上大量的犯罪剖析节目都倾向于将暴力罪犯——特别是谋杀犯——描绘成怪异的、精神失常的人，并且还很抗拒犯罪心理画像专家为"剖析他们的心理"所做的努力。

现实中的犯罪，特别是涉及大量受害者的犯罪，如大规模枪击事件，往往被大众归咎于精神疾病。尽管绝大多数与枪支有关的死亡是由非精神疾病者造成的，但每当大规模枪击事件发生后，公众几乎无一例外地要求禁止患有精神疾病的人拥有枪支。一些研究也表明，在对多起谋杀案件做报道时，与非洲裔美国人罪犯相比，媒体往往将白人与拉丁裔美国人罪犯描述得更富同情心，也更有可能患有精神疾病（Duxbury，Frizzell，& Lindsay，2018）。我们将在本章后面的部分回到这个重要话题。

从历史上看，精神疾病对整个社会、精神卫生领域和刑事司法系统都是一种挑战。表现出离奇行为的人曾被施以奇怪的甚至充满折磨的"疗法"，以尝试治愈他们那令人费解的疾病。史学家们也记录了诸多旨在帮助行为异常者摆脱控制的宗教仪式。此外，还曾有一些未经测试的技术被用在他们身上，例如，先将精神疾病患者绑在装有轮子的座椅上快速旋转，然后再投入冰水中，或者干脆把他们禁闭在阁楼或精神病院里，然而很少有方法尝试解决他们的问题行为（Rothman，1975，1980）。

20 世纪，能够控制精神疾病的药物问世之后，上述方法被药物治疗取代。较为理想的情况是，接受药物治疗时同步进行心理治疗。但值得强调的是，药物治疗至关重要，因为精神障碍被认为具有特定的神经生理基础。应用药物治疗精神疾病的方法持续至今并不断发展，现在被称为精神药理学

（psychopharmacology）。许多药物都是切实有效的，然而从整体上看，精神疾病患者除了接受药物治疗，还应配合专业的心理治疗。

当今对药物治疗的主要批评之一是药物会产生副作用，包括恶心、无力、无法集中注意力、食欲不佳、眩晕，以及其他令人不适的症状。目前，治疗精神障碍的药物已经有了很大的改善，产生的副作用也更少了。虽然精神卫生专业人员已普遍接受药物治疗的必要性，但许多人仍然担心药物被过度使用。此外，精神卫生专业人员还特别强调，仅靠药物治疗并不能彻底解决精神疾病。现在，我们经常可以见到精神科医生、心理学家和其他精神卫生专家协同合作为患者提供帮助——一些人开具药物处方，另一些人提供心理治疗。

以托马斯·萨斯（Thomas Szasz）为代表的少数精神病学家提出了一个至今仍颇具影响力的观点。萨斯在他的经典著作《精神疾病的神话》（*The Myth of Mental Illness*，1961）、《制造疯狂》（*The Manufacture of Madness*，1970）及许多其他出版物和演讲中对精神病学专业进行了批判。萨斯认为，行为上的偏差，如精神障碍患者表现出来的行为，不应被视为疾病，主要是因为医疗行业被赋予了过多的权力，使他们能广泛地使用药物对异于常人的行为施加控制。萨斯及其追随者倡导在治疗中让人们学习如何对自己的生活负责。萨斯于 2012 年去世，他所秉持的自由主义观点，特别是他认为精神病学专业人员在临床实践中的过度诊断、过度用药，侵犯了公民的个人自由，激起许多精神病学界同行的愤怒。

如今，萨斯的观点已然式微，因为药物已成为治疗精神疾病的主流方式——如果有人愿意，那么精神障碍或行为障碍亦可选择药物治疗。然而，不可否认的是，萨斯对精神病学界主流思想发起的挑战具有重大意义。精神疾病并非神话，应对其病因和疗法不断深入探究。

许多研究人员对一般精神疾病与重性精神疾病（Serious Mental Illness，SMI）进行了区分，且主要关注后者。据估计，在 2017 年，全美国约有 1120 万成年人遭受 SMI 的困扰。SMI 尚无统一的标准定义，但较为常见的定义是：一类导致显著的功能受损的精神、行为或情绪障碍，对生活的一个或多个重要领域造成干扰或限制（NIMH，2019）。

需要强调的是，当 SMI 患者确实犯罪时，他们实施的犯罪通常是轻罪，而非本章开篇所列举的那类重案。他们更可能犯下私闯民宅、商场行窃、轻伤害等罪行，而非谋杀。此外，有研究表明，SMI 并非犯罪的直接原因（Peterson et al.，2014），而且精神疾病犯罪人和非精神疾病犯罪人的犯罪风险因素是相似的（Skeem et al.，2014）。

精神疾病的界定

精神疾病（mental illness）是一种精神障碍，它严重干扰了一个人处理日常生活的能力。精神疾病可能使个体丧失决策能力，但具体丧失程度因人而异。换句话说，即便是患有严重精神疾病的个体也仍然具有一定的决策能力。精神疾病表现为显著偏离任何特定社会中被认为正常的行为举止。像上文提到的重性精神疾病患者，他们不仅偏离了正常行为，还严重妨碍或可能妨碍他人的行为。然而，"疾病"一词鼓励我们探究病因、症状及治疗方法，这也使我们在诊断和治疗上严重依赖于医学。而它的另一称谓，即精神障碍（mental disorder），则并不意味着一个人有病、需要被同情，甚至暗示他可因此不必对自身行为负责。因此，尽管在心理学、精神病学、法律文献、民法和刑法中仍然广泛使用"精神疾病"一词，但限定性相对较小的"精神障碍"一词也经常被使用。本质上这两个术语已经可以相互替换，但这并不意味着患者不需要药物治疗，也不意味着患精神障碍的人总要对其行为负责。

另一个必须区分的术语是智力障碍（intellectual disability），即之前为人所熟知的精神发育迟滞（mental retardation）。智力障碍是一种无法被治愈的认知缺陷。智力障碍传统上通过标准化的智力测验加以测量，但是现在新的测量方法层出不穷，其中包括观察与访谈。虽然智力障碍无法治愈，但许多患者通过接受专门训练和支持服务，能独立自主地工作和生活。

智力障碍人士会因犯轻罪而遭逮捕、拘留或入狱服刑。然而，他们也会因杀人等严重违法而被判处重罪。这是一个极富争议的法律议题，已有许多州的法院审理了相关案件。由于涉及死刑案例，这个议题也延伸到了美国联邦最高法院。2002 年，美国联邦最高法院对"阿特金斯诉弗吉尼亚州政府案"（Atkins v. Virginia）宣布，将当时被称为精神发育迟滞者判处死刑违反了宪法第八修正案中的"禁止残忍和不寻常惩罚"的条款。正如我们将在本章后面讨论的那样，此后发生了一系列案例，都对智力障碍标准提出了挑战，如"摩尔诉得克萨斯州政府案"（Moore v. Texas，2017）。

人们对智力障碍人士的误解或许没有对精神障碍人士的误解那么深，但他们代表了一个需求可能并未得到刑事司法系统承认的群体。因此，虽然本章聚焦于有关精神障碍的议题，但我们也关注智力障碍人士，包括被监禁在监狱和看守所中的智力障碍人士所面临的独特问题。

精神障碍表现为各种行为，其严重程度，从危险、有害行为到基本无害行为。在莫尔斯（Morse，1978）的经典作品中，他更倾向于使用"疯狂行为"一词，其特征是行为怪异、不同寻常，且难以用逻辑解释。如果一个人从酒店大堂走进电梯，面朝电梯后壁目不转睛地发呆，而其他人都面向电梯门，那么这个人展现的就是一种怪异行为。但是如果电梯后壁上的门随后打开了，那么此人的行为就有了一种合乎逻辑的解释：他是一位熟悉电梯结构的酒店员工或客人，或许还会向其他乘客解释他为什么这样做。但如果不存在这种合理解释，也就是说，若电梯并无后门，那么即便只是此人些许的怪异举动，也会引起其他乘客的不安。临床医生会综合此人行为其他方面的信息，对这个不合逻辑的行为做出判断——这可能是焦虑障碍或分离性障碍的症状。然而上述行为并不危险。但是，如果一个人激动地冲进酒店大堂，挥舞着刀，叫喊着酒店员工都是魔鬼，必须为他们犯下的罪孽而死，那么这样的行为既疯狂，也危险。显然，上述两种情况存在巨大差异。

《精神障碍诊断与统计手册》

因此，精神疾病的概念涵盖了各种怪异、夸张、有害或略微异常的行为，《精神障碍诊断与统计手册》（Diagnostic and Statistical Manual of Mental Disorders，DSM）对这些行为做了详细分类。该手册由美国精神医学学会（American Psychiatric Association）委任的专家委员会编制，经过不断修订，目前已更新到第5版（DSM-5）。它已成为临床医生解释和诊断特定精神障碍的指南。精神卫生专业人员使用 DSM-5 来指导诊断，并为患者从第三方（保险公司）报销治疗费用提供依据。一些专业人员更青睐另一套精神疾病分类系统，即世界卫生组织编制的《国际疾病分类》（International Classification of Disease，ICD），目前已更新到第11版（ICD-11）。但需要注意的是，与《精神障碍诊断与统计手册》的过往版本相比，DSM-5 与 ICD-11 在结构上更加接近。无论使用哪种诊断系统，精神障碍诊断的结论性报告不仅经常被收录在法庭文件、监狱档案等官方文件中，也会出现在非刑事案件的判定程序中，如精神残障的判定和子女抚养权。

临床心理学家被建议不要随意在其提供的心理报告中加入临床诊断，除非法庭特别要求提供这些诊断（American Psychiatric Association，2013）。因为这些诊断容易被非精神医学专业人员误解和误读。然而，法院确实经常要求精神卫生专业人员提供诊断报告，而且在刑事责任的精神健康评估中，几乎无一例外地要求提供精神健康诊断。因此，许多精神卫生专业人员发现，要避免提供此类诊断是不可能的（Melton et al.，2018）。

接下来我们探讨最有可能与犯罪行为（尽管并不一定是严重犯罪）相关的几种特定的精神障碍或诊断。然而，必须强调两点：

（1）患有这些精神障碍的人并非必然有犯罪倾向；

（2）即使被诊断患有这些精神障碍，患者仍可被追究犯罪行为责任。

我们强调，本节所涉材料旨在粗略地概述特定的精神障碍及其与犯罪行为之间的可能关系。而对于这些精神障碍的具体描述、评论和治疗建议，可参见DSM-5及其他心理学、精神病学文献（Melton et al.，2018；Slobogin，2018；Weiner，2013）。

就目前而言，与犯罪最紧密相关的四类精神障碍是：

（1）精神分裂症谱系及其他精神病性障碍；

（2）双相障碍；

（3）重性抑郁障碍；

（4）人格障碍中的反社会型人格障碍。

研究人员在一项被广泛引用的研究中指出，这四类精神障碍是人的一生中与个体的暴力行为相关度最高的类型，且前三类精神障碍的患者经常出现在刑事司法系统中，往往被囚禁在监狱里（Steadman et al.，2009，2015）。反社会型人格障碍，正如我们将在下面讨论的，是一个包罗万象的诊断，凡是长期存在反社会行为表现的人都会被诊断为反社会型人格障碍。我们在第七章曾简要介绍过反社会型人格障碍，其行为特征与精神病态非常相似，虽然两者并不完全相同。这四类障碍之所以与犯罪相关，是因为被控犯下严重罪行的人经常会被诊断为这几类精神障碍，它们被认为在犯罪行为中发挥了重要作用。同时，这些障碍也是在刑事诉讼中被用作精神失常抗辩或减轻刑事责任能力的常见理由。我们会回顾这几种精神障碍，然后评估其与犯罪行为之间的相关性。在本章后面部分，我们将简要讨论其他几种精神障碍，如创伤后应激障碍（Posttraumatic Stress Disorder，PTSD）。以这几类精神障碍进行的辩护，都会引起媒体的广泛关注。

精神分裂症谱系与其他精神病性障碍

此类障碍包括精神分裂症、其他精神病性障碍和分裂型（人格）障碍。**精神分裂症**（schizophrenia）是最常被人们与"疯狂行为"联系在一起的精神障碍，因为它的典型特征就是行为极度怪异。精神分裂症伴有认知、情绪情感反应和行为方面的混乱，是一种极其复杂的精神障碍，目前我们对它的理解还非常有限（Andreasen & Carpenter，1993；Sitnikova，Goff，& Kuperberg，2009）。这种障碍一般开始于生命早期（青春期至30岁），常导致社会功能和劳动功能受损，并且影响一生（Andreasen & Carpenter，1993；Schatzberg & Nemeroff，2017）。虽然精神分裂症的行为表现多种多样，但存在一些共性特征。此外，它与之前提到的其他精神病性障碍也有共性特征。具体而言，共同点包括妄想、幻觉、思维散漫，以及严重紊乱或异常的运动行为。患者可能表现出孩子般的无知、喜怒无常及被害妄想，如认为有怪物要杀害他。此外，精神分裂症患者还可能表现为阴性症状（negative symptom），如情感淡漠。其他类型的精神疾病则并不一定存在这些症状（American Psychiatric Association，2013）。

自萨斯等人首次对精神障碍的药物治疗提出谴责以来，精神类药物已经迭代升级。像其他药物一样，精神类药物也有副作用，往往需要监测用药反应并根据情况做出调整，直至确定适当剂量。然而，如果不进行药物治疗，那么这些疾病的患者在思维模式、情绪情感和认知方面的严重症状往往难以得到控制，此外，极端的社会退缩也是典型的症状表现。精神分裂症患者在思维和认知功能方面存在紊乱、与现实脱节，他们的语言常常能反映这一点。对此，最常见的表现是思维散漫（looseness of thought），即思维和想法在完全不相关或仅有间接关联的主题之间无逻辑地游移。患者的思维常常变得破碎和怪异，而且妄想（delusion）（即对现实世界抱有错误的信念）很普遍。

精神分裂症患者的情绪或情感通常是不恰当的（如不合时宜地傻笑或哭泣），或者情感淡漠（如很少有情绪情感反应）。即使接受药物治疗，这种症状也可能持续存在。常见的表现是，患者语气单调、面部僵硬、毫无表情。知觉方面的主要症状是各种形式的**幻觉**（hallucination），即感知到他人没有感知到的事物或事件。最常见的幻觉是幻听，即患者可以听到周围其他人都没有听到的话语或声音。

精神分裂症患者和其他精神病性障碍患者实施暴力犯罪的比例很小。然而，一旦其实施暴力犯罪，尤其像杀人或严重伤害，其暴力程度可能高于典型的暴力犯罪人。一项针对 125 名被诊断患有精神分裂症的杀人犯的研究表明，1/3 的人被认为过度暴力（excessive violence）（Laajasalo & Häkkänen，2006）。过度暴力在有幻觉和妄想的犯罪人中最常见。而妄想，特别是被害妄想，在患有精神分裂症的暴力犯罪人中又尤为常见。其他研究人员（Marleau，Millaud，& Auclair，2003；Taylor et al.，1998）也发现，患有精神分裂症的杀人犯在实施杀人行为时只有幻觉而没有妄想的情况极少。然而，有意思的是，一项研究发现，过度暴力行为最有效的预测因素是犯罪人的暴力史及在现场出现的共犯（Laajasalo & Häkkänen，2006）。

根据 DSM-5，**妄想障碍**（delusional disorder）被包含在精神分裂症与其他精神病性障碍的类别中，妄想障碍不带有精神病性症状（American Psychiatric Association，2013）。它的特点是存在一种或一种以上非离奇妄想，而且这种妄想至少持续一个月。妄想是否离奇是分辨妄想障碍和精神分裂症的重要判断标准。在妄想障碍中，妄想的内容是有迹可寻的，并非空穴来风。举一个非离奇妄想的例子，某人坚信邻居在窥视并想毒死他的狗；而离奇的妄想则更具精神分裂症的典型特征，可能是某人坚信邻居变成一只蚊子在他家窗外盘旋。

妄想障碍包含几种亚型（钟情型、夸大型、嫉妒型、被害型、躯体型、混合型和未特定型），每种类型都有各自的核心主题。就犯罪行为而言，钟情妄想、嫉妒妄想和被害妄想更值得关注，特别是涉及对他人的潜在伤害时。例如，人们很可能会遭到患有嫉妒妄想障碍的前亲密伴侣的伤害。然而应重申的是，亲密关系暴力（这个话题将在第九章详细

讨论）很少由重性精神疾病患者实施。被害妄想也与犯罪行为相关，特别是暴力犯罪行为。患者常常坚信自己被"加害者"跟踪，因此他们可能想杀死或以其他方式攻击其臆想中的"加害者"。

双相障碍

双相障碍（bipolar disorder）以前被称为躁郁症（manic-depressive disorder），其特点是发作时交替出现极度欢快、高度亢奋和注意力涣散（躁狂期），以及对所有活动兴趣减退和情绪低落（抑郁期）。双相障碍属于精神障碍范畴。

在躁狂期，患者会过度卷入可能造成不良后果的活动，如放纵于无保护的性行为或做出莽撞的商业投资。DSM-5 中明确区分出双相 I 型障碍和双相 II 型障碍。与其他所有精神障碍一样，诊断手册还列出了多项附带诊断症状的条目。

虽然双相障碍通常不会涉及暴力犯罪，但它是导致冲动、鲁莽的犯罪行为的风险因素之一，如超速驾驶导致他人死亡。值得注意的是，双相障碍患者的终身自杀风险至少是普通人群的 15 倍（American Psychiatric Association，2013）。

重性抑郁障碍

重性抑郁障碍（major depressive disorder）是从双相障碍中分离出来的几种障碍之一。它们的共同特征是存在悲伤、无意义感或易激惹的情绪，伴有显著影响个人功能的躯体和认知改变。不同之处在于症状持续时间、发病时间和病因。重性抑郁障碍的症状包括，极度抑郁状态至少持续两周，并伴随弥散性精神和躯体活动迟滞、忧郁、绝望、无价值感，可能经常有自杀念头。溺死自己孩子的安德烈亚·耶茨提交了她患有重性抑郁障碍的证据，最终因精神失常而被判无罪。每个人的情绪都会起伏波动，丧失亲人也会引起特定形式的悲痛心境，但重性抑郁障碍患者的情绪变化是非常极端的，抑郁程度严重，且通常持续时间较长。

研究人员对抑郁障碍在犯罪过程中的作用已探

究多年，但这些研究大多并未区分抑郁障碍与未达到精神障碍水平的情境性抑郁。初步研究表明，抑郁可能与未成年人（尤其是青春期女孩）的违法犯罪密切相关，尽管还不清楚抑郁和违法行为哪个先出现（Kerr et al.，2014；Lanctôt，Hauth-Charlier，& Lemieux，2015；Obeidallah & Earls，1999；Teplin，2000）。然而，越轨的男孩和女孩都表现出了抑郁症状（Diamantopoulou，Verhulst，& van der Ende，2011；Wareham & Dembo，2007）。一方面，抑郁似乎使青少年对其人身安全或行为后果漠不关心，他们根本不在乎自己身上发生了什么，这增加了未成年人违法犯罪的可能性；另一方面，未成年人违法犯罪行为可

导致抑郁障碍，即抑郁障碍并非先出现。一项针对3604 名青春期少年进行的纵向研究发现，早期的抑郁障碍状能预测未来的违法犯罪行为，这种预测效力对女孩更显著（Kofler et al.，2011）。

抑郁障碍存在于个体，但这并不意味着抑郁障碍会导致犯罪活动。回想一下，研究人员（Peterson et al.，2014）通过对 429 起犯罪案件的研究发现，只有3% 的案件与重性抑郁障碍直接相关（见专栏 8-1）。尽管如此，抑郁障碍可能在大规模谋杀、校园枪击、工作场所暴力、"借警自杀"等事件中起重要作用。详细的内容将在第十章进行讨论。此外，抑郁障碍也导致了大量与犯罪无关的自杀事件。

研究重点 ● ● ● ●

专栏 8-1　重性精神障碍会导致犯罪吗

很多人对重性精神障碍患者（如患有精神分裂症、重性抑郁障碍和双相障碍）感到害怕，本书将对此有所讨论。然而，绝大多数患有这些障碍的人都不会实施犯罪行为，即使犯罪，一般也不会犯下严重或暴力罪行。当然，例外情况总会被媒体高度曝光，正如我们在本章也会重点关注一些相关案例。

心理学研究结果压倒性地支持这样一个观点，即精神障碍群体并不比其他人群更危险。为了进一步澄清这一观点，研究人员（Peterson et al.，2014）研究了 143 名患有 3 类重性精神障碍的犯罪人所犯下的 429 起罪行。研究人员对这些犯罪人进行了访谈，询问了他们被记录在案的犯罪行为，以及访谈对象在过去 15 年间实施但未被记录在案的犯罪行为。这些犯罪人中，2/3 是男性，白人和非洲裔美国人的人数相当，其他族裔占 16%。

研究人员感兴趣的是，它们的精神障碍症状是否促成了犯罪？例如，妄想是否导致了犯罪人

对被害人发起攻击？犯罪行为与精神障碍症状是直接相关、大致相关、大致不相关，还是完全不相关？结果显示，总体而言，只有 7.5% 的犯罪行为与精神障碍症状直接相关，但是加上"大致相关"后，这一比例增加到 18%，或者大约每 5起犯罪行为中有 1 起与精神障碍大致相关。在 3类精神障碍中，有 10% 患有双相障碍的被试，其犯罪行为直接由症状导致。而患有重性抑郁障碍和精神分裂症的被试，分别只有 3% 和 4% 的被试的犯罪行为由其症状直接导致。对这 3 类精神障碍而言，如果将"大致相关"和"直接相关"结合起来观察，可发现所占比例有所上升，但也只有双相障碍的比例增加显著（双相障碍 62%，精神分裂症 23%，抑郁障碍 15%）。研究人员将高比例归因于一个可能的膨胀因素——患有双相障碍的被试中高达 85% 的人存在物质滥用问题，因此他们的犯罪可能与物质滥用有关，或者双相障碍与物质滥用交互作用，而非双相障碍本身导致的。

被试在回答这类问题时，他们报告其在过去 15 年间的犯罪原因与那些未患精神障碍的犯罪人所述的犯罪原因相似，这些原因包括失业、无家可归、物质滥用等。需要强调的是，许多犯罪人都有社会、政治和经济上的特权，他们不太可能承认犯罪或不愿意与研究人员合作，给出他们犯罪的理由。总体而言，与其他文献一致，研究人员并没有发现任何迹象表明患有重性精神障碍的个体仅因其精神障碍症状而一再犯罪。

问题讨论

1. 只有 1/5 的犯罪与精神障碍症状直接相关或大致相关。请讨论这一发现的重要性。

2. 应当指出，约 85% 的被试伴有物质滥用问题。这会对上述报告的结论造成什么影响？

3. 在研读了"精神失常抗辩"的相关资料后，请讨论此项研究与该抗辩的相关之处。

4. 研究很少能捕捉到那些在社会中享有更多特权的人的动机，为什么强调这一点很重要？

反社会型人格障碍

反社会型人格障碍（Antisocial Personality Disorder，APD）患者的基本特征是有持续侵犯他人权利的行为史。正如第七章所述，反社会型人格障碍的判定标准严格遵循了罗伯特·黑尔对犯罪型精神病态的定义。要做出反社会型人格障碍的诊断，此人必须已年满 18 岁，且在 15 岁之前就表现出某些品行障碍的症状。而未满 18 岁的个体应被诊断为品行障碍。一个人被诊断为反社会型人格障碍之前，必须表现出以下至少 3 种行为模式，以确定漠视与侵犯他人权利是此人一贯的行为模式：

（1）不遵守社会规范或刑法，表现为经常实施可被逮捕的行为；

（2）易怒和不寻常的攻击性，表现为反复的肢体冲突或攻击；

（3）一贯的无责任感，表现为工作表现差或未履行财务义务；

（4）冲动或未能提前计划（所有年龄段均出现此特征）；

（5）欺诈性，表现为经常说谎、使用假名，出于个人利益或享乐而欺骗他人；

（6）很轻率，不顾及他人或自身的安全；

（7）对实施的不法行为缺乏悔意或罪恶感，表现为对伤害、虐待或盗窃行为不以为然或做出合理化解释。

其他行为特征还包括盗窃、斗殴、逃学或与权威对抗。反社会人格者（Antisocial Personalities，ASPs）缺乏共情能力，对他人的感受、权利和疾苦冷酷无情、不屑一顾、贬低蔑视；此外，他们常表现出早熟和攻击性的性行为、酗酒、使用非法药物；他们显著地缺乏与家庭、朋友或性伙伴维持长久、紧密、温暖和相互信赖关系的能力。

整体而言，患有反社会型人格障碍的人往往无法成为独立、自立的成年人。他们生命的大部分时间都是在社会机构（通常是矫治机构）中度过的，或者仍高度依赖其家庭。其他伴随特征还包括烦躁不安、无法忍受寂寞，并认为世界充满敌意。他们常常报告感到紧张和压抑，但通常又不符合抑郁障碍的诊断标准。他们常常冲动行事且不能提前计划，并在执行功能方面存在缺陷。

据估计，美国约有 0.2%～3.3% 的人口符合反社会型人格障碍的诊断标准（American Psychiatric Association，2013）。这种障碍在男性中的发病率高于在女性中，但 DSM-5 表明，一些女性可能被漏诊了，因为诊断标准强调攻击性。DSM-5 还指出一种遗传和生理方面的风险，即与普通人群相比，反社会型人格障碍更常见于直系亲属中存在反社会型人格障碍患者的群体。正如第三章所述，近年来大量基于神经心理学的研究发现，许多与犯罪有关的行为（包含反社会型人格障碍）都受到遗传与环境的交互影响（Delisi et al.，2009；Karr et al.，2018；Luna & Wright，2016）。

20世纪70年代之后的研究表明，刑事被告人和犯罪人经常被诊断为反社会型人格障碍。在一项较早的研究中，亨恩等人（Henn，Herjanic，& Vanderpearl，1976a）调查了密苏里州圣路易斯法院10年间进行精神病学鉴定的所有罪犯的案例报告。研究样本包含1195名被控各种罪名的罪犯。结果表明，这些人中被诊断最多的就是人格障碍，占总数的40%。研究人员（Black et al.，2010）对320名刚入狱不久的罪犯的调查研究也得到了类似的结果（35.3%）。

直至今日，依然有许多犯罪人被确诊为反社会型人格障碍，作为包罗万象的精神障碍类别，俨然已成为刑事法庭和处罚机构最常见的诊断结论之一。研究人员指出，当法庭迫切要求一个诊断时，许多临床医生会被迫做出某人符合反社会型人格障碍诊断标准的结论（Melton et al.，2007；Melton et al.，2018）。在矫治机构中，30%～50%的收容对象被认为具有反社会型人格障碍，超过50%的人符合反社会型人格障碍诊断标准，这种现象并非个例（Gacono et al.，2001）。反社会型人格障碍是一种适用于被指控犯罪和被定罪的人的常见诊断，这导致许多司法管辖区将反社会型人格障碍排除在了可以支持精神失常抗辩的精神障碍列表之外。值得注意的是，反社会型人格障碍不一定独立出现。有学者（Skeem et al.，2014）以患精神疾病的犯罪人为调查对象，通过研究发现，患有重性精神疾病的犯罪人所具有的令人不安的人格特质与反社会型人格障碍的人格特质一致，这并不罕见。因此，他们应接受精神疾病治疗与干预。

上述精神疾病诊断将反社会型人格障碍排除在需做刑事责任鉴定的范畴之外。但在对被告进行审判之前，仍需要做出判断，即被告是否具备受审能力，以及若具备受审能力，则是否具备被判有罪并对所犯罪行负责的能力。接下来我们将综述这两个非常重要的法律概念。

受审能力

人们认为，对于某些智力或心理存在严重缺陷的被告，对他们的审判只是对他们的身体做出判决，而并未考虑他们的精神状况。美国联邦最高法院已经裁定，对这些人的审判是违反宪法的。具体来说，如果被告拥有足够的理性能力，能够听懂律师对他们讲述的内容，以及对法庭诉讼程序有基于理性的和现实的理解，他们就有受审能力。为了保护个人的权利和维护法律程序的尊严，法律规定不得对无受审能力的人进行审判。同时还强调，在刑事司法程序的每个阶段，即审讯前、审理过程中及宣判时，都要求被告具备受审能力。

无受审能力不仅指一个人的心理或情绪状态，还指对法律的诉讼程序、个人权利或对律师所履行的职能缺乏理解。例如，一些刑事被告人可能不理解法官的角色，也可能不知道他们自己可以不必出庭。像"自证其罪""举证责任""约定"甚至"申诉"这样的词汇和术语可能令其困惑不解。这个问题与未成年人尤其相关，尽管不是唯一的相关问题（Heilbrun，DeMatteo，& Goldstein，2016；Rogers et al.，2012）。

对有智力障碍的被告来说，受审能力是一项重要的议题。正如研究人员（Mumley，Tillbrook，& Grisso，2003）所指出的，与患有精神障碍的被告不同，智力障碍者通常不会表现出明显的理解和推理能力差的迹象，因此，律师不太能够识别他们是否需要对其参与审判的能力进行评估。因此，对患有智力障碍的被告的受审能力评估的过往数据，我们知之甚少。事实上，也没有任何信息表明有多大比例的被告被认为无受审能力。

总之，受审能力问题不仅与实际审判有关，事实上，当今一些学者（Bonnie & Grisso，2000；Mumley et al.，2003；Viljoen & Wingrove，2007）更愿意使

用"参与审判的能力"（adjudicative competence）而非"受审能力"（competency to stand trial）。参与审判的能力是指参与法庭的各个诉讼程序和法庭相关活动的能力，包括辩诉交易（plea bargaining）、预审（preliminary hearing）及其他与案件相关的庭前听证的能力。这个术语包含两层不同内涵（Mumley et al.，2003）：

（1）诉讼能力（competence to proceed），即了解诉讼程序目的，以及协助辩护律师做出辩护的能力；

（2）决策能力（decisional competence），即理解将要做出的各种决定之重要性的能力。

若法庭裁决刑事案件的被告无受审能力（Incompetent to Stand Trial，IST），这就意味着法庭基本上已认定该被告无法理解正在进行的诉讼程序或难以有效参与其中。有意思的是，这一问题还延伸出了另一个问题：患有精神障碍同时具有受审能力的被告是否有能力代表自己进行辩护？2008年，在"印第安纳州诉爱德华兹案"（Indiana v. Edwards）中，美国联邦最高法院裁定，用单一的标准来裁决这两个问题是不恰当的。尽管该案仍有许多问题没有得到解答，但在此我们必须强调，被告有能力接受审判，并不意味着他们有能力作为自己的律师为自己辩护。

受审能力问题可能在实际诉讼的任何时候都会出现。例如，被告在审判前和审判开始阶段具备受审能力；在漫长的审理过程中被告可能丧失了该能力。被告在审判前和审理过程中可能具备受审能力，但在判刑阶段丧失了该能力。在这些情况下，辩护律师可以（但不一定）提出动议，中断审判或推迟宣判。若法官没有据此做出调整，而将被告定罪或判处长期徒刑，那么被告方能以此为由继续上诉。

对受审能力的评估是与刑事司法有关的最常见的司法评估（Cruise & Rogers，1998；Melton et al.，2018）。调查显示，接受受审能力评估的人数正在稳步上升（Gowensmith et al.，2016）。时至今日，全

美国据估计每年有25 634～51 500人接受此类评估。有意思的是，大多数评估是在监狱环境中进行的（Gowensmith，2019）。高恩史密斯（Gowensmith）是州精神卫生司法医学工作组前主任，曾出庭作证。他写道："受审能力评估部门面临着诸多危机，它们来自评估需求增加、评估所需时间增加，以及缺乏足够、有效的方法恢复被告的受审能力。他列举了许多不同州的案例，在这些案例中，被鉴定无受审能力的人本应被转介至医疗机构接受治疗，然而他们只能在监狱中苦苦等待，这会导致他们的精神状况恶化。

通常，被转介至专业机构进行受审能力评估的被告，往往都有精神疾病治疗史或住院史，或者在被捕、羁押监禁期间呈现精神障碍迹象。研究表明，全美国接受受审能力评估的被告人中，有大约80%被鉴定具备受审能力（Grisso，1986；Nicholson & Kugler，1991；Pirelli，Gottdiener，& Zapf，2011；Roesch et al.，1999）。一些案件在最终确定被告具备受审能力之前会举办多次相关听证会。然而，正如高恩史密斯（Gowenstein，2019）所强调的，评估和恢复过程存在许多值得关注的问题。接下来我们将对这些要点逐一展开讨论。

受审能力评估

虽然现在对受审能力的评估通常在看守所进行，但在过去，标准化的操作流程要求被告被禁闭在最高安保级别的矫治机构中进行长时间评估（通常为60～90天）。应该指出的是，现在的标准强烈建议在15～30天内完成评估，一些法院甚至要求在更短的时间内完成。精神卫生专业人员普遍认为高强度的评估并不可取，同时也强调评估不宜仓促开展。有学者建议，对于非筛查类的鉴定评估，所需时间不应少于15天（Gowensmith，2019）。

法律心理学家和精神病学家在用于受审能力评估的方法上已经取得了实质性的进展，但美国各州在评估的标准程序、人员培训或资格认证上存在很大差异。其他精神卫生专业人员（如社会工作者、

精神科护士）有时也可以对这些人进行受审能力评估。评估工具方面，当今既有筛查方法，也有更加复杂、耗时更长的访谈和测量工具可供选择。在评估标准的制定过程中，法院和专业组织也参与其中，发挥了一定作用（American Psychiatric Association，2016；Trueblood v. Washington State Department of Social and Health Services，2016）。"特鲁布拉德诉华盛顿州社会和卫生服务部案"（Trueblood v. Washington State Department of Social and Health Services）是一些长期被关押进行受审能力评估的犯罪人提起的集体诉讼。该案中，法院最初裁定，受审能力评估应在7天内完成，但后来因华盛顿州政府对法规做出修订，最终标准化的评估期改为15~30天。在全美国范围内，受审能力评估的法定时长为30天，但实际操作中超过这个时间才做出评估的情况并不罕见（Gowensmith，2019）。

受审能力的恢复

如果在监狱环境下接受评估的被告被裁定无受审能力，则要由主审法官做出裁定，将被告转介至精神病院的司法病房，直至其恢复受审能力。然而，正如高恩史密斯（Gowensmith，2019）所指出的，拖延很久才转介至病房的情况并不罕见，同时，被告很可能没有得到足够的治疗。

一些研究表明，被告人恢复受审能力平均所需时间约为3个月（Hoge et al.，1996）。一些州通过"受审能力恢复门诊方案"（Outpatient Competency Restoration Programs，OCRP），在社区提供更多的受审能力恢复途径。虽然关于OCRP的研究还处于起步阶段，但前途广阔，因为这些方案被认为充满人道关怀且非常经济。在已经使用OCRP的州，住院治疗被认为是针对患有重性精神障碍或被控犯有暴力罪行者的最后手段。然而，目前只有16个州使用OCRP（Gowensmith，2019）。

过去，被告接受评估后将出席判定其受审能力的听证会。若法院裁决被告无法理解指控内容或司法程序，或者无法协助律师准备辩护，那么被告将自动被送交有安保措施的医院接受无特定期限的治疗，直到受审能力恢复为止。从理论上讲，这个"无特定期限"可被延长（有时确实如此），甚至终身关押。

1972年，在"杰克森诉印第安纳州政府案"（Jackson v. Indiana）中，美国联邦最高法院裁定这种无限期监禁违反宪法。虽然美国联邦最高法院仍然允许对精神障碍患者实施监禁，但同时也明确指出，如果监禁无法提升被告的受审能力，那必须将其释放，或者必须根据民法而非刑法重新对被告提起民事诉讼。现今，如果发现被告恢复受审能力的可能性很小，且对其的指控并非重罪，那案件通常会撤诉。然而，在很多辖区，如果被告后来恢复了受审能力，那检察官仍有权对其重新提起诉讼。

近年来，被裁决无受审能力的被告主张与其地位有关的其他宪法权利，包括"限制最少或最温和的受审能力恢复方案"的权利，特别是在社区环境而非医疗机构接受治疗的权利，这也是OCRP获得青睐的原因之一。另外，由于治疗常以服用精神类药物的方式实施，一些被裁决无受审能力的被告主张他们不应被强迫用药。精神类药物是指那些主要作用于大脑，从而改变情绪、行为，或者用于治疗精神障碍的药物（Julien，1992）。如前文所述，尽管这些药物在过去几十年中已有很大改进，但依然存在许多副作用，因而受到许多患者抵制。

美国最高法院在裁决"塞尔诉美国联邦政府案"（Sell v. United States，2003）中指出，在不涉暴力犯罪的案件中，法庭应格外慎重地做出在有违被告意愿的情况下要求其采用药物治疗的裁决。塞尔曾是一名牙医，被控犯有保险欺诈罪，但审判时被鉴定为无受审能力并被送至医院接受治疗。他有精神疾病史，在之前住院期间使用过精神类药物。为了尽快使其恢复受审能力，精神科医生再次为他开了精神类药物处方，但塞尔拒绝服用。初审法官和美国联邦上诉法院都驳回了他的诉讼请求，但美国最高法院却持有不同意见，认为初审法庭没有充分权衡此种药物的利弊，因而责令原法院重新考虑塞尔的请求。

但是对于严重暴力犯罪，政府非常希望将被告送上法庭，情况就有点不同了。例如，美国联邦最高法院拒绝审理一起涉及非自愿用药命令的上诉案件——"美国政府诉温斯顿案"（United States v. Weston）被驳回调卷令申请。韦斯顿（Weston）被指控于 1998 年 7 月 24 日在美国国会大厦附近射杀了两名警察并打伤了其他两人。根据韦斯顿的罪行性质，及其长期患有重性精神障碍（他此前被确诊患有偏执型精神分裂症，并曾住院接受治疗），以及政府欲将其绳之以法的决心，法庭裁定支持非自愿药物治疗，被告可以被强制服药。然而，应该指出的是，审理该案件的下级法院仍审慎地考虑了让其接受药物治疗的利弊。有意思的是，事件发生 20 年后，韦斯顿仍在联邦精神病院接受住院治疗，至今尚未被送上法庭。

近期一篇综述对 1967—2008 年共计 68 篇论文做了元分析，这些研究对那些被评估具备受审能力和无受审能力的被告进行了比较（Pirelli et al., 2011）。分析发现，具备受审能力和无受审能力的被告在人口统计学变量（如种族、性别或婚姻状态）上并无显著差异（Nicholson & Kugler 1991；Riley，1998；Rosenfeld & Ritchie，1998）。他们在心理或精神病性等临床变量上确实存在差异，这并不意外。因

此，被裁决无受审能力的人更有可能被诊断患有精神障碍、器质性精神障碍、精神分裂症或情感障碍（Warren et al.，1997；Hoge et al.，1997）。器质性精神障碍是指由于大脑或躯体疾病而导致的精神或认知功能下降。皮雷利等人（Pirelli et. al.，2011）的研究发现，有精神障碍的被告比无精神障碍的被告被评估无受审能力的概率高出 8 倍。皮雷利等人（Pirelli et. al.，2011）还证实，失业或曾入院治疗精神障碍的被告被评估为无受审能力的比例比没有失业、没有精神疾病史的被告的比例高出 2 倍。最后，人们对老年被告人的受审能力评估和恢复的关注度越来越高（Demakis，2018）。

高恩史密斯（Gowensmith，2019）对受审能力评估服务所面临的危机进行了总结，侧重于许多应该被解决的政策性和实践性问题（见表 8-1）。虽然他的建议非常值得称赞，但我们还不能确定是否每条建议都会获得司法部门的认可。例如，他提议对一些法律条文做出修订，将受审能力的恢复限制在特定犯罪人群体中。他还建议允许看守所中的管教人员参与受审能力恢复服务。一些辩护律师和法医可能会对此持反对意见。

虽然如此，高恩史密斯在 2019 年发表的这篇文章依然发人深省、令人振奋。他指出，司法鉴定人员在评估受审能力、遵循法律指南、尽可能恢复被

表 8-1　对有关受审能力评估问题的政策建议

- 应避免在法院下令的 15 天内就完成评估
- 法院下属的临床医生或诊疗机构应协助法院决策是否应对被告进行评估
- 应采用分流机制，优先考虑最需要筛选、评估和恢复的被告
- 应建立受审能力评估人员认证体系，将评估人员的范围扩大到精神病学家和心理学家之外，同时设立严格的资质认证标准和培训流程
- OCRP 作为社会心理服务的一部分，显示了广阔的前景，所有州都应该允许实施此类方案
- 在监狱内实施的受审能力恢复可能是有效的，但应向特定的犯罪人提供，且需要由接受过严格训练的专业人员在外部实体督导下实施
- 专业组织应成立工作组，开展研究并提出政策修改建议，以改进受审能力评估与恢复工作
- 发现被告无受审能力后，在条件允许的情况下，临床医生在裁决做出后立即对被裁决无受审能力的人进行评估，并在可能的情况下寻求快速并有效的恢复方法。之前未经治疗的被告人通常在接受药物治疗后较快恢复能力
- 实施评估和恢复的专业人员应尽可能多地收集数据，以便对正在进行的与受审能力有关的问题的研究做出贡献
- 临床医生应考虑倡导整体性的政策变革，但这种倡导必须独立于其所工作的特定案件，以及其向法官、律师提交的评估报告

资料来源：Gowensmith, W. N.（2019）. Resolution or resignation：The role of forensic mental health professionals amidst the competency services crisis. Psychology, Public Policy, and Law, 25, 1–14。

告的受审能力等方面已经取得长足进步。他还强调，为了避免患有重性精神障碍的被告继续出现问题，需要进行全美国的系统性改革，为精神健康和司法从业人员提供合理的建议。

刑事责任能力

必须强调，明确区分无受审能力与精神失常是非常重要的。二者虽然可能存在关联，但实际上是两个不同的概念，应该由临床医生分别进行评估，但并不总是这样做的。事实上，研究表明，美国至少有 1/3 的受审能力评估和精神状态评估是同时进行的，也就是说，受审能力和精神状态是在同一时间进行评估的（Chauhan et al., 2015）。这个事实情况在上述高恩史密斯的文章中并未被提及。不过，在备受瞩目的重大案件中，受审能力评估与精神状态评估更有可能被区分开来。例如，在对那些臭名昭著的被告进行受审能力评估时，法官往往会明确指出，评估仅限于受审能力问题，而非精神状态问题。

刑事责任能力（criminal responsibility）是精神失常抗辩的核心。刑事责任能力与受审能力反映的是被告在两个不同时间段的精神状态与心智能力。如果被告以精神失常为由拒不认罪，法律提出的问题是：在实施犯罪时被告是什么样的精神状态？而涉及受审能力时，问题会变成：当前、审前程序或在审判中被告是什么样的精神状态？一个人如果在犯罪时患有重性精神障碍，那么其是否应承担刑事责任是存疑的；而在审判时，他的精神状态足够稳定，有能力接受审判。此外，一个人在实施非法行为时心智健全，但后来可能变得精神失常或神志不清，并被确定为无受审能力。显然，这两个概念通常是相互关联的，不过应该注意的是，它们指的是不同的时间段和不同的能力。

鉴于对**精神失常抗辩**（insanity defense）的广泛宣传，大多数人对提出精神失常抗辩或**因精神失常而被判无罪**（Not Guilty by Reason of Insanity, NGRI）的被告的了解可能远远超出对受审能力或被

裁决无受审能力的被告的了解。正如我们在前文中看到的，近年来，受审能力问题被广泛提及，受审能力评估及其恢复是当今刑事法庭和相关心理健康专业人员工作实践的重头戏。

精神失常（insanity）是一个法律术语，而非精神病学或心理学术语。它是指一个人在实施犯罪时的精神状态。当一个人因精神失常而被判无罪时，法官或陪审团已经确定这个人在犯罪发生时精神失常，不应承担刑事责任。1981 年枪击美国前总统罗纳德·里根（Ronald Reagan）并伤及新闻秘书詹姆斯·布拉迪（James Brady）等 3 人的约翰·欣克利（John Hinckley）就属于此类情况。安德烈亚·耶茨在第二次审判中也因精神失常而无须承担刑事责任。相比之下，陪审团在"美国狙击手"埃迪·雷·劳思一案中，只用了不到 3 小时评议就拒绝做出这样的裁决。2017 年，第二个陪审团在佩德罗·埃尔南德斯（Pedro Hernandez）案中也拒绝做出因精神失常而被判无罪的裁决。该案在 2014 年的第一次审判以审判不决（mistrial）而告终，因为一位陪审员不愿意给他定罪。埃尔南德斯被控在 30 多年前杀害了 6 岁的埃坦·帕茨（Etan Patz）。帕茨是寻人启事最早出现在牛奶外包装上的失踪儿童之一。一般来说，陪审员对精神失常抗辩并无特别的同情心。有意思的是，正如我们在接下来的内容中看到的，精神卫生从业人员也是如此。

刑事责任能力评估

如前所述，对刑事责任能力（或精神失常）的评估应与受审能力评估分开进行，但法律通常并不要求这样做。即便是那些强烈建议将两者区分开的学者与临床医生也承认，他们自己也经常同时开展这两项工作。此外，评估人员通常被要求对被告是否有受审能力或确实存在精神失常的基本争点（ultimate issue）提供意见，尽管学者与专业组织都建议评估人员不提供此类意见，特别是涉及精神失常的意见时（American Psychiatric Association, 2013; Melton et al., 2018）。尽管如此，研究人员（Gardner,

Murrie，& Torres，2018）发现，他们回顾的所有有关精神失常的评估报告中，约有 76% 使用了基本争点式的语言。

刑事责任能力评估可劝阻辩护律师为其当事人做精神失常抗辩，这一点很好理解。必须强调的是，精神疾病本身并不能免除一个人的刑事责任。因此，评估者可能会发现被告有很多精神问题的背景，甚至曾住院治疗，但该人仍然有能力让自己的行为符合法律要求。一个案件的被告于 2017 年 8 月在弗吉尼亚州夏洛茨维尔市（Charlottesville）驾驶汽车冲撞人群，被指控犯有谋杀及其他多项罪行。心理学家丹尼尔·默里（Daniel Murrie）对被告进行了全方位的评估，发现诸多证据表明其患有精神障碍，但被告不符合该州对精神失常的法律规定。因此，他没有使用精神失常抗辩。

近年出现的另一问题是司法报告中精神卫生的偏倚问题（Murrie，Boccaccini，& Neal，2018；Neal，2018；Siegel & Kinscherff，2018）。这些偏倚并非出于违法或腐败的问题。它只是承认，临床医生，就像所有人一样，可能会受到影响发生偏倚，这取决于他们所受的培训、他们的背景，或者他们相信提出某些建议最符合被评估者的利益。一些研究还表明，在刑事案件中，临床医生会偏向雇用他们的一方，这一现象被称为对抗性忠诚（adversarial allegiance）。因此，在涉及精神失常问题的案件中，辩方聘请的临床医生可能会得出支持被告精神失常的结论，而控方聘请的医生则更倾向于得出相反的结论。由法院任命的独立临床医生不太可能得出倾向于任何一方的结论。

尽管当前人们非常关注司法报告中的偏倚问题，却很难将其具体罗列出来（Neal，2018）。许多负责鉴定和在司法程序中作证的临床医生对其自身潜在的偏倚都有所觉察，许多人都会积极努力地修正这些偏倚。在一篇内容丰富的初步调研论文中，尼尔（Neal，2018）研究了 14 名评估人员在死刑案件中向法院提交的 122 份精神失常报告。她假设以下变量是重要且相互关联的，并与偏倚直接相关。这些变量是：

（1）报告用语充满情绪色彩；

（2）报告简短；

（3）缺乏备选假设检验；

（4）评估基准值低于或高于平均水平；

（5）很少使用外部信息源。

在这个方向上继续进行研究是很有必要的，且这些研究应该对法医鉴定人员和法律界大有裨益。

从法律的角度来说，精神障碍会剥夺一个人的自由意志或做出适当选择的能力。正如上文反复提到的，不应将精神失常等同于精神障碍，甚至重性精神障碍。也就是说，精神障碍患者仍可被认定对其犯下的罪行担责。同样，智力障碍患者仍可被追究刑事责任。最后，即使存在当事人有精神障碍的证据，辩护律师也可能会认为精神失常抗辩不符合当事人的最大利益。

当所涉犯罪非常严重时，精神失常抗辩总是受到媒体的广泛报道和评论，特别是当这些抗辩成功时更是如此，当然这种抗辩很少成功。当欣克利被美国联邦法院陪审团认定无罪时，公众群情激愤，许多人要求全方面废止精神失常抗辩。1982 年 6 月欣克利被判无罪后，至少有 34 个州对其精神失常法进行了某种程度的修改（Steadman et al.，1993）。此外，为了回应公众对欣克利被判无罪的愤怒，美国国会通过了《1984 年精神失常抗辩改革法案》（*Insanity Defense Reform Act of 1984*），这一点将在下文做详细讨论。几乎所有这些法条的变化都加大了那些期望以精神失常为由不认罪的被告的抗辩难度。欣克利一直被禁闭在治疗机构中接受强制治疗，后来允许他在门诊时间外出探访母亲，探访频率也逐渐增加，直至 2017 年获得释放。精神卫生专家在 2015 年作证认为欣克利的精神疾病正在缓解，他对社会不构成威胁。

与刑事案件的总数量相比，在美国提出精神失常抗辩的案件数量极少。然而，在美国有关精神失常抗辩的实际使用频率尚缺乏全国的系统性数据

（McGinley & Paswark，1989）。美国各州和联邦政府很少分享有关这些问题的信息。研究人员（Steadman et al.，1993）写道："有关精神失常抗辩的县级信息（如果有）极少被汇总到州级部门，这意味着人们对精神失常抗辩过程的最初阶段几乎一无所知。"不过，根据独立研究人员和政府研究人员的研究，在美国所有重罪刑事案件中只有约 1% 使用了精神失常抗辩（Callahan et al.，1991；Golding et al.，1999；Melton et al.，2018）。

在涉及严重犯罪的大案中，精神失常抗辩极少获得成功。在辩护成功的案件中，被告几乎总是被裁决患有重性精神疾病，这阻碍了其在犯罪过程中的理性思考（Goldstein，Morse，& Packer，2013）。

在一项针对 8 个州共计 9000 名以精神失常为由拒不认罪的被告的研究中，研究人员（Callahan et. al.，1991）发现，辩护成功率仅为 22%～25%，但这既包括涉及严重犯罪的大案，也包括涉及轻微犯罪的小案。换句话说，被指控犯有轻罪的被告（如非法侵入或轻度伤害）也可能提出此类抗辩，且他们抗辩获得成功的可能性更大。一项元分析发现，因精神失常抗辩而被判无罪的概率达到了近 25%，而专业人员只评估出约 10% 的被告为精神疾病患者（Kois & Chauhan，2018）。陪审员对提供神经生理学证据，特别是颅脑损伤证据的被告会做出更多无罪判定（Gurley & Marcus，2008）。这种脑部损伤可能导致个体攻击性增加、人格发生改变、情绪控制能力受损等后果。

相比之下，有些因素是不利于精神失常抗辩的。例如，回顾一下，许多州都明确将反社会型人格障碍排除在精神失常的范畴之外。正如我们在第七章所了解的，精神病态者和惯犯经常会被诊断为反社会型人格障碍。研究人员（Warren et. al.，1997）发现，被指控对他人实施暴力犯罪的被告获得无罪判决的比例最大，而性犯罪人被定罪的概率明显更高。尽管如此，研究文献表明，是临床诊断，而非犯罪行为，才是被告是否被裁定为无罪的关键因素。这也从另一个侧面解释了为什么性犯罪人被判无罪的

概率较低，因为临床医生往往不认为这些人存在精神障碍。

在一项包含 19 500 个案例的元分析中，研究人员（Kois & Chauhan，2018）发现，精神失常抗辩获得成功与被告的年龄、性别（特别是女性）、教育水平、治疗史、精神疾病诊断及"较早发现其无受审能力"之间显著相关，但这与种族、婚姻状况或犯罪性质没有关联。有意思的是，研究还发现精神失常与犯罪史和就业情况之间存在负相关。

抗辩成功后的干预

辩护律师通常不建议其当事人以精神失常为由拒不认罪，除非他们被指控犯有严重罪行，且各项证据都对其非常不利。詹姆斯·霍姆斯案就是个典型。2012 年，他在科罗拉多州奥罗拉市的一家电影院开枪打死 12 人，打伤多人。霍姆斯的罪行确凿无疑。事实上，他愿意认罪以换取免于死刑。然而，检察官拒绝了他的认罪请求，显然更希望霍姆斯被判处死刑。最后霍姆斯被判有罪，但未被判处死刑。对于其他有精神疾病史的大规模枪击案主犯来说，如果他们还在世，或许也会以精神失常为由进行无罪抗辩，例如 2012 年康涅狄格州桑迪胡克小学（Sandy Hook Elementary School）枪击案和 2015 年安普瓜社区学院（Umpqua Community College）枪击案的凶手。不过，许多其他大规模枪击案的犯罪人，确实也没有迹象表明其存在精神失常。

然而，认为被控犯有轻罪的被告不会提出这种抗辩，那就错了。精神失常抗辩有时会被用来为本来没有资格被送入精神病院的精神障碍患者赢得治疗机会。在许多司法管辖区中，因精神失常而被判无罪的人会立即被关进精神病院，并且在他们的病情得到实质性改善并确保其不会对自己或他人构成危险之前，他们会一直被关在那里。事实上，因精神失常而被判无罪的人平均在此类治疗机构中度过的时间至少与被定罪而入狱服刑的时间相当（Golding et al.，1999）。

不过，越来越多因精神失常而被判无罪的人在

治疗机构中接受封闭治疗的时间在缩短，随后被释放，并在严格限定的条件下回归社区，在社区接受专业治疗服务（Vitacco et al.，2008）。如果不是严重暴力犯罪，这是最有可能发生的情况，但也有例外。

获得释放后，精神卫生部门负责监测他们的情况，并确保他们正在服用药物，以确保他们的病情稳定，症状得到缓解。研究人员（Vitacco et al.，2008）发现，社区为那些因精神失常而被判无罪者提供了优质的康复服务，并获得了理想的成效。这些服务常常包括戒酒治疗、物质滥用治疗，以及对精神疾病症状和遵医嘱服药情况的密切监测。换句话说，应该有人确保那些被判无罪的人正在严格按照处方服药。他们还发现，大多数从社区治疗被送回封闭治疗机构的人，是因为违反了规定而非遭到刑事指控。

社区治疗令（community treatment order）是对美国联邦最高法院于 1992 年对"富沙诉路易斯安那州案"（Foucha v. Louisiana）的判决所做的回应。该判决对因精神失常而被判无罪者的强制住院治疗时间施加了一些限制。在此案中，法院裁定因精神失常而被判无罪的人一旦不再精神紊乱，就不能被关押在精神病院，即使有人认为他们很危险。富沙已经接受 4 年住院治疗了。虽然一精神卫生从业者委员会认定其精神疾病有所缓解，但他们不能证明他不再具有危险性。然而，最高法院的大法官们存在意见分歧，所以最终裁定，如果富沙的精神疾病被治愈，就应该出院。有许多批评者对此案的最终裁决提出了质疑，认为法院对重性精神疾病的复发风险缺乏充分的认识。他们指出，虽然精神障碍症状可能会得到缓解，但患有精神障碍的人不一定会被治愈（Golding et al.，1999）。此外，很难确保他们的精神疾病在病情缓解后，在未来某个时刻不会再次复发——精神障碍症状可能重新出现，此人也许会再次实施暴力犯罪行为。

至此，我们已经讨论了以精神失常为由而被判无罪的后果。在下文中，我们将介绍法院用来判定一个人是否精神失常的各项标准。

精神失常的鉴定标准

在英国法院，精神失常抗辩已存在 700 余年（Simon，1983）。由于美国的法律体系承袭自英国，因此，美国法院也普遍承认这种抗辩。现在，除爱达荷州、堪萨斯州、蒙大拿州和犹他州这 4 个州，美国联邦法院和各州法院均接受精神失常抗辩。

精神失常的判定标准或检验标准在各州有很大差异，但它们通常围绕以下 3 个规则：麦克纳顿规则（M'Naghten Rule）、布朗纳规则（Brawner Rule）和德拉姆规则（Durham Rule）。并且，所有判定精神失常的标准都基于两个核心要素：非理性（irrationality）和强迫行为（compulsion）（Morse，1986）。如果可以确定某人在犯罪时无法控制自己的心理过程（非理性思维），和 / 或无法控制自己的行为（被强迫行为驱使），那么就有理由免除其对犯罪的部分或全部责任。然而，不同的州对这两项标准的接受程度有所不同。也就是说，有些州接受这两项标准，而有些州只接受非理性的部分。另需注意的是，在一个与精神失常有关的"克拉克诉亚利桑那州案"（Clark v. Arizona，2006）的判决中，美国联邦最高法院明确表示，各州有权自行确定其精神失常鉴定标准，最高法院不会设立一套适用于所有司法管辖区的宪法标准（DeMatteo，2007）。最高法院还拒绝承认精神失常抗辩是一项宪法权利，因为在一个质疑爱达荷州拒绝接受精神失常抗辩的案件中［"德林诉爱达荷州政府案"（Delling v. Idaho，2012）］，有人提出这是一项宪法权利。

然而在 2019 年，最高法院宣布其将审理"卡勒诉堪萨斯州案"（Kahler v. Kansas），质疑该州废除了精神失常抗辩。堪萨斯州在 1996 年就这样做了，它提出，被告只有在精神受损以致无法形成杀人意图的精神状态下，才可免除责任；而如果被告能够形成杀人意图，就应被判有罪。精神卫生专家断言："精神障碍患者，甚至绝大多数精神障碍患者，都具备形成犯罪行为意图的能力（Slobogin，2018）。"然而，如果犯罪意图受到患者精神疾病的扭曲，而非他们真实的意图，那么他们应该被追究责任吗？在堪萨斯州，答案是：应该。

詹姆斯·卡勒（James Kahler）被指控杀害了他的前妻、前妻的祖母及他和前妻的两个女儿。卡勒的律师在审判中提供了他患有重性抑郁障碍和强迫症的证据，一位参与辩护的专家作证卡勒是强迫杀人，对其自身的行为完全失去控制。根据传统的精神失常法规，如果陪审团认为被告无法控制自身的行为，就可能会判他无罪。但是根据堪萨斯州的法律，即使个人已失去对自身行为的控制，但仍可以有杀人意图。堪萨斯州审理卡勒案的陪审团也这样认定。卡勒被判死刑。他的案件在最高法院 2019—2020 年度开庭期的第一天进行辩论，2020 年 5 月 23 日，美国联邦最高法院做出判决，确认堪萨斯州判决有效。

麦克纳顿规则

至少自 19 世纪开始，麦克纳顿规则一直以某种形式存在。现行规则是在 1843 年丹尼尔·麦克纳顿（Daniel M'Naghten）事件之后制定的。麦克纳顿，一名苏格兰伐木工，因杀害一名他认为是首相的男子而被判无罪。麦克纳顿认为他受到了保守党及其领导人罗伯特·皮尔（Robert Peel）的迫害。他向一辆载送皮尔秘书，爱德华·德鲁蒙德（Edward Drumond）的马车开了一枪，并以为皮尔在车厢里。毫无疑问，麦克纳顿实施了这一行为，但法院认为他精神失常，判他有罪是不人道的。法院适用了当时使用的"野兽"（wild beast）标准，判定他显然无法控制自己的行为。他被送进布罗德摩尔精神病院，直到 22 年后去世。人们普遍认为，麦克纳顿知道自己的行动是错误的，应该被定罪。因此，法律被修改了，以防止以后出现类似的"误判"。因而，以麦克纳顿的名字命名的规则并不是他受审的规则。

1851 年，美国联邦法院和大多数州法院采用了麦克纳顿规则。它看似简单，但其受欢迎程度就在于此。它规定，如果被起诉的一方在实施该行为时，由于精神疾病而使他处于缺乏理性的状态，以致不知道他所实施的行为的性质和后果；或者如果他不知道是非，或者他不知道自己的行为是错的，那么他就不对犯罪行为负责（M'Naghten，1843）。从本质上讲，该规则规定，如果一个人因为某种精神疾病在违法行为发生时不知道是非，或者不知道其所做的事情是错的，那么该人不对其行为负责。

因此，麦克纳顿规则，有时被称为**是非辨别测试**（right and wrong test），它强调以下认知元素：

(1) 意识到并知道自己在违法行为发生时正在做什么；

(2) 在道德意义上知道或意识到是非的区分。

该规则不承认任何程度的能力不足，即你要么对行动负责，要么不负责，不存在中间状态。

一些州用不可抗拒的冲动标准（irresistible impulse test）来补充麦克纳顿规则，这一标准与最初麦克纳顿案中适用的"野兽"标准有相似之处。不可抗拒的冲动标准承认或假设人们可能意识到自己行为的不法性，意识到在特定的环境中什么是对的或错的，但当其面对无法控制的冲动所带来的巨大压力时，仍然无能为力。换句话说，在某些情况下，人们可能无法控制自己。单凭麦克纳顿规则无法涵盖这些情形。

布朗纳规则

布朗纳规则是判定精神失常的另一条规则，主要基于《模范刑法典》（Model Penal Code，MPC）建议的精神失常规则。MPC 是 1962 年由美国法律学会（American Law Institute，ALI）的一群法律学者编制的。他们起草该法典的目的是为寻求刑事法规现代化和合理化的立法机构树立榜样。根据布朗纳规则，任何人在实施犯罪行为时，因精神疾病或精神缺陷，以致无法辨别自己行为的犯罪性（非法性），或者缺乏使自己的行为符合法律要求的实际能力，则不负刑事责任（United States v. Brawner，1972）。该规则必须证明精神疾病或精神缺陷实质性地和直接地影响被告的心理或情绪过程，或者损害了其行为控制能力。与麦克纳顿规则不同，布朗纳规则承认犯罪行为的部分责任，以及一个人无法控制的不可抗拒的冲动的可能性。它还将任何重复犯罪或其他反社会行为排除在精神疾病或精神缺陷的定义之外，这是我们在本章前面提到的。这项规定［称为警告条款（caveat paragraph）］旨在禁止对持续违反社会习俗和法律的患有精神疾病的犯罪人进行精神失常辩护。因此，精神病态者和反社会型人格障碍患者不能声称他们的异常状态是精神障碍、疾病或缺陷，即使他们已被诊断为反社会型人格障碍。

德拉姆规则

德拉姆规则，又称产物标准规则（product rule），确立于 1954 年"德拉姆诉联邦案"（Durham v. United States），审理该案的法院后来拒绝了该规则，并采用了布朗纳规则。26 岁的蒙特·德拉姆（Monte Durham）长期患有精神疾病并有小偷小摸的历史。他当时的罪行是入室盗窃，但他被判无罪，因为他的非法行为被认为是精神疾病或精神缺陷的产物（Durham v. United States，1954）。虽然麦克纳顿规则侧重于明辨是非（犯罪中的心理因素），但德拉姆宣称，如果非法行为是精神疾病或精神缺陷的产物，就不能追究责任。

德拉姆规则中没有任何内容与此人的精神判断直接相关。如果一个人有精神疾病或精神缺陷，就很容易假定他没有罪责。这一规则后来在"卡特诉联邦案"（Carter v. United States，1957）中得到明确，该案裁定，精神疾病必须不仅参与了行为的发生，且必须起到必要性作用。

德拉姆规则显然很简单，这吸引了许多州，因为它似乎更直接，陪审团更容易理解。然而，人们很快发现，"精神疾病"的定义是模糊且主观的，这种情况助长了精神病学的广泛自由裁量权和审判中的严重滥用精神卫生专家。此外，一旦确定了精神疾病或精神缺陷，几乎任何被告都可以被免除责任。德拉姆规则很快就不受欢迎了。

直到 20 世纪 80 年代，大多数司法管辖区都采

用了上述规则之一，并获得了不同程度的认可。然而，被广泛关注的欣克利被判无罪案引发了公众对取消精神失常抗辩的强烈呼吁，并促使立法机构和许多专业组织重新审视它。例如，美国律师协会和美国精神医学学会提出了新的、更具限制性的标准（Steadman et al.，1993）。欣克利被判无罪后不久，34 个司法管辖区进行了近 100 项不同的改革，这是美国历史上精神失常抗辩改革最活跃的时期。在大多数情况下，这些改革反映了麦克纳顿规则以一种经过修改且更具限制性的形式回归（Steadman et al.，1993）。如上所述，有 4 个司法管辖区完全废除了精神失常抗辩［第 5 个州——内华达州——试图废除该抗辩，但其最高法院裁定，废除该抗辩违反了美国联邦宪法和州宪法（Finger v. State，2001）］。

各州对精神失常抗辩做出的其他修改包括以下三点：

（1）将证明自己精神失常的责任交给被告（过去，检察官被要求证明被告不是精神失常者）；
（2）限制临床证词的作用；
（3）要求因精神失常被判无罪的人在从精神病院释放前证明自己不再患有精神疾病。

这些变化中有许多是以下文讨论的美国联邦法律为蓝本的。然而，美国联邦最高法院在界定精神失常和制定相关法律方面给各州很大的自由（DeMatteo，2007）。但最高法院是否会继续允许各州拒绝承认精神失常抗辩还有待观察。

精神失常抗辩改革法案

欣克利被判无罪后，在公众要求彻底废除精神失常抗辩的呼声中，美国国会通过了《1984 年精神失常抗辩改革法案》，该法案将保留美国联邦法律中的这一抗辩，但对其进行了重要修改。西蒙和阿伦森（Simon & Aaronson，1988）说道："欣克利的裁决无疑对美国国会修改精神失常抗辩产生了决定性影响。"从本质上说，美国国会加大了在美国联邦法院使用精神失常抗辩的人被判无罪的难度。该法案将布朗纳规则（自 20 世纪 70 年代初采用以来，几乎

所有美国联邦巡回法院都一直坚持该规则）改为一个更接近于麦克纳顿规则的模式。具体来说，如果在实施构成犯罪的行为时，被告由于严重的精神疾病或精神缺陷，不能理解其行为的性质、后果或不法性，被告就不能被追究责任。在其他情况下，精神疾病或精神缺陷不构成抗辩。

此外，新的美国联邦标准在三个主要方面改变了布朗纳规则（Simon & Aaronson，1988）。第一，该法案废除了布朗纳规则中不可抗拒的冲动标准［通常称为意志力测试（volitional prong）］。由于精神缺陷而无法控制自己的行为已不再被视为可接受的抗辩条件。回顾一下，在上面讨论的"卡勒诉堪萨斯州案"中，上诉人在审判中提供了证据，证明他无法控制自己的行动。根据美国联邦法律，这对他没有帮助，但根据一些州的精神失常法，这是可能的。第二，该法案修改了认知要求，用"不能理解"取代了"缺乏实质性的理解能力"。其目的是将要求收紧到"完全没有能力理解他们的行为是错误的"。第三，精神疾病或精神缺陷必须是严重的，并强调某些品行障碍（尤其是人格障碍）不能作为抗辩条件。应该指出的是，美国联邦法律还禁止精神卫生临床医生就被告是否精神失常发表意见。临床医生可以作证，报告他们的评估结果，并提供诊断，但他们不能表达最终意见，这是为了强调精神失常是必须由法院做出的法律定性。表 8-2 总结了确定患有精神障碍的被告的刑事责任的通用标准。

有罪但患有精神疾病

此外，为了回应对精神失常抗辩的醒悟，一些州引入了一种新的裁决替代方案，有罪但患有精神疾病（Guilty But Mentally Ill，GBMI）。在一些州，被告也可以以此形式做出答辩。

1975 年，密歇根州是第一个采用 GBMI 替代方案的州，到 1992 年，其他 11 个州已经效仿密歇根州的做法。"有罪但患有精神疾病"选项旨在提供一种选择，而非替代"因精神失常而被判无罪"的裁决。对于 GBMI，各州在相关标准和程序上存在差异，有些州使用稍微不同的术语，如"有罪但精神失常"（guilty except insane）。不过，总体来说，这一选项的主要目的是减少因精神失常获无罪判决的数量，认定被告应承担责任，但仍然承认其精神疾病的存在。因此，GBMI 允许法院对涉嫌精神失常的刑事被告做出"折中"（middle-ground）判决。例如，该判决允许陪审团将他们认为犯罪的被告应该承担责任的信念，与其也需要帮助的信念相调和。

对 GBMI 的法律研究表明，其预期目的可能尚未实现（Melton et al.，2018）。研究人员（Goldstein et al.，2013）指出，陪审团进行的这种裁决无关刑事责任，也不需要任何特定类型的精神治疗。可能正是因为不需要特殊治疗，那些被裁决 GBMI 的人并不比其他精神疾病囚犯更可能接受心理治疗或康复服务（Borum & Fulero，1999；Melton et al.，2018；Morse，1985；Slobogin，1985；Zapf，Golding，& Roesch，2006）。因此，GBMI 中隐含的治疗承诺并

表 8-2　刑事责任通用标准

标准	首次使用年份	描述
麦克纳顿规则	1843	必须清楚地证明，在实施该行为时，被起诉的一方由于精神疾病而处于缺乏理性的状态，以至于不知道他所实施行为的性质和后果，或者即使他知道，他也不知道他所做的是错误的
德拉姆规则	1954	如果违法行为是精神疾病或精神缺陷的产物，那么被告不承担刑事责任
布朗纳规则	1972	任何人在实施犯罪行为时，因精神疾病或精神缺陷，以致无法辨别自己行为的犯罪性（非法性），或者缺乏使自己的行为符合法律要求的实际能力，则不负刑事责任
《1984 年精神失常抗辩改革法案》	1984	如果有证据证明，由于精神疾病或精神缺陷，被指控犯有刑事罪的人在犯罪时不能理解自己行为的不法性，该人就应以精神失常为由被判无罪

未实现。然而，根据法律的措辞，它可能被解读为，为那些被裁决 GBMI 的人创造了治疗权（Cohen，2008）。有意思的是，还有证据表明，被控严重暴力犯罪的被告通常会选择 GBMI 作为辩诉交易过程的一部分。辩护律师可能更愿意接受这一选项，而不是让客户受审和拿当事人的生命冒险（Steadman et al.，1993）。考虑到这项研究强烈表明 GBMI 的规定没有达到预期目的，几乎所有关于这一问题的学术著作都对这些法律的效力提出了质疑（Cohen，2008；Goldstein et al.，2013；Melton et al.，2018）。研究人员（Melton et al.，2018）总结道："简而言之，GBMI 的裁决在概念上存在缺陷，很有可能会妨碍对事实的寻找，并且似乎无法实现其减少精神失常无罪判决或延长对患有精神疾病的危险罪犯监禁的目标。它可能实现的一个目标是减轻陪审员和法官的焦虑，否则他们将难以在有罪裁决和因精神失常而被判无罪的裁决之间做出决定。"

特殊的抗辩及其条件

我们已经讨论了一些最有可能伴随被告无受审能力的判决或被用来支持精神失常抗辩的精神疾病诊断。在本节，我们将讨论其他不太常见但仍被辩护律师列举的疾病或诊断，以完全免除被告的责任，或者支持其能力或责任降低的主张。有时，这些条件不是作为单独的抗辩，而是用来支持精神失常抗辩。另外，如果它们成功了，它们往往也不是完全的抗辩，而是在一定程度上免除个人责任。此外，这些独特的条件可能有助于被告获取更有利的辩诉交易或更轻的量刑。接下来，我们将介绍研究文献中报道最多的抗辩和条件。

创伤后应激障碍

在本章前面提到的美国狙击手一案中，人们普遍认为被告的律师会利用创伤后应激障碍来减轻被告的责任或支持其进行精神失常抗辩。行凶者是一名退伍军人，在实施杀戮数月前已被诊断患有创伤后应激障碍，同时伴有精神病、妄想障碍和自杀倾向。然而，有意思的是，律师们并没有关注创伤后应激障碍，在审判中，为双方作证的心理学和精神病学专家也不认为他患有这种疾病。相反，辩方专家认为他是在精神病发作期间杀人的，陪审团在经过短暂的评议后判定被告有罪。

在 1980 年版的 DSM-Ⅲ 中，创伤后应激障碍被正式确认为一种独特的障碍，此前退伍军人团体曾努力让精神卫生专业人员认识到一种导致多种损害症状的"越南战争战后综合征"（post-Vietnam syndrome）（Appelbaum et al.，1993）。自从被正式承认以来，创伤后应激障碍不仅被广泛应用于退伍军人，也被广泛应用于大屠杀幸存者、重大灾难幸存者，如 2001 年"9·11"恐怖袭击事件、2013 年波士顿马拉松爆炸案、大规模枪击案、强奸、虐待儿童、虐待配偶、性骚扰等被害人和幸存者。全球各地遭受人权侵犯的被害人也容易出现创伤后应激障碍的相关症状，面对可怕交通事故的救护人员，或者严重自然灾害的幸存者也是如此。

根据 DSM-5，创伤后应激障碍的基本特征是，暴露于一个或多个创伤事件后发展出的典型性症状。有意思的是，DSM-5 中的创伤后应激障碍标准与第 4 版的标准存在显著差异，这一问题引发了一些精神卫生专业人员的广泛批评（Friedman et al.，2011）。在以前的版本中，标准包括非常消极的情绪，如强烈的恐惧、恐怖或无助。根据第 5 版，虽然这些情绪确实可能发生，但它们不是必需的。创伤后应激障碍患者可能通过不同的情绪状态、消极认知或分离症状表现出来。

研究估计，1%～7% 的美国人患有创伤后应激障碍（Elhai et al.，2008；NIMH，2017；Sutker, Uddo Crane，& Allain，1991）。在患有创伤后应激障碍的成年人中，估计有 36.7% 有严重损伤，33.1% 有中度损伤，30.2% 有轻度损伤（NIMH，2017）。然而，退伍军人的创伤后应激障碍患病率被认为远远高于普通人群的患病率。研究人员（Kulka et al.，1991）估计，创伤后应激障碍影响了 31% 的男性越南战争退伍军人和 27% 的女性越南战争退伍军人。据估计，16.6% 从伊拉克和阿富汗返回的士兵在返回后一年内符合创伤后应激障碍的诊断标准（Hoge et al.，2007）。另一组研究人员（Finley et al.，2015）报告，近 1/5 参加过近期战争的退伍军人被诊断患有创伤后应激障碍。

创伤后应激障碍的症状包括闪回①、反复出现的梦或噩梦，或者对创伤事件的痛苦、侵入性记忆。对外部世界的反应减退、漠不关心的态度或心理上的麻木均是很常见的症状表现，特别是在创伤事件发生后的几周内。尽管研究人员（Hoge et al.，2007）指出，创伤后应激障碍的症状可能要经过相当长的时间才会出现，如 6～12 个月或更长时间，但 DSM-5 显示，症状通常在创伤事件发生后 3 个月内开始。然而，也有可能在创伤事件发生数月或数年后才出现延迟表达［以前称为晚发（delayed onset）］。疏远或脱离社会环境的感觉也是症状之一，这种模式导致难以与他人建立密切、有意义的关系。其他症状包括睡眠问题、易受惊吓、难以集中注意力、极度回避能让其想起所经历创伤事件的人和事。

基于文献中所涵盖的许多症状，可以发现，创伤后应激障碍似乎是适用于所有年龄段的多数人的涵盖性术语。被诊断患有创伤后应激障碍的人往往喜怒无常、抑郁、难以相处或共事。如果是成年患者，他们被描述为常常从一份工作换到另一份工作，从一段关系换到另一段关系。如果是儿童患者，他们可能会做可怕的梦，并在游戏行为中重建创伤事件。

与本章主题最相关的是，创伤后应激障碍在暴力和非暴力案件中都被用来为 "因精神失常而被判无罪" 抗辩提供支持（Monahan & Walker，1990，1994）。例如，创伤后应激障碍被用作贩毒的免责条件［如 "美国联邦政府诉克鲁切夫斯基案"（United States v. Krutschewski，1981）］。然而，迄今为止的证据表明，虽然法院愿意承认创伤后应激障碍的证据，但用它来支持精神失常抗辩不太可能成功

（Appelbaum et al.，1993；Friel et al.，2008；Sparr，1996）。当创伤后应激障碍抗辩成功时，通常只会导致被告的责任减轻，而不是完全免除责任（因精神失常而被判无罪）。创伤后应激障碍也被引用在辩诉交易和判决前的调查报告中（Monahan & Walker，1990）。也就是说，如果存在创伤后应激障碍的证据，那么检察官可能更愿意接受被告的认罪以减轻指控，法官也更愿意减轻量刑。在美国联邦最高法院的一个案件［ "科内诉贝尔案"（Cone v. Bell，2009）］中，法院撤销了对一名退伍军人的死刑判决，因为陪审团没有将他患有创伤后应激障碍的事实视为其减轻罪行的因素。在涉及退伍军人的案件中，创伤后应激障碍也可能被作为责任减轻的证据，包括在审前转处、辩诉交易、量刑等阶段（Appelbaum et al.，1993；Christyet al.，2012）。的确，在一项关于检察官对患有创伤后应激障碍的退伍军人态度的研究中，研究人员（Wilson，et al.，2011）发现，与没有创伤后应激障碍的被告相比，检察官认为他们的刑事责任较轻，并且更愿意宽大处理，例如将这些被告转介到转处项目中。

分离障碍

当代心理学最吸引人的概念之一是分离障碍，它被认为存在于从正常到病态的连续体中（Moskowitz，2004）。我们大多数人都可能会做白日梦，就是一种 "正常" 状态；在其最严重或病态形式中，分离障碍可以指对过去事件的极端健忘症，甚至是分离性身份障碍（Dissociative Identity Disorder，DID），曾被称为多重人格障碍（Multiple Personality Disorder，MPD）。

DSM-5 确定了五种不同的分离障碍，包括分离性身份障碍和分离性遗忘症（dissociative amnesia），下文将对它们进行更详细的讨论。作为一个集合，分离障碍的特征是意识、记忆、身份、感觉、身体表征、运动控制、行为等正常整合的混乱和 / 或中断

---

① 闪回的主要表现为患者在睡梦中会反复闪回创伤时周围的场景，在非梦境状态有时也会出现。——译者注

（American Psychiatric Association，2013）。更极端或病态的分离形式可能出现于被告人被指控暴力犯罪时。

分离性身份障碍

分离性身份障碍是一种非常不寻常的诊断，可能是因为它有奇怪的症状而引起了人们的兴趣。根据 DSM-5，它的特点是：

（1）存在两种或两种以上不同的人格状态或附体体验；

（2）反复发作的遗忘症。

遗忘症或回忆缺失可能发生在日常事件中，而不仅是创伤性事件，这与 DSM-IV 的标准有所不同。分离性身份障碍的症状可由个人报告或由他人观察。从一种人格状态到另一种人格状态的变化或转换通常非常突然（几秒到几分钟），往往由压力或一些相关的环境刺激触发。通常，催眠（hypnosis）也会产生这种进入另一种人格状态的转换。

经历过分离性身份障碍的人很容易被暗示，易受外界影响，很容易被自己或他人催眠。当时被称为多重人格障碍的报告病例在历史上极为罕见。然而，1980—1989 年，美国确诊多重人格障碍的病例数量急剧上升，从 200 例增加到 6000 例（Slovenko，1989）。部分原因是美国精神医学学会在 DSM-III 中正式承认了这种障碍。莫斯科维茨（Moskowitz，2004）在一篇关于分离和暴力的文献综述中报告，在此期间的几项著名研究发现，很多被诊断为分离性身份障碍的患者出现了暴力"改变"。然而，有意思的是，莫斯科维茨坚持认为，各种分离障碍（不仅是分离性身份障碍）在刑事司法人群中往往被忽视，尤其是在男性中。

当时所谓的多重人格障碍偶尔被成功地用作刑事责任的免责条件，如"夏威夷州诉罗德里格斯案"（State v. Rodrigues，1984）和"新泽西州诉米利根案"（State v. Milligan，1976）。然而，总体来说，多重人格障碍并不是一个成功的辩护理由（Slovenko，

1989）。以多重人格障碍为抗辩而失败的一个较为知名的案例涉及系列杀手肯尼思·比安基（Kenneth Bianchi）["华盛顿州诉比安基案"（State v. Bianchi，1979）]，这位杀手因其谋杀行径的残忍和虐待狂性质而广受关注。

尽管有相当多的证据对他不利，但比安基坚称他是无辜的，还辩称是另一个叫"史蒂夫"（Steve）的人犯下的这些杀人罪行。他以精神失常为由拒不认罪。法院委任的专家组没有发现比安基患有多重人格障碍的依据。尽管比安基知道多重人格障碍的"教材版本"（可能是他假扮心理学家期间获得的知识），但他的知识在专家们面前却不那么令人信服。专家小组得出结论：比安基是一名精神病态者。为了避免死刑，比安基很快就改口认罪了。

时至今日，法律从业者和学者们仍在争论分离性身份障碍是否真的存在。事实上，DSM-5 中的分离性身份障碍标准与早期版本中的多重人格障碍标准明显不同。多重人格障碍被称为"精神病学的 UFO"（Ondrovik & Hamilton，1991）。在某些情况下，分离性身份障碍可能是医源性（iatrogenic）的，也就是说，由临床医生或从业者自己无意中造成的。这意味着，那些坚信并在感知上对分离性身份障碍敏感的从业者确实会寻找并将各种行为解释为障碍的症状。实际上，从业者可能会在患者身上发展出该综合征，而患者反过来学会相信自己受到了该综合征的折磨。也有观点认为，催眠过程中的内隐和外显暗示可以将自我的片段塑造出分离性身份障碍的外在表征（Orne，Dinges，& Orne，1984）。不管该综合征是医源性的，还是几种人格状态同时发生在一个个体身上，都必须强调一个重点，即该综合征对患者来说往往是主观真实的，据称经历过该综合征的人往往能很好地、令人信服地扮演每一个角色。各个人格之间的行为差异如此惊人，以致人们经常断言，一个人需要具备丰富的戏剧技巧及详细的精神病学知识，才能有效地模仿截然不同的人（Orne et al.，1984）。

总而言之，分离性身份障碍的有效性在精神卫

生和法律领域都存在很大争议。这一概念的支持者认为，如今临床医生的诊断程序比过去更加精准，临床医生可以使用特定的诊断标准来检测这种障碍（Comer，2004）。但大多数临床医生似乎坚信，分离性身份障碍是他们临床实践中遇到的一个重大问题，精神卫生从业者仍然无法诊断，这并不罕见。

分离性遗忘症

　　遗忘症（amnesia）是指由于身体创伤、神经生理紊乱或心理因素导致的对某一事件、一系列事件或生活经历的某一部分的完全或部分记忆丧失。要注意的是遗忘症是诊断分离性身份障碍的标准之一。它可分为逆行性（retrograde）遗忘症和顺行性（anterograde）遗忘症，第一种情况是对过去事件的记忆丧失，第二种情况是在导致遗忘症的事件发生后无法形成新的记忆。患有分离性遗忘症的人无法回忆以前掌握的信息或过去的事件。遗忘症可以是局部性的，也可以是全盘性的，但后者是最罕见的。局部性遗忘症是指不能回忆起限定时间内发生的事件，而全盘性遗忘症是指完全丧失记忆。局部性遗忘症，也称有限性遗忘症（limited amnesia），是指病理性地无法记住最近发生的特定事件或少量经历（Schacter，1986），它可能是由情绪休克、酒精或药物中毒、头部受到击打等引起的。因此，局部性遗忘症并不是持续的，也不涉及广泛的记忆丧失；相反，丧失是暂时的，仅限于特定事件。下面这个例子就属于局部性遗忘症，2015 年在宾夕法尼亚州脱轨的美国铁路公司（Amtrak）一条线路上的工程师声称，无法回忆火车脱轨前、后发生的事件，该线路导致 8 名乘客死亡，多人受伤。

　　总体来说，法院不接受遗忘症作为精神失常抗辩的有效条件，也不接受遗忘症作为导致无受审能力的条件（Rubinsky & Brandt，1986）。例外的情况是在颅脑损伤的情况下所导致的记忆丧失。最后，随着人们越来越多地认识到老兵、运动员或头部受过击打的个人遭受了颅脑损伤的现实，刑事法庭可能会更加同情那些声称因与生理状况有关的遗忘症

而无法记住某个事件或一系列事件的被告。

　　很久之前波尔（Paull，1993）就指出，至少有 20 个州和 5 个联邦巡回法院的案件中，法院裁定遗忘症本身并不会导致被告无受审能力。对遗忘症采取这种司法强硬态度的一个原因是，有人怀疑被告可能在假装失忆。人们很容易简单地说，他们记不起自己犯下的罪行，心理学家也很难确定一个人是否记得或不记得。不过，近年来，心理学家已经能够在改进的仪器的基础上，测量出伪装或假装出来的各种症状，包括遗忘症症状（Rogers，1997，2012）。有意思的是，根据 DSM-5，没有一种标准、一系列标准或一套程序能够始终区分分离性遗忘症和假装失忆。人们注意到，即使在催眠或巴比妥类药物促进的面谈中，那些有做作性障碍或装病的个体也会继续欺骗（American Psychiatric Association，2013）。然而，一些心理学家认为，遗忘症可以通过识别测试（recognition tests）来进行评估，识别测试是根据当事人声称的不知道的信息量身定制的（Frederick，2000）。与醉酒相关的遗忘症是为受谴责行为辩解的最受欢迎的免责理由，也是刑事案件中最常援引的免责条件，"我喝醉了，我的大脑突然一片空白"是一句常见的话。有意思的是，30%～65% 的被判犯有刑事杀人罪的个体声称他们不记得自己的犯罪过程，通常的理由是犯罪时喝醉了（Schacter，1986）。其他暴力犯罪（如强奸）也存在类似的模式。

　　然而，法院并不同情那些以饮酒、服用毒品或药物中毒而导致的失忆作为免责事由的被告。这是因为法院认为这个人应该受到惩罚，因为其从一开始就应该知道饮酒或吸毒的风险。因此，以这种方式试图利用遗忘症的尝试遭到了司法的强烈抵制。例如，一家法院认为，精神失常是指无法区分是非，而遗忘症只是无法回忆（Rubinsky & Brandt，1986）。因此，遗忘症本身并不算是剥夺一个人分辨是非能力的精神障碍。

精神障碍与暴力

2013 年，在著名医学杂志《柳叶刀》(*The Lancet*) 的一篇评论中，作者回应了英国一家流行报纸的头版头条的报道。文章开篇写道："上周，英国最畅销的报纸《太阳报》(*The Sun*) 选择在头版刊登《被精神病人杀死的 1200 人》(*1200 Killed by Mental Patients*)，这一数字用血红色标出。"这篇报道断言，这个标题不仅具有高度误导性和不准确性，而且还助长了对有精神健康问题的人的污名化和歧视。

美国一项全国性民意调查的结果显示，60% 的受访者认为，精神分裂症患者可能会对他人采取暴力行为，32% 的受访者也认为患有重性抑郁障碍的人可能会对他人施暴 (Moran，2012；Pescosolido et al.，2010)。而且，2012 年康涅狄格州发生大规模谋杀学龄儿童事件后，一项民意调查报告称："政治派别中的大多数美国人都赞成增加政府支出，来改善心理健康筛查和治疗，以此作为防止枪支暴力的一种策略 (Swanson et al.，2015)。"新闻和媒体对涉及大规模枪击案和活跃枪手事件的报道会进一步导致公众认为精神疾病与暴力之间存在重大关联。2019 年，时任美国总统特朗普 (Trump) 建议开放更多精神病院，以应对类似的大规模枪击事件。

需要重点强调的是，精神疾病患者群体不比非精神疾病患者更容易犯罪。此外，正如近年来的研究记录和专栏 8-1 所示，严重的精神障碍不是犯罪的直接原因 (Peterson et al.，2014)，并且，精神障碍者和非精神障碍者实施犯罪的风险因素相似 (Skeem et al.，2014)。正如斯旺森等人 (Swanson et al.，2015) 所说："有证据表明，绝大多数精神障碍患者不会对他人实施暴力，大多数暴力行为都是由非精神疾病因素造成的。"尽管如此，精神障碍患者确实有规律地出现在逮捕记录中、看守所和监狱里，以及关于缓刑和假释案件中，这对监管他们的人提出了特殊的挑战。近年来的研究和政策表明，社区治疗替代方案，包括审前转入专门治疗计划，可能是对已被指控犯罪的重性精神疾病患者的一个好方法

(Colwell，Villarreal，& Espinosa，2012；Gowensmith，2019；Heilbrun et al.，2012)。科尔韦尔等人 (Colwell et al.) 发现，犯罪人被分配到该计划下，能显著降低未来被审判的可能性。

刑事司法犯罪人群中精神障碍的患病率是普通人群的 3 倍多 (Skeem，Emke-Francis，& Louden，2006)。近年来，研究人员一直在寻找那些特别容易卷入刑事司法系统的重性精神障碍罪犯群体或类型，例如，康斯坦丁等人 (Constantine et al.，2010) 发现了重性精神障碍患者的 3 种被捕轨迹模式：低水平慢性病患者、高水平慢性病患者和散发性患者。他们对近 4000 名被诊断为重性精神障碍的被试进行了研究，但并没有将暴力犯罪与非暴力犯罪区分开来，只是将重罪与轻罪区分开来。

精神障碍者的暴力行为研究

早期的研究文献一直支持这样一种观点，即精神障碍患者，即使是患有重性精神障碍的人，并不比普通人更有可能对他人犯下严重罪行 (Brodsky，1973，1977；Henn，Herjanic，& Vanderpearl，1976a；Monahan，1981；Rabkin，1979)。后来的研究发现，精神障碍人群中的一部分人可能有实施暴力犯罪的风险，这使研究人员 (Heilbrun，Douglas，& Yasuhara，2009) 得出结论：尽管已有数百项研究在解决这个问题，但精神疾病是否与暴力有关仍不清楚 (Brennan，Mednick，& Hodgins，2000；Klassen & O'Connor，1988，1990；Monahan，1992；Silver，2006)。请注意，重点是暴力人群是重性精神障碍患者人群的一个子集。

一些研究表明，精神分裂症患者的暴力犯罪风险会增加，甚至实施谋杀的风险更高 (Naudts & Hodgins，2005)。此外，当精神分裂症犯罪人确实实施谋杀时，他们通常会杀害亲属，而且许多人在犯罪时表现出幻觉和妄想 (Häkkänen & Laajasalo，2006)。专栏 8-1 中提到的研究并没有包含犯谋杀罪的个体，研究很少以此罪入手。在对 204 篇文献的元分析研究中发现，精神疾病会增加 50%～70% 的暴

力概率（Douglas，Guy，& Hart，2009）。

　　然而，我们再怎么强调也不为过，即大多数精神障碍患者（包括重性精神障碍患者）不会犯下严重或暴力罪行。例如，患有精神分裂症的男性中仅有 11.3%、女性中仅有 2.3% 实施过暴力罪行（Tengström et al.，2004）。此外，那些患有精神分裂症并实施暴力犯罪的人之间差异很大，一些人从小就有反社会行为史；另一些人在精神分裂症发作前、后会出现反社会行为；还有一些人一生中只发生过一次暴力袭击；而另一些人只有在精神病症急性发作时才会表现出攻击性（Naudts & Hodgins，2005）。

　　此外，进一步的证据表明，同时患有精神分裂症和物质滥用问题的男性，其暴力犯罪的风险性会增加（Swanton et al.，2015）。例如，研究人员（Räsänen et al.，1998）报告的证据表明，有酒精滥用问题的男性精神分裂症患者实施暴力犯罪的可能性，是没有精神分裂症和酒精问题的男性的 25 倍。对精神分裂症和物质滥用问题患者的后续研究，经常发现他们有实施暴力犯罪的风险（Appelbaum，Robbins，& Monahan，2000；Tengström et al.，2004）。

　　研究人员（Monahan，1992）在关于精神障碍和暴力之间的关系的研究中强调了两点。第一，这种联系只涉及目前正在经历重性精神障碍的人。过去经历过重性精神障碍且目前未出现症状的人不太可能参与暴力行为。第二，绝大多数（超过 90%）的精神障碍患者并不实施暴力，这是一个事实。媒体对普通的精神病杀手嗜血妄想引发狂暴的描述是耸人听闻、令人恐惧的，甚至是娱乐性的，但实际上这种现象在现实中很少见。最后，必须强调的是，精神障碍与暴力之间的联系与重性精神障碍有关，而且对有暴力行为史的个人来说，这种联系会更强。回顾一下，研究人员（Laajasalo & Häkkänen，2006）发现，在被判犯有杀人罪的精神分裂症患者样本中，过度暴力的最强预测因素是暴力行为史和存在共犯。

　　研究人员（Van Dorn，Volavka，& Johnson，2012）基于对美国 32 653 人的全国性调查发现，2.9% 的重性精神障碍患者（无物质滥用史）在这一年中实施了暴力行为，而没有精神障碍或物质滥用的人这一比例为 0.8%。虽然结果具有统计学意义，但两组之间的差异很小，在预测暴力方面没有太大价值。此外，重性精神障碍患者的比例略高，可能是因为他们停止或拒绝服用药物。至于重性精神障碍患者实施暴力行为的主要原因，研究人员（Scalora & Zimmerman，2015）告诫，重性精神障碍患者并不比其他人更危险。不过，美国特勤局（United States Secret Service）和美国国会警察局（United States Capitol Police）表示："我们的统计数据显示，我们与受关注的重性精神障碍患者有更多的接触，大多数情况下是因为他们停止服用或拒绝服用药物（Scalora & Zimmerman，2015）。"

　　我们需要强调一点，很大一部分自杀者被鉴定为有精神健康问题。这些自杀者大多被诊断患有双相障碍、抑郁障碍或精神分裂症。事实上，自杀占美国所有枪支所致死亡人数的 60% 以上（Swanson et al.，2015）。

麦克阿瑟研究网络

　　麦克阿瑟研究网络（MacArthur Research Network）对精神障碍者的潜在暴力行为进行了一些著名的研究（Monahan et al.，2001；Steadman et al.，1998）。研究人员跟踪了 1000 多名从民间精神病院出院的患者，试图确定他们在一年内表现出攻击行为的程度。在患者住院期间对他们进行了大量的风险因素评估，共有 134 名患者参与了评估。这些风险因素包括暴力幻想、童年时的虐待史、父母的打架频率、社交网络中消极和积极的人员数量等，以上仅举几例。这些数据使研究人员能够开发一套风险评估工具——多重迭代分类树（Iterative Classification Tree，ICT）模型，他们认为该工具可以帮助临床医生识别低、中、高风险个体。不过，他们强调，该工具是针对即将出院的急性住院精神病患者开发的，在对其他人群进行验证之前，不应过度推广。值得注意的是，在这项研究中，大约一半的出院患者属于低风险组，而其余患者则大致平均分为中风险组和高风险组。然而，没有一个单一的风险因素是暴力的重要预测因素。正如莫纳汉等人（Monahan et al.，2001）所说："暴力是风险因素累积的结果，没有任何一种风险因素是一个人对他人表现出攻击性的必要或充分条件。"

在后来的研究中，莫纳汉等人（Monahan et al.，2005）采用了从精神病院出院患者的新样本，这些患者被归类为低风险组（发生暴力的可能性小于9%）或高风险组（发生暴力的可能性大于37%）。患者们在住院期间首先接受评估和访谈，以便进行随访；在出院后第10周和第20周，研究人员在社区对高风险组和低风险组随机抽取样本，并对熟悉他们的人进行了访谈，还复审了他们的逮捕和再住院记录。研究人员对低风险组的预期暴力发生率为1%，高风险组的预期暴力发生率为64%；而实际观察到的低风险组的暴力发生率为9%，高风险组的暴力发生率为49%。

总之，通过对精神障碍和暴力的研究，我们可以得出以下结论：

- 精神障碍史，即使是严重的精神障碍，也不一定是暴力行为的良好预测因素；
- 与暴力和危险犯罪最密切相关的重性精神障碍是精神分裂症；
- 实施暴力犯罪的精神分裂症患者，群体异质性很大；
- 早年患有精神分裂症并表现出反社会行为的男性通常表现出持续性和多样性的犯罪行为模式，包括暴力犯罪；
- 暴力与当前的重性精神障碍有关，尤其是在有暴力行为史的情况下；
- 实施犯罪的风险因素（如滥用酒精和非法药物、失业、经济困难、早发犯罪）在精神障碍和非精神障碍的个体上具有相似性；
- 重性精神障碍患者实施的犯罪通常不是其疾病的直接结果；
- 至少在被民事监管的住院患者中，麦克阿瑟

研究网络设计的分类系统是未来暴力行为的有效预测工具；
- 虽然研究人员开发了一些工具来评估一个人参与暴力的可能性，但没有一个因素可以作为强有力的预测因素；暴力行为似乎是风险因素累积的结果，对每个人来说，都有其独特性。

有精神障碍的囚犯

在本章，我们提到了许多刑事被告，精神障碍是他们在刑事法庭上的个人背景。这些被告中的一些人接受了受审能力或刑事责任能力评估。正如我们所强调的，大多数被告的受审能力评估结果是有能力的，精神失常抗辩很少成功。因此，可以肯定地说，大量刑事被告如果认罪或被定罪，就会带着精神障碍，被送进看守所或监狱关押。此外，必须强调的是，许多看守所和监狱的环境本身就会引发并加剧精神障碍。很明显，看守所和监狱环境，以及少管所的条件，会对精神状态产生有害影响。

从一项经常被引用的研究中可以得出结论：美国所有监狱和看守所囚犯中有一半患有精神健康问题，他们可能会从心理治疗中受益（James & Glaze，2006）。当代的研究表明，美国看守所和监狱囚犯中患精神疾病的比例正在提高（Althouse，2010；Morgan et al.，2012，2016）。据报道，女性囚犯的精神健康问题发生率往往高于男性囚犯的（Magaletta et al.，2009），但这可能是因为她们更愿意自我暴露这些问题（见表8-3）。据报道，所有囚犯中最常见的问题是重性抑郁障碍，其次是精神病性障碍。

一些研究人员报告称，看守所、联邦监狱和州监狱中有10%～15%的人患有重性精神障碍（Lamb，Weinberger，& Gross，2004）。很难确定这些数据在多大程度上包括了反社会型人格障碍；据估计，有40%～80%的囚犯被诊断为反社会型人格障碍（Steffan & Morgan，2005）。尽管如此，研究人员及与看守所和监狱囚犯有合作的精神卫生专业人员都报告说，在联邦和州监管场所中，严重的精神健

康问题显著增加（Ashford，Sales，& Reid，2001；Faust & Magaletta，2010；Magaletta，Dietz，& Diamond，2005）。

表 8-3 按性别、种族划分的精神障碍囚犯

犯罪人特征	被诊断为精神障碍的百分比		
	州监狱囚犯	联邦监狱囚犯	看守所囚犯
所有囚犯	**56.2%**	**44.8%**	**64.2%**
性别			
• 男性	55.0%	43.6%	62.8%
• 女性	73.1%	61.2%	75.4%
种族			
• 白人	62.2%	49.6%	71.2%
• 非洲裔美国人	54.7%	45.9%	63.4%
• 西班牙裔美国人	46.3%	36.8%	50.7%
• 其他	61.9%	50.3%	69.5%

资料来源：Adapted from James，D. J.，& Glaze，L. E.（2006，September）. Mental health problems of prison and jail in-mates. Washington，DC：U.S. Department of Justice，Bureau of Justice Statistics。

21 世纪，美国许多联邦和州监狱及拘留中心的环境被认为是糟糕的。举个例子，2019 年，美国司法部宣布对亚拉巴马州监狱系统提起联邦诉讼，此前内部调查发现，该州监狱系统存在过度拥挤、暴力和工作人员短缺等问题。许多囚犯拥有临时武器以保护自己，有时监狱还安排非矫治工作人员（包括教师和精神卫生专业人员）协助执行监禁任务。在纽约里克斯岛的一个关押数千名囚犯的大型拘留场所里，多年来充斥着民权诉讼和行政丑闻，该场所计划将在 2025 年关闭，取而代之的是位于纽约市各个行政区的地区看守所。来自其他州的奇闻轶事报道表明，美国各地的监狱和看守所都在恶化，这一事实支持了缩短非暴力犯罪刑期的努力，或者重新审视过去对罪犯的超长刑期。另一种途径是寻求监禁的替代方案，如对非危险型罪犯判处缓刑和社区服务。在一些州，被控犯有轻微罪行的精神障碍者现在被转介到精神卫生法庭，并接受有效治疗，以避免被贴上罪犯标签。

总之，很明显，如今的监狱和看守所面临着越来越多的囚犯，他们的心理问题如果得不到充分治疗，可能会不断恶化。这一问题在超高安全级别的监狱中可能尤其严重，在那里，囚犯被单独监禁，有时长达数年（Toch，2008）。那些存在于每个州和联邦监狱系统中的超高安全级别监狱，因导致囚犯心理崩溃而臭名昭著，这些囚犯通常每天被关在单独的监舍里达 23 小时。这些监狱不一定是地理位置偏远的独立监狱，也不一定远离其他安全级别的监狱。例如，"超高安全级别"可以是一个物理基础相同的独立场地。然而，即使是在普通监狱和看守所中，精神卫生服务的需求也很普遍。

危险性与风险评估

在本章，我们已经讨论了一系列涉及精神障碍、刑事法庭、监狱和看守所的情况。在许多情况下，但并非所有情况下，法院和刑事司法系统的其他人员都担心犯罪个体是否还会对社会构成威胁。

危险性（dangerousness）的概念在刑法中广泛存在，也出现在民法中。界定危险行为是立法机构、法院和临床医生面临的挑战。所有州和所有法院都承认，可能导致人身伤害的行为是危险的。

不过，一般而言，危险性主要与暴力行为相关。被指控暴力犯罪的被告有时被拒绝保释，因为他们被判定是危险分子，暴力犯罪人被判处长期监禁，以防止他们实施更多的暴力罪行，还有些人被判死刑，是为了避免他们犯下更多的暴力罪行。被判犯有暴力罪行的囚犯是否可以假释的决定在很大程度上取决于他们是否具有危险性。

上述决定隐含了一种理念，即个人的暴力行为是可预测的。尽管部分临床医生高度自信他们可以做到这一点，但大多数临床医生对这种能力的看法要保守得多。自 20 世纪 90 年代以来，研究和专业文献越来越倾向于使用风险评估（risk assessment）这一术语，而不是危险性预测。风险评估表明，临床医生和研究人员更擅长评估特定个人或群体实施有害行为的可能性，而不是直接预测某人是危险的或暴力的。我们很快会回到术语的这一变化。

关于预测能力的争议，尤其是预测暴力的能力的争议由来已久。不足为奇的是，严重事件经常因媒体的广泛关注而被推动。2008 年 4 月在弗吉尼亚理工大学（Virginia Tech）发生的枪击案，就是由一名曾接受过精神治疗并出现周期性暴力行为的男子所为。一年后，一名男子闯入一个专门帮助移民适应美国生活的移民中心，杀害 12 人。知悉这名男子的人们说，他们并不惊讶，因为他被孤立了，并且一直在表达他对自己生活地位的失望。类似的说法经常在被高度曝光的谋杀案之后被报道。然而恰恰相反，许多不出击杀的人的特点恰恰是接受心理治疗、与社会隔离以及对社会的幻灭。

犯下暴力罪行的人会发出他们将要这样做的警告吗？这个问题经常出现在大规模谋杀的背景下，这将在第十章讨论。不过，它也与不太为人所知的罪行有关，如涉及一两个受害者的单一谋杀案。心理学家及其他精神和行为健康从业者越来越关注威胁评估（threat assessment），以评估那些做出威胁杀死或以其他方式伤害他人的个体是否构成了真实的威胁。下面我们将对此进行更详细的讨论。

塔拉索夫案

30 多年前在加利福尼亚州发生的一起犯罪至今仍在临床医生中引起反响。一位名叫塔蒂亚娜·塔拉索夫（Tatiana Tarasoff）的年轻女子，被名为普罗森吉特·波达尔（Prosenjit Poddar）的人刺死。加利福尼亚大学伯克利诊所的一位门诊患者波达尔，向他的心理医生透露了他对在舞会上遇到的一位女性有伤害甚至杀害的幻想。这位心理医生从波达尔的一位朋友那里得知，波达尔计划购买一把枪，因此对此变得越来越担心。当患者中止治疗后，诊所管理人员写信给警方，请求他们提供帮助并将患者送往精神病院。警方调查了这起案件，与波达尔进行了面谈，警告他远离这名女子，但并没有对他继续

拘留，显然是因为加利福尼亚州新的民事监管法不允许这么做。谋杀案发生后，受害人的家属起诉了该大学诊所，称该心理专家存在过失，没有向年轻女子或其家人发出危险警告。

塔拉索夫一案无疑为所有临床医生所熟知，它直接解决了一个问题，即治疗师在向第三方发出患者有可能实施有害行为的警告时，他应承担哪些义务。加利福尼亚州最高法院首先裁定，当治疗师确定患者对另一个人构成严重威胁时，治疗师有警告义务（duty to warn）。两年后，最高法院重新将该职责定义为保护义务（duty to protect）。也就是说，治疗师不需要直接警告该个体，但应该采取一些措施保护该个体免受伤害。在加利福尼亚州法院做出判决后，其他不少州通过法院判决或颁布法令的形式，采纳了类似于塔拉索夫案中宣告的规则。到 21 世纪初，有一半的州已经这样做了（Quattrocchi & Schopp，2005），有两个州明确拒绝了这一规则（DeMatteo，2005）。无论是否存在法定的警告义务或保护义务，许多从业者都将塔拉索夫案的"精神"解释为一种从业标准，认为临床医生有专业义务采取一些措施保护可识别的潜在受害者（Litwack & Schlesinger，1999）。在一些州，法律是宽泛的，例如，要求临床医生采取保护措施，即使信息来自患者亲属；而在其他一些州，临床医生的义务只是满足普通护理和权限的标准，仅限于能明确识别出潜在受害者的情形（Quattrocchi & Schopp，2005）。

2012 年 7 月，24 岁的詹姆斯·霍姆斯在《蝙蝠侠：黑暗骑士》的午夜首映式上走进科罗拉多州的一家电影院。据称，霍姆斯先投掷了烟幕弹，然后开始用武器射击，共造成 12 名观众死亡，另有大约 70 人在试图逃跑中被击伤。警方很快得知霍姆斯的公寓装有爆炸装置，如果被引爆，很可能会杀死走进他房间的人。霍姆斯是科罗拉多州丹佛大学（University of Denver）的一名研究生，他在事件发生前在学校里看过一位心理健康专家，专家显然对他的行为很担心，她曾召集了一个威胁评估小组来考虑如何处理这种情况。然而，霍姆斯在小组采取行

动之前离开了学校。如前所述，霍姆斯愿意认罪以避免死刑，但检察官想要将他送上法庭受审，并希望陪审团建议判处其死刑。霍姆斯以精神失常为由拒不认罪，但他被判有罪，并被判处终身监禁，且不能假释。这个案例与这部分是相关的，因为它提出了一个问题：精神卫生专业人员能预测危险行为吗？此外，风险评估和威胁评估之间有什么区别？应该如何及何时使用它们？

采用了警告义务或保护义务规则的法院和立法机构显然认为，精神卫生专业人员可以相当准确地预测谁会或将会有危险性，以及谁不会有危险性。长期以来，这项法律一直依赖于对危险性的预测，至少可以追溯到 16 世纪（Morris & Miller，1985）。然而，研究人员和临床医生长期以来一直在努力界定危险性并预测其发生。塔拉索夫案之后，危险性引发的争议甚至超过了精神失常抗辩引发的争议（Knapp et al.，2013；Simon & Cockerham，1977），而且从该案中产生的标准在法律和心理学文献中持续遭到批评（Quattrocchi & Schopp，2005）。

如今，如上所述，心理学文献避免使用"危险性预测"这一术语，用"风险评估"取而代之。如果一个人确实威胁要伤害一人或多人，则风险评估将上升到威胁评估的级别。

风险评估通常针对出狱前的个体或从精神病院出院的个体进行，这些人未曾对任何人构成威胁，但有暴力史。威胁评估是针对那些对某人或一群人构成威胁的人进行的。当代威胁评估是由美国特勤局开发的（Ennis，Hargreaves，& Gulayets，2015）。在描述威胁评估时，梅洛伊（Meloy，2015）写道："威胁评估是动态的，在每种特定情况下，它可能会每天或每小时发生变化，因为受关注者正在做不同的事情，或者情况发生了变化，抑或受关注者的目标正在以某种方式应对威胁。"风险评估和威胁评估的目标相同——管理暴力风险。前者通过检查和评估既往病史来管理风险，后者通过检查和评估威胁和正在进行的行为来管理风险。威胁评估包括三个阶段：识别、评估和管理。

威胁评估和专业人员对威胁的管理都是动态相关的（Meloy，2015）。威胁管理包括识别发出威胁的人和其目标人或目标群体，然后采取措施减少暴力行为发生的可能性。威胁管理包括在可能的情况下进行干预，例如与问题人员进行面谈，并提高特定目标和其他潜在目标的安全性。

暴力风险因素与测量

50 多年来，学者们一直在争论基于统计的风险评估与更主观的、基于临床的评估方法（有时被称为非结构化临床评估）的优点（Douglas & Ogoff，2003；McGowan，Horn，& Mellott，2011；Meehl，1954；Melton et al.，2007）。这场争论也被称为精算评估（actuarial measures）与临床评估（clinical measures）的辩论，而临床评估通常有更多的缺点。例如，正如研究人员（Vitacco et al.，2012）指出的，依靠非结构化临床评估的医生在暴力预测中的准确率很低。

然而，自 20 世纪 90 年代末以来，学者和临床医生一直在讨论结构化专业评估（Structured Professional Judgment，SPJ），有时被称为结构化临床评估。SPJ 的方法建议临床医生遵守既定的指导方针，对个人是否可能有暴力倾向进行仔细评估（Douglas et al.，2014）；要收集关键的背景信息，包括被评估个体存在的风险因素和保护因素，并权衡这些因素的重要性，考虑该人可能使用暴力的可能性及其在何种情况下可能使用暴力，进而提出预防此类暴力的建议。SPJ 显然在本质上有些主观，但其支持者认为，它远远优于非结构化临床评估，而且可能是比精算评估更好的选择（Douglas et al.，2014）。

精算评估提供了被评估个体的风险或需求因素的集合（如过去的暴力行为、年龄、犯罪记录、早发的反社会行为）。尽管它被广泛用于风险评估，但也有缺点，可能被过度使用。此外，它应该由受过心理测量学理论教育的临床医生进行操作（Heilbrun，Marczyk，& De Matteo，2002）。精算评估的一个主要优点是减少了主观性，或者减少了基于直觉或过去经验的临床判断，因为最有效的精算评估工具中涉及的风险因素是客观评估的。表 8-4 概述了非结构化临床评估、结构化专业评估和精算评估的主要缺点。

表 8-4　三种风险评估方法的主要缺点

非结构化临床评估
• 高度主观
• 仅基于临床经验，临床医生可能对这类罪犯缺乏经验
• 不知道应该考虑哪些因素
• 几乎没有实证研究文献的支持

结构化专业评估
• 较新的方法，与精算评估相比，未进行大量研究
• 鼓励临床医生推测哪些条件可能导致暴力
• 主观性仍然是一个因素

精算评估
• 关注少数风险因素，可能忽略其他因素
• 针对特定人群（如男性）的测量结果可能不适用于其他人群（如女性）
• 暴力风险的限制性界定，不能解决持续时间、严重程度或频率的问题
• 临床医生无法应用专业判断，如权衡风险因素的重要性

风险评估工具经历了四代的发展（Campbell, French, & Gendreau, 2009）。第一代评估工具基于非结构化临床评估，几乎没有或根本没有统计依据。第二代评估工具提供了一个更加标准化的评估风险的方法，主要使用静态（非变化）变量，如年龄、性别和犯罪史。在第三代评估工具中，风险评估工具的开发人员将犯因性需求引入其中，这种模式能对治疗效果产生快速响应，进而达到治疗效果。换句话说，他们明确了针对性的需求，以降低犯罪风险。犯因性需求包括反社会态度或药物使用等。第四代工具更适合治疗或康复过程，与第三代工具一样，它们可以识别静态和动态风险与需求，但也被整合到风险管理和选择治疗干预措施的整个过程中（Campbell et al., 2009）。

关于这些不同的测量工具，尤其是最近几代工具的信度和效度的研究都还在进行中。它们对男性和女性是否同样有效，是文献中经常提及的一个问题。然而，总体来说，精算工具始终优于临床判断。在另一项元分析中，研究人员（Ægisdóttir et al.,

2006）发现，精算风险预测比临床判断预测效果好17%。然而，由于诸多原因，许多精神卫生从业者一直不愿将他们的专业判断交给精算模型。因此，结构化专业评估受到了许多临床医生的欢迎，作为一种潜在合理的、经验上站得住脚的风险评估，它暂未显示出精算评估或非结构化临床预测的那些已知的缺点（Heilbrun et al., 2009）。

必须强调的是，尽管我们在本章讨论了风险评估，但暴力风险评估并不局限于精神障碍患者。事实上，大多数评估工具都是为了评估青少年、家庭虐待者、性犯罪人等一般犯罪和违法人群中可能存在的暴力行为而开发的。此外，威胁评估的一项重要任务是试图评估那些不一定被诊断为有精神健康问题的人的暴力行为。如第十章会提及的，威胁评估会在学校和工作场所进行。必须再次强调的是，精神障碍患者群体并不危险。总体来说，预测未来行为的最佳指标是过去的行为，但即使是过去的行为也不一定会重复发生。犯罪行为的最佳预测因素是既往犯罪史，而过去的暴力行为将暗示未来发生暴力的可能性。无论个体是否患有精神障碍，既往犯罪史都是重复犯罪的最佳预测因素（Bonta, Law, & Hanson, 1998）。不过，人也是会变的。另外，在各种情况下，行为发生的频率越高，预测就越准确。一个经常在不同情况下表现出暴力的人比一个只是偶尔在某些情况下使用暴力的人更容易预测。

自 20 世纪 90 年代以来，研究人员在识别更多与暴力相关的因素方面取得了长足的进步。除了犯罪史，研究强烈表明，重复犯罪（不限于暴力）的其他预测因素还包括年龄、未成年人违法犯罪和物质滥用的某些结合（Andrews & Bonta, 1994; Bonta et al., 1998; Gendreau, Little, & Goggin, 1996; Guy, Douglas, & Hart, 2015; Heilbrun & LaDuke, 2015）。然而，研究人员也警告，每个人的风险因素都是独一无二的，没有任何一个因素必然能预测每个人的暴力或严重反社会行为。

本章小结

在本章，我们重点讨论了精神疾病和犯罪之间的关系。为了理解这种关系，我们首先必须做的，就是跨越标签化，因为标签化不能解释为什么某些人会以某种方式行事。

精神障碍（或精神疾病）是一种心智障碍或疾病，严重影响一个人处理日常生活的能力。虽然它剥夺了一个人的选择自由，但这种剥夺很少是完全剥夺。即使是患有重性精神障碍的人也有一定的决策能力。精神障碍应与智力障碍区分开来。前者可以治疗、治愈或缓解，而后者不能，但智力障碍人士可以被训练完成许多任务，并支持他们实现自立的愿望。

我们回顾了最常与犯罪行为相关的诊断类别。例如，被指控犯罪的人可能会引入这些诊断来支持精神失常抗辩。讨论的主要类别包括精神分裂症和其他精神病性障碍、双相障碍、重性抑郁障碍和反社会型人格障碍。就严重犯罪而言，精神分裂症、其他精神病性障碍及双相障碍是最令人担忧的，但即使存在这些障碍也未必会导致犯罪行为。换句话说，绝大多数患有这些障碍的人没有犯罪。同样，重性抑郁障碍通常不会导致犯罪，尽管有一些大规模谋杀、工作场所暴力或杀死自己孩子等罕见的、引人注目的案件。反社会型人格障碍是一种笼统的诊断，通常被用于长期犯罪的犯罪人身上。时至今日，大多数法院不接受反社会型人格障碍用来支持精神失常抗辩。

本章还回顾了能力和精神失常等法律概念。如果刑事被告认知非常混乱，无法理解诉讼程序或协助律师为自己辩护，那么他们将被裁定为无受审能力。参与审判的能力与广泛的诉讼程序有关，包括各种审前听证会、审判本身，以及量刑阶段和之后的程序。根据法律规定，无参与审判能力的被告是不需要到庭的。因此，在起诉前，其必须具备相应能力。正如我们所指出的，通常的做法是住院治疗。然而，由于能力评估需求量太大且治疗资源较少，学者们正在强调一种能力危机。因此，一些司法管辖区正在转向门诊能力康复项目。另一个涉及的问题是，被认定无受审能力的被告在多大程度上可以违背自己的意愿接受药物治疗？法院通常裁定，当政府有强烈意愿将被告送上法庭时，如在严重犯罪案件中，会允许强制被告服用药物。

虽然影响被告最多的是能力问题，但最引起公众兴趣的是精神失常问题。真正精神失常的人不用对自己的罪行负责。精神失常抗辩很少成功，即使成功了，也不是讨价还价似的交易。因精神失常而被判无罪的人通常会住院治疗，他们住院的时间往往比他们在监狱中服刑的时间更长。我们回顾了确定精神失常的各种标准，包括麦克纳顿规则、布朗纳规则、德拉姆规则和在联邦法院适用的《1984 年精神失常抗辩改革法案》的标准。自 20 世纪 80 年代以来，主要由于欣克利被判无罪，许多州和联邦政府通过了限制性更强的精神失常法，使被告人更难免除刑事责任。一些州还通过了"有罪但患有精神疾病"的裁决形式，允许法官或陪审团裁决被告有罪，但也承认其需要治疗。不过，研究表明，隐含于"有罪但患有精神疾病"法规中的治疗很少真正被提供。

我们还简要地讨论了刑事案件中有时会涉

及的特殊抗辩，要么完全免除被告的责任，要么支持其能力降低的抗辩。创伤后应激障碍已经在许多经历过严重创伤的个体中被诊断出来，但被指控犯罪的创伤后应激障碍患者很少将其作为成功的抗辩理由。分离性身份障碍（以前称为多重人格障碍）和分离性遗忘症是更少见的障碍类型，如果将其用作精神失常抗辩，也不太可能成功。

本章还涉及看守所和监狱人口中的精神障碍，这是一个越来越受关注的话题。许多监禁场所的条件，如暴力、过度拥挤，以及缺乏针对囚犯的有效治疗方案，导致有记录的精神障碍患者的增加。一些囚犯进入看守所或监狱时就患有精神障碍，另一些囚犯则由于监禁经历而患上精神障碍。

对精神障碍患者的曝光，以及偶尔发生的重性精神障碍患者杀害陌生人的耸人听闻事件的宣传，已经引发了关于其危险性和我们能否对其危险性进行预测等大量问题。当刑事司法系统处置被指控暴力犯罪的被告或被判犯有暴力犯罪的犯罪人时，该系统需要明确其是否有危险性。多年来，精神卫生专业人员试图回答这个问题，但收效甚微。传统上，临床医生高估了这一人群的潜在暴力，引发了关于其危险性评估的标准的争论。评估机构也逐渐从危险性预测转向了风险评估。临床医生不再试图预测某人是否危险，是否会做出暴力行为，而是尽可能地识别诱发其更有可能这样做的风险因素。

进入 21 世纪，临床医生开展的威胁评估越来越多。当一个人直接威胁他人或一个群体，或者该人表现出产生这种威胁的行为迹象时，就会触发威胁评估。威胁评估主要在教育相关领域或工作场所开展。当精神卫生专业人员参与时，风险评估和威胁评估通常通过非结构化临床评估、结构化专业评估或精算评估来开展。本章已就这三种方法各自的优点、缺点进行了讨论。

核心术语

精神疾病（mental illness）

精神障碍（mental disorder）

智力障碍（intellectual disability）

《精神障碍诊断与统计手册》（*Diagnostic and Statistical Manual of Mental Disorders*，DSM）

精神分裂症（schizophrenia）

幻觉（hallucinations）

妄想障碍（delusional disorder）

重性抑郁障碍（major depressive disorder）

反社会型人格障碍（Antisocial Personality Disorder，APD）

参与审判的能力（adjudicative competence）

受审能力（competency to stand trial）

无受审能力（Incompetent to Stand Trial，IST）

精神失常抗辩（insanity defense）

因精神失常而被判无罪（Not Guilty by Reason of Insanity，NGRI）

麦克纳顿规则（M'Naghten Rule）

是非辨别测试（right and wrong test）

布朗纳规则（Brawner Rule）

警告条款（caveat paragraph）

德拉姆规则 / 产物标准规则（Durham Rule/product rule）

《1984 年精神失常抗辩改革法案》（*Insanity Defense Reform Act of 1984*）

意志力测试（volitional prong）

有罪但患有精神疾病（Guilty But Mentally Ill，GBMI）

创伤后应激障碍（Posttraumatic Stress Disorder，PTSD）

分离性身份障碍（Dissociative Identity Disorder，DID）

医源性（iatrogenic）

遗忘症（amnesia）

威胁评估（threat assessment）

警告义务（duty to warn）

保护义务（duty to protect）

结构化专业评估（Structured Professional Judgment，SPJ）

思考题

1. 详细解释无受审能力与精神失常之间的区别。在回答中，请包括研究人员对这些获得法律指定身份的个体的了解程度。

2. "警告义务"和"保护义务"是什么意思？与谁相关？

3. 在什么情况下精神失常的人可能会变得暴力或实施严重犯罪？

4. 简要描述精神失常的四个法律标准及其要求。

5. 识别并列举与犯罪行为最相关的四个精神障碍诊断类别的症状表现。

6. "有罪但患有精神疾病"的法律含义是什么？为什么许多法律学者反对它？

7. 全面描述并评估本章讨论的任何一种特殊的抗辩。

暴力的外延非常广泛，它基于个体间物理呈现的打击伤害行为。在当代，它不仅局限于物理打击的伤害。暴力是少数经久不衰且横跨学术与非学术领域的犯罪概念之一，甚至在诸多文化方向上，都有专门的一种亚文化——"暴力亚文化"。大多数人对暴力事件都很关注，那些充满人伦感情纠葛、涉案人员组成复杂、受害人数众多、手段残忍的案件，往往由于勾起人类对危险与生俱来的恐惧而备受关注，这种"极端关注"现象无疑会让人们忽略掉严重暴力这种犯罪行为的多发性，片面地将其理解为极少发生的恶性暴力犯罪。但实际上，杀人、伤害，甚至是亲密关系与家庭暴力这种"门后的犯罪"，每天都在发生，其发生率在一些国家和地区甚至仅次于财产犯罪。

本章内容涵盖了暴力中的诸多典型行为，其核心就是在专业的研究解读下，明确这些行为的概念和重要性，以数据为基础，对类型学、动力学原理进行解释，使读者在"极端关注"的同时，明白这些行为背后的犯罪心理成因，更好地理解案件中的诸多影响因素，以及犯罪人犯罪心理的形成机制。例如，本章对杀人行为进行的分类及数据化呈现，就可以使读者在低阅读压力的情况下，跳出对杀人犯形成的既定观念，即认为杀人犯都是冲动的、变态的，以更加多元化的视角看待杀人的不同种类，理解那些沉浸在自己剧本角色中的凶手的犯罪心理，以及那些随机选择目标的杀人犯为什么会做出这样的犯罪决策等问题。

当然，本章讨论的暴力行为远不止杀人，有一种行为，与杀人相比更加普遍，同时，在很多情况下，也无法与杀人明确区分开，那就是伤害。在讨论杀人的同时，本章也将伤害纳入其中进行了讨论。这并不是因为伤害多发且普遍，而是因为很多杀人未遂的后果就是严重伤害。很多严重伤害如果超出一定的程度，那么其后果就是杀人，这两者在犯罪人特点、类型、犯罪心理成因与机制，甚至是决策上，都有诸多交叉之处。通过学习本章知识，你可以对造成严重伤害的不同类型的犯罪人行为、心理特征，以及未成年人的杀人和伤害问题等进行更加深入的了解，形成复合知识体系。

另外，正如前面所说，暴力曾是一种极不隐秘的行为，但就当代环境而言，一部分暴力行为发展成极具隐秘性的行为，给研究和调查过程造成了诸多困难，而且这类行为伤害深远，严重程度无法估计，所以隐秘性暴力行为，如目前越来越受关注的亲密关系与家庭暴力。本章将呈现给读者很多核心观点、研究，从专业角度对亲密关系与家庭暴力犯罪行为的成因和动力学原理进行解释。在面对一个暴力案件时，人们关注的往往是情感的纠葛、潜在的心理冲突、显现的暴力程度等，很少有人就行为产生的原因、施暴者的行为和心理特点，以及最重要的行为和心理发展轨迹进行思考，但实际上，更好地理解暴力行为的前提就藏在这些因素中。本章对亲密关系与家庭暴力的解读可谓是一把利剑，直插这类犯罪行为的核心，在带来锐利观点的同时，给予读者足够的理论支持。作为一种延展，研究人员还将陌生人拐卖儿童这一全球性的犯罪问题一并进行讨论，对处于弱势的妇女与儿童给予关注。

希望学习本章之后，你可以对社会案件有更深的理解，摆脱极端关注，明确杀人、伤害、亲密关系与家庭暴力的动力学原理。

于 悦

中国政法大学社会学院　副教授

张 蔚

广州商学院法学院　副研究员

第九章

杀人、伤害、亲密关系与家庭暴力

本章译者：于悦　张蔚

学习目标

- 了解杀人罪与其他暴力犯罪相比所具有的罕见性。
- 明确刑事杀人、过失杀人和严重伤害的定义。
- 了解杀人行为被害人和犯罪人的人口统计数据。
- 介绍杀人行为的分类。
- 了解目前已知的未成年谋杀犯罪人及被害人的相关问题。
- 讨论亲密关系暴力的动力学原理。
- 了解家庭暴力动力学原理的相关研究。
- 归纳总结典型陌生人诱拐儿童的相关数据。

如果说新闻和娱乐媒体是反映人们兴趣的很好的晴雨表，那么我们可以看出，在西方文明中，凶杀暴力一定是最吸引眼球的主题之一。通常情况下，谋杀案越是离奇、丧失理性或展现出令人发指的邪恶，就越能得到新闻媒体的广泛报道。不仅如此，各种与案件相关的图书、电视节目和电影都会在案件被报道后不久后接踵而至。其中，罕见的大规模谋杀、系列谋杀和所谓的无动机杀人最受关注。自1999 年科伦拜恩中学枪击事件以来，在过去 20 多年里，校园枪击事件一直"榜上有名"。虽说凶杀案是亟待解决的持续性社会问题，但在比例上，美国联邦调查局统一犯罪报告显示，在全美国范围内报告的所有暴力犯罪中，杀人罪所占比例在过去若干年间一直不超过 5%。

如前文所述，杀人是指一个人被另一个人杀害，但需要注意的是，如果有正当理由或可辩解，那么杀人行为就不属于杀人罪。并非所有杀人都会被认定为犯罪。这看上去很复杂，但是在本章，包括标题在内，我们会像很多研究人员和统计学家一样，将"杀人"一词脱离各种语境进行使用。我们从美国犯罪统计数据中得知，杀人案的数量在 1991 年达到 24 503 起的历史最高点之后，1999 年迅速下降到15 522 起（Cooper & Smith，2011），这里我们所说的"杀人"指的是杀人罪。在过去的 20 多年里，美

国的杀人案（谋杀和非过失杀人）数量虽然偶尔波动，但总体趋势一直相当稳定。以 2017 年为例，这一年美国有 15 129 人被谋杀，这意味着每 10 万人中就会出现 5.3 名被害人（FBI，2018a）。如果我们注意 2017 年所有暴力犯罪的百分比分布，我们会发现谋杀只占很小的比例（见图 9-1）。

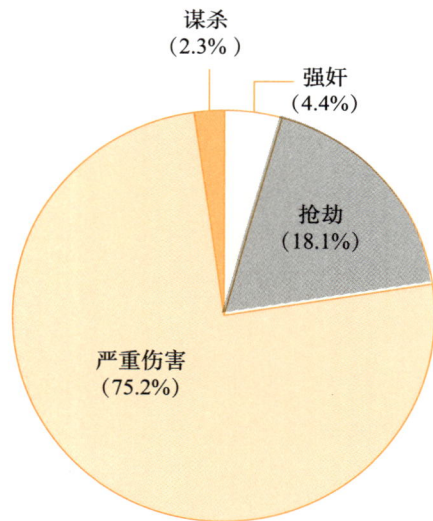

图 9-1　2017 年美国暴力犯罪分布

资料来源：Federal Bureau of Investigation，2018a. Crime in the United States，2017. Washington，DC：U.S. Department of Justice, Federal Bureau of Investigation。

大多数杀人案最终都会有一个或多个犯罪人被逮捕，且这些案件中的大多数施害、被害双方都有

一定的社会关系基础，他们可能是朋友、配偶或熟人。纵观 2017 年全美国所有的杀人案，50% 的案件的被害人和犯罪人是认识的，在这些互相熟识的关系中，24.7% 的被害人被家庭成员杀害，56.3% 的被害人被他们认识的人（如邻居、男朋友、朋友等）杀害（FBI，2018a）。这些数字提醒我们，接下来要详细讨论的话题——完全来自陌生人的致死性攻击行为，其实并不常见。在 2017 年的谋杀案数据中，只有 19% 的谋杀案被害人是被陌生人杀害的。

从心理学的角度来看，与其他暴力犯罪相比，杀人罪特别受到关注，可以从多方面进行解释。但需要先明确一点，杀人罪是一种非常严重的，以被害人最终死亡为结果的犯罪。

对暴力展现出强烈兴趣的一个主要原因是，我们对暴力的反应——间接经验——可能被视为适应性或功能性的。但是，频繁接触与暴力相关的信息，也会产生负面影响，具体来说，它可能会导致我们对暴力所带来的恐惧产生免疫。许多社会评论家都就此提出过具有说服力的观点，认为西方文明已经开始习惯那些残忍和不人道的行为，并产生了一定的耐受性，人们对人类所遭受的痛苦已经麻木不仁了。此外，新闻媒体和政治家对暴力的持续关注也使暴力看起来比实际情况更加普遍和频繁，这种现象被社会心理学家称为可得性启发式（availability heuristic），启发式指的是人类用来快速推断他们所在世界的认知捷径。我们并不是建议新闻媒体对暴力完全闭口不谈，而是认为新闻媒体的作用应该聚焦在对事实的报道上，让民众了解到最真实的情况，而不该成为散播对民众有害的信息的媒介。报道中加入的那些渲染、描写及生动的细节，都有可能被人们纳入大脑的认知速记中，并随时准备好以供将来可能产生的认知做参考。从今往后，每当他们想起暴力，脑海中浮现出的，永远是那些最常看到的画面和最可怕的描述，这会增加他们对暴力犯罪的恐惧，并在大脑中对暴力犯罪发生的概率进行夸大。

推测与谋杀和暴力相关的描述吸引人的原因，或者了解频繁接触暴力因素对人们造成的影响，似乎都与本章要讨论的主要焦点——暴力犯罪人——毫无关系。但是，当我们把注意力转移到社会中那些对寻求刺激或了解犯罪细节有过度需求的个体时，推测和了解就变得有意义了。当个体对痛苦变得麻木不仁，并开始通过暴力甚至谋杀来寻求刺激时，某些严重的社会问题就产生了。心理学可以为理解和解决这个问题提供一些建议。

在对相关术语进行界定后，我们对一直存在于杀人和严重伤害行为中的情境因素和个体因素进行了进一步的研究，第一步就是以统计数据为基础，对杀人和严重伤害行为发生率和流行率及其人口统计学上的相关性进行分析。到目前为止，本书已经介绍了与犯罪相关的理论和导致犯罪的潜在原因，但这些理论和原因与具体犯罪行为的结合讨论却很少被涉及。所以，从本章开始，我们将在本书的剩余部分将之前概述的研究和概念与具体的犯罪行为类别进行结合和讨论。在本章，讨论和学习的重点将落在杀人、伤害、亲密关系暴力与家庭暴力上。

定义

在收集统计数据时，犯罪学家会将严重伤害和杀人进行区分，但在解释这些犯罪或探究犯罪原因时，往往又将它们放在一起研究，这主要是因为研究人员认为，很多严重伤害实际上是杀人未遂的结果（Doerner，1988；Doerner & Speir，1986）。邓恩（Dunn，1976）对犯罪学家的这一做法提出了质疑，他指出，严重伤害的案发率至少是杀人的 20 倍。鉴于这种比例上的差异，很难想象大概有 1/4 的严重伤害案件是因为杀人未遂，或者说如果没有医疗护理措施的干预，那么这些案件就会变成杀人案件（Dunn，1976）。因此，将严重伤害行为与杀人行为相提并论，确实有失偏颇，两者在诸如犯罪人动机等重要的变量上存在很大的区别。所以，无论是在犯罪统计中，还是在刑法中，一个纯粹主义者都应该尝试区分严重伤害和杀人。

然而，如果从心理学的角度考虑，通常很难区分严重伤害与杀人。首先，许多关于犯罪人特征的相关研究都将这两类行为归为一类，其底层逻辑是杀人犯通常（但并非总是）都有攻击行为史。其次，这两类行为在许多方面具有可比性，因为它们的核心是人类的攻击性，这是第五章关注的重点。某些类型的杀人犯，如未成年谋杀犯、系列谋杀犯及大规模谋杀犯，虽然具有鲜明的特征，但在典型的暴力犯罪情境下，决定最终结果的，往往是犯罪时所使用的武器或被害人在情境中可获得的医疗护理质量。举一个简单易懂的例子，子弹的威力和致命性在大多数情况下都要远高于刀，而面对攻击时的快速反应则可以在大多数情况下拯救被害人的性命。在法律上，杀人和严重伤害之间的区别是至关重要的，但在心理学上，两者的区别实际上并没有那么大，刺伤甚至殴打也都有可能展现出与使用小型枪支杀人时类似的行为模式，个体在这两种情况下都有高攻击行为的表现。

杀人罪

杀人罪（criminal homicide）是指在没有法律正当理由或抗辩理由的情况下导致他人死亡的行为。法律上通常将杀人罪分为两类：**谋杀**（murder）和**非过失杀人**（nonnegligent manslaughter）。谋杀指的是一个人以直接或内隐的恶意预谋非法杀害另一个人的行为（Black，1990）。恶意预谋（malice aforethought）指的是有预谋的，或者个体在没有法律正当理由或抗辩理由的情况下，提前思考、计划并蓄意导致他人死亡的心理状态。预谋有时候往往只需要很短的时间（甚至只需要 1 分钟），并不需要数周的时间。

美国的大多数州都在法律中将杀人罪按照程度做了进一步分级。在许多司法管辖区，杀人罪被分为两个等级，这一法定条款允许法院对某些杀人罪实施更严厉的刑罚。这种罪行分级系统将可判处死刑的谋杀和不会判处死刑的谋杀进行区分，这在之前是相当有效且有意义的（Gardner，1985）。但到了近代，罪行分级的区别已经变得越来越模糊了。总体来说，美国各州的法律通常认为，一级谋杀指的

是那些具有严重恶意、故意、蓄意和有预谋的杀人行为。2015 年年初，在北卡罗来纳州发生的克雷格·希克斯（Craig Hicks）谋杀案就是典型的一级谋杀，他因杀害 3 名学生被指控犯有 3 项一级谋杀罪，于 2019 年 6 月认罪，被判处终身监禁，不得假释。二级谋杀的特点是故意和非法杀害他人，但没有一级谋杀所要求的那种恶意和预谋。2014 年发生的芝加哥警察杰森·范·戴克（Jason Van Dyke）枪击拉库安·麦克唐纳（Laquan McDonald）案正是二级谋杀的典型案例，当时戴克在盘查 17 岁的麦克唐纳时发现其持有一把刀，随后在麦克唐纳并未做出任何袭击行为的前提下，朝麦克唐纳连开 16 枪。2019 年，陪审团认定戴克犯二级谋杀罪，因枪击致人死亡被判处 7 年有期徒刑。二级谋杀还包括激情犯罪（crimes of passion），例如，一位愤怒的父亲掐死了刚刚撞死他儿子的醉驾司机。这个例子里的父亲虽然没有预谋，但仍有杀人的意图，在陪审员看来，戴克也是如此。

为了更好地进行报告和统计，统一犯罪报告对杀人的界定做了一些规定，将谋杀和非过失杀人纳入其中，而将过失致人死亡（过失杀人）排除在外。虽同属杀人的范畴，但谋杀和非过失杀人之间依旧存在本质上的区别，谋杀必须存在恶意预谋，而非过失杀人在必须存在杀人意图的基础上，并没有对恶意预谋的要求。

过失杀人（negligent manslaughter），也称非自愿杀人（involuntary manslaughter），是指因鲁莽或可构成罪行的疏忽行为而杀害他人。虽然没有杀人的意图，但从法律层面来看，行为人应该知道其行为存在导致另一个人死亡的可能，这也就是为什么在那些致人死亡的疏忽驾驶事件中驾驶员要对死亡负责的原因。再举几个过失杀人的例子，2018 年，一名男子在家中清理枪支，不料枪支走火，正好击中自己的妻子并致其死亡；2015 年，一名男子在一场成年人足球联赛中因冲突而用拳头击打了一名裁判员的颈部，裁判员在事发两天后死亡，后该男子认罪，承认自己过失杀人。虽然以上例子中的这

些人并没有杀害被害人的意图，但检察官认为，这些人的鲁莽行为显然实际造成了被害人死亡这一结果，这与那些被指控犯有谋杀罪（一级或二级）或非过失杀人罪的个体存在本质上的区别。在谋杀或非过失杀人的情况下，个体从一开始就表现出明确的要致他人死亡的意图；而在过失杀人的情况下，个体最初的意图并不是要杀死对方，只是在某些特定情况下，个体的情绪变得异常激动或极度不安，以致丧失了部分自我调节能力和自控能力。而在其他一些情况下发生的事情可能只能被归结为一个不幸的意外，如前面提到的那个清理枪支不慎走火导致妻子死亡的例子。在美国的一些州，非过失杀人罪在法律上基本等同于二级谋杀，例如，前面提到的成年人足球联赛裁判员死亡的事件中，击打裁判员颈部的男子最开始被指控犯有二级谋杀罪，但正如例子中提到的，该男子最终认罪的罪名是过失杀人。

从前面提到的例子可以明显看出，与杀人行为有关的法律相当复杂。为了与统一犯罪报告的分类保持一致，在本章，我们将谋杀和非过失杀人合并在"杀人"这一术语下。本章关注的重点并不是自杀、意外死亡、过失杀人，或者有法律正当理由或抗辩理由的杀人行为（例如，为了保护自己的生命所实施的杀人行为），因为从心理学的视角来看，这些行为并没有本章所关注的行为存在的高攻击性。

严重伤害

在大多数司法管辖区，伤害（assault）被定义为故意对他人造成身体伤害或企图造成伤害的行为。轻度伤害行为频频发生在校园、家庭、街道、酒吧或酒店，而且被害人通常不会向执法部门报案。

当伤害或攻击的目的是造成严重的身体伤害时，伤害或攻击就会发展为严重伤害行为。严重伤害（aggravated assault）通常都伴随致命或危险武器的使用，如枪、刀、斧头或其他锐器与钝器，但在某些情况下，拳头也可以构成严重伤害。例如，在家庭暴力情境下，包括虐待儿童在内，拳头或手往往

是犯罪行为人首选的"武器"，且会导致严重的身体伤害。在统一犯罪报告的统计中，即使没有造成实际伤害，如果犯罪行为人展示了武器或以武器相威胁，那么该行为也被算作严重伤害（伤害未遂）。轻度伤害是指在没有致命或危险武器的情况下，非法、故意造成不严重的身体伤害，或者在没有致命或危险武器的情况下，试图造成不严重的身体伤害的行为。

在本章重点讨论亲密关系与家庭暴力的相关部分中，将对严重伤害行为进行说明，因为家庭往往是向警方报案的严重伤害行为的发生地。本章的前半部分将重点就杀人问题进行讨论，特别是那些单个犯罪人实施的杀人行为，而其他杀人类型，如多重谋杀（大规模谋杀和系列谋杀）将在第十章进行讨论。我们首先会关注与杀人犯相关的人口统计学特征，然后介绍杀人犯的心理特征。杀人案研究中最常研究的人口统计学特征包括种族／民族、性别、社会经济地位、被害人与犯罪人的关系等。

杀人案的人口统计学及其他因素

研究人员发现，很多人口统计学因素都与杀人案密切相关，其中既有犯罪人的特征，也有被害人表现出的特性。但有一点需要强调，既往研究文献中提到的杀人案人口统计学因素往往是对犯罪人因谋杀或非过失杀人而被捕的案件进行研究所得到的。虽然逮捕的最低标准是存在合理依据，证明某人实施了犯罪或即将实施犯罪，但被逮捕的人最终不一定会被定罪。所以，每当我们就众多研究报告中所引用的警方官方数据进行思考和讨论时，区分逮捕和定罪就显得特别重要了。对读者来说，也同样如此，在我们就杀人案的人口统计学因素进行讨论时，逮捕、定罪和受害之间的区别同样重要。除了杀人案人口统计学因素，关于杀人行为发生时的情况（如在犯重罪期间）、犯罪人和被害人之间的关系、武器使用情况等信息也是经常需要被关注、收集和记录的，这些信息均将在下文逐一进行

介绍。

种族 / 民族

犯罪学研究文献中提出的最一致的结论之一就是，在暴力犯罪方面，包括杀人及其他暴力犯罪在内，不同种族 / 民族之间存在显著的差异。研究人员在对美国逮捕记录和犯罪被害情况调查数据进行统计后发现，非洲裔美国人、美洲原住民和阿拉斯加州原住民的犯罪数量的比例较大（Rennison & Rand，2003；Morgan & Truman，2018）。虽然非洲裔美国人只占了美国总人口约 13%，但在 2017 年因杀人而被捕的所有犯罪人种族信息明确的案件中，非洲裔美国人所占的比例竟高达 54%（FBI，2018a）。

少数种族 / 民族群体在杀人和其他暴力犯罪的逮捕和定罪数据中呈现出的过高比例，可能是各种社会不平等和偏见的结果，如缺乏就业或教育机会，或者是包括刑事司法系统存在的不平等处理手段在内的多种其他形式的种族压迫。目前尚没有证据表明，多年来研究中所提到的暴力发生率的差异与不同种族 / 民族的生物学、遗传或神经心理倾向性的差异存在关联。

少数种族 / 民族群体与犯罪之间的关系还需要更多的研究来支持。正如第一章所述，统一犯罪报告在近年来才开始对犯罪行为人的种族 / 民族进行区分，且不鼓励警察在司法实践中对某个特定的种族 / 民族进行预设。此外，对各种族 / 民族的分类和称呼，实际上是对美国多种族和多文化混合情况的过度简化，文化和亚文化是非常复杂和多维的，对种族 / 民族的暴力差异进行有意义的研究的前提是对这种复杂性抱有深刻的认识和高度的敏感性。

性别

杀人与性别之间的关系同样非常明显，但必须再次提醒所有人，在面对杀人与性别的问题时，需要始终保持审慎的态度。社会性别或生理性别的二元性别论［男性 – 女性（male-female）；男人 – 女人（man-woman）］不再适用于所有个体，因为有越来越多的证据表明，性别应被视为一种连续体，而那些迄今为止在犯罪或被害统计中被忽视的群体［如跨性别认同者（transgender）与跨性别过渡者（transitioning）］也需要得到更多的关注。官方数据和绝大多数研究报告都基于社会性别的男性 / 女性对数据进行统计，但仍有一些数量未知的个体实际上并不会将自己按照社会性别所划分的男性或女性去归类，甚至会将自己归入相反性别的性别群体。我们可能会假设，传统的男性或女性定义之外的个体占比很小，这么小的占比在全美国的统计数据中并不会有很显著的差异，但这个假设可能是错误的。此外，官方数据并没有说明有多少跨性别者是严重伤害或其他暴力犯罪的被害人或加害人。人权运动（Human Rights Campaign）报告称，仅 2016 年，美国就有至少 22 名跨性别者被杀害，而 2019 年的前 10 个月，就有 24 名跨性别者被杀害。直到 2017 年才有一名男子因杀死一名跨性别女性而被美国联邦法律定罪。2019 年，一名跨性别女性被谋杀。此前几个月，该名跨性别女性被害人曾遭受侵害。随着媒体对此类犯罪的关注越来越多，相关的犯罪统计数据需要及时跟进。

统一犯罪报告显示，每年谋杀案所逮捕的犯罪人中，80%～90% 为男性，10%～20% 为女性（FBI，2018a）；2017 年的数据显示，78.6% 的杀人案被害人是男性，21.4% 是女性（FBI，2018a）。虽然大多数谋杀案发生在相同种族 / 民族之内，但由陌生人实施的杀人行为确实存在更高的跨种族 / 民族可能性（约 27%）。然而，如果考虑到当代美国社会丰富的种族 / 民族构成，那这些数据可能就没有那么重要了。

年龄

美国各种全国性的统计数据都在不断强调一个事实——在所有因暴力犯罪而被捕的人中，20～29 岁的人占了将近一半。尽管这些统计数据包含的是所有类别的暴力犯罪，但具体到杀人案，实际上也同样适用，在谋杀案中大约 1/3 的被害人和几乎一半的犯罪人都在 25 岁以下（Cooper & Smith，2011；FBI，2018a）。

社会经济地位

研究表明，与在优越、安全的环境中长大的未成年人相比，出生在不稳定的社区、贫困或暴力家庭环境中的未成年人，不管是成为暴力行为的加害人，还是成为暴力行为的被害人，风险都会更高。正如第三章讨论的，由于缺乏资源、社会支持和机会，贫困会导致未成年人暴露在更高的暴力风险下，这一现实情况也从侧面凸显了社会福利项目的重要性。一些研究人员注意到，贫困的家庭条件会使父母或照顾者更容易对年幼的孩子采取极端严厉及不一致的教养方式（Dodge et al.，2008）。尽管如此，对结论的辩证看待也是必要的。在教养方式上，我们始终需要明白，所有层级的社会经济群体中都会存在两种截然不同的教养方式，一种是充满温暖的和支持性的教养方式，另一种是极端严厉的和不一致的教养方式。此外，正如我们在前几章中所了解的，在对暴力进行解释时，养育或照料并不是唯一要考虑的因素，要想完全解释暴力，还需要对其他各种风险因素进行综合考量，简单化的解释通常与真实情况相差甚远。

情境

在杀人案报告的扩展版中，美国联邦调查局还提供了大量关于杀人案相关情境的信息。例如，我们可以从中了解到有多少起杀人案与特定的重罪（如强奸或机动车盗窃）有关，或者有多少可以归因于斗殴、争执及充满纠葛的三角亲密关系。首先，人际争端（包括家庭暴力）是最容易引发杀人行为的情境（Cooper & Smith，2011；FBI，2014，2018a），其次是在强奸、抢劫、入室盗窃、纵火或贩毒等重罪过程中所实施的杀人（FBI，2008，2014，2018a）。

武器

过去 5 年的全美国范围内的统计数据表明，在杀人案中，枪支的使用远远超过了其他武器，且枪支使用的占比还在增加（FBI，2018a）。例如，2013 年有 8454 人死于枪击，而到 2017 年这一数据上升到了 10 982 人。在所有使用枪支的杀人案中，死于手枪的人数占了大多数，高达约 64%。与枪支的致死人数相比，刀、钝器、拳脚、毒药等方式造成死亡的人数显得很稀少。枪支暴力由来已久，但近年来随着被害人、研究人员、政客、法律工作者等积极主张枪支管制人士及枪支权利拥护者们对这一问题的重视，枪支暴力呈现出新的紧迫性。一方面，大规模枪击事件（详见第十章）能凸显出这一问题；另一方面，日常那些只涉及少数被害人的枪支暴力案件也开始获得更多关注。此外，正如前几章所指出的，未成年人和有严重精神障碍的成年人持有枪支的问题也是一个非常值得关注的问题。正如第八章所述，一些司法管辖区陆续通过了《"红旗"法》，其允许法院命令执法者基于对方的行为（包括与精神障碍有关的行为）做出判断，如果对方可能会对其自身或对他人有危险，那么执法者可以取走对方的枪支。但同时，也正如第八章所强调的，就目前的情况来看，有精神障碍的人还不是最危险的持枪者，前配偶或前亲密伴侣才是最危险的。越来越多的司法管辖区已经开始禁止那些因为对前配偶或前亲密伴侣造成伤害或其他暴力行为而被判刑的人购买和拥有枪支（见专栏 9-1）。

在美国，大约每 14 分钟就会有人死于枪击，其中包括自杀。但并非所有的枪击死亡都属于杀人案，其中一些死亡是由非故意枪击造成的，例如，两个孩子（由于年龄太小而不能被起诉）在玩一个已经上了膛的武器，结果造成某人被击中而导致死亡。另一些故意的枪击可能有正当理由，例如，执法者对拒绝放下武器的武装嫌疑人使用足以致命的武器进行打击。还有一些枪击也是可能被原谅的，例如，某人出于自卫杀死了另一个人。以上这些虽然都不构成杀人罪，但它们确实在美国各地频繁发生。

枪支并不直接导致暴力犯罪，但枪支的可触及性促进了暴力犯罪的发生。研究人员（Hepburn &

热门话题

专栏 9-1　《反暴力侵害女性法案》多年历程

　　美国国会于 1990 年提出了一项旨在使街道和家庭更安全，并保护女性公民权利的法案。1994 年，该法案在两党的广泛支持下获得通过，签署成为法律。该法律的出现不仅被妇女、家庭和民权事业代表等众多团体誉为立法上的里程碑，还促使司法部门在其内部设立了反暴力侵害女性问题办公室和一条反家庭暴力热线。这部法律，就是《反暴力侵害女性法案》（Violence Against Women Act，VAWA）。

　　与其他美国国会立法一样，VAWA 大约每 5 年就要经过一次再授权，虽然重新授权过程会遇到一些小问题，但总体来说是顺利的，且从 1994 年开始就会在重新授权的同时进行一些修订，如增加新的罪名和处罚、提高对重复犯罪人的刑罚、加强对性犯罪的调查和起诉等。VAWA 目前还资助庇护所、社区项目及跟踪暴力的研究，同时还为防止家庭暴力、约会暴力及性侵害的项目提供联邦拨款。

　　2005 年 VAWA 在进行重新授权时增加了一些新的重点，即预防、被害人住处保护、为强奸危机中心和文化敏感服务提供资金。另外，网络跟踪也被纳入了跟踪的范畴，同时，服务也开始涵盖有色人种社区和移民社区。

　　在 2011 年 VAWA 授权到期后，2012 年就遇到了问题，保守派和保守派的立法者反对对其进行如下的一些修改：给受虐待的无证件移民发放签证，设立同性关系暴力被害人基金，以及成立美洲原住民法庭等条款。即便如此，VAWA 还是在 2013 年再次被重新授权并签署为法律。

　　2019 年，VAWA 经历了第 4 次重新授权。当年 4 月，该法律在众议院以 263 票比 158 票获得通过，获得了两党的支持。众议院重新授权 VAWA，为那些犯罪被害人中的移民女性及监狱中的跨性别者提供了更多的保护。该法律还包括从受限制令的跟踪者和前伴侣收缴枪支的条款，这意味着那些被判虐待、袭击或跟踪约会伴侣或受到限制令约束的人将被禁止购买或持有枪支。截至 2020 年年初，参议院尚未就 VAWA 进行再授权。

问题讨论

　　1. 查阅美国众议院通过的 2019 年 VAWA 的重新授权，你希望修订这部法律的内容吗？你对其中的条款有反对意见吗？

　　2. 请注意，在上述的总结中，并未提及任何重要的政治人物（如总统、国会议员、活动家）或专业团体。你认为心理学家、执法人员、社会工作者、护士等应该单独或以组织的名义对 VAWA 提出建议吗？确实很多人这样做了。尝试解释为什么这与我们研究的犯罪行为有关。

　　3. 当你读到本书时，VAWA 是否已经重新授权了？

Hemenway，2004）发现，在枪支拥有率较高的地方，杀人案的发生率也会大大增加。反向来看，在杀人案发生率较高的地方，个体也可能会更倾向于通过持有枪支来保护自己，这是可以理解的。此外，许多人——特别是在相对偏远的地区——也会为了体育运动而合法购买和持有枪支。即便存在各种各样的持枪理由，枪支的可触及性依旧是杀人案发生的一个主要原因。另外还需要注意到，一些司法管辖区现行的有关枪支"公开携带"的法案，甚至允许拥有注册枪支和许可证的个体在公共场所携带武器，其中某些司法管辖区甚至将大学校园也纳入了公开场合的范畴，这也导致了枪支暴力的大量发生。

第五章讨论的武器效应指出，有些人仅仅是看到攻击性的刺激就能影响行为，因为武器与暴力有关，所以当见到手枪、棍棒或刀时会自动产生与暴力有关的想法（认知）。伯科威茨和勒佩奇（Berkowitz & LePage，1967）的一项经典研究证实，由武器的存在引起的攻击性想法和随后的攻击行为之间存在紧密的联系。还有研究发现，在暴力的恶性循环中，一定区域内存在的大量可用武器会促使该区域内发生更多的伤害行为，这种影响很可能是因为区域内广泛存在的攻击性刺激所造成的（Hepburn & Hemenway，2004）。

杀人犯罪行为人的心理因素

杀人心理学是一门非常复杂的学科。目前还没有发现有任何一组犯罪人所表现出的发展风险因素或个性特征是可以用来对其可能表现出的高谋杀或非过失杀人率进行预测的。与其他犯罪一样，杀人也是多因素共同作用的结果，它与许多风险因素有关。正如我们在前几章所了解到的，风险因素可能是社会学、心理学甚至是神经心理学层面的，其中包括早发的反社会行为、同伴违法犯罪行为、同伴排斥或受害、早期品行障碍、在暴力家庭和社区环境中长大，甚至分娩并发症等。在很大程度上，杀人行为可以说是因具体情况而异的，也就是说，杀人行为的发生与否或具体情况实际上取决于许多因素的共同作用，包括武器的可得性、饮酒量、挑衅的性质（如果涉及挑衅）、情境、动机，以及犯罪人当时的情绪和精神状态，等等。

类型学（typology）通常被用在将复杂的现象结构化或简单化的情境下，它指代的是一个特殊的系统，该系统可以对个性、动机或其他行为模式进行分类。一般情况下，类型学用于将各种因素或变量组织成更易于管理的简要描述。类型学并不完美，也不总是能准确地反映现实，但它确实可以帮助我们理解某些极其复杂的现象，如杀人。虽然为了降低杀人行为理解上的复杂性，研究人员已经增设了很多其他的杀人类型学，但其中的大多数都集中在那些更耸人听闻的"高阶"杀人犯身上（即那些系列杀手或大规模杀人案的杀手，将在下一章进行讨论），而很少有人对"低阶"杀人犯（即那些相较之下不那么起眼的、只有单一被害人的杀人犯）进行类型学或分类系统的研究，但这恰恰就是本章的重点。不过也有例外，如罗伯茨等人（Roberts，Zgoba，& Shahidullah，2007）针对新泽西州惩教署管理的 336 名杀人犯的行为模式和动机做了一个非常有意义的分析研究，并就此提出了如下四个分类。

（1）因一般争吵或争执而导致杀人的犯罪人。例如，因金钱或财产纠纷导致的杀人或者因争执升级为斗殴而导致的杀人。攻击升级指的是敌对或破坏性行为逐渐增加，最终达到暴力程度的过程。它可能源于被其他个体的攻击行为激怒后，个体所感知到的报复需求，但杀人者也可能是首先采取行动的那一方。研究发现，这种攻击升级或争端有时只是涉及价值微不足道的财产，但因该类争执导致的杀人却占了大多数，这类杀人犯占了杀人犯总数量的 45%。

（2）在实施重罪过程中实施杀人行为的犯罪人。在这种情况下，杀人是在实施其他犯罪的过程中产生的，如抢劫、入室盗窃、重大盗窃、劫车、强奸、绑架等。这类杀人犯大多数都有前科。

（3）与家庭暴力有关的杀人罪犯罪人。这些案件中的犯罪人是被害人的现任或前任配偶、同居亲密伴侣或女朋友／男朋友。研究人员发现，这些杀人案是由复杂和脆弱的性、爱和情感关系引发的。这类犯罪人的数量占杀人犯总数量的 25%，属第二大群体。

（4）某类事故后被指控杀人罪的犯罪人。这类案件通常涉及交通事故或交通肇事。在大多数情况下，造成被害人死亡的原因是酒驾或毒驾。

本章我们先从前两个分类开始详细介绍：（1）因一般争吵或争执而导致杀人的犯罪人；（2）在实施重罪过程中实施杀人行为的犯罪人。第三类与家庭暴力有关的杀人罪犯罪人，将在本章后半部分进行详细介绍，因为这个类型同时与亲密关系暴力的诸多因素高度相关。第四类犯罪人，与其他类别不同，该类犯罪人虽在被害人死亡上负有法律责任，但并没有对被害人实施致死伤害的意图，所以本章将不会就此类犯罪人多做赘述。

普通争执杀人

普通争执杀人（general altercation homicide）是反应 – 冲动型攻击的结果，这类攻击通常也被称为敌意性攻击，正如第五章讲到的，它发生在可能引发愤怒的情境下，如真实存在的或行为人可能感知到的侮辱、威胁、身体攻击或个人遭受的失败，其最终目的就是让一个或多个被害人遭受痛苦。有研究人员（Fontaine，2008）曾提到，这种暴力行为是热血的、情绪化的且迅速实施的，其目的就是对那些被行为人认定为挑衅者的人进行伤害或自我防卫，这种类型的暴力行为通常很少涉及工具性动机，因此与控制 – 工具型攻击的伤害或暴力不同。反应 – 冲动型攻击本质上与罗伯茨等人提出的第一类犯罪人的行为模式相同，这类犯罪人对感知到的严重挑衅或威胁进行非法和致命的报复。

很多普通争执杀人犯可能具有强烈的敌意归因偏差，每当他们感觉到挑衅和威胁时，无论那些挑衅和威胁多么温和或轻微，都会使他们出现暴力冲动。换句话说，当他们感受到威胁时，即使这个威胁并不是故意的，他们也不会随便就这么算了。研究人员（Fontaine，2008）认为，这些犯罪人在解释相对模糊的社会刺激时，其思维过程产生了某种功

能失调或紊乱，他们似乎存在某种“一点就着”的机制，哪怕是最轻微、最善意的评论或行为都会让他们发火，从而导致他们出现我们常见的冲动行为和失控行为。但我们需要审慎地区分那些口头上或偶尔肢体上（如在房间里摔一本书）失控的人和那些对他人造成身体伤害或持续心理伤害的人。许多老板会训斥员工，家长偶尔也会对孩子大吼大叫地发脾气，虽然这些都不是什么好的榜样行为，但也并没有上升到反应 – 冲动型攻击的水平。

冲动性是理解暴力的一个关键概念。在大多数情况下，冲动性暴力是错误或不充分的自我调节［也称自我控制（self-control）］，加上敌意归因偏差和对如何应对感知到的敌意或威胁的简单化信念共同作用的结果。如第二章所述，自我调节被定义为控制和改变行为与情绪的能力，需要注意的是，该定义包含了行为控制和情绪控制两个方面。那么，预防暴力行为发生和发展的重要因素之一，就是在儿童期对个体情绪、冲动和行为反应的自我调节能力进行塑造和培养（Alvord & Grados，2005）。如果从这个角度出发去考虑，很可能大多数普通争执杀人犯在早年都会表现出自我调节能力上的缺陷（Krueger et al.，1996）。个体的自我调节及自我控制能力和行为会在两岁时开始出现，与其一同开始发展的，还有个体对他人的关心。在 3 岁时，孩子们会被期望合理地遵从父母的要求，并将家庭标准和行为价值观内化。一般而言，与男孩相比，女孩会更早在童年时期表现出自我调节的依从（Feldman & Klein，2003）。幸运的是，我们中的大多数人都能够抑制自己的攻击冲动，避免暴力或严重伤害行为的发生。但也存在一些物质会损害或使个体丧失自我调节和自我控制能力，酒精就是其中之一，即使是那些自我调节系统已经发展完善的人也不一定能抗拒酒精的影响。因此，相当多的暴力行为是由那些醉酒的人和那些自我调节能力非常差的人所实施的。

从前面的内容我们已经了解到的一个很重要的结论是，那些旨在帮助青少年和成年犯罪人进行愤怒管理的治疗计划已经获得了很大成功。因此，理

想状态是在儿童期提供大量的保护因素，但是，如果一个人在其发展后期仍然能够有效地解决反应 – 冲动型攻击问题，那仍然为时未晚。

解释暴力的另一个关键概念是情绪唤醒。对情绪唤醒最贴切的定义应是一种兴奋状态和行动准备状态。个体的认知或思考过程在极端的情绪唤醒水平下会受到严重的损害（Zillman，1979，1983），在愤怒等高度兴奋的情况下，通常由理性思维控制的行为会被偏见和习惯性反应所控制。如果个体存在习惯性暴怒、宣泄式发泄或以暴力方式处事的问题，那么该个体在高度情绪化的情况下出现暴力行为的可能性就会很高。在认知过程中，高度的情绪唤醒会抑制个体的认知过程，导致个体在行动前缺乏思考。那么，在情绪高度不安或焦虑的情况下，暴力很容易转化成冲动吗？齐尔曼认为，这与习惯强度有关。也就是说，如果个体已经对暴力行为非常熟悉，那在一定的情境下，暴力行为就会快速出现，甚至看上去，已经接近于无意识行为。

实施重罪过程中的杀人

实施重罪过程中的杀人（felony commission homicides）的动机实际上是由控制 – 工具型攻击驱动的。正如我们在第五章所了解到的，控制 – 工具型攻击是为了获得他人拥有的某些物品、奖励或地位（如珠宝、电子设备、现金、领地、影响力等）而进行的攻击行为。同时，这类攻击可能反映出一种通过对他人施加权力来达到削弱他人地位的心理期望，如对成年人和儿童实施的性犯罪。控制 – 工具型攻击，特别是在严重的情况下，也可以被称为主动型暴力（proactive violence），该类暴力的特点是个体出于个人利益的目的在实施行为过程中所表现出的冷血、情感淡漠、有预谋的攻击等，某些在实施抢劫等重罪时杀人的犯罪人就完全符合这个特点。然而，这个词只适用于那些对被害人的死亡存在预期，且实施了致死伤害行为或对被害人造成非常严重伤害的犯罪人。对于那些没有杀人意图，只是想抢劫烟酒店，但因为太紧张而杀人的犯罪人，该词是不适

用的，这种无杀人意图但最后因紧张而杀人的情况，最切合的归类是反应 – 冲动型杀人。

总之，应该强调的是，区分普通争执杀人的犯罪人与实施重罪过程中杀人的犯罪人，主要是为了将不同类型的杀人罪归入易于理解和解释的框架中。这两种分类之间存在某些重叠，例如，一些重罪犯罪人在实施抢劫或持械抢劫时，如遇抵抗性较强的被害人，其自控能力很快就会消失殆尽。此外，在某些情况下，当我们愤怒时，我们都会失去自我调节能力，高水平的情绪唤醒会将我们的注意力从日常状态的内部控制机制上转移开。例如，处在极端愤怒的情绪中时，所做的事或所说的话可能会让我们日后追悔莫及。如果回过头来重新思考和评估自己的行为，我们很可能会采取不同的行动。在情绪的激化下，我们的自我调节系统及其所有标准、道德和价值观都被搁置了。试想一下，如果我们当下对行为和言语做出考虑和评估，那行为是否有可能不同呢？随着年龄的增长，有些变化正在悄然发生，例如，个体通常会从经验中不断地学习，变得成熟，从而更加关注自身的内部控制，进一步减少冲动和情绪的爆发，这最终都会降低冲动性暴力的发生率。但在这个问题上依旧要保持审慎的态度，因为年龄并不是唯一的决定因素，老年人有时会因为各种因素（如认知恶化或生活环境的变化等）而退回到早期的行为模式。

无论如何，在对杀人犯进行研究时，我们不应高估心理因素或低估其他风险因素。在一项有趣且有意义的研究中，研究人员（Farrington，Loeber，& Berg，2012）利用匹兹堡青少年研究的数据对杀人犯的生活史进行了回顾。研究人员确认，匹兹堡青少年研究项目中年龄在15～29岁的37名年轻男性，在2009年5月之前，均被控告过有杀人行为。随后，研究人员开始在这些犯罪人的背景中寻找可以解释其犯罪行为的风险因素，在这些风险因素中，最突出的是环境和社会经济因素，而非个人风险因素，诸如冷酷无情、精神病态、残忍、缺乏内疚感等个人特质实际上并不凸显，但14岁之前有过刑事犯罪

行为、暴力行为，甚至财产犯罪行为对犯罪人今后杀人行为的影响反而更为显著。在这些被定罪的犯罪人的背景中，比较重要的行为风险因素是辍学、破坏性行为障碍和对违法犯罪的积极态度。综合来看，这些结果支持了这样一种观点，即杀人是个体先前破坏性、非违法犯罪行为及违法犯罪行为共同作用的结果（有关匹兹堡青少年研究及其暴力调查结果的更多信息，请阅读专栏 9-2）。

研究重点 ● ● ●

专栏 9-2　匹兹堡青少年研究：危险的男孩与暴力的男人

1987 年，未成年犯罪研究史上被引用最多的纵向研究开始了，研究人员（Loeber et al.，1998）在宾夕法尼亚州匹兹堡公立学校对 1 年级、4 年级和 7 年级大约 1500 名被认为存在反社会行为和未来有较高犯罪风险的男孩展开了调查研究，研究人员根据男孩本人、家长和教师提供的筛查信息对样本进行了筛选。在随后 20 多年的时间里，该项目的研究人员收集了大量的随访数据，并就此发表了大量通过同行评审的文章（Lynam et al.，2007；Pardini et al.，2014；Raine et al.，2006）。

研究人员最初每年都会对样本进行面对面的评估，但随着男孩年龄的增长，评估的次数也会逐渐减少。项目开始时年龄为 10 岁的男孩被设置为中间组，这一组仅被跟踪随访了 2 年，然后研究人员会在样本 24 岁时再次联系样本进行随访。而项目开始时，年龄最小和年龄最大的样本群体都被持续跟踪随访了 20 多年。研究人员指出，这两个样本群体的参与率分别从未低于 82% 和 83%（Loeber et al.，2017）。

项目随访数据包含了自我报告研究和官方记录（如未成年人和成年人逮捕、定罪记录）两个方面。在所有样本中，仅有大概 30% 的样本自述经常实施犯罪行为，但几乎所有的样本都自述在青少年时期至少有过一次犯罪行为的经历。需要注意的是，自我报告研究和官方记录之间的巨大差异时有存在，例如，男孩（尤其是处在青少年早期的男孩）所报告的暴力和盗窃频率与参与率实际上远高于官方记录的数据（Woolard & Fountain，2016）。

研究人员（Loeber et al.，2017）对匹兹堡青少年研究得到的暴力调查结果进行了总结，他们指出，暴力行为的发生率比研究开始时预期的要高得多、严重得多，且这个结果与数据来源并无关系。有 1/5 的匹兹堡青少年研究参与者要么遭到枪击，要么在成年早期就被杀害。超过 5% 的参与者要么成了杀人犯，要么成了杀人行为的被害人，其中大多数都发生在被认定为"街头杀人"的犯罪情境中，而不是我们通常所认为的家庭争端情境，且大多数杀人案都是持枪杀人。如前文所述，研究人员（Farrington et al.，2012）还对 37 名杀人犯生活中的风险因素进行了调查。

许多研究基于匹兹堡青少年研究的数据，对这个群体的智力、认知冲动、物质滥用、酗酒、帮派成员影响和毒品交易等问题进行了探讨。其他纵向研究，如匹兹堡女孩研究，都经过精心的设计并谨慎实施，为各领域的研究人员提供了丰富的数据来源。

问题讨论

1. 这项研究的参与者多年来一直与研究人员保持合作，你对此感到惊讶吗？这又是怎么实现的呢？

2. 洛伯等人曾提到，他们对关于被害和持枪的调查结果感到震惊，他们指出，与枪支有关的暴力已经成了一种公共健康危害。你同意此观点吗？为什么？

3. 开展像匹兹堡青少年研究这样的纵向研究的挑战和回报分别是什么？

未成年杀人犯

2001 年 1 月，16 岁的詹姆斯·帕克（James Parker）和 17 岁的罗伯特·塔洛克（Robert Tulloch）以进行环境调查为由，敲响了一对教授夫妇的家门。这对教授夫妇很热心，丈夫不仅为两名充满好奇心的少年介绍了自己的研究内容，回答了他们的问题，甚至还在学习方面给予他们很多建议。但是问题还没回答完，两名少年就突然向男性教授发起攻击，持刀猛刺数下，他的妻子听到声音跑来想制止时，也被两人刺死。该案件震惊了新罕布什尔州这个平静的社区，警方迅速介入，认为凶手可能是一名随机杀手，或者可能是一名心怀不满的学生，经过现场勘查的物证比对，最终锁定了詹姆斯·帕克和罗伯特·塔洛克，并发出了逮捕令，很快一名卡车司机联系了警方，并说自己曾让这两人搭便车，目的地是密歇根州。

但我们应该意识到，上述杀人案在未成年人杀人案中并非典型案件，大多数未成年人杀人案是驾车枪击或与帮派有关的地盘争夺的结果，其他比较常见的未成年人杀人案可能是严重的家庭功能失调（如身体虐待或性虐待）所造成的。但在这个案例中，这两个男孩来自小社区的"普通"家庭，并且积极参与学校的各种活动。当然，他们的杀人行为是有计划和有预谋的，尚不清楚的一点是，教授是不是他们的第一个杀害目标。另外可能要注意的就是该案件的犯罪动机，抢劫似乎不是两人杀人的动机，因为他们在杀人后离开时并没有拿走任何现金、珠宝或贵重物品（Powers，2002）。但有一点可以肯定，这些男孩在尝试自己是否能成功地实施杀人行为。一位作家（Powers，2002）在回顾这个案子时说："这两个凶手正在经历'青春洗礼'。"

该案中的两名男孩都被当作成年人进行了指控。16 岁的帕克承认自己犯有谋杀罪，被判至少 25 年的监禁。2018 年，帕克以在狱中表现良好和监禁期间获得硕士学位为由申请减刑，但在得知被害人女儿和其他人反对提前释放后，撤回了这一请求。如果

按照刑期来算，帕克将于 2024 年获得假释。17 岁的塔洛克在最开始时被判处终身监禁并不得假释，但随着美国最高法院宣布将此类判决适用于未成年人是违背宪法的［详见"米勒诉亚拉巴马州案"（Miller v. Alabama，2012）］，塔洛克的无期徒刑被改判为至少服刑 45 年才可以获得假释。

媒体非常喜欢报道那些非典型的案件，上述杀人案正是其中之一。本案中的未成年杀人犯与我们熟知的其他未成年杀人犯有很大不同。例如，许多研究都表明，大多数未成年人实施的杀人行为都发生在普通争执（包括帮派争斗）或实施重罪的过程中（Cornell，1989；Heide，2003，2014；Myers，Scott，Burgess，& Burgess，1995；Shumaker & Prinz，2000）。这些类别与罗伯茨等人概述的前两个类别基本相同。2017 年统一犯罪报告的数据显示，7.5% 因杀人罪被捕的犯罪人年龄不满 18 岁（其中0.7% 不满 15 岁）（FBI，2018a）。

未成年人杀人行为似乎存在显著的性别差异。研究表明，与男孩相比，女孩杀害家庭成员、年幼被害人、女性被害人的概率更高（Heide et al.，2012）。具体而言，女性未成年杀人犯杀害 5 岁以下儿童的可能性是男性未成年杀人犯的 4 倍，杀害家庭成员和女性被害人的可能性是男性未成年杀人犯的 2倍（Heide et al.，2012）；而男孩则更可能杀害陌生人，并参与帮派杀人行为。女性未成年杀人犯在武器选择上，更可能使用刀或其他武器，而男性未成年杀人犯通常更喜欢用枪（Heide et al.，2012；Heide et al.，2011）。就犯罪动机而言，女孩杀人通常是为了解决冲突；男孩则更有可能因为参与了犯罪行为才杀人（Heide et al.，2011）（见专栏 9-3）。

未成年杀人犯的心理特征

为了获得更多的犯罪相关信息和更详细的犯罪人背景资料，一些研究人员对小样本的未成年犯罪人（通常是处于矫治环境中的儿童和青少年）进行了研究。这些未成年犯罪人犯下的都是"典型"杀人罪行，并不像上述帕克和塔洛克那样冷酷无情。

研究重点 • • •

专栏 9-3　男孩、女孩与杀人行为：原因及手段

海德等人（Heide et al. 2014）围绕女孩和男孩，包括非常年幼的犯罪人所犯下的杀人罪进行了一系列研究。在一项非常罕见的专门针对女性未成年人的研究中，海德和赛勒斯（Heide & Sellers，2014）利用美国联邦调查局杀人案补充报告的数据，对 32 年间因谋杀或非过失杀人被捕的 3556 名女孩进行了研究。研究人员将 12 岁及以下的女孩列为一组，年龄为 6～12 岁的女孩样本共 137 名；将 13～17 岁的女孩列为另一组，年龄为 13～17 岁的女孩样本共 3339 名。随后对包括种族、地区、被捕地点、犯罪行为情况（例如，单一被害人和单一犯罪人、单一被害人和多个犯罪人）等方面进行了比较。

研究报告呈现了大量有意义的数据结果，这里仅列举一部分。

- 两个年龄组的样本都有可能成为单一受害犯罪行为的犯罪人，不过，大约 20% 的 6～12 岁组和 40% 的 13～17 岁组的样本，在她们被指控的同时，至少还会伴有一名其他人被指控，换句话说，她们至少有一名从犯。
- 13～17 岁组的样本中，杀害自己不满 1 岁子女的犯罪人最多，然后是杀害其他家庭成员或熟人的犯罪人；而在 6～12 岁组的样本中，几乎全部是杀害其他家庭成员或熟人的犯罪人。
- 13～17 岁组的样本更倾向于使用枪支，而 6～12 岁组的样本更可能使用拳头或手作为武器（称为"个人武器"），还有可能纵火。

在这项研究之前，2012 年，海德和赛勒斯使用相同的数据库对 226 名年龄为 6～10 岁的年幼杀人犯进行了性别差异层面的研究。其中一些结果如下。

- 绝大多数（88%）年幼杀人犯是男孩。
- 男孩更倾向于使用枪支，女孩更倾向于使用个人武器。
- 男孩实施犯罪行为的被害人往往年龄偏大（5～13 岁），而女孩实施犯罪行为的被害人 50% 以上年龄为 1～4 岁。
- 杀害 1 岁以下婴儿的男孩杀人犯约占 7%，而杀害 1 岁以下婴儿的女孩杀人犯则约有 25%。
- 仅有少数男孩杀人犯会杀害陌生人，该行为并没有在该研究的女孩杀人犯样本上体现。
- 男孩杀人犯的杀人行为更有可能与另一种犯罪行为相关——抢劫。而女孩杀人犯的杀人行为更有可能与冲突有关，如在照顾更幼小儿童时产生的冲突。

问题讨论

1. 6～12 岁的女孩杀害婴幼儿家庭成员或熟人的原因是什么？

2. 10 岁以下的儿童很少因此类重罪被起诉，但在大多数司法管辖区，他们会在临床机构中接受管控。这种方法对儿童和社会的好处是什么？这种方法有缺点吗？

3. 请对研究中发现的性别差异进行比较，并讨论其在预防这些罕见犯罪和矫治这些年轻犯罪人上的重要性。

例如，研究人员（Myers & Scott，1998）对18名年龄为14～17岁、符合品行障碍诊断标准的男性未成年杀人犯进行了调查，结果显示，18名未成年杀人犯中有16名（89%）有过一次或多次精神病性发作（尤其是偏执或妄想）的历史，还有一些人有其他形式的精神障碍史。这些结果与早期调查未成年杀人犯心理特征的研究中所表现出的流行率高度一致（Lewis et al.，1985，1988）。值得注意的是，到目前为止，虽然围绕年幼儿童是否有某些神经功能障碍的争论一直存在（Sellers & Heide，2012），但目前仍无任何文献能有力支持年幼儿童（6～10岁）患有精神病或其他重性精神障碍的论点。

研究还表明，与未成年非暴力犯罪人相比，未成年杀人犯和实施普通暴力犯罪的未成年人往往伴有严重的学业困难史（Heckel & Shumaker，2001；Woolard & Fountain，2016）。另外，社交和认知功能有缺陷的学龄儿童也会有较高的风险进行反社会和暴力行为（Dodge et al.，2008）。研究人员（Myers et al.，1995）在对25名未成年杀人犯样本进行研究后发现，76%的样本表现出学习障碍，86%的样本至少在一学年中的考核不及格。另外，研究还发现，在智力测验中的语言能力也与反社会行为有关（Moffitt & Caspi，2001），严重的语言障碍似乎是未成年杀人犯中最突出的学业问题（Heckel & Shumaker，2001；Myers & Mutch，1992）。目前这方面的研究有很多，大多数研究都集中在青少年犯罪人身上，也有少部分研究关注处于青春期之前的犯罪人，但我们不能将这些青少年杀人犯的结果套用在幼童杀人犯身上，更不能基于此结果进行同样的假设。

未成年杀人犯的突出风险因素就是父母监管的缺失。如第二章所述，父母监管指的是父母了解孩子的行踪、参与孩子的学校活动、辅导或参与孩子的家庭作业，以及监控孩子课外活动的时间分配等。对处于青春期和少年期的孩子来说，父母了解孩子的行踪并为其外出活动设定时间限制尤为重要。研究人员（Roe-Sepowitz，2007）提到，在她跟踪研究

的许多青春期女性杀人犯中，普遍存在父母参与有限、父母监管缺位等问题。另一组研究人员（Hill et al.，2004）认为，在孩子中学时期，父母对孩子的学校学习及活动缺乏参与似乎也很关键。其他研究结果显示，未成年杀人犯通常有较高概率曾遭受家庭成员虐待（Darby et al.，1998；Lansford et al.，2004），或者有物质滥用和酒精滥用问题（Dicadaldo & Everett，2008；Roe Sepowitz，2007），抑或有前科（Farrington，Loeber，& Berg，2012；Loeber et al.，2005；Roe-Sepowitz，2007）及有不良行为的同伴（Loeber et al.，2005；Raine，2013）。许多未成年杀人犯似乎与很多终身监禁犯罪人一样，有相似的神经系统异常病史（Heckel & Shumaker，2001）。研究人员（Myers，1994；Myers & Mutch，1992；Myers et al.，1995）在他们针对未成年杀人犯样本进行的持续研究中关注到，对未成年杀人犯来说，品行障碍的发生率很高，从84%到88%不等。同时，注意缺陷/多动障碍也被诸多研究人员确定为影响未成年杀人犯行为的重要因素之一（Heckel & Shumaker，2001）。回顾一下匹兹堡青少年研究，我们不难发现，研究人员早就将无注意缺陷/多动障碍视为暴力行为发生的保护因素了（Loeber et al.，2017）。

总而言之，尽管研究人员在未成年人杀人行为产生的原因及对它们进行解释上取得了很大的进展，但依旧无法就某些案件给出准确或全面的解释。例如，本节开头提到的非典型杀人案，该案就从一个侧面说明了犯罪的复杂性。要准确解释该案中未成年人杀人行为的动因，除了我们在第七章提到的未成年人精神病态这一概念，似乎没有什么更合适的概念了，但该案中又没有证据可以证明这一点。在某些情况下，重性精神障碍确实可以解释未成年人杀人行为；但在另一些情况下，未成年杀人犯的被虐待史也是一个很好的解释因素。回顾一下对累积风险模型和发展级联模型的讨论，我们不难发现，影响反社会行为的风险因素可能非常广泛，且每个人都有所不同。就杀人案而言，洛伯等人（Loeber et al.，2005）认为，个体于早期发育过程中暴露在了

不同的风险因素下，从而形成了风险累积，并进一步提高了实施杀人行为的概率。他们还认为，暴力的产生并不是突然的，而是有一个漫长的过程，是以系统的方式多年累积的结果（Loeber et al.，2017）。此外，一个人在儿童期经历的风险因素越多，其一生中实施暴力行为的可能性也就越大。

肯尼思·道奇等人（Dodge et al.，2008）采用类似的方法描绘了一个连贯的发展性故事，讲述了暴力行为是如何通过发展级联过程在儿童和青少年时期发展起来的。它可能就像人们想象的泥石或雪球从山上滚下来一样，会越滚越大。正如第二章所讨论的模型假设那样，每个风险因素组都可以通过直接影响发展序列中的下一个因素组，从而对反社会行为和暴力行为产生影响。

道奇等人的模型强调，有许多预防和矫治方法可以引导儿童远离暴力、严重违法行为和犯罪的发展轨迹。因此，对未成年杀人犯的心理治疗可能比对大多数犯下这些罪行的成年人的治疗更现实、有效。发展级联模型为特定发展阶段的预防提供了具体的目标。此外，由于每个发展阶段都会出现新的风险，因此在个体度过青春期之前，应该对任何预防和干预的完成情况和效果保持审慎。

未成年杀人犯的矫治

未成年人杀人案罕见、复杂，且往往难以归类。例如，校园枪击案、男孩非法侵入住宅且刺死居民、男孩弑杀其虐待成性的父亲、13 岁女孩杀害新生儿、帮派成员驾车枪击案，以及男孩在试图强奸表妹的过程中将表妹打死，等等。一些未成年杀人犯有精神障碍或智力缺陷，另一些可能表现出精神病态的特征，但并不是所有人都如此。目前对这方面的研究很少，以至于具体类型所占的比例都无法确定。未成年杀人犯的大部分矫治信息来自少数转诊治疗病例的临床病例报告（Heide，2003；Heide et al.，2012）。如果未被移交刑事法庭，那么犯下杀人罪的未成年人通常会被关进未成年犯管教所，但未成年犯管教所并不总是可以给他们提供所需的针对性治疗。此外，随着一部分未成年杀人犯进入青春期，他们接受强化心理治疗和干预的可能性也会随之降低（Heide，2003；Myers，1992）。一方面，年龄较大的未成年杀人犯通常会被关进成年人监狱，并接受保护性拘留，直到他们成年后转监到普通人群的监区中继续服刑；另一方面，由于资金限制和对这一人群心理需求的认识不足，未成年犯管教所中鲜有心理健康辅导和教育（Heide，2003）。

犯罪人安置机构（包括未成年人和成年人）所提供的矫治机会过少这个现实问题，可以从侧面解释为什么近年来的研究都发现未成年杀人犯的再犯率极高（Caudill & Trulson，2016；Khachatryan，Heide，& Hummel，2018；Khachatryan et al.，2016）。研究人员（Khachatryan et al.，2016）指出，在获释的未成年杀人犯中，有近 90% 在随后 30 年的随访期内再次被捕，而其中有超过 60% 是因暴力犯罪而被再次逮捕的。

一组研究人员（Cruise，Morin，& Affleck，2016）在对机构环境中未成年人干预措施的回顾研究中指出，未成年杀人犯的精神障碍是影响治疗有效性的主要问题。他们认为，与其说是未成年杀人犯心理需求影响了治疗有效性，不如说是未成年杀人犯精神障碍的严重程度影响了治疗有效性。不过，研究都一致表明，未成年犯罪人参与矫治系统的程度越深，其心理需求就越大，而在有安全措施的机构中接受治疗被认为是参与程度最深的方式。

不过，总体而言，如果治疗充分，未成年杀人犯在从监禁机构获释后，似乎都可以在矫治机构和社区中获得较大的改善（Heide，2003），对那些只是在杀害家庭成员时采用暴力行为的年轻人来说，尤其如此（Hillbrand et al.，1999）。此外，正如海德和赛勒斯（Heide & Sellers，2014）对女性未成年杀人犯所做的研究所表明的那样，为儿童和青少年提供应对压力事件的策略，并专注于培养心理弹性，可能是一个行之有效的方法。此外，正如前面引用的研究所表明的那样，在犯下其他重罪过程中杀人的那部分顽固且暴力的犯罪人，历来就没有很好的矫治措施，并且他们经常在获释后继续犯罪。不过，当前的未成年人康复计划已经发现了一些证据，证明因普通争执而杀人的未成年犯罪人可以获得比较成功的治疗效果，特别是当会妨碍治疗有效性的精神障碍被有效识别并加以克服之后，治疗效果会更明显（Cruise，Morin，& Affleck，2016）。

亲密关系暴力

亲密关系暴力（Intimate Partner Violence，IPV）[1]这一术语被研究人员用来描述在现有或过去的亲密关系中所发生的身体暴力、心理暴力和性暴力。这类暴力行为通常包含在家庭暴力的研究中，本章后面部分专门讨论了家庭暴力的研究。聚焦于亲密关系的研究能更多地反映出其他研究没有考虑到的情况，如同性亲密关系、约会与恋爱关系及过去的亲密关系。自21世纪以来，关于亲密关系暴力的研究急剧增加，甚至可能超过了家庭暴力中的其他领域。例如，近年来研究人员开始关注发生在老年人（Dinnen & Cook，2013；Roberto，McPherson，& Brossoie，2014）、退伍军人（Maskin et al.，2019）、大学生（Raijar et al.，2019）及不同文化群体（Ammar et al.，2014）中的亲密关系暴力。有些研究人员专注于研究那些遭受过亲密关系暴力的妇女的心理弹性水平（Howell et al.，2018）。我们将在接下来的部分详细讨论这些研究内容。

新闻媒体也会格外关注妇女遭受的暴力行为。虽然本书侧重于参考学术研究的资料，但新闻媒体也是一种值得参考的信息来源。例如，《华盛顿邮报》（*Washington Post*）（2018年12月11日）分析了

2007—2017年美国47个主要城市的4484起妇女被杀案件，发现几乎一半的妇女（46%）是被亲密伴侣杀害的。亲密伴侣犯下的谋杀案通常很残忍，并且更多地出现刺伤、勒死和用钝器殴打等方式，而不仅是用枪支。《华盛顿邮报》对其中5个城市进行了更深入的研究，发现有1/3的行凶者事先已被认为对被害人存在威胁，如以前攻击过被害人或对被害人有过限制命令。下面的内容将呈现学术研究中的相关主题。

许多犯罪学家和研究人员仍然将亲密关系暴力归为家庭亲密关系暴力的一种形式，或者甚至更广泛地归入家庭暴力中。此外，尽管女性对男性的暴力（Bates，2020；Bates，Graham-Kevan，& Archer，2014）和同性间的暴力（Quirk，Newcomb，& Mustanski，2018）受到越来越多的关注，但大多数研究仍然只关注女性作为被害人和男性作为犯罪人的情况。实际上，关注女性被害人是有道理的，因为女性遭受虐待的次数往往最多、最严重。例如，在1994—2010年，4/5的亲密关系暴力的被害人是女性（Catalano，2012）。根据美国一项关于伴侣虐待和性暴力的全国性调查，每年有超过1/3的女性和1/10的男性遭受亲密关系暴力（Black et al.，2011）。一些研究还发现了多重受害行为，包括每天或每周都发生的行为，甚至可能由多个犯罪人实施（Howell et al.，2018）。

基于亲密关系暴力的大量研究结果表明，这是一个复杂的话题。亲密关系暴力的发生率很难估计，尽管如此，上述调查和研究仍表明它是个广泛存在的问题。有研究指出，约1/7的亲密关系中存在身体暴力和性暴力，情感或心理虐待的发生率则接近

① 本章会涉及三个与家庭暴力相关的术语，即"Intimate Partner Violence""Domestic Violence""Family Violence"，这三者在英语文献中经常混用，有时难以区分。但大致区分如下："Intimate Partner Violence"一般翻译为亲密关系暴力，专指情侣间或配偶间的关系暴力；Domestic Violence一般翻译为家庭暴力或家庭亲密关系暴力，专指家庭中配偶（有时也包括一部分特殊亲密关系群体）的关系暴力；Family Violence一般翻译为家庭暴力，指任何家庭成员之间的关系暴力，包括夫妻间、兄弟姐妹间及亲子间的暴力，还包括前任配偶之间的关系暴力。在很多文献中，有时会将Intimate Partner Violence与Domestic Violence混用，而另一些文献则会将Domestic Violence与Family Violence混用。根据本书的主线内容，我们为了区分这三者之间的差异，将Intimate Partner Violence翻译为亲密关系暴力，将Domestic Violence翻译为家庭亲密关系暴力，将Family Violence翻译为家庭暴力。——译者注

2/3。然而，许多研究并没有将情感或心理虐待列入亲密关系暴力。此外，问题的提出方式不同，研究内容也有所不同。例如，有些人可能会问，你是否曾经遭受过来自亲密伴侣的身体伤害？还有研究会问，你在过去 2 年（或 5 年）内是否受到过来自亲密伴侣的伤害？还有一些研究会同时涵盖这两类问题。在一项关于青少年约会的研究中，667 名 12 ～ 18 岁的青少年被问及他们是否遭受过身体暴力、性暴力或心理虐待，近 20% 的男孩和女孩都报告自己遭受过身体暴力和性暴力，并且居然有 60% 的人说他们曾经受到心理虐待（如侮辱、指责），同时也向他人施加过心理虐待（Mumford & Taylor，2014）。虽然心理虐待的后果可能并不是非常严重，但研究人员指出，这些行为是不健康的，并且可能会导致犯罪人的暴力形式升级为严重暴力。

　　研究人员（Tinney & Gerlock，2014）注意到，并非所有的亲密关系暴力都是一样的，他们研究了在四种不同情境下的亲密关系暴力并指出，要想保护被害人的安全及考虑如何处置犯罪人，就要仔细地审视每一种特殊的情况（见表 9-1）。但他们强调，重要的是要清楚，在任何情境下发生的暴力都可能是危险和致命的。分情境讨论并不是让人们轻视亲密关系暴力的风险和危险程度，它不能为犯罪行为提供借口。

　　在一份基于美国犯罪被害情况调查数据的关于亲密关系暴力的特别报告中，研究人员（Catalano，2013）研究了 1993—2011 年的非致命性暴力行为，发现针对女性和男性的严重和不严重的亲密关系暴力的发生率都有大幅下降（其中针对女性的下降了 72%，针对男性的下降了 64%）。严重暴力包括强奸、性侵、抢劫或重伤。一般性的攻击如果没有造成严重的身体伤害或暴力威胁，那就不在严重暴力类别中，但要注意的是，这并不意味着这些行为不值得被关注。相反，报告强调，对伴侣重复的、不严重的威胁或攻击行为可能会预示着被害人在未来会遭受更严重的伤害。在整个调查期间，女性和男性被害人都报告了由亲密伴侣实施的攻击多于由其他人

实施的攻击，其他人包括亲人、朋友、邻居、熟人和陌生人。同样，女性和男性都报告，在亲密关系暴力中受到的伤害更大，也需要更多医疗救助。女性（13%）比男性（5.4%）更有可能因受到来自亲密伴侣的严重伤害而寻求治疗。

表 9-1　亲密关系暴力的四种情境及相关特征

情境	特征
强制控制的亲密关系暴力	• 持续的胁迫性控制模式 • 监控被害人在家庭以外的行为 • 社会隔绝 • 使被害人疲惫不堪的虐待模式 • 身体和心理上的伤害
反应性暴力	• 被害人长期受到虐待 • 被害人可能使用自卫手段 • 被害人可能会先下手以结束暴力 • 犯罪人可能处于愤怒和报复的状态
非强制控制的亲密关系暴力	• 非典型的报复性暴力 • 伴随着冲突，如财务问题、不忠行为
病理性暴力	• 可能受到心理问题的影响 • 可能受脑损伤或物质滥用的影响

资料来源：Adapted from Tinney & Gerlock（2014）。

注：不同情境的特征可能存在重叠，例如，物质滥用可能出现在所有情境中。

　　早期关于亲密关系暴力的研究，是基于种族 / 民族群体范围内的暴力研究。这些研究的前提是，对亲密关系暴力的预防战略和公共政策应该意识到风险因素和保护因素，这些因素可能是亲密关系暴力被害人或犯罪人亚群体所独有的，也可能不是。如今，有关亲密关系暴力的研究，当它关注的是亚群体时，往往会忽略种族 / 民族因素；而当研究人员发现确实存在种族 / 民族差异时，他们会谨慎地提出对这些差异的解释，这些解释可能涉及不同的文化期望及被害人缺乏可利用资源。当代的研究更有可能更关注亚群体，如军人、退伍军人、执法人员、老年人、同性伴侣或青少年。

　　尽管如此，我们也不能忽视早期的研究。研究人员（Howell et al.，2018）在重复布莱克等人（Black et al.，2011）的研究结果时发现，亲密关系暴力受害人的种族 / 民族差异已被记录在案。有 54%

的多种族妇女，44%的非洲裔美国妇女和37%的西班牙裔妇女报告终身遭受亲密关系暴力，而白人妇女只有35%。然而，在考虑这些统计数据时，必须始终牢记不断变化的种族/民族识别方法。如今许多人不愿意将自我局限在一个种族/民族群体中，具有多种族身份认同的人并不罕见。

在美国一项针对同居夫妇的全国性研究中，研究人员（Caetano et al., 2005）发现，即使在控制了社会经济地位变量后，与非西班牙裔的白人夫妇相比，西班牙裔夫妇的亲密关系暴力发生率更高（前者为14%，后者为6%）。在亲密关系暴力中，与非西班牙裔的女性被害人相比，西班牙裔女性被害人的心理健康状况更差（Bonomi et al., 2009）。在对美国一个州进行的研究发现，西班牙裔女性被害人比非西班牙裔被害人有更高的被杀风险（Azziz-Baumgartner et al., 2011）。在对这一领域的研究进行回顾时，研究人员（Cummings, Gonzalez-Guarda, & Sandoval, 2013）根据29项已发表的研究结果确定了风险因素，并确定了与亲密关系暴力有关的保护因素。

这些风险因素包括个人因素、社区因素及关系因素，它们适用于虐待关系中的被害人和犯罪人。例如，个人风险因素包括身体虐待或性虐待史、失业、年轻、受教育程度低和传统性别角色观念；社区风险因素包括暴力发生率高的社区和恶劣的工作条件（如低工资、长工时）；关系风险因素包括缺乏社会支持和关系不忠（Cummings et al., 2013）。研究人员没有确定社会风险因素，这是因为他们回顾的这29项研究中并没有分析这类因素。社会风险因素的一个例子是给无证移民带来越来越大压力的移民政策，如不给他们提供社会服务。

值得注意的是，无论被害人和犯罪人的种族/民族是什么，上述研究人员确定的风险因素对于一般的亲密关系暴力来说都是通用的。此外，即使风险因素不明显，亲密关系暴力也可能会发生。在高财富、高权力、高社会地位和高政治影响力的人群中，亲密关系暴力确实会发生。这类亲密关系暴力很少会引起执法部门的注意，也很少有人会向研究人员进行自我报告。此外，执法人群中的亲密关系暴力应该得到研究人员和媒体的重视（Aviv, 2019）。

豪厄尔等人（Howell et al., 2018）重点研究了遭受亲密关系暴力的妇女的心理弹性的保护因素。心理弹性是指从压力和创伤中恢复的能力。正如豪厄尔等人所解释的，它源于昂加尔（Ungar, 2013）提出的社会生态学模型，其他学者也讨论过这个概念。豪厄尔等人引用了昂加尔的观点，将心理弹性简明扼要地定义为：个人在面临逆境时有能力通过自己的方式获得心理、社会文化和物质资源，以维持他们的幸福感。豪厄尔等人的研究显示，在6个月的时间里，有112名妇女遭受到严重的亲密关系暴力。这里对于"严重"的定义是每周发生1～7次。豪厄尔等人了解到，社会支持、社区凝聚力、种族认同和精神力（spirituality）都是逆境中心理弹性的保护因素。与多种族、白人或其他参与者相比，非洲裔美国妇女（约占研究参与者的70%）更有可能依赖自己的精神力而不是宗教组织。她们也更有可能通过家人和朋友获得社会支持，而不是通过社区的支持或正规咨询。此外，较高的受教育水平和较少数量的暴力伴侣都与高心理弹性有关。

对豪厄尔所强调的心理弹性继续进行研究是很有必要的，并且应该扩大到对其他亚群体的研究中，比如后面要讨论的那些亚群体。找出那些能提升亲密关系暴力被害人心理弹性的因素是非常有价值的。但是，这个目标绝不能取代防止暴力发生这一目标。

同性恋或非异性恋中的亲密关系暴力

近年来，关于同性亲密关系中的暴力性质和程度的问题，在社会和行为科学研究中得到了越来越多的关注。大多数研究都发现，异性恋和非异性恋人群有近似的亲密关系暴力发生率（Hellemans et al., 2015）。此外，许多研究还记录了两者间的其他相似性，如施暴者和被害人的特征、背景特点

（如虐待史）、暴力的相关因素等。例如，研究人员（Potoczniak et al.，2003）在文献研究中发现，同性亲密关系暴力和异性亲密关系暴力的暴力周期和虐待阶段有很大的相似性。他们发现，与异性亲密关系暴力的施虐者一样，同性亲密关系暴力的施虐者控制欲也极强，也容易受到外界威胁的影响，极度自私，并将虐待行为归咎于伴侣。此外，同性亲密关系暴力的被害人表现出许多与异性亲密关系暴力被害人相同的行为和思维特点。

不过，研究人员也发现了异性恋和非异性恋亲密关系暴力的差异。研究人员（Messinger，2011）在分析了美国妇女遭受的暴力调查数据后发现，同性关系中的妇女报告言语攻击、行为控制、身体攻击和性攻击的可能性是异性关系中的 2 倍。在一项针对异性恋和非异性恋的大型研究中，研究人员（Hellemans et al.，2015）发现，两类群体报告亲密关系中身体和心理暴力发生的可能性相同，而且男性和女性报告的亲密关系暴力总体上相似。然而，亲密关系暴力的女性被害人（无论异性恋还是非异性恋）都经历了更频繁的心理暴力。这是通过询问受访者的伴侣是否在他人面前贬低或羞辱受访者，故意做一些事情来吓唬或恐吓受访者，威胁要伤害受访者及其所爱的人而得出的。

有意思的是，对女性同性关系的研究远远多于对男性同性关系的研究，也许是因为女性的受害情况比男性的受害情况更受到关注。到目前为止，关于双性恋者、跨性别过渡者、跨性别认同者或不认同任何性别的个体的相关亲密关系暴力研究还很有限。如前所述，研究通常涉及性或性别的二分法（男性或女性），而几乎没有探讨那些不适用于这种二分法的人群。不过，在现有文献中，研究人员会经常呼吁扩大研究范围，而不能主要关注男性和女性（Quirk，Newcomb，& Mustanski，2018）。

执法人员与军人家庭中的亲密关系暴力

执法人员的工作被公认为压力极大，主要是因为他们随时都有可能遇到生命威胁。有意思的是，

关于美国警察的压力报告表明，对大多数执法人员来说，工作中的潜在危险带来的压力并没有行政因素带来的压力大，如轮班工作和与监管人员或其他警察的冲突。不过，无论压力的来源是什么，都有可能产生一种溢出效应（spillover effect），即工作情绪有可能影响到工作以外的关系，包括家庭亲密关系。

有些研究人员发现，美国执法人员所在家庭中的亲密关系暴力比例高于普通人群（Johnson，Todd，& Subramanian，2005）。然而，网络平台上经常引用的 40% 的比例是非常值得怀疑的，原因是得出该结果的研究本身在研究方法上就有重大缺陷。

然而，与其他群体相比，美国各层级执法部门和各种机构组织的执法人员的压力都与包括家庭内部暴力在内的负面结果有关（Gershon et al.，2009）。这些负面结果通常被认为是工作本身的专制性质所导致的，并且这一特点会蔓延至家庭环境中。研究人员（Johnson et al.，2005）发现，专制主义和由男性、女性警察实施的亲密关系暴力之间有显著的相关性。

研究人员（Anderson & Lo，2011）研究了马里兰州巴尔的摩市（Baltimore）1104 名全职警察有关亲密关系暴力的自我报告。他们研究的样本中有 9% 的人承认曾经失控，并且对亲密伴侣实施了人身攻击。和预期一致的是，他们发现亲密关系暴力与以下因素都呈显著正相关：

（1）在工作中经历的压力事件；

（2）专制特点的溢出效应（例如，感觉自己需要控制他人，希望在家庭中拥有最终决定权）；

（3）负面情绪（例如，对工作相关的问题表现得情绪化或不耐烦，对工作产生抑郁情绪，因为工作而对生活失去兴趣）。

目前关于美国军人家庭（包括现役军人及退伍军人）的亲密关系暴力的研究越来越多。一些研究表明，美国现役军人和退伍军人比非军人的同龄人

经历了更多的亲密关系暴力（Dichter，Cerulli，& Bossarte，2011；Gerber et al.，2014）。将这一主题与执法部门人员的亲密关系暴力研究放在一起讨论是因为这两种职业有很多相同的特点。一方面，执法工作在很大程度上是一类准军事化的职业，大多数从业者都接受过许多主张服从绝对权力的军事化培训。而且很多军人在退伍之后会从事执法工作。另一方面，军事领域存在执法领域所没有的特点，例如，更容易出现与战争有关的不良情况，如创伤后应激障碍、颅脑损伤、与家人分离、不熟悉服役地区的文化、退役后需要重新适应并融入日常生活等。已有的研究发现，创伤后应激障碍和亲密关系暴力之间存在正相关关系（Gerlock，2004；Sayers et al.，2009；Taft et al.，2011）。

在一项研究中，研究人员（Maskin et al.，2019）分析了来自 2001 年"9·11"事件后 407 名退伍军人的自我报告数据。大约在收集数据的前 5 年，这些样本（女性略多于男性）就已从部署地撤回，并不再服役。研究人员研究了亲密关系暴力发生的程度，以及如果发生了亲密关系暴力，那么它是如何影响他们的就业的。这个话题很重要，但在以往有关亲密关系暴力的文献中很少涉及。正如一组研究人员（Maskin et al.，2019）观察到的，亲密关系暴力可能以多种方式破坏职业成果，例如，由于恐惧或羞愧而导致这些暴力受害人无法正常上班，或者工作效率低下，甚至不敢与其他员工交往。他们发现，在经历过亲密关系暴力的样本中，女性报告了更多的性受害，而男性则报告了更多的身体受害。另外，心理方面的亲密关系暴力不存在性别差异，在出勤率、工作表现及工作满意度方面也没有性别差异。受访者在所有这些方面都遇到了问题。研究人员建议在工作场所采取一些措施，包括预防及干预亲密关系暴力，并向员工提供支持。

老年群体的亲密关系暴力

虽然我们将会单独讨论老年人受虐待的问题，但关于这一人群的亲密关系暴力问题仍然特别值得关注。虽然能经常看到老年人被家庭成员、熟人、看护人和陌生人伤害的报道，但他们被亲密伴侣伤害的情况并未得到足够重视。对这一主题文献的综述研究（Roberto，McPherson，& Brossoie，2014）表明，老年群体中的亲密关系暴力问题很严重。该综述回顾了 57 项实证研究，其中大部分是在过去 15 年内发表的。该综述研究主要得出了以下几点结论。

（1）在虐待关系中，施虐者往往会长期保持虐待模式，即使他们自己的健康状况也在恶化。

（2）虽然身体暴力和性暴力的发生率在下降，但非身体的亲密关系暴力（如情感虐待）在晚年会继续存在。

（3）虽然随着伴侣关系持续时间的增加，身体虐待往往被心理虐待所取代，但在某些情况下，即使施虐者的健康状况不良，但身体虐待仍然存在。

（4）结束一段关系往往更加复杂，人们不仅要冒着经济和情感风险，还会担心健康状况的恶化及失去与邻里和社区的社会联结。

（5）大多数医疗保健机构没有对老年群体的亲密关系暴力伤害进行检查，特别是身体暴力或性暴力。

（6）老年人与社区隔绝依然是导致亲密关系暴力的一个风险因素。

与其他形式虐待行为的风险相比，亲密关系暴力带来的风险在老年群体中似乎并不是最高的，这一点将在本章后半部分介绍。许多老年人在失去亲密伴侣后独自生活或与家人一起生活，或在社区被照顾。然而，那些继续与亲密伴侣生活在一起的人，如果曾有过被虐待的经历，则面临亲密关系暴力的风险会更大。换句话说，几乎没有证据表明，虐待是在老年时突然开始的。然而，毫无疑问的是，有大量隐秘的虐待行为从未引起政府或研究人员的注意。

施虐者的心理学与人口统计学特征

早期关于亲密关系暴力的心理学研究几乎无一例外地集中在被虐待者的特征上，特别是异性恋关系中的女性。有观点认为，被虐待的女性是自己愿意受虐（Frieze & Browne，1989）；还有研究人员认为，配偶虐待关系中的被害人存在受虐的倾向，被害人有意识或无意识地催生了他们所遭受的暴力（Megargee，1982）；另一些早期的研究认为，被虐待的女性缺乏自尊，非常顺从和依赖她们的丈夫，并且认为维持婚姻的价值高于自身的安全（Megargee，1982）。许多研究人员、理论家和心理健康从业者接受了受虐妇女综合征（Battered Woman Syndrome，BWS）这一术语（Walker，1979），它被用于描述一系列特征，其中包括低自尊和习得性无助（learned helplessness）。所谓习得性无助，即在感知到无望时所表现出的一种习得的被动和退缩。随着对亲密关系暴力研究的不断发展，研究人员对亲密关系暴力的复杂性及其与社会和心理相关因素关系的认识越来越深刻。此外，研究人员也开始将注意力转移到施虐者的特征上。

早期的研究几乎无一例外地将施虐者（主要是男性）描述为有意维持关系中的权力和控制力。他们被认为是占有欲极强，会产生无理的嫉妒心，把他们的伴侣当作被其他男人觊觎的"财产"。这种描述导致了其他相关假设，即这些施暴的丈夫缺乏自信心、无能及普遍的低自尊。他们认为对他们的男子气概的威胁无处不在。尽管权力和控制仍然是亲密关系暴力文献中的一个主要研究主题（Menard et al.，2009），但不能假设所有的亲密关系暴力都可以用这个因素来解释（Kelly & Johnson，2008）。酗酒和过往暴力史也被看作主要的风险因素。

然而，试图基于人格特征去给施虐者做"画像"，得到的结果并不可靠。事实上，大量证据表明，亲密关系暴力的实施者之间存在人格的异质性（Jackson，2014）。

一些研究结果提供了一种有助于预防、干预

和治疗施虐者的分类方式。在回顾了大量相关研究文献后，研究人员（Holtzworth-Munroe & Stuart，1994）划分了男性施虐者的三种主要类型：第一类施虐者只虐待家庭成员；第二类施虐者因为自己的情绪问题而虐待家庭成员；第三类施虐者通常对家庭成员和家庭以外的人都存在暴力行为。第一类施虐者是最常见的，往往比其他两种施虐者的攻击性要小，而且会对自己的行为感到后悔。与其他两类人相比，他们的暴力程度很低，而且他们的酒精使用量在低至中等水平的范围内。第二类施虐者，以边缘型人格障碍或焦躁不安为主要特征，往往是抑郁的、人格不健全的人，他们的情绪不稳定，容易发怒，并有人格障碍和精神病理学的迹象。第三类施虐者，被认为是一般暴力或反社会群体，他们往往在不同情境下都具有反社会特征，有犯罪倾向及暴力倾向。他们更有可能酗酒，并且通常对所有人都表现得好战。他们也最有可能对配偶实施严重暴力行为。后来，这组研究人员在 2003 年发现了第四种类型，并将其称为低水平的反社会组。这类群体表现出的暴力和一般反社会行为的水平高于只针对家庭成员的施虐群体，但低于一般暴力类型。

还有其他研究人员关注施虐者不同于非施虐者的病态人格特征。其中最主要的是施虐者的不安全依恋，并且许多研究都发现这与亲密关系暴力相关（Buck et al.，2012；Dutton et al.，1994；Mikulincer & Shaver，2010）。不安全依恋被认为与嫉妒、低自尊和依赖他人认可等人格特征有关。为了进一步研究亲密关系暴力和不安全依恋之间的关系，研究人员（Buck et al.，2012）研究了美国 72 名参加法院组织的团体治疗项目，且只针对家庭成员施暴的男性施虐者，发现分离焦虑和对伴侣的不信任都与依恋有关，对伴侣的不信任明显会增加暴力风险，甚至关联性超过了是否安全依恋本身。

相当多的研究发现，第五章讨论的与反社会型人格障碍有关的特征，在亲密关系暴力的施虐者身上也存在。例如，无视他人的权利、攻击性和易怒特征在施虐者身上并不少见。这些人格特征经常与酗酒有关联（Foran & O'Leary，2008；Maclean & French，2014），它们与亲密伴侣的身体暴力有强关联（Brem et al.，2018）。

酗酒和物质滥用在一定程度上会加剧暴力的发生，但不是暴力发生的直接原因。亲密关系暴力和酗酒之间的关系在研究文献中反复出现（Buck et al.，2012）。研究强调，有严重酗酒或物质滥用问题的施虐者在醉酒和清醒时都存在对伴侣实施虐待的倾向。而且，与没有酗酒或物质滥用史的虐待者相比，大量饮酒的施虐者会更频繁地使用暴力，并对其伴侣造成更严重的伤害（Frieze & Browne，1989）。不断有研究表明，酗酒、反社会人格特征和亲密关系暴力之间有极强的关联性（Brem et al.，2018）。

家庭暴力

我们将从一些令人欣慰的消息开始这一部分的讨论。与大多数犯罪一样，犯罪报告（如美国统一犯罪报告）和被害报告（如美国犯罪被害情况调查）都表明，美国家庭暴力近年来都有所下降。这可以归因于多种因素，而政策制定者可能有他们喜欢的解释。犯罪率下降总是好事，但不能掩盖这样一个事实，即仍然有相当一部分人正在被各种犯罪行为伤害。

正如本部分将要阐明的，对家庭暴力的研究相当碎片化，这在很大程度上是由于术语之间存在差异。前面讨论的亲密关系暴力就是一个很好的例子，因为很多亲密关系暴力也可以被划分到家庭暴力中，而很多研究确实是以处理家庭暴力的方法来处理亲密关系暴力的。此外，家庭暴力有时会与家庭亲密关系暴力通用，在它宽泛的范畴下，理论家和研究人员使用了诸如"儿童虐待""不当对待""忽视""同胞间的暴力""虐待老人"等术语。法律系统也采用了类似的术语，但并不总是完全一致。这里，我们采用家庭暴力来表示任何攻击、胁迫、殴打、性侵害、性暴力或任何犯罪行为，由居住在（或曾经居住在）同一住宅中的个体实施，并导致其他家庭成员遭受人身伤害或死亡（Wallace & Seymour，2001）。而"殴打"这一术语通常用于更具体的情况，以描述在亲密关系或家庭关系中的身体暴力，这可能在约会关系、婚姻或同居关系、分居或离异状态、照料孩子的过程中发生。

不过，犯罪学家和治疗师不只关注暴力行为本身。无论是否存在身体或性暴力，许多被害人都经历过心理上的伤害。跟踪（详见第十四章）就是一个很好的例证，它可能不涉及身体伤害，但一些研究人员也将其包括在家庭暴力的范畴内（Perilla et al.，2011）。不过，鉴于跟踪通常确实会导致身体伤害，这种分类也是合理的。我们将在第十四章对这一话题进行更详细的讨论。此外，有迹象表明，约有一半的被害人曾经和跟踪者建立过家庭关系，并在其中遭受过伤害（Baum et al.，2009）。尽管如此，跟踪者并不总是想要伤害或惊吓被害人，相反，他们的目的是接近被害人或与之重归于好。但一般来说，上述任何一种情况都极不可能发生。

持续的言语虐待是非身体虐待的另一种情况，但很少有人对此进行研究（Perilla et al.，2011）。不过，这些文献中很少会忽略心理虐待这一问题。因而，一些研究人员将家庭暴力定义为一种被害人在家庭中持续地、无能为力地遭受身体、心理和/或性虐待，与外界日益隔绝，且个人自由和获得资源的机会受到限制（Wallace & Seymour，2001）。无论如何定义，也无论使用哪个术语，家庭暴力的核心通常是犯罪人滥用权力、控制欲和权威（American Psychological Association，2003）。

在几乎所有关于家庭暴力、亲密关系暴力或针对妇女和儿童的暴力的研究中，都会继续提及由于术语使用混乱而带来的问题（White，Koss，& Kazdin，2011）。

为了更好地进行研究，我们已在前文中将亲密关系暴力从家庭暴力中区分了出来，这是因为近年来对该领域的研究呈爆炸式增长趋势，且亲密关系暴力并不局限于家庭背景中。在这一部分中，我们将采用"家庭暴力"这一宽泛的术语，因为出于习惯，它在研究文献中被使用得最多。不过，几乎所有专业人员都承认，家庭暴力的被害人不仅遭受了身体伤害，也遭受了心理伤害。而且，有时甚至不会发生身体伤害。例如，一些被害人——既有未成年人也有成年人——遭受了持续的责骂、残酷的非身体的惩罚，如被不断地奚落或被强迫旁观宠物被杀。另外，体罚显然是暴力，但这一类暴力通常并不会引起广泛的关注。也就是说，尽管美国大多数专业人员都否定掌掴这类行为，但除非出现了极端情况，否则刑事司法系统不会介入。正如芬克霍尔（Finkelhor，2011）所言："男人打他的妻子是犯罪，但打孩子不是。"同样，在任何关于家庭暴力的讨论中，重要的是要记住，某种形式的暴力或功能障碍通常伴随着其他形式的暴力或功能障碍。例如，虐待儿童和亲密关系暴力常常相伴发生，据估计，约一半虐待儿童的家庭中，会同时存在亲密关系暴力（Briggs et al.，2011）。

发生率

最极端的家庭暴力会涉及一人或多人死亡。这类死亡并不罕见。在美国，约 1/5 的谋杀和非过失杀人（其中被害人和犯罪人的关系是已知的）涉及一名家庭成员杀害另一名家庭成员，其中 35% 涉及配偶一方杀害另一方（FBI，2018a）。在家庭暴力的研究中，一个被忽略的领域是杀人后自杀，即一名家庭成员杀害了其他家庭成员后选择自杀。它被忽略的一个理由是，杀人后自杀是相对罕见的，在所有杀人案中仅占不到 2%。但它们如此发人深省，以致总能得到媒体的大量关注。例如，有妇女杀害了 5 岁的女儿，然后自杀；有男人杀害了他的两个孩子和妻子，然后自杀；有男孩杀害了他的姐姐和父母，然后饮弹自尽。比较一致的研究结果是，相当高比例（超过 50%）的杀人后自杀案件涉及配偶，尤其是前任配偶。

被害人

在美国，约 20% 的犯罪人因严重伤害家庭成员而被捕，约 60% 的犯罪人因对家庭成员有轻度伤害被捕（Truman & Langton，2014）。在严重的家庭暴力被害人中，12 岁以下儿童占 5%；在轻度伤害中，12 岁以下儿童占 4%。婴儿（1 周岁以下）是家庭暴力中最脆弱的被害人。图 9-2 显示了美国 2001—2003 年发生的针对婴儿的犯罪情况。婴儿被害人遭受的轻度伤害最多，其次是严重伤害（FBI，2005）。图 9-3 显示了在一个代表性年份中，美国遭受身体攻击的被害人的年龄分布。虽然大部分被害人是婴儿，但在婴儿被害时，有时也会存在其他年龄的被害人，这体现出家庭暴力的多重性。婴儿很少是家庭暴力中的唯一被害人。

我们不能仅回顾被捕数据，因为在美国，虐待儿童更可能被报告给儿童保护机构而非警方。例如，某年的数据显示，仅这一年，美国的州和地方儿童保护机构就接收了 340 万被虐待或忽视儿童的转介，其中近 40% 的儿童在 6 岁以下（HHS，2017）。稍后我们将再次提及这些数据。

被害人自我报告研究表明，至少 20% 的轻伤害或严重伤害涉及家庭成员（Truman & Langton，2014）。虽然这些官方统计数据并不完整，但足以凸显家庭暴力的严重程度。

针对家庭暴力的研究主要有以下四个核心问题。

（1）家庭暴力发生的数量是多少？

（2）犯罪人和被害人分别有什么共同特征或关联？

（3）家庭暴力是否和其他种类的暴力（如街头暴力）有根本的区别？

（4）什么引发了家庭暴力？

我们将从这四个方面对研究进行考察，并且注重这些研究中涉及的定义、研究样本的选取，以及刚才提到的方法论等关键问题。需要指出的是，家庭内的性虐待，在下面会有所涉及，但主要会在第十二章进行更详细的讨论。

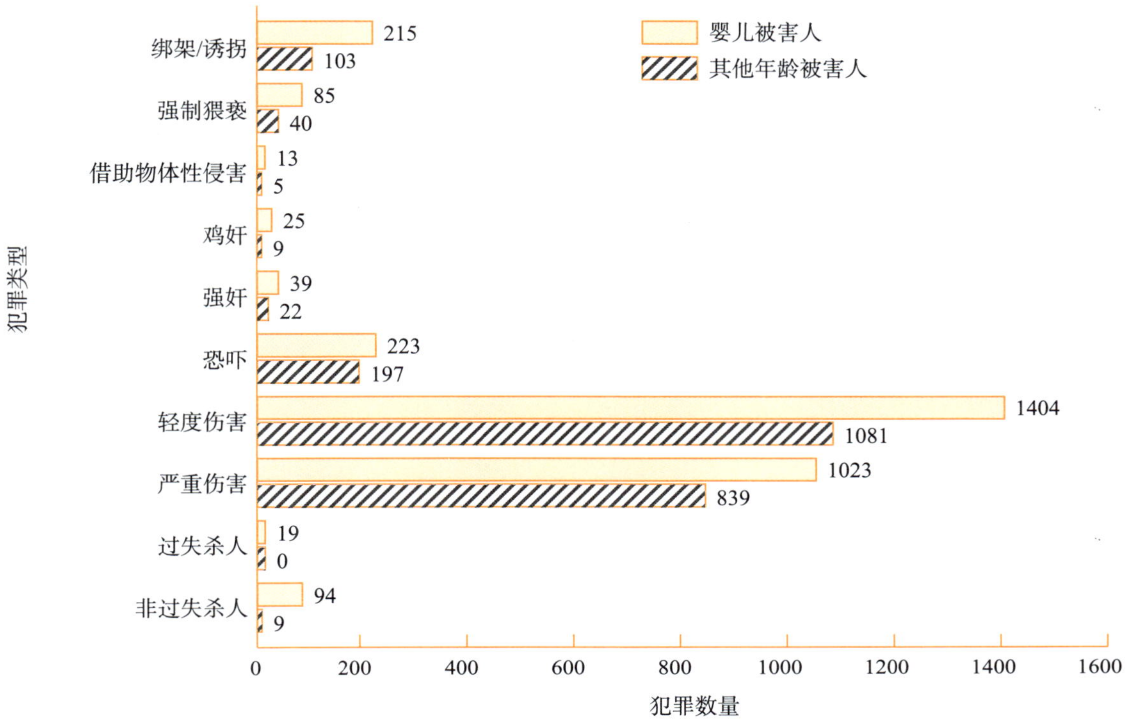

图 9-2　美国 2001—2003 年发生的针对婴儿的犯罪情况

资料来源：Federal Bureau of Investigation., 2005. Crime in the United States, 2004. Washington, DC: U.S. Department of Justice, Federal Bureau of Investigation。

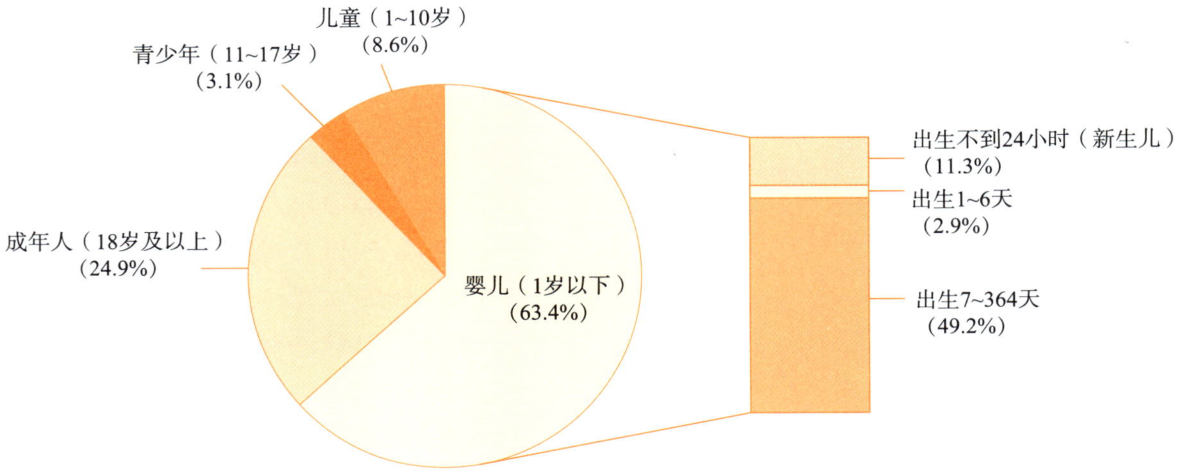

图 9-3　在一个代表性年份中，美国遭受身体攻击的被害人的年龄分布

资料来源：Federal Bureau of Investigation., 2005. Crime in the United States, 2004. Washington, DC: U.S. Department of Justice, Federal Bureau of Investigation。

虐待儿童与忽视

在美国，约 1/7 的儿童（每 1000 名中就有 138 名）曾在儿童期的某个阶段遭受过虐待（Finkelhor et al.，2005）。2017 年，有 1720 名儿童被虐待致死（HHS，2019）。另一项发人深省的数据是，在所有针对儿童的暴力犯罪中，约 1/5 由父母和抚养者实施。在这些暴力犯罪中，被害人有一半以上是 2 岁以下的儿童（Abrams，2013）。死于虐待和忽视的男孩（58%）比女孩（42%）多（HHS，2019）。

2017 年，在所有因被虐待致死的儿童中，有 72% 的儿童不到 3 岁，近一半不到 1 岁。死亡率通常随着年龄的增加而下降。可能导致虐待和死亡的来自抚养者方面的风险因素包括酒精滥用、物质滥用、经济问题和家庭暴力。80% 的儿童死亡涉及父母单独或共同作案，或者父母和其他人共同作案。

虐待（maltreatment）这个词包含了所有形式的虐待（abuse）和忽视（neglect），主要可以分为五类：身体虐待、情感虐待、忽视、性虐待、失踪和剥削（见表 9-2）。芬克霍尔等人（Finkelhor et al.，2005）发现，情感虐待（被成年人辱骂或诋毁）是这五类中最常见的。除了性虐待，男孩和女孩遭受虐待的比例相似。女孩遭受性虐待的概率是男孩的 4 倍。芬克霍尔等人（Finkelhor et al.，2009）还进行了一项针对美国青少年和抚养者的全国性调查，关注了超过 4500 名 0～17 岁儿童的经历。这项研究被称为美国儿童遭受暴力情况调查（National Survey of Children Exposed to Violence，NatSCEV），该调查被认为是最全面的聚焦儿童遭受暴力发生率的全国性调查之一。调查发现，11% 的美国青少年在调查时的过去一年中遭受了某些形式的家庭暴力，26% 的青少年在童年的某一时期遭受过家庭暴力（Hamby et al.，2011）。

该项目也显示，在过去的一年间，这些儿童中有近 50% 遭受了身体伤害，攻击通常来自他们的同胞兄弟姐妹和同伴。事实上，研究表明，手足间的攻击和身体伤害是最常见的家庭暴力形式。虽然社会普遍认为这是正常且无害的，但越来越多的证据表明，对很多被害人而言，手足间的伤害可能会造成严重的心理危害（Tucker et al.，2013，2014）。

芬克霍尔等人在 2014 年还进行了第二项调查，名为第二次美国儿童遭受暴力情况调查（Second National Survey of Children Exposed to Violence）。该调查收集了 4503 名儿童和青少年的受虐待数据，其中，0～9 岁儿童的数据来自对其抚养者的访谈，10～17 岁青少年的数据来自青少年的自我报告。第二次调查的数据和第一次调查的稍有不同，很大程度上是由于采用了不同的方法和程序。然而，总体来说，调查结果确实表明，未成年人遭受虐待的比例在过去几年中有所下降。更重要的是，这两项调查都引起了人们对多重被害人（polyvictims）的关注，这些儿童在成长过程中遭受了多重伤害，如父母虐待、手足间侵害、欺凌，以及由抚养者实施的身体侵害、性侵害。在这一全国性调查中，多重被害人指在一年中经历了 4 种或 4 种以上伤害的青少年。分析表明，多重被害与心理健康及不良结果间具有最紧密的联系，大多数多重被害人承受了大量的痛苦。他们指出，比起遭受多重伤害的儿童，遭受单一伤害的儿童更有可能从伤害中恢复。而对遭受多重伤害的儿童来说，被伤害不是单一事件而是一种状态（Finkelhor et al.，2011）。

如前文所述，儿童保护机构接收的儿童被虐待的报告远多于官方的逮捕数据。2017 年，儿童保护机构大约接收了 410 万个虐待案的转介，涉及约 750 万名儿童（HHS，2019）。在 410 万个案件中，约 58% 需要进一步调查并提供相应的被害人保护。大多数转介涉及忽视（74.9%）和身体虐待（18.3%）。约 9% 的被害人遭受了性虐待，7% 的被害人遭受了情感（心理）虐待。而且，很可能还有大量情感虐待并未被报告。超过 1/4 的被害人遭受了一种以上的虐待。这些术语的定义可参考表 9-2。

表 9-2　虐待的类型及定义

虐待的类型	定义
身体虐待	父母的故意伤害，或者允许儿童被伤害、折磨或因残酷、过度的惩罚而受伤
情感虐待	一种长期的行为模式，在该模式下，父母或抚养者用拒绝给予爱的方式来塑造儿童的特定行为，儿童被贬低，或者遭受极端且不当的惩罚
忽视	父母或抚养者长期未能满足儿童的基本需求，如食物、衣物、住所、医疗、教育机会、保护和监管；还包括未能提供给儿童适当的支持、关注和关爱的情感忽视
性虐待	对儿童和青少年的性剥削，以满足他人的性或控制欲
失踪和剥削	家庭成员或陌生人从有监护权的父母处诱拐儿童，利用儿童制作色情制品或迫使儿童卖淫

资料来源：Adapted from Whitcomb, D.（2001）. Child victimization. In G. Coleman, M. Gaboury, M. Murray, & A. Seymour（Eds.）, 1999 National Victim Assistance Academy. Washington, DC: U.S. Department of Justice。

被诱拐、离家出走与被遗弃的儿童

　　在美国，每年有成千上万名儿童失踪。失踪（missing）是个宽泛的术语，主要指儿童离家出走、被遗弃、被家庭或非家庭成员诱拐，也包括因其他原因（如走失、被困或受伤）而暂时失踪。也有一些儿童由于误会而失踪，例如因为不清楚地址而未能及时出现在预定地点。每种主要类型都值得关注。被遗弃的孩子是指因不良行为等被父母或抚养者"丢"出家门的孩子。研究中，被遗弃的儿童通常和离家出走的儿童归为一类，因为儿童被赶出家门的原因还不完全清楚。许多儿童——也有人认为是大多数儿童——离家出走是为了逃离当前家庭或居住环境对他们的忽视或虐待。诱拐可能由家庭成员（如一名无监护权的父亲或母亲）或陌生人实施。我们后面很快就会提到，陌生人诱拐最为骇人，也最为罕见。在一些情况下，它构成了典型陌生人诱拐（儿童失踪事件分类如表 9-3 所示）。

表 9-3　儿童失踪事件分类

事件类型	代表性特征[1]
家庭成员诱拐	家庭成员或其代理人带走或未能送返儿童，违背了监护令
非家庭成员诱拐	在没有父母允许时，非家庭成员使用暴力或威胁的方式带走儿童，并将其滞留于建筑物、车辆，或者其他无法逃离或无法求助的场所内
典型陌生人诱拐（非家庭成员诱拐的一个类型）	陌生人或不太熟悉的人将儿童整夜扣留、杀害、运送至 80 千米之外，或者要求赎金
离家出走／被遗弃	儿童出于自己的意愿，在没有监护人许可的情况下离开，或者在有许可的情况下在外逗留超过许可时间；成年人送走儿童但没有安排好其他人照料儿童
非自愿失踪、走失、被困、受伤	儿童下落不明或不清楚所在位置，或者因受伤而推迟了归家时间
良性（非恶性）原因	抚养者报告儿童失踪，但没有意识到有合理的安排（如经许可去访问朋友）

资料来源：Adapted from Sedlak, A. J., Finkelhor, D., & Brick, M.（2017）. National estimates of missing children: Up-dated findings from a survey of parents and other primary caretakers. Washington, DC: U.S. Department of Justice, Office of Justice Programs, Office of Juvenile Justice and Delinquency Prevention。
[1] 仅包括了代表性特征。构成失踪所要求的时长通常取决于儿童的年龄，差异很大（如 1 小时、2 天），这里没有提及。

　　NISMART 报告是指美国儿童失踪、诱拐、离家出走及遗弃发生率研究（National Incidence Studies of Missing, Abducted, Runaway, and Throwaway Children, NISMART）报告，它报告了全美国大部分失踪儿童的数据，这是一项由美国少年司法和犯罪预防办公室进行的大型全国性调查，涉及家庭、青少年居住设施和执法机构。NISMART 包括几项研究，以评估美国儿童失踪问题的规模和特点。本书这一部分中的很多信息来自 1999 年和 2011 年的 NISMART 报告，分别是 NISMART-2 和 NISMART-3（DOJ, 2002, 2013）。在那之后的 NISMART 报告（NISMART-4）是在 2020 年进行的[①]。此外，我们还

①　本书翻译时，第四版已发布。——译者注

增加了部分只针对父母和其他主要抚养者所进行的调查的信息（Sedlak，Finkelhor，& Brick，2017）。这是一项严谨的网络调查，共获得了 3603 次完整的访谈记录。

在继续讨论之前，我们要强调当下一个非常严峻的问题，涉及过去几年间美国未知数量的失踪的移民儿童，他们在南部边境和父母失散。截至 2019 年夏天，这些儿童中有近 1000 人仍然下落不明。他们可能被政府安置在亲戚、养父母身边或全国各地的团体之家中。其他不包括在上述近 1000 人中的儿童，继续被关押在拘留所中，等待庇护请求的结果。他们获得教育、法律和娱乐服务的机会有限，同时还有报告称他们会遭受身体和性虐待。遗憾的是，我们在这里无法更详细地讨论这个问题，而只能指出，这些失踪的移民儿童在 NISMART 报告中没有得到反映，而且在塞德拉克等人（Sedlak et al.，2017）对父母和其他照顾者的调查中，也没有这部分数据。

与 1999 年的报告相比，2011 年的 NISMART-3 报告显示，某些类别的儿童失踪率有显著下降。例如，报告给警方的儿童失踪率下降了 52%，因非恶性原因而造成的儿童失踪率减少了 50%。对比 1999 年与 2011 年的数据，因离家出走/被遗弃而失踪的儿童比例在统计上没有差异。另外，被诱拐的儿童的比例同样没有显著差异。塞德拉克等人指出，这和州及联邦机构所统计的儿童失踪数据是一致的。有意思的是，他们把儿童失踪问题的减少归功于移动设备技术的发展。

1999 年，据估计有 1 682 900 名年轻人经历过离家出走/被遗弃（DOJ，2002）。在大多数情况下（71%），这些离家出走/被遗弃的年轻人会受到“街头”的风险因素影响，如物质依赖、使用烈性毒品、性虐待或身体虐待、出现在犯罪高发地区等。回想一下，自 2012 年 1 月起，统一犯罪报告就不再收集离家出走的数据，尽管很多州仍然在收集这方面数据。另外，离家出走的年轻人经常因为违反宵禁而被拘留，因此这些统计数据也能在一定程度上反映离家出走的问题。

家庭成员诱拐是另一种形式的儿童失踪。在很多情况下，无监护权的父母一方或其他家庭成员从有监护权的父母一方诱拐了儿童。但是，目前未知的是，这种诱拐有多少是由于父母一方希望保护儿童免受另一方的虐待而实施的。在这类情境下，如果父母双方享有共同监护权，即使是有监护权的父母也可能诱拐儿童。大部分（77.6%）诱拐的犯罪人是儿童的父母中的一方（HHS，2019）。

由非家庭成员实施的儿童诱拐更少发生。在这种类型的诱拐中，非家庭成员的犯罪人在没有合法许可或未经父母允许的情况下，通过使用身体暴力或威胁的方式带走儿童，或者将儿童扣留在一个与外界隔离的地方一段时间（至少 1 小时）。这种类型的诱拐的主要动机与性有关。但是，非家庭成员诱拐并不都是媒体所强调的典型陌生人诱拐。非家庭成员诱拐也会存在下面这种情况。例如，一个不足 15 岁的儿童被带走或扣留，或者其自愿陪伴一名非家庭成员，而这名犯罪人则隐藏了儿童的行踪并要求赎金，甚至表达了打算永久抚养该儿童的倾向；一个 20 岁的人说服了他 14 岁的女朋友离开她所在的州；家庭的熟人带走了儿童以保护他免受虐待。2010 年，约 58 200 名儿童被非家庭成员绑架，但其中包括的情况非常多（Douglas，2011）。

典型陌生人诱拐

陌生人或不太熟的人实施的诱拐是每个父母的噩梦，虽然它相对罕见，但即使只发生一次也是很糟糕的。这类案件被称为**典型陌生人诱拐**（stereotypical abductions），因为人们认为这类诱拐通常会以悲剧收场，给家庭带来创伤，所以通常会引起媒体的广泛关注。一个很具代表性的例子是，发生在 1979 年 6 岁的埃坦·帕茨的失踪案。他的照片是最早出现在牛奶盒上的照片之一，这是为了鼓励任何知道他下落线索的人联系警方。他的尸体一直没有找到。但在 2017 年，距他失踪近 40 年后，佩德罗·埃尔南德斯被定罪并被判终身监禁。

2009 年夏天，一条新闻引起了全美国上下的关注，一名在 17 年前被诱拐的女孩（被诱拐时年仅 11 岁）仍然活着，并且和她所指控的绑架者及其妻子生活在一个具有隐蔽的后院结构的古怪住所中。这条新闻被报道时，该被害人 28 岁，生育了一个孩子，显然这个诱拐犯是孩子的父亲。21 世纪初，另一个备受关注的案件与之相似，一名 10 多岁的男孩隐姓埋名和诱拐者生活了数年后，被找到并回到了自己家中。2018 年，一名 14 岁的女孩被诱拐并被监禁了 4 天，她最终逃脱并指认了绑架犯，绑架犯很快被捕。

类似于上述的案例，对于公众建立针对陌生人诱拐和杀人的风险和频率的一些看法，有着巨大影响。自 1999 年以来，每年典型陌生人诱拐案件的数量大约都稳定在 105～115 起（Wolak, Finkelhor, & Sedlak, 2016），这与美国联邦调查局估计的数量一致。

有两项大型研究被认为是迄今为止关于典型陌生人诱拐最全面且基于数据的实证研究。其中之一是由芬克霍尔等人（Finkelhor, Hammer, & Sedlak, 2002）开展的，它基于 1999 年的 NISMART-2 报告，其中包括由美国各地的执法机构收集的大量失踪儿童数据。第二项研究是由沃拉克等人（Wolak, Finkelhor, & Sedlak, 2016）开展的，它基于 2011 年执法调查的数据，这也是 NISMART-3 的一部分。

第一项研究的结果表明，典型陌生人诱拐或绑架相对罕见，这一年有 115 名儿童被绑架。然而，令人担忧的是，被绑架的儿童中有 40% 遭受了性侵害并被杀害，这通常发生在绑架后的 24 小时内（Finkelhor et al., 2002；Hanfland, Keppel, & Weis, 1997；Lord, Boudreaux, & Lanning, 2001）。40% 被诱拐的儿童被杀害了，57% 的儿童幸存，其余 3% 的儿童在该研究完成时仍然下落不明。

1999 年和 2011 年估计的被害人数量（1999 年为 115 名，2011 年为 105 名）十分相近，但案件的结果却截然不同。2011 年，仅有 8% 被诱拐的儿童被杀害（而 1999 年是 40%），92% 幸存下来。手机、网络和其他技术的发展，被认为给 2011 年大量绑架案的破获提供了巨大的帮助。我们主要参考了以下这些新近研究的数据。

2011 年，典型陌生人诱拐中，儿童被害人的年龄分布从婴儿期到青春期晚期不等。超过一半的被害人是介于 12～17 岁的青少年。约 81% 的被害人是女孩，其中约 51% 处于青春期。2011 年，典型陌生人诱拐的犯罪人中，2/3 是陌生人，1/3 是不太熟悉的人。不太熟悉的人被定义为非家庭成员，他可能是儿童或家庭成员不甚了解而无法与之轻松交谈的人，也可能是儿童或家庭成员认识不到 6 个月的新熟人，或是儿童或家庭成员认识不到 6 个月的人，抑或儿童或家庭成员认识了更久但每个月见面少于 1 次的人（Wolak et al., 2016）。

大部分犯罪人是男性（75%）、18～35 岁（73%）、单身（69%）。9% 的犯罪人被诊断为精神失常，54% 有物质或酒精滥用方面的问题。据估计，约 2/3 的犯罪人被描述为智力达到平均水平甚至高智商，且约 1/3 的犯罪人表现出至少平均水平的人际交往能力。约 1/3 的犯罪人频繁或长期有违法犯罪行为，且约 70% 是无业者。

大多数绑架犯在初次接触儿童时并不会使用暴力，他们通常通过欺骗或非威胁性的托词诱使被害人跟随他们离开。根据执法机关的报告，大部分被绑架的儿童都是自愿跟随绑架者离开的。超过一半（56%）的儿童受困 24 小时以上。所有被绑架的儿童中，约 2/3 遭到了性侵害。

根据 2011 年执法机构的数据，约 1/3（31%）被绑架儿童未被报告失踪。在一些情况下，儿童被绑架，然后又在确认失踪之前返回（Wolak et al., 2016）。例如，一些儿童在深夜被从床上抱走，被性侵害后，又在其家人起床前被送回。另一些失踪的儿童未被报告，因为他们生活在无人关注他们行踪的环境中。

医疗性儿童虐待

心理学和精神病学的研究文献指出了一种罕见但严重的儿童虐待类型，即医疗性儿童虐待（medical child abuse），之前被称为代理型孟乔森综合征（Munchausen Syndrome By Proxy，MSBP）（Yates & Bass，2017）。值得注意的是，虽然被称为"综合征"，但它并不包含在 DSM-5 列出的精神障碍中。相反，DSM-5 将本章讨论的各种形式的虐待都视为关系问题或状况，认为它们只是在临床上需要关注的问题而已。

医疗性儿童虐待是儿童虐待的一种形式，指父母中的一方（通常是母亲）或双方持续且长期地带孩子求医，而儿童的症状却是由父母伪造或直接引起的（Murray，1997）。在各种社会经济水平的家庭中都可能发现这种虐待的案例（Pearl，1995），被害人一般从婴儿到 8 岁的儿童都有（Jones et al.，1986）。2009—2016 年，有一位母亲为她的儿子安排了 323 次医疗预约和 13 次大型手术，这从孩子 3 岁时就开始了，但他并没有生病（Epstein，2019）。这些预约和手术都是非必要的，而这位母亲后来被判在得克萨斯监狱中服刑 6 年。虽然医疗性儿童虐待中，父母中犯罪的一方经常是母亲，但在这些案例分析的描述中，父亲通常情感淡漠或在儿童的抚养中实际上是缺席的（Robins & Sesan，1991）。而且男孩和女孩被害人的数量相当。

通常，犯罪的母亲对医疗问题很了解，着迷于医疗细节，自身有诈病史，且可能她自己就是健康专家。此外，这类母亲对儿童异常关注，且在医疗检查或治疗过程中不愿意离开儿童。医疗性儿童虐待的一个重要症状是儿童反复出现一系列医学症状，这些症状对治疗没有反应，或者呈现反复的、令人困惑且无法解释的异常过程。另一个重要症状是一系列相当罕见的身体检查或化验结果，这些结果和患者的病史矛盾，或者在身体或临床上不可能出现。一些极端的案例中，父母可能使儿童挨饿、使儿童几乎窒息、损伤儿童的阴道或直肠以造成流血、

在粪便样本中添加脂肪以制造异常的化验结果、在化验前把自己的血液加入儿童的尿样中，甚至向儿童的静脉注射污染物（Murray，1997；Pearl，1995；Sheridan，2003）。极端形式的虐待无疑可以使儿童遭受严重的伤害甚至死亡。一些研究人员报告了高达 6%～10% 的死亡率，特别是当父母使儿童窒息或给儿童下毒时（Ferrara et al.，2013）。不幸的是，医疗性儿童虐待的发生率目前尚不清楚，这在一定程度上可能是由于难以将确切的病症和伪造的病症区分开来。

虐待性头部创伤

另一种虐待儿童的形式是虐待性头部创伤（abusive head trauma）。和前文提到的医疗性儿童虐待一样，近些年该术语发生了改变。虐待性头部创伤在过去被称为婴儿摇晃综合征（Shaken Baby Syndrome，SBS），但这一新的术语更好地指明了该伤害发生的情境，即通常由愤怒的父母或抚养者剧烈摇晃婴儿而导致了严重的头部损伤。研究一致认为，某些类型的脑外伤是导致婴幼儿死亡和残疾的主要原因（Dubowitz et al.，2014）。但这种创伤却不一定是由虐待导致的。不过，当儿童被虐待并死亡时，头部创伤确实是致死的主要原因，且很多案例都涉及摇晃行为（Duhaime et al.，1998；Showers，1999；Smithey，1998）。研究人员（Ellis & Lord，2001）估计，所有因虐待和忽视而导致的死亡中，有 10%～12% 是由虐待性头部创伤导致的（National Information Support & Referral Service，1998）。约 30% 被诊断为虐待性头部创伤的儿童最终死亡。在幸存的儿童中，只有 15% 没有遭受长期影响，长期影响可能包括严重的脑损伤导致诸如脑瘫、失明、失聪、学习障碍甚至昏迷（Russell，2010）。现有研究表明，70%～80% 造成虐待性头部创伤的犯罪人是男性，且大部分是受害儿童的父亲（Child Abuse Prevention Center，1998；Ellis & Lord，2001）。男婴和女婴被害的可能性差异不大。

已有研究表明，如果在儿童期遭受虐待和忽视，

那么他们未来出现未成年违法犯罪行为和成年后犯罪行为的概率会增加 40%。更具体地说，儿童期遭受虐待或忽视的个体未成年时犯罪被捕的概率增加了 50%，成年时犯罪被捕的概率增加了 38%，因暴力犯罪而被捕的概率增加了 38%（Widom，1992）。维多姆（Widom，2000）在之后的研究中发现了一致的结果：遭受过虐待和忽视的个体，未成年时犯罪被捕的概率是控制组的 1.9 倍，在成年后犯罪被捕的概率是控制组的 1.6 倍。此外，在遭受过虐待和忽视的样本中，心理和情感问题相当普遍。具体来说，遭受过虐待和忽视的个体自杀未遂、符合反社会型人格障碍的诊断标准的可能性显著高于控制组（未经历过虐待或忽视的控制组）。

杀婴

这一部分，我们聚焦于蓄意杀害儿童或婴儿。也就是说，这种凶杀案并不是意外，也不是虐待或忽视所导致的结果。虽然杀婴（infanticide）这一术语字面上指杀害婴儿，但它现在已经和父母杀害儿童这个含义等同。

由于各种原因，想要获得该类犯罪的精确统计数据十分困难。造成婴儿死亡的原因可能很难确定，例如，婴儿的突然死亡可能是由于婴儿猝死综合征（sudden infant death syndrome），或者并非成年人的犯罪行为所导致的颅脑损伤。一些研究还表明，即使法医报告了发生凶杀的证据，警方也可能不会将其当成案件（Porter & Gavin，2010）。

不过，基于数据估计，在美国每年有 1200～1500 名儿童被父母或他人故意杀害，占美国全部凶杀案约 12%～15%（Child Welfare Information Gateway，2012）。在美国，2001—2005 年有 2402 名不足 2 岁的儿童被杀害（Malmquist，2013）。在美国和加拿大，所有被谋杀的儿童中，约 2/3 是被家庭成员杀害的，犯罪人通常是父母。对不足 5 岁的儿童，父母双方对其死亡负有的责任大致相当，但当涉及父母之外的人时，大部分案件都是男性犯案（Cooper & Smith，2011）。

几十年前，雷斯尼克（Resnick，1970）建议把杀害自己的孩子（杀婴）划分为两种独立类型：

（1）**杀害新生儿**（neonaticide），指在新生儿出生后 24 小时内将其杀害；

（2）**杀害子女**（filicide），指杀害出生超过 24 小时的婴儿及儿童。

雷斯尼克的研究表明，杀害新生儿更可能反映父母想要解决某些问题的一种尝试，而杀害子女更可能反映了父母的抑郁或崩溃感受。在很多文献中，这一区分已经消失，但社会对杀害新生儿的关注依然在继续。例如，美国越来越多的司法管辖区已经立法，禁止起诉那些把新生儿或婴儿遗弃在医院、教堂、福利院等场所的父母。这里基于的假设是，如果这些父母没有把新生儿或婴儿送到这些"安全港"，他们可能不能为婴儿提供充分的照料，或者还会出现更糟糕的情况，他们可能采取更极端的措施来结束婴儿的生命。

杀害新生儿的标准很难确定，因为许多案件没有被发现，且美国尚未建立针对这些案件的全国性数据库（Beyer，Mack，& Shelton，2008）。杀害子女存在相同的情况（Koenen & Thompson，2008），尽管随着儿童年龄的增长，他们的被害更可能被记录。粗略估计，在美国，每年有大约 150～300 起杀害新生儿的案件发生（Meyer & Oberman，2001）。研究人员预估杀害子女的数量也差不多（Koenen & Thompson，2008）。

多重暴力家庭

一些家庭被称为**多重暴力家庭**（multiassaultive families），它以家庭内的身体攻击和暴力的持续循环为特征。例如，兄弟姐妹之间相互攻击，配偶之间相互攻击，父母殴打孩子，以及年龄大的孩子殴打父母。一项早期研究显示，至少有 7% 的完整家庭可被认为是多重暴力家庭（Hotaling & Straus，1989）。且如前文所述，虐待儿童通常伴随着亲密关系暴力（Briggs et al.，2011）。

研究支持了这样一种观点，即攻击是一种泛化的人际关系行为模式，会跨越情境扩散至直系亲属以外的目标（Hotaling & Straus，1989）。在子女和妻子受到攻击的家庭中，男性攻击非家庭成员的可能性比不在家庭中攻击子女和妻子的男性高 5 倍。虽然多重暴力家庭中的女性会呈现出类似的情况，但表现没有男性那么明显。在发生攻击儿童和配偶的家庭中，同胞间的暴力尤其高发，其中男孩的攻击行为显著增多。此外，来自多重暴力家庭的儿童对非家庭成员实施攻击的概率也异常高（Hotaling & Straus，1989）。这些儿童也更可能会涉及财产犯罪，在学校出现适应困难，并且常和警察打交道。需要注意的是，在由这些相互关联的变量构成的复杂网络中，很难说明到底是哪个因素导致另一个因素，很难确定真正的因果关系。然而，可以肯定的是，在各种情境中，多重暴力家庭的成员对家庭成员和社会整体都表现出普遍的暴力和反社会倾向，并可能在他们一生的大部分时间里都表现出这种行为模式。下面我们将考察多重暴力家庭中具体的暴力形式，也就是同胞间的暴力及儿童对父母的暴力。

同胞间的暴力

虽然同胞间的暴力被认为是家庭中最常见的暴力形式，但令人惊讶的是，我们对此所知甚少（Finkelhor，2011；Gelles，1997；Mathis & Mueller，2015；Wallace，1996）。儿童和青少年从兄弟姐妹那里受到的暴力和虐待通常容易被忽视（Simonelli，Mullis，& Rohde，2005）。同胞间的冲突通常被视为成长中正常的一部分，且一些研究人员观察到，兄弟姐妹间某些攻击确实是正常的（Underwood & Patch，1999；Mathis & Muller，2015）。另外，父母会强烈否认兄弟姐妹或孩子之间攻击会很严重（包括孩子对父母的攻击），从而来维持所谓的完美和谐家庭（Harbin & Madden，1979）。然而，在很多情况下，同胞间的冲突和暴力会涉及拳打脚踢、使对方窒息、武器威胁甚至使用武器。芬克霍尔等人（Finkelhor et al.，2016）

发现，在他们的研究中有 35% 的儿童报告在过去的一年中曾被同胞殴打或攻击。此外，同胞间的暴力通常还会与约会关系中的暴力、成年后的家庭暴力及成年后的家庭外暴力相关（Hoffman，Kiecolt，& Edwards，2005）。研究发现，儿童期（10～14 岁）同胞间的攻击和个体在成年后的情绪问题及表现出的攻击性显著相关（Mathis & Mueller，2015）。虽然这只是探索性研究，但该结果说明，同胞间的暴力绝对不容忽视。

40 多年前，斯坦梅茨（Steinmetz，1981）报告，她研究的家庭样本（一个以家庭暴力为特征的样本）中，有 2/3 的青春期孩子，他们兄弟姐妹间会采用身体暴力来解决冲突。该结果得到了霍夫曼等人（Hoffman et al.，2005）的研究的支持，他们发现，他们研究样本中的青少年（学生），有 70% 在高三时有过至少一次针对和他们年龄最接近的兄弟姐妹的暴力行为。而且，家里只有男孩的家庭总会比只有女孩的家庭出现更多的同胞间的暴力行为（Hoffman et al.，2005）。霍夫曼等人还发现，男性对兄弟的暴力行为多于其对姐妹的暴力行为，也多于姐妹对同胞的暴力行为。

针对父母的暴力

近年来，人们关注了另一组家庭暴力犯罪人，即青少年和成年早期群体对父母实施"虐待"，包括身体、心理或经济的伤害。研究人员区分了青春期中正常的父母－儿童冲突，与青少年试图控制和胁迫父母而实施的虐待行为（Tew & Nixon，2010）。虽然针对父母的暴力很少得到公众关注，但当杀人行为发生时，通常能够被记录在案。

在 2013 年的家庭杀人案中，有 16% 的被害人是母亲和父亲（FBI，2014a）（见图 9-4）。杀害父母，即弑亲（parricide），通常大部分由男孩实施，弑亲行为的男女比例约为 3∶1（FBI，2005，2014a）。母亲被青春期或成年子女杀害［弑母（matricide）］的可能性稍低于父亲［弑父（patricide）］。

海德（Heide，1993）提出了青少年弑亲的三种

加害人为家庭成员

被害人人数

丈夫	108
妻子	534
母亲	128
父亲	142
儿子	230
女儿	148
兄弟	99
姐妹	30
其他家庭成员	245

加害人为家庭成员（13.58%）1664个被害人

加害人为陌生人（10.45%）1281个被害人

未知加害人（45.47%）5572个被害人

加害人为其他已知的非家庭成员（30.49%）3736个被害人

加害人为其他已知的非家庭成员

熟人	2660
朋友	346
男朋友	137
女朋友	458
邻居	127
雇员	6
雇主	2

被害人人数

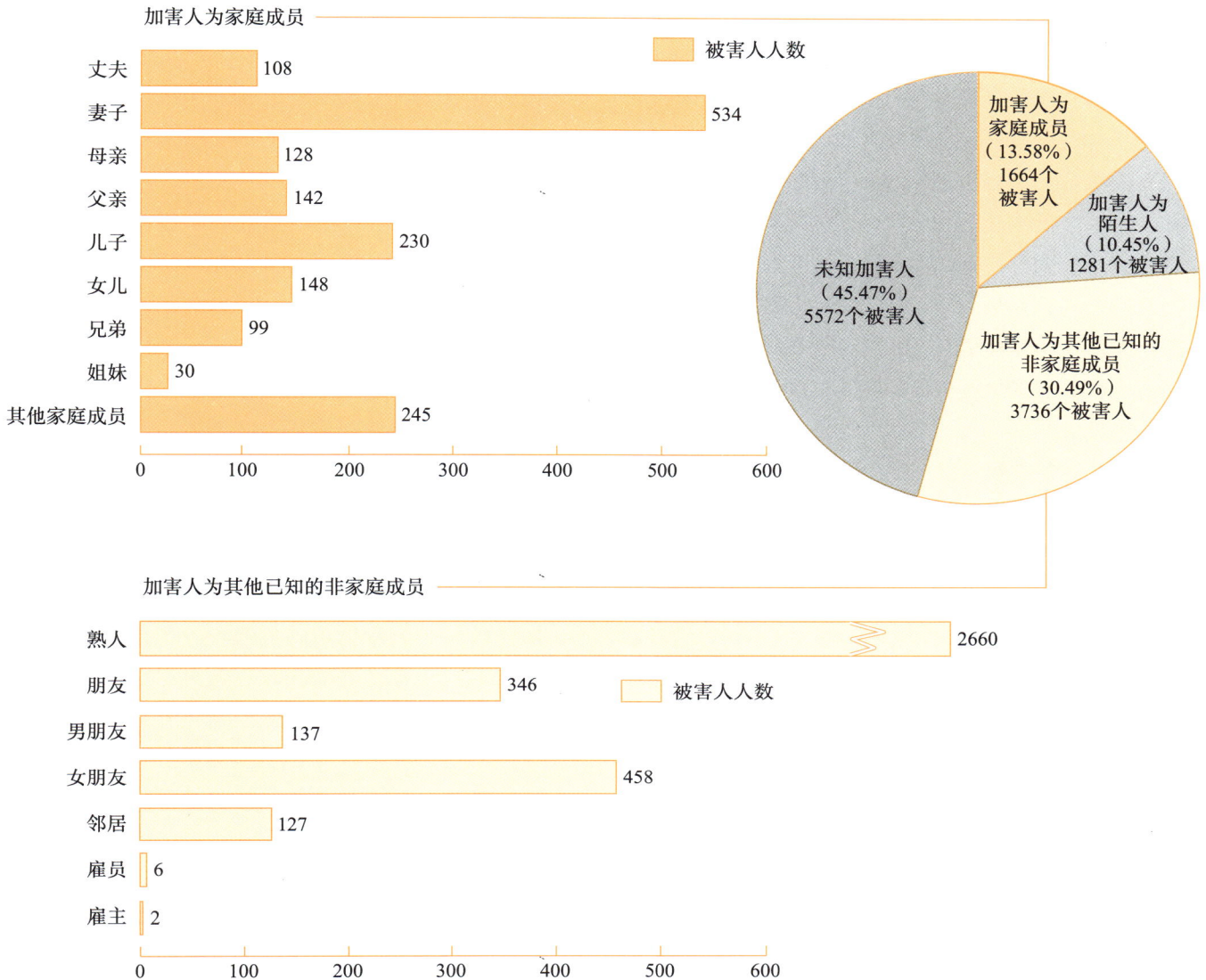

图9-4 谋杀中的关系分布情况（谋杀中被害人和加害人的关系）

资料来源：Federal Bureau of Investigation，2014a. Crime in the United States 2013：Uniform Crime Re-ports. Washington，DC：U.S. Department of Justice。

类型：

（1）被严重虐待的儿童的弑亲；

（2）患有重性精神疾病的儿童的弑亲；

（3）危险的反社会儿童的弑亲。

在发生弑亲的家庭中存在着复杂的动力关系，通常包括多重暴力家庭的模式、容易获得的枪支资源、酒精滥用和物质滥用、青少年犯罪人对来自家庭的压力的强烈绝望感。有时处于青春期的杀人犯和其他家庭成员都因父母一方或双方的死亡而感到轻松。

虽然在针对父母的极端青少年暴力中，男性犯罪人占多数，但在中等程度的暴力中，性别差异消失了。此外，实施针对父母的暴力行为的风险在青春期随年龄增长逐步提高，15岁时达到顶峰，随后下降（Pagani et al.，2004）。这一模式和洛伯夫妇（Loeber & Stouthamer-Loeber，1998）指出的针对非亲属的青春期暴力的峰值年龄一致。大部分发生在儿童和青少年与父母之间的暴力，通常伴随家庭责任、金钱和特权等问题的冲突。那些表现出早发且持续的攻击和反社会行为的儿童和青少年，最有可能对父母做出攻击行为。那些经常被多个小学教师都描述为长期具有攻击性的孩子，他们青春期对自己的母亲实施言语和身体攻击的风险，分别是那些没有表现出攻击性的同龄人的 9 倍和 4 倍（Pagani et al.，2004）。事实上，由教师评定的儿童期的暴力倾向是孩子未来对其母亲实施暴力的最好预测指标之一。研究人员（Pagani et al.，2004）总结道："事实上，个体在儿童早期时被教师评价为具有破坏性的特点，能够预测个体在青春期时对母亲实施身体攻击的风险。"

近些年多重暴力家庭很少受到心理学研究人员的关注。关于家庭暴力的研究主要聚焦于父母之间及父母对孩子实施的暴力。同胞间的暴力及青少年对父母的虐待需要更多的研究关注。

虐待老年人

至此，本章我们讨论的家庭暴力关注了亲密关系暴力、虐待儿童，一定程度上也涉及了同胞间及儿童和青少年针对父母的暴力。现在我们把关注点转向家庭中针对老年人的暴力。虽然老年人也可能和其他家庭成员生活在一起，但通常他们都是住在自己家中，或者生活在专为老年人设计的生活环境或机构中。

从人口普查数据或其他统计资料中可以明显看出，美国的老年人口正在显著增长。2010 年，65 岁及以上的老年人约有 4000 万，他们中约 500 万人超过 85 岁。据预测，到 2050 年，年龄在 65 岁及以上的老年人将达到约 9000 万，年龄超过 85 岁的人口将达到 1900 万。老年人口的增长，产生了对药物、医疗和社会服务专门化的需求，以及对更好的居住环境的需求，等等。犯罪学家研究老年群体并非因为老年人实施犯罪（虽然有些人确实如此），而是因为他们经常成为被害人。

据估计，美国每年约有 100 万～200 万老年人遭受虐待（National Center on Elder Abuse，2013）。据估计有 1/10 的老年人在他们的生活中曾遭受虐待

（Acierno et al.，2010）。一般认为，虐待老年人的情况被普遍低估了。有研究人员估计，每 23 起实际发生的案件中，只有一起会被报告（Mosqueda & Olsen，2015）。和虐待儿童类似，大部分案件被报告给了成年人保护机构这类社会服务机构，而非执法机关（见专栏 9-4）。虽然社会服务机构也会对报告的案件进行调查，但犯罪人很少会被移交执法机关或被提交诉讼（Burnes，Rizzo，& Courtney，2014）。

案件没有被报告的原因有很多，一些案件甚至也没有被报告给社会服务机构。虽然几乎所有州都要求对涉嫌虐待老年人的情况进行某些形式的报告，但谁有义务报告、哪种类型的疑似虐待应该被报告，都很模糊。例如，心理健康专家、医疗人员、银行职员等人群都有义务向警方或社会服务机构报告疑似虐待的案件，但具体哪些人有责任取决于他们在哪个州。此外，虽然几乎所有州都强制要求对疑似身体虐待进行报告，但情感或经济虐待和忽视却是另一回事。另外，即使是在身体虐待的案件中，老年人的某些擦伤和骨折也可能不是由虐待导致的，而是因身体衰老而产生的意外。最后，对于由照顾者实施的虐待，老年人往往不愿意报告，尤其当这些照顾者是他们的配偶、子女或其他亲属时。老年人可能害怕被报复，或者害怕犯罪人会被判入狱，抑或害怕被驱逐出境。虽然如今的医疗从业者会例行询问患者："你在家中是否感到安全？"但那些感到不安全的个体似乎不太可能如实地回答这类问题。此外，对老年人可能面临的伤害的范围，这种常规性的问题一般无法详细地揭示某些情况，如我们在本章前面所讨论的亲密关系暴力。

虐待老年人主要指的是对老年人施加身体、情感或心理伤害，老年人通常指 65 岁及以上的个体（Marshall，Benton，& Brazier，2000）。也有一些研究人员，包括那些使用大样本被试的研究人员，将 60 岁作为定义老年人的最低年龄（Acierno et al.，2010）。一些研究人员将性虐待包括在常规的虐待类

热门话题

专栏 9-4　谁来维护那些有发育障碍的人

家庭暴力的被害人中存在未知数量的被诊断为发育障碍（developmental disabilities）或智力缺陷的儿童和成年人。和其他家庭暴力的被害人一样，他们遭受的虐待可能从未被报告。

残障人士很多时候被安置在家庭以外的机构中被照料。在过去，他们被安置在大型机构中，但在 20 世纪末和 21 世纪，这些大型机构已经被社区内的团体之家取代。很多家庭很高兴有机会把他们的亲人安置在这些地方，这样他们也可以离得更近些，且亲人还能够得到良好的照顾。但不幸的是，事实并不总像想象中那么好。

我们不能确认团体之家是除了家庭的另一个好选择，也不能断言它是无效的。很多家庭成员关心他们的亲人，但其实没有能力满足严重残疾的儿童和成年人的需求，而团体之家可以。然而近年来，一些团体之家及其员工因为虐待住在其中的病患并致其死亡而遭到刑事和民事起诉。员工被指控殴打、侮辱及虐待病患。在某州，一项媒体调查揭露，这些被指控的员工之后会被调往其他团体之家，而不是因侵害行为被开除或报告给警方。

患有发育障碍的个体或有严重智力缺陷的个体往往不能维护自身的权益。他们可能无法进行有效的交谈，即使他们说出来也可能没人相信。虽然一些家庭已经为他们的亲人维权，但另一些家庭直到发生了诸如严重伤害甚至死亡事故后，才意识到他们的亲人遭到了虐待。

问题讨论

1. 本章的哪些概念可以帮助我们理解那些对他们所照顾的病患实施虐待的团体之家员工？

2. 如果员工推搡、殴打及嘲笑病患，是否应该报警？如果不报警，又该如何处理？

3. 比较这里论述的被害人和本章其他部分中提到的家庭暴力被害人。这些被害人是否比其他被害人更难被发现？主要体现在哪些方面？

4. 除了家庭成员，哪些人也可能为患有发育障碍或智力缺陷的个体提供帮助？

5. 设计一个研究项目来确定这一人群遭受虐待的程度。

型中，而其他研究人员将其作为一种单独的虐待形式。此外，经济虐待在一些研究中会涉及，但在另一些研究中则没有，经济虐待包括某人从老年人的银行账户中取钱，或者伪造老年人的签名等。从本质上说，虐待老年人包括许多种行为。在众多关于虐待老年人的定义中，普遍使用的概念是，被害人因为身体或心理机能受损等与衰老相关的原因，而被伤害、忽视或剥削（Klaus，2000）。忽视指某人没有满足他所照顾的个体的基本需求，例如，给老年人提供食物、住所、衣物和医疗（Centers for Disease

Control and Prevention，2013）。

研究人员（Mosqueda & Olsen，2015）回顾了有关虐待老年人的数据和临床研究，他们发现，被虐待的老年人比未受虐待的老年人死亡的概率更高。而那些患有痴呆症的老年人比那些正常的老年人更可能遭受虐待。另外，除了患有痴呆症，住在护理机构和女性性别也会成为他们被虐待的风险因素。总体而言，研究文献表明，这类遭受虐待的被害人本身具有的一些特征使他们容易遭受攻击，如认知能力衰退或身体状况不良等导致其活动能力受限（Johannesen & LoGiudice，2013）。

家庭成员往往是虐待老年人的主要犯罪人——在所有案件中，有 90% 的案件是由老年人的成年子女、配偶或其他亲属实施的（National Center on Elder Abuse，2015）。配偶是仅次于成年子女的第二大施加虐待的群体。男性照顾者更可能会对老年人实施身体虐待，而女性照顾者倾向于心理虐待或忽视老年人。但是，无论男性还是女性，他们都有可能对老年人进行经济剥削。

虽然各种类型的家庭虐待之间有一定的相似性，但虐待老年人的现象其实更加复杂，包括人际暴力和衰老过程两方面的因素（Wolf，1992）。也就是说，虐待老年人和忽视老年人往往是长期困扰的家庭动力和人际关系过程的结果，当依赖关系因疾病或经济需要而发生改变时，这种情况就会变得更加严重。尽管如此，就像杰克逊（Jackson，2014）在一篇重要的综述中所言："不是所有虐待老年人的犯罪人都相似。"杰克逊总结了不同形式的虐待中包含的 19 项风险因素，它们在不同的虐待形式中变化极大（例如，犯罪人和被害人过去的关系不佳、犯罪人渴望获得被害人的财产，以及照顾者的生活压力较大）。

目前没有单一的因果因素可以完全解释为什么一些家庭成员会虐待家中的老人，不过，有一些解释聚焦在照顾者的压力和依赖问题上（依赖可能来自照顾者和老人双方）（Au Coin，2003a）。虐待老年人也和犯罪人的精神障碍或物质滥用有关（Jogerst et al.，2012；Mosequeda & Olsen，2015）。

研究人员（Mosqueda & Olsen，2015）总结了一系列危险信号，让心理健康临床工作者在接待老年来访者时可以有迹可循。尽管调查并不是临床工作者的责任，但危险信号能表明一些可能存在或出现的虐待行为，需要他们进行报告。例如，出现在异常位置的无法解释的挫伤，来访者的恐惧、隐瞒或畏缩，睡眠障碍，等等。

家庭内的暴力循环

有一段时间，学术文献和通俗文学都认为，实施虐待的父母和配偶自身在儿童期时就是家庭暴力的被害人（Megargee，1982）。对虐待年迈父母的成年人来说，这一推测可能也适用。一些研究认为，高度暴力的犯罪人可能在儿童期遭受了比其他犯罪人更严重的、更频繁的身体和心理虐待，以及以惩罚为主的父母教养方式（Hämäläinen & Haapasalo，1996）。个体发展出虐待倾向是由于他们自身曾遭受虐待，这一观点被称为暴力循环假说（cycle of violence hypothesis）。

根据社会学习理论，那些经历了严酷的纪律学习过程的个体，习得了这样一种观点，即身体暴力可以被用来改变他人的行为（Schwartz et al.，2006）。帕特森（Patterson，1982）提出的强制发展理论在第六章已经讨论过，该理论假设，父母教养中的强制性和惩罚性策略会增加儿童以后的攻击行为和潜在的实施家庭暴力的可能性。一些理论将家庭亲密关系暴力视为一种在人际关系中获得权力和控制的策略，这和强制理论的观点高度一致。施瓦茨等人（Schwartz et al.，2006）指出，在施虐者眼中，虐待配偶和其他家庭成员是一种手段，这能帮助他们获得并维持对生活中的这些人的控制。不断积累的证据也表明，在儿童期经历过父母忽视的男孩更可能实施约会暴力，而这种行为是虐待配偶的前兆（Chapple，2003；Simons，Lin，& Gordon，1998）。

不过，暴力并不必然导致暴力。暴力循环假说及其所假定的虐待和忽视的全面影响没有考虑到个体的心理弹性，而心理弹性的存在会消除任何虐待和未来暴力行为之间的简单因果关系（Garbarino，1989）。在很多情况下，很多遭受过虐待的儿童，因为意识到了家庭暴力会带来的巨大的心理和社会损失，并且对此十分敏感，因而他们成年后比起未遭受虐待的同龄人更不可能在家庭内实施暴力行为。例如，加巴里诺（Garbarino，1989）指出，很多遭受过儿童虐待的被害人，如果从虐待中幸存，将会在他们自己的育儿过程中避免重复这一模式。

另外，曾经遭受虐待的儿童在成年后有再次被虐待的风险；对那些遭受过性虐待的儿童来说尤其如此，但并不总是这样的。再次被虐待通常以亲密关系暴力的形式发生（Briggs et al.，2011）。尽管儿童被害人在成年后可能并未伤害他人，虽然在这个意义上暴力循环被打破了，但暴力威胁仍然在继续，因为这些儿童可能在成年后再次被虐待。

因此，那些直接和来访者接触的心理学家和心理健康专家，对这两种可能性都很敏感。一方面，他们必须劝导来访者不要认为暴力是正常行为，也不要对他人实施暴力；另一方面，必须帮助遭受过虐待的来访者掌握一些方法，以在人际关系中重获自信并提升心理弹性。

本章小结

本章我们聚焦于具体的犯罪行为。前几章广泛地讨论了关于犯罪行为的一些理论取向。在本章我们回顾了暴力发生率的数据，并总结了关于杀人、伤害、亲密关系暴力与家庭暴力的实证及临床研究。

与暴力犯罪的总发生率相比，杀人案相对较少。在美国，暴力犯罪通常是由生活在隐蔽或公开用暴力解决冲突的环境中的年轻男性实施的。枪支（尤其是手枪）在犯罪中被普遍使用。某些少数族裔在暴力犯罪的统计数据中占比过高，但有许多解释认为这与种族 / 民族因素无关。统计数据还表明，在被害人和犯罪人关系已知的案件中，杀人案的被害人通常是犯罪人的家人、朋友或熟人。有 1/2～2/3 的犯罪案件中，双方关系是明确已知的。虽然攻击行为远比杀人常见，但两者特征相同，特别是在攻击行为严重的情况下。

虽然在攻击性犯罪和杀人犯罪中，犯罪人的许多心理特征是相似的，但有些杀人案值得重点关注，包括下一章将要介绍的几种谋杀类型，以及本章介绍的未成年人杀人案。虽然未成年人杀人案很少见，但一旦发生，就会引起媒体和研究人员的高度关注。研究发现，相较于帮派作案，单独作案或合伙作案的未成年杀人犯往往没有明显的暴力史，但他们普遍来自功能失调的家庭，有不良的同伴关系，或者有情感缺陷。

当代研究人员往往喜欢关注亲密关系暴力，尽管一些亲密关系暴力也属于家庭暴力。对亲密关系暴力的研究让我们更多地了解了亲密关系暴力的普遍性、产生原因及如何预防。

此外，针对亲密关系暴力，研究人员正在研究亚群体，如老年人、不同种族 / 民族、同性伴侣和约会伴侣的暴力问题。在本章，我们将亲密关系暴力作为一个单独的部分，但值得注意的是，家庭暴力部分的内容也涉及许多亲密关系暴力的情况。

家庭暴力是一个非常广泛的话题，包括虐待儿童、虐待配偶或伴侣、虐待老年人、虐待兄弟姐妹，以及子女对父母的虐待。虐待有多种形式，包括身体虐待、心理虐待或性虐待。家庭暴力存在于各个种族 / 民族及社会经济阶层。女性更可能受到来自配偶的暴力，而且社会经济地位越低，情况越严重。儿童特别容易成为家庭暴力和虐待的对象，他们常常遭受身体虐待、性虐待、情感忽视等，并承受着由此带来的心理创伤，而且所有这些后果通常会持续终身。我们不仅关注虐待儿童的典型形式，而且还关注与诱拐、虐待性头部创伤和医疗性儿童虐待有关的统计数据和研究。

除了明显的身体伤害和死亡，在临床和其他类型的研究中，家庭暴力常常被认为是导致个人、家庭及社会问题的原因。对家庭暴力和虐待的研究突出了从被害人角度考虑，全面理解暴力犯罪的重要性，并强调家庭对许多人来说并非一个安全的避难所。

近年来，对老年人的虐待引起了相当多的研究关注，也许是因为这个群体在人口中的比例越来越大。老年人既受到来自亲密关系的暴力和攻击，也会被成年子女或照顾者忽视。

最后，研究人员和心理健康专家都意识到了暴力的循环，这种循环在讨论家庭暴力时需要得到充分考虑。不能假设那些在家庭互动中习惯于暴力的人会因此一直维持暴力行为。暴力不必然产生暴力。心理学家和相关专业人员的工作重点是寻找替代暴力行为的方法，并提升那些从儿童期就受到暴力伤害的人的心理弹性水平。

核心术语

可得性启发式（availability heuristic）

杀人罪（criminal homicide）

谋杀（murder）

非过失杀人（nonnegligent manslaughter）

过失杀人（negligent manslaughter）

严重伤害（aggravated assault）

类型学（typology）

普通争执杀人（general altercation homicide）

主动型暴力（proactive violence）

亲密关系暴力（Intimate Partner Violence，IPV）

受虐妇女综合征（Battered Woman Syndrome，BWS）

习得性无助（learned helplessness）

典型陌生人诱拐（stereotypical abductions）

医疗性儿童虐待（medical child abuse）

虐待性头部创伤（abusive head trauma）

杀婴（infanticide）

杀害新生儿（neonaticide）

杀害子女（filicide）

多重暴力家庭（multiassaultive families）

弑亲（parricide）

暴力循环假说（cycle of violence hypothesis）

强制发展理论（coercion developmental theory）

思考题

1. 什么是可得性启发式？它是如何影响我们的暴力知觉的？

2. 比较一级谋杀和二级谋杀，以及过失杀人和非过失杀人之间的区别。从心理学的角度来看，这些差异是否重要？

3. 总结与杀人罪有关的人口统计学特征。

4. 总结与杀人罪有关的心理特征。

5. 从心理学角度来看，匹兹堡青少年研究的重要性是什么？

6. 未成年人杀人案中存在哪些性别差异？

7. 本章讨论的亲密关系暴力的四种情境是什么？

8. 对比军人家庭中的亲密关系暴力和老年人中的亲密关系暴力。

9. 施虐者的常见心理因素是什么？

10. 罗列出研究家庭暴力的各种方法。

11. 总结关于典型陌生人诱拐儿童的研究。

近年来在互联网上广受社会关注的一个案件是劳荣枝故意杀人案。劳荣枝于1996—1999年在娱乐场所从事陪侍服务的同时物色作案对象，和男友法子英先后实施抢劫、故意杀人、绑架4起，最后残忍地杀害了7个人。还有一个曾经轰动全国的内蒙古"4·9"命案，其真凶赵志红被称为"杀人狂魔"，他曾经在1996—2005年杀害了17名女性，年龄最小的被害人只有17岁。像劳荣枝和赵志红这样的犯罪人不由让人感到"地狱空荡荡，魔鬼在人间"，如此令人发指、毛骨悚然的系列谋杀案十分罕见，一旦发生必定会有数名受害者惨遭不幸，人身危险性极大。和系列谋杀案类似的涉及多名被害人的是大规模的恶意行凶杀人案。近年来随着我国社会治理成效的凸显，极端暴力事件很少耳闻，但如此丧心病狂的犯罪人似乎也不可能完全绝迹，尤其是在全球范围内，不时会听闻导致多人受害甚至是大规模受害的恐怖暴力犯罪事件，对人们的生命安全构成极大威胁。

和普通凶杀案中的犯罪人不同，这些犯罪人更为凶残，系列谋杀案中犯罪人往往是一个"捕猎者"的角色，他们会精心谋划，提前物色作案对象，令人不寒而栗；在大规模谋杀案中，犯罪人似乎更像是一个随机泄愤者，采取极端行为肆意报复无辜的受害者，令人胆战心惊。尽管这些犯罪行为的发生一般是难以预测的，但我们还是可以基于一些犯罪画像技术，对犯罪嫌疑人的个性特点、行为模式、人口统计学特征、作案地点等做出一些分析。本章将介绍一些侦查心理学中常见的犯罪画像技术，以及它们在重大暴力犯罪中的应用；同时会呈现丰富的案例，带你了解系列杀手和大规模谋杀犯的类型、特征及作案动机；还会讨论恐怖主义、大规模校园暴力和工作场所暴力的特点。尽管本书呈现的所有案例都来自国外，但其中的犯罪心理都有共性，相信对我国社会的暴力犯罪的预防及社会治理具有重要的启示意义。

杨群

杭州师范大学经亨颐教育学院　教授

10

第十章

多重谋杀、校园暴力与工作场所暴力

本章译者：杨群

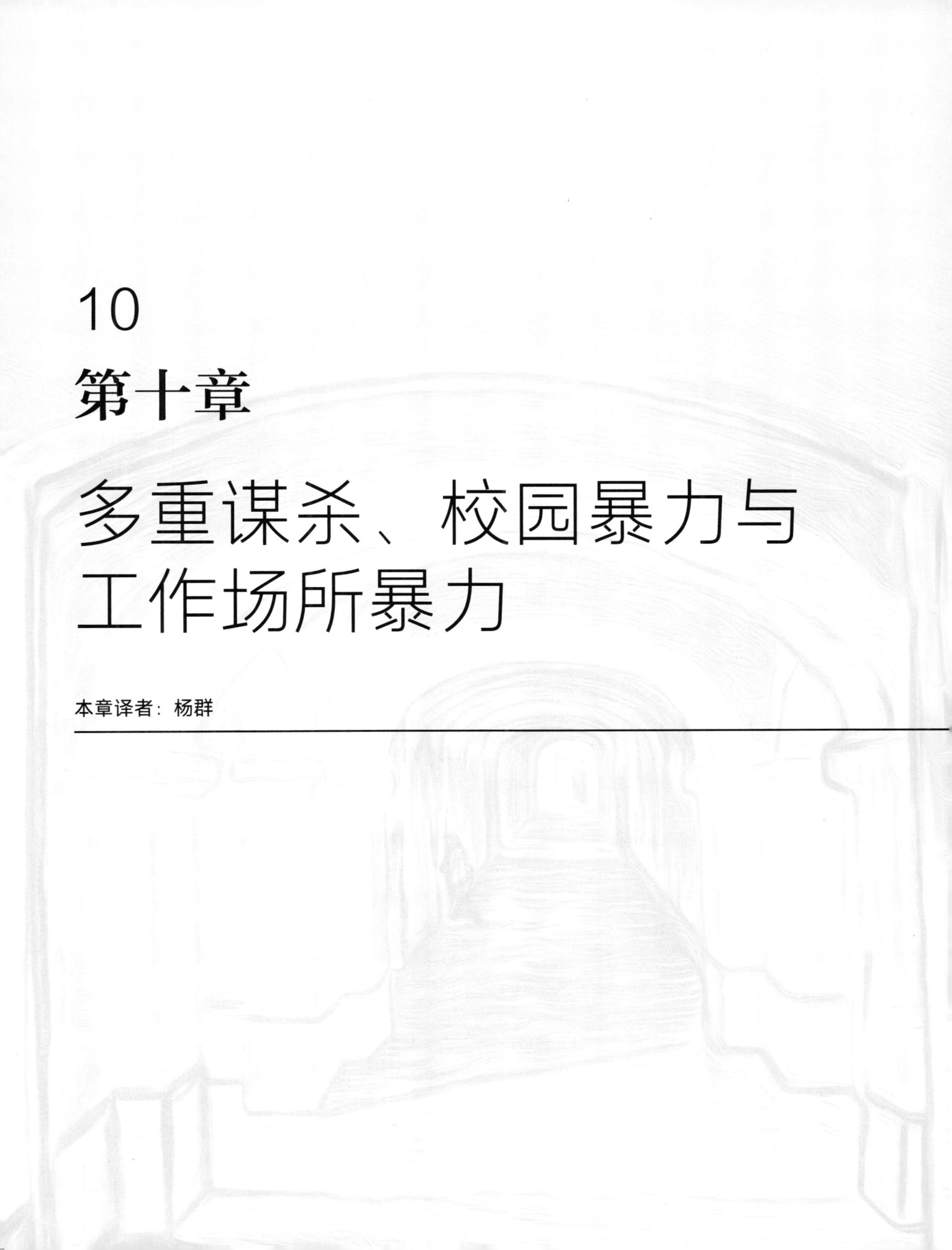

学习目标

- 对有关侦查心理学和画像的研究进行界定和回顾。
- 描述五种画像类型并讨论它们与针对严重犯罪的调查的相关性。
- 概述有关系列杀手的类型与特征的研究。

- 概述有关大规模谋杀犯罪人的特征与作案动机。
- 介绍有关恐怖主义犯罪和恐怖分子的研究。
- 讨论那些可能导致多重谋杀的犯罪，如校园暴力和工作场所暴力。

- 2007 年 4 月，美国一所州立大学发生大规模枪击事件，32 人被杀，25 人受伤。
- 2011 年 7 月，挪威发生爆炸和枪击事件，77 人被杀。
- 2012 年 7 月，在科罗拉多州奥罗拉市的午夜电影放映期间爆发了枪击事件，12 人被杀，50 多人受伤。
- 2012 年 8 月，在威斯康星州奥克里克市（Oak Creek）的一个教堂里，6 人被枪击，4 人受伤。
- 2012 年 12 月，在康涅狄格州纽敦市（Newtown）的一所小学，20 名 1 年级学生和 6 名工作人员被杀。
- 2018 年 2 月，在佛罗里达州帕克兰市（Parkland）的一所高中，17 人被杀，17 人受伤。
- 2018 年，在匹兹堡市（Pittsburgh）的一个犹太教堂，11 人被杀，6 人受伤。
- 2019 年，在伊利诺伊州的一个仓库中 5 人被杀，6 人受伤；在新西兰的两座教堂中 50 人被杀，40 多人受伤。
- 2019 年，在弗吉尼亚州弗吉尼亚海滩的市政中心办公大楼中 12 人被杀，4 人受伤。
- 2019 年，得克萨斯州埃尔帕索市（EL Paso）的一家大型连锁百货商店中 22 人被杀，24 人受伤。一天后，在俄亥俄州代顿市（Dayton）的一条拥挤的街道上，10 人被杀，17 人受伤。

上述事件（其中一些将在本章展开讨论）说明，个体同样可能导致巨大数量的他人死亡。虽然谋杀案总体来说是第九章的主题，但我们在本章考察了一种不同寻常的杀人类型，这种杀人类型涉及不同的心理学概念。在上述的每个案件及本章将要引用的其他所有案件中，施害者谋划的都是针对多个目标被害人的罪行。

我们将在本章再次讨论杀人罪行，但重点关注其特殊且罕见的形式，其中既包括上面提到的大规模谋杀，也包括系列谋杀（其中涉及某个人在一段时间内杀害多名被害人）。导致许多人死亡的恐怖主义行为也是大规模谋杀的一种形式。最后，因为校园暴力和工作场所暴力也会导致多人死亡，所以我们也将在本章对它们进行讨论。

本章涉及的杀人罪行相对罕见。虽然罕见，但它们对社区和整个社会都会产生巨大的影响。它们引起的恐慌可以改变成千上万人的生活方式。此外，大量的媒体对它们进行了报道，虽然其中许多报道可能在案件的事实方面准确无误，但对犯罪所涉及的社会心理方面却缺乏深入的了解。因此，关注一下我们对这些广受报道的犯罪的已知和未知方面是非常重要的。由于这些犯罪的严重性，行为科学家经常试图从理论上解释它们，或者将犯罪人从类别或类型上归类。这样做既是为了协助执法部门识别犯罪人（如果还没找到他们），也是为了能够预测和预防犯罪。尽管我们可以采取一些预防措施，但要很有把握地预测谁将进行多重谋杀还不太现实。在我们讨论各种类型的多重谋杀之前，有必要先来了解一下当代研究这些犯罪的方法。

侦查心理学

近年来，公众对画像（profiling）和侦查心理学（investigative psychology）等话题给予了极大的关注。读者们无疑对以这些内容为主题的电影和网络节目非常熟悉，如《沉默的羔羊》（*Silence of the Lambs*）、《犯罪心理》（*Criminal Minds*）。在流行的系列剧《犯罪心理》中，演员们扮演的是在美国联邦调查局行为科学组（Behavioral Science Unit，BSU）工作的行为科学家。画像并不局限于本章主题的严重犯罪，它通常针对的是未破获的犯罪案件，如系列谋杀案、抢劫案或入室盗窃案，而不是本章开头所描述的大规模谋杀，因为在大规模谋杀案中，犯罪人很快就会为人所知。心理画像可以辅助相关人员对已知的犯罪人进行心理分析，从而了解个体实施犯罪的原因，并进一步预测类似的事件。必须强调的是，预测多重谋杀几乎是不可能的。预测系列杀手的下一个目标倒是更有可能，但这也是一项艰巨的任务。

在专业和学术领域，"画像"（profiling）这个词基于诸多原因经常被回避。首先，由于这项活动在美国不受监管，拥有最低学位或经验的人都可以自称为"画像师"（profilers）；有些人已经成为名人，接受媒体采访并持续在博客上发表文章。有时他们的"预测"非常不准确。其次，这些预测者往往依靠"直觉"，而不是科学数据。虽然基于临床经验的预感是可以理解的，但没有科学数据支持的预感是有问题的。我们将在下面详细讨论这个问题。再次，过去有些画像师以自我吹嘘的方式写了一些个人经历，弱化了自己所做过的有问题的画像。最后，小说或娱乐媒体中对画像师的描述常常暗示他们是无懈可击的，可以辅助破获大多数案件。出于这些原因，为了给画像事业带来更多的尊重，一些专业人员更愿意称自己为"行为

分析师"（behavioral analysts）或"侦查心理学家"（investigative psychologists），而不是"画像师"。

侦查心理学是由英国利物浦大学（Universty of Liverpool）侦查心理学中心主任戴维·坎特（David Canter）创造的一个术语，指的是将心理学研究和原则应用于犯罪行为的调查。侦查心理学试图回答三个基本问题，这些问题在犯罪调查中是至关重要的（Canter & Alison，2000）。

（1）犯罪行为的哪些特征可能有助于识别和成功起诉犯罪人？

（2）我们可以对犯罪人的特征做出哪些推断进而有助于识别犯罪人？

（3）同一个人是否可能犯下不同类型的罪行？

这些问题是侦查心理学的核心，在美国、加拿大、澳大利亚、荷兰和英国，这些问题很快受到了关注。公平来说，从心理学角度而言，英国是该刑事侦查科学方法的起源地。近年来，全世界的心理学家们已经接受了这样一种观点，即我们需要基于实证研究来积累数据，以便与寻求破案的调查人员进行协商。例如，在美国，警察和犯罪心理学协会（Society for Police and Criminal Psychology）及美国心理学会警察与公共安全分会（APA Police and Public Safety Section of Division 18）的成员会进行与侦查心理学有关的研究，并为调查人员提供咨询。

在本章，由于画像这一术语仍然被广泛使用，我们将在讨论画像的各种形式及关于其有效性的研究时保留该术语。然而，基于其他已发表的研究成果，我们将定性分析细分为五种不同的类型（Bartol & Bartol，2013，2019）。不过，应该强调的是，对犯罪的调查可能涉及几种形式。此外，下面总结的这些形式与多重谋杀的主题不太相关。

画像的形式

画像可以分为五种有重叠的类别：

（1）心理画像（psychological profiling）；

（2）嫌疑人画像（suspect-based profiling）；

（3）犯罪地理画像（geographical profiling）；

（4）犯罪现场画像（crime scene profiling）；

（5）可疑死亡分析（equivocal death analysis）。

尽管我们对每种类型都给予了关注，但最后一种是最不可能与多重谋杀相关的。表 10-1 总结了每种方法的使用情况。

表 10-1　五种画像类型中用到的主要调查方法

画像类型	主要调查方法
心理画像	风险评估与威胁评估方法及程序
嫌疑人画像	以往犯罪人的基础概率信息
犯罪地理画像	关于犯罪人典型空间行为模式的计算机模型
犯罪现场画像	来自犯罪现场的信息，与被害人和证人的访谈 将犯罪特征与大型数据库中的类似犯罪进行比较（案件联系分析）
可疑死亡分析	访谈和背景资料，审查记录和文件

这些画像方法中的每种方法及采用这些方法的调查人员都依靠不同的方式来分析个人、犯罪现场或事件。一些画像类别依赖于临床法（clinical），而另一些则依靠精算法（actuarial）。临床画像（clinical profiling）以案例为中心，试图通过分析从特定犯罪或一系列犯罪中收集的证据来推断犯罪人的特征（Alison，West，& Goodwill，2004）。该方法聚焦于描述、理解和识别单个犯罪人，其依据是收集到的关于单个案件的信息。它还有望预测犯罪人是否及何时会再次作案。它的前提是每个案件都是独一无二的，并强调发现犯罪动机，以获得对犯罪的基本了解。临床法在很大程度上依赖于经验和教训，并经常辅以直觉、主观性，有时甚至是"第六感"。

相比之下，精算画像（actuarial profiling）主要是从犯过类似罪行或参与过类似事件的犯罪人群体中收集的信息。这种画像策略是基于犯过类似罪行的犯罪人群体在过去的行为方式。从这些行为方式的群体中积累的数据被称为基础概率（base rate）。基础概率被定义为指定人群中某个事件无条件的、自然发生的概率（VandenBos，2007）。例如，如果

已知的 100 个系列杀手中有 65 个将尸体从犯罪现场移走，那么基础概率就是 65。基础概率提供了对多少系列杀手从犯罪现场转移尸体的估计，这对分析师和刑侦人员来说是一个有用的指标。

心理画像

心理画像是一种评估实践，旨在帮助相关人员识别和预测已知个体的行为。作为一般概念，它并不局限于消极特征。例如，心理画像可以用来预测执法部门甚至是公职部门候选人的积极特征（Bartol & Bartol，2013）。不过，我们这里的目的是专注于分析消极特征，如那些可能与犯罪行为有关的特征。从这个意义上说，心理画像包括两种基本方法：威胁评估和风险评估。威胁评估（threat assessment）（详见第八章）是确定个体或群体实施的威胁的有效性和严重性的过程。在大多数情况下，威胁已经产生，并且是针对个人、设施、机构、组织或群体的。因此，威胁评估可以应用于这样的情况：一个学生告诉同学他打算摧毁整个学校，或者一个员工对同事或主管发表威胁性言论。

即使没有发出直接的威胁，风险评估（risk assessment）（详见第八章）也能发挥作用。风险评估是一个过程，用于评估违反社会规范或表现出怪异行为的人，特别是当他们看起来有威胁性或具有不可预测性时（Hanson，2009）。风险评估的主要目标是估计一个特定的人伤害自己或他人的可能性，更重要的是，提出可以做什么来防止伤害。然而，并不是所有的风险评估都涉及详细的心理画像。事实上，大多数风险评估都不涉及。

嫌疑人画像

嫌疑人画像，也称预期性画像，指的是确定可能犯下特定罪行（如校园暴力、恐怖活动、跟踪、贩毒、入店行窃或劫机）的人的心理和行为特征，如一个典型的校园枪手的"画像"。嫌疑人画像是建立在对以前犯过类似罪行的犯罪人系统地收集行为、人格、认知和人口统计学数据的基础上的。因此，

嫌疑人画像主要基于精算法，因为它使用统计方法而不是临床技能来得出关于谁可能会犯罪的结论。

嫌疑人画像经常被应用于机场和边境口岸，用来拦截毒品，以及关注恐怖活动。在"9·11"事件发生后，美国运输安全管理局（Transportation Safety Administration）培训了行为侦测官（Behavioral Detection Officers，BDO's），以便观察空中乘客的那些可能暗示有伤害或击落飞机的意图的行为线索（通过系统研究来识别）。遗憾的是，这种类型的画像很容易受到种族/民族画像（racial or ethnic profiling）的影响。这种画像被定义为警察基于种族、族裔或民族，而非基于个人的行为或引导警察找到正在或曾经从事犯罪活动的个体的信息而采取的行动（Ramirez，McDevitt，& Farrell，2000）。种族/民族画像是一种非法行为，尽管有时很难证明它的发生。然而，种族/民族画像在实践中却是普遍存在的，它在一定程度上解释了逮捕统计数据中少数种族和族裔所占比例过高的事实。此外，种族/民族画像的做法说明了画像的危险性和不准确性，这可能会对很多群体造成影响。我们将在下一章更详细地讨论这些问题。

犯罪地理画像

犯罪地理画像这种技术可以帮助相关人员定位系列犯罪人的居住地，或者作为系列犯罪人行动基地的其他地理位置（如酒吧、工作场所或重要他人的家）。请注意，"系列犯罪人"一词并不限于本章所讨论的系列杀手，它可以指入室盗窃犯、强奸犯或其他犯罪人。在大多数情况下，犯罪地理画像依赖于不断开发和更新的复杂的软件程序。最早的此类程序之一被称为"Rigel"。它是从罗斯莫（Rossmo，1997）的工作中发展起来的。他开创了一个犯罪地理定位程序（Criminal Geographic Targeting Program，CGT），该程序随后被纳入一个名为"Rigel and Rigel Analyst"的应用软件（Rich & Shively，2004）。该程序能生成一张三维地图，将统计学概率分配给属于犯罪人领地的各个地区，然后将三维地图放置在

犯罪发生地的街道或地形图上。该程序考虑了已知的运动模式、可能的舒适区，以及犯罪人寻找被害人的模式。该程序的目标是确定犯罪人的住所和行动基地的位置。另一个流行的犯罪地理画像软件包是"Crimestat"，它是由内德·莱文等人（Ned Levine et al.，2000，2002）开发的，由美国司法研究所（National Institute of Justice）资助。还有一个是"Dragnet"，由戴维·坎特于2008年开发。

犯罪地理画像可以通过定位未知犯罪人居住的大致区域，或者将监视和盯梢的范围缩小到此人下一次犯罪最可能发生的地方，有助于相关人员对未知犯罪人进行任何刑事侦查。这一过程通常是高度精算的。这种类型的画像基本上是试图确定犯罪人熟悉、感觉最舒服、最有可能找到或带走被害人的地理区域（Rossmo，1997）。虽然犯罪人画像假设了犯罪和犯罪人的人口统计学、动机和心理特征，但是，犯罪地理画像关注的重点则是犯罪的地点及其与犯罪人的住所和/或行动基地的关系。犯罪地理画像不仅在寻找系列暴力犯罪人方面很有用，在寻找侵犯财产的犯罪人（如系列入室盗窃犯和系列纵火犯）方面也很有用。

犯罪现场画像

犯罪现场画像，也称犯罪人画像（offender profiling）、犯罪心理画像（criminal profiling）、犯罪现场分析（crime scene analysis）或犯罪调查分析（criminal investigative analysis），是根据犯罪特征来识别未知犯罪人的个性特征、行为模式、地理习惯、认知倾向和人口统计学特征的过程。它被认为是一种技能或一种活动，是前文描述的侦查心理学的一部分。因此，侦查心理学是心理学研究和原则在破案中的广泛应用，但犯罪现场画像则是更狭义的活动，侧重于未知犯罪人的特征、特点和习惯。因为它与本书的许多主题及本章的内容高度相关，所以犯罪现场画像将在这里被详细讨论。如上所述，有几个术语可以互换使用来指代这项活动，最常见的是犯罪人画像。早在美国联邦调查局采用这种方法之前，

就有人根据有限的信息对一个人的一般特征进行描述或画像（Canter & Alison，2000）。事实上，犯罪现场画像的历史可以追溯到"开膛手杰克"所犯的罪行。1888 年，系列杀手在伦敦东区先后残忍地杀害了 5 名妓女。尽管该案从未被侦破，但首席法医、病理学家乔治·巴克斯特·菲利普斯（George Baxter Phillips）博士试图帮助警方调查人员根据被害人身上创口的性质来推断其性格特征（Turvey，2012）。也就是说，他注意到凶手掌握了一些技巧和知识才能在作案时形成这样的创口。这表明，凶手对人体解剖学有很深的了解。有意思的是，阿瑟·柯南·道尔（Arthur Conan Doyle）于 19 世纪创作的侦探小说中的主角夏洛克·福尔摩斯（Sherlock Holmes）在他耐人寻味的寻找犯罪人的过程中一直采用一种犯罪人画像的形式。

在美国，犯罪现场画像是由美国联邦调查局行为科学组在 20 世纪 70 年代开发的。在早期发展过程中，它主要用于在系列谋杀案和系列强奸案中为执法部门提供调查帮助（Homant & Kennedy，1998）。1984 年，位于弗吉尼亚州的美国暴力犯罪分析中心（National Center for the Analysis of Violent Crime，NCAVC）成立，并设立了行为分析组（Behavioral Analysis Unit，BAU），开展了暴力犯罪逮捕计划（Violent Criminal Apprehension Program，ViCAP）。如今，尽管行为科学组仍然是推动研究和培训并与美国暴力犯罪分析中心紧密合作的一个独立单位，但大部分犯罪现场画像是在行为分析组的主持下进行的。在其早期发展过程中，犯罪现场画像的方案是基于临床的，但随着美国的调查人员与全球各地特别是加拿大和英国的同行合作并分享培训机会，这种情况开始发生变化。如今，越来越多的画像活动是基于精算法的，而不仅是基于单独的犯罪行为的。

任何超出犯罪所需的内容都被称为伪装（persona-nation）或"签名"（signature）。例如，一个系列犯罪人可能会在多次犯罪中表现出一种重复的、几乎是仪式性的行为。这是一种不寻常的模式，而它并

不是犯罪的必要条件。签名可能涉及留在现场或从现场拿走的某些物品，或者其他象征性图案，如在墙上或镜子上留下的文字。如果被害人是被谋杀的，其特征可能包括不寻常的身体姿势或肢解。在非常罕见的情况下，签名可能涉及"DNA 火炬"（DNA torch），即犯罪人将汽油浇在被害人的生殖器部位，并将被害人和建筑物或机动车点燃，以销毁任何性侵害的证据。签名也可能涉及系列强奸犯使用的支配、操纵和控制的重复性行为（Douglas & Munn，1992b）。它也可以通过出现在犯罪现场的实物证据来揭示，例如，系列强奸犯用于捆绑被害人的绳子的类型或从被害人身上拿走的个人物品。签名通常被认为与犯罪人的独特认知过程有关，在这个意义上，对侦查人员来说，签名可能比作案手法更重要。在大多数情况下，签名行为经常为侦查人员确定犯罪的主题，因为它们往往揭示了犯罪人的心理和情感需求（Turvey，2008）。

伪饰现场（staging）是指在警察到来之前故意改变犯罪现场，有时是由犯罪人以外的人做的。正如研究人员（Douglas & Munn，1992a）指出的，伪饰现场通常出于以下两个原因之一：

（1）将侦查方向从最符合逻辑的嫌疑人身上转移；

（2）保护被害人或被害人的家人。

伪饰现场通常是由与被害人有关联或有关系的人进行的。例如，家人为保护被害人而进行的伪饰现场可能会在自体性欲死亡事件中看到。自体性欲（autoeroticism）是由哈夫洛克·埃利斯（Havelock Ellis）创造的术语，是指在没有伴侣的情况下自我唤醒和自我满足性欲。

在某些情况下，自体性欲的方法可能导致个人死亡，如自缢或上吊。研究人员声称，在大约 1/3 的自体性欲死亡事件中，被害人是裸体的，而在另外 1/3 的事件中，被害人穿着另类，如男性穿着女性服装。在这些情况下，朋友或家人可能会改变现场，使被害人更加"体面"。在某些情况下，他们甚至可

能导演一起犯罪杀人案，包括洗劫房屋或特定房间，以造成一种入室盗窃出了岔子的印象。

犯罪人还可能参与撤销（undoing）行为，这是一种在犯罪现场出现的行为模式。犯罪人试图从心理上"撤销"谋杀。例如，犯罪人可能会给被害人清洗身体并给被害人穿上衣服，或者将尸体放在床上，将头放在枕头上，并用毯子盖住尸体。这种模式通常发生在那些因为被害人的死亡而变得特别焦虑的人身上。很多时候，犯罪人与被害人有密切联系。在其他情况下，犯罪人可能会通过采取掩盖被害人身份的行为（如过度的面部殴打）来努力使被害人非人化。还有一些人可能会采取更隐蔽的非人化行为。例如，用某种材料或物体遮住被害人的脸，或者让被害人脸朝下。请注意，"撤销"和"伪饰现场"之间的区别在于行为背后的动机。在伪饰现场的行为中，犯罪人或其他人试图改变犯罪现场，以转移嫌疑，典型的案例是犯罪人擦去武器上的指纹，并将其放置在靠近尸体的地方，以使死亡看起来像自杀。

犯罪现场和犯罪人有时也被划分为有组织型、无组织型或混合型，这是由早期的美国联邦调查局分析人员首次提出的划分方法（Douglas et al.，1986）。据称，有组织型犯罪人比无组织型犯罪人智力水平更高，社交能力和性能力更强，甚至在家庭中的出生顺序更早。这些特征和其他特征都是在对犯罪人进行临床工作的基础上总结而成的。在犯罪现场方面也做出了类似的区分。有组织型犯罪现场（organized crime scene）表明犯罪人有计划和预谋。在针对人身的犯罪中（如谋杀和强奸），有组织型犯罪现场的迹象表明，犯罪人保持了对自己和被害人的控制。通常情况下，被害人被从绑架区转移到另一个更隐蔽的地方，也可能尸体在死后被转移到另一个地方。

相比之下，无组织型犯罪现场（disorganized crime scene）暗示此人没有计划犯罪，往往是出于愤怒、冲动或无法控制的兴奋而犯罪的。而混合型犯罪现场（mixed crime scene）既表现出有组织的行为模式又表现出无组织的行为模式，虽然一些画像师还在继续引用有组织型犯罪现场、无组织型犯罪现场和混合型犯罪现场的说法，但随后更复杂的研究并不支持这些简单的划分，也不支持归属于有组织型和无组织型犯罪人的特征。

总而言之，有组织型 – 无组织型的分类系统作为一种调查工具的作用似乎非常有限（Canter et al.，2004；Kocsis, Cooksey, & Irwin, 2002）。例如，研究表明，许多犯罪人在同一次犯罪中同时表现出有组织和无组织的行为特征（Canter et al.，2004；Taylor et al.，2015）。研究人员（Snook et al.，2008）声称："在这一点上，没有令人信服的证据支持这种二分法。"此外，正如下文所指出的那样，画像师更喜欢为各种犯罪（包括杀人）划分几个犯罪人子集。然而问题是，这些子集本身的可靠性和有效性尚未得到充分的评估。

虽然有组织型 – 无组织型的分类没有得到研究支持，但世界各地的警察机构总体来说都在使用犯罪现场画像或犯罪人画像（Fox & Farrington，2018；Snook et al.，2008）。许多侦查人员表示，他们认为这对他们调查某些犯罪很有用。在斯努克等人（Snook et al.，2008）报告的一项调查中，英国10个警察中有8个认为这种画像对他们的调查有帮助，并说他们会再次寻求画像的帮助。在一项针对司法心理学专家和司法精神病学专家的探索性互联网调查中，研究人员（Torres, Boccaccini, & Miller, 2006）发现，这些专业人员中的40%认为犯罪画像在科学上是可靠和有效的。这些看法虽然并不总是得到研究的支持，但在最近几年里一些方案得到了积极的评价（Fox & Farrington，2018）。

画像最初似乎对系列犯罪特别有用，例如系列强奸和系列性杀人（serial sexual homicides）（Pinizzotto & Finkel，1990）。这是因为对性犯罪的研究比对其他犯罪的研究更多。然而，在过去的20年里，画像已经应用于其他犯罪，包括与性无关的杀人、入室盗窃、纵火、抢劫、银行欺诈和机动车盗窃。

关于犯罪现场画像的研究

直到 20 世纪末，关于犯罪现场画像的实用以及信效度的公开研究非常少（Alison, Smith, & Morgan, 2003；Woodworth & Porter, 2001）。渐渐地，画像师们把他们的工作写成了书（Douglas & Olshaker, 1995），概念性和描述性的文章也出现在期刊上。21 世纪初，越来越多通过同行评审的文章开始出现。几组研究人员发表了对画像文献的系统回顾（Bennell et al., 2013；Dowden et al., 2007；Snook et al., 2007）。研究人员（Fox & Farrington, 2018）回顾了 1976—2016 年关于犯罪人画像的 421 篇文献。他们发现，研究的科学性和严谨性有了很大程度的提升，但仍然缺乏对犯罪人画像有效性的评估。

尽管媒体描绘了非常成功且具有探究精神的画像师们如何采用复杂的技术和深思熟虑的策略来识别犯罪人，但现实更令人清醒。当代学者（Alison et al., 2002；Alison & Canter, 1999；Fox & Farrington, 2018；Snook et al., 2008）对画像的有效性及其在调查中的有效程度持怀疑态度。例如，他们指出，画像在使用的术语或方法上并不统一。一些方法具有临床性质且基于直觉，尽管这些直觉可能基于多年的经验，而其他方法更多的是统计学上的，并以多种数据来源为基础。此外，对于谁可以称自己为画像师并没有限制。迄今为止，犯罪人画像主要是一种调查工具，但画像师有时会被要求在法庭上作证。当这种情况发生时，他们往往面临令人生畏的问题，因为画像作为一门科学，还不足以满足在法庭上评估科学证言的主要标准中所概述的要求。

虽然有以上说法，但某些形式的犯罪人画像被认为比其他形式的更受欢迎。一种犯罪人画像的形式——案件联系分析（Case Linkage Analysis, CLA）——获得了积极的评价。这是一种将一个人和两起或更多起相似的犯罪联系起来的方案。它是在复杂的数据库的帮助下完成的。这些数据库让侦查人员能够在谋杀、入室盗窃、性侵害、抢劫、纵火和机动车盗窃等犯罪中搜寻出相似之处，这种搜寻有时甚至跨越了很广的区域。研究人员发现案件

联系分析是一种有前途的画像方案，虽然还需要更多的研究（Bennell et al., 2014；Fox & Farrington, 2018）。

总体来说，在许多当代画像中都存在两个基本缺陷（Alison et al., 2002；Snook et al., 2008）：一个缺陷是假设人类行为在不同的情况下是一致的；另一个缺陷是假设犯罪方式或在犯罪现场收集的证据与特定的人格特征直接相关。心理学家发现，行为会随着情况或社会背景的不同而变化，特别是当社会环境有很大差异时。此外，很少有实证数据能将犯罪现场所收集的证据与犯罪人的性格特征直接联系起来。斯努克等人（Snook et al., 2008）写道：

> 犯罪画像师似乎没有认识到，大约 40 年前心理学文献中就开始出现一个共识，即依靠性格特征或人格倾向作为行为的主要解释是一个严重的错误。在预测行为方面，情境因素的作用与人格倾向的作用同样重要。

有意思的是，研究人员（Fox & Farrington, 2018）对犯罪人画像文献的系统回顾中经常遇到基于人格特征的画像。也许更重要的是，即使在同一种犯罪中画像的类型也有很大差异。大多数犯罪都有亚型，例如，对杀人案的研究发现了 2～6 种亚型，其中 4 种是典型的亚型；对纵火案的研究发现了 2～10 种亚型；研究中还出现了 4 种入室盗窃的亚型。而且，在不同的研究中使用的标签都不太一样。尽管各种犯罪行为被归为几十种类型，但没有相关分析能确定在关于犯罪人画像的研究中存在特定的、反复出现的主题或画像。

画像也有其他问题。一些研究指出，提供给侦查人员的画像报告中，有很大一部分结论和预测是模糊的、无法被核实的（Alison et al., 2003；Alison, Smith, & Morgan, 2003；Snook et al., 2007）。许多陈述很模糊，以致它们可以有多种多样的解释。使问题更加复杂的是，警方侦查人员倾向于以符合他们自己对案件或嫌疑人的偏见和直觉的方式来解释

画像报告中的模糊信息。他们选择报告中那些他们认为符合自己对嫌疑人认知的方面，而忽略那些不符合的方面。这种强大的趋势在心理学上被称为验证性偏差（confirmation bias）。我们在某种程度上都会受到验证性偏差的影响，但意识到这一点可以减少其影响。

关于犯罪现场画像的当代视角

犯罪现场画像并不是要走进系列犯罪人邪恶的内心。专业画像师的主要任务是向侦查人员和执法部门提供基于坚实的行为科学的信息（Rainbow & Gregory，2011）。画像师应提供基于犯罪行为实证研究和最新心理学原理的建议和信息。关于画像的研究发现，如果画像师专注于发现被害人是如何被选中的、如何被对待的，犯罪人所走过的路线，以及留在犯罪现场的证据的类型（特别是如果证据是由犯罪人在不知情的情况下留下的），那么对侦查人员来说就更有帮助。例如，犯罪现场签名（crime-scene signature）和心理签名（psychological signature）是有区别的（Bartol & Bartol，2013）。如前所述，系列犯罪人可能会在不同的犯罪中表现出重复的、有辨识度的行为，而这种不寻常的模式并不是犯罪的必要条件。犯罪人故意采用这种行为模式来留下其标志，即犯罪现场的签名。然而，也有一种留在犯罪现场的心理签名代表了犯罪人在不知不觉中留下的一种习惯性或重复性的行为模式。心理签名是微妙且独特的说话、思考、行为方式，甚至是超出个人意识的问题解决方式。正是这种心理签名有可能提供了潜在的将犯罪联系起来的重要线索，并确定最终可能对侦查人员有所帮助的有关犯罪行为的信息。

坎特等人（Canter，2000a，2000b）认为，犯罪人的犯罪风格是犯罪人一般生活方式的反映，而不是其中某些特殊的、不寻常的方面。例如，犯罪人如何对待被害人为画像过程提供了关键线索。也就是说，对待被害人的方式和犯罪人赋予被害人的角色反映了他在日常生活中如何对待他人的独特模式。如果犯罪人的行为模式有异于根据其他犯有类似罪行的犯罪人所建立的广泛数据库，那么这个线索对侦查人员的帮助就会大得多。然而，在实现这一点之前，必须有一个重要的、系统的犯罪人行为模式数据库。然而，有些区别性的线索非常细微，只有非常熟练和知识渊博的画像师或侦查人员才能发现它们。此外，在不同的事件中，犯罪人实施犯罪的方式应该存在某些一致性，无论这种一致性第一眼看上去如何难以察觉，而这些一致性可能会（也可能不会）在作案手法中被发现。

总体说来，在该领域得出任何初步结论之前，研究人员还需要对画像的准确性、有用性和处理方式进行更多的研究。近年来，研究人员已经朝这个方向迈出了积极的步伐。与流行的看法相反，犯罪现场画像不是也不应该局限于系列谋杀案和系列性侵害案。如果能够熟练地应用于纵火、入室盗窃、入店行窃和抢劫案中，那么它将具有相当大的潜在价值。当代研究发现，情境因素在画像和预测犯罪行为方面是至关重要的。研究人员（Bennell & Canter，2002；Bennell & Jones，2005）在对商业场所和住宅入室盗窃案进行研究后发现，犯罪人在犯罪地点的选择上存在高度的一致性。例如，他们发现两个犯罪地点之间的距离是一个非常有效的联系特征，两个入室盗窃地点之间的距离较短能可靠地提示两起入室盗窃案由同一个人实施的可能性更高。而进入方式和被盗物品则不能用作画像指标。研究表明，一些行为子集确实揭示了一致的犯罪模式，并在开发基于实证的画像方法和类型学方面可能非常有用。

可疑死亡分析

可疑死亡分析，也称重构性心理分析（reconstructive psychological evaluation），是对死者的情感生活、行为模式和认知特征的重建。在这个意义上，它是对个体死后的心理分析，因此经常被称为心理尸检（psychological autopsy）（Brent，1989；Ebert，1987；Selkin，1987）。心理尸检最早被用来帮助医务人员确定被归类为模糊不清、不确定或可疑的死亡原因（Shneidman，1994）。今天，可疑死亡分析或心理尸检最常被用来确定死因是否为自杀。如果是自杀，则确定此人自杀的原因。换句话说，进行尸检的人试图"重构"死者的思想。在实践中，可疑死亡分析通常依赖于临床和精算两种方法，具体取决于侦查人员。

可疑死亡分析与本章的主题没有直接的关系。它通常和自杀或被谋杀的单一死亡案有关。然而，在一些大规模死亡的情况下，专业人员也会对在事件中死亡的个人进行心理尸检，以确定责任归属或查明可能有助于预防未来犯罪的因素。

然而，心理尸检尚未被心理健康从业者和研究人员广泛接受。一个值得注意的例子是美国艾奥瓦号战舰爆炸事件的事后余波。1989 年艾奥瓦号战舰上的爆炸导致 47 名海军人员死亡。存疑的是，这次爆炸是单纯的意外还是由一个据说很沮丧的海军学员故意引爆爆炸装置导致的？心理尸检的最初结论是这个人自杀并连累了其他 46 人。然而，美国国会委员会听取了其他心理学家的证词，这些心理学家对心理尸检这一程序的有效性也表示担忧。最终得出的结论是，这名海军学员对这一不幸的事件不应承担责任。

总而言之，心理尸检涉及根据死者留下的证据发现和重建死者的生活。这是一项调查，需要重新审视此人死前的生活方式、思维过程及其最近的情绪和行为模式。它在各种法律场景和环境下都很有价值，包括保险福利的确定、工人的赔偿案件、立遗嘱能力案件、产品责任的确定、渎职案件和刑事侦查。它在刑事侦查中的重要性指的是确定一个人的死亡是由于他杀、事故还是自杀。

尽管已经取得进展，但心理尸检的可靠性和有效性还有待证明，并且仍有争议，尤其是在试图将这些心理尸检进行标准化方面（Knoll，2008，2009；Portzky，Audenaert，& Van Heeringen，2009；Snider，Hane，& Berman，2006）。在这一点上，我们知道，心理尸检的质量主要取决于侦查人员的受训经历、知识、经验和临床取向（Knoll，2008）。

总体来说，本节讨论的五种类型的画像对调查犯罪（包括本章所讨论的那些犯罪）的执法部门非常有帮助。此外，画像在发展和检验犯罪行为的理论方面也很有用。然而，上述研究表明，在不加批判地接受任何形式的画像之前，请谨慎行事。

多重谋杀

最可怕也最令人费解的杀人类型之一是随机杀害一群人，要么是在一次事件中杀害多人（大规模谋杀），要么是在一段时间内连续单独杀人（系列谋杀）。尽管与所有杀人案相比，多重谋杀很罕见，但当发生时，它们无法逃脱人们的关注，而且它们会让公众留下深刻的印象。前文介绍的发生在科伦拜恩中学、奥罗拉市、弗吉尼亚理工大学等地大规模谋杀事件广为人知，其他案件，虽然发生在几十年前，但很多人至今都印象深刻。1984 年 7 月，加利福尼亚州圣伊西德罗市（San Ysidro）一家麦当劳餐厅的 21 名顾客被杀害。1991 年 10 月 16 日，得克萨斯州基伦市（Killeen）的 Killeen Luby's 咖啡馆发生 22 名顾客被谋杀的事件。

在挪威也发生过一件令人不寒而栗的事件。2011 年，安德斯·布雷维克（Anders Breivic）在一次爆炸和枪击事件中杀害了 77 人。8 人被他在奥斯陆市（Oslo）安放的炸弹炸死，69 人是一个青年劳动营里的未成年人和刚成年的年轻人。布雷维克承认自己的行为，但拒绝认罪，声称自己是在保卫自己的国家，反对移民和欧洲自由主义。布雷维克被判有罪并被判处最高刑期，在挪威监狱中服刑 21 年。不过，如果他在刑期结束时被认定为对社会有危险，那么他的刑期就可以被延长。

2019 年 3 月，在新西兰的两座清真寺里及其周围，有 50 人被杀，40 多人受伤。这名被指控的枪手当年 6 月没有认罪，并被安排在 2020 年接受审判。他自称是一名白人种族主义者。在事件发生前不久，他在网上发布了一份冗长的宣言，表达了反移民的情绪。此外，他显然随身携带了摄像机，社交媒体平台在删除他的视频前，他能够将现场的袭击视频进行直播。

系列谋杀案—— 一个人在很长一段时间内进行一系列谋杀——同样令人毛骨悚然。许多人仍然记得 20 世纪 70 年代末发生的那场精心策划的、针对 33 名青年男子和男孩实施的谋杀，他们的尸体在约翰·韦恩·盖西（John Wayne Gacy）位于芝加哥郊区家中的地窖里被发现。1978—1991 年，杰弗里·达默诱骗了至少 17 名青年男子和男孩到他的公寓，在那里对他们下药、杀戮和肢解。公众对达默如何"吃掉"被害人的尸体并与尸体发生性关系的细节感到震惊。其他臭名昭著的系列杀手包括"山腰绞杀者"肯尼思·比安基、BTK[①] 杀手丹尼斯·拉德（Dennis Rader）等。塞缪尔·利特尔（Samuel Little）被确认为美国"杀人最多"的系列杀手。他承认于 1970—2005 年在美国各地犯下了 93 起谋杀案。

在 20 世纪 70 年代末，一个被称为"东区强奸犯"和"金州杀手"的人使加利福尼亚州 3 个县的居民陷入恐慌，他被认为要对大约十几起谋杀案和 50 起强奸案负责。大约 40 年后，在 2019 年，一名 72 岁的男子被逮捕并被指控犯有这些谋杀案中的 8 起。有意思的是，从 DNA 数据库获得的证据揭开了嫌疑人的面纱（Selk，2018）。同样，在大约 40 年后的另一起案件中，佐治亚州亚特兰大市（Atlanta）的市长下令重新调查 20 多名儿童的死亡事件，其中大多数是非洲裔美国人。同样，就像许多在案发多年后被破获的罪案一样，很可能使用的是 DNA 证据（Selk，2018）。

这些只是悲惨事件的一些例子，有时是在很短的时间内发生的。不过，从上面的例子可以看出，并非所有的多重谋杀都能以同样的方式分类。其中一些例子将在下文中详细讨论。

定义

系列谋杀（serial murder）通常是指一个人（或几个人）接连在不同的事件中杀害若干名被害人的案件。一般来说，犯罪学家和其他研究人员认为被害人的人数应该是 3 人或更多。不过，在 2005 年，美国联邦调查局降低了门槛，将系列杀手定义为在独立事件中杀死 2 个或 2 个以上的人。美国联邦调查局认为，较低的被害人人数使执法部门在调查潜在的系列谋杀案时有更大的灵活性（FBI，2005a）。一些研究人员已经证明，3 名被害人的门槛应该被保留，因为杀害 2 名被害人的人和杀害 3 名或更多被害人的人之间存在显著的差异（Fridel & Fox，2018）。事实上，研究人员还发现，那些杀害 3～7 人和杀害 8 人甚至更多人的犯罪人之间也存在差异。关于这项研究的更多介绍，请阅读专栏 10-1。

对系列杀手的不同观点和定义也带来了其他问题。正如研究人员（Fridel & Fox，2018）在引用几位学者的话时所说的："对系列谋杀的定义缺乏共识阻碍了研究，妨碍了学者和从业人员之间的交流，影响了对此类犯罪的发生率和流行率的准确统计，并普遍混淆了该概念的含义。"我们应牢记一点：关于系列杀手的信息是不完整的，在某些情况下可能会产生误导。

系列谋杀案之间的时间间隔［有时被称为冷却期（cooling-off period）］可能是几天或几周，但更可能是几个月或几年。这个时间间隔也引出了很多问题。在 23 岁时杀人，然后在 45 岁时再杀 2 人，这样的人是系列杀手吗？在 2 周内杀了 3 人，但再也没有杀人的人呢？冷却期是系列谋杀案和其他多重谋杀案的主要区别，但按照我们的描述，这并不明确。谋杀是有预谋和计划的——几乎所有的大规模谋杀都是如此——而且犯罪人通常选择具有特定特征的被害人，如年龄、特定的发色或职业。

另一个术语狂欢杀人（spree murder）有时被用来指在没有任何冷却期的情况下，通常在 2 个或更

---

① BTK 是捆绑（Bind）、折磨（Torture）和杀害（Kill）的英文首字母缩写。——译者注

研究重点 ● ● ●

专栏 10-1　系列杀手：被害人的数量很重要

如本章所示，对系列杀手的研究遇到许多挑战。首先，学者们提出了对系列杀手的各种定义。一些学者甚至把那些被害人为其亲属或熟人的杀手排除在外，另一些学者认为冷却期必须至少有一周，还有一些学者认为狂欢杀人者也是系列杀手。也许最大的争论集中在被害人的人数上。这种争论在美国联邦调查局将定义中以前的3 名被害人减少到 2 名之后尤为激烈。

弗里德尔和福克斯（Fridel & Fox，2018）研究了杀手之间是否存在基于被害人数量的明显差异。在弗吉尼亚州的拉德福大学（Radford University），弗里德尔和福克斯使用了广受认可的系列杀手数据库的数据研究了 2275 名男性惯犯，其中每个人都牵涉两起或更多起凶杀案，他们的第一次杀戮发生在 20 世纪 70 年代或之后。分析结果证实了关于系列杀手这个群体的传统观点。例如，大多数系列杀手在第一次杀人时年龄在 25 岁以上。他们独自杀人，而且被害人的人数最多的是白人。与对系列杀手的刻板印象相反的是，大多数系列杀手没有强奸或折磨被害人，他们也不拿"纪念品"。最常见的动机是通过杀人获得乐趣或经济利益。

另外，弗里德尔和福克斯将杀手分为 3 个不同的群体，它们之间存在显著差异。这 3 个群体包括杀害 2 名被害人的杀手、杀害 3～7 名被害人的杀手［研究人员称他们为典型系列杀手（typical serial killers）］，以及杀害 8 名或更多被害人的最致命的杀手。

杀害 2 名被害人的杀手与其他组别的杀手在同伙关系、折磨被害人、动机和带走"纪念品"方面与其他群体有明显的不同。杀害 8 名或更多被害人的杀手是最致命、最罕见的群体，他们最有可能为享受、便捷、折磨被害人、带走"纪念品"而杀人，并且和同伙一起杀人。举例来说，在最致命的一组中，有 17.6% 的人带走了"纪念品"，而杀害 2 名被害人的组中只有 2.1% 的人带走了"纪念品"，杀害 3～7 名被害人的组中只有 4.9% 的人带走了"纪念品"。在最致命的组中，几乎 1/3（29.1%）的人有同伙，而其他两组中，分别有 12% 和 16.3% 的人有同伙。在最致命的组中，21.3% 的人对被害人实施了酷刑，而在 2 名被害人的组中和 3～7 名被害人的组中，分别有 5.9% 和 11.3% 的人会这样做。

研究人员最后提出了这样的主张：为了更好地沟通及在进行研究时保持一致，执法部门和学者们都应将系列杀手定义为至少杀害 3 名被害人的犯罪人。不过，他们也承认，保持 2 名被害人的定义可能有执法方面的优势。此外，他们呼吁对冷却期进行更多的研究。他们承认，他们的研究结果不能推广到女性系列杀手或那些美国以外的系列杀手。

问题讨论

1. 上述报告的结果中，哪一项令你感到惊讶？

2. 研究人员解释了他们为什么不把女性系列杀手纳入他们的研究。这些解释可能是什么？根据本章的信息，这是否合理？

3. 研究人员将 3 组人标记为潜在的系列杀手（potential serial killers）、典型的系列杀手（typical serial killers）和杀人众多的系列杀手（prolific serial killers）。分别对这些标签进行评论。鉴于 2 名被害人的杀手与其他 2 组之间的差异，讨论为什么 2 名被害人的杀手会被称为"潜在的系列杀手"？

4. 从执法的角度来看，将系列谋杀的定义改为包括在不同事件中至少有 2 名被害人，而不是至少有 3 名被害人，有什么优点？这种做法又有什么缺点？

多的地点杀害 3 人或 3 人以上。一个劫匪在银行内抢劫时杀死了一些人，带着人质逃走，并在被警方追捕的过程中杀死了一些人，这就属于狂欢杀人。然而，一些专家并不相信狂欢杀人代表了一个有意义的独立类别的多重谋杀（FBI，2005a）。这是可以理解的，一些被定性为狂欢杀人的谋杀案具有和系列谋杀一样的特征；其他的似乎更像是大规模谋杀，只是作案地点不单一。从本质上讲，狂欢杀人的命名并没有为执法过程或心理学研究提供任何真正的好处。

大规模谋杀（mass murder）涉及在一个地点杀死 4 人或 4 人以上，两次谋杀之间没有冷却期。一些专家说是 3 人或 3 人以上。尽管本章引用了许多例子，但大规模谋杀相对罕见，在每年发生的数千起杀人事件中，发生率不到 1%（Levin，2014）。然而，在过去 30 年里，美国的大规模谋杀案有所增加。如前几章所述，这一事实通常被归因于枪支，特别是攻击性武器的广泛供应。大规模谋杀有多种类型，包括由一些政府机关资助的大规模谋杀，例如，基于宗教或种族的灭绝就属于这类，其旨在消灭群体的大部分人。另一种类型是恐怖分子的大规模谋杀，如"9·11"事件。

在下面的内容中，我们将具体关注那些最受研究关注的多重谋杀类型，包括系列谋杀和大规模谋杀。

系列谋杀

人们认为，美国系列谋杀案的数量在 1970—2009 年间有所减少（Quinet，2011）。不过，也有人估计美国在任何时候都有 35～40 名活跃的系列杀手（Hickey，2006；Jenkins，1988）。但从现实的角度来看，在美国或在国际上，都没有准确的数据说明在任何时候活跃的系列杀手的数量（Brantley & Kosky，2005）。正如研究人员（Fridel & Fox，2018）所指出的，在这一领域进行学术研究很有挑战性。

估算每年的系列谋杀案的被害人数同样困难。

许多系列杀手善于隐藏被害人，有些则夸大了被害人人数。"绿河杀手"（Green River Killer）加里·里奇韦（Gary Ridgeway）承认杀害了 48 名妇女，而且他巧妙地把她们的尸体藏了起来。长途卡车司机基思·亨特·耶斯佩森（Keith Hunter Jesperson）因他在给媒体的许多信件上画了一个笑脸而被称为"笑脸杀手"，他声称在多个州杀了 160 人，尽管他后来否认了这些说法。他感到非常自豪的是，在尸体被发现前他已经杀人长达一年多了（Quinet，2007）。回顾一下，尽管"金州杀手"最初被指控犯有 8 起谋杀案，但他可能对多达 12 起谋杀案负责。如前所述，另一个系列杀手塞缪尔·利特尔对 93 起谋杀案供认不讳。美国联邦调查局的分析人员认为，利特尔的供词是可信的（FBI，2019）。

估算被害人的人数是很困难的，因为在一些杀人案中，系列杀手的真实身份可能没有被怀疑或发现。研究人员（Jenkins，1993）用卡尔文·杰克逊（Calvin Jackson）的案例来进行解释，他于 1974 年因在纽约（New York）的一栋公寓楼里实施谋杀而被捕。实际上，杰克逊是一名系列杀手，但警察从他的被害人中没有发现这些案件是由一个系列杀手所为。杰克逊的杀戮发生在一家仅有单人房的酒店里，那里的客人贫穷、与社会隔绝、几乎被遗忘，而且大多是老年人。警察一次又一次被叫到酒店处理死亡或受伤的案件，这些案件看上去是由于酒精、毒品或受害人年老所致的。当怀疑是谋杀时，警察根本不认为这会是系列杀手所为，因为被害人不符合刻板印象的特征。由于没有证据表明被害人遭受了不同寻常的性虐待（当时的被害人刻板印象），因此警方几乎没有理由考虑是系列杀手所为。其他的系列杀手可能会把案发现场布置成类似于和毒品有关的犯罪现场。最后，除非执法部门共享信息，否则不同州——甚至一个州内的不同地区——的谋杀案或其他重大案件可能不会被关联起来。这种关联在今天更有可能发生，因为数据化系统的出现使侦破重大案件的资源和数据得以共享。

目标与作案手法的选择

系列杀手通常根据可得性（availability）、易感性（vulnerability）和合意性（desirability）来选择被害人（Morton & Hilts，2005）。可得性指的是被害人的生活方式或被害人所处的环境。换句话说，被害人的生活方式为犯罪人提供了有利的机会。在某些情况下，被害人的失踪不会被注意到；在另一些情况下，他们会被当作离家出走的人或自愿离开家的成年人。对系列杀手的被害人选择的研究表明，杀手们更喜欢选择那些容易接近、临时居住、消失时不会引起太大恐慌或关注的人群。被害人通常是性工作者、街头离家出走者、年轻男性流浪者和流动的农场工人。

易感性与被害人容易受到犯罪人攻击的程度有关。基本上，系列杀手认为某些人是容易得手的猎物，如在大学校园内或附近的年轻女性、老年人等。系列杀手很少闯入并杀害在自己家中的陌生人。一个例外是 2019 年被处决的佛罗里达州杀手。他会在分类广告中寻找出售物品的广告进行回复，当他到某个家庭查看或购买物品时，如果应门的是独自在家的年轻女性，他就会将其强奸并杀害。尽管系列杀手在开始杀人时选择了非常易感的被害人，但随着他们的杀戮持续进行，他们可能会选择更具"挑战性"的目标。

合意性是指被害人对犯罪人的吸引力，它可能涉及被害人的种族／民族、性别、年龄、职业、头发颜色、性吸引力或犯罪人喜欢的其他具体特征。值得强调的是，并非所有系列杀手都有性动机，事实上，大多数人都没有。促使他们杀人的动机有很多，例如，杀人的快感、经济利益或寻求关注。研究人员（Fridel & Fox，2018）证实，在他们研究的系列杀手样本中，强奸并不常见，主要动机是杀人的快感和经济利益。迈克尔·斯旺戈（Michael Swango）是美国海军一名前陆战队成员、救护车工作人员和执业医师。多年来，他涉嫌毒害 35 名病人和 60 名同事。但他只被判定犯有 4 起谋杀案。他被判处 3 个终身监禁，且不能被假释，在科罗拉多州佛罗伦萨（Florenle）的高安全级别联邦监狱服刑。斯旺戈的谋杀动机从未被完全查明，但性动机似乎并不是其中之一。他有一个剪报本，贴满了关于多人遇难的自然灾害的剪报，还保留了一个笔记本，在其中描述了他在杀人过程中感受到的快乐和兴奋。

系列杀手也可能因愤怒或仇恨而将目标对准被害人，特别是当他们基于性别、性取向、种族／民族方面的原因而不认同被害人时，尽管这方面的数据极其有限。多伦多（Toronto）的系列杀手布鲁斯·麦克阿瑟（Bruce McArthur）选择男同性恋者作为被害人。2019 年 1 月，他对在 7 年内杀害 8 名被害人的行为供认不讳。死于 2008 年的阿瑟·肖克罗斯（Arthur Shawcross）在纽约州西部杀害了 14 名被害人，他认为其中大部分人是妓女。

尽管系列杀手在某些背景特征上与上一章讨论的单一被害人杀手相似，但在他们选择的被害人和他们的犯罪方法上有明显的不同。单一被害人的犯罪人往往是出于愤怒或人际冲突而失控杀人，而系列杀手则往往按照一个经过深思熟虑的计划进行谋杀，且谋杀通常不是由人际冲突引发的。单一被害人往往是犯罪人的家人、朋友或熟人，或者他们是在其他犯罪的实施过程中被杀害的，如抢劫。系列杀手最常杀害陌生人，犯罪人和被害人之间没有明显的人际关联，而且杀人本身就是犯罪人的主要目标。即便如此，系列杀手也有杀害亲属和熟人的情况。此外，他们有时也会引诱被害人进入他们的车里或家里，向被害人提供搭车服务或向少年流浪者承诺提供金钱以换取性服务。与单一被害人谋杀案相比，由于大多数系列谋杀案中的作案人和被害人缺乏某种关系，所以识别嫌疑人特别困难。

两组人的首选杀人方法也往往不同。系列谋杀案的犯罪人更倾向于通过扼杀或殴打来亲手杀人；而单一被害人及大规模谋杀案的犯罪人更喜欢使用枪支（Kraemer，Lord，& Heilbrun，2004）。系列杀手还表现出更多的计划性，他们将被害人的尸体从一个地方转移到另一个地方，使用束缚手段，以及将尸体丢弃到某个遥远的地方（Kraemer，Lord，& Heilbrun，2004）。单一被害人的犯罪人在处理尸体时往往不那么熟练。

系列谋杀案的地理特征

大多数系列杀手对杀人地点有特定的偏好。他们经常在舒适区内犯罪，这些舒适区通常由一个固定点来界定，如他们的住所、工作场所或亲属的住所。犯罪地理画像数据支持这一论述。很少有系列杀手会跨州杀人（FBI，2005a）。那些确实为谋杀而跨州的人，他们谋杀的对象通常是卡车司机、服兵役的人、流浪者或从一个地方到另一个地方的流动人员。据估计，14% 的系列杀手将自己的家或工作场所作为首选杀人地点，而另外 52% 的系列杀手在同一地点或区域内（如同一社区或城市）实施谋杀（Hickey，1997）。这一趋势表明，犯罪地理画像在识别系列杀手方面可能是非常有帮助的。

罗斯莫（Rossmo，1997）根据他研究的系列杀手和系列强奸犯的作案手法开发了一种分类方式。罗斯莫确定了他们在寻找被害人时使用的四种"猎杀模式"：

（1）捕猎者（hunter）；

（2）偷猎者（poacher）；

（3）游猎者（troller）；

（4）诱捕者（trapper）。

捕猎者是指那些专门从他们的住所出发，在他们认为有合适目标的区域内搜索、寻找被害人的犯罪人。捕猎者作案的地理特征是稳定的，因为他们的犯罪行为通常发生在犯罪人的住所或社区附近。偷猎者则更多是流动的，在寻找目标的过程中会离开他们的社区一段距离。游猎者并不专门寻找被害人，而是依靠在其他活动过程中的随机遭遇。诱捕者创造条件（陷阱）诱使被害人来找他。研究人员（Beauregard et al.，2007）研究了 72 名系列性犯罪人，确实发现了一些支持罗斯莫的猎杀模式的证据。然而，到目前为止，在我们能够确认或否定其有效性

之前，该分类仍需要更多的研究。与我们在本章开始时对画像的讨论一样，侦查人员可能会发现罗斯莫的分类对他们的工作有帮助，但要谨慎行事，因为犯罪人可能不符合该分类所描述的模式。

风险因素与心理动机

一个经常被问到的问题是：哪些风险因素会使一个人容易成为系列杀手？像所有人一样，系列杀手是他们的基因、成长环境、社会环境的产物，最终也是环境因素导致他走上这种发展道路的。在系列杀手的发展过程中，并不存在可识别的因果因素。正如我们在本书中所讨论的，犯罪行为是由各种因素和影响的复杂混合物发展出来的。导致暴力的因素和影响很可能也在系列谋杀案中发挥重要作用，尽管肯定还有其他因素。例如，如上所述，许多系列杀手的动机似乎是基于心理奖赏的某种组合，如控制、支配、杀人的快感和媒体的关注。不过，在弗里德尔和福克斯研究的大量系列谋杀案中，经济利益是一个动机，而且它往往如下文所述的是女性系列杀手的动机。他们的行动可预见、有计划、有组织、有目的，而且他们似乎很乐意与执法部门和广大公众"玩游戏"。

许多系列杀手特别喜欢实施吸引媒体关注的谋杀，给社区带来令人毛骨悚然的恐惧，而且让公众感到无法理解。基思·亨特·耶斯佩森显然对自己的杀人行为没有得到高度宣传感到非常恼火，于是他在 1994 年开始给媒体写信，并在信上画一个笑脸，因此获得了"笑脸杀手"的绰号。丹尼斯·拉德可以被归类为系列谋杀犯和大规模谋杀犯，他也给警察局和报社写过信。在信中，他为自己取了许多名字，最终坚持下来的一个名字是 BTK，这是"捆绑"（Bind）、"折磨"（Torture）和"杀害"（Kill）的英文首字母缩写。2019 年被处决的佛罗里达州杀手被命名为"分类广告杀手"，他通过回复出售物品的广告来筛选目标。我们承认，一些读者可能反对给杀手起绰号，因为这样的做法似乎是凶手希望达到的目的，即以此出名。

证据并不支持任何关于系列杀手是基于某种强迫或不可抗拒的冲动而杀人的观点。相反，谋杀似乎更多是随机的结果，是随机锁定一个合适的被害人。因此，根据传统的临床或精神病学标准假定系列杀手是有严重精神障碍的人，是一个错误，他们中的有些人是有严重精神障碍的人，但大多数不是。

也不应假定系列杀手是难以融入当地社区的社会不适应者。斯旺戈虽然不是一个非常成功的医生，但他能够在多个地区的各种医疗机构找到工作。丹尼斯·拉德结婚33年，有两个孩子，是一个长期、敬业的教会成员，曾在教会理事会中担任过公职，曾被聘为当地政府官员，并在几个社区委员会任职。加里·里奇韦喜欢打猎、钓鱼、打理花园，还和他的妻子驾驶房车旅行。他曾结过3次婚，有1个儿子，在被捕时是已婚状态。他在一家公司做了32年的油漆工。罗伯特·耶茨（Robert Yates）在华盛顿州某监狱担任惩戒官，在19年的军旅生涯中，他是一名衣冠楚楚的直升机飞行员。这些杀手中没有一个人被认为是危险人物。当他们的罪行被发现时，许多认识他们的人都感到震惊。被指控的"金州杀手"曾做过一段时间的警察，然后在近40年的时间里稳定地工作。他结过婚，也离过婚，被捕时与女儿和外孙女住在一起。一位同事形容他是一个看起来很正常的人，但他从来不笑。

系列杀手会发展出各自的行为模式以便于重复谋杀，通常是残酷、有辱人格和冷血的方式。但我们要再次强调，从临床角度来说，他们并不一定有严重的精神障碍。这是一个很难理解的概念，因为我们大多数人可能都会认为，任何以这种方式杀人的人一定是疯了。然而，绝大多数系列杀手都不符合第八章所讨论的传统精神障碍诊断类别中的严重精神障碍的标准。

作为一个群体——总有例外——他们不会被诊断为诸如偏执型人格障碍、妄想障碍、精神病或重性抑郁障碍这样的精神障碍。不过，有些人可能符合反社会型人格障碍的条件。

女性系列杀手

与男性系列杀手相比，尽管女性系列杀手非常少见，但在美国历史上确认了30多名女性系列杀手。希基（Hickey，1997）列出了34名有记录的女性系列杀手，其中82%的人活跃于1900年之后。研究发现，女性和男性系列杀手之间有很明显的差异（Fox & Farrington，2018）。例如，只有大约1/3的女性犯罪人杀害陌生人；与此相反的是，男性犯罪人几乎只杀害陌生人，尽管杀害熟人或亲属的情况仍然存在。哈里森等人（Harrison et al.，2015）研究了1821—2008年间活跃在美国的64名女性系列杀手的背景、作案动机、作案方法和精神状态。她们针对的被害人几乎没有反击的机会，他们通常是儿童、老人或残疾人。有意思的是，现有的研究表明，女性系列杀手的活跃时间比典型的男性系列杀手长，平均8～11年（Farrell，Keppel，& Titterington，2011；Kelleher & Kelleher，1998）。研究表明，平均而言，她们在不同的被害人群体中活动，有更长的活跃时间，并且会比男性系列杀手伤害更多的被害人（Farrell et al.，2011）。他们还发现，女性系列杀手谋杀的被害人平均为9人；而男性系列杀手的平均被害人人数不详，但据估计它应该远多于报告的女性犯罪人的被害人人数。

对女性系列杀手来说，大多数被害人是她们的丈夫、前夫或追求者（Harrison et al.，2015）。例如，贝尔·冈尼斯（Belle Gunness）在印第安纳州的拉波特市（La Porte）谋杀了14～49名男友或追求者（Holmes et al.，1991）。南妮·多斯（Nannie Doss）在俄克拉何马州的塔尔萨市（Tulsa）杀死的丈夫和家庭成员加起来有11人。被女性系列杀手杀害的第二大群体是那些弱小和依赖她们的人，如儿童和老人（Farrell et al.，2011；Kelleher & Kelleher，1998）。2015年4月，40岁的犹他州妇女梅甘·亨茨曼（Megan Huntsman）承认在10年间闷死了她的6个新生儿。她说她对毒品和酒精上瘾，患有抑郁障碍，并处于虐待性婚姻中。她被判处了多个罪行并合并执行，在大约 30 年内没有资格获得假释。在纽约，玛丽贝斯·廷宁（Marybeth Tinning）在 1985 年因闷死自己 4 个月大的女儿而被定罪。不过，她被怀疑还杀害了其他 7～8 个孩子，据称她承认杀害了其中 3 个孩子。在一次又一次的假释尝试都被拒绝之后，75 岁的她于 2018 年 7 月被释放，并将在社区监督下度过余生。

一位臭名昭著的当代女性系列杀手艾琳·伍尔诺斯（Aileen Wuornos）于 1989 年和 1990 年在佛罗里达州杀害了 7 名男子，当时她才 30 多岁。伍尔诺斯的童年和青少年时期是可悲的、毁灭性的，充满了风险因素。她 13 岁时怀孕，15 岁时成了一名妓女。她有很多犯罪记录，虽然大部分是非暴力犯罪，同时她也经常受到伤害。在她犯下第一起谋杀案之前，就已经是刑事司法机关的常客了。伍尔诺斯不寻常的地方在于她的被害人是陌生人或刚认识没多久的人，而不是丈夫或她所照顾的人。精神科医生诊断她患有边缘型人格障碍，她却争辩说，她所杀害的男人曾强奸她或试图强奸她，或者声称自己犯罪是出于自我防卫。她被定罪并被判处死刑，并于 2002 年 10 月被执行注射死刑。几部纪录片和电影《怪物》（Monster）的主角的原型就是伍尔诺斯。

通常来说，女性系列杀手主要为了物质或金钱利益而杀人，如保险利益、遗嘱分配、信托和遗产。此外，杀人的方法是通过下毒。大约一半的女性系列杀手有一个男性同伙。例如，查论·加列戈（Charlene Gallego）是系列杀手杰拉尔德·加列戈（Gerald Gallego）的妻子，帮助他选择、绑架和谋杀了至少 10 人（Holmes et al.，1991）。

在过去的几十年里已确认了几位杀害患者的女性医护人员，也有男性医护人员（包括一名叫斯旺戈的医生）。2019 年，德国的一名男护士被认定在多年内谋杀了 85 名患者。一些研究表明，多达 17% 的女性系列杀手是护士（Stark et al.，1997）。例如，荷兰就有一名女性医护人员可能需要对荷兰两家医院的 28 名患者的死亡负责。她的被害人要么是儿童患者，要么是老年患者，而她的杀戮方式是注射各种药物。她于 2001 年 12 月被捕，后来被判定犯有 4 项一级谋杀罪和 3 项谋杀未遂罪。

医护人员实施系列谋杀的动机是多样的：需要被认可和受关注、报复、渴望获得权力和控制感（Brantley & Kosky，2005）。其中一些医护人员承认，杀人可以缓解紧张、压力和挫折感（Linedecker & Burt，1990）。一些人还坚持认为，他们杀人是为了让患者脱离苦海。

大规模谋杀

令人惊讶的是，针对大规模谋杀的研究很少，特别是与针对系列谋杀的研究相比。也许这是因为虽然大规模谋杀案让人毛骨悚然，但不像系列谋杀案那样神秘。此外，大规模谋杀迅速且不可预测地发生，没有警告，然后杀戮就结束了。犯罪人是谁通常很明确，而且这些人的生命通常是当场结束的，要么自杀，要么被警察射杀。如果他们活着并被起诉，基本都会被判处终身监禁或死刑。相反，系列谋杀发生在几周、几个月或几年的时间里，在此期间，犯罪人的身份是未知的，甚至一直未被抓获。如上所述，"金州杀手"40 年都没有被发现。

传统上调查人员确定了两种类型的由个人实施的大规模谋杀：典型大规模谋杀和家庭大规模谋杀（Douglas et al.，1986）。典型大规模谋杀（classic mass murder）的一个例子是，一个人走进或自己堵住一个公共场所，如快餐店、商场或剧院，并随机杀人（但有时是有选择的，如针对某一性别）。这类典型大规模谋杀也称公共场所大规模谋杀，这些杀手几乎无一例外地都使用枪支。家庭大规模谋杀（family mass murder）通常涉及武器，但也可能涉及其他工具或方式，如刀、毒药或溺水。在家庭大规模谋杀中，至少有 3 名家庭成员被另一名家庭成员杀害。很多时候，犯罪人会自杀，这种事件被归类为大规模谋杀／自杀。第三类是恐怖分子实施的大规模谋杀。

当大规模谋杀发生时，对犯罪人的称呼是活跃枪手（active shooter）。根据美国联邦调查局的说法，活跃枪手是指一个或多个在人口密集地区参与杀害或试图杀人的人（FBI，2018b）。这个定义中有一个暗示，即凶手都使用枪支。

一些具有典型大规模谋杀特征的案件可能需要被单独分类。虽然被害人看起来是随机选择的，但实际上他们可能被犯罪人认为属于某个特定群体或代表某个威胁性群体，尽管这种威胁并不合理。除常规的作案动机，犯罪人实施典型大规模谋杀的犯罪动机可能还包括对某些群体的仇恨。

公共场所大规模枪击事件

公共场所大规模枪击事件（public mass shooting），也称"主动枪击事件"，它发生在公共场所，例如学校、工作场所、商场、餐馆、停车场和公共交通工具（包括飞机）。1983—2012 年，美国发生了大约 78 起公共场所大规模枪击事件，导致 547 人死亡（不包括枪手）（Bjelopera et al.，2013）。2014 年和 2015 年，在 21 个州发生了 50 起活跃枪手事件，造成 943 人伤亡（221 人死亡，722 人受伤）（FBI，2018b）。50 名枪手都是男性，3 人穿了防弹衣，13 人在现场自杀。虽然令人感到震惊、恐惧且悲惨，但公共场所大规模枪击事件在任何一年的谋杀案总量中占比都很小。

然而，根据美国联邦调查局的一份特别报告，主动枪击事件或大规模枪击事件的威胁正在增加（Barrett，2014）。2000—2013 年，美国政府确定了160 起枪击事件，平均每年有 16.4 起活跃枪手事件；2000—2006 年，平均每年有 6.4 起活跃枪手事件。如果没有多人伤亡，一起活跃枪手事件并不会变成大规模枪击事件。大多数事件（73 起）发生在商业场所，如商场或电影院，而教育机构和政府机构紧随其后（分别为 39 起和 16 起）。这 160 起事件共造成486 人死亡，557 人受伤。在 2019 年，美国至少发生了 21 起大规模枪击事件（Keneally，2019）。

心理学家和心理学相关专业人员认识到为这些创伤性事件的幸存者提供服务的重要性（见专栏 10-2）。美国物质滥用和精神健康服务管理局（Substance Abuse and Mental Health Services Administration,

SAMHSA，2017）发布的公告确定了幸存者恢复的3 个阶段以及幸存者的相应需求。首先是急性阶段，个人经历否认、震惊和 / 或怀疑。他们的直接需求是与他人建立联结和获得帮助（如危机干预、庇护所、医疗服务）。其次是可能持续数天至数周的中间阶段，幸存者可能会经历恐惧、愤怒、焦虑和忧郁。社区在这个阶段需要为幸存者提供了解创伤的服务。最后是长期阶段，可能出现在社区注意力减弱、媒体注意力转移到其他事件之后。大多数幸存者不会遭受长期的痛苦，但有些人确实出现负面的行为反应，如闪回或高度焦虑。这些幸存者可能会转向如物质滥用这样的自我"治疗"，而且已经发生了至少两起自杀事件。非常可悲的是，幸存者及其亲属有时会遇到来自他人的残忍行为，例如在社交媒体上被人嘲笑。例如，桑迪胡克小学枪击案和帕克兰枪击案中被害人的父母和幸存者甚至被指责为"伪造"事件或"利用"事件来获得公众关注。

从大规模枪击事件中幸存，就像从其他暴力犯罪中幸存一样，需要个人、家庭和社区资源的支持。虽然我们在此关注的是犯罪行为本身的心理问题，但我们也并非对幸存者必须面对的后遗症漠不关心。

能够使专家和执法部门预测大规模谋杀犯行动的详细资料并不存在。例如，2016 年和 2017 年的活跃枪手年龄从 14 岁到 66 岁不等（FBI，2018b）。西尔弗等人（Silver, Simon, & Craun, 2018）对 63 名活跃枪手进行了研究，没有发现任何仅凭人口统计学数据就能识别他们或预测他们攻击行为的方法。对活跃枪手的案例研究通常会识别出共同的风险因素，某些情况下包括精神障碍，但一般来说，我们无法确定谁会或不会实施这样的事件。然而，执法部门、专业人员和学者经过一些观察得出了一些媒体经常引用的大规模谋杀犯画像。尽管如此，大规模谋杀犯或活跃枪手有时根本不符合画像的基本特征。事实上，一项对 2007—2011 年发生的 152 起大规模谋杀案的研究（Taylor，2018）对一些上述的画像特征提出了质疑。研究发现，典型的大规模谋杀是由一个触发事件（如被解雇）引起的，并且是由

热门话题

专栏 10-2　大规模枪击事件对幸存者造成的长期影响

截至 2018 年 11 月初，美国发生了约 304 起大规模枪击事件，大约每天就有一起。每起事件不仅造成了死亡，还对无数幸存者造成了伤害。除了身体伤害，心理伤害更是无法评估的。幸存者不仅是指遭受实际身体伤害的人（如枪伤或失去部分肢体），还包括那些在现场逃过一劫的人，无论他们是否目睹他人的死亡。幸存者可能还包括那些死亡或受伤的人的家人和好友。心理学家和相关专家已经为幸存者提供了临床服务，以了解幸存者在短期内以及在大规模伤亡发生后的几年内的情况。

如上文所述，大规模谋杀的定义是除犯罪人外至少有 2 名被害人。事实上，有多个被害人的事件并不罕见。这些事件都留下了幸存者，他们的人数是无法统计的。虽然我们有时知道伤者的情况，但我们无法知道那些因为意外而遭受长期影响的家庭成员和密友。偶尔公众能听到一些令人悲伤的结果。

正如上文中所指出的，由美国物质滥用和精神健康服务管理局发布的一份公告（SAMHSA，2017）确定了幸存者恢复的 3 个阶段以及幸存者的相应需求。

大多数幸存者不会遭受长期的痛苦，但有些人确实遭受了负面行为反应，如闪回或高度焦虑。这些幸存者可能会进行自我"治疗"，如滥用药物。幸存者可能会将自己与那些看起来适应得更好的人进行比较，或者他们可能会责怪自己在灾难发生时未能提供帮助（"我本应该保护我的朋友的"或"我本应该是那个打破窗户帮助人们逃生的人"）。

许多研究人员正在研究大规模枪击和爆炸事件的幸存者现象，心理咨询师等专业人员也会提供服务。这些专业人员发现自己向幸存者提供服务的情况越来越多。

问题讨论

1. 选择最近发生的两起大规模枪击事件，回忆一下你在听到这些事件时的反应。你对这两起事件的反应是否相同？将你的反应与你的朋友或家人的反应进行比较。

2. 你选择的这两起大规模枪击事件的幸存者是否以某种方式停留在公众视野中？请大致描述状况。

认识一个或多个被害人的人实施的。谋杀犯的背景中很少有精神疾病的迹象。媒体报道中引用的大规模谋杀犯资料几乎无一例外地提到了精神疾病。

西尔弗等人（Silver, Simon, & Craun, 2018）只能证实在他们调查的 63 名活跃枪手中，有 25% 的人在枪击事件发生之前被心理健康专家诊断出患有某种形式的精神疾病，其中 12 人被诊断为情绪障碍，4 人有焦虑障碍，3 人被确定为精神病患者，2 人被诊断为人格障碍，1 人被诊断为孤独症谱系障碍。西尔弗等人基于调查得出结论：正式诊断的精神疾病并不是任何类型暴力的一个非常特定的预测因素，更不用说有针对性的暴力了。他们进一步断言："宣称所有活跃枪手都有精神疾病，是一种误导，而且毫无益处。"

思考的方向更应朝向社会和背景因素，而不是断定枪击事件是由精神疾病所引起的。事实上，大多数大规模谋杀犯都没有犯罪记录或精神病史（Fox & DeLateur，2014），尽管有些人（如弗吉尼亚理工大学枪手、奥罗拉影院枪手）曾接受过心理治疗。活跃枪手们似乎确信，对他们来说事情很难有机会变得更好。研究发现，大多数活跃枪手在发动袭击前都经历了生活中的多种压力，尤其是当压力与财务和工作有关，以及与同伴、合作伙伴、同事或主管的冲突有关时。很明显，79% 的活跃枪手是由于某种不满而进行攻击的。按照他们自己的标准，他们的个人生活是失败的，而且他们常常遭受一些悲惨或严重的损失，例如失去了有意义的工作或亲密的伴侣。值得注意的是，西尔弗等人研究的活跃枪手中，至少有一半在袭击前表现出自杀意念或参与了和自杀相关的行为。

在袭击前的几周和几个月，许多活跃枪手表现出的行为可能是即将实施暴力事件的信号（Silver et al.，2018）。尽管他们可能试图故意掩饰这些信号，但还是有一些信号能被观察到，如果相关人员识别出那些信号并报告，就可能防止攻击的发生。朋友、家人、同事和其他注意到这些信号的人可能会忍住不报告，因为他们害怕错误地将朋友或家人贴上"潜在杀人犯"的标签。

大规模谋杀通常是精心策划的，犯罪行为通常以一种冷静、系统的方式进行。西尔弗等人发现，他们研究的 77% 的枪手花了 1 周或更长时间计划他们的袭击，46% 的人花了 1 周或更长时间准备和采购攻击的工具。大多数人的枪支是合法获得的。奥罗拉影院的枪手除了携带的致命武器，还为自己配备了面具和多个催泪瓦斯罐。他还在自己的公寓里设置了诱杀装置，这个装置在枪击案发生后警察进入公寓前就爆炸了。挪威枪手租了一个农舍，精心组装了一个炸弹。拉斯维加斯的枪手在他开枪的酒店里租了一间套房，并往酒店里偷运了一批武器，还设置了障碍来阻止执法人员进入。大规模谋杀犯在选择目标时往往是有计划的和蓄意的，而且经常包括非陌生人。他们的准备工作往往涉及作案地点、时间、目标，以及用什么武器攻击（Fox & DeLateur，2014）。他们下定决心完成任务，无论摆在他们面前的是什么障碍和挑战。这些目标要么能象征他们的不满（如他们的工作场所），要么是犯罪人憎恨或指责的对象，因为犯罪人认为他们给自己带来了不幸。以群体（如宗教或政治团体的成员）为目标的大规模谋杀犯将他们自己的失败或他们感受到的对自己的生存的威胁归咎于该群体。他们的目标明确，以至于当他们真的发动袭击时，他们可以在大规模谋杀过程中保持冷静。研究人员（Fox & DeLateur，2014）写道："众所周知，大规模谋杀犯遵循一个心理脚本，一个经过反复排练以使他们在执行任务时变得游刃有余的脚本。"

公共场所大规模枪击事件的凶手通常计划自己会在枪击事件中死亡，这使他们的任务具有大规模谋杀／自杀的特点。大约 50% 的枪手会在枪击事件中把枪口对准自己，其余的枪手则被执法人员射杀（Bielopera et al.，2013）。很少有大规模枪击事件的凶手能活着接受审判，他们一般都死在现场，要么是死于自杀，要么是死于警察的射杀。例外情况包括詹姆斯·霍姆斯，他是奥罗拉影院枪击事件中的凶手，他被判无期徒刑，目前正在监狱中服刑；2018 年在匹兹堡犹太教堂射杀信徒的罗伯特·鲍尔斯（Robert Bowers）；同年在帕克兰的一所高中杀死 17 人的尼古拉斯·克鲁兹（Nikolas Cruz）。鲍尔斯案的检察官试图将其判处死刑。克鲁兹显然已经进行了辩诉交易，提出用认罪来换取避免死刑。但截至 2019 年年底，检察官还没有接受这一提议。

活跃枪手通常被认为是孤僻的人，没有强大的社交网络或社会支持。然而，他们中的大多数人并非完全孤立，至少会与某些个体有一些社会联系（Silver et al.，2018）。在西尔弗等人的研究中，虽然大多数人在袭击发生时是单身、分居或离异，但大多数人都在袭击发生的一年内，至少与一个人有过重要的社交互动。此外，尽管物质滥用和酗酒不是枪手的明显行为模式，但不恰当的枪支使用行为却是。不恰当的枪支使用行为指的是，他们对枪支或使用枪支具有非同寻常的兴趣。

确实存在孤僻的活跃枪手，可能是由于他们主观上就不喜欢人际交往且社会技能不足。大规模谋杀是他们报复或支配他人、控制、发号施令并获得认可的机会。同样，也有例外，因为一些大规模谋杀犯在他们的背景中并没有这些指标。因此，在考虑本节所讨论的类型学和画像时，必须谨慎行事。在下文中，我们提出了一种有助于识别大规模谋杀犯的不同动机的分类。虽然美国的活跃枪手在大幅增加，但正如我们在下文中看到的那样，某些个人或团体实施大规模谋杀的原因是多种多样的。

大规模谋杀的类型

福克斯和莱文（Fox & Levin，2003）将大规模谋杀的动机分为五种：复仇（revenge）、权力（power）、忠诚（loyalty）、利益（profit）和恐怖（terror）。根据福克斯和莱文的看法，许多大规模谋杀的动机是复仇，要么针对特定的个体，要么针对特定的群体。通常情况下，凶手试图报复他不喜欢的群体。福克斯和莱文提出了"代理谋杀"（murder by proxy）的概念。按照这个概念，被害人被选中是因为他们与凶手所要报复的主要目标有关联。例如，一名在蒙特利尔大学（Université de Montréal）向女学生开火的男子对女权主义者有长期的仇恨。虽然一些被害人可能不认为自己是女权主义者，但他认为所有女性都是女权主义者的"代理"。另一个人于 2018 年在多伦多杀害了 10 人，其中大部分是女性，这次事件属于非典型事件，因为他使用的"武器"是一辆货车，而不是枪支。

还有一起报复性大规模谋杀案发生在 2009 年 3 月 10 日，当时一名 28 岁的男子在亚拉巴马州南部疯狂作案，他杀死了 10 人，然后自杀。他有一份共事过的人的名单，按他的说法这些人曾经对他不公。枪击事件当天，他首先烧毁了他母亲的房子（她的尸体和 4 条死去的狗后来在里面被发现），并在他工作的工厂里射杀了大部分被害人。在暴行发生的前几天，他已经停止了在那个工厂的工作。

福克斯和莱文确定的第二种动机是寻求权力和对被害人的支配。他们享受并渴望自己造成的恐惧和对被害人的极大控制。通常情况下，对复仇和权力的需求是同时存在的。权力型杀手既寻求复仇，又寻求对折磨他的人的控制。福克斯和莱文观察到，对权力和控制的渴求激发了这种类型的大规模谋杀犯穿着军装和战斗装备，并携带攻击性武器。一些调查人员称他们为"伪突击队杀手"。一名在 2012 年杀害 16 名阿富汗平民的美国士兵在军事法庭上认罪，现在正在服无期徒刑且不能假释。这可能是一个权力型大规模谋杀的例子。另一个例子是一个失业的保安，他穿上了迷彩服并告诉他的妻子："我要去打猎了，猎杀人类。"

福克斯和莱文确定的第三种动机是受到一种对爱和忠诚的扭曲价值观的影响而杀人，通常是基于将他们所爱的人从苦难和困境中拯救出来的愿望。许多家庭大规模谋杀源于这种动机。典型的情况是，丈夫／父亲对家庭的命运感到绝望，于是不仅夺走了自己的生命，还夺走了子女的生命，有时还夺走妻子的生命，以保护他们免受生活中的痛苦。

大规模谋杀的第四种动机是利益。这种谋杀的目的是消灭被害人和罪案的目击者，有时也涉及有组织的犯罪集团之间的毒品战争。这种类型的大规模谋杀还向其他潜在的证人发出信息，即如果他们试图向当局作证，那么同样的事情也会发生在他们身上。

大规模谋杀的第五种动机是恐怖。在这种情况下，犯罪人想通过可怕的杀人暴行来传递某些信息。

本章的其余部分将讨论已经或很可能构成大规模谋杀的具体犯罪行为。

当然，校园暴力和工作场所暴力并不一定会导致死亡，但当它们导致死亡时，死亡人数可能很多。近年来，这些犯罪引起了媒体的广泛报道和一些研究人员的关注。

恐怖主义犯罪

- 恐怖行为在很大程度上取决于其影响，尤其是其心理影响（Ditzler，2004）。

- 毫无疑问，"9·11"事件达到了其目的：制造一种恐惧且充满不确定性的全球心理状态（Marsella，2004）。
- 恐怖主义就像鲨鱼袭击一样，会产生巨大的心理影响（Victoroff，2005）。
- 作为一种可理解的人类行为形式，恐怖主义有其基本的心理因素（Kruglanski et al.，2008）。

恐怖主义的本质基本上是心理上的，其目的是在民众中制造严重的恐惧和心理上的脆弱（Levant，2002）。鉴于其独特性，心理学在理解恐怖主义、打击恐怖主义和治疗其创伤性影响方面发挥了重要作用（Kruglanski et al.，2008）。然而，在"9·11"事件后，心理学家才表现出对调查、研究该主题的兴趣（Horgan，2017；Marsella，2004）。

那天，整个美国和世界大部分地区都被这场突如其来的破坏生命和财产的事件所震惊，两架商业客机撞上了纽约市的世界贸易中心，第三架飞机飞往华盛顿郊外的五角大楼，第四架飞机坠毁在宾夕法尼亚州萨默塞特县（Somerset）的一块田地里。据有关消息称，在宾夕法尼亚州坠毁的飞机原本正朝白宫飞去，但机上乘客成功控制了飞机，使其离开了原定的劫持航线。在世界贸易中心，有 2823 人遇难；在五角大楼，有 184 人丧生；而那架坠毁于宾夕法尼亚州的飞机上的 40 名乘客也无一生还。19 名恐怖分子（均在 35 岁以下）直接参与了劫机事件（10 人在世界贸易中心，5 人在五角大楼，4 人在宾夕法尼亚州）（FBI，2002）。

继"9·11"事件后，全球又发生了数起恐怖袭击事件。例如，2002 年的巴厘岛爆炸案、2004 年的马德里爆炸案、2005 年的伦敦爆炸案、2008 年的孟买袭击等。除了这些国际恐怖主义事件，人们也越来越关注国内恐怖主义[①]的增加。

21 世纪，心理学家、精神病学家及其他心理健康专业人员围绕现代恐怖主义的心理基础发表了大量的文章和评论。大多数研究人员认为，出于某种政治、宗教或社会目的而屠杀无辜民众并摧毁他们的家园，无疑是一种严重的犯罪行为。

恐怖分子通常被描述为异常的个体，甚至被称为邪恶、精神失常、不道德或精神病态杀手。事实上，他们对无辜者实施的令人发指的、不人道的袭击从根本上对一个观点形成了挑战，即恐怖分子是理性的、情绪稳定的个体。确实，几乎没有证据表明恐怖组织的成员会呈现出精神不稳定、不理性或精神病态的特点（Maikovich，2005；Monahan，2011；Sarangi & Alison，2005）。事实上，许多研究报告表明，恐怖分子，尤其是那些属于某个群体的恐怖分子，在心理上比其他暴力犯罪分子更健康、更稳定（Silke，2008）。当然也有例外，我们将在后面提到。但从本质上来说，表现出精神障碍或情绪障碍的人不太可能成为恐怖分子。如果恐怖分子缺乏纪律性、理性、自我控制能力和精神毅力，那他们可能根本就活不久（Silke，2008）。严密组织化的恐怖组织会尽快将情绪不稳定的个体从他们的队伍中驱逐出去，主要是因为这类人会对整个组织造成安全威胁（Post & Gold，2002）。正如我们在第五章所了解的，暴力犯罪分子表现出的大部分攻击行为是自发的或反应性的。恐怖组织不遗余力地为袭击做准备，任何违反其计划的行为都会严重损害其目的。总而言之，恐怖主义活动——尤其是经过严密组织的群体或组织实施的恐怖主义活动——通常是一种理性行为，其基础是相信暴力在道德上是正当的，并且是推进政治或宗教目标所必需的（Ruby，2002）。这对非恐怖分子来说是不理性的，但对拥护它的个人或群体来说却是理性的。

国际恐怖主义并不是唯一的问题，过去 10 余年，在美国，园内恐怖分子——在美国犯罪并从美国的极端主义意识形态和运动中汲取灵感的人——在全美国范围内杀害了大量的美国公民并破坏了财

[①]　国内恐怖主义通常指的是任何国家本土发展起来的针对本土境内实施的恐怖主义，其与国际恐怖主义对应。——译者注

产（Congressional Research Service，2017）。近年来，国内恐怖主义已成为美国和其他很多国家的一个重大问题。因此，本部分所涉及的恐怖分子实施的恐怖主义活动既包含国际组织的，也包含本土的。

对恐怖主义的界定

在本书中，尤其是在第一章和第九章，我们介绍了通过犯罪活动恐吓他人的人。例如，系列杀手使整个社区陷入恐慌，家庭虐待者使家庭成员陷入恐慌，而一个家庭入侵者可能使整个家庭陷入恐慌。大规模杀手在实施袭击时使人感到恐惧。然而，以这种方式进行恐吓并不是本部分介绍的恐怖分子的行为。

在美国联邦法律中，恐怖主义被定义为非法对个人或财产使用武力或暴力，以恐吓或胁迫政府、民众或其他任何群体，以达到政治或社会目的［Code of Federal Regulations，18 U.S.C § 2331（1）］。根据美国联邦法律，恐怖主义可能是国内的或国际的，这取决于恐怖组织或个人的起源、基地和目标（DOJ，2000a）。在提及从事国内恐怖主义活动的人时，美国联邦政府常常互换使用"恐怖分子"（terrorist）和"极端分子"（extremist）这两个说法（Congressional Research Service，2017）。此外，它没有区分群体、组织和个人实施的恐怖主义活动。

国内恐怖主义

国内恐怖主义（domestic terrorism）是由个人和／或群体所为，这些个人和／或群体受到主要以其所在国家为基地的，受到政治、宗教、社会或环境性质的极端主义意识形态的运动的启发，或者与这些运动有关联（FBI，2019b）。此外，国内恐怖分子只在本土活动，没有朝向国外的目标（Congressional Research Service，2017）。班杜拉（Bandura，2016）写道："与国际恐怖分子一样，国内恐怖分子以无辜民众为目标，在最大限度上宣传的同时，秘密地执行他们的袭击任务，并试图安全逃脱，除非他们是自杀式炸弹袭击者。"他们通常是他们居住的国家的

公民——无论是美国还是其他国家——并融入普通大众，过着平凡的生活。基本上，国内恐怖主义就是土生土长的恐怖主义。国内恐怖分子通常不隶属于恐怖组织，通常被描述为"独狼"或"孤独的犯罪人"，或者与小型组织有联系。他们通常没有被逮捕的记录，也没有留下他们计划袭击的记录。他们本质上是"不起眼的"（Horgan，Shortland，& Abbasciano，2018）。

尽管上述定义足以满足本部分内容所涉及的研究，但美国本土恐怖主义有多种形式，不易界定，而且这个概念本身就有争议。例如，有些人希望扩大定义，使其适用于更多的个体，包括大规模谋杀犯，他们的背景中没有任何迹象表明他们有反政府情绪或试图通过恐吓来影响政府的决策。对扩大定义持反对态度的人指出，这些罪行已经可以接受严厉的惩罚了，包括死刑（Jenkins & Daddario，2017）。

同样有争议的是国内恐怖主义和仇恨犯罪之间的重叠。正如美国国会研究处（Congressional Research Service，2017）所指出的，国内恐怖主义和仇恨犯罪之间的灰色地带表明，在某些情况下，与国内恐怖主义运动或支持国内恐怖主义意识形态有关的嫌疑人可能会被指控仇恨犯罪。

2009 年 11 月 5 日，陆军少校尼达尔·哈桑（Nidal Hasan）在得克萨斯州胡德堡（Fort Hood）造成 13 人死亡，另有 32 人受伤。除了 2 人，其他人都是军人。虽然我们可以把这看作暴力型工作场所大规模谋杀的一个例证，但枪击的情况，包括哈桑在开火时大喊大叫的话语，让美国国防部（Department of Defense，DOD）确认这属于国内恐怖主义。

国际恐怖主义

国际恐怖主义（international terrorism）是指在外国政府、群体、组织或个人的指挥下，违反刑法的暴力行为或危及他人生命的行为。这种类型的恐怖活动很普遍，影响着全世界的人们。

在美国，"9·11"事件就是国际恐怖主义的示例，也是媒体和研究文献报道最多的事件。除此之外，

大多数针对美国公民的国际恐怖主义活动发生在其他国家。例如，在 20 世纪后期，哥伦比亚的一些组织以美国的利益为目标，绑架了 7 名美国公民，并对美国公司使用的石油管道实施了多次轰炸（DOJ，2000a）。另一个例子是美国驻肯尼亚大使馆和美国驻坦桑尼亚大使馆于 1998 年 8 月几乎同时遭到轰炸。卡车爆炸造成 224 人死亡，其中包括 12 名美国公民，使馆内及其附近 4500 多人受伤。

早在"9·11"事件之前，恐怖主义活动就已经在世界其他地方存在了，并且从那时起就一直在继续。日本、英国、西班牙、印度尼西亚、以色列、巴勒斯坦、埃及、沙特阿拉伯等国家都是被攻击的目标。

对文献进行快速浏览后发现，恐怖主义还有多种定义和解释。维克托若夫（Victoroff，2005）仅在学术文献中就发现了至少 109 个定义。他断言："考虑到恐怖主义行为的异质性，以及动机、理由和目标的多样性，所以定义上很难达成共识。"尽管有大量的定义，但马尔塞拉（Marsella，2004）在所有这些定义中找到了一些共同点：

（1）使用武力或暴力；

（2）个人或群体针对民众；

（3）意图使人产生恐惧；

（4）作为一种胁迫个人或群体的手段，来改变他们的政治和社会立场。

马尔塞拉进一步指出，对恐怖主义的任何全面定义还需要对行为的社会心理背景、动机和后果进行详尽的考虑。

尽管恐怖主义不是一种新现象，但如今的恐怖主义对世界的暴力威胁比以往任何时候都要大得多。这是因为商业、旅游、互联网、电子通信的全球化，以及随之而来的信息的快速流动，使经济差距和意识形态斗争得到了极大的凸显，并方便了距离远但"志同道合"的合作攻击共谋者（Victoroff，2005）。

恐怖分子的类型

研究人员试图根据动机对恐怖组织内的个体进行分类。在大多数情况下，动机可以归纳为整个群体的动机。迪茨勒（Ditzler，2004）介绍了美国陆军指挥参谋学院发布的恐怖分子分类（Terrorism Research Center，1997）：

（1）理性驱动型恐怖分子（rationally motivated terrorists）；

（2）心理驱动型恐怖分子（psychologically motivated terrorists）；

（3）文化驱动型恐怖分子（culturally motivated terrorists）。

理性驱动型恐怖分子是那些考虑到组织目标和他们行动的可能后果的人。他们制定了明确的、理论上可以实现的目标，可能涉及政治、社会、经济或其他特定目标。在许多情况下，理性驱动型恐怖分子试图避免生命损失，而是专注于破坏基础设施、建筑物和其他象征性建筑，以表达他们的诉求。然而，我们可以找到多个由理性驱动型恐怖分子造成死亡的例子。请注意，这种分类并不表明该群体的行为是理性的或符合逻辑的；但是他们认为自己是理性的，他们通常会对活动进行精心策划。

心理驱动型恐怖分子是由深刻的挫败感或不足感驱动的，犯罪人可能通过报复来寻求解决办法（Ditzler，2004）。恐怖主义的吸引力通常是基于群体归属和集体认同的心理收益。他们尤其被那些拥有魅力型领导人的恐怖组织所吸引。心理驱动型恐怖分子的一个变种是"独狼"行动，对他们来说，自我的确认不是通过群体归属实现的，而是通过权力感、主宰感和自主感实现的，而这种自主感来自做出单独决定的能力（Ditzler，2004）。

文化驱动型恐怖分子是由于害怕某个组织或强大的派别对他们的生活方式、国家遗产或文化造成无法弥补的损失而产生的。大多数情况下，宗教使群体和个人产生狂热或激情。主要受某一信仰体系统治或社会定义的民族或文化群体，往往会不断警惕可能会消除其宗教生活方式或文化身份的力量。

追随者与领导者

总体来说，恐怖分子是一个异质性很高的群体，参与恐怖主义的人的范围可能非常广泛（Silke，2008）。他们可能在教育水平、家庭背景、智力、性别、社会经济阶层、宗教信仰等方面都有所不同。虽然年轻男性占恐怖分子的大多数，但也有一些是女性，还有一些男性比一般的群体成员年龄大得多。

莫纳汉（Monahan，2011）在总结有关恐怖主义风险因素的文献时指出，恐怖分子的平均年龄为20～29岁，主要是男性，大多数未婚，而且没有证据表明他们有严重的精神疾病或精神障碍。在社会阶层方面，证据彻底反驳了通常的看法，即恐怖分子来自社会底层，事实上，在职业、收入和教育水平方面，恐怖分子似乎与当地人口基本没有区别。

莫纳汉还认为，没有证据表明经严密组织的恐怖分子有人格障碍或物质滥用问题。从本质上讲，恐怖分子并不存在特定的人格特征（Kruglanski et al.，2013）。

人们为什么加入恐怖组织

当人们缺乏技能和方法来改变一些社会现状时，通常会产生无助感。这可以从某种角度解释为什么有些人从事恐怖主义活动。这些感觉又可能引起两种反应模式中的一种：接近（攻击）或回避（撤退）。正如马丁·塞利格曼（Martin Seligman，1975）所提出的理论那样，退缩反应通常被称为习得性无助或反应性抑郁（reactive depression）。有些人觉得对自己身处的困境无能为力，这种反应模式生动地体现在生活在恶劣经济条件下又无能为力的人身上，他们认为自己几乎没有机会做出改变，这是一种没有希望的生活。另一种反应是攻击，在绝望中发泄，特别是当一个人相信这种反应模式会有效地改善自己的处境，或者改善自己的家庭或社区的处境时。如果人们对更好的未来几乎不抱希望或认为希望渺茫，那么你唯一不能从他们身上夺走的东西就是他

们的宗教、政治或哲学的信仰（Miller，2006a）。特别是如果这种信仰告诉他们，尽管他们有困难，但上帝最终是公正的，事情会在今世或来世得以解决。

还有人假设，缺乏自尊和自我意识的年轻人可能是加入恐怖组织的主要人群。这一观点与埃里克·埃里克森（Erik Erikson）的理论非常吻合，即青少年到了形成自我同一性的阶段，在这一阶段，意识形态最有可能产生重大和潜在的持久影响。埃里克森认为，自我同一性和自我意识是每个人生命过程中的核心主题。一些学者认为，许多恐怖分子未能真正地通过同一性阶段，因此形成了消极的同一性。这种消极的同一性鼓励这些人转向极端主义组织，以最终体验他们生命的"目的"和"意义"。

社会学习理论也为影响成员加入恐怖组织的心理过程提供了一些启示。维克托若夫（Victoroff，2005）认为，生活在政治纷争社会中的青少年可能会直接目睹恐怖分子的行为，并试图模仿他们，或者更常见的是，从他们对恐怖分子公开颂扬的文化中学习。然而，尽管社会学习理论对他们加入恐怖组织的原因有很强的解释力，但它并不能完全解释为什么大多数生活在这些社会背景下的青少年没有成为恐怖分子。

意义追寻理论

上述观点在解释某人如何及为何加入和参与恐怖组织方面有一定的用处，研究人员（Kruglanski et al.，2009；Kruglanski & Orehek，2011；Kruglanski et al.，2013，2018）提出了一个模型，为解释该行为提供了一个综合框架。该模型被称为意义追寻理论（quest for significance theory）。该模型认为，参与恐怖主义活动的动机是追寻意义感及想要被认可为重要人物。对意义的追寻表现为达到文化认为的值得达到的目的，即拥有文化认为值得被崇敬的能力，并因此获得对自己重要的其他人的敬佩（Kruglanski et al.，2013）。此外，理论心理学家早就意识到，这种追寻构成了一种普遍的、人类共有的动机，即自尊、成就、意义和控制的需要（Kruglanski et al.，

2017）。基本上，对意义的追寻这一需要被某个人或某个事件明确激活，以影响其行为。这种追寻可能会被三种事件激活：

（1）重大损失；

（2）面临重大损失的威胁；

（3）有获得重大收益的机会。

很多经历都会导致失去意义感，包括在一些重要的追寻中失败（Kruglanski et al.，2013，2017）。当个人被另一个人或社会群体贬低、排斥或失去权力时，这种情况就会经常发生。该个体重新获得意义感的主要方式可能是参与暴力或恐怖主义活动，无论是单独实施还是加入恐怖组织。

当一个人拒绝参与恐怖主义活动时，可能会面临出现重大损失的威胁。换句话说，如果一个人拒绝从事自杀式恐怖主义活动，那么他就会面临被群体排斥的威胁。

当恐怖分子的目标很可能使其在地位和自尊方面有相当大的提升时，就会出现获得重大收益的机会。如果一个人经历了一系列的挫折并产生了无意义感，那么当一个组织出现，并为其提供成为名人的机会或让其为一项重要的事业做出贡献时，这些就会成为一种巨大的吸引力。

一旦对意义感的追寻被激活，就必须建立一种意识形态（信仰体系），让人了解获得意义感和实现"永生"所需的条件。这种意识形态与激进化有关，因为它将暴力和恐怖主义等激进活动确定为获得个人意义的手段，意识形态的要求可能很高，以致它超越了所有其他目标，包括保护自己的家庭成员。此外，该意识形态确保人们愿意为该群体承担风险甚至做出牺牲。

意义追寻理论在不同的文化和地缘政治背景下都得到了大量支持（Kruglanski et al.，2018）。该理论在世界范围内的吸引力在于，它为制定旨在抵制或防止暴力极端分子的干预措施方面提供了一个总体蓝图（Kruglanski et al.，2017）。从本质上讲，这个蓝图可以用来系统地指导去激进化和反极端化工作，以应对目前正在威胁和破坏全世界文明社会的有害趋势（Kruglanski et al.，2018）。然而，更具挑战性的任务是确定另一种同样令人信服的追寻意义感的途径，并将这一途径灌输给激进的个体（或有激进风险的人），以使他们摆脱暴力极端主义。

恐惧管理理论

另一个为参与恐怖主义活动增加额外动机因素的通用模型是恐惧管理理论（Terror Management Theory，TMT）（Jonas & Fritsche，2013；Pyszczynski et al.，2006）。该理论受到欧内斯特·贝克尔（Ernest Becker，1973，1975）理论的启发。与意义追寻理论类似，恐惧管理理论提供了一个框架用于理解推动力，推动力有助于解释为什么人们会参与群体间冲突、加入恐怖组织并愿意为某项活动牺牲自己的生命。

恐惧管理理论中的"恐惧"一词是指所有人都面临的对最终死亡的高度焦虑。该理论断言，人类不断地、敏锐地意识到自己的死亡，并且伴随持续的威胁。死亡的威胁带来了最终成为冷漠宇宙中的一粒微不足道的尘埃的噩梦（Kruglanski et al.，2009）。恐惧管理理论的基本原则是人们构建和维护文化世界观，以此来消除因不可避免的死亡所产生的焦虑和恐惧（Pyszczynski，Rothschild，& Abdollahi，2008）。人们相信，在他们的生命停止后，他们的某些有价值的方面将继续存在，无论是字面意义上的还是象征性的（Burke，Martens，& Fauchjer，2010）。

因为外群体的羞辱、统治和不公正而感知到对一个群体的文化世界观的威胁，被视为恐怖主义仇恨、愤怒和暴力的根本原因。基于越来越多的研究结果，研究人员（Jonas & Fritsche，2013）得出结论：当人们想起死亡时，会变得更加不宽容和更容易攻击外群体的人，并且更加强烈地支持在群体间冲突中采取武力手段。这一结论适用于恐怖组织恐吓和摧毁他们认为对其信仰、生活方式和世界观构成严重威胁的外群体成员。从这个角度来看，如果一个群体能提供重要机会或能提供超越死亡的有效处理方式，那么归属于这个群体的个体就会觉得自己变得很重要，而且在面对死亡时会获得安慰。相信这一点会使他们感到安慰：为了在死后以某种方式继续"存活"，一个人必须满足内群体的重要要求，并为其最终使命做出贡献。

总体而言，意义追寻理论和恐惧管理理论有许多相似之处，但主要区别在于动机因素。意义追寻理论认为，在特定社会或群体中，人们为了让自己显得非常重要而不断驱使自己。恐惧管理理论则认为，人们要通过争取来世的不朽来应对不可避免的死亡。两者都为许多恐怖主义活动提供了令人信服的解释。

暴力极端分子和非暴力极端分子

恐怖分子群体的异质性很强。霍根等人（Horgan et al.，2018）认为，确定恐怖分子的个人行为差异是至关重要的，以便相关部门更准确地制订预防暴力的计划。同样，尽管某个恐怖组织的成员有一些共同的属性、信仰和忠诚度，这些都是一般极端主义的基础（Knight，Woodward，& Lancaster，2017），但有些属性能将那些愿意直接参与和实施极端暴力的成员与那些没有这种倾向的人区分开来。

奈特等人（Knight et al.，2017）研究了这两个群体之间的一些明显差异，以帮助执法部门在调查的早期阶段发现和阻止潜在的极端暴力分子。他们认为，区别暴力极端分子（Violent Extremists，VEs）与非暴力极端分子（Nonviolent Extremists，NVEs）的心理特征是一项重要的研究工作。

研究人员（Bartlett & Miller，2012；Rahomullah，Larmer，& Abdalla，2013）发现，激进化并不会自动导致极端暴力。事实上，研究表明，大多数拥有激进观点和极端主义思想的人永远不会参与极端暴力事件（McCauley & Moskalenko，2014）。那么谁会直接参与极端暴力事件呢？

奈特等人对 40 名极端分子进行了深入的个案研究，分析了每个人的关键议题和个性特征。他们发现，与非暴力极端分子相比，暴力极端分子在其一生中经历过大量的负性生活事件（如极端暴力、仇恨和被严重欺凌），并故意将自己与他人隔离。据报告称，暴力极端分子还具有低自尊、在学习成绩和就业状况方面表现得很差的特点。换句话说，他们未能体验到个人的意义，因为他们一生都在遭受强烈的拒绝、现实的失败、羞辱和虐待，特别是归属感的需求在青春期非常强烈。研究人员（Coll & Marks，2017）指出，许多恐怖袭击是由经历过严重家庭变故的青春期男性实施的，他们失去父母，或者他们的家庭成员很激进，抑或与父母疏远和常常发生冲突。此外，危险的、暴力的群体成员通常是在被其他重要的社会群体成员（如家庭成员、学校的同伴和非暴力同伴）排斥之后才出现的。

非暴力极端分子通常受过更好的教育，不会感到自卑，并且通常是积极、主动的人，他们在恐怖组织或群体的成功中发挥至关重要的作用。虽然他们确实为恐怖组织做出了贡献，但他们并没有进行身体训练或积极参与暴力袭击。

自杀式恐怖主义

尽管大多数人不这样做，但一些恐怖分子自愿执行自杀任务。在西方社会，自杀通常与绝望、抑郁或精神失常有关（Miller，2006a）。然而，恐怖组织的成员不一定会感到沮丧，也不一定认为事情没有希望；相反，进入恐怖组织后，他们认为自己在用生命做一些有价值的事情，当他们参加自杀任务时，他们会将自己视为"烈士"，为家人和群体带来"荣誉"（LoCicero & Sinclair，2008）。执行自杀任务的恐怖分子坚信，他们的死是为了正义的"事业"，在自杀式恐怖主义行动中死亡的意愿可能是出于永生的愿望。

大多数恐怖分子并不像长期暴力犯罪人那样，在早期发展中就出现反社会模式。他们通常是十几岁或二十几岁的年轻人，甚至是好学生或模范公民。加入恐怖组织的年轻人的家庭可能支持他们的行为甚至支持他们做出牺牲，尽管也有一些人被排斥，被社区孤立。他们愿意牺牲自己，是因为他们认为不公的迫害和羞辱来自外群体、政府或社会，他们对此感到愤怒和愤恨。

成为恐怖分子：激进化过程

在恐怖主义的背景下，激进化被定义为：个人被灌输完全接受恐怖组织的意识形态和使命，并逐渐信奉实现该组织目标所需的暴力程度。对大多数人来说，成为恐怖分子是一个渐进化过程（Horgan，2005）。成为一个恐怖组织的正式成员需要时间，这个过程通常涉及许多步骤、活动和承诺。这种变化经常是通过逐渐脱离自我谴责来实现的；换句话说，一个人最终不会认为过度暴力是错误的行为，更不会因此而谴责自己。这个过程通常涉及在小群体内发生的长时间的激烈的社会互动（Silke，2008）。在群体中，个体逐渐接受极端成员的信念，这一心理过程被称为冒险转移（risky shift）（Silke，2008）。冒险转移指的是群体倾向于做出比独立于群体的个人更极端的决策。然而，应该强调的是，群体讨论通常不会改变成员的最初信念，而是将成员的信念转移到与最初观点一致的更极端的世界观。例如，成员们在小组讨论后可能会发现他们对自己所在群体受到的不公正待遇持更加极端的看法。

一旦他们正式加入恐怖组织，这个过程是如此潜移默化，以致新成员甚至可能意识不到他们正在经历的转变。新成员深深地沉浸在组织的意识形态中，甚至可能被要求做一些令人不愉快的行为，以发现他们是否能够忍受艰苦和认知失调，而不需要太多的自我谴责。有经验的同龄人的社会示范成为灌输过程不可或缺的部分。训练不仅灌输了道德上的正确性和极端行动的重要性，还创造了一种精英意识，并为在恐怖活动中表现突出的人提供社会奖励（Bandura，2004）。

大多数加入基地组织的成员在自愿加入时都与其朋友、家庭和文化产生社会隔离。恐怖组织的主要吸引力之一是群体归属的心理收益（Ditzler，2004）。事实上，成为一个有紧密联系的组织的成员往往比该组织所宣称的政治目标具有更大的吸引力。

从发展的角度来看，招募年轻人更容易，因为这在一定程度上取决于这样一个事实，即考虑到认知、情感等社会心理因素，被招募的年轻人在决策能力方面还在继续发展，所以不如成年人深思熟虑（LoCicero & Sinclair，2008）。在家人和朋友中提高自身的社会地位也被列为一个主要原因，尽管在许多情况下，父母和朋友与当局合作，试图阻止年轻人加入恐怖组织。一旦被招募的年轻人成为某恐怖组织的成员，那么"有魅力"的领导人就会对他们的决策及价值体系的发展产生非常大的影响。

在理解为什么有人会成为恐怖分子方面，有一个心理学因素可能会有额外的帮助，那就是认知结构（cognitive construct）。结构是社会环境的心理表征，它们是人对世界，特别是对现实的认识和理解的心理总结。这个结构是人拥有的世界观。认知结构允许思维的灵活性，并提高人预测未来事件和根据意外事件改变行动方案的能力。有些人拥有更多关于世界的认知结构和知识。也就是说，有些人的认知更复杂，他们能够以更复杂的方式评估行为和事件。从本质上讲，结构是知识的一个要素，随年龄而变化。随着环境经验和学习的积累，这些结构的数量、质量和排列通常会发生变化。那些作为追随者加入恐怖组织的人很可能拥有较少的复杂的结构，但恐怖组织领导者并不一定如此。

研究人员（Commons & Goodheart，2007）指出，在更复杂的层次思考的人不太可能以暴力、非共情的行为做出回应。因此，恐怖组织的领导人试图招募那些充满热情但在认知复杂性方面相对较低的年轻人。这并不意味着他们寻找智力低下的人，只是说他们年轻、天真、理想化，而且经常寻求意义感。

恐怖组织的头目往往具有某种魅力（Ditzler，2004；Staub，2004）。许多人被其追随者视为非常重要且有影响力的人。因此，许多恐怖组织的新成员希望自己能在某种程度上获得领导者的认可（Ditzler，2004），或者服从于强大的领导者（Staub，2004）。在恐怖组织中，通常有森严的等级制度、指挥系统和对服从权威的强烈期望（Staub，2004）。

恐怖主义的社会心理背景

社会心理背景是指那些鼓励某些行为发展的社会和心理环境。社会心理背景是一个在认知上构建的世界，它通过与每种文化相关的社会化过程得以维持。在这个意义上，文化在广义上可以涉及整个国家，在狭义上可以涉及一小群人。因此，既存在与整个社会相关的社会心理背景，也存在与该社会的亚文化组成部分相关的社会心理背景。

斯托布（Staub，2004）指出，某些文化特征有利于恐怖组织的出现。其中第一个特征就是他所说的 文化贬抑（cultural devaluation），当一个群体或文化被另一个群体或文化选为替罪羊或意识形态的敌人时，就会出现这个过程。它可能包括相信对方是懒惰的、智力有限的、有操控性的、道德败坏的，或者是意图摧毁社会或群体的危险敌人（Staub，2004）。美国本身也经常被这样看待。许多群体和个人认为美国对世界上的苦难无动于衷，对全球文化多样性和地方特征不敏感（Marsella，2004）。这一点在当下可能尤为突出。

斯托布指出的第二个特征涉及对不平等（inequality）、相对剥夺（relative deprivation）和不公正（injustice）的看法。处境不利、无权无势、被孤立的人有时更有可能加入暴力或恐怖组织，这不仅是为了满足他们的一些基本需求，也是为了获得恐怖组织提供的认同感和归属感。换句话说，恐怖组织为其成员获得意义感提供了机会。此外，物质资源匮乏的人没有什么可失去的，他们是恐怖组织成员的主要人选，这些组织承诺，一旦富人被赶下台，人们就会有更好的生活条件（Wagner & Long，2004）。总而言之，恐怖组织成员不仅有更好的物质生活条件的承诺，也有感到归属感的承诺。另一组研究人员

（Taylor & Louis，2004）提出了类似的观点，他们认为，除了不利的经济和政治因素，对心理认同的需求也吸引了一些人加入恐怖组织。他们断言："使恐怖组织特别有吸引力的是其简单化的世界观，为新成员提供了明确的集体认同。"然而，有些人也可能因为他们与那些受到困难条件影响或受到不公正待遇的人产生共鸣而加入恐怖组织（Staub，2004）。

第三个特征是，许多恐怖组织有一个强大的等级制度，有时其领导人被描述为无所不能、令人信服和富有魅力的。斯托布称这种社会心理特征为对权威的强烈遵从。加入恐怖组织的一些人只是希望将没有成就感的自我置于强大的领导人和组织之下。他们在等级社会结构中感到最舒适，并愿意执行一项具有挑战性或令人兴奋的任务。

总之，恐怖主义是一种习得的政治行动形式，由社会和文化背景促成，并由内在奖励、群体影响和教化过程维持（Ruby，2002）。

恐怖分子的动机与理由

尽管前文对恐怖主义和恐怖分子进行了整体分类，但恐怖分子的动机并不单一。其动机是多重的、复杂的，从复仇和愤怒，到获得地位、尊重、意义和永生（Marsella，2004）。恐怖主义的根源很复杂，存在于历史、政治、经济、社会心理等因素中。在所有这些因素中，人们对社会心理因素研究得最少，了解得最少，但可以说社会心理因素是最重要的因素（Moghaddam & Marsella，2004a）。

当代研究人员正试图确定参与恐怖组织的个体的风险因素，以提醒调查人员注意这些风险因素的可能后果。对心理学界来说，恐怖主义的风险评估是一个相对较新的领域，但已经有几项研究是以这一目标为基础进行的。回顾这些研究，莫纳汉（Monahan，2011）指出，除了年龄、性别等因素，目前几乎没有证据表明存在风险因素。莫纳汉所说的"常见暴力"（如暴力史）的风险因素通常不适用于恐怖分子。其他潜在的风险因素包括意识形态、从属关系、不满情绪。也就是说，现有的研究表明，

恐怖分子对恐怖行为的正确性有强烈的信念，并愿意为这些信念而行动；他们与其他恐怖分子有联系；他们对某个群体或政府有一些不满；他们有强烈的道德情感，如蔑视或厌恶。正如莫纳汉所强调的，在没有进一步研究的情况下，假定这些风险因素的有效性还为时过早。

班杜拉（Bandura，2004）巧妙地将认知领域引入了对恐怖分子动机的解释中。他认为，恐怖分子通过认知重构来为他们的恐怖行为辩护，这是一个涉及道德辩护、委婉标签及有利比较的心理过程。班杜拉的认知重构与第四章讨论的道德推脱的概念非常相似，只是恐怖分子努力宣传他们的活动，而不是掩饰或使之中立（Bandura，2016）。

如第四章所述，道德辩护使人们能够通过告诉自己他们的行为具有社会价值并具有最终的道德目的，以此来说服自己从事本应受到谴责的行为。班杜拉写道：

> 将社会化的人转化为专门的"战士"，不是通过改变他们的人格结构、攻击性驱动力或道德标准来实现的。相反，它是通过在认知上重新定义杀戮的道德，从而使杀戮可以不受自我审查的约束而完成的。通过对暴力手段的道德认可，人们认为自己在与无情的压迫者战斗，或者是在保护自己所珍视的价值观和生活方式，维护世界和平，拯救人类不被邪恶的意识形态所征服。

研究发现，语言塑造了人们的思维模式，而人们的许多行为都基于此。重要的是，当人们的行为被贴上无害或中立的标签时，他们可以做出更多的残忍行为，或者至少可以对他们所做的事情感觉更好。因此，他们使用诸如"破坏"而不是"杀死"的表述，或者用"附带损害"来指代在轰炸中被杀死的民众。显然，在恐怖活动以外的许多情况下（如战争）都使用了委婉标签。

除了道德辩护和委婉标签，还有一个认知重构过程是有利比较，即恐怖分子相信他们的生活方式和基本文化价值优于他们所攻击的人。当恐怖分子被告知并相信敌人对他们所代表的人群施加了广泛的残忍行为和不人道的待遇时，有利比较就会进一步推进。有利比较在很大程度上利用历史来为暴力辩护。例如，恐怖分子领导人会向他们的成员灌输目标组织或国家过去对他们采取的许多压迫性政策和暴政手段。例如，许多人认为，美国在历史上一直支持阿拉伯世界和其他地区的压迫性政府。恐怖分子的招募者将这些信念转化为对压迫者的憎恨。

班杜拉指出，其他的推脱行为也在形成动机中起作用，如去人性化、责任转移和责任扩散。去人性化（dehumanization）基于这样一个前提：虐待或随意杀害人性化的或已知的人，会大大增加自我谴责的风险。虐待和杀害被剥夺了人类特质的陌生人是比较容易的。一旦被去人性化，他们就不再被看作有感情、有希望的人，而是"低等人"（Bandura，2004）。现在他们可以有理由被称为"野蛮人""堕落者""怪物"等。

在**责任转移**（displacement of responsibility）的过程中，恐怖分子可能认为他们是在执行当局和领导人的命令，而不是他们的个人责任。因此，他们可以避免自我谴责的反应，因为他们对自己的行为不负任何责任，他们只是在执行命令。一些系列杀手为他们的行为使用了类似的理由。责任分散与第四章讨论的去个性化概念相似。恐怖主义活动往往需要组织中许多人的配合，大家一起努力实现某种最终目的。班杜拉指出，组织中的每个人往往从事相对琐碎的工作，单独来看，似乎无伤大雅，而且不受关注。由此产生的集体认同感使群体成员能够参与可怕的或令人发指的行动，而如果让个体单独去完成这些行动，其可能会抵制这些行动。

校园暴力

在 20 世纪 90 年代后期，一连串的校园枪击事件成了头条新闻。正如第五章简要讨论的那样，最臭名昭著的案件是 1999 年 4 月发生的科伦拜恩中学枪击事件。实施枪击事件的两名少年在事件中自杀，该事件造成 12 名学生和 1 名教师身亡，还有 20 名学生受伤。尽管在此之前已经发生了一些校园枪击事件（1996—1999 年至少有 10 起校园枪击事件），但科伦拜恩中学枪击事件引起了公众极大的震惊和关注。

2007 年弗吉尼亚理工大学枪击事件、2012 年桑迪胡克小学枪击事件及 2018 年帕克兰发生的枪击事件的死亡人数都超过了科伦拜恩中学枪击事件。由于弗吉尼亚理工大学的事件发生在大学，它被认为与更封闭的小学或中学里发生的事件性质不同，因此它在文献中被视为大规模枪击事件而不是校园枪击事件。然而，高校的枪击事件正受到越来越多的关注。2001—2006 年，发生在美国大学或大学附近的枪击事件共有 40 起，有 61 人伤亡；2011—2016 年，发生了 101 起大学校园枪击事件，有 208 人死亡或受伤。仅举一例，2008 年，一名 27 岁的往届毕业生带着几件武器走进北伊利诺伊大学（Northern Illinois University）的一个演讲厅，向教授开枪（但没有死亡），然后射杀了前排的学生，再然后在演讲厅的两个过道上来回走动。整个事件持续了 6 分钟，5 名学生被杀，还有许多人受伤，枪手在舞台上自杀了。2019 年在北卡罗来纳大学夏洛特分校（North Carolina at Charlotte）发生的类似事件中，2 名学生被杀，4 人受伤。

典型的校园枪击事件是由学校的学生或最近被开除的学生实施的，被害人是学生或工作人员。

在 20 世纪 90 年代的校园枪击事件发生之前，关于学生在学校被其他学生伤害的报道就已经出现了。这促使研究人员去研究这个问题，以证明问题的严重性。校园暴力不仅是指校园枪击事件，还包括重伤害和轻伤害、性侵害、抢劫等（Bushman et al.，2016）。此外，必须强调的是，暴力本身并不是学生经历的唯一有害行为。正如研究人员（Mayer & Jimerson，2019）所指出的，学校里的持续低水平攻击和不文明行为也会造成严重伤害。不过，本章我们重点讨论暴力问题。

早在 1974 年，美国国会就资助了一项为期 3 年的研究，以评估美国学校里的犯罪、暴力及破坏行为的种类和程度。从那时起，研究人员就开始对校园暴力进行了定期研究。近年来的一份报告就很说明问题（Musu-Gillette et al.，2017）。该报告包括大量和公立学校有关的暴力、威胁与非暴力伤害，以及学生对受到伤害的恐惧、教师培训等数据。以下是一些调查结果，其中大部分指的是 2015—2016 学年的情况。我们鼓励读者去查阅完整的报告。

该报告揭示了以下事实。

- 在 2014 年 7 月 1 日至 2015 年 6 月 30 日，有 47 起与学校有关的暴力死亡事件，其中包括 28 起杀人案、17 起自杀案，以及 2 起法律介入导致的死亡。
- 在 2015—2016 学年，10% 的公立学校教师报告受到学生的威胁，6% 的教师报告受到人身攻击。
- 大约 76% 的公立学校报告，它们为教师等相关人员提供了培训以识别问题行为，如身体、社交和言语欺凌；约 48% 的公立学校为教师等相关人员提供了关于学生暴力行为早期预警信号的培训。
- 初中比高中更有可能提供培训。监控摄像头的使用率明显增加，所有公立学校摄像头的使用率从 1999—2000 学年的 19% 增至 2015—2016 学年的 81%。此外，94% 的公立学校在 2015—2016 学年对进入学校建筑的人员进行了限制。
- 1992—2016 年，12～18 岁学生的被害总人数在校内和校外都有所下降。

与以前的学校安全报告（Robers et al.，2012）一样，2018 年的报告得出结论：学生在校外更有可能成为严重暴力事件或凶杀案的被害人。多年来，发生在学校的青少年凶杀案的比例保持在低于 2% 的水平上。此外，如今的学校已经意识到需要提供心理健康服务，进行威胁评估，并采取措施以防止伤害和应对暴力，这些暴力大部分发生在学校环境之外（Nickerson & Cornell，2019）。当学生或教师在车祸中丧生，或者在自己家人成为谋杀案的被害人之后，学校都会提供危机咨询。

尽管学校的环境通常很安全，但一些统计数据表明，大约每 10 名中学生中就有 1 人担心其在学校会受到攻击或伤害（Verlinden，Hersen，& Thomas，2000）。因此，虽然实际的攻击可能不会发生，但对受到伤害的恐惧仍然是相当强烈的。研究（Musu-Gillette et al.，2017）表明，在过去 10 年中，学生的恐惧感总体上有所下降。然而，对犯罪的恐惧是一个复杂的问题。回顾我们在第六章对"Z 世代"的讨论，美国心理学会的调查发现，青少年对校园暴力有很高的焦虑感。

校园枪击事件

尽管活跃枪手事件发生在各种各样的环境中，但教育领域受到政策制定者、官员和公众最多的关注（Bjelopera et al.，2013）。到目前为止，引起最多关注的校园枪击事件是上面提到的 1999 年科伦拜恩中学的枪击事件、2012 年桑迪胡克小学的悲剧以及 2018 年佛罗里达州帕克兰市发生的枪击事件。这三起事件，尤其是后两起，都推动了家长、学生和政府官员重新以遏制社会中的枪支暴力为目标积极行动起来。

研究发现，在过去二三十年，校园枪击事件成为在现代西方社会中迅速扩张的现象（Böckler，et al.，2013）。应该注意的是，发生在美国的校园枪击事件比发生在所有其他国家中的总和还要多

（Böckler et al.，2013）。不过，虽然大规模枪击事件有所增加，但近年来校园枪击事件的数量并没有急剧增加。在美国，"校园枪击"一词通常是指那些涉及枪支并发生在校园内的暴力事件。一些研究人员认为，该定义涉及的地点应包括校园内、学校物业、学校主办的活动中或学校成员往返学校的路上（Daniels & Bradley，2011）。一些枪击事件的被害人还涉及学校董事会成员。尽管在北美洲使用校园枪击这个术语，但在世界的其他地区，由于对枪支有严格的限制，因此校园暴力的行凶者会使用其他武器。例如，在欧洲，行凶者使用的武器包括爆炸物、剑、刀、斧头等（Böckler et al.，2013）。即使这些并不是真正的校园枪击事件，但犯罪人在袭击动机、事态发展及作案手法方面表现出了和发生在北美洲的校园枪击事件非常相似的特点（Böckler et al.，2013）。

基于本书目的，我们将把讨论仅限于那些发生在学校建筑内或建筑周围的校园枪击事件。近年来，发生在教学楼内的枪击事件多数发生在学校的教室和走廊（FBI，2013），少数事件发生在学校食堂。

虽然校园枪击事件令人震惊且深受关注，这点很好理解，但据统计其实它们发生的次数并不多。此外，尽管上文讨论的主动枪击事件有所增加，但研究发现，校园枪击事件没有显著增加（Bjelopera et al，2013；Fox & DeLateur，2014）。不过，虽然这些致命的校园枪击事件很少发生，但一旦发生就是毁灭性的。有关校园枪击事件的应对，请阅读专栏 10-3。

热门话题

专栏 10-3　校园枪击事件的应对

1999 年发生在科伦拜恩中学，2012 年发生在桑迪胡克小学，2018 年发生在道格拉斯高中的

可怕悲剧，在美国各地的社区人员、家长、学校工作人员和学生中产生了恐惧。这些事件的发生

和被害人的数量都是罕见的。此外，当这些事件发生时，它们通常涉及一名犯罪人，射杀了少数被害人，然后被迅速制服，如被一名教师、一名行政人员或学校安保人员制服。

美国各地的许多社区审查了它们在类似事件中的安全程序。几乎所有的公立学校现在都控制了进入学校建筑的通道，大约 3/4 的学校已经安装了监控摄像头，而且大多数学校还为任课教师和相关人员提供培训。此外，当某个学生被认为对特定的个人或对整个学校的安全构成威胁时，就会接受威胁评估（Burnette, Datta, & Cornell, 2018）。一些学校和企业已经启动了全面封锁或安全演习。在少数州，活跃枪手事件演习是强制性的（Frosch, 2014）。活跃枪手事件演习可能由当地警方或私人咨询公司进行。它们的目的是模拟现实场景。例如，扮演枪手角色的人进入学校或企业，有时还会实际发射空包弹。学生、教师及相关人员被告知如何应对。然而，在许多学校中，演习只针对教师和相关工作人员，而不是在学生在场的情况下进行的。此外，有机会参与演习的学生往往是高中生。

学生和家长采取了很多积极的措施应对校园枪击事件，包括倡导更严格的枪支管制措施和起诉枪支制造商。2019 年，桑迪胡克小学枪击事件中遇难儿童的父母在法庭上赢得了胜利，他们起诉了在那次袭击中犯罪人使用的武器的制造商雷明顿。帕克兰枪击事件的发生将枪支管制立法推向前沿的努力获得了全美国关注，包括悲剧发生后不久他们在华盛顿特区组织了一次"为我们的生命而游行"的集会。2019 年，众议院通过立法，延长美国联邦法律规定的购买枪支的等待期，并对枪支展览上的枪支销售进行限制。不过，一个类似的法案并没有在参议院得到审议。

问题讨论

1. 批评活跃枪手事件演习的人认为，活跃枪手的情况其实很少见，所以这种演习的负面影响甚至超过了它的好处。这些负面影响可能是什么？

2. 2019 年新西兰发生了一起大规模枪击事件，造成 50 名妇女、男子和儿童死亡，在之后的 1 周内，新西兰禁止了半自动攻击性武器。与此同时，美国一些学区正在考虑武装教师或雇用额外的武装监督员进行巡逻。讨论一下这两种差异巨大的应对枪支暴力的方案。

3. 获取并讨论由美国帕克兰的马乔里·斯通纳姆·道格拉斯高中（Marjory Stoneham Douglas High School）的学生发起的学生运动的最新信息。

在美国联邦调查局调查的 2000—2013 年发生的 25 起校园枪击事件中，14 起发生在高中，6 起发生在中学，4 起发生在小学，1 起发生在学龄前至 12 年级的学校（FBI，2013）。

2016—2017 年，50 起主动枪击事件中有 7 起发生在教育机构中，导致 5 人死亡，19 人受伤（FBI，2018b）。2 起事件发生在小学，1 起发生在初中，4 起发生在高中。7 起校园枪击案中的 6 起涉及在校或已毕业的学生。在一起不涉及学生的事件中，犯罪人是一名 44 岁的男子，他在自己的家中向妻子开枪，然后第二天在包括一所学校在内的多个地点杀死和打伤了一些人。2016 年和 2017 年，美国高等教育机构没有发生过主动枪击事件。

在大多数发生在高中和初中的校园枪击事件中，枪手是事发学校的在校学生，且枪击事件更有可能发生在周一，但其他日子也会发生校园枪击事件。这表明，一周中的哪一天并不是一个重要的因素。小学的枪击事件更有可能发生在周五，但由于只有四起，所以也说明不了太多问题。在大多数校园枪击事件（类似于公共场所主动枪击事件）中，枪手是单独行动的。值得注意的例外是科伦拜恩中学枪击事件，在那起事件中两个十几岁的男孩一起实施了攻击。

对校园枪击事件的调查经常发现两个特点：同伴排斥和社会排斥。正如研究人员（Arluke & Madfis，2014）所指出的，校园枪手往往是那些被欺负、被挑剔和被边缘化的学生。绝大多数枪手的社交能力和应对能力都很差，并感到被挑剔或迫害（Verlindene et al.，2000）。他们对被取笑或嘲笑表示愤怒，并发誓要对特定的个人或群体进行报复。此外，他们缺乏可能作为保护因素的社会支持和亲社会关系（Verlinden et al.，2000）。

不过，一项最近完成的研究对同伴排斥有了不同的看法。布什曼等人（Bushman et al.，2016）回顾了文献，并据此报告了 1974—2008 年发生的 85 起校园枪击案的数据。他们指出，学校枪手并不一定是“独行者”，而是被边缘化的人，然后寻找同样不被喜欢的同伴，并形成自己的边缘群体。表 10-2 列出了校园抢手的部分描述性特征。

表 10-2 校园枪手的部分描述性特征

- 主要是白人男性犯罪人
- 有精神疾病史或纪律问题的情况不常见
- 抑郁障碍和自杀的情况不常见
- 智力处于或高于平均水平，学业失败的情况非常少见
- 居住在农村、城镇或郊区
- 对枪支有强烈的、异常的兴趣，并容易获得枪支
- 中产阶级家庭背景
- 通常是单独杀人
- 在实施枪击事件前可能会杀害家庭成员
- 向其他学生表明过意图

资料来源：Adapted from Bushman, B.J., Newman, K., Calvert, S. L., Downey, G., Downey, G., …. Webster, D. W.（2016）. Youth violence：What we know and what we need to know. American Psychologist, 71, 17–39.and other general research studies.

注：这些特征并不适用于所有枪手。

虐待动物的行为在至少一半的枪手中很突出（Arluke & Madfis，2014；Verlinden et al.，2000）。

此外，虐待某种特定种类的动物预示着某种暴力（Arluke & Madfis，2014；Levin & Arluke，2009）。枪手们倾向于虐待有社会价值或在文化中被人性化的动物，如宠物狗和猫。此外，虐待动物的形式是近距离和身体攻击，如勒死、敲打或殴打动物致死。然而，并非所有的校园枪手都有先前异常残暴对待动物的经历。可悲的是，动物也常常被那些从未成为校园枪手的年轻人虐待。事实上，一些枪手对他们的宠物表现出不同寻常的情感、依恋和共情，这可能反映了他们希望自己被同伴和其他人对待的方式（Arluke & Madfis，2014）。

校园枪手的背景也显示出他们对枪支和其他武器有浓厚且不同寻常的兴趣，而且他们往往很容易获得枪支（Bushman et al.，2016）。这些袭击者大多预料自己会在袭击中或袭击后立即被击毙，或者计划自杀。所有的攻击似乎都是事先精心策划和考虑过的。

正如文献一致指出的那样，袭击者的暴力意图一再向其他人（特别是同伴）明确表示，往往包括作案时间和地点。对于 18 岁以下的活跃枪手，其同学和教师比家庭成员更有可能观察到他们的相关行为（Silver et al.，2018）。研究人员还发现，在每个活跃枪手的生活中至少有一个人注意到其令人担忧的行为，并且每个活跃枪手的相关行为平均有来自 3 个不同群体的人注意到了。据估计，至少有 50% 的校园枪手让别人知道了他们的意图，这种现象被调查人员称为泄露（leakage）。还有其他警告信号与风险因素高度相关，学校管理人员应当对这些风险因素保持警惕。例如，除了泄露，一些人还对有自恋人格特征、经历过同伴拒绝的学生，普遍消极的学校氛围及可能发出警告信号的类似因素表示关注，这些警告信号都表明威胁评估的必要性（Amman et al.，2017；Meloy et al.，2012）。回想一下我们在第八章讨论过的威胁评估。一些学者也强调威胁评估不仅是必要的，而且必须确保学校能获得资源以进行有效的评估。由美国联邦政府、一些州和私人顾问提供的威胁评估指导方针可能无法成功实施，这在一些校园枪击事件的研究中已经得到证实

（Goodrum et al.，2018）。此外，研究人员需要继续致力于区分短暂威胁和实质性威胁，并对其做出适当的反应（Burnette，Datta，& Cornell，2018）。

威胁评估具有复杂性和挑战性，通常由知识渊博的专家、教师和行政人员组成的团队进行。多学科合作的过程通常是减少暴力的有效方法。正如阿曼等人（Amman et al.，2017）所强调的，威胁评估所设想的是对事件的关注对象、潜在攻击目标、形势及潜在环境进行整体评估。和这一过程交织在一起的是威胁管理，本质上是为防止威胁实施而设计的步骤。

布什曼等人（Bushman et al.，2016）报告的数据显示，在大约一半的事件中，同学们知道这个计划，有时甚至鼓励它，但没有发现合作的证据，因为他们根本就没有认真对待这个人的威胁。恐惧也可能是一个因素。华盛顿州安全学校联盟（Safe School Coalition of Washington State，1999）的一项调查显示，害怕不被相信、害怕被报复，或者害怕给威胁要实施校园暴力的同学带来麻烦，是同伴最常报告的担忧（Verlinden et al.，2000）。鉴于目前大众发现校园枪击事件越来越普遍，这种态度是否有可能改变呢？

校园枪手的心理特征

应该强调的是，其实并不存在已经得到确认的校园枪手特征画像，虽然媒体上经常提到校园枪手的特征画像。然而，许多符合这种所谓特征画像的学生从未从事过任何形式的暴力活动，且许多在学校策划并实施暴力袭击的学生并不符合这一特征画像（Arluke & Madfis，2014）。换句话说，没有适合所有人的一般性特征档案，也没有可以可靠地识别出潜在的枪手的一般性特征画像。然而，可以根据研究数据和专家评论对校园枪手的心理特征做一些一般性的观察。我们将在下文中介绍比较常见的观察和发现，同时提醒大家，这些观察和发现并不适用于所有犯罪人。

研究人员（Leary et al.，2003）研究了1995—2001年涉及15起校园枪击事件的少年犯的心理特征。他们发现，大多数事件都涉及社会排斥。如上所述，同伴排斥和社会排斥在犯罪人的背景中似乎非常突出，但他们在实施枪击事件时并不一定处于社会孤立状态，他们加入了由同样被认为不属于主流的人组成的边缘群体。大多数标识为"被拒绝者"的人都经历过持续的被戏弄、被欺凌或被排斥，少数人则是在最近经历了失恋。在许多案例中，暴力事件的被害人是那些拒绝或羞辱他们的人。但仅仅是社会排斥似乎还不足以促使他们杀害同学。

除社会排斥，犯罪人还表现出以下三个风险因素中的至少一个：

（1）心理问题；

（2）对枪支或爆炸物有非同寻常的兴趣；

（3）对死亡有病态的迷恋。

第一，心理问题主要是冲动控制能力低、缺乏对他人的共情、重性抑郁障碍、攻击和反社会行为。布什曼等人（Bushman et al.，2016）指出，虽然校园枪手一般没有精神障碍的治疗史。不过经常会有某种形式的精神障碍的早期发病指标，如抑郁障碍和自杀。因此，建议学校对可能出现自杀念头的学生保持警惕，特别是当其对他人表示出敌意时（Cooper，Clements，& Holt，2011）。

抑郁障碍似乎对识别潜在的校园枪手特别重要。在一项综合研究中，3/4 的校园枪手在袭击前曾表达过自杀的想法或试图自杀（Vossekuil et al.，2002）。学校中的主动枪击事件和自杀之间的联系比人们所想的要密切得多。在许多案件中，多重谋杀案和犯罪人之前的自杀企图或自杀意念相关联（Amman et al.，2017）。研究人员（Vossekull et al.，2004）发现，78% 的校园活跃枪手曾在他们实施攻击之前的某个时候表现出自杀意图或自杀意念。

第二，对校园枪手来说枪支很容易获得。许多高中生枪手在枪击事件发生前对枪支表现出强烈的兴趣（Bushman et al.，2016）。枪支、炸弹和爆炸物的迷恋者有很多相似性。校园枪手似乎觉得破坏性的工具让他们感到很舒服。研究人员（Wike & Fraser，2009）提到，一名警察逮捕了一名 14 岁的辍学者，他在父母的协助下收集了剑、枪、手榴弹、炸弹的使用手册，用于制造炸弹的火药，以及科伦拜恩中学枪击事件的录像。警察根据学生提供的线索采取了行动，这个被孤立的学生已经计划好攻击他曾就读的学校。

第三，枪手们往往对死亡及黑暗的生活方式或事件非常着迷。他们并不像大多数同伴那样对虐待狂和残忍的大规模谋杀感到恐惧。不过，这些黑暗主题可能更多是抑郁障碍、自杀意念和愤恨社会的特征，而不是主要生活方式。在绝大多数的校园枪击事件中，犯罪人显然对他们就读的学校、他们的教师或同伴没有依恋或与其缺乏联结（Wike & Fraser，2009）。在任何旨在减少校园暴力的策略中，对学校的依恋和与学校的联结似乎都是至关重要的。一些调查人员发现，与学校的联结在产生高水平的学术成就和减少物质滥用、暴力和高风险性行为方面都起了重要作用（Catalano et al.，2004；Wike & Fraser，2009）。不过，校园枪手往往具有平均或优于平均水平的智力，只有 2% 的人成绩不合格（Bushman et al.，2016）。

一项全美国的校园暴力研究发现，在学生认为规则公平且注重纪律管理的学校，暴力和混乱的情况一直在减少。这和学校的类型及社区无关。他们还发现，以教师士气高涨、领导力强、教师参与度高为特点的学校可以避免校园犯罪和暴力（Gottfredson et al.，2005）。他们的结论是：学校氛围在减少学校建筑内发生的整体犯罪、混乱和暴力方面起着重要作用。

一项重要的研究考察了曾经发生枪击事件的学校和曾经成功避免计划中的枪击事件的学校的校园文化，发现了四个共同的主题（Daniels & Page，2013）。曾经发生枪击事件的学校有以下特征：

（1）僵化的文化；

（2）不公平的规则；

（3）对不良行为的容忍；

（4）沉默守则。

僵化的文化导致许多学生产生了一种自己不属于这里的感觉。不公平的规则是指教师和管理人员对不同的学生群体差别对待。对不良行为的容忍是指对欺凌、偏见、公然的无礼行为和攻击性事件视而不见。当学生因为害怕遭到报复或报告系统不完善而抗拒把威胁向上汇报时，就出现了沉默守则。我们不能假设校园枪击事件只发生在有这些负面因素的学校，因为没有迹象表明在发生此类事件的学校里存在负面文化。不过，当确实出现这类负面文化时，应该采取措施来改变这种负面文化。

工作场所暴力

2019 年 5 月下旬的一个周五下午，一名男子走进他的工作场所——位于弗吉尼亚州弗吉尼亚海滩的市政中心办公大楼，并用两把装有加长弹夹和消声器的手枪开火。所有武器和附件都是合法获得的。在与到达现场的警察进行了半小时的枪战后，枪手死亡。被杀的 12 人中 11 名是市政职员，另 1 名是在现场办理建筑许可证的承包商。

在公众心中，这可能就是工作场所暴力（workplace violence）的定义：一个工作人员杀害了其同事或主管，尽管很少有人看到这种情况发生在他们自己的工作场所。而评论家、研究人员和专家则用工作场所暴力来指代一系列攻击行为，如流言蜚语、攻击、性侵害、抢劫和谋杀，这些行为通常分为两类，即轻微的侵害和身体暴力。同样重要的一点是，要区分雇员实施的暴力与不直接在该场所工作的人实施的暴力。

接下来，我们先讨论两类只涉及雇员的情况。然后，我们将讨论工作场所暴力的四种类型，这些类型既包括雇员作案也包括外部人员作案。

职场攻击（workplace aggression）是一个笼统的术语，涵盖个人试图在工作或组织中伤害他人的各种行为（Neuman & Baron，1998）。职场攻击包括细微、隐蔽的行动，积极的对抗，以及直接破坏财产的各种行为（Geck et al.，2017；Hepworth & Towler，2004）。它还包括欺凌、性骚扰、恐吓、羞辱和辱骂，以及其他骚扰行为。除了直接破坏财产，这些都不是犯罪，但都可能伴随其他犯罪行为。例如，实施欺凌或性骚扰的人也可能攻击被害人。而工作场所暴力指的是犯罪人有意对组织内的某个人或某些人造成严重的身体伤害的事件。

许多研究和公众的注意力都集中在最严重的暴力形式上，例如，2009 年，有 521 个 16 岁及以上的人在工作场所被谋杀（Harrell，2011）。工作场所暴力发生率最高的人群是执法人员、安保人员和调酒师（Harrell，2011）。他们既有可能是工作场所暴力的加害人，也有可能是被害人。通常认为，执法人员和安保人员在政府部门和私营企业中的工作场所暴力年平均发生率最高（Harrell，2013）。然而，美国职业安全与健康管理局（Occupational Safety and Health Administration，OSHA，2015）的数据表明，医务工作者和社会工作者甚至更容易受到此类暴力侵害。此外，性别上的区别也很显著，即女性极易在工作环境中被杀害。在关注这些问题之前，了解各种类型的工作场所暴力是很重要的，因为不是所有的攻击和暴力都发生在雇员之间。

工作场所暴力的类别

美国职业安全与健康管理局（OSHA，2011）将工作场所暴力分为四种类型，其核心是工作场所暴力中行凶者和目标之间的关系。目标可能是机构本身或一个甚至多个在其中工作的人。

（1）第一类：有犯罪动机者。这类犯罪人和工作场所或被害人没有法律界定的关系。他们通常进入工作场所实施犯罪行为，如抢劫或盗窃。这类犯罪的常见被害人是小型的深夜零售场所（如便利店、餐馆的工作人员，以及出租车司机）。

（2）第二类：顾客/客户/患者。这类犯罪人是被害人或工作场所提供的某种服务的接受者，可能是现在或以前的客户、患者、学生、顾客、囚犯或接受惩戒监督（如缓刑或假释）的人。

（3）第三类：同事。这种犯罪人与工作场所有雇佣关系。暴力行为通常是由一名当前或以前的员工、主管或经理与当前工作场所的另一名员工发生争执而引起的。这种类型的工作场所暴力犯罪人通常被称为"心怀不满的雇员"，通常是指被解雇、降职或失去福利的人。对于暴力导致死亡的情况，如果被害人比犯罪人有更高的职权，那么这种犯罪被称为谋杀权威（authority homicide）。

（4）第四类：个人。这类犯罪人因为和某个雇员的关系而与工作场所有了间接的关系。犯罪人可能是雇员的现任或前任配偶或伴侣、与雇员有约会关系的人、雇员的亲戚或朋友。基本上犯罪人是从外部跟踪雇员进入工作场所的。

这些类别中的第一类，即由与工作场所没有直接或间接关系的人实施的暴力占工作场所暴力和凶杀案中的绝大多数，可能占总数的 80%（Critical Incident Response Group，2001）。其动机通常是抢劫，而且在许多情况下犯罪人持有枪支或其他武器，因此大大增加了被害人（更多情况下是多个被害人）被杀或重伤的可能性。因此，绝大部分工作场所凶杀案并不涉及组织内同事或主管之间的谋杀，而是发生在由组织外人员实施的抢劫和相关犯罪中（Barling，Dupré，& Kelloway，2009）。便利店或餐馆的工作人员经常在工作时成为抢劫和其他形式暴力的被害人。2005—2009 年，大约 28% 的工作场所凶杀案涉及零售业和相关行业的被害人（Harrell，2011）。枪击事件占工作场所凶杀案的 80%。表 10-3 列出了按犯罪人类型划分的 16 岁及以上的工作场所凶杀案被害人分布。

第二类工作场所暴力通常涉及医务工作者、警察、辅导员、学校教师、大学教授、社会工作者和心理健康工作者。同样在 2005—2009 年，约有 17% 的被害人从事保护性服务职业（如执法人员、安保人员）（Harrell，2011）。如上所述，美国职业安全与健康管理局（OSHA，2015）的数据表明，医务工作者和社会工作者是最容易受到工作场所暴力侵害的人群之一。这种情况对那些提供精神科住院服务、老年病人长期护理服务、急诊工作者，以及社会服务机构中的工作人员尤其如此。而且，近年来，针对提供堕胎服务的妇女保健中心的医生和工作人员的暴力事件有所增加（New York Times，2019）。虽然凶杀案不像在某些职业（如执法人员）中那样普遍，但严重的人身伤害是普遍存在的。例如，医务工作者的工作场所暴力发生率总体上比所有其他工作者高 20%。此外，医疗行业中的工作场所暴力占所有工作场所暴力事件的约 10%。

表 10-3　按犯罪人类型划分的 16 岁及以上的工作场所凶杀案被害人分布（2005—2009 年）

犯罪人类型	占工作场所凶杀案的比例（%）
抢劫犯与其他攻击者	70.3%
• 抢劫犯	38.3%
• 其他攻击者	32.0%
工作相关人员	21.4%
• 同事、前同事	11.4%
• 顾客、客户	10.0%
亲属	4.0%
• 配偶	2.9%
• 其他亲属	1.1%
其他熟人	4.3%
• 现任或前任男友 / 女友	2.0%
• 其他熟人	2.3%

资料来源：Harrell. E.（2011）. Workplace violence，1993—2009. Washington，DC：U.S. Department of Justice，Bureau of Justice Statistics。

在第三类工作场所暴力中，犯罪人就是工作人员。正如危急事件应对小组（Critical Incident Response Group，2001）所指出的，不稳定的员工在工作场所的大规模谋杀已经成为经常被媒体报道的事件。2013 年发生了 397 起凶杀案和 270 起自杀案，枪击是其中最常见的致死方式（U.S. Bureau of Labor Statistics，2014）。

不过，我们必须强调的是，有问题的员工不太可能杀人；相反，他们更有可能做出非身体性攻击行为。也就是说，一些雇员由于各种原因通过口头辱骂、欺凌、一般性的骚扰行为等手段来攻击他人。如果攻击包括身体暴力，那也是以一种轻微的形式（如通过踢椅子或轻轻推搡来表现愤怒）呈现的。这些形式的职场攻击与低自我控制力、消极性（Douglas & Martinko，2001）、已婚、同居（反映一个人在家庭环境中的压力）、在以前的工作环境中曾表现出攻击性（Geck et al.，2017）等特征有关。研究人员（Geck et al.，2017）还比较了有反复攻击行为的员工和只有一次攻击行为的员工。毫不奇怪的是，表现出反复攻击行为的人更有可能经历过早期的身体虐待、有物质滥用问题、有精神健康问题、工作经历不稳定，以及在控制愤怒方面有困难。2013 年 9 月的一个清晨，在华盛顿特区海军船坞上发生了一起枪击事件，该事件导致 12 人被杀，3 人受伤。枪击持续了不到 1 小时，袭击者被警察打死。这是继 2009 年胡德堡枪击案之后，在军事基地发生的第二起致命的大规模谋杀案。行凶者曾从海军获得荣誉退役证书，在事件发生时是一名平民承包商。他曾多次与警察发生争执，并被认为患有精神疾病。

第四类工作场所暴力是指家庭暴力或亲密关系暴力在工作场所的外溢，被害人通常是女性。遭遇凶杀是女性在工作场所死亡的主要原因。这些死亡案例的大部分是由诸如抢劫这样的犯罪事件导致的，还有一部分是由进入工作场所的现任伴侣或前任伴侣实施的（Tiesman et al.，2012）。这里的工作场所也包括停车场或车库，因为如今许多工作场所都配备了安全装置。

工作场所暴力的行凶者

根据美国联邦调查局的调查（Southerland et al.，1997），不以抢劫为动机的工作场所杀人犯往往是一个不满的雇员（即第三类）。这种人认为工作是（或曾经是）他的一切，其本身是一个孤僻的人，没有朋友，缺乏支持系统。他们的攻击目标可能是在某建筑物或机构中工作的或为一个象征权威的组织工作的个体或多个人（通常是无辜者）（Douglas et al., 1992）。然而，应该强调的是，没有确切的画像或"试金石"能提示员工是否将会变得暴力。正如本章前面提到的，没有任何人口统计学特征可以预测暴力。任何个人，不论其年龄、性别、种族、宗教、教育水平、收入水平、婚姻状况或职业如何，都可能做出有针对性的暴力行为（Amman et al., 2017）。确切地说，对雇员和雇主来说，重要的是对不稳定或有问题的行为保持警惕。这种行为加上威胁性行为将可能导致暴力（见表 10-4）。换句话说，更重要的是观察此人的行为及行为的变化。然而，雇主面临的困境是，如果这些行为的变化被暴露出来，那么他们该如何处理呢？

表 10-4　识别同事间可能导致暴力的问题行为

- 越来越多的好斗行为
- 具体的威胁
- 对批评过度敏感
- 最近获得或迷恋武器
- 非常喜欢抱怨上司或同事
- 对暴力主题的关注
- 对最近公开的暴力事件感兴趣
- 暴怒
- 极度混乱
- 行为上的明显变化
- 杀人／自杀的言论或威胁

资料来源：Critical Incident Response Group（2001），Workplace violence: Issues in response. FBI Critical Incident Response Group, National Center for the Analysis of Violent Crime，Quantico Virginia, pp. 21–22。

就严重的暴力而言，绝大多数第三类工作场所暴力的被害人是被不满的雇员随机杀害或伤害的。他们被公司、机构解雇，或感到遭受不公平的对待。

看起来特别专制的工作环境（常出现在大型的、没有人情味的大型组织中）会是一个问题。然而，似乎没有一个工作场所能够幸免。正如我们所讨论的，员工在感到挫折和愤怒时可能更容易发起攻击。即使是在一个良好的工作环境中也可能发生这种情况。

与大规模谋杀案中的情况总体相似，谋杀权威（被杀的是掌权的角色，如主管）的犯罪人往往是白人男性，缺乏社会支持，在社会上孤立无援，并将自己的问题和不幸归咎于他人（外化）。犯罪人往往认为他们的绩效考核不公平或遭受了不公正的对待（Barling et al., 2009）。他们往往有严重的抑郁障碍。犯罪人往往预计自己会死在现场，要么自杀，要么被警察射杀。谋杀权威的犯罪人也常常会专注于武器。他们在一段时间里收集一些武器，用于实施报复或"为职业殉难"。这些武器通常具有极大的杀伤力，如自动或半自动的攻击性武器。在大多数情况下，犯罪人是中年人（30~60 岁）（Barling et al., 2009；Kelleher，1997）。还有证据表明，第三类工作场所犯罪人往往有暴力行为、酗酒或吸毒的经历，并且会在谋杀权威之前以口头或其他方式表现出他们的暴力意图（Kelleher，1997）。研究人员（Gleck et al.，2017）在没有杀人但以参与暴力行为为特征的工作场所犯罪人中发现了类似的特征。

鉴于雇主对第三类工作场所暴力发生的可能性越来越敏感，许多大型组织联系威胁评估小组以评估某位雇员以暴力方式行事的可能性。威胁评估专家可以和个人面谈，审查记录，并听取其他员工的陈述。当发现某人有大量的问题行为时，雇主可能会要求此人寻求咨询，或者在某些情况下，可能会终止与此人的雇佣关系。此外，一些企业，会像一些学校那样进行安全演习或活跃枪手演习，让员工对可能发生的暴力事件做好准备。

本章小结

在本章，我们仔细研究了相对罕见但对大量被害人具有直接和间接影响的杀人类型。不过，在这之前，本章的重点依旧是侦查心理学，这是一项为理解这种形式的杀人行为做出了贡献的科学事业。

本章涉及的许多犯罪，特别是系列谋杀案，往往是由警方在侦查心理学（被泛指为"画像"）的帮助下进行调查的。因为画像是一个常用的术语，所以我们在本章也采用了它，并把它分为五个方面：心理画像、嫌疑人画像、犯罪地理画像、犯罪现场画像及可疑死亡分析。侦查心理学指的是将心理学研究和原则应用于犯罪行为的调查，特别是用于犯罪现场画像，它可以以各种形式实施。它通常包括犯罪现场调查方法，如审查作案手法的特点、伪装或伪饰现场。犯罪现场画像更关注犯罪人，识别其个性特征、行为模式、人口统计学特征，有时还包括作案地点的选择。

犯罪现场画像是执法部门广泛使用的一种策略，特别是（但不限于）多重谋杀或性犯罪。例如，在系列谋杀案中，如果犯罪人表现出某种心理病态，如特定的酷刑，画像就很有帮助。不过，它可能对非暴力犯罪也非常有用，如入室盗窃或纵火。但画像是一项非常复杂的工作，而且不幸的是它往往基于直觉或传闻信息。不过，随着专业画像师能够访问越来越大的数据库，同时他们在技术方面应用了严格的科学方法，这项工作有希望赢得更多的支持。极少数情况下画像会提供犯罪人的具体身份，但这并不是它的主要意图。正如道格拉斯（Douglas et al.，1986）所指出的，画像试图将嫌疑人的数量缩小到一个可控的范围。

我们还讨论了本章主要关注的犯罪类型——多重谋杀。它可分为三大类：系列谋杀、狂欢杀人和大规模谋杀，但狂欢杀人这一类别正在失去犯罪学家和研究人员的关注，因为实际发生的多重谋杀通常属于其他两类中的一类。

最让社区感到恐惧的多重谋杀形式是系列谋杀，因为任何人都可能在任何时候成为潜在的被害人，并且凶手仍在逃。系列杀手一般会根据被害人的具体特征来选择目标，但这些特征可以涉及非常多的被害人。例如，被害人可能是 20 多岁的女性、流浪汉、青春期前和正处于青春期的男孩，或者是住在医疗机构里的人。在罕见的女性系列杀手案例中，被害人可能是其丈夫、亲密的熟人、孩子或其他依赖她们照顾的人。

大规模谋杀分为典型大规模谋杀和家庭大规模谋杀。我们在此集中讨论典型大规模谋杀的形式，因为这类事件正在增加，而且研究人员给予了它更多的关注。大规模谋杀的定义是在一次事件中有 3 个或更多的被害人。当事件还在进行时，它被称为活跃枪手事件。本章提供了过去 50 年中大规模谋杀的多个例子。尽管和前一章讨论的杀人事件相比很罕见，但活跃枪手得到了媒体的广泛关注，并且相关科学研究成果也日益增多。对活跃枪手来说，虽然没有人口统计学上的特征画像，但已经确认了一些行为特征。致命武器的供应是造成这一社会问题的一个因素，这一点没有争议。

关于大规模谋杀的描述和说明有很多，但

很少有实验研究。在典型大规模谋杀中，某个人进入现场（如某家餐馆、教堂或工作场所）并向一群人开火。这种形式的大规模谋杀通常是经过精心策划的，被害人往往是谋杀者不满的象征，或者被害人群体包括凶手所憎恨或将自己的不幸归罪的一个或多个人。大规模谋杀犯通常有社会孤立和退缩的特点，并且人际交往能力和社会技能不足。然而，研究人员还发现，他们的生活中通常至少有一个重要的人。他们可能渴望从他们的罪行中获得权力，或者可能有想成为名人的愿望。他们也可能在寻找自己生活中的意义。

尽管在"9·11"事件发生之前，恐怖主义活动早已在美国和世界范围内发生，但这一事件标志着公众的关注和恐惧、执法活动、心理探索发生了根本性的转变。根据定义，恐怖主义涉及非法使用武力或暴力，因此恐怖活动被界定为犯罪活动。学术文献、政府文件、公共政策和媒体都提出了许多关于恐怖主义的定义和类别。我们采用了美国联邦政府的定义，认为恐怖主义是指为实现政治或社会目的而用于恐吓或胁迫政府或民众的非法武力或暴力。恐怖主义可以是国内的，也可以是国际的，取决于恐怖组织的起源、基地和目标。

两种解释个体参与恐怖活动的理论——意义追寻理论和恐惧管理理论——在某些方面很相似。两者之间的主要区别是动机因素。

虽然恐怖主义行为没有单一的动机，但由于其恐怖的性质，大多数恐怖主义行为都涉及一些认知结构的调整。正如班杜拉所观察到的，从事恐怖主义的人以各种方式为自己的行为辩护。这些方法包括使用道德辩护的技巧，他们借此说服自己，他们的行为是有社会价值

的，并且有一个最终的道德目的，该目的证明手段是正当的。恐怖分子还使用委婉标签和有利比较来重构他们的认知。因此，与其活动对象的行为相比，他们的行动被视为无害的。恐怖分子可能会将目标去人性化，并认为要承担责任的是群体身份，而不是自己的个人身份。班杜拉所阐述的道德推脱策略也可以适用于各种背景下的犯罪行为，而不仅是恐怖组织所表现出的暴力行为。

我们讨论了有可能变成大规模谋杀的特别罪行，如校园暴力和工作场所暴力。校园暴力是教育系统中普遍存在的问题，尽管还不清楚它是否在增加，而且它极少会在死亡发生前停止。在20世纪90年代，有大量的校园枪击事件被报道，其中最值得注意的是1999年发生的科伦拜恩中学枪击事件。之后发生的桑迪胡克小学枪击事件比较特别，因为它是由学校以外的人员实施的。在过去的10多年里发生了更多的学校枪击事件，虽然直接被害人减少了，但它给学生、学校工作人员和整个社区带来的心理创伤可能会持续存在。尽管校园枪击案仍然是相对罕见的事件，但许多州强制要求学校进行安全演习，一些州强制要求辖区内的公立学校进行活跃枪手演习。绝大多数公立学校都设立了威胁评估系统，以评估某个或某些学生是否对他人构成实质性威胁。

对学校枪击案的调查持续发现，同伴排斥和社会排斥通常都是促使暴力发生的因素。不过，其他因素（如虐待动物、异常迷恋枪支及其他武器）也经常是校园枪手的特征。几乎所有的校园枪手都曾向其他学生传达过他们的意图，有时是以非常具体的方式传达的。

本章最后讨论了工作场所暴力，这是另一

种可能会（也可能不会）导致大规模谋杀的现象。犯罪人被分为四类：与工作场所没有关系，但在其他犯罪过程中实施暴力的人；接受过该组织提供的某些服务的人；目前或以前在该组织工作的人；与一名或多名雇员有某种关系的人。绝大多数暴力事件是由第一类人实施的，即那些从外部进入工作场所的人。然而，大多数心理学研究都集中在第三类人身上，即

杀害主管和 / 或同事的心怀不满的雇员。这些人不仅常常感到愤怒，而且通常在社会上孤立无援，严重抑郁。通常情况下，他们会预计或根本就计划好自己会死在现场。然而，心怀不满的员工通常不会在工作场所实施暴力。雇主和雇员面临的挑战是如何解决他们的忧虑，并使工作场所成为一个对所有与之相关的人来说更有益的地方。

核心术语

侦查心理学（investigative psychology）

临床画像（clinical profiling）

精算画像（actuarial profiling）

基础概率（base rate）

心理画像（psychological profiling）

威胁评估（threat assessment）

风险评估（risk assessment）

嫌疑人画像（suspect-based profiling）

种族 / 民族画像（racial or ethnic profiling）

犯罪地理画像（geographical profiling）

犯罪现场画像（crime scene profiling）

伪装（personation）

签名（signature）

伪饰现场（staging）

自体性欲（autoeroticism）

撤销（undoing）

有组织型犯罪现场（organized crime scene）

无组织型犯罪现场（disorganized crime scene）

混合型犯罪现场（mixed crime scene）

验证性偏差（confirmation bias）

可疑死亡分析（equivocal death analysis）

重构性心理分析（reconstructive psychological evaluation）

心理尸检（psychological autopsy）

系列谋杀（serial murder）

狂欢杀人（spree murder）

大规模谋杀（mass murder）

典型大规模谋杀（classic mass murder）

家庭大规模谋杀（family mass murder）

活跃枪手（active shooter）

国内恐怖主义（domestic terrorism）

理性驱动型恐怖分子（rationally motivated terrorists）

心理驱动型恐怖分子（psychologically motivated terrorists）

文化驱动型恐怖分子（culturally motivated terrorists）

意义追寻理论（quest for significance theory）

恐惧管理理论（Terror Management Theory，TMT）

冒险转移（risky shift）

文化贬抑（cultural devaluation）

责任转移（displacement of responsibility）

工作场所暴力（workplace violence）

职场攻击（workplace aggression）

谋杀权威（authority homicide）

思考题

1. 界定侦查心理学，列出并界定画像的各种形式。

2. 列出并界定多重谋杀的类型，并大致阐述每种类型。

3. 讨论福克斯和莱文提出的大规模谋杀的五种动机。

4. 根据现有的研究，大规模谋杀犯的心理特征是什么？

5. 根据现有的研究，校园枪手最有可能有哪些共同的特征？

6. 工作场所暴力有哪些类型？

性侵害是指涉及各种非意愿的性接触和被强迫的性行为，是一类传统的侵害行为或违法犯罪行为。性侵害的概念比强奸等法定概念更宽泛。传统的性侵害被视为男性行为，但现实中女性行为也不少。性侵害行为会对被害人造成严重的心理和生理创伤，造成其自尊的自我贬损，还可能诱发公共健康事件，如增加酗酒、吸毒、酒驾、不安全性行为等。虽然越来越多的国家都注重防范这一社会现象，并通过立法、司法等手段予以禁止与惩罚，但是性侵害的现象仍然十分严重。例如，联合国人口基金会（United Nations Population Fund，UNFPA）的数据显示，在沙特阿拉伯、叙利亚、阿富汗、索马里、智利、印度等国家，妇女和女孩遭受性侵害的现象仍然较为猖獗，即便在法治较为健全的美国，2017年向全美国执法机构报告的强奸案有 135 755 起（FBI，2018a），该数字代表了每 10 万人中大约有 41.7 个受害人。

本章对性侵害的研究与介绍是严格的学术讨论，界定了性侵害与强奸、性骚扰等概念，对性侵害的发生进行了现象学的描述，分析了性侵害对被害人产生的各种影响，阐释了性侵害行为发展的风险因素，回顾了以往性犯罪人再犯及矫治方面的研究，内容严谨而丰富。特别是关于性犯罪特质及强奸犯分类系统的梳理与介绍，对读者了解性侵害的发生与防范，都具有积极意义。

潘黎萍
杭州师范大学外国语学院　副教授

徐可
杭州师范大学科研处
浙江省法治教育研究中心

11

第十一章
性侵害

本章译者：潘黎萍　徐可

学习目标

- 对强奸和其他性侵害进行界定。
- 对约会性侵害和熟人性侵害，包括校园性侵害进行回顾。
- 讨论性侵害对幸存者的心理影响。
- 考察性侵害被害的风险因素。
- 阐述影响性侵害行为发展的风险因素。
- 介绍与性犯罪人再犯罪相关的研究。
- 介绍奈特和西姆斯－奈特提出的性犯罪三特质。
- 描述马萨诸塞州矫治中心的强奸犯分类系统。
- 介绍成年性犯罪人有效矫治的原则。

在许多国家中，性行为是一个充满道德规范、禁忌、宗教禁令甚至神话和不科学结论的主题。20世纪中叶，阿尔弗雷德·金赛（Alfred Kinsey）基于调查报告和访谈发表的研究消除了关于男性和女性之间行为的神话并纠正了谬误（Kinsey，1948，1953）。此后不久，大约从 1957 年开始，威廉·马斯特斯（William Masters）和弗吉尼亚·约翰逊（Virginia Johnson）进行了实验室实验，他们观察并记录了异性伴侣的心理和生理性行为。尽管研究人员努力地揭开性的神秘面纱，但神话和误解仍然存在，那些通常被同质化看待的性犯罪人也囊括其中。

至今仍没有一份通用的画像可适用于大多数性犯罪人。研究表明，他们在年龄、背景、个性、种族、宗教、信仰、态度、人际交往能力等个人属性上都存在差异（Knight，Rosenberg，& Schneider，1985；Parent，Guay，& Knight，2011；Seto，Kingston，Stephens，2015）。不同犯罪人的犯罪特征也明显不同，包括犯罪时间和地点、被害人的性别和年龄、计划犯罪的程度及使用或意图使用的暴力程度（Knight et al，1985）。尽管如此，人们仍在继续努力寻找一个统一的强制性犯罪的理论（Knight & Sims-Knight，2011）。此外，尽管性犯罪在传统上被视为男性行为，但很明显，女性的性犯罪虽不普遍却并不鲜见。越来越多的人开始关注未成年性侵害。第十二章将对女性的性犯罪和未成年人的性犯罪进行讨论。

本章涉及的研究重点是那些已知被定罪和监禁的男性。然而，他们并不一定能代表性犯罪人群体。近年来，由于知名人士被指控犯有性侵害罪，性侵害已成为公众关注的焦点。一些人被判犯有强奸罪和其他性侵害罪，而另一些人则在原告站出来描述受害事件后失去了权力地位。一位美国总统候选人在录音中吹嘘自己曾违背女性的意愿抚摸她们；一名美国参议员在被指控做出了不必要的性接触后而辞职；在参议院针对一名美国联邦最高法院的大法官举行的听证会上，一名受害女性的证言明显占据上风，该女子指控该大法官在她高中期间企图强奸她；一位著名的好莱坞导演、几位演员和媒体名人在多名女性提出性犯罪指控后声名狼藉；一名与著名政客和名人有联系的金融家在被指控与未成年人进行性交易后，在监狱自杀了；一名演员和电视名人因强奸罪被判入狱。包括两名美国参议员在内的许多知名女性透露，她们遭到了性侵害，但没有说出作恶者的姓名。成年男性会披露自己幼年被某些牧师、教练等性侵害的经历。毫无疑问，读者对这些例子和画面都很熟悉，这表明人们越来越意识到性侵害并不罕见。但他们却很少被起诉。

界定与统计数据

近年来，在理论研究和法律上，性侵害（sexual

assault）一词的使用率通常比强奸一词更高。因为性侵害的说法更具包容性，包括各类可能未涉及插入的情形。到 21 世纪初，美国 50 个州中约有一半涉及性侵害或性犯罪的刑法中没有使用"强奸"（rape）一词（Langan，Schmitt，& Drose，2003），且当代研究人员也更倾向于使用"性侵害"一词。如第一章所述，美国联邦调查局收集强奸这一严重暴力犯罪的统计数据，并在统一犯罪报告和基于国家突发事件的报告系统中公布调查结果。2013 年，美国联邦调查局对强奸的定义相对中性，即不经被害人同意的任何身体部位或物体对阴道或肛门的插入（无论多么轻微）或用他人性器官进行口交（FBI，2018a）。这承认了女性和男性都可能被强奸，使被害人性别范围发生了重大变化。此外，从新定义可以明显看出，对儿童实施插入行为和对青少年、成年人一样，都属于强奸。总之，旧定义［统一犯罪报告称之为"旧定义"（legacy definition）］将强奸描述为违背女性意愿强行实施的性交。修订后的定义将强奸扩大到包括男性和女性的被害人或犯罪人，并罗列了各种形式的性行为，包括非自愿的鸡奸和使用物体实施性侵害。

新定义还举出被害人因暂时或永久的精神或身体无行为能力，包括因药物或酒精的影响而无法表示同意的情形。因此，强迫是被推定的，即使个人没有反抗，也并不代表未遭强迫。实际上，新定义更准确地描述了美国强奸行为的范围和数量。值得注意的是，强奸未遂也被纳入了政府的强奸数据中。

不符合强奸要件的性侵害被列为二类犯罪（Part II offenses），仅收集逮捕数据。这些性侵害行为可能包括抚摸女性乳房或抓摸男性生殖器，也可能包括猥亵和淫秽行为，如向路人暴露自己的性器官。下文定义的法定强奸也被视为第二类罪行，属于性侵害。

如第一章所述，统一犯罪报告通过两个系统收集犯罪数据：一是汇总报告系统（以下简称 SRS），二是基于国家突发事件的报告系统（以下简称 NIBRS）。定义更改仅影响了 SRS，因为 NIBRS 已经

捕获了更广泛的性犯罪信息，包括被侵害者的性别。然而，正如我们在第一章所指出的，SRS 已在 2020 年退出舞台，从那时起，NIBRS 成为收集犯罪数据的主要方法。NIBRS 中的定义目前涵盖了强奸、用物性侵害、鸡奸、乱伦和法定强奸。NIBRS 对强奸的定义是：未经被害人同意的性交，包括被害人由于年龄，或者暂时或永久的精神 / 身体无行为能力而无法表示同意的情况。

在 NIBRS 中，用物性侵害是指未经被害人同意，无论程度多么轻微，使用物体或工具非法侵入他人身体的生殖器或肛门，也包括被害人因年龄，或者暂时或永久的精神 / 身体无行为能力而无法表示同意的情况。鸡奸（sodomy）是指非自愿的口交或肛交，也包括被害人因年龄，或者暂时或永久的精神 / 身体无行为能力而无法表示同意的情况。乱伦（incest）是指在法律禁止婚姻的范围内，有亲属关系的人之间发生的非强迫性的性行为。

美国犯罪被害情况调查（以下简称 NCVS）提供了有关全美国性犯罪受害情况的宝贵信息来源，将在本章经常提到。NCVS 将强奸定义为，违背被害人意愿非法实施插入的行为，包括用任何异物（如瓶子）的插入。性侵害被定义为攻击或攻击未遂，通常涉及被害人和犯罪人之间不必要的性接触。性侵害可能涉及暴力，也可能不涉及暴力，包括抓、抚摸，也包括口头威胁。有关 SRS、NIBRS 和 NCVS 的核心要点，详见表 11-1。

表 11-1　SRS、NIBRS 和 NCVS 对性犯罪定义的核心要点

来源	犯罪	核心要点
SRS	强奸（新定义）	未经同意将性器官或物体插入他人体内
	强奸（旧定义）	违背女性意愿的性交
	性侵害	各种与性有关的罪行，包括法定强奸罪
NIBRS	强奸	未经个人同意的性交
	用物性侵	非法插入阴道或肛门
	鸡奸	未经同意的口交或肛交

（续表）

来源	犯罪	核心要点
NIBRS	乱伦	婚姻所禁止的近亲之间的非强迫性性交
	法定强奸	一方当事人未到法定年龄且双方自愿的性交
NCVS	强奸	未经他人同意的非法插入，包括利用外物的插入
	性侵害	涉及非自愿性接触的攻击，可能包括爱抚或抓

我们关于性侵害的许多信息来自行为科学家、社会科学家及医疗从业者进行的研究和发表的大量报告。如上所述，一大趋势是不再使用"强奸"一词，转而使用涵义更广泛的"性侵害"。然而，当他们着手研究性侵害时，通常会关注其更极端的形式，诸如强奸、强奸未遂及未经同意的性接触。在本章，我们将使用"性侵害"一词，但在涉及官方统计数据，或者我们讨论的研究中也会使用"强奸"一词。

特别值得一提的是文献中出现的关于性侵害的其他几个术语，如法定强奸、欺诈强奸和婚内强奸。

法定强奸（statutory rape）是指与未满法定年龄的人进行非强迫性性交。在 SRS 中，法定强奸被视为二类犯罪，而不是强奸，并且与其他二类犯罪一样，仅收集逮捕数据。换句话说，除非有人因该罪行被捕，否则法定强奸不会出现在 SRS 中。法定强奸只涉及自愿性交，而不是其他类型的性接触（Langan et al.，2003）。关键因素是被害人的年龄，这是一个法律分界点，低于这个分界点的人被认为不具备自愿性交或理解其后果的成熟度。

美国所有州都禁止与未成年人发生性关系，但自愿性交的年龄因州而异（Troup-Leasure & Snyder，2005）。大多数州将上限设定为 16 岁或 18 岁。此外，在许多州，人们普遍认为男女之间必须存在年龄跨度，通常为 2～4 岁。因此，如果成年男性与未成年女性发生性关系，即使他辩称对方"同意"，依然可能会被判定为法定强奸罪。不过，每个州的规定不一，18 岁男性与 16 岁女性发生性关系在某些州不构成违法犯罪。

此外，一些州将未成年同龄人之间的性行为定为犯罪（Pearlstein，2010）。例如，在纽约，能表示同意的最低年龄是 17 岁。如果一个 16 岁孩子与另一个 16 岁孩子发生性关系，这是非法的，这一事实肯定会让许多青少年感到惊讶。在加利福尼亚州，同意的最低年龄为 18 岁。2015 年 3 月，该州某高中 12 名十几岁的少年因在校内对两名女孩进行性侵害而被捕。据称，这些事件既涉及强迫性行为，也涉及自愿性行为，但都属于刑事犯罪。在其他州，低于同意年龄的同龄人之间的性行为并不构成违法，但超过同意年龄的人不得与低于同意年龄的人性交。

法定强奸罪的批评者认为，它已经过时且无法执行。事实上，大多数被认定为法定强奸罪的青少年性行为从未引起执法部门的注意，而且很少会被逮捕（Chaffin, Chenoweth, & Letourneau，2016）。美国青年调查预估，1/3 的 9 年级学生和 2/3 的 12 年级学生发生过性行为（CDC，2012），其发生率数十年来一直保持稳定，这表明许多法定强奸并没有得到执行（Chaffin et al.，2016）。

然而，主张保留法定强奸罪的人指出，执法数据表明，女性受害案中，至少有一半案件的男性犯罪人比被害人大 6 岁或以上（Troup-Leasure & Snyder，2005）。数据还显示，在男性受害案的女性犯罪人中，超过 75% 的人比被害人至少大 6 岁。主张保留法定强奸的人认为，如果国家积极执行这一法规，那么成年人将倾向于不将目标瞄向青少年，青少年怀孕率也会下降（Pearlstein，2010）。犯法定强奸罪的人面临的潜在惩罚可能相当严厉，不仅涉及监禁，在许多州还包括被登记为终身性犯罪人（Koon-Magnin & Ruback，2013）。

欺诈型强奸（rape by fraud）是指在欺诈条件下与成年女性发生性行为。其中最常被引用的例子是，心理治疗师以提供治疗为由与患者发生性行为。另一个强奸类别是婚内强奸（marital rape），这是研究亲密关系暴力的犯罪学家不可忽视的。在 SRS 中，欺诈型强奸和婚内强奸都被视为强奸。在过去

40 年，美国的婚内强奸法发生了巨大的变化。1970年，婚内强奸行为在全美国 50 个州基本上都是合法的，但到 1993 年，50 个州都通过相关法律认定其为犯罪（Martin，Taft，& Resick，2007）。据估计，有 10%～14% 的已婚女性经历过婚内强奸（Martin et al.，2007），但与所有性侵害统计数据一样，大部分案件都没有被报告。此外，亲密伴侣关系中的性侵害超越了婚姻的界限，从心理学角度来看，区分被合法结婚的伴侣性侵害的女性和被非合法结婚的伴侣性侵害的女性可能没有意义，尤其是当他们居住在同一住所时。

约会与熟人关系中的性侵害

约会强奸和熟人强奸等性侵害远比人们意识到的更普遍，占所有性侵害案件的 80%（Planty et al.，2013）。换句话说，据估计，在美国报告的性暴力（sexual battery）事件中，陌生人实施的案件仅占 1/5 左右。约会强奸（date rape）是指在约会关系中发生的性侵害。熟人强奸（acquaintance rape）是指被害人认识侵害者的性侵害。侵害者可能是亲戚、邻居、朋友或同学。其中约 1/3 的侵害是由亲密伴侣（前任或现任配偶、女朋友或男朋友）实施的（Planty et al.，2013）。

近年来关于约会强奸和熟人强奸等性侵害研究大多集中在女大学生身上。即使可能不是最具代表性的被害人群体，她们仍然是性暴力相关研究最广泛的研究对象（Post et al.，2011）。不过，研究人员也对男大学生进行了研究，不仅关注他们的犯罪方式，还研究他们对女性的态度及其对强奸误解（rape myths）的认同程度。研究人员（Brennan et al.，2018）研究了美国 5 所大学近 2000 名大学生自愿填写的性暴力行为的调查结果。研究人员归纳了三类人：

（1）不太可能实施任何暴力的群体（88%）；

（2）可能使用胁迫手段或在醉酒时实施性暴力，但不使用武力的人（9.8%）；

（3）可能使用各种暴力手段的人，包括胁迫和武力，以及在醉酒时实施性暴力（1.5%）。

大学校园氛围调查的验证研究

关于大学生性侵害的研究和一般文献报告显示，约 1/4 的女大学生和 1/16 的男大学生在大学期间经历过某种形式的性侵害（Zounlome & Wong，2019）。为了建立一个界定和衡量性侵害的标准化方法，美国司法统计局进行了一项广泛的试点研究，即大学校园氛围调查的验证研究（Campus Climate Survey Validation Study，CCSVS）（Krebs et al.，2016）。这是一项在 2014—2015 学年针对 9 所大学进行的性侵害调查。这 9 所大学代表美国不同地理区位的大学，在规模、公立或私立、两年或四年学制等方面都各不相同。

这项问卷由 23 000 多名本科生（约 15 000 名女生和 8000 名男生）完成，研究保证对他们的回答保密。总体来说，被调查者在种族 / 民族方面具有多样化，只有几所大学差异较小。约 90% 的女生样本和 91% 的男生样本表示他们的性取向为异性恋。

CCSVS 将性受害分为 3 类：性暴力、强奸和性侵害。性暴力被定义为任何非自愿的性接触，包括没有插入行为的强迫接触，如强吻、触摸、抓揉或抚摸性器官。强奸被定义为任何非自愿的性接触，包括口交、肛交、性交，或者用物体或手指进行性插入。性暴力和强奸被认为是相互排斥的类别，这意味着性受害事件只能被视为其中之一，不能两者皆可。如果受访者报告了非自愿的性接触，但未提供足够具体的细节来将事件归类为性暴力或强奸，则将其归类为性侵害。CCSVS 还询问了自进入大学以来（不仅是在 2014—2015 学年）及出生以来的性受害情况。

如表 11-2 所示，9 所大学的性犯罪受害率为 20.0%（女生）和 5.6%（男生），其中性侵害比例都高于性暴力比例或强奸比例。在所有大学中，本科女生在学年内遭受性侵害的平均比例为 10.3%，而男

表 11-2 2014—2015 学年 9 所大学校园性犯罪受害率

	女生		男生	
	平均值	范围	平均值	范围
性暴力	5.6%	1.7%～13.2%	1.7%	0.4%～3.3%
强奸	4.1%	2.2%～7.9%	0.8%	0.3%～1.4%
性侵害（未区分）	10.3%	4.2%～20.0%	3.1%	1.4%～5.7%
性犯罪受害率总计	**20.0%**		**5.6%**	

注：范围表示报告百分比最低和最高的大学。例如，在一所大学，1.7% 的本科女生称自己是性侵害的被害人，而在另一所大学，13.2% 的女生称自己受到过类似伤害，则范围为 1.7%～13.2%。

资料来源：Author created table from Krebs et al.（2016，January）. Campus climate survey validation study：Final technical report. Washington，DC：U.S. Department of Justice，Bureau of Justice Statistics.

生的平均比例为 3.1%。正如我们所料，各学校性侵害比例从 4.2% 到 20% 变化差异明显。大多数学校中，大学一年级的本科女生遭受性侵害、性暴力和强奸的比例都明显高于大学二、三、四年级女生。

受访者还被调查了自进入大学以来及从出生以来经历的性侵害事件。平均而言，21% 的本科女生和 7.0% 的本科男生报告称在大学期间遭受过性侵害。关于持续受害，调查中 34% 的女生和 11.2% 的男生报告说，他们经历过某种形式的性侵害。

CCSVS 生成了一份综合报告（Krebs et al.，2016），收集了大量此处未报告的数据，包括多起事件、侵害地点和攻击特征（如被压制、被下药、失去意识）。研究人员（Krebs et al.，2016）强调，研究结果不应推广到全美国所有高校和学生。然而，调查结果与其他研究一致，该项目提出了一种有前景的标准化方法，用于在更广泛、更随机的高等院校的样本中调查性侵害情况。

根据 NCVS，约有 80% 的强奸和其他性侵害事件未向警方报告。其原因各不相同，最常见的是幸存者认为性侵害是个人问题或害怕被报复。这往往与在其他环境中发生的性侵害有关，例如，在军队、青年团体，以及政治和企业环境中被曝光的备受瞩目的事件。自责是另一种常见的反应。此外，即使学生向校园警察或辅导员等学校管理者报告受害情况，他们通常也不会向校园外报告。据估计，性侵害的实际发生率可能至少比各大学根据《克勒利法案》（*Clery Act*）提交的数字高出 44%（Yung，2015）。《克勒利法案》要求高等教育机构每年向教育部门提交校园犯罪数据。案件被少报的一个原因源于这样一种逻辑，即如果一所学校的性侵害率高于同类学校，它就有可能吸引不了更多的生源并将长期遭受声誉损害（Yung，2015）。对上面讨论的 CCSVC，合作院校并不希望在调查之后被识别出来。此外，尽管研究人员最初联系了全美国 24 所两年制和四年制院校，但只有 9 所院校同意参与。有关校园性骚扰和性侵害的最新问题，请阅读专栏 11-1。

公众关注校园性侵害固然重要，但不应就此忽视发生在大学环境之外对成年人的性侵害。每一代人的约会模式都会发生巨大的变化。如今，许多情侣（或其他群体）在互联网上邂逅，并开启第一次约会。男性可能觉得自己付出很多，例如，他们支付各种消费、提供交通服务，以及受到其他因素（如酒精、药物、性习俗）的影响，但收获越来越少，这就可能会助长性侵害。然而，如上所述，性侵害不仅发生在社交场合，还发生在工作场所、学校或医生办公室。被熟人或上司侵害的人常常将责任归咎于自己。如果这与某种社会状况有关，那么他们可能会因为将自己置于弱势境地而受到他人的指责。因此，被害人不太可能被信任，而且更可能被指责（Ullman，1999）。正如乌尔曼（Ullman，2007）所观察到的，这些负面反应对女性的心理功能有害，并可能导致或强化她们因被强奸而产生的自责。

热门话题

专栏 11-1　校园性骚扰和性侵害调查

美国联邦法律——《1972 年民权法案第九篇》（ *Title IX of the 1972 Civil Rights Act* ）——禁止所有接受联邦资金的教育机构存在性别歧视。该法案广泛适用于任何情形的性别歧视，并经常被用来确保体育竞技领域中女孩和妇女的平等待遇。在这里，我们将讨论该法案与性暴力的关系。美国教育部负责制定执行本法的规则和指导方针。

必须强调的是，性骚扰不同于性侵害。性骚扰是对公民权利的侵犯，而性侵害是犯罪。然而，这两种情况都与校园调查有关。这两种情况通常都在校园进行调查，但是如果发生性侵害，被害人可以选择向执法部门报告。人们普遍认为，大部分人不会报告。因此，当提出指控时，学校通常用校园纪律程序处理，而不是上法庭。

2017 年，美国教育部撤销了奥巴马时期的政策，其为学校解释该法案中与性骚扰和性侵害有关的规定提供指引。2018 年 11 月，新规公布，在两个月的公开征求意见后，于 2019 年获得通过。它在几个方面一直存在争议。新规被宣传对调查过程的平衡度进行了调整，因为据说旧规更有利于控告者。新规的支持者坚持认为，新规赋予被告更多权利。而批评者则表示，这将阻碍性骚扰和性侵害的幸存者站出来报告他们所遭受的伤害。

以下是该政策被重点关注的与性侵害有关的部分规定。

- 性骚扰的定义更具限制性，可能不受欢迎的行为必须是严重的、普遍的、客观上具有冒犯性的，从而剥夺被害人参加教育项目和其他活动的机会。旧规的定义则宽泛得多，将性骚扰定义为不受欢迎的性行为。

- 学校只需调查属于校园项目和活动的事件。

- 虽然旧规的证明标准是优势证据（略高于 50%），但学校现在可以选择更高的标准，如清楚且令人确信的证据。

- 如果一位声称受害的人提出正式控告，那么必须举行听证会，并为双方提供正当程序保护（出示证据和请出证人的权利，有顾问或律师在场）

- 新规允许被告律师对控告者进行交叉询问——就像在法庭上一样。

- 为开展调查，必须将事件报告给学校官员。要求学校必须认真对待指控。一般学校不会受到处罚，除非学校之后采取的行动明显不合理。

- 即使原告没有提出正式控告，也必须为其提供相关支持服务。

- 最终决策者不能与调查人员是同一个人。也就是说，需要一个中立的决策者。

问题讨论

1. 分别从校园性侵害的被害人和被指控性侵害的加害人的角度回应政策的变化。

2. 在此类性质的大学纪律听证会上，调查人员和决策者应该（像一些人建议的那样）首先相信控告者，还是应该采取中立的立场？

3. 根据新规，学校没有义务对在其教育项目或活动之外发生的不当性行为的指控做出回应。该政策合理吗？它的优点是什么？可能会出现什么问题？

4. 获取此处讨论的教育部新规。新规是否提及性少数群体（LGBT）学生？应该提及吗？

强奸与其他性侵害的发生率和流行率

在全球许多地方，对很多暴力行为轻描淡写且报道不足，包括对女性实施的暴力行为。沙特阿拉伯、叙利亚、阿富汗、索马里、智利和印度只是妇女和女孩遭受性虐待较为猖獗的部分国家（UNFPA，2009）。在美国，2017 年向全美国执法机构报告的强奸案（修订定义）约为 135 755 起（FBI，2018a）。统一犯罪报告的旧定义（其中包括仅在被害人是女性时才算强奸）在 2017 年被停用。2017 年的数据说明每 10 万人中大约有 41.7 个被害人。

显然，无论被害人性别如何，官方数据都低估了问题的严重程度。除上文讨论的校园性侵害，近年来我们还看到了许多未报告的性侵害案例，包括在军队（Carbon，2010；DOD，2009；Pentagon Report，2014）、监狱和少管所中。2019 年，在美国移民与海关执法局（Immigration and Customs Enforcement，ICE）监管下的移民儿童的性侵害问题也引起了公众关注。

研究数据还表明，有 18% 的美国女性曾在一生的某个时候遭受强奸（Kilpatrick et al.，2007；Post，Biroscak，& Barboza，2011；Wilson & Newins，2018）。在美国，儿童、大学生、残疾人和被监禁者最容易遭受强奸或其他性侵害（Carbon，2010）。此外，性少数群体遭受性侵害的风险比异性恋者更高（Krebs et al.，2016；Wilson & Newins，2018）。

总之，强奸和其他性侵行为的实际发生率被大大低估了。尽管早期的定义问题已经得到解决，但仅是报告性侵害事件这一项，幸存者仍面临着考验。调查数据与警方数据形成了鲜明对比。根据美国暴力侵害女性调查收集的数据进行的一项研究估计，强奸未遂或既遂和性侵害的总体数量至少是 NCVS 估计的 4 倍（Tjaden & Thoennes，2006）。

在本章的大部分内容中，我们关注犯罪人的特征、可能的动机，以及与他们的行为相关的风险因素。在关注犯罪人之前，重要的是要考虑性侵害的被害人，尤其是他们可能因此而遭受的心理影响。

性侵害对被害人的影响

如上所述，强奸和其他性侵害最有可能发生在妇女和女孩身上。虽然男性被害人人数较少，但他们遭受的心理和身体伤害也不容忽视。不过，到目前为止，大多数研究都集中在女性被害人身上。无论被害人的性别如何，无论犯罪人的特征、动机、攻击或胁迫方式如何，被害人及其亲人的社会和心理代价都是不可估量的，而且往往是毁灭性的。

重要的是，要注意到遭受性侵害的人，尤其是成年人，更倾向于将自己称为幸存者（survivors），而不是被害人（victims）。称自己是幸存者，更强调自己的力量和韧性，而不强调自己的被害人地位。但我们要认识到，性侵害造成的负面心理影响并不少见，在某些情况下可能会使人衰弱。

一项对洛杉矶流行病学责任区（Epidemiologic Catchment Area，ECA）的 3132 户家庭进行的较早但经常被引用的调查很好地说明了这一点。研究人员发现，超过 13% 的受访者一生中至少遭受过一次性侵害（Burnam et al.，1988；Siegel et al.，1987；Sorenson，et al.，1987）。2/3 的性侵害对象报告了 2 次或 2 次以上的性侵害。此外，女性（16.7%）比男性（9.4%）更频繁地报告持续受到性侵害。一项发现发人深省，13% 的被害人在 6～10 岁首次遭受性侵害，19% 在 11～15 岁、34% 在 16～20 岁、15% 在 21～25 岁首次遭受性侵害。被性侵害的经历会显著增加以后发生严重自毁性抑郁障碍、物质滥用、焦虑障碍及各种人际关系问题的风险。总体而言，ECA 调查发现，性侵害的男性和女性被害人出现严重心理问题的可能性是非被害人的 2～4 倍。

心理影响

人们常说，性侵害的被害人会受到两次伤害，一次是受到犯罪人的伤害，另一次是受到调查犯罪期间刑事司法系统的伤害。如果嫌疑人被捕，那么被害人会在起诉阶段再次受到伤害。他们还可能受到媒体和公众的审查。他们可能会质疑事件是否发生，或者诋毁被害人并将某些责任归咎于被害人。值得注意的是，在校园性侵害事件中，被侵害的人比加害人更有可能从学校退学。

自责是一种常见的反应，也是给被害人造成心理伤害的主要因素。强奸和性侵害的幸存者经常指责自己应该对侵害负责，其他人的负面反应可能会强化这种自责（Sigurvinsdottir & Ullman，2015）。自责在许多性侵害幸存者适应不良及心理痛苦中也起着重要作用，如果确实发生，自责可能是放大创伤后应激障碍症状的一个重要因素。创伤后应激障碍在第八章已讨论过。

在报告侵害事件后，被害人将被要求向执法人员回忆并尽可能详细地描述个人遭受的压力、羞辱等。如今，越来越多的警察部门采取系列措施，以减轻被害人的痛苦，包括让被害人辩护律师在场，让女性警官服务女性被害人，为男性和女性警官提供强奸敏感性训练（rape sensitivity training）。除了与执法工作人员面谈，被害人还需要接受体检，以确定插入的物理证据。许多遭受性侵的人更喜欢"幸存者"这个词，而不是"被害人"，因为它具有更积极的含义。成为幸存者意味着一个人处于对局面的控制之中，并没有被攻击者、刑事司法系统和公众彻底摧毁自我概念。

如果此人能够承受种种压力，如来自父母、配偶、伴侣、家庭成员、朋友的负面反应甚至攻击者的威胁，那就必须为开庭做好准备，在那里，隐私会受到侵犯，可信度可能会受到攻击。性侵害审判通常会被媒体大幅报道，尽管许多媒体并不透露被害人姓名。传统上，在刑事案件中，被害人的可信度是一个很大的问题，以至于辩护律师将注意力集中在被害人之前的性生活史上。在一项被大量引用的早期研究中，92% 的检察官声称，被害人的可信度是说服陪审团判定强奸罪的最重要因素之一（Chappell，1977b）。贬低被害人的策略在 20 世纪 70～80 年代受到攻击，许多州修订了证据规则，试图限制使用被害人性生活史。到 21 世纪初，几乎所有的州都颁布了强奸保护法案，在不同程度上限

制被害人性生活史进入法庭的可采性（Kilpatrick，Whalley，& Edmunds，2000）。然而，强奸保护法案并不总是如其所设想的那样提供保护（Ross & Bachar，2002），各州的情况也各不相同（Kinports，2002）。因此，许多被害人在审判期间被问及他们的社交史和性生活史时感到惊讶和沮丧，他们认为这是不应发生的（Ross & Bachar，2002）。幸运的是，1994 年首次通过、2000 年修订并于 2013 年重新授权的《反暴力侵害女性法案》通过鼓励全美国范围内更统一的强奸保护法案和保护暴力被害人，解决了许多此类问题。2013 年的法案还包括一些旨在改善校园安全的条款，以及对同性恋、双性恋和变性人的保护。如第九章所述（见专栏 9-1），该法案于 2019 年再次提出重新授权，并由众议院通过。然而，它在参议院遇到了阻力，截至 2020 年年初，它尚未获得重新授权。

总之，那些在性侵害中幸存下来的人可能会遭受心理上的影响，其中大部分可能从未在矫治环境中得到解决。也就是说，被害人通常不寻求心理帮助，或者觉得没必要这样做，但研究表明，性侵害的心理影响是非常真实的。事实上，心理伤害通常比身体伤害更持久、更具破坏性，可能导致严重的抑郁、广泛的恐惧和性适应问题。在被害人遭受严重身体伤害的情况下，他们会经历两种形式的痛苦。在美国，遭受性侵害的女性在创伤后应激障碍患者中的比例最大（Leiner et al.，2012）。此外，强奸被害人考虑自杀的可能性是非被害人的 4 倍，其中 13% 的人实际上试图自杀（Carbon，2011）。

身体伤害

根据 NCVS 的数据，在性侵害事件中，平均约 60% 的女性幸存者遭受了身体伤害，如割伤、瘀伤、内伤、骨折和枪伤（Planty et al.，2013）。约 1/3 的人表示，她们因受伤接受了某种形式的治疗，其中大多数人（80%）在医院、医生办公室或急诊室接受治疗。调查还显示，大约 1/10 的强奸或性侵害案涉及武器，通常是枪支或刀。

过去，人们建议女性不要对强奸企图进行抵抗，以尽量减少其他身体伤害甚至死亡的风险。随着越来越多的证据表明，被动抵抗不一定与所遭受的伤害量有关，该建议已经转变（Ullman，2007）。一方面，目前的研究支持被害人采取自我保护措施，包括身体抵抗，如喊叫、咬和攻击施暴者（如果可能）。抵抗降低了性侵害完成的风险，并且不会带来更多的额外伤害的风险（Tark & Kleck，2014）。另一方面，诸如恳求、哭泣或试图对犯罪人晓之以理等策略在避免强奸或身体伤害方面基本无效（Rosenbaum，Lurigio，& Davis，1998；Ullman，2007）。然而，应该强调的是，不应要求女性以身体抵抗来表明不同意（DOJ，2012）。由于抵抗不一定具有可行性，因此是否遭受了性侵害不应该根据被害人试图抵抗攻击的程度来判定。

性侵害易感性因素

关于性侵害和一般暴力侵害妇女的原因的调查集中在以下两个问题（Siegel & Williams，2001）：

（1）犯罪人的行为、认知和策略；

（2）被害人面临的风险因素。

在一开始就应该强调，暴力的责任显然在于犯罪人。但考察使被害人处于危险中的易感性因素也很重要，以便实施预防和干预策略。易感性因素是指增加女性遭受性侵害风险的因素（Ullman & Najdowski，2011）。

情境因素

某些地点和情况可能会使女性面临更大的遭受性侵害的风险，并影响她们有效抵抗施暴者的能力（Ullman，2007），而且这些情况可能因犯罪人是陌生人还是熟人而有所不同。熟人的性侵害通常发生在室内或偏僻的地点。如果女性独自喝酒，那么酒吧对她们来说尤其危险。在大学校园里，联谊会和与重大体育赛事有关的聚会往往会让女性处于危险之中。此外，一方或双方使用酒精或药物、女性主动约会，或者男性支付与约会相关的费用，都是造成危险的因素。

地点

NCVS 的数据表明，55% 的强奸或性侵害发生在被害人家中或附近场所（Planty et al.，2013）；12% 发生在朋友、亲戚或熟人的家中或附近场所；大约 12% 发生在被害人工作时；7% 发生在被害人上学时；其余的性侵害发生在被害人上班或上学、购物或离家参加休闲活动时。

被害人的年龄

如前所述，1995—2013 年，与所有其他年龄组的女性或女孩相比，18～24 岁的女性遭受性侵害的比例最高（Sinozich & Langton，2014）。不过，有相当一部分女孩和男孩在 18 岁之前曾遭受性侵害（Finkelhor et al.，2014）。研究人员（Basile & Smith，2011）报告称，71% 的女性被害人在 18 岁之前初次遭到强奸。超过 50% 的被害人被熟人同伴强奸（Finklehor et al.，2014）。另一组研究人员（Tjaden & Thoennes，2000）发现，在所有接受调查的女性中，有 17.6% 的人表示自己曾在一生中的某个时间遭受过既遂强奸或未遂强奸，21.6% 的人说自己第一次被强奸时还不到 12 岁；另有 32% 的人表示，他们第一次被强奸时年龄在 12～17 岁。这些数据与本章前面描述的 ECA 的研究一致。然而，如第九章所述，对老年人的性侵害报道和研究并不足。

关系因素

研究人员（Kilpatrick et al.，2000）报告中有说服力的证据表明，大多数强奸成年人的侵害者都是亲密伴侣而非陌生人。他们列出了以下从全美国妇女调查中收集的成年妇女的受害信息：

- 24.4% 的侵害者是陌生人；
- 21.9% 是丈夫或前夫；
- 19.5% 是男友或前男友；
- 9.8% 是亲属；

- 14.6% 是非亲属，如朋友或邻居。

饮酒

就情境特征而言，酒精在丧失行为能力和被胁迫的性侵害中都起主要作用。丧失行为能力的性侵害被定义为，当被害人因为昏倒、被下药、醉酒、丧失行为能力或睡着而对正在发生的事情无法表示同意或制止时，所发生的任何非自愿的性接触，无论侵害者是否对药物使用负责或是否在其不知情的情况下使用了药物（Krebs et al.，2007）。校园性侵害研究（Campus Sexual Assault Study）（Krebs et al.，2007）比较了丧失行为能力的被害人与那些身体被强迫但并未丧失行为能力的被害人。绝大多数（82%）丧失行为能力的性侵害被害人报告说，在受害之前曾饮酒并喝醉；相比之下，身体被强迫但并未丧失行为能力的被害人报告醉酒的占13%。至少在大学生中，无论是丧失行为能力的被害人还是身体被强迫的被害人，吸毒情况都相对较少。不足为奇的是，大量丧失行为能力的性侵害被害人表示，事件发生时其正在参加一场聚会。

饮酒在性胁迫行为中扮演着多种重要的角色。如果被害人酗酒则尤其容易受到伤害（Ullman & Najdowksi，2011）。然而，许多研究人员对"校园性侵害是酗酒导致的"这一假设提出了质疑。也就是说，幸存者在去上课的路上、在宿舍里或在图书馆等校园建筑里，也会遭到性侵害。尽管如此，在大学里，酒精仍然是性侵害的主要助推力。超过1/10的大学男生承认对不能或不愿同意的人进行口交、肛交或阴道插入（如强奸）（Swartout et al.，2015）。值得注意的是，大学男生更多地使用口头胁迫方式或在被害人醉酒时实施性暴力，而不是武力或人身伤害威胁（Brennan et al.，2018）。

当酒精是导致性侵害的一个因素时，它对犯罪人的影响也是显而易见的。酒精会削弱自控力，导致沟通上的误解，并破坏决策能力。在一项专注于性侵害和饮酒的重要研究中，大约一半的性犯罪人和一半的被害人在性侵害之前一直在饮酒（Abbey et al.，2004）。酒精似乎也会影响性侵害的严重程度。酗酒被认为会增加强奸犯和猥亵儿童者的暴力程度（Abbey et al.，2003；Knight & Sims-Knight，2011）。

受害历史

由于某些无法解释的原因，受害历史与女性的性侵害易感性有关（Testa，Hoffman，& Livingston，2010；Ullman & Najdowksi，2011）。更具体地说，研究表明，与其他人相比，在青少年时期再次受害的儿童性虐待被害人更有可能在成年后再次遭受性侵害（Ullman & Najdowksi，2011）。出现这种现象的原因似乎是高度复杂和多方面的，尽管关于这个话题的研究文献越来越多，但我们还没有找到确切的答案。然而，自责可能是一个推动因素。正如研究人员（Sigurvinsdottir & Ullman，2015）所指出的，许多幸存者在受害后自责，自责与更大的心理困扰和再次受害的风险增加有关。

冒险行为

从事危险或冲动性行为的倾向，如接受陌生人搭车、在聚会上酗酒或自己搭便车，会增加遭受性侵害的可能性。在高中毕业和大学第一学期，危险的性行为似乎特别普遍（Testa et al.，2010）。未成年人（男性和女性）在日常生活中容易采取冒险行为，即使他们的认知比以前有所提高。拥有过多个性伴侣似乎也会增加性侵害的风险（Testa，VanZile-Tamsen，& Livingston，2007）。

与冒险行为密切相关的是未能感知某种情况下的风险，或者无法发现与性侵害易感性增加相关的危险线索（Ullman & Najdowski，2011）。研究人员已经确定了易感女性的两种风险识别失败：普遍的和特定的（Gidycz，McNamara，& Edwards，2006；Nurius，2000）。在**普遍风险识别失败**（global risk recognition failure）中，女性意识到性侵害普遍存在，但她们认为自己受害的风险明显低于同伴（Norris，Nurious，& Graham，1999）。

在特定风险识别失败（specific risk recognition failure）（有时称为情境风险识别失败）中，一些女性由于各种原因没有意识到她们所处的情境存在威胁。酒精通常在这种形式的风险识别失败中扮演重要角色。此外，当潜在的犯罪人是熟人或假定的朋友时，风险识别更加困难，因为威胁通常是逐渐出现的。另外，在这些情况下存在高度模糊性，因为女性必须在社交、友谊和安全之间做出选择（Nurious et al.，2000）。旨在帮助女性识别风险因素和更好地保护自己的培训项目越来越多地被开发、研究和实施（Gidycz et al.，2006）。尽管需要警惕可能存在的风险，但预防犯罪的重点应该是针对犯罪的人。在本章的其余部分，我们将讨论犯罪人的特征、再犯和矫治方法。

性犯罪人的特征：谁在犯罪

性侵害的原因既不简单也不直接。随着系统研究的知识累积，我们发现这种行为受到多种交互因素的影响。过去的学习经验、认知期望和信念、条件反射、环境刺激和强化意外事件（奖励和惩罚）都涵盖其中。如本章开头所述，性犯罪人是一个异质群体，在人口统计学特征、个性特质、个人史、动机和再次犯罪风险方面存在差异（Ennis，Buro，& Jung，2016）。一个人的性犯罪倾向涉及童年、青春期及成年以后经历的多种风险因素。

一些研究（Revitch & Schlesinger，1988）表明，许多性犯罪人并不倾向于暴力或身体虐待；相反，他们胆小、害羞和社交受限，对大部分儿童性犯罪人来说尤其如此，下一章将对此进行讨论。对强奸犯来说，这种说法可能是片面的，他们的侵害除了定义行为本身的暴力，通常还具有强烈的攻击性特征。也就是说，根据定义，强奸是一种暴力、攻击性的行为，但它通常伴随额外的暴力行为，如殴打、掐或刺伤被害人，虐待宠物或损坏个人财产。性虐待在性犯罪人中的分布很可能是一个连续体：一端是严重的虐待狂，而另一端则几乎没有虐待行为

（Mokros et al.，2014）。换句话说，严重的性虐待通常不是性侵害的主要特征。

还有的性犯罪人是暴露狂，从不与被害人进行身体接触。尽管并非所有的性犯罪人都是一样的，但公众对性犯罪的认知已经促使许多旨在阻止性犯罪的惩罚性法律被颁布，如限制被定罪的性犯罪人可以居住的地方或要求他们登记行踪的法律。其中一些法律适用于整个群体而不是个人类型的性犯罪人，研究性犯罪的研究人员经常强调与这些犯罪人相关的危险性被高估了（Hanson & Morton-Bourgon，2005；Harris & Lurigio，2010）。

在本章，我们最关心的是强奸犯的罪行。回想一下，强奸涉及强奸犯将自己的身体部位或物体插入或试图插入被害人体内。性侵害至少可以分为两大类：工具型性侵害（instrumental sexual aggression）和表达型性侵害（expressive sexual aggression）。工具型性侵害是指性犯罪人使用胁迫方式使被害人的顺从；在表达型性侵害中，犯罪人的主要目的是在身体和心理上伤害被害人。在某些情况下，表达型性侵害是"色情化"（eroticized）的，因为在身体或心理上的暴力行为中，犯罪人会被性唤起。正如你将在本章后面看到的，这两个简单的分类不足以理解强奸犯，不过，研究人员已经提出了一些更复杂的类型，其中一些将在下文描述。然而，这种二分法为理解各种类型的性侵害提供了一个良好的开端。

什么样的人会实施强奸？他是怎么走到这一步的？他为什么这么做？"强奸犯人格"（rapist personality）能轻易识别吗？强奸犯有精神障碍吗？一般来说，性社会化和社会学习在强奸犯对强奸的理解及对"男性化"（对男性犯罪人而言）的理解中起着至关重要的作用。重点是要认识到，性社会化（或性训练）很少完全来自家庭或学校，其中大部分来自同伴、朋友、娱乐和社交媒体，以及亲身体验。其中一些可能是影响发育或与社会环境相互作用的生物因素。我们大多数人，甚至在孩童时期，就被灌输了错误的性观念，避讳、误解甚至不知如何处理性交往方式。男孩们经常学习到采取性主动和坚

持"男子气概"，即使遇到抵抗也是如此。

本节将介绍我们对男性强奸的了解，包括风险因素，涉及环境、生物、心理等因素，这些因素与一个人变得具有性侵略性并最终成为性侵害者的概率和可能性增加有关。不过应注意的是，这方面的研究并不能完全将强奸与其他性侵害区分开来。

性犯罪人的年龄

各类人口统计一致发现，强奸犯多为年轻人。根据统一犯罪报告的数据，2017 年，因强奸而被捕的人中有 40% 在 25 岁以下，17% 在 18 岁以下（FBI，2018a）。在因强奸而被捕的总人数中，有 7% 的人年龄在 15 岁以下；在因其他性犯罪而被捕的总人数中，有 9% 的人年龄在 15 岁以下。在加拿大，12 岁和 17 岁未成年人的性侵害比例最高（Worling & Langton，2012）。多年来，因强奸而被捕的未成年人比例基本保持不变。

尽管强奸被捕的数据表明，年轻的性犯罪人占主导地位，但我们应该强调，还有很多例外。例如，一些研究发现了至少 3 组不同的性犯罪轨迹：第一组犯罪人在 25 岁达到峰值，第二组犯罪人在 30 岁左右达到峰值，第三组犯罪人在 32 岁达到峰值（Francis et al.，2014；Freiburger et al.，2012）。另一项研究（Lussier et al.，2010）结果报告，一些性犯罪人在 45 岁左右开始性犯罪，不过许多年长的犯罪人往往是儿童性犯罪人，而非针对成年女性的强奸犯。研究人员（Francis et al.，2014）还发现了第四组性犯罪轨迹，其中包括在青少年时期就开始性犯罪，并且以每年平均一次性犯罪的稳定频率持续到 58 岁。此外，他们同样可能强奸和猥亵儿童，与被害人的年龄无太大关系。应该指出的是，所引用的研究及下面所涵盖的研究通常更多地使用广义的"性犯罪人"一词，以涵盖广泛的强奸行为和性侵害类别。在绝大多数案件中，性犯罪人符合强奸的标准，但正如我们将在下文中了解到的，实施强奸的犯罪人还会经常实施各种各样的其他犯罪行为。

再犯与犯罪史

一般来说，性犯罪人的再犯率低于普遍认知，在获释后的 5 年内，再犯率为 10%～15%（Mann，Hanson，& Thornton，2010；Zgoba et al.，2016），5 年后为 10%～25%（Hanson et al.，2018）。当然，性犯罪的实际再犯率可能更高，因为有些人根本没有被逮捕。然而，一些性犯罪人通常在很长一段时间内都会再犯，直到他们达到一定年龄。

在一项针对 3115 名从监狱获释的强奸犯的研究中，1.3% 的强奸犯在获释后 6 个月内因新的性犯罪而再次被捕（Langan et al.，2003）；在获释 3 年后，5% 的强奸犯因另一项性犯罪行为（强奸或其他性侵害）而再次被捕；41% 的人在获释后 3 年内因另一项非性犯罪被捕；15% 的人因暴力犯罪（强奸或性侵害除外）被重新逮捕。因此，在这个大样本中，强奸犯的性犯罪再犯率较低，但总体而言，刑事犯罪的再犯率非常高。

关于再犯率，许多研究得出的结论是，大多数再次实施性犯罪的人并不会将其犯罪活动仅限于性犯罪（Francis et al.，2014）。尤其是强奸犯，他们经常犯下各种各样的罪行，包括非性犯罪罪行。他们往往是犯罪多面手（Parent，Guay，& Knight，2011）。许多被指控和判定犯有强奸罪的男子，早在当前的强奸罪之前，就已经与社会长期存在冲突。一些学者将这种广泛的犯罪倾向称为一般犯罪性（general criminality）（Babchishin，Hanson，& Blais，2016）。一般犯罪性包括违反规则、卑劣特质和冲动性的一般倾向，并与反社会型人格障碍、精神病态和反社会人格模式的结构重叠（Babchishin et al.，2016）。我们可以将一般犯罪性理解为一个维度，有些犯罪人表现出比其他人更严重的犯罪行为。在讨论强奸犯在整个生命周期中的轨迹时，研究人员（Francis et al.，2014）总结道："专门实施强奸的犯罪人占少数。"

另外，针对儿童的性犯罪人通常会再次犯罪，但他们往往只会将犯罪行为限制在性犯罪上，而且常常不那么具有暴力攻击性（Hamdi & Knight，2011）。一般来说，他们一生中的性犯罪行为往往与强奸犯一样多（Parent et al.，2011）。

强奸犯的再犯率高于儿童性犯罪人的再犯率（Parent，Guay，& Knight，2012），下一章将详细介绍。反社会和攻击行为（如易怒、施虐）预示着强奸犯会再犯；而孤立、冲动的生活方式和强烈的性兴趣能预测针对儿童的性犯罪人的再犯。我们将在下一章更详细地介绍这一点。

总之，一般犯罪性正在成为防止再犯的一个关键因素。汉森和桑顿（Hanson & Thornton，2000，2003）开发的 Static-2002R 是一个很有希望预测未来犯罪和一般犯罪性的评估工具。该工具之所以受欢迎，是因为它的效度、信度、成本效益，以及它对各种性犯罪人的适用性。Static-2002R 包含 1 个一般犯罪性分量表，其中包含 5 个与犯罪史相关的条目（Babchishin et al.，2016）。研究发现，一般犯罪性分量表与犯罪人的年龄是性犯罪再犯的有效预测指标。

运用犯罪现场分析来预测再犯

一些犯罪学家采取不同的方法预测再犯，这需要对犯罪现场进行分析。犯罪现场分析（第十章讨论的犯罪画像的一种形式）侧重于犯罪的特征，这些特征不仅有助于确定犯罪人的身份，而且有助于确定犯罪人是否有可能继续犯罪活动。莱曼等人（Lehmann et al.，2013，2016）认为，强奸的某些特征为预测犯罪人是否会再次犯罪提供了有价值的线索。事实上，研究人员（Lehmann，Dahle，& Schmidt，2018）建议，犯罪现场行为的分析应常规性地纳入性犯罪人的法医评估。犯罪现场分析包括对犯罪人在犯罪过程中的行为模式和作案手法的检查，包括其如何与被害人互动及如何对待被害人。莱曼等人调查了陌生人强奸、熟人强奸和儿童猥亵，试图发现哪些方面可以用于预测性犯罪人再犯。我们将在本节介绍陌生人强奸和熟人强奸研究，并在下一章介绍针对儿童的性犯罪研究。

在有关陌生人强奸的研究中，莱曼等人（Leh-

mann et al.，2013）探讨了三个主题的再犯可预测性：敌意性、犯罪性和性剥削／卷入。根据之前的研究，每个主题都与一系列性犯罪和性犯罪再犯有关。敌意性是指被害人是否被当作犯罪人发泄愤怒和沮丧的工具。通常情况下，敌意行为是突发的和高度攻击性的。**敌意性主题**（hostility theme）包括言语暴力（侮辱或贬低）、撕扯被害人衣服，以及其他敌意行为。

犯罪性指上文讨论的一般犯罪性。对刑事犯罪人来说，强奸是许多反社会行为之一，而在这里，他"窃取"的是性满足感，而不是金钱或财物，被害人只被视为一个物体（Lehmann et al.，2013）。在**犯罪性主题**（criminality theme）中，犯罪人将被害人视为非生命体，必须加以约束和胁迫，但攻击者的目的不仅是贬低被害人，还有使其丧失行为能力。控制是这个主题中的一个关键概念，控制的方法可能包括捆绑、蒙住眼睛或堵住被害人的嘴。

性剥削／卷入主题（sexual exploitation/involvement theme），也称假性亲密关系（pseudo-intimacy），表示犯罪人试图通过表达爱意、道歉和／或实现一些性幻想来与被害人建立联系。在这种情况下，被害人被视为有反应的人，而不仅是性对象。犯罪人可能会亲吻被害人，并期望被害人对他发表性评论。犯罪人也可能会赞美被害人的外表。

莱曼等人（Lehmann et al.，2013）的研究结果显示，犯罪性主题可被用于预测性再犯，并与广泛的非性犯罪史和性犯罪史相关。此外，在犯罪性主题上得分高的陌生人强奸犯在他们实施的犯罪中表现出了组织和计划方面的特点。他们通常使用武器并采取预防措施以避免被发现或识别。其他两个主题——敌意性主题和性剥削／卷入主题——不是性犯罪再犯的良好预测指标，但与陌生人强奸犯的某些行为特征有关。性剥削／卷入主题与陌生人强奸犯有关，他们的攻击程度较低，没有明显的伤害被害人的意图。该主题还与各种异常的性兴趣有关。另外，如所料的那样，敌意性主题是那些倾向于在攻击中使用性虐待和极端暴力的犯罪人的特征。

莱曼等人（Lehmann et al.，2014）做的第二项研究使用了来自德国柏林（Berlin）的 247 名男性熟人强奸犯样本。这项研究测试了陌生人强奸项目中三个主题（犯罪性、敌意性和性剥削 / 卷入）的有用性。这项研究表明，敌意性和性剥削 / 卷入这两个主题与持续性侵害行为显著相关。有意思的是，这些发现与陌生人强奸研究中报告的结果不同，后者只有犯罪性主题可以预测性犯罪再犯。根据莱曼等人的研究，这些差异表明，陌生人和熟人强奸存在不同的推动因素。陌生人强奸犯通常有强烈的反社会行为和暴力行为倾向，而熟人强奸犯可能难以认识到自己的行为是错误的，认为被害人想要或其理应得到其所得到的东西（Lehmann et al.，2014）。表 11-3 总结了关于陌生人强奸与熟人强奸的再犯预测主题。

表 11-3　陌生人强奸与熟人强奸的再犯预测主题

主题	陌生人强奸	熟人强奸
敌意性	不可预测	可预测
犯罪性	可预测	不可预测
性剥削 / 卷入	不可预测	可预测

资料来源：adapted from the research results of Lehmann et al., Lehmann, R. J. B., Goodwill, A. M., Gallasch-Nemitz, F., Biedermann, J., & Dahl, K- P.（2013）. Applying crime scene analysis to the prediction of sexual recidivism in stranger rapes. Law and Human Behavior, 37, 241–254.

另一项研究（Almond，McManus，& Ward，2014）再次对这三个性主题进行了探索。然而，这项研究的重点是男性对男性的性侵害。这项研究没有调查这些主题预测性犯罪再犯的效果，也没有区分陌生人强奸和熟人强奸。不过，研究人员的确发现，对男性实施性侵害的犯罪人能被归入某个主导主题，其中，42% 被归类为敌意性，23% 被归类为犯罪性，9% 被归类为性剥削 / 卷入。总体来说，该研究表明，男性对男性实施性侵害的群体差异很大。研究人员（Almond et al.，2014）总结道："一些人因为性侵害而获得亲密感，另一些人利用性侵害来泄私愤和表达挫折感，还有一些人利用性侵害来表达社会支配性。"

对强奸与其他性侵害的支持态度和误解

毫无疑问，许多对女性的性侵害的一个主要解释因素是侵害者所持有的态度。有一些研究表明，这种态度也是许多普通大众所持有的态度。早前，研究人员（Koss & Dinero，1988）对美国 32 所学院和大学中约 3000 名男生进行了调查。学生们被问及在未经女性同意的情况下与其发生性关系时使用口头胁迫和身体暴力的程度。同时，他们还被问及自身的态度和生活习惯。结果表明，性侵害程度高的男性对女性表现出更大的敌意，他们经常饮酒，经常观看暴力和有辱人格的色情制品，并与强调女性性别化和支配性观点的同龄人关系密切。此外，那些性侵害行为越多的学生，越可能相信暴力和胁迫是在性关系中获得顺从的合理方式。研究人员得出结论：研究结果支持了性侵害的发展顺序，即早期经历和心理特征为性暴力奠定了基础。

一些研究也有类似的发现：对女性实施性侵害的男性似乎认同这样一种态度和意识形态，即鼓励男性主导、控制，而女性则被期望是顺从、宽容和服贴的。有强奸倾向的男性极度赞同支持强奸的观点。这些观点认为大多数女性喜欢被男性支配；在女性不愿意的情况下，男性是不可能实施强奸的；女性在被强奸过程中所说的"不"通常都是假的（Blake & Gannon，2010）。

幻觉和想象在性犯罪发展中所起的作用已经成为一个越来越重要的话题（Knight & Sims-Knight，2011）。从性犯罪人的自我报告中可以发现，对性侵害场景频繁的想象和幻想会激发和诱使他们实施性犯罪。研究人员（Greendlinger & Byrne，1987）采用自我报告的方法对 114 名大学男生进行了调查，发现超过 1/3 的男生表示他们幻想过强奸女性，54% 的人幻想过强迫女性发生性关系。然而，我们无法断定这样的幻想是否会转化为攻击行为。而对实际性犯罪人的幻想进行研究可能更具相关性。虽然有人断言，许多女性都幻想过受到暴力性侵害，但没有人表示她们真的想被强奸。

强奸误解

在过去 40 年里，强奸误解（rape myths，也称强奸迷思）受到了相当多的研究关注。强奸误解是人们广泛持有的，关于性犯罪的错误态度和信念，用以否认男性对女性的性侵害，并为男性对女性的性侵害辩护（Lonsway & Fitzgerald，1994）。强奸误解与性侵害、强奸意图、被害人指责、与性角色和行为有关的社会态度，以及针对女性的敌对信念有关（Zounlome & Wong，2019）。它源于传统的"男子气概"观念，即男性应该强壮、自信、性主导和异性恋（Davies，2002）。强奸误解认为女性必须被控制和被强迫进行性活动，其本质上是一种错误的信念。请注意，关于强奸误解的研究将男性视为侵略者，将女性视为被害人。将自己视为性小众群体的个人更有可能拒绝强奸误解（Wilson & Newing，2018）。

强奸误解和厌恶女性（misogynistic）的态度似乎在对女性的性侵害中发挥了重要作用。许多（但不是全部）强奸犯和暴力性侵害的男性都倾向于持有这种态度。研究表明，认同强奸误解的男性通常对女性怀有敌意（Forbes，Adams-Curtis，& White，2004；Suarez & Gadalla，2010）。尽管本节引用的许多研究的研究对象都比大多数大学生年龄更大，但并不难找到对女性有敌意的研究和轶事证据。

2015 年春，某个校园兄弟会因为其 Facebook 页面上有描绘毒品和裸体昏迷的女性照片而被停号一年；女性政治人物、名人和媒体人物经常收到充满仇恨的电子邮件；博客空间因出现嘲笑特定女性及普通女性的匿名评论而臭名昭著。由此可见，诋毁女性的态度可能普遍存在。有证据表明，性侵害者可能反映了许多人持有的显性和隐性信念。这实在是令人沮丧。曾有一项备受关注的研究表明，来自不同大学的约 35% 的男大学生都觉得，如果他们确信自己能逃脱惩罚，他们就有可能实施强奸（Malamuth，1981）。同样，在另一项以 352 名男大学生为样本的研究中，有 60% 的男大学生表示，如果有机会，他们可能会强奸或强迫女性违背自己的意愿进行性行为（Briere，Malamuth，& Ceniti，1981）。

然而，研究人员（Malamuth，1989）警告说："人们不应该据此得出结论，认为那些表示会对女性进行性暴力的男性必然是'潜在强奸犯'。"研究人员在研究中使用的"性侵害吸引力量表"（Attraction to Sexual Aggression，ASA）旨在测量性侵者的信念，即实施性侵害时是令人振奋的、有吸引力的体验。他们是否会按照这种信念行事取决于各种影响因素，包括实施性侵害行为的动机、机会，以及内部和外部抑制因素。目前，应用更广泛的测量性侵害的工具是修订版的"性经历调查量表"（Sexual Experiences Survey，SES）（Koss et al.，2007）。这份量表会询问受访者一些具体的问题，以评估受访者是否经历过完整的强奸行为、强奸未遂、性胁迫或强迫性的性接触，以及这些行为发生的频率（Swartout et al.，2014）。近年来许多关于性侵害的研究，尤其是关于大学校园的性侵害研究，都使用 SES 来测量性侵害。

尽管上述事件提醒我们，关于强奸的一些错误信念和强奸误解还没有发生根本性的改变，但近年来的一些研究证据表明，至少在大学生中，这些错误信念和强奸误解正在发生改变。例如，研究人员（Ferro，Cermele，& Saltzman，2008）发现，大学生不太可能持有关于性侵害的错误信念，他们通常会同情幸存者。然而，大学生仍然持有关于婚内强奸的强奸误解。被调查者认为已婚夫妇之间的亲密程度非常高，以致他们很难相信性侵害会发生在婚姻关系中。他们也不愿意相信这一行为侵犯了妇女的权利，或认为这一经历会对她们造成心理伤害。

交流中的认知歪曲

一些男性有强烈的认知歪曲，导致其对女性言语和非言语交流的误解（Knight & Sims-Knight，2003，2011）。一般而言，倾向于性侵害和性强迫的男性会在女性行为中感知到更多的性意图。其感知的程度远远超过女性对自我行为及对其他女性行为的感知程度（Farris et al.，2008）。例如，一些男性认为女性的友好行为（言语和非言语）具有诱惑性，而其自信的行为则是敌意性的和攻击性的。女性一个简单的手臂触碰动作可能被其解释为性兴趣。此外，如果一名男性认为性侵害在某些情况下是正当的，而且将责任归咎于女性，那么他似乎就很难区分女性何时对性有兴趣，何时对性没有兴趣（Farris et al.，2006）。而酒精显然会影响个体的这种判断和知觉处理能力，从而加剧上述情况。

根据法里斯等人（Farris et al.，2006）的研究，当男性面对一个穿着性感服装的女性时，他似乎特别难以从女性的拒绝话语和行为中解读出女性拒绝的意愿；而当男性面对一个穿着非常保守的女性时，他同样也特别难以从中解读出强烈的性兴趣。例如，男性会对穿着性感的女性感兴趣，而对穿着比较保守的女性缺乏兴趣。他们还发现，男性性侵害者往往特别难以做出快速判断。当必须做出快速判断时，性感服装似乎尤其会分散攻击性男性的注意力。但是，用着装方式来衡量"性感"和"保守"对当下的研究人员来说是一个雷区，因为当下的时尚风格与10多年前大不相同。

色情内容的影响

强奸和色情制品之间的关系长期以来一直深陷于困惑和争论之中。20世纪末，为研究色情对犯罪和人类行为的影响而成立的两个委员会曾得出截然相反的结论。1967年成立的委员会，是第一个也是最全面的一个委员会。该委员会强调，在研究效果不明确时绝不发布建议。但由于所发现的事实过于复杂，以至于委员会无法断定这些露骨的色情资料是否对揭露性犯罪有重大贡献。而时任总统理查德·尼克松（Richard Nixon）就此做出评论，称委员会"道德破产"（morally bankrupt）。随后许多人用这个结论来支持他们的观点，即色情是无害的。第二届美国打击淫秽色情委员会（National Commission on Obscenity and Pornography）于1984年发布了一份报告，建议广泛限制色情资料。但该委员会因缺乏科学客观性而广受批评。于是从那时起，包括暴力和儿童色情在内的色情制品随处可得，甚至可以直接从互联网下载。

色情制品（pornography）是否会导致性侵害可能取决于色情制品的类型和犯罪人的特征。一些研究人员还将色情制品与情色制品（erotica）区分开来，后者指的是描述成年男女自愿参与愉悦、非暴力、非堕落性的性互动的露骨性资料（Seto Maric & Barbaree，2001）；而色情制品被描述为对性接触的描绘，其中一个参与者被描述为无能为力或无知觉的，或者仅仅是另一个参与者或多个参与者玩弄的对象。在这些露骨的性场景中，88%包含对女性的某种形式的身体侵犯（Seabrook，Ward，& Giaccardi，2018）。此外，一些色情制品描绘了一个或多个人处于暴力或有辱人格的情况。在每一种情况下，色情制品都将性互动描述为冷漠无情的，从不考虑参与者个人的感受和情感。儿童色情制品则是一种完全不同的情况，因为它涉及对儿童的剥削。获取和传播儿童色情制品是非法的，如果罪名成立，将受到监禁处罚。下一章将介绍儿童色情制品。

一些早期的研究表明，在某些条件下，色情制品会激发攻击性的性行为（Donnerstein，1983；Malamuth & Check，1981；Malamuth，Haber，& Feshbach，1980；Malamuth，Heim，& Feshbach，1980）。关于色情制品不会对人产生负面影响的一般性陈述需要有限定条件。在一系列正在进行的实验中，研究人员发现了三个影响色情制品与人类攻击行为之间关系的因素：

（1）色情影片引发的唤醒程度；

（2）内容的攻击性水平；

（3）这些电影和图片中所描绘的被害人的反应。

研究人员（Meyer，1972；Zillman，1971）采用各种方式以激怒男性被试，结果发现向这些被试展示色情制品显著增加了他们对他人的攻击行为。由于色情刺激物具有激发性，因此在某些情况下，色情刺激物会显著提升攻击性。这一发现符合伯科威茨的理论（见第五章关于唤醒水平和攻击之间的关系）。在以攻击行为占主导地位的情况下，向一个已被激发攻击行为的主体展示任何一种能提升唤醒水平的刺激，不管这种刺激是否与性有关，都会增加其攻击行为。这种唤醒水平的提升可能会让被试无法自我控制或自我调节，也不会考虑自己行为的后果。

极端暴力的刺激，包括色情和非色情刺激，在某些情况下也会激起没有携带武器的男性对女性的攻击。这种暴力程度在电影中似乎更明显。影片中对女性遭受攻击的描绘，即使是非性侵害，也会增加男性随后对女性的攻击行为，即使男性并不处于生气状态。因此，色情媒介描述的高度攻击性和暴力行为可能会助长一些男性的性侵害行为。由于许多强奸犯认为他们的行为是对女性的直接攻击，而观看女性遭受身体虐待的电影可能会鼓励和支持他们的暴力倾向。研究人员（Seto et al.，2001）指出，色情制品对那些已经有性侵害倾向者的性行为和攻击行为的影响极其巨大。没有攻击性性行为倾向的男性不太可能受到色情制品的影响。

影片中描绘的被害人的反应也至关重要。描述女性被害人享受强奸的影片或照片（这在色情制品中很常见）会鼓励人们接受强奸误解，并宣传对女性的暴力行为（Allen et al.，2001；Malamuth & Check，1981；Seabrook et al.，2018）。事实上，研究人员发现，随着色情制品中描绘的胁迫程度上升，对强奸误解的接受程度也随之上升。如果被害人觉得强奸既痛苦又可恶（负面攻击性色情），那么男性观察者就不愿意采取攻击性行为。然而，这种情况只发生在一些特定条件下。如果男性观察者已经被激怒（唤醒），那么其在看到被害人受苦时反而可能会让他更具攻击性，因为对一个已经被唤醒的对象而言，任何唤醒增加都会加剧其随后的攻击行为。此时，只要影片能满足以某种方式唤醒的最低标准，其具体内容则变得无关紧要。相反，在看到女性被害人受苦之前没有感到沮丧或激动的男性则不太可能侵犯女性。

上述结论是基于先前研究所得出的，但其实直到今天，暴力色情内容与性侵害之间的关系仍然复杂而令人不安。现有的一些研究持续表明，暴力色情内容消费与支持暴力侵害妇女行为的态度之间存在重要关联（Hald，Malamuth，& Yuen，2010）。对那些具有性侵害和高强奸倾向的男性而言，这种相关性尤其显著（Malamuth，Huppin，& Paul，2005；Vega & Mal-amuth，2007）。此外，当态度（如接受强奸误解）、缺乏自控（如滥用酒精）和通过色情制品传达出的行为规则这三个因素汇聚在一起时，会与实施强奸行为的可能性相关联（Abbey，Jacques-Tiura，& LeBreton，2011；Malamuth，Hald，& Koss，2012；Tharp et al.，2013）。

当前，研究人员不仅开始关注色情制品，还开始关注将女性物化的主流媒体形象。物化（objectification）是指任何将女性去人性化、剥夺女性个体能动性、暗示女性智力低下的描述，或者仅依据女性的身体属性对女性进行评价，等等。研究表明，物化女性与接受强奸误解高度相关（Seabrook，Ward，& Giaccardi，2018；Wright & Tokunaga，2016），也与男性更有可能对女性进行性骚扰或性攻击高度相关（Rudman & Mescher，2012）。物化女性助长了强奸误解的态度，甚至助长了对性侵害者宽容的倾向。研究人员（Seabrook et al.，2018）的结论支持"在改变人们该如何对待女性的行为规范中，物化女性间接地助长了性暴力"这一观点。在有关性侵害的文献中，对物化女性的重新关注弥补了对暴力媒体内容的研究（Bernard et al.，2015；Galdi，Maas，& Cadinu，2014；Gervais & Eagan，2017）。即使没有暴力内容，媒体描述也会产生负面影响，助长性侵害行为。更多信息，请阅读专栏 11-2。

研究重点

专栏 11-2　真人秀、体育节目、色情制品与女性物化

人们普遍认为，色情视频中对女性、儿童和男性的暴力行为的描述助长了强奸误解，也助长了支持性暴力的态度。尽管如此，这种描述与性犯罪并没有直接的因果关系，也就是说，我们不能断言观看暴力色情制品的人一定会犯下暴力罪行。然而，相关调查发现，强奸犯和其他性犯罪人经常接触暴力色情制品。

很多情况下，妇女和少女往往被视为物体，而不是人。那么女性物化与媒体消费和对性暴力的态度有何关系呢？针对这一问题，研究人员做了一些调查，发现了令人警醒的结论。研究人员（Seabrook，War，& Giaccardi，2018）复制并延伸了之前的一项研究（Wright & Tokunaga，2016）。他们发现，色情制品的消费、真人秀和男性杂志与女性物化有关，而这反过来又与接受性暴力的态度有关。研究人员将调查范围扩大到了更广泛的、没有性暴力描述的电视节目，不仅包括真人秀，还包括体育节目、情景喜剧和电视剧。研究对象为 283 名男性大学生，年龄为 17～27 岁。大多数（71.4%）为白人，13.4% 为亚裔或亚裔美国人，5.3% 为多种族，3.5% 为中东人，2.8%为拉丁裔美国人，2.1% 为非洲裔美国人。研究使用了测量对强奸误解的接受程度和对女性物化的接受程度的量表。参与者还被问及是否对女性有欺骗行为（例如，假装是运动员，或者为了发生性行为而向对方表达爱意），并被要求报告他们接触色情制品、体育节目和几种类型的电视节目的情况。

研究结果表明，真人秀、体育节目和色情制品分别都与更大程度地接受女性物化有关。这反过来又与男性大学生更大程度地接受强奸误解和更频繁的性欺骗行为有关。但研究人员在情景喜剧或戏剧节目中没有发现类似的结果。还应该指出的是，他们没有发现研究参与者存在很高程度的性欺骗。

问题讨论

1. 需要注意的是，接受女性物化是本研究的一个关键因素。几乎所有人都同意色情制品是对女性的物化。你对体育节目和真人秀将女性物化的发现感到惊讶吗？

2. 研究人员承认他们的研究存在一些局限性。基于上述这些公认的简要描述的内容，这些局限性可能是什么？请查阅已发表的研究并进行更深入的讨论。

3. 如何解释研究中发现的低水平性欺骗？

4. 研究人员提倡全面的性教育，包括媒体素养（例如，色情制品的影响，媒体对女性的物化）。在你了解的小学或中学教育中，媒体素养是性教育计划的一个组成部分吗？

强奸模式的分类

由于强奸和性侵害涉及的性犯罪人种类繁多，人们曾多次尝试根据强奸犯的特征和行为动机模式对其进行分类。这些分类系统通常被称为类型学，这是前几章描述的一个关键概念，其中介绍了杀人犯和施虐者的类型学。类型学用于组织各种各样的观察或测量，用于研究、临床诊断和治疗。类型学也可用于创建某些犯罪人的"画像"。性犯罪人最简单的类型划分是基于被害人的年龄，从而区分儿童性犯罪人和强奸犯（Ennis et al.，2016）。出于我们的研究目的，我们将在两个单独的部分中分别讨论儿童性犯罪人和强奸犯类型。然而，应该强调的是，

许多性犯罪人具有交叉犯罪性，这意味着他们不分年龄或其他特征地侵害被害人。交叉犯罪（crossover offending）是指一些犯罪人倾向于对代表不同年龄、性别和关系的被害人实施性侵害，这是一些系列犯和机会犯的一种模式特征（Heil，Ahlmeyer，& Simons，2003）。机会型性犯罪人没有事先计划自己的性侵害行为，而是在发现合适的被害人时，寻找机会进行性侵害。根据不同的机会，他们可能会选择男性儿童、年轻或年长的女性实施性侵害。

研究最广泛的两种性犯罪类型是由马萨诸塞州矫治中心（Massachusetts Treatment Center，MTC）的研究人员开发的（Cohen et al.，1971；Cohen，Seghorn，& Calmas，1969；Knight & Prentky，1987；Prentky & Knight，1986）。一种是针对强奸犯的，另一种是针对儿童性犯罪人的。MTC 分类系统被认为是迄今为止性犯罪研究中最严格的测试分类系统之一（Goodwill，Alison，& Beech，2009；Knight & Guay，2018）。最初的研究人员认识到性犯罪包括性特征和攻击性特征，并试图制定一个考虑这些特征的行为分类系统。我们认为，因为对性犯罪的分类强调了性侵害的复杂性，因此有必要对它们开展更详细的研究。

多年来，MTC 分类系统经历了多次修订（Knight，2010；Knight & Guay，2018；Knight & King，2012）。而随着研究的发展，我们越来越明显地发现，一些性犯罪人并不完全符合 MTC 的分类（回顾第九章，出于类似的原因，也将一个著名的施虐者分类从三分类增加到了四分类）。例如，对性犯罪人类型学的分类取向开始让位于维度取向。也就是说，与其把性侵害者进行不同的分类，不如把他们放在各种不同的维度或连续的空间里，这将更加现实（Guay et al.，2007；Lehmann et al.，2013）。此外，如上所述，MTC 分类系统忽视了相当一部分性犯罪人对不同年龄的被害人实施的交叉犯罪（Ennis et al.，2016）。尽管如此，MTC 根据犯罪动机和行为特征对性犯罪人进行的分类还是非常有用的。因此，我们将介绍 MTC 分类系统的一些关键的犯罪人类别。在

此，我们重点介绍针对强奸犯的分类，我们将在下一章重点介绍针对儿童性犯罪人的分类。

马萨诸塞州矫治中心分类系统

MTC 最初确定了四大类强奸犯：

（1）替代攻击型；

（2）补偿型；

（3）性欲攻击型；

（4）冲动型。

虽然命名略有变化，但主要仍是这四类。不过近年来，MTC 分类系统已经进行了改进，涵盖了各种子类别。需要牢记的一个极为重要的事实是，这一分类系统是基于公认的、已定罪的犯罪人，旨在用于性犯罪人的矫治计划。这些类型可能适用，也可能不适用于近年来被发现的但未被起诉或指控的知名人士或个人群体（如演员、媒体人物、牧师）的犯罪。替代攻击型强奸犯（displaced aggression rapist）［在其他分类系统中也称愤怒转移型强奸犯（displaced anger rapist）或愤怒报复型强奸犯（anger-retaliation rapist）］的攻击行为主要是暴力性和侵略性的，他们表现出最低程度的性感觉或完全没有性感觉。这些男性利用强奸行为伤害、侮辱和贬低女性，与本章前面讨论的敌意性主题一致。被害人遭到残酷袭击，并遭受诸如撕咬、割伤或撕裂等虐待行为。在大多数情况下，被害人是一个完全陌生的人。她可能具有吸引攻击者注意力的特征，恰好是暴力的最佳对象或刺激物。对替代攻击型强奸犯来说，这种袭击并不会引起性欲。

研究人员（Knight & Prentky，1987）认为，犯罪人在袭击期间必须表现出以下四个特征，才能被划分为替代攻击型强奸犯类别：

（1）通过言语和 / 或身体攻击表达的非性侵害程度或愤怒程度，明显超过了强迫被害人服从的必要程度；

（2）在言语或行为上，有明显证据表明存在故意贬低或侮辱被害人；

（3）没有证据表明攻击行为存在情色化，也没有证据表明性快感来自伤害行为；

（4）伤害行为并不集中在具有性意义的身体部位。

尽管这些强奸犯中有许多人已经结婚，但他们通常对生活中出现的女性持矛盾态度（Cohen et al.，1971），他们与女性的关系往往以频繁的冒犯和周期性的暴力为特征。他们认为女性充满敌意、苛求和不忠。此外，他们经常选择那些他们认为积极、自信和独立的女性作为性侵害的目标。这些攻击者的职业史是稳定的，通常是"男性化的"工作，如卡车司机、木工、建筑师或机械师。袭击通常发生在令强奸犯不安或愤怒的事件之后，尤其是涉及女性及其行为的事件。"替代攻击型"这一术语源自这样一个事实：被害人很少在产生攻击和唤醒方面发挥任何直接作用；换句话说，被害人是不可能激怒犯罪人的人。这种犯罪人经常将自己的罪行归因于"无法控制的冲动"。

与其他类型的强奸犯相比，替代攻击型强奸犯的童年往往混乱而不稳定。许多儿童在身体和情感上被忽视，大量儿童被收养或安置在寄养家庭。大约 80% 是在单亲家庭长大的。

补偿型强奸犯（compensatory rapist）的强奸行为是对环境中刺激物（通常是非常特定的刺激物）引发的强烈性唤起的反应。这种类型的强奸犯有时在临床和研究文献中被称为"权力保证""以性为目标""自我失谐"或"真正"的性犯罪者。攻击性不是这类强奸犯的显著特征，其基本动机是渴望证明有性能力及性能力强。在日常生活中，补偿型强奸犯往往极其被动、孤僻，社交能力低下。他们生活在一个充满幻想的世界，幻想的中心是那些渴望屈服的被害人的形象，这些被害人会接受愉快的性交。补偿型强奸犯的幻想或其对世界的个人看法可能会扭曲他对被害人的看法，即使被害人强烈抵制性侵害，他也会寻求与她进一步接触。在许多方面，补偿型强奸犯遵循本章前面所述的假性亲密关系主题。

虽然被害人通常是陌生人，但补偿型强奸犯可能会经常见到她、监视她或跟踪她，且对与她相关的特定刺激感到兴奋。例如，他可能会被女大学生吸引。但如果他通过社会认可的途径与她们接触，他可能会觉得这种吸引力不是相互的，他也无法面对被对方拒绝。他认为，如果他能证明自己的性能力，被害人可能会欣赏他的价值。如果被害人强烈抵制，那么他很可能会逃跑；如果她被动屈服，那么他就不必使用太多武力或暴力。一般来说，这类攻击者没有表现出其他类型的反社会行为。

补偿型强奸犯通常被他人描述为安静、害羞、顺从、孤独、善良的男性。虽然他是一个可靠的工作者，但他孤僻、内向的行为，缺乏自尊和对成就的低需求通常会妨碍学业或职业的成功。他的强奸或强奸企图是为了弥补他的不足感，因此他被归入这一类别。一些研究对无能问题提出了质疑。他们发现，与其他类型的强奸犯相比，补偿型强奸犯表现出最好的异性缘，并达到了最高的就业技能水平。因此，"补偿型"一词已被"性满足但非施虐型"一词所取代。

性欲攻击型强奸犯（sexual aggressive rapist），也称施虐型强奸犯（sadistic rapist），他们的性特征和攻击性特征两者程度相当且共存。强奸犯为了能体验到性唤起，必须把强奸行为与暴力和痛苦联系在一起，这让他们兴奋。因此，他们之所以实施强奸，是因为强奸是暴力和性的结合。他们确信，女性喜欢被男性支配和控制。他们认为，这是女性天性的一部分。在攻击的早期阶段，并不总是存在愤怒和攻击，可能是因为某种诱惑才引发了攻击。从这个意义上说，性欲攻击型强奸犯认为被害人的抵抗和斗争是一种游戏或一种过度抗议的形式，而女性真正想要的是遭到性侵害和强奸。这种信念似乎根深蒂固，且在许多西方社会中被广泛接受（Edwards，1983）。

性欲攻击型强奸犯通常已婚，但由于他们很少表现出承诺或忠诚，他们也经常有多次婚姻、分居或离异史，还可能经常有家庭暴力。事实上，他们在青少年时期或更早时便表现出逃学、强奸、谋杀等反社会行为。对他们的管理问题一直让学校头疼。在整个童年、青春期和成年期，他们表现出不良的行为控制力和较低的挫折承受力。身体虐待和忽视是他们童年的特点。

在极端情况下，性欲攻击型强奸犯与替代攻击型强奸犯非常相似，他们的被害人可能遭到恶意侵害、殴打甚至杀害。这两种类型的区别在于，性欲攻击型强奸犯从侵害、痛苦和暴力中获得强烈的性满足。犯罪人需要满足以下特征才能被归为性欲攻击型：

（1）攻击或暴力程度明显超过了迫使被害人服从的必要程度；

（2）明确、毫不含糊的证据表明攻击对他来说是性刺激。

第四种类型的强奸犯是冲动型强奸犯（impulsive rapist），也称剥削型强奸犯（exploitative rapist），既不表现出强烈的性特征，也不表现出攻击性特征，而是在时机出现时实施强奸。强奸通常是在实施抢劫、入室盗窃等其他犯罪行为时附带发生的，被害人只是碰巧的对象，且遭受到的强奸之外的暴力最少。一般来说，除了强奸，这种类型的犯罪人还有其他长期刑事犯罪史。犯罪人要满足以下特征才能被归为冲动型强奸犯：

（1）对被害人的健康和舒适漠不关心；

（2）只有在为了迫使被害人服从时就才会使用更多的武力。

冲动型强奸与本章前面介绍的犯罪性主题有许多相似之处。然而，我们应该谨慎地假设伴随入室盗窃的性侵害是冲动型强奸。近年来，研究人员开始将性导向型入室盗窃（sexual burglary）视为一种独立的犯罪，这种犯罪不仅是因为入室盗窃带来的时机而引发的（见专栏 11-3）。

研究重点 ● ● ●

专栏 11-3　性导向型入室盗窃

在刑事法规中，入室盗窃通常被定义为，为了实施重罪而非法进入住宅、商业机构或其他建筑的行为。当谈到入室盗窃时，我们通常会想到有人进入家中行窃，最典型的情况是当住户睡觉或不在家时。然而，有一定比例的入室盗窃具有性犯罪动机（具体比例不明），犯罪人意图实施的犯罪可能包括性侵害、偷窃内衣等。文献将这类情况的入室盗窃称为性导向型入室盗窃犯。

如本章所述，这种性犯罪的被害人一般不会向警方报告，因此很难从官方犯罪统计数据中获得有关性导向型入室盗窃的信息。在数量不详的案件中，可能会报告入室盗窃，但不会报告其中存在的性犯罪成分。例如，被害人可能会告诉警方有人进入她家偷走了现金或珠宝，但不会额外提及她遭到了性侵害。参考被害数据（如美国犯罪被害情况调查）时，重点放在了性犯罪上，而盗窃部分可能不会被强调。因此，除了少数案例，性导向型入室盗窃这种非常独特的犯罪类型直到近几年才被关注。不过，关于这一主题已经开始有一些研究出现了（Deslauriers-Varin & Beauregard，2010；Harris et al.，2012；Pedneault, Harris, & Knight，2012；Pedneault et al.，2014）。

研究一般认为，入室盗窃罪是一种理性的犯罪，由犯罪人策划和实施，目的是利益最大化和风险最小化（Cornish & Clarke，1987；Nee & Taylor，2000）。在某些情况下，当入室盗窃伴有性侵害时，这种侵害被认为是机会型的行为，也就是说，犯罪人入室盗窃，碰巧遇到了被害人（Scully & Marolla，1985）。然而，研究人员

（Pedneault & Beauregard et al.，2014）并没有找到相应的支持性证据；相反，他们发现那些性导向型入室盗窃的犯罪人做出的是理性选择，并以性犯罪为主要动机非法进入住宅。

研究人员从性犯罪人的档案中调查了 224 起由性犯罪人实施的入室盗窃案件，这些人主要被判了强奸罪（71%）。之前的研究（Pedneault，Harris，& Knight，2012）确定了三种不同类型的性导向型入室盗窃：（1）恋物非接触型（fetishistic noncontact burglary）；（2）混合动机接触型（versatile contact burglary）；（3）性导向接触型（sexually oriented contact burglary）。恋物非接触型入室盗窃是指入室盗窃是为了获取对盗窃者有性唤起价值的物品，如内衣或其他个人物品。通常这些非法闯入事件不涉及对被害人的性侵害。在大多数情况下，住所内无人居住。

混合动机接触型入室盗窃存在多种动机，性只是其中一个动机。性侵害往往与盗窃、暴力和使用武器结合在一起。

性导向接触型入室盗窃之所以发生，是因为犯罪人有计划、有特定目标，即接触性被害人，除了性侵害，没有任何实施盗窃或暴力的意图。恋物非接触型入室盗窃者和性导向接触型入室盗窃者都以性满足为主要目标。应该指出的是，性满足并不否定对女性的愤怒或仇恨也是一个因素的可能性。对 224 起案件的进一步分析表明，性动机在 3 种类型中都占主导地位，几乎不

支持机会主义效应（Pedneault，Beauregard et al.，2014）。此外，即使在混合动机接触型入室盗窃中，即使发生了其他犯罪，性接触也是主要动机。总体来说，性导向型入室盗窃往往发生在被害人独自一人居住的住所内。绝大多数发生在夜间，通常发生在午夜至凌晨 3 点之间，被害人正在睡觉的时间段。在该研究中的性导向型入室盗窃的目标地点是公寓。研究人员推测，对公寓的偏爱可能是因为与私人住所相比，入室盗窃者更熟悉公寓的布局，或者公寓里被害人更可能独自一人。大多数犯罪人携带武器，这表明入室盗窃者预计到住所里会有人。当然，使用武器会增加所有相关人员的风险。

问题讨论

1. 对性导向型入室盗窃的一些研究结果与对非性导向型入室盗窃的研究结果有所不同。例如，非性导向型入室盗窃通常发生在无人在家的情况下，而且武器的使用频率低得多。还可能存在哪些方面的差异？

2. 从心理学的角度来看，区分性导向接触型入室盗窃与其他性侵害的价值是什么？

3. 性导向型入室盗窃者与非性导向型入室盗窃者在人格特征上是否可能存在差异？性导向型入室盗窃者与在校园或社区实施性侵害的人存在不同吗？

马萨诸塞州矫治中心分类系统（第三版）

MTC 分类系统为强奸行为和动机提供了一个粗略的框架。不过，这个系统仍然需要不断完善和重构。这是该研究机构多年来一直在做的事情（Knight，1999，2010；Knight & Prentky，1990）。在接下来的内容中，我们主要对比马萨诸塞州矫治中心分类系统（第三版）（MCT：R3）与其第四版（MCT：R4）。

经过一系列分析和对分类系统的进一步发展，奈特等人决定将强奸犯罪人分为四个大类和九个子类。尽管上文提到的四种类型——替代攻击型、补偿型、性欲攻击型和冲动型——也都包含在分类系统中，但研究人员发现它们之间存在细微的差异。他们还发现，区分强奸的四个主要动机可以显著提高 MTC 分类系统的有效性。如表 11-4 所示，这四个

主要动机包括机会型、弥散愤怒型、性欲满足型和报复型（Knight，1999；Knight et al.，1998）。奈特等人（Knight et al.，1998）认为，这四个动机似乎能够区分大多数强奸犯类型所存在的持久行为模式。

机会型强奸犯（opportunistic rapist）（类型Ⅰ和类型Ⅱ）与前面描述的冲动型强奸犯相似。因为他们处于一种可能发生性攻击的情境中，导致他们的性攻击似乎是冲动的、掠夺性的行为，并且他们的主要动机不是性幻想或对女性的明显愤怒。然而，对犯罪人数据的分析表明，机会型强奸犯可以根据其社会能力进一步细分。Ⅰ型犯罪人的社会能力较强，在成年后首次表现出冲动的性倾向；而Ⅱ型犯罪人的社会能力较低，在青春期首次表现出冲动性的性行为。

弥散愤怒型强奸犯（pervasive anger rapist）（类型Ⅲ）类似于替代攻击型强奸犯，但不同的是，弥散愤怒型强奸犯的愤怒渗透到他生活的方方面面。他们往往有长期的反社会及暴力行为史，他们的愤怒不仅针对女性，甚至针对每个人。他们往往会对被害人，尤其是强奸被害人造成严重的身体伤害。在许多方面，他们表现出与持续终身型犯罪人相似的行为。

性欲满足型强奸犯（sexual gratification rapist）包括施虐型和非施虐型两大类中的四种子类型强奸犯（类型Ⅳ、类型Ⅴ、类型Ⅵ、类型Ⅶ）。施虐型强奸犯（sadistic rapists）（类型Ⅳ和类型Ⅴ）可以根据其性侵害幻想在暴力袭击中是直接表达（公开）还是仅局限于幻想（沉默）而被分为外显型和沉默型两类（Knight et al.，1998）；非施虐型强奸犯（nonsadistic rapists）（类型Ⅵ和类型Ⅶ）根据其社会

能力也进行了细分，他们与本章前面描述的补偿型强奸犯相似。

MTC：R3 还包括报复型强奸犯（vindictive offender types）（类型Ⅷ和类型Ⅸ），其特点是愤怒只针对女性。这些类型也与原始 MTC 分类系统中描述的替代攻击型强奸犯非常相似。这些男性的性侵害行为有伤害女性身体的明确意图，并以贬低和侮辱女性为特征（Knight et al.，1998）。与机会型强奸犯和非施虐型强奸犯一样，报复型强奸犯也可以分为高社会能力和低社会能力两类。

奈特等人假设，这九种强奸犯分类可以在很大程度上提供犯罪现场调查的额外线索。通过改进和持续研究，MTC：R3 最终应能使调查人员根据在犯罪现场收集的线索确定犯罪人类型，同时还强调了强奸犯所拥有的多种策略和认知信念，反对教条地解释强奸发生的原因。MTC：R3 增加了对性侵害病原学的理解，并帮助心理健康专业人员预测再犯可能性。奈特（Knight，1999）警告说："虽然 MTC：R3 提供了一种根据动机类型来对强奸犯进行分类的有用方法，但仍然需要大量的改进与研究以确定其效度和最终效果。"研究人员（Goodwill，Alison，& Beech，2009）还发现，MTC：R3 有助于执法部门进行犯罪定性或解决性犯罪问题。

马萨诸塞州矫治中心分类系统（第四版）

针对 MTC：R3 存在的若干问题，奈特（Knight，2010）对分类模型进行了修订。在新开发的 MTC：R4 中，奈特删除了子类型Ⅴ，即沉默的施虐型强奸犯，其他 MTC：R3 子类型都保留了下来。

不过，根据之前的研究（Knight & Sims-Knight，

表 11-4　MTC：R3 基于四个动机的强奸犯类型

机会型		弥散愤怒型	性欲满足型				报复型	
高社会能力	低社会能力		施虐型		非施虐型		低社会能力	高社会能力
			外显	沉默	低社会能力	高社会能力		
类型Ⅰ	类型Ⅱ	类型Ⅲ	类型Ⅳ	类型Ⅴ	类型Ⅵ	类型Ⅶ	类型Ⅷ	类型Ⅸ

资料来源：Adapted from Knight et al.（1998）. Predicting rapist type from crime-scene variables. *Criminal Justice and Behavior*，25，46–80。

2003），奈特强调了三个核心人格特质的重要性，这三个核心人格特质定义了导致未成年人和成年人性侵害的路径：

（1）冷酷无情（callous unemotionality）；

（2）反社会性/冲动性（antisociality/impulsivity）；

（3）性欲亢奋/性化（hypersexuality/sexualization）。

如图 11-1 所示，这三个核心人格特质构成了三路径模型（three-path model）。此外，在开发 MTC：R4 时，研究人员发现，在性犯罪人中，精神病态得分高的人占比特别高（Knight & Guay，2018；Krstic et al.，2018）。

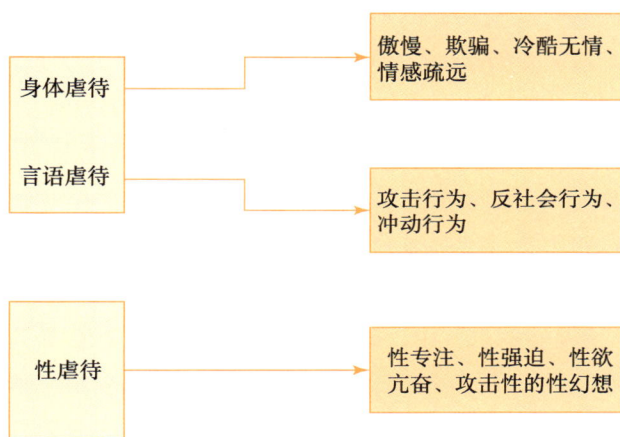

图 11-1 性犯罪的三路径模型

如第七章所述，冷酷无情特质一般表现为病态的谎言、浮夸的自我价值感、肤浅的魅力、对他人缺乏同理心或同情心，以及一种欺骗、操纵的行为模式。反社会性/冲动性表现为行为控制力差、早期行为问题和一般犯罪性行为。这印证了一些研究结果，即许多强奸犯都是犯罪多面手，并不专门从事性犯罪。性欲亢奋/性化表现为性专注、性强迫和性胁迫。前两个特质与精神病态中的两个主要因子一致。研究人员（Knight & Sims-Knight，2004）认为，这些特质在具有性胁迫特征的男性的整个生命周期中起关键作用，对再犯风险评估至关重要，应该成为矫治干预的目标。研究人员引用多年来对性犯罪人的研究结果指出，这些特质在许多性犯罪人样本

中都是一致的，因此可以整合成一个统一的性胁迫理论（Knight & Sims-Knight，2011）。

奈特还将这三个核心人格特质的每一个都视为一个维度，从一个极端到另一个极端。这种方式与 MTC：R3 的严格类型学不同。因此，强奸犯可能处于性欲亢奋和性冷淡的连续体中的某个位置，并同时处于极度冷酷无情和一般冷酷无情的连续体中的某一位置，同时他们也会处于极端反社会性与低反社会性的连续体中的某个位置。奈特还对 MTC：R4 进行了另一项修正：他没有用线性图来说明模型，而是将组成部分围成一个圈，他称之为"环"。在该环状模型中，在圆的某一区域内紧密相连的两个因素相关性更高，距离越远相关性越低。那些相距最远的因素是对立的，如精神病态和非精神病态。在这一点上，MTC：R4 需要更多的研究、开发和完善，这样才能对研究人员和临床医生都有用。该系统作为理解性侵害的统一理论，同时作为干预和矫治框架，具有相当大的前景。

性犯罪人的矫治

许多性犯罪人极为抗拒改变其越轨行为模式。专家们尝试了各种各样的治疗方案，但早期的评价并不乐观。正如耶茨（Yates，2018）所指出的，随着时间的推移，目前已经提出并实施了各种针对性犯罪人的治疗模式，包括一般心理治疗、神经外科手术、物理阉割、药物干预、行为修复、认知行为疗法和复发预防。1994 年对性犯罪人矫治服务的调查显示，共有 710 个成人矫治项目和 684 个未成年人矫治项目（Longo et al.，1995），而 1985 年为 297 个成人矫治项目和 346 个未成年人矫治项目（Knopp，Rosenberg，& Stevenson，1986）。

虽然矫治项目有所增加，但多年来成功率仍然低得令人失望（Camilleri & Quinsey，2008；Thakker et al.，2008）。研究人员（Furby，Weinrott，& Blackshaw，1989）做出了最令人沮丧的早期评论之一："目前还没有证据表明临床矫治总体上可以降低

性犯罪的再犯率，也没有适当的数据来评估它是否对不同类型的犯罪人有不同的效果。"但比较乐观的是，最近的元分析表明，认知行为疗法的效果相对显著。

如今，许多临床医生认为，对犯罪人最有效的干预或治疗方法是那些在心理治疗文献中经常被引用的风险－需求－响应（Risk-Need-Responsivity，RNR）原则（Andrews & Bonta，2010；Andrews，Bonta，& Hoge，1990；Bonta & Andrews，2007）。在犯罪人改造领域，人们普遍认为，遵守有效改造原则的治疗方案比不遵守这些原则的方案更能有效地减少再犯率（Ennis，Buro，& Jung，2016）。

RNR 原则中的第一个"R"指的是风险原则，它表示评估犯罪人再犯的可能性。性犯罪人矫治的主要目标是消除或至少显著减少再犯。矫治的第一步是评估再犯的风险，通常称为风险评估（risk assessment）。研究人员（Andrews & Bonta，2010）指出，风险原则有两个方面，第一个方面假设犯罪行为是可以预测的，第二个方面涉及的是，矫治水平应与犯罪人的风险水平相匹配。回想一下我们在本章前面讨论了与再犯相关的因素。

恩尼斯等人（Ennis et al.，2016）提出了一种最新的用于预测再犯和治疗且临床上非常有用的评估系统——Static-2002R 评估系统。通过使用该评估系统，研究人员能够识别出三组不同的且易再犯的性犯罪人。通过得出的风险得分，将这三组性犯罪人彼此区分开来。再犯风险最高的犯罪人被标记为中风险至高风险犯罪人，简称为中高风险犯罪人。这一群体的特点是其在儿童期和青少年期，普遍存在无法适应社会及反社会行为问题。他们的发育过程典型地暴露于高水平的累积风险因素中。也就是说，他们不仅表现出更严重的犯罪史（一般犯罪性），而且在儿童期和青少年期也表现出相当大的情感需求。此外，他们在性侵害中表现出更多的计划性。恩尼斯等人还指出，从风险－需求－响应的角度来看，中

高风险犯罪人需要在社区中接受最密集的矫治和最高强度的管理。

第二组和第三组被称为中低风险组和低风险组。两组之间的差异不大。具体而言，中低风险组比低风险组的犯罪人普遍年轻 20 来岁，但他们有更严重的犯罪史。与中低风险组的犯罪人相比，低风险组的犯罪人表现出更多的越轨的性兴趣，且犯罪行为开始较晚。

RNR 原则中的"N"指的是需求原则，本质上是犯因性[1]需求的简写。犯因性需求（criminogenic needs）包括可能导致犯罪行为的动态风险因素。这些风险因素之所以被称为动态风险因素，是因为它们是可改变的，而不是不能改变的静态风险因素。动态风险因素包括家庭、学校或工作中的人际关系、就业状况、与有犯罪倾向的其他人的关系及物质滥用情况。性态度和信念也是其中一种。相比之下，静态风险因素指的是过去犯下的罪行或过去在成长过程中遭受性虐待的情况。无论当前或将来发生什么，它们都会发生并留在一个人的背景中。在术语"犯因性需求"中，研究人员出于实际原因使用了"需求"（need）一词，主要是因为它带来了希望。如果犯因性需求减少，那么参与犯罪的可能性就会减少。因此，有效治疗的前提是风险是动态的（Olver et al.，2012）。需要提及的一个重要问题是，年龄在性犯罪减少方面起着重要作用，不管犯罪人是否接受过治疗。研究文献强调了这样一个事实，即年龄的增长与大多数包括性犯罪在内的反社会活动的减少有关（Olver et al.，2012）。犯因性需求随着年龄的变化而变化。

RNR 原则中的最后一个"R"表示响应原则。响应原则涉及的是运用与犯罪人的能力和学习风格相一致的风格和模式提供矫治，即根据犯罪人的特点（如人际关系、情绪、智力和认知）来决定矫治服务的模式（Andrews & Bonta，2010）。

研究人员认为，认知行为疗法和认知社会学习

---

① "犯因性"是指产生犯罪。——译者注

策略对临床医生而言是最有用的方法。在响应原则的背景下，认知行为疗法能让犯罪人积极参与治疗。一项涉及 69 项研究和近 10 000 名性犯罪人的元分析发现，认知行为疗法具有积极的效果（Lösel & Schmucker，2005）。同样，另一组研究人员（Hanson et al.，2009；Olver et al.，2012）发现，能严格遵循 RNR 原则的治疗项目可以显著降低性犯罪人的再犯率。

其他研究人员也同意这一观点。对北美性犯罪人矫治项目进行的一项全面调查发现，大多数项目倾向于以认知行为疗法和认知社会学习策略为导向（Olver et al.，2012）。汉森等人（Hanson et al.，2009）总结了 RNR 原则：当治疗可能再次犯罪的犯罪人（中高风险犯罪人）时，若能针对与再次犯罪相关的特征（即犯因性需求），将犯罪人的学习风格和能力（响应原则）与治疗相匹配，那么认知行为疗法最有可能产生效果。

有意思的是，那些被认为再次犯罪风险低的犯罪人并不被认为是心理治疗的目标人群。这既是因为他们不需要被额外关注，也是因为有限的资源可以被用于最需要的犯罪人。低风险犯罪人可以从社区的支持服务中受益（例如，帮助他们找到工作或提高社交技能）。而中高风险犯罪人可以从针对他们的犯因性需求，并与他们的学习风格和能力相匹配（响应原则）的心理治疗中获益（Hanson et al.，2009）。总之，我们在有效治疗成年性犯罪人方面已经取得了进展，许多治疗师和研究人员对此比过去更加乐观。下一章，我们将讨论对儿童和青少年的性侵害。

本章小结

性侵害——一个包含强奸和其他性犯罪的广义术语，被广泛认为是最被低估的严重犯罪。这并不令人感到奇怪。当我们考虑对被害人（或幸存者）造成的心理伤害时，绝大多数性侵害并未引起警方的注意。

传统上，强奸和其他性侵害无论是在实施还是在受害方面，都几乎完全将男性视为加害方。直到 2013 年，美国联邦政府在统一犯罪报告的总结报告中才开始将男性列为被害人。不过，一段时间以来，研究人员研究了女性和男性的被害情况，以及女性和女孩实施的性犯罪。然而，大多数理论构建和类型学都是针对男性的。

我们研究了有关强奸和其他性侵害的统计数据，以及有关犯罪人和被害人的人口统计学特征。我们详细介绍了熟人性侵害和校园性侵害。研究表明，有些人可能比其他人更容易受到攻击，这可能是因为他们的人口统计学特征（如年龄）或情境特征（如饮酒或受害史）。尽管有人对以研究被害情况来研究性犯罪的研究方式感兴趣，但研究人员很快指出，性侵害的责任在于加害人，而不是被害人。

犯罪人出于各种原因犯罪，一个主要动机似乎是伤害、贬损或使被害人难堪。虽然性满足是犯罪的一个组成部分，但对性的态度、强奸误解和女性物化在实施犯罪中起重要作用。一些强奸犯（可能是少数人）认为被害人喜欢被支配，因而自己的犯罪行为是无害的。实际情况恰恰相反。性侵害对被害人的心理和社会损害是无法估量的。丈夫、约会对象和熟人的性侵害通常比想象中更频繁。有迹象表明，这类性侵害所造成的心理伤害可能比陌生人强奸更严重。

对已定罪的强奸犯的研究往往显示他们有性侵害和其他暴力行为史。虽然再犯很常见，但一些研究发现，再犯也可能是非性犯罪。在这些再犯的犯罪背景中经常发现一般犯罪性行为。强奸和其他性犯罪在一定程度上归因于犯罪人的社会化经历。犯罪人通过各种来源和"榜样"获得信息，进而构建一个信念和价值体系，支持并证明攻击行为的合理性。支持强奸误解的态度、从同伴或媒体获得的行为规范，以及使用酒精所带来的抑制解除，常常被认为是导致许多性侵害发生的原因，尤其是那些对约会对象、熟人或亲密伴侣实施的性侵害。

陌生人强奸被认为是最不常见但最有可能涉及武器的强奸类型。陌生人强奸犯也比熟人强奸犯更有可能有一般犯罪史。

研究人员已经开发了几种强奸犯类型和分类系统，其中最著名的是马萨诸塞州矫治中心分类系统。马萨诸塞州矫治中心分类系统（最新版本是 MTC：R4）的修订证明了其广泛的适用性，及对分类体系的持续研究。该系统包括强奸犯的类型，也包括强奸犯的犯罪动机。其还开发了分析性犯罪人的三路径模型，界定了与性犯罪人有关的三种人格特质：冷酷无情、反社会性和性欲亢奋。本章最后讨论了性犯罪人的矫治。这一主题将在下一章继续讨论，其中涉及儿童性犯罪人和女性性犯罪人。随着越来越多的证据表明 RNR 原则在矫治性犯罪人中的效果，治疗师们对未来预防性犯罪的可能性比过去更加乐观。然而，在所有成年性犯罪人中，强奸犯是最难矫治的，主要是因为强奸犯的行为既反映了其根深蒂固的态度，也反映了长期存在的反社会暴力模式。

核心术语

性侵害（sexual assault）

鸡奸（sodomy）

乱伦（incest）

法定强奸（statutory rape）

欺诈型强奸（rape by fraud）

婚内强奸（marital rape）

约会强奸（date rape）

熟人强奸（acquaintance rape）

强奸误解（rape myths）

大学校园氛围调查的验证研究（Campus Climate Survey Validation Study，CCSVS）

普遍风险识别失败（global risk recognition failure）

特定风险识别失败（specific risk recognition failure）

工具型性侵害（instrumental sexual aggression）

表达型性侵害（expressive sexual aggression）

敌意性主题（hostility theme）

犯罪性主题（criminality theme）

性剥削／卷入主题（sexual exploitation/involvement theme）

交叉犯罪（crossover offending）

替代攻击型强奸犯（displaced aggression rapist）

补偿型强奸犯（compensatory rapist）

性欲攻击型强奸犯（sexual aggressive rapist）

冲动型强奸犯（impulsive rapist）

性导向型入室盗窃（sexual burglary）

机会型强奸犯（opportunistic rapist）

弥散愤怒型强奸犯（pervasive anger rapist）

性欲满足型强奸犯（sexual gratification rapist）

报复型强奸犯（vindictive offender types）

三路径模型（three-path model）

风险－需求－响应（Risk-Need-Responsivity，RNR）

犯因性需求（criminogenic needs）

思考题

1. 强奸和性侵害的区别是什么？

2. 回顾与强奸犯相关的人口统计学因素及心理因素。

3. 界定并提供强奸误解的例子。

4. 回顾并讨论性侵害的脆弱性因素。

5. 色情制品在性犯罪中起至关重要的作用吗？请参考研究结果简要阐述你的答案。

6. 总结 MTC：R4 分类模型。

7. RNR 原则如何应用于性犯罪人的矫治？

对儿童和青少年的性侵害是一个全球性的问题，需要制定保护儿童的政策和法律法规。例如，1989年联合国颁布的《儿童权利公约》、2003年英国颁布的《性侵害法案》、1996年美国颁布的《梅根法》、2021年中国修订并实施的《中华人民共和国未成年人保护法》，等等。此外，对儿童和青少年的性侵害也需要从社会保障方面提供支持。为防止儿童遭受性侵害，德国从幼儿园阶段就开展了"性教育课"，加拿大要求12岁以下未成年人24小时之内不得脱离监护，韩国强制惯犯佩戴电子脚环，等等。那么，对儿童实施性侵害的情况有多严重？性犯罪人和被害人有哪些特征？性犯罪人有哪些不同类型？性侵害的再犯率和评估手段如何？与儿童性侵害相关的研究和干预存在哪些困难？要回答这些问题，不应只围绕人口统计学和犯罪特征的基本细节进行研究，还需要从犯罪心理学角度来分析、理解。

本章可以帮助我们了解美国当前针对儿童和青少年遭受性侵害的犯罪现状及特点、性侵害对儿童造成的心理影响，并从年龄、性别、对被害人的选择、生活背景、人际关系和亲密关系缺陷、认知歪曲、神经认知功能等角度重点分析了对儿童实施性侵害的性犯罪人的特征。我们可以了解到，性侵害儿童与恋童癖是不同的，攻击型的性侵害儿童的犯罪人与强奸成年人的犯罪人有相似之处，但也有不同。本章还对性犯罪人的再犯和如何进行评估进行了梳理，并详细介绍了马萨诸塞州矫治中心对性侵害儿童的犯罪人的分类系统（MTC：CM3）。另外，网络性侵害犯罪、性侵害儿童的女性犯罪人等相关内容也应引起研究人员的重视。

你可能还会从本章内容中获得一些新的认识，那会是什么呢？

刘兆敏

中国政法大学社会学院 教授

12

第十二章

对儿童与青少年的性侵害

本章译者：刘兆敏

学习目标

- 了解恋童癖、儿童性虐待和儿童性侵害犯罪的定义。
- 了解儿童性虐待的流行率及形式。
- 讨论性侵害对被害人的心理影响。
- 描述性侵害儿童和性侵害少年的犯罪人的主要特征。
- 对性侵害儿童的性犯罪人的分类研究进行讨论。
- 对性侵害女童的性犯罪人的分类研究进行讨论。
- 归纳总结性犯罪人再犯率的现状。
- 对儿童和青少年的网络性犯罪的相关研究进行讨论。
- 了解当前人口贩卖的现状。
- 了解减少儿童性犯罪人再犯的矫治方法。

2009 年，一家媒体披露了一件震惊全世界的事件。一名奥地利人将自己的女儿作为性俘虏关在家中地下室长达 24 年，他跟他的女儿生了 7 个孩子，并将这些孩子当作女儿的弟弟、妹妹抚养。同年晚些时候，这名奥地利人承认了他对女儿和其他孩子实施的一系列性侵害。也是在 2009 年，加利福尼亚州一名 28 岁的女教师被捕。她被指控诱拐、杀害了一名 8 岁儿童；此后不久，她又被指控实施儿童性虐待。从 2012 年到现在，许多被害人挺身而出，对成年人的指控越来越多了。2015 年，一位知名的高中辩论队教练被指控持有、接收和制作儿童色情制品。据称，他通过短信和互联网获得了男性少年的裸照。2018 年，美国体操队的一名医生被判入狱，原因是他在长达数年的时间里对女孩实施了多项性虐待。2019 年，一名富有的金融家被指控选择年轻女性被害人进行性交易。由此可见，对儿童和青少年的性侵害犯罪从索取裸照到强奸，涉及很广泛。

恋童癖（pedophilia）一词来自希腊语，是一个临床术语，指儿童爱好者，有时也称猥亵儿童或儿童性虐待。不过，我们必须从一开始就强调，恋童癖是一种临床症状，不一定伴有犯罪行为。当涉及犯罪行为时，尽管我们可以将犯罪人称为恋童癖者（pedophile），但这不是官方术语。只是说，此人是因

儿童性侵害、猥亵儿童、儿童性剥削、传播儿童色情制品或任何其他针对儿童的性侵害犯罪而被起诉。从本质上讲，"恋童癖"是一种可能需要治疗的心理或精神状态。DSM-5 将其称为"恋童障碍"，属于终身精神障碍，尽管它可能随年龄波动而加重或减轻（American Psychiatric Association，2013）。

关于恋童癖的定义有多种。DSM-5 认为它指的是在至少 6 个月的时间内，通过与 1 个或多个青春期前儿童（通常为 13 岁或更小）的性活动，从而激起个体反复的、强烈的性唤起，表现为性幻想、性冲动或性行为（American Psychiatric Association，2013）。需要注意的是，该定义包含"性幻想"和"性冲动"这两个术语，它们本身并不构成犯罪，除非叠加违反法律的行动（行为）。DSM-5 进一步规定，一些恋童障碍者只对儿童产生性兴趣（专一型），而另一些恋童障碍者对儿童和成年人都有性兴趣（非专一型）。

根据研究人员（Finkelhor & Araji，1986）的说法，恋童癖是成年人对青春期前儿童有意识的性兴趣。有两种行为均涉及性兴趣：一是成年人与儿童发生过性接触；二是成年人对儿童的性幻想或利用儿童影像进行手淫。尽管第二种行为不构成犯罪，但如果下载色情内容或向儿童和青少年索取照片就可能涉及犯罪行

为。我们将在本章后面讨论这些主题。

研究人员有时会将恋童癖的定义中的儿童扩展到13~15岁的青少年，尽管许多文献使用"恋少年癖"（hebephilia）一词来表示对青少年的性兴趣或与青少年发生性接触。然而，对恋少年癖和恋童癖进行区别似乎并没有临床意义（Blanchard et al.，2001），通常也不需要进行分类诊断。从传统意义上讲，非临床使用的恋童癖仅指成年人对儿童的性兴趣或与无亲密关系儿童的性接触。家庭成员之间（至少有一名成员为未成年人）的性行为通常被定义为乱伦（incest）或家庭内儿童猥亵（intrafamilial child molestation），最常见的是男性猥亵性发育不成熟的女儿或继女（Rice & Harris，2002）。来自家庭外的个人与未成年家庭成员的性接触被称为家庭外儿童猥亵（extrafamilial child molestation）。其他术语和定义见表12-1。

表 12-1　儿童性虐待研究中使用的术语

术语	定义
家庭外儿童猥亵	直系亲属以外的人与未成年儿童发生性接触
家庭内儿童猥亵	直系亲属与未成年儿童发生性接触
恋童癖	一些研究人员和临床医生认为这个术语指的是对儿童有强烈的性兴趣；另一些人则认为它指的是与儿童发生性接触
恋童癖者	对儿童产生强烈的性兴趣的人或与儿童频繁发生性接触的人
乱伦	法律或习俗禁止的近亲（如同胞或父母和亲生子女）之间的性行为
儿童性虐待	指任何涉及儿童的性活动，这些性活动为成年人或年龄稍大的少年提供满足或刺激
猥亵儿童者	与未成年儿童发生性接触或性虐待未成年儿童的人，这一术语被广泛接受。在这种情况下，它可以与儿童性犯罪人互换使用
恋少年癖	成年人对青少年的性兴趣或性接触
性欲倒错	是一种性功能障碍，性唤起几乎完全是由不适当的物体或异于常规的性行为或性幻想引起的

注：这些术语不一定适用于法规或其他法律背景。

另一个密切相关的术语是性欲倒错（paraphilia），它涉及的内容比较广泛，除了与儿童相关的认知和行为，它还涵盖其他内容。性欲倒错指的是，除了对生殖器刺激或与同意的人类性伙伴进行性爱抚的性兴趣，还指任何强烈而持久的性兴趣（American Psychiatric Association，2013）。性欲倒错障碍包括真实发生或模拟发生的一系列会导致痛苦或羞辱的重复的性活动，如捆绑（Bondage）、支配（Domination）、施虐（Sadism）和受虐（Masochism）（通常简称为BDSM）。性欲倒错也指对非人类或物体（如动物或他人的衣服）的强烈的性偏好、不经当事人同意进行触摸或摩擦［摩擦癖，（frotteurism）］、未经允许向他人暴露生殖器［暴露癖，（exhibitionism）］或窥探他人私密活动［偷窥癖，（voyeurism）］。

在本章，当提及针对儿童的非法性行为时（从性接触到插入），我们不使用临床术语"恋童癖"，而是使用"儿童性犯罪"（child sex offenses）或"儿童性虐待"（child sexual abuse）来指代这些行为，这些行为的犯罪人被称为"儿童性犯罪人"（Child Sexual Offender，CSO），这一术语在研究文献中使用得也越来越多。本章还有内容会涉及一些人通过制作、传播和获取儿童色情制品对儿童和青少年进行利用、获取利益。如前文所强调的，患有恋童癖或有恋童癖幻想和想法的障碍并不违法，也不能假定恋童癖者会对这些幻想或冲动的对象采取行动。塞托（Seto，2018）指出，恋童癖和恋少年癖都不是针对儿童的性犯罪的同义词，尽管他们经常互换使用。然而，两者还是有关联的，因为在儿童性犯罪人中，有40%~50%的人有恋童癖（Seto，2009；Sigre-Leirós，Carvalho，& Nobre，2015）。我们将在本章后面讨论"与儿童情感吻合度"时详细介绍这一主题。

儿童性虐待的发生率与流行率

与一般的性犯罪一样，我们有必要对儿童性犯罪的统计数据保持高度警觉。由于没有全美国范围的客观记录系统，要想获得儿童性虐待的数据很困难。在所有暴力犯罪中，性犯罪的报告率最低（Terry & Tallon，2004）。而且，与虐待老人的案件类似，对儿童的性虐待指控通常会被提交给公众服务机构，这就导致其可能永远不会出现在官方犯罪统计数据中。

根据美国卫生与公众服务部的数据，2017 年约有 58 000 名被认为遭受性虐待的儿童接受了儿童保护服务（HHS，2019）。在这些被害人中，近 30% 的儿童在 7 岁或 7 岁以下受到性虐待。美国卫生与公众服务部将性虐待仅定义为让儿童参与诸如爱抚、强奸，以及让其面临、接触其他性活动等性行为。所以，该数字肯定低估了美国遭受性虐待儿童的实际数量。

根据研究人员（Finkelhor et al.，2014）的观点，童年和青少年时期的性虐待甚至性侵害经历非常普遍。目前可获得的数据表明，在美国，1/4 的女孩、1/20 的男孩在 17 岁生日前就遭受过性虐待。而更令人震惊的是，在大多数性侵害中，犯罪人不是成年人。据估计，对儿童和青少年的性犯罪中，有一半以上是由青少年犯罪人实施的，其中许多是熟悉的同辈所为（Finkelhor et al，2014）。如果只统计成年人对儿童的性侵害，那么性侵害率就会下降到女孩受害率为 11.1%，男孩为 1.9%。

一项对约 1200 名美国男性进行的全国性调查（Finkelhor & Lewis，1988）发现，5%～10% 的男性在其一生中的某个时间曾经或想要发生儿童性虐待行为。研究人员（Wurtele，Simons，& Moreno，2014）针对男性和女性展开的在线调查发现，6% 的男性和 2% 的女性表示，如果能确保不被抓到或不受惩罚，那么他们可能会与儿童发生性关系。在另一项匿名调查中，约 4% 的大学适龄男性承认与青春期前的女孩有过性接触（Ahlers et al.，2011）。然而，需要注意的是，这些数据中可能包括了一次性的事件（仍应受到谴责），这可能不代表犯罪人的普遍行为，也不能将其定性为本章所指的儿童性虐待者。例如，一个 15 岁的男孩或女孩看护者对一个 3 岁孩子进行了性爱抚，但其之后可能再没出现过类似行为，但在面对研究人员的调查时，要么出于内疚，要

么由于调查能对其身份保密，其就会报告曾经做过这一行为。尽管如此，上述数据和其他数据都表明，在美国乃至全世界，儿童遭受性侵害的程度远远超过成年人遭受性侵害的程度（Finkelhor & Dziuba-Leatherman，1994；Finkelhor et al.，2014）。对全球儿童性虐待的比较准确的估计是：约有 7300 万名 17 岁及以下的男童和 1.5 亿女童遭受过各种形式的性暴力（Singh，Parsekar，& Nair，2014）。在所有报告的性侵害（包括对成年人的性侵害）中，近 70% 涉及 17 岁及以下的儿童（Snyder，2000）。

在美国范围内，被害人数的统计数据同样难以获得。例如，美国犯罪被害情况调查只收集 12 岁以上被害人的数据，年幼儿童的被害情况不在统计之列。而且只有大约 1/3 遭到性侵害的儿童会报告他们的遭遇（Finkelhor，1979）。研究人员（Finkelhor et al.，2005）在对全美国 2030 名 2～17 岁儿童和青少年的代表性样本的调查发现，每 12 名儿童和青少年中就有 1 名在调查当年遭受过性侵害。而且，对在公共和私人惩教机构中关押 7～12 个月的少年进行的调查发现，9%～12% 的人报告受到同伴或工作人员的性侵害（Beck et al.，2013；Beck，Harrison，& Guerino，2010）（见专栏 12-1）。

基于国家突发事件的报告系统有能力提供更多关于幼童性侵害发生率的信息，并描述这些性侵害的基本特征。斯奈德（Snyder，2006）利用 1991—1996 年的基于国家突发事件的报告系统的数据发现（见图 12-1），向执法部门报告的性侵害被害人中，34%

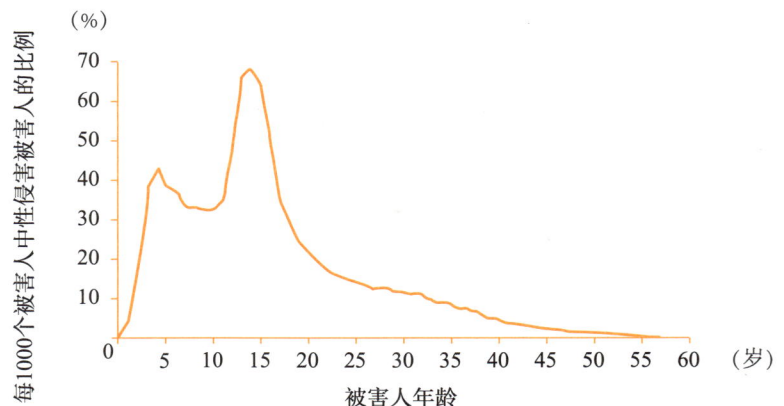

图 12-1　性侵害被害人年龄分布

热门话题

专栏 12-1　性虐待：未成年人矫治中的耻辱

安全的未成年人管教机构应该是未成年人的避风港，不管他们是否因严重犯罪而被判决。但在美国的一些未成年人拘留和矫治中心，事实远非如此。传闻和实证研究都表明，在这些机构中，包括性侵害在内的行为频频发生。虽然一些性侵害是由其他未成年人实施的，但管教人员也会实施性侵害。

在未成年人管教机构中，成年人与未成年人间的性接触往往被描述为双方自愿的。这些未成年人，无论男性还是女性，可能被认为在性接触方面比较熟练或渴望从管教人员那里获得好处，是性接触的发起者。然而，在一种不平衡的权力关系中，一个成年人和一个受限制的未成年人间的性接触从来都不是真正自愿的。此外，工作人员可能会通过诸如承诺为未成年人提供其所需物品、毒品或酒精，或者提供保护使其免受其他人伤害等方式引诱他们进行性接触。

美国在押未成年人调查（National Survey of Youth in Custody）对全美国范围内州、地方和私立未成年人管教机构中的性侵害研究得到的结论令人焦虑（Beck et al.，2013）。根据法律要求，美国司法统计局的研究人员对 8707 名已判决的犯罪人（91% 为男性）进行了调查，要求他们进行自我报告。

调查报告的重点内容如下：

- 约 9.5% 的未成年人表示，他们在过去 12 个月中经历过 1 次或多次由工作人员或其他未成年人实施的性侵害，人数比 2008—2009 年的类似调查减少了约 2.5%；
- 与其他未成年人相比，工作人员施加的性侵害更多；
- 8.2% 的男性在押未成年人和 2.8% 的女性

在押未成年人报告与工作人员发生过性行为；
- 同性恋、双性恋的未成年人间的性侵害（10.3%）高于异性恋的未成年人间的性侵害（1.5%）；
- 在报告受到工作人员性侵害的未成年人中，89.1% 的男性未成年人与女性工作人员有性行为，还有 3.0% 的男性未成年人与男性、女性工作人员都有性行为。
- 在工作人员性行为不端的事件中，多数被害人报告受到的性侵害不止一次，而且，近 1/5 的未成年人报告其受到性侵害高达 11 次或更多。
- 在工作人员性行为不端的事件中，约有 1/5 的未成年人遭受了暴力或暴力威胁。
- 其中有 13 个未成年人管教机构的性侵害比例较高，这些机构分布在佐治亚州、俄亥俄州、南卡罗来纳州、亚利桑那州、得克萨斯州、艾奥瓦州和伊利诺伊州。

问题讨论

1. 上述数据只是这份重要报告中的少量数据。请获取公开文件，并对其他调查结果发表评论。

2. 请对如此之多的男性未成年人与女性工作人员发生性行为的调查结果进行评论。

3. 尽管有些指控可能不真实，但还有未成年在押犯依然不愿意报告其受到了性侵害。就这一点而言，调查结果是否更令人不安？

4. 与 2008—2009 年的调查相比，被害人减少的原因可能是什么？

的被害人年龄在 12 岁以下。最令人不安的是，调查结果显示，14% 的被害人未满 6 岁。

犯罪学研究普遍认为，有持续反社会行为的青少年女性性犯罪人及成年女性性犯罪人在儿童时期经常遭受性虐待（Ullman，1999，2007）。在非犯罪人群中，女性在儿童期遭受性虐待的数字也令人瞠目结舌。罗素（Russell，1984）为了估计强奸和其他形式的性侵害发生率和流行率，于 1978 年随机调查了 930 名旧金山女性居民，调查内容包括被调查对象在儿童期遭受的性虐待情况。结果显示，有 12% 的女性在 14 岁之前曾遭受亲属的性虐待，29% 的女性在 14 岁之前至少有一次被非亲属性虐待的经历。总体而言，在这 930 名女性中，有 28% 的人在 14 岁之前至少经历过一次性虐待事件。

来自监狱的数据同样让我们看到了问题的严重性。在美国的州立监狱中，2/3 被判犯有强奸罪或性侵害的囚犯是对儿童和青少年犯下的，且被害人多为女性（Greenfeld，1996）。在被判犯有猥亵儿童罪的人中，约 60% 的人侵害的是 13 岁以下的被害人。

来自在押犯的报告数据也能表明问题的严重程度。报告显示，在押犯实施性犯罪的被害人众多。此前，研究人员（Abel et al.，1981）报告，被监禁的同性恋儿童性犯罪人平均侵害 31 名被害人，而异性恋儿童性犯罪人平均侵害 62 名被害人。荷兰的一项研究（Bernard，1975）指出，至少有一半的受访者（样本为被捕和未被捕的儿童性犯罪人）表示与至少 10 名或更多的儿童曾发生性接触。研究中有 14% 的受访者承认与 50 多名儿童曾发生性接触，6% 的受访者承认与 100～300 名儿童曾发生性接触。样本中 56% 的人表示，他们与儿童曾发生一次或多次定期的性接触。其中有 90% 的人声称他们不想停止对儿童的性行为。

虽然上述研究有些已经很久远了，但近年来的研究文献并没表明儿童普遍遭受性虐待这一现象有所缓解。总之，世界范围内针对儿童的性虐待和性暴力事件的数量非常惊人。全球范围内针对女孩的性虐待发生率约为 27%，针对男孩的性虐待发生率约为 14%（Garcia-Moreno，Guedes，& Knerr，2012）。美国针对女童的性虐待发生率为 25%～27%，针对男童的性虐待发生率为 16%（Pérez-Fuentes et al.，2013）。

正如本书其他部分所强调的，有一点需要引起重视：大多数研究都基于二元分类（如女孩、男孩，男人、女人）来报告与性相关的内容，很少从性偏好或性别中立角度进行探索。例如，在当代研究中，无性别者（agender）、两性体者（androgyne）、顺性人（cisgender）或性别流动者（gender-fluid），这些群体很少体现在报告中。因此，在看待研究结果时，读者应该认识到其研究设计是有待改进的，如果研究设计能够识别无法纳入二元分类的样本，可能会发现不同的结果，尽管这些结果可能并不显著。

尽管儿童性犯罪的主要实施者是男性，但这一罪行绝不独属于男性。美国国家逮捕数据报告显示，2017 年，因强奸被拘捕的女性占 2.8%，因胁迫性犯罪被拘捕的女性占 7.5%（FBI，2018）。这些数据很可能不能完全代表女性性犯罪人的真实比例和数量。虽然上述数据的统计口径涉及所有犯罪（包括针对成年人和儿童的犯罪），但女性性犯罪人的被害人大部分是 12 岁以下的儿童（Johansson-Love & Fremouw，2009）。例如，研究人员（Vandiver & Walker，2002）对女性性犯罪人的调查显示，她们侵害的被害人有 50% 年龄为 11～16 岁，24% 年龄为 4～10 岁。在另一项研究中，研究人员（Ferguson & Cricket Meehan，2005）对女性性犯罪人的调查发现，她们侵害的被害人有 68% 年龄为 12～16 岁，有 15% 年龄在 12 岁以下。在下文中，我们会继续综合评述女性儿童性犯罪人与男性儿童性犯罪人，并会指出两者在特定情况下的差异。

情境特征与被害特征

在一项综合性研究中，研究人员（Williams & Bierie，2015）审查了基于国家突发事件的报告系统中近 20 年 37 个州数千个警察局的数十万起事件。

他们发现，对被害儿童进行性虐待的男性更有可能以继子女或远亲为目标，而女性则更有可能以自己的亲生子女或她们照顾的儿童为目标。其他研究人员（Johansson & Fremouw，2009；West et al.，2011）也报告了类似的结果。科尔托尼（Cortoni，2015）指出，根据性别刻板印象，"正常"的女性根本不希望伤害孩子。这种刻板印象进一步认为女性对儿童的性虐待要么是男性胁迫的结果，要么是她存在严重的精神问题。这种解释与早期的女性犯罪理论特别贴合，即普遍将被定罪的女性描述为情绪失常、不适应其女性角色、生理或心理异常，或者选择以男性的方式行事以反抗其与生俱来的女性角色。科尔托尼还指出，认为女性的性侵害行为比男性的性侵害行为"不自然"或"更糟糕"的观点必须受到质疑。

研究人员（Williams & Bierie，2015）还发现，女性性犯罪人似乎较少区分被害人的性别，她们并不会偏好男性或女性被害人，而是会对他们无差别地实施性侵害。具体来说，男性在性侵害事件中的侵害对象近 90% 为女性，但女性性犯罪人的一半被害人为女性。但是，研究人员认为，出现这些结果的部分原因是，在某些情况下女性性犯罪人是被男性同谋强迫参与的，即男性共犯经常将自己的被害人偏好（即女性）强加给与其共同犯罪的女性。已有研究开始从这些假设出发寻找证据了。

例如，范迪维尔（Vandiver，2006）开展了一项针对单独和共同犯罪的女性性犯罪人的研究，为此提供了一些启示。他的研究样本来自不同国家，包括 123 名女性单独犯罪人和 104 名女性共同犯罪人。范迪维尔指出，因性侵害罪而被捕的女性性犯罪人中，约一半（46%）有男性同伙。与单独犯罪的女性相比，共同犯罪的女性在性犯罪之前更有可能因非性犯罪被捕，她们的性犯罪次数也不止一次。共同犯罪中的女性更有可能虐待女性被害人（与虐待男性被害人相比），而单独犯罪的女性则更可能以男性被害人为目标。此外，共同犯罪的女性往往与共同犯罪人（配偶或其他亲密伴侣）处于虐待关系中。在许多性犯罪案件中，男性同案犯以断绝两者的亲密关系来恐吓或威胁女性同伴，以强迫女性性犯罪人共同参与性犯罪。

还有研究人员（Gannon et al.，2014）发现，大约 1/4 的女性性犯罪人与男性共同犯罪。另一组研究人员（Wijkman, Bijleveld, & Hendriks, 2010, 2014）在他们的样本中发现，近 2/3 的未成年女性性犯罪人是共犯之一。虽然成年女性性犯罪人的共犯多为其配偶或亲密伴侣，但未成年女性性犯罪人的共犯多为熟人或朋友。

尽管如此，还有很多非共同犯罪的女性性犯罪人的犯罪目标既有男性也有女性（Gannon et al.，2014；West et al.，2011）。对此现象的一种解释是，单独的女性性犯罪人倾向于选择与其经常接触的人（男性和 / 或女性），而不是专门寻找被害人（West et al.，2011）。这种不区分性别的性侵害属于上一章讨论的交叉犯罪范畴。在犯罪人研究中，交叉犯罪（crossover offending）指的是犯罪人在选择特定类型的被害人或犯罪目标时多大程度上保持一致性。如果犯罪人选择的被害人或犯罪目标范围广泛，那么其就是在进行交叉犯罪。

研究人员将"交叉"描述为实施一种以上类型的性侵害行为，或者犯罪人的被害人群体来自不同的关系类别、性别或年龄（Levenson, Becker, & Morin, 2008）。例如，一项早期研究（Abel et al.，1988）显示，有 20% 的犯罪人报告他们对男性和女性被害人都实施过性侵害，有 42% 的犯罪人报告被害人分布在几个年龄组（14 岁以下，14～17 岁，还有些超过 17 岁）。他们选择的被害人有的是家庭成员，有的是家庭外成员。研究人员（Sim & Proeve，2010）对 128 名性侵害儿童的成年男性性犯罪人进行研究并发现了相当多的交叉犯罪行为。超过一半的性犯罪人在被害人年龄、性别、与犯罪人的关系这三个维度中至少有一个维度表现出交叉犯罪。他们的研究数据明确显示，在性侵害儿童的成年犯罪人中，交叉犯罪行为并不罕见。其中，最多的交叉犯罪（48%）出现在被害人年龄上的交叉，这一结论与埃布尔（Abel et al.，1988）的研究结果相似。他们还发现，有 20% 存在性别类型上的交叉，有 30% 与被害人存在关系交叉。他们总结道："性犯罪人在被害人类型上的交叉犯罪是与其性偏好相一致，还是由于他们首选的被害人类型无法获得而不得不选择另一类型被害人，这些目前还不清楚。"但清楚的是，交叉犯罪是一个需要进一步研究的领域，因为它对理解儿童性犯罪人很有意义。

犯罪人是如何接近儿童的

有两项重要的研究（Wortley & Smallbone，2006；Leclerc & Felson，2016）探讨了性侵害儿童的成年犯罪人和未成年犯罪人是怎样接触到儿童被害人、怎么安排与儿童被害人单独相处，以及怎样想方设法避免受他人干扰的。参与第一项研究的被试是 169 名被定罪的儿童性犯罪人，他们都承认自己所犯的罪行并同意提供关于其心理和犯罪行为的详细自我报告。研究人员发现，绝大多数儿童性犯罪人（93.5%）对自己的孩子（家庭内的）或他们认识的孩子（家庭外的）实施了性虐待。研究人员找到了性侵害家庭外儿童的成年犯罪人为性接触而接近儿童的几个策略。其中，最常见的一个策略是与孩子的父母或看护人交朋友，然后在父母或看护人在场的情况下与孩子共度时光。许多犯罪人还自愿帮助孩子的父母或看护人做家务。实质上，儿童性犯罪人会尽量使自己的出现显得正常，从而消除家长对其意图的担忧（Leclerc & Felson，2016）。最终，他们会主动提出照看孩子、带孩子玩游戏或去游乐场。一些性侵害家庭外儿童的性犯罪人为了获得接近孩子的机会，甚至会试图与孩子的单身母亲建立浪漫关系。在 20 世纪 80～90 年代，就有一位牧师与一名有孩子的女性交了朋友，并最终购买了一所房子，拥有了自己的"秘密家庭"。多年后，孩子们——现在已经成年——提起民事诉讼，指控牧师在他们童年时对他们进行了身体虐待和性虐待。最终，这位牧师离开了神职并去世，但民事诉讼坚持认为，教区允许牧师的这种生活安排属于失职行为。

研究人员还发现，性侵害儿童的成年犯罪人最常使用"家庭环境"实施性犯罪。他们界定的家庭环境是被害人和犯罪人的家、犯罪人可进入的被害人的家，或被害人被带到犯罪人（或犯罪人的朋友）的家。研究显示，绝大多数儿童性犯罪（家庭内或家庭外）发生在儿童或犯罪人的家中。儿童性犯罪人很少在公共环境（如公园、游乐场、游乐园或购物中心）实施犯罪行为。

在第二项研究中，研究人员对青少年儿童性犯罪人的研究沿用了第一项研究中对成年儿童性犯罪人的研究模式。他们的研究样本为 116 名男性青少年儿童性犯罪人（年龄为 13～17 岁），且至少对一名儿童（不到 12 岁）或比自己至少小 3 岁的人实施过一次性侵害。参与他们研究的被试都因性犯罪在自愿接受治疗。他们发现，性侵害儿童的青少年犯罪人和成年犯罪人在设法创造机会对儿童被害人实施性犯罪中采用的策略极为相似。性侵害儿童的青少年犯罪人也是先照看孩子或在朋友家锁定被害人，然后在孩子的父母或看护人在场或知晓的情况下通过活动（看电视、一起玩游戏、送孩子上学）接近孩子。性侵害儿童的青少年犯罪人也自愿帮助孩子的父母或看护人做家务，并与其父母或看护人交朋友，这些都与成年犯罪人采用的策略相似。而且，青少年犯罪人会趁自己父母工作或外出时利用自己家或其他人的家发生性接触。所以，研究人员特别强调，在防止儿童遭受性侵害方面，父母应时刻保持警觉，并实时监测和监督。

家庭内儿童性虐待

许多父母认为，陌生人（而不是家庭成员）对孩子的威胁最大，但在许多情况下，性侵害的危险源往往来自家庭内部的成年男性。根据塞托（Seto，2018）的定义，法律意义和社会意义的乱伦指的是某些亲属间被禁止的性接触。但本节中的乱伦（或家庭内儿童性虐待）指的是与血缘关系密切的儿童或与在社会/法律意义上关系密切的儿童（如继女或继子）发生的性接触（Seto，2018）。研究显示，最常见的家庭内性犯罪人是父亲（30%），然后依次是兄弟姐妹（16%）、继父母（15%）和母亲（4%）（Shevlin et al.，2018）。

塞托认为，家庭内儿童性虐待（intrafamilial child sexual abuse）在所有性虐待案件中占很大比例，且在针对 5 岁或更小儿童的性虐待中尤甚。家庭内儿童性虐待频繁发生的原因在于年幼儿童被害人遭受亲属性虐待的机会更多。比较而言，较大年龄的儿童经常要去学校，也经常参加家庭外的日常活动，如体育活动或其他学校活动，这就使意欲实施性虐待的亲属接触他们的机会变少。而且，较大年龄的儿童更有可能抵制或揭露性虐待行为。此外，研究发现，家庭内儿童性虐待案件涉及的被害人年龄较小、女孩占比多、受到更多的心理伤害，且在更长的时间内遭受了更多性虐待，这些均反映了年幼儿童更容易被接近（Seto，2018）。

另一组研究人员（Stroebel et al.，2013）研究了父亲 – 女儿性虐待的风险因子。研究通过匿名访谈的形式收集了 2000 多名女性被试的数据，并确定了 4 个导致父亲 – 女儿性虐待的潜在风险因子。其中，最强的风险因子是以冲突和虐待行为为特征的父母关系。这种父母关系会使父亲 – 女儿性虐待发生的可能性增加 5 倍。另一个风险因子是家庭中对父女间赤裸相对的容忍程度，它可使父亲 – 女儿性虐待的风险增加 1 倍。另外两个风险因子分别是母亲对女儿的低情感和父母间的低情感。

很少有实证研究探讨同胞性虐待（sibling sexual abuse）（Griffee et al.，2016），这也是最少报告的儿童性虐待类别。有关同胞性虐待的研究较少的部分原因可能是，许多父母认为这种行为是正常的性好奇或兄弟姐妹之间的玩闹（Tener et al.，2018）。所以，即使遭受了同胞性虐待，也很少有人向家庭成员或家庭外的人披露。

家庭内性虐待，特别是涉及父亲 – 女儿性虐待或同胞性虐待时，不同于家庭外性虐待。一些研究发现，对自己女儿或继女实施性虐待的父亲不太可能对家庭外的儿童实施性虐待（Rice & Harris，2002）。他们自己的女儿或继女通常是唯一的被害人。虽然赖斯（Rice）和哈里斯（Harris）发现，参与他们研

究的男性有异常的性偏好，即偏好与儿童发生性关系，但他们依然认为，父亲更多地对自己女儿实施性虐待是因为他们自己的女儿更容易接近且可得性更高。总之，家庭内性虐待是一个重要的话题，越来越多的研究和家庭干预项目都在关注它。但它很少作为犯罪行为引起人们的注意。因此，本章后面部分讨论未成年性犯罪人时，我们将对家庭外性犯罪人进行详细介绍。

性接触的类型

对儿童实施性侵害（既包括男性性犯罪人也包括女性性犯罪人）的行为通常仅限于爱抚儿童的身体、抚摸儿童的生殖器和 / 或诱导儿童操控成年人的生殖器（Peter，2009；Williams & Bierie，2015）。性接触的形式取决于以下三个因素：

（1）犯罪人之前与儿童有过的非性方面的互动的程度；

（2）儿童与犯罪人的关系；

（3）犯罪人与儿童的年龄。

如果犯罪人之前与儿童的性行为是触摸或爱抚，那他们更有可能期望或实施生殖器 – 生殖器和口腔 – 生殖器接触，而不是仅沉迷于触摸或爱抚。同时，犯罪人和被害人之间越熟悉，就越有可能发生生殖器 – 生殖器或口腔 – 生殖器的性接触。在年龄方面，性犯罪人往往在未成年时就发现自己对幼儿感兴趣。虽然幼儿对同龄人的裸体感兴趣是正常的，但恋童癖者和性犯罪人在童年之后很长时间依然对幼儿保持强烈的性兴趣。

在性犯罪人伤害儿童身体或实施身体暴力的程度方面，许多研究都存在不同看法。大多数研究指出，性犯罪人通常不会采用明显的身体胁迫。例如，男性性犯罪人倾向使用礼物获得儿童的信任（Williams & Bierie，2015）。他们事后会辩解说当时被害人并没有反抗。女性性犯罪人可能会在沐浴、更衣和其他一些常规照顾活动中借机对儿童实施性虐待。在麦卡希（McCaghy，1967）调查的猥亵儿童案中，有 3/4 的案件并没有发现任何形式的言语或身体胁

追证据。当前研究依然支持上述观点，即尽管对儿童的性虐待通常不是身体暴力，但它造成的心理创伤往往是深刻而持久的（Eisikovitz，Tener，& Lev-Wiesel，2017；Seto，2018；Tener et al.，2018）。对施虐者和机构（如教堂）提起民事诉讼的性虐待被害人往往会出现抑郁、害怕再次遇到施虐者等情况，他们随后在处理与亲密伴侣的关系方面也会遇到困难，有时会因为没有人相信他们或施虐者没有受到惩罚而感到愤怒。

性侵害对儿童造成的心理影响

如前文所述，民事诉讼中经历儿童性侵害的受害者往往会详细描述他们所承受的心理痛苦。这得到了研究证据的有力证实，即儿童期任何形式的性虐待都会给他们带来长期的人际、社会和心理问题，且这些问题可能会延续到青春期乃至成年期（Cantón-Cortés，Cortés，& Cantón，2015；Domhardt et al.，2015；Eisikovits et al.，2018；Hillberg，Hamilton-Glachritsis，& Dixon，2011）。而且，这些影响既可能在短期内存在，也可能持续很多年。也有研究报告学龄前儿童会出现行为问题（Hébert，Langevin，& Bernier，2013；Langevin，Hébert，& Cossette，2015）。遭受性虐待的儿童自己也报告，他们比未遭受性虐待的儿童体验到更多的悲伤感和孤立感（Langevin et al.，2015）。一些研究人员发现，男性被害人比女性被害人受到的伤害更大（Hillberg et al.，2011；Putnam，2003；Ullman，2003）。但是，总体而言，男性被害人和女性被害人都会普遍体验到抑郁、内疚、自卑、焦虑、慢性紧张、恐惧等，也会出现物质滥用、自杀倾向、睡眠障碍等问题。抑郁障碍和创伤后应激障碍是在儿童期被猥亵的青少年和成年人报告的最常见症状（Gospodarevskaya，2013；Wherry et al.，2013）。例如，一些研究数据显示，在童年经历过性虐待的人中，有 30%～40% 的人报告了终身抑郁史，而在没有儿童性虐待史的人中，这一比例为 10%～20%（Musliner &Singer，2014）。

此外，也有许多儿童经历性虐待后不会或过一段时间后才会告诉他人这一遭遇（Eisikovits et al.，2018；Schönbucher et al.，2012；Tener & Murphy，2015；Tener et al.，2018）。研究（Hébert et al.，2009）发现，有 1/5 的性虐待被害人从未表达过他们在儿童期所经历过的性虐待，有约 60% 的人会在第一次经历性虐待的 5 年后才公开被性虐待的遭遇。

不同的个体在经历性虐待后的反应各不相同，而且，还有一些人能保持正常的功能水平（Domhardt et al.，2015；Negriff et al.，2014）。内格里夫等人（Negriff et al.，2014）强调，被害人的性虐待经历差别很大。显然，将所有遭受过性虐待的儿童和青少年归到一个群体里，会低估他们经历的细微差别，以及这些不同特征可能对后续问题的发展所产生的影响。

研究人员（Browne & Finkelhor，1986）仔细研究了有关儿童性虐待的研究文献，得出以下结论：

（1）年龄小的儿童比年龄大的儿童更容易受到创伤；

（2）犯罪人与被害人的关系越密切，创伤越大；

（3）犯罪人越暴力，被害人的创伤越大。

但是，他们坚持认为，目前还没有结论性的证据表明虐待时间越长、越频繁，造成的创伤就越大；也没有任何明确的证据表明创伤与性虐待类型有关。这说明，轻微的性虐待也可能造成创伤，特别是当被害人年幼且与犯罪人关系密切时。他们还指出，基于大量的研究，儿童性虐待的被害人比非被害人在成年后更有可能再次遭受性侵害。然而，还没有研究人员能解释为什么会出现这一结果。

儿童性犯罪人的特征

对儿童性犯罪人在普通人群中的分布进行估计主要基于逮捕或监禁数据，以及匿名的自我报告。关于逮捕和监禁数据方面，犯罪人可能会因各种法规和各种不同罪行而被逮捕和起诉，如强奸儿童、暴力攻击、鸡奸、乱伦、猥亵，或者行为猥琐和淫乱。在统一犯罪报告的汇总报告系统中，强奸儿童现在被列入强奸数据，且会记录被害人的年龄。其他针对儿童的性犯罪（如爱抚）只有在犯罪人被逮捕的情况下才被计算在内。但是，基于国家突发事件的报告系统中记录了所有针对儿童的性犯罪的详细信息（如果犯罪人引起警方注意）。

研究人员（Prentky，Knight，& Lee，1997）在前期充分研究的基础上指出，对儿童性犯罪人的分类和诊断是非常复杂的，因为儿童性犯罪人在个人特征、生活经历、犯罪史、犯罪原因、犯罪动机等方面差异巨大。某些儿童性犯罪人会持续犯罪，犯罪形式多种多样。也就是说，有些儿童性犯罪人可能经常犯罪且犯罪经历会延续多年。同时，儿童性犯罪人的目标可能包括所有年龄段的男性和女性。他们在很多方面类似于莫菲特提出的持续终身型犯罪人。但是，与上述持续终身型犯罪人相反，一些儿童性犯罪人很少犯罪且只在短期内犯罪，他们侵害的被害人也仅限于特定性别或年龄。从本质上讲，没有一个单一"画像"能准确地描述所有儿童性犯罪人或所有性犯罪人。此外，我们还要强调，以下所述的任何一个风险因素都不一定必然导致某人成为儿童性犯罪人。所以在探索导致儿童性犯罪的因素时，最好要考虑这些因素的累积风险。

年龄与性别

尽管性侵害儿童的成年男性犯罪人的年龄差异较大，但有充分证据显示儿童性犯罪人（成年男性）的平均年龄往往大于被害人是成年人的男性强奸犯（Hanson，2001）。下文在使用"强奸犯"一词时，特指对成年人实施强奸的犯罪人。不过，应当注意，一些儿童性犯罪人也会强奸儿童。研究人员（Smallbone & Wortley，2000，2001）在对性侵害儿童的男性犯罪人的自我报告进行分析后发现，他们与儿童发生第一次性接触的平均年龄为32岁。相比之下，针对成年人的强奸犯往往在20岁出头或更年轻时就开始了性侵害行为。与之相似，另一组研究人员（Francis et al.，2014）发现，儿童性犯罪人的性侵害行为发生在成年晚期，但早发型性

犯罪与强奸犯罪有关。性侵害儿童的成年男性犯罪人开始性侵害行为较晚的一个可能解释是，许多男性在30岁出头时就承担起育儿和监督子女的责任，这时就出现了更多性侵害儿童的机会（Wortley & Smallbone，2006）。

还有报告指出，大多数女性性犯罪人首次性犯罪在31岁左右（Vandiver & Walker，2002）。虽然我们反复强调，在关于儿童性犯罪人何时开始犯罪方面会出现许多例外情况，但平均而言，上述数据得到了现有研究的支持。

未成年性犯罪人同样是一个多样化的群体，也绝不能进行任何单一的"画像"或简单描述。他们来自不同的种族／民族，有不同的宗教信仰，社会经济地位各不相同。未成年性犯罪人（包括男性和女性）的大部分被害人是儿童。几项研究表明，未成年性犯罪人在全部性犯罪中约占20%，在所有对儿童的性虐待犯罪中约占50%（Barbaree & Marshall，2006；Keelan & Fremouw，2013；Leclerc & Felson，2016）。对女性未成年性犯罪人的研究非常少。现有的研究受样本量小的限制，还存在一些方法上的缺陷（Becker，Hall，& Stinson，2001；Righthand & Welsh，2001）。根据美国联邦调查局统一犯罪报告（2018a）的数据，2017年女性未成年性犯罪人占因性犯罪（除强奸和卖淫）被捕的所有未成年人（18岁以下）的2%。非官方研究报告显示，1.2%～5.8%的未成年女性曾强迫他人发生非自愿的性行为（Acbi et al.，2015；Barra et al.，2017；Williams et al.，2014）。而且，女性未成年性犯罪人经常在照看或照顾幼儿时实施性侵害。

很多研究把性侵害儿童的未成年性犯罪人与未成年强奸犯、强奸较大年龄的青少年的未成年人及强奸成年人的未成年人进行对比。例如，研究人员（Van Wijk et al.，2005）发现，与未成年强奸犯相比，性侵害儿童的未成年犯罪人由于社交技能发展不足且与同伴的互动非常有限，表现出更多的社交孤立。该研究和其他研究表明，那些性侵害儿童的未成年人（至少比受害儿童大4～5岁）性格内向，从

小就受到同龄人的排斥。他们性侵害的儿童大多数（60%以上）不到12岁，这些幼童的2/3还不到6岁（Veneziano & Veneziano，2002）。还有研究（Ryan et al.，1996）发现，有63%遭受未成年人性猥亵的被害人年龄在9岁以下。与此相反，未成年强奸犯选择性侵害对象时更有可能锁定与自己年龄相同或比自己年龄更大的目标（Veneziano & Veneziano，2002）。

一项针对儿童性犯罪人的研究发现，未成年性犯罪人至少有两种主要类型：第一种类型是顺从、性能力发展不足、依赖性强、人际交往能力欠佳、社交孤立，他们与儿童发生性行为时不那么具有攻击性；第二种类型是胁迫型和攻击型，他们性犯罪的被害人年龄跨度可以从儿童到同龄人，甚至是成年人（Daversa & Knight，2007）。这些具有攻击性、胁迫性的犯罪人在许多方面呈现出精神病态特征。精神病态的儿童性犯罪人往往脾气暴躁、易冲动，除性犯罪，还有可能做出各种反社会行为。此外，他们在童年遭受的虐待远远多于那些只与儿童发生性接触的（普通）未成年犯罪人。

大多数未成年性犯罪人会伤害儿童（Kemper & Kistner，2007；Seto et al.，2015）。当然，被害人还可能是同龄人或成年人。还有证据表明，与仅性侵害儿童的未成年性犯罪人相比，对同龄人或成年人实施性侵害的未成年性犯罪人的犯罪史更多样（Seto et al.，2015）。

目前，未成年犯罪人是许多研究的关注点，他们通常在刑事法庭或未成年违法犯罪诉讼中受到处理。心理学家为未成年性犯罪人设计的治疗方案也有大量成功案例，但遗憾的是，很少有人接受过这些治疗（见专栏12-2）。

研究重点　● ● ●

专栏 12-2　未成年性犯罪人的登记与公告

20世纪90年代，美国联邦政府和所有州政府根据国会授权都设置了性犯罪人登记和公告系统（Sex Offender Registration and Notification，SORN）。基本而言，登记是指要求被定罪的成年性犯罪人告知执法官员他们住在哪里；公告是指执法部门要通知公众性犯罪人在其社区出现。目前，这些信息可以在网上查到。

美国联邦政府和各州的法律通常有所不同，而且多年来也有许多变化，本文不对这些变化进行回顾。不过，通常情况下，根据性犯罪的性质，犯罪人会被划分为不同的层次或级别，而不同层级的要求也各不相同。例如，有些性犯罪人必须每月、每隔几个月或每年与执法部门联系，更新其最新状况，有些性犯罪人被要求终身登记。例如，性侵害儿童的成年性犯罪人必须终身登记。此外，性犯罪人的居住地和工作类型可能也会受到限制。

尽管美国联邦法律要求各州建立未成年性犯罪人登记和公告系统（Juvenile Sex Offender Registration and Notification，JSORN），但各州在是否执行、怎么执行这一政策方面存在很大差异。目前，有超过一半的州要求对未成年性犯罪人进行登记，有约一半的州要求通知公众未成年性犯罪人在其社区。此外，一些州法院已经废除了针对未成年性犯罪人的登记和公告程序。

JSORN的支持者坚持认为，这一政策可以防止未成年人犯下更多罪行（包括性犯罪）并保持社区安全。而政策反对者则认为，JSORN具有惩罚性质，有悖于针对未成年犯罪人应当采取的恢复性司法政策。

到目前为止，还没有研究发现JSORN本身可以减少未成年人再犯率（Sandler et al.，2017）。为了确定这些政策是否影响未成年人性犯罪的报告率，研究人员通过对四个州（JSORN的相关规定不同）的基于国家突发事件的报告系统中未成年人性犯罪率进行调查，发现在实施 JSORN 后，未成年人性犯罪率并没有显著变化。他们指出，现在有很多有效的针对未成年性犯罪人的干预和治疗方法，但他们中只有少数人接受了这些干预和治疗。未成年性犯罪人不应该被纳入 JSORN。相反，经实证研究支持的治疗和预防方法应当取代这些政策。

问题讨论

1. 在哪些方面 JSORN 政策被认为是有害的或具有惩罚性的？这些是否违背了在开展未成年人违法犯罪矫治工作中需要遵循的恢复性目标？

2. 了解任一州的 JSORN 规定，以及上诉法院的相关判决，请思考法规中哪些具体规定是合理的（如果有）？你认为这些法规的主要优点和缺点是什么？

3. 上述研究人员讨论了未成年性犯罪人不太可能因为 JSORN 而减少犯罪的很多原因。这些原因是什么？

被害人的选择

儿童性犯罪人往往是"专家"（specialist），而强奸犯往往是"通才"（generalist）（Seto，Kingston，& Stephens，2015）。事实上，大多数惯犯都是"通才"，而非"专家"（Wortley & Smallbone，2014）。这种"通才"会实施各种性犯罪和非性犯罪；而"专家"则主要从事一种类型的犯罪。"专业化性犯罪"是一种以性犯罪为主的持续的犯罪模式（Lussier et al.，2012）。儿童性犯罪人往往将犯罪重点放在对儿童的性虐待上。一些成年性犯罪人宁愿伤害成年人也不愿意伤害儿童。但是，这些犯罪人往往表现出交叉的性行为模式。也就是说，被害人年龄对他们的犯罪行为模式影响不大，他们仍然可被划为"专家"范畴，因为他们的犯罪在本质上还是性犯罪。

研究人员（Mann，Hanson，& Thornton，2010）指出，那些被男性性犯罪人锁定的儿童并没有表现出很典型的生理信号，这些信号包括皮肤质地、体毛、体味、体型、发育程度等。坎特斯等人（Kanterset al.，2016）指出，儿童性犯罪人不仅在性方面被儿童未发育成熟的外表吸引，还被他们顺从的天性所吸引。也就是说，许多儿童性犯罪人认为儿童更可靠、更顺从、更值得信任。一项针对儿童性虐待者、强奸犯和非性犯罪人的小样本研究发现，与强奸犯相比，儿童性虐待者对顺从表现出更多的性偏好，支持了坎特斯等人的假设。但是，要得到确凿的结论还需要更多的研究证据。

儿童性犯罪人很少将他们不认识的儿童作为犯罪目标（Seto et al.，2015），这与公众的普遍认知不同。绝大多数儿童性犯罪人更喜欢以熟人或亲戚为目标。以性为目的的陌生人儿童诱拐虽然看似极其可怕，但远没有想象得那么普遍。

生活背景

许多研究表明，以成年人为目标的强奸犯与性侵害儿童的男性性犯罪人有明显不同的成长史、犯罪史和临床病史（Hamdi & Knight，2012）。研究普遍发现，强奸犯和暴力性犯罪人往往曾暴露在暴力循环中（Harris et al.，2015）。也就是说，暴力性犯罪人之所以犯罪，是因为他们曾经也是性虐待被害人。这似乎是强奸犯的常态，然而，在性侵害儿童的男性性犯罪人是否曾普遍遭受性虐待这一问题上，证据并不充分，还存在争议（Harris et al.，2015）。一些性侵害儿童的男性性犯罪人曾遭受性虐待，但还有很多性侵害儿童的男性性犯罪人并没有这样的经历。然而，可以相对肯定的是，性虐待、情感虐待和身体虐待可能在儿童性犯罪人的行为（尤其是暴力行为）的发展中起到一定作用，但它们可能只是导致儿童性犯罪人行为的许多累积风险因素中的一部分。

其他研究发现，女性性虐待者比女性非性虐待者曾遭受的身体虐待、情感虐待和性虐待更多（Levenson，Willis，& Prescott，2015；Strickland，2008；van der Put et al.，2014）。有研究曾报告，70%～100%的女性性犯罪人经历过性虐待（van der Put et al.，2014）。此外，女性性犯罪人往往来自非常贫困的家庭，她们的生活条件恶劣、食物匮乏、缺乏医疗保健。有些人还来自混乱、无序的家庭，父母监管不力，有严重的学业问题，并存在心理健康问题（Roe-Sepowitz & Krysik，2008）。

上述极端贫困和受虐待的状况可能会严重影响个体的正确应对方式，对人际交往技能、自我调节能力、情感发展和自我价值感产生深远的影响。正如研究人员（Strickland，2008）所指出的，遭受过家庭暴力、性虐待的生活条件匮乏的女性想要发展和维持适当的人际关系困难更大。对男性性犯罪人的背景研究也得到了类似结果（Simons，Wurtlele，& Durham，2008）。在很大程度上，这些形式的创伤可能导致女性性犯罪人寻求与幼儿和青少年建立亲密关系。

人际关系与亲密关系缺陷

研究人员（Prentky et al.，1997）指出，犯罪人的性偏好越局限于儿童，其社会能力就越差。这里的社会能力（social competence）是指犯罪人与其他成年人的社会关系和性关系。几项早期调查显示，一般而言，儿童性犯罪人的社交能力欠佳，缺乏人际交往技能，不自信且低自尊（Hunter et al.，2003；Marshall，Barbaree，& Fernandez，1995；Marshall & Mazzucco，1995）。还有一项研究发现，许多儿童性犯罪人以孤独及害怕与成年人建立亲密关系为特点，并且在寻求亲密情感时会采用许多不恰当的策略（Sigre-Leirós et al.，2015）。对女性性犯罪人的研究也发现了在社会交往、人际关系、自我价值和自信心等方面的类似结果（Strickland，2008）。研究还发现，性侵害儿童的青少年犯罪人的社交技能平均水平也明显比其他青少年犯罪人低（Seto & Lalumière，2010）。表 12-2 对成年男性儿童性犯罪人和强奸犯的主要特征进行了对比。

表 12-2　成年男性儿童性犯罪人和强奸犯的主要特征

主要特征	成年男性儿童性犯罪人	强奸犯
认知功能	差或处于差的边缘	平均水平
交往技能	低于平均水平	平均水平
与成年人建立亲密关系的能力	低	平均水平
冷酷无情	低	高
性暴力	通常较低	通常较高
性自我控制	平均水平	低
性犯罪惯犯	高	高
犯罪史	专于性犯罪	犯罪类型多样
犯罪轨迹	晚发	早发

注：本表仅提供已有研究的主要结果。应该强调的是，这些特征在不同个体身上会有一些例外情况。

近年来，研究文献中出现了一个新术语——与儿童情感吻合度（Emotional Congruence With Children，ECWC）。使用这一概念可以进一步讨论儿童性犯罪人所特有的人际关系和亲密关系缺陷。与儿童情感吻合度指的是儿童性犯罪人所持有的信念和态度，即他们认为，与和成年人的关系相比，他们和儿童的关系更能满足其情感和社交需求（Mann et al.，2010）。一般来说，表现出与儿童情感吻合度特征的犯罪人更容易和儿童相处（与和成年人的相处比较），尤其在亲密关系和性需求方面。他们可能会寻求与孩子建立关系，目的是避免社交中的不适、减少社交孤独和情感孤独，或者获得关爱和积极的自我关注（McPhail，Hermann，& Nunes，2013）。很多情况下，具有与儿童情感吻合度特征的儿童性犯罪人从事的工作（如校车司机、教练）或参与的活动便于他们经常与儿童接触，但这并不是说他们锁定的被害人肯定与这些工作或活动有关。研究人员（McPhail et al.，2013）还发现，儿童性犯罪人可能拥有各种儿童娱乐设备，掌握很多游戏娱乐技术。到目前为止，对儿童性犯罪人的与儿童情感吻合度的研究几乎完全以男性犯罪人为对象。

与儿童情感吻合度可通过自我报告的方式进行测量，例如，"儿童与性问卷"（Children and Sex Questionnaire，CSQ）中测量与儿童情感吻合度的量表（Beckett，1987），"儿童认同量表修订版"（Child Identification Scale-Revised，CIS-R）（Wilson，1999）。这些自我报告问卷要求个体回答其在情感、认知和社交方面对儿童的认同程度，以及与儿童的关系。此外，对与儿童情感吻合度的研究还可以采用访谈法或案例的档案研究。

越来越多的研究发现，与儿童情感吻合度可以预测性侵害儿童的男性性犯罪人的再犯率，因此，在对儿童性犯罪人的风险评估和治疗中，它已成为一个关键因素（Hanson & Morton-Bourgon，2005；Mann et al.，2010；McPhail，Hermann，& Fernandez，2014；McPhail et al.，2013）。但与儿童情感吻合度并不是强奸犯再犯的有效预测指标（Mann et al.，2010）。研究人员（McPhail et al.，2013）发现，与儿童情感吻合度与以家庭外男孩为被害人的男性性犯罪人有高关联性。但在家庭内儿童性虐待的再犯率方面，与儿童情感吻合度并不能做出有效的预测。研究人员还报告，心理治疗可以有效降低家庭外儿童性犯罪人的与儿童情感吻合度，从而降低其性虐待再犯率。

性自我控制是儿童性犯罪人认知的一个关键变量。汉森（Hanson，2001）总结道："低自我控制指的是对诱惑做出冲动反应、很少考虑后果、参与高风险行为的倾向。但是，性侵害儿童的男性性犯罪人比强奸犯具有更好的自我控制能力。"这使儿童性犯罪人声称其行为不受自己控制的论据几乎没有说服力。

认知歪曲

在预防犯罪人再犯方面，基于认知原则的治疗总体上最有希望获得成功。与之类似，在解释儿童性犯罪方面，对犯罪人的认知因素开展理论和实证研究可能最有希望取得进展。尽管如此，研究人员（Walters，Deming，& Elliott，2009）指出，在性犯罪领域，认知因素并没有得到应有的重视。

但近年来越来越多的人开始关注儿童性犯罪人的认知和信念，特别是他们的认知歪曲，类似于第十一章讨论的强奸误解。认知歪曲假设，儿童性犯罪人持有坚定的与犯罪有关的信念，这些信念助长了他们对儿童的性犯罪（Gannon & Polaschek，2006）。曼等人（Mann et al.，2010）将这一特征称为支持犯罪的态度，即通常为性犯罪辩护或开脱的信念，例如，认为儿童从根本上是寻求和享受性爱的性生物，认为成年人与儿童的性关系对儿童具有教育作用，或者认为他们只是在表达爱意，抑或认为是孩子有意煽动。

神经认知功能

研究表明，执行功能和前额皮层加工出现问题可能在解释儿童性犯罪人的性越轨行为时起着重要作用（Eastvold，Suchy，& Strassberg，2011；Kruger & Schiffer，2011；Schiffer & Vonlaufen，2011；Seto et al.，2015）。研究人员推测，在儿童性犯罪人生命早期的某个时间点可能出现了神经发育方面的损伤。也就是说，一些犯罪人对儿童实施性犯罪的部分原因可能是因为他们的脑功能和认知加工出现问题，导致其判断力及性冲动控制能力差。这并不是为性侵害行为开脱，只是为了做出更全面的解释。还有一种可能，即认知能力较低或有脑缺陷的个体可能更容易被同龄人拒绝，因此他们更有可能转向儿童以寻求性满足（Seto & Lalumière，2010）。较差的或有缺陷的认知加工可能使儿童性犯罪人无法充分认识到性侵害的性质，以及对被害人产生的长期影响。

再犯与风险评估

再犯（recidivism）是性犯罪中最重要和被研究最多的主题之一（Harris et al.，2011）。需要强调的是，能够预测强奸犯和儿童性犯罪人再犯的因素通常不同。反社会和攻击行为，如暴力和施虐，通常会预测强奸犯可能再次犯罪。社交隔离、强烈的性固着和性兴趣，以及性欲倒错可以预测儿童性犯罪人的再犯（Parent et al.，2012）。此外，研究不断发现，与其他性犯罪相比，儿童性犯罪的终身再犯率总体上是最高的（Langevin & Curnoe，2012）。这些再犯统计数据包括了家庭外儿童性虐待者、乱伦犯罪人和成年人／儿童混合型性犯罪人。

在判断哪些猥亵儿童的人最容易成为惯犯方面，性专注（sexual preoccupation）似乎是一个强有力的预测因素（Knight & Thornton，2007；Mann et al.，2010）。性专注是指对性有异常强烈的兴趣，这种兴趣会支配心理功能（Mann et al.，2010）。个体为了性而发生性行为，它决定了个体的自我。性与浪漫的爱情无关，也不是因为受到特定人的强烈吸引。这一预测猥亵儿童再犯的有力指标似乎也可以有效预测所有性犯罪人在性犯罪、暴力犯罪和普通犯罪方面的再犯（Hanson & Morton-Bourgon，2004，2005）。一些研究人员由此认为，过度的性冲动和性专注是引发各种性犯罪的核心和底层原因（Zakireh，Ronis，& Knight，2008）。

一些研究发现，存在性别交叉的犯罪（男孩和女孩均为被害人）的犯罪人再犯率最高（Harris et al.，2011）。一项研究还发现，与犯罪的其他特征相比，对儿童被害人实施（阴茎）插入更能预测再犯的发生（Dahle et al.，2014）。儿童性犯罪人比强奸犯更有可能再次实施性犯罪。此外，倾向于对儿童和成年人实施性侵害的强奸犯更有可能通过实施其他犯罪行为（通常是暴力行为）再次犯罪（Harris et al.，2011）。

多重性欲倒错（multiple paraphilias）似乎也能预测儿童性犯罪人的再犯（Knight & Thornton，2007；Mann et al.，2010）。多重性欲倒错是指有两种或两种以上对人、物或活动的罕见的、不寻常的或偏离社会规范的性兴趣（Mann et al.，2010）。例如，对儿童有强烈的性兴趣（恋童癖）、暴露癖、异装癖、恋物癖、窥阴癖、性奴役，以及与暴力和虐待相关的性兴趣。上述观点的基本假设是，具有多重性欲

倒错的儿童性犯罪人有更强烈的对儿童实施性侵害的倾向，但很少有研究对此进行检验。

然而，儿童性犯罪人的再犯率数据很难获得，这与全美国范围内的其他犯罪的再犯率数据是一样的。例如，对已知性犯罪人的指控中，只有不到一半被标记为性犯罪（Langevin & Curnoe，2012）。原因可能在于以下几点：

（1）对性犯罪人的控告通常是非性犯罪，或者经过协商后指控被改为非性犯罪；

（2）儿童性犯罪人在第二次或后续犯罪时为避免被抓获无疑会更小心或更加熟练；

（3）儿童性犯罪人会受到刑事司法系统更密切的、严密的监视，或者他们可能正在接受治疗。

所以，一些研究才会发现儿童性犯罪人，尤其是非暴力儿童性犯罪人的再犯率很低。但是，总体来说，关于再犯的研究结果喜忧参半。

汉森（Hanson，2001）研究了不同国家（加拿大、美国和英国）4500 多名性犯罪人的再犯率。数据显示，在出狱后 5 年内，家庭外儿童性犯罪人的性犯罪再犯率为 19%，而强奸犯的性犯罪再犯率为 17%。这些数据似乎明显低于其他研究人员得到的结果。例如，兰根等人（Langan，Schmitt，& Durose，2003）对 1994 年从监狱释放的 4295 名儿童性犯罪人进行追踪调查发现，39% 的人在释放后 3 年内会再次被捕。但 39% 代表的是因任何类型犯罪而再次被捕的情况，不仅是性犯罪。如果只调查儿童性犯罪的再犯，就只有 3.3% 的猥亵儿童者在释放后 3 年内会再次因性犯罪被捕。所以，兰根等人得到的再犯率实际上低于汉森得出的数据。还有一项英国的研究发现，413 名儿童性犯罪人中有 12% 的人在接受治疗后 2～4 年内会再次犯罪（Beech，Mandeville-Norden，& Goodwill，2012）。大多数（59%）性犯罪人还是会再次实施性犯罪，犯罪程度可能是非常严重的犯罪（如强奸），也可以是不太严重（非接触）的性犯罪。然而，目前还不清楚研究中有多少惯犯

实际上与儿童有性接触。

还有相当多证据表明，高冲动性和低自我调节能力的未成年性犯罪人比不太冲动的未成年性犯罪人更有可能再犯（Waite et al.，2005）。

当儿童性犯罪人不仅表现出对儿童偏离正常的性兴趣，同时还具有精神病态特征时，再犯罪问题就变得更为棘手了（Seto，2008；Strassberg et al.，2012）。研究人员（Strassberg et al.，2012）认为，有两种类型的儿童性犯罪人：一种是典型的儿童性犯罪人，其主要兴趣是与儿童发生性接触；另一种是精神病态的儿童性犯罪人，其主要性兴趣并不是儿童。那些表现出以自我为中心、冲动、不关心他人、控制欲强、缺乏良知等典型精神病态特征的人，更有可能做出多种反社会行为，其中也包括对儿童的性虐待（Strassberg et al.，2011）。

风险评估

对临床医生来说，对再犯进行风险评估（在第八章已讨论）是一项极其重要的任务。犯罪人在接受治疗之前或释放回社区之前需要接受风险评估。被评估为低风险的犯罪人通常可以在当地社区接受治疗和康复。被评估为中风险到高风险的犯罪人最好在矫治机构接受治疗，或者在严密监管下接受治疗，直到再犯风险显著降低。

对性犯罪的研究有助于开发针对成年和未成年性犯罪人的风险评估工具。如上文所述，研究发现，预测强奸犯和儿童性犯罪人再犯的因素不同（Parent et al.，2012）。例如，与强奸犯相比，儿童性犯罪人的非性犯罪较少，但两者的性犯罪数量相当（Parent，Guay，& Knight，2011）。此外，评估儿童性犯罪人再犯时，对其性偏差进行测量似乎更有针对性，但测量暴力程度似乎更适合预测强奸犯的再犯。因此，预测儿童性犯罪人和强奸犯的再犯时，需要选择不同的风险因素进行评估。

研究人员（Parent et al.，2011）认为，"性犯罪人再犯风险快速评估量表"（Rapid Risk Assessment for Sex Offender Recidivism，RRASOR）、Static-99 及 Static-2002 能有效预测性侵害儿童的成年性犯罪人的再犯。为有性犯罪史的未成年人设计开发的风险评估工具是"青少年性犯罪再犯风险评估"（Estimate of Risk of Adolescent Sexual Offense Recidivism，ERASOR）（Worling & Curwen，2001）和"未成年性犯罪人评估指南 II"（Juvenile Sex Offender Assessment Protocol II，J-SOAP-II）（Prentky & Righthand，2003）。RRASOR（Hanson，1997）和 Static-99（Hanson & Thornton，2000）是当前最流行的用于成年性犯罪人再犯风险评估量表。在开发 RRASOR 时，汉森使用的数据来自大量的针对再犯的研究及 2592 名性犯罪人样本。该量表包含 4 个项目，总分范围为 0～6 分[①]。这 4 个项目是：

（1）之前是否因性犯罪被逮捕过；
（2）年龄；
（3）是否性侵害过男性被害人；
（4）之前被害人中是否存在与犯罪人毫无关系的被害人。

风险评估工具 Static-99 有 10 个项目，内容涵盖静态因素与历史因素，如先前犯罪的次数、被害人的特征、犯罪人的年龄。这些项目是基于它们与再犯的关系及管理的难易程度而被严格筛选出来的（Hanson & Morton-Bourgon，2009）。为提升 Static-99 的准确性，汉森和桑顿又开发了 Static-2002。研究进一步表明，Static-99 和 Static-2002 确实能提高预测儿童性犯罪人再犯的准确性（Hanson，2010；Hanson et al.，2016）。

J-SOAP-II 被认为是预测未成年性犯罪人再犯风险评估工具的先驱（Bara et al.，2018；Rasmussen，2013）。它适用于 12～18 岁的未成年性犯罪人，可用于预测性犯罪和非性犯罪。RRASOR 也适用于

---

① 在 RRASOR 的 4 个项目中，每个项目赋分不同，其中有 3 个项目 0～1 分，另一个项目 0～3 分，因此总分范围在 0～6 分。——译者注

12～18 岁的未成年性犯罪人，也能有效预测性犯罪和非性犯罪。这两个评估工具在再犯预测的准确性方面相似（Barra et al.，2018）。

与其他性犯罪人一样，儿童性犯罪人在个人特征、生活经历、犯罪史、犯罪动机等方面的个体差异很大，对儿童性犯罪人进行有效的分类、诊断和评估也相当困难（Prentky et al.，1997）。没有一个"画像"可以准确地描述或解释所有儿童猥亵者（Prentky et al.，1997）。

儿童性犯罪人的分类

马萨诸塞州矫治中心（Cohen，Seghorn，& Calmas，1969；Knight，1988；Knight et al.，1985）根据对男性性犯罪人的研究提出了儿童性犯罪人的不同行为模式类型，并被广泛引用。当然，他们提出的类型划分可能不一定适用于女性性犯罪人，具体情况下文会提到。男性儿童性犯罪人包括四种主要类型：

（1）固恋型；

（2）退缩型；

（3）剥削型；

（4）攻击型。

固恋型儿童性犯罪人（fixated child sex offender），也称不成熟型儿童性犯罪人，表现出对儿童作为性伴侣和社交伴侣的长期、排他性偏爱。这类犯罪人从未与成年同伴（无论男女）建立成熟的关系，大多数认识他们的人都认为其在社交方面不成熟、被动、胆小、依赖他人。儿童被这类犯罪人当作"伴侣"，他们觉得与儿童相处最舒服。性接触通常只发生在犯罪人和儿童很熟悉之后。固恋型儿童性犯罪人很少结婚，他们不与同龄人约会，甚至不与（亲属之外的）成年人保持长久的朋友关系。这类儿童性犯罪人希望触摸、爱抚、亲吻和感受孩子，却很少期待与孩子发生生殖器性交，也很少使用武力，攻击性较低。

固恋型儿童性犯罪人的智力一般处于中等水平。固恋型儿童性犯罪人的能力水平通常高于其工作要

求，所以他们的工作很稳定。他们的社交能力也足以应对日常生活。最麻烦的是，这类性犯罪人认为这种把儿童作为伴侣的排他性偏爱没有问题，他们并不会在意或感到不安，也不理解他人为什么关注这个问题。所以，固恋型儿童性犯罪人很难治疗，也最有可能再犯。

退缩型儿童性犯罪人（regressed child sex offender）有相当正常的青春期，同伴关系和性经验良好，但后来他们变得男子气概不足并自我怀疑。随后，他们在职场、社交和性生活方面也会出现问题。对退缩型儿童性犯罪人的背景调查显示，他们一般会酗酒，有离异经历，就业记录不佳。他们的每一次性行为通常都是由同伴（女性或男性）对其性能力的巨大冲击而引发的。例如，犯罪人在女性伴侣拒绝他而选择另一个男性时，他就可能会认为其他男性在与女性发生性行为时更成功。与固恋型儿童性犯罪人不同，退缩型儿童性犯罪人通常更喜欢选择陌生人或自己居住社区外的被害人，被害人几乎都是女性。还有一点与固恋型儿童性犯罪人不同，退缩型儿童性犯罪人会寻求与被害人发生性行为。由于他们在性犯罪行为后会感到懊悔，并表示不相信自己竟然会做出这种行为，临床医生通常认为他们有很好的康复前景。只要将压力事件保持在最低限度，并且退缩型儿童性犯罪人学会恰当地应对发生的事件，再犯的可能性就不大。

剥削型儿童性犯罪人（exploitative child sex offender）以儿童作为性侵害对象主要是为了满足性需求。他们通常不认识被性侵害的儿童，经常试图把被性侵害的儿童与其他人或熟悉的环境相隔离，必要时会采用攻击的方式或用武力迫使儿童服从他们的意愿。剥削型儿童性犯罪人并不关心儿童的情感或身体健康，而只是将其视为性对象。

这类犯罪人的犯罪史或反社会行为史较长。他们与同龄人的关系如暴风雨般不可预测。和他们相处很不愉快，认识他们的人都避免与之交往。这类犯罪人往往非常冲动、易怒、喜怒无常。这些明显有缺陷的人际交往能力可能是他们选择儿童作为被

害人的主要原因（Knight et al.，1985）。临床医生发现剥削型儿童性犯罪人很难治疗，因为他们的缺陷一般会延伸到日常生活的各个方面。

攻击型儿童性犯罪人（aggressive child sex offender），也称虐待型儿童性犯罪人，他们由于性和攻击的原因而青睐儿童。这类犯罪人往往有长期的反社会行为史，对环境的适应能力较差。他们的主要目的是获得刺激，不考虑被害人，所以经常会恶毒且施虐性地性侵害儿童。给被害人造成的伤害和痛苦越多，犯罪人的性冲动就越强烈。这类犯罪人往往是儿童诱拐和谋杀的罪魁祸首。临床医生发现，他们不仅对儿童来说很危险，也是最难治疗的。但幸运的是，这种类型的儿童性犯罪人很罕见，虽然经常出现在媒体上，但他们经常被错误地与儿童性骚扰者的形象紧密联系在一起。

阿尔伯特·菲什（Albert Fish，1870—1936）是一个典型的攻击型儿童性犯罪人，纳什（Nash，1975）介绍过他的背景资料。菲什承认在 20 年内对 400 多名儿童实施了性骚扰。他还供认了 6 起儿童谋杀案，并含糊提到了许多其他案件。最终，他因谋杀一名 12 岁女孩而被判有罪，并于 1936 年被处以电刑。另一个例子是约翰·韦恩·盖西，他在 1972—1978 年残忍杀害了至少 33 名十几岁的男孩和年轻男子，并将大部分尸体埋在他家中的地窖里。盖西于 1994 年被执行注射死刑。

两个犯罪人犯下的众多罪行截然不同，但都极为残暴，十恶不赦。当时两起案件都引起了媒体的轰动，并被大肆报道。但是，更典型的案件是那些很少或根本没受到公众关注的暴力程度较低的案件，这类案件的棘手程度并不低。法院和社会服务工作者（如律师、社会工作者、心理治疗师、少年司法专业人员）提供的一些关于儿童性犯罪人的行为及其对被害人的影响的信息，令人不寒而栗。例如，一名 8 岁女孩在法庭上指控她的继父每周五晚上与她和她的妹妹在床上玩性游戏；有一位教师发现一名学生在快放学时一条腿总是极其焦虑地上下晃动，教师怀疑这名学生有问题，后来发现这名学生遭到

了一位课后看护人的性虐待；有一些儿童被迫与他们的兄弟姐妹进行性活动；还有些儿童被迫参与性活动是因为受到了威胁——如果他们透露了正在进行的性活动，就会面临死亡、受到严重伤害或伤害到他人（包括珍爱的宠物）的威胁。

马萨诸塞州矫治中心分类系统：猥亵儿童（第三版）

与上一章讨论的马萨诸塞州矫治中心对强奸犯的分类方案（MTC：R3）一样，对儿童性犯罪人的 MTC 分类系统近年来也进行了一些完善。儿童性犯罪人的类型复杂，为更准确地对儿童性犯罪人进行分类，马萨诸塞州矫治中心分类系统：猥亵儿童（第三版）（MTC：CM3）在之前版本基础上进行了尝试性修订。具体而言，有三项重要改变（Knight，1989）：

（1）将固恋型和退缩型儿童性犯罪人按照三个独立因素——对儿童的固恋程度、社会能力和接触的儿童数量——分别进行再分类；

（2）在分类中纳入一种新的类别——自恋型犯罪人；

（3）将性侵害的暴力行为分成身体伤害和虐待两种类型。

研究人员发现，虽然将退缩型儿童性犯罪人划分为一个类型是有效的，但后来发现，最初的这种分类还是过于简单。因为他们发现，退缩型儿童性犯罪人还可以根据儿童性犯罪人的犯罪风格、其与儿童的人际关系、性兴趣的强烈程度，以及社会能力水平进行细分。例如，可以根据犯罪人的固恋水平和社会能力对其进行分类。固恋水平是指犯罪人对儿童的性兴趣强度（Knight，Carter，& Prentky，1989），即儿童在多大程度上是犯罪人思维和注意的焦点。如果儿童是犯罪人性幻想和人际幻想的焦点对象，且这种状态维持超过 6 个月，那么该犯罪人就属于高固恋水平。社会能力是指犯罪人能够有效参与日常生活的程度。如果犯罪人在以下行为中至少满足两项，就表明他具有较高的社会能力：

（1）从事某一工作 3 年或 3 年以上；

（2）与某一成年人保持性关系至少 1 年；

（3）承担养育子女的责任 3 年或 3 年以上；

（4）积极参与成年人组织（如商业团体）1 年或 1 年以上；

（5）与成年人有至少 1 年的社交友谊。

固恋水平和社会能力维度交叉结合会得到 4 种类型的儿童猥亵者（见表 12-3）：高固恋水平 – 低社会能力（类型 0）、高固恋水平 – 高社会能力（类型 1）、低固恋水平 – 低社会能力（类型 2），以及低固恋水平 – 高社会能力（类型 3）。所以，在 MTC：CM3 中，退缩型儿童性犯罪人被放弃使用，取而代之使用"低固恋"这一术语。

表 12-3　固恋水平和社会能力的关系分类

固恋水平			
高固恋水平		低固恋水平	
低社会能力（类型 0）	高社会能力（类型 1）	低社会能力（类型 2）	高社会能力（类型 3）

研究人员还发现，也可以根据与儿童接触的寻求程度对男性儿童性犯罪人进行分类（见表 12-4）。高接触寻求（high contact）的犯罪人经常与儿童既发生性接触也发生非性接触（Knight et al.，1989）。高接触寻求犯罪人的职业（如公共汽车司机、学校教师、教练）或娱乐活动往往使他们与儿童有相当多的接触机会。研究数据显示，有两种犯罪人除了性犯罪还会寻求与儿童进行更广泛的交往。第一种高接触寻求型是人际交往型犯罪人（interpersonal offender）（类型 1），他们寻求儿童的广泛陪伴是为了满足其社会需求和性需求。他们相信儿童是合适的陪伴者，并相信与儿童的这种友谊使双方都得到了满足。第二种高接触寻求型是自恋型犯罪人（narcissistic offender）（类型 2），他们寻求儿童的陪伴只是为了增加其性体验机会。与剥削型儿童性犯罪人一样，自恋型犯罪人通常会猥亵不认识的儿童，与儿童的性行为通常使用生殖器。此外，自恋型犯罪人很少或根本不关心儿童的需要、舒适程度或幸福体验（Knight，1989）。

另一类儿童性犯罪人是低接触寻求（low-contact）犯罪人。低接触寻求犯罪人只有在实施性侵害时才与儿童接触。根据对被害人造成的身体伤害程度，我们可以对低接触寻求犯罪人进一步分类。有两类低接触寻求犯罪人倾向于对被害人造成低身体伤害：剥削 – 非虐待型犯罪人（类型 3）和温和虐待型犯罪人（类型 4）。低身体伤害是指没有对被害人造成身体伤害，但存在推搡、打耳光、抱住、言语威胁等行为。低身体伤害行为不会导致持久伤害（如割伤、擦伤、挫伤）。只要儿童被害人服从其要求，剥削 – 非虐待型犯罪人不会使用更多的武力或暴力。而且，性侵害行为并没有使犯罪人产生性唤起。温和虐待型犯罪人会实施各种令人痛苦、疼痛的措施和威胁性行为，但这些行为都不会对儿童造成重大身体伤害。

最后，MTC：CM3 把经常给被害人造成高身体伤害的犯罪人也分为两类：攻击 – 非虐待型犯罪人（类型 5）和虐待型犯罪人（类型 6）。高身体伤害的特征是殴打儿童、使其窒息、鸡奸，或者强迫儿童摄入尿液或粪便（Knight et al.，1989）。攻击 – 非虐

表 12-4　接触寻求程度与被害儿童遭受的身体伤害程度的关系分类

接触量					
高接触寻求		低接触寻求			
接触原因：人际交往	接触原因：自恋	低身体伤害		高身体伤害	
人际交往型犯罪人（类型 1）	自恋型犯罪人（类型 2）	剥削 – 非虐待型犯罪人（类型 3）	温和虐待型犯罪人（类型 4）	攻击 – 非虐待型犯罪人（类型 5）	虐待型犯罪人（类型 6）

待型犯罪人与前文提到的攻击型儿童性犯罪人相似，但施虐不是性侵害的主要目的。犯罪人对生活中的所有事情都非常易怒，通常会对周围的人（包括孩子）施暴。虐待型犯罪人则会从他们对孩子造成的痛苦、恐惧和身体伤害中获得性快感。

MTC：CM3 有助于根据犯罪现场信息识别犯罪人类型，并提出了一个比较精细的儿童猥亵者或性侵害者分类系统。不过，要确保这个分类方案充分、有效，研究人员还需要对 MTC 以外的被试群体进行研究。研究人员（Looman，Gauthier，& Boer，2001）使用加拿大儿童猥亵者样本进一步验证了 MTC：CM3，表明这一系统具有跨文化适用性。还有一点需要注意，MTC：CM3 被试群体不包括乱伦者，仅适用于家庭外儿童性犯罪人（Ennis et al.，2016）。MTC：CM3 也不涉及交叉型儿童性犯罪人。

女性性犯罪人分类

范迪弗和克尔彻（Vandiver & Kercher，2004）提出了一个临床上很有价值且有研究意义的女性性犯罪人类型分类，与上述对男性性犯罪人的分类不同。研究人员使用得克萨斯州登记的 471 名成年女性性犯罪人数据，确定了 6 种类型：

（1）异性恋养育者（heterosexual nurturers）；
（2）非犯罪型同性恋犯罪人（noncriminal homo-sexual offenders）；
（3）女性性侵害者（female sexual predators）；
（4）青年女性儿童剥削者（young adult child exploiters）；
（5）同性恋犯罪人（homosexual criminals）；
（6）攻击型同性恋犯罪人（aggressive homosexual offenders）。

异性恋养育者在女性性犯罪人中最多，被害人为平均年龄 12 岁的男性儿童。犯罪人通常是辅导者、照顾者、教师等角色，例如，在"教师 – 爱人"这个类别中，教师（辅导者）与她的一名学生（客户）发生"浪漫"关系。许多犯罪人并不认为这种"浪漫"关系是对儿童的虐待或心理伤害。异性恋养育者渴望

亲密关系，希望通过这种方式弥补其未得到满足的情感和社会需求，她们可能不会承认（或不想承认）这种关系的不适当性。这类犯罪人的再犯率较低。

非犯罪型同性恋犯罪人是第二大群体，这类犯罪人主要选择女性青少年作为被害人（平均年龄为 13 岁）。犯罪人有许多与异性养育者相同的特征，但其被害人偏好是女性。与异性恋养育者类似，她们也不太可能实施刑事犯罪，再犯率低。

女性性侵害者的被害人既有男童（60%），也有女童（40%），受害儿童平均年龄为 11 岁。这一群体与其他女性性犯罪人相似，她们的性犯罪可能只是其他犯罪活动的延伸行为。也就是说，她们是多种犯罪类型的惯犯。女性性掠食再次实施性犯罪的可能性很高。

青年女性儿童剥削者最常实施性侵害，被害人通常是幼童，平均年龄为 7 岁，男童和女童都有。这类犯罪人本身是 6 类中最年轻的，平均年龄是 28 岁。约有一半被害人与犯罪人有关系，有时是她们自己的孩子。

同性恋犯罪人有广泛的反社会行为史，被害人通常是女性，平均年龄为 11 岁。她们的性犯罪行为包括猥亵儿童、强迫儿童卖淫或从事儿童色情活动。这类犯罪人的犯罪动机主要是为了获取利益，而不是满足其自身的性需求。

攻击型同性恋犯罪人的人数最少，但她们是这 6 类中年龄最大的，被害人通常是成年女性，不是儿童，所以这类犯罪人与本章主题无关。她们是卷入家庭暴力关系的同性恋女性的代表。

桑德勒和弗里曼（Sandler & Freeman，2007）对纽约州 390 名女性性犯罪人进行研究后，也确定了 6 个类别。他们的研究样本与范迪弗和克尔彻的研究样本在人口统计学变量（如犯罪人的年龄和种族）上非常相似。但是桑德勒和弗里曼并没完全验证范迪弗和克尔彻对女性性犯罪人的分类和每个类别的特征。考虑到目前对女性性犯罪人进行分类的类型学研究还处于早期探索阶段，出现这一结果也在意料之中。

桑德勒和弗里曼的确发现存在异性恋养育者和青年女性儿童剥削者这两个类别，支持范迪弗和克尔彻的研究，但在其他 4 个类别及其特征方面，他们得到了不同的结果。其中，一个主要区别是被害人的性别。桑德勒和弗里曼发现，被害儿童并不总是一种性别多于另一种性别。在范迪弗和克尔彻的研究中，女性性犯罪人有特别强烈的被害人偏好，但桑德勒和弗里曼的聚类分析并未发现这种偏好，由此，他们认为只将女性性犯罪人的其中一个群体归为同性恋是合适的，即同性恋儿童猥亵者。这一群体人数最少，但犯罪目标几乎完全是女性被害人（91%）。

这两项研究结果的部分差异可能是由于各州对性犯罪人的刑法或登记要求有很大不同造成的。另外，范迪弗和克尔彻研究中的女性样本可能曾经在监狱服刑，她们犯下的罪行严重到足以被逮捕和起诉（Gannon & Rose，2008）。虽然其研究样本是一个司法对象群体，但其范围非常广泛，能够代表女性性犯罪人。

尽管这两项研究极大地推动了我们对女性性犯罪人的认识，但它们都未能获得与共犯相关的额外数据（Gannon & Rose，2008）。换句话说，女性性犯罪人是单独犯罪的还是有共同犯罪人（如男性伴侣），这些还不清楚。甘农和罗丝（Gannon & Rose，2008）强调，这一缺憾也会影响到对女性性犯罪人的治疗策略和治疗方案的开发。另外，也可以回顾一下范迪弗（Vandiver，2006）对作为共犯的女性性犯罪人的进一步研究，我们在本章前半部分介绍过。不过他的研究并未将重点放在分类上。

迄今为止，对女性性犯罪人的类型学研究并没有考察心理变量，如犯罪人的心理健康状况或被害历史。总体而言，虽然对女性性犯罪人的研究主要集中在人口统计学和犯罪特征的基本细节方面，但这也是非常有帮助的。不过，正如甘农和罗丝指出的，很少有关于女性性犯罪人的性兴趣、共情能力、亲密关系缺陷及自我调节能力的研究。如果我们要更好地了解女性性犯罪人，就需要开展这方面的研究。

网络性犯罪

近年来，人们越来越关注网络性犯罪，特别是儿童色情犯罪。研究人员（Babchishin，Hanson，& VanZuylen，2015）指出，当互联网被普遍、频繁地用于性目的时，色情内容就很容易获取。约有 3/4 的男性和 1/2 的女性会有意地通过互联网观看色情内容。

网络性犯罪（online sexual offending）是指利用互联网和相关数字技术获取、传播或制作儿童色情制品，或者与潜在的儿童被害人联系，为性犯罪创造机会（Seto，Hanson，& Babchishin，2011）。性犯罪行为包括下载非法色情制品（如儿童色情素材）、对未成年人进行性引诱和卖淫（Babchishin et al.，2015）。根据美国联邦法律和所有 50 个州的法律，持有、传播和制作儿童色情制品是非法的（Wolak，Finkelhor，&Mitchell，2005），应同时受到刑事和民事处罚，但对这些罪行提起诉讼的情况很少见。

谁是网络性犯罪人

儿童色情制品的制作者往往是可以合法接触儿童的人，如父母 / 监护人、亲属、家庭朋友、看护者和教练（U.S. Sentencing Commission，2012）。让我们以美国最高法院的两个案件为例（U.S. v. Williams，2008；Paroline v. U.S.，2014）。在一起案件中，一名男性说可提供自己 4 岁女儿被猥亵的照片，尽管他最终没有发送这些照片，但他最后发送了其他儿童参与露骨性行为的照片。执法人员对他电脑进行搜查后，发现电脑中存有其他一些照片，其中有些是施虐、受虐的照片。在另一起案件中，一名 8 岁的女孩被她的叔叔强奸，她叔叔录下了强奸过程并在互联网上传播。仅在美国，执法人员就起获了 35 000 多张涉及强奸案的照片。

研究儿童色情问题的人员的主要目标之一是确定网络犯罪人——接触这些图片的人——与儿童发生实际性接触的风险，即确定那些对网络儿童色情制品感兴趣的人是否也会寻求与儿童发生身体上的性接触。许多研究表明，大多数网络犯罪人之前没有官方认定的性接触犯罪史（Seto et al.，2011）。许多人甚至没有任何犯罪前科。然而，一项研究发现，85% 的网络犯罪人在接受治疗或测谎期间承认他们有过（非官方认定的）性接触犯罪史（Bourke & Hernandez，2009）。但这项研究因存在几个严重的方法缺陷而受到批评。塞托等人（Seto et al.，2011）用更合理的方法开展了一项综合研究，他们在对官方的拘捕、指控或定罪记录进行分析后发现，约 1/8 的网络犯罪人有性接触犯罪史；但在使用自我报告研究（而不是官方记录）进行分析后却发现这一比例更高——约一半的网络犯罪人承认有过性接触犯罪史。塞托等人总结道："在我们的研究中，可能有许多网络犯罪人对儿童产生了性兴趣，但只有一半人将这些性兴趣付诸行动。"塞托等人的研究确实发现，对大多数网络性犯罪人来说，性接触犯罪的再犯率相当低（5%）。

虽然儿童色情犯罪人没有典型的特征，但非西班牙裔白人、单身和失业者更有可能成为网络犯罪人（Babchishin，Hanson，& Hermann，2011）。他们往往比性接触犯罪人略年轻（Babchishin et al.，2011）。而且，与性接触犯罪人相比，网络犯罪人对被害人更有同理心，更有能力控制自己对儿童的性兴趣，通常将他们对儿童的性兴趣限制在网络层面（Seto & Hanson，2011）。

但是，必须强调的是，下载儿童色情制品是一种对被害人造成伤害的犯罪行为。根据 2004 年《犯罪被害人权利法案》（Crime Victims' Rights Act），使用儿童图片从事性活动不仅会被判处监禁，还会受到民事处罚。在上述 8 岁女孩一案中，就有许多人被监禁，有人还受到 100～3000 美元不等的罚款处罚 [案件事实梗概见 "联邦政府诉帕罗林" 案（U.S. v. Paroline，2014）]。

谁是被害人

互联网技术的出现使制作商业色情材料的成本降低，同时也使制作、传播和持有色情材料被发现的风险明显降低（Quayle & Jones，2011）。互联网的迅速扩张也意味着人们需要更关注网络性犯罪人（Quayle，2009）。商业性的儿童色情媒体中被害人通常是青春期前（8～12 岁）的白人女孩（Quayle & Jones，2011）。第二大儿童受害群体是青春期前的亚裔女孩。在色情媒体图片中，女童被害人数量超过男童，比例约为 4∶1。

沃拉克等人（Wolak et al.，2005）开展了一项名为 "美国未成年人网络受害情况"（National Juvenile Online Victimization）的大型研究，调查了自 2000 年 7 月 1 日起 12 个月内被拘捕的与互联网有关的儿童色情犯罪人信息。他们将 40% 的犯罪人称为 "双重犯罪人"，因为他们不仅持有儿童色情制品，还有对未成年人的性虐待史。曾因非性犯罪而被捕的犯罪人比较少（22%）。91% 的被拘捕者是非西班牙裔白人。

调查结果还显示，在被拘捕的人中，83% 的犯罪人持有 6～12 岁儿童的色情图片，39% 的犯罪人有 3～5 岁儿童的色情图片，19% 的犯罪人有 3 岁以下幼儿或婴儿的图片；62% 的人拥有的图片大部分是女孩，14% 的人拥有的图片大部分是男孩。也许更能说明问题的是，他们发现有 21% 的人持有的图片涉及暴力场景，包括儿童被奴役、强奸、折磨等。这些图片中的大多数儿童嘴巴被塞住、身体被捆绑、眼睛被蒙住，或者以其他方式忍受某种形式的性虐待。另外，还有 39% 的被捕者持有数字视频或其他种类的视频。这些还是调查人员在 2000 年和 2001 年发现的，如今随着技术的进步（如智能手机、平板电脑、云计算、复杂加密格式），犯罪人收集和存储儿童色情制品变得更容易，因此当前的网络性犯罪问题要严重得多。新技术也能帮助犯罪人更容易逃避执法部门的侦查（Collins，2012）。而且，移动通信系统的进步也方便犯罪人找到有共同性兴趣的人，这又助长了同伙作案及互相支持的群体犯罪。

网络性掠食者

虽然这部分内容主要针对的是被青春期前儿童吸引的网络儿童色情犯罪人，但也应涉及那些对与青少年的实际性接触感兴趣的网络犯罪人。例如，2019 年，佛罗里达州一名 25 岁的男子被捕，此前，他先在 Instagram 上与一名少女联系，并将她引诱到佛罗里达州后对其实施了性侵害。研究人员（Briggs, Simon, & Simonsen, 2011）进行了一项探索性研究，试图寻找非接触的网络性犯罪人和积极寻找机会与青少年发生性行为的网络性犯罪人之间的差异。一些网络犯罪人会利用、引诱青少年与其见面。他们可能会通过各种聊天室或不同形式的社交媒体同时与多名青少年进行匿名交流。多年来，警察一直在积极尝试通过在网络中伪装成未成年人对网络犯罪人实施抓捕（Mitchell，Wolak，& Finkelhor，2005）。

研究人员提出，利用网络媒体从青少年被害人处获得性满足的男性犯罪人有两类：一类会利用实时在线聊天室引诱男性或女性青少年发生线下的性关系；另一类是幻想驱动的犯罪人，他们把网络媒体看作一种性媒介，通过它可以与青少年发生网络性行为和手淫（Briggs et al.，2011）。对后者来说，网络媒体为社交孤立的成年人（或青少年）提供了一个不以真人形式存在的社交机会和性发泄的方式，这样也不存在面对面拒绝的风险。其实，他们通常也没兴趣与青少年实际发生身体接触。

沃拉克等人（Wolak et al.，2008）的研究发现，典型的攻击型性侵害者很少为了发生暴力性接触而尝试与毫无戒心的未成年人见面。通过对相关研究的综合评述，沃拉克等人指出，因互联网引发性犯罪的研究清楚地表明，人们认为互联网儿童猥亵者会用欺骗和暴力手段性侵害儿童，这种刻板印象在很大程度上是不准确的。媒体或互联网引发的性犯罪包括成年男子利用社交媒体与未成年人见面，并引诱他们发生性行为。在大多数情况下，未成年人会意识到他们在与成年人交流，也会意识到这名成年人的意图是什么。例如，沃拉克等人（Wolak et al.，2010）在另一篇文章中所述："性通常在网络上被提出或讨论，大多数与犯罪人面对面的被害人会期待在见面时进行性活动。"有很高比例的被害人

（73%）不满足于只与犯罪人发生一次面对面性接触，他们还会选择继续。这种情况下的大多数被害人年龄为 13～17 岁，很少有 12 岁或以下的被害人。然而，即使发生了"双方同意"的性接触，侵害者的行为仍然属于法定强奸。他们还可能受到一些涉及引诱行为的法规的指控。

大多数在网络上进行性诱惑的人并不危险，他们中很少（不到 5%）因暴力性接触犯罪而被捕（Seto，Hanson，& Babchishin，2011；Wolak et al.，2004，2010）。网络性诱惑引发的绑架案件确有发生，但非常罕见。大多数犯罪人并不冲动，而且他们往往掌握技术，受教育程度较高，收入也较高（Tener，Wolak，& Finkelhor，2015；Wolak et al.，2010）。他们可能精于算计，善于伪装，但通常并不暴力。

性勒索（sextortion）被认为是一种针对未成年人的新兴网络威胁（Wolak et al.，2018）。性勒索是指以曝光被害人色情图片或其他性行为证据为威胁强迫被害人提供额外的图片、性、金钱或其他好处。如果被害人不服从，就会受到人身伤害威胁。性勒索事件是一种严重的受害形式，不仅会导致被害人受辱，有时还会导致其自杀。此外，如果犯罪涉及未成年人，那么参与性勒索的人可能会被指控勒索、敲诈、贿赂、网络跟踪等。

利用社交媒体和在线通信专门对儿童和青少年进行商业性性剥削的情况十分严重，尤其体现在制作和传播儿童色情图像（或儿童遭受性侵害时的图像）方面。利用在线通信对未成年人进行性贩卖的情况也不容乐观。犯罪人和贩卖者越来越多地利用互联网通信技术促成对儿童的性交易和性剥削。借助技术针对儿童的犯罪具有两个特点：快速增长和动态变化（Mitchell et al.，2011）。在线通信系统是一种有效且高效的媒介，这导致对未成年人性剥削感兴趣的受众均可以借助它实施犯罪。

人口贩卖

人口贩卖（human trafficking）是世界范围内第

三大犯罪活动，而且是全球增长最快和最有利可图的犯罪活动之一（Adams & Flynn，2017；Cecchet & Thoburn，2014；Rafferty，2013；UNODC，2018；Volgin，Shakespeare-Finch，& Shochet，2019）。世界不同地区人口贩卖模式也不同。正如联合国毒品和犯罪问题办公室（United Nations Office on Drugs and Crime，UNODC）的报告所指出的，贩卖妇女和女童进行性剥削的现象在北美洲、欧洲、东亚和太平洋区域普遍存在。在非洲和中东部分地区，涉及强迫劳动的人口贩卖最为常见。在东南亚部分地区，涉及强迫婚姻的人口贩卖很常见。在中美洲和南美洲，为非法收养而贩卖儿童的现象十分普遍。据报告，欧洲经常发生以强迫犯罪和强迫乞讨为目的的贩卖活动，以摘除器官为目的的贩卖活动主要发生在北非和欧洲的部分地区。

虽然"贩卖"一词有从一个地方到另一个地方转移或移动的意思，但被害人并不一定要被实际运送（Miller-Perrin & Wurtele，2017）。贩卖的定义主要是依据剥削，而不是地理位置的移动来确定的。人口贩卖是通过武力、欺诈或胁迫的方式对某个或某些人进行经济剥削（Task Force on Trafficking of Women and Girls，2014）。被贩卖到美国从事劳动或商业色情活动的绝大多数是妇女和女孩。12～16岁的女孩在性贩卖交易中非常抢手。据报告，被交易的儿童的平均年龄越来越小，仅为7～10岁（Wilson & Butler，2014）。在美国，总共约有70%的人口贩卖事件涉及性剥削，如强迫卖淫和儿童性交易（Kyckelhahn，Beck，& Cohen，2009；UNODC，2018）。因此，这被称为商业性性剥削（Commercial Sexual Exploitation，CSE）（按人口贩卖类型细分的2008—2010年立案调查的人口贩卖事件，见表12-5）。应当认识到，强迫儿童遭受性剥削会给他们造成非常大的心理伤害，它是虐待儿童的最严重形式之一（Volgin et al.，2019）。研究人员（Rafferty，2018）观察到，作为回应，被害儿童可能会产生一系列心理健康和人际关系问题，如抑郁、绝望、焦虑、创伤后应激障碍、敌意和易怒。

表 12-5　2008—2010 年立案调查的人口贩卖事件（按人口贩卖类型细分）

人口贩卖类型	事件总数[1]	
	数量	百分比
总计	2515	100.0%
性交易	2065	82.1%
• 成年人卖淫	1218	48.4%
• 儿童性交易	1016	40.4%
• 与性相关的工作[2]	142	5.6%
• 其他性交易	61	2.4%
劳动力贩卖	350	13.9%
其他 / 未知的贩卖	237	9.4%

[1] 表中人口贩卖类型存在交叉，因此不同类型的数据总和（包括百分比总和）会大于表中总计数据。——译者注
[2] 包括跳脱衣舞和在无营业执照的按摩院工作。
资料来源：Banks，D.，& Kyckelhahn，T.（2011，April）.Characteristics of suspected human trafficking inci-dents，2008-2010. Washington，DC：U.S. Department of Justice，Bureau of Justice Statistics。

出于各种原因，被贩卖的被害人人数很难估计。第一，目前没有统一的数据收集系统（Miller-Perrin & Wurtele，2017）。第二，被害人通常会害怕报告了受害情况后会遭到贩卖人的报复。第三，被害人往往对当局（如执法部门）高度不信任，因为他们可能是离家出走的人或无证移民。尽管存在上述难点，但目前最准确的估计表明全世界大约有 2090 万人被贩卖，其中很多是儿童（Muraya & Fry，2016；UNODC，2012）

以性为目的的招募、运输和剥削妇女和女孩的人贩子从个人到有组织的团伙作案都有（Task Force on Trafficking，2014）。有意思的是，虽然有组织犯罪明显与人口贩卖有关，但大部分人贩子并不是有组织犯罪集团的成员。相反，大多数都是一两个人作案（Small et al.，2008）。因进行儿童商业性性剥削（Commercial Sexual Exploitation of Children，CSEC）而被捕的大多数犯罪嫌疑人是男性（97%）、白人（82%）、未婚（70%）（Adams & Flynn，2017），且大多数是 35 岁以下的年轻人（Motivans & Synder，2018）。

人贩子使用的方法各不相同。人贩子会使用胁迫和心理虐待、欺骗和欺诈、威胁、身体暴力和性暴力、破坏工作和生活条件，以及通过强迫吸毒来引诱、操纵和控制被害人（Task Force on Trafficking，2014）。许多情况下，人贩子还会做出虚假承诺，谎称被害人在其他地方会过上更好的生活（Rafferty，2013）。商业性性剥削的被害人的典型特点是生活中充斥着各种形式的暴力（包括战争），而且在被贩卖过程中及被贩卖后都会遭受各种暴力（Wilson & Butler，2014）。

最高效的人贩子是那些能够与潜在被害人建立信任关系的人。许多人贩子是女性，有些以前也是人口贩卖的被害人，之后她们又会为其他人贩子进行人口贩卖（Rafferty，2013）。据 UNODC（2018）估计，全球约 35% 的人贩子是女性。女性人贩子往往很有魅力，穿着很漂亮，佩戴昂贵的首饰。她们能获得潜在被害人的信任，同时会做出虚假允诺，声称如果被害人接受她们的指导和监督就会过上更美好的生活。

据一些专家的观点，美国是世界性产业中因性剥削目的贩卖妇女和儿童的第二大目的国（仅次于德国）（Cecchet & Thoburn，2014；Schauer & Wheaton，2006）。举例来说，女性会同意作为餐饮服务人员、酒店雇员或脱衣舞女郎来到美国，但随后又被迫卖淫，直到她们能够偿还偷渡的费用。在一些国家，父母会把孩子"卖给"人贩子，人贩子再把孩子带到世界其他地方（包括美国），并从对他们的性剥削中获利。

美国司法部已经成功起诉的人口贩卖罪涉及多个场所（如剥削劳力的工厂、郊区豪宅、妓院、酒吧和脱衣舞俱乐部）和行业（如农业、伴游服务行业）。近年来，由于 2000 年的《人口贩卖被害人保护法案》（*Trafficking Victims Protection Act*，TVPA）引入了强化的受害者保护措施和公众意识计划，人口贩卖调查和起诉的数量大幅增加（DOJ，2019）。TVPA 将性交易定义为招募、窝藏、运输、提供、获取、资助或引诱

某人从事商业性性行为，其中商业性性行为是在武力、欺诈或胁迫下发生的，或者被引诱实施此类行为的人未满 18 岁（22 U.S.C. § 7102）。2007 年，美国民权司（Civil Rights Division）设立了人口贩卖起诉组（Human Trafficking Prosecution Unit，HTPU），旨在简化美国的人口贩卖调查流程。此外，美国各州也成立了 42 个人口贩卖问题特别工作组（Human Trafficking Task Forces）。

儿童性犯罪人的矫治

多年来，关于对儿童性犯罪人（及一般的性犯罪人）矫治效果的研究并没有得出一个压倒性的结论，认为矫治能降低他们的再犯。例如，研究人员（Furby，Weinroth，& Blackshaw，1989）在对性犯罪人的心理矫治工作的结果进行大量回顾后总结道："到目前为止，还没有证据表明临床治疗能普遍降低性犯罪的再犯率，也没有合适的数据可以用来评估针对不同类型的犯罪人的矫治是否有不同效果。"研究人员指的矫治是从 20 世纪 60～80 年代使用的所有类型的矫治方法。研究人员（Camilleri & Quinsey，2008）综合分析了关于儿童性犯罪人矫治方面的文献，总结道："到目前为止，对儿童性犯罪人的矫治基本上是无效的。"一些学者指出，支持惩罚性刑事司法制度的政策制定者更愿意看到这一结论，即矫治不能有效减少儿童性犯罪人再犯（Grønnerød，Grønnerød，& Grøndahl，2015）。

之所以得出这些让人沮丧的结果，一个原因是，许多评估研究存在方法上和设计上的缺陷，这通常因为要获得可以合作的大型矫治被试组很困难。更困难的是，研究人员很难找到不接受矫治的儿童性犯罪人对照组，以便与矫治组的效果进行对比。而且，许多研究是在矫治机构内进行的，而这些机构可能对外来研究人员可以做什么和不能做什么有严格的限制，所以研究人员自主设计和收集数据的灵活性大大降低了。此外，矫治效果不理想的另一个重要原因是，儿童性犯罪人是一个非常异质性的群

体，他们在许多关键变量上存在差异，如动机、需求、能力、认知水平、经验和背景。他们在性活动的频率和类型方面也有很大不同。很显然，仅用一种心理矫治方法并不适合所有人。

尽管儿童性犯罪人之间存在很多差异，但目前研究人员已经确定了一些关键心理因素，改变这些因素对减少性犯罪非常重要。它们就是我们在第十一章讨论的动态风险因素。最值得注意的多数儿童性犯罪人的动态风险因素是：

(1) 他们在性唤起时存在情绪调节问题；

(2) 他们在亲密关系和社交技能方面有缺陷；

(3) 他们的性认知脚本歪曲；

(4) 他们认同自身的各种认知歪曲。

当前研究还发现，认知行为疗法在改变关键动态风险因素进而减少再犯方面似乎最有效。如果遵循第十一章讨论的风险 – 需求 – 响应（RNR）原则进行，那么认知行为疗法会特别有效（Bonta & Andrews，2010；Hanson et al.，2009；Walton & Chou，2015）。认知行为疗法（cognitive behavior therapy）是一种心理治疗方法，侧重于改变个体用于辩护和延续其反社会行为或其他问题行为的信念、幻想、态度及合理化借口。目前，认知行为疗法被认为是对成年和未成年犯罪人最有效的矫治方法。根据 RNR 原则，临床医生需要努力减少中高风险儿童性犯罪人的犯因性需求，并使矫治与犯罪人的学习方式相匹配。不正常的性兴趣和对儿童遭受性侵害的容忍态度都属于此类犯罪的犯因性需求。这些偏差态度会使犯罪人否认、辩解、最小化自己的罪责，以及合理化自己的行为（Eastman，2004；Worling & Langton，2012）。

在认知行为疗法中，行为成分侧重于改变个体的性偏好，防止性犯罪人再犯，而认知成分则侧重于改变个体为性暴力行为辩护并希望延续这些行为的信念、幻想、态度及合理化借口。与性侵害成年女性的男性犯罪人相比，性侵害儿童的男性犯罪人似乎有更多的认知歪曲（Camilleri & Quinsey，

2008）。认知行为疗法认为，失调的性行为与正常的性行为习得规则相同，也是通过经典和（或）工具性条件反射、模仿、强化、泛化、惩罚等方式习得的，所以，失调的性行为是可以改变的。

目前，有相当多针对未成年性犯罪人的评估矫治方案正在研究中（Beck et al.，2018；Brusman，Yoder，& Berry，2017；Kettrey & Lipsey，2018；Memoko，2017）。这些为未成年性犯罪人设计的方案与针对成年性犯罪人的方案不同，总体而言，未成年性犯罪人的矫治收到了积极效果（Sandler et al.，2017）。主要原因在于，未成年人比成年人更易被改变，受社会和周围同伴的影响更大，性犯罪再犯的风险似乎更低。而且，多系统疗法（multisystemic therapy）已被证明对减少未成年性犯罪人再犯具有良好的效果，若遵循类似于认知行为疗法的 RNR 原则，效果会更好（Hanson et al.，2009）。

研究人员（Worling & Langton，2012）在一篇关于机构内未成年性犯罪人评估和矫治的评论文章中指出，近年来很少有使用矫治组和对照组的研究发表。但总体来说，越来越多的证据表明，专门的矫治方案可以降低再犯率。不幸的是，目前，很少有研究结果能够为哪些矫治部分对哪些人有效提供指导。他们总结了美国和加拿大性犯罪人矫治项目中常见的一些矫治目标，其中包括加强犯罪人罪责感，增强犯罪人的健康的性兴趣、亲社会的性态度及其行为对被害人影响的认识，制订预防未来犯罪的计划，同时还要重视父母和看护人的作用。

他们还注意到，封闭的环境也会对性犯罪人和非性犯罪人造成性伤害。他们引用了另一组研究人员（Beck，Harrison，& Guerino，2010）报告的一些触目惊心的统计数据：有 2% 的少年在调查中报告他们受到其他年轻人的性侵害，有约 12% 的少年报告他们在被拘留的第一年内受到工作人员的性侵害。让人震惊的是，81% 的被害少年报告他们不止一次遭受性侵害，而且 43% 的被害人受到不止一个人的伤害。他们被关押的时间越长，遭受性侵害的可能性就越大。

本章小结

　　上一章介绍针对成年人的性犯罪，本章重点讨论了针对儿童的性犯罪。我们区分了儿童性犯罪与恋童癖。恋童癖是一个临床术语，它是指对儿童强烈的、反复出现的性幻想和性冲动，可能伴随也可能不伴随相应行为。恋童癖本身是一种临床症状，不是犯罪。但是如果恋童癖者做出了伤害儿童的行为，那么其就需要承担法律责任。尽管有上述区别，心理学和刑事司法文献乃至媒体依然经常使用"恋童癖"和"恋童癖者"来指代性犯罪人。在法律层面，涉嫌对儿童实施性虐待的人可能会被指控犯有猥亵儿童、性侵害儿童、乱伦、强奸儿童或其他罪行，但具体被指控为哪种罪行取决于特定司法管辖区的法规。

　　虽然很难获得准确的统计数据，但针对儿童的性侵害（涵盖一系列罪行）太过普遍，着实令人不安。我们的许多数据来源不仅包括逮捕和定罪数据，还包括在儿童期受到性侵害的成年人的报告，以及犯罪人本人的报告。逮捕数据显示，在 20 世纪 90 年代初向执法部门报案的所有性侵害被害人中，有 34% 的人年龄在 12 岁以下。与此相关的一个调查结果表明，在州立监狱中，约有 2/3 的强奸犯是对儿童犯下的罪行。根据犯罪人自己的陈述，他们虐待的儿童不止一个，而是多个，有时长达数年。其他研究还表明，1/4～1/3 的女性和 1/10 的男性表示他们在童年时曾遭受性虐待。正如我们在本章所讨论的，这种受害的长期心理影响通常是毁灭性的。

　　我们回顾了犯罪人的各种特征，既有人口统计学方面的，也有心理学方面的。攻击型儿童性犯罪人（并非所有都是）与强奸成年人的男性犯罪人有相似之处，他们的共同特点包括酗酒、高中学习成绩不及格率高、工作不稳定、社会经济地位低下。到目前为止，大多数儿童性犯罪人在 30 岁之前就犯下了第一次罪行，但作为一个群体，他们总体上比强奸犯的年龄更大。此外，虽然研究人员越来越关注性侵害儿童的女性性犯罪人，但对儿童的性犯罪仍然主要是男性犯罪人实施的。

　　儿童性犯罪人的认知水平通常低于普通人。他们往往在社交技能和自我控制机制方面存在缺陷，并且遭受过他人的性侵害。与儿童情感吻合——例如，与孩子在一起比与成年人在一起更舒服——并不罕见。儿童性犯罪人很不愿意为自己的过错承担责任，他们更愿意将自己的行为归因于自己无法控制的外部力量。目前研究表明，儿童性犯罪人实际上比强奸犯的自制力更强。马萨诸塞州矫治中心已经为强奸犯和儿童猥亵者的行为模式开发了分类系统（在前一章讨论过）。这两个系统进行了修订，以更具体地说明和完善某些类别，同时该系统还纳入了犯罪现场信息。我们详细回顾了该系统，重点介绍了最新版本的 MTC：CM3。该系统被广泛使用，已在进行实证研究中，但它们不适用于女性性犯罪人。不过，一些研究人员对女性性犯罪人进行了分类。虽然女性性犯罪人的许多特征与男性性犯罪人相似，但在女性性犯罪群体中，养育者的比例似乎更大。所以，女性性犯罪人的被害人也往往是儿童而不是成年人，这并不奇怪。正如前一章所指出的，当女性性犯罪人选择的被害人是成年人时，她们最有可能与成年男性一起合作共同犯罪。

未成年人性犯罪是少年司法系统的一个重大挑战，我们讨论了一些未成年人性犯罪的现有研究。文献中通常会区分未成年猥亵者和未成年强奸犯。例如，未成年猥亵者几乎总是选择比他们年龄更小的儿童作为被害人，而未成年强奸犯则选择与自己年龄大致相同或更大的被害人。与未成年强奸犯相比，未成年猥亵者在儿童期遭受性虐待的概率更大，并认为自己的社交能力不足。关于女性未成年人性犯罪的主题也越来越多地出现在文献中。通常，这些犯罪人自己也遭受过性虐待，经常会在照看或以其他方式照顾儿童时实施性虐待。

近年来，人们非常关注以儿童为被害人的性交易和借助互联网实施的儿童性虐待问题。年龄稍大的儿童、前青春期儿童和青少年最有可能成为这两种犯罪的被害人。性交易涉及被照顾者卖掉的弱势儿童或被许诺过上更好生活的天真少年。互联网犯罪主要涉及下载儿童色情制品或为性目的引诱被害人。制作、传播、下载和持有儿童色情制品，以及网上引诱少年均属于犯罪，通常，我们并不把这些类别的犯罪人作为儿童性犯罪人进行研究。

本章最后讨论了儿童性犯罪人的矫治。尽管早期文献在矫治方面（特别是针对严重性犯罪人的矫治方案）得到的结论并不那么令人鼓舞，但也有证据表明，对性犯罪人（尤其是未成年犯）的矫治是可以取得成功的。矫治策略不仅要关注终止反社会的性行为，还要维持犯罪人的亲社会行为，因此，持续的监测或监督应是矫治方案的一部分。最近的元分析表明，基于风险－需求－响应原则的认知行为疗法最有希望对性犯罪人和一般犯罪人产生效果。

核心术语

恋童癖（pedophilia）

恋少年癖（hebephilia）

家庭内儿童猥亵（intrafamilial child molestation）

家庭外儿童猥亵（extrafamilial child molestation）

性欲倒错（paraphilia）

交叉犯罪（crossover offending）

同胞性虐待（sibling sexual abuse）

与儿童情感吻合度（Emotional Congruence With Children，ECWC）

固恋型儿童性犯罪人（fixated child sex offender）

退缩型儿童性犯罪人（regressed child sex offender）

剥削型儿童性犯罪人（exploitative child sex offender）

攻击型儿童性犯罪人（aggressive child sex offender）

性勒索（sextortion）

人口贩卖（human trafficking）

认知行为疗法（cognitive behavior therapy）

思考题

1. 恋童癖和儿童性犯罪的区别是什么？

2. 家庭外儿童性犯罪人和家庭内儿童性犯罪人的主要区别是什么？

3. 概述家庭外儿童性犯罪人的人口统计学特征和心理特征。

4. 讨论性侵害儿童的未成年性犯罪人的相关研究结果。

5. 讨论性侵害儿童的女性性犯罪人的相关研究结果。

本章讨论的犯罪行为在我国多属于侵犯财产罪，其共同点为均存在一定的经济原因。人们常常认为财产犯罪的犯罪人都是因为缺钱才会去犯罪，犯罪动机是为了满足生存需求，但事实并非如此。在我国，近 5 年来财产犯罪的数量虽逐年递减，但仍占总犯罪数的 20% 左右，且犯罪人中未成年人和老年人的比例均高于其他犯罪类型。由此可见，单纯用生存需求解释财产犯罪是不够的，需要从动机和行为层面进行更多的解读。本章就做到了这一点。

另外，在研究犯罪行为时，我们不能仅关注犯罪人，还需要关注被害人。毕竟，每一次犯罪行为影响最深的永远是被害人。通常情况下，人们更容易关注暴力犯罪的被害人，而财产犯罪的被害人无论是在犯罪统计还是新闻中，甚至是犯罪人的心中，都常常是缺席的。这种缺席让人们很少意识到财产犯罪中被害人的痛苦。本章从被害人层面对财产犯罪的发生过程及后续影响进行了介绍。了解这种痛苦不仅对恢复犯罪造成的心理创伤有所帮助，也能在犯罪矫治过程中，让财产犯罪的犯罪人意识到自身行为不仅是针对物品的侵占，还有对他人心理的伤害，这一点很重要。

希望在阅读完这一章后，你能对很少得到关注的某些财产犯罪有更深入的理解，能够在生活中更好地保护自己免受财产损失！

王晓楠

西南政法大学法学院　讲师、博士

13

第十三章

入室盗窃、入室行凶、盗窃与白领犯罪

本章译者：王晓楠

学习目标

- 概述常见的非暴力犯罪。
- 简述入室盗窃，包括入室盗窃行为人的财产线索、动机、人口统计学信息和认知过程。
- 讨论入室盗窃对被害人的心理影响。
- 阐述入室行凶的性质。
- 对包括劫车行为在内的机动车盗窃，以及犯罪人的动机和决策进行讨论。
- 对身份盗窃及其造成的心理后果进行描述。
- 对入店行窃的普遍性，以及其动机和其他心理因素进行考察。
- 探讨白领犯罪的定义和类型，包括格林的职务犯罪分类。

　　本章讨论的是各种各样看似没有共同点的犯罪行为。然而，在大多数情况下，本章所涉犯罪与我们之前所讨论的犯罪行为有本质的区别。它们都有一个共同点，那就是犯罪人在实施行为时没有出现身体攻击或暴力。但在一些入室盗窃、劫车和入室行凶案件中，暴力可能是附带产生的结果。此外，法人犯罪也可能涉及潜在的暴力（如违反安全标准）或对环境的直接破坏。

　　本章的犯罪行为涉及一些前文没有提及的心理学概念。我们在前几章花了大量时间讨论学习、经典条件反射、自尊、挫折，当然还有攻击性，但在本章，尽管它们依旧对犯罪行为的产生存在影响，但不再是本章的重点。入室盗窃犯和身份盗窃犯仍然会在这些因素的影响下去学习如何实施犯罪行为，但与前几章相比，本章将更多地强调自我强化、期望、合理化、动机等概念。

　　本章讨论的大多数犯罪在官方统计中被称为财产犯罪（property crimes）。财产犯罪一般涉及非法获取金钱和物品，或者为经济利益而非法破坏财物。美国统一犯罪报告列举了四种主要的财产犯罪，分别是入室盗窃（burglary）、偷盗 - 盗窃（larceny-theft）（包括欺诈）、机动车盗窃（motor vehicle theft）和纵火（arson）。在这四种犯罪中，纵火是最难分类的犯罪行为。尽管在其他财产犯罪中，利益并不总是犯罪行为产生的动机，但在纵火犯罪中，利益可以说与动机一点关系都没有。例如，纵火行为可能只是犯罪人想破坏财物，也可能是为了掩盖其他罪行，甚至是谋杀。未成年人纵火，通常被称为放火，也可能被视为一种心理障碍。基于这些原因，我们将在下一章对纵火进行讨论。

　　尽管本章讨论的犯罪通常不涉及身体攻击，但它们在一个重要的心理方面与前几章所讨论的暴力犯罪相似。其中大多数涉及被害人的去人性化（dehumanization），这种去人性化与暴力中经常发生的去人性化在某种意义上有所不同。正如我们所了解到的，当一个人或一群人将他人视为物品而不是人时，去人性化就发生了。当一个人对其他人的人性没有反应时，就更有可能对他们采取不人道的行为。例如，在入室盗窃、身份盗窃等犯罪中，犯罪人通常会避免直面被害人。虽然也有例外，但他们通常不会直接观察或体验被害人在经济、社会和心理上出现的不适。在没有被害人的情况下，内部价值观和社会约束就不那么有效了，这使犯罪人更容易压抑、否认行为或为犯罪辩护。正如格雷沙姆·赛克斯（Gresham Sykes，1956）所说："个人的内部情绪更容易为被害人的缺席所中和。"犯罪人不必考虑其行为对被害人的影响，因为他们往往不将被害人视为一个人，而是一个攻击目标。如今，当如此多的欺诈犯罪在网络上发生时，这种情况更有可能出现。此外，在劫车或入室行凶案件中，特别是后者，去人性化反而更难发生。

表 13-1 是统一犯罪报告统计的 2017 年财产犯罪的发生情况。如表 13-1 所示，偷盗－盗窃占财产犯罪的 71.4%，其次是入室盗窃，占这些犯罪的 18.1%。财产犯罪率与暴力犯罪率一样，在过去 10 年有所下降。

表 13-1 财产犯罪（2017 年）

犯罪	犯罪数量	占财产犯罪的比例
财产犯罪总数	7 735 257	100.0%
偷盗－盗窃	5 519 107	71.4%
入室盗窃	1 401 840	18.1%
机动车盗窃	773 139	10.0%
纵火	41 171	0.5%

资料来源：Federal Bureau of Investigation，2018a. Crime in the United States，2017. Washington，DC：U.S. Department of Justice. Federal Bureau of Investigation。

除了介绍入室盗窃、偷盗－盗窃和机动车盗窃等传统犯罪，本章还涉及一些当前的具体犯罪形式，如身份盗窃和劫车。同时，因为网络获取数据的便利性，身份盗窃已成为近年来官方统计中少有的增长速率加快的犯罪。劫车犯罪数量较少，但由于它是机动车盗窃的一种独特形式，也引起了当代研究的关注。我们也会就白领犯罪进行探讨，并就其定义和估计其发生率的困难性进行讨论。

显然，大多数犯罪人实施财产犯罪是为了获得金钱或物品，或者为了满足生物、心理或社会需求的其他有形回报。然而，赛克斯早在 1956 年就指出，这样的解释并没有告诉我们为什么有些人在某些社会条件下会犯下这些罪行，而其他人则不会。严格基于经济必要性和满足人类基本需求并不足以解释这些行为的发生。因此，赛克斯提出了一个额外的因素——相对剥夺感（relative deprivation）。为了评估与财产犯罪相关的经济需求，我们应该考虑的不是这个人拥有什么或个人收入是多少，而是其所拥

有的和希望拥有的之间差距有多大。具体来说，相对剥夺感是指人们认为他们现在拥有的和应该拥有的之间的心理差距。在另一种意义上，相对剥夺感是指在"有"和"无"之间形成的一种泛化的不公正感，也可能适用于那些拥有足够财富，但认为自己仍需要更多财富来维持与他人相似的生活方式的人。相对剥夺感是一个有趣的概念，但如果要成为解释犯罪行为发生的因素，仍需要实证研究佐证。

从心理学角度来看，本章所讨论的犯罪不能简单地用生物需求、物质欲望或相对剥夺感来解释，还必须考虑强大的认知动机。这些认知因素包括结果预期，以及预测和理解个人行为后果的能力。此外，认知力量可能相对独立于外部强化，如有形奖励、社会和地位奖励等。自我强化，包括自我奖励和自我惩罚，可能在本章讨论的许多犯罪中成为主要激发因素。也就是说，在完成犯罪的过程中可能存在内在奖励和自我满足。这是现代研究人员开始关注某些专业型犯罪（如入室盗窃或劫车）的原因之一（Nee，2015）。

认知因素在另一个意义上也极其重要，它使犯罪人合理化自己的行为。本章的一个重要主题是经济犯罪人（包括企业犯罪人）最小化、歪曲或否认不当行为或应受谴责的行为的心理倾向。前文提到的与被害人的心理分离会对此产生影响。我们将在下文中探讨这些动机和合理化的心理因素。

入室盗窃

入室盗窃（burglary）是一种影响广泛并给被害人带来经济损失和精神伤害的犯罪。不过，如上所述，官方统计的入室盗窃案件发生数量近年来有所下降。入室盗窃被定义为用武力或非武力方式非法进入室内，意图盗窃或实施重罪。回想一下，在第十一章，我们谈到了性导向型入室盗窃，即犯罪人非法进入的目的是实施性犯罪，尤其是强奸。由于这些罪行被归类为性犯罪比财产犯罪更合适，所以在此不进行重复介绍，只在它们适用于本章后面内

容讨论的入室盗窃者类型学时才会对其有所提及。

美国联邦调查局将入室盗窃分为三类：

（1）强行进入；

（2）未使用武力的非法进入；

（3）强行进入未遂。

2017 年统计结果（FBI，2018a）显示，入室盗窃占所有财产犯罪的 18.1%。其中，58% 的入室盗窃案涉及强行进入，36% 是非法进入，6% 是强行进入未遂。其中大部分（67.2%）是对住宅的入室盗窃。入室盗窃罪的平均损失为每起 2322 美元。

入室盗窃的特点

如上述数据所示，大约 1/3 的入室盗窃案不涉及强行进入。也就是说，犯罪人通过未上锁的窗或门进入，或者使用"藏"在明显位置（如门垫下）的钥匙进入。只有 6% 的入室盗窃案是试图强行进入未遂的。

一直以来，如统一犯罪报告的数据显示，大多数入室盗窃案涉及住宅而非商业设施。所有入室盗窃案中约有 2/3 发生在住宅（FBI，2018a）。这些发生在住宅的入室盗窃案，犯罪人进入的建筑物不一定是居住的房屋。非法进入车库、棚子或其他附属建筑物也构成住宅入室盗窃。对住宅的入室盗窃更多发生在白天，而对企业和非住宅建筑的入室盗窃大多发生在夜间。

入室盗窃案更可能发生在温暖的月份，特别是 7 月和 8 月，因为在这个时间人们更可能在户外或外出度假，更可能将门窗打开，使住所变得更容易被侵入。下雪和寒冷的天气会阻碍入室盗窃的发生。

兰格和米兰斯基（Langer & Miranksy，1983）的一项早期研究显示，相当多的人没有做好预防入室盗窃的工作。被调查的纽约市居民中约有一半的人承认即使他们以前曾遭遇过入室盗窃，他们在离家时仍然没有锁好所有的门窗。有意思的是，虽然 66% 的人认为入室盗窃是可以预防的，但这些人中有 61% 没有锁好门窗。他们认为，看守房屋是其他人（如警察、房东、物业管理员）的责任，而不是他们自己的个人责任。当然，我们必须非常小心，不要因为任何刑事犯罪而责怪被害人。提醒人们并让他们意识到他们可以采取哪些措施来保护自己免受犯罪侵害是一回事；指责他们没有采取预防措施完全是另一回事。在上述研究中，那些认为他们的社区不安全和容易发生入室盗窃的人比那些认为他们的社区安全和不容易发生入室盗窃的人更不可能使用锁具。可能是因为在入室盗窃案多发地区的人们相信，如果有人要入室盗窃，不管有没有锁，他们都无能为力。然而，另一个因素是，好的锁具和额外的安全装置要花钱购买。如果一个人经济紧张，买锁可能被视为低优先级消费。即使是"高科技"设备，如能安装在手机和其他电子设备上的家庭安全应用程序，也不是免费的。

谁会实施入室盗窃

与其他许多刑事犯罪一样，入室盗窃似乎主要是由年轻人犯下的。以 2017 年为例，约有 41% 的被捕人员在 25 岁以下，大约 16% 的人在 18 岁以下，平均年龄约为 22 岁（FBI，2018a）。在某种程度上，这个逮捕比例可能反映了年轻的入室盗窃犯不是很老练，因为他们没有经验，更容易被发现。然而，研究人员注意到，随着年龄的增长，一些犯罪人发现他们不再像以前那样灵活和矫健。爬进开着的小窗户和翻越栅栏容易受伤，而且这些剧烈活动随着年龄的增长会变得更加难以实现。因此，许多年龄较大的入室盗窃犯转向入店行窃（Cromwell，Olson，& Avary，1991）。与入室盗窃相比，入店行窃要容易得多，风险更小，而且成本效益更高。入店行窃的物品更容易兑换成现金。此外，针对入店行窃的刑事处罚比入室盗窃要轻得多。

入室盗窃更多是由男性实施的，2017 年被捕的人中只有 19% 是女性。虽然 2017 年被捕的人中有 67.5% 是白人，但非白人的比例高于他们在总人口中的比例（FBI，2018a）。

在一项基于被定罪的入室盗窃犯的自我报告研

究中，研究人员（DeLisi et al.，2018）发现，这些犯罪人居所不定，频繁搬家。以往研究显示，入室盗窃犯可以被归为一种犯罪模式的连续体上，从犯罪模式的多样性到高度专业化。研究人员对这种犯罪连续体做了很好的总结："总体来说，入室盗窃犯的行为通常符合两个特征——一方面他们更可能吸烟、犯下严重的暴力罪行、处于缓刑或假释期，以及犯下抢劫罪，这些都表明了其多样性；另一方面盗窃价值超过 50 美元的物品、盗窃机动车等都表明他们有专业化的特点。"

如前所述，每三起入室盗窃案中大概就有两起发生在住宅内，而住宅盗窃案通常发生在白天和工作日。未成年人在白天实施的入室盗窃与逃学密切相关（Scott，2004）。商业设施通常在深夜和周末被盗（Cromwell et al.，1991；Pope，1977b）。这并不奇怪，因为入室盗窃是一种被动的犯罪，犯罪人在选择时间和地点时会将遇到被害人的可能性降到最低。几乎所有有经验的入室盗窃犯都表示，当住户可能在家时，他们不会进入住宅（Cromwell et al.，1991；Nee，2015）。此外，他们根据住户在自由时间外出购物、办事，或者拜访亲朋好友等行为形成可预测的模式。平日在外工作的人在周末也会表现出类似的模式。父母通常也会表现出送孩子上学和接孩子放学、参加教育机构的课程、参与娱乐活动的可预测模式。

在所有财产犯罪中，入室盗窃是成功率最大而风险最小的犯罪。它不仅是一种不接触被害人并不可能被认出来的犯罪，而且也不需要武器。不过，回顾一下，大多数入室性侵害案件都涉及使用武器。此外，对没有人受到身体伤害的入室盗窃犯的处罚通常比对抢劫犯的处罚要轻，我们将在下一章对此进行介绍。

入室盗窃的情境线索与目标选择

识别情境线索对成功实施入室盗窃尤为重要。尼和泰勒（Nee & Taylor，1988）发现，有经验的住宅盗窃犯会利用至少四种情境线索。

（1）居住线索。例如，信箱里有无信件或报纸，汽车的停放，窗户、百叶窗和窗帘的关闭或打开。

（2）财富线索。例如，房屋的外观、街区、景观、汽车的品牌、可见的家具等。

（3）布局线索。例如，进入和逃离房子或建筑物的难易程度。

（4）安保线索。例如，报警系统，门锁、窗锁。

尼和泰勒设计了一项经典研究测试入室盗窃犯和房主在识别这些线索方面可能存在的差异。入室盗窃犯组的被试由 15 名在爱尔兰科克监狱服刑的犯罪人组成，而房主组的被试由 15 名爱尔兰房主组成。每个被试都被要求探索一个通过幻灯片和地图展示的由 5 个不同房屋组成的模拟环境。研究人员发现，与房主相比，入室盗窃犯能够更好地辨别安全措施，并且更关心能否成功逃离现场。然而，最令人惊讶的是，在哪些房屋最容易被盗的问题上，入室盗窃犯和房主之间存在高度的共识。

入室盗窃犯更倾向于选择单户住宅，主要是因为它们可以直接从街上进入，而且通常有多个入口和逃脱点（Bernasco，2006）。与邻居关系生疏的住户或孤立的社区居民（称为匿名环境）也是首选，因为邻居不太可能被异常或可疑的事件惊动（Bernasco，2006）。街角的住宅也是具有吸引力的目标，因为它们通常有许多逃跑路线，附近的邻居较少且更难帮助看管（Rengert & Groff，2011）。入室盗窃犯最喜欢那些没有安全系统或可见的安全摄像头的住宅。

研究人员（Rengert & Groff，2011）指出，在窗口或屋外摆放古董为一些入室盗窃犯提供了重要的线索。古董表明房主可能是收藏家，而入室盗窃犯往往认为他们可能会在屋内找到有价值的收藏品。

表 13-2 提供了美国犯罪被害情况调查关于一天中不同时间段发生的入室盗窃案及是否有人在家的数据。除非入室盗窃犯进入住宅是为了实施暴力犯罪或恐吓被害人，否则他们更愿意进入无人居住的

住宅，这一点并不令人惊讶。然而，如表 13-2 所示，即使被害人在家，晚上入室盗窃还是会经常发生。入室盗窃犯有许多策略来确定目标房屋是否有人居住。例如，一种策略是在从事合法工作时收集目标房屋的信息，如园林绿化和草坪护理、销售或有线电视安装；另一种策略是入室盗窃犯查看 Facebook 或其他社交网站。许多人在网上发布他们正在度假或计划度假的信息，而且往往会列出确切的日期。有意思的是，Facebook 上的帖子在抓捕盗窃犯方面也会发挥作用。例如一群未成年人在 Facebook 上吹嘘他们的盗窃行为，甚至开始发布他们下一步将在哪里下手。于是警方在目标地点等待并抓住了他们。

表 13-2　住宅入室盗窃的发生时间及家庭成员是否在家（2003—2007 年）

时间	不在家		在家	
	年平均数	比例	年平均数	比例
总数	2 683 270	100.0%	1 021 430	100.0%
白天（早 6 点至晚 6 点）	1 159 450	43.2%	336 340	32.9%
晚上（晚 6 点至早 6 点）	697 940	26.0%	626 150	61.3%
未知	825 880	30.8%	58 940	5.8%

资料来源：Catalano，S. M.（2010）. Victimization during household burglary. Washington，DC：U.S. Department of Justice，Bureau of Justice Statistics，p. 6.

有些入室盗窃犯会直接敲门。如果有人应答，他们则会以问路或其他问题为借口。如果有机会，他们还可能对屋内扫视一圈，评估未来是否可能有值得拿走的东西。敞开的没有车的车库门，在入室盗窃犯看来是一种邀请。但必须强调，如果因此发生入室盗窃，也并不能说是被害人的错。

有些入室盗窃犯可能会再次盗窃同一个地方，甚至多次重复盗窃，这种模式称为**重复入室盗窃**（repeat burglary）。重复入室盗窃的犯罪人之所以这样做，是因为在针对同样的目标时效率更高且风险更小（Farrell，Phillips，& Pease，1995）。住宅尤其容易重复被盗，因为居住者在被盗后不一定会改变布局或

安装保护性电子设备（如警报器或摄像头）来阻止入室盗窃者。换句话说，犯罪人对目标的布局非常了解，第一次就获得了成功，认识到没有添加额外的保护装置，甚至可能在第一次就看到了贵重物品，促使其再次造访。

研究发现，许多不熟练的入室盗窃者经常选择他们之前成功入室盗窃的地点附近的住宅，通常被称为**就近重复入室盗窃**（near-repeat burglary）（Nobles，Ward，& Tillyer，2016）。有意思的是，研究人员指出，在其他犯罪中也观察到了就近重复的现象，包括机动车盗窃（Lockwood，2012）、枪支暴力（Wells，Wu，& Ye，2012）、抢劫（Youstin et al.，2011）和纵火（Grubb & Nobles，2016）。入室盗窃犯，尤其是不太熟练的盗窃犯，倾向于将目标限制在与自己住所相似的社区（Chamberlain & Boggess，2016）。事实上，犯罪人所在社区的大环境既制约了犯罪人的决策，也为其决策提供了条件，这表明犯罪人居住社区的特点在决定哪些社区最终成为犯罪目标方面起关键作用（Chamberlain & Boggess，2016）。此外，研究人员（Sleeuwen，Ruiter，& Menting，2018）表明，就近重复入室盗窃的犯罪人不仅会回到同一地点或社区，而且倾向于在完全相同的周末或工作日针对该地区实施犯罪，犯罪时间只相差 0～2 小时。

入室盗窃犯为了将犯罪行为被发现的可能性降到最低，通常将目标锁定在居民构成具有种族多样性和经济弱势的社区，而且该社区居民具有较低的社会凝聚力（Chamberlain & Boggess，2016；Nobles et al.，2016）。多样化程度很重要，因为入室盗窃犯在社区内活动时更有可能不被发现；相反，犯罪人在富裕的、更有社会凝聚力的、种族同质化的社区中更有可能被轻易发现。例如，一个白人犯罪人在一个主要由有色人种的居民组成的社区中就会很显眼。一些入室盗窃犯选择他们认为贫困的社区，因为他们觉得这些社区的居民不能保证得到高效的执法反馈，也不能采取自我保护来预防盗窃行为。正如研究人员所说："这些社区可能不仅为犯罪提供了机会，而且有限的经济资源使形成社区联系和实行非正式的社会控制

变得困难。"入室盗窃犯也会注意社区内"出租"或"出售"的广告牌数量，这表明形成社区联系、干预或发现可能的犯罪行为的常住居民较少。

入室盗窃犯的认知过程

本内特和赖特（Bennett & Wright，1984）进行了一个为期3年的研究项目，被试为被定罪并在英格兰南部各监狱服刑的入室盗窃犯。尽管这项研究距今已经40年了，但它是为数不多的通过半结构化访谈关注入室盗窃犯自身认知的定性研究之一。研究人员的主要兴趣是了解住宅入室盗窃犯在犯罪时的决策和认知过程。尽管大多数入室盗窃犯都犯过其他经济犯罪，但几乎所有人都认为入室盗窃是他们的主要犯罪活动。因此，他们中的大多数人可以被视为职业犯罪人。

本内特和赖特还发现，几乎所有的入室盗窃都是有计划的。许多其他研究也得出了同样的结论：很少有犯罪人因一时冲动而去盗窃，他们也没有任何持续或不可抗拒的入室盗窃的冲动（Vaughn et al.，2008）。另外，即使那些看起来是冲动的或机会型的入室盗窃，也可能是基于精心学习的认知脚本。正如第五章所述，认知脚本是一个人在各种情况下觉得自己应该如何行动的心理意象和计划。一个人在行为上和心理上对这些脚本排练得越多，就越能实施类似条件下的习惯性行为。

在本内特和赖特的调查中，影响入室盗窃犯计划的两个主要方面是可监视性线索和居住性线索。可监视性线索与房屋周围的遮蔽或开放程度有关，例如，它是否会被邻近的房屋内的住户观察到，是否可以进入房屋背面，以及邻居的存在或邻近程度。居住线索与尼和泰勒报告的线索相似，例如，车库里是否有车、屋内是否开灯、信箱是否有信件、道路是否被修整、草坪是否被修剪等。有经验的入室盗窃犯说："居住标识是盗窃企图的主要威慑因素。具体而言，防盗报警器和狗在防止入室盗窃方面极为重要。"克伦威尔等人（Cromwell et al.，1991）也有一致的发现。他们补充道："狗不一定是大狗，也

不一定是可怕的品种。任何狗都可以，因为大狗会构成身体威胁，小狗会很吵。而猫似乎没有资格成为良好的财产保护者。"

克伦威尔等人还发现，安全锁和固定插销给入室盗窃犯的进入带来了相当大的困难，尽管一些有经验的犯罪人声称这种锁不会有任何阻碍。然而，克伦威尔等人不仅从有经验的入室盗窃犯那里获得了自我报告的数据，而且还让他们证明了自己的说法——安全锁和固定插销带来了各种麻烦，甚至对经验丰富的入室盗窃犯也是如此，尽管他们坚持认为这些锁不会起到威慑作用。此外，许多关于入室盗窃的研究发现，增加警察巡逻和其他此类策略对入室盗窃的决定或其成功率的影响很小。这主要是因为巡逻不可能无限期地持续下去，而且警察不可能同时出现在所有地方。然而，好奇的邻居——那些在隔壁有活动时总是从窗户探出头来，或者乐于助人的邻居——往往会成为入室盗窃的强大威慑因素。有经验的入室盗窃犯和犯罪统计数据都支持这一观点。昂贵的电子设备和摄像头可能会阻止一些入室盗窃犯，但更有技巧的入室盗窃犯往往会制定策略来破坏这些装置。

关于居住线索的研究

研究数据表明，尽管入室盗窃是一种"有计划的"行为，但入室盗窃犯会挑选出大量的潜在目标，然后选择其中最容易下手的目标。然而，克伦威尔等人发现，即使大多数入室盗窃犯会在详细评估环境线索的基础上精心策划，做出高度理性的决定，但关键因素似乎是在一系列潜在目标中找到合适的机会，这与成为一名入室盗窃犯所需的技能有关（Nee，2015）。入室盗窃通常不是一种冲动的犯罪，但通常也没有精确入微的计划。例如，犯罪人可能会在一个特定的时间针对一所特定的房屋。在计划入室盗窃的那一天，房主意外地回家了；然后犯罪人就会更换目标。有相当多的研究表明，家中有人的线索往往会起到威慑作用，从而降低入室盗窃的被害风险（Snook，Dhami，& Kavanagh，2011）。还有研究表明，职业

犯罪人能够使用更少且更相关的信息实施犯罪，而业余或新手犯罪人容易受到不相关信息的影响（Gracia-Retamero & Dhami，2009）；也就是说，职业入室盗窃犯只根据他们以前的经验，根据 1～2 个居住线索来决定是否实施入室盗窃。例如，没有汽车停在外面，而且窗帘一直拉着，这两个线索将向职业犯罪人表明该住宅无人居住。事实上，斯努克等人（Snook et al.，2011）发现，"车辆线索"是决定居住情况的最重要因素。从本质上讲，与倾向于依赖更多认知上的复杂策略的新手相比，职业犯罪人似乎不会用复杂的策略扰乱他们的思维。正如斯努克等人所强调的："越来越多关于入室盗窃犯决策的研究似乎与犯罪学中认为犯罪人采用权衡和整合信息的补偿性决策策略的理性选择理论相矛盾。"熟练的入室盗窃犯显然会基于以往经验简单、快速地做出决策。

入室策略

克伦威尔等人在对有经验的入室盗窃犯进行的系统研究中发现，最常用的入室方法之一是通过滑动玻璃门进入。据他们所说，这些门很容易用手或借助于撬棍或螺丝刀从滑轨上滑出。因此，入室盗窃犯很快就能进入，并且悄无声息。另一种常见的方法是拆除、切割或轻轻打破窗户，然后从打开的窗户爬进去。熟练的入室盗窃犯会小心翼翼地拆掉玻璃，爬进去，然后以专业的方式装好玻璃。其他常用的住宅入室盗窃方法包括用撬具强行打开后门或踢倒后门，或者打开车库门，再强行打开车库和房屋之间的门进入。

对职业入室盗窃犯来说，一种更现代的进入方法是使用撞匙。大多数门都可以用撞匙打开，撞匙通常是用黄铜制成的，可以插入锁孔开锁。也就是说，一把撞匙通常足以打开某个制造商生产的大多数锁。在一些案件中，撞匙是必备品。它可以帮助入室盗窃犯在不带来任何损坏和强行进入迹象的情况下进入房屋，而房主可能在几天后才发现有东西丢失。电子锁是阻止这种入室方法的一种方式。一旦进入房屋，入室盗窃犯就会检查方便逃跑的路线，以防有人回家。

入室盗窃犯会在哪里行窃

对美国全国被捕入室盗窃犯的研究数据表明，很大一部分犯罪人在自己的住所附近实施犯罪。经典的和最近的研究都支持这一点。圣克拉拉刑事司法试点项目（Santa Clara Criminal Justice Pilot Program，1972）发现，超过一半被逮捕的犯罪人在离自己家不超过 1 英里（约合 1.609 千米）的地方实施犯罪。巴克（Barker，2000）在对英格兰南部一个小镇上的系列入室盗窃犯的研究发现，这些犯罪人的住所往往离他们盗窃的地方很近。不过，巴克还发现，在入室盗窃的后期阶段，犯罪人的住所与犯罪地点的平均距离增加了。例如，从住所到第一次犯罪地点的平均距离是 2.16 千米，从住所到该系列入室盗窃案的中间犯罪地点的平均距离是 3.57 千米，从住所到该系列入室盗窃案的最后一次犯罪地点的平均距离是 5.52 千米。不过，从这些数据中很难得出结论：因为被逮捕的入室盗窃犯可能不如逃脱的入室盗窃犯那么熟练，因此更容易被发现。逃脱的入室盗窃犯有可能在离家更远的地方活动。然而，一般来说，入室盗窃犯可能更少远行，因为他们对未知的地域不太熟悉。如前所述，业余入室盗窃犯通常会选择与自己住所相似的社区，通常不会走很远。埃斯克里奇（Eskridge，1983）发现，那些盗窃商业设施的人更愿意走更远的距离。有意思的是，一组研究人员（Bennell & Jones，2005）发现，商业和住宅盗窃犯都会选择特定的地理区域来实施犯罪，而且他们似乎会不停地回到这些选定的区域，直到他们用尽适合盗窃的目标。考察入室盗窃犯的地理作案模式，特别是在一个特定社区发生多起盗窃案的情况下，是第十章讨论的犯罪地理画像的一项重要任务。

方法和模式上的性别差异

虽然 2017 年因入室盗窃被捕的人中约有 20% 是女性（FBI，2018a），但很少有研究对女性入室盗窃犯的特征进行考察。研究人员（Sanders，Kuhns，&

Blevins，2017）对 3 个州立监狱中被判犯有入室盗窃罪的男性和女性囚犯进行了调查研究，共有 1513 名囚犯参与（1140 名男性和 373 名女性）。根据他们的回答，研究人员能够将这一群体分为蓄意型和冲动型两类。冲动型入室盗窃犯表示他们在决定实施入室盗窃时通常是临时起意，而蓄意型入室盗窃犯则表示他们提前计划了入室盗窃行为。

研究人员还发现，女性入室盗窃犯往往更容易冲动。蓄意型入室盗窃犯往往是男性，并专注于获得现金，主要用于支付生活费用或购买生活必需品。研究人员还强调了一点，这项研究仅使用了从被监禁的入室盗窃犯那里收集到的信息，没有被监禁或没有被抓到的入室盗窃犯可能有不同的动机、不同的目标选择和入室盗窃手段。

在对男性和女性入室盗窃犯的早期研究中，研究人员（Decker et al.，1993）发现，女性入室盗窃犯的犯罪模式与男性的犯罪模式非常相似。不过一个主要的差异是，男性除了盗窃住宅或商业机构，还经常偷车，而女性则没有。他们还发现，女性入室盗窃犯可以分为两大类：从犯和共犯。从犯实施盗窃是因为她们在盗窃过程中服从于他人，通常是男性；而共犯以平等的身份参与入室盗窃。尽管一些女性共同犯罪人与男性共同犯罪，但并不听命于他们。

盗窃目标与销赃

入室盗窃犯从家中拿走的物品通常是珠宝、黄金、有价值的家庭装饰品、收藏品及电脑（现在更可能是笔记本电脑和智能手机），其次是工具（Schneider，2005；Thompson，2017；Walters et al.，2013）。近年来，大量的便携式电子设备，如手机、无线耳机、笔记本电脑和固态硬盘，在入室盗窃和抢劫中很受欢迎，犯罪人可以用它们换取现金或毒品。家用电子设备也一直是受欢迎的盗窃目标。手提包和公文包、钱包 / 皮夹、信用卡 / 储蓄卡和现金在入室盗窃和抢

劫事件中同样很受欢迎（Thompson，2017）。在美国，每年大约有 232 400 支枪在住宅入室盗窃中被盗（Langton，2012），约 80% 的被盗枪支从未被找回。非园林类电动工具特别受欢迎，包括无绳电钻、电锯、卡扣式工具和发电机。近年来，处方药，甚至糖尿病试纸都很抢手。入室盗窃犯通常不会花时间寻找现金，除非他们怀疑有大量现金藏在房屋的某个地方。如果他们有现成的交通工具，那么完好无损的园艺工具，如割草机、修剪机，可能会被盗走。信用卡和钱包历来不是入室盗窃犯的目标，但如今有些入室盗窃犯打算进行身份盗窃，或者更有可能将这些物品卖给打算进行身份盗窃的人。具体财物类型统计见表 13-3。

容易出售是盗窃某些物品最常见的原因（Schneider，2005）。一些非常昂贵的物品（如珍贵的画作）可能非常难以出售，一般不会被作为目标。易于携带或移动是造成物品被盗窃的第二个原因。

业余入室盗窃犯通常会拿走他们需要的财物，而职业入室盗窃犯则会拿走极具转售价值的物品

表 13-3　被盗和追回的财物价值（2017 年）

财物类型	财物价值		
	被盗价值（美元）	追回价值（美元）	追回比例
总数	13 505 923 310	3 938 510 699	29.2%
现金、票据等	1 366 020 962	26 879 881	2.0%
珠宝和贵金属	1 213 092 968	4 319 6761	3.6%
衣服和皮草	376 921 356	37 029 432	9.8%
本地被盗车辆	5 562 733 246	3 289 374 602	59.1%
办公设备	451 608 653	24 186 462	5.4%
电视机、收音机、音响等	394 508 873	24 585 471	6.2%
枪支	151 910 488	22 230 563	14.6%
家庭用品	266 677 409	10 389 743	3.9%
消耗品	134 257 875	13 128 523	9.8%
家畜	18 251 205	2 755 916	15.1%
其他	3 569 940 275	444 753 345	12.5%

资料来源：Federal Bureau of Investigation, 2018a. Crime in the United States, 2017. Washington, DC: U.S. Department of Justice, Federal Bureau of Investigation。

（Nee，2015；Vetter & Silverman，1978）。职业犯通常会销赃（fence），而业余犯通常只会将他们盗窃的物品卖给当铺或朋友。销赃者是故意购买赃物并进行转售的人，是职业盗窃案中不可或缺的组成部分。如前文所述，钱包已经成为身份盗窃者高需求的赃物，但他们自己并不想实施入室盗窃（National Center for White Collar Crime，2015）。

然而，克伦威尔等人的研究对如今专业销赃的程度提出了严重质疑。他们在对得克萨斯州一个拥有 25 万人口的城市中有经验的入室盗劫犯进行调查后发现，被盗财物的处理渠道相当多样。一些犯罪人将赃物卖给当铺，一些则卖给朋友和熟人，一些人将其换成毒品，还有一些人将商品转卖给合法企业或陌生人。因此，研究人员认为，专业销赃可能已经被一个更多样化和更容易进入的赃物市场所取代。例如，现今的赃物往往是通过互联网处理的，购买者往往不知道这些物品是非法获得的。常常出现的情况是，向警察报案自家珠宝被盗的人会被告知去查查他们附近的当铺、跳蚤市场。

施奈德（Schneider，2005）认为，将所盗物品卖给处理者或销赃者仍然是处理赃物的首选方法，职业入室盗窃犯更是如此。第二种选择是卖给朋友或用赃物换取毒品。在某些情况下，入室盗窃犯会将赃物据为己有，但这种选择会增加被发现的概率。

动机

如你所料，入室盗窃的动机多种多样，但对职业犯罪人来说，首要因素无疑是金钱利益。如果实施恰当，入室盗窃是一项风险低且收益大的事情。此外，入室盗窃犯会对预期的经济收益是否超过努力的回报和被发现的风险进行粗略估计（Bernasco，2006；Nee，2015）。然而前文提过，有其他研究发现，有关入室盗窃的理性选择论点存在夸大的迹象（Snook et al.，2011）。因此，关于这个问题还需要更多的研究来得到结论。

戴维（David，1974）访谈过一个由一对夫妻组成的入室盗窃团伙，他们平均每天可得到 400～500 美元；在他的研究样本中，一个独立作案人每周可得到 500 美元左右。如果在现在，这些数字无疑会高得多。许多职业犯罪人还认为，他们的行为是一种具有挑战性的技能，需要不断地发展和完善。有些人甚至说他们在计划和实施犯罪的过程中会有一种快感，在他们很擅长的情况下更是如此（Cromwell et al.，1991）。从这个意义上说，入室盗窃是高度适应性的，是一项高强化支持的工具性行为。然而，对许多入室盗窃犯来说，简单地认为他们参与犯罪是将其作为职业或有利可图的生意可能是没有根据的。绝大多数入室盗窃不是出于犯罪人的基本需要，而是为了获得收入和提高生活质量（Rengert & Wasilchick，1985）。入室盗窃所得使犯罪人能购买毒品、烟酒、昂贵的商品等，也可以像其他财产犯罪的收益一样，被用来完成大学教育。生存需求通常可以通过其他收入来源得到满足，如一份固定的工作。

尽管职业入室盗窃犯的动机主要是金钱，但也有自我满足和成就感。当自我满足和自我强化以某些成就为条件时，人们就会有动力花费必要的努力来实现预期的目标，甚至可能超越金钱收益。例如，沃尔什（Walsh，1980）强调了入室盗窃的表达成分和心理成分。他认为，对一些入室盗窃犯来说，犯罪的挑战远比物质奖励更有意义。根据对被害人和犯罪人的访谈，沃尔什确定了三种不重视物质收益的入室盗窃犯，称他们为表达型入室盗窃犯（expressive burglars）：

（1）野蛮者（the feral threat）；

（2）谜语者（the riddlesmith）；

（3）支配者（the dominator）。

野蛮者在闯入后会实施恶意的破坏行为，他们会破坏屋内环境、打碎玻璃、砸碎物品，并在房内随处大小便。这些犯罪人可能会划破衣橱里的衣服，破坏车库里的车辆。谜语者试图通过在整个房屋里设置谜题、谜团和恶作剧来向被害人和调查人员展示他们的技术。谜语者在造成破坏的方式上"别出心裁"，会在墙壁、地板和镜子上留下信息。支配者喜欢威胁或惊吓被害人，因此他们会闯入有人居住的房屋。

大多数入室盗窃犯并不是表达型入室盗窃犯。沃尔什确定的三种表达型入室盗窃犯都喜欢通过特定的操作方式或方法与被害人进行"交流"。因此，一个以创造独特技术和难倒警察为荣的入室盗窃犯更有可能继续非法行为。虽然外部强化（有形奖励）很重要，但内部强化可能是一个非常强大的激励和调节因素。沃尔什的研究是对入室盗窃进行分类的早期尝试。以下是更现代的分类方法。

入室盗窃犯的分类

正如前几章所提到的，研究人员经常对各类犯罪人进行分类，这既是为了预防和解决犯罪问题，也是为了矫治罪犯。在前几章，我们介绍了家庭虐待犯罪人、系列杀手、大规模谋杀犯、强奸犯和儿童性犯罪人的分类。尽管这些分类有其局限性（例如，犯罪人很少能完全地归入某一个类别），但它们可以提供一个视角，对犯罪人共同具有的犯罪行为和可能的特征进行研究。

沃恩等人（Vaughn et al.，2008）对456名成年职业入室盗窃犯的样本进行研究，确定了四类入室盗窃犯：

（1）年轻多面手（young versatile）；
（2）流浪者（vagrant）；
（3）毒品导向者（drug-oriented）；
（4）性侵害者（sexual predators）。

这一分类系统揭示了入室盗窃犯的基本动机和行为，其中一些人可能被认为是危险的。到目前为止，第一类是最常见的（60%），他们很年轻，犯过各种罪行。年轻多面手似乎代表了我们迄今为止所描述的入室盗窃犯，例如，计划犯罪行为和通过特定方式销赃。第二类是流浪者，他们占样本的22%，他们经常被指控犯有各种罪行的原因是因为其流浪者身份。他们主要为了物质利益而入室盗窃，特别

是在冬季。研究人员推测，这些入室盗窃犯中的许多人可能有精神障碍，缺乏获得就业的社会技能。第三类是毒品导向者，他们占样本的15%，犯有许多持有毒品和贩运毒品的罪行，还很可能携带武器来进行自我保护。在大多数情况下，这类犯罪人倾向于通过入室盗窃来维持他们的吸毒习惯。

第四类是性侵害者，包括第十一章讨论的性导向型入室盗窃。在沃恩等人的研究中，性侵害者占样本的6%，他们是最暴力的犯罪人。这类犯罪人有很长时间的犯罪经历，犯下了各种各样的罪行，包括严重伤害、抢劫、强奸和卖淫/教唆卖淫。根据沃恩等人的研究，这一类型的入室盗窃犯至少部分是出于性强迫和进入陌生人住所的刺激性动机。某些情况下是出于对他们所跟踪的人实施性侵害的动机。尽管这一类型的犯罪人只占总样本的一小部分，但他们也占了入室盗窃案中报告的绝大部分暴力事件，可能还有许多报告的入室行凶也是他们所为，后面我们会对入室行凶进行探讨。

福克斯和法林顿（Fox & Farrington，2012）基于对犯罪现场的分析而不是犯罪人的动机（尽管有时会涉及动机推断）对入室盗窃犯进行了分类。为了进行研究，他们对2008—2009年佛罗里达州一个县的405起已破获的入室盗窃案的档案进行了分析。随后使用犯罪类型统计模式（Statistical Patterns of Offending Typology，SPOT）确定了入室盗窃犯的四种犯罪模式：机会型、有组织型、无组织型和人际关系型。每种模式都对犯罪人最可能具有的特征进行了描述。在机会型模式中，犯罪是没有计划的。而在有组织型模式中，犯罪人配备了工具，他们的方法看起来很有条理，现场很干净。在无组织型模式中，犯罪人是强行进入的，现场一片狼藉。人际关系型模式涉及伤害或试图伤害室内的居住者。在之后的研究中，福克斯和法林顿（Fox & Farrington，2015）为了评估了这四类画像的有效性进行了一项精细的实验研究，将一个使用该画像来解决入室盗窃的警察机关与三个没有使用该画像的警察机关进行了比较。经过一年的跟踪调查发现，与未使用该

画像的警察机关相比，使用该画像的警察机关在入室盗窃的逮捕率上有明显的提高。表 13-4 总结了两种不同的入室盗窃犯分类的主要特征。

表 13-4　两种不同的入室盗窃犯分类的主要特征

沃恩等人的分类
样本：456 名成年职业犯罪人，自我报告犯罪史
年轻多面手、流浪者、毒品导向者、性侵害者
关注每种类型的犯罪动机（如兴奋、物质利益、维持吸毒、性满足）
对入室盗窃犯的心理治疗最有用，但测试不够充分

福克斯和法林顿的分类
样本：405 名被定罪的入室盗窃犯的档案
机会型、有组织型、无组织型、人际关系型
关注对犯罪行为及犯罪现场信息的分析
对于帮助执法部门进行犯罪画像最有用，但只是初步结果

这两种基于研究的分类可能会引发对入室盗窃类型和犯罪人类型的大量研究。沃恩等人的方法对某种形式的入室盗窃的各种动机提供了合理的解释。福克斯和法林顿的分类方法对动机的依赖程度较低，但它可以通过对犯罪现场本身的分析来洞察犯罪人的行为和可能具有的特征。他们的贡献与犯罪人画像有关，而不是与心理治疗有关。两组研究人员都谨慎地提出了他们工作的局限性。沃恩等人强调，他们的样本以广泛的犯罪经历为特征，可能不完全代表那些将犯罪活动限制在入室盗窃作为经济来源的职业或业余入室盗窃犯。福克斯和法林顿观察到，除了画像，还有其他因素可能也影响了受该分类模式培训的警察机关中较高的逮捕率。尽管如此，研究结果表明，未来需要继续对入室盗窃类型的有效性进行深入的研究。

对失窃者的心理影响

家是一个庇护所，它是一个特殊的个性化场所，是我们日常生活的中心，是我们大多数旅程开始和结束的地方（Merry & Hansent，2000）。住宅的装饰和布置方式及其中的物品代表了我们生活和个性的重要方面。因此，当我们的家被盗时，无论是身体上还是象征意义上，我们的私密空间受到入侵，我们的身份也受到攻击。

一些被害人将入室盗窃描述为对他们家的"强奸"，特别是当犯罪人弄乱了个人照片、信件和日记时，给人留下被入侵者侵犯或至少被"触摸"的感觉（Merry & Hansent，2000）。当入侵延伸到私人区域，如卧室、壁橱、抽屉、浴室和书桌时，被害人所经历的痛苦往往更加明显。此外，手机、平板电脑、笔记本电脑和其他电子设备往往包含大量信息，包括具有情感价值的数据（照片）（Thompson，2017）。滥用机密数据也意味着被害人可能因最初的事件而遭到进一步的伤害，如身份盗窃（Thompson，2017）。

入侵还危及被害人的控制感，威胁到他们保护自己个人领地的能力。许多被害人在住所被盗后，会安装安全系统（如摄像头）、增加和改进锁具、养狗，甚至在有能力的情况下搬到新家。沃林格（Wollinger，2017）发现，近 60% 的入室盗窃被害人在案件发生后购买了安全设备。其他人虽然受到创伤，却无力承担这些保护措施。总体来说，入室盗窃带来的心理影响对许多被害人来说是巨大的，而且会持续很多年。在对入室盗窃被害人心理反应的研究中，研究人员（Chung，2014）发现，近一半的被害人表现出创伤后应激障碍的行为特征，并持续一年多。

对一些入室盗窃犯来说，如沃尔什所描述的表达型入室盗窃者，他们的行为是为了引起被害人的一些反应。换句话说，他们使用某种特定的风格（或签名）向被害人和调查人员传递信息，希望诱发被害人的强烈情绪反应。这种情绪反应通常表现为不同程度的愤怒、抑郁、恐惧和焦虑（Brown & Harris，1989）。此外，犯罪人的个人风格可能反映了其个性特征。研究人员（Merry & Hansent，2000）将这些称为犯罪的人际维度。因此，有人认为，被害人的恐惧感和脆弱感是心理上的损失，而这些损失会转化为犯罪人的"收益"。在这种意义上，入室盗窃犯会从犯罪中获得物质和心理上的"收益"。入室盗窃的人际维度能为未来入室盗窃画像研究提供相当大的潜在价值。如前文所述，福克斯和法林顿将人际关系型界定为对被害人造成直接伤害的入室盗窃犯。

入室行凶

大约 28% 的住宅入室盗窃案发生时，有一名家庭成员在家（Catalano，2010）。这些案件通常被称为入室行凶（home invasions），指的是有人在家时非法进入其住宅的犯罪行为。值得注意的是，在统一犯罪报告中，入室行凶并未作为单独的犯罪类型存在。在该数据库中，入室行凶会被归类为入室盗窃，或者更有可能被归入四种暴力犯罪之一，这取决于它造成了什么样的严重后果。例如，如果入侵者在所有人都熟睡时进入住宅并带着电子设备离开，这在统一犯罪报告中就属于入室盗窃；如果入侵者进入住宅并严重攻击房主，这将被算作严重伤害。不过，应该强调的是，即使有人在家，大约 20% 的情况下会发生身体伤害，而且通常是轻伤害而非严重伤害（Catalano，2010）。研究人员（Gordon et al.，2007）发现，儿童和青少年最常报告的夜间恐惧是入室行凶或夜间入侵者。

入室行凶也被用来描述一种情况，即犯罪人强行进入有人的住宅，目的是要抢劫或伤害里面的人（Catalano，2010）。在某些情况下，一位家庭成员可能成为目标，或者当犯罪人知道这个人属于弱势群体，如残疾人或老年人，也会把他们作为攻击目标。两种最常见的导致凶杀案的入室行凶动机是索要毒资和抢劫老年人的财物（Sorensen et al.，2015）。在其他情况下，犯罪人误以为无人在家而进入住宅，或者家庭成员在入室盗窃过程中回家。将这些案件称为入室行凶也许会引起误解，因为犯罪人并不是怀着伤害他人的敌意而进入住宅的。

如前文所述，当居民在家时大约 20% 的住宅入室盗窃发展成暴力伤害，而轻伤害最常见。在许多被害案件中，犯罪人常常是房主的亲戚或亲密的人（Catalano，2010）。只有 1/3 的情况下，犯罪人是陌生人。迄今为止的研究还无法帮助我们弄清楚盗窃犯入室行凶的准确动机。这是因为有关入室行凶的

数据都是从美国犯罪被害情况调查中收集的，该调查采访被害人经历并不是为了确定犯罪人进入有人的家庭的动机或意图。

偷盗－盗窃与机动车盗窃

麦卡希（McCaghy，1980）将偷盗－盗窃类别称为"垃圾桶"，因为这一罪名异质性很大，难以分类。偷盗－盗窃被定义为非法拿走、顺走、携带或骑走他人占有或推定占有的财产（FBI，1997）。与入室盗窃不同，偷盗－盗窃不涉及非法进入。偷盗－盗窃包括扒窃、抢钱包、入店行窃（将在下文讨论）、机动车盗窃等。偷盗－盗窃类别不包括身份盗窃或诈骗，我们将在本章后面对此单独进行讨论。2017 年，美国的偷盗－盗窃罪占财产犯罪总数的 71.4%（FBI，2018a）。近 27% 的偷盗－盗窃是机动车盗窃（见图 13-1）。

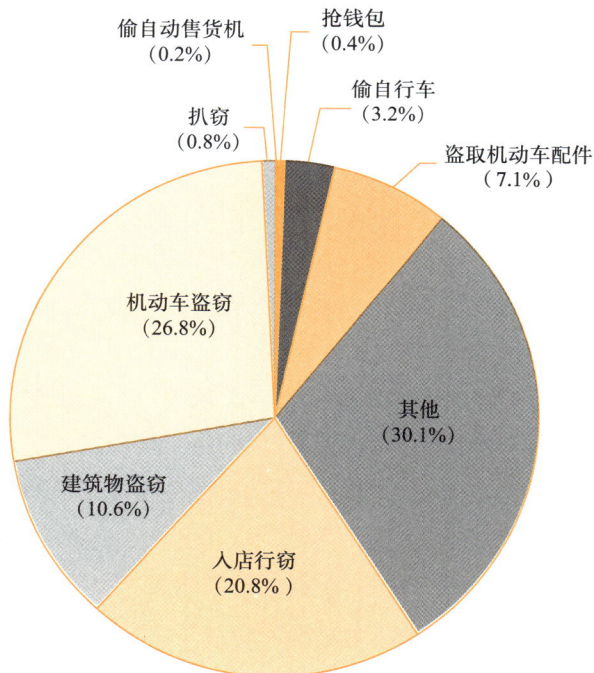

图 13-1　偷盗－盗窃比例分布

资料来源：Federal Bureau of Investigation，2018a. Crime in the United States，2017.Washington，DC：U.S. Department of Justice，Federal Bureau of Investigation。

机动车盗窃

　　机动车盗窃被定义为盗窃或企图盗窃机动车，包括盗窃汽车、卡车、公共汽车、摩托车、小型摩托车和雪地车。有合法取用权限的人为临时使用而带走机动车不在该定义之内（FBI，2018a）。

　　近年来，机动车制造商已经开发出各种有效和高度复杂的防盗方法，使犯罪人越来越难通过传统手段盗窃车辆。犯罪人通过寻找更有效的方式获得车辆钥匙来适应这些变化（Copes & Cherbonneau，2006）。因此，使用钥匙实施的汽车盗窃的发生率有所增加（Copes & Cherbonneau，2006）。此外，获得钥匙可以最大限度地减少对车辆的损害，这将最终提高其转售价值。一些犯罪人不惜一切代价从车主那里盗窃、寻找或操纵钥匙。还有一些犯罪人学习自己制作匹配的钥匙。近年来，大多数汽车制造商已经开发了多种电子钥匙来打开和启动机动车。

　　研究人员（Jacobs & Cherbonneau，2017）对机动车盗窃犯的决策过程进行了一项翔实的研究。研究人员重点关注了盗窃犯在犯罪前和犯罪过程中如何管理他们的紧张感。研究结果发现，紧张会影响认知、判断和表现，只有管理好它才能达成犯罪目标。该研究的数据是通过对美国中西部一座大城市的街道上招募的 35 名活跃的机动车盗窃犯进行深入的半结构化访谈获得的。研究人员通过链式推荐法招募被试，该方法由一位了解研究目的的"地头蛇"牵头。受访者必须在接受访谈之前的一个月内至少实施过一次机动车盗窃，并且一生中实施过五次以上的机动车盗窃，同时认为自己积极参与了机动车盗窃。

　　他们发现，机动车盗窃犯最常使用**勇气管理**（nerve management）的认知策略，其分为五类：

　　（1）自我麻痹（self-medication）；

　　（2）转移（shunting）；

　　（3）宿命论（fatalism）；

　　（4）平常化（smoothness）；

　　（5）焦点放大（lens widening）。

　　在提到自我麻痹时，受访者表示，酒精最常被用来缓解紧张；强效药物，如可卡因等药物，不常被用于管理情绪，因为它们往往不能帮助犯罪人实现犯罪目标。转移指的是不考虑恐惧和失败的可能性。换句话说，不去想事情会出错，说服自己事情会好起来。宿命论是指犯罪人已经意识到这样做不对，但最终还是为了达到某些目的实施犯罪。在实施盗窃的过程中，犯罪人认为会发生的不管怎么样都会发生，无法改变。自我安抚策略基于犯罪人的技能和经验。有经验的机动车盗窃犯可能会对自己说："我一辈子都在干这个。我现在何必紧张或害怕呢？"焦点放大指的是在盗窃前制订计划，例如，计划逃跑路线，如果被警察发现该怎么办，或者计划如何应对被害人的抵抗。

　　研究人员还认为，这些策略表明，对大多数职业偷车贼来说，机动车盗窃往往不是冲动的行为；相反，它是一种包含勇气管理在内的有意识的、蓄意的、可控的行为。

　　劫车（carjacking）是机动车盗窃的一种独特形式，即以武力或以武力威胁的方式实施的既遂或未遂的机动车盗窃（Klaus，1999）。这种形式的偷车行为需要大量的勇气管理。其他机动车盗窃案并不涉及对车内人员使用武力或威胁使用武力。然而，大多数劫车者的意图并不是伤害车内人员，他们通常选择那些不太可能反抗的人。人们认为，大多数劫车行为是为了尽快获得车辆并将其出售，因此，选择目标时会判断其潜在价值和可处置性（Topalli，Jacques, & Wright，2015）。有时，犯罪人劫车是为了获得交通工具，而司机则会被放走。有时，司机被迫留在车内成为人质。

　　整体而言，美国每年大约发生 38 000 起劫车事件（Klaus，2004；Lersch，2017）。每年大约有十几起杀人案与这些劫车案有关；换句话说，司机或乘客被杀。虽然这样的谋杀案非常罕见，但在大约 3/4 的劫车案中，车内人员面对的是一名或多名持械犯罪人（Klaus，2004）。大多数情况下，劫车者都会使用枪支。美国犯罪被害情况调查显示，在 2/3 的事件中，被害人试图进行抵抗，这导致约9%的被害人受到严重伤害（如枪伤、刀伤等）。

一些研究表明，男性比女性更容易成为劫车案的被害人，非洲裔美国人比白人更多，西班牙裔美国人比非西班牙裔美国人更多（Klaus，2004）。这可能是因为劫车事件高度集中在特定地区和时间。城区发生率最高，大多数案件发生在晚上6点到清晨6点之间（Lersch，2017）。与入室盗窃类似，机动车盗窃和劫车也是由社会混乱因素促成的，如经济匮乏、社会凝聚力低、政治或经济不稳定，以及袖手旁观的路人（Suresh & Tewksbury，2013）。24%的案件通常发生在停车场和车库，44%的案件发生在开放区域，如街道、公共交通（公共汽车、地铁、火车站或机场）附近。93%的劫车为男性所为，男女共同劫车和女性劫车各占3%。

尽管这一犯罪是暴力行为，但它似乎包含了一些短期计划和决策因素，而且犯罪人经常针对的是物体（车辆）而不是人（Jacobs, Topalli, & Wright, 2003）。研究人员（Topalli et al., 2015）在对以往关于该犯罪的研究结果进行分析后得出结论：犯罪人需要具有一定的技能来完成劫车。他们指出，在选择适当的目标时需要认知技能，在以最少的体力夺取车辆时需要程序性技巧。然而，这些技能可能受劫车时所受压力的影响。例如，急需金钱的犯罪人可能无法有效地使用他们的技能。

雅各布斯等人（Jacobs et al., 2003）对在过去1年中实施了2次或2次以上劫车的28名劫车犯进行了访谈。结果发现，活跃的劫车犯长期处于"机敏的机会主义"状态，只要有机会，他们就准备实施犯罪。许多受访者在劫车后成功逃脱，因此他们相信再次急需金钱或交通工具时劫车，他们还会成功；换句话说，大多数劫车犯对如何实施犯罪制定了认知脚本或策略。此外，每个劫车犯都对他们的目标车辆有特征偏好（带金色轮辐的车轮、高性能的发动机或轰鸣的音响系统），这些特征能让车辆在销赃时更有价值。

诈骗与身份盗窃

诈骗罪是指以获得非法利益为目的的欺骗行为，通常涉及对事实的虚假陈述，以及蓄意使用不存在或从未打算提供的商品、服务或其他利益的承诺进行欺骗（Deem & Murray，2000）。诈骗的例子包括与身份盗窃相关的欺骗行为、针对老年人的金融诈骗、造假、邮件诈骗、银行诈骗，以及各种公司或组织的不法行为。2009年，伯纳德·麦道夫（Bernard Madoff）因操作"庞氏骗局"而被定罪，该骗局是有史以来由一个人犯下的最大的投资者诈骗案（Bray，2009）。这个"庞氏骗局"吸引了成千上万个投资者，估计损失了650亿美元。麦道夫被判处150年监禁，至今仍在监狱里服刑。

在过去几十年里，高知晓度的诈骗案件频发，如20世纪80年代的储贷崩溃，以及21世纪初的安然和泰科的大规模案件。在2009年的经济危机中，银行、信用卡公司和其他组织的公司行为因可能存在诈骗活动而受到审查。尽管许多公司的做法存在问题且往往是不道德的，但并不总是违法的。从法律的角度来看，这是一个重要的区别。但从心理学的角度来看，它仍然引发了对责任人动机的质疑。这些问题我们会在后面进行讨论。

身份盗窃（identity theft）是指一个人或一群人盗用他人的身份信息，如姓名、社会保障号、出生日期等，并使用这些信息来接管现有的信用卡或银行账户，申请抵押贷款或汽车贷款，进行大额消费或申请保险（Deem & Murray，2000）。关于身份盗窃的说明，请阅读专栏13-1。此外，身份盗窃犯可以通过盗用密码获得敏感的健康信息，领取福利，甚至用于申请进入高等院校。这种犯罪涉及两个独立的要素：信息被盗时发生的盗窃，以及数据被用于非法目的时发生的诈骗。

美国白领犯罪中心（National White Collar Crime Center，NW3C，2015）发布了身份盗窃案件发生情况及如何避免成为被害人的建议。报告称，2005—2014年，美国政府机构和其他部门跟踪了5029起数据泄露事件，共计泄露的数据记录超过 6.77 亿条。截至 2015 年 2 月底，在短短不到 2 个月内发生了 115 起有关 8800 万条个人记录的违规事件。这并不意味着必然会因此发生诈骗活动。虽然没有身份盗窃就不可能发生身份诈骗，但身份盗窃并一定导致诈骗（Vieraitis et al.，2015）。当然，盗窃会使个人

数据更容易受到此类诈骗的影响。此外，盗取身份信息的人可能会将其卖给从事诈骗的第三方个体或团体。

研究人员（Copes & Vieraitis，2009；Vieraitis et al.，2015）详细介绍了犯罪人获取信息的多种途径。这些途径包括简单的技术，如从住宅、交通工具或

热门话题

专栏 13-1　身份盗窃：每个人都可能是被害人

身份盗窃往往是在被害人不知情的情况下发生的，而当他们意识到时，想要恢复正常可能需要一个漫长、令人沮丧和复杂的过程。正如本章所述，这种犯罪的被害人可能是儿童、独自生活或由监护人照顾的老年人、有智力或发育障碍的人，甚至是大学生。没有人能够保证自己一定不会成为被害对象。

一篇媒体报道讲述了一个故事，一对夫妇试图通过电子方式提交 2014 年联合纳税申报表——越来越多的人被鼓励这样做。当他们提交的联邦和州纳税申报表被拒绝时，他们才发现自己被诈骗了。一个身份盗窃犯盗用了他们的身份资料，在他们报税前已经进行了虚假申报，并获得了超过 3000 美元的联邦退税。正如媒体报道所述，因为市场上流行的申报程序只需要社会保障号和出生日期，所以对一些人来说，通过这种程序进行虚假申报相对容易。此外，尽管美国国税局在过去几年中阻止了数百万份可疑的纳税申报表，但也支付了高达 58 亿美元的诈骗性退税（Grondahl，2015）。

在上述案例中，这对夫妇在一段漫长的经历之后，包括求助报税人、美国国内收入署和一些执法机构，但结果令人沮丧，最后转向媒体求助。当地警方表示同情并愿意提供帮助，但他们指出，因为这是美国国内收入署的事情，他们能

做的不多。而想从美国国内收入署获得调查帮助就像撞上了一堵墙。当这对夫妇与美国联邦调查局联系时，他们被告知该罪行没有达到可诉讼的程度。换句话说，涉及少量资金的案件不在他们的调查范围内。这些机构可能不会像人们希望的那样做出反应，可能由于这些机构面临大量更严重的问题和投诉，无法回应一个单独的需求。然而，对被害人来说，这些并不能带来安慰。

正如本章所指出的，美国白领犯罪中心（NW3C，2015）对身份诈骗案件进行了跟踪研究，发布了如何避免成为被害人的信息。尽管如此，个人数据还是会从被害人不可控的渠道被泄露。虽然被害人可以向各种机构提交身份盗窃的报告，但他们的案件不太可能得到满意的解决。即使得到解决，也需要很长时间。此外，身份盗窃犯很难被抓到。

问题讨论

1. 在上述案件及类似案件中，诈骗犯可能使用了哪些中和技术？

2. 假设执法机构因资源问题必须对案件进行优先排序，那么以下诈骗案件是否值得调查？

（1）盗窃幼儿的出生和社会保障数据；

（2）提交虚假税务申报表并获得退款；

（3）兑现死者的福利支票。

办公室偷钱包，还包括复杂的数据窃取，如黑客攻击或将被害人转到诈骗网站。许多身份盗窃犯非常熟练这些活动。犯罪人似乎擅长开发新的方法，因为他们能适应消费者和企业的目标强化，也能发现有价值的新数据来源（Vieraitis & Shuryadi，2014）。在许多情况下，毫无戒心的被害人直到接到债权人的电话，或者在申请工作、贷款或抵押贷款遇到困难时才知道出了问题。

2016年，约有2600万人，即约占所有16岁及16岁以上美国居民10%的人，报告在过去12个月内成了身份盗窃的被害人（Harrell，2019）。遭受身份盗窃的女性（1350万人）多于男性（1250万人）。通常情况下，只有一个账户涉及身份盗窃（85.5%的被害人）。近1/5的人在其一生中经历过身份盗窃（Harrell，2019）。最常见的身份盗窃是信用卡盗窃。在大多数情况下，人们注意到账户上产生不熟悉的费用，或者他们被信用卡发放银行联系时才发现盗窃行为。第二常见的身份盗窃涉及未经授权使用或试图使用支票、借记银行账户或手机账户（Harrell，2019；Langton & Baum，2010）。2016年的身份盗窃被害人平均损失金额为850美元，损失金额的中位数为300美元。智能手机、新的移动技术和社交媒体的使用和发展是近年来身份盗窃案增加的重要因素（见表13-5）。例如，68%拥有社交媒体账号的人分享了他们的生日信息（其中45%透露了月份、日期和年份），63%透露了他们的高中校名，18%显示了他们的电话号码，12%泄露了他们宠物的名字（Javelin Strategy & Research，2012）。这些都是金融机构用来验证个体身份的个人信息的主要内容。

表 13-5　按盗窃类型分类的身份盗窃案（2016 年）

身份盗窃类型	被害人数量 [3]	占所有人的比例	占所有被害人的比例
总数	**25 952 400**	**10.2%**	**100%**
仅有一种现有账号	22 179 200	8.7%	85.5%
信用卡	11 077 600	4.3%	42.7%
银行	9 828 600	3.9%	37.9%

（续表）

身份盗窃类型	被害人数量 [3]	占所有人的比例	占所有被害人的比例
其他	1 272 900	0.5%	4.9%
仅限开通新账户	873 400	0.3%	3.4%
仅限滥用个人信息	838 600	0.3%	3.2%
多类型混合	2 061 300	0.8%	7.9%
现有账户 [1]	1 441 000	0.6%	5.6%
其他 [2]	620 300	0.2%	2.4%

资料来源：Harrell，E.（2019，January）. Victims of identity theft, 2016. Washington，DC：U.S. Department of Justice，Bureau of Justice Statistics。

1. 包括经历过下列两种及以上的身份盗窃的被害人：盗用信用卡、银行账户或其他账户。
2. 包括经历过下列两种及以上的身份盗窃的被害人：盗用现有账号、为建立新账户而盗用个人信息或为实施其他诈骗行为而盗用个人信息。
3. 表中身份盗窃类型存在交叉，因此不同的身份盗窃类型的被害人数量总和（包括百分比总和）会大于表中总数。——译者注

在过去五年里，许多消费者被告知，他们的个人信息由于数据被盗而遭到泄露。似乎没有哪一类企业能免受黑客攻击。系统被入侵的大公司包括美国第二大零售商塔吉特公司（Target Corporation）、安森保险公司（Anthem Inc.）、美国家居连锁公司家得宝（Home Depot）、美国高端百货商店内曼·马库斯（Neiman Marcus）、UPS 快递（UPS）、社区卫生系统（Community Health Systems）、美国商业银行摩根大通（JP Morgan Chase）、全球办公用品零售商史泰博（Staples）、索尼（SONY）等。此外，较小的组织，如员工信用合作机构、社区医院或医疗机构，也向他们的客户或患者报告了信息泄露事件。需要强调的是，信息泄露并不意味着诈骗会随之而来，但消费者定期监控他们的信用卡和健康记录是很重要的。

令人意外的是，身份盗窃也会伤害死者和儿童，这两类人群可能不会立即出现在人们的脑海里。据报道，一名女性将其已故亲属的尸体放在一间公寓

里，而她则使用该死者的账户兑现支票。根据美国白领犯罪中心（2015）的调查，盗用死者身份时有发生。获取社会保障号更是推动了这一过程。一些身份盗窃犯是死者的熟人，像上面提到的那位当事人一样，继续领取死者的福利或使用他们的信用卡。另一些人则是通过浏览讣告获得信息，如该人在哪里工作。他们有时会假扮死者以前的同事给死者的亲属打电话。只要有足够的信息，他们就可以进行信用卡购物或网上购物，这可能在几个月内都不会被发现。被害人已经去世，无法监控账户发现这些诈骗行为，而在世的亲属也可能不会注意到各种账户余额的变化。

美国白领犯罪中心还报告，在对 4 万多名儿童的研究中发现，大约有 10.2% 儿童的社会保障号被用于一系列目的，包括获得贷款或开设信贷账户。有时，诈骗交易是由经济拮据的父母或其他亲属实施的，但在其他时候，是由陌生人盗用的。美国白领犯罪中心指出，儿童是一张白纸，没有信贷违约的历史。他们没有信用档案，因此用他们的信息进行的交易不会导致防诈警报。寄养儿童经常成为身份盗窃的目标，因为他们的信息往往在各种社会服务和教育机构之间广泛共享。与前几章讨论的虐待儿童行为相比，儿童身份盗窃似乎是一种温和的被害形式。然而，若干年后，当青少年寻求就业或申请大学和其他贷款时，它就会产生影响。这可能是最未得到充分分析的一种身份盗窃类型。

目前，关于身份盗窃犯的信息有限，但已经有一些研究开始出现。一组研究人员（Copes & Vieraitis，2007，2009）为了了解身份盗窃犯的背景、方法和动机，对被监禁在美国联邦监狱的 59 名身份盗窃犯进行了访谈。结果发现，他们是一个多元化的群体。大多数人年龄在 25～44 岁，至少上过大学，从事各种职业。他们的犯罪动机是快速获得现金，并认为身份盗窃是一种简单、相对无风险的获取现金的方式。大约 1/3 的犯罪人会利用他们的工作便利来实施犯罪。例如，他们为抵押贷款机构、政府机构或能够接触到信用卡卡号或社会保障号的企业工作。许多身份盗窃犯十分了解银行和信贷机构的运作方式。约有 2/3 的人曾因身份盗窃、使用 / 销售毒品和财产犯罪而被捕。

大多数盗窃犯使用中和技术或道德推脱来解释他们的罪行，这促使他们继续犯罪。例如，有些人否认他们对被害人造成了任何真正的伤害。还有人则声称他们的行为是为了帮助他人，从而为自己的罪行辩护。考虑到盗窃犯冒用他人身份的事实，这很可能涉及犯罪人对被害人的去人性化或否认对被害人造成的伤害。除了财务数据，犯罪人不需要知道被害人的样子，不需要体验被害人的压力，也不需要知道被害人的任何生活情况。

研究人员（Viereaitis et al.，2015）指出，当犯罪人具有专业意识和专业知识时，他们能更好地理解自己的罪行，因为经常伴随重罪活动的恐惧和焦虑逐渐减少，这使他们更加容易接受自己的犯罪行为。

身份盗窃犯会在克服挡在他们面前的挑战性障碍中获得相当大的满足感。因此，从心理学的角度来看，很难说服身份盗窃犯停止诈骗活动，特别是如果他们已经成为能打败系统的"专家"，并因此能够获得外在和内在的双重奖励。

尽管我们对犯罪人知之甚少，但我们知道，不能低估身份盗窃和一般诈骗对被害人的情绪产生的巨大影响。除了有强烈的被害感，被害人还会产生自责感，不再相信自己处理财务问题的能力，或者不再相信他人。这段经历通常被描述为"情绪过山车"，特别是在信誉受到质疑、信用受损、面对无力感、个人信息安全出现隐患时，被害人会受到长期的折磨。有研究显示，大约 10% 的身份盗窃被害人说他们因该事件经历了严重的情绪困扰（Harrell，2019）。根据美国白领犯罪中心的报告，一项针对身份盗窃被害人的年度调查显示，接受调查的被害人中有一半案件尚未解决。尽管有近 1/3 的人表示，他们的案件在 6 个月内得到了解决（如重新建立信用），但 10% 的人表示需要花 1 年的时间，近 3% 的人表示需要花 5 年以上的时间（NW3C，2015）。

入店行窃

入店行窃（shoplifting）是一种频繁发生且造成严重财产损失的偷盗－盗窃形式。虽然入店行窃通常占所有偷盗－盗窃的 20.8%（FBI，2018a），但它显然被严重漏报了。在对全美国 43 000 多名成年人进行的面对面调查中，布兰科等人（Blanco et al.，2008）发现，每 10 个美国人中就有 1 人承认在他们生命的某个阶段曾入店行窃。该调查发现，各个社会阶层的人都会进行入店行窃。事实上，入店行窃在受教育程度和收入较高的人群中更常见，这表明经济问题不太可能是入店行窃者的主要动机。

基于商店有多种安全措施来防止盗窃案件的发生，这些数据令人惊讶。例如，大多数大规模的零售机构都有安保人员在现场。此外，大型零售店的监控摄像头无处不在，甚至会隐藏在时钟、烟雾警报器和防火门的推杆中（Adler，2002）。另外，贵重物品被锁在牢不可破的箱子里，衣服上有需要扫描的电子标签或带有墨水标签，只有在付款时才能由店员取下。当顾客离开商店时没有扫描商品，商店出口的检测仪就会发出警报。除非将墨水标签取下，否则它会损坏商品，从而破坏被盗商品的价值。在研究文献综述中，埃克（Eck，2000）发现，电子监控措施可以减少 32%～80% 的入店行窃，比安保人员或重新布置商店更有效。然而，近年来，入店行窃的方法变得更加复杂。例如，一些犯罪人使用"标签袋"，使商店出口的电子检测装置失效（Caputo，2004）。与身份盗窃犯一样，许多职业入店行窃者也以避开安保措施为乐。

虽然所有财产犯罪的综合数据很难获得，但因为商店人员在报告犯罪时自行决定的权限很大，所以入店行窃的数据统计起来尤其困难。多年前，研究人员（Hindelang，1974）发现，是否提出指控取决于被盗物品的零售价值、被盗物品是什么，以及被盗方式，而不是犯罪人的人口统计学特征和性格特点。具体来说，犯罪人的种族似乎并不重要，犯罪人的性别与经济状况也不重要。决定是否提请逮捕的条件是物品是否昂贵，是否有转售价值，或者被盗方式是否专业、熟练。

研究人员（Davis，Lundman，& Martinez，1991）后来的研究发现，入店行窃者更有可能被逮捕，不仅是因为他们拿走了昂贵的物品，还因为他们拒捕，且没有本地地址，和／或住在贫困社区。另外，在英国，商店经理会考虑入店行窃者的年龄及被盗物品的价值（Farrington & Burrows，1993）。英国的研究发现，一般来说，商店经理不会向警察报告非常年轻（17 岁以下）或非常年长（60 岁以上）的入店行窃者、精神障碍者，以及怀孕晚期的入店行窃者，除非他们多次行窃被抓。在巴克尔和法林顿（Buckle & Farrington，1984）进行的一系列观察研究中（也是在英国），受过训练的观察员跟踪随机抽样选择的顾客，观察其购物行为。大约 50 人中有一人被观察到存在盗窃行为。然而，不同商店的盗窃数量有很大的不同。超市的入店行窃特征很可能与在零售百货公司或五金店中表现出的特征有很大的不同。

1994 年，巴克尔和法林顿重复了他们 1984 年的研究。同样，训练有素的观察员在另一个城市的一家小型百货公司随机跟踪了大约 500 名顾客。入店行窃的顾客比例为 1%～2%，而且大多数是男性。大多数盗窃犯在结账时也会购买商品，可能是为了消除怀疑。一般来说，被盗物品都是小型、低价的物品。与最初的研究发现——老年盗窃者（55 岁或 55 岁以上）占多数——相反，这一次，巴克尔和法林顿发现大多数盗窃犯都是年轻人（25 岁或 25 岁以下）。这些研究结果提醒我们，对入店行窃发生率的估计必须在一定的情境、文化和历史背景下进行。

逮捕数据可能更多地表现出了商店安保人员的做法和偏见，而不是实施入店行窃的主要人群（Klemke，1992）。事实上，安保人员经常声称他们已经形成一种"第六感"来辨识可能的嫌疑人。在某些情况下，这种"第六感"是对某些人群的偏见或刻板印象，而不是任何全面的、准确的技能。例如，在一项研究中，接受过忽略顾客人口统计学背景的培训和特殊指导的观察者在识别入店行窃者时依就无法抗拒内隐刻板印象的影响（Dabney et al.，2006）。具体来说，无论非白人的男性青少年有没有实施入店行窃，观察者们对他们都具有强烈的偏见。

哪些人会入店行窃

通常认为入店行窃主要由未成年人实施。一项对近 2000 个司法管辖区的 100 万份少年法庭记录的分析显示，在 15 岁以下的未成年人中，入店行窃是最常见的被少年法庭移送的案件（Kelley，Kennedy，& Homant，2003）。然而，随着犯罪人逐渐成熟并步入成年早期，入店行窃的次数和人数似乎都在下降（Krasnovsky & Lane，1998；Osgood et al.，1989）。这种下降的一部分原因是道德发展的结果，以及认识到青年人比未成年人更有可能被指控犯罪。换句话说，想去商店偷东西的成年人会认为，如果自己被逮捕，他们的损失会更多。

在一项旨在研究道德发展和衣物盗窃的研究中，研究人员（Forney et al.，2005）发现，处于青春期的未成年盗窃犯的道德发展水平低于同年龄段的其他人。他们的道德推理水平更接近儿童所具有的前习俗道德水平。11～12 岁的未成年违法犯罪人认为他们偷衣服的动机是正当的："只要没有人知道我在偷东西就可以"或"如果没有人在看就可以"。然而，研究人员发现，从 11～12 岁到 13 岁以上，少年犯的道德推理出现了明显的转变。例如，青少年更有可能同意这样的说法，"如果朋友有需要就可以偷"。

有充分的证据表明，成年人和未成年人都存在入店行窃行为。研究人员（Tonglet，2001）发现，在当代，青少年和成年入店行窃者明显不认为入店行窃是错误的、不诚实的和愚蠢的行为，而且他们认为该行为不会受到道德的约束。另一组研究人员（Cromwell & Thurman，2003）对 137 名被捕的入店行窃者进行了访谈，这些人参与了法院下令的成年初犯分流计划，并获得了关于这些人如何合理化自己的犯罪活动的一些有趣见解。参与者被要求匿名回答一些问题，如他们对被害人的态度，以及他们行窃的原因和动机。这项研究主要是为了检验赛克斯和马察（Sykes & Matza，1957）首次提出的中和技术（techniques of neutralization）。根据赛克斯和马察的说法，人们试图通过向自己和他人说明他们为什么会实施越轨或犯罪行为，来中和罪恶感和羞耻感。回想一下，我们在前几章及身份盗窃一节中都提到过这个话题，指出身份盗窃犯可能会将被害人去人性化或否认他们正在伤害对方。

中和技术基本上代表不同程度的合理化或道德推脱。例如，一个入店行窃者可能会说"我没有伤害任何人"或"商店能承受得起这个损失"。这两个例子描述了犯罪人否认对被害人造成任何伤害。关于中和技术的更多介绍，我们将在后面的白领犯罪和职业犯罪部分进行更详细的讨论。这里的重点是，研究发现，96% 的入店行窃者在合理化他们的入店行窃犯罪行为时都使用了某种形式的中和技术。换句话说，虽然他们不否认自己的行为，但他们也很少会自我责备或承担责任。

克勒姆克（Klemke，1992）的研究是对青少年入店行窃进行的最早的全面研究之一。他对 20 世纪 70 年代末太平洋西北地区 4 个小镇的高中生的自我报告数据进行了收集。他发现，大约 3/4 频繁实施入店行窃的青少年在 10 岁之前就开始入店行窃，但又在 18 岁生日之后不久就停止了。然而，布兰科等人（Blanco et al.，2008）调查了超过 43 000 名成年入店行窃者，发现尽管 2/3 的受访者在 15 岁之前开始入店行窃，但仍有超过 1/3 的入店行窃者在 15 岁之后才开始入店行窃，且行窃行为一直持续到成年后。布兰科等人估计，美国成年人中有 4% 的人持续在入店行窃。事实上，4% 的比例是相当多的人。有意思的是，来自大学书店的数据表明，大学一年级学生比其他大学生更容易因偷书而被逮捕（Klemke，1992）。毫无疑问，读者们对此可以想出各种各样的解释，从高尚的（"高年级学生对大学社区更加投入"或"教育降低了犯罪的可能性"）到嘲讽的（"高年级学生不再接近书店了"）。

在布兰科等人的调查中，入店行窃者往往比非入店行窃者有更高的反社会行为发生率。除了入店行窃，该样本中最常见的反社会行为是非法赚取或骗取他人钱财。在布兰科等人的调查中，心理障碍在盗窃犯中也比较常见，特别是那些在成年后继续入店行窃的人常有心理障碍。虽然以前的研究发现入店行窃者，特别是女性，常常患有抑郁障碍，但布兰科等人发现，抑郁障碍并不是影响入店行窃的一个主要因素；相反，更常见的心理障碍是冲动控制和自我调节方面的问题，类似于病态赌博、酒精依赖和物质滥用障碍中所反映的问题。研究人员总结道："我们最一致的发现是将入店行窃理解为冲动控制受损的一种行为表现。"

人们还普遍认为，入店行窃主要是由青春期女性和成年女性实施的。对于女性更多卷入入店行窃的现象，最常见的解释是基于这样一种信念，即女性比男性有更多的机会从商家那里偷取小件物品。然而，随着男性加入频繁购物的行列，男性的入店行窃率也开始上升，男女之间的差距正在缩小。事实上，布兰科等人的调查发现，男性实施入店行窃比女性更普遍。基维沃里（Kivivuori，1998）在芬兰青少年中发现了类似的结果。奥地利研究人员（Hirtenlehner et al.，2014）发现，奥地利的未成年男性比未成年女性的入店行窃行为更加频繁，克伦威尔和图尔曼（Cromwell & Thurman，2003）在对堪萨斯州威奇托市（Wichita）被捕的成年入店行窃者身上发现了类似结果。美国入店行窃预防协会（National Association for Shoplifting Prevention，2014）发现，抑郁、伤心、悲痛和无聊往往是导致入店行窃的主要情绪因素。

另一组研究人员（Baumer & Rosenbaum，1984）总结了入店行窃者的一些心理特征和行为模式。他们指出，诸如极度紧张、漫无目的地在过道上走来走去、频繁地四处张望、频繁地抬头看、离开商店后又多次返回等，都是可能实施入店行窃的行为指标。这些行为可能主要表现在初次入店行窃者的身上。

尽管传统上入店行窃在财产犯罪中占有突出地位，但它很少受到心理学研究的关注。关于这一主题，最常被引用的资料是玛丽·欧文·卡梅伦（Mary Owen Cameron）的《窃贼和小偷：百货商店的盗窃》（*The Booster and the Snitch: Department Store Shoplifting*，1964），这本著作报告了20世纪40～50年代的数据。卡梅伦将入店行窃者分为两种：商业型入店行窃者（commercial shoplifters）是窃贼（boosters），而业余偷窃者（amateur pilferers）是小偷（snitches）。随后，她使用这种二分法对所有数据进行了解释。窃贼是"专业"人员，是犯罪亚文化的公认成员。他们通过在事先选好的地点选择物品进行盗窃来获得大量经济利益。他们会使用多种技术来进行盗窃，如使用专门设计的插槽或拉链来隐藏物品的"盗窃箱"，或者有暗格、夹层的容器（大手袋、有暗袋的大衣）。现在仍有人在使用类似的方法。而小偷则是很少有犯罪记录的"体面"人。他们不认为自己是贼，而且很少认为自己真的会被逮捕和起诉。他们一旦被逮捕，通常会声称自己是在冲动之下偷了东西，不知道发生了什么。

多年来，"窃贼"一词流传了下来，特指那些把入店行窃作为职业并倾向于小团体作案的人。安全专家称他们为"盗窃团伙"，是具有高度组织化的窃贼团队，在超市和药店中扫荡商品，如剃须刀片、婴儿配方奶粉、肉类、海鲜、洗涤剂等（Seiler，2012）。窃贼们似乎已经联合起来实施偷窃零售商品的有组织犯罪，利用精心设计的销赃途径来处理他们偷窃的货物。一位警方调查人员指出，在过去十多年中，针对零售商品的犯罪有所增加，窃贼的技术水平愈发高超。他们甚至能够知道商店在哪一天增加安保人员，以及警察在什么时候午休（Seiler，2012）。

动机

入店行窃行为受多种因素的影响，包括同伴压力、道德发展水平、作案经验、经济考量、自尊和对逮捕风险的认知（Tonglet，2001）。入店行窃者在技能、对赃物的使用、动机和作案时间方面各不相同（Caputo，2004）。

大多数入店行窃者并不认为入店行窃存在道德问题，通常对盗窃也没有负罪感（Tonglet，2001）。这说明他们使用了中和技术。这些技术是人们用来中和或消除自己实施越轨行为后产生的愧疚感或"内心抗议"的心理技巧。克伦威尔和图尔曼能够确定入店行窃者使用的 9 种技术。研究中，他们发现在 137 名被逮捕的入店行窃者中，只有 5 人没有使用中和技术来为自己的行为辩护。而且他们并没有过多地使用中和技术来减少自己的负罪感，因为他们并不感到内疚，而是为自己的行为找理由。

商业型入店行窃者（窃贼）的动机可能比业余偷窃者（小偷）的动机更明确。窃贼拿有价值的商品，而小偷则倾向于拿他们可以使用的廉价物品。一些研究指出，男性小偷更喜欢价值更高的物品，如音响、电子设备和配件、珠宝等。女性小偷更喜欢衣服、化妆品、食品等。窃贼是为了钱而入店行窃的，而小偷入店行窃的理由相对模糊。

多种理论试图解释小偷的行为动机，包括试图提高家庭收入的经济动机（Cameron，1964），以及试图满足婚姻压力带来的需求、孤独和抑郁等情感动机（Russell，1973）。如前所述，近年来，一些人认为入店行窃是一种类似于赌博和酗酒的自我调节问题。然而，认为入店行窃是由经济动机引发的论点似乎过于简单。不同的人实施入店行窃的原因各不相同。

代理性入店行窃

代理性入店行窃（shoplifting by proxy）是指因为他人的要求或命令而代人入店行窃的行为。在这些情况下，入店行窃者听从他人的命令或建议实施犯罪。本质上，犯罪人是教唆者的代理人或替代者。基维沃里（Kivivuori，2007）认为，代理性入店行窃行为可以被视为一个连续体，其中一端是强烈的胁迫或明确的威胁，而另一端则是某种形式的微妙操纵或暗示。当然，其他类型的犯罪也可以代理实施，特别是入室盗窃和其他形式的盗窃，但入店行窃似乎最常见。成年人有时会诱使未成年人为他们犯罪，因为法律系统通常不会像对待成年人那样严厉地对待未成年人。例如，未成年人更有可能因初犯而被分流，而且在许多司法管辖区，未成年人的犯罪记录会被封存。

代理性入店行窃事件可能是胁迫性的，也可能是助人或利他行为的结果。基维沃里（Kivivuori，2007）对芬兰学校的 6279 名 15～16 岁的学生进行了一项自我报告研究。这些学生被要求匿名回答有关他们入店行窃行为的问题。7% 的受访者报告自己曾为他人入店行窃。男性和女性参与代理性入店行窃的程度相同。绝大多数情况下，教唆者不是家庭成员，也不是伴侣，而是同伴。

对代理性入店行窃，犯罪人提供的最常见的理由是教唆者付钱给犯罪人进行盗窃。在 1/3 的案件中，犯罪人入店行窃是因为同伴或同伴群体向他们施压。而在 1/4 的案件中，犯罪人说他们偷东西是为了想在同伴中受欢迎。教唆者为其行为给出的最常见的理由是，他们自己不敢，或者害怕被抓。

其他犯罪（如暴力犯罪或入室盗窃）的代理程度尚不清楚。当然，正如基维沃里所指出的，斯坦利·米尔格拉姆关于服从的经典实验可能解释了一些更严重的代理犯罪类型的原因。

以入店行窃为职业

研究人员（Caputo & King，2011）针对 12 名以入店行窃为主要犯罪的女性进行了定性研究。尽管样本非常小，但它提供了一个了解入店行窃动机和方法的角度。这些女性认为入店行窃是一种收入颇丰并支持其基本需求的职业。她们还承认这样做能够满足自己的吸毒行为。在她们入店行窃经历的早期阶段，她们使用很多方法，虽然成效都不高，但能使她们获得足够的生活费。这些方法包括"退货换现金"和"收据换现金"。在第一种方法中，入店行窃者带着偷来的商品回到零售商店，与商店协商退货，以换取现金，并表示她们把收据"弄丢了"或"放错地方了"。收据换现金的方法用于对退货有严格政策的零售商店。入店行窃者首先会在停车场、人行道和垃圾箱中寻找被丢弃的收据，然后检查收据并决定清单上哪些商品值得进行入店行窃。然后她会进入商店，偷取所选商品，然后带着收据返回商店退货，以获得现金退款。

最终，这些女性找到一种能够带来更固定收入的方法。这需要一个愿意购买被盗商品的稳定的客户群，类似于前文描述的盗窃团伙。例如，一家小型社区商店可能愿意以低价从入店行窃者那里购买杂货，然后以更高的价格卖给顾客，但这个价格又比大商场的价格低。随着入店行窃者学会并扩大这种"交易"，他们的客户群变得更大、更稳定。她们中的许多人还会雇用一个人，通常是一个男性司机，把她们送到零售场所并等待她们。在大多数情况下，司机会分走一半的所得。

入店行窃的方法

男性倾向于将偷来的商品藏在口袋或衣服里，而女性一般喜欢藏在手提包或购物袋里。藏匿的方法不仅取决于犯罪人的性别，而且还取决于商品和商店的类型。例如，在服装店，入店行窃者更有可能在离开试衣间后试图穿着衣服走出去。不过，前文提到的墨水标签和电子监控设备限制了这种可能性的范围。在超市中，男性更喜欢将物品藏在衣服下面，而在药店和折扣店中则更喜欢把物品藏在口袋里。女性在超市或杂货店中倾向于用手提包藏匿物品，而在药店和折扣店中则倾向于用包装盒或袋子藏匿物品。许多入店行窃者以两人或多人为一组，一名成员行窃时，其他人分散销售人员的注意力（Waters，2019）。

根据美国零售基金会（National Retail Foundation）的数据，美国大多数入店行窃者偷的物品是口香糖、止痛药、洗面奶、生发药、功能饮料、化妆品、牙齿美白剂和除臭剂（Shteir，2011）。物品种类的选择主要取决于行为人当时的经济状况。克勒姆克（Klemke，1992）认为，有些入店行窃者喜欢把东

西藏起来，而有些则不会；也有些入店行窃者若无其事地带着物品出门，好像什么事都没有发生；还有些在购物时会食用商品。也就是说，购物者会在购物时，尤其是水果区，公开吃东西、喝饮料（通常是苏打水）来进行"品尝"，并且在结账时不会为所食用的商品付款。商品的残余部分（如包装纸或易拉罐）要么被装进口袋，要么留在商店的过道上。然而，许多这样做的人并不认为这是入店行窃，而且许多商店在没有与该人交谈的情况下不会报警。

偷窃癖：事实还是虚构

有些人是否真的有一种不可抗拒的冲动去偷他们不需要的物品？研究人员没有发现被称为偷窃癖[①]（kleptomania）这一现象的实质性证据。但偷窃癖仍然被 DSM-5 列为一种行为障碍。据估计，因入店行窃而被捕的人中，约有 4%～24% 的人存在这种冲动控制障碍，只占总人口的 0.3%～0.6%。不过，因为入店行窃者显示出非常低的再犯率，这么高的统计率不太可能发生。一旦被逮捕，业余的入店行窃者很少会再次犯罪（Cameron，1964；Russell，1973），而且，冲动型和偶然型犯罪人也是如此。能够成功实施入店行窃的窃贼会出于经济利益重复行窃，他们在这方面所具有的专业技能使他们的行为不太可能与不可抗拒的冲动有关。因此，如果偷窃癖是入店行窃的一个因素，那么它在入店行窃者中只占很小的比例。

克勒姆克认为，偷窃癖是一个起源于 20 世纪初的精神病学标签。这个标签主要适用于女性，尤其是有钱的女性（根据 DSM-5，偷窃癖的女性与男性的比例为 3∶1）。克勒姆克指出，从历史上看，这个标签是为了减轻行窃被抓到的有钱女性的内疚感。商家不想激怒有钱的客户，指责她们行窃。此外，有钱的家庭希望保持他们的道德声誉不受损害，法院也不想把"体面的女性"作为普通罪犯定罪。因此，偷窃癖使商人和法院的行动合法化，允许他

---

① 希腊语中"疯狂偷窃"的意思，在 1838 年由埃斯基罗斯（Esquirol）创造。——译者注

们忽视这些行为、驳回指控，或者无罪释放这些受"病魔"影响的女性，免除她们所需承担的责任。

总之，如果偷窃癖确实存在，它也应该是一种很罕见的现象。例如，研究人员（Sarasalo，Bergman，& Toth，1997）对 50 名在瑞典斯德哥尔摩市（Stockholm）市中心盗窃被当场抓获的犯罪人（29 名男性和 21 名女性）进行了访谈研究，他们发现，受访者中没有一个人符合 DSM-5 中关于偷窃癖的诊断标准。然而，他们确实发现，许多行窃者提到了与犯罪有关的快感和挑战。

探索偷窃癖形成原因的文献主要集中在它与焦虑、抑郁障碍或性障碍的关系上（Goldman，1991；Sarasalo，Bergman，& Toth，1996）。将性障碍作为偷窃癖的原因主要是基于精神分析的传统。但正如戈德曼（Goldman，1991）所指出的，目前没有数据可以反驳或证实这些精神分析学派的早期发现。

研究发现，抑郁是从事"无意义入店行窃"（nonsensical shoplifting）的人的常见症状（Lamontagne et al.，2000）。除了冲动性，无意义入店行窃与偷窃癖有许多相似之处，而且 DSM-5 确实指出，偷窃癖与强迫性购物及抑郁障碍有关。耶茨（Yates，1986）观察到，从事无意义入店行窃的人中有 80% 存在抑郁症状。麦克尔罗伊等人（McElroy et al.，1991）发现，他们研究的所有 20 名进行无意义入店行窃的患者都符合 DSM-III-R 关于重性抑郁障碍的终身诊断标准。此外，这些患者中的许多人都表示他们在抑郁时会更经常实施无意义的入店行窃。似乎一些抑郁障碍患者可能将无意义入店行窃作为一种具有刺激性的、令人兴奋的行为，以使他们摆脱无助感。抑郁也可以解释老年入店行窃者的行为。戈德曼发现，在文献中，抑郁状态经常被报告为多种与收益无关的盗窃行为的前兆。

白领犯罪与职务犯罪

白领犯罪（white-collar crime）一词由埃德温·萨

瑟兰在 1939 年美国社会学会的主席发言中首次使用。在他的发言中，萨瑟兰敦促他的社会学家同事关注企业，特别是大公司的违法行为。他通过审查 70 家美国大公司的政府档案发现了许多违法行为，并且这些行为已经司空见惯。1949 年，萨瑟兰出版了他的经典著作《白领犯罪》（White Collan Crime）。他在书中详细介绍了他的发现，但没有点出公司的名字。该书在后来的版本（Sutherland，1983）中补充了这些公司的名称。

在萨瑟兰的带领下，1939—1963 年，人们对白领犯罪进行了大量的开创性研究（Geis，1988）。此后的 10 年间却没有任何新动态。自 1975 年以来，虽然犯罪学文献对白领犯罪的关注远远低于对其他犯罪类型的关注，但人们对该领域的研究兴趣有所恢复。近几十年来引起高度关注的个人和公司丑闻，如安然事件（Enron debacle）[①] 和伯纳德·麦道夫犯下的大规模诈骗行为，更加说明需要对这些行为给予关注。在过去的几十年中，越来越多的企业违法行为、富人和 / 或政客犯罪案件引起了公众的注意。被定罪的人包括州和联邦的立法者、市级官员、公司负责人、体育明星、演员、律师和教育官员，而这只是列举了几个在定罪统计中具有代表性的职业。

根据萨瑟兰（Sutherland，1949）的观点，白领犯罪可以被大致定义为受人尊敬且社会地位高的人在工作过程中所犯的罪行。尽管萨瑟兰使用了犯罪这个词，但并不是指严格法律意义下的犯罪行为。他认为社会地位高的人所违反的许多法律和法规都带有民事违法性质而非刑事犯罪性质，而他认为这些违法行为应该受到谴责。事实上，萨瑟兰发现了一个关键问题，他看到了一种双重标准现象。穷人的违法行为会受到刑事处罚，而富人的违法行为则不会。尽管事实上白领犯罪的经济成本可能数倍于习惯上被视为犯罪问题的所有犯罪的经济成本。

尽管萨瑟兰研究白领犯罪的呼吁得到了响应，但他对白领犯罪的定义给后来的犯罪学家的研究

---

① 安然事件是指 2001 年发生在美国的安然公司破产案。在这起事件中，安然公司存在财务造假、腐败等犯罪问题。——译者注

带来了许多问题。其中最著名的是塔潘（Tappan，1947）的观点，他认为除非白领"犯罪"违反了刑法，否则就不能真正构成犯罪。受尊重和高社会地位这两个词被认为是模糊的。从那时起，研究人员就试图调整萨瑟兰的定义。

克利纳德和奎尼（Clinard & Quinney，1980）倾向于将这一概念分为两类：

（1）职务犯罪（occupational crime），由个体为自身的利益而实施；

（2）法人犯罪（corporate crime），公司通过其代理人而实施。

这种二分法是当今犯罪学家最常用的分类方法。霍宁（Horning，1970）提出了三分法来区分可能存在争议的各种行为。他保留了白领犯罪一词并将其重新定义为受薪员工实施的行为，他们所在的工作场所要么是被害对象，要么是他们从中受益的非法行为的发生地，挪用公款就是一个很好的例子。法人犯罪是指雇员为了公司利益在工作过程中实施的非法行为，如非法倾倒危险废物。蓝领犯罪（blue-collar crime）是指非受薪工人对其工作场所实施的一系列非法行为，如盗窃机器、工具或纸张。一些犯罪学家还认为，某些法人犯罪应该被认定为暴力犯罪。例如，科尔曼（Coleman，1998）列举了不安全的工作条件、非法处置有毒废物和制造不安全产品等粗暴行为的例子。

格林的职务犯罪四分类

格林（Green，1997）提出了职务犯罪（occupational crime）的概念，为厘清与白领犯罪相关的定义困境做出了重大贡献。可惜的是，尽管格林的概念清晰，却没有得到广泛采用。在格林看来，职务犯罪包含了之前提到的白领犯罪、蓝领犯罪及其变体的所有行为。职务犯罪是在合法工作过程中利用工作便利实施的任何可受法律惩罚的行为（Green，1997）。格林将职务犯罪细分为四类（见表13-6）：

（1）组织型（包括法人犯罪）；

（2）专业型；

（3）公职型；

（4）个人型。

表13-6　格林的职务犯罪分类

分类	描述
组织型	由公司或其代理机构推动的违法行为，并且公司或代理机构因此受益
专业型	利用个人职业地位所促成的违法行为
公职型	政府人员以代表政府的身份实施的违法行为
个人型	为公司或组织工作的个体为自身进步或经济利益而实施的违法行为

组织型职务犯罪（organizational occupational crime）是指，一个法律实体，如公司、企业或基金会，通过违法行为获利。例如，某公司的首席财务官在董事会的默许下伪造公司的税务记录。其他例子包括违反反垄断法、向政府收取过高的产品或服务费、违反美国职业安全与健康管理局（Occupational Safety and Health Administration，OSHA）的标准及贿赂政府官员。

专业型职务犯罪（professional occupational crime）是指，从事法律、医疗、心理学、教育等相关职业的个体通过其职业实施的违法行为。例如，医生的医疗补助诈骗和律师唆使客户作伪证。

公职型职务犯罪（state-authority occupational crime）是指被赋予法律权力的人实施的违法行为。实施公职型职务犯罪的个体本质上违背了公众信任。例如，公职人员收受贿赂、警察未经授权使用致命武力及对在押人员施以酷刑。然而，公职型职务犯罪还包括一系列常常被社会学家忽视的由政府人员，有时是处于政府最高层的人，实施的政治犯罪（political crime）。有关这个问题的更多讨论，请阅读专栏13-2。格林用个人型职务犯罪来涵盖所有未被包括在前面讨论的类别中的违法行为。例如，从雇主处盗窃设备的雇员和故意偷税的人都属于这一类。

格林对职务犯罪的分类为研究特定的犯罪行为

提供了一个良好的框架。这四种类型并不相互排斥。例如，检察官为了定罪而隐瞒有利于被告的证据的行为，就同时属于公职型职务犯罪和专业型职务犯罪。

从上述例子可以看出，格林提出的职务犯罪的概念涵盖了各种各样的罪行，并不局限于经济性质的犯罪，也不是所有的罪行都是由社会地位高的人犯下的。一个对患者实施性侵害的心理治疗师和一个残害在押犯人的管教人员都是在实施暴力的职务犯罪，前者属于专业型职务犯罪，后者属于公职型职务犯罪。无论心理治疗师还是管教人员的行为都不符合典型意义上的白领犯罪。

格林的四分法使我们摆脱了白领犯罪这一概念的困境，并以合乎逻辑、有序的方式研究了大量由工作场所引发的违法行为。尽管白领犯罪一词仍然被广泛使用，也许是为了尊重萨瑟兰对犯罪学的贡献，但格林的界定为研究人员提供了一个有吸引力的替代方案。但如前所述，在犯罪学文献中似乎更受欢迎的是由克利纳德和奎尼提出的"白领"二分法，即职务犯罪和法人犯罪。

热门话题

专栏 13-2　政治犯罪：未经验证的问题

多年来，心理学家一直对政治心理学感兴趣，特别是因为它涉及公职人员的个性特征、公众对政客和政治制度的态度或投票行为等话题。心理学家和其他社会科学家也研究当权者个人的犯罪，如贪污、受贿、挪用资金或挪用公款等。

然而，心理学家很少关注由政府人员（有时是最高层的）所实施的影响社会大部分群体的政治犯罪。德黑文 - 史密斯（deHaven-Smith，2010）将这些罪行称为国家反民主罪（State Crimes Against Democracy，SCAD）。例如，非法的监视、暗杀、非法武器销售和秘密行动、窃听、操纵选举、恶意起诉个人或团体等，这里仅举几例。德黑文 - 史密斯写道："尽管这些犯罪也许并不普遍，但值得更多的研究去关注。"

在心理学研究中很少看到国家反民主罪这个词，但毫无疑问的是，政府高层的行为在当下是非常受人关注的。其中一些行为可以被定义为犯罪，如洗钱、诈骗、作伪证、性侵害；而其他行为则属于不道德的，如说谎、诋毁他人。近年来，几位与美国总统关系密切的人被判定犯有从欺诈到宣誓后说谎等罪行，其中有几位至今仍在监狱服刑。

未来，心理学家无疑会以多种方式研究这些事件，以及它们对不同人群的影响。我们已经在第五章强调了一项研究，研究人员发现了政治信息和青少年欺凌行为之间的相关性（见专栏 5-1）。许多人很担心政府在教育、气候变化、移民、对外关系、人权等许多关键问题上的政策，并产生很大压力。高层政治人物及其顾问的行为不仅值得所有公众的持续监督，而且值得所有社会学家和行为科学家的持续研究。

问题讨论

1. 提出并简要设计一项研究，考察政治动荡对与政府没有直接关系的一个或多个公民群体（如选民、某个州的居民、中年男性）的影响。

2. 查阅任何三本关注当前政治心理学或犯罪行为的同行评审文章的内容。是否有证据表明政治犯罪总体上已被研究人员所关注？格林所定义的更广泛的公职型职务犯罪呢？

职务犯罪的流行率与发生率

无论使用哪个术语，与职业有关的违法行为的程度都是极难测量的。第一章讨论的衡量犯罪的标准方法也很少能够在此适用。例如，统一犯罪报告并没有告诉我们所报告的犯罪或逮捕是否与犯罪人的职业有关。银行高管、大学生、企业高管、在家工作的计算机高手或领取福利金的人都可能实施诈骗罪。即使这些违法行为被发现，也往往没有报告给执法部门并被记录在官方数据中。例如，企业可能宁愿要求赔偿、解雇员工或强迫其辞职，也不会公布员工的盗窃行为。提起刑事诉讼对公司的公众形象没有任何好处。

当一个组织本身是违法者时，民事诉讼往往比刑事指控更受欢迎。与刑事案件中的被害人相比，民事诉讼中的原告更有可能以损害赔偿金的形式获得某种形式的赔偿。此外，人们普遍认为，政府的监管程序在预防、发现和惩罚违法者方面效率低下。当涉及专业领域时，违法行为往往不被公众所知，因为社会授权他们通过标准、道德准则和许可的方式来自我监督。

尽管如此，还是有一些人试图收集关于白领犯罪的数据，特别是那些由个人实施的犯罪（克利纳德和奎尼提出的职务犯罪类别）。正如本章前文提到的，美国白领犯罪中心针对该类犯罪收集信息、发布简报，并举办专门的培训课程和会议。近年来受到美国白领犯罪中心关注的行为是线上赌博、针对老年人的金融犯罪、网络钓鱼计划、网上儿童色情制品、保险诈骗和身份盗窃。应该注意的是，上述犯罪主体都不是企业，而是个人。企业或其消费者可能是被害人，但不是犯罪人。

尽管对白领犯罪进行定义的难题还没有得到解决，但我们可以对这一问题中的一种犯罪行为进行深入探讨。具体来说，我们关注的是公司及其代理人所犯的罪行，包括那些代表自己而不是完全为了公司利益而犯罪的公司管理者。

法人犯罪

法人犯罪（corporate crime）是指公司实施的任何刑事犯罪。尽管实施犯罪的是个人，公司却从中受益。在刑法意义上，公司就像个体一样，可以被起诉、审判、判刑和惩罚。例如，2015 年 5 月，花旗银行、摩根大通、巴克莱银行和苏格兰皇家银行这四家银行对为期 5 年共谋操控世界货币价值的重罪指控做出认罪答辩。它们最初被罚款 50 亿美元，并被处以"公司缓刑"（corporate probation）。公司甚至可能面临被解散的"死刑"，尽管这种情况很少发生。

就我们的目的而言，尽管公司或其他组织可以受到惩罚，但正是由组织中的个人做出了决定，使公司行为构成犯罪。然而，它们很少受到惩罚。在上述银行诈骗案和众多类似案件中，没有个人被追究责任。因此，尽管组织文化及社会的经济结构可能会助长违法行为，但在解释法人犯罪时，我们会重点关注个人的行为。从社会学的角度来看，也可以认为，本文所涉及的其他犯罪最好从结构性的观点来解释。但本书一直强调，犯罪行为的风险因素从非常个人的因素到社会因素全都包含在内。

法人犯罪涵盖了从操纵价格到不召回已知存在严重缺陷、可能造成消费者身体伤害的产品等各种犯罪行为。事实上，这些罪行种类繁多，以致大多数研究法人犯罪的犯罪学家都将其细分为更易于管理的类别。表 13-7 列出了学术文献有关法人犯罪的分类。

表 13-7 学术文献有关法人犯罪的分类

学者 / 研究人员	分类
罗索夫、蓬特尔和蒂尔曼（Rosoff, Pontell, & Tillman, 1998）	• 针对消费者的犯罪 • 针对环境的犯罪 • 制度腐败 • 信托诈骗
科尔曼（Coleman, 1998）	• 诈骗和欺骗 • 操纵市场 • 侵犯公民自由 • 暴力的白领犯罪

（续表）

学者／研究人员	分类
阿尔巴内塞（Albanese，1995）	• 诈骗罪 • 违反公共管理罪 • 监管犯罪
格林（Green，1997）	• 虚假和误导性广告 • 诈骗政府 • 反垄断罪 • 制造和销售不安全产品 • 不当劳动行为 • 不安全的工作条件 • 针对环境的犯罪 • 政治贿赂

无论是从经济角度还是从被害人所遭受痛苦的角度来看，法人犯罪预计损失都是惊人的。不过，最新的、可靠的或准确的数据几乎不可能找到，而且主要是由独立的监督机构报告的。莫基伯（Mowkiber，2007）报告说，20世纪80年代的储蓄和贷款丑闻造成3000亿~5000亿美元损失；汽车维修诈骗造成400亿美元损失；证券诈骗造成150亿美元损失；医疗保健诈骗造成了1000亿~4000亿美元损失。雷曼（Reiman，1995）曾保守估计每年有90 105名美国人死于职业带来的危险和疾病。尽管有人会说这些死亡不一定归因于公司的渎职行为，但其他人会说，公司应该对其员工遭受的伤害负责。

公众对法人犯罪的关注主要集中在那些被高度宣传的经济犯罪上。这些犯罪主要是指构成诈骗的各种行为，包括但不限于操纵价格、虚假广告、欺骗性定价、证券诈骗等。然而，与环境和健康有关的犯罪，如非法处置危险废物及前文讨论过的其他犯罪，也引起了公众的广泛关注。20世纪90年代，烟草和石棉行业都收到了大量的诉讼，这些诉讼都是代表那些因接触这些危险产品死亡或受到严重伤害的个人提起的。

对法人犯罪的解释经常集中在商业环境本身的犯罪性上；也就是说，为了生存，违法是很难避免的。例如，康克林（Conklin，1977）认为，在美国商界，违法行为很普遍，高管们经常认为，为了公司的最大利益，必须容忍一些不诚实或欺骗行为。为了回应上述内容的评论，企业纷纷表示，它们已

经进入了一个社会责任的时代，企业渎职的程度被夸大了。商学院指出，商业伦理学几乎是所有培训方案的必修课。但白领犯罪领域的著名犯罪学家盖斯（Geis，1997）批评商学院使用让人迷惑的术语，特别是用"伦理"来掩盖本质上属于犯罪的行为。

合理化与中和技术

在前文中，我们提到了人们用来中和一些暴力行为并将其与个人准则分开的策略。班杜拉（Bandura，1983，2016）提出的策略值得在这里再次提及，即便不涉及暴力。中和策略适用于广泛的应受谴责的行为，包括法人犯罪行为。这些被认为是道德推脱或**认知重构**（cognitive restructuring），可以单独使用，也可以组合使用。所谓认知重构，即一种使人们为自己犯下的应受谴责的行为进行辩护的心理过程，通常涉及道德辩护、委婉标签及有利比较。

在第一套策略中，个体或群体为他们的行为辩护，通过将其与有益的或道德的目的联系起来，使其行为被接受。换句话说，当一个通常应受谴责的行为与有益的或道德的目的联系在一起时，它就成为可以被个人和社会接受的行为。例如，"我们这样做是为了使公司、员工和他们的家庭，以及国家的利益最大化"。

第二套中和技术或推脱策略认为他们的行为危害很小，或者与其他人的行为相比并不坏。同样，公司决策者可能认为他们所违反的法律是不公平、不公正的，或者根本不符合良好的商业惯例。

这种策略最有可能在没有发生暴力、没有人致残或没有人死亡的情况下使用。

第三种策略是使用语言，特别是委婉标签，来淡化犯罪行为的影响。由于违法行为存在暴露的危险，一些企业会进行"重组"或对工人进行"重新分配"来避免受到法律的制裁。

第四种策略是责任分散，这是商界经常使用的一种策略。因为多人参与了决策，所以没有人会被单独追究责任。例如，"经过深思熟虑，董事会决定这是最佳方案"。

第五种策略是不考虑行为可能产生的后果。与此密切相关的是考虑后果，但同时计算其发生的可能性。使用这一策略的典型案例是 20 世纪 70 年代著名的福特汽车案，当时高管们意识到福特斑马汽车的油箱在受到撞击时很可能会发生爆炸。高管们没有解决这一问题，而是在召回所有受到影响的车辆的成本与赔偿在爆炸中失去亲人的家庭的成本之间进行了权衡，最终他们决定不召回这些车辆。

第六种策略是对被害人的去人性化。这可能与公然表示某些国家和地区的人民生活水平已经很低了，所以向这些国家和地区非法运输危险废物不会有什么危害，或者微妙地引用过去几年的商业咒语"买者自负"。例如，当产品因安全原因被召回时，最常出现的答复是客户没有正确使用产品。当入侵者把被害人视为非人时，我们在前文中看到了这种策略的作用。这种去人性化的方法似乎也是产生偏见和寻找替罪羊的标志。但是，我们也看到，这种策略在财产和经济犯罪中的使用方式略有不同，例如，入室盗窃和身份盗窃的犯罪人需要直面被害人的人格或人性问题。

总之，通过由企业规范支持的认知重构，决策者可以为那些在外人看来应该受到谴责的行为进行辩护并使行为合理化。重组过程可以防止经理或高管们给自己贴上"犯罪人"的标签。事实上，在一些公司，对规范和辩护机制接受的程度很可能决定了一个人在公司的上升通道上能走多远。

个人型职务犯罪

格林将既不是专业人员也不拥有公职的个人为了自身的直接利益而进行的违法行为称为**个人型职务犯罪**（individual occupational crime）。在本节开头提到的克利纳德和奎尼关于白领犯罪二分法中，这种行为只是职务犯罪，区别于法人犯罪。2008—2009 年曝光的伯纳德·麦道夫案就是一个很好的例子。在这种主要由自己独自完成的犯罪中，犯罪人主要受个人的正当理由和推理所引导。例如，尽管挪用公款者可能会使用与法人犯罪人相同的方式来

为自己的行为进行辩护，但他们的行为是在组织规范之外运作的。班杜拉确定的推脱策略也适用于此。换句话说，挪用公款者可能会说服自己这个行为不是犯罪，因为他们只是暂时借用一下钱，而且会好好利用这笔钱。以后会偿还给公司（当然是秘密进行的）。

我们应该注意到，除了行贿和受贿，研究人员也不太关心被个人所忽略的政治犯罪（见专栏13-2）。当研究人员研究白领犯罪及犯罪人时，他们通常只关注个人犯罪——通常发生在工作场所内——并与他们在政治或公司结构中的位置区分开来。也就是说，文献中研究的白领犯罪人都是因诈骗、内幕交易、违反反垄断法、挪用公款或类似的经济犯罪而被定罪的。沃尔特斯和盖尔（Walters & Geyer，2004）强调，白领犯罪人应该被细分为只实施白领犯罪的人和实施多类犯罪的人，他们既实施非白领犯罪，也实施白领犯罪。他们在对这些犯罪人的犯罪思维模式和生活方式进行研究后发现，那些只实施白领犯罪的人（占男性样本的 60%）与那些犯罪模式多样化的人相比，年龄更大，受教育程度更高，而且更不可能认为自己是犯罪人。但是，仅实施白领犯罪的群体也不太可能为自己的行为辩护。沃尔特斯和盖尔的发现在另一项研究（Ragatz, Fremouw, & Baker，2012）中得到了印证。

其他研究发现，与非白领犯罪人相比，白领犯罪人在抑郁和酒精使用（Benson & Moore，1992；Poortinga et al.，2006），以及焦虑和自恋（Blickle et al.，2006）的指标上得分更高。不过，拉加茨等人（Ragatz et al.，2012）并没有在他们的研究样本中发现更多的酒精使用迹象。

一些有趣的研究对白领犯罪人的其他人格特征进行了分析。研究人员（Listwan, Piquero, & Van Voorhis，2010）发现，在"神经质"维度上得分高的白领犯罪人更有可能重复犯罪。拉加茨等人发现，仅实施白领犯罪的犯罪人在精神病态特征方面得分较高。这些研究很有趣，有待在更大样本和不同的白领犯罪人群体中进行重复研究。不过，心理学似乎正开始聚焦于这个传统上被忽视的犯罪人群体。

本章小结

从表面上看，本章所讨论的犯罪似乎代表了互不相关的犯罪类型，从很轻的盗窃罪到有众多被害人的法人犯罪。它们的共同点基本上都是出于经济原因而实施的犯罪。政治犯罪是一个例外，对权力的渴望或维持可能是犯罪的主导动机。这些犯罪与迄今为止讨论的谋杀、袭击、性侵害的主要区别是没有对人的身体攻击，也没有使用暴力。本章所讨论的犯罪，就其定义而言，并非暴力行为。虽然可能会发生附带的暴力，例如，在入室行凶、入室盗窃和劫车时可能会发生的附带暴力；或者发生间接的暴力，例如，当人们由于公司的渎职行为而死亡时，间接暴力就发生了。

入室盗窃、偷盗－盗窃、机动车盗窃等财产犯罪在任何时候都占据美国犯罪率中的最大比例。换句话说，它们被报告的频率远远高于暴力犯罪。我们讨论了关于这些犯罪的官方统计、被害统计，以及对被害人的影响。然而，我们对犯罪人的特征几乎一无所知。只有入室盗窃犯是一个例外，他们似乎比其他犯罪人更愿意与研究人员分享他们的秘密。在一些研究中，入室盗窃犯描述了他们如何选择被害人，使用什么策略来进入目标或避开哪些目标，以及这样做的原因。职业入室盗窃犯似乎会仔细地计划他们的犯罪行为，而且不认为自己是真正的罪犯。此外，研究人员还研究了已破案的犯罪案件材料，以确定行为和犯罪现场的特征。这些研究有助于对入室盗窃犯进行分类并帮助执法部门解决未来的犯罪问题。

入室行凶是一类特殊的犯罪，与入室盗窃有共同之处——它们都出于经济原因——但它们还涉及与被害人的直接个人接触。在最严重的入室行凶类型中，犯罪人进入住宅的目的是伤害居住者。据我们所知，还没有针对家庭入侵者进行的实证心理学研究，那些实施暴力行为的人很可能具有前几章提到的攻击行为实施者所具有的特征。根据他们在现场的行为，有些人可能具有精神病态特征，如冷酷无情特质。

在讨论机动车盗窃时，本章还将劫车的内容囊括其中，这是另一种出现相对较晚的犯罪类型。根据对犯罪人本人进行访谈的研究，我们介绍了劫车者的行为特征或动机。劫车者的动机似乎主要是快速赚钱，或者在某些情况下需要快速搭车，抑或快速获得刺激。但劫车者需要具备成功实施犯罪所必备的专业知识。

身份盗窃是一种快速增长的犯罪类型。实施这类犯罪的人可能只使用了非常简单的方法，如在某人的办公室偷一个钱包，或者使用复杂的、精心设计的方法，如利用互联网和计算机黑客。下一章将再次讨论网络犯罪。

入店行窃是一种给商业机构带来持续问题的非暴力犯罪。入店行窃的人似乎并不认为这种行为是不合法的。自我报告数据表明，绝大多数未成年人至少实施过一次入店行窃。令人惊讶的是，许多成年人也承认在其人生中有过这种行为。如今，有更多的证据表明，入店行窃存在高度的组织性。小群体成员计划着他们的入店行窃策略，并有机会利用销赃网络处理偷来的物品。研究并不支持偷窃癖（一种假定的强迫性偷窃障碍）的存在，但这一障碍却常常用来解释一大部分的入店行窃行为。虽然有些人是为了获得关注、得到认可或让家人难堪，但大多数人这样做是为了获得财物、维持同伴关系，或者是一些未成年人为了彰显勇敢或为了加入帮派。此外，虽然有一些迹象表明，抑郁的人更可能会从事无意义入店行窃，但还没有足够有说服力的证据能证明这是大多数抑郁障碍患者的特征。

我们讨论了白领犯罪和对其进行界定的困难。格林的四种分类尽管在犯罪学文献中不常被提及，但仍然有助于研究个人在其合法职业过程中所犯下的各种罪行。并不是格林提到的所有犯罪类型都被认为是白领犯罪，但都是值得考虑的刑事犯罪。警察过度使用武力可能被认为是严重的攻击行为，但在试图理解这种行为时应该将警察的权威身份当作一个额外的因素进行考量。同样，医生对女患者的性侵害仍然是强奸，但增加了违反信任和职业道德的维度，使其从心理学的角度不同于约会强奸或陌生人的性侵害。

最少受到研究关注的职务犯罪是政治犯罪。考虑到它所造成的社会和经济危害，这是不幸的。尽管一些心理学家开始关注政治犯罪，但到目前为止，研究重点还是其对普通人的影响。例如，媒体对政治官员的个性和行为进行了大量评论，但相关的实证研究非常少。

传统类型的白领犯罪是由公司、企业、组织或任职于其中的个人实施的犯罪行为。对这类行为最好的解释之一是中和技术，即个人和群体用自身的行为并不是真正的犯罪、没有人受到伤害及其他理由来说服自己。然而，犯罪心理学家、精神病学家或刑事司法专家除了收集法院记录或政府监管机构提供的数据，很少研究法人犯罪。然而，犯罪学家近年来更加关注个人型白领犯罪的犯罪人，并发现了一些有意思的人格特征，包括精神病态的特征，以及可能将他们区分于非白领犯罪人的思维模式。

核心术语

财产犯罪（property crimes）

去人性化（dehumanization）

相对剥夺感（relative deprivation）

入室盗窃（burglary）

重复入室盗窃（repeat burglary）

就近重复入室盗窃（near-repeat burglary）

表达型入室盗窃犯（expressive burglars）

销赃（fence）

入室行凶（home invasions）

勇气管理（nerve management）

劫车（carjacking）

身份盗窃（identity theft）

中和技术（techniques of neutralization）

窃贼（boosters）

小偷（snitches）

代理性入店行窃（shoplifting by proxy）

偷窃癖（kleptomania）

白领犯罪（white-collar crime）

职务犯罪（occupational crime）

组织型职务犯罪（organizational occupational crime）

专业型职务犯罪（professional occupational crime）

公职型职务犯罪（state-authority occupational crime）

政治犯罪（political crime）

法人犯罪（corporate crime）

认知重构（cognitive restructuring）

个人型职务犯罪（individual occupational crime）

思考题

1. 偷盗 – 盗窃罪和入室盗窃罪之间有什么不同？

2. 辨别并对比沃恩等人提出的入室盗窃分类与福克斯和法林顿提出的入室盗窃分类。

3. 从流行率、犯罪人的特点及对被害人的影响这三个方面讨论身份盗窃。

4. 自卡梅伦首次研究入店行窃以来，它在哪些方面发生了变化？什么是代理性入店行窃？

5. 界定偷窃癖，并介绍支持该现象的实证研究。

6. 简要描述格林提出的职务犯罪分类，并各举一例。将格林提出的分类与克利纳德和奎尼提出的分类进行对比。

7. 描述并举例说明法人犯罪的犯罪人使用的任意五种中和技术。

本章介绍了多种类型的犯罪，从街头劫匪到隐匿在网络空间的网络犯罪人，再到迷恋火焰的纵火犯，每一种犯罪都像一面镜子，映照出个体心理和社会环境的复杂交织。正如我们所知，犯罪并非由单一因素决定的，而是个体经历、社会环境、心理状态等多种因素共同作用的结果。所以，在犯罪心理学中，我们不仅关注犯罪行为本身，更要深入了解其背后多样的动机和心理过程。例如，同样是银行劫匪，一个"初来乍到"的新手与一名"身经百战"的"专家"劫匪，两者的心理轨迹和犯罪手法可能截然不同。新手劫匪如同未加掩饰的画布，他们的行为直接而简单，缺乏精心的策划。他们的冲动往往源于即刻的物质需求，如对毒品或奢侈品的渴望，而非深思熟虑的结果，带着一种近乎天真的冒险精神。相对而言，"专家"劫匪则更有策略，如同精心编排的舞蹈，每一个动作都是经过深思熟虑

的。他们装备精良，往往以团队的形式行动，选择在银行最不设防的时刻，以最小的风险换取最大的收益。可见，在银行抢劫的犯罪类型中，新手犯罪人与"专家"犯罪人各自扮演着完全不同的角色，共同展示了犯罪行为的多样性。同样，网络犯罪人常利用技术手段隐藏自己的真实身份，暴力犯则需要有足够的信心直面被害人，而纵火犯往往有不为人知的苦痛经历……所以，阅读本章不仅有助于我们更好地了解特定类型的犯罪及犯罪人特点，也有助于我们提高对犯罪多样性的认识。在这个过程中，我们鼓励读者保持好奇心和批判性思维，不断深化对犯罪行为背后心理动机的理解。

郑红丽

中国政法大学社会学院　副教授

14

第十四章

暴力财产犯罪、网络犯罪与恐吓犯罪

本章译者：郑红丽

学习目标

- 界定和讨论抢劫犯罪及其背后的原因。
- 界定和区分网络犯罪、网络跟踪和网络欺凌。
- 对与跟踪相关的研究文献进行综述。

- 概述劫持人质犯罪及其特征。
- 了解纵火研究，特别是未成年人纵火。
- 对系列纵火的心理动机进行考察。

- 一位 62 岁的抢劫被害人描述道："事情发生在一家超市的停车场。当时天已经黑了，我没有看清楚他的长相。他说他有刀，不过我并没有受伤，只有钱包被抢走了，把我吓坏了。这事已经过去两年了，但我现在晚上还是睡不好觉，也不敢独自外出买菜，即使是白天也不太敢。"

- 一个 13 岁的青少年描述道："人们总是在网上对我说一些刻薄的话。大多数时候我并不知道他们是谁。有人一直骂我和我的姐妹们又丑又没用，还有一些其他不堪入耳的话。我想这就是欺凌。我知道这些恶霸就是学校里的人。每个人都知道。"

- 一名 20 岁的大学生描述道："我围着头巾，在杂货店做店员。当我刚来这儿工作时，我会特别在意别人故意避开我所在的收银台，但现在我已经不再在意这些了。现在对我影响最大的是走在街上，有人对我恶语相向，让我滚回自己的老家。"

对一些读者来说，上述事件可能并不罕见。抢钱包可能不常见，但欺凌和骚扰却是很多人生活中的常见事件。

上述抢劫，罪行相对较轻，且被害人没有受伤，这可能会让一些读者觉得被害人反应过度了。而这位女士的失眠也可能是由多种因素造成的，不仅是因为抢劫所受到的伤害。而且这件事已经过去很久了，她现在应该可以将其抛诸脑后了。但事实是，抢劫给她带来了无法磨灭的记忆，进而影响了她的认知及生活方式。

收到刻薄留言的女孩，以及面对歧视性语言攻击的大学生，也都可能会出现睡眠问题，并且很难忘记发生过的或正在发生的事情。本章讨论的所有犯罪和民事过错行为都属于此类问题。也就是说，即使这些犯罪看起来相对轻微，但对当事人也造成了不小的影响，其中很多都被认为是非常严重的犯罪。

本章将重点关注抢劫、纵火等财产犯罪，但也会涉及其他犯罪类型，如当今越来越突出的网络犯罪问题。对抢劫与纵火来说，统一犯罪报告将前者视为暴力犯罪，而将后者视为财产犯罪。我们则将抢劫和纵火都视为暴力行为，因为在这两种罪行中，被害人都会遭受中度至高度的人身伤害或死亡，或者至少存在着中高度伤害的威胁或可能性。例如，纵火烧毁建筑物的纵火犯并不确定当时是否有人在建筑物里。不过从心理学的角度来看，许多抢劫犯与那些实施伤害、强奸或杀人的犯罪人几乎没有共同之处，因为他们的主要目的并不是给被害人造成人身伤害。同样，许多纵火犯也无意伤害他人人身安全，即使他们要对纵火致死的行为负责。

有关网络犯罪，前文已有所讨论（如下载儿童色情制品、身份盗窃等），这里主要将其视为可能在短时间内产生大量被害人的经济犯罪。计算机入侵已经成为一个全球性的问题，所有执法机关都承认这一点，却常常缺乏足够的手段来打击它。近年来，涉及政府机构、公司、小型企业，以及银行、医疗和教育机构的大规模数据泄露事件几乎让每个人的个人信息都极易被非法使用。本章还讨论了另一种涉及跟踪行为的网络犯罪形式。与那些不涉及电子手段的跟踪行为一样，这种网络跟踪也被认为是一种恐吓犯罪，旨在恐吓、威胁、骚扰被害人，或者让被害人感到尴尬。此外，本章还包括了一些在严格意义上（除少数司法管辖区）不被视为犯罪的行为，如欺凌和网络欺凌。这些行为通常会招致行为人受到处罚（例如，被学校记过和停学，被公司职位降级和解雇），但它们通常不属于刑事犯罪。如果这些行为没有涉及人身伤害或确实的威胁，那么它们可能会被视为一种言论自由，受宪法第一修正案的保护。

劫持人质是一种兼具暴力和极端恐吓特点的犯罪行为。尽管大多数的劫持人质案件最后都能得到和平解决，但其存在极大的致被害人死亡的风险。

抢劫

抢劫（robbery）是指使用武力或威胁使用武力或暴力，和／或通过使被害人处于恐惧之中，抢走或试图抢走他人或多人所保管、看护或控制的任何有价值的东西（FBI，2018a）。抢劫与其他财产犯罪（如入室盗窃、诈骗或盗窃）的主要区别在于，犯罪人与被害人之间存在直接的身体接触，并使用武力或威胁使用武力。如果遭到被害人的反抗或阻碍，犯罪人会威胁实施人身伤害。通常（但也并非总是如此）这种威胁是切实的，因为犯罪人正手持致命武器（如枪支或刀具）。

与其他暴力犯罪类似，向警方报告的抢劫案数量及抢劫犯罪率近年来均有所下降。例如，2010 年美国总共报告了 367 832 起抢劫案，犯罪率为每 10 万人中有 119.1 起（FBI，2011）。而到了 2017 年，只有约 319 356 起抢劫案，犯罪率为每 10 万人中有 98.0 起（FBI，2018a）。或许更有意义的数据是，抢劫案数量比 2008 年下降了 28.0%。从总体上看，在过去 10 多年中抢劫犯罪率持续下降。

统计数据还提供了被报告的抢劫案使用武器的信息（如果报告中有此类信息）。2013 年，暴力抢劫（43.6%）略多于使用枪支的抢劫（40.0%）。有意思的是，与持枪或持刀的抢劫相比，暴力抢劫（strong-arm robbery）（没有使用武器）更有可能导致被害人受伤。这可能是因为，当面对一个手无寸铁的人时，被害人并不是那么害怕，他们会更大胆。在没有枪支或其他武器的情况下，被害人为避免个人财产遭受损失，反抗更为强烈，更倾向于试图通过反抗击退行凶者。因此，这种反抗倾向在一定程度上解释了为什么在没有武器的情况下被害人受伤率较高。相反，当犯罪人持有武器时，可能会感觉更自信、更有控制感，相信自己能够掌控整个局面。由于这种自信心的增加，犯罪人不太可能在具体互动中感到焦虑和慌乱，因此能够更好、更清晰地思考和评估行为的后果——当然前提是犯罪人没有因吸毒而在行为上受到影响。

与许多其他犯罪一样，抢劫也主要是由年轻人（25 岁以下）所实施的，他们约占被捕人群的 2/3，而且大多数被逮捕的是男性（约 90%）。

在所有因财产犯罪而被捕的案件中，抢劫犯罪仅占 4% 左右（而在暴力犯罪中抢劫则占 35%），但一般民众对抢劫犯罪具有高度的恐惧感。特别是对街头抢劫，这种恐惧感尤其严重，甚至可以说是感到绝望（Wright，Brookman，& Bennett，2006）。街头抢劫意味着伤害来自完全陌生的人，并且可能发生在任何人身上。2017 年，发生在街头和高速公路上的抢劫案比例最高（37.2%）（见图 14-1）。1/3 的被害人在抢劫（包括尾随抢劫、拦路抢劫、蒙面抢劫）中受伤，1/10 的人伤势严重，需要送医治疗（DOJ，1988）。此外，抢劫犯比其他暴力犯罪人更可能使用武器，尽管前面提到，使用身体暴力的人数相当多。尽管抢劫犯罪具有高危险性，但它仍是心理学家研究较少的刑事犯罪。

对抢劫心理缺乏研究兴趣的一个原因是，犯罪的目的似乎相当明显和直截了当，即人们抢劫就是为了获取金钱。一般认为，这些抢来的钱会被用于

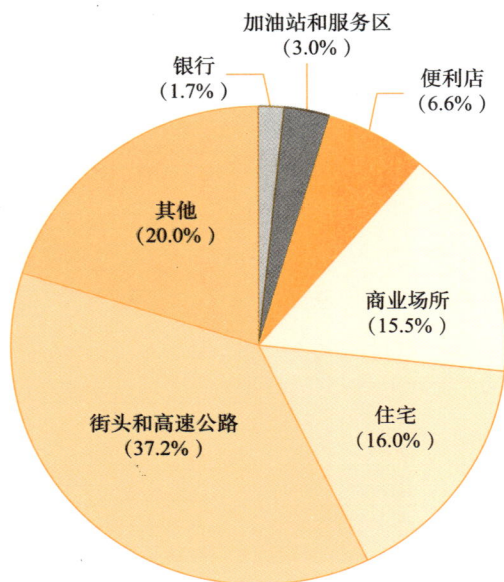

图 14-1　抢劫发生地点分布图（2017 年）

资料来源：Federal Bureau of Investigation，2018a。

购买酒或毒品。而心理学家可能更感兴趣的是研究吸毒本身，而不是深入研究抢劫犯的心理。抢劫的过程往往很快，潜在的回报也很丰厚。但与入室盗窃相比，抢劫的风险更大，犯罪人面临的刑罚也更严厉。虽然以上说法在很大程度上可能是正确的，但我们都知道，人类行为不应该被过度简化。犯罪人的动机可能千差万别。人们之所以以某种方式行事，是因为他们已经说服自己，这样做对自己最有效。

银行抢劫

　　当犯罪行为是抢劫，并且抢劫地点是金融机构时，就构成了银行抢劫（FBI，2003）。虽然银行抢劫案常常成为电影素材，但实际上它只占所有抢劫案的一小部分（在 2017 年其占比为 1.7%）。虽然在银行抢劫案中，很少真正出现暴力行为，但如果劫匪失控，就可能会出现暴力行为，银行职员和客户就会面临受伤的风险。在应对抢劫上，银行的操作程序是高度标准化的。它要求出纳员迅速按劫匪要求交出抽屉里的所有现金，即使没有受到暴力或武器的威胁。银行这么做的主要目的是确保员工和客户安全。因此，劫匪遭遇反抗的风险比较低。这也

导致在银行抢劫发生的早期阶段，劫匪得逞的可能性非常高。不过通常来说，银行劫匪很快就会被缉拿归案，尽管他们中的大多数都自认为警察抓不到他们（Erickson，1996；Weisel，2007）。研究人员（Weisel，2007）发现，15% 的银行劫匪在案发现场或其附近被捕，1/3 的劫案在案发当天就迅速告破。总体来说，60%～75% 的银行抢劫案通常都会在一天内完全告破（FBI，2003，2019）。银行抢劫案的破案率之所以如此之高，主要是因为这类案件报案迅速，目击者众多，且大多发生在白天，此外还有大量的监控视频可供循线追踪。

　　根据美国联邦调查局的银行犯罪统计数据库，2018 年，最常被抢劫的银行是商业银行（FBI，2019）（见表 14-1）。而与总行相比，分行最常被抢劫（93%），且几乎都发生在银行柜台。不过尽管破案率可能很高，但最终追缴回来的钱却很少。平均下来，在被抢的总金额中，只有 20% 被追回。银行抢劫案最有可能发生在周五。一般来说，周五是全美国大部分地区的发薪日，银行需要将大量现金交付给各个分行。近年来，随着直接转账和其他形式的电子银行业务大幅增加，分行机构日益减少，但周五仍然是最受劫匪欢迎的日子。

表 14-1　2018 年不同金融机构抢劫案分布

机构类型	抢劫案
商业银行	2707
互助储蓄银行	5
储蓄和贷款协会	23
信用合作社	215
武装押运	10
未知	15
总计	**2975**

资料来源：Federal Bureau of Investigation，2019. Bank Crime Statistics. Washington，DC：U. S. Department of Justice，Federal Bureau of Investigation。

新手劫匪与专业劫匪

　　大多数银行抢劫案（80%）都是由单一犯罪人实

施的。绝大多数银行劫匪都是男性（95%），且多数年龄为 18～29 岁。只有 8% 的银行劫匪为女性。大多数银行劫匪都是新手，他们过去从来没有因抢劫银行而被定罪（FBI，2003）。例如，2018 年的统计数据表明，在被明确定罪的劫匪中，只有 27% 的人曾因银行抢劫、入室盗窃或银行盗窃被定罪。而大约 38% 的被认定为吸毒人员。

新手往往会在没有太多计划的情况下，凭一时冲动而去抢劫银行，主要是为了满足一些需求，如购买毒品、酒或高档物品。基本上，他们表现出的一些行为特征往往都显示其自律能力差。他们常常是在毒品和酒精的作用下而实施银行抢劫的。因此，新手实施的银行抢劫案通常不会像电影中经常描绘的情节那样，由一群经验丰富的犯罪人精心策划。新手银行劫匪的行为模式是高度可预测的，例如，因为他们的犯罪手段简单，所以会持续抢劫。有时他们会在同一天抢劫多家银行，并且采用相同的作案手法（见表 14-2）。他们会反复使用同样的"签名"，如递给出纳员同样措辞独特的纸条，或者他们会反复使用同一种乔装打扮的方式（如果他们乔装打扮）（Rehder & Dillow，2003）。有意思的是，大约一半的新手银行劫匪完全不会尝试乔装打扮，2/3 的人在犯罪时更是不带武器（FBI，2003）。总之，新手银行劫匪倾向于独立犯罪、不带武器、不加掩饰（Weisel，2007）。

表 14-2　银行劫匪使用的作案手法（2017 年）

作案手法	次数
在纸上写要求	1813
枪械	545
手枪	499
其他火器	1329
使用其他武器[1]	1252
武器威胁[2]	25
使用或威胁使用爆炸物	67
口头要求	54
盗窃保险库或保险箱	30
破坏防盗设备	169

（续表）

作案手法	次数
盗窃收银抽屉	1
接管	33

[1] "使用其他武器"包括刀具、其他切割工具、棍棒等。
[2] "武器威胁"包括口头或在写有要求的纸条上威胁或暗示使用武器，但实际未见武器。
资料来源：Federal Bureau of Investigation，2019. Bank Crime Statistics：Bank Crime Report：Final 2018. Washington，DC：U.S. Department of Justice，Federal Bureau of Investigation.

银行抢劫案中出现暴力行为的比例很小。在 2018 年所有的银行抢劫案中，只有 3% 的案件涉及暴力行为。其中受伤 34 人，死亡 4 人（均为劫匪本人），出现劫持人质的 9 起（其中 8 起为银行职员被劫持）。因此，即使劫匪可能使用了枪支或其他武器，但也一般不会有人受伤或死亡。

抢劫银行的老手，被称为本领域"专家犯罪人"，他们通常全副武装，且往往由两名或两名以上劫匪组成中小型团伙来展开行动。他们还常常会尝试关闭或遮盖监控摄像头，并更可能进行乔装打扮，如戴头套或表情狰狞的面具。新手常常会在抢劫前排队等候，通过步行或骑自行车的方式逃离现场，或者通常就住在被抢银行附近。而"专家"则一般会驾驶机动车逃离。根据美国联邦调查局银行犯罪统计数据库的说法，"专家"指的是那些有过犯罪记录的银行劫匪，无论他过去在银行劫案中是否得逞（FBI，2003）。吸引新手的银行不太可能会吸引"专家"（Weisel，2007）。此外，"专家"倾向于选择顾客较少的时间下手，如银行刚开门时及周初；而新手最常选择在银行顾客较多时或周五下手。"专家"还会选择位于街角的银行，这样就会有更多的车辆供自己逃离。"专家"更倾向于尽可能地控制住局面。而亮出武器、选择顾客较少的时候下手，都会增加他们对抢劫现场的控制。他们还会使用各种恐吓手段，包括具有攻击性的肢体威胁或大声的口头威胁。表 14-3 对比了银行劫匪中新手与"专家"的区别。

表 14-3　银行劫匪新手与"专家"之间特征对比

新手	"专家"
独立一人作案	两人或两人以上作案
在顾客较多时抢劫	在顾客较少时抢劫
排队等候	控制局势、恐吓他人
通常不携带武器	携带并亮出武器
缺钱时临时起意	周密计划
跑步或骑自行车逃离	驾驶机动车逃离

莱特克曼（Letkemann，1973）在评估由"专家"成功实施的抢劫案时，针对这些"专家"掌控被害人时的自信心，进行了客观、详细的考察。他将劫匪与盗窃犯进行了对比，指出盗窃犯作案时不必关注被害人，而"专家"劫匪则必须时刻保持对被害人的控制和处置。近年来的一项研究也证实了这一点（Mosselman，Weenink，& Lindegaard，2018）。例如，银行劫匪声称，抢劫成功的关键是在高压情境下仍能掌控现场的自信心和能力。研究人员认为，这种自信心体现在劫匪的语气和行为方式中。如果劫匪要保持对局面的控制，那么高度自信至关重要。劫匪还会特意要求被害人按照自己的指示去调整姿势和身体所处的位置，以增强对他们的掌控。例如，劫匪可能会要求被害人面对墙壁跪下或躺在地板上。

根据莱特克曼的说法，"专家"劫匪常常对媒体报道的关于抢劫手法的新闻深表失望。例如，电视剧、电影经常淡化银行抢劫的严重程度，尤其是没有出现人身伤害时（受伤其实很少见）。正是因为这样，犯罪人不得不更加努力地让被害人相信他们是认真的。娱乐媒体也鼓励一些被害人充当英雄；而在劫匪看来，充当英雄非常不理智，会极大地危及被害人的人身安全，也会对抢劫过程构成威胁。

尽管银行抢劫案造成的实际伤害很少，但一些初步研究表明，银行职员（如出纳员）还是需要几个月的时间才能从劫案的心理创伤中恢复过来（Hansen et al.，2014；Jones，2002）。劫案过后，职员还要继续工作，这就意味着被害人日复一日地重回创伤事件发生现场，持续体验与事件相关的心理压力，有时持续时间超过 6 个月。应激症状可能是身体上的，也可能是精神上的。曾在劫案中出现的几乎任何东西（包括景象、气味、质地、声音），再次目睹这些都可能引发症状。即使是在劫案中没有直接面对劫匪的银行职员，也有可能出现应激症状。这种症状还可能产生涟漪效应（rippling effect），波及他们的家人、朋友和同事。当然，其他类型的抢劫或犯罪的被害人往往也会经历同样的问题。例如，在其他工作场所（如医院、保险公司、汽车修理厂、法院）中遭受过暴力的人都可能会出现应激反应，即使在创伤事件过去很久以后。

商业场所抢劫

大约有 13% 的抢劫案发生在商业区，而在住宅区这一比例为 16%。回想一下我们在第十三章讨论过的，对进入住宅以获取金钱或财物为目的的入室盗窃行为来说，如果居民当时在家并受到暴力威胁，那么这就构成了抢劫犯罪和入室行凶犯罪。所谓商业场所指的是人们买卖商品的地方，如超市、商场、餐馆（包括快餐店）、金融公司、小酒馆、汽车旅馆、酒店等。

在 2017 年的抢劫案中，发生在便利店的占比 6.6%，其次是在加油站和服务区，占 3.0%（见图 14-1）。大多数便利店其实都没有被抢劫过，只是少数便利店遭受了多次抢劫（Eck，2000）。关于如何防范便利店被抢，其中一个建议就是，保证店内有两名或两名以上店员，而不是只有一名店员。因为这样可能会降低犯罪人抢劫的意图。但这种说法颇具争议，而且到目前为止，尚缺乏明确的证据支持。相反，有实验表明，两名店员并没有像预期的那样起到阻止抢劫的作用。安装摄像头和静音警报器似乎并不能减少便利店抢劫。但一些初步证据表明，安装交互式闭路电视（可以让店员与远程监控的安保人员进行交流）可能会有效地减少近 1/3 的便利店抢劫案（Eck，2000）。

尽管便利店传统上是劫匪最喜欢的抢劫地点，

但快餐店也是其首选目标之一。许多餐馆抢劫案都发生在快餐店，因为它们通常会营业到很晚，员工都是年轻人，现金充裕，而且靠近高速公路。在解释快餐店为什么容易遭受武装抢劫时，研究人员（Schlosser，2001）写道："在午夜过后的很长一段时间内，餐馆里通常只有两个人——18 岁的店员及 20 岁的经理。"大约 2/3 的快餐店抢劫案都有现任或前任店员涉案，而值班经理则常常承受了来自劫匪的大部分怒火与暴力。

一些大型快餐连锁店尝试花费数百万美元购买先进的安保设施来减少抢劫，包括摄像头、紧急按钮、保险柜、防盗警报器和额外的照明设备（Schlosser，2001）。但即使是安保设施最好的快餐店，也很容易遭到抢劫。

研究人员（Hipp & Kim，2019）确定了商业场所抢劫的几个时间段。他们发现，零售商店最有可能在周末上午 10 点之前被抢劫，而餐馆在周末下午被抢劫的可能性最高。酒吧和酒品店通常是在晚上被抢劫。在工作日，酒品店在晚上 8 点之前被抢劫的风险最高，而酒吧通常是午夜过后，许多醉酒者被当场抢劫。

纳索尔（Nassauer，2018）分析了便利店抢劫案闭路电视的视频，得出结论：要想抢劫得逞，所有行为人（即犯罪人和当事店员）在抢劫过程中都必须表现出社会文化所预期的那些特定行为。所有行为人都必须按照自己的角色来完成这一抢劫行为。任何偏离角色的行为都会导致抢劫失败。此外，劫匪必须从一开始就控制住局面，并且这种控制必须是精神上的，而不是身体上的。在得逞的抢劫案中，劫匪会在一开始就表现出支配地位，一方面是通过冷静果断的声音，另一方面则是通过身体姿势。此外，纳索尔没有发现任何一例抢劫案是犯罪人失去支配地位后又能重获支配权的。图 14-1 表明，在 2017 年，20.0% 的抢劫案发生地属于其他类别，具体包括专业服务机构、教堂、综合服务大厅、学校、政府大楼、地铁等。

街头抢劫

正如前面所提到的，在美国，最大比例的抢劫案发生地当属街头和高速公路（FBI，2018a）。街头抢劫在城市地区最常见，尤其是在人口超过 25 万人的城市。与银行和商业场所抢劫不同，街头抢劫往往更多是随机实施的，而非事前有周密计划的。不过前文也提到，银行劫匪新手通常都很少有事先计划。街头抢劫深受街头文化的影响，也符合上一章所讨论的劫车犯罪的特征。不过劫车犯通常在犯罪方面会展现出更多的专业技能（Nee，2015；Topalli et al.，2015）。街头劫匪通常保持一种"伺机而动"的心态，也就是犯罪的动机一直都有，只待合适的机会出现。他们永远需要钱来购买高档物品、毒品和酒。当适合抢劫的机会出现时，他们很少或几乎没有时间多想，否则就会错失良机。尽管如此，街头劫匪仍是最有可能按照认知脚本实施犯罪的人，这些脚本基于他们以往的犯罪活动发展而来，在经过多次抢劫实践后已烂熟于心。所以尽管机会来临时很少有时间思考，但他们实施犯罪的方法和目标其实都是基于个性化手法或认知脚本展开的，而这些又都是经过反复实践和改进建立起来的。

动机与文化

一些研究人员将抢劫视为个体理性选择的结果，也就是出于对金钱的强烈需求，同时又将被抓的风险预期降至最低。而另一些研究人员则认为，街头抢劫代表了一种文化追求，在这种追求中，金钱与风险是其次的，对犯罪人来说，这种生活方式带来的心理和社会层面的回报才是重要的（Wright et al.，2006）。

在一项颇具启发性的经典研究中，赖特和德克尔（Wright & Decker，1997）在圣路易斯（Saint Louis）对 86 名经常积极参与武装抢劫的劫匪进行了访谈。这些劫匪都没有被监禁或受到刑事司法系统的监管（如保释、缓刑或假释）。这与其他大多数有关武装抢劫的研究不同，那些研究的访谈对象都是承认参与抢劫或因抢劫而被定罪入狱的服刑人员。

赖特和德克尔想要确定哪些因素会影响抢劫的时间、方式和对象。此外还对劫匪在犯罪过程中的想法和行为感兴趣。除了访谈，研究人员还把 10 名劫匪带到了他们最近一次成功抢劫的地方，让他们重现犯罪现场。尽管各个年龄组的劫匪都有，但大多数人的年龄是 18～29 岁。他们中的大多数人曾多次实施抢劫（事实上多到他们自己都无法给出准确的数字）。尽管他们自己承认曾实施了很多次武装抢劫，但其中 60% 的人从未被判犯有武装抢劫罪。几乎所有人（96%）都报告说，他们还实施过许多其他罪行，主要是盗窃、入室盗窃、伤害和贩毒。绝大多数人（85%）通常实施的是街头抢劫，而 12% 的人更喜欢抢劫商业机构（如当铺、珠宝店、酒品店，所有这些都属于图 14-1 中的"商业场所"类）。

赖特和德克尔发现，绝大多数犯罪人对武装抢劫并没有事前计划。对许多犯罪人来说，现实情况是，抢劫已经是家常便饭了，几乎是他们日常生活中自然而然发生的事，通常都是在没有经过仔细计划或深思熟虑的情况下实施的（Wright & Decker，1997）。研究人员还发现，除了少数例外，劫匪做出"去抢劫"的决定深受"缺钱"的影响，而这些钱又是为了满足他们享乐主义、无忧无虑的生活方式。这一研究样本中的劫匪深深地沉浸在街头文化中，即时满足对他们来说至关重要。他们中的许多人已经完全放弃了过正常的生活，不计后果，也不会过多地考虑自己的财务问题。犯罪人选择武装抢劫作为一种生活方式，因为这可以让他们在需要时快速获得现金。与入室盗窃、入店行窃、机动车盗窃等犯罪相比，武装抢劫能让犯罪人马上获得现金，而其他犯罪则没有如此及时，因为他们需要将赃物脱手才能换得现金。

这一研究样本中的街头抢劫犯最喜欢的抢劫目标之一就是那些本身也违法的人，尤其是毒贩和有钱的吸毒者。毒贩因从事非法活动而随身携带大量现金。当然，抢劫毒贩的风险很高，因为他们很有可能携带武器，更有可能进行反抗，而且毒贩背后往往有一个强大的贩毒组织。而有钱的吸毒者希望以可观的现金来购买毒品。所以他们很容易成为抢劫的对象，并且与其他违法者一样，被抢劫后他们也不太可能向警方报案。

赖特等人（Wright et al.，2006）后来又对街头抢劫进行了更为集中的研究，发现美国和英国的街头文化（street culture）似乎是推动这些街头抢劫犯罪的非常强大的社会力量。美国街头文化包含了许多强有力的行为规范，包括但不限于对感官刺激的享乐主义追求、对传统生活的蔑视、缺乏未来导向，以及对责任的持续逃避。对每个人来说，个人形象或社会地位至关重要。但对大多数劫匪来说，抢劫是可以让劫匪获得社会地位的少数渠道之一。英国街头文化也存在同样的社会层面的驱动力。正如卡茨（Katz，1988）所强调的，虽然街头抢劫明显是为了钱，但缺钱的原因更值得探讨。

赖特等人（Wright et al.，2006）根据劫匪的需求，得出街头抢劫可以达到的五种目的：

（1）快速获得现金，用于赌博、吸毒、酗酒等活动；

（2）可以购买非必需的、提升社会地位的物品（如衣服或珠宝），以提高在街头文化中的地位；

（3）通过压制被害人，获得快感和控制感；

（4）对那些倾向于打架斗殴和暴力行为的犯罪人来说，释放他们的愤怒和满足对暴力的渴望；

（5）实现某种程度的、非正式的正义，如收债或报复。

赖特和德克尔（Wright & Decker，1997）的一个主要发现，以及赖特等人（Wright et al.，2006）的研究都表明，武装抢劫背后的心理动机可以说是显而易见的：这些劫匪需要立即获得现金来维持冲动消费的生活方式，而抢劫是获得现金的最佳途径。有些人还喜欢控制被害人并恐吓他们，或者通过案件的受人瞩目而获得社会地位，抑或在街头文化中立于不败之地，但这些动机都需要以获取现金为前提。不过，必须强调的一点是，尽管许多街头抢劫似乎是一时冲动，并坚持"趁热打铁"的原则，但犯罪人其实很可能在遵循其最喜欢的认知脚本，并在一系列类似的街头抢劫中发展和完善它。此外，该脚本很可能是通过观察（社会学习）及实践并获得回报（工具学习）相结合而发展出来的。他们的这种脚本包含了各种指导如何作案的信息，所以当机会来临时，该脚本就会立即发挥作用（Ward & Hudson，2000）。这些脚本可以在没有清晰的抢劫意图，以及目标还没有完全明确的情况下就开始形成（Ward & Hudson，2000）。最后，需要强调的是，在上述研究中，街头文化是以负面的方式呈现的。尽管这项研究有可取之处，但并非所有街头文化都有利于抢劫，也并非所有街头文化都与导致犯罪的认知脚本有关。许多街头文化都是非常积极的，如陌生人之间一起跳舞或以各种方式互相帮助的，只是这里的研究集中在抢劫上，但也要鼓励研究人员深入研究城市生活的积极方面。

团伙抢劫

与新手劫匪相比，"专家"劫匪更可能涉及团伙抢劫，并且带来的损害可能更大。团伙抢劫通常是动作电影的经典桥段。通常由一个恶毒但有魅力的人物领导，抢劫几乎无一例外都是手法拙劣的，通常需要劫持人质，而且随后会有一名或多名劫匪被杀。读者肯定都能举出这类影视剧的例子。

团伙抢劫也被学术界广泛关注。波特和艾利森（Porter & Alison，2006）调查了116起团伙抢劫案（包括61起针对商业机构的抢劫，55起针对个人的抢劫），并根据犯罪人与被害人之间的互动行为方式将其分成4个类型。而抢劫团伙的劫匪人数少则2人，多则6人，平均3人。研究人员考察了劫匪如何对待被害人，以及被害人又如何对劫匪的行为做出反应。最后确定了抢劫团伙与被害人的4种关系类型，分别是：

（1）支配型（dominance）；
（2）服从型（submission）；
（3）合作型（cooperation）；

（4）敌意型（hostility）。

支配型的人际关系主要是指犯罪团伙试图完全控制被害人。这种类型的劫匪经常使用武器威胁被害人。在某些情况下，他们还会捆绑被害人，并堵上被害人的嘴。支配型是抢劫银行的"专家"劫匪最喜欢的方法。

在服从型的团伙抢劫中，劫匪让被害人得以挣扎并获得了控制权，最终导致抢劫失败。也就是说，因为抢劫团伙不强硬或不自信，导致抢劫没有得逞，而原本的被害人掌握了局面。在这种情况下，被害人拒绝听从劫匪的命令，并可能奋起与劫匪打斗，最后劫匪不得不逃走。

在合作型的团伙抢劫中，劫匪的行为旨在获得被害人的合作。他们操纵被害人满足他们的要求并参与犯罪。这种参与包括交出财产、打开保险箱、提供信用卡或借记卡的密码、帮助劫匪装满钱袋或确保没有其他顾客打扰。劫匪可能会使用单一的暴力行为或仅拿出武器威胁，不过这些行为的目的只是为了获得被害人的合作而不是控制他们。许多被害人倾向于按照劫匪的要求行事而不是反抗——正如前面提到的，银行职员通常会被银行要求这么做。研究人员发现，这种策略常常在团伙抢劫中被使用，似乎也是最有效的。

敌意型主要指的是犯罪人从一开始就以攻击和暴力的方式对被害人采取行动。研究人员发现，在大多数情况下，劫匪的敌意做法往往会引起被害人的敌对反应。许多被害人会做出反抗或试图逃离现场。在这种情况下，犯罪人会冲动行事，使用不必要的暴力和口头威胁要攻击被害人，而且常常会使用枪械。出现不必要的暴力的原因，最常与被害人的反抗有关。而且，犯罪团伙人数越多，出现这类成员的可能性就越高，而这类成员会使用团伙中其他人无意使用的暴力行为。这种情节不仅出现在电影中，在实际的法庭审判案件中也都有描述，一名劫匪被指控犯有重罪谋杀罪，因为他的同伙杀死了一名被害人。

1981 年的布林克（Brink）运钞车抢劫案是美国历史上最著名的抢劫案之一。虽然从技术上讲，这是一起针对商业机构的团伙抢劫案，但我们没有把它放在上述 4 个类型中。第一个原因是此案劫匪很多，远不止几个；第二个原因是，被害人和劫匪之间几乎没有互动；第三个原因是，它相当暴力。本案劫匪还具有意识形态动机，波特和艾利森的研究对象中没有出现这一特征。同样，布林克运钞车抢劫案与赖特等人研究的街头抢劫案也有很大不同。

网络犯罪

网络犯罪（cybercrime）泛指任何涉及计算机系统的非法行为。因此，它也被称为计算机犯罪，有时，当计算机被黑客入侵时，也被称为入侵计算机罪。如果网络犯罪活动是通过互联网实施的，则有时也被称为互联网犯罪。网络犯罪被视为全球性犯罪，因为它超越了地理界限，可以在任何地方，与任何个人和任何技术对抗（Donalds & Osei-Bryson，2019）。网络犯罪往往涉及的是传统形式的犯罪，如欺诈、身份盗窃、浏览和传播儿童色情内容，以及金融盗窃，这些在前面的各章已经进行了讨论。很多犯罪活动是通过互联网（包括暗网）进行的。暗网（dark web）由地下网站组成，这些网站通常允许人们从事非法活动或讨论这些非法活动。通过特殊的服务器或密码访问，暗网使用户能够讨论毒品交易和黑客技术。表 14-4 列出了有关网络或互联网犯罪的示例。

表 14-4　网络或互联网犯罪示例

个人数据泄露	个人数据从安全环境被泄露到不安全环境中
通过邮件 / 语音 / 短信 / 网址的网络钓鱼	自称来自合法公司发出的未经许可的电子邮件、短信和电话，要求提供个人信息、财务和 / 或登录凭证
信任诈骗 / 恋爱诈骗	犯罪人欺骗并让被害人相信他们之间存在可信任关系，包括家人、朋友或恋爱关系。基于这种信任，被害人被说服向犯罪人汇款，提供个人和财务信息、交出贵重物品，或者出面帮犯罪人洗钱

（续表）

仿冒	故意伪造通信信息（如电话号码、电子邮件和网站）来误导被害人，例如，利用自动拨号系统大规模拨打仿冒的电话号码以误导被害人或收集个人信息
信用卡诈骗	信用卡诈骗是一个概念比较宽泛的术语，涵盖了任何使用信用卡或任何类似支付机制在资金交易方面进行诈骗的行为
假冒政府	假冒政府官员（如美国国内收入署官员）来收钱
恶意软件 / 恐吓软件 / 病毒	旨在破坏计算机及计算机系统的软件或代码
勒索软件	一种恶意软件，旨在阻止被害人访问自己的计算机系统或数据，直到被害人按犯罪人要求付款为止

资料来源：Internet Crime Complaint Center.（2019）. Internet Crime Report，2018. Washington，DC：Federal Bureau of Investigation。

尽管网络犯罪并不总是恐吓犯罪，也不总是涉及暴力，但它非常普遍，且造成的破坏巨大。在本章，我们主要关注网络犯罪中的恐吓犯罪，也会涵盖一些一般性的问题：入侵计算机犯罪本身，以及有关网络犯罪人特征的一些研究。网络犯罪可以迅速完成，并且产生大量的潜在被害人（Broadhurst，2006）。2017 年，网络犯罪给世界经济造成的损失估计为 6000 亿美元。它被认为是世界上成本第三高的犯罪活动，而政府腐败和贩毒则分别排名第一和第二（Marotti，2018）。其中盗用银行卡是最早受到关注的网络犯罪行为之一。2008 年网络窃贼攻击了至少 2100 多台自动取款机，涉及了全球 3 个洲共 280 个城市。大多数计算机相关的犯罪都具有跨国性质，这使许多历史悠久的本国和跨境警务方法都无能为力，即使在发达国家也一样，"数字鸿沟"为网络犯罪人提供了"避风港"（Broadhurst，2009）。从那时起，各大机构及企业升级了安全系统，教育机构提供了网络安全课程和认证，但正如下文所述，问题仍旧存在。

随着计算机技术的进步，越来越多的个人信息依赖互联网获取，这为全球的网络犯罪人创造了一个重要的交易市场，他们在其中买卖和分享各种被盗取的信息及复杂的犯罪技能（Donalds & Osei-Bryson，2019；Martinez，2011）。而执法机构却面临着"数字鸿沟"。2010 年，美国特勤局实施多维战略行动以打击网络犯罪，逮捕了 1200 多名网络犯罪相关的犯罪嫌疑人。特勤局的调查发现，这一行动涉及了超 5 亿美元的直接损失，同时也避免了大约 70 亿美元的额外损失。2011 年，全球性的政府机构合作，侦破了大量高度复杂的网络犯罪，其中涉及影响全球个人和企业计算机的恶意软件。尽管取得了这些成就，但打击网络犯罪仍面临着许多挑战。如今，受过专门训练的网络警察在美国联邦调查局总部及 56 个驻外办事处展开工作。

与财务相关的网络犯罪包含的主要类型有：未经授权的计算机访问（黑客攻击）、破坏数据（制造计算机病毒）和盗取通信信息。而对企业和政府来说，恶意软件的开发和使用尤其令人担忧。恶意软件和其他计算机病毒对企业、消费者网络和政府系统造成了相当大的破坏。事实上，网络犯罪的最新趋势包括针对销售网络系统的持续攻击，以及入侵网上金融账户，犯罪人通常就是以此为明确的目的来开发恶意软件的。

如专栏 14-1 中的例子所示，针对金融系统的恶意软件和黑客攻击，以及欺诈性电子资金交易，不仅变得越来越普遍，而且影响到世界经济的各个方面。近年来，随着大型企业越来越擅长开发复杂的网络安全措施保护自己，网络犯罪人转而去集中攻击中小型企业、银行和数据处理部门（Martinez，2011）。很多情况是黑客使用恶意软件让被害人无法使用自己的计算机，必须向黑客支付赎金才能恢复正常。近年来，这类**勒索软件攻击**（ransomware attacks）犯罪有所增加。例如，WannaCry 勒索软件

热门话题

专栏 14-1　网络犯罪：攻击与入侵

2018 年 3 月的一天，佐治亚州亚特兰大市面临着一个棘手的问题，且这个问题对许多政府机构、教育机构和私营企业来说并不罕见。有人入侵了本市一台脆弱的服务器，导致整个市政系统中的大量台式计算机都遭到了勒索软件的攻击。攻击者要求政府支付赎金才会解密数据，让人们可以正常、合法地访问这些计算机。幸运的是，在这次攻击中，公共安全和水资源没有受到影响，繁忙的机场运营也没有受到影响。不过不出意外，那些涉及警方正在调查及法庭诉讼的数据都被加密，并被勒索赎金。而且，作为预防措施，任何与市政府开展业务的人都被建议监控他们的银行账户。勒索软件开出的赎金约为 5.1 万美元，但如果自己修复，其成本远远超过 5.1 万美元，需要 100 多万美元。次年，佛罗里达州的

两个小镇分别支付了 46 万美元和近 60 万美元，以赎回在受到网络攻击后被加密的数据（New York Times，2019）。2019 年 8 月，得克萨斯州至少有 20 家政府机构遭到攻击，但尚不清楚是否被索要赎金。

正如前文所述，世界各地的许多政府机构都受到过网络攻击，攻击者可能会索要赎金，也可能不会索要赎金。在全球范围内，黑客还攻击了大公司、信用卡公司、安全机构、电网、教育机构、选举系统甚至交通系统。

人们一般认为，受到攻击的个人、企业和机构，自身的网络防御系统不够完善。这一看法通常是对的，尤其是对那些小型政府机构和企业来说。大公司因为没有采取适当措施保护个人数据免受黑客攻击，政府会对其处以罚款，在某些情

况下，还会命令其升级安全措施。有时候受害的政府和企业是有网络安全系统保护的，但往往缺乏网络安全的专业人才对安全系统进行维护。与此同时，黑客本身也变得越来越老练，有些黑客还有来自政府的资金支持，以便收集其他政府的信息。

当网络活动已成为新常态时，数据泄露问题仍然令人担忧。到目前为止，对美国民众的法律保护仍由各州自行制定，因为美国联邦法规要么无关紧要，要么无效。

问题讨论

1. 这里所说的这类网络犯罪是否容易预防？

2. 研究黑客的心理是否有价值？黑客入侵系统、植入恶意代码以阻止访问，并勒索赎金，与本章讨论的其他犯罪相比，这些黑客造成了多大的损失？

3. 你对问题 2 的回答是否与被黑客攻击的系统的类型有关？你觉得是否应该基于不同的类型来回答？

病毒在 2017 年 5 月攻击了全球超过 300 000 台计算机。2018 年 3 月，佐治亚州亚特兰大市的计算机系统遭到名为 SamSam 的勒索软件病毒的攻击。2019 年，从 1 月到 8 月，全美国 40 多个城市，无论大小，都受到过类似的网络袭击。

"网络钓鱼""诈骗垃圾邮件"等类似的计算机入侵行为也越来越多。这些术语指的是带有相应网页的电子邮件消息，这些网页看似来自正常的消费或商业网站，却是诈骗性质的。数以百万计的此类欺诈性电子邮件被发送到全球各地的计算机上，它们声称来自银行、慈善组织、彩票或其他貌似合法的网站，欺骗计算机用户通过这些页面提交自己的财务、个人或密码信息。网络犯罪人购买、销售和交易恶意软件（病毒）、信用卡和借记卡数据、个人信息数据、银行账户信息、交易账户信息、黑客服务，以及伪造的身份证件，且手法层出不穷（Martinez，2011）。近年来，个人的社会保障号、家庭住址、医疗记录，甚至大学成绩等信息被大量盗取。美国第一资本（Capital One）、万豪集团（Marriott）、优步（Uber）、塔吉特公司（Target）、艾可菲（Equifax）等大公司的服务器也屡遭破坏。

隐私问题与网络犯罪法

面对计算机犯罪的急剧攀升，美国国会曾试图通过立法加以应对。例如 2015 年曾努力说服私人公司与美国联邦调查人员分享计算机网络的访问权限。美国联邦政府认为，私人公司没有足够的资源来预防和应对网络攻击；只有与美国联邦政府共享信息、共同努力才能加以预防与应对。然而，与政府或其他公司共享信息会引发隐私问题，因此这种解决方案遭到了许多政界人士的抵制。

除了立法，美国各个联邦机构（如美国联邦调查局、美国国防部、美国国土安全部）还培训特工，并建立专门的部门来打击网络犯罪。美国联邦调查局还列出了一份涉嫌网络犯罪的"头号通缉犯名单"。可见，网络犯罪确实是一个非常严重的问题，将持续引起全球执法机关的极大关注。美国联邦贸易委员会还曾对那些长期遭到攻击的公司处以罚款，理由是这些公司没有采取适当的措施来防止网络犯罪行为的发生。

20 世纪末至 21 世纪初，美国开始实施一项旨在解决网络诈骗问题的措施。该措施鼓励美国联邦调查局与美国白领犯罪中心联手建立网络诈骗投诉中心，以获取有关网络诈骗的相关信息，并进行分析。该中心后来更名为互联网犯罪投诉中心（Internet Crime Complaint Center，IC3），这一更名反映人们已经意识到，事实上并非所有网络犯罪都与诈骗相关，并意识到许多网络犯罪之间存在相当大的重叠。表

14-5 列出了 2012—2018 年网络犯罪的投诉数量。

表 14-5 网络犯罪的投诉数量（2012—2018 年）

年份	受理的投诉数量
2018	351 937
2017	301 580
2016	298 727
2015	288 012
2014	269 422
2013	262 813
2012	289 974

资料来源：Internet Crime Complaint Center.（2015，2019）. Internet Crime Report，2018. Washington，DC：Federal Bureau of Investigation。

网络犯罪人的心理特征

关注网络犯罪及网络犯罪人心理特征的研究才刚刚起步。我们确实知道，网络犯罪人在能力和动机上各不相同，他们是一个多元化的群体，但他们通常都具有高超的计算机技能。大多数网络犯罪人都是年轻男性，而且以团伙形式作案（Payne，Hawkins，& Xin，2019）。而大多数被害人往往年龄较大（通常超过 60 岁）（IC3，2019），当然这并没有包括那些被害机构、小型或大型被害企业及政府部门。一些网络犯罪人犯罪是为了让他人的生活变得更惨，而另一些网络犯罪人则希望通过网络犯罪获得金钱回报。越来越多的人将网络犯罪视为他们的全职生意，并将自己视为生意人（Chabinsky，2010）。在这些网络犯罪人中，有些试图通过入侵竞争对手的网站来获得市场优势地位；有些是想要出售个人信息的犯罪团伙；有些则是精通计算机的年轻人，他们通常只是单纯炫技的黑客；还有一些人却是恐怖分子（Computer Intrusions，2015）。随着收益不断提高，跨国的有组织暴力犯罪团伙也越来越多地参与网络犯罪活动（Chabinsky，2010）。这些团伙开始将犯罪的重心从系统和个人计算机领域转移到其他平台，包括智能手机、平板电脑和其他移动设备。

网络犯罪人很可能使用与其他犯罪人，特别是白领犯罪人相同的方法来合理化他们的犯罪行为。关于这一点，我们已经在前面的各章讨论过，主要是一些认知改变的方法，如将被害人去人性化、否认他们所造成的伤害等。

网络跟踪是一种严重的网络犯罪形式，随着越来越多的人使用社交媒体及各种数字技术，网络跟踪犯罪的范围和复杂性将大大增加。与前面所讨论的网络犯罪相比，网络跟踪和网络欺凌（均在下文讨论）是最能代表本章主题的犯罪类型。两者都属于恐吓犯罪，都可能对被害人造成巨大的心理伤害。两者都可以通过简单地点一下按钮，就能发送重复的、威胁性的信息，并且它们的匿名性使其能有效地避免被发现。在对有关一般跟踪行为的研究进行回顾之后，我们将在后面进一步讨论网络跟踪和网络欺凌。

跟踪

许多年轻人报告，他们或他们认识的人曾遭遇过他们眼中的跟踪行为，例如，不想接听的电话一直打来、持续不断的短信轰炸，或者在街上、学校、商店、酒吧、夜总会被人跟踪。跟踪（stalking）被广泛地定义为针对特定个体的行为，包括重复的身体或视线接近、未获得同意的交流，或者足以令人恐惧的口头、书面或暗示性的威胁（Tjaden，1997）。尽管受到媒体、各州及美国联邦立法机构的广泛关注（Tjaden，1997），但在美国，有关跟踪行为的系统性信息仍然不足。早期的研究和关注点主要集中在涉及名人、明星或政客的跟踪上，即所谓的"名人跟踪"（celebrity stalking）。但是，随着非名人跟踪案件的大量出现，全美国 50 个州及哥伦比亚特区都陆续通过了《反跟踪法》（*Antistalking Law*）（Tjaden & Thoennes，1998a）。从此，社会科学家开始更多地关注跟踪的原因及影响因素（Belknap & Sharma，2014；Lambert et al.，2013；Reyns & Englebrecht，2012；Sheridan，Scott，& North，2015）。跟踪行为往往会导致暴力，尤其是当被跟踪者是跟踪者的前亲密伴侣时。

跟踪的法律定义因州而异。虽然大多数州将其定义为故意、恶意，以及反复跟踪和骚扰他人，但有些州的跟踪还包括等候、监视、非自愿交流、电话骚扰、故意破坏等行为（Tjaden & Thoennes，1998a）。此外，一些州还规定，必须至少发生两次跟踪事件，该行为才能被视为非法行为。

加利福尼亚州于 1990 年颁布了《反跟踪法》，成了全美国第一个颁布该法的州。推动该法的真正原因是当时加利福尼亚州面临着极其棘手的家庭暴力问题（Lemon，1994）。加利福尼亚市的一名法官推动了《反跟踪法》的立法和颁布工作。当时，4 名女性因家庭暴力而丧生，虽然法庭已经对施暴者发出了限制令，但当时的法律未能保护这 4 名女性免于被杀害。从 1990 年开始，相关的立法工作迅速在美国各州展开。

为了填补有关跟踪的研究的巨大空白，政策研究中心对 8000 名男性和女性进行了一项全面的暴力被害调查。这些被调查对象的年龄均在 18 岁及以上（Tjaden & Thoennes，1997）。尽管这项调查是多年前完成的，但至今仍能为我们提供丰富的信息。调查显示，8% 的女性和 2% 的男性报告，他们曾在过去生活的某个阶段被人跟踪（Tjaden，1997）。有数据表明，在 2006 年，估计有 340 万 18 岁及以上的人成为跟踪行为的被害人（Baum, Catalano, & Rand，2009）。在大多数情况下，跟踪持续时间不到 1 年，但有些人则被跟踪超过 5 年。虽然这些行为单独来看，可能不属于犯罪，但如果这些行为集中、重复地出现，则可能会导致被害人对自己或家庭成员的安全产生担忧（Baum et al.，2009）。据估计，在美国，每 12 名女性和每 45 名男性中就有 1 名在其一生中曾被跟踪过（Tjaden & Thoennes，1998a）。18～24 岁的成年人被跟踪的比例最高，而随着年龄的增长，被跟踪的风险也随之降低（Baum et al.，2009）。离异或分居的人群也面临被前伴侣跟踪的高风险。

研究人员（Sheridan, Scott, & North, 2015）通过从被害人那里获得的详细信息，比较了不同年龄段的跟踪者。跟踪者被分为 3 个年龄组：16 岁及以下、17～59 岁和 60 岁及以上。有趣的发现是，3 组跟踪者之间几乎没有显著差异。例如，3 组在是否使用暴力上没有差异。但是，对不同被害人（也分为不同年龄组）进行比较，差异却是显著的。虽然受到的影响相似，但年长的被害人最有可能受伤，而且当他们向执法机关和其他人报告自己被跟踪时，也最不可能被认真对待。

政策研究中心的调查发现，大多数跟踪者的动机是控制、威胁或恐吓被害人。这一结论源自对男性及女性被跟踪者的观察（Tjaden & Thoennes，1997）。87% 的跟踪者是男性，80% 的被跟踪者是女性。在大多数跟踪事件中，被跟踪者（尤其是女性）都认识跟踪者。大约一半的女性被害人是被现任或前任丈夫，或者同居伴侣跟踪的，其中大多数女性（80%）在交往或被跟踪期间曾遭受来自对方的人身攻击。大约 1/10 的被害人被陌生人跟踪（Baum et al.，2009）。在大约 1/3 的案件中，跟踪者损坏了被害人的财物，大约有 10% 的被害人的宠物被跟踪者杀死或威胁要杀死。在近一半的案件中，跟踪者对被害人进行过公开的威胁。这项调查还推翻了一种说法，即大多数跟踪者都有精神病或妄想障碍。只有 7% 的被害人认为跟踪者是"疯子"、吸毒者或酗酒者。

有半数被害人曾向警方报案，而约 1/4 的女性被害人从法院获得了针对跟踪者的限制令。不过毫不意外，70% 的限制令对跟踪者而言只是一纸空文。在违反限制令的案件中，约有 1/4 的被害人提起了诉讼。其中大多数案件的跟踪者被定罪，超过一半的跟踪者最终锒铛入狱。虽然大多数跟踪行为在两年内就会停止，但对许多被害人来说，即便事发后很久，它所造成的精神和社会层面的影响仍持续存在。大约 1/3 的被跟踪者会因跟踪事件所造成的精神创伤而寻求心理治疗。

梅洛伊（Meloy，1998）认为，跟踪者很少对被害人造成严重的身体伤害、很少使用武器威胁被害人或使用武器。但谢里登等人（Sheridan et al.，2015）的报告则称，被害人经常受伤。对于中间年龄组的跟踪者（17～59 岁），他们的被害人中有 29% 的人受伤；而年长跟踪者（60 岁及以上），其被害人中有 43.1% 的人受伤；在年轻跟踪者（16 岁及以下）中，大约一半的人曾威胁过他们的被害人，尽管这些被害人中只有超过 7% 的人受伤。即使没有受伤，心理创伤也往往是巨大的。在对跟踪事件的 145 名被害人（120 名女性、25 名男性）的调查中，霍尔（Hall，1998）报告："被跟踪数月甚至数年后的心理状态类似于遭受过恐怖袭击。大多数被害人表示，因为被跟踪，他们的生活被完全改变了。许多人搬家或辞职，一些人改名，另一些人隐姓埋名，还有些人则不得不离开家人和朋友。"一些人还会去整容或乔装打扮；另一些人则会变得疑心重重，往往过着离群索居的生活。许多被害人终日惶恐不安，担心跟踪者会找到他们，重蹈覆辙。

跟踪类型

一些研究人员还对跟踪进行了分类。其中最经典的分类就是贝蒂（Beatty，2001）提出的四分类：

（1）单纯纠缠型跟踪（simple obsession stalking）；

（2）爱情纠缠型跟踪（love obsession stalking）；

（3）色情狂型跟踪（erotomania stalking）；

（4）复仇型跟踪（vengeance stalking）。

在所有跟踪案件中，单纯纠缠型跟踪占了大部分（约 60%），且通常是先前家庭暴力和心理虐待行为的延伸。在这些情况下，跟踪者通常在与被害人的关系破裂后继续寻求权力感和控制感。对被害人来说，单纯纠缠型跟踪可能是最危险的，因为此类跟踪者的动机往往是"如果我不能拥有你，那么其他人也不能"。

对于爱情纠缠型跟踪，跟踪者和被害人之间是偶然认识的或完全陌生的。这类跟踪者的特点是低自尊，并倾向于选择他们认为具有某些品质的被害人，因为他们认为这些品质会提高自己的自尊。从本质上讲，他们寻求与他们所跟踪的对象建立爱情关系，但这与被害人的意愿相反。

色情狂型跟踪被认为是一种妄想表现，跟踪者往往患有重性精神障碍。这种类型的跟踪者通常以公众人物或名人为目标，试图为自己赢得自尊和地位。不过，虽然用了"色情狂"这个词，但它的动机并不一定就是高度色情的。脱口秀主持人戴维·莱特曼（David Letterman）多年来一直被一名女性跟踪，该女性显然自认为是莱特曼的妻子。她经常侵占莱特曼的财产，躲在他的家中，甚至偷他的车去杂货店购物。这名患有妄想障碍的女性最终自杀了。幸运的是，色情狂型跟踪似乎比较少见，而且跟踪者通常并不暴力。

在 20 世纪 90 年代，摄影师萨莉·曼（Sally Mann）出版了一本收集了她 3 个孩子照片的写真集，其中有一些照片是孩子没有穿衣服的。因此这本书毁誉参半。后来，曼（Mann，2015）写了新书为自己辩解，并透露曾有人得知了她家的住址，并跟踪骚扰了长达 6 年。该跟踪者有时还会冒充研究人员，从学校、图书馆和其他渠道来收集孩子们的信息。这名她没有透露姓名的跟踪者最后离开了美国。尽管他从未直接接近过孩子们，也从未威胁过他们，但全家人都担心他可能会这么做。曼写道："在这一跟踪事件过去多年以后，她的一个女儿仍然会做关于这名跟踪者的噩梦。"

复仇型跟踪与其他 3 种类型完全不同，因为复仇型跟踪者不寻求与被跟踪者建立某种个人关系（Beatty，2001）；相反，他们试图引起被害人的特定反应或行为改变。例如，在跟踪者看来，被跟踪者往往是那些不义之人，或者伤害过他的人，所以跟踪者希望折磨这些人，可能会夜以继日地跟踪这些"有罪之人"，直到正义得以伸张。

其他研究人员根据跟踪者与被跟踪者的关系也对跟踪者进行了分类。研究人员（Mohandie et al.，2006）研究了 1000 多名男性与女性跟踪者，将他们分为亲密伴侣跟踪者、熟人跟踪者、公众人物跟踪者和陌生人跟踪者。出现暴力行为最多的跟踪者是亲密伴侣跟踪者，而公众人物跟踪者的暴力行为最少。亲密伴侣跟踪者类似于上述的单纯纠缠型跟踪者。两者都是最有可能出现暴力行为的跟踪者类型。

怎样才能终止跟踪呢？一些跟踪者在找到新的"爱情"目标后就会停止对当前被害人的跟踪。政策研究中心的调查显示，大约 18% 的被害人表示，当他们的跟踪者有了新的配偶、伴侣或男朋友 / 女朋友时，跟踪行为就停止了。非正式的执法干预似乎也会有所帮助。15% 的被害人表示，当跟踪者收到来自警方的警告后，跟踪行为就会停止。逮捕、定罪、限制令等更正式的干预措施似乎并不是特别有效。调查表明，当跟踪行为持续、令人恐惧，并威胁到人身安全时，最有效的方法是尽可能远离犯罪人，并确保不向犯罪人泄露自己的行踪。

网络跟踪

网络跟踪（cyberstalking）是通过互联网或其他电子通信方式来威胁他人或对他人实施不当行为。目前，几乎每个州都有立法将网络跟踪定为刑事犯罪。其中许多立法对网络跟踪和网络骚扰进行了区分。一些州只对一种行为（网络跟踪或网络骚扰）进行了立法，另一些州对两者都有相关立法，还有一些州则是将这两种行为都纳入一个立法中。不过大部分州是将两者单独立法的。

网络骚扰（cyberharassment）是指通过电子邮件、即时消息、博客留言、网站等，威胁或骚扰他人，并达到折磨他人的目的（NCSL，2015）。网络骚扰与网络跟踪的区别在于，前者不会构成确实的威胁。虽然骚扰是一种较为温和的不当行为，通常只会受到较轻的刑罚，但它对被骚扰者的影响也可能很大。从心理学的角度来看，网络骚扰与网络跟踪几乎没有区别。在本节中，我们使用网络跟踪一词，因为它是更严重的犯罪且已有的相关研究最多，但我们这里讨论的这些概念也可能与网络骚扰有关。

大约 1/4 的被害人报告他们曾受到过某种形式的网络跟踪威胁（Baum et al.，2009）。网络跟踪与网络骚扰有多种形式，但它们在许多方面都与线下跟踪相似。尽管跟踪者通常都只是希望与被害人建立关系，但仍有相当多的人是为了恐吓被害人，有时甚至会伤害被害人。在许多情况下，网络跟踪者和被害人曾建立过关系，但当被害人试图中断这种关系时，网络跟踪就开始了（DOJ，1999）。从根本上讲，许多网络跟踪主要通过威胁和骚扰被害人，达到控制被害人的目的。

按照一些专家的说法，美国每天有多达 3500 万人使用电子邮件。所以据此估计，全美国有大约 20 万名跟踪者，可见互联网是恐吓被害人的"完美"平台（Jenson，1996）。自 1996 年出现这一说法以来，网络跟踪的便利性急剧提升。多个社交网站都允许人们通过各种渠道（如电子邮件服务器、智能手机和文本消息）来访问，这为跟踪者联系那些毫无戒心的被害人提供了重要且不受监管的渠道。大量的个人信息可以通过互联网获得，犯罪人可以轻松、快速地找到目标人物的个人信息，类似于第十三章讨论的身份盗窃。此外，如前所述，黑客通过入侵计算机来获得个人信息，并将这些信息轻易地分享给那些对网络跟踪感兴趣的人。

网络跟踪还有一个特点，就是前面讨论过的去个性化。互联网和其他各种电子通信方式都具有匿名性，从而对参与者进行了去个性化处理，将参与者从传统的行为约束中解放出来（Hinduja，2008）。你可能还记得，所谓"去个性化"就是降低个体自我意识和自我约束。在网络空间中活动和互动的个体，可能会感觉自己隐藏或隐匿在人群（目前是一个包括数亿人的在线人群）中，并且更多地感觉自己是群体的一部分，而不是一个个体（Hinduja，2008）。因此，由于互联网具有匿名性，一些网络跟踪者或网络欺凌者可能更倾向于从事越轨行为，对他人施加心理伤害。下面我们将继续讨论这一主题。

网络欺凌

传统的欺凌被定义为系统和长期地对一名或多名学生造成身体伤害或心理伤害（Diamanduros，

Downs，& Jenkins，2008）。虽然欺凌往往是针对年轻人（如在校学生）进行界定和讨论的，但它也可能发生在成年人所处的环境中，如工作场所。正如我们在第六章提到的，欺凌可以表现为身体、言语、非言语行为等各种形式（Olweus，1997；Vijoen，O'Neill，& Sidhu，2005）。

网络欺凌（cyberbullying）被定义为使用互联网或其他数字通信设备发送或发布有害或残忍的文字或图像（Li，2006）。网络欺凌基本上是向同伴发送带恐吓或威胁性质的信息。它所依赖的载体包括互联网、手机或智能手机，而最常见的形式是通过电子邮件、Instagram、推文、短信和其他社交媒体发送的。

所有父母都知道，在大多数青少年甚至在一些儿童的生活中，线上交流都极为重要。研究人员（Underwood & Ehrenreich，2017）估计，美国青少年平均每天发送 60 条短信，与其他交流方式（包括面对面的交流）相比，他们更喜欢通过短信与朋友交流。不过当今的世界是一个社交媒体世界，面对面交流可能指的不仅是面对面直接交流，还可能包括通过 Snapchat、Instagram 和其他应用软件进行线上互动。研究人员还指出，正是那些让线上交流受欢迎的功能，当它们成为网络欺凌的工具时，同样也可能成为巨大痛苦和压力的来源。

心理影响

即使只是一次网络欺凌，其带来的心理影响也可能对被害人造成毁灭性的打击。如果被害人认为施暴者是朋友或认识的同伴，那么受到的打击更大。即使是一次网络受害经历，也可能对青少年造成深深的伤害，而这种伤害往往来自朋友（Underwood & Ehrenreich，2017）。网络欺凌不仅对被害人的自尊和自我形象造成心理伤害，而且随后欺凌的内容可能会被朋友和其他同伴反复转发。经常有研究报告，网络欺凌会给被害人带来各种影响，包括焦虑、睡眠问题、孤独、抑郁、物质滥用、学业问题、生活满意度低等，在极端情况下，甚至还会出现自杀倾向

（Kowalski et al.，2014；Kowalski，Limber，& McCord，2019；Mehari，Farrell，& Le，2014；Underwood & Ehrenreich，2017）。第六章讨论的许多欺凌影响后果同样也适用于网络欺凌，只是也许没有那么强烈。研究人员（Diamanduros et al.，2008）观察到，虽然操场、校车或学校礼堂是传统上发生欺凌的地方，但现代技术让欺凌行为得以扩张到不受空间限制的网络世界中。

由于与青少年的情绪或心理健康问题息息相关，欺凌和网络欺凌已成为一个新兴的公共卫生问题（Selkie，Fales，& Moreno，2016）。青少年欺凌和网络欺凌问题非常重要，其直接体现就是全美国 50 个州，除阿拉斯加州和威斯康星州，都颁布了反欺凌相关的法案，而且每个州都在其反欺凌法案中明确提到了网络欺凌（HHS，2019）。只有少数州将网络欺凌本身界定为刑事犯罪，不过法律通常会要求学校制定应对欺凌和网络欺凌的相关政策（Hinduja & Patchin，2015）。目前，美国联邦层面没有与网络欺凌相关的立法。不过，如果要立法，就必须确保不违反美国联邦宪法第一修正案。欺凌通常涉及的是身体伤害，如推搡、拳打脚踢或更严重的殴打。而网络欺凌虽然也令人不安，但可以被视为是一种言论自由。只有当言论过激并成为确实的威胁时，才可能会受到刑事制裁。

2009 年，《梅根·迈耶网络欺凌法案》（*Megan Meier Cyberbullying Act*）胎死腹中，证明了制定网络欺凌惩罚条款的困难性。该法案是一项拟议的联邦法律，它禁止个人向州外或美国以外发送那些用来胁迫、恐吓、骚扰或造成对方严重情绪困扰的电子信息。该法案曾两次提交众议院，但都未能获得通过，因为议员们担心其覆盖面过广，会侵犯人们言论自由的宪法权利。梅根·迈耶是一名 14 岁的女孩，她在社交网站 MySpace 上认识了"男孩"乔希·埃文斯（Josh Evans），并在收到乔希发给她的恶意信息后自杀身亡。最后人们发现，乔希其实是女孩，而且还是梅根认识的人，和梅根住在同一个社区。此前这名女孩与梅根发生过矛盾，于是她在父母的帮

助下，编造了乔希这个假身份，用来向梅根发送让她痛苦的信息。当这些与自杀案相关的细节被披露后，这名女孩及其家人也受到了大量线下和线上的骚扰。美国各地类似的自杀事件频发，这导致立法机构试图通过立法，将网络欺凌定为犯罪行为，特别是针对那些网络欺凌导致被害人自杀的事件。然而，迄今为止，对青少年网络欺凌的惩罚仅限于停学，而且前提是这些行为严重扰乱了校园环境。不过，如果学校故意漠视校内（有时也包括校外）欺凌，被害人也可以起诉学校。如果该学校已采取了预防措施，如在学校集会、教学、兴趣活动、体育锻炼等课外活动中都注重防范欺凌和网络欺凌的发生，就不会被判定为"漠视"。不过即使采取了以上措施，但学校如果对已知的欺凌事件未能及时做出反应，也会有法律问题。

流行率

学生，尤其是中学生中的网络欺凌已成为全球性的问题。不过在其他人群中，尤其是青年人群中，网络欺凌行为同样引起了人们的关注。尽管它是一个全球性的问题，但大部分研究都集中在北美洲国家、欧洲国家，还包括澳大利亚和环太平洋国家（Smith et al.，2019）。

要想准确获得学生网络欺凌的流行率和犯罪率并非易事。所谓流行率指的是学生遭受网络欺凌的百分比，而犯罪率则是指个人实施网络欺凌的百分比。在已有的大量研究中，这两项比例的具体数据存在巨大的差异。这种差异性在很大程度上是因为网络欺凌的界定不同，主要体现为界定网络欺凌发生的时间段不同（如最近 2 个月内、6 个月内、一生中）、界定网络欺凌是否发生所持标准的严格程度不同（如每月 1 次、2 次、3 次或更多次），以及被调查样本的人口统计学特征（如年龄、性别、种族）（Kowalski et al.，2019）。研究人员（Brochado，Soares，& Fraga，2016）针对以往发表的 159 项青少年网络欺凌研究，考察了它们报告的流行率。他们发现，过去 1 年（当时）流行率从 1.0% 到 61.1%

不等，而过去 1 年（当时）犯罪率从 3.0% 到 39.0% 不等。此外，终身被害率从 4.9% 到 65.0% 不等，终身犯罪率从 1.2% 到 44.1% 不等。在过去 1 年中（当时），既是受欺凌者又是欺凌者（被称为欺凌 – 受欺凌者）的比例为 1.5%～72.0%，而终身流行率为 5.0%～64.3%。应该指出的是，与同龄人相比，欺凌 – 受欺凌者在欺凌时往往更具攻击性，而且似乎也有更多的心理问题（Patterson，Closson，& Patry，2019；Schenk，Fremouw，& Keelan，2013）。

尽管流行率研究之间存在很大差异，但研究人员（Patchin & Hinduja，2012）基于过去的研究文献得出了最佳估计量，即在所有学龄孩子中约有 1/5 的人曾经是网络欺凌被害人。总体上看，研究都普遍报告，女孩比男孩更有可能成为网络欺凌的受欺凌者和欺凌者。不过，一项重要的研究发现，在青春期早期（如中学），受欺凌者和 / 或欺凌者更多的是女孩；而在青春期后期（如高中），受欺凌者和 / 或欺凌者则更多的是男孩（Barlett & Coyne，2014）。

谁是网络欺凌者

那些经常实施网络欺凌的人的特点是寻求权力感和控制感（Diamanduros et al.，2008）。他们喜欢主宰一切，而且他们经常选择那些在同伴中较孤独和地位较低的人作为欺凌对象，不过也并非总是如此。在许多情况下，他们自己也会受到欺凌（Barlett & Gentile，2012；Bauman，2010；Li，2007）。换句话说，个体在受到伤害后可能会在网上去伤害他人，可见他实施欺凌的动机是报复性的（Barlett & Gentile，2012）。在这种情况下，报复性动机指的是欺凌那些曾经的网络欺凌者的倾向，因为这些人欺凌过他或他的朋友。许多年轻人说，他们之所以实施网络欺凌，是因为他们首先遭受了网络欺凌。网络欺凌的被害人也更容易在网上进行报复，因为在网上他们是匿名的、隐身的，并且不用担心自己的体格比对方弱小（Underwood & Ehrenreich，2017）。

巴利特和金泰尔（Barlett & Gentile，2012）还提出了一个基于传统学习理论的模型来预测持续性的网络欺凌——巴利特和金泰尔网络欺凌模型（The Barlett and Gentile Cyberbullying Model，BGCM）。该模型涉及的变量有：对网络欺凌的态度、对网络匿名性的看法，以及认为体格（特别是肌肉是否发达）无关紧要的信念（因在网上看不到体格）。专栏 14-2 介绍了有关该模型的更多内容。该模型已经得到检验，并在很大程度上得到了后续研究的证实（Barlett & Kowalewsi，2018；Barlett，Gentile，& Chew，2017；Wright，2013）。显然，有些年轻人并不认为自己的行为是传统意义上的"欺凌"；相反，他们在描述自己的行为时，说这些行为只是"恶作剧"，或者使

用其他一些与道德无关的说法。尽管传统的面对面欺凌与网络欺凌是不同的，但实施传统欺凌的人也参与大量网络欺凌，这一现象并不罕见（Barlett & Gentile，2012）。例如，研究人员（Li，2007）发现，在来自加拿大的调查对象中，近 1/3 的网络欺凌者也是传统的欺凌者。该研究还发现，60% 的网络欺凌被害人是女性，与此同时，这些欺凌案例中的大多数网络欺凌者也是女性。这一结果支持了这样一种观点，即女性更喜欢使用聊天室、电子邮件等电子通信媒介来欺凌他人（Li，2007）。

研究重点 ● ● ●

专栏 14-2　网络欺凌模型的提出与改进

欺凌行为在美国甚至全世界都越来越受关注。其中网络欺凌可能更为常见，因为它似乎很容易实施，而且能让欺凌者保持匿名性。不过，正如正文中提到的，这种行为的流行率很难确定。心理学家、教育学家和其他专业人员都在寻找预测和预防它的有效方法。

研究人员提出并验证了一个模型。该模型结合了几个因素来预测青少年和年轻人的网络欺凌行为。它最开始由巴利特和金泰尔提出，并被称为 BGCM，主要因素包括：对网络欺凌行为的态度、对网络匿名性的看法，以及认为体格（如肌肉）无关紧要的信念。换句话说，一个人不必动用武力或以武力相威胁，就可以在网上欺凌他人。该模型还表明，根据一般学习理论，一个人一旦开始在网上欺凌他人，他的网络欺凌行为将会持续。例如，这个人习得了认知脚本，增强了其对匿名性的认知，并对网络欺凌形成了更活跃的态度。换句话说，早期网络欺凌行为得到了强化。

如正文所述，在过去 10 年中，BGCM 得到

了许多研究的证实。其中大多数研究都是针对青少年的，而 2018 年的一项研究则以大学生为研究对象，并发现有大量证据表明，在青年人中也存在网络欺凌（Barlett & Kowalewski，2018）。

然而，对于网络欺凌者，去抑制效应（disinhibition）影响的程度有多大，研究结论并不一致。纵向研究发现，在不同的研究时段中，去抑制效应并不一定呈正相关（Barlett & Helmstetter，2018）。此外，大多数验证性研究都没有去检验网络受欺凌行为与网络欺凌行为之间可能存在的交互作用。正如前文提到的，那些在网上欺凌他人的人，无论是在线下还是在线上，自己也会受到欺凌，而且这种现象并不罕见。BGCM 尚未对这一问题给出充分的解释。而该模型是否适用于所有性别，同样也未经深入的研究。

不过研究人员通常认为，如果网络欺凌者能被周围的人（如父母、教师、治疗师）及早发现，并且让其知道完全的匿名是不可能的，以及知道赞同网络欺凌的态度是不对的，那么干预就

会有效。正如巴利特和黑尔姆施泰特（Barlett & Helmstetter，2018）指出的，在人们认识到利用网络伤害他人的负面后果之前，网络欺凌很可能仍将是一个需要实证研究多加关注的问题。

问题讨论

1. 预测网络欺凌与预防网络欺凌，哪一个更重要？两者是否密不可分？

2. 巴利特等人欢迎其他研究人员改进他们的模型，或者提出并验证一个新的模型来预测网络欺凌。如果你要提出自己的模型，你会在 BGCM 中增加哪个或哪些因素？

3. 网络欺凌带来的负面后果有哪些？

网络欺凌的特点

一些学者认为，与传统对攻击行为的定义相比，网络欺凌可能代表一种完全不同的攻击行为（Mehari & Farrell，2018）。得出这一结论是因为网络欺凌具有一个独特的特点，即它是利用电子设备来实施攻击行为的。而与传统的欺凌相比，网络欺凌往往是匿名的。在一项针对 1211 名学生的广泛调查中，大约 40% 遭受网络欺凌的人不知道欺凌者的身份，尽管有些学生有怀疑对象（Dehue，Bolman，& Völlink，2008）。网络空间让人产生了一种隐身的错觉，因为它不用人们抛头露面（Mason，2008）。这种隐身的感觉让人放下了对被发现、招致社会非议和惩罚的担忧。此外，网络欺凌者不用亲自面对被害人对网络欺凌的反应或他们欺凌行为的后果，这鼓励了去个性化（Dehue et al.，2008）。不过，当匿名欺凌者和被害人在同一所学校上学或以其他方式接触时，欺凌者能够观察到其欺凌行为的后续影响。被欺凌者报告说，因为不知道躲在网络背后攻击自己的人是谁，所以常常感到沮丧及深深的无力感（Vandebosch & Van Cleemput，2008）。

减少网络欺凌受害的保护因素包括父母监管、政府监管、父母对孩子上网行为的控制，以及感受到来自同伴和其他人的支持（Underwood & Ehrenreich，2017）。父母监管似乎是预防或减少欺凌与被欺凌的重要保护因素。例如，巴利特和芬内尔（Barlett & Fennel，2018）的一项研究发现，父母对孩子上网行为不了解是导致网络欺凌的一个重要因素。研究人员得出结论：很明显，父母缺乏监管是网络欺凌的正向预测因素，这可能是因为孩子认为父母对他们的上网行为不了解，所以更可能选择在网上实施攻击。不过，尽管父母监管似乎是一种强有力的保护因素，但众所周知，与成年人相比，青少年更容易不断接受新事物，接受新的网络媒体平台（Underwood & Ehrenreich，2017）。尽管许多父母试图监管和了解青少年的上网情况，但超过 70% 的青少年承认，他们擅长以各种方式避免父母的监管。此外，即使父母非常认真地监管孩子的上网情况，但网络欺凌仍可能是微妙且难以识别的。此外，作为被害人的青少年往往不愿与父母分享自己在网上的痛苦遭遇。例如，研究发现，只有 1/3 的青少年告诉他们的父母，他们遭受了网络欺凌（Waasdorp & Bradshaw，2015）。

显著减少网络欺凌行为的最有效方法之一也许就是，青少年、家长和教育工作者共同组成密切的辅导小组，大家一起讨论网络欺凌可能导致的严重和毁灭性的心理伤害。这一方法其实和前面提到的学校的预防措施是相关的。学校实施这些预防措施是为了证明其没有漠视学生遭到欺凌这一现象。此外，这一方法可能比对欺凌者施以严厉惩罚（如停学）更有效。

劫持人质犯罪

劫持人质（hostage-taking）指的是劫持者违背被害人意愿扣押他们，并以此获取物质利益或个人利益。在通常情况下，犯罪人会提出某些要求，如果这些要求在指定时间内没有得到满足，犯罪人就会威胁要杀害被害人。广义的劫持人质包括劫持、绑架、劫机和一些恐怖主义行为。

工具型劫持人质与表达型劫持人质

过去，迈伦和戈尔茨坦（Miron & Goldstein, 1978）根据犯罪人的主要动机将劫持人质犯罪分为两大类：工具型劫持人质与表达型劫持人质。时至今日，这一分类对于我们理解和应对劫持人质现场仍然有用。

在工具型劫持人质（instrumental hostage-taking）中，犯罪人的目标很明显——主要是物质利益。例如绑架并扣留儿童以勒索赎金。有时候目标也可能基于现实情况而定，例如，在一些经典案例中，犯罪人为了获得用于逃跑的车辆而扣押人质。而表达型劫持人质（expressive hostage-taking），其目标是心理层面的——犯罪人想要变得强大，并掌控自己的命运。表达型劫持人质犯罪人往往认为他们对生活几乎没有控制感。所以他们想变得强大，他们相信媒体对他们劫持人质的报道将帮助他们实现这一目标；或者也可能是因为他们感到沮丧和绝望，认为通过劫持人质可能会引起他人对自己绝望情绪的关注。劫持人质犯罪的目的有时以工具型开始，但后来发展为表达型。犯罪人最初可能是为了物质利益而绑架他人，但后来发现自己的要求不切实际，不太可能得到满足。在这种情况下，犯罪人可能会选择继续下去，但目的是获得社会的关注与重视，以及控制感。还有时候，犯罪人一开始就表现出同时具有工具型动机和表达型动机。也就是说，犯罪人一开始就期望从劫持人质中获得物质层面和心理层面的双重好处。

美国联邦调查局的劫持人质分类

自 20 世纪 70 年代以来，美国联邦调查局将人质劫持者分为四大类：恐怖分子、服刑人员、犯罪人和精神障碍患者（Fuselier & Noesner, 1990）。这一分类的重点依据不再是动机，而是基于人质劫持

者的明显的个人特征。研究表明，超过 50% 的劫持人质事件由患有精神障碍的个体所为（Borum & Strentz, 1993），因此这是最大的一类。不过值得注意的是，不同类别之间可能存在重叠，如家庭暴力犯罪中的劫持人质者患有精神障碍。

在过去 20 多年里，恐怖分子劫持人质的行为越来越多，也越来越复杂。作为美国联邦调查局的第一类人质劫持者，恐怖主义活动中的劫持者必须与其他类别的劫持者区别对待。

对服刑人员、犯罪人和精神障碍患者来说，他们的特征都有相似之处，并且现有的完备的谈判策略能很好地应对这些类型的劫持者。正如米勒（Miller, 2007）指出的，危机干预已经很好地解决了大约 95% 的劫持人质事件，而且不会出现人质或人质劫持者的死亡。

犯罪人和服刑人员劫持人质的情况最相似。可能两者在本质上都是工具性的。例如，在抢劫银行的过程中，劫匪可能会劫持人质作为人肉盾牌，帮其逃离现场。同样，在监狱暴动或越狱时，服刑人员可能会劫持狱警或其他工作人员作为人质，以帮助他们获得自由，或者帮助他们与监狱官员谈判。此类事件极为罕见，而且人质常常也不会真的受伤，但也有例外。1980 年，新墨西哥监狱发生了极其严重的暴力骚乱事件，12 名狱警被劫持为人质，其中 7 名受重伤（Johnson, 1996）。而 1971 年发生在纽约的阿提卡监狱的暴动，情况则完全不同。暴动中服刑人员劫持了一些狱警作为人质，但并未对他们造成人身伤害（Wicker, 1976）。服刑人员多次要求改善监狱条件，但均未获得成功。最后监狱官员放弃了谈判，让执法人员进场镇压。这一做法颇具争议（Thompson, 2014；Wicker, 1976）。因为在镇压中，一些狱警及一些服刑人员丧生。换句话说，大多数死亡不是由服刑人员造成的。

人们一般认为，患有精神障碍的劫持人质者是最常见的，也可能是最危险的，主要原因是这种劫持人质者的行为是不可预测的。正如米勒（Miller, 2007）指出的，对本地执法部门而言，最有可能面

对发生在家庭或工作场所的劫持人质事件，而他们所打交道的往往是患有精神障碍的劫持者。因此，要想使谈判真正有效，谈判专家需要将危机管理的艺术和科学，与心理健康专业人员提供的关于人格和精神病理学的分析结合起来。在米勒的文章中，他提供了各种应对精神障碍患者的具体、有效的方法，涉及的精神障碍包括精神分裂症、妄想障碍、抑郁障碍、反社会型人格障碍等。

劫持人质的应对策略

经验丰富的谈判专家给出了一些处理劫持人质或对峙局面的策略，所谓对峙局面（barricade situation），指的是个体在建筑物内或住宅内设防或设置障碍，并威胁要对自己或他人实施暴力。其中许多策略都基于心理学原理（见表 14-6）。不过除了这些谈判策略，还必须遵循一些基本原则（例如，将现场周围保护起来，稳定和控制现场，搭建通信设备，等等）（Miller，2005）。

表 14-6　人质谈判策略

- 稳定和控制现场
- 谈判时不要着急，慢慢来
- 给劫持人质者说话的机会，做一个好的倾听者比做一个好的倾诉者更重要
- 不要直接给对方提供任何东西
- 避免频繁地关注被劫持者；不要称他们为人质
- 尽可能诚实；避免要花招
- 对于对方的任何要求都要重视，切勿因要求琐碎而不予理会
- 永远不要说“不”
- 永远不要设定最后期限，也尽量不要接受最后期限
- 不要给出可供选择的建议
- 不要将外部人士（非执法人员）拉入谈判中
- 不允许交换人质，尤其是不要用谈判者交换人质

资料来源：Fuselier, G. D. & Noesner, G. W.（1990）. Confronting the terrorist hostage taker. FBI Law Enforcement Bulletin, p. 10。

首先，应该避免让劫持人质者获得他所希望造成的兴奋和刺激感，这就要求尽可能冷静地处理可能出现的混乱局面，同时尽量减少媒体关注。不过这很难实现，因为劫持人质事件极易引起媒体关注。正如第五章提到的，非常高的唤醒水平往往会让犯罪人减少思考过程，从而导致无组织的反应模式。在高度兴奋和混乱的情况下，犯罪人更有可能实施“无意识”行为，其中可能包括暴力行为。在大多数人质劫持或对峙局面的事件中，最危险的阶段是最初的 15～45 分钟（Noesner & Dolan，1992）。不过米勒指出，另外两个阶段也同样危险，分别是劫持者投降阶段，以及以战术攻击解救人质阶段（如果需要进行战术攻击）。

在最初的 15～45 分钟，到达现场的第一批警员应原地待命，直到包括谈判小组在内的其他支援力量到达现场。如有可能，最先到达现场的警员应尝试与劫持人质者交谈，并强调他们不希望看到任何人伤亡。经验丰富的谈判专家认为，交谈会分散犯罪人对暴力的注意力，通常会使局势平稳下来，尤其是在谈判者保持冷静和镇定的情况下。

其次，必须让犯罪人感到他们在一定程度上控制了局面。无助感和无力感可能会马上导致暴力行为。如果劫持者觉得自己没有获得任何控制权，他们可能会采取措施（如射杀其中一名人质）来证明自己的控制权。

最后，在劫持人质或对峙局面下，时间往往是最有力的盟友。一旦度过最危险的早期阶段，局面开始出现一些稳定的迹象，时间的流逝就会发挥积极的作用。这种作用包括几个方面。身体在经过最初的高度兴奋之后，逐渐放松，到了后期犯罪人开始感到疲倦、迟钝和沮丧。在这种情况下，劫持者会对整件事产生厌恶情绪，很可能开始期望事情赶快结束。随着时间流逝，劫持者会更依赖一些内在的考量和行为标准。在这一过程中，如果犯罪人考虑到了一些社会价值观，那么其可能会开始审视自己行为的后果。此外，劫持者也可能开始合理化自己的行为。不过这两种不同的想法，都可能使犯罪人更易接受警方的建议。经验丰富的谈判专家强烈建议，让谈判专家来担任警方发言人，作为双方信息沟通的渠道，并向劫持者强调，接受其要求需要时间。因此，谈判专家不应是决策者或指挥者。否则，劫持者会认为谈判专家（或现场中的其他人）

拥有指挥权和决策权，那么其就会认为警方应该能迅速而直接地做出决定。在这种情况下，任何拖延都会使劫持者感到沮丧，并进一步刺激他的情绪。

时间也会影响劫持者与人质的关系。根据社会心理学的研究，一个人对其他人或物越熟悉，就越容易被其吸引（Freedman，Sears，& Carlsmith，1978）。在许多劫持人质的事件中，被劫持者和劫持者之间越彼此了解，就越可能开始接受对方。此外，有时候人质与劫持者一开始互不认识，对劫持者来说，对方就是陌生人。但是随着相处时间延长，劫持者有可能将人质作为一个真正的人来看待，并被其所吸引。这种现象与斯德哥尔摩综合征不同，因为后者是人质和劫持者彼此吸引，是一种非常罕见的现象。

斯德哥尔摩综合征

被害人和劫持者之间的彼此吸引被称为斯德哥尔摩综合征（Stockholm syndrome）。就像人们常说的那样，它得名于 1973 年瑞典斯德哥尔摩市发生的一起劫持人质案。在这起案件中，女性人质最后嫁给了男性劫持者。警方谈判人士指出，有时人质会站在劫持者这边，一起向警方交涉。虽然这可能只是因为人质希望尽快结束这一恐怖经历，但它也可能意味着人质对劫持者产生了爱慕或认同。当人质以这种方式行事时，谈判专家有时会坚信这些人质已被洗脑。另一种解释则是，人质已被劫持者吸引，从而暂时性认同劫持者的价值观和目标。不过总体来说，斯德哥尔摩综合征其实很少发生。根据美国联邦调查局的人质 / 劫持系统（Hostage/Barricade System，HOBAS）的数据，在人质 / 劫持事件中，92% 的被害人没有表现出任何斯德哥尔摩综合征相关的迹象。所谓人质 / 劫持系统，其实是一个国家数据库，其中包括了来自多个州、地方和美国联邦报告的 1200 起人质劫持情况报告（Fuselier，1999）。

一些研究人员认为，斯德哥尔摩综合征的发生必须具备三个条件（Fuselier，1999）。首先，劫持者和人质必须在一起很长时间。其次，在劫持期间，

人质和劫持者之间必须有直接的接触和社会互动。如果人质与劫持者之间存在物理隔离（如人质被完全隔离在单独的房间内），则可能会妨碍该现象的出现。最后，劫持者必须善待人质。在大多数劫持人质的情况下，这三种情况都不太可能发生。

纵火罪

纵火罪（arson）被定义为无论是否涉及故意诈骗，任何故意或恶意焚烧或企图焚烧住宅、公共建筑、机动车、飞机或他人财产的行为（FBI，2005）。根据统一犯罪报告，只有执法部门调查确定为故意或恶意引燃的火灾才可能被归类为纵火。统一犯罪报告不会报告可疑或来源不明的火灾。

从心理学的角度来看，关注纵火行为本身比关注是否最终被认定为纵火或是否犯罪更有价值。该领域的大多数心理学研究关注的是持续纵火的儿童、青少年和成年人的发育和行为特征，无论他们是否被捕和定罪。政府的火灾数据则来自美国消防局等机构，或者统一犯罪报告的纵火案件报告。要特别说明的是，下文中涉及的统一犯罪报告的数据不包括那些被归为可疑或来源不明的火灾。例如，虽怀疑是故意引燃但未经证实的大规模野火，就不包括在统一犯罪报告的统计数据中。此外，与大多数其他犯罪一样，纵火也存在巨大的犯罪黑数，官方数据也没有包括它们。因此，我们首先是从纵火罪的概述开始的，但重点还是要转到纵火的心理学研究上。

犯罪率与流行率

美国消防局（U.S. Fire Administration，USFA）是美国火灾数据的重要来源。2008—2010 年，5% 的住宅火灾是故意纵火导致的（USFA，2012）。在这些故意纵火案中，有一半以上（56%）是发生在正常使用或被认为处于正常使用状态的住宅楼中。其余的故意纵火则发生在空置的建筑物内。故意纵火每年导致大约 375 人死亡、1300 人受伤，以及 10 亿美元的直接财产损失（USFA，2009）。

统一犯罪报告数据进一步反映了类似的状况，不过我们要再次强调，犯罪统计数据只统计了实际纵火行为的一部分。2017 年，有 7810 人因纵火被捕（FBI，2018a），其中近 25% 的被捕者为未成年人（18 岁以下）；80% 的被捕者都是男性（年龄有大有小）；近 46% 的纵火涉及建筑物（包括住宅、储物仓库、公共设施等），约 24% 的纵火涉及汽车、卡车、船只等交通工具，约 30% 的纵火涉及其他类型的财产（如森林等）。

在 2004 年因纵火被捕的未成年人中，18 岁以下的约占 50%，但到了 2017 年，这一比例大大降低，约为 25%（FBI，2018a）。在美国及其他一些国家（如英国、澳大利亚），年轻人，尤其是男性，在被捕总人数中占很大比例（Ducat，McEwan，& Ogloff，2017；Lambie，McCardle，& Coleman，2002；MacKay et al.，2012）。一些研究发现，75%～85% 的纵火都是由男性实施的，不过在 13～17 岁这一年龄段的纵火者中，女性的占比越来越高（FBI，2003；Stadolnik，2000）。

一般来说，在美国，每年有 250～300 名儿童和青少年在火灾中丧生（Putnam & Kirkpatrick，2005）。儿童是火灾最主要的受害者，占全美国火灾死亡人数的 85%（USFA，2004）。除了车祸死亡，火灾是儿童死亡的主要原因（Stickle & Blechman，2002）。当然，并非所有这些火灾都具有犯罪意图或被视为纵火。

大多数由年轻人引发的火灾都没有被发现、报告或处理（Ducat，McEwan，& Ogloff，2015；Gannon & Barrowcliffe，2012；Zipper & Wilcox，2005）。例如，人们普遍认为，只有一小部分（可能不到 10%）由未成年人引发的火灾会被报告（Adler et al.，1994）。研究人员（Zipper & Wilcox，2005）指出，马萨诸塞州的 1241 名未成年人因纵火而被要求接受矫治（咨询辅导），他们所引燃的火灾中，只有 11% 被报告给了执法部门。之所以没有人报告这些火灾，显然是因为目击者或监护人认为孩子们的这些行为不危险，并且没有威胁生命或造成重大财产损失。此外，许多人还担心指控未成年人纵火会给他们留下犯罪记录，从而影响他们的未来。人们通常认为孩子纵火是因为情绪问题，因此更需要的是治疗，而不是惩罚。对于这种观念，我们将在后面进行讨论。还有一项研究，对俄勒冈州 15 个学区 3～8 年级的学生进行了调查。结果发现，32% 的学生报告说他们在家外纵火，而 29% 的学生则表示他们曾在自己家里纵火（Zipper & Wilcox，2005）。由于儿童纵火这一话题备受关注，我们将在下一节重点讨论。

纵火行为的发展阶段

如本节开头所述，纵火罪是专门描述故意或恶意纵火并将其定义为犯罪的法律术语，无论其是否具有欺诈意图。而纵火（firesetting）则是心理学文献中，特别是儿童精神病学文献中常用的术语。纵火是一种有意和故意的行为，并且行为人也了解该行为的潜在后果。正如我们后面会提到的，如果一名 4 岁的小孩拿着烧烤用的打火机玩，结果烧了户外的家具，那么这个孩子算不上纵火者。但是，如果他继续做这类事，那么他就有成为纵火者的风险。这种儿童纵火者引起了心理学研究人员的极大兴趣。

盖纳（Gaynor，1996）提出了儿童与火有关的三个发展阶段：

（1）对火产生兴趣；

（2）玩火；

（3）纵火。

对火着迷及尝试放火似乎是儿童正常发育中的一个共同特征。卡弗雷（Kafrey，1980）发现，对火着迷似乎是 5～7 岁儿童的普遍现象。此外，这种对火着迷的情况可能在孩子更小的时候就开始了，1/5 的孩子在 3 岁之前就开始对火感兴趣。随着孩子年龄的增长，可能在 5～9 岁时尝试过放火行为。在这个阶段，孩子会尝试弄清楚火如何点燃，以及可以用它干什么。这个阶段的儿童特别容易受到火灾伤害，因为他们理解后果的能力有限，而且一旦火灾失控，他们又缺乏有效的灭火方法（Lambie et al.，2002）。到了 10 岁，有时可能更早，大多数孩子已经了解了火灾的危险及后果。但如果仍继续放火，那他们就已经到了纵火阶段。这类年轻人纵火的目的各有不同，最常见的是为了损毁物品，还有就是追求刺激，或者作为一种手段来吸引他人关注自己及自己的问题。

有关持续性纵火的研究几乎一致认为，这种行为与严重的心理问题有关。与同龄人相比，持续性纵火的儿童往往表现出社交技能差、社交能力不足及容易冲动的特点（Kolko，2002；Kolko & Kazdin，1989）。研究人员（Chen，Arria，& Anthony，2003）在全美国对近 5000 个 12～17 岁的未成年人进行研究，得出结论：被同伴排斥的孩子比那些没有受到排斥的孩子更容易纵火。事实上，在这项研究中，攻击和同伴排斥共同作用，与纵火行为存在显著相关。纵火者，无论儿童、青少年，还是成年人，通常在许多方面存在缺陷，包括社会适应不良、缺乏教育和社交技能，以及物质滥用（Doley，Ferguson，& Surette，2013）。

一般来说，持续性纵火者也更有可能出现注意缺陷/多动障碍和冲动控制能力差的问题（Forehand et al.，1991），许多人被教师认为有"行为问题"。值得指出的是，许多研究报告，品行障碍是未成年纵火者最常见的临床症状（MacKay et al.，2006）。兰比等人（Lambie et al.，2002）也报告了类似的发现。他们根据临床经验发现，纵火只是儿童一系列行为问题的一部分，其纵火的动机有多种，一般包括冲动控制问题，以及不恰当的愤怒和无聊感。还有一些证据表明，持续虐待动物和他人的儿童也倾向于出现持续性纵火行为（Baglivio et al.，2017；Slavkin，2001）。兰比等人还指出，男性青少年纵火者经常也会犯下其他多种罪行，包括强奸及其他性犯罪。

其他研究人员也注意到了这种身犯数罪的情况。这样看来，少年司法系统中的大多数纵火者，除了纵火还发生了许多其他严重的未成年越轨行为（Del Bove & Mackay，2011；Ritvo，Shanok，& Lewis，1983；Stickle & Blechman，2002）。研究人员（Stickle & Blechman，2002）发现，纵火的未成年犯罪人表现出一种成熟、严重的反社会行为模式，与早发型

或持续终身型犯罪发展轨迹相一致。其他研究人员也报告了这一发现（Becker et al.，2004；Forehand et al.，1991）。毫不意外，研究还发现，大部分持续性纵火者都是男孩，男女比例大约为 9∶1（Zipper & Wilcox，2005）。

几乎所有超出正常范围的对火的迷恋和玩火的孩子都与父母的关系很差，而且似乎也常遭受身体虐待（Jackson，Glass，& Hope，1987）、性虐待（Baglivio et al.，2017）和其他形式的虐待（Root et al.，2008）。由于遭受虐待与自律、学业成就、依恋和社交技能的发展密切相关，因此未成年纵火者中遭受虐待的比例之高并不令人惊讶。鲁特等人（Root et al.，2008）对 205 名 4～17 岁的儿童和青少年及其照顾者进行了调查，证实了那些遭受过虐待的孩子出现纵火的可能性更大，点火火源和纵火目标更多样，并且更有可能出现持续性纵火行为。此外，他们纵火的主要动机是愤怒。

研究人员（Kolko，Kazdin，& Meyer，1985）对纵火相关的研究进行了全面的回顾。他们认为，孩子的纵火行为可能与父母的无能、对孩子错误监督或缺乏监督密切相关。另一组研究人员（Saunders & Awad，1991）也进行了一项回顾性研究，审查了 13 名少女的相关记录。这些少女都是因纵火而被转介到多伦多家庭法院诊所的。他们得出以下结论。

> 阅读这 13 份少女记录，让人备感沮丧。即使是对我们这些多年来一直与问题家庭和困难家庭打交道的人来说也是如此。这些少女的父母有各种历史问题，包括婚姻问题、分居、对配偶及孩子实施暴力、犯罪、吸毒、酗酒，以及无法照顾孩子。

有意思的是，因心理问题被转诊到诊所的儿童中，纵火的流行率似乎显著高于未被转诊的儿童（Kolko & Kazdin，1989；Lambie et al.，2002）。研究表明，青少年或成年纵火者通常都属于弱势群体，即使他们发现自己身处逆境，也缺乏或完全没有有

效的手段来改变自身的环境（Dadds & Fraser，2006；Jackson et al.，1987）。纵火的未成年人往往来自不稳定的家庭，主要表现为父母都不在身边、父亲不在身边或不管孩子，以及遭受虐待（Hickle & Roe-Sepowitz，2010）。一些研究称，纵火者的父母很少表达自己的情感，也很少监督孩子的行为。总而言之，他们很少参与孩子的生活（McCarty & McMahon，2005）。

成年人的持续性纵火

正如前面提到的，相当多的心理学研究都聚焦于儿童和青少年的纵火行为。相比之下，对成年人纵火的原因，心理学研究要少得多（Butler & Gannon，2015），但也有例外。一些早期研究曾尝试基于社会学习理论，从各种角度来解释成年人的纵火行为，特别是从获得认可和强化的角度。例如，一些持续性纵火案似乎是由特定事件引发的，因为这些特定事件让个体的低自尊、悲伤和抑郁情绪进一步恶化（Bumpass，Fagelman，& Birx，1983）。此外，火灾发生后，许多纵火者会留在火灾现场，往往还会主动报警甚至帮助灭火。在某些情况下，他们还会像英雄一样拯救生命。如果他们因这些行为而获得他人的认可，这可能会提高他们的自尊，并让他们感觉对生活有了一些控制感。一些纵火者还会通过纵火来获得感官刺激，从而获得内在强化（Fineman，1995）。杰克逊等人（Jackson et al.，1987）指出，大多数人的纵火行为都是从小火发展到大火，而且纵火者也会越来越多地参与事后灭火。此外，多次纵火的犯罪人往往独自一人纵火，所以在被抓之前几乎没有人知道他们的行为。一旦被抓，他们的纵火史能为他们提供额外的机会来获得他人的关注和认可。

一项针对 1100 名病患的研究发现，在那些智力障碍者中，更有可能出现持续性纵火行为（Devapriam et al.，2007）。戴和伯尼（Day & Berney，2001）还指出，纵火是智力障碍人士一种常见的行为模式，因为当他们想实施反社会行为时，受限于智力问题，他们其实

做不了什么。还有研究发现，智力障碍者，无论男女都可能成为持续性纵火者（Devapriam et al.，2007）。总之，研究结果不断发现，纵火者在社交和人际关系上都存在不足，尽管这种不足的具体表现因人而异（Jackson et al.，1987）。研究还表明，纵火还被作为个体面对冲突和压力的应对工具（Day & Berney，2001）。关于成年纵火者的心理特点，最一致的研究发现是，他们对自己的生活或所处的环境几乎没有任何控制感。因此，他们社交困难，觉得自己一文不值。一些研究人员认为，纵火可能提供了一种渠道，让这些人能够体验控制感，或者至少体验到自己能对外部环境产生影响。

女性纵火犯

统计数据和心理学研究都认为，纵火犯主要是男性，而本部分的绝大多数内容与信息都只涉及男性纵火犯。不过，女孩和妇女其实也会纵火，有时是自己单独实施的，有时则是作为男性纵火犯的帮凶。但是关于女性纵火群体的确切流行率和再犯率，我们几乎一无所知（Ducat et al.，2017）。

有一些研究人员曾关注过女性纵火犯，或者考虑过纵火的性别差异。在一项早期研究中，研究人员（Harmon，Rosner，& Wiederlight，1985）分析了 27 名女性纵火犯的心理学和人口统计学特征，这些女性都是 1980—1983 年在纽约司法诊所接受评估的人。虽然这一研究只涉及纽约这一特定的地区，而且年代较远，有点过时，但这一研究结果仍然有参考价值，因为我们关于女性纵火犯的数据太少了。研究人员发现，这些女性的年龄比男性纵火犯的年龄（30 多岁）要大一些，并且有酗酒史和吸毒史。一般来说，该群体往往没有受过教育、未婚，并依赖社会救济为生。她们中的大多数人纵火的动机是报复，研究人员（Icove & Estepp，1987）在一项针对女性纵火犯的研究中，也报告了相同的发现。为了报复，这些女性往往会冲动行事，以报复那些伤害或威胁她们的人。她们行事鲁莽，使用手边可得的任何易燃物来纵火。一般来说，女性纵火的地点都是自己居

住的公寓，或者居住的建筑物的公共空间。

另一组研究人员（Wachi et al.，2007）在针对日本女性系列纵火犯的研究中，报告了相似的发现。这些研究都发现，很多女性都是受情绪困扰而临时、冲动地实施了纵火行为。不过，虽然大多数日本女性纵火犯（66%）的动机是报复，但其纵火行为往往是有计划、有明确目标的。

还有研究人员（Hickle & Roe-Sepowitz，2010）对114名被指控纵火罪的女性未成年人进行了调查，得出结论：一般来说，女性未成年纵火者来自混乱、不稳定的家庭，她们学业困难、同伴关系不良、有离家出走的经历及吸毒史。他们的发现总体上与那些有关男性未成年纵火者的发现类似。

后来的研究也支持上述发现。与不纵火的女性相比，女性纵火犯往往社会经济水平较低、教育水平较低、智力水平也较低（Ducat et al.，2017）。她们也更有可能经历过痛苦事件，例如，与父母分离，遭受过性虐待、身体虐待、情感虐待，以及其他痛苦的人生经历（Long，Fitzgerald，& Hollin，2015）。研究人员（Long et al.，2015）对那些接受精神障碍治疗的女性纵火犯进行了研究，并指出，纵火行为与自杀念头、抑郁、人际关系问题、愤怒表达、缺乏计划等因素存在关联，这证实了一种观点，即女性用纵火来应对自己痛苦的生活经历，以及作为一种求救信号。在这项研究中，许多纵火犯都表现出严重的自我伤害及物质滥用情况。

纵火行为的分类与发展轨迹

坎特和弗里松（Canter & Fritzon，1998）根据纵火者的行为模式和在犯罪现场的活动表现，提出了他们对纵火者的分类。这些研究人员发现，可以根据两个基本的行为和动机特征来区分纵火者：一个是行为模式，即纵火者的行为是针对一个人还是几个人，是针对一般建筑物还是具有象征意义的建筑物；另一个则是行为动机，也就是纵火的动机是表达型的还是工具型的，类似本章前面讨论劫持人质时的表达型与工具型。

根据坎特和弗里松的说法，如果纵火是为了让他人注意到纵火者某种潜在的情绪压力或感受，那么它就是表达型的。如果需要达到特定的结果，如掩盖犯罪现场或获得经济利益，那么纵火就是工具型的。研究人员基于以上两个基本特征，形成了四个类型：

（1）针对人的表达型纵火行为——表达－人型（expressive-person pattern）；

（2）针对物的表达型纵火行为——表达－物型（expressive-object pattern）；

（3）针对人的工具型纵火行为——工具－人型（instrumental-person pattern）；

（4）针对物的工具型纵火行为——工具－物型（instrumental-object pattern）。

表达－人型是最常见的纵火类型，这类纵火者往往有精神障碍（如抑郁）和情绪问题（如无助感）。这类纵火本质上是一种求救行为，因为纵火者试图通过纵火来获得家人或政府（如执法部门或社会服务机构）的关注。但不幸的是，这可能会危及他人和自己的生命，尽管他们本意并不在此。表达－物型纵火者往往是系列纵火者，因为他们最主要的特征就是在多处纵火。幸运的是，这些系列纵火者大多时候都会选择点燃无人居住的建筑物，如谷仓、废弃的建筑物和废弃的房屋（Häkkänen，Puolakka，& Santtila，2004）。这表明他们对伤害自己或伤害他人不感兴趣。研究表明，这些纵火者将纵火作为一种行为方式，并且对火有强烈的迷恋（Santtila et al.，2003）。这些纵火者喜欢观看燃烧的火焰及救火过程，并为之兴奋不已。

工具－人型纵火者往往都有失败的婚姻或糟糕的亲密关系，且由此引发了冲突、争吵、威胁等。在某些情况下，纵火指向的可能只是权威人士，如教师或教会工作人员。但点燃的却是与这些人相关的物品或建筑，如教堂、学校宿舍，或者其他与学校相关的物品（如校车）。这类纵火行为的动机是被他人不当对待后的愤怒与报复。在工具－人型纵火行为中，犯罪人的首要意图是报复。**工具 - 物型**纵火者通常是那些有严重反社会行为史的年轻人，而且往往是为了掩盖其犯罪（如入室盗窃或谋杀）痕迹而实施的。不过它也可能与经济利益直接相关，如为了骗取保险金而烧毁建筑物、机动车或住宅。

甘农等人（Gannon et al.，2012；Butler & Gannon，2015）提出了一个多轨迹理论。该理论认为，纵火是众多因素（如个体成长、生物、社会学习）影响的结果，就像本书讨论过的各种累积因素。甘农等人根据不同的动机和关键特征提出了五种纵火行为轨迹（见表 14-7）。

表 14-7　纵火行为轨迹的动机和关键特征

动机	关键特征
反社会认知	<ul><li>纵火者通常是反社会的</li><li>纵火是种工具，是达到目的（如利益、报复、破坏）的手段</li><li>有自律方面的问题</li></ul>
申冤	<ul><li>对火本身没有兴趣</li><li>复仇意义大于纵火</li><li>类似于反社会行为，但更具攻击性和敌意</li></ul>
兴趣	<ul><li>对火感兴趣</li><li>寻求刺激或缓解无聊感</li></ul>
情感表达 / 需要认可	<ul><li>有社交方面的问题</li><li>情绪性地表达以寻求帮助</li><li>需要认可</li><li>希望提升自己的地位</li></ul>
多方面	<ul><li>一般犯罪行为，类似于反社会认知</li><li>对火感兴趣</li><li>有自律和社交方面的问题</li></ul>

资料来源：Adapted from Butler, H., & Gannon, T. A.（2015）. The scripts and expertise of firesetters: A preliminary conceptualization. Aggression and Violent Behavior, 20, 72-81。
注：只包括部分信息，用于简要说明纵火轨迹。更详细的内容请参考原始资料。

此外，研究人员（Butler & Gannon，2015）还发表了与发展轨迹有关的认知脚本的初步研究结果。例如，他们认为纵火者可能持有以下脚本：纵火是有效传递信息的工具（如作为求救信号），纵火是销毁证据的最佳方式（如掩盖罪行），纵火是一种缓解情绪的方式（如减少孤独感）。基于这些脚本，他们为纵火者提出了可能的矫治方法。不过他们也承认，纵火者之间差异极大，各自的具体动机和行事风格完全不同，而且也不是每个人都有认知脚本（正如并非所有犯罪人都完全符合前几章所讨论的各种类型）。尽管如此，多轨迹理论及认知脚本还是会为心理矫治工作者提供一些治疗策略。

心理障碍

与纵火相关的话题中，还有一个话题尤其引人关注，那就是持续性纵火者可能有纵火癖。**纵火癖**（pyromania）是一个精神病学术语，指的是一种因不可抗拒的冲动或激情而实施纵火，以及对火的强烈迷恋。正如 DSM-5 中所描述的，在纵火之前，个体会感到紧张；一旦火被点燃，个体就会体验到强烈的愉悦或放松（American Psychiatric Association，2013）。DSM-5 将纵火癖视为一种冲动控制障碍。患有这种障碍的人也可能经常出现在火灾现场，甚至会加入志愿救火队伍。虽然一般认为他们纵火的冲动是无法控制的，不过这些人在纵火前往往会表现出一些线索，让人们可以意识到他们有纵火的企图。在所有纵火的动机中，纵火癖被认为只是其中的一小部分。此外，尽管纵火行为更常出现在儿童和青少年中，但纵火癖在这两个年龄段的群体中似乎很少见。

虽然纵火癖似乎不是纵火的有力解释因素，但研究表明，许多持续性纵火的犯罪人有各种其他精神障碍或适应问题（Brett，2004；Dickens et al.，2009；Tyler & Gannon，2017）。他们如果没有被诊断患有精神障碍（如反社会型人格障碍、物质滥用），也会存在一些需要治疗的心理问题（如人际关系问题、自我概念低下、社交技能缺乏）。这些心理问题在以往的研究中也都有提到。此外，这些人往往来自特别困难的家庭，并在生活的很多方面都曾遭遇困难（Lambie & Randell，2011）。因此，纵火可能只是这些人各种适应不良的行为的一部分。很有可能是因为他们以前有过相关经验，所以纵火成了他们适应不良的表现之一。里特沃等人（Ritvo et al.，

1983）发现，在纵火者中，儿童时代曾被火烧伤和遭受虐待的比例高得惊人，虽然有时是因为他们自己玩火导致的。如里特沃等人研究中提到的例子。一名纵火者在童年时经常玩火，他的父亲为了惩罚他而烧伤他的脚，并且伤得相当严重。另一个男孩的父亲则是用烧热的锅铲打他的屁股。还有一个人的手被其母亲抓着放在炉火上，直到烧起来。里特沃等人推测，这些惩罚可能传达了这样一个信息，即使用火是一种可接受的报复方式。

在本节，我们重点讨论了那些为满足心理或社会需求而实施持续性和反复性纵火的人。虽作为重点讨论，但并不意味着大多数纵火是由这些人实施的。显而易见，纵火是由各种犯罪人出于各种原因而实施的。其中大部分可能是为了金钱，如骗取保险金，还有一些人是为了掩盖其他罪行或销毁证据。有研究得出结论：那些实施持续性和反复性纵火的人往往会卷入其他各种反社会行为和犯罪行为（Del Bove & Mackay，2011；Lambie & Randell，2011；Vaughn et al.，2010）。此外，人们还认为，那些实施持续性纵火且使用助燃剂的人是最危险的（Dickens et al.，2009）。

本章小结

本章讨论的犯罪行为及（在某些情况下被认为是）民事过错行为要么是暴力的，要么很可能对被害人造成严重的身体伤害。即使没有出现暴力，这些行为往往也会让被害人感到恐惧。因此，对被害人会造成巨大的心理伤害。

我们首先讨论了抢劫，以及抢劫的分类与动机。尽管获得经济利益或物质利益是抢劫的主要动机，但也确实存在次要动机——控制和恐吓被害人，特别是在一些街头抢劫中。与娱乐媒体中的许多描述不同，银行抢劫案很少由抢劫"专家"实施或精心策划。典型的银行抢劫案主要由新手实施，毫无疑问他们将其作为快速获得现金的一种方式。商业场所抢劫通常针对的是便利店或快餐店。一般认为，与抢劫银行相比，抢劫这些地方更容易得手，但抢得的钱也比较有限。不过它们仍然是最易被抢劫的目标，而且通常是在深夜被抢劫，因为这时候店内的工作人员和顾客都是最少的。街头抢劫很少有事前计划，劫匪只要看到合适的目标，就会伺机而动。有意思的是，最新数据显示，暴力抢劫的发生率略高于使用枪支或刀具的抢劫。而且，被害人在暴力抢劫中也更有可能受到身体伤害，这既是因为他们更有可能反抗，也是因为劫匪对自己控制被害人的能力缺乏自信。专业劫匪是单独的一种类别，他们可能会从事上述任何类型的抢劫，但最有可能参与街头抢劫。我们还单独讨论了由两个或多个劫匪组成的团伙所实施的抢劫。

我们对网络犯罪或计算机犯罪给予了一些关注，因为这一犯罪问题越来越严重，并对执法机构的手段与能力提出了挑战。在过去十多年中，针对大型数据库的黑客攻击一直都存在。政府机构、小企业、公司、教育机构、政治团体、医疗机构和选举系统都是受攻击的对象。还有就是大量的个人信息被盗取。一些黑客以政府机构为目标，安装恶意软件，恶意加密其数据，以此要挟并索要赎金。我们越来越需要网络安全专家来预防和应对此类攻击。

除了讨论出于经济目的的网络犯罪，我们还讨论了网络跟踪和网络欺凌。两者都是因为网络的匿名性，让犯罪人可以匿名骚扰被害人，并且都属于恐吓罪。迄今为止，我们对此类犯罪行为的普遍性或犯罪人的心理特点知之甚少，但网络欺凌却特别吸引理论家和研究人员的关注。其中最大的关注点就是青少年的网络欺凌行为。人们普遍认为，互联网和社交媒体所具有的匿名性往往会助长网络欺凌行为的发生，但一些预防措施可有效地阻止这种行为的发生。同伴、家长和其他成年人（如教师）可以采取一些措施进行预防。当成年人出现欺凌行为时，会鼓励孩子出现赞同欺凌的态度。

跟踪犯罪是最常见的恐吓犯罪，20 世纪 80 年代人们第一次将其作为问题行为提出，并给予正式的命名。从此以后，它受到了公众越来越广泛的关注。据估计，每 12 名女性中就有 1 人，每 45 名男性中就有 1 人曾被跟踪。大多数跟踪者的动机是控制、威胁或恐吓被害人。不幸的是，虽然有大约一半的被害人会向警方报案，并申请限制令，但收效甚微。因为在大多数跟踪者眼中，限制令只是一纸空文。但是，有些跟踪者确实会对限制令有所畏惧，另一些跟踪者在警方介入后也确实停止了跟踪。许多被跟踪的妇女曾遭受跟踪者的暴力伤害，而且这种暴力伤害将来仍可能会继续下去。虽然大多数跟踪会在两年内停止，但在某些情况下，被跟踪者的最佳解决方式还是搬家。

我们还讨论了四种主要的跟踪类型：单纯纠缠型跟踪、爱情纠缠型跟踪、色情狂型跟踪和复仇型跟踪。其他研究人员则根据跟踪者和被跟踪者之间的关系，对跟踪行为进行了分类：亲密伴侣跟踪者、熟人跟踪者、公众人物跟踪者和陌生人跟踪者。其中单纯纠缠型跟踪和亲密伴侣跟踪是最常见的，也是最有可能对被害人造成身体伤害的跟踪类型。跟踪者通常都没有精神障碍。不过色情狂型跟踪者和公众人物跟踪者则是例外，他们往往有妄想倾向，并被诊断出患有各种精神疾病。

劫持人质是一种重大的恐吓犯罪，即使没有使用暴力造成人身伤害，也会让被害人感到极度恐惧。我们讨论了警方应对劫持人质者的谈判策略。斯德哥尔摩综合征其实极为罕见。

没有研究证据表明，斯德哥尔摩综合征是一种常见的现象。

本章的最后讨论了儿童和青少年纵火及持续性纵火。某些纵火显然是出于经济目的，但年轻人纵火显然是一种与心理相关的问题行为。大量心理学研究都曾关注这类行为。尽管大多数孩子都会对火感兴趣，特别是在5~7岁时，这是正常的。只有在少数且问题严重的儿童中，这种兴趣首先会表现为玩火，然后逐渐出现持续性、反复性的纵火行为。实施持续性纵火的人通常在10岁时就会被识别出来。他们的家庭背景往往极不正常，常常缺乏父母的监管，曾遭受身体虐待，以及有酗酒和吸毒问题。而持续性的成年纵火者往往从儿童时代就开始了纵火行为。我们还回顾了纵火的分类，并特别讨论了纵火癖，虽然他们人数很少。纵火癖其实是一种严重的精神障碍，其特点就是对火的异常痴迷。不过，我们也发现，实施持续性纵火的人（除那些利用纵火牟利的人）患有其他人格障碍的情况也不罕见。

核心术语

抢劫（robbery）

暴力抢劫（strong-arm robbery）

街头文化（street culture）

网络犯罪（cybercrime）

勒索软件攻击（ransomware attacks）

跟踪（stalking）

单纯纠缠型跟踪（simple obsession stalking）

爱情纠缠型跟踪（love obsession stalking）

色情狂型跟踪（erotomania stalking）

复仇型跟踪（vengeance stalking）

网络跟踪（cyberstalking）

网络骚扰（cyberharassment）

网络欺凌（cyberbullying）

工具型劫持人质（instrumental hostage-taking）

表达型劫持人质（expressive hostage-taking）

对峙局面（barricade situation）

斯德哥尔摩综合征（Stockholm syndrome）

纵火罪（arson）

纵火（firesetting）

表达–人型（expressive-person pattern）

表达–物型（expressive-object pattern）

工具–人型（instrumental-person pattern）

工具–物型（instrumental-object pattern）

纵火癖（pyromania）

思考题

1. 负面的街头文化和认知脚本在街头抢劫等机会型犯罪中产生了什么作用？

2. 总结银行抢劫新手与"专家"之间的区别。

3. 界定并举例说明什么是网络犯罪、网络跟踪、网络骚扰和网络欺凌。从心理学的角度看，区分这些术语是否重要？为什么？

4. 总结 BGCM 的关键因素。

5. 本章分析了哪四类跟踪行为？

6. 工具型劫持人质与表达型劫持人质之间有什么区别？

7. 工具型纵火与表达型纵火之间有什么区别？

8. 界定并简要描述儿童纵火的发展阶段。

9. 简述甘农和巴特勒提出的五种纵火行为轨迹。

10. 研究文献是否支持纵火癖这一说法？为什么？

A

Abusive head trauma　虐待性头部创伤　一种虐待儿童的形式，摇晃或抛掷婴儿，导致严重的脑损伤或脑死亡。以前称婴儿摇晃综合征（Shaken Baby Syndrome，SBS）。

Active shooter　活跃枪手　选择在公共场所杀人或企图杀人。

Adjudicative competence　参与审判的能力　参与各种法庭诉讼程序的能力。另见受审能力（competency to stand trial）。

Acquaintance rape　熟人强奸　被害人认识加害人的性侵害。另见约会强奸（date rape）。

Actuarial profiling　精算画像　基于有前科的犯罪人的统计分组数据来识别某犯罪人是否具有类似犯罪行为的方法。

Adolescence-limited offenders　青春期型犯罪人　通常仅在青春期表现出犯罪或反社会行为，并在成年后停止犯罪的个体。

Aggravated assault　严重伤害　对他人造成或企图造成身体伤害，意图造成严重伤害。

Aggression　攻击　以意图伤害他人或破坏物体为特征的行为。另见反应－冲动型攻击（reactive-impulsive aggression）和控制－工具型攻击（controlled-instrumental aggression）。

Aggressive child sex offender　攻击型儿童性犯罪人　兼具性目的和攻击目的而伤害儿童的成年人。

Amnesia　遗忘症　对某事件、一系列事件或生活经历的某些方面的完全或部分记忆丧失。

Amygdala　杏仁核　大脑中调节恐惧和其他情绪反应的区域。

Antisocial behavior　反社会行为　临床术语，专指严重的习惯性行为，尤其是直接伤害他人的行为。

Antisocial Personality Disorder，APD　反社会型人格障碍　一种以持续侵犯他人权利的行为为特征的疾病。

Arson　纵火罪　任何故意或恶意焚烧或企图焚烧住宅、公共建筑、机动车、飞机或他人财产的行为，无论是否存在欺诈意图。

Assault　侵犯/攻击/伤害　故意对他人造成身体伤害或企图造成伤害。

Attachment theory　依恋理论　该理论认为婴儿强烈需要在其社会环境中与重要他人建立密切的情感联结。根据该理论，这种情感纽带的性质决定了其在今后生活中社会关系的质量。

Attention-Deficit/Hyperactivity Disorder，ADHD　注意缺陷/多动障碍　传统上被认为是一种慢性神经生物学疾病，其特征是注意力发育不良、易冲动及多动。当前的观点也将这种行为模式视为社交技能的一种缺陷。

Authoritarian style　专制型教养方式　家庭教养方式的一种，父母在家中制定非常严格的规范，很少给孩子做决策的机会。

Authoritative style　权威型教养方式　家庭教养方式的一种，父母制定严格的规范，同时鼓励孩子发展自主性。

Authority homicide　谋杀权威　杀害比犯罪人更有权威的人。

Autoeroticism　自体性欲　在没有伴侣的情况下性欲的自我唤醒和满足。

Availability heuristic　可得性启发式　人类用来快速推断他们所在世界的认知捷径，它是我们记忆中易于提取且生活中容易获得的信息，通常是基于我们从新闻或娱乐媒体中获得的最新资料。

Avoidance learning　回避学习　个体及时对警告信号做出反应，以避免痛苦或厌恶性刺激的过程。

B

Barricade situation　对峙局面　在劫持人质的场景中，个体在建筑物内或住所内加强防范，并对人质（通常情况下）使用暴力威胁的情况

Battered Woman Syndrome，BWS　受虐妇女综合征　处于虐待关系中的女性所共同具有的一系列行为和心理特征。作为一种以虐待案中的被害人或幸存者（无论男女）为特征的"综合征"，然而其有效性值得怀疑。

Base rate　基础概率　某一现象在特定人群中自然发生的概率。

Behavior genetics　行为遗传学　检验基因在行为的形成和发展中所起的作用，区分遗传与环境的影响的学科。

Behaviorism 行为主义 一种关注可观察、可测量的行为的观点，认为社会环境和学习是人类行为的决定因素。

Biopsychologists 生物心理学家 研究行为的生物学方面以确定哪些遗传和神经生物学变量起作用，以及在多大程度上起作用的心理学家。他们通常将人类行为视为个体的神经心理与社会环境之间复杂的相互作用的结果。

Boldness trait/fearless dominance 大胆特质 / 无畏的支配欲 三元精神病态模型中的一个核心特征。

Boosters 窃贼 专业扒手。

Brawner Rule 布朗纳规则 一种评估精神失常抗辩的标准，承认被告存在影响精神或情感过程，或者损害行为控制的某种状况。

Burglary 入室盗窃 用武力或非武力方式非法进入室内，意图盗窃或实施重罪。

C

Callous-unemotional trait 冷酷无情特质 未成年人的特征集合，被认为是成年人精神病态的前兆，同时也是成年人精神病态的一个重要特征。

Campus Climate Survey Validation Study，CCSVS 大学校园氛围调查的验证研究 针对美国 9 所大学进行的性侵害调查。

Carjacking 劫车 动用武力或以武力相威胁的方式夺取机动车的既遂或未遂的盗窃行为

Caveat paragraph 警告条款 布朗纳规则的一个条款，它排除了仅由重复犯罪行为或重复反社会行为而表现出的异常。它是为了禁止对精神疾病患者进行精神失常辩护而专门设计的。

Classic mass murder 典型大规模谋杀 个体进入公共场所，如快餐店，并随机杀害顾客和其他人的行为。

Classical conditioning 经典条件反射 学习对以前中性刺激做出反应的过程，该刺激与已经引起反应的另一种刺激配对。也称巴甫洛夫条件反射（Pavlovian conditioning）。

Classical theory 古典理论 强调以自由意志为核心理念的人类行为理论。

Clearance rate 破案率 通过逮捕并将至少一个人移交起诉而破案的已报告犯罪的比例。也可以通过特殊手段破案，如即将被捕的人的死亡。

Clinical profiling 临床画像 基于经验和直觉而非研究和统计数据的画像。

Coercion developmental theory 强制发展理论 认为父母采用的惩罚性和强制性策略会增加个体以后的攻击行为和家庭暴力的可能性。

Cognition 认知 人类进行想象、获得知识、进行推理和评估的内在过程，是个体对环境、人际关系，以及对自己所持有的态度、信仰、价值观和想法。

Cognitive behavior therapy 认知行为疗法 一种治疗方法，侧重于改变个体用于辩护和延续反社会行为或其他问题行为的信念、幻想、态度及合理化借口。它通常用于治疗性犯罪人。

Cognitive learning 认知学习 获取并保存信息的心理表征，并将该表征作为行为的基础。

Cognitive-neoassociation theory 认知 – 新联想理论 对伯科威茨

提出的挫折 – 攻击假说进行修正的理论。

Cognitive processes 认知过程 使人类能够进行想象、获得知识、进行推理和评估信息的内在心理过程。

Cognitive restructuring 认知重构 一种心理过程，人们据此为自己犯下的应受谴责的行为进行辩护，通常涉及道德辩护、委婉标签及有利比较。

Cognitive scripts 认知脚本 在各种情况下觉得自己应该如何行动的心理表象。

Cognitive scripts model 认知脚本模型 休斯曼的理论认为，一般的社会行为和特定的攻击行为，在很大程度上是由从日常经验中习得的认知脚本所控制的。

Compensatory rapist 补偿型强奸犯 因环境刺激引发的强烈性唤起而实施强奸的犯罪人，通常是非常具体的刺激（如黑发女性）。其主要动机是证明自己的性能力。

Competency to stand trial 受审能力 被告能够理解诉讼程序并能帮助律师做辩护准备的法律要求。

Concordance 一致率 遗传学中使用的一个术语，表示相关的配对被试都表现出特定行为或状况的程度。通常用百分比表示。

Conduct Disorder，CD 品行障碍 一种诊断术语，用于识别表现出惯性不当行为的儿童。

Confirmation bias 验证性偏差 寻找证据来证实个体对一个人或一个情境的先入为主的观念。

Conformity perspective 遵从价值取向 这种理论立场认为，人类生来善良，并且通常会努力去做正确的和公正的事情。

Contagion effect 传染效应 一些人模仿或复制新闻或娱乐媒体所描绘的行为或活动的倾向。

Controlled-instrumental aggression 控制 – 工具型攻击 始于竞争或渴望拥有他人的某种物品或地位的具有目的性和目标指向性的攻击方式。

Copycat effect 模仿效应 同传染效应（contagion effect）。

Corporate crime 法人犯罪 公司或代表公司行事的个体犯下的罪行。

Crime scene profiling 犯罪现场画像 犯罪画像的形式之一，指通过观察犯罪现场的特征，从而识别犯罪人的特征。也称犯罪心理画像（criminal profiling）。

Crimes of obedience 服从型犯罪 在权威人士的命令下实施的非法行为。

Criminal homicide 杀人罪 一个包含谋杀和非过失杀人的术语。

Criminal psychopath 犯罪型精神病态 反复实施反社会行为或犯罪行为的原发性精神病态者。

Criminality theme 犯罪性主题 在陌生人强奸中，被害人被视为非生命体而不是丧失行为能力的人。它与敌意性主题（hostility theme）和性剥削 / 卷入主题（sexual exploitation/involvement theme）不同。

Criminogenic needs 犯因性需求 基于经验发现的与犯罪行为有关的动态风险因素。它是风险 – 需求 – 响应原则的关键原则。

Criminology 犯罪学 用多学科视角研究犯罪问题的学科。

Crossover offending 交叉犯罪 在犯罪人实施性侵害时，被害人群体来自不同的关系类别、性别或年龄。要注意与另一种交叉犯罪进行区分，指的是同一犯罪人犯下不同类型的罪行。

Cumulative risk model 累积风险模型 提示风险因素累积及保护

因素不足，会导致儿童和青少年出现反社会行为和犯罪行为。

Cyberbullying　网络欺凌　利用互联网或其他数字通信设备发送或发布有害或残忍的文字或图片。主要涉及学龄儿童和青少年的问题。

Cybercrime　网络犯罪　任何涉及计算机系统的非法行为。也称计算机犯罪。

Cyberharassment　网络骚扰　发送电子信息骚扰他人。与网络跟踪相比，法律法规上的主要区分点是网络骚扰不具有威胁性。

Cyberstalking　网络跟踪　利用互联网或其他形式的在线通信方式，直接对个体实施的威胁行为或骚扰行为。

Cycle of violence hypothesis　暴力循环假说　认为暴力很可能会在经历和目睹家庭暴力的个体中代代相传。

Cultural devaluation　文化贬抑　一个文化或群体将另一个文化或群体作为替罪羊或将其妖魔化。

Culturally motivated terrorists　文化驱动型恐怖分子　因害怕对其生活方式、国家遗产或文化造成无法弥补的损害而采取行动的恐怖分子。

D

Dark figure　犯罪黑数　官方犯罪数据报告中未包含的犯罪数量。

Dark triad　暗黑三人格　与犯罪型精神病态相关的一组人格特质，包括精神病态、自恋和马基雅维利主义。

Date rape　约会强奸　在约会时发生的性侵害。

Dehumanization　去人性化　实施掩盖被害人身份的行为，例如过度殴打面部或将被害人视为物体而不是人。

Deindividuation　去个性化　个体感觉自己无法被识别的过程，主要是因为他们在某一群体中被掩盖或湮没。

Delusional disorder　妄想障碍　以错误信念或妄想系统为特征的精神障碍。

Dependent variables　因变量　测量变量，通过改变自变量来观察它们如何变化。

Deterrence theory　威慑理论　古典理论的现代形式，认为如果惩罚的可能性足够大，那么人就会避免去犯罪。

Developmental approach　发展取向　考察一个人一生中哪些风险因素或保护因素影响了他形成反社会行为和犯罪行为。

Developmental cascade model　发展级联模型　同动态级联模型（dynamic cascade model）。

Developmental pathway　发展路径　在犯罪行为研究中，那些导致个体形成反社会行为的发展轨迹。研究人员最开始发现了两条路径，但现有证据显示有更多路径。

Diagnostic and Statistical Manual of Mental Disorders, DSM　《精神障碍诊断与统计手册》　由美国精神医学会出版的官方指南，用于界定和诊断特定的精神障碍。现已修订到第 5 版（DSM-5）。

Differential Association-Reinforcement theory, DAR　不同交往 - 强化理论　埃克斯提出的一种越轨理论，结合了斯金纳的行为主义和萨瑟兰的不同交往理论。该理论指出，个体是通过社会环境的强化来学习越轨行为的。

Differential association theory　不同交往理论　由萨瑟兰创立的一种犯罪理论，该理论指出犯罪行为的产生主要是由于个体从他人那里获得价值或信息，这些人包括但不限于参与犯罪的人。关键因素包括个体与谁联系、多早开始联系、联系多长时间、联系的频率，以及这种联系对这个人的意义。

Discriminative stimuli　辨别性刺激　由亚文化群体或同伴群体传递的社会信号或手势，以表明在特定社会情境中某些类型的行为是否会受到奖励或惩罚。

Disinhibition trait/externalizing proneness　去抑制性特质 / 外化倾向　指冲动性、低自我调节能力、低挫折容忍度、低责任性、疏离和不合理的冒险行为。

Disorganized crime scene　无组织型犯罪现场　表明犯罪人在没有经过周密计划的情况下实施了犯罪。换句话说，犯罪现场特征表明该人的行为是出于冲动、愤怒或极度兴奋。

Displaced aggression rapist　替代攻击型强奸犯　这类强奸犯的攻击是暴力性和侵略性的，极少有或完全没有性快感。也称愤怒转移型强奸犯（displaced anger rapist）或愤怒报复型强奸犯（anger-retaliation rapist）。

Displaced aggression theory　替代攻击理论　该理论认为，一些攻击所针对的目标是真正挑衅个体的替代品。

Displacement of responsibility　责任转移　允许个体拒绝对某一行为负责，因为其是被更权威的人命令去执行该行动的。也称权威服从（obedience to authority）或对权威的强烈遵从（strong respect for authority）。另见服从型犯罪（crimes of obedience）。

Disposition　人格倾向性　在人格理论中，表示人类行为的内在因素或人格决定性因素的术语。倾向性取向的理论家着眼于用内在冲突、信念、驱动力、个人需求、特质或态度来解释个体行为。另见特质（trait）。

Disruptive Behavior Disorder, DBD　破坏性行为障碍　一种行为障碍模式，通常包括品行障碍和对立违抗障碍。以长期违反社会规范和他人权利为特征。

Dissociative Identity Disorder, DID　分离性身份障碍　一种精神疾病综合征，其特征是个体体内存在两种或多种不同的人格，其中任何一种人格都可能在任何特定时刻占主导地位。曾被称为多重人格障碍（Multiple Personality Disorder，MPD）。

Dizygotic twins　双合子双生子　由两个受精卵发育而成的双胞胎，在基因上与非双胞胎相似。也称异卵双生子（fraternal twins）。

Domestic terrorism　国内恐怖主义　任何国家本土发展起来的各种出于意识形态动机的暴力犯罪。

Dual systems theory　双系统理论　关于青少年大脑发育的理论，重点关注大多数青少年认知成熟度与情感成熟度之间的差异。

Durham Rule　德拉姆规则　一个很少使用的关于精神失常的法律标准，如果刑事被告人的非法行为是精神疾病或精神缺陷所导致的，那么他们就不用承担刑事责任。也称产物标准规则（product rule）。

Duty to protect　保护义务　塔拉索夫案要求临床医生必须采取措施保护可能的被害人免受该临床医生的患者的威胁，从而避免造成严重的身体伤害。保护义务并不要求临床医生联系潜在被害者。

Duty to warn　警告义务　塔拉索夫案要求临床医生必须主动提醒潜在被害人其客户威胁要对他人造成严重身体伤害。

Dynamic cascade model 动态级联模型 在没有保护因素的情况下，风险因素的累积和交互作用都会导致犯罪活动。同**发展级联模型**（developmental cascade model）。

Dyssocial psychopath 反社会型精神病态 个体具有精神病态特征，其反社会特征是社会学习的结果，且不具备原发性精神病态的特征。

E

Emerging adulthood 成年初显期 青春期和成年期之间的一段时期，个体尚未达到社会所要求的成年期相关的心理成熟度。

Emotional Congruence With Children，ECWC 与儿童情感吻合度 一些针对儿童的性犯罪人认为，与同成年人的关系相比，他们与儿童的关系更能满足他们的情感需求。

Emotional paradox 情感悖论 研究发现，精神病态者似乎能够谈论情绪线索，但缺乏在现实世界中有效地使用它们的能力。

Enmeshed style 束缚型教养方式 一种父母对孩子的生活进行严格控制的教养方式，包括强加严格的规则，甚至将琐碎的、不重要的行为视为问题行为。通常会导致严厉的惩罚，但管教方式又不一致。与**宽松型教养方式**（lax style）相反。

Equivocal death analysis 可疑死亡分析 同**重构性心理分析**（reconstructive psychological evaluation）。

Erotomania stalking 色情狂型跟踪 在这种形式的跟踪中，跟踪者通常有严重的精神障碍，被认为具有妄想障碍。跟踪目标通常是公众人物。

Evolutionary psychology 进化心理学 利用自然选择原理研究行为进化的学科。

Excitation transfer theory 兴奋迁移理论 解释生理唤醒如何从一种情境泛化到另一种情境的理论。它基于这样的假设，即无论生理唤醒如何产生，它都会随时间的推移而缓慢消散。

Executive function 执行功能 涉及目标导向行为的高级心理能力，包括组织行为、记忆、抑制加工和计划策略。

Expectancy theory 期望理论 一种动机理论，它同时考虑了实现特定目标的期望及赋予它的价值。

Exploitative child sex offender 剥削型儿童性犯罪人 几乎是为了性满足而寻找儿童作为性侵害对象的成年人。

Expressive burglars 表达型入室盗窃犯 以发明巧妙的偷盗技术并成功盗窃为荣的盗窃犯。

Expressive hostage-taking 表达型劫持人质 在劫持人质中，犯罪人的主要目的是变得强大，并掌控自己的命运。

Expressive-object pattern 表达 – 物型 在纵火中，系列纵火犯对纵火及破坏无人居住的建筑很着迷。

Expressive-person pattern 表达 – 人型 在纵火中，纵火犯的行为意在引起人们的情绪困扰和注意，是儿童最常见的纵火模式。

Expressive sexual aggression 表达型性侵害 一种强奸情况，犯罪人的主要目标是获得对他人生命的某种控制。

Externalizing disorder 外化障碍 儿童针对环境中的他人乱发脾气和攻击他人等适应不良行为。

Extinction 消退 当条件性或习得性反应不再得到强化时，它会减弱并最终消失。

Extrafamilial child molestation 家庭外儿童猥亵 儿童性虐待的被害人来自非直系亲属或非家庭成员。

F

Factor 1 因素 1 通过因素分析得到的一个行为维度，代表精神病态的人际与情感方面。

Factor 2 因素 2 代表精神病态偏离社会的生活方式特征的一个行为维度。

Factor 3 因素 3 精神病态的核心特征，指情感淡漠、麻木不仁和缺乏同理心。

Factor analysis 因素分析 一种统计方法，通过该方法可以识别测量数据中潜在的模式、因素或维度。

Falsification 证伪 理论的任何命题均未被证实。

Family mass murder 家庭大规模谋杀 至少有 3 名家庭成员被杀害（通常是由另一名家庭成员实施的）。

Fence 销赃 个体接受盗窃所得的赃物并再次销售。

Fetal Alcohol Spectrum Disorder，FASD 胎儿酒精谱系障碍 子宫内的酒精暴露所引起的一系列疾病的广义术语。

Filicide 杀害子女 杀害出生超过 24 小时的孩子。这个时间段随着时间和不同研究项目一直在变化。

Firesetting 纵火 该术语主要见于儿童和青少年精神病学文献，指个体对火异常着迷，并伴随成功或不成功的有害的纵火尝试。另见**表达 – 人型**（expressive-person pattern）、**表达 – 物型**（expressive-object pattern）、**工具 – 人型**（instrumental-person pattern）和**工具 – 物型**（instrumental-object pattern）。

Fixated child sex offender 固恋型儿童性犯罪人 同**不成熟型儿童性犯罪人**（immature child sex offender）。

Four-factor model 四因素模型 精神病态结构模型，包含反社会行为。

Frustration 挫折 一种内部唤醒的厌恶状态，阻止个体发生以先前产生奖励（或个体认为会产生奖励）的方式作为反应。

Frustration-aggression hypothesis 挫折 – 攻击假说 伯科威茨首先提出该理论，认为挫折会导致攻击行为。

Functional Family Therapy，FFT 功能性家庭治疗 一个与多系统疗法有许多相似之处的示范项目，它对降低短期和长期再犯率有积极的作用。

Fundamental attribution error 基本归因错误 个体倾向于低估情境因素的重要性，而高估人格因素对人类行为的重要性（这是在对他人行为进行评价时的定义，对自己则相反）。

G

General Aggression Model，GAM 一般攻击模型 整合社会学习和认知来解释攻击行为。

General altercation homicide 普通争执杀人 因敌意性攻击导致的死亡。

General theory of crime 犯罪的一般理论 提出违法和犯罪行为在很大程度上可以用自我控制和自我调节的缺陷来解释。

Geographical profiling 犯罪地理画像 犯罪画像的一种，主要关注犯罪地点及其与犯罪人的住所和活动区域之间的关系。

Girls Study Group，GSG　女孩研究小组　一个综合研究项目，旨在更好地了解女孩的犯罪行为，并推荐针对女孩的有效预防方案。

Global risk recognition failure　普遍风险识别失败　性侵害文献中使用的术语，指认为自己被害的风险低于同伴。另见**特定风险识别失败**（specific risk recognition failure）。

Guilty But Mentally Ill，GBMI　有罪但患有精神疾病　美国一些州的陪审团裁决替代方案，允许患有精神障碍的被告被判有罪，即使他们可能符合精神疾病的诊断标准。据说该裁决可帮助他们在监狱环境下获得治疗，但不保证一定会提供治疗。

H

Hallucinations　幻觉　精神障碍患者看到或感知到的他人没有看到或感知到的事物或事件。它是精神分裂症和某些痴呆症的特征症状。

Hate Crime Statistics Act　《仇恨犯罪统计法案》　1990 年颁布的一项美国联邦法律，用于指导美国联邦调查局收集所有对被害人的种族 / 民族、宗教或性取向存在仇恨或偏见而引发的犯罪数据。后来还增加了其他特征（如身体或精神残疾）。

Hebephilia　恋少年癖　成年人（通常是男性）的性满足对象为女性少年或男性少年（通常为 13～15 岁）。

Hierarchy rule　等级规则　在统一犯罪报告中，该规则要求在犯罪统计时只报告系列犯罪中最严重的犯罪。纵火是例外，因为它总是被报告的。

Home invasions　入室行凶　在有人在家时非法进入其住宅的犯罪（包含盗窃、抢劫等）。

Hostile attribution bias　敌意归因偏差　即使他人没有敌意，也倾向于感知他人存在敌意。

Hostile attribution model　敌意归因模型　道奇及其同事提出的攻击认知模型。

Hostility theme　敌意性主题　在陌生人强奸中，存在高度攻击行为，不仅包括身体暴力，还包括言语暴力、撕裂衣服及类似的敌意行为。

Human trafficking　人口贩卖　运输和剥削个体，通常为了性目的，也为了高额经济利润。来自贫困国家或美国部分地区的儿童和妇女尤其容易受到伤害。

I

I³Theory　I³ 理论　一种新的攻击理论，整合了攻击的各类风险因素，并考虑了刺激诱发、驱动力及抑制力。

Iatrogenic　医源性　由医生或心理治疗师无意中诱发的患者的心理或身体障碍的过程。

Identical twins　同卵双生子　同单合子双生子（monozygotic twins）。

Identity theft　身份盗窃　在他人不知情或未经他人许可的情况下，欺诈性使用他人的身份信息，如姓名、社会保障号、出生日期。

Imitational learning　模仿学习　同观察学习（observational learning）。

Immature child sex offender　不成熟型儿童性犯罪人　将儿童作为性伴侣和社交伴侣的性虐待者，并表现出长期的、排他性的偏爱。也称固恋型儿童性犯罪人（fixated child sex offender）。

Impulsive rapist　冲动型强奸犯　强奸犯既没有表现出强烈的性特征，也没有表现出高攻击性特征，而是时机出现时才实施强奸。它通常发生在实施其他犯罪行为时，如抢劫或入室盗窃。也称剥削型强奸犯（exploitative rapist）。

Incest　乱伦　根据基于国家突发事件的报告系统的定义，指在法定的婚姻关系所禁止的范围内相关联的个体之间发生的非强迫性的性行为。

Incompetent to Stand Trial，IST　无受审能力　一项司法裁决，刑事被告人因精神疾病、精神缺陷或其他原因，不能理解刑事诉讼的本质和目的，或者不能协助其辩护律师。适用于司法程序的各个阶段，包括辩诉交易、审判和量刑。

Independent variables　自变量　在大多数科学研究中，由实验者操控并研究其效果的变量。

Individual offender　个体化型犯罪人　在伯科维茨的理论中，由于一系列的挫折或需求未被满足而导致犯罪的个体。

Infanticide　杀婴　虽然这个词的字面意思是杀害婴儿，但基本被用在父母杀害孩子的情境下。

Insanity defense　精神失常抗辩　刑事被告人辩称自己因精神疾病可以免除刑事责任。对精神失常的司法鉴定范围很广，最常见的是辨别是非的能力。

Insanity Defense Reform Act of 1984　《1984 年精神失常抗辩改革法案》　一项旨在使被告在美国联邦各法院更难使用精神失常抗辩而被判无罪的法律。

Instrumental aggression　工具性攻击　一类攻击行为的统称，主要为了达到使被害人受伤以外的目的，如获取现金或贵重物品。也称工具性暴力（instrumental violence）。

Instrumental hostage-taking　工具型劫持人质　犯罪人劫持人质的主要目的是获得物质或金钱利益。

Instrumental-object pattern　工具 – 物型　纵火的目的是作案人为了掩盖其他犯罪（如盗窃）的痕迹。

Instrumental-person pattern　工具 – 人型　纵火的目的是对个体或机构进行报复，因为犯罪人感受到了来自他们的伤害。

Instrumental sexual aggression　工具型性侵害　性犯罪人使用胁迫手段来使被害人顺从。

Intellectual disability　智力障碍　经智力测验和各种表现测验得出的认知缺陷。一般无法治愈，但可以通过护理和训练来弥补。以前叫精神发育迟滞。

Intimate Partner Violence，IPV　亲密关系暴力　对现任或前任配偶、男朋友或女朋友实施的犯罪。

Intrafamilial child molestation　家庭内儿童猥亵　儿童性虐待的被害人来自直系亲属或其他家庭成员。

Investigative psychology　侦查心理学　心理学研究的结论和概念在犯罪侦查中的应用。

J

Just-world hypothesis　公正世界假说　确信世界是公正的，并且人们会得到他们应得的东西。例如，具有这些信念的人会赞成死刑，而且对某些被害人也不会表示同情。

K

Kleptomania　偷窃癖　因不可抗拒的冲动去偷一些不需要的东西。这种现象比较罕见，还未得到广泛证实。

L

Language impairment　语言障碍　正常言语和语言发育有缺陷、丧失或延迟。

Lax style　宽松型教养方式　一种父母教养方式，对儿童的问题行为或反社会行为反应不足，允许这些行为发生且不给予处罚。与束缚型教养方式（enmeshed style）相反，与放任型教养方式（permissive style）类似。

Learned helplessness　习得性无助　在感知到无望时所表现出的一种习得的被动和退缩的反应。也称反应性抑郁（reactive depression）。

Learning perspective　学习观　一种理论立场，认为人类生来基本上是中性的，在行为上是一张白纸。他们成为什么样的人取决于他们的学习经历，而不是与生俱来的倾向。

Life-course-persistent offenders　持续终身型犯罪人　特里·莫菲特提出的一个术语，用于表示终身都表现出反社会行为模式并且抗拒治疗和康复的人。

Love obsession stalking　爱情纠缠型跟踪　在这种形式的跟踪中，跟踪者和被害人是陌生人或泛泛之交。跟踪者痴迷于与对方建立恋爱关系。

M

Major depressive disorder　重性抑郁障碍　极度抑郁状态、精神和躯体活动普遍下降、无自我价值感等一系列症状的统称。

MAOA and MAOA-L gene　单胺氧化酶A与低表达型单胺氧化酶A基因　这种基因被认为在反社会行为中发挥重要作用，要么阻止反社会行为，要么以低表达形式促成反社会行为。

Marital rape　婚内强奸　在性侵害中，侵害人和被害人存在婚姻关系。

Markers　标志物　用于描述特定现象的神经学术语，如精神病态。

Mass murder　大规模谋杀　在同一地点非法杀害3人或3人以上，中间没有冷静期。

Meanness　卑劣　在精神病态研究中，卑劣被认为是精神病态人格的附加特征。泛指对他人使用粗暴的语言和肢体行为。

Medical child abuse　医疗性儿童虐待　一种不寻常的儿童虐待形式，父母一直带着孩子就医，但其症状是由父母直接伪造或诱导形成的。以前称代理型孟乔森综合征（Munchausen Syndrome By Proxy，MSBP）。

Mental disorder　精神障碍　见精神疾病（mental illness）。

Mental illness　精神疾病　用于描述各种精神疾病诊断的术语，说明个体在生活上存在问题，也称精神障碍（mental disorder）。

Mixed crime scene　混合型犯罪现场　体现了某一犯罪的性质，其现场既表现出有组织的行为模式，又表现出无组织的行为模式。

M'Naghten Rule　麦克纳顿规则　一种精神失常判定标准，它是基于这样的结论得出的：如果被告人缺乏理性或有精神疾病，以至于无法知晓自己行为的性质和后果，就不能被追究刑事责任。也称是非辨别测试（right and wrong test）。

Model　模型　理论或概念的图形表征，旨在让它们更加明晰。

Models　榜样　其行为在环境中被观察和模仿的个体或群体。

Molecular genetics　分子遗传学　在分子水平上研究基因结构和功能的学科。

Monitoring the Future，MTF　监测未来项目　一项针对美国高中生的自我报告研究，重点关注物质使用和滥用情况。

Monozygotic twins　单合子双生子　由一个受精卵发育而来，拥有相同基因的双胞胎。也称同卵双生子（fidentical twins）。

Moral disengagement　道德推脱　将自己从自己的道德标准中解脱出来，从而违背这些标准来行事的过程。不可接受的行为通常是在更高权威的命令下或在巨大的社会压力下进行的。

Moral justification　道德辩护　使自己相信自己的行为是有价值的、有道德的和有良好目的的。

Multiassaultive families　多重暴力家庭　其特征为在核心家庭（传统或非传统）中涉及一名以上施暴者实施的多起暴力事件。

Multisystemic Therapy，MST　多系统疗法　一种针对严重未成年犯罪人的治疗方法，主要关注家庭，同时对家庭周围的许多其他环境，如同伴群体、邻居和学校做出反应。

Murder　谋杀　一个人被另一个人有预谋地恶意杀害。

N

National Crime Victimization Survey，NCVS　美国犯罪被害情况调查　一项由美国政府资助的犯罪被害人调查，旨在从被害人的角度收集犯罪的数据，不论是否已向警方报案。

National Incident-Based Reporting System，NIBRS　基于国家突发事件的报告系统　美国联邦调查局从执法机构收集有关已知犯罪和逮捕的详细数据的系统。另见统一犯罪报告（Uniform Crime Reports，UCR）。

Near-repeat burglary　就近重复入室盗窃　一些盗窃犯倾向于在以前实施犯罪的地点附近重复盗窃，但又不是同一地点。

Negative reinforcement　负强化　同强化，负性（reinforcement，negative）。

Neglecting style　忽视型教养方式　一种父母教养方式，父母忽视孩子且不参与孩子的活动。

Negligent manslaughter　过失杀人　因为轻率或过失行为而非法杀害他人，是一种非故意杀人。

Neonaticide　杀害新生儿　杀死新生儿，新生儿通常在出生后24小时内，但也可能在48小时内被杀死。

Nerve management　勇气管理　机动车盗窃犯使用的认知策略，包括自我麻痹（self-medication）、转移（shunting）、宿命论（fatalism）、平常化（smoothness）、焦点放大（lens widening）。

Neuroplasticity　神经可塑性　大脑在一生中改变和发展神经联结的能力。

Neuropsychology　神经心理学　融合神经科学和传统心理学理论和研究的心理学分支。

Neurotransmitters　神经递质　直接参与神经冲动传递的生物化学物质，没有它就不可能进行传递。

Nonconformist perspective　非遵从价值取向　该理论认为，除非施加社会控制，否则人类会本能地逃避任何约束，包括实施非法行为。

Nonnegligent manslaughter　非过失杀人　非预谋杀人，但存在冲动杀人的故意，如在愤怒或激情的情绪状态下杀人。

Nonshared environments　非共享环境　双生子研究中的一个重要概念，指双胞胎有不同的生活经历，如由不同的家庭抚养。

Not Guilty by Reason of Insanity，NGRI　因精神失常而被判无罪　对被告人在犯罪时因精神失常而不能追究刑事责任的法律认定。

O

Observational learning/modeling　观察学习/榜样作用　个体通过观察他人的行为来学习行为模式的过程。

Occupational crime　职务犯罪　格林提出的一个概念，指利用合法职业创造犯罪机会并实施犯罪。它有时可以分为重叠的类别，如组织型（organizational，）、专业型（professional）、公职型（state-authority）和个人型（individual）。

Operant conditioning　操作性条件反射　一种学习形式，自主的反应会因其后果而增强或减弱。也称工具性学习（instrumental learning）。

Opportunistic rapist 机会型强奸犯　该类强奸犯实施的性侵害是一种冲动的、掠夺性的行为，受情境和背景因素的控制，如在实施另一起犯罪时有一名女性在场。

Oppositional Defiant Disorder，ODD　对立违抗障碍　一种罕见的心理疾病，患有该疾病的孩子难以控制行为和情绪。

Organized crime scene　有组织型犯罪现场　体现了犯罪人的计划和预谋。换言之，如果是针对个体的犯罪，那么犯罪现场会显示出犯罪人对自己和被害人保持控制的迹象。

P

Paraphilia　性欲倒错　一种关于性状态的临床术语，表现为对非人类对象产生性幻想、性冲动和发生性行为，这种人可能会羞辱和虐待自己、伴侣、儿童或其他未经同意的对象。

Parental monitoring　父母监管　父母对孩子活动的监督和管教。父母监管不力是未成年人犯罪的一个重要风险因素。

Parental practices　父母教养行为　父母为实现他们想让孩子实现的特定目标而采用的方法。

Parental styles　父母教养方式　父母所展现的看似非目标导向的教养方法，尽管目标可能隐含其中。

Parricide　弑亲　杀害父母。

Passive-aggressive behaviors　被动攻击行为　不直接造成身体伤害的敌意行为，如拒绝与怀恨在心的人交谈。

Pathways to Desistance 终止之路项目　研究项目表明，随着时间的推移，大多数严重的未成年人违法犯罪可以通过充分的监管和矫治减少犯罪行为。

Pedophilia　恋童癖　成年人对儿童有性唤起幻想和性冲动的临床症状。

Permissive style　放任型教养方式　一种宽松的教养方式，其特点是低要求、低控制或低限制。

Personation　伪装　同签名（signature）。

Pervasive anger rapist　弥散愤怒型强奸犯　这类强奸犯的特点是对他认识的几乎每个人都发怒。

Pittsburgh Girls Study，PGS　匹兹堡女孩研究　一项纵向研究，关注同伴交往、父母行为方式及其对女孩犯罪的影响。

Pittsburgh Youth Study，PYS　匹兹堡青少年研究　对青少年的经典自我报告式纵向研究，涵盖了一些被认为具有高犯罪风险的人。

Political crime　政治犯罪　政府人员在对权力或维持权力的欲望占主导地位的情况下所犯的罪行，尽管不是唯一一动机。

Positive reinforcement　正强化　同强化，正性（reinforcement，positive）。

Positivist theory　实证主义理论　该理论认为以往经验或变化决定了当前的行为。

Posttraumatic Stress Disorder，PTSD　创伤后应激障碍　心理症候群的一种，由超出个体承受范围的心理痛苦事件引发的一组行为模式。

Primary prevention　初级预防　一种干预计划，强调在行为模式出现任何迹象之前进行行为或障碍预防。也称普遍性预防（universal prevention）。

Primary psychopath　原发性精神病态　罗伯特·黑尔提出的"真正的"精神病态。也就是说，个体表现出的精神病态的生理和行为特征与那些继发性精神病态不同，继发性精神病态者是由于严重的情绪问题或内心冲突而实施反社会行为，而原发性精神病态者具有某些可识别的心理、情感认知和生物学上的差异。

Proactive aggression　主动性攻击　为达到特定目的而采取的行动。与控制 - 工具型攻击（controlled-instrumental aggresion）类似。

Proactive violence　主动型暴力　与控制 - 工具型攻击类似，为实现特定目标而主动采取行动。

Professional occupational crime　专业型职务犯罪　律师、医生、心理学家、教师等人员通过其职业提供的机会实施的违法犯罪行为。

Profiling　画像　根据犯罪特征来识别犯罪人的人格特征、行为倾向和人口统计学变量的过程。另见心理画像（psychological profiling）。

Property crimes　财产犯罪　通常涉及非法获取钱财和物品，或非法破坏财物，通常但不一定是为了经济利益。

Protective factors　保护因素　可以预防儿童和青少年产生严重的反社会行为的个人特征或经历。

Psychodynamic model　心理动力学理论　一种心理学与精神病学观点，该观点从塑造行为的无意识动机的角度来看待人类行为。

Psychiatric criminology　精神病学取向的犯罪学　犯罪学的一个分支，专注于个体由内部驱动或潜意识驱动的行为。

Psychological autopsy　心理尸检　通常只用于自杀案件或疑似自杀案件的事后分析。心理尸检通常是为了确定死亡原因及诱发因素。也称重构性心理分析（reconstructive psychological evaluation）或可疑死亡分析（equivocal death analysis）。

Psychological profiling　心理画像　对犯罪人进行心理分析从而了解其犯罪原因的过程。

Psychological criminology　心理学取向的犯罪学　犯罪学的一个分支，研究个体行为，特别是涉及犯罪的心理过程。

Psychologically motivated terrorists　心理驱动型恐怖分子　被自己的失败或不足感所驱动的恐怖分子。

Psychometric approach　心理测量取向　人类的特点、属性和特质是可以被测量和量化的理论观点。

Psychometric Intelligence，PI　心理测量智力　有关智力的一个最新概念，通过智力或智商（IQ）测验获得。不过，与"智商"相比，该术语尚未广泛使用。

Psychopathy Checklist- Revised，PCL-R　精神病态检核清单修订版　由罗伯特·黑尔开发，是目前最知名的犯罪型精神病态筛查工具。其他版本包括筛查版（PCL：SV）、青少年版（PCL：YV）及筛查研究版（P-Scan）。

Psychophysiology　心理生理学　研究行为与自主神经系统之间的动态相互作用的学科。

Pyromania　纵火癖　一个精神病学术语，指一种不可抗拒的纵火冲动及对火的强烈迷恋（通常与性动机有关）。现有的研究已对这种行为现象是否存在提出了严重的质疑。

Punishment　惩罚　个体受到有害的、痛苦的或厌恶的刺激，通常是一个行为的后果。

Q

Quest for significance theory　意义追寻理论　与恐怖主义相关的理论，该理论提出恐怖分子希望自己的生活变得有意义并有所成就。

R

Racial or ethnic profiling　种族／民族画像　仅基于某人的种族／民族而被非法挑出（如通过执法部门）。

Ransomware attacks　勒索软件攻击　运用一种恶意软件阻止人们对计算机系统或数据的访问，除非事先付款。

Rape by fraud　欺诈型强奸　在欺诈条件下基于错误认识而同意与欺诈人（成年人）发生性关系的行为，例如，医生或心理治疗师以所谓"有效治疗"的名义与患者发生性关系。

Rape myths　强奸误解　也称强奸迷思，许多男性和女性对强奸罪及其被害人持有的各种错误观念。

Rationally motivated terrorists　理性驱动型恐怖分子　主要受组织目标及其行动可能产生的结果所驱动的恐怖分子。

Reactive aggresion　反应性攻击　对感知到的威胁或挑衅做出的敌对行为，包括愤怒的表达和报复的敌意。

Reactive-impulsive aggression　反应－冲动型攻击　自发性的攻击，可能是对挑衅的反应。也称反应性攻击（reactive aggression）或敌意性攻击（hostile aggression）。

Recidivism　再犯　犯罪行为被定罪后重新实施犯罪活动（通常以逮捕来衡量）。

Reconstructive psychological evaluation　重构性心理分析　重构已故个体的人格画像和认知特征（尤其是意图）。也称心理尸检（psychological autopsy）或可疑死亡分析（equivocal death analysis）。

Reductionism　还原论　一种研究取向，认为为了理解高度复杂

的事件或现象，必须首先从最简单的部分开始研究。

Regressed child sex offender　退缩型儿童性犯罪人　个体最开始与成年人能保持正常的亲密关系，之后由于缺失感而转向儿童以获得性陪伴或社交陪伴。

Reinforcement　强化　任何能提升响应概率的事物。

Reinforcement，negative　强化，负性　个体通过避免痛苦和厌恶的状况或刺激而获得所期望的结果。

Reinforcement，positive　强化，正性　个体因为自己的行为而获得所期望的结果。

Relative deprivation　相对剥夺感　由格雷沙姆·赛克斯提出的解释经济犯罪的概念，指个体对自身拥有的物品与其想要拥有的物品之间的感知差异。

Repeat burglary　重复入室盗窃　指一些盗窃犯在同一个地方反复入室盗窃。

Residential treatment　住宅治疗　在专门机构或团体之家环境中（非家庭住宅）使用的康复计划。

Resilience　心理弹性　个体能抵抗多种风险因素影响的关键保护因素。

Response　反应　刺激引发的行为。

Responsivity principle　响应原则　在风险－需求－响应原则中，认为应以最适合犯罪人风格的方式进行治疗的原则。

Right and wrong test　是非辨别测试　同麦克纳顿规则（M'Naghten Rule）

Risk assessment　风险评估　临床医生根据已知的与个体相关的因素，评估特定个体将实施暴力或其他反社会行为的可能性。

Risky factors　风险因素　导致儿童形成反社会行为（包括犯罪行为）的特征或经历。

Risk-Need-Responsivity，RNR　风险－需求－响应　被认为对治疗各种刑事犯罪人非常有效的原则。

Risk shift　冒险转移　群体倾向于做出比独立于群体的个人更极端的决策。

Ritualized aggression　仪式化攻击　在没有实际的身体对抗或冲突的情况下，象征性地展示攻击意图或力量。

Robbery　抢劫　动用武力或以武力相威胁的方式从他人的照顾、保管或控制中获取或试图获取任何有价值的东西。

Rumination　冗思　把注意力集中在自己的想法和感受上，如果过度，可能会导致对他人的攻击。

S

Schizophrenia　精神分裂症　以思维模式、情感和知觉严重崩溃为特征的精神障碍。

Scientific theory　科学理论　一组相互关联的概念、定义和命题，对不同现象提出系统性的观点。

Secondary prevention　次级预防　为表现出行为问题或反社会行为早期迹象的个体设计的干预计划。也称选择性预防（selective prevention）。

Secondary psychopath　继发性精神病态　具有精神病态特征，该类个体由于严重的情绪问题或内心冲突而实施反社会行为。

Self-control theory　自我控制理论　同犯罪的一般理论（general theory of crime）。

Self-regulation 自我调节 根据内在认知标准控制和改变自己行为与情绪的能力。

Self-serving bias 自我服务偏差 将发生在自己身上的积极事件归因于自身的能力和人格，将消极事件归因于自身以外或自己无法控制的原因的倾向。

Semantic aphasia 语义性失语症 精神病态者的一个特点，他们所说的话缺乏情感上的真诚。

Serial murder 系列谋杀 一个人（或多个人）在一段时间内杀害多人的事件。

Serious delinquency 未成年人严重违法犯罪行为 以暴力犯罪和广泛的财产犯罪为特征的未成年人违法犯罪。

Serotonin 血清素 也称5-羟色胺，是神经系统中的一种神经递质，能促进神经元的活动。

Sextortion 性勒索 新型的网络威胁，恐吓未成年人，让他们提供额外的图片、性、金钱或其他好处，以规避他们过去的色情内容被披露。

Sexual aggressive rapist 性欲攻击型强奸犯 在袭击中既表现出性欲特征也表现出攻击性特征的强奸犯。为了体验性唤起，他们喜欢将暴力和痛苦联系在一起，这会使他们更加兴奋。也称施虐型强奸犯（sadistic rapist）。

Sexual assault 性侵害 任何一种对他人身体实施性攻击的行为。在很多刑事法律中已取代"强奸"一词。

Sexual burglary 性导向型入室盗窃 以实施性侵害或获取满足恋物癖的物品为主要动机的入室盗窃。

Sexual exploitation/involvement theme 性剥削/卷入主题 在陌生人强奸中，犯罪人试图与被害人建立联系。

Sexual gratification rapist 性欲满足型强奸犯 以性为动机的强奸犯，长期存在性幻想或施虐幻想，这些特征影响并维持强奸行为的发生。这些犯罪人都具有某种形式的持久的性专注。

Shared environments 共享环境 双生子研究中的一个重要概念，指的是双生子共同的产前经历和生活经历，如在同一家庭长大。

Shoplifting by proxy 代理性入店行窃 在他人的要求或命令下为他人入店行窃。

Sibling sexual abuse 同胞性虐待 与性虐待和性侵害有关，且施暴人和被害人是兄弟姐妹。

Signature 签名 任何超出犯罪必要范围的行为。犯罪现场签名（crime scene signature）是由犯罪人故意留下的，心理签名（psychological signature）超出了犯罪人自己的意识范围。

Simple obsession stalking 单纯纠缠型跟踪 跟踪者在与被害人的关系破裂后，为寻求权力和控制的跟踪形式。这种类型的跟踪通常与过去的家庭暴力有关。

Situationism 情境论 认为环境刺激控制行为的理论观点。

Snitches 小偷 业余扒手。

Social control theory 社会控制理论 由特拉维斯·赫希提出的一种理论，认为当一个人与传统秩序或规范标准的联系薄弱或基本不存在时，就会发生违法和犯罪行为。

Social learning theory 社会学习理论 一种基于观察社会环境中的他人而获得学习的人类行为理论。它会促使个体发展出自己的认知、思维、期望、能力和价值观。

Socialized offender 社会化型犯罪人 由于从社会环境中学习了行为模式而持续违反法律的人。

Sociological criminology 社会学取向的犯罪学 犯罪学的一个分支，研究与犯罪相关的人口学变量、群体变量及社会变量。

Sociopath 社会病态 一个持续犯罪的人。通常不符合精神病态的标准。

Sodomy 鸡奸 根据基于国家突发事件的报告系统的定义，指与他人进行非自愿的口交或肛交的行为。

Specific risk recognition failure 特定风险识别失败 在性侵害文献中，指未能意识到在特定情况下出现的被害风险。另见普遍风险识别失败（global risk recognition failure）。

Spree murder 狂欢杀人 通常是指在没有任何冷却期的情况下，在2个或2个以上的地点杀害3人或3人以上。

Staging 伪饰现场 在警察到来之前故意改变犯罪现场。

Stalking 跟踪 针对特定个体的行为，包括重复的身体或视觉接近、未获得同意的交流，或者足以引起有理性的人的恐惧的口头、书面或暗示性的威胁。

Stanford Prison Experiment 斯坦福监狱实验 津巴多的经典研究，展示情境的力量和去个性化对人类行为的影响。

State-authority occupational crime 公职型职务犯罪 政府人员以公职身份实施的违法和犯罪行为。

Status offenses 身份犯罪 一类只有具有特定特征或身份的人才能实施的违法行为。基本用来指青少年的行为，如离家出走、违反宵禁、饮酒及逃学。

Statutory rape 法定强奸 被害人的年龄是强奸案的关键，前提是低于一定年龄（通常为16岁）的被害人不能有效同意与成年人发生性关系。

Stereotypical abductions 典型陌生人诱拐 被认为会导致悲剧的儿童诱拐，如儿童完全失踪或死亡，是最罕见的儿童诱拐形式。

Stimulus 刺激 诱发行为的人、事或情境。

Stockholm syndrome 斯德哥尔摩综合征 人质在身体和/或情感上被劫持者吸引的罕见现象。

Strain theory 紧张理论 一个基于社会学来解释犯罪的著名理论，在罗伯特·默顿的理论基础上发展而来。该理论认为，当一个社会所珍视和推崇的物质主义价值观和目标与实现这些目标的合法手段之间存在明显差异时，违法和犯罪行为就会发生。

Street culture 街头文化 各种行为规范（尤其是在城市地区），可能是正面的，也可能是负面的。负面的规范与抢劫、吸毒等街头犯罪有关。

Strong-arm robbery 暴力抢劫 一种抢劫行为，主要依靠身体力量，而不是枪支、刀具或其他武器。

Structured Professional Judgment，SPJ 结构化专业评估 一种风险评估方法，将精算法预测的优势与从业者的经验相结合。SPJ为风险评估提供了指导原则。

Suspect-based profiling 嫌疑人画像 一种有争议且可能非法的方法，试图根据犯过类似罪行的先前犯罪人的特征来识别当前犯罪人。

T

Techniques of neutralization 中和技术 为自己的不良或非法行

为辩护的认知方法，如否认有人受伤。

Temperament　气质　主要由基因和生物因素决定的自然情绪倾向。

Territoriality　领地意识　对领地入侵者的攻击倾向。

Terror Management Theory，TMT　恐惧管理理论　用于解释个体参与恐怖主义活动的理论，认为人害怕死亡，并相信参与恐怖主义活动会减少这种恐惧。

Tertiary prevention　三级预防　旨在减少或消除个体已充分发展的行为问题或反社会行为的干预策略。对被定罪的犯罪人进行治疗或咨询就是一种三级预防。也称治疗或干预（treat）。

Theory　理论　同科学理论（scientific theory）。

Theory of Mind，ToM　心理理论　识别他人想法和感受的能力。

Theory verification　理论验证　通过观察和分析来检验科学理论的过程。如果在检验过程中该理论被证伪，那就必须修正理论以解释观察到的事件。

Threat assessment　威胁评估　判定一个传递出警告信号（如隐晦的口头或书面威胁）的人所造成伤害的可能性和严重性的过程。

Three-path model　三路径模型　描述与性犯罪人有关的三种人格特质：冷酷无情、反社会性／冲动性和性欲亢奋／性化。

Trait　特质　在不同时间和地点以特定方式行事的相对稳定且持久的倾向。一些心理学家认为，特质是人格的基本组成部分。

Traumatic brain injury　颅脑损伤　发生在子宫内、出生时或生命中任何时间的脑损伤，对脑功能有显著影响。有时作为对暴力行为免除处罚或减轻处罚的条件。

Triarchic Psychopathy Model，TriPM　三元精神病态模型　该模型由三个不同的维度组成：卑劣／冷酷无情、去抑制特质／外化倾向和大胆特质／无畏的支配欲。

Twins' Early Developmental Study，TEDS　双生子早期发展研究　在英国一直持续进行的从幼儿期到青春期的双生子行为和认知研究。

Typology　类型学　鉴别群体成员（如系列杀手、恐怖分子、性犯罪人）共性的分类方式，以帮助犯罪调查和提供治疗服务。

U

Undoing　撤销　在犯罪现场发现的犯罪人试图从心理上"撤销"谋杀的行为模式。

Uniform Crime Reports，UCR　统一犯罪报告　美国联邦调查局从执法机关收集他们注意到的犯罪数据及逮捕数据的系统。另见**基于国家突发事件的报告系统**（National Incident-Based Reporting System，NIBRS）。

V

Variables　变量　任何可测量的事物。

Vengeance stalking　复仇型跟踪　在这种类型的跟踪中，跟踪者并不寻求与被害人建立关系，而是试图诱发被害人的某种反应或行为改变。

Victimology　被害人学　研究与犯罪人有关的原因、条件、个人特征及社会情境的科学。

Vindictive offender types　报复型强奸犯　此类强奸女性的人实施攻击是出于对女性的仇恨。

Volitional prong　意志力测试　精神失常抗辩的一部分，要求接受被告无法控制其行为以达到符合法律要求的可能性。但没有得到美国联邦法律及许多州的法律的承认。

W

Weapons effect　武器效应　武器的存在能增强攻击行为，或者存在攻击暗示的现象。仅仅是武器的存在就会使证人或被害人把注意力集中在武器本身，而不是犯罪的其他特征上。

White-collar crime　白领犯罪　萨瑟兰于 1939 年创造的、被广泛使用的术语，指具有较高社会地位的人在工作中实施的违法和犯罪行为。当前的定义通常将其分为法人犯罪和职务犯罪。另见**职务犯罪**（occupational crime）。

Workplace aggression　职场攻击　通常指员工对其他员工造成的情绪伤害或轻微身体伤害的行为。与**工作场所暴力**（workplace violence）不同。

Workplace violence　工作场所暴力　在工作场所发生的攻击行为，有可能导致死亡，但它不一定是由该组织内的工作人员造成的。

参考文献

为了节省纸张、降低图书定价，本书编辑制作了电子版参考文献。请扫描下方二维码查看。

援引案例

请扫描下方二维码查看。

关于教学课件

本书为教学人员提供课堂教学课件，如有需要，请发邮件申请。

编辑联系方式：puhuabook855 @126.com

010-81055686

010-81055657

动态勘误表

请扫描下方二维码查看。

版权声明

出版统筹： 贾福新　聂政

责任编辑联系方式： puhuabook855 @126.com
010-81055686
010-81055657

封面设计： 王梦珂

专家推荐

CRIMINAL BEHAVIOR
A PSYCHOLOGICAL APPROACH — 12TH EDITION

陈光中
中国法学家、法学教育家、新中国刑事诉讼法学的开拓者和重要奠基者

在中国犯罪心理学学科的开创者、带头人罗大华教授的努力下，这门学科立足于我国实际，借鉴国外经验，不断发展与完善。现在，罗大华教授的学生马皑组织翻译了这本在国际上具有权威性的犯罪心理学著作，是法学界、心理学界值得庆贺的盛事，有助于这门学科的长久发展。在本书问世之际，我特表示祝贺。

李昌钰
刑事鉴识专家、"世界杰出华人奖"获得者、"当代福尔摩斯"

犯罪调查的六个关键问题是：What（何事）、Where（何地）、When（何时）、Who（何人）、Why（为何）及How（如何）。犯罪现场勘查、物证鉴定可以解决有关"何事""何地""何时""何人"及"如何"的问题，而犯罪心理分析则能够获得有关"为何"的答案。掌握犯罪心理学知识的刑侦人员，更具有识别和揭露犯罪的"慧眼"。犯罪心理学与刑事侦查学两门学科的融汇与运用，提升了打击、侦查、预防犯罪的效率，加速了司法公平正义的实现。两位作者笔耕不辍，《犯罪心理学》已更新至第12版，本书在美国是该领域的权威教材。中国心理学家、中国政法大学教授马皑博士主持翻译本书，他从事犯罪心理学研究与教学40年，并参与过近百起重大要案的犯罪心理分析与审讯工作，具有丰富的理论与实战经验。本书以心理学视角总结了各类犯罪行为的心理过程，不仅是教材，也是帮助我们开展犯罪心理描绘、协助犯罪现场重建的指南。开卷有益，特予推荐。

林崇德
中国心理学家、北京师范大学心理学部教授、博士生导师

每当听闻犯罪人穷凶极恶的残忍行为，我都会想，他们在少儿时期会是什么样子的？理应也是稚嫩可爱、天真无邪，到底是什么原因使他们走向犯罪？人生发展之路有太多的选择，究竟哪些因素会让本该向阳而生的个体步入阴暗？犯罪心理学就是一门能解释这些困惑的学科，它从个体心理发展的视角，描述、解释了犯罪心理发生、发展的过程，为预防与减少犯罪提供策略。很高兴看到《犯罪心理学》第12版的中文版出版，该书是犯罪心理学领域权威、有影响力的著作，有全、新、深的特点，值得中国的心理学、法学、司法从业人员乃至每位家长从中了解犯罪行为从萌芽到发展的过程，不仅有利于减少犯罪伤害，也能使我们从"谁都可能犯罪"的教训中引以为戒。

何家弘
中国人民大学法学院教授、博士生导师、证据学研究所所长

每一份物质证据都能体现犯罪人在犯罪现场留下的心理痕迹，每一份口供都能反映犯罪人的心理博弈过程。犯罪心理学知识不仅能让证据"说话"，还能让我们了解更多实物证据背后的"故事"。

苏彦捷
中国心理学会理事长、北京大学心理与认知科学学院教授、博士生导师

想了解反社会行为和犯罪行为背后的心理机制，要掌握司法审讯判决的心理规律，正需要防范、干预、矫治的心理学方案，打开这本权威教材，不仅有科学的答案，还有解决问题的研究过程。向大家强烈推荐。

傅小兰
上海交通大学心理学院院长、中国科学院心理研究所原所长

本书基于心理学视角阐释犯罪行为和反社会行为，系统地总结了犯罪心理学的当代研究、理论及实践，表明有犯罪行为的成年人和未成年人都置身于多系统的心理社会环境并持续受其影响，并指出了各种风险因素和保护因素，很适合作为犯罪心理学、犯罪学、司法心理学等本科生和研究生课程的核心教材。

许燕
北京师范大学心理学部教授、中国社会心理学会原会长

阳光下必有阴影，在阴影下待久了就成了阴影的一部分。这本经典著作让我们将发生于家庭、学校、职场、社会中的各类犯罪行为尽收眼底，了解犯罪心理学中的各种现象与原因，有助于我们及身边人远离罪恶与危险，以正义的立场让世界铺满光明！

罗翔
中国政法大学刑事司法学院教授、博士生导师、刑法学研究所所长

每一个"张三"的背后都有冰山下不为人知的犯罪心理，了解犯罪心理，我们才能更好地理解并处理"张三"的犯罪行为，并警惕我们自己内心的"张三"。

雷米
悬疑小说作家、《心理罪》作者、中国刑事警察学院刑法学副教授、犯罪学博士

《犯罪心理学》第12版中加入了很多最新内容。其中，我最感兴趣的是偏见犯罪与仇恨犯罪的部分。在社会愈发呈现出多元形态的当下，人类的征途不仅在星辰大海，更应该直面自己的内心。我们需要研析从误解到偏见，再到仇恨的内部机制；我们需要知道仇恨是怎样一步步被塑造的；我们需要观测斩向同类的屠刀是如何被淬炼而成的。我们只有对自身有清晰的认知，才能最终走向和解。

辛爽
《隐秘的角落》《漫长的季节》导演

在经典犯罪题材电影《七宗罪》的结尾，警探沙摩塞说："海明威曾说过'这世界如此美好，值得为它奋斗'，我同意后半句。"人类内心最黑暗的部分不会仅存在于影视作品里，而犯罪心理学的完善与发展正是照亮这些隐秘角落的明灯。

ISBN 978-7-115-64977-5

人邮普华 PUHUA BOOK

PEARSON
www.pearson.com

9 787115 649775

分类建议：心理学/犯罪心理学

人民邮电出版社网址：www.ptpress.com.cn

定价：148.00元

6大中外经典案件
犯罪心理分析

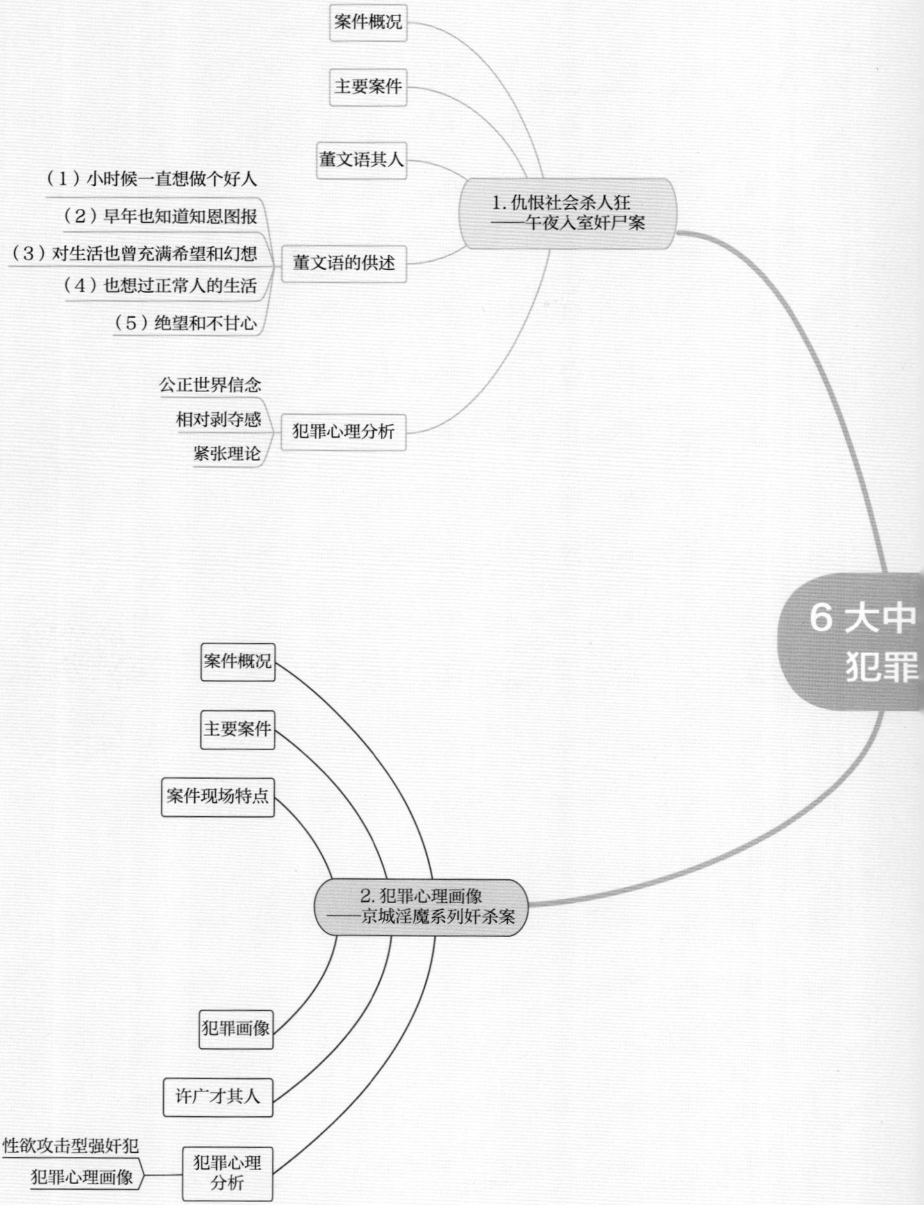

（1）小时候一直想做个好人
（2）早年也知道知恩图报
（3）对生活也曾充满希望和幻想
（4）也想过正常人的生活
（5）绝望和不甘心

案件概况

主要案件

董文语其人

董文语的供述

1. 仇恨社会杀人狂
——午夜入室奸尸案

公正世界信念
相对剥夺感
紧张理论

犯罪心理分析

6 大中
犯罪

案件概况

主要案件

案件现场特点

2. 犯罪心理画像
——京城淫魔系列奸杀案

犯罪画像

许广才其人

性欲攻击型强奸犯
犯罪心理画像

犯罪心理
分析

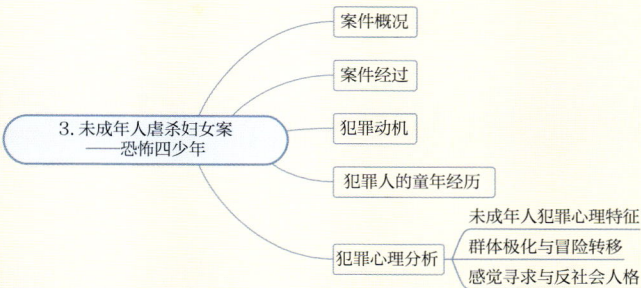

3. 未成年人虐杀妇女案
——恐怖四少年

- 案件概况
- 案件经过
- 犯罪动机
- 犯罪人的童年经历
- 犯罪心理分析
  - 未成年人犯罪心理特征
  - 群体极化与冒险转移
  - 感觉寻求与反社会人格

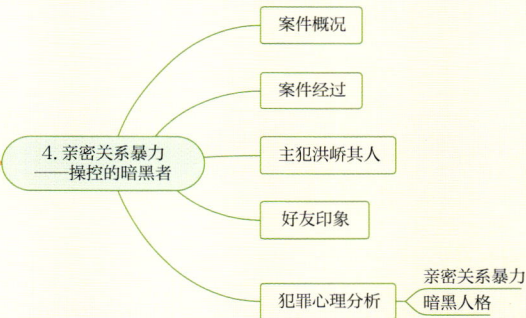

4. 亲密关系暴力
——操控的暗黑者

- 案件概况
- 案件经过
- 主犯洪峤其人
- 好友印象
- 犯罪心理分析
  - 亲密关系暴力
  - 暗黑人格

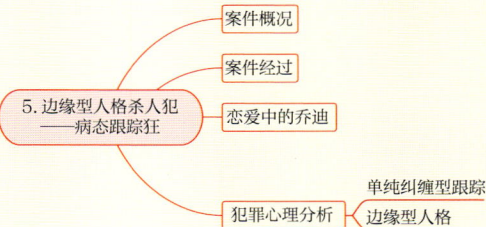

5. 边缘型人格杀人犯
——病态跟踪狂

- 案件概况
- 案件经过
- 恋爱中的乔迪
- 犯罪心理分析
  - 单纯纠缠型跟踪
  - 边缘型人格

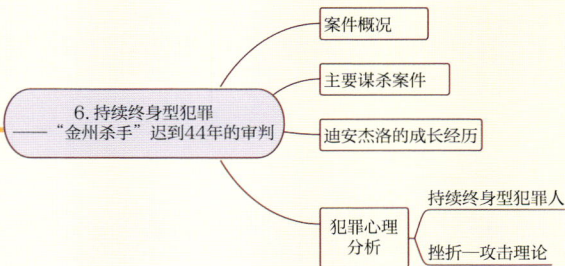

6. 持续终身型犯罪
——"金州杀手"迟到44年的审判

- 案件概况
- 主要谋杀案件
- 迪安杰洛的成长经历
- 犯罪心理分析
  - 持续终身型犯罪人
  - 挫折—攻击理论

迪案件
分析

1. 仇恨社会杀人狂——午夜入室奸尸案

案件概况

2006 年 3 月至 5 月，董文语在福建、浙江、江西等地，专门选择夜间通过攀爬窗户的方式非法侵入民居，实施了包括杀人、强奸和抢劫在内的一系列严重犯罪行为。在此期间，董文语共造成 6 人死亡、2 人受伤，并对其中 4 名女性实施了性侵害。在一个犯罪现场，他还利用受害者的鲜血在墙壁上写下了"杀人者，恨社人" 6 个字，这一行为令人震惊且不寒而栗。董文语的犯罪手段极为残暴，给当地居民带来了极大的恐慌和不安。经过公安机关的不懈努力，董文语最终于 2006 年 11 月在四川省宜宾市被成功抓获。

2007 年 6 月 8 日，浙江省金华市中级人民法院一审判决董文语犯故意杀人罪、抢劫罪、强奸罪、盗窃罪和侮辱尸体罪，数罪并罚，决定执行死刑。2007 年 11 月 28 日，董文语被浙江省金华市中级人民法院依法执行死刑。

主要案件

- 2006 年 3 月 4 日，董文语在江西省上饶市潜入一居民家中偷窃，被发现后将两名事主刺成重伤后逃跑。
- 2006 年 3 月 11 日，董文语潜入浙江省金华市一出租房内，因偷窃时被发现，将房内一男一女杀害并对女被害人实施奸尸。
- 2006 年 3 月 29 日，董文语在江西省上饶市通过爬窗方式进入王某家中，将其女儿杀害并奸尸。
- 2006 年 4 月 9 日，董文语再次通过爬窗方式潜入浙江省金华市经济开发区一出租房内将两名贵州籍女子杀害并奸尸。
- 2006 年 5 月 25 日，董文语又流窜到江西省上饶市一居民家中行窃，事迹败露后，将受害者掐死并用尖刀切割其颈部，随后携款潜逃。

董文语其人

董文语，身高 158 厘米，出生于浙江省平阳县的一个小山村，家中排行第二，他的父母在他年幼时便离异，母亲很快重组家庭，父亲则对他不闻不问，每天在外花天酒地。小学三年级（11 岁）时董文语离家出走，浪迹全国各地，开始了流浪生活。他当过乞丐，干过体力活，经常爬乘火车，无固定职业与住所，多住在工棚、建筑工地及无人居住的空房，野外生存能力强，曾经到过浙江、福建、江西、湖南、贵州、广西、云南、湖北、江苏、上海、广东、海南等地。曾先后因犯故意伤害罪和盗窃罪入狱。

董文语的供述

以下是董文语在审讯中的一些供述。

（1）小时候一直想做个好人。

13岁时我先到了金华，待了一个晚上，又坐火车到了杭州。在杭州碰到一个和我相同年纪的流浪儿，我们一起去了上海。到上海后，我们没东西吃，他说去偷东西，我不干，他就走掉不管我了。我就傻坐在站台上，碰到一个江西小孩，名字我不记得了，我们就一起在上海火车站以捡瓶子为生，我们哪里好睡就睡哪里，我在上海待了半年，当时的想法是只要有饭吃就可以了。

（2）早年也知道知恩图报。

小时候，我和每个人的想法一样，希望能够出人头地，长大之后，也有知恩图报的念头。那年，我在温州因为故意伤害被判刑，出狱后我第一个想法就是，如果我有1万元，就什么坏事都不做了，做点小生意，好好做人。结果，为了筹这笔钱，在杭州盗窃时被抓。那时我还是纯粹偷东西，没有伤害人的念头。

（3）对生活也曾充满希望和幻想。

以前在杭州时我经常想，如果我在杭州赚到钱的话我就回去，或者娶一个老婆带回家，在家里开山种地，种些水果，再养几十头羊，那时我的想法就是那么简单。从杭州西郊监狱出来，我当时已经25岁了，感觉前途无望。如果当时政府给我安排个工作，一天做八九个小时，我也就满足了。

（4）也想过正常人的生活。

我也曾试着过正常人的生活，曾在大排档打工，并想在家里种水果或养羊，为此我还特地到福州买了一本养殖方面的书。可现实让我的人生定位放得越来越低，在为自己的目标奋斗了半年后，我觉得这些都是不可能的。因为光靠自己去找工作非常艰苦，晚上干到12点，早上六七点就起来，而且挣不到几块钱。

（5）绝望和不甘心。

人在绝望时只有两种选择，要么自杀，要么杀人，我实在不甘心就这样死去，我选择了杀人。想想自己活得这么惨，人家活得那么好，真是不甘心。就算我自杀，也要有人陪我，所以我选择杀人。

犯罪心理分析

基于董文语的成长经历以及他的供述内容，我们可以提炼出犯罪心理学中的三个重要概念，来解释他的犯罪心理发展和演变的过程。

公正世界信念

公正世界信念是指，认为"人们需要相信其所处的世界是一个公正、有序的世界，在这个世界里，人们得其所应得，并且所得即应得"的观点。即"善有善报，恶有恶报"。公正世界信念具有适应作用，它鼓励人们以有意义的方式去解释世界，增加了个体对命运的控制感，能够起到缓冲消极情绪的作用，对心理健康具有积极影响。

在董文语的供述中可以发现，他曾经也是一个公正世界信念很强的人，知道知恩图报，知道想成功就要通过自己努力工作赚钱。但是随着生活中接二连三的挫折和不顺，以及无法实现人生目标，董文语的公正世界信念被打破了。当一个人的原有信念被打破时，他必然会感受到焦虑与内在的冲突，他就需要找到方法来缓解这种状态。更多的人会寻求建设性的方式，如加强学习、寻求社会支持等，但在董文语看来"要么自杀，要么杀人"，最终他选择了杀人。

相对剥夺感

它是指个体或群体与参照群体横向或纵向比较，感知到自身处于不利地位，进而体验到愤怒和不满等负性情绪的一种主观认知和情绪体验。社会不公平是产生相对剥夺感的重要原因。马克思在《薪酬、劳动力与资本》一书中写道："一座房子可大可小，只要它周围的房子和它一样小，那么这座房子就可以满足居住者的所有社会需求。但是，一旦这座小房子周围耸立起一座宫殿，那么这座小房子就立刻变成了茅草屋模样。这时，这座小房子象征着居住者没有任何社会地位。"这就是一种社会比较产生的心理落差。研究发现，相对剥夺感过高，可能会导致个体产生攻击、暴力、偷窃、吸烟、酗酒、吸毒、赌博等一系列不良嗜好以及违法和犯罪行为。

"想想自己活得这么惨，人家活得那么好，真是不甘心。"董文语的这些自述，反映了他强烈的相对剥夺感。人一旦绝望，会有两种选择，要么对外毁灭，要么对内毁灭。在弗洛伊德看来，这就是死的本能的两种形式，而董文语恰恰选择了对外的毁灭形式。

紧张理论

紧张理论是犯罪学领域的重要理论，代表人物为默顿、阿格纽等。该理论认为，受社会阶层、地位、条件、能力等因素的限制，一些主要来自底层社会的成员无法通过制度性手段实现社会所认可的成功目标，挫折、愤怒等紧张情绪由此产生。为缓解压力和紧张，不同的人会采用不同的应对方式，主要包括遵从、创新、形式主义、退却及反叛。而"创新"就是部分社会成员所采用的方式，他们往往采用制度化手段之外的方式实现社会文化提供的"主流"价值目标，最典型的就是犯罪行为。

董文语曾经也对生活充满了理想和希望，希望通过打工、种地、养羊等一系列方式让自己过上理想的生活，但是这些遵从制度性手段最终没有让他的成功目标得以实现，最终他选择则了"创新"的应对方式，来消除自己的"紧张"。

每个人在面对生活逆境、挫折和不公正对待时，都会通过自己的方式来进行调节，绝大部分人的方式都是积极的、建设性的，然而，确实也有一部分像董文语这种无法以建设性的方式走出困境的人，最终选择自我毁灭，甚至向外毁灭。

更多关于公正世界信念与紧张理论的内容，可以阅读《犯罪心理学》（第12版）的第一章；关于相对剥夺感的内容可以阅读本书第十章与第十三章。

2. 犯罪心理画像——京城淫魔系列奸杀案

案件概况

1987—1990年，许广才在北京实施多起连环奸杀案，他在夜晚或黄昏时段，以骑车方式寻找目标，将多名年轻女性骗至偏僻地带，实施强奸并杀害，共造成6人死亡，1人受伤，警方通过并案侦查、现场证据分析、幸存者描述，以及设卡布网、诱饵引蛇出洞等手段，于1990年4月3日成功抓获许广才。根据《中华人民共和国刑法》的相关规定，许广才的行为已经构成强奸罪和故意杀人罪，且情节特别严重，社会危害极大。1991年6月11日，北京市中级人民法院以抢劫罪、强奸罪、杀人罪判处许广才死刑，立即执行，剥夺政治权利终身。

主要案件

根据已披露的信息，许广才的涉案案件主要有以下七起。

- 1987年3月4日，许广才在北京市大兴区强奸并杀害一名下班回家的女性，尸体上身裸露，胸口有三处致命伤。
- 1987年5月14日，北京市广渠门附近发现一名女中学生尸体，判断死因为尖刀刺入胸部致死，然后尸体被侵犯。
- 1987年8月13日，许广才在北京市永定门火车站（现为北京南站）以帮助他人买火车票、联系住处或找工作为由，将一名外地女青年骗至偏僻的地方实施了强奸并杀害。
- 1988年3月5日，许广才在北京市朝阳区杀害南开大学女学生杨某。死者曾遭受殴打和强奸，最后一刀毙命，下体被多次侵犯导致裂开，胸前被凶手咬烂。
- 1989年7月，宁夏技校毕业生程某，在北京火车站遇到许广才，许广才以帮其买火车票为由和她接触，带她到小饭馆吃饭、喝啤酒，之后带到僻静处对其捆绑、殴打、强奸，程某最后幸存下来。
- 1990年2月11日，北京市丰台区樊家村果园发现一具外地女青年被奸杀的尸体，该女子在月经期被奸杀后又遭残忍毁尸。
- 1990年3月7日，北京市丰台区樊家村果园同一地区又发现一具20

岁出头的外地女青年被奸杀的尸体，尸体有捆绑痕迹，眼睛被挖走，脸上血肉模糊。

案件现场特点

在对 1987 年 3 月至 1990 年 3 月北京市发生的七起外地女青年遇害案件进行并案分析后，北京市公安局刑侦处的法医和痕迹技术人员发现了以下特点，这些共同点和不同点确定了案件之间的联系，为案件的进一步侦破提供了重要的线索。

共同点

（1）作案模式。所有七起案件均为先奸后杀。

（2）伤口位置。伤口主要集中在受害者的胸部和阴部。

（3）凶器类型。从伤口判断，凶器为一种较大型可折叠水果刀。

（4）死亡时间。多数受害者的胃内容物较饱满，表明她们大约在饭后 1~2 小时内死亡。

（5）作案手段。女尸大多下身裸露，上衣被扒至胸部上方。

（6）现场证据。现场足迹可以同一认定的有两起，即 1990 年 3 月在丰台区的最后一起案件和 1988 年 3 月在朝阳区发生的南开大学女学生被杀案，两起案件的足迹一致。朝阳区和丰台区两个区域虽然跨度较大，但现场均发现了自行车轮胎的痕迹。

不同点

（1）捆绑方式。丰台区发现的女尸都是被死者的围巾、腰带或高筒袜进行捆绑的，而在朝阳区发现的女尸则没有被捆绑的现象。

（2）额外伤害。朝阳区的女尸除了在胸部和阴部受到多次刺创外，还被剖腹并取出内脏。

犯罪画像

根据本案唯一的幸存者的描述以及现有证据，警方认为可以合理推断凶手为同一人，且以下结论无矛盾之处。

- 凶手不是外地流窜至北京的人员，身高大约 1.75 米，年龄在 30 岁左右，体态中等。
- 现场遗留物的分析显示，受害者基本均为外地来京人员，根据尸体的分布，朝阳区的受害者很可能是从北京火车站被带走的，而丰台区和大兴区的受害者则可能是从永定门火车站被带走的。

- 凶手拥有一辆自行车，并且使用一把较大型可折叠水果刀作为凶器，作案后不丢弃凶器，这表明他可能具有反侦查意识，或者对刀具有特别的兴趣。
- 凶手的居住地或工作地很可能位于两个火车站之间的区域，或靠近其中之一。
- 从凶手对女青年的残害手段来看，他很可能是一个性变态的亢奋者。
- 现场情况表明，凶手在作案时不考虑后果，这可能意味着他此前没有犯罪记录。

警方通过长时间的严密的侦查和布控，最终通过"美人计"等策略成功将许广才引蛇出洞并抓获。

许广才其人

许广才出生于 1959 年，他的父母都是普通工人。在他未成年时，父母相继去世，他由姐姐抚养成人。

1978 年高中毕业后，他下乡插队，1980 年被分配到北京的一家工厂工作，1984 年转岗成为库房保管员。在这段时间内，他的工作相对轻松，结识了一些有不良记录的朋友。他们之间的闲聊常常围绕男女之间的风流韵事展开，这让他逐渐沉迷其中，并对淫秽色情内容产生了浓厚的兴趣。这种兴趣促使他在性方面走上了歧途，对性欲的需求变得极其强烈。

1984 年，经人介绍，他与本厂的一位女工结婚，并有了一个孩子。在与妻子的关系中，他尝试了不同的方式来寻求变态的性满足，甚至发展到了使用绳索捆绑妻子手脚的程度。起初，这种行为只在他的妻子身上表现出来，但后来，这种行为变得更加严重，导致他成为色情杀人狂。

下面是许广才在审讯中交代的一段话："我不知道为什么，看了书上的描述和画报上的画面，我总想占有和征服，我的欲望特强，老婆有病满足不了我，我就想到外面发泄，这事让我兴奋，我控制不住了，就壮着胆试试，后来见没人报案，我的胆子就大了。开始女的反抗我就扎她，后来我感觉在那种情况下特刺激，把她们扎出血，再割她们……我也想杀完 10 个人后不再干了，可我像着了魔一样上瘾，一到晚上就想出去杀人……"

犯罪心理分析

基于对许广才案件的侦破过程以及许广才的成长经历与供述内容，我们可以通过两个犯罪心理学的重要概念对这个案件进行分析。

性欲攻击型强奸犯

不同的研究者在他们对性侵害的研究中，会依据自己研究的结果对强奸犯的类型提出不同的见解，其中比较知名的是两种分类：一种是 1979 年格罗思等人的分类，他们将强奸犯分成了三大类，即愤怒型强奸犯、权力型强奸犯及虐待型强奸犯；另一种是美国马萨诸塞州矫治中心分类系统，它是迄今为止性犯罪研究中最严格的测试分类系统之一。该系统将强奸犯分为四大类，即替代攻击型强奸犯、补偿型强奸犯、性欲攻击型强奸犯及冲动型强奸犯。

（1）**替代攻击型强奸犯**。他们的特点是表现出最低程度的性感觉或完全没有性感觉。这些男性利用强奸行为伤害、侮辱和贬低女性，这些女性可能具有吸引攻击者注意力的特征，恰好是暴力的最佳对象或刺激物。对替代攻击型强奸犯来说，他们的攻击行为本身不会引起性欲。通俗一点讲就是被害人只是他们的替代发泄物。

（2）**补偿型强奸犯**。他们的强奸行为是对环境中刺激物（通常是特定的刺激物）引发的强烈性唤起的反应。攻击行为不是这类强奸犯的显著特征，其基本动机是渴望证明有性能力及性能力强。在日常生活中，补偿型强奸犯往往极其被动、孤僻且社交能力差。他们生活在一个充满幻想的世界，幻想的中心是那些渴望屈服的被害人的形象，这些被害人会接受愉快的性交。

（3）**性欲攻击型强奸犯**。他们的性特征和攻击性特征两者程度相当且共存。强奸犯为了能体验到性唤起，强奸行为必须与暴力和痛苦联系在一起，这让他们兴奋。因此，他们之所以实施强奸是因为强奸是暴力和性的结合。这类强奸犯的攻击或暴力程度明显超过了迫使被害人服从的必要程度，而且攻击本身对他们来说就是性刺激。这类强奸犯的行为模式充满性虐待。

（4）**冲动型强奸犯**。也称为机会型强奸犯，他们既不表现出强烈的性特征，也不表现出攻击性特征，而是在时机出现时实施强奸。强奸通常是在实施抢劫、入室盗窃等其他犯罪行为时附带发生的，被害人只是碰巧的对象，且遭受到的强奸之外的暴力最少。

结合许广才的案件的被害人的尸体特征以及他的供述，我们可以明显发现许广才属于典型的性欲攻击型强奸犯，他有强烈的性冲动，强奸就是为了性满足，而且他会对被害人进行殴打、捆绑以及对尸体进行破坏，这些都是典型的攻击行为，而且超出了控制被害人所需的程度，攻击行为本身就是他引发性欲的手段。而且我们也可以认为许广才的行为属于比较典型的性变态犯罪。我们常常说一个犯罪人是个变态，是什么让我们觉得他变态？就是他的手段，他满足欲望的方式不同于我们普通大众群体。以典型的冲动型强奸犯为例，他属于机会型强奸犯，他的强奸犯罪行为是附带产生的，而且没有对被害人产生过多的虐待性的行为，一般而言，这就不属于变态犯罪。但是像许广才这种强奸行为，他在对被害人的虐待过程中会产生性唤起，俗称快感，这就与普通的性活动是不同的，所以他就属于典型的性变态。

犯罪心理画像

什么是犯罪心理画像？有学者基于国内外关于犯罪心理画像的描述，提出了一个相对合理的界定，即犯罪心理画像就是在侦查阶段根据已掌握的情况对未知的犯罪嫌疑人进行相关的行为、动机、心理过程、心理特点等分析，进而形成对犯罪嫌疑人的人物形象及心理特征群的描述。犯罪心理画像并不负责给出一个具体犯罪嫌疑人的姓名，也不会给出一个具体嫌疑人的住址和电话号码，而是为案件侦查缩小范围，提供侦查思路与方向。具体而言，犯罪心理画像的目标主要有如下三个方面：第一，勾勒出犯罪嫌疑人的生理及社会性特征（如民族、年龄、职业、宗教、婚姻状况、教育程度等）和心理特征（兴趣、智力、性格、气质、心理健康状态等），确定侦查范围，及早破获案件；第二，从犯罪现场提取犯罪人的"行为证据"（如犯罪惯技、犯罪标记等），为串并案件和犯罪现场重建提供心理学依据；第三，掌握犯罪人心理特征，为审讯提供心理学对策。

一般来说，有一定侦查经验的刑警都会在他们的日常案件侦破过程中进行犯罪心理画像工作，但是大部分不会特别成体系，他们会根据经验以及案件的性质做针对性的调整。理论上来说，只要有犯罪心理痕迹存在的案件都可以考虑运用犯罪心理画像，但它并不是对所有案件的侦破工作都有相同作用，一般来说，针对下面几种类型的案件，犯罪心理画像在侦破中的价值最大：（1）杀人和伤害案件；（2）性侵害案件；（3）爆炸、纵火和投毒案件；（4）抢劫案件；（5）绑架与敲诈勒索案件。其中在系列案件的侦破中，犯罪心理画像的作用尤其有价值。

许广才的案件属于典型的系列奸杀案，非常符合犯罪心理画像技术的使用条件，北京警方便使用了犯罪心理画像技术。例如判断居住地、分析变态性欲，以及判断犯罪经历，都是犯罪心理画像技术的应用。当然，本案的犯罪心理画像技术使用得并不充分，最典型的应用犯罪心理画像技术的案件包括对纽约"疯狂炸弹客"的画像，对英国"开膛手杰克"的画像，还有国内"白银系列杀人案"中警方对犯罪人高承勇的画像，等等。

许广才走上变态犯罪道路的原因是多样的，在此我们并没有进行一一分析，如色情内容对性犯罪的影响，不良同伴群体对其违法犯罪行为的影响，等等，所有这些风险累积因素对他所犯下的罪行都是难辞其咎的。

更多关于性侵害的内容，可以阅读本书第十一章；关于犯罪心理画像的内容，可以阅读本书第十章。

3. 未成年人虐杀妇女案——恐怖四少年

案件概况

　　2006 年 5 月 21 日凌晨，一对双胞胎少年及他们的女友在北京市西城区南新华街附近发现一名等待丈夫回家的妇女，随后将其挟持至拆迁房屋内，进行长达一个多小时的残忍虐待，最终导致妇女死亡。

　　该案一经披露立刻引起强烈的社会反响。2007 年 6 月 29 日，北京市第一中级人民法院以故意伤害罪和抢劫罪，数罪并罚，判处大磊有期徒刑 17 年；判处小丽有期徒刑 17 年；判处小磊有期徒刑 14 年；判处小云有期徒刑 9 年。一审判决后，北京市人民检察院就刑事判决部分提起了抗诉。2008 年 1 月 8 日，北京市高级人民法院对此案进行终审宣判，部分支持了检方抗诉，将被告人中双胞胎哥哥大磊的刑期由有期徒刑 17 年改判为无期徒刑，法院同时维持了其他 3 名被告人原判的刑期。

案件经过

　　2006 年 5 月 20 日，梁先生因有客户需要应酬，于是打电话告知其妻子丁女士他可能会很晚回家。丁女士在家等到将近凌晨，仍未见丈夫归来，担心丈夫饮酒过量，决定外出寻找。与此同时，街上还有四个在到处晃荡的少年，他们是一对双胞胎兄弟和他们的女朋友，分别是大磊、小磊、小丽和小云（涉及未成年案件，已使用化名）。一行四人走在大街上，大声且若无其事地调笑着彼此。

　　丁女士来到西城区南新华街时，见到其中两名女孩在打闹，为避免碰撞，她避让至角落。然而，这却是他们预谋的行动。小丽故意撞向丁女士并倒地，声称疼痛。大磊和小磊见状，立即上前质问丁女士为何撞倒小丽，尽管丁女士辩解小丽是自己不慎摔倒的。大磊不顾真相，打了丁女士一耳光，并要求她赔偿。丁女士意识到遇到了敲诈，试图用钱打发他们。然而，即便四人拿走了她身上仅有的 100 多元和一部手机，仍不满足，并将其挟持至拆迁房屋内继续对她施暴。他们逼迫丁女士脱衣，用棍棒殴打其全身，用烟头烫或用火烧其头发和下体，行为极为残忍。虽然丁女士在受虐时苦苦哀求，然而四人无动于衷，继续沉溺于施虐的快感中，最终残忍地将她折磨致死。

然而这并不是他们实施的第一起案件。在案发前一天，就在丁女士遇害的附近，一位拾荒老人称自己遭到了四个少年的围攻，这四个少年在老人路过时先是取笑她，她只不过就看了他们一眼，其中两人上来就是一顿拳打脚踢。不仅是毒打，他们甚至还用打火机烧老人的头发。

犯罪动机

以下内容是警方在审讯犯罪人大磊时，他的供述。

大磊说："晚上真的是闲得没事干，游逛的时候我们想打人解闷。那天就看到一个捡垃圾的老太太，我们就上去找碴，然后就把她衣服扒光了，拳打脚踢，还用打火机烧她的头、骂她，我们觉得特别刺激。后来我们就找单身女性打，主要是因为她们身边没有男人，所以很好欺负，我们一共打了五个人，谁知道，最后那个女的就被打死了，等抓了我们，知道她死了，我才觉得害怕了……"他眉飞色舞地描述着他们打人时的感受，还时不时地笑出声。

以下是犯罪人大磊在法庭上与公诉人的对话。

公诉人："你们去找碴是什么目的？"

大磊："就是找碴后，打她玩。"

公诉人："除了打她玩以外，还有别的目的吗？"

大磊："没有了，就是打她玩，以寻求打人的乐趣。"

公诉人："那你们为什么让她脱光衣服，还用打火机烧她呢？"

大磊："闲得没事干了，也是为了图乐。"

公诉人："你们为什么非要采取打人的方法图乐呢？"

大磊："就是在打人时，看到对方痛苦的样子，心里痛快。"

公诉人："你们知道这样做会造成什么后果吗？"

大磊："没有想过。"

犯罪人的童年经历

大磊和小磊是一对双胞胎，出生于 1989 年。父母皆是下岗职工，家庭经济拮据，依靠低保勉强维持生活。然而，生活的艰辛并没有激发双胞胎为父母分担忧愁的意识。他们在完成初中学业后，虽然各自考入了职业技术学校，但受周围不上学朋友的影响，兄弟二人很快都选择了辍学。

辍学后，父亲尽力为他们找工作，希望他们能够自食其力，但他们对工作并不感兴趣，更愿意闲散度日，消磨时间的场所通常是网吧。作为"80后"，网络对他们来说并不陌生，很快，他们在网上结识了 16 岁的小云和 19 岁的小丽，两位同样来自困难家庭的女孩。

小云，一个石家庄女孩，经历了父母离婚和父亲再婚，与继母关系不和，最终被送往寄宿学校。她在初三时选择辍学，并离家出走来到北京。小丽，一个北京女孩，高中毕业后加入了"啃老族"的行列，她的父母同样没有工作。

这四个少年因为相似的家庭背景和生活经历而走到一起，他们组成了两对小情侣。在一次争吵中，大磊从桌上随便抓了一个东西就朝小丽的母亲扔了过去。顿时，鲜血从小丽母亲的头上流了下来，直接导致了一场家庭危机。小丽因此选择离开了自己的家庭，搬入了大磊的家。

大磊的父亲对两个女孩的到来感到愤怒和无奈。尽管他尝试拆散这两对年轻人，但他们的关系却愈发紧密，难以分开。随后，两个女孩怀孕的事实让双胞胎兄弟感到恐慌，他们不得不偷父母的钱来解决问题。在大磊父亲的坚持和干涉下，四个年轻人改变了生活方式，白天在家休息，夜晚则外出游荡。他们在有朋友资助时去网吧或歌厅，没钱时则在街上闲逛，这样的生活成了他们的日常。

就是这样的童年经历，让这四个少年一步步走向了深渊，最终酿成惨祸。

犯罪心理分析

是什么原因使这四个少年变成了让人不寒而栗的"恶魔"？基于他们的行为以及成长经历，我们可以通过犯罪心理学的三个重要概念进行分析。

未成年人犯罪心理特征

未成年人犯罪往往体现出与成年人犯罪不同的心理行为特点，主要包括以下三点。

（1）行为特点。主要表现为内心幼稚、行为模仿、易被人利用、做事冲动、容易结伙等。

（2）心理特点。主要表现为起因简单、缺乏谋划、行为易变、不计后果等。

（3）犯罪动机。与成年人犯罪相同的是，他们犯罪多数是为了满足生理需求。但未成年人的犯罪动机有特殊性，例如，追求掌控感；模仿黑社会拉帮结伙实施犯罪；只为义气而在没有利益情况下为朋友两肋插刀犯罪；为求得群体接纳和认同而服从性地参与团伙犯罪；出于好奇、体验而犯罪，如强奸、吸毒等。

上述案件是非常典型的未成年群体犯罪案件。他们的犯罪行为缺乏谋划，只是在街上闲逛，随机遇到被害人，随机犯罪；他们行为冲动，如大磊出手伤害小丽的母亲，就属于无法控制情绪的一时冲动行为；他们的犯罪动机更令人瞠目结舌，如仅仅是因为好奇打着玩。在与公诉人的对话中，同样展示了他们对犯罪不计后果的特点。

群体极化与冒险转移

群体极化是指个体最早具有某种态度倾向，在经过与群体成员交流、讨论后，这种态度倾向得到强化，最后形成比原来更加极端的态度和观点。又称群体极化效应、群体偏移。

而冒险转移是指个体参与群体讨论后会表现出比讨论前更支持群体有风险的决定的倾向。因此，冒险转移现象是群体极化现象的一种特例。

在群体犯罪中，往往会存在冒险转移现象。群体就像一个场，当一个人提议要做一件坏事，群体的其他成员为了显示自己的勇气以及对群体的归属感，他们容易附和，而且这种附和往往会更极端，这样就显得自己不会输给其他人，最终就可能导致这件事的商议结果变得非常极端。例如最开始提议的那个人只是说踢被害人两下，然后接着就会有人说，扒光她的衣服，进一步又发展成拿打火机烧她，而且在这一过程中，犯罪人会伴随着高度的情绪唤醒，这种高度的情绪唤醒会严重干扰犯罪人的认知活动，最终影响他们对道德准则的思考。就这样他们在群体场的影响下，将被害人活活折磨致死。尽管在本案的细节中没有披露这一过程，但是从以往案件的总结中我们发现，这是一种普遍存在的现象。

感觉寻求与反社会人格

感觉寻求是指个体对多变的、新异的、复杂的、强烈的感觉和体验的寻求，以及通过采取生理的、社会的、法律的和经济的冒险行为来获得这些体验的愿望。它是一种稳定的人格特质。有这种人格特质的青少年，往往会表现出诸多冒险行为，如吸烟、饮酒、吸毒、非婚性行为、自杀、攻击等，感觉寻求是增加青少年攻击行为的风险因素，感觉寻求水平越高，越容易表现出攻击行为。

在本案中，四个犯罪人对自己犯罪行为的描述就具有典型的感觉寻求的特征。不爱学习，受同伴辍学影响导致退学，对普通工作不感兴趣，每天在网吧上网，甚至有不安全性行为导致女朋友意外怀孕，等等，这些都是感觉寻求人格的一些具体表现，而且他们在法庭与公诉人的对话充分地体现了这种特质，例如"就是找碴后，打她玩。""闲得没事干了，也是为了图乐。"看到这里大家都会问，感觉寻求型人格与反社会人格是不是一个概念。当然不是。在本案中四个犯罪人确实表现出了很多反社会人格的特点，如冲动无情、道德低下、缺乏责任感等，但感觉寻求型人格属于一种中性的人格特质，如一个极限挑战运动员就需要有这种人格特质。而反社会人格则是一种负性的人格类型，而且对反社会型人格障碍的诊断需要基于大量的个人背景资料，很多时候，在群体中表现出来的行为更可能是因为场的存在而导致的，所以在此我们不能轻易认为这四名犯罪人患有反社会型人格障碍，只能说他们表现出了反社会人格的特点。

当然，我们在此只是对四名犯罪人在犯罪过程中表现出的一些人格特征与行为决策特点进行了分析，但是他们每个人都具有独有的特征，都有不同的成长经历。例如，离异家庭对子女安全依恋带来的影响，经济贫困导致的父母监管缺失，等等，这些都是导致未成年人走上违法犯罪道路的风险因素。

更多关于人格与犯罪关系的内容，可以阅读本书第八章；关于未成年人犯罪心理的内容，可以阅读本书第六章；关于群体犯罪心理的内容，可以阅读本书第十章。

4. 亲密关系暴力——操控的暗黑者

案件概况

2020年7月，李某月在男友洪峤的哄骗下只身前往云南省勐海县。7月9日，洪峤指使张晨光、曹泽青二人将李某月诱骗至勐海县普洱茶公园内将其杀害并掩埋。在事发前，洪峤与被害人李某月系恋人关系，后二人发生矛盾，洪峤产生杀害李某月之意。此后，洪峤邀约另两名被告人多次商议杀害李某月的计划，并多次演练杀人方法。

2022年7月7日上午10时许，"南京女大学生被害案"一审宣判，其男友洪峤以故意杀人罪判处死刑，剥夺政治权利终身；对张晨光、曹泽青分别以故意杀人罪判处死刑，缓期二年执行，剥夺政治权利终身。2022年9月20日，云南省高级人民法院二审公开宣判上诉人洪峤、张晨光、曹泽青故意杀人一案，裁定驳回上诉，维持原判。

经最高人民法院核准，2023年5月7日，云南省西双版纳傣族自治州中级人民法院依照法定程序对洪峤执行死刑。

案件经过

22岁的女大学生李某月，2020年6月毕业于江苏某职业技术学院。2020年7月9日上午10时42分，她独自一人从南京市栖霞区所居住小区离开后，便与家人失去了联系。电话关机，微信、QQ均无回应，家人焦急万分。

李某月的父亲李胜，为了寻找女儿，摸索着开通了微博，起名为"天都塌了"。他和爱人从老家扬州赶到南京，四处寻找女儿，却一无所获。7月13日，他们向南京市公安局栖霞分局马群派出所报警，寻求帮助。在李胜寻找女儿李某月期间，李某月的男友洪峤也帮助出谋划策。

据李胜回忆："当时李某月的男友洪峤和我们一起去报的警，当时他很镇定。洪峤先是带着我们去了手机店，看能否给李某月的手机进行定位，下午又陪着我们去派出所报案，并声称月月失踪前和他吵了一架，之后就收拾东西离开了，还拿走了5万元。"

后经警方调查发现，李某月于7月9日从南京乘飞机到达云南昆明，当晚又从昆明到了西双版纳，最后在勐海县兴海检查站消失。洪峤甚至还"出谋划策"，引导李胜去边境寻找，故意将李某月的失踪与偷渡、贩毒、赌博等事件联系起来，试图混淆视听。

经过 20 多天的寻找，该案件终于迎来重大进展。2020 年 8 月 4 日，勐海县公安局发布案情通报称，洪岐等人有重大作案嫌疑。8 月 3 日，勐海警方会同南京警方在南京市将洪岐、张晨光、曹泽青抓获，并在勐海县郊外山林中找到了被掩埋的李某月的尸体。

经审讯后发现，犯罪嫌疑人洪岐和张晨光、曹泽青在南京合谋，先由洪岐哄骗李某月至云南勐海县，随后张晨光、曹泽青在洪岐的指使下前往勐海县，于 7 月 9 日晚将李某月诱骗至该县城郊外的山林中杀害并埋尸。

主犯洪岐其人

洪岐出生于南京，大专肄业于江苏海事职业技术学院，在某景区从事过摄像、接待工作。受父母的影响，洪岐从小对军事着迷，平常打扮也偏好迷彩服，并喜欢看悬疑美剧与战争片。他平时主要在健身房和水弹俱乐部当教练。平时他对身边人称自己会说多国语言，在俄罗斯当过兵，在叙利亚打过仗。洪岐长期冒充"国家安全人员""首长警卫""战地记者"等，并以此身份招募了听命于他的几名小弟。在与李某月的交往期间，洪岐自称在保密单位工作，有特殊身份，这种身份使他能够接触到敏感信息，并参与一些秘密行动。所以自称不能透露具体单位名称、岗位，不让李某月在社交平台上发他的照片，不能提及他的名字，也不能向朋友介绍他。

好友印象

刘文浩（化名）是洪岐的朋友，在他的印象中，洪岐与李某月两人感情一直很好。刘文浩和洪岐两人都是军事爱好者，几乎每周在一起训练近身格斗术。洪岐曾告诉刘文浩，毕业后，他在国家安全局上班。

2019 年 12 月初，洪岐告诉刘文浩，李某月拿了他 1 万元还有几百美元，这件事之后，洪岐越来越频繁地在刘文浩面前提起，想要杀死李某月。2019 年 6 月，洪岐从巴基斯坦旅游回来，说自己杀了一个外国人。同年 9 月，洪岐还说过，想杀一个朋友，为了得到朋友的 20 万元存款。

洪岐常常在他面前说要精神操控李某月，让李某月产生生命依赖。刘文浩第一次见李某月时，洪岐就伪装成战地记者，让刘文浩假扮成他的摄影师。还有一次，洪峤让刘文浩在微信上冒称他的母亲，并制造"母亲想邀请女孩回家吃饭"的聊天记录。

犯罪心理分析

基于对洪峤在整个案件中的操控以及他在日常生活与交友中的行为，我们可以通过两个犯罪心理学的重要概念，对这个案件以及洪峤进行分析。

亲密关系暴力

亲密关系暴力是指对现任或前任配偶、男朋友或女朋友实施的暴力，包括犯罪行为。关于亲密关系暴力与犯罪的问题越来越受到大众的关注。下面是一些近些年受到大众关注的案件。

- 2016 年，上海男子朱晓东因家庭矛盾杀害妻子杨某，并将尸体藏于冰柜中。
- 2020 年，杭州男子许国利因家庭矛盾杀害妻子来某某，并将尸体分尸后冲入化粪池。
- 2020 年，内蒙古男子史某因琐事与女友吵架后，将其杀害并碎尸。
- 2022 年，苏州女子查某丽因家庭矛盾杀害丈夫，并将尸体藏于冰柜中。
- 2022 年，江西男子陈某与妻子因家庭琐事发生争执，持刀将妻子杀害。
- 2023 年，蔡天凤被前夫邝港智及其家人杀害并碎尸。
- 2024 年，谷歌中国籍工程师陈某在美国家中徒手将其妻子打死。

在谋杀案中，亲密关系暴力占比有多高，我们来看看下面的数据。

联合国毒品和犯罪问题办公室（UNODC）曾在 2018 年发布过这样一份报告：2017 年，全球被杀害的女性约为 8.7 万人，其中 58% 的女性死于亲密伴侣或其他家庭成员之手。8.7 万名女性，平均到每一天，人数是 137 人，平均到每小时，就有 6 人死于亲密伴侣或家人之手。UNODC 于 2019 年的报告显示，男性与女性的总被害比例为 81：19，被亲密伴侣或其他家庭成员所杀的比例为 9：16，被亲密伴侣所杀的比例为 9：41；在亚洲，31% 属于亲密伴侣杀人，28% 为其他家庭成员杀人，总计 59%。

另有研究人员通过裁判文书网抽取了 2016—2020 年的案例作为样本，发现受害者为女性的案件共有 498 个。具体数据如下。

- 233 个案件（46.8%）：女性被丈夫杀害。

- 115 个案件（23.1%）：女性被现任男友、前任男友或情人杀害。
- 55 个案件（11.0%）：女性被其他亲属杀害。
- 77 个案件（15.5%）：女性被其他认识的人杀害。
- 18 个案件（3.6%）：女性被陌生人杀害。

从数据可以看到女性被亲密伴侣杀害的比例为 69.9%，足够说明亲密伴侣杀人现象的普遍存在。

有研究者对亲密关系暴力发生的原因进行了归类，认为一般分为五类：一是长期家庭暴力，导致的虐待致死；二是激烈冲突中一方情绪失控导致激情杀人；三是因怀疑、仇恨、怨恨、矛盾长期积压导致的谋杀；四是为获得控制权，为争取预期利益导致的谋杀；五是长期被家暴因反抗或报复导致的"恶逆变"杀人。

研究者进一步解释，杀害配偶的犯罪人的大致特点包括：冲动、好斗和怀有敌意的个性；精神病态，尤其是反社会人格；长期抑郁、压抑；明显的情感依赖；缺乏安全感；冲动控制能力低，缺乏情绪调节能力；共情能力低；低收入；自恋与自我中心；沟通和社交技能差；缺少压力缓解渠道；有受虐或施虐史；对家庭生活的不适应以及对配偶的极度失望或仇恨。

在本案中，洪峤又属于什么类型呢？在此我们需要引入第二个重要的犯罪心理学概念——暗黑人格。

暗黑人格

暗黑人格（又称暗黑三人格、黑暗三联征）处于健康人格与病态人格之间的灰色地带，代表人格的阴暗面。构成暗黑人格的三个特质——自恋、马基雅维利主义和精神病态——各自独立又相互交织，均为社会所厌恶但仍在正常功能范围内的特质。具体来说，自恋以优越感、特权感、自我中心和缺乏共情为主要特征；马基雅维利主义以操纵、剥削、自利和漠视道德为主要特征；精神病态以冲动、寻求刺激和缺乏共情为主要特征。三者共同的核心为操纵、冷酷。大量研究表明，暗黑人格与各种反社会行为有关。

在本案主谋洪峤身上，我们可以非常清晰地看到暗黑人格的特征，主要体现了三大特质，即控制、支配与自恋。

首先，他通过外表、身份、胆量等伪装控制别人对他的看法，建立神秘、有背景甚至肩负国家使命的身份。这就解释了为什么张晨光和曹泽青听命于他，估计这二人对洪峤的伪装甚至承诺深信不疑，杀人很可能是他们远景规划中的一部分。我们还可以发现，在李某月失联后他积极主动地配合寻找也是为了达到控制与引导他人思维路径的目的。

其次，他控制作案过程和实施者体现在事前演练及军事装备方面。选择远离南京的作案地点、取走证明被害人身份信息的学生证等行为，提高了作案的效率与安全系数。三个凶手是按照"完美杀人计划"在实施犯罪的，洪峤本人因为有不在场证据，可以误导警方侦查方向，并且让两个实施者因为和李某月没有直接关系而提升侥幸心理。

最后是控制与支配他人生命，包括被害人李某月和两个同案犯。

洪峤的自恋体现在以下两方面：（1）对自己能力的夸大，例如他自称是国家安全局的工作人员，参加过叙利亚战争，精通多种语言，这些虚构的身份和经历显示了他对自己能力的过度夸大；（2）对成功和权力的非分幻想，例如他通过虚构的身份和经历，幻想自己拥有一个成功的、有权力的角色，这种对成功和权力的非分幻想是自恋人格的典型特征。

当然，除了上述三大特质，我们还可以发现洪峤的另一个特质——病理性说谎。病理性说谎是精神病态人格中的一个重要的特质，它是指不能确诊为精神疾病、智力低下或癫痫的个体，频繁、反复地持续多年（甚至终身）的说谎行为，他们的谎言内容广泛而复杂，有时并非为了获得明显的自我利益，但常带有自我吹嘘的色彩。洪峤为了操纵自己在他人面前的形象，使用了各种谎言（包括身份、经历、工作、虚假作案经历），并在寻找李某月下落的过程中伪装出来了种种行为，充分体现了病理性说谎的特质。

洪峤是如何一步步发展为这种具有典型暗黑人格特征的人呢？基于目前的资料我们无法给出深入的分析，但这必定与他的家庭成长环境、父母的教养方式、儿时的生活经历以及独特的同伴交往都有关联。我们可以发现，这些经历在遇到他喜欢的军事内容及相关的军事暴力游戏之后，产生了化合作用，催生了这样一个控制和支配他人的自恋型杀人犯。

更多关于暗黑人格与精神病态的内容，可以阅读本书第七章；关于亲密关系暴力的内容，可以阅读本书第九章。

5. 边缘型人格杀人犯——病态跟踪狂

案件概况

2008年6月4日，推销员特拉维斯·亚历山大在亚利桑那州梅萨市的住所内被谋杀，身上有多处刀伤并被割喉及枪击头部。他的前女友乔迪·阿里亚斯被控谋杀并被逮捕。在审讯过程中，乔迪最初否认与谋杀有关，但随后承认杀了特拉维斯，声称是出于自卫。2013年5月8日，乔迪被裁定为一级谋杀罪名成立，并面临死刑量刑，但最终被判处终身监禁，不得假释。

案件经过

在亚利桑那州的梅萨市，阳光洒满每一个角落，但对特拉维斯来说，2008年的那个夏天，却是他人生中最黑暗的时刻。

30岁的特拉维斯生活在这个充满宗教气息的城市。他有着令人羡慕的工作，是一名励志演说家，更是家人心中的顶梁柱。然而，这一切的美好，都在那个6月的午后戛然而止。

当特拉维斯的朋友们踏入他的家中，一股浓重的血腥味扑面而来，他们才意识到，特拉维斯可能已经遭遇不幸。

警方的调查结果令人震惊：特拉维斯身中27刀，脖子几乎被整个切断，气管和主动脉都被切开。他的卧室和浴室血迹斑斑，仿佛上演过一场残忍的屠杀。

随着调查的不断深入，警方的目光逐渐聚焦到了特拉维斯的前女友乔迪身上。尽管这对情侣已经分手将近一年，但他们之间似乎仍旧存在着未了的情缘与纠葛。

起初，当面对警方的询问时，乔迪断然否认自己与特拉维斯的死亡有任何关联。她坚称，在特拉维斯遇害时，自己正在驾车前往犹他州，并且当晚在与另一名男子约会。她告诉警方："自从4月以来我就没见过特拉维斯。我记得在那个周一的早晨，我们有过交谈，他的态度让我有些内疚，因为他说我本该去亚利桑那州，但我却去了犹他州。"

然而，调查人员很快就发现了确凿的证据，证明乔迪在特拉维斯死亡当天确实与他在一起。他们在特拉维斯家中的洗衣机里找到了一台相机，里面保存着 2008 年 6 月 4 日（正是特拉维斯被谋杀的那天）的照片。这些照片记录了他和乔迪在一起的时光，更令人震惊的是，其中还包括一张特拉维斯被残忍杀害后的尸体照片。此外，警方还在墙上血迹的手印中检测到了乔迪与特拉维斯两人的 DNA。调查人员还发现了其他线索指向乔迪是凶手：特拉维斯是被一把 0.25 口径的手枪击中的，而在特拉维斯遇害的一周前，乔迪祖父母家中失窃了一把相同型号的手枪。所有这些证据都让警方愈发确信，乔迪极有可能就是杀害特拉维斯的凶手。

随着证据的不断增加，她的谎言逐渐被戳穿。最终，在法庭上，乔迪承认了自己的罪行，但坚称自己是出于自卫而杀人。下面是乔迪在审判中提供的一个版本的杀人经过（但被检察官认为是谎言）。

乔迪声称，她和特拉维斯在 2008 年 6 月 4 日发生了争执，这场争执迅速升级为肢体冲突。她表示，特拉维斯在浴室攻击了她，她为了自卫而反抗。在这个过程中，她声称自己被推倒在地，特拉维斯压在她身上。乔迪说她看到了一把枪，这是特拉维斯藏在家中的，她拿起了枪并朝特拉维斯开火。乔迪进一步声称，在枪响之后，特拉维斯仍然活着并试图攻击她，于是她拿起了一把刀继续与他搏斗。在这个过程中，特拉维斯遭受了多处刀伤，最终导致死亡。乔迪表示，她在恐慌中清理了现场，并试图掩盖自己的行凶痕迹。

乔迪的审判过程持续了近五个月，期间充满了戏剧性和争议。控辩双方就案件的事实、证据和动机等展开了激烈的辩论。2013 年 5 月 8 日，乔迪被裁定为一级谋杀罪。陪审团同意判决，表示这是一场非常残忍的预谋杀人。之后在判刑过程中，法官考虑过死刑，刚开始乔迪说宁愿死也不要在监狱里生活，但后来又求陪审团让她活着才可以改过自新。2013 年最终被判终身监禁且不得假释。

恋爱中的乔迪

乔迪，一个看似清纯的女孩，却有着极强的占有欲和控制欲。在两人交往期间，她曾多次表现出对特拉维斯的极端迷恋和跟踪行为。分手后，她更是变本加厉，不仅频繁出现在特拉维斯的生活中，还试图操控他的社交关系。以下是一些报道中提及的跟踪和操控的例子。

- 朋友们后来回忆说，乔迪偷看了特拉维斯的电子邮件，偷听了他的私人谈话，甚至跟着他去了洗手间，在门外等着，直到他走出去。乔迪和特拉维斯似乎一直保持着联系，两人在恋爱期间总共互通了 8.2 万封电子邮件。

- 乔迪在分手后继续跟踪特拉维斯，包括在他的家中安装 GPS 追踪设备，以监控他的行踪。她会秘密地进入特拉维斯的住所，有一次甚至被发现躲在壁橱里，等待他回家。
- 分手后，乔迪继续通过电话、短信和电子邮件联系特拉维斯，尽管他已经明确表示希望结束关系。她发送了大量的信息和邮件，其中有些内容带有威胁或控制的意味。
- 乔迪使用情绪勒索和操控手段来影响特拉维斯，包括威胁自杀，以此来引起他的注意或同情。她利用自己的情绪状态来操控特拉维斯，迫使他做出回应或满足她的需求。
- 乔迪对特拉维斯与其他女性的交往表现出强烈的嫉妒，她会质问他与这些女性的关系，并试图阻止他与她们见面。特拉维斯的约会或社交活动常常受到乔迪的监视和干涉，她试图控制他的个人生活。
- 乔迪在未经允许的情况下进入特拉维斯的家，包括使用他家车库的密码锁，甚至通过狗洞钻进去。有时会留下自己的物品，以表明她在那里待过。她还偷走了特拉维斯的相机，并且据称用这台相机拍摄了谋杀案现场的照片。
- 乔迪通过社交媒体追踪特拉维斯的动态，甚至猜到了他的账户密码，潜入他的账户。
- 乔迪威胁要向教会曝光她和特拉维斯的电话性爱录音。
- 尽管两人已经分手，特拉维斯和乔迪仍然秘密地维持着性关系。

这些行为表现出乔迪对特拉维斯生活的强烈干涉和控制，以及她无法接受两人关系结束的现实。最终，这些行为导致特拉维斯不幸遇害。

犯罪心理分析

基于乔迪在整个案件中的表现以及她与被害人特拉维斯的恋爱和分手后的行为特点，我们可以通过两个犯罪心理学的重要概念，对乔迪进行犯罪心理分析。

单纯纠缠型跟踪

跟踪是指针对特定个体的行为，包括重复的身体或视觉接近、未获得同意的交流，或者足以引起有理性的人的恐惧的口头、书面或暗示性的威胁。在我国法律中没有对跟踪行为做出明确的界定，研究者根据现有法律的相关描述以及国外法律对于跟踪行为的界定，将跟踪行为界定为：行为人多次、持续、反复跟踪、尾随、纠缠、骚扰被害人，足以使被害人陷入恐惧不安的状态，严重影响其日常生活的行为。

跟踪一般分为四种类型：（1）单纯纠缠型跟踪；（2）爱情纠缠型跟踪；（3）色情狂型跟踪；（4）复仇型跟踪。

（1）单纯纠缠型跟踪。在所有跟踪案件中，单纯纠缠型跟踪占了大部分（约60%，有的研究发现为70%~80%），且通常是先前家庭暴力和心理虐待行为的延伸。在这些情况下，跟踪者通常在与被害人的关系破裂后继续寻求权力感和控制感。对被害人来说，单纯纠缠型跟踪可能是最危险的，因为此类跟踪者的动机往往是"如果我不能拥有你，那么其他人也不能"。

（2）爱情纠缠型跟踪。对于爱情纠缠型跟踪，跟踪者和被害人之间是偶然认识的或完全陌生的。这类跟踪者的特点是低自尊，并倾向于选择他们认为具有某些品质的被害人，因为他们认为这些品质会提高自己的自尊。从本质上讲，他们寻求与跟踪对象建立爱情关系，但这与被害人的意愿相反。

（3）色情狂型跟踪。色情狂型跟踪被认为是一种妄想表现，跟踪者往往患有重性精神障碍。这种类型的跟踪者通常以公众人物或名人为目标，试图为自己赢得自尊和地位。不过，虽然用了"色情狂"这个词，但它的动机并不一定就是高度色情的。色情狂型跟踪似乎比较少见，而且跟踪者通常并不暴力。

（4）复仇型跟踪。复仇型跟踪与其他三种类型完全不同，因为复仇型跟踪者不寻求与被跟踪者建立某种个人关系；相反，他们试图引起被害人的特定反应或行为改变。例如，在跟踪者看来，被跟踪者往往是那些不义之人，或者伤害过跟踪者的人，所以他们希望折磨这些人，可能会夜以继日地跟踪这些"有罪之人"，直到正义得以伸张。

根据乔迪对特拉维斯的一系列跟踪行为的特征以及二人之间的关系，很显然乔迪就是一个典型的单纯纠缠型跟踪狂。她曾是特拉维斯的女友，对特拉维斯的跟踪已经到了要控制他生活每一个细节的地步，不管是在分手前还是分手后。她干扰特拉维斯交友甚至新的恋爱，明显表现出了"如果我不能拥有你，那么其他人也不能"这一特点。乔迪对特拉维斯实施的跟踪是一种权力和控制的体现，这让乔迪获得了她原本缺乏的力量和自尊，特拉维斯不仅成了乔迪自尊的来源，更可能成为她认同的唯一来源。因此，当特拉维斯试图摆脱乔迪的这种控制时，乔迪就会感到自己的权力和自我价值被剥夺。最终乔迪通过杀死特拉维斯这种极端的形式来维护自己的自尊，因为她已经达到了绝望的程度，在她看来自己已经没有什么可以失去的了。

边缘型人格

在乔迪与特拉维斯的交往过程中，以及她在跟踪过程中表现出来的行为特征，非常符合边缘型人格的特点。

边缘型人格是一种以人际关系、自我意向和情感不稳定性以及明显冲动性为特征的人格，又称边际人格。主要特征表现为：（1）情绪方面，不稳定，缺乏理性、易抑郁、焦虑、易激怒、冲动，常感觉空虚厌倦，遇外界刺激可有短暂的精神失常；（2）行为方面，放纵自己，挥霍、赌博、吸毒、偷盗、性放纵、贪食等，在履行普遍的社会责任时表现出极端的变化无常，社会生活反复受挫但不会汲取教训，常自暴自弃且有自杀和自伤行为；（3）人际关系方面，关系混乱且不稳定，易走极端，过分理想化或过分贬低，为满足私欲不顾及他人，害怕被抛弃并且会出现连续的情感危机，易与人发生冲突；（4）身份和目标障碍，自我同一性混乱，在自我价值感、职业选择、择友类型等方面明显缺乏判断。

被诊断为边缘型人格障碍的人内观时经常会带着一种自我责备、自我厌恶、迷茫和冲突的情绪，可能会有一种支离破碎或被诅咒的感觉，也可能笃定是自己本身和过去的经历导致当下的结果。然而，正是这些想法和感受才进一步固化了边缘型人格障碍，让其感到孤独、羞耻、无从逃脱。

回到乔迪身上，我们可以发现她的以下行为都符合边缘型人格的特点。

（1）情绪不稳定。乔迪在与特拉维斯相处过程中以及在案件前后，她的情绪从对特拉维斯的爱（表现为痴迷）转变为后来因各种矛盾和冲突产生的愤怒和仇恨，情绪转变非常剧烈。

（2）人际关系紧张。乔迪与特拉维斯的关系充满了矛盾和冲突，她对他的占有欲和嫉妒心极强，这可能导致了极端的行为，如跟踪、监视和最终的谋杀。

（3）冲动行为。乔迪在特拉维斯被谋杀的那天，她的行为表现出冲动和缺乏预谋的特点，杀害特拉维斯的行为可以说是一种非常冲动且不计后果的行为。

（4）恐惧被抛弃。乔迪对特拉维斯与其他女性的关系感到极度不安，这可能源于她对被抛弃的深层恐惧，这是边缘型人格障碍患者常见的心理状态。

（5）自我伤害。有报道称乔迪有自残和自杀的历史，而且在案件审理过程中，乔迪曾表现出自我伤害的行为，这些都是边缘型人格障碍患者常见的行为模式。

（6）操控行为。乔迪在案件中试图操控公众和法庭的意见，通过改变她的故事和提供虚假的证据来为自己辩护。

有边缘型人格特征的人不一定会犯罪，但是他们本身所具有的高度的冲动性、情绪不稳定性，以及在处理人际关系时的极端反应特征，使得他们在挫折和应激状态下更容易实施激情犯罪。而且边缘型人格障碍患者常常伴随其他心理障碍，如反社会型人格障碍、抑郁障碍、焦虑障碍等。这些共病可能会大大增加犯罪行为的风险。

更多关于人格与犯罪关系的内容，可以阅读本书第八章；关于跟踪与犯罪的内容，可以阅读本书第十四章。

6. 持续终身型犯罪——"金州杀手"迟到44年的审判

案件概况

约瑟夫·詹姆斯·迪安杰洛被认为是著名的"金州杀手"，1976—1986年在有"金州"之称的加利福尼亚州犯下12起谋杀案、50起性侵案和120起入室盗窃案，被害人年龄为13~41岁，人数达87人。2018年，美国执法部门通过DNA比对，才终于将其绳之以法。2020年6月29日，74岁的迪安杰洛为免死刑，对13项一级谋杀指控认罪。2020年8月21日，被判处多个终身监禁。

主要谋杀案件

- 1979年12月30日，44岁的整形外科医生罗伯特·奥弗曼博士和35岁的临床心理学家黛布拉·曼宁博士被发现在奥弗曼公寓的卧室里被枪杀，曼宁被强奸。
- 1980年3月13日，33岁的室内设计师夏琳·史密斯和43岁的律师莱曼·史密斯被发现在文图拉的家中被谋杀，夏琳·史密斯被强奸。
- 1980年8月19日，24岁的基思·哈灵顿和27岁的帕特里斯·哈灵顿被发现在达纳角尼格尔海岸的家中被殴打致死，帕特里斯·哈灵顿被强奸。
- 1981年2月6日，28岁的曼努埃拉·维图恩在尔湾的家中被强奸和谋杀。
- 1981年7月27日，35岁的切里·多明戈和27岁的格雷戈里·桑切斯在住所被杀。
- 1986年5月4日，18岁的珍尼尔·克鲁兹在尔湾的家中被强奸，遭到殴打后死亡。

迪安杰洛的成长经历

以下事件连成了迪安杰洛的成长经历。

1945 年，迪安杰洛出生于纽约州，随后他随家人搬迁到加利福尼亚州。他父亲是一位经历过第二次世界大战的退伍军人，回美国后因不适应安逸环境而家暴妻子。

六七岁能独自外出后，迪安杰洛经常小偷小摸，邻居和父母不太在意。但他心中有片净土，就是小他三岁的妹妹，因父亲家暴，妹妹只跟在他身后，把他当作依靠。他决心呵护妹妹长大。

十岁时，他给妹妹买冰激凌，回来却见妹妹被两个飞行员拖进仓库。他阻拦不成，呼救也无人帮忙。等他醒来，妹妹已死，凶手逃走。他悲痛欲绝，内心被黑暗吞噬。

1964 年，19 岁的迪安杰洛应征入伍，成为美国海军的一员。他在军队中度过了 6 年，这段时间可能为他日后的犯罪行为提供了某种形式的"训练"。

从 1968 年 8 月开始，迪安杰洛就读于加利福尼亚州罗克林的塞拉学院并获得警察学副学士学位。1971 年开始，就读于萨克拉门托州立大学并获得了刑事司法学士学位。后来他参加了研究生课程和进一步的警察培训，并完成了为期 32 周的警察实习。1973 年 5 月到 1976 年 8 月，成为一名入室盗窃队警察。

1970 年，迪安杰洛与青梅竹马的邦妮结婚，然而，好景不长，父亲家暴的阴影让他对邦妮动手，邦妮离婚改嫁。这段失败的婚姻给他留下了深深的伤痕，从此他对女性恨之入骨。

1976 年 8 月至 1979 年 7 月，他因入店偷盗锤子和驱狗剂而被捕，被判处 6 个月缓刑，并于 1979 年 10 月被解雇。

1976 年至 1986 年这十年期间，迪安杰洛以"金州杀手"的身份在加利福尼亚州各地实施了上百起案件，包括谋杀、强奸、绑架和盗窃，给当地社区带来了巨大的恐慌。

1973 年，迪安杰洛与莎朗·哈朵结婚，他们有 3 个女儿，直至 1991 年夫妻分居。令人费解的是迪安杰洛绝大部分的罪行都是在这段婚姻里犯下的，然而他的妻子和孩子从未怀疑过他，他的大女儿声称他是一个"完美的父亲"。

1986 年之后，迪安杰洛突然停止了犯罪活动，从公众视野中消失，过起了长达 30 多年的隐匿生活。

从 1990 年直到 2017 年退休，他都在罗斯威尔的一家超市的配送中心担任卡车技工。

2018 年，借助 DNA 技术，警方最终确认了迪安杰洛就是"金州杀手"，并在他位于加利福尼亚州的家中将其逮捕。

2020 年，迪安杰洛在法庭上承认了自己的罪行，并被判处终身监禁，不得假释，结束了他长达数十年的犯罪和逃亡生涯。

犯罪心理分析

迪安杰洛的一生充满了血腥和暴力，反社会型人格障碍用来形容他完全没有任何疑问，但除了反社会人格，我们还可以通过两个犯罪心理学的重要概念，对迪安杰洛进行犯罪心理分析。

持续终身型犯罪人

心理学家莫菲特从发展的视角提出了犯罪人的两条发展路径，即持续终身型犯罪人和青春期型犯罪人。

（1）持续终身型犯罪人。这类犯罪人在很早的时候（3 岁或更小）就开始了持续终身的违法犯罪模式及成年期的犯罪模式。在整个生命过程中，这些人表现出不断变化的反社会行为，例如 4 岁时咬人、打人，10 岁时入店行窃、逃学，16 岁时贩卖毒品、偷车，22 岁时抢劫、强奸，30 岁时诈骗、虐待儿童。在童年早期开始的反社会行为很可能会导致一连串的衍生问题，包括学业失败、与越轨同伴交往、物质滥用、抑郁障碍、有风险的性行为和工作失败。他们在各种条件和情况下都会继续他们的反社会行为模式，在一生中通常会实施各种各样的攻击行为和暴力犯罪。

（2）青春期型犯罪人。这类犯罪人在未成年期开始出现犯罪行为，一般在 18 岁前后停止犯罪。他们并没有表现出像持续终身型犯罪人所表现出的早期和持续的反社会问题。青春期型犯罪人在青春期最有可能参与象征成年人特权的犯罪，并表现出不受父母控制的自主性。这方面的例子包括破坏公物、吸毒、酗酒、小偷小摸及身份犯罪（如离家出走或逃学）。此外，青春期型犯罪人很可能从事有利可图或有回报的犯罪，但是他们也容易在亲社会方式变得更有回报时放弃这些行动。青年期的到来带来了青春期无法获得的机会，如离开家人去上大学、获得一份全职工作，以及与亲社会人士建立关系。青春期型犯罪人很快就会知道，如果他们继续犯罪直至成年，他们会有所损失，进而停止他们的反社会行为。

在迪安杰洛身上，我们看到了非常典型的持续终身型犯罪人的特点。他从六七岁就开始小偷小摸，当上警察后依旧没能停手，仍然持续偷盗。这种反社会行为最终从小偷小摸升级为更加严重的暴力犯罪，如强奸和谋杀，最终演变成了犯下12起谋杀案、50起性侵案和120起入室盗窃案的"金州杀手"。绝大部分的持续终身型犯罪人是不会停手的，除非他们老去或者身体机能无法满足其犯罪活动。不过，当他们人生中出现了其他重大生活事件，或者有稳定的亲密关系，甚至有依恋的对象时，他们可能会就此收手。虽然迪安杰洛在第二次婚姻开始阶段仍然在犯罪，并没有及时停手，但是我们有理由相信，随着3个孩子慢慢长大，他对孩子与家庭的责任感也会逐渐增强，这可能是导致他最终在1986年犯下最后一起奸杀案之后消失的原因。这个现象在我国的"白银系列杀人案"犯罪人高承勇身上同样有所表现。

挫折—攻击理论

美国心理学家多拉德等人于1939年提出，攻击是挫折的一种后果，即攻击行为的发生总是以挫折的存在为条件；反之，挫折的存在也总是会导致某种形式的攻击。个体受到挫折后，直接的身体攻击和言语攻击是最常见的侵犯类型。后来心理学家米勒又对该理论的后半部分提出了修正，认为挫折可以产生一系列不同的反应，攻击只是其中之一，也就是说，遭受挫折未必表现出攻击行为。心理学家伯科威茨进一步对该理论进行了修正，他指出挫折感会提高一个人被激怒后迅速采取攻击行为的可能性。它为个体创造了一种攻击行为的"准备状态"。当个体所处的情境中有激发攻击行为的"攻击线索"时，这种"准备状态"才会转化为外在的行为表现。

在迪安杰洛身上我们看到了挫折—攻击的影子。在他一生中，他经历过3次重要的挫折体验。10岁时妹妹被两个飞行员强奸致死，对于他来说，妹妹就是他整个童年的唯一慰藉，可以说妹妹的死给他的人生带来了无法抹去的伤痛，为他的一生打下了攻击"准备状态"的基础。他的第一段失败婚姻给他留下了深深的伤痕，从此他对女性恨之入骨，这也成为他后续犯下系列强奸案的强大诱因。1979年10月，他因偷窃被警察局开除，至此，他彻底失去了社会规范的约束，开始了疯狂作案。

每个阶段的挫折都在迪安杰洛的犯罪生涯中扮演了不同的角色，但我们不能说就是因为这些挫折才导致他犯下了如此恶劣的行径。每个人都会在自己的一生中遇到种种挫折，但是大部分人并不会因此走上违法犯罪道路，更不会变成一个系列杀人魔。因为大部分人都有一种内在的向善的自驱力，他们有足够的心理弹性来应对这些挫折，他们会用更积极的认知来调节自己的情绪和行为，最终让自己走出挫折的阴影。

更多关于犯罪人分类的内容，可以阅读本书第六章；关于挫折—攻击理论的内容，可以阅读本书第五章。

学研究
的启示

4."破罐破摔"的孩子
——"怪物"研究

犯罪可能不需要长期消极榜样

"怪物"研究
- 研究背景
- 研究设计与实施
- 研究后果

"怪物"研究对
家庭教育的启示
- 标签理论
- 贴负面标签对孩子
造成的不良影响
  - （1）自尊心受损
  - （2）情绪问题
  - （3）人际关系问题
  - （4）身份认同的固化
  - （5）习得性无助
  - （6）自证预言
- 打压式教育的语言
  - （1）负面评价
  - （2）否定努力
  - （3）冷嘲热讽
  - （4）强调不足
  - （5）与他人比较
  - （6）贬低性词汇
  - （7）刻板印象

5.被边缘者的"愤怒"
——社会排斥研究

科伦拜恩中
学枪击事件

社会排斥研究

弗吉尼亚理工
大学枪击事件

社会排斥研究
对家庭教育的
启示
- 社会排斥与心
理行为问题
  - （1）情绪问题
  - （2）孤独感
  - （3）自我评价下降
  - （4）社交退缩
  - （5）敌意和攻击性
  - （6）情绪麻木
  - （7）问题行为
- 人际关系有
多重要
  - （1）金钱与幸福感
  - （2）关系与幸福感
  - （3）亲密关系的质量
  - （4）关系与成功
- 培养孩子的人
际关系能力
  - （1）培养同理心
  - （2）尊重与包容
  - （3）冲突解决
  - （4）情绪管理
  - （5）建立边界
  - （6）心理弹性
- 识别孩子的人
际关系问题

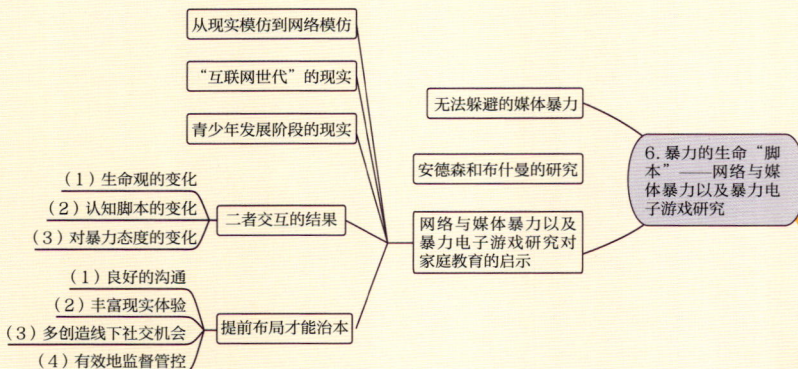

从现实模仿到网络模仿

"互联网世代"的现实

青少年发展阶段的现实

无法躲避的媒体暴力

安德森和布什曼的研究

（1）生命观的变化
（2）认知脚本的变化
（3）对暴力态度的变化

二者交互的结果

网络与媒体暴力以及
暴力电子游戏研究对
家庭教育的启示

（1）良好的沟通
（2）丰富现实体验
（3）多创造线下社交机会
（4）有效地监督管控

提前布局才能治本

6. 暴力的生命"脚本"——网络与媒体暴力以及暴力电子游戏研究

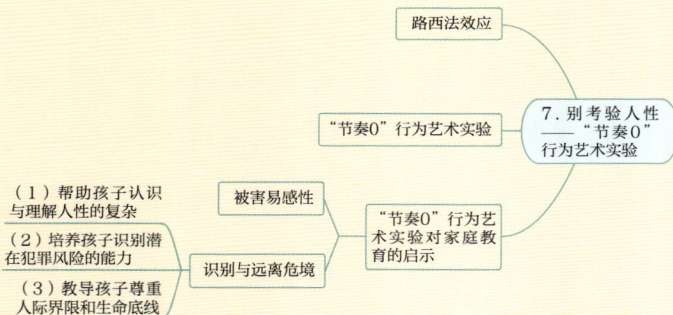

路西法效应

"节奏0"行为艺术实验

7. 别考验人性——"节奏0"行为艺术实验

（1）帮助孩子认识与理解人性的复杂
（2）培养孩子识别潜在犯罪风险的能力
（3）教导孩子尊重人际界限和生命底线

被害易感性

识别与远离危境

"节奏0"行为艺术实验对家庭教育的启示

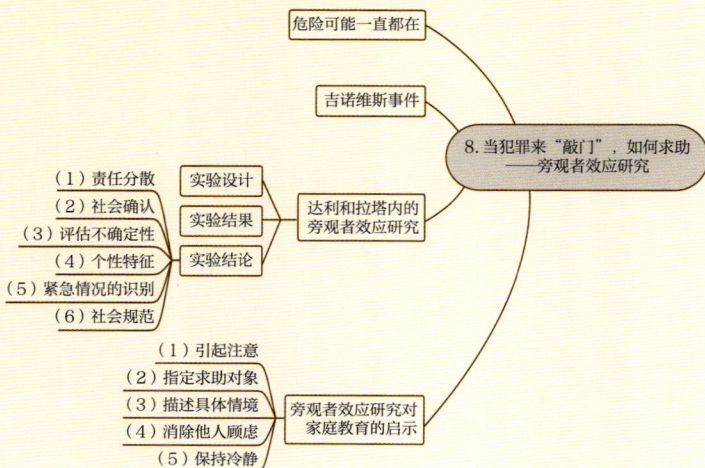

危险可能一直都在

吉诺维斯事件

8. 当犯罪来"敲门"，如何求助——旁观者效应研究

（1）责任分散
（2）社会确认
（3）评估不确定性
（4）个性特征
（5）紧急情况的识别
（6）社会规范

实验设计
实验结果
实验结论

达利和拉塔内的旁观者效应研究

（1）引起注意
（2）指定求助对象
（3）描述具体情境
（4）消除他人顾虑
（5）保持冷静

旁观者效应研究对家庭教育的启示

8个犯罪心理学研究对家庭教育的启示

家庭教育是预防犯罪的基石，它的影响力远远超出了家庭的范畴，触及社会的每一个角落。预防犯罪需要细致入微的努力。家庭教育必须从小事做起，从培养孩子的道德观念、法律意识，到教授他们如何识别潜在的风险，每一步都不容忽视。家长的言传身教，家庭的和谐氛围，都是塑造孩子健康人格、引导他们远离犯罪的重要因素。

　　然而，这不仅是家庭的任务，更是涉及整个社会的庞大工程。个人的努力如同点点繁星，而社会的合力则如同璀璨的银河。只有当家庭、学校、社会各界紧密携手，形成一张严密而温暖的保护网，我们才能真正为孩子们创造一个远离犯罪、充满阳光和希望的成长空间。让我们共同努力，用爱与责任为孩子们铺就一条通往美好未来的康庄大道，让每一个孩子都能在阳光下茁壮成长。

1. 孩子犯罪可能是基因的错——双生子研究

双生子研究概况

双生子研究是心理学和遗传学领域常用的一种研究方法，用于探究遗传因素和环境因素如何影响个体的心理和生理特征。这种方法通过比较同卵双生子和异卵双生子在特定特征或行为上的相似性来估计遗传和环境因素的影响程度。同卵双生子，是由单个受精卵发育而成的，往往是同性别的，拥有完全相同的基因。所以如果基因具有决定性作用，那么同卵双胞胎就应该表现出高度相似的行为。异卵双生子是由两个不同的受精卵发育而成的，遗传信息大约有50%的相似度，类似于非双生的兄弟姐妹。基于这个假设，如果反社会行为、攻击行为、犯罪行为具有遗传性，那么，同卵双生子在这些行为表现上就会比异卵双生子更具一致性。

双生子早期发展研究

其中最著名的双生子研究是英国的双生子早期发展研究（TEDS），该研究对出生于1994、1995、1996年的英国双生子样本进行纵向追踪。研究发现，先天遗传和后天教养共同造就了人类行为。先天遗传对有些行为问题的影响很大，如注意缺陷/多动障碍、孤独症谱系障碍等，而且在我们所关注的反社会与犯罪行为领域中，TEDS的数据表明，有一个与反社会行为相关的人格特质——冷酷无情特质——显示出非常高的遗传可能性，而且几乎没有共享环境的影响。冷酷无情特质的特点是个体对他人缺乏同情和怜悯，并导致严重和长期的反社会行为。

哈里雅特·鲍尔等人于2008年基于TEDS的数据，进行了另一项关于双生子与反社会行为的研究。他们对1116对10岁的双生子样本的研究发现，霸凌行为有61%可归结于遗传因素。

贾菲等人同样基于TEDS的数据，对1116对5岁双生子及其家庭进行了研究，他们也发现儿童的问题行为与品行障碍有72%可归结于遗传因素。而犯罪心理学的研究表明，具有反社会人格的个体从小就呈现出明显的品行障碍。而且他们还发现了另一个重要结果，那就是遭受虐待在预测有高遗传风险因素的孩子发展出反社会行为的概率上效果最显著。也就是说，那些本身就有先天遗传问题的孩子或早期出现反社会行为的孩子如果遭受了虐待，长大后更倾向于采取反社会的方式达到目的。

TEDS 的研究结果告诉我们，遗传确实在反社会行为与攻击行为的发生上有重大的影响，甚至在某些特定的行为问题上的影响大大超出了环境的影响。

双生子研究对家庭教育的启示

在这里我们只列举了与反社会行为、攻击行为等有关的双生子研究的结果，且主要是基于 TEDS 的研究结果。其实，还有很多著名的双生子研究，如明尼苏达双生子研究，基于瑞典双胞胎注册系统的双生子研究，密歇根州立大学双生子研究，等等。这些研究对遗传与环境在智力、人格、心理健康、身体发育、行为问题等方面的影响都进行了深入的探讨，获得了非常多的研究成果。这些研究对婚姻与择偶、家庭关系维护以及育儿都具有重要的指导意义。这里我们仅基于与反社会行为有关的结果给出一些针对性建议。

首先，我们应该了解心理特质与精神疾病的遗传特性。 例如，精神分裂症的遗传概率就非常高；不同类型的反社会行为具有不同水平的遗传概率，像普通的小偷小摸就几乎不受遗传的影响，而反社会人格、精神病态人格等就会受到遗传的巨大影响。当我们对不同的行为与心理特质的遗传概率有一定了解时，我们在择偶时就能进行有的放矢的筛选。

其次，说到择偶筛选，我们一般可以关注以下三方面。

（1）**了解家族遗传史。** "朱克家族"是历史上有名的犯罪家族。朱克所繁衍的 540 名后代中，有 180 名乞丐、140 名犯罪人、60 名惯盗、7 名杀人犯、50 名卖淫者、40 名性病患者。所以，了解潜在配偶的家族史，特别是反社会行为或相关精神疾病的遗传史，是择偶筛选的第一要件，这能在源头阻断大部分反社会行为的遗传。

（2）**了解童年生活经历。** 很多时候，遗传对行为的影响在童年期尤其明显，因为环境对个体的规训作用还没凸显出来。所以，如果一个人在童年期就表现出各种问题行为与反社会行为，那么遗传的概率就是极高的。所以了解潜在配偶的童年生活经历，也是择偶筛选的重要途径。

（3）**日常行为观察。** 在恋爱和婚姻过程中，应仔细观察伴侣的行为模式，特别是观察其是否表现出反社会行为的倾向，如欺骗、冷漠、自私、冲动等。这样，一方面，在婚前可以有效止损，提前发现对方的行为问题；另一方面，在婚后可以帮助配偶寻找针对性的治疗干预手段，提前预防不良行为对孩子的影响。

最后，当然要说到对孩子的教育，我们应该至少做到以下三个方面。

（1）培养健康的行为习惯。无论是否有遗传风险，家庭教育和引导都是预防反社会行为的关键。家长应培养孩子健康的行为习惯和价值观，教育他们尊重他人、遵守社会规范。

（2）关注孩子的成长过程。在孩子成长过程中，家长应密切关注孩子的行为变化和心理状态，强化孩子的积极行为，并及时发现、纠正不良行为倾向。对于表现出反社会行为倾向的孩子，应尽早进行干预和治疗。

（3）给孩子提供充满爱与支持的养育环境。贾菲等人的研究告诉我们，如果孩子在小时候出现了某些反社会行为的特点，那么家长就要更加注意养育方式，不要把那些消极的甚至是虐待的行为施加在孩子身上，而是应该注重与孩子之间的联结，让他感受家庭的爱、温暖与支持，让他形成安全的依恋关系，这样能在很大程度上预防孩子走上违法犯罪道路。关于这方面的更多内容，请阅读《犯罪心理学》（第12版）的第二章。

2. 营造良好的养育环境——"天生变态狂"被童年治愈的一生

研究中的意外发现

从 1995 年开始,美国加利福尼亚州立大学欧文分校的神经科学家詹姆斯·法隆通过对大量精神病态者(这些人存在大量越轨行为及犯罪行为)大脑扫描结果的研究,发现了精神病态者和常人大脑的显著区别:正常人的大脑中某些高亮(活跃)的区域,在精神病态者大脑中却是黑暗的。这种现象被法隆总结为"额眶部皮质功能低下",被怀疑是导致人缺乏同情心、不同于常人的思维方式、造成精神病态的一种大脑特征。但更意外的是,法隆在扫描了自己的大脑后发现,自己的脑成像与精神病态者如出一辙。这让他对自己的研究结果与自己提出的理论产生了疑惑。

母亲的解惑

在圣诞节时,法隆向母亲透露自己可能是精神病态这一秘密。母亲并未惊讶,反而递给他一本名为《离奇凶杀》的书,解释说这本书讲述了他的祖先康奈尔家族的历史。康奈尔家族因多次严重暴力事件在美国历史上臭名昭著,如 1673 年丽贝卡·康奈尔被儿子托马斯谋杀,成为美国早期殖民时代的弑母第一案。2011—2012 年,家族中两支祖父辈血脉,一支全是犯罪嫌疑人和凶杀犯(共 7 人,包括 2 位女性),另一支则展示了康奈尔家族血统中的每个男性都很冷血,有谋杀直系亲属的倾向。家族祖先可追溯至英国残暴的君主约翰·雷克兰国王(1167—1216 年)。不过,丽贝卡·康奈尔却是康奈尔大学创始人埃兹拉·康奈尔的祖先。这些背景都让康奈尔家族成为研究人员热衷的研究对象。

深入研究

本着科学的精神,法隆又给自己做了详细的基因检测。结果令他震惊,他发现自己拥有所谓的"战士基因",这是一个位于 X 染色体上的基因,代号 MAOA,与人的多巴胺、去甲肾上腺素、血液复合胺的分解有关。如果它没有正常工作,这些神经传递素的堆积将会造成人的反常情绪,导致人的暴力行为。所以，这也是第一个被确定的与人类攻击行为有关的基因。自从有关这个基因的发现问世以来，越来越多的科学研究证明，MAOA 和暴力倾向之间的确存在联系，如果拥有这种"战士基因"的人在儿童期受到了虐待，将更容易发展出反社会的暴力行为。

这个发现让法隆将研究重点放到了自己的儿童期。他发现自己的个性确实与他人不同，有精神病态的前兆，某些行为也符合反社会人格者的特点。例如，格外争强好胜，喜欢在比赛中与他人竞争；年幼时曾做出多种叛逆行为，如偷窃、自制炸药等，且在被警察问话时淡定、冷漠，等等。

那是什么让他最终没有变成一个冷血的精神病态犯罪人呢？他总结出的答案就是：父母教养得好。他认为他的各种不良倾向都在充满爱与温暖的家庭氛围中得到了治愈。他因为在童年获得了充分的体贴与关爱，从而没有如其他MAOA 基因持有者一样发展成精神病态者。父母的呵护与爱塑造了他相对健康的心理环境。即便他的大脑产生了奇怪的冲动，也能及时悬崖勒马，并将自己的好胜欲转移到了发展事业的正道上。

法隆在此基础上提出了"三角凳"理论，即一个人是否会成为精神病态者，取决于三个方面：基因、大脑损伤及环境因素。他认为，尽管自己满足了前两个因素，但正是第三个因素——环境——被他的家人，尤其是母亲的爱所治愈，从而避免了自己走上犯罪道路。

法隆的故事对家庭教育的启示

在关于双生子研究的结果中，我们探讨了如何通过筛选配偶尽量降低自己的后代遗传反社会行为的概率。但是，现实情况是，我们无法满足自己所有的需求，甄别与去除每一个潜在的风险因素。更多的时候，只有当具体的风险出现在我们面前时，我们才意识到问题已经发生了，而且还很严重。

在双生子研究中我们看到了这样一个结果：那些本身就有先天遗传问题的孩子或早期出现反社会行为的孩子如果遭受了虐待，长大后更可能会变成反社会的个体。而詹姆斯·法隆的故事告诉我们，即使是潜在的精神病态者或反社会人格者，父母仍然可以通过良好的家庭教育最大限度地预防其走上犯罪道路。

表观遗传学

为什么会出现这两种极端的后果？在此，我们需要引入表观遗传学的概念进行解释。表观遗传学是研究基因核苷酸序列在不发生改变的情况下，基因表达功能变化的遗传学分支学科。表观遗传学研究表明，环境因素可以通过影响基因表达来影响个体的行为倾向，包括犯罪行为。早期的生活经历，如父母的教育水平、家庭环境等，可以通过表观遗传机制影响个体的犯罪行为倾向。例如，一项针对蒙特利尔市贫困地区儿童的研究发现，早期干预可以显著减少儿童的攻击行为，从而降低其未来犯罪的可能性。而这种影响可以在个体的一生中持续存在，甚至能代际传递。

所以，上面两个极端的结果告诉我们，良好的家庭环境和父母养育能抑制"战士基因"的表达，而那些充满暴力、忽视及情感缺失的家庭，恰恰激活了"战士基因"的表达，甚至比正常的家庭更凸显。

营造良好的养育环境

那么到底什么才算是良好的养育环境呢？心理学的研究表明，至少应包含以下几方面。

（1）充分的爱与情感支持。提供无条件的爱和支持是养育环境的基础。孩子们需要感受到他们被接纳和珍视，无论他们的行为如何。在孩子面临困难或挫折时，家长应及时给予安慰和鼓励。

（2）安全的依恋关系。建立安全、强大的亲子依恋关系对孩子的健康发展至关重要。有安全依恋的儿童，当他们在做任何出格的行为时，更可能会想到父母的管教，意识到这个行为可能是不对的并停止做出格行为。而没有形成安全依恋的孩子正好相反，例如在著名的恒河猴实验里，长期与铁丝母亲一起生活的小猴因为缺乏安全依恋的形成条件，表现出严重的社交障碍和情感问题，甚至对同龄猴子出现了攻击行为。

（3）积极的榜样示范。如果父母通过自身的行为展示出诚实、善良、努力、负责任的特点，那么孩子更可能向亲社会偏移；而如果孩子在家庭中一直面对的都是暴力与伤害，那么当他以后面对挫折时更可能使用暴力来解决问题。

（4）教会孩子管理情绪。有反社会倾向的儿童的一个典型的特征是情绪冲动、容易失控。在这种失控的情绪下，其就会无所顾忌，冲动行事。所以，学会情绪管理的孩子才能更好地管理自己的行为。

（5）培养社交技能。培养孩子的社交技能，尤其是解决冲突的能力以及与人合作的能力。任何孩子的童年都需要伙伴，无论正常儿童还是具有反社会特点的儿童。如果一个孩子不会与人正常交往，那么他就更容易被群体排斥，于是他就可能结交那些同样被群体排斥的其他儿童，这个群体就包含了具有反社会倾向的儿童。因此，良好的社交技能是融入正常群体和远离反社会群体的重要基础。

在家庭教育领域常常出现这样一句话："幸福的童年治愈一生，不幸的童年需要一生治愈。"这句话虽然不适用于所有情况，但是在詹姆斯·法隆的身上得到了完美的体现。

关于家庭风险及保护因素的更多内容，请阅读本书第二章；关于双生子研究的更多内容，请阅读本书第三章；关于精神病态的更多内容，请阅读本书第七章。

3. 身教重于言传——波波玩偶实验

从遗传到环境延续

从遗传的角度上来说，攻击性已经进化成一种生存机制，可能每个人的基因都或多或少地存在攻击的天然属性，但是在后天成长中，有些人表现了出来，而有些人没表现出来；有些人表现得轻微，有些人表现得严重。而不管是詹姆斯·法隆的故事，还是 TEDS 的研究结果，都同时指向了这样一个事实：家庭成员的行为在塑造孩子的亲社会行为与反社会行为中，起到了举足轻重的作用。那么儿童到底是如何从家庭中学习了攻击行为或者让自己的攻击性减弱的呢？这就是班杜拉的波波玩偶实验要告诉我们的。

波波玩偶实验

阿尔伯特·班杜拉的波波玩偶实验可以说是心理学领域的一个经典研究，它深刻地揭示了观察学习和模仿在儿童行为发展中的作用。

经典研究

班杜拉选取了 3~6 岁的 36 名男孩和 36 名女孩，随机分配到 3 个小组。实验房间内放置了一个大型波波玩偶。"攻击组"的儿童观看了成年人激烈地攻击波波玩偶的视频，包括拳打脚踢和使用锤子，同时伴有攻击性语言。"非攻击组"的儿童看到的视频中，成年人平静地在波波玩偶旁玩耍，没有攻击行为。"控制组"的儿童没有观看任何视频。

观察结束后，儿童被带入一个布满玩具的房间。当他们开始玩耍时，实验者突然介入，拿走玩具，目的是引发儿童的挫败感和愤怒情绪。之后，儿童被带到另一个房间，面对波波玩偶和其他玩具。实验者通过单向镜观察并记录儿童的行为，特别关注是否出现攻击行为。

结果显示，"攻击组"的孩子在面对波波玩偶时，更多地模仿了视频中的攻击行为，如拳打脚踢和使用锤子，同时伴有攻击性语言。"非攻击组"的孩子则安静地与玩偶互动。"控制组"孩子的攻击行为介于两者之间。

这个实验清晰地证明了观察学习在儿童行为发展中的强大作用。

替代强化研究

班杜拉的实验进一步探讨了替代强化在观察学习中的作用。他将儿童随机分为三组：（1）攻击—奖赏组，儿童观察到成年人榜样的攻击行为得到称赞和巧克力等奖励；（2）攻击—惩罚组，儿童看到成年人榜样因攻击行为受到指责、辱骂和物理打击；（3）控制组，成年人榜样的行为未受到任何奖赏或惩罚。随后，实验者观察儿童在自由玩耍时的行为。

实验结果表明，攻击—奖赏组的儿童在模仿波波玩偶的攻击行为时表现得更为严重。与此相反，攻击—惩罚组的儿童攻击行为显著减少。这些发现支持了班杜拉的替代强化理论：观察到他人行为的后果会影响个体自身的行为倾向，奖励可增强模仿，而惩罚则能抑制不良行为的模仿。

这一发现证实了班杜拉提出的替代强化理论：观察者因看到他人（榜样）的行为受到奖励或惩罚，会间接地增强或抑制自己相应的行为倾向。

亲社会行为的学习

在班杜拉看来，不仅攻击行为可以通过观察而习得，亲社会行为同样可以。他做了一项实验，让孩子们观看成年人玩滚木球游戏，这个成年人把赢得的一部分奖品捐赠出来作为贫困儿童的基金，然后让这些儿童单独玩这类游戏，结果他们把奖励所得捐赠出来的数量远远超过没有观看过游戏的控制组儿童。即便实验后过了两个月，这些实验组的儿童与不同的实验者在一起仍然很慷慨。

多大的孩子会模仿

在班杜拉的系列研究中，儿童几乎都上幼儿园了，在此阶段他们已经表现出了强大的模仿和观察学习的能力。那么到底多大的孩子就会模仿成年人的行为呢？为此发展心理学家安德鲁·梅尔佐夫做了一系列研究。

梅尔佐夫选择了出生后不久的婴儿作为实验对象，在观察阶段，婴儿被放置在一张桌子上，面前有一个成年人。成年人会做出一系列简单的动作，如伸出舌头、张开嘴巴等。在观察阶段结束后，成年人离开，婴儿独自留在桌子上。然后，研究者观察婴儿是否会模仿成年人之前做出的动作。梅尔佐夫的实验结果表明，即使是刚出生几天的婴儿也能够模仿成年人的面部表情和动作。

波波玩偶实验对家庭教育的启示

在上面的描述中，我们只是对班杜拉的一些代表性的实验以及实验的主要结果进行了阐述，这些结果主要告诉我们这样一个事实：孩子会通过观察大人的行为学习到这些行为，不管是反社会行为还是亲社会行为。那么我们在家庭教育中，应该如何应用这些结果呢？

（1）家长的所有言行，孩子都看在眼里，记在心里。父母的任何情绪和行为孩子都看在眼里，他们可能由于发育的限制、情境的限制等，没有把这些观察学习到的言行表现出来，我们称之为"延迟模式"。所以，家长不要以为孩子太小，父母的言行不会对孩子产生影响，这是一种非常错误的观念。我们常说"潜移默化"，这种记忆对年纪小的孩子就是一种潜意识的记忆，当特定条件或特定场景出现时，就会从潜意识层面上升到意识层面。

（2）善于观察和使用身边的正面和负面行为榜样。对于孩子接触到的正面榜样，如在学校里表现优秀、乐于助人的同学，或者在媒体上看到的勇敢、诚实的角色，家长可以引导孩子关注这些榜样的优点，并强调他们因为良好行为而获得的积极结果，如受到表扬、奖励或者他人的尊重和喜爱。例如，如果孩子看到一个故事中勇敢承认错误的孩子得到了原谅和鼓励，家长可以和孩子一起讨论这个情节，让孩子明白诚实的价值。而当孩子遇到负面的行为榜样时，家长要及时指出这些行为的不良后果，并与孩子一起分析为什么这样的行为是不可取的。例如，如果孩子看到有人因为撒谎而陷入麻烦，家长可以借此机会教育孩子诚实的重要性。对孩子的行为塑造，不一定只针对反社会行为的遏制以及亲社会行为的鼓励，替代强化适用于任何社会期望的行为以及父母期望的行为。

（3）身教重于言传，言行不一是育儿大忌。我们都知道言传身教的重要性。我们还要知道，身教重于言传。如果言行不一致，那么给孩子带来的负面影响会更大。班杜拉的另一项研究就发现，那些观察嘴上利己而行为亲社会的成年人行为的儿童，比那些观察嘴上亲社会而行为利己的成年人行为的儿童，在行为上表现出了更多的亲社会行为。这一结果映射到具体的家庭教育环境时可能是这样的：父亲看到孩子动手打人，会惩罚孩子，并告诉他打人是不对的；但是现实的情况却是，父亲经常在家里家暴自己的妻子。这种言行不一的后果就是孩子仍然会继续动手打人，因为父亲用行动告诉他，打人是可取的。所以，父母的言行一致，其实是在提升孩子对正确行为的认知能力，让孩子在实际行动中学习到正确的行为方式。

（4）惩罚有用，但不持久。波波玩偶实验的一个结果值得深思，那就是虽然惩罚组儿童的攻击行为明显下降了，但是这个结果维持的时间并不持久，当情境再次出现时，同样会出现攻击行为。这说明在惩罚条件下攻击行为仍然被观察学习了。但是替代强化则不一样，这个条件下产生的影响时间非常持久。当前大部分的育儿理念都是如此：在育儿过程中，不能用惩罚而应该多用强化，特别是正强化。这个结论来自斯金纳最开始的研究，一直沿用至今。班杜拉的研究结果至少告诉我们，惩罚在紧急情况下是可以被使用的，因为它能迅速减少危及儿童及他人生命的行为。但是，惩罚后并不是就此结束了，还需要有漫长的强化过程，将个体已经学会的危害行为予以干预，否则该行为会一直延续下去。早期的教育理念由于过多地受到斯金纳的操作性学习理论的影响，过度强调了强化的重要性，而批判惩罚带来的消极后果。但是近些年来，惩罚与强化两者结合，在行为塑造中平衡使用，已经越来越被广大教育工作者所接受。

（5）不要忽视孩子的内在动力。任何行为，只要不是基于个体的内在动力产生的，它就很容易被环境的奖励或惩罚所干扰。因此，家长应该让孩子学会自我强化，由内而外激发亲社会行为。例如，（1）教会孩子监控自己的行为和进步。可以使用日记或行为图表来记录他们的行为和成就。（2）鼓励孩子对自己的行为进行评价，而不总是依赖外部评价。家长可以问孩子："你认为自己今天做得怎么样？"或"你觉得你可以怎样改进？"（3）帮助孩子识别和体验内在奖励，如完成任务后的满足感、成就感或自豪感。家长可以通过提问和讨论来引导孩子关注这些感受。

任何社会化过程的最终目的都是让社会规范内化为一个人的内在准则，观察学习也不例外。当一个儿童真正学会用内在的积极准则来规范自己的行为时，遗传带来的攻击特质才能真正被克制。

关于观察学习的更多内容，请阅读本书第五章。

4. "破罐破摔"的孩子——"怪物"研究

犯罪可能不需要长期消极榜样

班杜拉的观察学习告诉我们，儿童的攻击行为可以通过观察他人而习得，特别是家庭成员以及在孩子看来的重要他人，他们的行为榜样作用会更明显。而且孩子可以通过观察学习形成自己内在的强化机制，让自己觉得合理的行为不断得到自我强化。所以，我们强调不要让孩子经常处于充满暴力的环境中。然而，除了暴力环境，还有很多风险因素会对孩子造成不良影响，有时可能只是一句话就会毁掉孩子的一生。

"怪物"研究

研究背景

1939 年，美国心理学家温德尔·约翰逊为了探寻口吃的真相，设计了一项实验。将 22 名孤儿卷入其中，使他们沦为科学的牺牲品，一生都在承受精神上的折磨。而这项实验也因严重违背人类的伦理道德，极为扭曲、冷血，被世人称作"怪物"研究。

20 世纪 40 年代，美国艾奥瓦大学的温德尔·约翰逊教授提出的"口吃诱发"理论，在科研界获得了普遍的认可。与此同时，他在事业上也获得了飞升，受邀参加各种演讲。而困扰他数十年的口吃问题也逐渐消失，说起话来不再结巴，口齿伶俐，吐字清晰。然而，在当时，口吃被认为是一种难以治愈的生理疾病，甚至被贴上"无可救药"的标签。因此，约翰逊希望通过实验证明自己的观点，即心理因素在口吃形成中起重要作用，并寻找有效的治疗方法。

研究设计与实施

约翰逊博士和助手玛丽·图德从艾奥瓦州一家孤儿院挑选了 22 名 5~15 岁的孤儿作为研究对象，其中 10 名有口吃问题，12 名语言流利。随后，他们被分为实验组和对照组，每组各包含 5 名口吃儿童和 6 名正常儿童。

对照组的孩子被告知他们是正常的，并接受积极的心理疗法。而且实验人员总是鼓励该组的口吃儿童勇敢表达，称赞他们讲话的流利程度，减少他们的紧张情绪。即使出现卡顿，实验人员也会积极引导。实验组的孩子则被贴上"口吃"的标签，接受了消极的治疗方式，研究人员对他们进行"特殊培训"，让他们承认口吃问题，并进行"语言治疗"，在日常交流中设置语言障碍故意打断他们的发言。

经过一段时间的"治疗"，实验组的孩子开始害怕说话，神情紧张，说话速度缓慢，甚至拒绝与人交流。对照组的孩子开始嘲笑和欺负实验组的孩子，导致实验组的孩子更加焦虑不安，难以集中精力，最终出现了自闭和交流障碍等一系列问题。

实验结果显示，实验组中6名正常儿童中的5名，以及5名口吃儿童中的3名，口语能力严重退化；而对照组接受"积极的心理疗法"的孩子，5名口吃儿童的状况也没有得到明显的改善，可见"积极的心理疗法"在实验过程中没有起到作用。

研究后果

实验结果的确验证了约翰逊的观点，但是这些孩子成了牺牲品。有些孩子一生深受其害，严重缺乏自信，成年后患上了抑郁障碍。在实施"怪物"研究的62年后，2001年，一名记者的调查文章才让此事公之于众。7名被试孤儿因终身心理和情感创伤提出了诉讼，2007年他们获得艾奥瓦大学120万美元的赔偿金。艾奥瓦大学的发言人道歉："这是一项在任何时代都不应被认为是站得住脚的研究。我绝不会为这项研究辩护。绝不。"

当年实验组中有一位12岁的被试，62年后，74岁的她得知真相，寄了一封信给图德，控诉当年的"怪物"研究："你毁了我的一生，我也许会成为自然科学家、考古学家或总统。可是，我却成了一个可怜的结巴，一直以来封闭自我……为什么挑选我们做实验？我们本来就够悲惨了，现在的我一无所有，你夺走了我的一生，你是魔鬼。"

"怪物"研究对家庭教育的启示

温德尔·约翰逊的"怪物"研究是一个备受争议且极具伦理争议性的实验，该实验不仅揭示了科学研究中的伦理问题，也对家庭教育产生了深远的启示。其中最重要的启示就是，不要随意给孩子贴标签。

标签理论

标签理论是社会学中的一个重要理论，它由社会学家埃德温·莱默特和霍华德·贝克尔等人发展而来。该理论的核心观点是，一个人的行为并不天然地具有正面或负面的价值，而是社会通过赋予行为以特定的标签来定义其性质。

标签理论认为，社会通过一系列规则和规范来界定什么是正常行为，什么是越轨行为。当个体的行为偏离了这些规范时，社会可能会给他们贴上"越轨者"或"犯罪人"的标签。这种标签一旦被贴上，就会对个体的身份认同、自我概念和未来行为产生深远的影响。例如，一个孩子首次违反社会规范的行为（初级越轨）通常是偶然的、非习惯性的，他并不一定就是反社会者。然而，当社会对这次行为做出反应，给个体贴上"犯罪人""反社会者"的标签时，个体可能会接受这个标签，并开始按照这个标签来行动，从而发展成次级越轨。次级越轨是个体在被贴上"越轨"标签后，开始将自己视为越轨者（犯罪人、反社会者），并持续从事违法犯罪行为的过程。这就是我们常说的"破罐破摔"。

贴负面标签对孩子造成的不良影响

具体到家庭教育上，我们一定要时刻谨记重要他人不要轻易给孩子贴上各种负面标签。谁是孩子的重要他人？他们包括老师、家长和其他养育者，有时还有同学和好友。因为这些人对这个年龄段的孩子的自我认知、归属与爱、尊重等需求的满足具有举足轻重的影响。当重要他人给一个孩子贴上负面标签，甚至是反社会标签时，会对孩子产生以下一系列负面的心理影响。

（1）自尊心受损。负面标签会使他们感到自己不如他人，从而产生自卑感，甚至难以建立积极的自我认同。

（2）情绪问题。负面标签会引发焦虑、抑郁等负面情绪。长期处于被否定的状态，孩子内心会充满不安和压抑，情绪容易变得不稳定，甚至可能出现情绪障碍。

（3）人际关系问题。负面标签会影响孩子与他人的交往。他们可能会担心被他人以同样的负面眼光看待，从而变得孤僻、不合群，难以建立良好的人际关系。而当别人知道他被贴上这样的标签时，可能会嘲笑他、排斥他，这会影响他的社交技能发展和人际关系建立。

（4）身份认同的固化。负面标签可能会使孩子对自己的身份认同产生固化，他们可能会认为自己永远无法摆脱这个标签，从而限制了自己的发展潜力。

（5）习得性无助。当孩子对自己负面的身份认同固化后，他更容易将失败归因于自己的问题，而不是外部因素。

（6）自证预言。当孩子被贴上负面标签时，他们可能会开始相信这些标签，并逐渐按照这些标签来行动。这种现象称为自证预言，即孩子的行为最终符合了社会赋予他们的标签。当自证预言产生时，也就说明孩子已经从内部学会了自我负面强化。而当这个负面标签是违法犯罪、反社会标签时，孩子就可能从此以反社会者自居，那么他所做的任何反社会行为都是符合自己身份的，他也会认为这符合大家对他的期望。

打压式教育的语言

"打压式教育"这个词近年来在家庭教育领域很常见。打压式教育的语言就是充满各种负面标签的话语。

（1）**负面评价**。使用消极的语言评价孩子的努力和成果，例如："你总是这么粗心！""你怎么这么笨？"。

（2）**否定努力**。即便孩子付出了努力，也会因为结果不理想而遭到否定，例如："你这么努力也没用。"

（3）**冷嘲热讽**。用讽刺或挖苦的语言来表达不满或失望，例如："你下次还能做得更差一点吗？"

（4）**强调不足**。总是强调孩子的不足之处，例如："这点小事都做不好，以后怎么办？"

（5）**与他人比较**。经常将孩子与兄弟姐妹或其他孩子进行比较，例如："别人能做到，你怎么就不行？"

（6）**贬低性词汇**。使用贬低性的词汇来描述孩子，例如："你就是个废物。"

（7）**刻板印象**。用固定的负面标签来形容孩子，例如："你的智商就是低。"

想一想，如果这些话来自孩子最重要的亲人，那么这些标签对孩子来说意味着什么呢？

由此可见，在家庭教育中，积极引导与正向强化才是核心方法。不过家长更要明白，任何的积极引导与正向强化都应该建立在你对孩子充分了解的基础上。你知道什么强化对他有用，什么引导他会听从；同样，什么行为对他来说是犯错，什么行为只是偶尔的失误。你只有学会辨别孩子这些行为背后的心理动机的差异，你的引导与强化才能有效，孩子才能感受到你真实的爱。

美国儿童教育学家多萝西·劳·诺尔蒂写道："在批评中长大的孩子学会谴责，在敌对中长大的孩子常怀敌意，在嘲笑中长大的孩子畏首畏尾，在羞辱中长大的孩子总觉有罪，在忍耐中长大的孩子会有耐心，在鼓励中长大的孩子满怀信心，在赞美中长大的孩子懂得感激，在公正中长大的孩子有正义感，在安全中长大的孩子有信赖感，在赞许中长大的孩子懂得自爱，在接纳和友谊中长大的孩子寻得了世界的爱。"

5. 被边缘者的"愤怒"——社会排斥研究

　　家庭只是个体社会化的第一站，发展心理学的研究告诉我们，在人生的不同阶段，一个人的重要他人是不断变化的。婴儿期最重要的是亲子关系，例如孩子与母亲或其他养育者的关系；在幼儿阶段，家庭系统内的成员互动与关系的重要性慢慢凸显出来；然而从学龄前一直到青春期，同伴关系变得越来越重要。毕竟每个人都要走出家庭，迈向社会。人际关系是我们不可避免的一生的话题。

科伦拜恩中学枪击事件

　　1999 年 4 月 20 日，在美国科罗拉多州的科伦拜恩中学，上演了一场可怕的校园枪击案。当天上午，哈里斯和克莱伯德这两名高二学生，身着黑色风衣，携带了包括半自动步枪、霰弹枪在内的多种枪支和自制爆炸物，平静地走进了校园。他们首先在学校的草坪上引爆了一个小型自制炸弹，引起了校园内的恐慌。随后，他们冲进了学校的图书馆，无差别地向同学和老师开枪扫射。警方在接到报警后迅速赶到，但在警方到来之前，这两名凶手已经造成了惨重的伤亡。最终，哈里斯和克莱伯德在警方的包围下通过自杀结束了这场血腥的屠杀。科伦拜恩校园枪击事件造成了 12 名学生和 1 名教师死亡，24 人受伤。

　　事后调查发现，凶手哈里斯和克莱伯德长期受到校园霸凌，被同学排挤和嘲笑，性格孤僻，对社会充满怨恨。他们通过互联网获取了大量的暴力信息，并在自己的日记和录像中表达了对学校和社会的不满和报复心理。

社会排斥研究

　　当然，导致哈里斯和克莱伯德最终产生犯罪行为肯定是多种因素共同作用的结果，而心理学家们发现社会排斥可能是其中一个非常重要的因素。于是特温格等人的社会排斥研究应运而生了。

　　特温格等人进行了一系列实验来探究社会排斥对个体行为的影响。在这里，我们将重点介绍其中一项实验，并简要概述其他的实验设计。

　　在一项实验中，他们招募了 30 名大学生被试，其中男生 17 名，女生 13 名。这些被试被随机分配到两种截然不同的情境中：一种是接纳情境，另一种是排斥情境。在实验的初始阶段，所有被试都被要求参与一系列互动活动，以便与其他成员建立初步的联系。随后，他们需要填写一份情绪自评量表，以便研究者了解他们在实验开始时的情绪状态。接下来，被试告知研究者自己最愿意与哪两位成员合作，并分别接收到"接纳"或"排斥"的反馈。在接纳条件下，被试被告知所有人都愿意与其合作，这让他们感受到了归属感和被接纳的感觉；而在排斥条件下，他们被告知没有人愿意与其合作，这让他们体验到了被拒绝和孤立的感受。随后，被试需要撰写一篇关于堕胎的文章，完成文章后会收到"另一名被试"对其文章的负面评价（该评价实际上由主试虚构），评价内容为："这是我读过的最糟糕的文章之一！"这一负面评价旨在进一步激发被试的负面情绪和攻击性。在此基础上，被试参与了一个竞争游戏，游戏允许他们控制对手所受噪声惩罚的强度和持续时间，以此来衡量他们的攻击行为。研究结果显示，经历社会排斥的被试比接纳组表现出更高的攻击性，他们选择了更长时间和更强烈的噪声来报复那些曾给予负面评价的人。尽管社会排斥并未显著影响被试的情绪状态，但它显著增加了他们的攻击行为。

此外，在另一项实验中，被试被告知他们未来可能会孤独终老。这种抽象的未来情境同样显著增加了被试的攻击行为，即使他们当前的情绪状态没有显著变化。这表明社会排斥的影响不仅限于即时情绪反应，还可能对个体的长期心理状态和行为产生深远的影响。

特温格等人认为社会排斥之所以会增加攻击性，可能源于以下几个原因。

（1）**情感麻木**。被排斥的个体可能试图压抑孤独感，导致其情绪相对中性，但这种情绪调节是自我消耗的，他们更容易因此而产生攻击行为。

（2）**阻碍基本心理需求**。社会排斥可能导致个体通过极端方式（如暴力行为）满足归属感、胜任感和自主感等需求。

（3）**社会认知偏差**。被排斥的个体可能更倾向于将他人的行为解读为敌意或威胁，从而增加攻击性的反应。

（4）**形成持久防御性和敌对性人格特质**。长期社会排斥可能导致个体形成这种人格特质，对生活中的社会互动产生负面影响。

弗吉尼亚理工大学枪击事件

虽然大量的研究结果都给全社会发出了警告，但是，因社会排斥而发生的暴力事件远远没有因此而停歇。另一起著名的案件就是2007年4月16日，发生在美国弗吉尼亚理工大学的震惊全美的恶性校园枪击事件，凶手为该校 23 岁的韩国籍学生赵承熙。

2007 年 4 月 16 日，早上 7:05，赵承熙在宿舍开枪打死了一名女子和前来阻止的宿舍管理员。上午 9:01，他将一个装有 1800 字的书面声明、30 分钟录像和 43 张照片的包裹寄给 NBC 电视台。9:45 左右，他返回校园，在诺里斯教学楼用铁链锁住教学楼出入口，冲进教室，先后在不同教室进行疯狂扫射。据统计，他一共使用了 100 余发子弹，造成 32 人死亡，29 人受伤。当警察包围教学楼时，赵承熙开枪自杀。

针对这一案件的原因分析涉及多方面，但是心理健康与社交障碍问题成为全社会最关注的方面。赵承熙自幼性格内向，移民美国后更是难以融入当地社会，长期遭受种族歧视和校园霸凌，导致他经历了严重的社交焦虑和抑郁症状。心理健康问题导致了他对社会的疏离感和敌意。赵承熙的遗书和视频资料揭示了他对社会的不满和对某些群体的仇恨。赵承熙在与人交往方面存在明显的障碍。他在校园内、外的行为举止异常，经常避开与他人的眼神接触，说话声音低沉，这些行为使他难以融入同伴群体。他的孤立状态加剧了他的心理健康问题。

与他相识多年的人都说，赵承熙不管愤怒、沮丧，还是心烦，都从来没有任何表情。他通常都轻声说话，并且完全拒绝对老师和同学敞开心扉。弗吉尼亚理工大学发言人拉里·辛克尔说："赵承熙是个独来独往的人，学校很难找到关于他的信息。"

社会排斥研究对家庭教育的启示

社会排斥与心理行为问题

已有大量的研究结果显示，社会排斥会带来一系列的心理行为问题。

（1）情绪问题。导致个体出现抑郁症状，表现为情绪低落、兴趣减退等；增加焦虑水平，特别是在面对未来的不确定性时；因为失去社会归属感而感到悲伤或沮丧；感到愤怒，尤其是当排斥被认为不公平时。

（2）孤独感。被社会排斥的个体可能会感到孤独和被遗弃，这种孤独感可能导致情绪低落和社交恐惧。

（3）自我评价下降。被排斥会损害个体的自尊心，使他们对自己产生负面评价；被排斥者会怀疑自己的能力和价值，导致自我效能感下降，还会对自己的身份和归属感产生疑问。

（4）**社交退缩**。被排斥者会主动或被动地减少与他人的交往，导致社交孤立；他们会因为害怕再次被排斥而产生社会退缩。

（5）**敌意和攻击性**。被排斥者可能会对外界产生敌意，甚至在某些情况下表现出攻击行为，作为一种应对排斥的方式。

（6）**情绪麻木**。一些个体在遭受社会排斥后可能会出现情绪麻木的现象，这是一种心理防御机制，旨在减轻社会排斥带来的心理痛苦。

（7）**问题行为**。部分个体在被排斥后可能出现网络成瘾、物质滥用，甚至加入帮派团伙等问题行为。

任何领域的学者都在强调这样一个事实：人是社会性动物。根据马斯洛的需要层次理论，归属的需求是人类的基本需求之一，所以，任何人都不可能离开社会、群体而很好地生存下来。

有些孩子会对家人说："妈妈，他们都不跟我玩。"而家长的回应却是："不跟你玩，你也不要跟他们玩。"我们可以认为，家长在孩子需要同伴社交，以及社交对孩子身心发展的重要性这个问题上确实认识不足。

社会排斥的产生肯定都是有原因的，可能是对方原因，也无法排除是孩子自身的原因，所以，一味回避这个问题，永远无法真正解决问题，最终可能会导致孩子由于社会排斥而产生大量的心理行为问题。

人际关系有多重要

社会排斥的对立面可以理解为与社会的联结，而其中最重要的联结就是各种人际关系，如朋友关系、同事关系及亲密关系。关系有多重要？在此引用哈佛大学的一项75年的纵向研究来加以说明。

这是一项关于成年人发展的里程碑式研究。这项研究追踪了724位男性，从青少年时期一直追踪到老年，观察他们的工作、家庭生活和健康状况。该研究始于1938年，最初的目标是探索人的最佳健康状态和潜力，以及促进这些状态和潜力的因素。随着时间的推移，研究转向了对幸福和成功的长期影响因素的探索。这项研究有以下几个主要的结论值得我们深思。

（1）**金钱与幸福感**。虽然金钱对满足基本生活需求和提供一定程度的安全感是必要的，但研究表明，一旦达到一定的经济水平，额外的财富对幸福感的提升作用有限。相比之下，金钱无法满足的亲密关系和社交支持对幸福感的影响更为显著。

（2）**关系与幸福感**。研究发现，与他人建立和维持良好的关系是获得长期幸福感和满意度的关键因素。那些拥有稳定、支持性人际关系的人往往生活得更幸福、更健康。良好的伴侣关系、亲密的家庭联系和深厚的友谊都被证明对幸福感有积极的影响。而那些长期孤独的人，身体状况和大脑功能都会更早衰退，寿命也相对较短。

（3）**亲密关系的质量**。充满冲突的亲密关系对健康非常不利，而生活在良好、温暖的关系中是有保护作用的。

（4）**关系与成功**。虽然职业成就可以带来一定的满足感，但研究发现，职业成就本身并不保证长期的幸福感。相反，与同事的良好关系和工作的意义感更为重要。

关系对一个人的一生如此重要，那么可想而知，一个长期被社会排斥，无法融入社会的人，由于没有足够的社会关系做支撑，他会变成什么样？回过头看看科伦拜恩中学枪击事件和弗吉尼亚理工大学枪击事件的三名犯罪人，不就是因为体验不到关系的支持而走上犯罪道路的吗？

培养孩子的人际关系能力

既然关系对一个人如此重要，那么从小培养孩子处理人际关系的能力，再怎么强调也不为过。其实培养孩子的人际关系能力涉及方方面面，我们在此特别强调以下几个方面。

（1）**培养同理心**。同理心是理解并感受他人情绪和需求的能力。通过培养同理心，孩子能够更好地理解他人的立场和感受，从而在交往中更加理解和尊重他人。

（2）**尊重与包容**。让孩子明白每个人都有优点和不足，要学会包容他人的缺点和错误，学会尊重他人的观点、意见和感受，即使与自己不同，也不轻易否定他人。

（3）**冲突解决**。在人际交往中，冲突是不可避免的。孩子需要学会识别冲突、理解冲突的根源，并寻找合适的解决方案。有时甚至要学习如何妥协和让步，以便达成双赢的局面。

（4）**情绪管理**。教会孩子如何管理和调节自己的情绪，避免在人际交往中因情绪失控而造成不必要的冲突。

（5）**建立边界**。让孩子学会设定健康的个人边界，并尊重他人的边界，这对于维护平衡的人际关系至关重要。

（6）**心理弹性**。从小培养孩子的心理弹性，在出现人际关系危机，以及人际关系受挫后，能够帮助孩子快速从挫折状态中恢复过来。

总之，培养孩子的人际关系能力需要从多个方面入手，要让孩子明白任何健康、良好的人际关系都是不卑不亢的，而不是委曲求全。当出现任何人际关系问题时，不仅要分析对方的问题，也要分析自身的问题，只有从不同角度进行反思，才能发现问题的根源，进而有效地解决问题。

识别孩子的人际关系问题

每个人在社会生活中都不可避免地会出现人际关系紧张甚至人际关系问题，对于孩子而言，他们并没有掌握各种应对方法，更多时候会通过情绪和行为表现出来，而这些就是上面提到的社会排斥所引发的心理行为问题。所以，家长应该了解孩子情绪和行为的各种变化，这样才能尽早识别并解决可能出现在孩子身上的社会排斥问题。

被社会排斥而最终对社会施以暴力的犯罪人，既是加害者也是受害者，所以我们应该帮助孩子学会用爱和善意去对待身边的人和事。

6. 暴力的生命"脚本"——网络与媒体暴力以及暴力电子游戏研究

无法躲避的媒体暴力

关于暴力的社会学习的研究，常常围绕"网络与媒体中的暴力对犯罪的影响"这个话题展开。我们先来看看科伦拜恩中学枪击事件和弗吉尼亚理工大学枪击事件发生前，这些主犯们都在网络上做了什么。

哈里斯和克莱伯德共同维护了一个个人网站，该网站原本用于存放他们共同设计的《毁灭战士》游戏关卡档案，供大家下载。随着时间的推移，网站内容逐渐变得极端和暴力。哈里斯在网站上发布了笑话、日记，记载了他对父母、学校和朋友的不满和看法。1997 年年初，网站开始包含教导他人如何制造恶作剧的演示、制作爆炸物的教学步骤，并记载了许多他们制造恶作剧的过程。在枪击事件发生的前夕，哈里斯在网站上记录了自制炸弹完工的时间、枪械弹药的数量，并制作了一份"射击名单"以记录那些他想杀害的人。这些行为都显示了他们正在策划枪击事件。

赵承熙又做了什么呢？Ebay 公司表示，赵承熙在枪击事件发生约 3 周前，在 Ebay 网站上买过空弹夹和关于枪械使用方法的杂志，这些购买行为为他后来的犯罪行为提供了物质准备。而且他还曾在 Ebay 买过一些含有恐怖、暴力内容的图书。他还在互联网上平台发布了一些言论，包括怨恨和不满的文章；他通过电子邮件与他人交流，表达了自己对他人的威胁和不满；他甚至在网络上跟踪了他感兴趣的女性。而且他从高中开始就痴迷《反恐精英》等暴力电子游戏。

所以，不得不承认网络与媒体暴力以及暴力电子游戏在犯罪人的犯罪行为发生上起到了巨大作用。那么，作为媒体暴力较极端的一种形式——暴力电子游戏——是如何影响一个人最终产生暴力行为的呢？

安德森和布什曼的研究

克雷格·安德森和布拉德·布什曼是研究暴力媒体影响领域的重要学者，他们进行了许多关于暴力电子游戏对个体攻击行为影响的实验研究。随着游戏产业的快速发展，暴力电子游戏的普及引发了广泛关注和争议。安德森和布什曼做了以下经典实验，揭示了暴力电子游戏如何影响玩家的心理和行为。具体实验设计与结果如下。

在研究中，被试被随机分配到两个组别中，一组被要求玩暴力电子游戏，如《侠盗猎车手》，而另一组则玩非暴力电子游戏，如《模拟人生》。

游戏开始后，被试在实验室环境下分别玩指定的电子游戏，时长为20~30分钟。游戏内容的暴力程度是实验的主要变量，而其他可能的干扰因素则被尽可能控制以保证实验的有效性和可靠性。游戏结束后，被试要完成一份问卷，用以评估他们当前的情绪状态和对游戏体验的认知反应。这份问卷包括了测量愤怒、烦躁等情绪状态的量表，以及对游戏体验的主观评价。接下来，被试被告知将参与一项竞争性任务，该任务实际上是测量攻击性的关键环节。任务设计为反应时间竞赛，即被试需要与"对手"比拼反应速度。实际上，被试的"对手"是由计算机程序扮演的，以确保所有参与者面对相同的条件。在每轮比赛开始前，被试可以选择"对手"失败后所遭受的噪声强度和持续时间。噪声强度可在0~10选择，持续时间由按下按钮的时间决定。噪声的强度和持续时间是衡量攻击性的主要指标，其中较高的数值表示更强的攻击性。

实验结果显示，玩过暴力电子游戏的被试在竞争任务中表现出显著更高的攻击性。具体而言，他们倾向于选择更高强度和更长时间的噪声来惩罚虚拟对手。此外，问卷调查还显示，玩暴力电子游戏的被试报告了更高的愤怒和烦躁感，且在游戏中表现出更强的敌对态度和更高的敌意认知。这些发现支持了暴力电子游戏对个体短期攻击性行为有促进作用的观点。

除此以外，安德森及其同事还做了一系列元分析，他们综合了包括13万名参与者的381项研究，发现玩暴力电子游戏增加了儿童、青少年和成年早期的暴力行为，北美洲国家、德国和西欧国家的研究都得出这一结论，而且三种研究设计（相关研究、实验研究和纵向研究）的结论一致。这意味着，即使参与者是随机分配的，与非暴力电子游戏相比，暴力电子游戏也会导致攻击行为。这一结论排除了"有攻击性的人更喜欢玩攻击游戏"的可能。而且他们还发现暴力电子游戏不仅会增加个体的短期攻击行为，还会对长期行为产生影响。通过对大量实验数据的系统分析，他们发现接触暴力媒体后，个体在现实生活中的攻击行为显著增加。其他的纵向研究对参与者进行了长期追踪，也得出了类似的结论：在德国青少年中，当下玩暴力电子游戏可以预测个体以后的攻击行为，而当下的攻击行为却并不能预测未来会玩暴力电子游戏。

网络与媒体暴力以及暴力电子游戏研究对家庭教育的启示

从现实模仿到网络模仿

在关于媒体暴力对家庭教育的启示的讨论中，我们需要了解以下两点：第一，我们一定要知道这样一个事实，那就是任何暴力榜样（包括媒体暴力，特别是游戏暴力）并不一定会直接导致观察者与参与者的暴力行为，它们的影响正如前面的研究所提到的，更多的是一种"延迟模式"；第二，在波波玩偶实验中关于暴力行为观察学习对家庭教育的启示的建议，在网络与媒体暴力以及暴力电子游戏研究中同样适用，因此，这里就不再赘述了。

我们在这里需要重点讨论的是为什么现在的儿童和青少年更容易被暴力媒体、暴力电子游戏影响，更容易模仿暴力媒体中的行为呢？这是由他们的生活环境以及发展特点共同造成的。

"互联网世代"的现实

研究社会排斥的学者特温格在一项对800多万名孩子的调查中发现，在高中高年级学生中，反映自己有孤独感的学生比例，从2012年的26%上升到2017年的39%，经常感到被冷落的学生比例从30%上升到38%。特温格提到了社交媒体和手机的影响，她认为，新一代的年轻人与朋友见面、相聚的可能性正在下降，他们更可能独自玩手机。特温格发现相比从前的人，这代人表现出更顺从、更不快乐和更孤独的倾向，而且这代人的自尊、生活满意度和幸福感都大幅下降。他们与电子设备的联系更加紧密，在现实世界中的面对面社交更少。所以，对"互联网世代"的人来说，互联网与电子设备是他们的"生活必需品"、是他们的生活方式，他们离开了互联网就相当于与这个社会失去了联结。

青少年发展阶段的现实

青少年时期，个体面临身心飞速发展的阶段，很多心理特质开始从稚嫩慢慢向成熟发展，但是这种"将熟未熟"的特点恰恰给他们带来了巨大的挑战，这些都让他们更容易被暴力媒体吸引并模仿暴力媒体内容。

（1）青少年正处于认知发展的关键阶段，他们的思维方式和判断能力尚未完全成熟。因此，在面对暴力媒体内容时，他们可能难以全面、客观地评估其影响，容易受到误导。

（2）青少年的情感世界丰富而复杂，他们往往对新鲜事物充满好奇，同时也更容易受到外界刺激的影响。暴力媒体中的刺激场景可能引发他们的强烈情感反应，如紧张、恐惧、兴奋等，进而加深他们对暴力行为的印象。

（3）青少年具有很强的模仿能力，他们往往会通过观察和学习来塑造自己的行为模式。暴力媒体中的暴力行为可能成为他们模仿的对象，进而在现实生活中表现出攻击行为。

（4）青少年受到同龄人的影响较大，如果他们觉得同伴都在接触或讨论暴力媒体内容，那么他们可能会为了融入同伴群体而接触这些内容。

（5）青少年的价值观正在形成过程中，它们容易受到外界信息的影响而发生改变。暴力媒体中的错误价值观可能误导他们形成扭曲的价值观，如以暴制暴、恃强凌弱等。

二者交互的结果

当"互联网世代"的现实遇上青少年在这一发展阶段的特点时，媒体暴力的影响就被进一步催化与扩大了。

（1）生命观的变化。青少年未成熟的价值观遇上暴力媒体内容与暴力电子游戏时，"死亡"的画面看多了，游戏中"杀人"的行为实施多了，对生命的敬畏之心就会慢慢消失。在游戏中，生命就如草芥，可以随意被取走。任何心理与情绪作用都会泛化，当一个人从暴力虚拟世界中回到现实中时，暴力的习惯同样会被迁移到现实，最终形成对暴力的情感淡漠。

（2）认知脚本的变化。认知脚本是指储存于记忆中的一套经过充分预演、高度关联的概念集合，它通常包括因果联系、目标、行动计划等。这些脚本一旦形成，就会在个体面对相似情境时被自动激活，指导其行为。青少年在媒体暴力中习得的一系列脚本，会一直存储在他的记忆中，当在现实中遇到相似的场景、同样的情绪体验时，可得性启发原则就会被激发，这些暴力脚本就会第一时间被个体拿来应对与使用。

（3）对暴力态度的变化。个体对暴力行为的后果和严重性产生错误的判断。在游戏中，暴力行为往往不会带来真实且严重的后果，这可能会扭曲青少年对现实中暴力危害的认知。更重要的是，他们还会认为，暴力是可接受的，暴力应该成为解决问题的合理手段。

当一个人在情绪、认知及态度上对暴力都表现出接受时，那么实施暴力对他来说就不会产生任何心理上的压力。

提前布局才能治本

因此，当我们无法改变孩子所处的时代，无法让他们加速跨越心理发展不稳定的阶段时，我们要做的第一件事就是提前预防。所谓提前预防，并不是绝对限制孩子接触手机，不玩暴力电子游戏。因为，当你意识到暴力电子游戏对孩子产生影响时，其实已经为时已晚。所以，提前预防是在他接触以前，足够早地建立一些能缓和暴力电子游戏产生消极后果的行为与习惯，具体有以下四方面。

（1）良好的沟通。与孩子建立开放的沟通渠道，了解他们的想法和感受，这样才能及时发现孩子是否因游戏而产生问题，才能尽早、有效地解决问题。

（2）丰富现实体验。鼓励孩子参与多样化的活动，如体育运动、艺术创作、社交活动等。每个人的精力都是有限的，当现实的兴趣转移了孩子绝大部分的注意力时，游戏对他的吸引力就不会成为问题了。

（3）多创造线下社交机会。特温格的研究已经将现实告诉了我们，线上社交永远不如线下社交有效，线下社交是真正能给人带来幸福体验的，而线上社交很多时候会产生更负面的情绪体验。

（4）有效地监督和管控。孩子都需要被管教，没有孩子天生会自我约束。但管教并不是每天限制他。管教的前提是培养行为习惯，父母要管教的是习惯培养而不是具体行为。当孩子培养出良好的行为习惯后，任何打破这种行为惯性的入侵行为都是非常困难的。

媒体暴力就像"纸老虎"，当孩子已经做好全身武装的准备后，互联网将会放大孩子体验生命多样性的幸福感。

关于媒体暴力的更多内容，请阅读本书第五章。

7. 别考验人性——"节奏 0"行为艺术实验

路西法效应

关于人性善恶的争论从古至今就没有停息过，每个人都有自己秉持的观点，并且能举出很多证据来支持自己的观点。因此，我们在此没有必要针对这一问题进行专门讨论。但是，通过对前文 6 个研究的介绍，我们不得不承认一点，在特定的情境下，任何人都有可能是潜在的犯罪人，都可能做出让人瞠目结舌的恶行，而我们每个人都可能在无意间成为被害人。这就是美国心理学家菲利普·津巴多所提出的"路西法效应"，它指的是在特定的情境或环境下，好人也可能会做出恶劣的行为。原本正常、善良的普通人，在特定的环境和社会压力下，其性格和行为可能会发生极大的转变，甚至表现出极端的恶。看看五个著名的实验：

（1）1952 年，所罗门·阿希的从众实验；

（2）1954 年，穆扎菲尔·谢里夫的罗伯斯山洞实验；

（3）1961 年，斯坦利·米尔格拉姆的权力服从实验；

（4）1967 年，罗恩·琼斯的第三浪潮实验；

（5）1971 年，菲利普·津巴多的斯坦福监狱实验。

很多人都说，这些实验都让我们对人性失去了信心。但实验毕竟是实验，与现实还是有差异的。于是就有一些对人性仍然抱有希望的人在不断地尝试。行为艺术家玛丽娜·阿布拉莫维奇就是其中之一，她最具代表性的尝试就是"节奏 0"行为艺术实验。

"节奏 0"行为艺术实验

1974 年，在意大利那不勒斯的一间工作室里，玛丽娜·阿布拉莫维奇策划并执行了一项震撼人心的行为艺术实验——"节奏 0"。该实验邀请了几十位观众参与。

实验现场，玛丽娜勇敢地站在房间中央，她的身体被麻醉至失去行动能力，但意识保持清醒。房间内显著位置设有一块告示板，明确告知观众："此处有 72 件物品供您选择，可根据您的意愿在我身上使用。我自愿成为这一艺术行为的对象，并承担全部责任。实验将持续 6 小时，自晚上 8 点至次日凌晨

2点。"这些物品经过精心挑选，既包含羽毛、花朵、蜂蜜等象征取悦与温柔的物件，也囊括匕首、铁锤、枪支等极具威胁性的工具，隐喻着人性中的善与恶两面。

实验初期，氛围尚显和谐。观众们在最初的迟疑与好奇中，逐渐尝试与玛丽娜互动，有人轻抚她的身体，有人给予她玫瑰和蛋糕，仿佛在进行一场温柔的仪式。然而，随着时间的推移，场面开始失控。观众们的行为逐渐变得激进，从最初的温柔触碰演变为肆意涂画、切割衣物，甚至用玫瑰刺伤她的身体，还有人用刀片划破她的脖子，喝她的血，甚至有人提议去强奸她。

最令人心惊胆战的一幕发生在实验的高潮部分，一名男性观众迫使玛丽娜拿起装满子弹的手枪，对准自己的脖子，手指几乎触碰到扳机。这一极端行为立即触动了现场的安全机制，工作人员迅速介入，制止了这场潜在的灾难。

在此过程中，尽管有观众因不忍目睹而试图为玛丽娜擦拭泪水，但大多数人选择了沉默与观望，甚至参与了这场暴行。人性的复杂与多面性在此刻暴露无遗。

6小时的表演，玛丽娜浑身是血，麻醉让她身体在表演过程中失去痛感，但情绪和意识的感受使她不停流泪，而有的观众却发出狞笑并感到兴奋。表演结束，玛丽娜直视观众，缓缓走向人群，观众们却仓皇躲避她。

这个时刻，玛丽娜不再是展馆中任人摆布的"物体"，而是一个活生生的人，观众惧怕在施暴后可能会面临的报复与谴责。

实验后的第二天，玛丽娜听闻许多观众致电工作室道歉，就连观众自己也不知道为什么会做出那些事。玛丽娜谈及对这场演出的感受，她说："如果你把决定权交给观众，那么他们可能会杀了你。人性善的限度是我们所能预见的，关爱、宽容、帮助、信任等，它让我们温暖而安全；而人性恶的程度，却是善良的人完全无法想象的深渊。"

"节奏0"行为艺术实验对家庭教育的启示

"防祸于先而不致于后伤情。知而慎行，君子不立于危墙之下，焉可等闲视之。"通过"节奏0"实验我们知道"君子不立于危墙之下"这个道理。每当媒体报道一些恶性案件时，很多人都会善意地提醒并警示这个道理，但是总会有很多人曲解，将其视为"被害人有错论"，甚至"被害人有罪论"。我们应该同情每个受到暴力伤害的人，但是我们首先要明白一个道理，对自己生命负责的人是你自己，不是环境，也不是他人，更不能把你的侥幸压在别人是否善良上。

被害易感性

当"君子立于危墙之下"时，说明你具有"被害易感性"。这是被害人学里的一个重要概念。

被害人学是研究与犯罪被害人有关的原因、条件、个人特征和社会情境的科学。被害人学的研究内容主要有：（1）基础理论，包括被害人学基本概念、对象、意义、方法、体系、学科史、国内外研究概况等；（2）被害现象，包括被害特征、被害类型、被害人与犯罪人的关系，以及被害人的过错、责任等；（3）被害原因，包括研究被害人的心理活动及心理状态与犯罪人心理状态的关系；（4）被害类型，包括一般类型和特殊类型；（5）被害预防，分析易受害人群的构成，研究被害原因，制定相应的防范策略，进而减少、预防被害；（6）被害人政策，主要包括被害人的诉讼权利保障，被害的赔偿、补偿、援助等措施与方法。

下面是一些关于被害易感性的研究结果。

（1）具有高度依赖型人格的人可能过度依赖他人做决策，在一些诈骗案件中容易因为他人的诱导而成为被害人。

（2）低自尊者有时会通过一些冒险行为或进入一些不良社交情境试图证明自己，增加了成为犯罪（如暴力犯罪）被害人的可能性。

（3）面临威胁情境时可能会过度慌乱、不知所措，难以做出有效的自我保护反应而容易被害。

（4）对自己遭遇危险的可能性估计过低，例如在治安不好的区域也不注重防范，进而容易成为盗窃、抢劫等犯罪的潜在被害人。

（5）过于轻信陌生人或对他人的不良动机缺乏洞察力，在人际交往中容易成为性侵害、诈骗等犯罪的被害人。

（6）过度依赖技术或在不安全的网络环境中使用技术可能会增加成为网络犯罪受害者的风险。

（7）有被害经历的个体可能因为心理创伤或行为模式的改变而更容易再次成为犯罪的目标。

（8）社区的凝聚力和居民之间的相互监督可以降低被害易感性，而社区的破裂和缺乏监督可能增加风险。

看到这里我们就会发现，所谓的"被害人有错论"或"被害人有罪论"是多么狭隘，这是一门重要的学科要研究的内容。我们不支持任何"被害人有错论""被害人有罪论"的言论，犯罪人永远是我们要谴责的第一责任人，但我们仍要明白，只有真正了解哪些人具有被害易感性并提前预防，才能做到真正有效地预防被害。

识别与远离危境

如何培养孩子的自我保护意识，降低被害易感性呢？以下三个方面必不可少。

（1）帮助孩子认识与理解人性的复杂。充分利用故事、角色扮演游戏、影视剧、社会新闻、动画片等人物和事件，给孩子解析，与孩子一起讨论；同样可以与孩子参加各种社会实践，引导孩子思考、体验、感受与学习。

（2）培养孩子识别潜在犯罪风险的能力。教会孩子如何拒绝陌生人的邀请，不随意接受陌生人的礼物或帮助；学会识别不合理的求助，例如有人声称自己受伤、迷路或需要紧急帮助，但神情并不慌张，或者对关键信息说不清楚，可能是骗局；学会识别不安全的环境标志，如昏暗的街道或废弃的建筑物等。

（3）教导孩子尊重人际界限和生命底线。人际界限是我们个人空间和情感安全的基石，它帮助我们界定与他人互动时的舒适度和可接受的行为范围。尊重自己和他人的界限能够促进健康的人际关系，预防冲突，并保护我们免受不必要的伤害。生命底线则是我们生存和尊严的基础，它是我们在面对挑战和压力时所坚持的基本原则和价值观。维护生命底线意味着我们了解自己的价值观，知道在何种情况下应当坚守立场，不屈服于外界压力或不利影响。任何时候都不能把自己生命的控制权交到别人手上；任何时候都不能随意越过人际的界限，给自己和他人带来不必要的麻烦。

本书的推荐者之一罗翔老师说过这样一句话："我们远比我们想象中更幽暗、更邪恶、更败坏、更堕落，永远不要对人性的幽暗保持乐观。"所以，别轻易让自己和孩子去考验人性，这个做法很危险。

8. 当犯罪来"敲门"，如何求助——旁观者效应研究

危险可能一直都在

中国是全世界刑事犯罪率最低的国家之一，可谓全世界最安全的国家之一。即便如此，每个人都无法保证自己永远不会被坏人盯上，即使我们也尽最大努力不让自己立于危墙之下。

当犯罪真的来"敲门"时，我们真的准备好了吗？

吉诺维斯事件

1964 年 3 月 13 日凌晨，基蒂·吉诺维斯在她经营的曼哈顿酒吧营业结束后返回公寓，公寓在皇后大街一个安静的中产阶层居住区内。当吉诺维斯下车朝公寓方向走去时，她遭到一个持刀男人的恶意袭击。她被刺数刀，大声呼救，声音回荡在宁静的夜中，分外刺耳，吵醒了部分邻居（据《纽约时报》报道是 38 人）。一个邻居从窗口大声警告袭击者："放开这个女孩！"当时袭击者正要逃走，但他又返回来将吉诺维斯击倒在地并继续刺杀她。女孩一直呼救，直到最后有人打电话报警。警察接到报警后两分钟便赶到了现场，但吉诺维斯已经死亡，袭击者不知去向。袭击行为持续了 35 分钟。警察在调查中发现，公寓周围共有 38 人目睹了这一袭击事件，但最终只有一人报了警。一对夫妇（他们以为已经有人报了警）甚至搬了两把椅子到窗前观看这一暴力事件。

当时的大量报道以及多年来的学术文献和通俗文学都反复提及，附近的人没有回应被害人的求助。这些年来，这一说法得到了纠正。虽然两个路过的人没有帮助她，但许多人确实试图以多种方式进行援助，包括报警和大声叫喊试图阻止袭击者。还有一个人从公寓跑出来，在被害人临终时抱着她。

吉诺维斯事件引发人们对旁观者不伸出援手的原因进行了一系列研究。

达利和拉塔内的旁观者效应研究

约翰·达利和比布·拉塔内通过一系列实验来探讨个体在紧急情况下的行

为——旁观者效应，其中最著名的是癫痫实验。

实验设计

这个实验选取了纽约的大学生作为被试，他们被随机分配到不同的实验组中。

首先，被试被单独安排在一个房间内，通过内部通信系统与其他"学生"进行交谈。实际上，其他声音都是预先录制的，但被试对此毫不知情。在实验过程中，被试会听到一个模拟癫痫发作的求救声。这个求救声来自一个预先录制的音频，内容是一个学生描述自己患有癫痫，并突然发病的情景。

被试被分为三组，每组被试相信他们正在与不同数量的人交谈：第一组被试认为自己在与另一个人交谈；第二组被试认为自己在与两个人交谈；第三组被试被告知在与四个人交谈。当求救声响起时，研究人员会记录被试的反应时间、是否采取行动（如离开房间报告情况）以及他们的具体行为。

实验结果

在不同情境下，实验结果不同。（1）单一旁观者情境。当被试相信自己是唯一听到或目睹紧急事件（如癫痫发作）的人时，他们表现出高度的反应性和责任感。具体而言，85%的被试在1分钟内提供了帮助，且所有被试在2分30秒内都采取了行动。（2）两名旁观者情境。随着旁观者的数量增加至2人，被试的帮助行为明显减缓。实验数据显示，在有两名旁观者的情况下，直到实验结束，有些被试并未提供帮助，这表明责任被分散，导致个体行动意愿降低。（3）多名旁观者情境。当被试认为除自己还有另外4人在场时，帮助行为进一步减少，仅有31%的被试在1分钟内给予帮助，且实验结束时采取行动的被试仅有62%。

实验结论

在一系列的研究后，达利和拉塔内发现，影响一个人在紧急情况下是否会助人主要包括下面这些因素。

（1）**责任分散**。在紧急情况下，当有多个旁观者在场时，每个人都觉得自己需要承担的责任会减少。这意味着在多人面前，个体不太可能采取行动，因为他们认为其他人会介入。

（2）**社会确认**。人们在不确定的情况下会观察他人的行为来确定自己该如何应对。如果其他人没有采取行动，那么个体可能会误以为不需要紧急干预，从而导致延迟或不采取任何行动。

（3）**评估不确定性**。个体在决定是否采取行动前，会评估情况的严重性和紧急性。如果情况模糊不清，个体可能会等待他人先行动，以此作为自己行动的线索。

（4）**个性特征**。个性特征可以影响他们在紧急情况下的反应。例如，更加自信或有同情心的人可能更倾向于采取行动。

（5）**紧急情况的识别**。个体需要认识到情况确实紧急才会采取行动。如果情况不够明显或者个体缺乏应对紧急情况的经验，他们可能不会意识到自己需要介入。

（6）**社会规范**。社会规范和个人的社会角色会影响行为。例如，医疗专业人员在紧急情况下更有可能采取行动，因为他们被期望这样做。

旁观者效应研究对家庭教育的启示

犯罪心理学研究的终极目标是减少犯罪、预防犯罪。减少犯罪需要整个社会共同努力，而预防犯罪是每个人都可以做的事情。要预防犯罪，我们首先要尽量远离犯罪可能发生的情境，但在某些情况下，即使我们尽了最大努力不让自己立于危墙之下，我们仍然有可能遭遇犯罪事件，在这种情况下，学会求助就格外重要了。

旁观者效应研究的结论能为我们在紧急情况下如何求助提供很多具体的启示。在此，我们以儿童在公共场所（特别是商场）走失这种情况为例，看看我们具体可以如何提高求助的有效性。

（1）**引起注意**。在求助时，可以适当地提高音量或使用一些非言语信号（如挥手、指向等）来吸引周围人的注意。这有助于增加他人关注求助信息的可能性。让潜在救助者能确认确实存在需要提供帮助的情境。甚至有时可以使用附近的警报系统，最大限度地引起关注。

（2）**指定求助对象**。在商场中，如果孩子走失了，家长应立即寻找看起来可靠、有能力的个体（如商场工作人员、安保人员或穿着制服的店员）作为求助对象，向其表明求助目的并清晰地表述孩子走失的情况，这样可以减少责任分散现象，增加得到即时帮助的可能性。同时，商场工作人员、安保人员更可能提供帮助，因为他们具有社会角色期待，这是他们工作职责的一部分。

（3）**描述具体情境**。提供具体的描述，包括年龄、性别、穿着和特征，以及最后一次看到孩子的时间和地点。这些信息有助于快速识别孩子。例如：